U0753655

全本全注全译

左傳

〔上〕

〔战国〕左丘明 撰
中华文化讲堂 注译

團结出版社

图书在版编目（CIP）数据

左传 / (战国) 左丘明撰 ; 中华文化讲堂注译.
--北京 : 团结出版社, 2017.2

（谦德国学文库）

ISBN 978-7-5126-4739-8

Ⅰ. ①左… Ⅱ. ①左… ②中… Ⅲ. ①中国历史—春秋时代—编年体②《左传》—注释③《左传》—译文
Ⅳ. ①K225.04

中国版本图书馆CIP数据核字(2016)第311742号

出版：团结出版社

（北京市东城区东皇城根南街84号 邮编：100006）

电话：(010) 65228880　65244790　(传真)

网址：www.tjpress.com

Email：65244790@163.com

经销：全国新华书店

印刷：大厂回族自治县德诚印务有限公司

开本：148×210　1/32

印张：51.75

字数：1208千字

版次：2017年6月　第1版

印次：2021年10月　第6次印刷

书号：978-7-5126-4739-8

定价：198.00元 (全三册)

《谦德国学文库》出版说明

人类进入二十一世纪以来，经济与科技超速发展，人们在体验经济繁荣和科技成果的同时，欲望的膨胀和内心的焦虑也日益放大。如何在物质繁荣的时代，让我们获得内心的满足和安详，从经典中获取智慧和慰藉，或许是我们不二的选择。

之所以要读经典，根本在于，我们应当更好地认识我们自己从何而来，去往何处。一个人如此，一个民族亦如此。一个爱读经典的人，其内心世界必定是丰富深邃的。而一个被经典浸润的民族，必定是一个思想丰赡、文化深厚的民族。因为，文化是民族之灵魂，一个民族如果不能认识其民族发展的精神源泉，必定就会失去其未来的生机。而一个民族的精神源泉，就保藏在经典之中。

今日，我们提倡复兴中华优秀传统文化，当自提倡重读经典始。然而，读经典之目的，绝不仅在徒增知识而已，应是古人所说的“变化气质”，进一步，是要引领我们进德修业。《易》曰：“君子以多识前言往行，以蓄其德。”实乃读经典之要旨所在。

基于此理念，我们决定出版此套《谦德国学文库》，“谦德”，即本《周易》谦卦之精神。正如谦卦初六爻所言：“谦谦君子，用涉大川”，我们期冀以谦虚恭敬之心，用今注今译的方式，让古圣先贤的教诲能够普及到每一个人。引导有心的读者，透过扫除古老经典的文字障碍，从而进入经典的智慧之海。

作为一套普及型的国学丛书，我们选择经典，不仅广泛选录以儒家文化为主的经、史、子、集，也将视野开拓到释、道的各种经典。一些大家所熟知的经典，基本全部收录。同时，有一些不太为人熟知，但有当代价值的经典，我们也选择性收录。整个丛书几乎囊括中国历史上哲学、史学、文学、宗教、科学、艺术等各领域的基本经典。

在注译工作方面，版本上我们主要以主流学界公认的权威版本为底本，在此基础上参考古今学者的研究成果，使整套丛书的注译既能博采众长而又独具一格。今文白话不求字字对应，只在保证文意准确的基础上进行了梳理，使译文更加通俗晓畅，更能贴合现代读者的阅读习惯。

古籍的注译，固然是现代读者进入经典的一条方便门径，然而这也仅仅是阅读经典的一个开端。要真正领悟经典的微言大义，我们提倡最好还是研读原本，因为再完美的白话语译，也不可能完全表达出文言经典的原有内涵，而这也正是中国经典的古典魅力所在吧。我们所做的工作，不过是打开阅读经典的一扇门而已。期望藉由此门，让更多读者能够领略经典的风采，走上领悟古人思想之路。进而在生活中体证，方能直趋圣贤之境，真得圣贤典籍之大用。

经典，是一代代的古圣先贤留给我们的恩泽与财富，是前辈先人的智慧精华。今日我们在享用这一份财富与恩泽时，更应对古人心存无尽的崇敬与感恩。我们虽恭敬从事，求备求全，然因学养所限、才力不及，舛误难免，恳请先贤原谅，读者海涵。期望这一套国学经典文库，能够为更多人打开博大精深之中华文化的大门。同时也期望得到各界人士的襄助和博雅君子的指正，让我们的工作能够做得更好！

团结出版社

2017年1月

前 言

《左传》(又称《左氏春秋》)一书,是我国第一部叙事完整的编年体史书。《春秋》是周朝时期鲁国的国史,相传由孔子修订而成。由于《春秋》用于记事的语言极为简练,几乎每个句子都暗含褒贬之意,被后人称为“春秋笔法”“微言大义”。后来出现了很多对《春秋》进行补充、解释、阐发的著作,被称为“传”。代表作品是被称为“春秋三传”的《左传》《公羊传》《谷梁传》。其中,《左传》的流传最为广泛。

《左传》是一部史学成就和文学成就都非常高的著作。它是我国第一部规模宏大而内容详实的史学巨著,在古代史学发展史上占有不可替代的重要地位。它以近二十万言的规模,全面、系统地记载了春秋一代的大事,广泛涉及周王朝和晋、鲁、楚、郑、齐、卫、宋、吴、秦、越、陈等十多个诸侯国,并且屡见追记西周与殷商甚至有夏以前时期的史实。它采用编年记事的方式,虽然以《春秋》为纲,然而其记事范围之广,叙述内容之具体、详赡,则大大超出了《春秋》的范畴。作为一部编纂于两千多年前的史著,《左传》另一引人注目之点,是它在记事中还体现了有积极意义的指导思想和撰写原则，从而开创了我国古代史书编纂的优良传统。首先，《左传》面对纷纭史实敢于秉笔直书，不虚美、不隐恶，所记事件与人物具有很高的历史真实性。其次，《左传》在真实记事的基础上又表现出一定的倾向性，不仅在史料取舍或事件的叙述中往往表现出爱憎与臧否的不同态度，而且，还常以“君子曰”形式直接评人论事，或给予谴责，或表示痛惜，或加以赞扬等等。这些评论，有的是作者的“自为之辞”，有的也许是“出自时人”而“为左氏认同”之语，都显示着鲜明的是非评价，展现了《左传》作者的史识和史德。再次，《左传》对历史人物的褒贬，集中体现了对仁、义、礼、德等道德规范的肯定。

与史学成就相比，《左传》的文学价值比较容易受到忽略。在先秦文学史上，《左传》有着非常重要的地位，它的出现，预示着散文的发展已经面临更加广阔的天地。《左传》展示了一批有着各自经历和不同性格的历史人物，为此后传记文学、历史小说的涌现提供了难得的启示和重要的借鉴。此外，《左传》的语言简洁而准确，生动而富于表现力，注意细致描摹，长于运用比喻，达到了很高的艺术成就。

清初吴楚材、吴调侯编选历代堪称“观止”的优秀古文，所收《左传》各篇（节）竟达三十三则之多，其影响力，由此可见一斑。此外，《左传》丰富的内容，多姿多彩的历史故事，还作为一部分重要的创作素材为后代的小说、戏曲所利用和发挥，这在我国古代文学发展史上也是不多见的。

《左传》一书的作者，历代被认为是左丘明。左丘明姓丘，名明，因其父任左史官，故称左丘明。他品德高尚，知识渊博，孔子言与其同耻，曰："巧言、令色、足恭，左丘明耻之，丘亦耻之；匿怨而友其人，左丘明耻之，丘亦耻之。"太史公司马迁称其为"鲁之君子"。

左丘明出生在世代为史官的家族，曾与孔子一起"乘如周，观书于周史"，根据鲁国以及其他诸侯国的史料，依照《春秋》著成了中国古代第一部记事详细、议论精辟的编年史巨著《左传》。他又作《国语》，是我国现存最早的一部国别史著作。作《国语》时，他已双目失明。《左传》和《国语》记录了不少西周、春秋时的重要史事，保存了具有很高价值的原始资料。由于史料详实，文笔生动，两书引起了古今中外学者的爱好和研讨，他也因此被誉为"文宗史圣""经臣史祖""百家文字之宗、万世古文之祖"，成为中国史家的开山鼻祖。《左传》重记事，《国语》重记言。历代帝王对左丘明多有敕封：唐封经师；宋封瑕丘伯和中都伯；明封先儒和先贤。

历史上，也有不少人怀疑《左传》并非左丘明所作。首先怀疑的是唐朝的赵匡，不过并没有什么依据；宋代叶梦得则认为作者可能为战国时人；郑樵《六经奥论》认为是战国时的楚人；朱熹认为是楚左史倚相之后；项安世认为是魏人所作；程端学认为是伪书。清朝的纪昀在《四库全书总目》中仍然以严谨的史料为依据，认为是左丘明所著无疑。直至2009年，被盗卖到海外的战国楚简回归，经专家鉴定，其内容与目前流传的《左传》内容一致，破解了千百年的真伪之争。

我们此次出版，原文以通行本反复校勘，并且做了简明的注释，译文在尊重原文的前提下尽量通俗流畅。限于译者水平，书中难免有所疏漏，恳请读者不吝赐教。

总　目

上　册

隐　公 …… 1
桓　公 …… 53
庄　公 …… 111
闵　公 …… 188
僖　公 …… 206
文　公 …… 396

中　册

宣　公 …… 489
成　公 …… 586
襄　公 …… 743

下 册

昭 公 …… 1043
定 公 …… 1387
哀 公 …… 1474

目　录

隐　公

隐公元年 …………………………………………………… 2

隐公二年 …………………………………………………… 10

隐公三年 …………………………………………………… 12

隐公四年 …………………………………………………… 20

隐公五年 …………………………………………………… 24

隐公六年 …………………………………………………… 30

隐公七年 …………………………………………………… 33

隐公八年 …………………………………………………… 36

隐公九年 …………………………………………………… 39

隐公十年 …………………………………………………… 41

隐公十一年 ………………………………………………… 44

桓 公

桓公元年 ………… 53
桓公二年 ………… 54
桓公三年 ………… 63
桓公四年 ………… 66
桓公五年 ………… 67
桓公六年 ………… 71
桓公七年 ………… 79
桓公八年 ………… 80
桓公九年 ………… 83
桓公十年 ………… 85
桓公十一年 ………… 88
桓公十二年 ………… 91
桓公十三年 ………… 94
桓公十四年 ………… 97
桓公十五年 ………… 98
桓公十六年 ………… 101
桓公十七年 ………… 103

桓公十八年 ……107

庄 公

庄公元年 ……111
庄公二年 ……112
庄公三年 ……113
庄公四年 ……114
庄公五年 ……117
庄公六年 ……118
庄公七年 ……120
庄公八年 ……121
庄公九年 ……126
庄公十年 ……128
庄公十一年 ……133
庄公十二年 ……136
庄公十三年 ……138
庄公十四年 ……140
庄公十五年 ……144
庄公十六年 ……145

庄公十七年 ……………………………………………………………148
庄公十八年 ……………………………………………………………149
庄公十九年 ……………………………………………………………152
庄公二十年 ……………………………………………………………154
庄公二十一年……………………………………………………………156
庄公二十二年……………………………………………………………158
庄公二十三年……………………………………………………………163
庄公二十四年……………………………………………………………165
庄公二十五年……………………………………………………………167
庄公二十六年……………………………………………………………170
庄公二十七年……………………………………………………………171
庄公二十八年……………………………………………………………174
庄公二十九年……………………………………………………………178
庄公三十年 ……………………………………………………………180
庄公三十一年……………………………………………………………182
庄公三十二年……………………………………………………………183

闵 公

闵公元年 ……………………………………………………………188

闵公二年 ……………………………………………193

僖 公

僖公元年 ……………………………………………206
僖公二年 ……………………………………………209
僖公三年 ……………………………………………213
僖公四年 ……………………………………………215
僖公五年 ……………………………………………222
僖公六年 ……………………………………………231
僖公七年 ……………………………………………234
僖公八年 ……………………………………………239
僖公九年 ……………………………………………242
僖公十年 ……………………………………………250
僖公十一年 …………………………………………254
僖公十二年 …………………………………………256
僖公十三年 …………………………………………259
僖公十四年 …………………………………………262
僖公十五年 …………………………………………264
僖公十六年 …………………………………………279

僖公十七年……282
僖公十八年……286
僖公十九年……288
僖公二十年……292
僖公二十一年……295
僖公二十二年……298
僖公二十三年……305
僖公二十四年……315
僖公二十五年……331
僖公二十六年……337
僖公二十七年……341
僖公二十八年……346
僖公二十九年……368
僖公三十年……371
僖公三十一年……377
僖公三十二年……380
僖公三十三年……383

文 公

文公元年 ……396
文公二年 ……402
文公三年 ……409
文公四年 ……412
文公五年 ……416
文公六年 ……418
文公七年 ……425
文公八年 ……433
文公九年 ……436
文公十年 ……439
文公十一年 ……442
文公十二年 ……445
文公十三年 ……451
文公十四年 ……455
文公十五年 ……461
文公十六年 ……467
文公十七年 ……473
文公十八年 ……478

隐 公

【传】惠公元妃孟子[①]，孟子卒，继室以声子[②]，生隐公[③]。宋武公[④]生仲子，仲子生而有文在其手，曰“为鲁夫人”，故仲子归[⑤]于我。生桓公而惠公薨[⑥]，是以隐公立而奉[⑦]之。

【注释】①惠公：即鲁惠公，姬姓，名弗湟，春秋时期鲁国第十三任君主。元妃：国君或诸侯的嫡妻。孟子：宋国人。孟是排行，即老大，所谓“孟、仲、叔、季”。子则为母家姓，宋国姓子。②继室：指原配死后，丈夫续娶的妻子。声子：为孟子随嫁媵，所以称继室，不称夫人。“声”是谥号。③隐公：名息姑，鲁惠公之子，鲁桓公之兄，鲁国第十四代国君。惠公死时太子允年纪还小，于是隐公代掌国君之位，后被桓公所杀。④宋武公：子姓，宋氏，名司空，宋戴公之子，宋国第十二任国君。⑤归：出嫁。⑥薨：诸侯死称为“薨”。⑦奉：辅佐。

【译文】鲁惠公的原配夫人是孟子，孟子死后，鲁惠公又娶了继室声子，生下了隐公。宋武公生女名仲子，仲子一生下，手上就有文字，是“为鲁夫人”，所以后来仲子也就嫁给了我们鲁国的国君作正室。仲子生下桓公，惠公不久就去世了，所以隐公立桓公为太子，而自己则辅佐朝政。

隐公元年

【经】元年[①]春，王正月[②]。三月，公及邾仪父盟于蔑[③]。夏五月，郑伯克段于鄢[④]。秋七月，天王使宰咺来归惠公、仲子之赗[⑤]。九月，及宋人盟于宿[⑥]。冬十有二月，祭伯[⑦]来。公子益师[⑧]卒。

【注释】①元年：即公元前722年，是《春秋左传》的起始年。②王正月：周历正月。③公：即鲁隐公。邾（zhū）仪父：即邾克，邾国第十代君主。殒后，其子邾宪公曹琐继位。当时由于他还没有受周朝正式册封，所以《春秋》没有记载他的爵位，称他为“仪父”，是尊重他。邾，子爵国，曹姓，在今山东省邹城市境内。蔑：鲁地，在今山东泗水县东。④郑伯：即郑庄公，姬姓，名寤生，郑武公之子，郑国第三任国君。段：即共叔段，郑庄公的弟弟。鄢（yān）：地名，在今河南鄢陵县。⑤天王：即周平王，姬姓，名宜臼，周幽王姬宫湦之子，东周第一任君主。宰咺（xuǎn）：宰为官名，名咺。赗（fèng）：助人办丧事的财物。⑥宿：国名，风姓，男爵，在今山东东平县。⑦祭（zhài）伯：周平王的卿士，祭为其食邑。⑧公子益师：鲁孝公之子，字众父，其后为众氏，是众仲的祖先。

【译文】鲁隐公元年春季，周历正月。三月，鲁隐公在蔑地与邾仪父会盟。夏季五月，郑庄公在鄢地打败了弟弟共叔段。秋季七月，周平王派宰咺给鲁国送来了助惠公和仲子办丧事的财物。九月，鲁国在宿地与宋国会盟。冬季十二月，祭伯来到了鲁国。鲁国公子益师去世。

【传】元年春，王周正月。不书即位，摄[1]也。三月，公及邾仪父盟于蔑，邾子克也。未王命，故不书爵。曰“仪父”，贵[2]之也。公摄位而欲求好于邾，故为蔑之盟。夏四月，费伯帅师城郎[3]。不书[4]，非公命也。

【注释】①摄：代理国政。②贵：重视，尊重。③费伯：鲁大夫。郎：鲁邑，在今山东鱼台县。④不书：指《春秋》中不记载。

【译文】元年春季，周历正月，《春秋》中没有记载隐公即位的情况，是因为隐公仅仅只是摄政。三月，隐公在蔑地与邾仪父会盟。邾仪父，就是邾子克，因为还未被周朝正式册封，所以《春秋》中没有记载他的爵位，称他为“仪父”，那是因为尊重他。隐公摄政时想要与邾国交好，因此双方在蔑地举行了会盟。夏季四月，费伯率军修筑郎地的城墙。《春秋》中没有记载这事，是因为费伯并不是奉隐公的命令。

初，郑武公娶于申[1]，曰武姜[2]，生庄公及共叔段[3]。庄公寤生[4]，惊姜氏，故名曰“寤生”，遂恶[5]之。爱共叔段，欲立之。亟[6]请于武公，公弗许。及庄公即位，为之请制[7]。公曰：“制，岩邑[8]也，虢叔[9]死焉。佗邑唯命[10]。”请京[11]，使居之，谓之京城大叔。祭仲[12]曰：“都城过百雉[13]，国之害也。先王之制：大都，不过参国之一[14]；中，五之一；小，九之一。今京不度，非制也，君将不堪[15]。”公曰：“姜氏欲之，焉辟害[16]？”对曰：“姜氏何厌[17]之有？不如早为之所，无使滋蔓[18]！蔓，难图也。蔓草犹不可除，况君之宠弟乎？”公曰：“多行不义，必自毙，子姑待之。”

【注释】①郑武公：春秋时郑国国君，姬姓，名掘突。郑，周代诸侯国名，姬姓，伯爵，周厉王少子友之后。申：诸侯国名，伯夷之后，姜姓，后为楚所灭，在今河南南阳。②武姜：郑武公谥号为武，申国为姜姓，因此郑武公的夫人称为武姜。③共（gōng）叔段：郑庄公的弟弟，“共”为其封邑，叔是排行，段是名。④寤（wù）生：难产，生产时胎儿脚部先出来。⑤恶：讨厌，不喜欢。⑥亟：屡次，多次。⑦制：地名，在今河南荥阳虎牢关。⑧岩邑：险邑，地势险要的边城。⑨虢（guó）叔：东虢国的国君。⑩佗：同“他”，其他。唯命：唯命是从。⑪京：地名，在今河南荥阳县东南。⑫祭仲：郑国大夫，字足。⑬雉：古时建筑的计量单位。一雉为三丈长一丈高。⑭参：同“三”。国：国都。⑮不堪：承受不了。⑯焉：哪里，怎么。辟：同“避”，逃避。⑰厌：满足。⑱滋蔓：生长蔓延。常喻祸患的滋长扩大。

【译文】起初，郑武公在申国娶了一位夫人，名叫武姜，武姜生下了庄公和共叔段。庄公出生时脚先出来，是难产。这让姜氏受到了惊吓，因此便给庄公取名叫寤生，并且非常讨厌他。姜氏喜爱共叔段，想立他为太子，并且多次请求武公，但武公没有同意。等到庄公继位郑国国君后，姜氏请求将制地作为共叔段的封邑。庄公说：“制地是一个地势险要的地方，虢叔曾经死在那里。其他地方都可以听您的。”姜氏又改请求京地，庄公就让共叔段居住在那里，称为京城大叔。祭仲对庄公说："凡属都城，城墙周围的长度超过三百丈，就会给国家带来祸害。按照先王规定的制度，大的都城，不得超过国都的三分之一；中等的，不得超过五分之一；小的，不超过九分之一。现在京城的城墙不符合制度，这是不该出现的，您会承受不了的。"庄公说："姜氏要这样，我怎么能避免祸害呢？"祭仲回答说："姜氏怎么会因此满足呢？不如早作准备，不要让她滋生事端，否则一经蔓延就难以对付了。蔓延的野草尚且很难铲除掉，更何况是您宠爱的弟弟呢？"庄公说："坏事做多了，必然会自取灭亡。您姑且等着吧！"

既而大叔命西鄙、北鄙贰于己①。公子吕②曰："国不堪贰，君将若之何③？欲与大叔，臣请事之；若弗与，则请除之，无生民心。"公曰："无庸④，将自及。"大叔又收贰以为己邑，至于廪延⑤。子封曰："可矣，厚⑥将得众。"公曰："不义不昵，厚将崩。"

大叔完聚⑦，缮甲兵⑧，具卒乘⑨，将袭郑，夫人将启之⑩。公闻其期，曰："可矣！"命子封帅车二百乘⑪以伐京。京叛大叔段，段入于鄢，公伐诸鄢。五月辛丑，大叔出奔共⑫。

【注释】①西鄙、北鄙：郑国西部与北部边境一带的城邑。贰：不专心，这里指背叛国君。②公子吕：郑国大夫，字子封。③若之何：怎么办。④无庸：无须，不必。⑤廪延：地名，在今河南延津县北。⑥厚：势力雄厚。⑦完聚：修葺城郭，聚集粮食。⑧缮：修补，修缮。甲兵：衣甲武器。⑨卒乘：士兵与战车。后多泛指军队。⑩夫人：指武姜。启之：开启城门，指做内应。⑪乘：一车四马为一乘。每乘配甲士三人，步兵七十二人。⑫共：国名，在今河南辉县。

【译文】不久后，大叔命令西部和北部边境的官员违背国君，听命于自己。公子吕说："国家不能忍受这两种政权同时存在，君王您打算怎么办？您如果要把君位让给大叔，臣子就去侍奉他；如果不给，那就请除掉他，不要让老百姓有其他的想法。"庄公说："不必，他会自取其祸的。"大叔又将原来的两块地方收作自己的封邑，并扩大到廪延。公子吕说："可以动手了。他势力一大，便会取得民心。"庄公说："不接受君命，不友爱兄长，他势力虽大，但反而会因此分崩离析。"

大叔整治城郭，储备粮草，修缮装备武器，充实步兵车兵，企图袭击郑国的都城。姜氏则准备作为内应，为他打开城门。庄公听说了大叔起兵的日期后，说："可以动手了。"便命令公子吕率领二百辆战车进攻京城。京城的人反叛大叔段，大叔逃到了鄢地。庄公又追击到了鄢地。五月辛丑，大叔又逃到了共地。

书曰："郑伯克段于鄢。"段不弟，故不言弟；如二君，故曰克；称郑伯，讥失教也：谓之郑志[①]。不言出奔，难之也。

遂寘姜氏于城颍[②]，而誓之曰："不及黄泉[③]，无相见也。"既而悔之。

颍考叔为颍谷封人[④]，闻之，有献于公，公赐之食，食舍肉。公问之，对曰："小人有母，皆尝小人之食矣，未尝君之羹，请以遗[⑤]之。"公曰："尔有母遗，繄[⑥]我独无！"颍考叔曰："敢问何谓也？"公语之故，且告之悔。对曰："君何患焉？若阙[⑦]地及泉，隧[⑧]而相见，其谁曰不然？"公从之。公入而赋[⑨]："大隧之中，其乐也融融[10]！”姜出而赋：“大隧之外，其乐也泄泄[11]！”遂为母子如初。

【注释】①郑志：郑庄公的意愿。②寘（zhì）：同“置”，安排，放置。城颍：今河南临颍西北。③黄泉：地下之泉，指死后埋在地下。④颍考叔：郑国大夫。颍谷：地名，在今河南登封西南。封人：镇守边疆的地方官员。⑤遗（wèi）：赠送。⑥繄（yī）：语气助词，无实义。⑦阙：同“掘”，挖掘。⑧隧：挖隧道。⑨赋：作诗。⑩融融：快乐高兴的样子。⑪泄泄：快乐欢畅的样子。

【译文】《春秋》中记载说：“郑伯克段于鄢。”因为公叔段的所作所为不讲孝悌，所以不称“弟”；他兄弟俩相争，却像是两国国君在打仗一样，所以称为“克”；称庄公为“郑伯”，是讥讽他没有尽到教诲之责；《春秋》这样记载体现了庄公的意愿。不说“出奔”，是因为史官下笔有为难的地方。

于是庄公把姜氏安置在城颍，并发誓说：“不到黄泉不再相见。”不久以后庄公又后悔了。

颍考叔当时在颍谷担任镇守边疆的长官，听到这件事，就找机会献给了庄公一些东西。庄公便赏他一起吃饭。吃饭的时候，他把肉放在旁边不吃。庄公就问他原因，他回答说：“我有母亲，我孝敬她的食物她都已经尝过了，但从没有尝过国君的肉汤，所以请求您让我将这肉带回去给她吃。”庄公说：“你有母亲可以赠送，我却没有！”颍考叔说：“请问这是什么意思？”庄公就对他说明了原因，并且告诉他自己很后悔。颍考叔回答说：“您有什么可担心的呢？如果掘地见到泉水，在隧道里面相见，那还有谁说不对呢？”庄公听从了颍考叔的意见。庄公进了隧道，赋诗说：“身在这隧道中，是多么快乐啊！”姜氏走出隧道，也赋诗说："走出这隧道后，是多么舒畅啊。"于是母子和好如初。

君子曰："颍考叔，纯孝也，爱其母，施[①]及庄公。《诗》曰'孝子不匮，永锡尔类'。[②]其是之谓乎！"

秋七月，天王使宰咺来归惠公、仲子之赗。缓，且子氏[③]未薨，故名。天子七月而葬，同轨[④]毕至；诸侯五月，同盟[⑤]至；大夫三月，同位[⑥]至；士逾月，外姻[⑦]至。赠死不及尸[⑧]，吊生不及哀[⑨]，豫凶事[⑩]，非礼也。

【注释】①施：推及，延及。②《诗》：出自《诗·大雅·既醉》。匮：匮乏，穷尽。锡：同"赐"，给予。③子氏：即仲子，子为姓。④同轨：指周天子所分封的诸侯。⑤同盟：结盟的国家。⑥同位：官位相等的同僚。⑦外姻：外戚姻亲，泛指亲戚。⑧赠死：向死者赠送东西。尸：此处指下葬。⑨吊生：吊慰生者。哀：哭丧，举哀。⑩豫：预先，提前。凶事：丧事。

【译文】君子说："颍考叔可算是真正的孝子，爱他的母亲，把爱心扩大并且影响到庄公。《诗经》说：'孝子的孝心没有穷尽，永远赐给你福禄。'说的就是这样的情况吧！"

秋季，七月，周平王派宰咺到鲁国来送助鲁惠公和仲子丧事的财物。当时惠公已经下葬，因此算是晚了，但仲子还没有去世，所以《春秋》中直书宰咺的名字。天子死后历时七个月下葬，诸侯都需来参加葬礼；诸侯死后五个月下葬，同盟的诸侯需来参加葬礼；大夫死后三个月下葬，官位相等的同僚要来参加葬礼；士死后一个月下葬，亲戚要前来参加葬礼。向死者赠送东西而没有赶上下葬，向生者吊丧却没有赶上哭丧，人没死而预先赠送有关丧事的物品，这些都不合乎礼。

八月，纪人伐夷[①]。夷不告，故不书。有蜚[②]，不为灾，亦不书。惠公之季年[③]，败宋师于黄[④]。公立，而求成[⑤]焉。九月，及宋人盟于宿，始通[⑥]也。

【注释】①纪：国名，姜姓，故城在今山东省寿光县南。夷：国名，妘姓，故城位于今山东省即墨县西。②蜚（fěi）：一种有毒的飞虫。③季年：晚年、末年。④黄：宋国的城邑，故城在今河南省民权县东。⑤成：讲和。⑥通：往来交好。

【译文】八月，纪国人攻打夷国。因夷国没有派人来报告，所以《春秋》中对此没有记载。发现吃稻的蜚虫，因为没有造成灾害，所以《春秋》中也没有记载。惠公晚年时，在黄地击败了宋国军队。隐公即位，派人与宋人讲和。九月，与宋国人在宿地会盟，两国开始往来交好。

冬十月庚申，改葬惠公。公弗临，故不书。惠公之薨也，有宋师[①]，大子[②]少，葬故有阙[③]，是以改葬。卫侯[④]来会葬，不见公，亦不书。郑共叔之乱，公孙滑[⑤]出奔卫。卫人为之伐郑，取廪延。郑人以王师、虢师伐卫南鄙[⑥]。请师于邾。邾子使私于公子豫[⑦]，豫请往，公弗许，遂行。及邾人、郑人盟于翼[⑧]。不书，非公命也。新作南门。不书，亦非公命也。

十二月，祭伯来，非王命也。众父卒。公不与小敛[⑨]，故不书日。

【注释】①有宋师：正与宋国军队交战。②大子：即太子。③故：通“固”，本来。阙：同“缺”，葬礼不完备。④卫侯：即卫桓公完。卫，国名，姬姓，文王之子康叔封之后。⑤公孙滑：共叔段之子。⑥王师：周王的军队。虢：此指西虢国，在今河南陕县。鄙：边疆的小邑。⑦私：请兵。公子豫：鲁大夫。⑧翼：邾地，在今山东费县西南。⑨与：参加。小敛：给死者穿衣。

【译文】冬季，十月庚申日，改葬惠公。隐公没有到场，所以《春秋》中没有记载。惠公死的时候，恰好碰上与宋国军队交战，而太子又年幼，葬礼因此不完备，所以需要改葬。卫桓公来参加了葬礼，但没有见到隐公，所以《春秋》中也没有记载。郑国共叔段叛乱，公孙滑便逃到了卫国。卫国人因此为他攻打郑国，夺取了廪延。郑国人率领周天子的军队与虢国的军队攻打卫国的南部边境，同时还请求邾国出兵相助。邾国国君派人私下和公子豫商量，公子豫请求出兵援救，但隐公没有同意，因此公子豫自己前往，与邾国人、郑国人在翼地会盟。《春秋》中对此也没有记载，是因为这不是隐公的命令。鲁国新建了南门，《春秋》中没有记载，也因为这不是隐公的命令。

十二月，祭伯来鲁国，但不是奉周天子的命令。公子益师去世，隐公没有参加小敛，所以《春秋》中也没有记载具体的日期。

隐公二年

【经】二年春，公会戎[1]于潜[2]。夏五月，莒人入向[3]。无骇帅师入极[4]。秋八月庚辰，公及戎盟于唐。九月，纪裂繻[5]来逆女[6]。冬十月，伯姬归于纪。纪子帛、莒子盟于密[7]。十有二月乙卯，夫人子氏薨。郑人伐卫。

【注释】①戎：国名，在今山东菏泽县西南。②潜：鲁地。在今山东济宁市西南。③莒（jǔ）：周朝诸侯国，国君为己姓，都城位于今山东省莒县。④无骇：鲁孝公曾孙，任鲁国司空之职，也作司空无骇。极：鲁国的附庸国，姬姓，在今山东鱼台县东。⑤裂繻（xū）：纪国卿士，字子帛。⑥逆女：迎娶女子。⑦密：莒国地名，位于今山东省昌邑县东南。

【译文】鲁隐公二年春季，隐公与戎人在潜地相会。夏季五月，莒国人攻入向国。鲁国司空无骇率军进入极国。秋季八月庚辰日，隐公与戎人在唐地结盟。九月，纪国卿裂繻前来鲁国迎娶伯姬。冬季十月，鲁国的伯姬嫁到纪国。纪国的子帛在密地与莒国国君会盟。十二月乙卯日，鲁国夫人子氏去世。郑国人攻打卫国。

【传】二年春，公会戎于潜，修惠公之好也。戎请盟，公辞。

莒子娶于向，向姜[1]不安莒而归。夏，莒人入向，以姜氏还。

司空无骇入极，费庈父[2]胜之。

戎请盟。秋，盟于唐，复修戎好也。

九月，纪裂繻来逆女，卿为君逆也。

冬，纪子帛、莒子盟于密，鲁故也。

郑人伐卫，讨公孙滑[3]之乱也。

【注释】①向姜：向君的女儿。②费庈（qín）父：即费伯，鲁国大夫。③公孙滑：姬姓，名滑，郑国共叔段之子。书段失败后，公孙滑逃到卫国，卫为之出兵伐郑，占领廪延。此次郑国伐卫，为报卫伐郑之仇讨伐公孙滑之叛乱。

【译文】鲁隐公二年春季，隐公与戎人在潜地相会，重修鲁惠公时两国之好。戎人请求结盟，但隐公拒绝了。

莒国国君到向国迎娶向姜为妻，向姜在莒国生活的不顺心，因此又回到了向国。夏季，莒国人攻入向国，将向姜带回莒国。

鲁国司空无骇领兵攻入极国。费庈父趁机灭掉了极国。

戎人请求结盟。秋季，鲁国在唐地与戎人结盟，重新恢复了和戎人的友好关系。

九月，纪卿裂繻来鲁国迎娶隐公的女儿，这是卿为国君而来迎亲。

冬季，纪子帛与莒国国君在密地结盟，是为了缓解鲁国和莒国间的不合。

郑国人攻打卫国，是为了讨伐公孙滑的叛乱。

隐公三年

【经】三年春，王二月己巳，日有食之。三月庚戌，天王崩。夏四月辛卯，君氏[1]卒。秋，武氏子来求赙[2]。八月庚辰，宋公和卒。冬十有二月，齐侯、郑伯盟于石门[3]。癸未，葬宋穆公[4]。

【注释】①君氏：对诸侯侧室的尊敬。②武氏子：周大夫之卿。赙（fù）：拿钱财帮助别人办理丧事。③齐侯：即齐僖公。齐，国名，侯爵，姜姓。郑伯：即郑庄公。石门：齐国地名，位于今山东省长清县西南。④宋穆公：子姓，宋氏，名和，宋武公之子，宣公弟，春秋时期宋国第十四任国君。

【译文】鲁隐公三年春季，周历二月己巳日，发生了日食。三月庚戌日，周平王驾崩。夏季，四月辛卯日，君氏去世。秋季，武氏子来鲁国求助办丧事的财物。八月庚辰日，宋穆公去世。冬季，十二月，齐僖公与郑庄公在石门会盟。癸未日，宋穆公下葬。

【传】三年春，王三月壬戌，平王[1]崩。赴以庚戌[2]，故书之。夏，君氏卒。声子[3]也。不赴于诸侯，不反哭于寝，不祔于姑[4]，故不曰薨。不称夫人，故不言葬[5]，不书姓。为公故，曰“君氏”。

【注释】①平王：即周平王姬宜臼，周幽王姬宫湦之子，东周第一任君主。②赴：讣告，告丧。③声子：宋国公主，在鲁惠公元妃孟子去世后，声子续为鲁惠公的夫人，声是谥号，子是宋国国姓，后生隐公。④祔（fù）：奉新死者的木主于祖庙与祖先的木主一起祭祀。姑：丈夫的母亲，即婆婆。⑤不言葬：因不以大夫之礼治丧，葬后不反哭于祖庙，故《春秋》记载其死，未言其实。

【译文】鲁隐公三年春季，周历三月壬戌日，周平王驾崩。因为发给诸侯的讣告中说是庚戌日，所以《春秋》中便将死的那天记载为庚戌日。夏季，君氏去世。君氏就是隐公的母亲声子。声子死后没有给诸侯发讣告，安葬后没有回到祖庙号哭，也没有把灵位放在婆婆的灵位旁边，因此《春秋》中称之为“卒”而不称“薨”。又因为不能称她为“夫人”，所以《春秋》中没有记载她的丧事，也没有记载她的姓氏。只是因为她是隐公生母的缘故，所以称她为“君氏”。

郑武公、庄公为平王卿士①。王贰于虢②，郑伯怨王，王曰“无之”。故周、郑交质③。王子狐④为质于郑，郑公子忽⑤为质于周。王崩，周人将畀⑥虢公政。四月，郑祭足帅师取温之麦⑦。秋，又取成周之禾⑧。周、郑交恶⑨。

【注释】①卿士：三公、六卿的通称，为周王室执政之官。②贰：二心。虢（guó）：此处指西虢公。③质：人质，以人为抵押品，春秋、战国时多盛行。④王子狐：即姬狐，周平王的次子。⑤公子忽：郑庄公太子姬忽，后继位为郑昭公。⑥畀（bì）：给与，授予。⑦祭足：即祭仲，郑国祭邑人，春秋时期著名政治家、谋略家，掌管郑国政权数十年。温：周王畿内小国，位于今河南省温县南。⑧成周：周王的城邑，周公所建，故城位于今河南省洛阳市东。平王东迁，定都成周，将都城名称改为洛邑。禾：古代指粟（谷子）。⑨交恶：互相憎恨。

【译文】郑武公、郑庄公先后担任周平王的卿士。周平王想从郑庄公那里分一部分权力给西虢公，郑庄公因此怨恨平王。周平王说：“没有这回事。”为了消除猜忌，所以周、郑相互交换人质。周朝的王子狐到郑国做人质，郑国的公子忽到周朝做人质。周平王驾崩后，周人准备将朝政交给西虢公。四月，郑国的祭足领兵强收了温地的麦子。秋季，又割取了成周的谷子。周、郑就此互相憎恨。

君子曰："信不由中[1]，质无益也。明恕而行，要[2]之以礼，虽无有质，谁能间[3]之？苟有明信，涧溪沼沚之毛，蘋蘩薀藻之菜，筐筥锜釜之器[4]，潢汙行潦之水[5]，可荐[6]于鬼神，可羞[7]于王公，而况君子结二国之信，行之以礼，又焉用质？《风》[8]有《采蘩》《采蘋》，《雅》[9]有《行苇》《泂酌》，昭忠信也[10]。"

【注释】①信：诚实。中：同"衷"，内心。②要：约束。③间：离间。④筥（jǔ）：盛物的圆形竹筐。锜（qí）：古代一种三足的釜。有足者为锜，无足者为釜。⑤汙：积水。行潦：道路上的积水。⑥荐：进献，祭献。⑦羞：进献。⑧《风》：指《诗经》中的《国风》。⑨《雅》：指《诗经》中的《大雅》。⑩昭：表明。忠信：忠诚信用。

【译文】君子说："诚实不是发自内心，即使有人质也没有用处。能懂得将心比心地办事，并用礼来约束，即使没有人质，谁又能离间他们呢？如果确有诚心敬意，即便是涧溪小沟或沼泽池塘中生长的野草，蘋、蘩、薀藻之类的野菜，即便是筐、筥、锜、釜这些竹器和金属器皿，道上的积水，都可以献给鬼神，进给王公，更何况君子建立了两国的信约，只要按照礼仪行事，又哪里需要人质呢？《诗经》中的《国风》有《采蘩》《采蘋》，《大雅》有《行苇》《泂酌》，这些篇章都是为了表明忠诚信用的。"

武氏子来求赙，王未葬也。

宋穆公疾，召大司马孔父[①]而属殇公[②]焉，曰："先君舍与夷而立寡人[③]，寡人弗敢忘。若以大夫之灵[④]，得保首领以没，先君若问与夷，其将何辞以对？请子奉之，以主社稷[⑤]，寡人虽死，亦无悔焉。"对曰："群臣愿奉冯[⑥]也。"公曰："不可。先君以寡人为贤，使主社稷，若弃德不让，是废先君之举也，岂曰能贤？光昭先君之令德[⑦]，可不务[⑧]乎？吾子[⑨]其无废先君之功。"使公子冯出居于郑。八月庚辰，宋穆公卒。殇公即位。

【注释】①大司马孔父：即孔父嘉，子姓，名嘉，字孔父，孔子六世祖，春秋时期宋国大臣，官至大司马。②殇公：宋宣公之子，子姓，名与夷，春秋时期宋国第十五任国君。③先君：指宋宣公。舍：舍弃，放弃。寡人：诸侯自谦之语。④灵：威灵；福气，福分。⑤社稷：土神和谷神，古时君主都祭祀社稷，后来就用社稷代表国家。⑥冯（píng）：宋穆公之子公子冯，子姓，宋氏，名冯，即宋庄公，春秋时期宋国第十六任国君。⑦光昭：彰明显扬，发扬光大。令德：美德。⑧务：致力，从事。⑨吾子：古时对人的尊称，译为"您"，比"子"更亲切。

【译文】武氏子来求取办丧事的财物，是因为周平王还没有下葬。

宋穆公病重，召见大司马孔父嘉，将殇公托付给他。宋穆公说："先君舍弃了他的儿子与夷而立我为国君，我不敢忘记。如果托您的福，我能得善终，先君如果向我问到与夷，我将怎么回答呢？请您侍奉他来管理好国家。这样，即使我死了，也没有什么可遗憾的了。"孔父嘉回答说："群臣愿意侍奉您的儿子公子冯啊。"穆公说："不可以。先君认为我有贤德，才将国家交给我，如果我舍弃了先君的恩德而不将君位还给他的儿子，那我便是废弃了先君的举荐，又如何能说是有德行呢？发扬光大先君的美德，能不加紧实行吗？您不要荒废了先君的功业！”于是，命公子冯到郑国去住。八月庚辰日，宋穆公去世，宋殇公与夷即位。

君子曰："宋宣公可谓知人矣。立穆公，其子飨[①]之，命以义夫。《商颂》[②]曰：'殷受命咸宜，百禄是荷。'其是之谓乎！"

冬，齐、郑盟于石门，寻卢之盟[③]也。庚戌，郑伯之车偾于济[④]。

卫庄公娶于齐东宫得臣之妹[⑤]，曰庄姜[⑥]，美而无子，卫人所为赋《硕人》[⑦]也。又娶于陈[⑧]，曰厉妫，生孝伯，早死。其娣戴妫生桓公[⑨]，庄姜以为己子。

【注释】①飨：通"享"，享受。②《商颂》：商朝及周朝时期宋国的诗歌，产生于商朝发源及建都地、宋国国都商丘。共有五篇。③寻卢之盟：重温旧盟。卢盟在春秋之前。卢，齐地，在今山东长清县西南。④偾（fèn）：覆，翻倒在地。济：济水，在今山东境内。⑤卫庄公：卫国第12任国君，姬姓，卫氏，名扬。东宫得臣：即齐国太子得臣，齐庄公嫡长子。⑥庄姜：齐庄公之嫡女。⑦《硕人》：描写齐女庄姜出嫁卫庄公的壮盛和美貌。⑧陈：周朝诸侯国，妫姓，虞舜的后代，都城位于今河南省淮阳县。⑨戴妫（guī）：厉妫之妹，从嫁于卫，亦为庄公之妻。戴，为谥号。桓公：姬姓，卫氏，名完，庄公之子，戴妫所生，为庄姜育为己子。

【译文】君子说："宋宣公可以说是能了解人了，立了兄弟穆公为君，他的儿子日后仍然享受君位。这是他的遗命合乎道义啊！《商颂》

说：'殷王的授命都符合道义，所以获得了各种福禄。'大概说的就是这种情况吧！"

冬季，齐与郑在石门会盟，这是为了重温在卢地结盟的友谊。庚戌日，郑庄公的车掉进了济水里。

卫庄公娶了齐国太子得臣的妹妹为夫人，称为庄姜。庄姜长得美丽却没有生孩子，所以卫国人为她作了《硕人》这篇诗赞美她。卫庄公又从陈国娶了一位叫厉妫的女子，生下孝伯，很早就死了。与厉妫陪嫁过来的妹妹戴妫，生了桓公，庄姜对桓公视如己出。

公子州吁[①]，嬖人[②]之子也，有宠而好兵，公弗禁，庄姜恶之。石碏[③]谏曰："臣闻爱子，教之以义方[④]，弗纳于邪。骄、奢、淫、泆[⑤]，所自邪也。四者之来，宠禄[⑥]过也。将立州吁，乃定之矣，若犹未[⑦]也，阶之为祸[⑧]。夫宠而不骄，骄而能降，降而不憾，憾而能眕[⑨]者鲜矣。且夫贱妨[⑩]贵，少陵[⑪]长，远间亲，新间旧，小加大，淫破义，所谓六逆[⑫]也。君义，臣行，父慈，子孝，兄爱，弟敬，所谓六顺也。去顺效逆，所以速祸也。君人者，将祸是务去，而速之，无乃[⑬]不可乎？"弗听，其子厚[⑭]与州吁游，禁之，不可。桓公立，乃老[⑮]。

【注释】①州吁：姬姓，卫氏，名州吁，卫庄公之子，卫桓公异母弟，弑君篡位，是卫国第14任国君。②嬖（bì）人：身份卑下而受宠爱的人。③石碏（què）：春秋时期卫国大夫。④义方：行事应该遵守的规范和道理。⑤泆（yì）：通"逸"，放荡、荒淫。⑥宠禄：给予宠幸和富贵。⑦犹未：还没。⑧阶之为祸：即为祸之阶，产生祸乱的台阶。⑨眕

(zhěn)：自安自重、自抑。⑩妨：阻碍，伤害。⑪陵：古同“凌”，侵犯，欺侮。⑫六逆：古代统治阶级所认为的六种悖逆行为。⑬无乃：表示委婉反问。岂不是。⑭厚：即石碏之子石厚，与州吁交往密切，石碏加以制止也不听从。⑮老：告老致仕。

【译文】卫国公子州吁，是卫庄公宠妾所生的儿子。因为受庄公的宠爱，州吁喜好武事，卫庄公对此不加禁止。庄姜因此很厌恶州吁。卫大夫石碏规劝庄公说："臣听说如果疼爱自己的儿子，就应当用道义来教导他，让他不要走上邪路。而骄横、奢侈、淫乱、放荡是走向邪路的开始。这四种恶行之所以形成，则是因为太过恩宠了。如果您准备立州吁为太子，就得尽快确定下来；如果还没确定下来，将会逐渐酿成祸患。受恩宠而不骄横，骄横而能安于地位下降，地位下降而能不怨恨，怨恨而能克制，这样的人是很少有了。而且，地位低贱的妨害地位高贵的、年轻的欺辱年长的、关系疏远的离间关系亲近的、新人挑拨旧人，弱小的侵凌强大的、淫乱的败坏道义的，这就是六种悖逆的行为。君主行事合乎道义、臣子奉命行事、父亲慈爱、儿子孝顺、兄长友爱、弟弟恭敬，这就是六种顺应。去掉顺应而去仿效悖逆，这就是很快招致祸患的原因。作为君主，应尽力去掉祸患。现在却加速它的到来，恐怕不可以吧？"卫庄公没有听从石碏的规劝。石碏的儿子石厚与州吁结交，石碏禁止他们往来，但没有成功。卫桓公即位后，石碏就告老还乡了。

隐公四年

【经】四年春，王二月，莒人伐杞[①]，取牟娄[②]。戊申，卫州吁弑其君完。夏，公及宋公遇于清[③]。宋公、陈侯[④]、蔡人、卫人伐郑。秋，翚[⑤]帅师会宋公、陈侯、蔡人、卫人伐郑。九月，卫人杀州吁于濮。冬十有二月，卫人立晋[⑥]。

【注释】①杞：国君为姒姓，大禹的直系后裔。②牟娄：古邑名。又作无娄。春秋杞邑，后属莒。在今山东省诸城市西。③宋公：即宋殇公与夷。遇：会面，不期而遇。清：卫邑名，在今山东省东阿县南。④陈侯：即陈桓公妫鲍，为陈国第十二位国君。⑤翚（huī）：即公子翚，字羽父，春秋时鲁国大夫。⑥晋：姬姓，卫氏，名晋，卫庄公之子，卫桓公之弟，为卫宣公，是卫国第十五任国君。

【译文】鲁隐公四年春季，周历二月，莒国讨伐杞国，攻取了牟娄城。三月戊申日，卫国的州吁杀死了他们的国君姬完。夏季，鲁隐公和宋殇公在卫国的清地会面。宋殇公、陈桓公及蔡国人、卫国人联合进攻郑国。秋季，鲁国公子翚领兵与宋殇公、陈桓公及蔡国人、卫国人联合攻打郑国。九月，卫国人在濮地杀死了州吁。冬季十二月，卫国人立公子晋为国君。

【传】四年春，卫州吁弑桓公而立。公与宋公为会，将寻宿之盟。未及期，卫人来告乱。夏，公及宋公遇于清。

宋殇公之即位也，公子冯出奔郑，郑人欲纳之。及卫州吁立，将修先君之怨[1]于郑，而求宠于诸侯以和其民，使告于宋曰："君若伐郑以除君害，君为主，敝邑以赋与陈、蔡从[2]，则卫国之愿也。"宋人许之。于是，陈、蔡方睦[3]于卫，故宋公、陈侯、蔡人、卫人伐郑，围其东门，五日而还。

【注释】①修怨：报宿怨。②敝邑：古代对本国的谦称。赋：兵赋，即人力物力。蔡：国名，周武王弟弟蔡叔度之后，故城位于今河南省上蔡县。③睦：和好，亲近。

【译文】鲁隐公四年春季，卫国的州吁杀死了卫桓公而自立为君。鲁隐公和宋殇公筹备会见，打算重温在宿地结盟时所建立的友好关系。还没有到预定的日期，卫国人前来通报国内的叛乱。夏季，隐公与宋殇公在清地进行了非正式的会盟。

宋殇公即位之时，公子冯逃到了郑国，郑国人想把他送回国。等到州吁自立为卫国国君后，便打算报复与郑国前代国君结下的怨仇，以此来讨好诸侯，安定卫国的臣民。于是州吁便派人告诉宋国说："君侯如果能攻打郑国，除去君侯的祸害，将奉您为主人，敝邑将发兵与陈、蔡两国军队一起作为随军，这是我们卫国的愿望。"宋国人答应了。当时陈、蔡两国正与卫国交好，所以宋殇公、陈桓公、蔡国人、卫国人联合攻打郑国，包围了郑国国都的东门，五天后才撤军返回。

公问于众仲[1]曰："卫州吁其成乎？"对曰："臣闻以德和民，不闻以乱。以乱，犹治丝而棼之也[②]。夫州吁，阻兵而安忍[③]。阻兵无众[④]，安忍无亲，众叛亲离，难以济矣。夫兵，犹火也，弗戢[⑤]，将自焚也。夫州吁弑其君而虐用[⑥]其民，于是乎不务令德，而欲以乱成，必不免矣。”

秋，诸侯复伐郑。宋公使来乞师，公辞之。羽父[⑦]请以师会之，公弗许，固请而行。故书曰“翚帅师”，疾[⑧]之也。诸侯之师败郑徒兵[⑨]，取其禾而还。

【注释】①众仲：春秋时鲁国大夫。②治丝：把丝理清。棼（fén）：通“紊”，纷乱，紊乱。③阻兵：凭借武力。安忍：安于残忍。④无众：失去民众。⑤戢（jí）：收敛，收藏。引申指停止战争。⑥虐用：过度地役使。⑦羽父：即公子翚，字羽父，鲁国大夫。⑧疾：厌恶，憎恨。⑨徒兵：步卒。

【译文】隐公向众仲询问说：“卫国的州吁能成功吗？”众仲回答说：“臣听说用德行可以安抚百姓，却没有听说用战乱可以安抚百姓的。用战乱来安抚百姓，就如同整理乱丝时却弄得更乱了一样。这个州吁依仗武力而安于残忍。依仗武力便会失去民众；安于残忍便不会有人亲近，众叛亲离，难以成功啊！用兵就有如用火一样，不收敛便会引火烧身。州吁杀了他的国君，又残暴地对待他的百姓，这样了都还不致力于推行美德，仍想凭借战乱来取得成功，他一定不能避免祸患。”

秋季，诸侯再次攻打郑国。宋殇公派人前来鲁国请求援兵，被隐公拒绝。羽父请求率军与诸侯会合，隐公没有同意。经羽父再三请求，最终得以带兵而去。所以《春秋》中记载说“翚帅师”，这是因为憎恶他。诸侯联军打败了郑国的步兵，掠取了郑国的谷子后撤军返回。

州吁未能和其民，厚问定君于石子[①]。石子曰：“王觐[②]为可。”曰：“何以得觐？”曰：“陈桓公方有宠于王，陈、卫方睦，若朝[③]陈使请，必可得也。”厚从州吁如陈。石碏使告于陈曰：“卫国褊小[④]，老夫耄[⑤]矣，无能为也。此二人者，实弑寡君，敢即图之。”陈人执之而请莅于卫。九月，卫人使右宰丑莅杀州吁于濮[⑥]，石碏使其宰獳羊肩莅杀石厚于陈[⑦]。

君子曰：“石碏，纯臣[⑧]也，恶州吁而厚与[⑨]焉。‘大义灭亲’，其是之谓乎！”

卫人逆公子晋于邢[⑩]。冬十二月，宣公即位。书曰“卫人立晋”，众也[⑪]。

【注释】①厚：石厚。定君：使君位稳固。石子：即石碏，石厚的父亲。②王觐：即觐王，指诸侯朝见天子以示臣服。③朝：诸侯相拜见也称朝。④褊（biǎn）小：狭小。指地域、车船等不宽大。⑤耄（mào）：年老，八九十岁的年纪。⑥右宰：卫国官名。丑：人名。⑦宰：家臣之长。獳（rú）羊肩：春秋初期卫国石氏家宰。⑧纯臣：忠纯笃实之臣。⑨与：一起。⑩逆：迎接。邢：国名，姬姓，在今河北邢台市。⑪众也：指拥立公子晋当君主，为多数人的意愿。

【译文】州吁没能安定卫国的民心，石厚向父亲石碏请教稳固州吁君位的办法。石碏说：“去朝见周天子就可以做到。”石厚问：“怎样才能去朝见周天子呢？”石碏说：“陈桓公正得天子宠幸，而陈国、卫国正相处和睦，如果先拜会陈桓公，让他向天子请求，就一定能够办到。”于是石厚跟随州吁到了陈国。石碏派人告诉陈国说：“卫国地方狭小，我已经老了，干不了什么了。来的这两个人正是杀害我们国君的凶手，斗胆请你们趁机设法除掉他们。”陈国人因此抓住了州吁和石厚，并请卫国派人来处置。九月，卫国派右宰丑来到陈国，在濮地处决了州吁。石碏又派他的家臣獳羊肩到陈国杀死了石厚。

君子说：“石碏是个忠纯笃实的臣子啊！他痛恨州吁，把自己的儿子石厚也一起杀了。所说的‘大义灭亲’，大概说的就是这种情况吧！”

卫国人到邢国去迎接公子晋。冬季十二月，卫宣公即位。《春秋》中记载说“卫人立晋”，是因为立公子晋为君是卫国众人的意愿。

隐公五年

【经】五年春，公矢鱼于棠①。夏四月，葬卫桓公。秋，卫师入郕②。九月，考仲子之宫③。初献六羽④。邾人、郑人伐宋。螟⑤。冬十有二月辛巳，公子彄⑥卒。宋人伐郑，围长葛⑦。

【注释】①矢：陈列。鱼：指捕鱼的器具。棠：鲁邑，在今山东鱼台县东北。②郕（chéng）：国名，位于今山东省境内。③考：完成，建成。

仲子：鲁桓公生母。④初献：开始向神献演乐舞。六羽：古代诸侯的乐舞。有六列，每列六人，持羽而舞。⑤螟（míng）：食禾心的害虫。⑥公子驱（kōu）：即臧僖伯，鲁孝公的儿子，是鲁隐公时的重臣，封于臧。僖，为谥号。⑦长葛：郑邑，今河南长葛县。

【译文】五年春季，鲁隐公在棠地陈列捕鱼的器具。夏季四月，卫国人安葬了卫桓公。秋季，卫国军队侵入郕国。九月，为仲子的宫室落成举行了祭典。首次表演了六佾乐舞。邾国人、郑国人联合攻打宋国。螟害成灾。冬季十二月辛巳日，公子彄去世。宋国人攻打郑国，包围了长葛。

【传】五年春，公将如棠观鱼者。臧僖伯谏曰："凡物不足以讲大事[①]，其材不足以备器用，则君不举焉。君将纳民于轨物[②]者也。故讲事以度轨量谓之轨，取材以章[③]物采谓之物，不轨不物，谓之乱政。乱政亟行，所以败也。故春蒐夏苗，秋狝冬狩[④]，皆于农隙[⑤]以讲事也。三年而治兵[⑥]，入而振旅[⑦]，归而饮至[⑧]，以数军实[⑨]。昭文章[⑩]，明贵贱，辨等列，顺少长，习威仪也。鸟兽之肉不登于俎[⑪]，皮革齿牙、骨角、毛羽不登于器，则公不射，古之制也。若夫山林川泽之实，器用之资，皂隶[⑫]之事，官司[⑬]之守，非君所及也。"公曰："吾将略地[⑭]焉。"遂往，陈鱼而观之。僖伯称疾，不从。书曰"公矢鱼于棠"，非礼也，且言远地也。

【注释】①大事：重大的事情。指祭祀或征伐。②轨物：规范，准则。③章：发扬。④蒐（sōu）、苗、狝（xiǎn）、狩：均为打猎，因四时不同而叫法不同。蒐，搜索，猎取没怀胎的兽。苗，猎取践坏庄稼的兽。

狝，杀死兽。狩，围猎。⑤农隙：农事空闲的时候。⑥治兵：练兵或治军。⑦振旅：整顿军队。⑧饮至：上古诸侯朝会盟伐完毕，祭告宗庙并饮酒庆祝的典礼。后代指出征奏凯，至宗庙祭祀宴饮庆功之礼。⑨军实：战争中所有物资器械、兵员以及俘获的战利品。⑩文章：车服、旌旗的颜色花纹。⑪俎（zǔ）：古代祭祀用以载牲的礼器。⑫皂隶：下等贱役。⑬官司：官吏的分职。⑭略地：巡视边境。

【译文】鲁隐公五年春季，鲁隐公打算到棠地去观赏渔人捕鱼。臧僖伯进谏说："凡是日常用品，如果不能用到讲习祭祀和征伐的大事上，它的材料不能制成礼器和兵器，那么国君就不应去理会。国君的职责就是将百姓的行为纳入到法度和礼制的规定。所以，讲习大事来衡量法度的程度，叫做"法度"；选取材料来发扬礼制的光采，叫做"礼制"，国君的举动如果既不合于法度，又不合乎礼制，便叫做乱政。多次施行'乱政'，就是国家衰败的原因。所以春猎称蒐，夏猎称苗，秋猎称弥，冬猎称狩，都是在农闲时讲习武事。每过三年才进行一次大的军事演习，出发时要整治军队，回国时又要整顿军队，完成后祭告家庙，宴请臣下，犒赏随从，清点所获的实物。彰显车服旌旗的颜色花纹，分清贵贱的区别，辨别等级的差别，理清少长的顺序，这是讲习威仪。如果鸟兽的肉不能摆上宗庙的祭器，它们的皮革、牙齿、骨角、毛羽便不能用到礼器和武器上，那国君就不应射杀它们，这是自古以来的制度。至于山林河泽的资源，一般器物的材料，固然是制造器物所必需的，但那是下等贱役的事情，是臣下官吏的职责，不是国君应该过问的。"隐公说："我是打算到那里去巡视边境啊！"于是隐公前往棠地，让捕鱼者陈设捕鱼的器具加以观赏。臧僖伯推说有病，没有随从前往。《春秋》中记载说"鲁隐公在棠地陈设捕鱼器具"，意思是说，隐公这个行为不符合礼制，并且暗示棠地距离国都很远。

曲沃庄伯以郑人、邢人伐翼[①]，王使尹氏、武氏助之[②]。翼侯奔随[③]。

夏，葬卫桓公。卫乱，是以缓。

四月，郑人侵卫牧[④]，以报东门之役[⑤]。卫人以燕[⑥]师伐郑。郑祭足、原繁、泄驾以三军军其前，使曼伯与子元潜军军其后[⑦]。燕人畏郑三军而不虞制人[⑧]。六月，郑二公子以制人败燕师于北制[⑨]。君子曰："不备不虞，不可以师。"

【注释】①曲沃庄伯：姬姓，名鱓，谥号庄，排行为伯。晋穆侯之孙，曲沃桓叔之子，晋武公的父亲，春秋时期曲沃的封君。曲沃，在今山西省闻喜县东。翼：晋国当时的都城，在今山西省翼城县东南。②王：此指周桓王。尹氏、武氏：均为周世族大夫。③翼侯：指晋国国君晋鄂侯，姬姓，名郄，是春秋时期晋国第十四任君主。随：晋国地名，在今山西省介休县东南。④牧：卫地，在今河南汲县。⑤东门之役：指隐公四年，宋殇公、陈桓公、蔡国人、卫国人联合攻打郑国，包围了郑都东门五日的旧仇。⑥燕：此指南燕国，都城在今河南省延津县东北。⑦曼伯：即郑昭公，名忽。子元：即郑厉公，名突。⑧虞：预料，防备。制：郑国城邑。⑨北制：地名，即虎牢关。

【译文】曲沃庄伯率领郑国人和邢国人攻打翼城，周桓王派尹氏、武氏帮助他们。在翼地的晋鄂侯逃奔到了随地。

夏季，卫桓公下葬。因卫国发生了内乱，所以安葬国君的仪式推迟了。

四月，郑国人入侵卫国的牧地，是为了报复去年卫国等围攻郑国国都东门一役之仇。卫国人带领南燕国军队进攻郑国，郑国大臣祭足、原繁、泄驾带领三军驻扎在南燕军的前面，派公子曼伯和公子子元偷偷率领制地的军队驻扎在南燕军的后面。燕国人因害怕前方的郑国三军，却没有防备后方从制地来的军队。六月，郑国的两位公子曼伯和子元带领制人在北制打败了燕军。君子说："没有防备意外的措施，便不能带兵作战。"

曲沃叛王。秋，王命虢公伐曲沃而立哀侯[①]于翼。

卫之乱也，郕人侵卫，故卫师入郕。

九月，考仲子之宫，将万[②]焉。公问羽数[③]于众仲。对曰："天子用八，诸侯用六，大夫四，士二[④]。夫舞所以节八音而行八风[⑤]，故自八以下。"公从之。于是初献六羽，始用六佾[⑥]也。

【注释】①哀侯：晋鄂侯之子，姬姓，名光，晋国第十五任国君。②万：一种舞蹈的名字。③羽数：执羽跳舞的人数。④八、六、四、二：均指佾数。八行六十四人，六行三十六人，四行十六人，二行为四人。⑤八音：指金、石、丝、竹、匏、土、革、木八种不同材料所制乐器之音。八风：八方之风。⑥六佾（yì）：诸侯所用乐舞之格局。六列，每列六人，共三十六人；或者每列八人，六列共四十八人。

【译文】曲沃背叛了周天子。秋季，周天子命令虢公率军讨伐曲沃，并在翼城立哀侯为晋国国君。

当卫国发生内乱时，郕国人曾侵犯卫国，所以现在卫国的军队攻入了郕国。

九月，为仲子的神庙举行了落成祭典，将在庙里表演万舞。隐公向众仲询问执羽跳舞的人数，众仲回答说："天子用八行，诸侯用六行，大夫用四行，士用二行。舞，是用来调节八音而传播八方之风的，所以跳舞人数要从八行逐渐减少。"隐公听从了他的意见。于是开始表演时用六行人舞羽，这是鲁国用六行人乐舞的开端。

宋人取邾田。邾人告于郑曰："请君释憾于宋，敝邑为道。"郑人以王师会之[①]。伐宋，入其郛[②]，以报东门之役。宋人使来告命[③]。公闻其入郛也，将救之，问于使者曰："师何及？"对曰："未及国。"公怒，乃止，辞使者曰："君命寡人同恤[④]社稷之难，今问诸使者，曰'师未及国'，非寡人之所敢知也。"

冬十二月辛巳，臧僖伯卒。公曰："叔父有憾于寡人[⑤]，寡人弗敢忘。"葬之加一等。

宋人伐郑，围长葛，以报入郛之役也。

【注释】①郑人以王师会之：郑庄公为周王卿士，所以能带王师。②郛（fú）：外城，古代指城圈外围的大城。③告命：即策书，指以国君名义发往他国的文书。④恤：忧虑。⑤叔父：诸侯称同姓大夫，长为伯父，少为叔父。臧僖伯为隐公的叔父。有憾：指谏阻观捕鱼而隐公不听从的不愉快的事。

【译文】宋人夺取了邾国的土地。邾国人告诉郑国说："请君侯为我国解恨，报复宋国，我们邾国军队愿打头阵。"郑国人于是带领周天子的军队与邾国军队会合，攻打宋国，一直打到了宋都的外城，以此报复去年宋军围攻郑都东门的那场战役。宋国派使者来鲁国，并以国君的名义请求救援。隐公听说邾、郑联军已攻到了宋都外城，准备发兵救援宋国。隐公问来使说："联军打到什么地方了？"使者回答说："还没到达国都。"隐公因其说谎而发怒，便停止出兵。隐公拒绝说："君侯命寡人一同为宋国分担忧难，现在向使者询问此事，却回答说'军队没有到达国都'，这就不是寡人所敢知道的事了。"

冬季十二月辛巳日，臧僖伯去世。隐公说："叔父对我感到失望，我不敢忘记。"因此将他葬礼的等级提高了一等。

宋国人攻打郑国，包围了长葛，以报复郑军侵入宋国外城的战役。

隐公六年

【经】六年春，郑人来渝平[①]。夏五月辛酉，公会齐侯[②]，盟于艾[③]。秋七月。冬，宋人取长葛。

【注释】①渝平：抛开前嫌而重归于好。渝，更改，改变。平，和而不结盟。②齐侯：指齐僖公，姜姓，吕氏，名禄甫。③艾：位于齐、鲁两国交界处，在今山东省新泰县西北。

【译文】鲁隐公六年春季，郑国人来鲁国解怨结好。夏季五月辛酉日，隐公、齐僖公相会，在艾地结盟。秋季七月。冬季，宋国人攻占了长葛。

【传】六年春，郑人来渝平，更成[①]也。

翼九宗五正顷父之子嘉父逆晋侯于随[②]，纳诸鄂[③]。晋人谓之鄂侯。

夏，盟于艾，始平于齐也。五月庚申，郑伯侵陈，大获。

【注释】①更成：重修旧好。②九宗：同姓的九族。五正：五行官长。唐叔始封时，受怀姓九宗，职官五正，是晋国都城翼的强盛家族。顷父：与其子嘉父都为晋大夫。晋侯：即晋鄂侯。③鄂：晋国地名，位于今山西省乡宁县南。

【译文】六年春季，郑国人来鲁国解怨结好，这种情况叫做“更成”。

晋国翼城九宗五正顷父的儿子嘉父去随城迎接晋侯，将他安置在鄂城，所以晋国人称他为鄂侯。

夏季，在艾地结盟，鲁国开始与齐国建立友好关系。五月庚申日，郑庄公攻打陈国，大获全胜。

往岁，郑伯请成[①]于陈，陈侯[②]不许。五父[③]谏曰：“亲仁善邻，国之宝也。君其许郑。”陈侯曰：“宋、卫实难[④]，郑何能为？”遂不许。

君子曰：“善不可失，恶不可长，其陈桓公之谓乎！长恶不悛[⑤]，从自及也。虽欲救之，其将能乎？《商书》[⑥]曰：‘恶之易[⑦]也，如火之燎于原，不可乡迩[⑧]，其犹可扑灭？’周任[⑨]有言曰：‘为国家者，见恶如农夫之务去草焉，芟夷蕰崇之[⑩]，绝其本根，勿使能殖[⑪]，则善者信[12]矣。’”

【注释】①成：结好。②陈侯：即陈桓公妫鲍。陈，妫姓国，是虞舜后裔，在今河南省淮阳县。③五父：即陈公子佗，桓公弟。桓公末年，杀太子免自立。④难：畏难，祸害。⑤悛（quān）：改过、悔改之意。⑥《商书》：指《尚书》中记载商事的一部分。⑦易：蔓延。⑧乡：同“向”，面对。迩（ěr）：接近。⑨周任：周大夫，史官。⑩芟（shān）夷：铲除。蕰（wēn）崇：堆积。⑪殖：生长。⑫信：同“伸”。

【译文】往年，郑庄公请求和陈国结好，陈桓公不同意。五父劝谏说：“亲近仁义，结交邻国，这是治国的法宝。希望君侯能答应郑国的请求。”陈桓公说：“宋国和卫国才是真正的祸根，郑国能祸害什么？”于是没有同意。

君子说：“善不可丢失，恶不可滋长。这大概说的就是陈桓公吧！滋长了恶而不思悔改，接着就自取祸害。这时即使想要补救，又怎么能办到呢？《商书》说：‘恶的蔓延，就像草原上烧起大火一样，不可以靠近，怎么还能扑灭呢？’周任有句话说：‘治理国家的人，见到恶就像农民要坚决锄掉杂草一样，锄掉它后堆起来做肥料，并挖掉它们的根，叫它们不能再生长，这样，善的就能发展了。’”

秋，宋人取长葛。冬，京师来告饥[1]。公为之请籴[2]于宋、卫、齐、郑，礼也。

郑伯如周，始朝桓王也。王不礼焉。周桓公[3]言于王曰：“我周之东迁，晋、郑焉[4]依。善郑以劝来者，犹惧不蔇[5]，况不礼焉？郑不来矣！”

【注释】①京师：周王朝都城。饥：饥荒。②籴（dí）：买进粮食。③周桓公：即周公黑肩，周朝重臣。④焉：是。⑤蔇（jì）：同“暨”，及或至的意思。

【译文】秋季，宋国人攻占了郑国的长葛。冬季，京师派人来报告饥荒。隐公为周王朝向宋国、卫国、齐国和郑国购买粮食，这是合乎礼的。

郑庄公到成周，这是他第一次朝见周桓王。桓王对他没有以礼相待。周桓公向桓王进言说：“我们周室东迁之时，依靠的就是晋国和郑国。好好地对待郑国用以鼓励后面来的诸侯，这样都还恐怕来不及，更何况是对郑君不加礼遇呢？郑国不会再来了！”

隐公七年

【经】七年春，王三月，叔姬[①]归于纪。滕[②]侯卒。夏，城中丘[③]。齐侯使其弟年来聘[④]。秋，公伐邾。冬，天王使凡伯来聘[⑤]。戎伐凡伯于楚丘[⑥]以归。

【注释】①叔姬：伯姬之妹。伯姬于隐公二年出嫁纪国，叔姬当从嫁，因当时年幼，所以于隐公七年方出嫁纪国。②滕：国名，姬姓，位于今山东省藤县。③中丘：鲁地名，故城位于今山东省临沂县东北。④齐侯：即齐僖公。年：即夷仲年，齐国大夫。聘：古代诸侯国间遣使通问。⑤天王：指周桓王。凡伯：在周王朝任卿士。凡，国名，姬姓，建都在今河南省辉县西南。⑥楚丘：卫地名，位于今山东省曹县东南。

【译文】七年春季，周历三月，叔姬嫁到了纪国。滕侯去世。夏季，修建了中丘城。齐僖公派他的弟弟夷仲年到鲁国来访问。秋季，隐公带兵攻打邾国。冬季，周桓王派凡伯来鲁国访问。戎人在楚丘拦击凡伯，将凡伯挟持回了戎地。

【传】七年春，滕侯卒。不书名，未同盟也。凡诸侯同盟，于是称名，故薨则赴以名[①]，告终称嗣[②]也，以继好息民[③]，谓之礼经[④]。夏，城中丘，书，不时[⑤]也。齐侯使夷仲年来聘，结[⑥]艾之盟也。秋，宋及郑平。七月庚申，盟于宿[⑦]。公伐邾，为宋讨也。

【注释】①赴以名：诸侯会盟，盟书书名告神，所以死也以名告各同盟国。②告终称嗣：报告死去的人名字，通知由谁嗣位。③继好：继续同盟的旧好。息民：使人民得到休养生息。④礼经：礼的法则。⑤不时：不合时令。⑥结：牢固，巩固。⑦宿：地名，位于今山东省东平县东南。

【译文】七年春季，滕侯去世。《春秋》中没有记录滕侯的名字，是因为滕侯没有与鲁国结盟。凡是诸侯结盟的时候，要在盟书书名告神，所以死后也要在讣告上写名字，这是为了向同盟国通报国君去世和继位之人，以维持相互间的友好关系并安定人民，这是礼的法则。夏季，修建了中丘城。《春秋》有记载，是因为修城不合时令。齐僖公派夷仲年来鲁国访问，是为了巩固艾地的盟约。秋季，宋国与郑国讲和。七月庚申日，两国在宿地结盟。隐公率军攻打邾国，是为了宋国而打的。

初，戎朝于周，发币[①]于公卿，凡伯弗宾[②]。冬，王使凡伯来聘。还，戎伐之于楚丘以归。陈及郑平。十二月，陈五父如郑莅盟。壬申，及郑伯盟，歃如忘[③]，泄伯[④]曰："五父必不免，不赖盟矣。"郑良佐[⑤]如陈莅盟。辛巳，及陈侯盟，亦知陈之将乱也。郑公子忽[⑥]在王所，故陈侯请妻[⑦]之。郑伯许之，乃成昏[⑧]。

【注释】①发币：向公卿们送礼物。币，束帛。②宾：用宾客的礼节相待。③歃：古人盟会时，嘴唇涂上牲畜的血，表示诚意。如忘：心不在焉，漫不经心。④泄伯：郑国大夫泄驾。⑤良佐：郑国大夫。⑥公子忽：郑庄公的儿子，也称太子忽，后来即位，即郑昭公。⑦妻（qì）：用作动词，以女嫁人。⑧昏：同"婚"，此指订婚。

【译文】起初，戎人前来朝见周天子，并向王室公卿赠送了礼物，凡伯没有用宾客的礼节接待他们。冬季，周天子派凡伯到鲁国访问。在回去时，凡伯在楚丘被戎人拦击，并挟持到了戎地。陈国与郑国讲和。十二月，陈国的五父到郑国参加盟会。壬申日，与郑庄公盟誓，歃血时陈五父却心不在焉。泄伯说："五父一定会招祸，因为他不把结盟作为国家的依赖。"郑国的良佐去陈国参加盟会，辛巳日，与陈桓公结盟，他也看出陈国将要发生动乱。郑国的公子忽在周天子那里，所以陈桓公请求把女儿嫁给他。郑庄公同意了，于是举行了订婚仪式。

隐公八年

【经】八年春，宋公、卫侯[①]遇于垂。三月，郑伯使宛来归祊[②]。庚寅，我入祊。夏六月己亥，蔡侯[③]考父卒。辛亥，宿男[④]卒。秋七月庚午，宋公、齐侯、卫侯盟于瓦屋[⑤]。八月，葬蔡宣公。九月辛卯，公及莒人盟于浮来[⑥]。螟。冬十有二月，无骇卒。

【注释】①宋公：即宋殇公。卫侯：即卫宣公。垂：卫地，在今山东曹县北。②郑伯：即郑庄公。宛：郑大夫。祊（bēng）：郑国祭祀泰山的邑名，在今山东费县东南。③蔡侯：即蔡宣侯。④宿男：宿国君，男爵，在今山东省东平县西南宿城。⑤齐侯：即齐僖公。瓦屋：周地，在今河南洧川县。⑥浮来：莒地，在今山东莒县西。

【译文】隐公八年春季，宋殇公、卫宣公在垂地相遇。三月，郑庄公派大夫宛来交送祊邑。庚寅日，鲁国进驻祊邑。夏季，六月己亥日，蔡宣侯考父去世。辛亥日，宿男去世。秋季，七月庚午日，宋殇公、齐僖公、卫宣公在瓦屋结盟。八月，安葬蔡宣公。九月辛卯日，隐公在浮来与莒国人结盟。发生了蝗灾。冬季，十二月，鲁国司空无骇去世。

【传】八年春，齐侯将平宋、卫，有会期。宋公以币请于卫，请先相见，卫侯许之，故遇于犬丘[①]。郑伯请释[②]泰山之祀而祀周公，以泰山之祊易许田[③]。三月，郑伯使宛来归祊，不祀泰山也。夏，虢公忌父始作卿士于周。

【注释】①犬丘：卫国地名，即垂，位于今山东曹县北。②释：舍弃，抛弃。③许田：鲁邑。在今河南省许昌市东南。

【译文】八年春季，齐僖公准备帮宋、卫二国与郑国讲和，已确定了盟会日期。宋殇公派人带着礼物向卫国请求，请求在会期之前见面。卫宣公同意了，所以在犬丘与殇公临时进行了非正式会面。郑庄公请求放弃祭祀泰山而改为祭祀周公，用泰山附近的祊地交换鲁国的许地。三月，郑庄公派遣大夫宛来鲁国交送祊地，并表示不再祭祀泰山。夏季，虢公忌父开始担任周朝卿士。

四月甲辰，郑公子忽如陈逆妇妫。辛亥，以妫氏归。甲寅，入于郑。陈鍼子[①]送女。先配而后祖[②]。鍼子曰："是不为夫妇[③]。诬[④]其祖矣，非礼也，何以能育[⑤]？"

齐人卒平宋、卫于郑。秋，会于温，盟于瓦屋，以释东门之役，礼也。八月丙戌[⑥]，郑伯以齐人朝王，礼也。公及莒人盟于浮来，以成纪好也[⑦]。

冬，齐侯使来告成三国。公使众仲对曰："君释三国之图以鸠其民[⑧]，君之惠也。寡君闻命矣，敢不承受君之明德。"

【注释】①陈鍼（zhēn）子：陈国大夫。②配：同床共寝。祖：告祭祖庙。③不为夫妇：在未告祭祖庙，求得祖宗认可便同居，有违礼苟合性质，不能算夫妻。④诬：欺骗。⑤育：生养子女。⑥丙戌：八月不能再有丙戌日，记录有误。⑦以成纪好：隐公二年，纪、莒二国为了鲁国在密地结盟，所以现在鲁国与莒国结盟，是成全纪国对修好的努力。⑧图：图谋，谋取。鸠：聚集，使聚在一起。

【译文】四月甲辰日，郑国公子忽去陈国迎娶妻子妫氏。辛亥日，与妫氏一起回国。甲寅日，回到了郑国。妫氏由陈鍼子护送。公子忽先与妫氏成亲后再到祖庙告祭。陈鍼子说："这不能算夫妻，这是在欺骗他们的祖先。嫁娶不合礼，怎么会生育后代呢？"

齐国人终于帮助宋、卫与郑国修好。秋季，三国在温地会面，并在瓦屋结盟，摒弃了当年东门战役的仇怨，这是合乎礼的。八月丙戌日，郑庄公带着齐国人朝见周天子，这是符合礼的。隐公在浮来和莒国人结盟，是成全纪国对修好做的努力。

冬季，齐僖公派人来鲁国报告撮合宋、卫、郑三国讲和的事。隐公让众仲回答使者说："贵君消除三国间仇怨的图谋来团结他们的百姓，这是贵君的恩惠。寡君听说了这事，又怎么敢不接受君王的美德呢！"

无骇卒。羽父请谥①与族。公问族于众仲。众仲对曰："天子建德②，因生以赐姓，胙之土而命之氏③。诸侯以字为谥，因以为族。官有世功④，则有官族⑤，邑亦如之。"公命以字为展氏⑥。

【注释】①谥：人死后，根据他生前的品行所送的名号。②建德：赐封有德之人做诸侯。③胙（zuò）：赐予。氏：姓的支系。古代姓和氏分用，姓表族号，氏是姓的分支，用以分别子孙的支派，汉以后姓氏则互用不分。④世功：累代的功绩。⑤官族：以先世有功之官名为族姓。

⑥展氏：有两种说法：一是公孙之子以祖父字为氏，而无骇为公子展之孙，所以为展氏；二是无骇字展，故鲁公根据他的字而赐为展氏。

【译文】无骇去世，羽父为他请求赐予谥号与氏族。隐公向众仲询问有关氏族命名的制度。众仲回答说："天子封立有德之人为诸侯，按照他出生之地赐予姓，封给他土地，并赐给他族氏。诸侯以他的字作为谥号，其后代又因袭谥号为姓氏。如果世代沿袭其官且有功绩，那么其后代可以以这官名为姓氏。封邑的情况也如此。"于是隐公便命以无骇的字作为其姓氏，即展氏。

隐公九年

【经】九年春，天子使南季[①]来聘。三月癸酉，大雨，震电。庚辰，大雨雪。挟[②]卒。夏，城郎[③]。秋七月。冬，公会齐侯于防[④]。

【注释】①南季：周大夫，南为氏，季为字。②挟：鲁大夫。③郎：鲁邑，在山东曲阜附近。与隐公元年费伯所城郎不同。④齐侯：即齐僖公。防：鲁地，在今山东费县东北。

【译文】九年春季，周天子派大夫南季来鲁国访问。三月癸酉日，下暴雨，电闪雷鸣。庚辰日，又下大雪。鲁大夫挟去世。夏季，修建郎城。秋季，七月。冬季，隐公与齐僖公在防地相会。

【传】九年春，王三月癸酉，大雨霖以震[①]，书[②]，始也。庚辰，大雨雪，亦如之。书，时失[③]也。凡雨，自三日以往为霖。平地尺为大雪。

夏，城郎，书，不时也。

宋公不王。郑伯为王左卿士，以王命讨之，伐宋。宋以入郛之役[④]怨公，不告命。公怒，绝宋使。

秋，郑人以王命来告[⑤]伐宋。冬，公会齐侯于防，谋伐宋也。

【注释】①霖：久下不停的雨。震：雷。②书：指记载具体日期。③时失：节令气候不正常。④入郛之役：指隐公五年，邾与郑联合伐宋，入其外城，宋向鲁求救，鲁公不肯出兵之事。⑤郑人以王命来告：之前郑伐宋未建功，所以再来告知鲁国。

【译文】九年春季，周历三月癸酉日，大雨久下不停，且打着雷。《春秋》中记载的是大雨开始的日期。庚辰日，下大雪，记载的也是开始的日期。《春秋》中记载了此事，是因为气候不正常的缘故。凡下雨、雪，连续下三天以上的叫做“霖”；平地雪深一尺的叫“大雪”。

夏季，修筑了郎城。《春秋》中有记载，是因为修城不合时令。

宋殇公不朝见周天子。郑庄公担任周天子的左卿士，因此以天子的名义讨伐他，率郑军攻打宋国。宋国因为曾被攻破外城的那次战役怨恨隐公，所以没有来报告此事。隐公发怒，断绝了与宋国的往来。

秋季，郑国人以天子的名义来鲁国报告攻打宋国之事。冬季，鲁隐公与齐僖公在防地会面，谋划进攻宋国。

北戎[①]侵郑，郑伯御之。患戎师，曰：“彼徒我车，惧其侵轶[②]我也。”公子突[③]曰：“使勇而无刚者，尝寇而速去之。君为三覆以待之。戎轻而不整，贪而无亲，胜不相让，败不相救。先者见获必务进，进而遇覆必速奔，后者不救，则无继矣。乃可以逞。”从之。戎人之前遇覆者奔。祝聃[④]逐之。衷[⑤]戎师，前后击之，尽殪[⑥]。戎师大奔。十一月甲寅，郑人大败戎师。

【注释】①北戎：指分布在今山西南部的戎人。②侵轶：侵犯，袭击。③公子突：郑庄公次子，后即位为厉公。④祝聃（dān）：郑国大夫。⑤衷：引申为包围。⑥殪（yì）：战死。

【译文】北戎侵犯郑国，郑庄公率兵抵御他们。他担心戎军兵力强大，因此说："他们是步兵，而我们是车兵，我怕他们突然从后面绕到前面来偷袭我们。"公子突说："派一些勇敢却缺乏毅力的战士去试探敌军，然后迅速撤离。君侯您设下三批伏兵等着他们。戎人轻率而没有秩序，贪婪而缺乏团结；打赢了为争功互不相让，打败了为逃命互不相救。前面的部队看到财物和俘虏，必然会只顾前进；但一旦遇到埋伏，就一定会匆忙奔逃。后面的部队不会来救助，这样敌军便不再有援兵了。这样，我们便能获胜了。"郑庄公听从了公子突的意见。戎军的前锋部队遇到伏兵的便赶紧逃命，祝聃领军追击，包围戎军，前后夹击，戎军被全部歼灭。后面的戎军则拼命逃跑。十一月甲寅日，郑国人大败戎军。

隐公十年

【经】十年春，王二月，公会齐侯、郑伯于中丘[①]。夏，翚帅师会齐人、郑人伐宋。六月壬戌，公败宋师于菅[2]。辛未，取郜[3]。辛巳，取防[4]。秋，宋人、卫人入郑。宋人、蔡人、卫人伐戴[5]。郑伯伐取之。冬十月壬午，齐人、郑人入郕。

【注释】①齐侯：即齐僖公。郑伯：即郑庄公。②菅（jiān）：宋地，在今山东单县北。③郜（gào）：宋邑，位于今山东城武县东南。④防：在今山东金乡县西。为了与鲁防邑区别，故又称西防。⑤戴：姬姓国，位于今河南省商丘市民权县。

【译文】十年春季，周历二月，鲁隐公与齐僖公、郑庄公在中丘相会。夏季，公子翚率军同齐国人、郑国人联合攻打宋国。六月壬戌日，隐公在菅地打败了宋军。辛未日，攻取郜地。辛巳日，攻取防地。秋季，宋国人、卫国人联合攻打郑国。宋国人、蔡国人、卫国人联合攻打戴国。郑庄公攻下戴国。冬季，十月壬午日，齐国人、郑国人攻入郕国。

【传】十年春，王正月，公会齐侯、郑伯于中丘。癸丑，盟于邓[1]，为师期。夏五月，羽父先会齐侯、郑伯伐宋。六月戊申[2]，公会齐侯、郑伯于老桃[3]。壬戌，公败宋师于菅。庚午，郑师入郜。辛未，归于我。庚辰，郑师入防。辛巳，归于我。君子谓："郑庄公于是乎可谓正矣。以王命讨不庭[4]，不贪其土以劳王爵[5]，正之体也。"

【注释】①邓：鲁国地名。②戊申：六月无戊申日。③老桃：宋国地名，在今山东济宁市北。④不庭：不朝于王庭之国。⑤以劳王爵：用伐不庭之国得到的领土，奖赏给得到爵位的国家。

【译文】十年春季，周历正月，鲁隐公与齐僖公、郑庄公在中丘相会。二月癸丑日，三方在邓地结盟，确定了出兵伐宋的日期。夏季五月，羽父在约期之前率军与齐僖公、郑庄公会合，一起攻打宋国。六月戊申日，隐公与齐僖公、郑庄公在老桃会面。壬戌日，隐公在菅地打败了宋军。庚午日，郑国军队攻入郜地。辛未日，郜地归属我国。庚辰日，郑国军队攻入防地。辛巳日，防地归属我国。君子说："郑庄公在此事上可称得上符合正道了。用天子之命讨伐不朝觐周天子的诸侯，自己不贪求攻占的土地，而是将其犒赏给爵位高于自己的国家，这是懂得治国的根本了。"

蔡人、卫人、郕人不会王命①。

秋七月庚寅，郑师入郊②。犹在郊，宋人、卫人入郑。蔡人从之伐戴。八月壬戌，郑伯围戴。癸亥，克之，取三师③焉。宋、卫既入郑，而以伐戴召蔡人，蔡人怒，故不和而败。九月戊寅④，郑伯入宋。冬，齐人、郑人入郕，讨违王命也。

【注释】①不会王命：没听从天子的命令伐宋。②入郊：回国后进入本国远郊。③三师：此指宋、卫、蔡三国军队。④戊寅：九月无戊寅日。

【译文】蔡国人、卫国人、郕国人没有遵照天子的命令一起讨伐宋国。

秋季，七月庚寅日，郑军回国后进入远郊。郑军还在郊外时，宋国人、卫国人率军进攻郑国。蔡国人跟从他们一起攻打戴国。八月壬戌日，郑庄公包围了戴地。癸亥日，攻下戴地，在那里俘获了三国的军队。宋军、卫军攻入郑国后，又叫蔡国人去攻打戴国，蔡国人因此恼怒，所以因三国不和而被打败。九月戊寅日，郑庄公攻入宋国。冬季，齐国人、郑国人攻入郕国，这是为了惩罚郕国违背天子的命令。

隐公十一年

【经】十有一年春，滕侯、薛侯[①]来朝。夏，公会郑伯于时来[②]。秋七月壬午，公及齐侯、郑伯入许[③]。冬十有一月壬辰，公薨。

【注释】①薛侯：薛国国君。薛，国名，任姓，侯爵。在今山东滕县。②时来：郑地，在今河南省。③许：诸侯国，姜姓，位于今河南省许昌市东南。

【译文】十一年春季，滕侯、薛侯前来朝见鲁隐公。夏季，隐公与郑庄公在时来盟会。秋季七月壬午日，隐公与齐僖公、郑庄公进入许国。冬季十一月壬辰日，隐公去世。

【传】十一年春，滕侯、薛侯来朝，争长[①]。薛侯曰："我先封[②]。"滕侯曰："我，周之卜正[③]也。薛，庶姓[④]也，我不可以后之。"

公使羽父请于薛侯曰："君与滕君辱在寡人[⑤]。周谚有之曰：'山有木，工则度之；宾有礼，主则择之。'周之宗盟，异姓为后。

寡人若朝于薛，不敢与诸任齿[6]。君若辱贶[7]寡人，则愿以滕君为请。”薛侯许之，乃长滕侯。

【注释】①争长：争行礼先后。②先封：先受封。薛国在夏朝时便已经被封为诸侯。③卜正：官名，为卜官之长。④庶姓：外姓，非周朝同姓。⑤辱在寡人：说承蒙他们委屈存问鲁君。⑥诸任：任姓诸侯。齿：列，并列。⑦贶（kuàng）：赐，赏赐。

【译文】十一年春季，滕侯和薛侯来鲁国朝见，因行礼的先后而发生了争执。薛侯说：“我是先受封的。”滕侯说：“我是周朝的卜正官，薛国是外姓，我不能排在他的后面。”

鲁隐公派羽父与薛侯商量说：“感谢君王和滕侯问候寡人。周朝有句俗话说：‘山上有树木，工匠会加以测量；宾客有礼貌，主人会加以选择。’周朝的会盟，异姓排在后面。寡人如果到薛国朝见，就不敢和任姓诸侯并列了。君王如果愿意赐恩于我，那就希望君王能够同意滕侯排在前面。”薛侯答应了，因此让滕侯先行朝礼。

夏，公会郑伯于郲[1]，谋伐许也。

郑伯将伐许，五月甲辰，授兵于大宫[2]。公孙阏与颍考叔争车[3]，颍考叔挟辀[4]以走，子都拔棘[5]以逐之，及大逵[6]，弗及，子都怒。

【注释】①郲（lái）：郑国地名，在今河南省荥阳县东厘城旧址。②授兵：发放兵器、兵车等。大宫：即太宫，郑国祖庙。③公孙阏（yān）：郑国大夫，字子都。颍考叔：郑国大夫，执掌颍谷。④辀

(zhōu)：车辕。⑤棘：通“戟”，古代兵器名。合戈矛为一体，可以直刺与横击。⑥大逵：大道。逵，四通八达的道路。

【译文】夏季，隐公在郲地与郑庄公会面，谋划攻打许国。

郑庄公准备向许国发动进攻，五月甲辰日，在太庙里分发兵器。公孙阏与颍考叔争夺兵车。颍考叔用胳膊夹住车辕便跑，公孙阏便拔出戟去追赶他，追到大路上，也没能赶上，公孙阏为此非常生气。

秋七月，公会齐侯、郑伯伐许。庚辰，傅[①]于许，颍考叔取郑伯之旗蝥弧[②]以先登。子都自下射之，颠[③]。瑕叔盈[④]又以蝥弧登，周麾[⑤]而呼曰：“君登矣！”郑师毕登。壬午，遂入许。许庄公奔卫。

齐侯以许让公。公曰：“君谓许不共[⑥]，故从君讨之。许既伏其罪矣，虽君有命，寡人弗敢与闻。”乃与郑人。

【注释】①傅：靠近，迫近。②蝥(máo)弧：郑庄公之旗名。③颠：坠，指由城上坠下跌死。④瑕叔盈：郑国大夫。⑤周麾：向四周挥动大旗。⑥不共：即不恭，指没有尽到做诸侯对周天子的义务。共，同“恭”，恭顺。

【译文】秋季七月，隐公联合了齐僖公、郑庄公一起攻打许国。庚辰日，靠近许城。颍考叔拿着郑庄公的旗帜“蝥弧”率先登上了城墙，公孙阏用箭在城下射他，颍考叔因此摔下来死了。瑕叔盈便又举着“蝥弧”旗冲上城，并向四周挥舞着旗帜，大声疾呼道：“君王登上城了！”于是郑国的军队全部登上了城墙。壬午日，于是攻入许都。许庄公逃到卫国。

齐僖公把许国让给隐公。隐公说：“君王认为许国没有尽到做诸侯的义务，所以我们才会跟随君王讨伐它。许国既然已经认罪了，我的使命便也已经完成了，即便君王有令，我也不敢领受。”于是便将许国给了郑国人。

郑伯使许大夫百里奉许叔以居许东偏①，曰：“天祸②许国，鬼神实不逞③于许君，而假手于我寡人。寡人唯是一二父兄不能共亿④，其敢以许自为功乎？寡人有弟⑤，不能和协，而使糊其口于四方，其况能久有许乎？吾子其奉许叔以抚柔⑥此民也，吾将使获⑦也佐吾子。若寡人得没于地，天其以礼悔祸⑧于许，无宁兹许公复奉其社稷⑨。唯我郑国之有请谒⑩焉，如旧昏媾⑪，其能降以相从也。无滋⑫他族，实偪⑬处此，以与我郑国争此土也。吾子孙其覆亡之不暇，而况能禋祀⑭许乎？寡人之使吾子处此，不唯许国之为，亦聊以固吾圉也⑮。”乃使公孙获处许西偏，曰：“凡而器用财贿⑯，无寘于许。我死，乃亟去之。吾先君新邑于此⑰，王室而既卑矣，周之子孙日失其序⑱。夫许，大岳之胤也⑲，天而既厌⑳周德矣，吾其能与许争乎？”

【注释】①许叔：许庄公的弟弟，名郑，即许穆公姜新臣。东偏：都城东边。②天祸：上天降下的祸殃。③不逞：不满意。④一二父兄：指同姓臣子。共亿：指相安无事。⑤有弟：指共叔段。⑥抚柔：安抚。⑦获：公孙获，郑国大夫。⑧悔祸：撤去所加的灾祸。⑨无宁：宁可。无，句首语气助词，无实义。兹：使。⑩请谒：请求。⑪昏媾（gòu）：婚姻亲戚。⑫滋：使之蔓延滋长。⑬偪：同“逼”，逼近。⑭禋（yīn）祀：祭祀。⑮聊：姑且。圉（yǔ）：边疆。⑯而：同“尔”，你。财贿：

财货，财物。⑰先君：指郑武公。新邑：指新郑一带。郑国原位于陕西省华县东北，平王东迁之后，郑武公伐虢、桧，并其土地，立国于此。⑱序：同“绪”，即继承的功业。⑲大岳：即太岳，上古官名，掌管四岳的祭祀，是四方诸侯的首领。胤：后代。⑳厌：厌弃。

【译文】郑庄公让许国的大夫百里去侍奉许叔，居住在许都的东边，并对他说：“上天降祸给许国，确实是鬼神对许君不满意，因而借我的手来惩罚他。我只有一两个同姓的臣子，却都不能相安无事，难道还敢把讨伐许国当做自己的功劳吗？我有个弟弟，尚且不能和睦相处，而使他在外奔波谋生，更何况是长久占有许国呢？您应当侍奉许叔安抚好这里的百姓，我准备让公孙获来帮助您。如果我能得以善终，上天或许会依礼撤回降给许国的祸害，愿意让许公再次治理自己的国家。那时只要我郑国对许国有所请求，可能还会像对待姻亲一样，降格同意的。不要让其他国家蔓延到这里，靠近这里居住，来与我郑国争夺这块土地。我的子孙连挽救自己的危亡都来不及，难道还能替你们许国敬祭先祖吗？我之所以让您住在这里，不仅是为了许国，也是希望趁机巩固我国的边疆。”于是郑庄公便让公孙获住在许城的西边，对他说：“凡是你的用具财物，都不要放在许国，我死后，你就尽快离开这里。我的祖先在这里新建城邑，眼看周王室已经日渐衰微，我们这些周朝的子孙也逐渐丢失祖先的功业。许国，是太岳的后代，上天既然已经厌倦了周德，我还能和许国相争吗？”

君子谓：“郑庄公于是乎有礼。礼，经[①]国家，定社稷，序[②]民人，利后嗣者也。许无刑[③]而伐之，服而舍之，度德而处之，量力而行之，相时[4]而动，无累后人，可谓知礼矣。”

郑伯使卒出豭[5]，行[6]出犬鸡，以诅[7]射颍考叔者。君子谓：“郑庄公失政刑[8]矣。政以治民，刑以正邪，既无德政，又无威刑，是以及邪。邪而诅之，将何益矣！”

【注释】①经：治理。②序：依次序排列。③无刑：不守法度。④相时：瞅准机会。⑤卒：百人为一卒。豭（jiā）：公猪。⑥行：步兵二十五人为一行。⑦诅：求神加祸于别人。⑧政刑：政令和刑罚。

【译文】君子说：“郑庄公在处理这件事情上是符合礼法的。礼法，是治理国家、安定社稷、使百姓有序、使后代获利的工具。许国不守法度，庄公因而讨伐它，它服罪后便宽恕它，衡量德行后再处置，估量力量后再行动，瞅准时机再有动作，不连累后人，这可以说是懂得礼法了。”

郑庄公让每一百名士兵奉献一头公猪，每二十五人奉献一条狗与一只鸡，用来求神诅咒射死颍考叔的人。君子说：“郑庄公丧失了政令和刑罚的原则。政令用来治理百姓，刑罚用来纠正邪恶。既然不符合道德的政治，又没有令人威慑的刑法，所以才会有邪恶的产生。出现了的邪恶再去诅咒，又会有什么好处呢？”

王取邬、刘、蔿、邘之田于郑[1]，而与郑人苏忿生[2]之田：温、原、絺、樊、隰郕、欑茅、向、盟、州、陉、隤、怀[3]。君子是以知桓王之失郑也。恕而行之[4]，德之则也，礼之经也。己弗能有而以与人，人之不至，不亦宜乎？

郑、息有违言[5]，息侯伐郑。郑伯与战于竟[6]，息师大败而还。

君子是以知息之将亡也。不度德，不量力，不亲亲，不征辞[7]，不察有罪，犯五不韪[8]，而以伐人，其丧师也，不亦宜乎？

【注释】①邬、刘、蒍、邘（yú）：均为邑名，已属郑地。此四邑位于今河南省境内。②苏忿生：人名，周武王时任司寇，受封于温。③温、原、絺（chī）、樊、隰（xí）郕、欑（cuán）茅、向、盟、州、陉、隤（tuí）、怀：以上均为邑名，原为苏忿生封地，位于今洛阳市以东、黄河之北的河南省境内。④恕而行之：按照恕道办事。苏氏叛王，十二邑以非王有，周桓王用不属于自己的地盘，去和郑交换四邑，实为欺骗，所以称其失恕道。⑤息：姬姓诸侯国，位于今河南省息县。违言：由于言语冲突而失和。⑥竟：同"境"。⑦征辞：明辨是非。征，审查明白。辞，言辞。⑧韪：是。

【译文】周天子从郑国得到了邬、刘、蒍、邘的田地，却又把原来属于苏忿生的温、原、絺、樊、隰郕、欑茅、向、盟、州、陉、隤、怀等田地给了郑国人。君子因此而得知周桓王将会失去郑国了。他们认为，应该按照恕道办事，这是道德的准则，是礼义的常规。自己如果不能保有，就拿来送给别人，别人因此不肯来依附，这不也是应该的吗？

郑国和息国之间发生了口舌之争，息侯因此率军攻打郑国。郑庄公和息侯在境内交战，息军大败而回。君子因此而知道息国快要灭亡了。他们认为息国不估量德行，不衡量力量，不亲近亲邻，不明辨是非，不审查有罪，犯了这五条过错却还去讨伐别人，息国因此而丧失军队，这不也是应该的吗？

冬十月，郑伯以虢师伐宋。壬戌，大败宋师，以报其入郑也。宋不告命[①]，故不书。凡诸侯有命，告则书，不然则否。师出臧否[②]，亦如之。虽及灭国，灭不告败，胜不告克，不书于策。羽父请杀桓公，将以求大宰[③]。公曰："为其少故也，吾将授之矣。使营菟裘[④]，吾将老焉。"羽父惧，反谮公于桓公而请弑之[⑤]。

【注释】①命：帝王的诏令。②臧否：善恶得失。③大宰：即太宰，又称冢宰，为天官之长，掌管国家的六种典籍，用来辅佐君王治理国家。④营：建造。菟（tù）裘：鲁邑名，在今山东省泗水县。⑤谮：说人坏话，诬陷。弑：古时称臣杀君、子杀父母。

【译文】冬季十月，郑庄公率领虢国的军队攻打宋国。壬戌日，宋军被打得大败，郑庄公报了宋国攻入郑国的那次战役之仇。宋国没有来鲁国报告这件事，所以《春秋》中没有记载。凡诸侯间发生大事，前来报告，《春秋》中就会记载，否则将不会记载。出兵善恶得失也是这样。即便是国家灭亡，被灭的诸侯国不来报告战败，胜利的诸侯国不来报告战胜，都不记载在简策上。鲁国大夫羽父请求杀死桓公，想借此求得太宰的职位。隐公说："从前由于他年轻，所以我代为摄政，现在我准备将国政交还给他。我已经派人在菟裘营造房屋，我将在那里退隐养老了。"羽父害怕，便反过来向桓公诬陷隐公，并请求桓公杀死隐公。

公之为公子也，与郑人战于狐壤[①]，止[②]焉。郑人囚诸尹氏[③]，赂尹氏而祷于其主钟巫[④]，遂与尹氏归而立其主。十一月，公祭钟巫，齐于社圃[⑤]，馆于寪氏[⑥]。壬辰，羽父使贼弑公于寪氏，立桓公而讨寪氏，有死者。不书葬，不成丧也。

【注释】①狐壤：郑地名。②止：被俘虏。因是自己国家的国君，所以讳言被获，而言止。③诸：之于。尹氏：郑大夫。④祷：告神求福。钟巫：神名，尹氏家的祭主。⑤齐：通“斋”，祭前斋戒洁身。社圃：园名。⑥馆：住，住宿。寪（wěi）氏：鲁大夫。

【译文】隐公早年还未即位之时，曾率兵在狐壤与郑国人交战，被郑国人所俘。郑国人将他囚禁在尹氏家，隐公贿赂尹氏，并在尹氏所祭神主钟巫前祷告，因此与尹氏一同回国，并在鲁国设立钟巫的神主。十一月，隐公准备去祭祀钟巫，在社圃斋戒，住在寪氏家中。壬辰日，羽父派贼人在寪氏家刺杀了隐公，拥立桓公为国君，并且带人讨伐寪氏，使寪氏背上了故意杀人的恶名。《春秋》中没有记载安葬隐公的情况，是因为鲁国没有按国君的规格为隐公举行丧礼。

桓 公

桓公元年

【经】元年[①]春王正月，公即位。三月，公会郑伯[②]于垂，郑伯以璧假[③]许田。夏四月丁未，公及郑伯盟于越[④]。秋，大水。冬十月。

【注释】①元年：公元前711年。②郑伯：即郑庄公，姬姓，名寤生，郑武公之子。③假：交换。④越：地名，今山东省曹县附近。

【译文】鲁桓公元年春季周历正月，桓公即位。三月，桓公与郑庄公在垂地会面，郑庄公用璧交换许田。夏季四月丁未日，鲁桓公在越地和郑庄公会盟。秋季，发大水。冬季十月。

【传】元年春，公即位，修好于郑。郑人请复祀周公，卒易祊田。公许之。三月，郑伯以璧假许田，为周公、祊故也。

夏四月丁未，公及郑伯盟于越，结祊成也。盟曰："渝盟，无享国[①]。"秋，大水。凡平原出水为大水。冬，郑伯拜盟[②]。

宋华父督见孔父之妻于路[③]，目逆[④]而送之，曰："美而艳。"

【注释】①渝盟无享国：背弃盟约则不能享有其国。②拜盟：拜谢结盟。③华父督：宋戴公之孙，名督，字华父。孔父：即孔父嘉，孔子六世祖，官至大司马。④逆：迎。

【译文】元年春季，鲁桓公即位，与郑国恢复了友好关系。郑人请求重新祭祀周公，完成祊田的交换。桓公答应了。三月，郑庄公用璧玉交换许田，这是为了请求祭祀周公以及用祊田交换许田的缘故。

夏季四月丁未日，鲁桓公在越地和郑庄公结盟，这是为了完成祊田的交换并建立友好关系。盟约的誓词说："如果谁违背了盟约，将不能享有国家。"

秋季，发大水。凡是平原上被水淹了就叫做大水。

冬季，郑庄公前来拜谢结盟。

宋国的华父督在路上遇到孔父嘉的妻子，他看着她从对面走过来，又回过头盯着她远去，说："美丽又光彩动人。"

桓公二年

【经】二年[①]春，王正月戊申，宋督弑其君与夷[②]及其大夫孔父。滕子[③]来朝。三月，公会齐侯、陈侯、郑伯于稷[④]，以成宋乱[⑤]。夏四月，取郜[⑥]大鼎于宋。戊申，纳于大庙[⑦]。秋七月，杞侯来朝。蔡侯、郑伯会于邓[⑧]。九月，入杞。公及戎盟于唐。冬，公至自唐[⑨]。

【注释】①二年：公元前710年。②与夷：即宋殇公。③滕子：滕国国君，降为子爵。④齐侯：即齐僖公。陈侯：即陈桓公。郑伯：即郑庄公。稷：宋地，在今河南省商丘县境内。⑤成：平定，讲和。宋乱：指华父督弑宋殇公一事。⑥郜：国名，位于今山东成武县境内。⑦大庙：即鲁国太庙周公庙。大，同“太”。⑧蔡侯：即蔡桓侯。邓：蔡地。位于今河南郾城县一带。⑨至自唐：从唐地回来。

【译文】二年春季，周历正月戊申日，宋国华父督杀害了他的国君与夷及大夫孔父嘉。滕国国君来鲁国朝见。三月，桓公与齐僖公、陈桓公、郑庄公在稷地会盟，是为了平定宋国内乱。夏季四月，从宋国取来郜国的大鼎。戊申日，将大鼎放入太庙中。秋季七月，杞侯来鲁国朝见。蔡桓侯与郑庄公在邓地会面。九月，攻入杞国。桓公在唐地与戎人结盟。冬季，桓公从唐地回到鲁国。

【传】二年春，宋督攻孔氏，杀孔父而取其妻。公怒，督惧，遂弑殇公。

君子以督为有无君之心而后动于恶[①]，故先书弑其君。会于稷以成宋乱，为赂故，立华氏也。

【注释】①动于恶：指杀害大臣的罪恶行为。

【译文】二年春季，宋国华父督攻打孔氏，杀死了孔父嘉并且霸占了他的妻子。宋殇公大怒，华父督害怕了，于是杀死了殇公。

君子认为华父督早就心中没有国君了，之后才会有如此罪恶的行为，所以《春秋》中先记载了他“弑其君”。鲁桓公在稷地和齐僖公、陈桓公、郑庄公会盟，是为了商讨平定宋国的内乱。因为得到宋国的贿赂，所以才建立了华氏政权。

宋殇公立，十年十一战，民不堪[①]命。孔父嘉为司马，督为大宰，故因民之不堪命[②]，先宣言[③]曰："司马则然[④]。"已杀孔父而弑殇公，召庄公于郑而立之，以亲郑。以郜大鼎赂公，齐、陈、郑皆有赂，故遂相宋公。

【注释】①不堪：不能忍受。②故：有意。因：承。③宣言：扬言。④则然：要这样做。

【译文】宋殇公即位以后，十年间进行了十一次战争，百姓不能忍受。孔父嘉担任司马，华父督担任太宰。华父督故意利用百姓不能忍受，抢先宣扬说："这都是司马要这样做。"之后他便杀死了孔父嘉和殇公，并将庄公从郑国迎回并立为国君，以此来亲近郑国。他又将郜国的大鼎送给鲁桓公，对齐、陈、郑等国也都赠送了财礼，所以华父督当上了宋国的宰相。

夏四月，取郜大鼎于宋。戊申，纳于大庙。非礼也。臧哀伯[①]谏曰："君人者将昭德塞违[②]，以临照[③]百官，犹惧或失之。故昭令德以示子孙。是以清庙茅屋[④]，大路越席[⑤]，大羹不致[⑥]，粢食不凿[⑦]，昭其俭也。衮、冕、黻、珽[⑧]，带、裳、幅、舄[⑨]，衡、紞、纮、綖[⑩]，昭其度也。藻率、鞞鞛[⑪]，鞶、厉、游、缨[⑫]，昭其数也。火、龙、黼、黻[⑬]，昭其文也。五色比象[⑭]，昭其物也。钖、鸾、和、铃[⑮]，昭其声也。三辰旂旗[⑯]，昭其明也。夫德，俭而有度，登降[⑰]有数。文物以纪之，声明以发之，以临照百官，百官于是乎戒惧，而不敢易纪律。今灭德立违，而寘其赂器[⑱]于大庙，以明示百官，百官象之[⑲]，其又何诛[⑳]焉？

国家之败，由官邪也。官之失德，宠赂章[21]也。郜鼎在庙，章孰甚焉？武王克商，迁九鼎于雒邑[22]，义士犹或非之，而况将昭违乱之赂器于大庙，其若之何？”公不听。周内史[23]闻之曰：“臧孙达其有后于鲁乎！君违[24]不忘谏之以德。”

【注释】①臧（zāng）哀伯：鲁大夫，名达，谥哀，是臧僖伯之子。②昭德塞违：彰明美德，杜绝错误。③临照：君王的仪范或恩德。④清庙：即太庙。古代帝王的宗庙。茅屋：用茅草所盖的房屋。⑤大路：也作“大辂”，即大车，特指天子或诸侯国国君祭天时所乘的车子。越席：用蒲草编织的席子。⑥大羹：不和五味的肉汁。不致：指不调五味，不加各种作料。⑦粢（zī）食：用黍稷加工品制作的饼食，祭祀用作供品。粢，黍稷，泛指谷类粮食。凿：舂米使之精白。⑧衮（gǔn）：古代帝王及公卿祭祀宗庙时所穿的礼服。冕（miǎn）：古代帝王、公卿、诸侯所戴的礼帽。黻（fú）：通“韨”。古代祭服的蔽膝，用熟皮做成。珽（tǐng）：大圭。古代天子所持的玉笏（hù），其形制因时而异。⑨带：指束在腰间的革带，皮带。裳（cháng）：古代男女穿的裙式下衣。幅（bī）：古代自足至膝斜缠在小腿部的帛条或布条，犹如今天的绑腿。舄（xì）：双底鞋，着地的一层为木底，这里泛指鞋子。⑩衡：把冠冕稳定在发髻上的横簪。紞（dǎn）：古代垂在帽子两旁用以悬挂塞耳用的玉瑱（tián）的带子。纮（hóng）：古代冠冕系在颔下的带子。古人戴冠冕时，先用簪子别在发髻上，再用纮挽住，系在簪子的两端。綎（tīng）：古代佩玉上的丝绶带。⑪藻率：古代便于附着圭、璋等玉器的装饰用的垫子。用皮革制成，上面画杂彩花。鞞（bǐ）鞛（běng）：佩刀刀鞘饰物，上饰为鞞，下饰为鞛。⑫鞶（pán）：皮制的束衣的大带。厉：带，衣带的下垂部分。游

（liú）：古代旌旗上悬垂的飘带。缨（yīng）：套马的革带，驾车用。引申指绳索。⑬火、龙、黼（fǔ）、黻（fú）：都是古代礼服上所绣的花纹，如火形者为“火”，如龙形者为“龙”，黑白色相间如斧形者为“黼”，黑青色相间如“亚”形者为“黻”。⑭五色：指青、赤、黄、白、黑五种颜色。比象：指用五色绘画山、龙、花、虫之象。⑮钖（yáng）鸾和铃：都是系在车马和旗帜上的铃铛，系在马额头上的叫“钖”，系在马嚼子上的叫“鸾”，系在车前横木上的铃叫“和”，系在旗帜竿头的小铃叫“铃”。⑯三辰：指日、月、星。旂（qí）旗：旗面绘有龙形图案，竿头系有小铃铛的旗子。⑰登降：增减。⑱赂器：指受贿得来的器物。⑲象之：以此为榜样。⑳诛：治罪，惩罚。㉑章：显示，表明。㉒九鼎：古代传说夏禹铸了九个鼎，成为夏、商、周三代传国的宝物，象征国家政权。雒（luò）邑：位于河南省洛阳县西。为周代的王城。㉓内史：官名。掌管法令、拟定文书，协助国君策命诸侯及卿大夫，并负责爵禄的废置。㉔违：违背礼制。

【译文】夏季四月，桓公将郜国的大鼎从宋国取了回来。戊申日，将大鼎放入太庙。这件事是不符合礼制的。臧哀伯因此劝阻说：“作为一个国家的君王，要宣扬美德，杜绝错误，做百官的榜样。即便是这样，尚且害怕有所失误，所以要用宣言美德来给子孙做示范。因此太庙的屋顶应该用茅草铺设，君王的车驾应该用蒲草席铺垫，肉汁中不加调料，主食也不经过舂捣加工，这些都是为了表示节俭。礼服、礼帽、蔽膝、大圭、腰带、裙子、绑腿、鞋子、横簪、瑱绳、冠系、冠布等，这些都是为了表示等级的高低，并以此作为衣冠制度。玉垫、佩巾、刀鞘、鞘饰、革带、带饰、飘带、马鞅，各层级之间都有区别，并以此作为各个等级数量的规定。画火、画龙、绣黼、绣黻，这是为了表示文饰的区别。以五种颜色绘出各种形象，这是为了表示色彩的区别。钖铃、鸾铃、轼铃、旗铃，这是为了表示声音的区别。画有日、月、星的旌旗，这是为了表示标志。德应该是节俭并且有一定的制度，增减也应当有一定的数量，用文饰、色彩来记录，用声音、旗帜来宣扬，并将此明示给文武百官，为百官树立榜样。百官才会产生畏惧和害怕，不敢违反纪律。如今却违背道德而拥立邪恶，并且将宋国用于贿赂的大鼎放置在太庙，且公然展示给百官看，如果百官也效仿这种行为，那么还能惩罚谁呢？国家的衰败，就是由官吏的邪恶开始的。官员失掉德行就会表现出宠爱与贿赂。还有比把郜国的鼎放在太庙里更表明收受贿赂的吗？周武王灭掉商朝后，将九鼎运到了雒邑，当时的正义之士尚且认为他不对，更何况是把表明邪恶叛乱的器物放进太庙里，这又该怎么办呢？”桓公没有听从。周朝内使听说了这件事，说：“臧孙达的后代将会在鲁国长享禄位！因为国君违背了礼制，他却没有忘记以道德进行劝谏。”

秋七月，杞侯来朝，不敬。杞侯归，乃谋伐之。

蔡侯、郑伯会于邓，始惧楚[①]也。

九月，入杞，讨不敬也。

公及戎盟于唐，修旧好也。冬，公至自唐，告于庙也。凡公行，告于宗庙；反行，饮至、舍爵[②]，策勋[③]焉，礼也。特相会，往来称地，让事[④]也。自参[⑤]以上，则往称地，来称会，成事也。

【注释】①楚：又称作荆、荆楚，先祖出自帝颛顼高阳氏，姓芈，熊氏。②饮至：上古诸侯朝会盟伐完毕，祭告宗庙并饮酒庆祝的典礼。后代指出征奏凯，至宗庙祭祀宴饮庆功之礼。舍（shè）爵：放置酒杯，意为饮酒。舍，放置、设置。爵，指古代酒杯。③策勋：把功勋记录在简策上，且定其次第。④让事：指谦让不肯为盟会之主。⑤参：通“三”。

【译文】秋季七月，杞侯来鲁国朝见，态度不恭敬。杞侯回国后，桓公便开始谋划讨伐杞国。

蔡桓侯、郑庄公在邓地会面。从这时起，两国开始害怕楚国。

九月，鲁桓公带领军队攻入杞国，是为了讨伐杞侯的不恭敬。

桓公在唐地和戎人结盟，这是为了重新建立当初的友好关系。冬季，桓公从唐地回国。《春秋》之所以记载，是因为他回来后祭告了宗庙。凡是国君出行，都需要祭告宗庙；回来后也要祭告宗庙，并宴请臣下举行庆祝典礼，大家互相敬酒，把功劳记载在策书中，这是合乎礼制的。如果是两国国君单独会面，来回都只记载会面的地点，这是互相谦让谁为盟会之主的会面。如果会面的国君是三个以上，那么国君在去他国的时候就需要记录会面的地点；如果是别国的国君前来，那么就不需要记载会面地点，只需要记载会面，这是盟主已定的会面。

初，晋穆侯之夫人姜氏以条之役生太子[①]，命之曰仇[②]。其弟以千亩[③]之战生，命之曰成师。师服[④]曰：“异哉，君之名子也！夫名以制义[⑤]，义以出礼，礼以体政[⑥]，政以正民。是以政成而民听，易[⑦]则生乱。嘉耦曰妃[⑧]，怨耦[⑨]曰仇，古之命也。今君命大子曰仇，弟曰成师，始兆乱[⑩]矣，兄其替[⑪]乎？”

【注释】①晋穆侯：名费王，是晋国第九任君王。条：地名，今山西省安邑镇北。②仇：晋文侯之名。③千亩：地名，在今山西介休县南。④师服：晋穆侯时大夫。⑤名以制义：名字是用来表示道义。⑥礼以体政：礼为政治、政法之本体。⑦易：相反。⑧嘉耦：互敬互爱、和睦相处的夫妻。妃（pèi）：同“配”，婚配。⑨怨耦：不和睦的夫妻。⑩兆乱：预兆祸乱。⑪替：衰微。

【译文】起初，晋穆侯的夫人姜氏在条地之战时生下了太子，那场战役晋国战败，所以为太子取名为仇。仇的弟弟是在千亩之战时出生的，那场战役晋国获胜，因此取名为成师。师服说：“真是奇怪！国君竟然这样为儿子取名！名字的形成是要具有一定意义的，意义是根据礼仪产生的，而礼仪是政事的主干，政事是用来端正百姓的行为。因此，如果政令正确就会使百姓服从，相反如果政令错误则会发生动乱。互敬互爱、相处和睦的夫妻叫妃，相处不和睦的夫妻叫仇，这是古人命名的方法。如今国君给太子取名为仇，他的弟弟取名为成师，这是祸乱的预兆啊。做哥哥的恐怕将要衰微吧？”

惠之二十四年[①]，晋始乱，故封桓叔于曲沃[②]，靖侯之孙栾宾傅之[③]。师服曰：“吾闻国家之立也，本大而末小[④]，是以能固。故天子建国[⑤]，诸侯立家[⑥]，卿置侧室[⑦]，大夫有贰宗[⑧]，士有隶子弟[⑨]，庶人、工、商，各有分亲，皆有等衰[⑩]。是以民服事其上而下无觊觎[⑪]。今晋，甸侯[⑫]也，而建国。本既弱矣，其能久乎？”

【注释】①惠之二十四年：即公元前745年。惠，即鲁惠公，名弗湟，鲁孝公之子。②桓叔：名成师，谥号桓，排行为叔，晋穆侯之子，晋文侯仇的弟弟。曲沃：位于今山西省闻喜县。③靖侯：名宜臼，字喜父，晋国第六任君主，晋厉侯之子。栾宾：字宾父，也被称为栾叔宾父，是晋靖侯的庶孙。傅之：辅佐他。④本：根本。末：枝叶。⑤国：诸侯之国。⑥家：分封卿大夫之家。⑦侧室：庶子，也指官名，管宗族事。⑧贰宗：官名。大夫之庶弟担任。⑨隶子弟：士对其子弟的称谓。士一般无家臣，只能役使其子弟。⑩等衰（cuī）：等次，等级。⑪服事：服从。觊觎：非分的希望或企图。⑫甸侯：封于甸服之内的诸侯。甸，千里之内为甸。

【译文】鲁惠公二十四年，晋国开始发生动乱，所以将桓叔分封到了曲沃，靖侯的孙子栾宾辅佐他。师服说："我听说国家的建立，只有根基强大而枝节细小，这样才能稳固。所以天子分封诸侯国，诸侯建立卿大夫的采邑，卿大夫设置同宗兄弟为侧室官，大夫让庶弟做贰宗官，士有仆隶子弟，平民百姓、工匠、商贾各有亲疏、等级的差别。所以百姓才会自愿服从侍奉上层阶级，而地位低下的人也不会有什么非分的企图。如今的晋国是王畿之内的甸服侯国，却要另外建立诸侯国。根本已经弱小了，又怎么能够长久呢？"

惠之三十年[①]，晋潘父[②]弑昭侯而纳桓叔，不克。晋人立孝侯[③]。惠之四十五年[④]，曲沃庄伯伐翼[⑤]，弑孝侯。翼人立其弟鄂侯[⑥]。鄂侯生哀侯[⑦]。哀侯侵陉庭[⑧]之田。陉庭南鄙启曲沃伐翼[⑨]。

【注释】①惠之三十年：公元前739年。②晋潘父：晋大夫。③晋孝侯：姬平，晋昭侯之子，晋国第十三任君主。④惠之四十五年：公元前724年。⑤曲沃庄伯：名鲜，谥庄，排行为伯，曲沃桓叔之子。翼：即绛地，当时是晋都城，位于今山西翼城东南。⑥鄂侯：名郄，晋孝侯之子，晋国第十四任君主。⑦哀侯：名光，晋鄂侯之子，晋国第十五任国君。⑧陉（xíng）庭：又作陉城、汾陉。在今山西曲沃县东北。⑨南鄙：南方边境地区。启：引导。

【译文】鲁惠公三十年，晋国的潘父杀死了国君晋昭侯，想要立桓叔为国君，没有成功。晋国人立晋孝侯为国君。鲁惠公四十五年，曲沃庄伯攻打翼城，杀死了孝侯。翼城人拥立孝侯的兄弟鄂侯为国君。鄂侯生了哀侯。哀侯侵占了陉庭的田地。于是陉庭南部边境的人引导曲沃攻打翼城。

桓公三年

【经】三年[①]春正月，公会齐侯于嬴[②]。夏，齐侯、卫侯胥命于蒲[③]。六月，公会杞侯于郕。秋七月壬辰朔[④]，日有食之，既[⑤]。公子翬如齐逆女。九月，齐侯送姜氏于讙[⑥]。公会齐侯于讙。夫人姜氏至自齐。冬，齐侯使其弟年来聘[⑦]。有年[⑧]。

【注释】①三年：公元前709年。②齐侯：即齐僖公。嬴：地名，在今山东省莱芜西北。③卫侯：即卫宣公。胥命：诸侯相见，约言而不歃血，泛指一般的会见。蒲：卫地，在今今河南省长垣县。④朔：每月初一日。⑤既：尽，全。⑥讙（huān）：鲁地，在今山东肥城。⑦聘：外交访问。⑧有年：五谷皆熟为有年，即丰年。

【译文】三年春季周历正月，桓公与齐僖公在嬴地会面。夏季，齐僖公、卫宣公在蒲地会谈。六月，桓公与杞侯在郕地会面。秋季七月壬辰朔的早晨，发生了日全食。公子翚去齐国迎接齐女。九月，齐僖公送女儿姜氏到讙地。桓公与齐僖公在讙地会面。夫人姜氏从齐国来到鲁国。冬季，齐僖公派他的弟弟夷仲年到鲁国访问。这年粮食大丰收。

【传】三年春，曲沃武公[①]伐翼，次[②]于陉庭。韩万御戎[③]，梁弘为右[④]，逐翼侯于汾隰[⑤]，骖絓[⑥]而止。夜获之，及栾共叔[⑦]。

会于嬴，成昏[⑧]于齐也。

夏，齐侯、卫侯胥命于蒲，不盟也。

公会杞侯于郕，杞求成也。

【注释】①曲沃武公：即晋武公，姬姓，名称，晋穆侯曾孙，曲沃桓叔之孙，曲沃庄伯之子。②次：指军队停留两宿以上。停留一宿为舍，停留两宿为信，两宿以上为次。③韩万：名万，谥武，受封于韩，因而以韩为氏，故称韩武子，曲沃桓叔的庶子，曲沃庄伯的异母弟，即曲沃武公的叔父。御戎：驾驭戎车。④梁弘：曲沃臣。右：即车右。古人乘车以左为尊，尊者在左，御者在中，另有一人在右陪乘。陪乘又叫车右，任务是执干戈以御敌，并负责战争中的力役之事。⑤翼侯：即晋哀侯。汾隰（xí）：汾水边。⑥骖（cān）：古代驾在车前两侧的马。絓（guà）：绊住。⑦栾共叔：名成，谥共，又被称为栾共子，是曲沃桓叔之傅栾宾之子。⑧昏：同“婚”。

【译文】三年春季，曲沃武公率军攻打翼城，驻扎在陉庭。韩万为武公驾车，梁弘为车右，在汾水边追赶晋哀侯，因为骖马被绊住才停了下来。直到晚上才抓住了晋哀侯和栾共叔。

桓公和齐僖公在嬴地会面，这是因为要与齐女订婚。

夏季，齐僖公、卫宣公在蒲地进行了会谈，却没有结盟。

桓公和杞侯在郕地会面，这是因为杞国要求议和。

秋，公子翚如齐逆女。修先君之好，故曰“公子”。

齐侯送姜氏于讙，非礼也。凡公女嫁于敌国[①]，姊妹则上卿送之，以礼于先君；公子[②]则下卿送之。于大国，虽公子亦上卿送之；于天子，则诸卿皆行，公不自送；于小国，则上大夫送之。

冬，齐仲年来聘[③]，致[④]夫人也。

芮伯万之母芮姜恶芮伯之多宠人也[⑤]，故逐之，出居于魏[⑥]。

【注释】①公女：公室女子。敌国：对等的国家。②公子：男女通称，这里指女公子，即国君的女儿。③齐仲年来聘：古时诸侯女子出嫁，会派大夫随后进行聘问。④致：护送，这里指对被护送者尽到责任。⑤芮（ruì）：国名，姬姓，伯爵，位于今陕西省大荔县一带。宠人：即宠姬。⑥魏：即魏城，位于今山西芮城县一带。

【译文】秋季，公子翚到齐国去迎接齐女姜氏。因为是重修前代国君的友好关系，因此《春秋》中称翚为“公子”。

齐僖公护送姜氏出嫁，一直送到讙地，这是不符合礼制的。凡是本国的公室女子出嫁到同等国家，如果是国君的姐妹则由上卿护送，以示对前代国君的尊敬；如果是国君的女儿则由下卿护送。如果是出嫁到大国，即便是国君的女儿，也应由上卿护送；如果是嫁给天子，则应由各位大臣护送，而国君不亲自护送；如果是出嫁到小国，则由上大夫护送。

冬季，齐仲年前来访问，是为了护送姜氏到鲁都而来。

芮伯万的母亲芮姜厌恶芮伯的宠姬太多，因此把芮伯赶走了，让他住到了魏城。

桓公四年

【经】四年[①]春正月，公狩于郎。夏，天王使宰渠伯纠来聘[②]。

【注释】①四年：公元前708年。②宰：官名，执掌王家内外事务。渠伯纠：渠为氏，周桓王时出任宰相。

【译文】四年春季周历正月，桓公到郎地狩猎。夏季，周天子派宰渠伯纠来鲁国访问。

【传】四年春正月，公狩于郎。书，时，礼也。

夏，周宰渠伯纠来聘。父在，故名。

秋，秦师侵芮，败焉，小[①]之也。

冬，王师、秦师围魏，执芮伯[②]以归。

【注释】①小：轻敌。②芮伯：即芮伯万。

【译文】四年春季正月，鲁桓公到郎地打猎。《春秋》中记载此事，是因为这时刚好是狩猎之时，是符合礼制的。

夏季，周朝的宰官渠伯纠前来鲁国访问。因为他和他的父亲同在周王室任职，所以《春秋》中写出了他的名字。

秋季，秦军攻打芮国，结果秦军战败，因为其小看了敌人。

冬季，周天子的军队与秦军联合包围了魏城，将芮伯抓了回来。

桓公五年

【经】五年[①]春正月，甲戌、己丑，陈侯鲍[②]卒。夏，齐侯、郑伯[③]如纪。天王使仍叔[④]之子来聘。葬陈桓公。城祝丘[⑤]。秋，蔡人、卫人、陈人从王伐郑。大雩[⑥]。螽[⑦]。冬，州公如曹[⑧]。

【注释】①五年：公元前707年。②陈侯鲍：指陈桓公。③齐侯：即齐僖公。郑伯：即郑庄公。④仍叔：周大夫。⑤祝丘：鲁地名，位于今山东临沂东。⑥雩（yú）：古代为求雨而举行的一种祭祀。⑦螽（zhōng）：飞蝗，成灾甚大。⑧州：国名，姜姓，公爵，在今山东省境内。曹：国名，姬姓，伯爵，周文王第六子曹叔振铎受封于曹，建都陶丘，即今山东菏泽市定陶。

【译文】五年春季周历正月，甲戌日，乙丑日，陈桓公鲍去世。夏季，齐僖公、郑庄公到了纪国。周天子派仍叔之子来鲁国访问。陈桓公下葬。修筑了祝丘的城墙。秋季，蔡人、卫人、陈人跟随周桓公讨伐郑国。举行了求雨的祭祀。发生了大蝗灾。冬季，州国国君去了曹国。

【传】五年春正月，甲戌，己丑，陈侯鲍卒，再赴[①]也。于是陈乱，文公子佗杀大子免而代之。公疾病而乱作，国人分散，故再赴。

夏，齐侯、郑伯朝于纪，欲以袭之。纪人知之。

【注释】①赴：同“讣”，报丧。

【译文】五年春季正月，甲戌日，己丑日，陈桓公鲍去世。《春秋》中所以记载了两个日子，是因为陈国发了两次讣告而日期却不同。当时陈国发生了动乱，文公的儿子佗杀死并取代了太子免。陈桓公病危的时候发生动乱，国民们纷纷离散，所以发了两次讣告。

夏季，齐僖公、郑庄公到纪国访问，想乘机袭击纪国。纪国人发觉了他们的计划。

王夺郑伯政[①]，郑伯不朝。秋，王以诸侯伐郑，郑伯御之。

王为中军；虢公林父[②]将右军，蔡人、卫人属焉；周公黑肩[③]将左军，陈人属焉。

郑子元请为左拒以当蔡人、卫人[④]，为右拒以当陈人，曰：“陈乱，民莫有斗心，若先犯[⑤]之，必奔。王卒顾[⑥]之，必乱。蔡、卫不枝[⑦]，固将先奔。既而萃[⑧]于王卒，可以集事[⑨]。”从之。曼伯为右拒，祭仲足为左拒，原繁、高渠弥以中军奉公[⑩]，为鱼丽之陈[⑪]，先偏后伍[⑫]，伍承弥缝[⑬]。

【注释】①王夺郑伯政：周桓王罢免郑庄公卿士的官职，不让他参与周朝国政。②虢（guó）公林父：姬姓，虢仲氏，字林父，当时是周王卿士。③周公黑肩：指周桓公，名黑肩，为周桓王的卿士。④郑子元：郑庄公之子公子突，子元是他的字。拒：通“矩”。方形阵势。当：用武力抵敌。⑤犯：进攻。⑥顾：照顾，顾及。⑦枝：同“支”，支持，支撑。⑧萃：聚，集中。⑨集事：成功。⑩原繁：郑大夫。高渠弥：郑国大夫，于郑庄公时被任命为卿。⑪鱼丽之陈：古代战阵名。陈，同“阵”。⑫偏：战车二十五乘为一偏。伍：步卒五人为伍。⑬弥缝：弥补缝合缺陷。

【译文】周桓王剥夺了郑庄公参与朝政的权力，郑庄公因此不再入周朝觐。

秋季，周桓王率领诸侯攻打郑国，郑庄公率军抵御。

周桓王率领中军，右军由虢公林父率领，蔡军、卫军隶属于右军；左军由周公黑肩率领，陈军隶属于左军。

郑国的子元建议由左方阵来对付蔡军和卫军，由右方阵来对付陈军。他说：“陈国由于国内动乱，所以百姓们都缺乏战斗意志。如果先攻击陈军，他们必定会逃走。周天子的军队要顾及陈军，便一定会发生混乱。而蔡国和卫国的军队支撑不住，也一定会争先奔逃。这时我们便可集中兵力对付周天子的中军，我们就可以获得成功了。”郑庄公听从了他的意见。右方阵的指挥由曼伯担任，左方阵的指挥由祭仲足担任，原繁、高渠弥则带领中军护卫郑庄公，摆开“鱼丽”阵势，前面排列兵车，步卒紧随其后，用步卒来填补兵车的空隙。

战于繻葛[①]，命二拒曰：“旝[②]动而鼓。”蔡、卫、陈皆奔，王卒乱，郑师合以攻之，王卒大败。祝聃[3]射王中肩，王亦能军[4]。祝聃请从之[5]。公曰："君子不欲多上[6]人，况敢陵[7]天子乎！苟自救也，社稷无陨[8]，多矣[9]。"夜，郑伯使祭足劳[10]王，且问左右[11]。

【注释】①繻（xū）葛：郑国地名，在今河南省长葛市北。②旝（kuài）：古代作战时指挥用的旗子。③祝聃：郑国大将。④军：指挥军队。⑤从之：追逐。⑥上：凌驾。⑦陵：欺侮，欺压。⑧陨：危亡。⑨多矣：习语，满足的意思。⑩劳：慰问。⑪左右：周王左右之臣。

【译文】双方在繻葛交战，郑庄公对左右方阵命令道："只要看到大旗一挥，就击鼓进军。"郑国的军队发起进攻，蔡、卫、陈三国军队一起奔逃，周天子的中军因此混乱，郑军从左右两边合力夹击，最终周军大败。祝聃射中了周桓王的肩膀，但是桓王还能指挥军队。祝聃请求前去追赶。郑庄公说："君子不希望欺人太甚，又怎敢欺凌天子呢？只要能挽救自己，使国家免于危亡就足够了。"夜间，郑庄公派遣祭仲足去慰问周桓王，同时也问候了他的左右随从。

仍叔之子来聘，弱[1]也。

秋，大雩，书，不时也。凡祀，启蛰而郊[2]，龙[3]见而雩，始杀而尝[4]，闭蛰而烝[5]。过[6]则书。

冬，淳于公[7]如曹。度其国危，遂不复。

【注释】①弱：年幼。②启蛰：惊蛰。郊：郊祀，以祈农事。③龙：苍龙，二十八宿中东方七宿，即角、亢、氐、房、心、尾、箕的合称。④始杀：指秋季到了，开始肃杀之气。尝：秋祭名。秋谷登场，天子尝新，先荐宗庙。⑤闭蛰：昆虫蛰伏。烝：古代冬天的祭祀。⑥过：指非同寻常的祭祀。⑦淳于公：即州公。

【译文】仍叔的儿子前来访问。《春秋》中所以记为“仍叔之子”，而不记载他的名字，是因为他年轻。

秋季，为求雨而举行了大雩祭。《春秋》中记载这件事，是因为这不是按时进行的祭祀。凡是祭祀，如果是昆虫惊动，则举行郊祭；如果是苍龙的角亢二宿出现，则举行雩祭；如果是秋季寒气降临，则举行尝祭；如果是昆虫蛰伏，则举行烝祭。凡是过了规定时间举行的祭礼，都要记载下来。

冬季，淳于公去了曹国。他估计自己的国家将发生危难，因此没有再回国。

桓公六年

【经】六年[①]春正月，实来。夏四月，公会纪侯于成[②]。秋八月壬午，大阅[③]。蔡人杀陈佗。九月丁卯，子同[④]生。冬，纪侯来朝。

【注释】①六年：公元前706年。②成：同“郕”，位于今山东宁阳县一带。③大阅：大规模地检阅车马军队。④子同：鲁桓公的儿子，名同，后即位为庄公。

【译文】六年春季周历正月，淳于公来到了鲁国。夏季四月，桓公与纪侯在成地会面。秋季八月壬午日，鲁国举行了大规模的阅兵仪式。蔡国人杀死了陈佗。九月丁卯日，桓公的儿子子同出生。冬季，纪侯来鲁国朝见。

【传】六年春，自曹来朝。书曰“实来”，不复[1]其国也。

楚武王侵随[2]，使薳章[3]求成焉。军于瑕[4]以待之。随人使少师董成[5]。

【注释】①复：回。②楚武王：芈姓，熊氏，名通，楚若敖之孙，楚霄敖次子，楚厉王之弟。随：国名，姬姓，侯爵，位于今湖北随州市。③薳（wěi）章：楚大夫。④瑕：随国地名。⑤少师：官名，为君主的辅弼之官。董：主持。

【译文】六年春季，淳于公从曹国前来朝见。《春秋》中记载为“实来”，是因为他来后不再回国了。

楚武王入侵随国，先是派薳章前去谈判，把军队驻扎在瑕地来等待结果。随国人派少师主持和谈。

斗伯比[1]言于楚子曰：“吾不得志于汉东也[2]，我则使然。我张[3]吾三军，而被吾甲兵[4]，以武临之，彼则惧而协以谋我，故难间[5]也。汉东之国随为大，随张必弃小国[6]，小国离，楚之利也。少师侈[7]，请羸[8]师以张之。”熊率且比[9]曰：“季梁[10]在，何益？”斗伯比曰：“以为后图，少师得其君。”王毁军[11]而纳少师。

【注释】①斗伯比：芈姓，斗氏，名伯比，亦名熊伯比，是楚国第十四任君主楚若敖熊仪的幼子，楚霄敖熊坎弟，是后来令尹子文之父。②得志：指扩张国土。汉东：汉水以东地区的小国。③张：扩张之意。④被吾甲兵：整顿装备。⑤间：离间。⑥张：自高自大。弃：轻视。⑦侈：自高自大，盛气凌人。⑧羸（léi）：衰弱。⑨熊率且（jū）比：楚大夫。⑩季梁：随国贤臣。⑪毁军：故作军容疲弱之状。

【译文】斗伯比对楚武王说："我国在汉水东边不能扩张领土，这是我们自己造成的。我们扩充三军，整顿军备，以武力逼迫他国，他们因为害怕便会团结起来全力对付我们，因此难以离间。在汉水东边的国家中，随国最大。随国要是自高自大，则一定轻视小国。小国离心了，对楚国有利。少师其人一向张狂，请君王让我军装出疲弱的样子，从而助长他的狂傲。"大夫熊率且比说："随国有季梁在，这样做又有什么好处呢？"斗伯比说："以后会有用的，因为少师可以得到他们国君的宠信。"楚武王因此故意让士兵装出疲惫懈怠的样子而来接待少师。

少师归，请追楚师，随侯将许之。季梁止之曰："天方授[①]楚，楚之羸，其诱我也，君何急焉？臣闻小之能敌大也，小道大淫[②]。所谓道，忠于民而信[③]于神也。上思利民，忠也；祝史正辞[④]，信也。今民馁而君逞欲[⑤]，祝史矫举[⑥]以祭，臣不知其可也。"公曰："吾牲牷肥腯[⑦]，粢盛[⑧]丰备，何则不信？"对曰："夫民，神之主也。是以圣王先成民而后致力于神。故奉牲以告曰'博硕[⑨]肥腯'，谓民力之普存也，谓其畜之硕大蕃滋[⑩]也，谓其不疾瘯蠡[⑪]也，谓其备腯咸有[⑫]也。奉盛以告曰'洁粢丰盛[⑬]'，谓其三时不害[⑭]而民和年丰也。奉酒醴以告曰'嘉栗旨酒[15]'，谓其上下皆有嘉德而无违心也。所谓馨香[16]，无谗慝[17]也。故务其三时，修其五教[18]，亲其九族[19]，以致其禋祀[20]。于是乎民和而神降之福，故动则有成。今民各有心，而鬼神乏主，君虽独丰，其何福之有！君姑修政而亲兄弟之国，庶免于难。"随侯惧而修政，楚不敢伐。

【注释】①授：给予，照顾。②淫：淫虐乱政。③信：诚信。④祝史：支持祭祀祈祷之官。正辞：正直、严正的言辞。⑤馁：饥饿。逞欲：力图满足其欲望以快已意。⑥矫举：诈称，谎说。⑦牲牷（quán）：古代祭祀用的纯色全牲。肥腯（tú）：指肥壮的牲畜。⑧粢（zī）盛：一种古代的祭祀仪式。祭祀时将黍稷放在祭器里。⑨博硕：指宽大、粗大，也可指牲畜肥壮。⑩蕃滋：孳生众多。⑪瘯（cù）蠡（luǒ）：皮肤病，指六畜疥癣之疾。⑫备腯咸有：品种齐全。⑬洁粢丰盛：指谷物清洁，盛满祭器。⑭三时不害：农时不受扰害。三时，指春、夏、秋三季农作之时。⑮嘉栗：形容酒佳美清醇。旨酒：美酒。⑯馨香：芳香。⑰谗慝（tè）：邪恶的人，或邪恶的言论。⑱五教：指父义、母慈、兄友、弟恭、子孝五种伦理道德的教育。⑲九族：九代的直系亲属，包括高祖、曾祖、祖父、父亲、自己、儿子、孙子、曾孙、玄孙。⑳禋（yīn）祀：古代祭天的一种礼仪。

【译文】少师回去后，便请求追击楚军，随侯准备答应。季梁劝阻说："上天正在帮助楚国，楚国军队显得疲惫懈怠，是想引诱我们。国君何必急着下令呢？臣听说小国之所以能够抵抗大国，是因为小国有道，而大国贪婪放纵。所谓道，就是忠于百姓而让神明信任。上位者为民谋利，这是忠；祝史如实向先人及神明祝祷，这是信。现在百姓饥困而国君却放纵享乐，祝史浮夸功德来祝祷，臣不知这样会行得通。”随侯说：“我祭祀用的牲口色纯而肥，黍稷也都丰盛完备，为什么不能让神明信任呢？”季梁回答说：“百姓,是神明的主人。因此圣王会先团结百姓而后才取信于神明，所以在供奉牺牲时会祝告说‘请看献上的牲畜多么硕大肥壮’，这说的是百姓普遍富足，牲畜肥壮且不断繁殖生长，并没有得病且瘦弱，又品种齐全。在供奉黍稷时祷告说‘请看献上的黍稷多么洁净而丰盛’，这说的是春、夏、秋三季农作之时不受扰害，百姓和睦，收成丰足。在奉献甜酒时祝告说‘请尝尝我们清醇的美酒’，这说的是全国上下都有美德而没有坏心眼。所说的祭品芳香，就是上下有德行而没有邪念。因为春、夏、秋三季都努力于农耕，修明五教，与九族和睦，以此致祭神明。于是百姓便和睦，神灵也会降福，所以做事都能成功。如今，百姓各有各的想法，鬼神没有依靠，仅仅依靠国君一个人的丰富祭礼，又能求得什么福气呢？国君先请修明内政，亲近兄弟国家，也许能避免祸难。”随侯害怕了，从而整顿内政，楚国因此没敢来攻打。

夏，会于成，纪来咨谋[①]齐难也。

北戎[②]伐齐，齐侯[③]使乞师于郑。郑大子忽帅师救齐。六月，大败戎师，获其二帅大良、少良，甲首[④]三百，以献于齐。于是，诸侯之大夫戍齐，齐人馈之饩[⑤]，使鲁为其班[⑥]，后郑。郑忽以其有功也，怒，故有郎之师[⑦]。

【注释】①咨谋：讨论商酌。②北戎：也叫山戎。春秋时分布在今河北、山西北部。③齐侯：即齐僖公禄父。④甲首：带甲士兵的首级。⑤馈：赠送。饩（xì）：古代祭祀或馈赠用的活牲畜。⑥为其班：安排次序。⑦郎之师：指桓公十年，郑联合齐、卫伐鲁之役。郎，鲁地，位于今山东鱼台县。

【译文】夏季，鲁桓公在成地和纪侯相会，这是因为纪侯前来商谈如何应对齐国灭纪一事。

北戎攻打齐国，齐国派人向郑国求援。郑国的太子忽率军前往救援齐国。六月，大败戎军，俘虏了北戎的大良、少良两个主帅，斩杀三百带甲戎军，并将其首级献给齐国。当时，诸侯大夫在齐国防守边境，齐国人送给他们食物，让鲁国来确定馈送的先后次序。鲁国依照周王朝所定次序，将郑国排在了后面。郑太子忽认为自己有功，对此很恼怒，因此便有了四年之后的郎地之战。

公之未昏于齐也[①]，齐侯欲以文姜[②]妻郑大子忽。大子忽辞，人问其故，大子曰："人各有耦[③]，齐大，非吾耦也。《诗》云：'自求多福[④]。'在我而已，大国何为？"君子曰："善自为谋。"及其败戎师也，齐侯又请妻之，固辞。人问其故，大子曰："无事于齐，吾犹不敢。今以君命奔齐之急[⑤]，而受室[⑥]以归，是以师昏也。民其谓我何？"遂辞诸郑伯。

【注释】①公：指鲁桓公。昏：同"婚"。②文姜：齐僖公女，襄公妹，嫁鲁桓公。③耦：通"偶"，匹配，配偶之意。④自求多福：出自《诗经·大雅·文王》。指求助自己比求助他人会得到更多的幸福。⑤奔齐之急：奔救齐国的危难。⑥受室：指娶妻。

【译文】桓公在没有与齐国联姻之前，齐僖公曾想将文姜嫁给郑国的太子忽为妻。太子忽辞谢，别人问他原因，太子忽说："人各有适合自己的配偶，齐国强大，不是适合我的配偶。《诗经》中说：'自求于己，可多受福德。'主要是靠我自己，要大国干什么？"君子说："太子忽善于为自己谋划。"等到他打败了戎军，齐僖公又请求把别的女子嫁给他为妻，太子忽还是坚决辞谢。别人问他原因，太子忽说："我没有为齐国做过什么事情，尚且不敢娶他们的女子。现在如果因为奉国君之命到齐国救急，却娶了齐女而回，这是利用战争来成婚，百姓们将会如何看我呢？"于是便以郑庄公的名义辞谢了。

秋，大阅，简车马也。

九月丁卯，子同生，以大子生之礼举之，接以大牢[①]，卜士[②]负之，士妻食[③]之。公与文姜、宗妇命之[④]。

【注释】①接：父亲接见儿子。大牢：祭祀时并用牛、羊、豕三牲的叫做"大牢"，也称"太牢"。太牢用于隆重的祭祀，按古礼规定，一般只有天子、诸侯才能用大牢。②卜士：占卜选择的士。③食（sì）：喂养，这里指哺乳。④宗妇：同宗之妇。命之：为太子取名。

【译文】秋季，举行了盛大的阅兵，这是为了检阅战车与马匹。

九月丁卯日，桓公的儿子同出生，举行了太子出生的仪式，父亲接见儿子时用了太牢之礼，让通过占卜选择的士人抱他，由占卜后选择士人的妻子给他喂奶。桓公与文姜、同宗妇人为他取名。

公问名于申繻[①]。对曰:“名有五,有信,有义,有象,有假,有类。以名生为信[②],以德命为义[③],以类命为象[④],取于物为假[⑤],取于父为类[⑥]。不以国,不以官,不以山川,不以隐疾,不以畜牲,不以器币。周人以讳事神,名,终将讳之。故以国则废名,以官则废职,以山川则废主,以畜牲则废祀,以器币则废礼。晋以僖侯[⑦]废司徒,宋以武公[⑧]废司空,先君献、武废二山[⑨],是以大物不可以命。”公曰:“是其生也,与吾同物[⑩],命之曰同。”

冬,纪侯来朝,请王命[⑪]以求成于齐,公告不能。

【注释】①申繻(xū):鲁大夫。②以名生为信:以出生时的某一特征来命名是信。③以德命为义:以祥瑞的字来命名是义。④以类命为象:以相类似的事物来命名是象。⑤取于物为假:用某种物品的名称来命名是假。⑥取于父为类:用与父亲相关的意思来命名是类。⑦僖侯:名司徒,废司徒的官名改为中军。⑧宋武功:名司空,废司空的官名改为司城。⑨先君献、武废二山:鲁献公名具,武公名敖,所以废具山、敖山之名,改用其乡名为山名。⑩同物:岁、时、日、月、星、辰为六物。同和桓公同日生,所以称“同物”。⑪请王命:指请桓公代纪国求得周天子的命令。

【译文】桓公向申繻询问要如何取名。申繻回答说:“取名的方式有五种,即信、义、象、假、类。以出生时的某一特征来取名是信,用祥瑞的字眼来取名是义,用类似的事物来取名是象,假借某种事物的名称来取名是假,借用与父亲有关的字来取名是类。起名不要用本国的国名,不要用本国的官名,不要用本国的山川名,不要用有关疾病的名称,不要用牲畜的名称,不要用器物礼品的名称。周朝人以避讳的方式来奉祀神灵。人的名字在死后就需避讳了。因此，用国名起名就得废除人名，用官职起名就得更换官职名称，用山川起名就要改变山川的名称，用牲畜起名就会废除祭祀，用器物礼品起名就会废除礼仪。如晋国因为僖侯名叫司徒，所以废除了司徒的官名，宋国因为武公名叫司空，而废除了司空的官名，我们鲁国因为献公、武公名叫具、敖，而改变了具山、敖山之名。因此，不能用大的事物来起名。”桓公说：“这个孩子的出生，和我在同一天，就给他起名叫同吧。”

冬季，纪侯前来朝见，请求鲁国代纪国求得周天子的命令去向齐国求和。桓公对他说做不到。

桓公七年

【经】七年[①]春二月己亥，焚咸丘[②]。夏，穀[③]伯绥来朝。邓[④]侯吾离来朝。

【注释】①七年：公元前705年。②焚：以火烧地，驱散野兽，然后网罗围取。咸丘：鲁地，今山东巨野县东南。③穀：国名，伯爵，位于今湖北谷城一带。④邓：国名，曼姓，侯爵，位于今河南邓县。

【译文】七年春季周历二月己亥日，咸丘的田地被火焚烧了。夏季，穀伯绥来鲁国朝见。邓侯吾离来鲁国朝见。

【传】七年春，穀伯、邓侯来朝。名，贱之也。

夏，盟、向[①]求成于郑，既而背之。

秋，郑人、齐人、卫人伐盟、向。王迁盟、向之民于郏[②]。

冬，曲沃伯诱晋小子侯[③]杀之。

【注释】①盟、向：二邑名。隐公十一年时周天子拿此二邑与郑国交换。②郏（jiá）：地名，即郏鄏，周朝东都，在今河南洛阳市。③曲沃伯：即曲沃武公。晋小子侯：即姬小子，晋哀侯子，晋国第十六任君主。

【译文】七年春季，穀伯绥、邓侯吾离来鲁国朝见。《春秋》中直接记载他们的名字，是因为轻视他们。

夏季，盟邑、向邑向郑国求和，但不久又背叛了郑国。

秋季，郑人、齐人、卫人联合攻打盟邑、向邑。周桓王将盟邑、向邑的百姓迁到郏地。

冬季，曲沃武公诱骗晋国小子侯，并杀了他。

桓公八年

【经】八年[①]春正月己卯，烝。天王使家父[②]来聘。夏五月丁丑，烝。秋，伐邾。冬十月，雨雪。祭公[③]来，遂逆王后于纪。

【注释】①八年：公元前704年。②家父：周天子大夫。③祭公：

周天子的三公。当时因为纪国小，所以由鲁国主持周天子和纪国的通婚，因此祭公先到鲁国，再去迎亲。

【译文】八年春季周历正月己卯日，举行了烝祭。周天子派家父来鲁国访问。夏季五月丁丑日，举行了烝祭。秋季，鲁国攻打邾国。冬季十月，天降雨雪。祭公先到鲁国，然后再到纪国去迎接王后。

【传】八年春，灭翼。

随少师有宠。楚斗伯比曰："可矣。仇有衅，不可失也。"

夏，楚子合诸侯于沈鹿[1]。黄[2]、随不会，使薳章让[3]黄。楚子伐随，军于汉、淮之间。

【注释】①沈鹿：楚地，今湖北钟祥县东。②黄：国名，嬴姓，今河南潢川县一带。③让：责备。

【译文】八年春季，曲沃武公灭亡了翼邑。

随国少师受到国君的宠信。楚国的斗伯比说："可以攻打随国了。敌国内部已有了矛盾，不能错失这个机会。"

夏季，楚武王与诸侯军在沈鹿会合。黄、随两国没有参加会议，楚国派薳章去责备黄国。楚武王亲自率军讨伐随国，军队驻扎在汉水、淮水之间。

季梁请下之[1]："弗许而后战，所以怒我而怠寇也。"少师谓随侯曰："必速战。不然，将失楚师。"随侯御之，望楚师。季梁曰："楚人上左[2]，君[3]必左，无与王遇[4]。且攻其右，右无良[5]焉，必败。

偏[⑥]败，众乃携[⑦]矣。”少师曰：“不当王，非敌也。”弗从。战于速杞[⑧]，随师败绩[⑨]。随侯逸[⑩]，斗丹获其戎车[⑪]，与其戎右[⑫]少师。

【注释】①下之：表示屈服。②楚人上左：楚人以左为尊。③君：指随侯。④王：指楚武王。遇：对阵。⑤良：指良将。⑥偏：偏师，意指非主力军。⑦携：离散。⑧速杞：随地，今湖北应山县西。⑨败绩：指军队溃败。⑩逸：逃跑。⑪斗丹：楚大夫。戎车：君所乘兵车。⑫戎右：即车右。

【译文】季梁建议向楚人表示屈服，并说：“如果他们不同意，然后我们再与他们作战，这样便可以激怒我军而使敌军懈怠。”少师对随侯说：“必须速战，否则我们将失去战胜楚军的机会。”于是随侯率军抵御楚军，远望楚国的军队。季梁说：“楚人以左军为尊，楚王一定在左军中，不要与楚王正面交锋。暂且攻击他们的右军，右军没有好的将领指挥，一定会失败。当他们的偏军一败，大军便会离散了。”少师说：“如果不与楚王正面交锋，这会让人以为君王与他不是对等的。”随侯又没有听从季梁的建议。于是两军在速杞展开大战，随军大败。随侯逃走，斗丹俘获了随侯的战车及车右少师。

秋，随及楚平。楚子将不许，斗伯比曰：“天去其疾矣，随未可克也。”乃盟而还。

冬，王命虢仲立晋哀侯之弟缗于晋[①]。祭公来，遂逆王后于纪，礼也。

【注释】①虢仲：即周朝卿士虢公林父。缗（mín）：即姬缗，晋鄂侯之子，晋哀侯之弟，晋国第十七任君主。

【译文】秋季，随国人到楚国来请求讲和。楚武王准备拒绝，斗伯比说："上天已经帮他们除去了国家的疾患少师，随国现在还不可能战胜。"于是随国人与楚订立盟约后便回国了。

冬季，周桓王命虢仲拥立晋哀侯的兄弟缗为晋侯。祭公先到鲁国，然后又到纪国迎接王后，这是符合礼法的。

桓公九年

【经】九年[①]春，纪季姜归于京师[②]。夏四月。秋七月。冬，曹伯使其世子射姑来朝[③]。

【注释】①九年：公元前703年。②纪季姜：纪侯女，周桓王后。季是排行，姜是姓。京师：指周都洛邑。③曹伯：即曹桓公。世子：即太子，名射姑。

【译文】九年春季，纪国的季姜嫁到了京师。夏季四月。秋季七月。冬季，曹桓公派太子射姑来鲁国朝见。

【传】九年春，纪季姜归于京师。凡诸侯之女行[①]，唯王后书。

巴子使韩服告于楚[②]，请与邓为好[③]。楚子使道朔将巴客以聘于邓[④]。邓南鄙鄾人攻而夺之币[⑤]，杀道朔及巴行人。楚子使薳章让于邓，邓人弗受。

【注释】①行：出嫁。②巴：国名，姬姓，子爵，位于今湖北襄樊一带。韩服：巴国行人。行人接待来往宾客，通使外邦。③为好：建立友好往来。④道朔：楚大夫。将：率领。巴客：即韩服。⑤鄾（yōu）：古地名，在今湖北省襄樊市北。币：泛指车马皮帛玉器等礼物。

【译文】九年春季，纪国的季姜出嫁到京师。凡是诸侯的女儿出嫁，只有出嫁为王后的才会加以记载。

巴国国君派遣韩服向楚国报告，请求与邓国交好。楚武王派遣道朔带领巴国使者前往邓国访问。邓国南部边境的鄾地人攻击他们，并掠夺了财礼，杀死了道朔和巴国使者。楚武王派遣薳章责问邓国，但邓国人不接受责问。

夏，楚使斗廉[①]帅师及巴师围鄾。邓养甥、聃甥[②]帅师救鄾。三逐[③]巴师，不克。斗廉衡[④]陈其师于巴师之中，以战，而北[⑤]。邓人逐之，背巴师而夹攻之。邓师大败，鄾人宵溃[⑥]。

秋，虢仲、芮伯、梁伯、荀侯、贾伯伐曲沃[⑦]。

冬，曹大子来朝，宾之以上卿，礼也。享曹大子，初献，乐奏而叹。施父[⑧]曰："曹大子其有忧乎？非叹所也。"

【注释】①斗廉：楚大夫。②养甥、聃甥：邓大夫。③逐：进攻。④衡：通"横"。⑤北：军败奔走。⑥宵溃：军队夜间溃逃。⑦梁：国名，嬴姓，伯爵，位于今陕西韩城县。荀：国名，姬姓，侯爵，位于今山西新绛县。贾：国名，姬姓，伯爵，位于今山西襄汾县。⑧施父：鲁大夫。

【译文】 夏季，楚国派斗廉率军与巴军联合包围鄾地。邓国的养甥、聃甥率领邓军前来救援鄾地。邓军三次进攻巴军，都没能取胜。斗廉将其军队横陈在巴军之中，当邓军进攻时，假装败逃。邓人率军追击，巴军便从他们背后发起攻击，于是楚、巴两军前后夹攻邓军。邓军大败，鄾地人在傍晚时便溃散了。

秋季，虢仲、芮伯、梁伯、荀侯、贾伯联合出兵讨伐曲沃。

冬季，曹国太子前来鲁国朝见。鲁国以上卿之礼接待了他，这是符合礼法的。鲁国设享礼招待曹太子，首次敬酒时，曹太子在奏乐时发出了叹息声。施父说："曹太子怕是有什么忧心的事，这里不是叹息的地方啊。"

桓公十年

【经】 十年[①]春王正月，庚申，曹伯终生[②]卒。夏五月，葬曹桓公。秋，公会卫侯于桃丘[③]，弗遇。冬十有二月丙午，齐侯、卫侯、郑伯来战于郎[④]。

【注释】 ①十年：公元前702年。②曹伯终生：即曹桓公。③桃秋：地名，位于今山东东阿县。④齐侯、卫侯、郑伯：即齐僖公、卫宣公、郑庄公。郎：在鲁都曲阜附近。

【译文】 十年春季周历正月庚申日，曹桓公终生去世。夏季五月，国人安葬了曹桓公。秋季，桓公去桃丘与卫宣公会面，却没有见到卫宣公。冬季十二月丙午日，齐僖公、卫宣公、郑庄公来犯我国，与我军在郎地交战。

【传】十年春，曹桓公卒。

虢仲谮其大夫詹父于王。詹父有辞[①]，以王师伐虢。夏，虢公出奔虞[②]。

【注释】①有辞：言之有理。②虢：姬姓国。位于今山西平陆县东北。

【译文】十年春季，曹桓公去世。

虢仲向周桓王进谗言诬陷其大夫詹父。詹父有理，率领天子的军队攻打虢国。夏季，虢公逃亡到虞国。

秋，秦人纳[①]芮伯万于芮。

初，虞叔[②]有玉，虞公求旃[③]，弗献。既而悔之，曰："周谚有之：'匹夫无罪，怀璧其罪。'吾焉用此，其以贾害[④]也？"乃献之。又求其宝剑。叔曰："是无厌[⑤]也。无厌，将及我[⑥]。"遂伐虞公，故虞公出奔共池[⑦]。

冬，齐、卫、郑来战于郎，我有辞也。

【注释】①纳：送回芮国。②虞叔：虞公的弟弟。③旃（zhān）：文言助词，相当于"之"或"之焉"。④贾（gǔ）害：自招祸害。⑤厌：满足。⑥及我：我会有祸难。⑦共池：地名，位于今山西平陆县。

【译文】秋季，秦国人将芮伯万送回了芮国。

起初，虞叔藏有宝玉，其兄虞公向他索求宝玉，虞叔没有进献。不久后，虞叔便后悔了，说：“周朝有谚语说：‘百姓没有罪，但怀藏玉璧便有了罪。’我怎么会用得着美玉，难道要用它来买祸害吗？”于是把玉璧献给了虞公。虞公又向虞叔索求宝剑。虞叔说：“这是贪得无厌啊。贪得无厌，将会祸害到我。”于是便攻打虞公，所以虞公逃亡到了共池。

冬季，齐国、卫国、郑国联合进犯我国，我军在郎地与他们交战。我国占有理。

初，北戎病齐[1]，诸侯救之。郑公子忽有功焉。齐人饩诸侯，使鲁次之。鲁以周班[2]后郑。郑人怒，请师于齐。齐人以卫师助之。故不称侵伐。先书齐、卫，王爵[3]也。

【注释】①病齐：使齐病困。②周班：周朝封爵的次序。③王爵：即周班。

【译文】起初，北戎多次侵犯齐国，使齐人困疲，因此诸侯救援齐国。郑国的公子忽在救援中立了大功。齐国人给诸侯军馈赠食物，让鲁国确定馈送的次序。鲁国按周室封爵的次序将郑国排在了后面。郑国人因此大怒，请求齐国出兵攻打鲁国。齐国人率领卫国军队帮助郑国。所以《春秋》中不称这次战争为“侵伐”，而先记载了齐国和卫国，是按照周室封爵的次序。

桓公十一年

【经】十有一年[①]春正月，齐人、卫人、郑人盟于恶曹[②]。夏五月癸未，郑伯寤生[③]卒。秋七月，葬郑庄公。九月，宋人执郑祭仲[④]。突[⑤]归于郑。郑忽出奔卫。柔会宋公、陈侯、蔡叔盟于折[⑥]。公会宋公于夫钟[⑦]。冬十有二月，公会宋公于阚[⑧]。

【注释】①十有一年：公元前701年。②恶曹：郑邑，在今河南原阳县东。③郑伯寤生：即郑庄公。④祭仲：即祭足。仲是排行。⑤突：即公子突，郑庄公次子，郑昭公异母弟，是后来的郑厉公。⑥柔：鲁国大夫。宋公：即宋庄公。陈侯：即陈厉公。蔡叔：一曰蔡国大夫，一曰蔡桓侯之弟。折：地名，地址不详。⑦夫钟：地名，位于今山东汶上东北。⑧阚（kàn）：地名，在今山东省汶上县。

【译文】十一年春季周历正月，齐人、卫人、郑人在恶曹盟会。夏季五月癸未日，郑庄公寤生去世。秋季七月，郑庄公下葬。九月，宋人捉住了郑国的祭仲。公子突回到郑国，郑忽逃亡到卫国。鲁大夫柔与宋庄公、陈厉公、蔡叔在折地会盟。桓公在夫钟与宋庄公相会。冬季十二月，桓公又与宋庄公在阚地盟会。

【传】十一年春，齐、卫、郑、宋盟于恶曹。

【译文】十一年春季，齐国、卫国、郑国、宋国在恶曹会盟。

楚屈瑕将盟贰、轸[①]。郧人军于蒲骚[②]，将与随、绞、州、蓼伐楚师[③]。莫敖[④]患之。斗廉曰："郧人军其郊，必不诫[⑤]，且日虞四邑之至也[⑥]。君次于郊郢[⑦]，以御四邑。我以锐师宵加于郧，郧有虞心[⑧]而恃其城，莫有斗志。若败郧师，四邑必离。"莫敖曰："盍请济师于王[⑨]？"对曰："师克在和[⑩]，不在众。商周之不敌，君之所闻也。成军[⑪]以出，又何济焉？"莫敖曰："卜之？"对曰："卜以决疑，不疑何卜？"遂败郧师于蒲骚，卒盟而还[⑫]。

郑昭公[⑬]之败北戎也，齐人将妻之，昭公辞。祭仲曰："必取之。君多内宠[⑭]，子无大援，将不立。三公子[⑮]皆君也。"弗从。

【注释】①屈瑕：楚大夫。贰、轸（zhěn）：国名，都位于今湖北省境内，后均为楚所灭。②郧：国名，位于今湖北省安陆县境内。蒲骚：郧地名，位于今湖北省应城县西北。③绞：国名，位于今湖北省郧县西北。州：国名，位于今湖北省监利县东。蓼（liǎo）：国名，位于今河南省唐河县南。④莫敖：楚国官名，即司马，主管军政。后来楚又另设大司马、右司马、左司马，莫傲则降至左司马之下。此时莫敖由屈瑕担任。⑤诫：警戒。⑥日虞：每天期盼。四邑：即随、绞、州、蓼四国。⑦君：指屈瑕。次：驻扎。郊郢：地名，位于今湖北省钟祥县。⑧虞心：盼望四国救兵之心。⑨盍：何不，表示反问或疑问。济：增加。⑩克：战胜。和：团结。⑪成军：军队整顿齐备。⑫卒盟而还：终于和贰、轸二国签订盟约后回国。⑬郑昭公：即太子忽。⑭君：指郑庄公。内宠：受宠幸的妻妾。⑮三公子：指太子忽的弟弟子突、子亹（wěi）、子仪。非一母所生，但其母都有宠。

【译文】楚国的屈瑕准备前往与贰、轸两国结盟。郧国的军队驻扎在蒲骚，准备与随、绞、州、蓼四国联合进攻楚国军队。莫敖对此非常担心。斗廉说："郧国军队驻扎在他们的郊区，一定少有警戒，并且每天都在盼着四国军队的到来。您率军驻扎到郊郢来抵御这四国，我们派精锐部队连夜进攻郧国。郧国只想着四国军队会前来，又依仗坚固的城郭，因此无人有斗志。如果打败了郧军，四国一定会离散。"莫敖说："为什么不请君王增兵呢？"斗廉回答说："军队能获胜在于团结一致，而不在于人多。商朝大军不敌周朝，您一定听说过。我们只要整顿军队出发就是，又为什么要增兵呢？"莫敖说："要不要占卜一下？"斗廉回答说："占卜是为了决断疑惑，没有疑惑，为什么要占卜？"于是率军在蒲骚打败了郧军，终于与贰、轸两国订立了盟约后回国。

郑昭公打败北戎之后，齐侯打算将女儿许配给他，但昭公谢绝了。祭仲说："您一定要娶她。国君宠爱的姬妾众多，如果没有强大的外援，您将无法继承君位。其他三位公子都可能成为国君。"昭公没有同意。

夏，郑庄公卒。

初，祭封人仲足有宠于庄公，庄公使为卿。为公娶邓曼[①]，生昭公，故祭仲立之。宋雍氏女于郑庄公[②]，曰雍姞，生厉公。雍氏宗[③]，有宠于宋庄公，故诱祭仲而执之，曰："不立突，将死。"亦执厉公而求赂[④]焉。祭仲与宋人盟，以厉公归而立之。

秋九月丁亥，昭公奔卫。己亥，厉公立。

【注释】①邓曼：邓国女，曼姓。②雍氏：宋国大夫，姞姓。女（nǜ）：以女嫁人。③宗：为人所尊重。④求赂：索取财物。

【译文】夏季，郑庄公去世。

起初，祭地封人仲足受郑庄公的宠信，因此被庄公任命为卿。祭仲为庄公娶了邓曼，生下了昭公，所以祭仲想立他为国君。宋国的雍氏把女儿嫁给了郑庄公，叫做雍姞，生下了厉公。雍氏受人敬重，为宋庄公所宠爱，因此便诱骗祭仲并把他抓了起来，说："如果不立突为国君，你将会被杀死。"雍氏还抓住了厉公来索取财货。祭仲与宋国人结盟，让厉公归国并立他为国君。

秋季九月丁亥日，郑昭公逃亡到卫国。己亥日，郑厉公即位为君。

桓公十二年

【经】十有二年[①]春正月。夏六月壬寅，公会杞侯、莒子盟于曲池[②]。秋七月丁亥，公会宋公、燕人盟于谷丘[③]。八月壬辰，陈侯跃[④]卒。公会宋公于虚[⑤]。冬十有一月，公会宋公于龟[⑥]。丙戌，公会郑伯[⑦]，盟于武父[⑧]。丙戌，卫侯晋[⑨]卒。十有二月，及郑师伐宋。丁未，战于宋。

【注释】①十有二年：公元前700年。②杞侯：即杞靖侯。曲池：鲁地。在今山东宁阳县东北。③宋公：即宋庄公。谷丘：宋地，在今河南商丘东南。④陈侯跃：即陈厉公。⑤虚：宋地，位于今河南延津县东。⑥龟：宋地，位于今河南睢县。⑦郑伯：即郑厉公。⑧武父：郑邑，在今山东省东明县西南。⑨卫侯晋：即卫宣公。

【译文】十二年春季周历正月。夏季六月壬寅日，桓公在曲池与杞靖侯、莒子会盟。秋季七月丁亥日，桓公与宋庄公、燕人在谷丘会盟。八月壬辰日，陈厉公跃去世。桓公在虚地与宋庄公相会。冬季十一月，桓公与宋庄公在龟地会面。丙戌日，桓公与郑厉公在武父会盟。同一天，卫宣公晋去世。十二月，鲁军与郑军联合攻打宋国。丁未日，与宋国交战。

【传】十二年夏，盟于曲池，平杞、莒也。

公欲平宋、郑。秋，公及宋公盟于句渎之丘[①]。宋成未可知也，故又会于虚。冬，又会于龟。宋公辞平[②]，故与郑伯盟于武父。遂帅师而伐宋，战焉，宋无信也。

君子曰："苟信不继[③]，盟无益也。《诗》云：'君子屡盟，乱是用长[④]。'无信也。"

【注释】①句渎之丘：即谷丘，宋邑名，位于今河南省商丘县东南。②辞平：拒绝和谈。③不继：中断、不持续、不连接。④君子屡盟，乱是用长：出自《诗经·小雅·巧言》。意为因不守信义，故不断结盟，又不断背盟、结怨，动乱因此而暴发、滋长。是用，即是以。

【译文】十二年夏季，鲁桓公在曲池与杞靖侯、莒子会盟，目的是让杞国和莒国讲和。

桓公想让宋国、郑国讲和。秋季，桓公在句渎之丘与宋庄公会盟。因不知宋国对和议是否有诚意，所以又在虚地会见。冬季，又在龟地会见。宋庄公拒绝议和，因此桓公与郑厉公在武父结盟。结盟后，桓公便率军进攻宋国。这场战争，是因宋庄公不讲信用造成的。

君子说："如果总是不讲信用，便是结盟了也没有什么好处。《诗经》中说：'君子多次结盟，反而会滋长动乱。'这是不讲信用的结果。"

楚伐绞，军其南门。莫敖屈瑕曰："绞小而轻①，轻则寡谋，请无扞采樵者以诱之②。"从之。绞人获三十人。明日，绞人争出，驱楚役徒③于山中。楚人坐其北门④，而覆⑤诸山下，大败之，为城下之盟⑥而还。

伐绞之役，楚师分涉于彭⑦。罗⑧人欲伐之，使伯嘉谍之⑨，三巡数之⑩。

【注释】①小而轻：国小而人轻躁易动。②扞：同"捍"，保卫。采樵者：军中砍柴的人。③役徒：采樵之人。④坐其北门：等待在绞城北门。⑤覆：通"伏"，埋伏。⑥城下之盟：敌军兵临城下，胁迫订立的盟约，被视为奇耻大辱。⑦分涉：分其军涉水过河。彭：彭水，今名南河，源自湖北房县西南。⑧罗：国名，熊姓，位于今湖北宜城县一带。⑨伯嘉：罗国大夫。谍：暗中窥伺敌情或秘密。⑩巡：遍。数之：清点楚军人数。

【译文】楚国攻打绞国，并将军队驻扎在绞城的南门。莫敖屈瑕说："绞国地小而人轻躁易动，轻躁易动便会缺少谋略。请派出一些没有保卫的砍柴人，用以引诱他们。"楚王听从了屈瑕的意见。这样，绞军轻松俘获了三十个砍柴人。第二天，绞军争着出城，把楚国的砍柴人赶到山里。楚军预先守在绞城北门，同时在山下设下埋伏，因而大败绞军，强迫绞国订立城下之盟后回国。

在这次攻打绞国的战役中，楚军分兵渡过彭水。罗国人准备攻打楚军，派伯嘉前去侦查，三次全面地清点楚军的人数。

桓公十三年

【经】十有三年[①]春二月，公会纪侯、郑伯[②]。己巳，及齐侯、宋公、卫侯、燕人战[③]。齐师、宋师、卫师、燕师败绩。三月，葬卫宣公。夏，大水。秋七月。冬十月。

【注释】①十有三年：公元前699年。②纪侯：即纪靖侯。郑伯：即郑厉公。③齐侯：即齐僖公。宋公：即宋庄公。卫侯：即卫惠公。

【译文】十三年春季周历二月，桓公与纪靖侯、郑厉公会盟。己巳日，与齐僖公、宋庄公、卫惠公、燕国人交战。齐、宋、卫、燕的军队大败。三月，安葬了卫宣公。夏季，发大水。秋季七月。冬季十月。

【传】十三年春，楚屈瑕伐罗，斗伯比送之。还，谓其御[①]曰："莫敖必败。举趾高[②]，心不固[③]矣。"遂见楚子[④]曰："必济师[⑤]。"楚子辞焉，入告夫人邓曼[⑥]。邓曼曰："大夫其非众之谓[⑦]，其谓君抚小民以信，训诸司[⑧]以德，而威莫敖以刑也[⑨]。莫敖狃[⑩]于蒲骚之役，将自用[11]也，必小[12]罗。君若不镇抚[13]，其不设备乎？夫固谓君训众而好镇抚之，召诸司而劝之以令德，见莫敖而告诸天之不假易[14]也。不然，夫岂不知楚师之尽行[15]也？”楚子使赖[16]人追之，不及。

【注释】①御：车夫。②举趾高：走路时脚抬得很高。形容骄傲自满，得意忘形的样子。③心不固：防备敌人的心不坚固。④见：请见。楚子：即楚武王。⑤必济师：一定要增派援军。⑥邓曼：楚武王夫人，邓国女，曼姓，与之前的郑庄公夫人不是同一人。⑦大夫：指斗伯比。非众之谓：不是要单纯增加军队人数。⑧诸司：泛指各级官吏。⑨威：震慑。刑：法令。⑩狃（niǔ）：习惯，习以为常。⑪自用：自以为是。⑫小：轻视。⑬镇抚：使安定并抚恤之。⑭假易：宽纵。⑮尽行：倾巢出动。⑯赖：国名，子爵，在今湖北省随县。

【译文】十三年春季，楚国的屈瑕率军进攻罗国，斗伯比为他送行。回来时，斗伯比对车夫说：“莫敖一定会失败。他走路时脚抬得很高，这说明他防备敌人的心不坚固。”于是进见楚武王，说：“一定要增派军队！”楚武王拒绝了，回宫后告诉了夫人邓曼。邓曼说：“大夫斗伯比的意思不是要单纯增加军队人数，而是说君王要以诚信来镇抚百姓，要以德义来训诫官员，而对莫敖则要以刑法来使之畏惧。莫敖满足于蒲骚一役的战功，他一定会自以为是，因此必然会轻视罗国。君王如果不加控制，这不是等于不设防了吗？斗伯比所说的请君王训诫百姓并善加安抚与督察，召集官员们而以美德加以劝勉，见到莫敖便告诉他上天将会惩罚他的过错。如果不是这样，难道斗大夫不知道楚国军队已经全部出发了吗？”楚武王便让赖国人去追赶屈瑕，但没有追上。

莫敖使徇[①]于师曰："谏者有刑。"及鄢[②]，乱次以济[③]。遂无次，且不设备。及罗，罗与卢戎两军之[④]，大败之。莫敖缢于荒谷[⑤]，群帅囚于冶父以听刑[⑥]。楚子曰："孤之罪也。"皆免之。

【注释】①徇（xùn）：对众宣示。②鄢：水名，今名蛮河，发源于湖北省保康县西南，入汉水。③乱次：次序混乱。济：渡河。④卢戎：南蛮夷国，位于今湖北南漳县，后被楚所灭。两军之：两面夹击。⑤荒谷：楚地名，位于今湖北省江陵县西。⑥冶父：楚地名，位于今湖北省江陵县西。听刑：听候处罚。

【译文】莫敖派人通告全军："如果有敢于进谏的人，将要受到刑罚。"到达鄢水后，楚军渡河时次序大乱。全军没有一点秩序，而且没有采取任何防御措施。到达罗国后，罗国和卢戎的军队从两边夹击楚军，楚军大败。莫敖在荒谷中上吊自杀，其他将领们被囚禁在冶父，等待处罚。楚武王说："这是我的过错。"便赦免了所有将领。

宋多责赂[①]于郑，郑不堪命，故以纪、鲁及齐与宋、卫、燕战。不书所战[②]，后也。

郑人来请修好。

【注释】①责赂：索求财物。②所战：战斗地点。

【译文】宋国多次向郑国索取财物，郑国不堪忍受，因此率领纪、鲁、齐的军队与宋、卫、燕三国军队交战。《春秋》中没有记载这次战争的地点，是因为桓公迟到了。

郑国派人来鲁国请求重修旧好。

桓公十四年

【经】十有四年[①]春正月，公会郑伯[②]于曹。无冰。夏五，郑伯使其弟语来盟。秋八月壬申，御廪灾[③]。乙亥，尝。冬十有二月丁巳，齐侯禄父[④]卒。宋人以齐人、蔡人、卫人、陈人伐郑。

【注释】①十有四年：公元前698年。②郑伯：即郑厉公。③御廪（lǐn）：天子储藏亲耕所获用以飨祀的粮食的仓库。灾：天火。④齐侯禄父：即齐僖公。

【译文】十四年春季周历正月，桓公与郑厉公在曹国会面。这年没有结冰。夏季五月，郑厉公派弟弟语前来鲁国结盟。秋季八月壬申日，御廪发生了火灾。乙亥日，举行尝祭。冬季二月丁巳日，齐僖公禄父去世。宋人带领齐人、蔡人、卫人、陈人讨伐郑国。

【传】十四年春，会于曹。曹人致饩，礼也。

夏，郑子人来寻盟[①]，且修曹之会。

秋八月壬申，御廪灾。乙亥，尝。书，不害[②]也。

冬，宋人以诸侯伐郑，报宋之战也。焚渠门[③]，入，及大逵[④]。伐东郊，取牛首[⑤]。以大宫之椽[⑥]归，为卢门[⑦]之椽。

【注释】①郑子人：郑伯之弟语，字子人，后以字为氏，称子人氏。寻盟：重续桓公十二年武父之盟。②不害：救火比较及时，还没有构成危害。③渠门：郑国城门。④大逵：此指城中大街。⑤牛首：郑邑，后入于宋。在今河南省通许县东北。⑥大宫之椽（chuán）：太庙梁上的椽子。大宫，太庙，即郑国祖庙。⑦卢门：宋国的城门。

【译文】十四年春季，鲁桓公在曹国与郑厉公会面。曹国人送来食物，这是符合礼法的。

夏季，郑国的子人前来重续过去盟会的友好，并且重修在曹国的会盟。

秋季八月壬申日，储藏祭祀谷物的仓库发生了火灾。乙亥日，举行了尝祭。《春秋》中记载这件事，是表示火灾还没有构成危害。

冬季，宋国人率领诸侯讨伐郑国，是为了报复当初在宋国的那次战争。诸侯联军焚烧了郑国的渠门，攻入城中，一直打到了大街上。又攻打东郊，攻占了牛首，并把郑国太庙的椽子拿回国，做了宋国卢门的椽子。

桓公十五年

【经】十有五年[①]春二月，天王[②]使家父来求车。三月乙未，天王崩。夏四月己巳，葬齐僖公。五月，郑伯突[③]出奔蔡。郑世子忽复归于郑[④]。许叔[⑤]入于许。公会齐侯于艾[⑥]。邾人、牟人、葛人[⑦]来朝。秋九月，郑伯突入于栎[⑧]。冬十有一月，公会宋公、卫侯、陈侯于袲[⑨]，伐郑。

【注释】①十有五年：公元前697年。②天王：即周桓王。③郑伯突：即郑厉公。④郑世子忽：即郑昭公。复归：回来复位。⑤许叔：即许穆公新臣。⑥齐侯：即齐襄公。艾：齐邑。在今山东省新泰市西北。⑦牟（móu）：国名，位于今山东莱芜县东。葛：国名，嬴姓，位于今山东省境内。⑧栎（lì）：郑别都，位于今河南禹州市。⑨宋公：即宋庄公。卫侯：即卫惠公。陈侯：即陈庄公。袲（chǐ）：宋地，位于今安徽宿州市西。

【译文】十五年春季周历二月，周桓王派家父来鲁国索取车辆。三月乙未日，周桓王去世。夏季四月己巳日，齐僖公下葬。五月，郑厉公突逃到了蔡国，郑世子忽回到郑国复位。许叔进入许国。桓公在艾地与齐襄公相会。邾君、牟君、葛君来鲁国朝见。秋季九月，郑厉公突进入栎邑。冬季十一月，桓公与宋庄公、卫惠公、陈庄公在袲地会面，共同讨伐郑国。

【传】十五年春，天王使家父来求车，非礼也。诸侯不贡车、服[①]，天子不私求财。

【注释】①车、服：车辆、戎服。

【译文】十五年春季，周桓王派大夫家父到鲁国索取车辆，这是不符合礼法的。诸侯不进贡车辆、戎服，而天子不能私自求取个人财物。

祭仲专[①]，郑伯患之，使其婿雍纠[②]杀之。将享诸郊[③]。雍姬[④]

知之，谓其母曰："父与夫孰亲？"其母曰："人尽夫也，父一而已，胡可比也？"遂告祭仲曰："雍氏舍其室而将享子于郊，吾惑之，以告。"祭仲杀雍纠，尸诸周氏之汪[5]。公载以出，曰："谋及妇人，宜其死也。"夏，厉公出奔蔡。

【注释】①专：专权。②雍纠：郑国大夫，祭仲的女婿。③将享诸郊：将要在郊外宴请祭仲。④雍姬：雍纠之妻，祭仲之女。⑤尸：陈尸。周氏：周大夫。汪：池塘。

【译文】祭仲专权，郑厉公对此很担心，便让祭仲的女婿雍纠去杀他。雍纠准备在郊外宴请祭仲。雍姬知道了这事，便问母亲："父亲与丈夫哪一个更亲近？"她母亲说："只要是男子，都能成为一个女人的丈夫，但父亲却只有一个，怎么能够相比呢？"于是雍姬便告诉祭仲说："雍氏不在家里而是在郊外宴请您，我怀疑他有不可告人的目的，特意告诉您。"祭仲便杀了雍纠，将其尸体摆在周氏的池塘边。郑厉公载着雍纠的尸体逃离郑国，说："与妇人商量大事，活该死了。"夏季，郑厉公逃到了蔡国。

六月乙亥，昭公入。

许叔入于许。

公会齐侯于艾，谋定许也。

秋，郑伯因栎人杀檀伯[1]，而遂居栎。

冬，会于袲，谋伐郑，将纳厉公也。弗克而还。

【注释】①因：依靠，凭借。檀伯：郑国戍守栎邑的大夫。

【译文】六月乙亥日，郑昭公进入郑国。

许叔进入许国。

桓公在艾地与齐襄公会面，是为了谋划安定许国。

秋季，郑厉公凭借栎地人杀死了檀伯，于是居住在栎地。

冬季，鲁桓公在袲地与宋庄公、卫惠公、陈庄公会面，谋划攻打郑国，准备护送郑厉公回国。可是没能获胜，因而各自回国了。

桓公十六年

【经】十有六年[1]春正月，公会宋公、蔡侯、卫侯[2]于曹。夏四月，公会宋公、卫侯、陈侯[3]、蔡侯伐郑。秋七月，公至自伐郑。冬，城向[4]。十有一月，卫侯朔出奔齐。

【注释】①十有六年：公元前696年。②宋公：即宋庄公。蔡侯：即蔡桓侯。卫侯：即卫惠公。③陈侯：即陈庄公。④向：姜姓。在今山东莒南县东北。春秋初为莒国所灭。

【译文】十六年春季周历正月，桓公与宋庄公、蔡桓侯、卫惠公在曹国会盟。夏季四月，桓公会合宋庄公、卫惠公、陈庄公、蔡桓侯讨伐郑国。秋季七月，桓公在讨伐郑国后回国。冬季，修建向城的城墙。十一月，卫惠公朔逃亡到了齐国。

【传】十六年春正月，会于曹，谋伐郑也。

夏，伐郑。

秋七月，公至自伐郑，以饮至之礼也。

冬，城向，书，时也。

【译文】十六年春季周历正月，鲁桓公在曹国与宋庄公、蔡桓侯、卫惠公会面，再次谋划攻打郑国。

夏季，攻打郑国。

秋季七月，桓公讨伐郑国后回到国内，举行了祭告太庙、宴请臣下的礼仪。

冬季，修建向城的城墙。《春秋》中记载这件事，是因为这不妨碍农时。

初，卫宣公烝于夷姜[①]，生急子[②]，属诸右公子[③]。为之娶于齐，而美，公取之，生寿及朔，属寿于左公子。夷姜缢。宣姜与公子朔构急子[④]。公使诸齐，使盗待诸莘[⑤]，将杀之。寿子告之，使行[⑥]。不可，曰："弃父之命，恶[⑦]用子矣！有无父之国则可也。"及行，饮以酒，寿子载其旌以先，盗杀之。急子至，曰："我之求也。此何罪？请杀我乎！"又杀之。二公子故怨惠公[⑧]。

十一月，左公子泄、右公子职立公子黔牟[⑨]。惠公奔齐。

【注释】①烝（zhēng）：指与母辈淫乱。夷姜：卫庄公之妾，卫宣公庶母。②急子：即公子伋，原本立为太子。③属：使傅之。右公子：官名。④宣姜：齐女，宣公夫人，本卫急子妻。构：诬陷，陷害。⑤盗：派人装作强盗。莘：卫邑，位于今山东莘县北。⑥行：逃跑。⑦恶：哪，何。⑧二公子：即左公子和右公子。惠公：即卫惠公，公子朔。⑨公子黔牟：也名留，太子伋同母弟，卫国第十七代国君。

【译文】起初，卫宣公与他父亲的姬妾夷姜私通，生下了急子，卫宣公让右公子做他的师傅。后来为急子在齐国娶妻，这个女子貌美，卫宣公便自己娶了她，生下了寿和朔，并让左公子做寿的师傅。后来夷姜自缢而死。宣姜与公子朔诬陷急子。卫宣公派急子出使齐国，并派人装作强盗埋伏在莘地，准备杀死他。寿子将这件事告诉了急子，让他快逃。急子认为不行，说："违背了父亲的命令，那还要儿子干什么！如果世上有没有父亲的国家，那便可以逃到那里了。"临走时，寿子用酒灌醉急子，将急子的旗帜插在自己的车上先到了莘地，强盗将他杀了。急子赶到，说："要杀的是我，他有什么罪？请杀死我吧！"强盗又杀了急子。左、右两公子因此怨恨惠公。

十一月，左公子泄、右公子职拥立公子黔牟为君。卫惠公逃亡到齐国。

桓公十七年

【经】十有七年[①]春正月丙辰，公会齐侯、纪侯盟于黄[②]。二月丙午，公会邾仪父，盟于趡[③]。夏五月丙午，及齐师战于奚[④]。六月丁丑，蔡侯封人[⑤]卒。秋八月，蔡季[⑥]自陈归于蔡。癸巳，葬蔡桓侯。及宋人、卫人伐邾。冬十月朔，日有食之。

【注释】①十有七年：公元前695年。②齐侯：即齐襄公。黄：齐邑，当在今山东淄博市淄川城东北。③趡（cuǐ）：鲁邑，位于今山东省泗水县、邹城市间。④奚：鲁地，位于今山东滕州市东南。⑤蔡侯封人：即蔡桓侯，名封人。⑥蔡季：即蔡哀侯，名献舞，蔡宣侯之子，蔡桓侯之弟。

【译文】十七年春周历正月丙辰日，桓公与齐襄公、纪侯在黄地会盟。二月丙午日，桓公又在趡地与邾仪父会盟。夏季五月丙午日，鲁军与齐军在奚地交战。六月丁丑日，蔡桓侯封人去世。秋季八月，蔡季从陈国回到蔡国。癸巳日，安葬了蔡桓侯。鲁国与宋人、卫人共同讨伐邾国。冬季十月初一，发生了日食。

【传】十七年春，盟于黄，平齐、纪，且谋卫故也。

【译文】十七年春季，桓公在黄地与齐襄公、纪侯结盟，是为了促成齐、纪和议，同时商量如何对付卫国。

乃邾仪父盟于趡，寻蔑之盟[①]也。

【注释】①蔑之盟：隐公元年时鲁与邾两国在蔑地结盟。

【译文】桓公在趡地与邾仪父结盟，是为了重温蔑地的盟约。

夏，及齐师战于奚，疆事[1]也。于是[2]齐人侵鲁疆，疆吏来告，公曰："疆埸[3]之事，慎守其一[4]，而备其不虞[5]。姑尽所备焉。事至[6]而战，又何谒[7]焉？"

【注释】①疆事：边界冲突。②于是：此时。③埸（yì）：疆界，边境。④其一：本国边境。⑤不虞：出乎意料的事。⑥事至：指外国突然袭击。事，指戎事。⑦谒：请谒，请示。

【译文】夏季，鲁军与齐国军队在奚地交战，这是边境局部冲突。当时齐国人入侵了鲁国的边境，边境官吏前来报告，桓公说："边境上的事情，谨慎地守好自己的边境，并防备意外事故地发生。暂且尽力防备就是了。如果事情发生了，迎战便是，又何必先行请示报告呢？"

蔡桓侯卒。蔡人召蔡季于陈。秋，蔡季自陈归于蔡，蔡人嘉之也。

伐邾，宋志[1]也。

【注释】①宋志：宋国的意愿。

【译文】蔡桓侯去世。蔡国人从陈国召回蔡季。秋季，蔡季从陈国回到蔡国为君，是因为蔡国人都拥护他。

进攻邾国，这是宋国的意愿。

冬十月朔，日有食之。不书日，官失之也。天子有日官，诸侯有日御[1]。日官居卿以底日[2]，礼也。日御不失日[3]，以授百官于朝。

【注释】①日官、日御：天子、诸侯掌天文历数的官。②日官居卿：天子日官即太史，官位同卿。底（dǐ）：推算。③失日：漏记或错记日历。

【译文】冬季十月初一，发生了日食。《春秋》中没有记载日子，这是史官的失误。天子有日官，诸侯有日御。日官居卿之位，做推算历象，这是符合礼法的。日御详细记载所有事件，无所遗漏，并在朝堂上通告百官。

初，郑伯[1]将以高渠弥为卿，昭公恶之，固谏，不听。昭公立，惧其杀己也。辛卯，弑昭公，而立公子亹[2]。君子谓昭公知所恶矣。公子达[3]曰："高伯[4]其为戮乎？复恶[5]已甚矣。"

【注释】①郑伯：即郑庄公。②公子亹（wěi）：庄公之子，在位不足一年被齐所杀，无谥号，郑国第六位第七任君主。③公子达：鲁国大夫。④高伯：即高渠弥，字伯。⑤复恶：报仇。

【译文】起初，郑庄公准备任命高渠弥为卿，但昭公讨厌他，因此坚决劝阻，而庄公没有听从。昭公即位后，高渠弥害怕昭公会杀死自己。十月辛卯日，高渠弥杀死了昭公而立公子亹为国君。君子认为，昭公了解自己所讨厌的人。公子达说："高伯怕是会被诛杀吧？他的报仇太过分了。"

桓公十八年

【经】十有八年[①]春王正月，公会齐侯于泺[②]。公与夫人姜氏遂如齐。夏四月丙子，公薨于齐[③]。丁酉，公之丧[④]至自齐。秋七月。冬十有二月己丑，葬我君桓公。

【注释】①十有八年：公元前694年。②齐侯：即齐襄公。泺（luò）：齐邑，位于今山东济南城西。③公薨于齐：桓公在齐被杀，《春秋》为本国君主避讳，所以称“薨”。④丧：人的尸体、骨殖。

【译文】十八年春季周历正月，桓公与齐襄公在泺地会面。桓公与夫人姜氏去了齐国。夏季四月丙子日，桓公在齐国去世。五月丁酉日，桓公的灵柩从齐国运回鲁国。秋季七月。冬季十二月己丑日，安葬我国国君鲁桓公。

【传】十八年春，公将有行[①]，遂与姜氏如齐。申繻曰：“女有家[②]，男有室[③]，无相渎[④]也，谓之有礼。易[⑤]此，必败。”

【注释】①有行：有出行的打算。②家：丈夫。③室：妻子。④渎：轻慢，不敬。⑤易：违反。

【译文】十八年春季，鲁桓公有外出的打算，于是与姜氏去了齐国。申繻劝阻说：“女人有夫家，男人有妻室，不可互相轻慢，这叫有礼。相反，如果不这样必然会坏事。”

公会齐侯于泺，遂及文姜如齐。齐侯通[1]焉。公谪[2]之，以告。

【注释】①通：通奸。②谪：谴责，责备。

【译文】桓公在泺地与齐襄公会面，然后与文姜去了齐国。齐襄公与文姜私通。桓公责备文姜，文姜将这事告诉给齐襄公。

夏四月丙子，享公。使公子彭生乘公[1]，公薨于车。

【注释】①公子彭生：齐国大夫。乘：扶持其上车。

【译文】夏季四月丙子日，齐襄公设宴招待鲁桓公。宴后派公子彭生帮桓公登车，桓公死在了车上。

鲁人告于齐曰：“寡君畏君之威，不敢宁居[1]，来修旧好，礼成而不反，无所归咎[2]，恶[3]于诸侯。请以彭生除之。”齐人杀彭生。

【注释】①宁居：安居。②归咎：归罪。③恶：影响恶劣。

【译文】鲁国人告诉齐襄公说：“我们国君畏惧您的威严，不敢安居，因此到贵国来重修旧好，但礼仪完成后却没能回国。我们不知道该怪罪谁，这在诸侯中影响恶劣。请求处死彭生来消除这种影响。”齐国人因此杀死了彭生。

秋，齐侯师于首止[①]，子亹会之，高渠弥相[②]。七月戊戌，齐人杀子亹而轘[③]高渠弥，祭仲逆郑子[④]于陈而立之。是行也，祭仲知之，故称疾不往。人曰："祭仲以知免。"仲曰："信[⑤]也。"

【注释】①首止：又作首戴。卫地。在今河南省睢县东南。②相：诸侯参加朝聘、会盟等活动，必有相助之人，作为君之助手，称为相。③轘（huàn）：古代用车分裂人体的酷刑。④郑子：郑昭公弟子仪。⑤信：确实。

【译文】秋季，齐襄公率军驻扎在首止，郑君子亹前去会见，高渠弥陪侍。七月戊戌日，齐国人杀了子亹并将高渠弥车裂。祭仲将子仪从陈国接回并立他为国君。这次会见，祭仲事先已知道齐国不怀好意，所以故意假装有病没有前往。有人说："祭仲因为有先见之明，所以才得以免祸。"祭仲说："确实是这样。"

周公欲弑庄王而立王子克[①]。辛伯[②]告王，遂与王杀周公黑肩。王子克奔燕[③]。

【注释】①周公：即周公黑肩。王子克：周庄王弟子仪。②辛伯：周大夫。③燕：这里指南燕。

【译文】周公黑肩想要杀死周庄王而立王子克。辛伯将此事告诉给庄王，并与庄王一起杀了周公黑肩。王子克逃亡到了燕国。

初，子仪有宠于桓王，桓王属诸周公。辛伯谏曰："并后、匹嫡、两政、耦国[①]，乱之本也。"周公弗从，故及[②]。

【注释】①并后：妾妃等同于王后。匹嫡：庶子跟嫡子等同。两政：让权臣的权力与正卿等同。耦（ǒu）国：大的城邑能跟国都抗衡。耦，匹敌，相对。②及：遭难。

【译文】起初，周桓王宠信子仪，并将他嘱托给了周公。辛伯曾劝谏周公说："侍妾与王后并列，庶子与嫡子相等，权臣和卿士争权，大城和国都一样，这些都是祸乱的根源。"周公没有听从，所以招致了杀身之祸。

庄 公

庄公元年

【经】元年春王正月。三月，夫人孙于齐[①]。夏，单伯送王姬[②]。秋，筑王姬之馆于外。冬十月乙亥，陈侯林卒。王使荣叔[③]来锡桓公命[④]。王姬归于齐。齐师迁纪郱、鄑、郚[⑤]。

【注释】①孙（xùn）：同“逊”，逃奔。夫人：指文姜。②单伯送王姬：周天子准备把女儿嫁到齐国，所以派单伯先把女儿送到鲁国，由鲁国来主持婚礼。单伯，周卿士。王姬，周天子之女。③荣叔：周大夫。④锡桓公命：追赐桓公褒称其德的策书。锡，赐。命，周天子褒称诸侯美德的话。⑤郱（píng）、鄑（zī）、郚（wú）：都为纪国邑名。郱，在今山东省安丘县西。鄑，在今山东省昌邑县西北。郚，在今山东省安丘县西南。

【译文】鲁庄公元年春季，周历正月。三月，夫人文姜逃到了齐国。夏季，单伯送王姬前来待嫁。秋季，在都城外修建了馆舍供王姬居住。冬季十月乙亥日，陈庄公林去世。周庄王派荣叔前来传达褒称桓公美德的话。王姬嫁到了齐国。齐国军队将纪国郱、鄑、郚三邑的百姓迁走。

【传】元年春，不称即位[①]，文姜出故也。三月，夫人孙于齐。不称姜氏，绝不为亲[②]，礼也。秋，筑王姬之馆于外。为外，礼也。

【注释】①不称即位：文姜与鲁桓公一起去齐国，而鲁桓公被齐襄公所杀，故文姜不敢回鲁国。鲁庄公父弑母出，故不忍行即位之礼。②绝不为亲：断绝母子之亲。

【译文】鲁庄公元年春季，《春秋》中没有记载庄公即位，是由于文姜外出没有回鲁国的缘故。三月，夫人文姜逃奔到齐国。《春秋》中不称她为“姜氏”而称为“夫人”，是因为庄公与她断绝了母子关系，这是符合礼法的。秋季，在都城外修建了馆舍供王姬居住。因为王姬不是鲁国女子，这也是符合礼法的。

庄公二年

【经】二年春王二月，葬陈庄公。夏，公子庆父[①]帅师伐於余丘[②]。秋七月，齐王姬[③]卒。冬十有二月，夫人姜氏会齐侯于禚[④]。乙酉，宋公冯[⑤]卒。

【注释】①公子庆父：鲁庄公之弟。②於余丘：春秋小国，在今山东省临沂县南。③齐王姬：齐襄公夫人。④禚（zhuó）：齐国地名，在今山东省长清县。⑤宋公：即宋庄公，名冯。

【译文】二年春季，周历二月，陈庄公下葬。夏季，公子庆父率军攻打於余丘。秋季七月，齐王姬去世。冬季十二月，夫人姜氏在禚地与齐襄公相会。乙酉日，宋庄公冯去世。

【传】二年冬，夫人姜氏会齐侯[1]于禚。书，奸也。

【注释】①齐侯：即齐襄公。

【译文】二年冬季，夫人姜氏在禚地与齐襄公相会。《春秋》中记载这件事，是为了揭露他们二人的奸情。

庄公三年

【经】三年春王正月，溺会齐师伐卫[1]。夏四月，葬宋庄公。五月，葬桓王[2]。秋，纪季[3]以酅[4]入[5]于齐。冬，公次于滑[6]。

【注释】①溺：鲁国大夫，即公子溺。②桓王：周桓王。③纪季：纪侯之弟。④酅（xī）：纪国邑名，在今山东淄博市临淄东。⑤入：并入。⑥滑：郑地，在今河南省境内。

【译文】三年春季，周历正月，公子溺率军联合齐军攻打卫国。夏季四月，安葬了宋庄公。五月，安葬了周桓王。秋季，纪季将酅地并入了齐国。冬季，庄公暂时驻扎在滑地。

【传】三年春，溺会齐师伐卫，疾[①]之也。夏五月，葬桓王，缓[②]也。秋，纪季以酅入于齐[③]，纪于是乎始判[④]。冬，公次于滑，将会郑伯[⑤]，谋纪故也。郑伯辞以难[⑥]。凡师，一宿为舍[⑦]，再宿为信[⑧]，过信为次[⑨]。

【注释】①疾：厌恶。②缓：迟缓。周桓王去世七年才入葬，故曰缓。③纪季以酅入于齐：纪季是纪侯的弟弟，当时纪国面临被灭国的危险，为了能保有宗庙祭祀，以酅入于齐，成为齐国的附庸国。④判：分裂。⑤郑伯：郑子仪。⑥难：祸患。⑦一宿为舍：古代出兵，日行三十里，为一舍，行一舍则停留一宿，故舍即宿也。⑧再宿为信：二宿为信。⑨过信为次：超过信则为次。次亦一般的停留，并非专指军队。

【译文】三年春季，公子溺率军联合齐军攻打卫国，《春秋》中记载不称其"公子"而称他为"溺"，是因憎恶他专命私行的缘故。

夏季五月，安葬了周桓王，下葬延误得太久了。

秋季，纪季率酅地并入齐国，纪国从这以后开始分裂。

冬季，庄公暂留在滑地，准备会见郑伯，商议救助纪国一事。郑伯以国家有难为借口拒绝了。凡是行军在外，停留一夜称为舍，住两夜叫做信，超过两夜就叫次。

庄公四年

【经】四年春王二月，夫人姜氏享[①]齐侯[②]于祝丘。三月，纪伯姬卒[3]。夏，齐侯、陈侯、郑伯遇于垂[4]。纪侯大去[5]其国。六月乙丑，齐侯葬纪伯姬。秋七月。冬，公及齐人[6]狩于禚。

【注释】①享：享礼是国君之间的礼仪，夫人不能用，这里指明文姜失礼。②齐侯：齐襄公。③纪伯姬：纪伯夫人，为鲁女。④陈侯：陈宣公。郑伯：郑子仪。遇：临时定期，简化礼节相见。垂：卫地，在山东曹县境内。⑤大去：一去不复返。⑥齐人：这里指齐襄公。

【译文】四年春季，周历二月，夫人姜氏在祝丘宴请了齐襄公。三月，纪伯姬去世。夏季，齐襄公、陈宣公、郑伯子仪在垂地进行了非正式会面。纪侯永久离开了自己的国家。六月乙丑日，齐侯替纪国安葬了纪伯姬。秋季，七月。冬季，庄公在禚地与齐襄公打猎。

【传】四年春，王三月，楚武王荆尸[1]，授师孑焉[2]，以伐随。将齐[3]，入告夫人邓曼曰："余心荡[4]。"邓曼叹曰："王禄尽矣。盈而荡[5]，天之道[6]也。先君其知之矣，故临武事，将发大命[7]，而荡王心焉。若师徒无亏[8]，王薨于行，国之福也。"王遂行，卒于樠木[9]之下。令尹斗祁、莫敖屈重除道、梁溠[10]，营军临随。随人惧，行成[11]。莫敖以王命入盟随侯，且请为会于汉汭[12]而还。济汉而后发丧。

【注释】①荆尸：楚武王所创的一种阵法。荆，楚国的别称。尸，阵法。②孑：同"戟"，一种兵器。③齐：同"斋"，斋戒。④荡：动摇。心荡即心跳，心里不安。⑤盈而荡：物满而动，物极必反，霸极必衰，满了就会动荡。盈，满，足够。楚武王原先的爵位较低，向周天子索要封号，被周天子拒绝，就自封为王称为"楚武王"，开了诸侯僭号称王之先河。

⑥天之道：这是天道，是自然的道理。⑦大命：征伐的命令。⑧师徒：在此指军队。⑨樠（mán）木：武陵山的别名，在湖北省钟祥县东。又说是一种树，木材像松心木。⑩令尹、莫敖：都是楚国官职名。除道：开路。梁：桥，这里是架桥的意思。溠（zhà）：随国附近河流名。⑪行成：求和。⑫汉汭：汉水转弯处。汭，水流弯曲的地方。

【译文】四年春季，周历三月，楚武王操练"荆尸"阵，向军队发放戟，准备攻打随国。武王准备斋戒，入内告诉妻子邓曼说："我的心神动荡不宁。"邓曼叹息道："君王您的福寿尽了。凡事过满了就会亏损，这是自然的规律。楚国的先君大概也知道了，因此在战前，您准备发布征伐令时，使您心神不定。如果军队没有什么损失，您在途中寿终，那也算是国家的福气了。"武王率军出发了，后来死在了樠木山下。令尹斗祁、莫敖屈重秘不发丧，逢山开路，并在溠水上架了桥，逼近随国建造营垒。随国人害怕，因此向楚国求和。莫敖以楚王的名义进入随国，与随侯结盟，并请随侯在汉水汇合处相会后才返回。楚军渡过汉水后，才为楚王发丧。

纪侯不能下齐[①]，以与纪季。夏，纪侯大去其国，违[②]齐难也。

【注释】①下齐：居于齐国之下。②违：避免。

【译文】纪侯无法屈从侍奉齐国，便将国家交给了纪季。夏季，纪侯永远离开了自己的国家，以避免齐国加害于他。

庄公五年

【经】五年春王正月。夏，夫人姜氏如齐师。秋，郳犁来来朝[1]。冬，公会齐人、宋人、陈人、蔡人伐卫。

【注释】①郳（ní）：通"倪"，为鲁国附庸国。犁来：郳国国君，名犁来。

【译文】五年春季，周历正月。夏季，夫人姜氏前往齐国军中。秋季，郳君犁来到鲁国朝见。冬季，庄公联合齐军、宋军、陈军、蔡军攻打卫国。

【传】五年秋，郳犁来来朝，名，未王命[1]也。

冬，伐卫，纳惠公也。

【注释】①未王命：没有得到周天子的任命。

【译文】五年秋季，郳君犁来到鲁国朝见。《春秋》中只记载他的名字，是因其尚未得到周天子的封爵。冬季，鲁国攻打卫国，以护送卫惠公回国。

庄公六年

【经】六年春王正月，王人子突救卫[①]。夏六月，卫侯朔入于卫。秋，公至自伐卫。螟。冬，齐人来归卫俘。

【注释】①王人：周王室官员。

【译文】六年春季，周历正月，周朝官员子突前来救援卫国。夏季六月，卫惠公朔回到卫国。秋季，庄公从攻打卫国的战场回国。发生了蝗灾。冬季，齐国人送来攻打卫国时抓的俘虏。

【传】六年春，王人救卫。

【译文】六年春季，周王的属官子突率军救援卫国。

夏，卫侯入，放公子黔牟于周，放宁跪于秦[①]，杀左公子泄、右公子职，乃即位。君子以二公子之立黔牟为不度[②]矣。夫能固位者，必度于本末而后立衷焉[③]。不知其本，不谋。知本之不枝[④]，弗强[⑤]。《诗》云："本枝百世[⑥]。"

【注释】①宁跪：卫国大夫。②不度：不度于本末。即考虑不周到，指当初立公子黔牟为卫国国君时考虑不周到。③本末：各方面的条件。衷：适当的方法和时机。④不枝：没有枝叶。⑤强：勉强。⑥本枝百世：意为本宗和旁枝，百代兴旺。

【译文】夏季，卫惠公回国，将公子黔牟放逐到成周，将宁跪放逐到秦国。杀了左公子泄、右公子职，这才即位。君子认为左、右二公子拥立黔牟为君是一种很欠考虑的行为。凡是能够巩固自己地位的人，一定会考虑周全后才在恰当的时间以恰当的方式立他为君。不知道他的根本便无法谋略，知道了其根本却没有枝叶辅助，便不应当勉强去做。正如《诗经》中所说："有本有枝，繁衍百世。"

冬，齐人来归卫宝，文姜请之也。

【译文】冬季，齐国人前来归还卫国的宝器，这是文姜向齐国请求的结果。

楚文王伐申[①]，过邓。邓祁侯曰："吾甥也。"止而享之。骓甥、聃甥、养甥[②]请杀楚子，邓侯弗许。三甥曰："亡邓国者，必此人也。若不早图，后君噬齐[③]。其及图之乎[④]？图之，此为时矣。"邓侯曰："人将不食吾余[⑤]。"对曰："若不从三臣，抑社稷实不血食[⑥]，而君焉取余？"弗从。还年[⑦]，楚子伐邓。十六年，楚复伐邓，灭之。

【注释】①楚文王：武王子，邓曼所生，为邓祁侯外甥。申：国名，故城在今河南省南阳市。②骓甥、聃甥、养甥：均为邓祁侯外甥，在舅父朝中为官。③噬齐：咬自己的肚脐。齐，通“脐”。这句话是当时的俗语，比喻后悔也来不及了。④及：及时。⑤不食吾余：当时俗语，唾弃、看不起的意思。余，剩余的东西。⑥抑：发语词，无意义。社：土地神。稷：谷神。实：语气副词，表确认。血食：祭祀要杀牲畜，称为血食，这里指祭祀。⑦还年：伐申还国之年。

【译文】楚文王去攻打申国，路过邓国。邓祁侯说：“他是我的外甥。”因此留下楚文王并设宴招待他。骓甥、聃甥、养甥三人请求杀死楚文王，邓侯不同意。三人说道：“将来灭亡邓国的，一定会是他。如果不早做打算，以后君王后悔都来不及了。还请早做打算！如果要动手，此时正是下手的机会。”邓侯说：“如果这样，大家都会看不起我，再也不会食用我祭祀后剩余的东西了。”三人答道：“君王如果不听我们的话，那么社稷和神明都将得不到祭祀，国君又怎么会有祭神剩下的东西呢？”邓祁侯还是不同意。攻打申国回国的那一年，楚文王果真进攻邓国。庄公十六年，楚国再次攻打邓国，并灭掉了邓国。

庄公七年

【经】七年春，夫人姜氏会齐侯于防[①]。夏四月辛卯，夜，恒星[②]不见。夜中，星陨如雨[③]。秋，大水。无麦、苗[④]。冬，夫人姜氏会齐侯于谷[⑤]。

【注释】①防：鲁国地名，在今山东省费城县东北。②恒星：常见之星。③星陨如雨：星星像雨一样陨落。指流星雨。④麦、苗：麦指麦子，苗指黍，稷的幼苗称为“苗”，长大了称为“禾”。⑤谷：齐地，在今山东东阿县。

【译文】七年春季，夫人姜氏与齐襄公在防地会面。夏季四月辛卯日，晚上，天空中看不见星星。半夜，星星像下雨一样陨落。秋季，发了大水，麦田、黍田被淹没。冬季，夫人姜氏到谷地与齐襄公相会。

【传】七年春，文姜会齐侯于防，齐志[①]也。夏，恒星不见，夜明也。星陨如雨，与雨偕[②]也。秋，无麦、苗，不害嘉谷[③]也。

【注释】①志：意愿，意思。②偕：同，俱。③不害嘉谷：指还有时间补种黍稷。嘉谷，指黍稷，黍稷是用来祭祀的。

【译文】七年春季，文姜在防地与齐襄公相会，这一次是齐襄公请求的。夏季，看不到常见的星星，是因为夜空太亮了。《春秋》中记载“星陨如雨”，实际上是流星与雨水一块儿落下来。秋季，麦田、黍田被水淹没，但还有时间补种黍稷，没有妨害到黍稷的收成。

庄公八年

【经】八年春王正月，师次于郎[①]，以俟[②]陈人、蔡人。甲午，治兵[③]。夏，师及齐师围郕[④]，郕降于齐师。秋，师还。冬十有一月癸未，齐无知[⑤]弑其君诸儿[⑥]。

【注释】①郎：鲁地。在今山东省鱼台县东北。②俟：等待。③治兵：授予兵器。④郕（chéng）：国名，在今山东省。⑤无知：即公孙无知，齐僖公的侄子，齐襄公的堂弟。⑥诸儿：指齐襄公。

【译文】八年春季，周历正月，鲁军驻扎在郎地，等候陈国、蔡国军队的到来。十三日，在太庙向士兵分发武器。夏季，鲁军以及齐军包围了郕国。郕国被迫向齐军投降。秋季，鲁军回国。冬季十一月癸未日，齐国的公孙无知杀害了他的国君。

【传】八年春，治兵于庙，礼也。

【译文】八年春季，鲁国在太庙向士兵分发武器，这是符合礼法的。

夏，师及齐师围郕。郕降于齐师。仲庆父请伐齐师[①]。公曰："不可。我实不德，齐师何罪？罪我之由[②]。《夏书》曰：'皋陶迈种德，德，乃降[③]。'姑[④]务修德，以待时乎。"秋，师还。君子是以善[⑤]鲁庄公。

【注释】①仲庆父：鲁庄公的弟弟。②罪我之由：即"罪由我"，罪由我而来。③皋陶（gāo yáo）：舜之臣，掌管刑狱。迈：勉力。种德：树立德行。乃降：他人自然会来降服。④姑：姑且。⑤善：赞许，称善，称道。

【译文】夏季，鲁军和齐军包围了郕国，郕国被迫向齐军投降。仲庆父因此请求出兵攻打齐军。庄公说："不可以。确实是我德行不够，齐军又有什么罪过？罪过在我。《夏书》中说：'皋陶努力培养德行，有了德行后，别人自然会降服于他。’我们还是尽力培养德行以待时机吧！”秋季，鲁军回国。君子因此对鲁庄公很是赞赏。

齐侯使连称、管至父戍葵丘[①]。瓜时[②]而往，曰：“及瓜而代[③]。”期[④]戍，公问[⑤]不至。请代，弗许。故谋作乱。

【注释】①连称、管至父：均为齐国大夫。葵丘：齐地名，在今山东省临淄镇西。②瓜时：指夏历七月，周历九月，是瓜成熟的时候。③及瓜：来年的瓜熟之时。代：接替。④期（jī）：一周年。⑤问：消息，音讯。

【译文】齐襄公让连称、管至父一起守卫葵丘。他们在瓜熟的时候前去赴任，齐襄公说：“等明年瓜熟的时候，我就派人来接替你们。”当一年戍期满后，齐襄公派人接替他们的命令却一直没有下达。连称、管至父请求派人来替换，但齐襄公没有答应。连称、管至父因此谋划准备叛乱。

僖公之母弟[①]曰夷仲年，生公孙无知，有宠于僖公，衣服礼秩如適[②]。襄公绌之[③]。二人因[④]之以作乱。连称有从妹在公宫，无宠，使间[⑤]公，曰：“捷[⑥]，吾以女[⑦]为夫人。”

【注释】①母弟：同母的弟弟。②礼秩：待遇等级。適：同“嫡”，指齐襄公。③绌：同“黜”，贬退。④因：凭借。⑤间：秘密侦查。⑥捷：事情办成。⑦女：同“汝”。

【译文】齐僖公的同母胞弟叫夷仲年，生了公孙无知。僖公非常宠爱公孙无知，他所享的服饰与待遇就如同嫡子一样。襄公即位后降低了他的待遇，所以连称、管至父就联合公孙无知发动了叛乱。连称有个堂妹是齐襄公的侍妾，不受宠幸，连称让她秘密侦查襄公的情况。公孙无知对她说："如果我成功了，我将封你为夫人。"

冬十二月，齐侯游于姑棼[①]，遂田于贝丘[②]。见大豕，从者曰："公子彭生也。"公怒曰："彭生敢见！"射之，豕人立而啼[③]。公惧，队于车[④]，伤足丧屦。反，诛屦于徒人费[⑤]。弗得，鞭之，见血。走出，遇贼于门，劫而束之。费曰："我奚御哉[⑥]！"袒而示之背，信之。费请先入，伏公而出[⑦]，斗，死于门中。石之纷如死于阶下[⑧]。遂入，杀孟阳于床，曰："非君也，不类[⑨]。"见公之足于户下，遂弑之，而立无知。

【注释】①姑棼（fén）：齐地名，即薄姑，在今山东省博兴县东北。②田：围猎。贝丘：齐地名，在今山东省博兴县南。③人立：即后足立地，前足悬空，如人站立。公子彭生：齐襄公命公子彭生杀死鲁桓公，而后公子彭生又被齐襄公作为替罪羊杀死，事见桓公十八年。④队：同"坠"。⑤诛屦：责令寻找鞋子。诛，责令。徒人费：即名为费的侍者。徒人，侍人，即宦官。⑥奚：怎么。御：抵抗。⑦伏公：将齐襄公藏匿起来。伏，藏匿。⑧石之纷如：即石纷如，人名，齐国宫廷小官，后面的孟阳也是齐国宫廷小官。⑨不类：不像。

【译文】冬季十二月，齐襄公到姑棼去游玩，于是顺路在贝丘打猎。他们见到了一头大野猪，随从便说："这是公子彭生啊。"齐襄公大怒说："彭生竟然敢来见我！"于是用箭射它，野猪像人一样站了起来啼叫。齐襄公因此害怕，从车上摔了下来，脚受伤了，鞋也丢了。回去后便责令徒人费去寻找鞋子，但费没找到，齐襄公因此鞭打他，打得鲜血直流。费出宫时，正好在门口遇到了叛贼，叛贼劫持了他并捆绑起来。费说："我怎么会抵抗你们呢？"便解开衣服将自己的后背给他们看，叛贼相信了他。费表示愿意加入他们，并请求先进宫去。费进宫后便把齐襄公藏了起来，然后与其他宦官一起出宫和叛贼格斗，死在宫门里，石纷如死在台阶下。叛贼于是进入宫中，将孟阳杀死在床上。有人说："这不是国君，样子不像。"突然看到齐襄公的脚露在门下边，于是把他杀了，并拥立公孙无知为国君。

初襄公立，无常①。鲍叔牙②曰："君使民慢③，乱将作矣。"奉公子小白出奔莒④。乱作，管夷吾、召忽奉公子纠来奔⑤。

【注释】①无常：行为无准则。②鲍叔牙：齐大夫，公子小白之傅。③慢：松弛放纵。④小白：僖公庶子，襄公之弟。莒（jǔ）：春秋时诸侯国，在今山东省莒县一带。⑤管夷吾：即管仲，原为公子纠之傅，后相桓公，霸诸侯，春秋时期著名的政治家。召忽：公子纠之傅。公子纠：小白庶兄。

【译文】当初齐襄公即位时，做事总是没有准则，让人无所适从。鲍叔牙因此说："国君的行为使百姓生出怠慢之心，祸乱将要发生了。"因此事奉公子小白逃到莒国避乱。不久叛乱果然发生了，管夷吾、召忽事奉公子纠逃避到了鲁国。

初，公孙无知虐于雍廪[1]。

【注释】①雍廪：齐国大夫。

【译文】当初，公孙无知曾虐待过大夫雍廪。

庄公九年

【经】九年春，齐人杀无知。公及齐大夫盟于蔇[1]。夏，公伐齐，纳子纠。齐小白入于齐。秋七月丁酉，葬齐襄公。八月庚申，及[2]齐师战于乾时[3]，我师败绩。九月，齐人取子纠杀之。冬，浚洙[4]。

【注释】①蔇（jì）：鲁地。山东仓山县附近。②及：和。③乾时：齐地，在今山东青州。④浚洙（zhū）：疏浚洙水。洙水，河流名，源出今山东新泰东北，后注入泗水。

【译文】九年春季，齐国人杀死了公孙无知。庄公在蔇地与齐国大夫结盟。夏季，庄公攻打齐国，以护送公子纠回国。齐公子小白抢先回到了齐国。秋季七月丁酉日，齐襄公下葬。八月庚申日，我军与齐国军队在乾时交战，我军战败。九月，齐国人将公子纠要回并杀了他。冬季，派人疏通了洙水。

【传】九年春，雍廪杀无知。

【译文】九年春季，雍廪杀了公孙无知。

公及齐大夫盟于蔇，齐无君也。

【译文】庄公与齐国大夫在蔇地结盟，是因为当前齐国没有国君的缘故。

夏，公伐齐，纳子纠。桓公自莒先入。

【译文】夏季，庄公攻打齐国，以护送公子纠回国。齐桓公小白从莒国抢先回到了齐国。

秋，师及齐师战于乾时，我师败绩，公丧戎路[①]，传乘而归[②]。秦子、梁子以公旗辟于下道[③]，是以皆止[④]。

【注释】①戎路：四匹马的兵车。②传乘：轻便的快车。也有说是转乘他车。③秦子、梁子：鲁庄公的御者和车右。辟：同“避”。下道：小道。④止：被俘。

【译文】秋季，鲁军与齐国军队在乾时交战，我军大败。庄公丢掉了兵车，乘坐轻车逃回了国，而秦子、梁子打着庄公的旗号躲在小道上诱骗齐军，所以都被齐军抓住了。

鲍叔帅师来言曰：“子纠，亲也，请君讨之[①]。管、召，仇也[②]，请受而甘心焉[3]。”乃杀子纠于生窦[4]，召忽死之[5]。管仲请囚，鲍叔受之，及堂阜而税之[6]。归而以告曰：“管夷吾治于高傒[7]，使相可也。”公从之。

【注释】①讨：相当于“杀”。②仇：仇人。③受：指接受管、召以便把他们带回去亲自处置。甘心：称心，即杀之而后快。④生窦：鲁国地名，在今山东省菏泽市北。⑤死之：为子纠而自杀。⑥堂阜：齐地名，齐鲁交界处，在今山东省蒙阴县西北。税：解脱，释放。⑦治于高傒：比高傒更有治国才能。高傒，齐国上卿。

【译文】鲍叔牙率军来鲁国，代表齐桓公说：“子纠，是我齐君的亲人，请君王代我君杀了他。管仲、召忽是我君的仇人，请将他们交由我齐国处置，我君才会甘心。”于是就在生窦杀死了公子纠，而召忽则自杀了。管仲请求将自己押送回国，鲍叔牙答应了，到了堂阜便把他释放了。回国后，鲍叔牙向齐桓公报告说：“管仲的治国之才比高傒强，可让他为相辅助君主。”齐桓公听从了他的意见。

庄公十年

【经】十年春王正月，公败齐师于长勺[1]。二月，公侵[2]宋。三月，宋人迁宿[3]。夏六月，齐师、宋师次于郎。公败宋师于乘丘[4]。秋九月，荆败蔡师于莘[5]，以蔡侯献舞[6]归。冬十月，齐师灭谭[7]，谭子奔莒。

【注释】①长勺：鲁地。在今山东曲阜县北。②侵：攻打。有解释说，军队作战有钟鼓叫做“伐”，无钟鼓叫做“侵”。③迁宿：把宿地人迁走，即占领了宿地。宿，地名，在今江苏宿迁。④乘丘：在今山东兖州境内。⑤荆：指楚国。莘（xīn）：蔡地，在今河南汝南县境内。⑥蔡侯献舞：指蔡哀侯，名献舞。⑦谭：春秋时的小国，大约在今山东济南市东南。

【译文】十年春季，周历正月，庄公在长勺打败了齐军。二月，庄公率军攻打宋国。三月，宋人将宿地百姓迁走。夏季六月，齐军、宋军侵入鲁国，驻扎在郎地。庄公在乘丘打败了宋军。秋季九月，楚国在莘地打败蔡军，俘获蔡哀侯献舞回国。冬季十月，谭国被齐军灭亡，谭国国君逃奔到了莒国。

【传】十年春，齐师伐我。公将战，曹刿请见[①]。其乡人曰：“肉食者谋之[②]，又何间焉[③]。”刿曰：“肉食者鄙[④]，未能远谋。”乃入见。问何以战。公曰：“衣食所安，弗敢专也[⑤]，必以分人。”对曰：“小惠未遍，民弗从也。”公曰：“牺牲玉帛[⑥]，弗敢加也[⑦]，必以信[⑧]。”对曰：“小信未孚[⑨]，神弗福[⑩]也。”公曰：“小大之狱，虽不能察[⑪]，必以情[⑫]。”对曰：“忠之属也，可以一战，战则请从。”

【注释】①曹刿（guì）：鲁国大夫，周文王儿子曹叔振铎的后人。②肉食者：食肉的人，春秋时期地位低的人不得食肉，故指有地位的人，诸如公卿。③间：参与。④鄙：鄙陋不通。⑤专：专享。⑥牺牲玉帛：祭祀用的牛、羊、猪，玉器，棉帛等物。⑦弗敢加也：这里指祭祀时，不敢虚报所用物品，不敢欺骗祖先。加，此指说假话、虚报。⑧信：

诚信。⑨孚：信任。⑩福：降福，保佑。⑪察：洞察，明察。⑫必以情：指处理得合情合理。

【译文】十年春季，齐国军队攻打我国。庄公准备迎战。曹刿请求进见。他的同乡人说："这是那些公卿们所谋划的事，你又去掺和什么？"曹刿说："那些公卿们目光短浅，不能够长远考虑。"于是入宫进见庄公。曹刿问庄公："准备以什么来作战？"庄公说："衣食这些安身的东西，不敢独自享受，一定分给别人。"曹刿回答说："小恩小惠不能照顾到所有人，百姓是不会服从的。"庄公说："祭祀用的牛羊玉帛，不敢虚报夸大，祝史的祷告一定反映真实情况。"曹刿回答说："小的诚信也不能使百姓信服，神明是不会降福的。"庄公说："大大小小的案件，虽然不能明察秋毫，但一定会尽力去做。"曹刿回答说："这是全心全意为百姓的表现，凭此可以一战。出战时，请允许我跟着去。"

公与之乘，战于长勺。公将鼓[①]之。刿曰："未可。"齐人三鼓，刿曰："可矣。"齐师败绩。公将驰[②]之。刿曰："未可。"下，视其辙[③]，登轼[④]而望之，曰："可矣。"遂逐齐师。

【注释】①鼓：击鼓。古时候击鼓是开始进攻的信号，撤退的时候敲锣、钲等。②驰：驱车马追逐。③辙：车辙，车轮轧过的痕迹。④轼：车前横木，站车上手扶轼以保持平稳。

【译文】庄公和曹刿同乘一辆兵车，在长勺与齐军交战。庄公准备击鼓进军，曹刿说："还不行。"齐国人击了三通鼓后，曹刿说："可以击鼓进攻了。"齐军被打得大败。庄公准备驱车追击，曹刿说："还不行。”他走下车去，仔细看了齐军的车辙，然后登上车，扶着车前横木远望，说：“可以追击了。”庄公于是率军追击齐军。

既克，公问其故。对曰：“夫战，勇气也，一鼓作气，再而衰，三而竭。彼竭我盈，故克之。夫大国难测也，惧有伏焉[①]。吾视其辙乱，望其旗靡[②]，故逐之。”

【注释】①伏：埋伏。②靡：随风倒下。

【译文】获胜之后，庄公问曹刿其中的缘故。曹刿回答说：“作战，全凭士兵的勇气。第一通鼓士兵们会振奋勇气，第二通鼓士兵们的勇气就会衰减一些，第三通鼓后士兵们的勇气就耗尽了。敌人的勇气耗尽了，而我方士兵的勇气却刚刚振奋，所以战胜了他们。大国行事难以捉摸，其中恐怕会有埋伏。我看到他们的车轮痕迹混乱，远望他们的旗帜已经倒下，所以才追击他们。”

夏六月，齐师、宋师次于郎。公子偃曰[①]：“宋师不整，可败也。宋败，齐必还，请击之。”公弗许。自雩门[②]窃出[③]，蒙皋比[④]而先犯之，公从之。大败宋师于乘丘。齐师乃还。

【注释】①公子偃：鲁国大夫。②雩（yú）门：鲁南城西门。③窃出：私自出战。④皋比：虎皮。

【译文】夏季六月，齐国和宋国的军队驻扎在郎地。公子偃说：“宋军的军容不整齐，可以打败他们。宋军败退后齐军必然回国。请允许攻击宋军。”庄公没有同意。公子偃偷偷从雩门率军出击，将老虎皮蒙在马身上，向宋军先行发起了攻击。庄公知道后只得随后率军进击，在乘丘大败宋军。齐军于是撤兵回国了。

蔡哀侯娶于陈，息侯亦娶焉。息妫将归[1]，过蔡。蔡侯曰："吾姨[2]也。”止而见之，弗宾[3]。息侯闻之，怒，使谓楚文王曰："伐我，吾求救于蔡而伐之。”楚子从之。秋九月，楚败蔡师于莘，以蔡侯献舞归。

【注释】①息妫（guī）：为陈国君主陈庄公之女，姓妫，因嫁给息国国君，故亦称息妫。春秋四大美女之一。将归：将嫁。归，出嫁。②姨：妻子的姐妹。③弗宾：不用客礼对待，大概有轻佻的行为。

【译文】蔡哀侯从陈国娶妻，息侯也从陈国娶妻。息妫出嫁时，路过蔡国。蔡侯说："这是我妻子的姊妹。”于是将她留下来见面，对她无礼。息侯听说后，大怒，便派人对楚文王说："请您假装攻打我国，我向蔡国求援，这样您就可以攻打蔡国。”楚文王答应了。秋季九月，楚国在莘地击败了蔡军，俘获了蔡侯献舞回国。

齐侯[1]之出[2]也，过谭，谭不礼焉。及其入[3]也，诸侯皆贺，谭又不至。冬，齐师灭谭，谭无礼也。谭子奔莒，同盟故也。

【注释】①齐侯：指齐桓公。②出：离开，逃亡。③入：回国。

【译文】齐侯逃亡时，曾经过谭国，谭国人没有以礼待他。当齐侯回国后，各诸侯都前去祝贺，而谭国又没有人去。冬季，齐军灭掉了谭国，这是谭国无礼导致的结果。谭国国君逃到了莒国，是因为莒国是谭国的盟国。

庄公十一年

【经】十有一年春王正月。夏五月，戊寅，公败宋师于鄑[①]。秋，宋大水。冬，王姬归于齐[②]。

【注释】①鄑（zī）：鲁邑，在今山东省汶上县以南一带。②王姬归于齐：周天子的女儿嫁到齐国。因为鲁国做的主婚人，所以《春秋》有记载。

【译文】十一年春季，周历正月。夏季五月戊寅日，庄公在鄑地将入侵的宋军打得大败。秋季，宋国发大水。冬季，王姬嫁到了齐国。

【传】十一年夏，宋为乘丘之役故侵我。公御之，宋师未陈[①]而薄[②]之，败诸鄑。

【注释】①陈：战阵。这里是动词，排列战阵。②薄：迫。进兵压迫的意思。

【译文】十一年夏季，宋国为了报复乘丘战役的失败而入侵我鲁国。庄公出兵迎战，在宋军还没有摆开阵势时便攻入，在鄑地将宋军打得大败。

凡师，敌未陈曰败某师，皆陈曰战，大崩曰败绩，得俊曰克[①]，覆而败之曰取某师[②]，京师败曰王师败绩于某。

【注释】①得俊：战胜敌军，俘获敌军首领或勇士。②覆：埋伏。

【译文】凡是行军作战，在敌方尚未摆开阵势前击败对方叫做"败某师"，双方都摆开了阵势叫做"战"，一方大溃败叫做"败绩"，俘虏了敌方的勇士叫"克"，伏击并击败对方叫"取某师"，周天子的军队被打败叫做"王师败绩于某"。

秋，宋大水。公使吊焉[①]，曰："天作淫雨[②]，害于粢盛[③]，若之何不吊[④]？"对曰："孤实不敬，天降之灾，又以为君忧，拜命之辱[⑤]。"臧文仲曰[⑥]："宋其兴乎。禹、汤罪己，其兴也悖焉[⑦]，桀、纣罪人，其亡也忽焉[⑧]。且列国有凶称孤，礼也。言惧而名礼[⑨]，其庶乎[⑩]。"既而闻之曰公子御说之辞也[⑪]。臧孙达曰[⑫]："是宜为君，有恤民之心。"

【注释】①吊：慰问。②淫雨：连续不停的过量的雨。③粢（zī）盛：古代盛在祭器内以供祭祀的谷物。④若之何：如何。不吊：不体恤。⑤拜命之辱：当时习惯用语，相当于"承蒙关照，实不敢当"。⑥臧文仲：即臧孙辰，鲁国大夫。⑦悖：同"勃"。⑧忽：疾速。⑨言惧：言辞谦恭惶恐。名礼：名称符合礼制，春秋时诸侯平时自称为"寡人"，有天灾人祸发生时自称"孤"，宋国有水灾，所以宋闵公按照礼制称自己为"孤"。⑩庶：庶几，有希望。⑪公子御说（yuè）：宋庄公之子，宋闵公之弟，即后来的宋桓公。⑫臧孙达：即臧哀伯。

【译文】秋季，宋国发大水。庄公派使者前往慰问，说："天降大雨，庄稼遭受损害，上天为什么不体恤百姓呢？"宋闵公回答说："这是因为我对上天确实缺乏诚敬，上天因此降灾，还让贵国国君担忧，承蒙关照，实不敢当。"臧文仲说："宋国将要兴盛了啊！禹、汤责罚自己，他们的国家因此勃然兴起；桀、纣责罚别人，他们的国家因此很快灭亡了。而且当诸侯国发生灾荒，国君自称孤，这是符合礼法的。言语谨慎而称呼符合礼制，这个国家的兴盛应该是没问题了。"没过多久便又听说这些话是公子御说所说的。臧哀伯说："这个人适合当国君，因为他有体恤百姓的心思。"

冬，齐侯来逆共姬[①]。

【注释】①齐侯：齐桓公。逆：迎，迎接。共姬：周天子女儿。

【译文】冬季，齐桓公来鲁国迎娶共姬。

乘丘之役，公以金仆姑射南宫长万[①]，公右歂孙生搏之[②]。宋人请之，宋公靳之[③]，曰："始吾敬子。今子，鲁囚也。吾弗敬子矣。"病之[④]。

【注释】①仆姑：箭名。南宫长万：也有称作南宫万，宋国勇士，南宫为复姓。②右：车右。歂（chuán）孙：人名。生搏：活捉。③靳（jìn）：羞辱，取笑。④病：怀恨，不满。

【译文】在乘丘战役中，庄公用金仆姑的箭射中了南宫长万，庄公的车右歂孙活捉了他。宋国人向鲁国请求放回了南宫长万。宋闵公对南宫长万开玩笑说："原来我尊敬你，如今你当过鲁国的囚犯，所以我就不敬重你了。"南宫长万因此而怀恨宋闵公。

庄公十二年

【经】十有二年春王三月，纪叔姬归于酅[①]。夏四月。秋八月甲午，宋万弑其君捷[②]及其大夫仇牧。十月，宋万出奔陈。

【注释】①纪叔姬：鲁女，嫁纪国，纪国灭亡，纪季以酅入齐。②宋万：即南宫长万。捷：即宋闵公。

【译文】十二年春季，周历三月，纪叔姬从酅地回国。夏季四月。秋季八月甲午日，宋国的南宫长万杀死他的国君捷和大夫仇牧。冬季十月，南宫长万逃到了陈国。

【传】十二年秋，宋万弑闵公于蒙泽[①]。遇仇牧于门，批而杀之[②]。遇大宰督于东宫之西[③]，又杀之。立子游[④]。群公子奔萧[⑤]。公子御说奔亳[⑥]。南宫牛、猛获帅师围亳[⑦]。

【注释】①蒙泽：宋国地名，在今河南省商丘县北。②批：用手打击。③大宰督：即华父督。东宫：诸侯小寝。④子游：宋国公子。⑤萧：

宋附庸国，在今安徽省萧县西北。⑥亳：宋地，位于今河南商丘县北。⑦南宫牛：南宫长万之子。猛获：南宫长万的同党。

【译文】十二年秋季，宋国的南宫长万在蒙泽杀死了宋闵公，在城门口他又遇到了仇牧，便举手将他打死了。在东宫的西面又遇到了太宰华督，便又杀了华督，并拥立子游为国君。其他公子都逃到了萧邑，而公子御说逃到了亳地。南宫牛、猛获率军包围了亳地。

冬十月，萧叔大心及戴、武、宣、穆、庄之族以曹师伐之[①]。杀南宫牛于师，杀子游于宋，立桓公[②]。猛获奔卫。南宫万奔陈，以乘车辇其母[③]，一日而至[④]。

【注释】①萧叔大心：萧国大夫，名大心。戴、武、宣、穆、庄：指宋戴公、宋武公、宋宣公、宋穆公、宋庄公。②桓公：即公子御说。③乘车：载人的车子。辇：以人驾车称为“辇”，这里指南宫万亲自拉车。④一日而至：宋距离陈二百六十里，南宫万一天的时间就赶到了，言万之多力。

【译文】冬季十月，萧叔大心及宋国戴公、武公、宣公、穆公、庄公的族人率曹国军队攻打南宫万，在军中杀死了南宫牛，在宋国都城将子游杀死，并立宋桓公为君。猛获逃到了卫国。南宫长万逃到了陈国，他自己驾车拉着母亲，一天就赶到了陈国。

宋人请猛获于卫，卫人欲勿与。石祁子[①]曰：“不可。天下之恶一也[②]，恶于宋而保[③]于我，保之何补[④]？得一夫而失一国，与恶[⑤]而弃好，非谋也。”卫人归之。亦请南宫万于陈，以赂[⑥]。陈人使妇人饮之酒，而以犀革裹之[7]。比及宋，手足皆见[8]。宋人皆醢之[9]。

【注释】①石祁子：卫大夫。②天下之恶一也：天下判断邪恶的标准是一样的，意思是猛获帮助南宫万杀国君的事不论对于哪一个国家来说，都认为是坏事。③保：保护。④补：益处。⑤与恶：袒护邪恶。⑥以赂：送上财物。⑦犀革：犀牛之革。⑧比及：等到。见：现。此处指其力气极大，手足破犀革而出。⑨醢（hǎi）：古代的一种酷刑，把人杀死后剁成肉酱。

【译文】宋国人向卫国请求将猛获送回宋国，但卫国人想不给。石祁子因此说："不行。天下看待邪恶的标准都是一样的，在宋国作了恶却在我国受到保护，保护了他又有什么好处？得到了一个人却因此失去一个国家，结交邪恶却丢弃友邦，这不是好主意。"卫国人因此将猛获归还给了宋国。宋国人又向陈国请求送还南宫长万，并且给陈国人送了财礼。陈国人因此派女人给南宫长万劝酒，在他醉后便以犀牛皮将他包了起来。等到了宋国后，南宫长万将犀牛皮挣裂，手脚都露出来了。宋国人将猛获与南宫长万都剁成了肉酱。

庄公十三年

【经】十有三年春，齐侯、宋人、陈人、蔡人、邾人会于北杏[1]。夏六月，齐人灭遂[2]。秋七月。冬，公会齐侯盟于柯[3]。

【注释】①齐侯、宋人、陈人、蔡人、邾(zhū)人：齐侯指齐桓公，宋人、陈人、蔡人、邾人都指其国君。北杏：齐地，在今山东东阿县。②遂：春秋时妫姓国家，在今山东宁阳县西北。③柯：齐地，在山东阳谷县东北。

【译文】十三年春季，齐桓公与宋、陈、蔡、邾诸国国君在齐国的北杏会面。夏季六月，齐人灭掉了遂国。秋季七月。冬季，庄公与齐桓公在柯地会盟。

【传】十三年春，会于北杏，以平宋乱。遂人不至。夏，齐人灭遂而戍之[①]。

【注释】①戍：守卫。

【译文】十三年春季，鲁庄公与齐、宋、陈、蔡、邾等国国君在北杏会面，商议平定宋国的动乱。遂国人没有来。夏季，齐国人灭掉了遂国，并派人戍守。

冬，盟于柯，始及齐平也[①]。

【注释】①及：和。平：和好。

【译文】冬季，鲁庄公与齐桓公在柯地结盟，开始和齐国讲和。

宋人背北杏之会[①]。

【注释】①背：背盟，违约，结怨。

【译文】宋国人违背了北杏会盟的盟约。

庄公十四年

【经】十有四年春，齐人、陈人、曹人伐宋。夏，单伯会伐宋[①]。秋七月，荆入蔡。冬，单伯会齐侯、宋公、卫侯、郑伯于鄄[②]。

【注释】①单伯：周大夫。②齐侯：齐桓公。宋公：宋桓公。卫侯：卫惠公。郑伯：郑厉公。鄄（juàn）：卫地。在山东鄄城县境内。

【译文】十四年春季，齐国、陈国、曹国一起攻打宋国。夏季，周朝大夫单伯率军与诸侯会合攻打宋国。秋季七月，楚国攻入蔡国。冬季，单伯与齐桓公、宋桓公、卫惠公和郑厉公在卫国的鄄地会面。

【传】十四年春，诸侯伐宋，齐请师于周。夏，单伯会之，取成于宋而还。

【译文】十四年春季，诸侯进攻宋国，齐国请求周王朝出兵。夏季，周朝大夫单伯率军与诸侯相会，在与宋国讲和后回国。

郑厉公自栎[①]侵郑，及大陵[②]，获傅瑕[③]。傅瑕曰："苟舍我[④]，吾请纳君。"与之盟而赦之。六月甲子，傅瑕杀郑子及其二子[⑤]，而纳厉公。

【注释】①栎：郑国地名，在郑国都城西南九十里处。在今河南省禹县。②大陵：郑国地名，在今河南省密县与新政县之间。③傅瑕：郑国大臣。④舍：释放。⑤郑子：即郑国国君子仪，因无谥号，故称郑子。

【译文】郑厉公率军从栎地侵入郑国，当大军到达大陵时，抓住了傅瑕。傅瑕说："如果放了我，我可以让君王回国再次为君。"郑厉公和他盟誓后便放了他。六月甲子日，傅瑕杀死了郑君子仪及他的两个儿子，而接回了厉公。

初，内蛇与外蛇斗于郑南门中[1]，内蛇死。六年而厉公入。公闻之，问于申繻[2]曰："犹有妖乎？"对曰："人之所忌，其气焰以取之。妖由人兴也。人无衅焉[3]，妖不自作。人弃常则妖兴[4]，故有妖。"

【注释】①内蛇：门内之蛇。外蛇：门外之蛇。②申繻：鲁国大夫。③衅：破绽，缝隙。指人的缺陷，即违背伦常的事。④弃常：失去常态或常道。

【译文】当初，郑国都城南门内有一条蛇与都城南门外的一条蛇相斗，门内的蛇被咬死了。六年后郑厉公回国。鲁庄公听说此事后问申繻说："厉公的回国与妖蛇有关系吗？"申繻回答说："一个人是否会遇到他所顾忌的事，由他自己的气焰所决定。妖孽是因为人才出现的。如果人没有缺陷，妖孽不会自己出现；如果人丢弃了伦常，那么妖孽便会兴起，因此世上才会有妖孽。"

厉公入，遂杀傅瑕。使谓原繁[①]曰：“傅瑕贰[②]，周有常刑，既伏其罪矣。纳我而无二心者，吾皆许之上大夫之事，吾愿与伯父[③]图之。且寡人出，伯父无里言[④]，入，又不念寡人，寡人憾焉。”对曰：“先君桓公命我先人典司宗祏[⑤]。社稷有主而外其心，其何贰如之？苟主社稷，国内之民其谁不为臣？臣无二心，天之制也[⑥]。子仪在位十四年矣，而谋召君者，庸非二乎[⑦]。庄公之子犹有八人，若皆以官爵行赂劝贰而可以济事[⑧]，君其若之何？臣闻命矣[⑨]。”乃缢而死。

【注释】①原繁：郑大夫，郑厉公伯父。②贰：二心，不忠。③伯父：指原繁。④里言：指以国内情况告知厉公。⑤桓公：郑始封的第一代国君。典司：主管。宗祏（shí）：宗庙中藏主的石室。⑥制：规定。⑦庸：难道。⑧劝贰：怂恿别人对君主存二心。济事：成事，指当一国之君。⑨闻命：听从命令。

【译文】郑厉公回国后，便杀了傅瑕。他派人对原繁说：“傅瑕有二心。周朝对这种人有相关的刑罚规定，傅瑕现在已经得到其应有的惩处了。助我回国而没有二心的人，我都答应给他们上大夫之职，我愿意与伯父一起商量。况且我离开国家逃亡在外，伯父没有将国内的情况告诉我。我回国后，伯父又没有亲附我，对此我觉得很遗憾。”原繁回答说：“先君桓公曾命令我的先人管理宗庙安放祖宗主位的石室。国家有君主，自己却心在国外，有比这还大的二心吗？如果主持国家政令，国内的百姓谁又不会称臣呢？臣子不能有二心，这是上天的规定。子仪居于君位已经十四年了，而谋划召请您回国的，难道不是有二心吗？庄公还有八个儿子，如果都以官爵贿赂来劝说别人有二心而又能成功，到那时君王又该怎么办？臣知道君王您的意思了。”于是原繁自缢而死。

蔡哀侯为莘故[①]，绳[②]息妫以语楚子[③]。楚子如息，以食入享，遂灭息。以息妫归，生堵敖及成王焉，未言[④]。楚子问之，对曰：“吾一妇人而事二夫，纵弗能死，其又奚言？”楚子以蔡侯灭息，遂伐蔡。秋七月，楚入蔡。

【注释】①蔡哀侯为莘故：指庄公十年，蔡哀侯在莘地战役中被俘的事。②绳：赞誉。③楚子：楚文王。④言：主动开口。

【译文】蔡哀侯因为在莘地战役中被俘，因此在楚王面前赞美息妫。楚王因此去了息国，假装设享礼招待息侯，乘息国不备，灭亡了息国。他将息妫带回了楚国，一直到生下了堵敖与成王，息妫都没有主动与楚王说过话。楚文王问她原因，她回答说：“我一个女人却嫁了两个丈夫，纵使不能以死明志，又能说什么呢？”楚王因为是听了蔡侯的话才灭亡了息国，于是为了取悦息妫，率军讨伐蔡国。秋季七月，楚军攻入了蔡国。

君子曰：“《商书》所谓‘恶之易也[①]，如火之燎于原，不可乡迩[②]，其犹可扑灭’者，其如蔡哀侯乎。”

【注释】①易：蔓延，滋长。②乡迩：接近。乡，通“向”。

【译文】君子说："《商书》中所说的'罪恶的蔓延，就如同大火在草原上燃烧，接近都很困难，又怎么能够扑灭'，指的就是像蔡哀侯这样的人吧！"

冬，会于鄄，宋服故也。

【译文】冬季，单伯在鄄地与诸侯会面，是因为宋国顺服了。

庄公十五年

【经】十有五年春，齐侯、宋公、陈侯、卫侯、郑伯会于鄄①。夏，夫人姜氏②如齐。秋，宋人、齐人、邾人伐郳③。郑人侵宋。冬十月。

【注释】①齐侯：齐桓公。宋公：宋桓公。陈侯：陈宣公。卫侯：卫惠公。郑伯：郑厉公。②姜氏：指文姜，齐僖公之女。③郳（ní）：宋国的附属国，在今山东省滕州市东（一说在今枣庄市西北）。

【译文】十五年春季，齐侯、宋公、陈侯、卫侯、郑伯在鄄地相会。夏季，夫人姜氏去了齐国。秋季，宋人、齐人、邾人联合攻打郳国。郑国入侵宋国。冬季，十月。

【传】十五年春，复会焉[①]，齐始霸也[②]。

【译文】十五年春季，齐桓公、宋桓公、陈宣公、卫惠公、郑厉公再次在鄄地会盟，齐国开始称霸。

秋，诸侯为宋伐郳。郑人间[①]之而侵宋。

【注释】①间：乘机。

【译文】秋季，各诸侯因为宋国而攻打郳国。郑国人便乘机入侵宋国。

庄公十六年

【经】十有六年春王正月。夏，宋人、齐人、卫人伐郑。秋，荆[①]伐郑。冬十有二月，会齐侯、宋公、陈侯、卫侯、郑伯、许男、滑伯、滕子同盟于幽[②]。邾子克卒[③]。

【注释】①荆：楚国。②齐侯：齐桓公。宋公：宋桓公。陈侯：陈宣公。卫侯：卫惠公。郑伯：郑厉公。许男：许穆公。滑：国名，姬姓，在今河南偃师。幽：宋地，在今河南兰考。③邾子克：即邾国的国君邾仪父，名克。

【译文】十六年春季，周历正月。夏季，宋国、齐国、卫国一起攻打郑国。秋季，楚国讨伐郑国。冬季十二月，庄公与齐侯、宋公、陈侯、卫侯、郑伯、许男、滑伯、滕子一起在幽地会盟。邾君克去世。

【传】十六年夏，诸侯伐郑，宋故也。

【译文】十六年夏季，因为郑国入侵宋国的缘故，各诸侯联合攻打郑国。

郑伯自栎入，缓告于楚。秋，楚伐郑，及栎，为不礼故也。

【译文】郑厉公从栎地回到国内，未及时通知楚国。秋季，楚国攻打郑国，一直打到了栎地，这是因为郑厉公对楚国无礼的缘故。

郑伯治与于雍纠之乱[①]者。九月，杀公子阏[②]，刖强鉏[③]。公父定叔出奔卫[④]。三年而复之，曰："不可使共叔无后于郑。"使以十月入，曰："良月也[⑤]，就盈数焉[⑥]。"

【注释】①雍纠之乱：郑厉公因大臣祭仲专权，就派祭仲的女婿雍纠去杀祭仲，因雍纠的妻子雍姬告密，雍纠反被祭仲杀死。②公子阏：与强鉏都是祭仲的党羽。③刖（yuè）：一种断足的酷刑。④公父定叔：公叔段的孙子。⑤良月：古人以单数月为忌，双数月为良。⑥盈数：数至十而满，故称盈数。

【译文】郑厉公惩罚了参与雍纠之乱的人。九月，杀死了公子阏，砍去强鉏的脚。公父定叔逃到了卫国。三年后郑厉公又让他回国，说："不能让共叔在郑国绝后。"让他在十月时回国，并说："这是个好月份，十月是个满数呢。"

君子谓："强鉏不能卫其足[①]。"

【译文】君子说："强鉏不能见机避害而保住自己的两脚"。

冬，同盟于幽，郑成也。

【译文】冬季，众诸侯一起在幽地结盟，以便与郑国讲和。

王使虢公命曲沃伯以一军为晋侯[①]。

【注释】①王：指周天子周僖王。曲沃伯：即曲沃武公，晋武公。一军：一万二千五百人，车五百乘。按照周礼，天子有六军，大国三军，次国二军，小国一军。

【译文】周王派虢公命令曲沃伯，让他建立一军，继承晋国国君之位。

初，晋武公伐夷，执夷诡诸[①]。蒍国请而免之[②]。既而弗报[③]。故子国作乱[④]，谓晋人曰："与我伐夷而取其地。"遂以晋师伐夷，杀夷诡诸。周公忌父出奔虢[⑤]。惠王立而复之。

【注释】①夷诡诸：周大夫，以采邑作为姓氏。②蒍（wěi）国：周大夫。③既而：后来。④子国：即蒍国。⑤周公忌父：周王卿士。

【译文】当初，晋武公进攻夷地，抓住了周大夫夷诡诸。蒍国向晋武公求情因而赦免了他。后来夷诡诸没有报答恩情，所以，当蒍国作乱时，对晋国人说："与我一起攻打夷地，夺取它的土地吧。"于是带着晋军攻打夷地，杀死了夷诡诸。周公忌父逃到了虢国。周惠王即位后又让周公忌父回国并恢复他的职位。

庄公十七年

【经】十有七年春，齐人执郑詹[①]。夏，齐人歼于遂[②]。秋，郑詹自齐逃来。冬，多麋[③]。

【注释】①郑詹：郑国执政大臣。②歼：杀尽。③麋：指麋鹿，比牛大，毛淡褐色，雄的有角，角像鹿，尾像驴，蹄像牛，颈像骆驼。麋多则伤害庄稼，所以作为灾害记载。

【译文】十七年春季，齐国人抓住了郑詹。夏季，齐国人把遂国的守军全部杀光。秋季，郑詹从齐国逃到了鲁国。冬季，麋鹿成灾。

【传】十七年春，齐人执郑詹，郑不朝也。

【译文】十七年春季，齐国人抓住了郑詹，是因为郑国没有去朝见齐国。

夏，遂因氏、颌氏、工娄氏、须遂氏飨齐戍[①]，醉而杀之，齐人歼焉。

【注释】①因氏，颌（gé）氏、工娄氏、须遂氏：遂国四个家族。飨：用酒食招待客人。齐戍：齐国的戍卒。

【译文】夏季，遂国的因氏、颌氏、工娄氏、须遂氏，以酒食招待戍守在遂国的齐军，将他们灌醉后杀了。齐国人把遂国的守军全部杀尽。

庄公十八年

【经】十有八年春王三月，日有食之。夏，公追戎于济西[①]。秋，有蜮[②]。冬十月。

【注释】①戎：南戎，在今山东曹县。济西：济水之西。②蜮：一种食禾苗的害虫。

【译文】十八年春季，周历三月，发生了日食。夏季，庄公追击戎兵一直到济水之西。秋季，发生了蜮虫灾害。冬季，十月。

【传】十八年春，虢公、晋侯朝王[①]，王飨醴[②]，命之宥[③]，皆赐玉五瑴[4]，马三匹。非礼也。王命诸侯，名位不同，礼亦异数，不以礼假人[5]。

【注释】①虢公：虢公丑。晋侯：指晋武公之子，献公诡诸。②醴（lǐ）：甜酒。③宥（yòu）：酬酢，劝酒。④五瑴（jué）：五对玉。瑴，合在一起的两块玉，亦写作“珏”。⑤假人：借人礼，指不同的爵位，得到的相同赏赐，不合乎礼。假，借。

【译文】十八年春季，虢公、晋献公一起朝觐周惠王。周惠王用甜酒招待他们，又允许他们向自己敬酒，向每人赏赐了五对玉、四匹马。这是不符合礼法的。周天子策命诸侯，其封爵地位不一样，享受的礼仪等级也不一样，不能随便对人使用礼仪。

虢公、晋侯、郑伯使原庄公逆王后于陈[1]。陈妫[2]归于京师，实惠后。

【注释】①原庄公：原国国君，周王卿士。②陈妫：周惠王王后，周襄王和王子带的母亲。

【译文】虢公、晋献公、郑厉公让原庄公到陈国去迎接王后。陈妫嫁到京城，就是惠王后。

夏，公追戎于济西。不言其来，讳之也[1]。

【译文】夏季，庄公率军在济水西边追击戎人。《春秋》中没有记载戎人入侵，是因为避讳这件事。

秋，有蜮，为灾也。

【译文】秋季，发生蜮虫灾害，《春秋》中记载此事，是因为造成了灾害。

初，楚武王克权[①]，使斗缗尹之[②]。以叛[③]，围而杀之。迁权于那处[④]，使阎敖[⑤]尹之。及文王即位，与巴人伐申而惊其师[⑥]。巴人叛楚而伐那处，取之，遂门于楚。阎敖游涌而逸[⑦]。楚子杀之，其族为乱。冬，巴人因之以伐楚。

【注释】①权：国名，子姓。在今湖北当阳县东南。②斗缗（mín）：楚大夫。尹之：以权国为楚县，以斗缗为县尹。③以：以之，凭借权邑叛楚。④迁权：迁移权邑之民。那处：楚地，在今湖北荆门市东南。⑤阎敖：楚大夫。⑥惊其师：有解释说阎敖以武力恐吓巴人，致巴人反叛。⑦涌：湖名，在今湖北省监利县东南乾港湖。逸：逃跑。

【译文】当初，楚武王攻克权国，派斗缗为县尹。斗缗以权地为根据地背叛了楚国，楚军包围了权地而杀死了斗缗，并将权地的百姓迁到了那处，改由阎敖治理这个地方。文王即位后，楚军与巴国人一起攻打申国，惊扰了巴军。巴国人背叛了楚国并攻打那处，占领了它，接着又攻打楚都的城门。阎敖从涌湖中游出逃走了。楚文王杀了阎敖，他的族人因此作乱。冬季，巴国人乘机进攻楚国。

庄公十九年

【经】十有九年春王正月。夏四月。秋，公子结媵陈人之妇于鄄[①]，遂及齐侯、宋公盟[②]。夫人姜氏如莒。冬，齐人、宋人、陈人伐我西鄙[③]。

【注释】①公子结：鲁国大夫。媵（yìng）：古代指随嫁，亦指随嫁的人。春秋时诸侯娶于一国，另外同姓二国以庶出之女陪嫁称为媵。鄄（juàn）：卫地，在今山东鄄城县北旧城镇。②齐侯：齐桓公。宋公：宋桓公。③陈人伐我：陈国因为公子结未将鲁女送到卫国国都，因此伐鲁。鄙：边境。

【译文】十九年春季，周历正月。夏季，四月。秋季，公子结护送陪嫁到陈国的鲁女到达鄄地，于是与齐桓公、宋桓公结盟。鲁夫人文姜去了莒国。冬季，齐国、宋国、陈国联合攻打我国西部边境。

【传】十九年春，楚子御之[①]，大败于津[②]。还，鬻拳弗纳[③]。遂伐黄[④]，败黄师于踖陵[⑤]。还，及湫[⑥]，有疾。夏六月庚申卒，鬻拳葬诸夕室[⑦]，亦自杀也，而葬于绖皇[⑧]。

【注释】①御之：抵抗巴军。②津：地名，在今湖北江陵县。③鬻（yù）拳：人名，掌管楚国城门。弗纳：不让楚王进城。按照楚国旧制，战败之师不得入城，所以鬻拳不让楚王进城，逼得楚王去伐黄，得胜后才可回国进城。④黄：国名，嬴姓，在今河南省潢川县西南。⑤踖（què）陵：黄国地名，在今河南省潢川县南境。⑥湫（jiǎo）：楚国地名，在今湖北省钟祥县。⑦夕室：楚国君主陵墓所在地。⑧绖（dié）皇：墓前甬道的门。

【译文】十九年春季，楚文王率军抵御巴军，在津地被巴军打得大败。回国时，鬻拳没有开城门放行，楚文王因此转而攻打黄国，在踖陵打败了黄国军队。回国到达湫地时，楚文王得了病。夏季六月庚申日，楚文王去世。鬻拳将他安葬在夕室，然后便自杀了，被安葬在文王地宫的前庭。

初，鬻拳强谏楚子，楚子弗从，临之以兵[①]，惧而从之。鬻拳曰："吾惧君以兵，罪莫大焉。"遂自刖也。楚人以为大阍[②]，谓之大伯[③]，使其后掌之[④]。君子曰："鬻拳可谓爱君矣，谏以自纳于刑，刑犹不忘纳君于善。"

【注释】①临：对着。兵：武器。②大阍：守城门的官员。③大伯：即太伯。伯，长，为门官之长。④使其后掌之：使其后代子孙掌此官职。

【译文】当初，鬻拳极力劝阻楚文王，楚文王不听。鬻拳拿着武器对着楚文王，楚文王因害怕而被迫听从。鬻拳说："我用武器威胁国君，没有比这更大的罪过了。"于是就自己砍掉了双脚。楚国人让他担任大阍，称他为太伯，并且让他的后代也执掌这个职位。君子说："鬻拳可称得上是爱护国君了，因为劝阻国君而自己对自己施刑，受刑后还不忘劝国君向善。"

初，王姚嬖于庄王[1]，生子颓。子颓有宠，蔿国为之师。及惠王[2]即位，取蔿国之圃以为囿，边伯之宫近于王宫[3]，王取之。王夺子禽祝跪与詹父田，而收膳夫之秩[4]。故蔿国、边伯、石速、詹父、子禽祝跪作乱，因苏氏[5]。秋，五大夫奉子颓以伐王，不克，出奔温[6]。苏子奉子颓以奔卫。卫师、燕师伐周。冬，立子颓。

【注释】①王姚：庄王之妾，姚姓。嬖：指对婢妾的宠幸、疼爱。②惠王：即周惠王，周厘王之子，东周第五任君主。③边伯：周大夫。宫：府邸，房舍。④膳夫：官名，掌王宫饮食。此指下文的石速。秩：俸禄。⑤因：投靠，依靠。苏氏：即苏忿生，周大夫，周桓王曾夺其十二邑给郑国，所以与周王室不和。⑥温：苏氏的封邑。

【译文】当初，王姚很受周庄王宠爱，生了子颓。子颓也因此受宠，蔿国做了他的老师。周惠王继位后，夺取了蔿国的菜园作为自己养牲畜的畜养地。边伯的房子靠近王宫，也被惠王占用了。惠王又夺取了子禽祝跪与詹父的田地，并剥夺了膳夫石速的俸禄，蔿国、边伯、石速、詹父、子禽祝跪因此发动了叛乱，投靠了苏氏。秋季，五位大夫奉子颓为首攻打惠王，但没能取胜，他们逃到了温地。苏子护着子颓逃到了卫国。卫、燕两国率军攻打周惠王。冬季，王子颓被立为周天子。

庄公二十年

【经】二十年春王二月，夫人姜氏如莒。夏，齐大灾[1]。秋七月。

冬，齐人伐戎。

【注释】①灾：天火曰灾，人火曰火。

【译文】二十年春季，周历二月，夫人文姜去了莒国。夏季，齐国发生了大火灾。秋季七月。冬季，齐军进攻西戎。

【传】二十年春，郑伯和王室[①]，不克[②]。执燕仲父[③]。

【注释】①和王室：在周惠王与子颓之间进行调解、讲和。②克：能。③燕仲父：南燕国君，曾伐周。南燕国，姞（jí）姓，始封国君伯倏为轩辕黄帝之后，在今河南延津东北，国力弱小，是卫国的附庸国。

【译文】二十年春季，郑厉公调解周惠王与子颓间的纠纷，没有成功。逮捕了燕仲父。

夏，郑伯遂以王归，王处于栎。秋，王及郑伯入于邬[①]。遂入成周[②]，取其宝器而还。

【注释】①邬：郑国邑名。②成周：子颓在王城，成周在王城东。

【译文】夏季，郑厉公便带周惠王回国，让惠王住在栎地。秋季，惠王与郑厉公到了邬地。接着进入成周，夺得了成周的宝器后回国。

冬，王子颓享五大夫，乐及遍舞[①]。郑伯闻之，见虢叔，曰："寡人闻之，哀乐失时，殃咎必至[②]。今王子颓歌舞不倦，乐祸也。夫司寇行戮[③]，君为之不举[④]，而况敢乐祸乎！奸[⑤]王之位，祸孰大焉？临祸忘忧，忧必及之。盍纳王乎？”虢公曰：“寡人之愿也。”

【注释】①遍舞：指六代舞曲，即黄帝之《云门》《大卷》，尧之《大咸》，舜之《大韶》，禹之《大夏》，汤之《大濩》，周武王之《大武》。②殃咎：祸害，灾难。③司寇：古代主管刑法的官员。行戮：杀人。④不举：减少膳食，撤出音乐。⑤奸(gān)：干犯，抵触。

【译文】冬季，王子颓宴享五位大夫，演奏了六代乐舞。郑厉公听说后，与虢叔见面说：“我听说，如果悲哀或者高兴的不是时候，便一定会招致灾殃。现在王子颓歌舞不倦，这是在以灾祸为乐事啊。司寇执法杀人时，国君会因此而减膳撤乐，何况王子颓竟敢以祸患为乐呢？篡夺天子之位，还有比这更大的祸患吗？面临祸患却忘了忧愁，那么忧愁一定会到来。何不接天子回来复位呢？”虢公说：“这正是我所愿。”

庄公二十一年

【经】二十有一年春，王正月。夏五月辛酉，郑伯突卒[①]。秋七月戊戌，夫人姜氏薨。冬十有二月，葬郑厉公。

【注释】①郑伯突：即郑厉公，名突。

【译文】二十一年春季，周历正月。夏季五月辛酉日，郑厉公突去世。秋季七月戊戌日，夫人文姜去世。冬季十二月，郑厉公下葬。

【传】二十一年春，胥命于弭[①]。夏，同伐王城[②]。郑伯将王[③]，自圉门[④]入，虢叔自北门入，杀王子颓及五大夫。郑伯享王于阙西辟[⑤]，乐备[⑥]。王与之武公之略[⑦]，自虎牢以东[⑧]。原伯[⑨]曰："郑伯效尤[⑩]，其亦将有咎[⑪]。"五月，郑厉公卒。

【注释】①胥命：指诸侯会见，订立盟约而不歃血。弭：郑国地名，在今河南省密县境内。②王城：周都城，在今河南洛阳。③将：扶持。④圉(yǔ)门：王城南门。⑤阙：古代天子、诸侯宫门外的一对高建筑，亦叫"观"。西辟：西边的房间。指西阙。⑥乐备：即备六代之乐。⑦武公之略：郑武公经略之地。略，边界。⑧虎牢：即虎牢关，在今河南省荥阳县境。虎牢以东的地方是周平王赐给郑武公的，后来郑国丧失此地，现在重新赐予。⑨原伯：即原庄公，原国国君。⑩效尤：仿效别人干坏事。指郑厉公仿效王子颓乐及遍舞。⑪咎：灾。

【译文】二十一年春季，郑厉公在弭地与虢公会盟。夏季，双方一起进攻王城。郑厉公护着惠王，从圉门进入都城。虢叔从北门入城，杀死了王子颓及蒍国、边伯、石速、詹父、子禽祝跪五位大夫。郑厉公在宫门西阙设宴招待惠王，六代乐舞全部齐备。惠王赐给他郑武公时虎牢以东的所有土地。原伯说："郑伯学着别人干坏事，他恐怕也会有灾祸啊。"五月，郑厉公去世。

王巡虢守[①]。虢公为王宫于玤[②]，王与之酒泉[③]。郑伯之享王也，王以后之鞶鉴予之[④]。虢公请器，王予之爵[⑤]。郑伯由是始恶于王[⑥]。

【注释】①王巡虢守：王巡视虢公所守之地。守，同“狩”，天子巡视诸侯曰“巡狩”。②玤（bàng）：虢地，在今河南省渑池县境。③酒泉：周地，地址不详。④鞶（pán）：大带，又称绅。鉴：镜子。⑤爵：饮酒器。爵为礼器，贵于鞶鉴。⑥郑伯：即郑文公，厉公之子公捷。

【译文】周惠王巡视虢公防守的土地，虢公在玤地为惠王建造了行宫，惠王将酒泉赐给了他。以前当郑厉公设宴招待惠王时，惠王把王后的鞶鉴赐给了他。虢公请求赏赐器物，惠王便将爵赐给了他。因爵更贵重，郑厉公因此开始怨恨周惠王。

冬，王归自虢。

【译文】冬季，周惠王从虢国回到王城。

庄公二十二年

【经】二十有二年春王正月，肆大眚[①]。癸丑，葬我小君[②]文姜。陈人杀其公子御寇[③]。夏五月。秋七月丙申，及齐高傒[④]盟于防。冬，公如齐纳币[⑤]。

【注释】①肆大眚（shěng）：大赦有罪之人。肆，同“赦”。眚，过错，过失。②小君：周代称诸侯之妻，夫为君，妇为小君。③公子御寇：陈国太子。④高傒：齐国上卿。⑤纳币：送聘礼。

【译文】二十二年春季，周历正月，庄公下令大赦天下。癸丑日，安葬了我国桓公夫人文姜。陈国人杀了他们的公子御寇。夏季五月。秋季七月丙申日，庄公与齐国的高傒在防地会盟。冬季，庄公前往齐国去送聘礼。

【传】二十二年春，陈人杀其大子御寇，陈公子完与颛孙奔齐[①]。颛孙自齐来奔。

【注释】①公子完：陈厉公之子，太子御寇的同党，后仕齐，改田氏。颛（zhuān）孙：太子御寇的同党。颛孙是复姓。

【译文】二十二年春季，陈国人杀了他们的太子御寇。陈国的公子完和颛孙逃到了齐国。颛孙又从齐国逃到了鲁国。

齐侯使敬仲为卿[①]。辞曰："羁旅[②]之臣，幸若获宥[③]，及于宽政[④]，赦其不闲于教训[⑤]，而免于罪戾[⑥]，弛于负担[⑦]，君之惠也[⑧]。所获多矣，敢辱高位[⑨]，以速官谤[⑩]。请以死告。《诗》云：'翘翘车乘[⑪]，招我以弓[⑫]，岂不欲往，畏我友朋。'"使为工正[⑬]。

【注释】①敬仲：即陈公子完。②羁旅：寄居异乡。③宥：宽容，宽恕。④宽政：宽大的政令。⑤闲：同"娴"，熟习。⑥戾：罪过。⑦弛：免于。⑧惠：恩惠。⑨敢：岂敢。辱：辱没，此作谦词。⑩速：招致。谤：指责。⑪翘翘：高，远的样子。也有众多的意思。⑫招我以弓：古代征聘之礼，用弓招士，用旌招大夫。⑬工正：官名，掌管百工之官。

【译文】齐桓公任命敬仲为卿，但他辞谢了，他说："寄居在外的小臣，如果能有幸得到宽恕，深受齐国宽大的政令，赦免臣的不熟习教训，使臣得以免除罪过，放下负担，这是君王对我的恩惠了。我所获得的已经很多了，又怎么敢再接受这样的高位，而招致官员们的指责。特以死上告。《诗经》中说：'高高的车子，带着聘问我的弓。难道是我不想去吗？而是怕我的友朋嘲讽啊。'"齐桓公便任命他做了工正。

饮桓公酒，乐。公曰："以火继之[①]。"辞曰："臣卜其昼[②]，未卜其夜，不敢。"君子曰："酒以成礼，不继以淫[③]，义也；以君成礼，弗纳于淫，仁也。"

【注释】①火：烛火。②卜：占卜。③淫：过度。

【译文】敬仲请齐桓公饮酒，桓公很高兴。很晚了，桓公说："点上蜡烛继续喝。"敬仲辞谢说："臣只知白天招待君主，不知晚上陪饮。不敢遵命。"君子说："酒只是用来完成礼仪，不能过度饮用，这是义；与国君饮酒完成了礼仪，而不使其过度饮用，这是仁。"

初，懿氏卜妻敬仲[①]，其妻占之，曰："吉，是谓'凤皇于飞[②]，和鸣锵锵[③]，有妫之后[④]，将育于姜[⑤]。五世其昌，并于正卿[⑥]。八世之后，莫之与京[⑦]！'"

【注释】①懿氏：陈大夫。妻敬仲：以女为敬仲妻。②凤皇：即凤凰，古代传说中的百鸟之王。雄的叫"凤"，雌的叫"凰"。③和鸣锵锵：雌雄凤凰鸣叫之声相和，意指夫妻能和睦相处。④有妫：陈国为舜之后，姓妫。有：语助词，无义。⑤姜：齐国国君的姓，这里代指齐国。⑥正卿：卿之长。⑦莫之与京：即没有谁跟它一样强大。京，大。

【译文】当初，懿氏想将女儿嫁给敬仲为妻，因此进行了占卜。他的妻子占卜后说："吉利。说的就是'凤凰即将飞翔，鸣叫的声音嘹亮。妫氏的后代，将养育于齐姜。第五代时便会昌盛，其官位将位列正卿。到第八代之后，没有人能比他强大。'"

陈厉公，蔡出[①]也，故蔡人杀五父而立之[②]，生敬仲。其少也。周史有以《周易》见陈侯者[③]，陈侯使筮之，遇《观》䷓之《否》䷋[④]。曰："是谓'观国之光，利用宾于王[⑤]'。此其代陈有国乎。不在此，其在异国；非此其身[⑥]，在其子孙。光，远而自他有耀者也[⑦]。《坤》，土也。《巽》，风也。《乾》，天也。风为天，于土上[⑧]，山也。有山之材而照之以天光，于是乎居土上，故曰：'观国之光，利用宾于王。'庭实旅百[⑨]，奉之以玉帛，天地之美具焉，故曰：'利用宾于王。'犹有观焉[⑩]，故曰其在后乎[⑪]。风行而著于土，故曰其在异国乎[⑫]。若在异国，必姜姓也。姜，大岳之后也[⑬]。山岳则配天，物莫能两大。陈衰，此其昌乎。"

【注释】①蔡出：蔡女所生。②五父：陈佗，陈桓公的弟弟。③史：官名。《周易》：占筮之类的书。④《观》：卦名。《否》：卦名。之：往，变成。⑤用：于。宾于王：为王上宾。⑥此其：代词连用，实际上相当于"此"。⑦有耀：照耀。⑧风为天：风起于天。《巽》变为《乾》所以称为风起于天。于土上：指《否》第二爻到第四爻为《艮》卦，《艮》代表山。⑨庭实：诸侯觐见天子或者互相聘问，将礼物摆在庭内，称为庭实。旅：陈列。百：指数量很多。⑩犹有观焉：这是就《观》卦言观，观就是看别人的所作所为，不是自己的行为。⑪在后：即子孙后代方能发迹。⑫在异国：观卦上巽下坤，则是风行于土上，风会流动，不是待着不动的，故称“在异国”。⑬大（tài）岳：即四岳，在尧时为四方部落首领，后赐姜姓。

【译文】陈厉公，是蔡国之女所生，所以蔡国人杀了五父而立他为君，生了敬仲。敬仲年幼时，周朝的一位太史带着《周易》去见陈厉公。陈厉公让他给敬仲占筮，占得《观》卦变成了《否》卦。周太史说：“这叫做‘观仰国家大治的光辉盛景，利于成为君王的上宾’。这个人将代替陈而享有国家。但不会在这里，而是在其他国家；不会出现在这个人身上，而会出现在他的子孙身上。光，是从其他遥远的地方照耀而来的。《坤》是土，《巽》是风，《乾》是天。风由天起而行于土上，这就是山。有了山上的物产而又有天光的照射，于是居于土地之上，所以说：‘观仰国家大治的光辉盛景，利于成为君王的上宾。’庭中陈列了众多礼物，另有进奉的束帛玉璧，天上地下所有美好的东西都具备了，所以说：‘利于成为君王的上宾’。还有等着观仰，所以说他的昌盛在于后代；风流动而最后落在地上，所以说他的昌盛在于其他国家。如果是在其他国家，一定会在姜姓之国。姜姓是太岳的后代。山岳高大则能配天，而事物却不可能两者都大。所以当陈国衰亡之时，便是他的后代昌盛之时。”

及陈之初亡[①]也，陈桓子[②]始大于齐。其后亡[③]也，成子[④]得政。

【注释】①初亡：陈在鲁昭公八年为楚所灭。②陈桓子：敬仲五世孙陈无宇。③后亡：鲁哀公十七年楚再灭陈。④成子：即敬仲八世孙田成子田常。

【译文】到陈国第一次灭亡时，陈桓子开始在齐国变得强大起来。之后当楚国再次灭亡陈国时，陈成子执掌齐国政权。

庄公二十三年

【经】二十有三年春，公至自齐。祭叔来聘[①]。夏，公如齐观社[②]。公至自齐。荆人来聘。公及齐侯遇于谷[③]。萧叔朝公。秋，丹桓宫楹[④]。冬十有一月，曹伯射姑卒[⑤]。十有二月甲寅，公会齐侯盟于扈[⑥]。

【注释】①祭叔：周大夫。②社：祀社神。春天祭祀社神是为了向上天祈求农事顺利，齐国这次祭祀社神，是为了检阅军队，于礼不合，因此鲁庄公去齐观社不符合礼制。③谷：齐地，在今山东平阴县西南东阿镇。④丹：涂上朱色的漆。桓宫：鲁桓公之庙。楹：柱子。⑤曹伯射姑：即曹庄公。⑥扈：郑地，也有说是齐地。

【译文】二十三年春季，庄公从齐国回鲁，祭叔前来聘问。夏季，庄公到齐国观看祭祀社神。庄公从齐国回来，楚国人前来访问。庄公在谷地与齐侯举行了临时会面。萧叔前来朝见庄公。秋季，给桓公庙宇的木柱涂上了朱漆。冬季十一月，曹庄公射姑去世。十二月甲寅日，庄公在扈地与齐桓公会盟。

【传】二十三年夏，公如齐观社，非礼也。曹刿谏曰："不可。夫礼，所以整民也。故会以训上下之则[①]，制财用之节[②]；朝以正班爵之义[③]，帅长幼之序；征伐以讨其不然[④]。诸侯有王[⑤]，王有巡守，以大习之[⑥]。非是，君不举矣[⑦]。君举必书，书而不法[⑧]，后嗣何观？"

【注释】①则：法则。②节：节制。③班爵：排列爵位。义：同"仪"，即仪式。④不然：不敬。⑤有王：朝聘天子。⑥大习：指熟习会见和朝觐的制度、礼仪。⑦举：行动。⑧不法：不合法度。

【译文】二十三年夏季，鲁庄公去齐国观看祭祀社神，这是不符合礼法的。临行前曹刿劝谏说："不可以。礼，是用来规范百姓行为的。所以会见是用来训示上下之间地位高低的规则，制订财赋使用的标准；朝觐是用来明确爵位排列的仪式，遵循长幼的次序；征伐是用来讨伐对上不敬的人。诸侯朝聘天子，天子巡察四方，以熟悉会见和朝觐的制度。不是这些情况，君王不会有行动。对于君王的举动，史官一定要详细记载。如果记载了不合法度的事，那又如何给后代子孙借鉴呢？"

晋桓、庄之族逼[①]，献公患之[②]。士芀曰[③]："去富子[④]，则群公子可谋也已。"公曰："尔试其事。"士芀与群公子谋，谮富子而去之[⑤]。

【注释】①桓、庄：指曲沃桓叔、曲沃庄伯。逼：威逼，压迫公室。②献公：晋武公之子，姬姓，名诡诸，庄公十八年即位。③士蒍：晋大夫。④富子：人名，桓、庄家族中足智多谋的人。⑤谮：进谗言，说坏话。

【译文】晋国的桓叔、庄伯家族的势力强盛，直逼公室。晋献公对此很担心。士蒍对献公说："除掉其家族中那个有智谋的富子，那么剩下的公子们便好办了。"晋献公说："你试着去办吧。"士蒍因此常与公子们谋划，乘机讲富子的坏话并一起除掉了富子。

秋，丹桓宫之楹。

【译文】秋季，将桓公庙的柱子涂上了红漆。

庄公二十四年

【经】二十有四年春，王三月，刻桓宫桷[①]。葬曹庄公。夏，公如齐逆[②]女。秋，公至自齐。八月丁丑，夫人姜氏[③]入。戊寅，大夫宗妇觌[④]，用币。大水。冬，戎侵曹。曹羁出奔陈[⑤]。赤[⑥]归于曹。郭公。

【注释】①桷（jué）：方形的椽子。②逆：迎接，迎娶。③姜氏：哀姜，齐襄公的女儿。④宗妇：同姓大夫的夫人。觌（dí）：见。⑤曹羁：曹国世子。⑥赤：即曹僖公，名赤。

【译文】二十四年春季，周历三月，庄公派人为桓宫雕刻方椽。曹庄公下葬。夏季，鲁庄公亲自到齐国迎娶齐女。秋季，庄公从齐国回国。八月丁丑日，夫人姜氏到了鲁国。戊寅日，同宗大夫的妻子都前来拜见新夫人，以玉帛等作为礼品。发大水。冬季，戎人入侵曹国。曹羁逃到了陈国。公子赤回到曹国。郭公。

【传】二十四年春，刻其桷，皆非礼也[①]。御孙谏曰[②]："臣闻之：'俭，德之共也[③]；侈，恶之大也。'先君有共德而君纳诸大恶，无乃不可乎！"

【注释】①非礼：古礼，天子宫庙之桷，斫之砻之，又加以细磨；诸侯公庙之桷，斫之砻之，不加细磨；大夫之桷，只斫不砻；士人之桷，砍树根而已。自天子以至于大夫、士，皆不雕刻桷，亦不漆柱。故丹楹、刻桷均为非礼。②御孙：鲁国大夫。③共：通"洪"，大。

【译文】二十四年春季，庄公派人雕刻桓公庙的椽子，这与去年在其庙柱上涂红漆都是不合礼制的。因此御孙劝阻庄公说："下臣听说：'节俭，是大德的行为；奢侈，是大恶的行为。'先君具有大德，而君王却以大恶来强加于他，这恐怕不行吧？"

秋，哀姜至[①]。公使宗妇觌，用币，非礼也。御孙曰："男贽大者玉帛[②]，小者禽鸟，以章物也[③]。女贽不过榛栗枣脩[④]，以告虔也[⑤]。今男女同贽，是无别也。男女之别，国之大节也[⑥]。而由夫人乱之，无乃不可乎！"

【注释】①哀姜：鲁庄公夫人。②贽（zhì）：古时初次拜见尊长时所拿的礼物。③章物：古代的贽见礼，由各人所执礼物的不同而显示其贵贱等级。④脩：干肉。⑤告虔：表示诚敬。⑥大节：大法。

【译文】秋季，哀姜到了鲁国，庄公让同宗大夫的夫人前来与新夫人相见，并以玉帛作为见面礼，这是不符合礼法的。御孙说："男人拜见尊长时的礼物，大的用玉帛，小的用禽鸟，以此来表明身份等级。女人相见时送礼物，不能超过榛子、栗子、枣子、干肉等，以此表示诚敬。现在男女都用一样的见面礼，这是没有分别啊。男女之别，是国家的大法。如果因为夫人而乱了这大法，恐怕不行吧？"

晋士蔿又与群公子谋，使杀游氏之二子[1]。士蔿告晋侯曰："可矣。不过二年，君必无患。"

【注释】①游氏之二子：桓、庄族公子。

【译文】晋国的士蔿又与群公子们策划，让他们将游氏的两个儿子杀了。然后士蔿对晋献公说："现在可以了。不用两年，君王就不必担心桓叔、庄伯家族的势力了。"

庄公二十五年

【经】二十有五年春，陈侯使女叔来聘[1]。夏五月癸丑，卫侯[2]

朔卒。六月辛未，朔，日有食之。鼓[3]，用牲于社。伯姬归于杞[4]。秋，大水。鼓，用牲于社、于门。冬，公子友[5]如陈。

【注释】①陈侯：陈宣公。女叔：陈国卿士，女为氏，叔为排行。②卫侯：卫惠公。③鼓：伐鼓救日。古时候遇到日食，人们就击鼓来吓退吞噬太阳的怪兽。④伯姬：鲁庄公长女。嫁为杞成公夫人。⑤公子友：季友，鲁庄公弟。

【译文】二十五年春季，陈侯派女叔前来我国访问。夏季五月癸丑日，卫惠公朔去世。六月初一日，发生了日食。击鼓，并用牺牲祭祀社神。伯姬嫁到了杞国。秋季，发大水。击鼓，并以牲畜祭祀社神、城门门神。冬季，公子友到陈国去回访。

【传】二十五年春，陈女叔来聘[1]，始结陈好也。嘉之，故不名。

【译文】二十五年春季，陈国的女叔来鲁国访问，鲁国开始和陈国结好。《春秋》中记载并赞美了这件事，因此没有直呼女叔的名字。

夏六月辛未，朔，日有食之。鼓，用牲于社，非常也[1]。唯正月之朔，慝未作[2]，日有食之，于是乎用币于社[3]，伐鼓于朝。

【注释】①非常：不合常礼。②慝（tè）：阴气。夏历四月为纯阳之月，此时阴气还未发作。③币：玉帛。

【译文】夏季六月初一日，发生了日食。击鼓，并用牺牲祭祀土地神，这是不合常礼的。只有夏历四月初一，阴气还没有发作，而发生了日食，才会用玉帛祭祀土地之神，并在朝堂上击鼓。

秋，大水。鼓，用牲于社、于门，亦非常也。凡天灾，有币无牲。非日月之眚[①]，不鼓。

【注释】①日月之眚（shěng）：指日食、月食。

【译文】秋季，发大水。击鼓，用牺牲祭祀土地神和城门门神，这也是不合常礼的。凡是天灾，祭祀时只能用玉帛而不用牺牲。如果不是发生了日食、月食，不击鼓。

晋士蒍使群公子尽杀游氏之族，乃城聚而处之[①]。

【注释】①聚：晋邑，在今山西绛县东南。处之：使群公子居于聚邑。

【译文】晋国的士蒍设计让公子们杀尽了游氏家族，于是便修建了聚城让公子们居住。

冬，晋侯围聚，尽杀群公子。

【译文】冬季，晋献公率军包围了聚城，杀死了所有公子。

庄公二十六年

【经】二十有六年春，公伐戎。夏，公至自伐戎。曹杀其大夫。秋，公会宋人、齐人伐徐[①]。冬十有二月癸亥，朔，日有食之。

【注释】①徐：嬴姓国家，在今安徽泗县西北。

【译文】二十六年春季，庄公率军讨伐戎人。夏季，庄公从伐戎的战场上回国。曹国人杀了他们的大夫。秋季，庄公率军与宋、齐两国联合攻打徐国。冬季十二月初一日，发生了日食。

【传】二十六年春，晋士蒍为大司空[①]。

【注释】①大司空：官名，掌管土木工程，为卿官。

【译文】二十六年春季，晋国的士蒍担任大司空。

夏，士蒍城绛[①]，以深其宫[②]。

【注释】①城：加高城墙。绛：晋国都城，在今山西冀城县东南。②深：加高。宫：墙垣。

【译文】夏季，士蒍加固绛城的城墙，并加高了宫墙。

秋，虢人侵晋。冬，虢人又侵晋[①]。

【译文】秋季，虢国人侵犯晋国。冬季，虢国人再次入侵晋国。

庄公二十七年

【经】二十有七年春，公会杞伯姬于洮[①]。夏六月，公会齐侯、宋公、陈侯、郑伯[②]同盟于幽。秋，公子友如陈，葬原仲[③]。冬，杞伯姬来。莒庆来逆叔姬[④]。杞伯[⑤]来朝。公会齐侯于城濮[⑥]。

【注释】①杞伯姬：鲁庄公之女，杞成公夫人。洮（táo）：鲁国地名，即今山东泗水县东南。②齐侯：齐桓公。宋公：宋桓公。陈侯：陈宣公。郑伯：郑文公。③原仲：陈大夫。原氏，仲为字。④莒庆：莒国大夫，名庆。叔姬：庄公女。⑤杞伯：杞惠公。⑥城濮：卫地，在今山东鄄城县西南临濮集。

【译文】二十七年春季，庄公与杞伯姬在洮地会见。夏季六月，庄公会同齐侯、宋公、陈侯、郑伯一起在幽地结盟。秋季，公子友到了陈国，参加原仲的葬礼。冬季，杞伯姬回鲁国探亲。莒国的庆前来鲁迎娶叔姬。杞伯前来朝见。庄公在城濮与齐桓公相会。

【传】二十七年春，公会杞伯姬于洮，非事也[①]。天子非展义不巡守[②]，诸侯非民事不举，卿非君命不越竟[③]。

【注释】①非事：与民事无关。②展义：宣扬德义。③竟：同“境”。

【译文】二十七年春季，庄公与杞伯姬在洮地相会，与民事无关。天子如果不是为了宣扬德义不会出外巡察，诸侯不是为了百姓的事情不会出行，没有国君的命令卿大夫不会越过国境。

夏，同盟于幽，陈、郑服也。

【译文】夏季，鲁庄公与众诸侯在幽地结盟，是因为陈国和郑国顺服。

秋，公子友如陈，葬原仲，非礼也。原仲，季友之旧也[①]。

【注释】①旧：旧好，老朋友。季友与原仲是私交，季友参加原仲的葬礼可能未获国君许可，是擅自出境，违背了“卿非君命不越竟”。

【译文】秋季，公子友到陈国去参加了原仲的葬礼，这是不符合礼法的。原仲，是季友的旧交。

冬，杞伯姬来，归宁也[①]。凡诸侯之女，归宁曰“来[②]”，出曰“来归[③]”。夫人归宁曰“如某”，出曰“归于某”。

【注释】①归宁：女子出嫁，返回娘家探问父母称为归宁。宁，安。②来：女子出嫁，探问父母后仍返回夫家。③来归：女子出嫁，被夫家休弃，不再返回，称为来归，又叫出。

【译文】冬季，伯姬从杞国回来，这是回娘家。凡是诸侯的女儿，回娘家都叫做“来”，被夫家休弃则叫做“来归”。本国国君夫人回娘家叫做“如某”，被休弃则叫做“归于某”。

晋侯将伐虢，士芀曰：“不可，虢公骄，若骤得胜于我，必弃其民。无众而后伐之，欲御我谁与？夫礼乐慈爱，战所畜也[①]。夫民让事、乐和、爱亲、哀丧[②]而后可用也。虢弗畜也[③]，亟战将饥[④]。”

【注释】①畜：积聚，储藏。②让事：谦让，指礼而言。乐和：和谐，指乐而言。爱亲：爱护亲人，指慈而言。哀丧：丧事哀痛，指爱而言。③虢弗畜：虢公不培养这些德行。④亟：屡次。饥：馁，气馁。

【译文】晋献公准备攻打虢国，士芀劝阻说：“不行。虢公其人骄傲，如果与我国交战而骤然获胜，一定会抛弃他的百姓。当他失去百姓的支持后，我们再去攻打他，到时即使他想抗拒，又有谁会跟随他呢？礼、乐、慈、爱，是作战前应当具备的条件。只有当百姓谦让、和睦、对亲属爱护、对丧事哀痛才可以使用。现在虢国不具备这些，屡次作战将使百姓缺乏士气。”

王使召伯廖赐齐侯命[①]，且请伐卫，以其立子颓也。

【注释】①召伯廖：周王卿士。赐齐侯命：赐命齐桓公为诸侯之长。

【译文】周惠王派召伯廖赐命齐桓公为诸侯之长，并让他讨伐卫国，以惩罚卫国曾拥立子颓为周天子。

庄公二十八年

【经】二十有八年春，王三月甲寅，齐人伐卫。卫人及齐人战，卫人败绩。夏四月丁未，邾子琐[①]卒。秋，荆伐郑，公会齐人、宋人救郑。冬，筑郿[②]。大无麦、禾，臧孙辰告籴[③]于齐。

【注释】①邾子琐：邾国国君，名琐。②郿（méi）：鲁地，在今山东东平县境内。③告籴（dí）：请求买粮。籴，买进粮食。

【译文】二十八年春季，周历三月甲寅日，齐军攻打卫国。卫国人率军与齐军交战，卫军大败。夏季四月丁未日，邾君琐去世。秋季，楚国攻打郑国，庄公联合齐人、宋人前往救援郑国。冬季，修建郿城。麦子、黍稷等粮食基本没有收成，大夫臧孙辰向齐国购买粮食。

【传】二十八年春，齐侯伐卫。战，败卫师。数[①]之以王命，取赂[②]而还。

【注释】①数：责备。②赂：财物。

【译文】二十八年春季，齐桓公讨伐卫国。两军交战，打败了卫军。齐桓公以周天子的名义责备卫国，获得了财货后回国。

晋献公娶于贾[①]，无子。烝于齐姜[②]，生秦穆夫人及大子申生[③]。又娶二女于戎，大戎狐姬生重耳[④]，小戎子生夷吾[⑤]。晋伐骊戎，骊戎男女以骊姬[⑥]。归，生奚齐，其娣生卓子[⑦]。

【注释】①贾：姬姓诸侯国，故址当在今山西襄汾县西南。②齐姜：齐国女。一说为晋武公之妾。烝：私通，淫乱。③大子申生：太子申生。④大戎狐姬：又名狐季姬，王子狐之后。重耳：即后来的晋文公。⑤小戎子：大戎狐姬的妹妹。夷吾：重耳的弟弟，后来的晋惠公。⑥骊戎男：骊戎国君。男，爵名。⑦娣：指骊姬之妹。

【译文】晋献公娶了贾国女子为妻，没有生儿子。他私通齐姜，生下了秦穆夫人与太子申生。后又娶了两个戎狄女子，大戎狐姬生了重耳，小戎子生下了夷吾。晋国攻打骊戎时，骊戎国君又将骊姬献给了晋献公，回国后生下了奚齐，她的妹妹生下了卓子。

骊姬嬖，欲立其子，赂外嬖梁五[①]，与东关嬖五，使言于公曰："曲沃，君之宗也[②]。蒲与二屈[③]，君之疆也。不可以无主。宗邑无主则民不威[④]；疆埸无主，则启戎心。戎之生心，民慢其政，国之患也。若使大子主曲沃，而重耳、夷吾主蒲与屈，则可以威民而惧戎，且旌君伐[⑤]。"使俱曰："狄之广莫，于晋为都[⑥]。晋之启土，不亦宜乎？"晋侯说之[⑦]。夏，使大子居曲沃，重耳居蒲城，夷吾居屈。群公子皆鄙[⑧]，唯二姬之子在绛。二五卒与骊姬谮群公子而立奚齐[⑨]，晋人谓之"二五耦"[⑩]。

【注释】①外嬖：受宠的男子叫外嬖。女人受宠叫内嬖。梁五：人名，晋大夫。②宗：宗庙所在地。③蒲：晋国城邑名，在今山西隰县。二屈：地名，在今山西吉县，由南屈和北屈组成。④威：同“畏”。⑤旌：表彰。伐：功。⑥都：城邑。⑦说：通“悦”。⑧鄙：边界城邑。⑨立：立为天子。⑩二五耦：即梁五与东关嬖五朋比为奸。耦，二人合作做某事。

【译文】骊姬很受晋献公宠爱，她想立自己的儿子为太子，因此贿赂晋献公的宠男梁五，以及东关嬖五，让他们对晋献公说：“曲沃，是君王的宗邑所在地；蒲地与二屈，是晋国的边疆重镇，不可以没有人主管。宗邑没有人主管，百姓便不会畏惧；边疆没有人主管，则会引起戎狄侵犯的念头。戎狄有了侵犯的念头，而百姓怠慢政令，这都是国家的祸患。如果让太子去掌管曲沃，让重耳、夷吾分别去掌管蒲地与二屈，那么便能让百姓畏惧、戎狄害怕，而且还能彰显君王的功绩。”骊姬又让两人一起对晋献公说：“狄人的广漠大地，晋应该在那里建立都邑。晋国可以扩大领土，不是很好的事吗？”晋献公听后很高兴。夏季，便让太子前往驻守曲沃，让重耳驻守蒲地，让夷吾驻守二屈。其他的公子也都被派往边境驻守，只有骊姬与她妹妹的儿子住在绛城。梁五与东关嬖五最后与骊姬一起诬陷众公子，而将奚齐立为太子，晋国人称梁五与东关嬖五为“朋比为奸的两个五”。

楚令尹子元欲蛊文夫人[①]，为馆于其宫侧，而振万焉[②]。夫人闻之，泣曰：“先君以是舞也，习戎备也[③]。今令尹不寻诸仇雠[④]，而于未亡人之侧[⑤]，不亦异乎！”御人以告子元。子元曰：“妇人不忘袭仇，我反忘之！”

【注释】①子元：楚国公子，楚武王的儿子。蛊：引诱。夫人：楚文王夫人，息妫。②振万：敲击铎铃伴跳万舞。万舞：古代的舞名。先是武舞，舞者手拿兵器;后是文舞，舞者手拿鸟羽和乐器。③习：演习。戎备：武备，战备。④寻：用。雠：仇敌。⑤未亡人：古代寡妇的自称。

【译文】楚国令尹子元想诱惑文王夫人，因此在她的宫室旁建造了房舍，并在里面敲击铎铃伴跳万舞。文夫人听到后哭着说："先君让人跳这个舞，是为了战备演习的。现在令尹不用于报仇却用在一个寡妇的身边，不是很奇怪吗？"侍者将此告诉了子元。子元说："妇道人家没有忘记讨伐仇敌，而我反而忘了啊。"

秋，子元以车六百乘伐郑，入于桔柣之门[①]。子元、斗御疆、斗梧、耿之不比为旆[②]，斗班、王孙游、王孙喜殿[③]。众车入自纯门，及逵市[④]。县门不发[⑤]，楚言而出。子元曰："郑有人焉。"诸侯救郑，楚师夜遁。郑人将奔桐丘，谍告曰："楚幕有乌。"乃止。

【注释】①桔柣（dié）之门：远郊的防卫门。②旆：先锋旗，前军。③殿：殿后。④逵市：郑国内郭外的大路市场。⑤县门：内城门上的闸门。县，同"悬"。

【译文】秋季，子元率领战车六百辆攻打郑国，攻入了桔柣之门。子元、斗御彊、斗梧、耿之不比为前军，斗班、王孙游、王孙喜殿后。战车阵队从纯门攻入，一直打到城外的大路市场。内城的闸门没有放下，楚国人见状，在门外商议了一阵后便退了出去。子元说："郑国有人才啊。"后来众诸侯前来救援郑国，楚军便乘夜溜走了。郑国人已准备逃往桐丘，间谍回来报告说："楚国的营帐上空有乌鸦。"于是便放弃了逃跑。

冬，饥[①]。臧孙辰告籴于齐，礼也。

【注释】①饥：庄稼欠收叫饥。

【译文】冬季，发生了饥荒。鲁国大夫臧孙辰向齐国购买粮食，这是符合礼法的。

“筑郿”，非都也。凡邑有宗庙先君之主曰都，无曰邑。邑曰“筑”，都曰“城”。

【译文】鲁国修建郿邑，但郿不是都城。凡是城邑中有宗庙或先君神主的都叫做“都”，没有的叫做“邑”。修建邑叫“筑”，修建都叫“城”。

庄公二十九年

【经】二十有九年春，新延厩[①]。夏，郑人侵许。秋，有蜚。冬十有二月，纪叔姬卒。城诸及防[②]。

【注释】①延厩：养马之棚圈名。②诸、防：鲁国城邑名，在今山东省境内。

【译文】二十九年春季，新修建了延厩。夏季，郑国人入侵许国。

秋季，发生了虫灾。冬季十二月，纪叔姬去世。修建诸邑与防邑。

【传】二十九年春，新作延厩。书，不时也。凡马，日中而出[1]，日中而入[2]。

【注释】①日中：春分，秋分。春分与秋分两时白天和黑夜一样长，故称为日中。出：春分时节，百草生长，出外牧马。②入：秋分后，由于水寒草枯，马匹开始入圈。

【译文】二十九年春季，新修建了延厩。《春秋》中记载这件事，是因为不符合时令。凡是马，都应当在春分时放出，到秋分时关入马圈。

夏，郑人侵许。凡师有钟鼓曰伐，无曰侵，轻曰袭。

【译文】夏季，郑国人攻打许国。凡是出兵，有钟鼓声的叫做"伐"，没有钟鼓声的叫做"侵"，而轻装快速突击则叫做"袭"。

秋，有蜚[1]，为灾也。凡物不为灾不书。

【注释】①蜚：蜚盘虫。

【译文】秋季，出现了蜚虫，酿成了灾祸。凡是没有酿成灾祸的事物，《春秋》中不会记载。

冬十二月，城诸及防。书，时也。凡土功，龙见而毕务[①]，戒事也[②]。火见而致用，水昏正而栽[③]，日至而毕[④]。

【注释】①龙：苍龙星，东方星宿的总称。苍龙星出现在夏历九月。毕务：农事完毕。②戒事：土功的准备工作。③水：星名，即定星，又叫营室。昏正：黄昏正现于南方。栽：筑墙立板。④日至：指冬至。

【译文】冬季十二月，修建了诸城及防城。《春秋》中之所以记载此事，是因为其符合时令。凡是修建土木工程，当苍龙星出现而农事也已经完毕的时候，那么就要做好准备了；当大火星出现时便要将工具放到工地上；当黄昏，营室星在南方出现时，便要筑墙立板；当冬至的时候，便要完工。

樊皮叛王[①]。

【注释】①樊皮：周大夫。樊为其采地，皮为其名。鲁隐公十一年，周桓王将樊皮之田给了郑国，所以樊皮反叛。

【译文】周大夫樊皮背叛了周惠王。

庄公三十年

【经】三十年春王正月。夏，次于成[①]。秋七月，齐人降鄣[②]。八月癸亥，葬纪叔姬。九月庚午朔，日有食之。鼓，用牲于社。冬，公及齐侯遇于鲁济[3]。齐人伐山戎[4]。

【注释】①次：行进所居止之处所。成：鲁国北部靠近齐国的城邑。②鄣：纪国的城邑，纪国虽亡，但该城仍为纪季保有，至此，则彻底被齐国所有。③鲁济：水河在鲁国境内的部分。④山戎：古代北方民族名，又称北戎，匈奴的一支。活动地区在今河北省北部。

【译文】三十年春季，周历正月。夏季，鲁军临时驻军在成地。秋季七月，齐国人逼迫纪国的鄣邑向其投降。八月癸亥日，纪叔姬下葬。九月初一日，出现了日食。击鼓，用牺牲祭祀土地神。冬季，庄公在鲁国的济水边与齐桓公进行了临时会晤。齐国人出兵攻打山戎。

【传】三十年春，王命虢公讨樊皮。夏四月丙辰，虢公入樊，执樊仲皮[1]，归于京师。

【注释】①樊仲皮：即樊皮。

【译文】三十年春季，周惠王命令虢公讨伐樊皮。夏季四月丙辰日，虢公率军进入樊国，俘虏了樊皮，带回京城。

楚公子元归自伐郑，而处王宫。斗射师谏[1]，则执而梏之。秋，申公斗班杀子元，斗谷於菟为令尹[2]，自毁其家以纾楚国之难[3]。

【注释】①斗射师：楚国大夫。公子元擅自进入楚王宫，欲诱惑楚文王夫人，是极其无礼的举动，所以被斗射师劝谏。②斗谷於菟（wū tú）：即楚国令尹子文。③自毁其家：自己拿出自己家里的财物。纾：缓解，解除。

【译文】楚国的公子元从攻打郑国的战场上回国，住在王宫里。斗射师劝阻他，被他抓了起来并戴上手铐。秋季，申公斗班杀死了子元，斗谷於菟出任令尹，并捐献了自己的家财，以缓解楚国的危难。

冬，遇于鲁济，谋山戎也，以其病燕故也[①]。

【注释】①病燕：祸害燕国。

【译文】冬季，鲁庄公在鲁国济水与齐桓公相会，谋划攻打山戎，是因为山戎对燕国造成了危害。

庄公三十一年

【经】三十有一年春，筑台于郎[①]。夏四月，薛伯卒。筑台于薛。六月，齐侯来献戎捷[②]。秋，筑台于秦[③]。冬，不雨。

【注释】①郎：鲁国地名，在曲阜一带，即泉台。②献戎捷：奉献俘获的戎人。大胜仗往往有所获，献其所获称献捷，又叫献功。捷，战胜所获，这里是战俘。③秦：鲁国地名，在山东范县旧址。

【译文】三十一年春季，在郎地修建了高台。夏季四月，薛伯去世。在薛地修建了高台。六月，齐桓公来鲁国献上攻打山戎时的战利品。秋季，在秦地修建了高台。冬季，没有下雨。

【传】三十一年夏六月，齐侯来献戎捷，非礼也。凡诸侯有四夷之功，则献于王，王以警于夷。中国则否[①]。诸侯不相遗俘。

【注释】①中国：中原。

【译文】三十一年夏季六月，齐桓公来鲁国献上攻打山戎时的战利品，这是不符合礼法的。凡是诸侯讨伐四方夷狄所取得的物品，应当献给周天子，周天子以此警告四方夷狄。但如果是中原各诸侯作战，则不需要这样，诸侯之间不能互赠俘虏。

庄公三十二年

【经】三十有二年春，城小谷[①]。夏，宋公、齐侯遇于梁丘。秋七月癸巳，公子牙卒。八月癸亥，公薨于路寝[②]。冬十月己未，子般卒。公子庆父如齐。狄伐邢[③]。

【注释】①小谷：即谷，齐邑名，在今山东省东阿县境内。②路寝：古代天子、诸侯的正厅。③邢：姬姓诸侯国，旧址在河北邢台一带。

【译文】三十二年春季，修建了小谷城。夏季，宋桓公与齐桓公在梁丘会面。秋季七月癸巳日，公子牙去世。八月癸亥日，庄公死于正寝。冬季十月己未日，子般去世。公子庆父去了齐国。狄人入侵邢国。

【传】三十二年春，城小谷[①]，为管仲也。

【译文】三十二年春季，修建了小谷城，这是专为管仲建的。

齐侯为楚伐郑之故，请会于诸侯。宋公请先见于齐侯。夏，遇于梁丘。

【译文】齐桓公因为楚国攻打郑国的缘故，请求与诸侯会见。宋桓公请求先与齐桓公会见。夏季，二人在梁丘进行了临时会见。

秋七月，有神降于莘[①]。

【注释】①莘：虢国地名，在今河南省三门峡市西。
【译文】秋季七月，有神明降临在莘地。

惠王问诸内史过[①]曰："是何故也？"对曰："国之将兴，明神降之，监其德也[②]；将亡，神又降之，观其恶也。故有得神以兴，亦有以亡，虞、夏、商、周皆有之。"王曰："若之何？"对曰："以其物享焉[③]，其至之日[④]，亦其物也。"王从之。内史过往，闻虢请命[⑤]，反曰："虢必亡矣，虐而听于神。"

【注释】①内史过（guō）：人名，周朝大夫。②监：视。③以其物享：用与它相匹配的祭品去祭祀。④其至之日：指神灵降临之日。⑤请命：求神赐予。

【译文】周惠王便询问内史过："这是什么原因呢？"内史过答道："当国家将要兴起时，神明会降临，以考察其德行；当国家快要灭亡时，神明也会降临，以考察其罪行。所以，有的国家因神明降临而兴起，也有的国家因神明降临而灭亡。虞、夏、商、周都出现过这种现象。"周惠王问："那要怎么办呢？"内史过回答道："以相应的物品祭祀。依据神明降临的日子，提供这个日子规定的祭祀祭品。"周惠王听从了他的意见。内史过前去祭祀，听说虢国请求神明赐予，回来后对周惠王说："虢国肯定要灭亡了，暴虐而又听命于神明。"

神居莘六月。虢公使祝应、宗区、史嚚享焉[①]。神赐之土田。史嚚曰："虢其亡乎！吾闻之：国将兴，听于民；将亡，听于神。神，聪明正直而一者也[②]，依人而行。虢多凉德[③]，其何土之能得？"

【注释】①祝：太祝，掌祝辞祈祷。宗：宗人，掌祭祀。史嚚（yín）：人名。史：太史，掌管起草文书、策命诸侯卿大夫、记载史事，兼管典籍、历法、祭祀等事。②一：一心一意。③凉德：薄德。

【译文】神明在莘地停留了六个月。虢公派祝应、宗区、史嚚前往祭祀，神明答应赐给他疆土与田地。史嚚说："虢国恐怕要灭亡了啊。我听说：国家将要兴起时，会听从百姓的；将要灭亡时，会听从神明的。神明，是聪明正直而专一的，会根据不同的人采取不一样的行动。虢国德行凉薄，又怎么能得到土地呢？"

初，公筑台临党氏，见孟任[1]，从之。閟[2]，而以夫人言[3]，许之。割臂盟公，生子般焉。雩[4]，讲于梁氏[5]，女公子观之[6]。圉人荦[7]自墙外与之戏。子般怒，使鞭之。公曰："不如杀之，是不可鞭。荦有力焉，能投盖[8]于稷门[9]。"

【注释】①孟任：党氏之女。②閟（bì）：闭门。③以夫人言：以立为夫人为条件。④雩：求雨的祭祀。⑤讲：演习。梁氏：鲁大夫。⑥女公子：庄公之女，子般之妹。⑦圉人：掌管养马畜牧事的官职。荦（luò）：人名。⑧盖：门扇。⑨稷门：鲁南城门。

【译文】当初，庄公建造的高台可以看到党家。一次，看见了党氏的女儿孟任，便跟着她走。孟任闭门拒绝了庄公。庄公便许诺立她为夫人，孟任答应了。她割破手臂与庄公盟誓，后来生下了子般。一次想要求雨，便事先在梁家演习祭祀仪式。庄公的女儿前往观看演习，圉人荦从墙外调戏她，子般大怒，让人鞭打了荦。庄公说："不如杀了他，此人不能鞭打。他力气很大，能将稷门的门扇扔出去很远。"

公疾，问后于叔牙。对曰："庆父材[1]。"问于季友，对曰："臣以死奉般。"公曰："乡者牙曰庆父材[2]。"成季使以君命命僖叔，待于鍼巫氏[3]，使鍼季鸩之[4]，曰："饮此则有后于鲁国[5]，不然，死且无后。"饮之，归及逵泉而卒，立叔孙氏[6]。

【注释】①庆父：庄公之弟。材：有才能。②乡者：前不久。③鍼（zhēn）巫氏：即鍼季，鲁大夫。④鸩：用毒酒害人。⑤有后于鲁国：后世子孙可在鲁国享有禄位，能奉祀祖宗。⑥立叔孙氏：立叔牙之子为叔孙氏。

【译文】庄公得了重病，向叔牙询问死后该让谁来继承大位。叔牙回答说：“庆父有才能。”又询问季友，季友回答说：“臣将以死事奉子般。”庄公说：“刚才叔牙说庆父有才能。”季友便派人以庄公的名义让叔牙在铖巫的家里等待，然后让铖巫用毒酒毒死叔牙，说：“喝了这杯酒，你的后代还可以享有鲁国的禄位，不然，你死了而后代将没有禄位可享。”叔牙喝下了毒酒，回去时走到逵泉就死了。鲁国立了他的儿子为叔孙氏。

八月癸亥，公薨于路寝。子般即位，次于党氏①。冬十月己未，共仲使圉人荦贼子般于党氏②。成季奔陈。立闵公③。

【注释】①次于党氏：党氏为子般舅家，子般侍父丧，住在舅家。②共仲：即庆父。③立闵公：闵公为哀姜之妹叔姜所生，名开，此时只有八岁，庆父立之为君。

【译文】八月癸亥日，鲁庄公死于正厅。子般即位，居住在党氏家。冬季十月己未日，共仲派圉人荦在党家刺杀了子般。成季逃到了陈国。鲁人立闵公为国君。

闵公

闵公元年

【经】元年春，王正月。齐人救邢[1]。夏六月辛酉，葬我君庄公。秋八月，公及齐侯盟于落姑[2]。季子[3]来归。冬，齐仲孙[4]来。

【注释】①邢：邢国，姬姓，侯爵，周公子所封，春秋时灭于卫，在今河北邢台西南襄国故城。②落姑：齐地。一说在今山东平阴县，一说在博兴县。③季子：公子友，即季友。④仲孙：即仲孙湫，齐大夫。

【译文】闵公元年春季，周历正月，齐国人出兵援救邢国。夏季六月辛酉日，我国国君庄公下葬。秋季八月，闵公在落姑与齐桓公结盟。季友回到了鲁国。冬季，齐国的仲孙湫到了鲁国。

【传】元年春，不书即位，乱故也。

【译文】元年春季，《春秋》中没有记载闵公即位，是因为当时鲁国动乱而没有举行登基仪式。

狄人伐邢。管敬仲[①]言于齐侯曰："戎狄豺狼，不可厌[②]也。诸夏[③]亲昵，不可弃也。宴安鸩毒[④]，不可怀也。《诗》[⑤]云：'岂不怀归，畏此简书[⑥]。'简书，同恶相恤[⑦]之谓也。请救邢以从简书。"齐人救邢。

【注释】①管敬仲：即管仲，春秋时期法家代表人物，齐桓公时任齐相，大兴改革。②厌：满足。③诸夏：指中原诸国。④宴安：安逸享受。鸩：毒鸟名，用其羽毛沥酒，能使人饮后立死。⑤《诗》：出自《诗·小雅·出车》。⑥简书：用于告诫、策命、盟誓、征召等事的文书，也指一般文牍。⑦同恶相恤：因为有共同的厉害，应该相互关心。

【译文】狄人侵犯邢国。管仲对齐桓公说："戎狄就如同豺狼，无法得到满足。中原各国互相亲近，是不能够丢弃的。安逸就好像鸩酒毒药，不可以贪恋啊。《诗经》中说：'难道不想回家乡吗？是因为害怕邻邦的盟约吧。'这竹简上的盟约，说的便是要同仇敌忾、同忧共患的意思。所以，请您遵从盟约，出兵救援邢国吧。"于是齐国人出兵救援邢国。

夏六月，葬庄公，乱故，是以缓[①]。

【注释】①缓：延缓，推迟。

【译文】夏季六月，安葬鲁庄公。但是由于鲁国发生了内乱，所以推迟了下葬。

秋八月，公及齐侯盟于落姑，请复[①]季友也。齐侯许之，使召[②]

诸陈，公次于郎[③]以待之。"季子来归"，嘉[④]之也。

【注释】①复：返回。②召：召回。③郎：在鲁都曲阜近郊。④嘉：嘉奖，赞美。

【译文】秋季八月，闵公在落姑与齐桓公结盟，是为了请齐桓公帮助季友返回鲁国。齐桓公答应了闵公的请求，派人将季友从陈国召了回来，而闵公住在郎地等候他。《春秋》中记载说"季子来归"，这是赞美季友。

冬，齐仲孙湫来省难[①]。书曰"仲孙"，亦嘉之也。仲孙归曰："不去庆父，鲁难未已[②]。"公曰："若之何而去之？"对曰："难不已，将自毙[③]，君其待之。"公曰："鲁可取乎？"对曰："不可，犹秉[④]周礼。周礼，所以本也。臣闻之：国将亡，本必先颠[⑤]，而后枝叶从之。鲁不弃周礼，未可动也。君其务宁鲁难而亲之。亲有礼，因重固[⑥]，间携贰[⑦]，覆昏乱，霸王之器[⑧]也。"

【注释】①省难：对祸难表示慰问。②去：除去、去掉。已：停止，尽头。③自毙：自行倒仆，喻自遭失败或自受其害。④秉：秉持，实施。⑤颠：跌落、颠覆。⑥重固：稳固。⑦携贰：离心，有二心。⑧器：方法，策略。

【译文】冬季，齐国的仲孙湫前来慰问鲁国发生的祸难。《春秋》中记载称他为"仲孙"，也是赞美他。仲孙湫回国后对齐桓公说："如果不除掉庆父，鲁国的祸难将不会停止。"齐桓公问："要如何才能除掉他？"仲孙湫回答说："他不断制造祸难，将会自取灭亡。您就等着看吧。”齐桓公说：“可以夺取鲁国吗？”仲孙湫回答说：“不行。他们还遵行周礼。周礼，是立国的根本。臣听说，国家将要灭亡时，就像大树一样，必定是躯干先倒下，枝叶随后跟着落下。鲁国没有抛弃周礼，因此是不能动它的。您应当帮助鲁国平定祸难并且亲近它。亲近讲礼仪的国家，靠近政权稳固的国家，离间人心离散的国家，灭亡昏暗动乱的国家，这是称霸称王的方法。”

晋侯作二军[①]，公将上军，大子申生将下军。赵夙[②]御戎，毕万为右[③]，以灭耿、灭霍、灭魏[④]。还，为大子城曲沃。赐赵夙耿，赐毕万魏，以为大夫。

【注释】①晋侯：即晋献公。作二军：建立两个军。②赵夙：晋大臣，赵衰兄。③毕万：晋臣，毕公高之后。右：车右。④耿：姬姓国，周父王子叔处所封，故城在今山西省河津县东南。霍：姬姓国，在今山西霍县西南。魏：姬姓国，故城在今山西省芮城县东北。

【译文】晋献公将军队分为两个军，自己统领上军，太子申生率领下军。由赵夙为晋献公驾御战车，毕万任车右，出兵灭掉耿国、霍国、魏国。回国后，晋献公为太子修建了曲沃城，并将原耿国赐给了赵夙，将原魏国赐给了毕万，任命他们为大夫。

士蔿[①]曰：“大子不得立矣，分之都城而位以卿[②]，先为之极[③]，又焉得立[④]。不如逃之，无使罪至。为吴大伯[⑤]，不亦可乎？犹有令名，与其及也。且谚曰：‘心苟无瑕，何恤[⑥]乎无家。’天若祚[⑦]大子，其无晋[8]乎。”

【注释】①士蒍：祁姓，士氏，名蒍，晋献公时担任大夫。②位以卿：给予卿之高位。③先为之极：先使居臣之最高位。④又焉得立：又怎能立为晋君。⑤吴大伯：即吴太伯，周太王嫡子，周王季历之兄。周太王欲立季历，太伯奔荆蛮，文身断发，以避季历，立为吴太伯。⑥恤：忧虑。⑦祚：赐福，保佑。⑧无晋：不要留在晋国。

【译文】士蒍说："太子不能继承君位了，国君将都城分给他，又给了他卿位，先让他达到了为臣的最高位，又怎么能够再立为国君呢？不如逃走吧，这样便不会让罪过加到头上。就像吴太伯那样，不也是可以的吗？那样还能够有一个好名声，胜过留下获罪。而且俗话说：'心里如果没有瑕疵，又何必担心会没有地方安家呢？'上天如果赐福太子，他就不要留在晋国了。"

卜偃[1]曰："毕万之后必大。万，盈数[2]也；魏，大名也；以是始赏，天启之矣。天子曰兆民[3]，诸侯曰万民。今名之大，以从盈数，其必有众。"

【注释】①卜偃：即郭偃，晋国掌占卜的大夫。②盈数：指十、百、万等整数。③兆：古称天子之民，后泛指众民，百姓。

【译文】卜偃说："毕万的后人一定会昌大。万，是满数；魏，是高大的名称。一开始就赏赐这个地方，这是上天给予的启示。天子为众民之主，所以称为'兆民'。诸侯为万民之主，所以称为'万民'。现在名称高大且为满数，将来他必定会拥有民众。"

初，毕万筮仕于晋，遇“屯”䷂之“比”䷇[①]。辛廖[②]占之，曰：“吉。《屯》固《比》入[③]，吉孰大焉？其必蕃昌。《震》为土[④]，车从马，足居之[⑤]，兄长之[⑥]，母覆之，众归之，六体[⑦]不易，合而能固[⑧]，安而能杀[⑨]。公侯之卦也。公侯之子孙[⑩]，必复其始[⑪]。”

【注释】①“屯”之“比”：屯卦之初九变为初六，由阳爻变阴爻，屯卦则成比卦。②辛廖：晋大夫。③《屯》：艰险之象，因此坚固。《比》：亲密之象，所以能入。④为：变为。屯卦上坎下震，比卦上坎下坤，坤代表地即土，故曰“变土”。⑤足居之：震为足，震变为坤，安静之象。居之，处在坤上。⑥兄长之：震又为兄，初爻变，是最长之意。⑦六体：指六种卦象，即土、车、马、足、母、众。⑧合：比卦主合。固：屯卦主固。⑨安：坤为大地，万物所安。杀：震有雷霆之威武，所以说杀。⑩公侯之子孙：毕万是毕公高之后。⑪复其始：恢复祖先当初的地位。

【译文】起初，毕万曾占卜能否在晋国做官，占得的《屯》卦变成了《比》卦。辛廖为他解卦说：“这是吉利的卦象。《屯》卦表坚固，《比》卦表进入，还有比这更好的吉卦吗？所以您一定会蕃衍昌盛。《震》卦变成了土，车跟随着马，脚踏实地，哥哥抚养他，母亲保护他，百姓归附他，这六种卦象没有变，集中而坚固，安定而威武，这是公侯的封象啊。公侯的子孙，必定能恢复祖先当初的地位。”

闵公二年

【经】二年春，王正月，齐人迁阳[①]。夏五月乙酉，吉禘[②]于庄公。秋八月辛丑，公薨。九月，夫人姜氏孙[③]于邾。公子庆父出奔莒。冬，齐高子[④]来盟。十有二月，狄入卫。郑弃其师。

【注释】①阳：属于东夷诸侯国，侯爵，位于今山东沂南县西南。②吉禘：丧后二十五月举行大祭，将死者神主移于宗庙，称吉。禘，大祭。③孙：通“逊”，出奔。④高子：即齐大夫高傒。

【译文】闵公二年春季，周历正月，齐国人迁走阳国的百姓。夏季五月乙酉日，为庄公举行了大祭。秋季八月辛丑日，闵公去世。九月，夫人姜氏逃到了邾国，公子庆父逃到了莒国。冬季，齐国的高子前来鲁国结盟。十二月，赤狄攻入卫国。郑国丢弃了自己的军队。

【传】二年春，虢公败犬戎[①]于渭汭[②]。舟之侨[③]曰：“无德而禄，殃也。殃将至矣。”遂奔晋。

【注释】①犬戎：戎人的一支。即畎戎，后世匈奴。②渭汭：指渭水入黄河处。约在今陕西潼关北。③舟之侨：虢国大夫。

【译文】二年春季，虢公在渭水流入黄河口打败了犬戎。虢国大夫舟之侨说：“没有德行而享受禄位，这是灾殃的征兆。灾祸就要到来了。”于是逃到了晋国。

夏，吉禘于庄公，速也。

【译文】夏季，为庄公举行了大祭，时间提前了。

初，公傅夺卜𪘏田[①]，公不禁。秋八月辛丑，共仲使卜𪘏贼公于武闱[②]。成季以僖公适邾。共仲奔莒，乃入，立之。以赂求共仲于莒，莒人归之。及密[③]，使公子鱼请[④]，不许。哭而往[⑤]，共仲曰："奚斯之声也[⑥]。"乃缢。

【注释】①傅：教诲辅佐君主的人。卜𪘏（yǐ）：鲁国大夫。②共仲：即公子庆父。武闱：路寝的旁门。闱，宫门。③密：鲁国地名，在今山东省费县北。④公子鱼：字奚斯，鲁国宗室。请：请求赦罪。⑤哭而往：庆父派公子鱼入鲁请求赦罪，未成，因此哭着返回。⑥奚斯之声：共仲听到公子鱼的哭声，知事不成，于是自缢而死。

【译文】起初，闵公的师傅夺取了卜𪘏的田地，闵公没有制止。秋季八月辛丑日，庆父派卜𪘏在武闱刺杀了闵公。成季带着僖公逃到了邾国。庆父逃到了莒国后，成季带着僖公回到鲁国，并拥立僖公为国君。鲁国用财货贿赂莒国要求送回庆父，莒国人便将庆父送了回来。庆父到达密地后，让公子鱼请求赦免他的罪，但没有得到同意。公子鱼因此哭着回来了，庆父听到后说："这是公子鱼的哭声啊！"于是自缢而死。

闵公，哀姜之娣[①]叔姜之子也，故齐人立之。共仲通于哀姜，哀姜欲立之。闵公之死也，哀姜与知之[②]，故孙于邾。齐人取而杀之于夷[③]，以其尸归，僖公请而葬之。

【注释】①娣：古时姐姐对妹妹的称呼。②与：通"预"，预先。③夷：齐地名。

【译文】闵公，是哀姜的妹妹叔姜的儿子，所以齐国人支持立他为国君。庆父与哀姜私通，哀姜想立他为国君。闵公遇害，哀姜在事前便已知道内情了，所以她逃到了邾国。齐国人向邾国人索要哀姜，并在夷地杀死了她，将她的尸首带回国，鲁僖公请求齐国归还她的尸首并安葬了她。

成季之将生也，桓公使卜楚丘[1]之父卜之。曰："男也。其名曰友，在公之右[2]。间于两社[3]，为公室辅。季氏亡，则鲁不昌。"又筮之，遇"大有"䷍之"乾"䷀[4]，曰："同复于父[5]，敬如君所[6]。"及生，有文在其手曰"友"，遂以命之。

【注释】①卜楚丘：鲁国掌管占卜的大夫。②右：在右指用事，执政。③间于两社：指将来是朝内大臣。两社，鲁国有两社，一个是周社，另一个是亳社，在宫内雉门左右两侧，是朝内治事大臣的处所。④"大有"：六十四卦之一，乾下，离上。之"乾"：变为乾卦。之，变。大有的上卦离变为乾，象征子与父同德。乾为君，离为臣，离变为乾，又象征君臣同心。⑤同复于父：和父亲走同样的道路，指地位与其父同样尊贵。复，走老路。⑥敬如君所：敬重如同国君的位置。

【译文】在成季快要出生的时候，鲁桓公让卜楚丘的父亲为他占卜。他说："是个男孩。他的名字叫友，是您的右手。他处在周社和亳社之间，将成为公室的辅佐。如果季氏灭亡，则鲁国将无法昌盛。"再次为他占筮，占得《大有》卦变成《乾》卦，卜楚丘的父亲说："将如同父亲一样尊贵，受人敬重如同国君。"当他生下来时，其手掌心有纹像个"友"字，于是便取名为友。

冬十二月，狄人伐卫。卫懿公好鹤，鹤有乘轩[①]者。将战，国人受甲者[②]皆曰："使鹤，鹤实有禄位，余焉能战！"公与石祁子玦[③]，与宁庄子矢[④]，使守，曰："以此赞国[⑤]，择利而为之。"与夫人绣衣，曰："听于二子[⑥]。"渠孔御戎，子伯为右，黄夷前驱，孔婴齐殿。及狄人战于荧泽[⑦]，卫师败绩，遂灭卫。卫侯不去其旗，是以甚败。狄人囚史华龙滑与礼孔以逐卫人。二人曰："我，大史也，实掌其祭。不先，国不可得也。"乃先之。至则告守曰："不可待[⑧]也。"夜与国人出。狄入卫，遂从之，又败诸河。

【注释】①轩：四面有遮蔽的车子，为大夫所乘用。②受甲者：披甲的战士。③石祁子：卫大夫。玦：有缺口的环玉。古代常用以赠人表示决绝。④宁庄子：卫臣，又名宁速。矢，箭。⑤赞国：辅助国家。⑥二子：指石祁子与宁庄子。⑦荧泽：在今河南省境内。⑧待：抵御。

【译文】冬季十二月，狄人攻打卫国。卫懿公喜欢鹤，让鹤坐大夫所乘用的车子。在双方要交战时，国内接受甲胄的人都说："让鹤去吧，鹤享有实际上的官位官禄，我们怎么能打仗！"卫懿公把玉佩给了石祁子，把箭给了宁庄子，让他们负责防守，并说："用这个来辅助国家，选择有利的方法去做。"又把绣衣给了夫人，说："听他们二人的。"渠孔为卫懿公驾御战车，子伯为车右，黄夷打前锋，孔婴齐为殿后。在荧泽与狄人交战，卫军大败，狄人因此灭掉了卫国。卫懿公不肯丢掉自己的旗帜，因此惨败。狄人囚禁了太史华龙滑和礼孔，带着这二人去追击卫国人。二人说："我们是太史官，执掌祭祀。如果我们不先回国，你们是无法得到卫国的。"于是狄人便让他们先回国。他们到达国都后，便告诉守城的人说："无法抵御了。"于是夜里和国都中的人一起退走。狄人进入卫国国都后，便追了上来，又在黄河边上打败了卫国人。

初，惠公[①]之即位也少，齐人使昭伯烝于宣姜[②]，不可，强之。生齐子、戴公、文公、宋桓夫人、许穆夫人。文公为卫之多患也，先适齐。及败，宋桓公逆诸河，宵济[③]。卫之遗民男女七百有三十人，益之以共、滕之民为五千人[④]，立戴公以庐于曹[⑤]。许穆夫人赋《载驰》[⑥]。齐侯使公子无亏帅车三百乘、甲士三千人以戍曹[⑦]。归公乘马[⑧]，祭服五称[⑨]，牛羊豕鸡狗皆三百，与门材[⑩]。归夫人鱼轩[⑪]，重锦三十两[⑫]。

【注释】①惠公：卫懿公的父亲。②昭伯：宣公之子。惠公庶兄，公子顽。宣姜：宣公夫人，惠公母，齐女。烝：指娶父亲的妻妾及兄长的妻妾。③宵济：夜间渡河。④益：加上。共、滕：均属卫邑，共在今河南省辉县，滕所在地址不详。⑤庐：寄居。曹：卫邑，即今河南省滑县西南的白马故城。⑥赋：朗诵，创作。《载驰》：见《诗·鄘风》。⑦齐侯：即齐桓公。公子无亏：即公子武孟，是齐桓公的庶子，母为长卫姬。⑧归：同"馈"，赠送。乘马：驾车的马匹。⑨称：单衣复衣配套曰称。⑩门材：做门户的材料。⑪鱼轩：装饰有鱼皮的车子。⑫重锦：精美的丝织品。两：匹。

【译文】起初，卫惠公即位之时，还很小。齐国人让昭伯和宣姜成亲，但昭伯不愿意，齐国人因此就逼迫他。宣姜后来生下了齐子、戴公、文公、宋桓公夫人、许穆公夫人。文公因为卫国祸患太多，便先到了齐国。等到卫国这次大败后，宋桓公便在黄河边上迎接文公，乘夜渡河。卫国遗留下的百姓，男女共计七百三十人，再加上共地、滕地的百姓共有五千人。他们立戴公为国君，暂时寄居在曹邑。许穆公夫人因此作了《载驰》这首诗。齐桓公派公子无亏率领三百辆战车、三千披甲战士守卫曹邑，赠送给戴公驾车的马匹，祭服五套，牛、羊、猪、鸡、狗各三百只，另有做门户用的木材。赠送给夫人用鱼皮装饰的车子，以及三十匹精美的丝织品。

郑人恶高克[①]，使帅师次于河上，久而弗召。师溃而归，高克奔陈。郑人为之赋《清人》[②]。

【注释】①郑人：指郑文公。高克：郑国大夫。②《清人》：《诗经·郑风》篇名。清，郑邑，在今河南省中牟县境内。

【译文】郑国人厌恶高克，派他率军驻扎在黄河边，很久也没有召他回来。军队因此溃散逃了回去，高克则逃到了陈国。郑国人为高克写了首诗叫《清人》。

晋侯使大子申生伐东山皋落氏[①]。里克[②]谏曰：“大子奉冢祀[③]，社稷之粢盛[④]，以朝夕视君膳者也，故曰冢子[⑤]。君行则守，有守则从。从曰抚军，守曰监国，古之制也。夫帅师，专行谋，誓军旅[⑥]，君与国政[⑦]之所图也，非大子之事也。师在制命[⑧]而已。禀命则不威，专命[⑨]则不孝。故君之嗣適[⑩]不可以帅师。君失其官[⑪]，帅师不威，将焉用之。且臣闻皋落氏将战，君其舍之。”公曰：“寡人有子，未知其谁立焉。”不对而退。

【注释】①东山皋落氏：赤狄的一支，居今山西垣曲东南。②里克：也称里季，是晋国卿大夫，晋献公的股肱之臣。③冢祀：大祀，即宗庙祭祀。④粢（zī）盛：古代盛在祭器内以供祭祀的谷物。⑤冢子：即大子，太子。⑥誓军旅：号令军队。誓，号令。⑦国政：一国的正卿。⑧制命：古代作战，主帅制命，即所谓“将在外君命有所不受”，制命就是手握兵权。⑨专命：专制命之权，不受君命。⑩適：同“嫡”。⑪失其官：失去用官之道。指太子率军不宜。

【译文】晋献公派太子申生率军攻打东山的皋落氏。里克因此进谏说：“太子是奉事宗庙祭祀、社稷大祭，以及负责国君早晚饮食的人，所以称为冢子。当国君外出时，便由太子守护国家，如果已有别人守护则跟随国君。跟随国君外出叫做抚军，守护在家叫做监国，这是古代的制度。带兵，需要对各种行动策略作出决断，对军队发号施令，这是国君和正卿所应做的，不是太子的事情。带兵主要在于专制号令。如果由太子领兵，当遇到事情都要请示国君，则他便会失去威严；如果他不请示便擅自发号施令，这便是不孝。所以，君王的嫡子不能领军征战。如果让太子率军出征，则国君丧失了任命职官的准则，太子率军也没有威严，又何必要这样呢？况且臣听说皋落氏已准备出兵迎战，君王还是不要太子去为好。”晋献公说：“我有好几个儿子，还不知道该立谁呢。”里克没有回答便退了出去。

见大子，大子曰：“吾其废乎？”对曰：“告之以临民[①]，教之以军旅，不共是惧[②]，何故废乎？且子惧不孝，无惧弗得立，修己而不责人，则免于难。”

【注释】①告：命令。临民：此指治理曲沃百姓。②不共：临事不严肃认真。共，通“恭”。

【译文】里克进见太子，太子说：“我是不是要被废了？”里克回答说：“国君命令您治理曲沃的百姓，教导您熟悉军事，担心的是您遇事不严肃认真，为什么要废了您呢？而且做儿子的应该担心自己不孝，而不应害怕不能被立为储君。提高自身修养而不责备别人，这样便能免遭祸难了。”

大子帅师，公衣之偏衣[①]，佩之金玦。狐突[②]御戎，先友[③]为右，梁馀子养御罕夷[④]，先丹木[⑤]为右。羊舌大夫为尉[⑥]。先友曰：“衣身之偏，握兵之要，在此行也，子其勉之。偏躬无慝[⑦]，兵要远灾，亲以无灾，又何患焉！”狐突叹曰：“时，事之征[⑧]也；衣，身之章[⑨]也；佩，衷之旗也[⑩]。故敬其事则命以始[⑪]，服其身则衣之纯[⑫]，用其衷则佩之度[⑬]。今命以时卒，閟[⑭]其事也；衣之尨服[⑮]，远其躬也；佩以金玦，弃其衷也。服以远之，时以閟之，尨凉冬杀，金寒玦离，胡[⑯]可恃也？虽欲勉之，狄可尽乎？”梁馀子养曰：“帅师者受命于庙，受脤[⑰]于社，有常服[⑱]矣。不获而尨，命可知也。死而不孝，不如逃之。”罕夷曰：“尨奇无常[⑲]，金玦不复[⑳]，虽复何为，君有心矣。”先丹木曰：“是服也。狂夫阻之[㉑]。曰‘尽敌而反’，敌可尽乎！虽尽敌，犹有内谗，不如违之[㉒]。”狐突欲行。羊舌大夫曰：“不可。违命不孝，弃事不忠。虽知其寒[㉓]，恶不可取，子其死之。”

【注释】①偏衣：两种颜色合成的衣服。②狐突：字伯行，晋国大夫，晋文公的外祖父。③先友：晋国大夫。④梁馀子养：晋国大夫，名养，字馀子。罕夷：晋下军将。⑤先丹木：晋大夫。⑥尉：即军尉，军中执法官。⑦偏躬：身着偏衣。慝（tè）：恶意。⑧征：征象。⑨章：标志。⑩衷：中心。旗：表现。⑪敬：重。始：开头，指春夏之时。⑫纯：纯色衣服。古代戎服，尤贵一色，称为均服。⑬度：礼制，礼度。古人以佩玉为常度。⑭阏（bì）：闭门，意为不通。⑮尨（máng）服：杂色衣服。尨，杂色。⑯胡：怎么。⑰受脤：古代出兵祭社，祭毕，以社肉颁赐诸人，称为受脤。脤，祭祀所用的生肉。⑱常服：规定的服饰。⑲尨奇无常：杂色奇异非常之服，不是好兆头。⑳金玦不复：表示决绝，不复和好。㉑狂夫阻之：对于杂色奇服，狂人也不会穿。㉒内谗：指骊姬等在献公面前讲太子坏话的人。违：离去。㉓寒：寒薄。

【译文】太子申生领军出征时，晋献公让他穿有两种颜色的衣服，腰佩金玦。由狐突为他驾御战车，先友为车右，梁馀子养为罕夷驾御战车，先丹木为车右，羊舌大夫为军尉。先友对太子说："您身穿一半与国君颜色相同的衣服，掌握着军队大权，成败就在此一行了。您要好好勉励自己啊。分出自己一半衣服给你是没有恶意的，兵权在手可以远离灾祸，与国君亲近又能远离灾祸，您还担心什么呢？"狐突听了叹息说："时令，是事情变化的征象；衣服，是身分等级的标识；佩饰，是内心的表现。所以，如果要让人尊敬这些，便应该在春夏之时发布命令，赐予衣服且用纯色；要想使人衷心于自己，便要让他佩带符合常度的佩饰。如今却在年终发布命令，这将使事情无法顺利进行；赐给他穿两色的衣服，那是有意疏远他；让他佩带金玦，这表示出内心对他的放弃。用衣服疏远他，用时令阻碍他。杂色，意味着凉薄；冬季，意味着肃杀；金，意味着寒冷；玦，意味着决绝。这如何能依靠呢？虽然想勉力而为，但能将狄人杀尽吗？”梁馀子养说：“率领军队的人，本来应该在太庙里接受命令、在土地神庙里接受祭肉，且身穿规定的服饰。现在却得不到规定的服饰，而得到的是杂色衣服，献公命令中的意思可想而知。死后还得落个不孝的罪名，不如逃走吧。”罕夷说：“杂色的衣服不符合规定，金玦表示决绝不再回来。即使回来也没有什么用，国君已经有别的心思了。”先丹木说：“这样的衣服，即使狂妄之人也不会穿的。国君又说要‘将敌人灭光了再回来’，敌人可以杀得干净吗？即便把敌人杀干净了，还有内部的谗言，不如离开吧。”狐突想要离开，羊舌大夫说：“不行。违背君王的命令是不孝，放弃任务是不忠。虽然知道了国君心中寒薄，但不孝不忠的恶行是不可取的。您还是为此而死吧。”

大子将战，狐突谏曰：“不可，昔辛伯谂周桓公云[①]：‘内宠并后，外宠二政[②]，嬖子配適，大都耦国[③]，乱之本也。’周公弗从，故及于难。今乱本成矣，立可必乎[④]？孝而安民，子其图之[⑤]，与其危身以速罪也[⑥]。”

【注释】①辛伯：周大夫。谂：极力劝谏。周桓公：即周公黑肩，春秋时期诸侯国周国的君主。②二政：另施政令，与国君抗衡。③耦（ǒu）：相当。国：国都。④立：指立为嗣君，即继承君位。⑤图：谋划，实行。⑥危身以速罪：如果出战则将危身而加速召祸，不如尽快离去。

【译文】太子准备发动进攻，狐突劝阻说：“不行。过去辛伯极力劝阻周桓公说：‘内宠与王后并同，宠臣如同正卿，庶子与嫡子地位等同，大的都城和国都没有分别，这些都是祸乱的根本。’周桓公没有听，所以遭遇了祸难。现在祸乱的根源已经出现，您还能肯定会被立为储君吗？如何尽到孝道且安定百姓，您应该谋划一下，不要危害了自身又导致灾祸迅速到来。”

成风[①]闻成季之繇，乃事之[②]，而属僖公焉，故成季立之。

【注释】①成风：庄公妾，僖公的母亲。②事之：跟他共事，即结为同僚。

【译文】成风听说了成季出生时所占卜的卦辞，于是便与他结为同僚，并且将僖公托付给了他，所以后来成季拥立僖公为国君。

僖之元年，齐桓公迁邢于夷仪[①]。二年，封卫于楚丘[②]。邢迁如归，卫国忘亡。卫文公大布之衣，大帛之冠[③]，务材训农[④]，通商惠工[⑤]，敬教劝学，授方[⑥]任能。元年，革车[⑦]三十乘，季年[⑧]，乃三百乘。

【注释】①夷仪：在今山东聊城县西。②楚丘：卫地，在今河南滑县东。③大布：指粗布。大帛：指粗帛。④务材：培植材用。训：引导。⑤通商：使商贾畅通。惠工：让百工得利。⑥授方：制定为官的法则。⑦革车：古代兵车的一种。⑧季年：末年。

【译文】僖公元年，齐桓公将邢国人迁到了夷仪。僖公二年，将卫国封到了楚丘。邢国人迁居后，就如同回到自己的故土一样，卫国人也忘记了自己的亡国之痛。卫文公身穿粗布衣服，头戴粗帛帽子，种植有用的树木，训导百姓农耕，使商贩畅通，百工获利，重视教化，劝导百姓学习，制定为官的法则，任用贤能之人。卫国元年时，只有三十辆战车，到卫国末年，已经有三百辆战车了。

僖公

僖公元年

【经】元年[①]春，王正月。齐师、宋师、曹师次于聂北[②]，救邢。夏六月，邢迁于夷仪。齐师、宋师、曹师城邢。秋七月戊辰，夫人姜氏[③]薨于夷，齐人以归。楚人伐郑。八月，公会齐侯、宋公、郑伯、曹伯、邾人于柽[④]。九月，公败邾师于偃[⑤]。冬十月壬午，公子友帅师败莒于郦[⑥]，获莒拏[⑦]。十有二月丁巳，夫人氏之丧至自齐。

【注释】①元年：公元前659年。②聂北：邢邑。在今山东茌平县博平镇西北。③姜氏：哀姜。④齐侯：即齐桓公。宋公：即宋桓公。郑伯：即郑文公。曹伯：即曹昭公。柽（chēng）：即荦，在今河南淮阳县。⑤偃：邾地，在今山东费县南。⑥郦：地名，鲁地。⑦莒拏：莒君的弟弟。

【译文】元年春季，周历正月，齐、宋、曹三国的军队驻扎在聂北，救援邢国。夏季六月，邢国人迁到了夷仪。齐、宋、曹三国的军队为邢国修筑城墙。秋季七月戊辰日，夫人姜氏在夷地去世，齐国人把她的尸首带回齐国。楚国人攻打郑国。八月，僖公与齐桓公、宋桓公、郑文公、曹昭公、邾国人在柽地会面。九月，僖公在偃地打败了邾国的军队。冬十月壬午日，公子友率领军队在郦地打败了莒国军队，俘虏了莒挐。十二月丁巳日，庄公夫人姜氏的灵柩从齐国运到鲁国。

【传】元年春，不称即位，公出故也。公出复入，不书，讳之也。讳国恶[①]，礼也。

【注释】①国恶：指国家的动乱，于礼应加隐讳。

【译文】元年春季，《春秋》中没有记载僖公即位，是因为当时僖公出逃在外的缘故。僖公出逃后又回到国内，《春秋》中没有记载，这是为了避讳。不记载国家的坏事，这是符合礼制的。

诸侯救邢[①]。邢人溃，出奔师[②]。师遂逐狄人，具邢器用而迁之[③]，师无私焉[④]。

【注释】①诸侯：指齐桓公、宋桓公、曹昭公。②出奔师：逃奔到诸侯的军队里。③具：完备。④无私：无所私取。

【译文】诸侯联军前往救援邢国。但当时邢国人已经溃散，逃到诸侯军中。最后诸侯联军赶走了狄人，将邢国的器物财货装上车，并帮助邢国人迁移，诸侯联军没有私自侵占刑国的物品。

夏，邢迁于夷仪，诸侯城之，救患也。凡侯伯[①]，救患、分灾、讨罪[②]，礼也。

【注释】①侯伯：诸侯之长，即霸主，指齐桓公。②分灾：诸侯遭受灾害，则与之分担，用谷物布帛救济它。讨罪：诸侯无故相伐之罪，霸主应同诸侯国共同讨伐。

【译文】夏季，邢国人迁移到了夷仪，诸侯为其修筑城墙，这为的是救援患难。凡是诸侯之长，救援患难，分担灾害，讨伐罪人，都是符合礼的。

秋，楚人伐郑，郑即齐故也。盟于荦[①]，谋救郑也。

【注释】①荦：即柽，陈国地名，在今河南省淮阳县。

【译文】秋季，楚国人攻打郑国，是因为郑国亲近齐国的缘故。鲁僖公与众诸侯在荦地结盟，是为了商讨救援郑国。

九月，公败邾师于偃，虚丘[①]之戍将归者也。

【注释】①虚丘：地名，在今山东省费县境内。

【译文】九月，僖公在偃地打败了邾国军队，这是一支戍守在虚丘将要回国的军队。

冬，莒人来求赂[①]。公子友败诸郦，获莒子之弟挐。非卿也，嘉获之[②]也。公赐季友汶阳之田及费[③]。

【注释】①赂：财物。②嘉获之：嘉奖季友获敌之功。③汶阳：汶水以北的地方。费：鲁地，故城在今山东省费县西北。

【译文】冬季，莒国人来鲁国索取财物，公子友率军在郦地打败了他们，抓住了莒国国君的弟弟挐。挐不是卿，《春秋》中记载这事，是为了称赞公子友俘获敌人的功劳。僖公将汶水以北的田地以及费地赐给了公子友。

夫人氏之丧[①]至自齐。君子以齐人之杀哀姜也为已甚[②]矣，女子，从人者也[③]。

【注释】①丧：尸体，这里指已大殓。②已甚：太过分。③从人者也：哀姜已嫁于鲁，在夫家有罪，则非父母家所宜讨。

【译文】鲁庄公夫人姜氏的灵柩从齐国运回鲁国。君子认为齐国人杀死哀姜太过分了。妇女就应该听从夫家的。

僖公二年

【经】二年[①]春，王正月，城楚丘。夏五月辛巳，葬我小君[②]哀姜。虞师、晋师灭下阳[③]。秋九月，齐侯、宋公、江人、黄人盟于贯[④]。冬十月，不雨。楚人侵郑。

【注释】①二年：公元前658年。②小君：即君夫人。诸侯之母礼葬后的尊称。③下阳：虢地。在今山西平陆北。④齐侯：即齐桓公。宋公：即宋桓公。江：国名，嬴姓，在今河南息县西南。贯：宋地，在今山东曹县南。

【译文】二年春季，周历正月，修筑楚丘的城墙。夏季五月辛巳日，安葬了庄公夫人哀姜。虞国军队与晋国军队灭掉了下阳。秋季九月，齐桓公、宋桓公、江国国君、黄国国君在贯地结盟。冬季十月，没有下雨。楚国人入侵郑国。

【传】二年春，诸侯城楚丘而封卫[①]焉。不书所会，后也[②]。

【注释】①封：封疆。古代天子封诸侯，必分给土地，立其疆界，聚土为封作为标记，称之为封国，因卫国君死国灭，重新封建，故称之为封。②后也：指鲁僖公迟到。

【译文】二年春季，诸侯修筑楚丘的城墙，周天子将那里封给了卫国。《春秋》中没有记载诸侯相会，是因为鲁僖公到会晚了。

晋荀息请以屈产之乘与垂棘之璧[①]假道于虞以伐虢[②]。公[③]曰："是吾宝也。"对曰："若得道于虞，犹外府[④]也。"公曰："宫之奇[⑤]存焉。"对曰："宫之奇之为人也，懦而不能强谏，且少长于君[⑥]，君昵之，虽谏，将不听。"乃使荀息假道于虞，曰："冀[⑦]为不道，入自颠軨[⑧]，伐鄍[⑨]三门。冀之既病，则亦唯君故。今虢为不道，保于逆旅[⑩]，以侵敝邑之南鄙。敢请假道以请罪于虢。"虞公许之，且请先伐虢。宫之奇谏，不听，遂起师。夏，晋里克、荀息帅师会虞师伐虢，灭下阳。先书虞，贿故也。

【注释】①荀息：晋国大臣，又称荀叔。屈：北屈，地名，在今山西省吉县东北。垂棘：晋地，在今山西省潞城县北。②假道：借路通过。虞：姬姓国名，故城位于今山西省平陆县东北。晋伐虢，必须经过虞境。③公：即晋献公。④外府：外库。与王室的仓库称内府相对。⑤宫之奇：虞国之贤臣。⑥少长于君：从小与国君一起长大。⑦冀：国名，在今山西省河津县东北冀亭遗址。不道：此指残暴。⑧颠轸（líng）：古坂道名，又称虞阪，为中条山的要冲，位于今山西省平陆县北。⑨鄍（míng）：虞地，后属晋，在今山西省平陆县东北。⑩保：堡垒，碉楼。逆旅：客舍，旅店。

【译文】晋国的荀息请求用屈地的良马和垂棘的玉璧作为礼物，向虞国借路来进攻虢国。晋献公说："这些是我国的宝物啊！"荀息回答说："如果能向虞国借到路，这些宝物在虞国就像是在我们的外库一样。"晋献公说："虞国还有宫之奇在啊。"荀息回答说："宫之奇的为人，性格懦弱而不会极力劝谏，而且他从小就在宫里与国君一起长大，国君亲近他，即使进谏了，国君也不会听从他的。"于是晋献公便让荀息去虞国借道，说："冀国残暴无道，从颠轸入侵，围攻虞国鄍邑的三面城门。我国讨伐冀国，使冀国受到惩罚，这也是因为君王的缘故。现在虢国国君无道，在客舍修建了堡垒来攻打我国的南部边境。谨大胆请求向贵国借道，可以到虢国问罪。"虞公答应了，而且请求先让自己去攻打虢国。宫之奇劝阻虞公，虞公没有听从，于是出兵攻打虢国。夏季，晋国的里克、荀息率军与虞军会合，一起攻打虢国，灭掉了下阳。《春秋》中先记载虞国，是因为虞国接受了贿赂。

秋，盟于贯，服江、黄也。

【译文】秋季，在宋国的贯地结盟，是因为收服江、黄两国。

齐寺人貂始漏师于多鱼[①]。

【注释】①寺人貂：寺人指做宫中侍御的宦官，貂是宦官，为宫中侍卫。漏师：泄露军事机密。多鱼：地名，所在不详。

【译文】齐国的寺人貂开始在多鱼泄漏军事机密。

虢公败戎于桑田[①]。晋卜偃[②]曰："虢必亡矣。亡下阳不惧，而又有功，是天夺之鉴[③]，而益其疾[④]也。必易[⑤]晋而不抚其民矣，不可以五稔[⑥]。"

【注释】①桑田：在今河南灵宝县。②卜偃：名偃的卜筮之官。③鉴：镜子。④疾：这里指罪恶。⑤易：轻视。⑥稔：谷一年一熟为一稔。

【译文】虢公在桑田打败了戎人。晋国的卜偃说："虢国一定会灭亡。下阳城被灭掉了它还不知道害怕，反而又建立了战功，这是上天要夺去虢国的镜子，而加重它的罪过啊。虢君必定会轻视晋国，且不会安抚百姓，用不了五年，虢国必然灭亡。"

冬，楚人伐郑，斗章[①]囚郑聃伯。

【注释】①斗章：楚大夫。聃（dān）伯：郑大夫。

【译文】冬季，楚国人攻打郑国。郑国的聃伯被斗章囚禁了。

僖公三年

【经】三年[①]春，王正月，不雨。夏四月，不雨。徐人取舒[②]。六月，雨。秋，齐侯、宋公、江人、黄人会于阳谷[③]。冬，公子友如齐莅盟。楚人伐郑。

【注释】①三年：公元前657年。②舒：国名，偃姓，在今安徽舒城县境内。③齐侯：即齐桓公。宋公：即宋桓公。阳谷：齐国地名，在今山东省阳谷县北。

【译文】三年春季，周历正月，没有下雨。夏季四月，没有下雨。徐国人夺取了舒国。六月，下了雨。秋季，齐桓公、宋桓公、江国国君、黄国国君在阳谷会盟。冬季，公子友去齐国参加了盟会。楚国人攻打郑国。

【传】三年春，不雨。夏六月，雨。自十月不雨至于五月，不曰旱，不为灾也[①]。

【注释】①自十月……不为灾也：周十月为夏八月，周五月为夏三月，八月到三月为秋收至春播之间，所以无雨也不会造成灾害。

【译文】三年春季，没有下雨。夏季六月，下了雨。从去年十月一直到今年五月，没有下雨。《春秋》中没有记载成干旱，是因为没有造成灾害。

秋，会于阳谷，谋伐楚也。

【译文】秋季，齐桓公、宋桓公、江国国君、黄国国君在阳谷会盟，是为了商讨攻打楚国。

齐侯为阳谷之会，来寻盟[1]。冬，公子友如齐莅盟。

【注释】①来寻盟：派人来鲁国请求重温旧好。

【译文】齐桓公为了阳谷的盟会，派人来鲁国请求重温旧好。冬季，公子友去齐国参加了盟会。

楚人伐郑，郑伯欲成。孔叔[1]不可，曰："齐方勤我[2]，弃德不祥。"

【注释】①孔叔：郑大夫。②勤我：为我勤劳。勤，劳。

【译文】楚国人攻打郑国，郑文公想向楚国求和。孔叔不答应，说："齐国正为我国勤劳，如果我们背弃他们的恩德会不吉利。"

齐侯与蔡姬乘舟于囿[1]，荡公。公惧，变色。禁之，不可。公怒，归之，未之绝也[2]。蔡人嫁之[3]。

【注释】①蔡姬：蔡女，齐桓公夫人。囿（yòu）：苑，即园林。②未之绝：尚未断绝关系。③蔡人嫁之：蔡侯未领会桓公之意，竟将蔡姬改嫁。

【译文】齐桓公和蔡姬在园子里乘船游玩，蔡姬故意摇动船吓唬齐桓公。桓公害怕，脸色因此大变。他让蔡姬不要摇，蔡姬不听。桓公大怒，便把蔡姬送回了蔡国，但没有断绝关系。蔡国人却把蔡姬改嫁到了别的国家。

僖公四年

【经】四年[①]春，王正月，公会齐侯、宋公、陈侯、卫侯、郑伯，许男、曹伯侵蔡[②]。蔡溃，遂伐楚，次于陉[③]。夏，许男新臣卒。楚屈完[④]来盟于师，盟于召陵[⑤]。齐人执陈辕涛涂[⑥]。秋，及江人、黄人伐陈。八月，公至自伐楚。葬许穆公。冬十有二月，公孙兹[⑦]帅师会齐人、宋人、卫人、郑人、许人、曹人侵陈。

【注释】①四年：公元前656年。②齐侯：即齐桓公。宋公：即宋桓公。陈侯：即陈宣公。卫侯：即卫文公。郑伯：即郑文公。许男：即许穆公。曹伯：即曹昭公。③陉：楚地。④屈完：楚国大夫。⑤召陵：在今河南郾城县。⑥辕涛涂：陈大夫。⑦公孙兹：鲁国大夫，叔牙之子，史称叔孙戴伯。

【译文】四年春，周历正月，僖公与齐桓公、宋桓公、陈宣公、卫文公、郑文公、许穆公、曹昭公等众诸侯率军攻打蔡国。蔡军溃败，于是联军接着又攻打楚国，驻扎在陉地。夏季，许穆公新臣去世。楚国的大夫屈完来与诸侯联军会盟，在召陵订立盟约。齐国人捉拿了陈国的大夫辕涛涂。秋季，僖公与江国人、黄国人联合攻打陈国。八月，僖公在攻打楚国后回到国内。许穆公下葬。冬季十二月，公孙兹率军与齐国人、卫国人、郑国人、许国人、曹国人等一起攻打陈国。

【传】四年春，齐侯以诸侯之师侵蔡。蔡溃，遂伐楚。

【译文】鲁僖公四年春，齐桓公率领诸侯联军攻打蔡国。蔡军溃败，齐桓公便又率领诸侯联军征讨楚国。

楚子使与师言曰："君处北海①，寡人处南海，唯是风②马牛不相及也。不虞③君之涉吾地也，何故？"管仲对曰："昔召康公命我先君大公曰④：'五侯九伯⑤，女实征之，以夹辅⑥周室。'赐我先君履⑦，东至于海，西至于河，南至于穆陵⑧，北至于无棣⑨。尔贡包茅不入⑩，王祭不共，无以缩酒⑪，寡人是征。昭王⑫南征而不复，寡人是问。"对曰："贡之不入，寡君之罪也，敢不共给。昭王之不复，君其问诸水滨⑬。"

【注释】①北海：泛指北方。海，荒远的地方。②风：牛马雄雌相诱逐。③不虞：没想到，没料到。虞，料想。④召康公：姬姓，名奭，周王室太保。大公：辅佐武王灭殷之姜尚，即太公望。⑤五侯：公、侯、伯、子、男五等爵位的诸侯。九伯：九州之长。五侯九州泛指天下诸侯。⑥夹辅：辅佐，辅助。⑦履：践踏，此指征伐范围。⑧穆陵：楚国地名。⑨无棣：地名，在今山东省无棣县北。⑩贡：贡品。包茅：包扎捆束好的菁茅，古人用来滤酒。⑪缩酒：用菁茅滤除酒中的糟粕。⑫昭王：周成王之孙，到南方巡守，渡汉水，船坏溺死。⑬问诸水滨：询问汉水边上的人。意为当时楚的势力尚未达到汉水之滨，昭王溺水与楚没有牵连。

【译文】楚成王派出使臣到诸侯联军中，对齐桓公说："您住在北方，而我住在南方，即使是牛马放逸，彼此也不会碰到一起。没想到您却到我这个地方来了，不知道这是什么缘故？"管仲回答说："从前召康公对我先君太公说：'五等诸侯、九州伯长，如果犯有罪行，你有权讨伐他们，以便辅佐周天子。'召康公赐给我先君征伐的范围，东到大海，西到黄河，南到穆陵，北到无棣。你们不向周朝进贡应纳的裹束菁茅，周天子的祭祀因此供应不上，缺少滤酒的东西，这是我特意来向你们征收的。另外周昭王巡狩南方后便没有回国，这是我特意来向你们质问的。"楚国使臣回答说："没有进贡裹束菁茅，是我们国君的过失，我们又怎敢不供给呢？至于周昭王南巡为什么没有回国，您还是到水边去问一问吧！"

师进，次于陉。夏，楚子使屈完[①]如师。师退，次于召陵。齐侯陈[②]诸侯之师，与屈完乘[③]而观之。齐侯曰："岂不穀是为[④]？先君之好是继。与不穀同好，如何？"对曰："君惠徼福于敝邑之社稷[⑤]，辱收寡君[⑥]，寡君之愿也。"齐侯曰："以此众战，谁能御之？以此攻城，何城不克？"对曰："君若以德绥[⑦]诸侯，谁敢不服？君若以力，楚国方城[⑧]以为城，汉水以为池，虽众，无所用之。"

【注释】①屈完：楚国大夫。②陈：摆开，陈列。③乘：共载。④岂不穀是为：兴兵难道是为我齐侯自己吗？不穀，不善，为诸侯自谦之词。⑤惠：副词，表示谦敬。徼（yāo）福：祈福，求福。徼，求，取。⑥辱：副词，表示恭敬。收：安抚。⑦绥：安抚。⑧方城：山名，在淮水以南，江、汉以北。

【译文】诸侯联军继续前进，驻扎在陉地。同年夏季，楚成王又派遣屈完到诸侯联军中。诸侯联军退走，临时在召陵驻扎。齐桓公让诸侯军排列好方阵，和屈完一起坐在兵车上检阅。齐桓公说："这难道是为了我个人吗？他们是为了继续先代国君的友好关系才来的。与我们和好，怎么样？"屈完回答说："承蒙您的恩惠为我国社稷求福，并肯接纳我君和好，这是我君的愿望。"齐桓公说："我领这些诸侯联军作战，有谁能够抵御？如果用这些诸侯军去攻城，什么城攻不下？"屈完回答说："您如果能用恩德来安抚诸侯，又有谁敢不服从呢？您如果单靠武力的话，楚国将以方城山作为城墙，把汉水当作护城河，您的军队虽然众多，但恐怕也没有用处啊！"

屈完及诸侯盟。

【译文】于是，屈完与诸侯订立了盟约。

陈辕涛涂谓郑申侯[①]曰："师出于陈、郑之间，国必甚病[②]。若出于东方，观兵于东夷[③]，循海而归，其可也。"申侯曰："善。"涛涂以告，齐侯许之。申侯见，曰："师老[④]矣，若出于东方而遇敌，惧不可用也。若出于陈、郑之间，共其资粮屝屦[⑤]，其可也。”齐侯说，与之虎牢[⑥]。执辕涛涂。

【注释】①申侯：郑大夫。②病：困乏。齐侯伐楚往返都经过陈、郑，粮草征发甚多，则陈、郑两国必定困乏。③观兵：检阅军队，以兵威服人。东夷：指郯、莒、徐等东方小国。④老：久出而疲惫。⑤共：通“供”。屝（fèi）屦（jù）：草鞋。常泛指行旅用品。⑥虎牢：郑地，即今河南巩县东之虎牢关，为郑国险要城邑。

【译文】陈国的辕涛涂对郑申侯说：“军队从陈国与郑国之间通过，陈、郑两国因粮草不断供应必然会困乏。如果从东边通过，向东夷国家展示武力，然后沿海道而回国，这就可以了。”申侯说：“好。”辕涛涂又将这个意见禀告给齐桓公，齐桓公同意了。申侯进见齐桓公，说：“军队在外已经太长时间了，如果是从东边通过而遇到了敌人，恐怕将无法作战了。如果是取道陈、郑两国之间，由两国供给军队的粮食军需，这才可以。”齐桓公很高兴，便将虎牢关赏给了申侯，并捉拿了辕涛涂。

秋，伐陈，讨不忠也。

【译文】秋季，攻打陈国，声讨陈国对齐国的不忠。

许穆公卒于师，葬之以侯，礼也。凡诸侯薨于朝会[①]，加一等；死王事，加二等[②]。于是有以衮敛[③]。

【注释】①朝会：诸侯或臣属见君主，春见曰朝，不定期的朝见曰会。②加二等：古代天子命爵，有公、侯、伯、子、男五等，许是男爵，此次为周王伐楚，是死于王事，故加二等，可以按侯礼安葬。③衮：天子、上公的礼服，侯爵加等的也可用衮衣敛尸。

【译文】许穆公在出征途中去世，用君侯的礼节安葬了他，这是符合礼制的。凡是诸侯在朝会时去世，他的葬礼等级加一等安葬；为天子征战而死的，加二等安葬。因此，诸侯有时也可以用天子的礼服入殓。

冬，叔孙戴伯帅师，会诸侯之师侵陈。陈成[①]，归辕涛涂。

【注释】①陈成：陈国请求讲和。

【译文】冬季，叔孙戴伯率军与诸侯联军会合，一起攻打陈国。陈国向联军求和，齐国因此将辕涛涂放了回去。

初，晋献公欲以骊姬为夫人，卜之，不吉；筮之，吉。公曰："从筮。"卜人曰："筮短龟长[①]，不如从长。且其繇[②]曰：'专之渝[③]，攘公之羭[④]。一薰一莸[⑤]，十年尚犹有臭。'必不可。"弗听，立之。生奚齐，其娣生卓子。

【注释】①筮短龟长：古人占卜用龟，占筮用蓍草，二者相比较，占卜较灵，且以卜为先，故称为"筮短龟长"。②繇（zhòu）：占卜的文辞。③专之渝：意为专心宠幸则生变化。此暗指太子申生。专，指专宠。渝，变化。④攘公之羭（yú）：夺去公之所好。攘，除，夺。羭：牡羊，暗喻太子申生。⑤薰：香草，指申生等。莸（yóu）：臭草，指骊姬等。

【译文】起初，晋献公想立骊姬为夫人，便让人用龟来占卜，结果不吉利；又用蓍草占筮，结果吉利。晋献公便说："服从占筮的结果。"占卜官说："占筮没有占卜灵验，不如服从龟卜结果吧。而且它的繇辞说：'专宠会使人心生不良，将会偷走您的公羊。香草和臭草放在一起，十年以后还会有臭气。'必定不可以。"晋献公不听，于是立骊姬为夫人。骊姬生下了奚齐，她的妹妹生下了卓子。

及将立奚齐，既与中大夫成谋①，姬谓大子曰："君梦齐姜，必速祭之。"大子祭于曲沃，归胙②于公。公田③，姬置诸宫六日。公至，毒而献之。公祭之地，地坟④。与犬，犬毙。与小臣，小臣亦毙。姬泣曰："贼⑤由大子。"大子奔新城⑥。公杀其傅杜原款。或谓大子："子辞⑦，君必辩焉。"大子曰："君非姬氏，居不安，食不饱。我辞，姬必有罪。君老矣，吾又不乐。"曰："子其行乎！"大子曰："君实不察其罪，被此名也以出，人谁纳我？"十二月戊申，缢于新城。姬遂谮二公子曰："皆知之。"重耳奔蒲。夷吾奔屈。

【注释】①中大夫：宫中大臣。成谋：预谋，定计。②胙（zuò）：祭祀用的肉。③田：打猎。④地坟：地上突起如坟。⑤贼：阴谋。⑥新城：即曲沃。⑦辞：此指申辩的意思。

【译文】当准备立奚齐为太子时，骊姬已经与中大夫定好了计谋。骊姬对太子说："国君梦见了你母亲齐姜，你一定要赶快祭祀她。"于是太子到曲沃祭祀母亲齐姜，将祭酒祭肉带回来献给献公。献公正好外出打猎去了，骊姬便将酒肉放在宫中六天。献公回来后，骊姬在酒肉中下了毒药，然后献给了献公。献公以酒祭地，地上突起像坟堆；把肉给狗吃，狗死掉了；给宦官吃，宦官也死了。骊姬便哭着说："这是太子阴谋要害您啊。"太子逃亡到了新城，献公杀了他的师傅杜原款。有人对太子说："如果您辩解，国君一定会查清楚。"太子说："国君如果不是有骊姬，将居不安，食不饱。我如果声辩，骊姬必定会被定罪。国君已经老了，骊姬有罪会让国君不高兴，我也会因此而忧郁不乐。"那人又说："那您逃走吧！"太子说："国君还没有查清我的罪过，如果我带着这个罪名逃走，又有谁会接纳我呢？"十二月戊申日，太子在新城上吊而死。骊姬于是又诬陷两位公子说："他们都知道太子的阴谋。"于是重耳逃到了蒲城，夷吾逃到了屈地。

僖公五年

【经】五年[①]春，晋侯杀其世子申生。杞伯姬来，朝其子[②]。夏，公孙兹如牟[③]。公及齐侯、宋公、陈侯、卫侯、郑伯、许男、曹伯会王世子于首止[④]。秋八月，诸侯盟于首止。郑伯逃归，不盟。楚人灭弦[⑤]，弦子奔黄。九月戊申朔，日有食之。冬，晋人执虞公。

【注释】①五年：公元前655年。②朝其子：带其子来朝。③牟：鲁国的邻国。④齐侯：即齐桓公。宋公：即宋桓公。陈侯：即陈宣公。卫侯：即卫文公。郑伯：即郑文公。许男：即许僖公。曹伯：即曹昭公。王世子：即周惠王太子郑。首止：卫地。⑤弦：国名，姬姓，在今河南潢川县北。

【译文】五年春，晋献公逼杀了太子申生。杞伯姬回国探亲，带她的儿子来朝见。夏季，公孙兹去了牟国。僖公与齐桓公、宋桓公、陈宣公、卫文公、郑文公、许僖公、曹昭公在首止与周朝太子相会。秋季八月，诸侯在首止订立了盟约。郑文公逃回国，没有参加结盟。楚国人灭掉了弦国，弦国国君逃到了黄国。九月戊申朔，发生了日食。冬季，晋国人抓住了虞公。

【传】五年春，王正月辛亥朔[1]，日南至[2]。公既视朔[3]，遂登观台以望。而书，礼也。凡分、至、启、闭[4]，必书云物[5]，为备故也。

【注释】①王正月辛亥朔：指周历正月初一日，即夏历十一月初一日。②日南至：即冬至日。③视朔：天子诸侯每月朔日（初一）祭告于祖庙，然后治理政事。以特羊（一只祭祀用的整羊）告于庙，称为告朔。告朔之后，仍然在太庙听治一个月政事，称为视朔，也称为听朔。④分：春分、秋分。至：夏至、冬至。启：立春、立夏。闭：立秋，立冬。⑤云物：云色，即五云之色，指青、白、赤、黑、黄五色。古礼，国君在二分（春分、秋分）二至（夏至、冬至）及四立（立春、立夏、立秋、立冬）之日，必登台以望天象，占卜吉凶并且记载下来。

【译文】五年春季，周历正月辛亥朔，冬至。鲁僖公在太庙听政后，便登上了观台观看云气。《春秋》中记载了这些，这是符合礼制的。凡是春分、秋分、夏至、冬至、立春、立夏、立秋、立冬，必定要记载云气的颜色，这是防备灾荒的缘故。

晋侯使以杀大子申生之故来告。

【译文】晋献公派人来鲁国报告杀害太子申生的原因。

初，晋侯使士蒍为二公子筑蒲与屈，不慎[①]，置薪焉[②]。夷吾诉之。公使让之。士蒍稽首[③]而对曰："臣闻之，无丧而戚，忧必仇[④]焉。无戎而城，仇必保焉[⑤]。寇仇[⑥]之保，又何慎焉！守官废命不敬[⑦]，固仇之保不忠，失忠与敬，何以事君？《诗》[⑧]云：'怀德惟宁，宗子惟城[⑨]。'君其修德而固宗子，何城如之？三年将寻师[⑩]焉，焉用慎？"退而赋曰："狐裘龙茸[⑪]，一国三公，吾谁适从[⑫]？"

【注释】①不慎：不慎重。古代筑城，以木板为框，中实泥土，今将筑城木材中放进了薪柴，所以说不慎重。②置薪：城墙里放进了木柴。③稽首：古代拜礼中最敬的礼仪，手、头同时下至与地，一般通行于尊卑之间。④仇：相应。⑤仇：仇敌。保：守卫。⑥寇仇：泛指敌人。⑦守官：居官任职。废命：拒绝命令。⑧《诗》：出自《诗·大雅·板》。⑨怀德惟宁：心存德行就是安宁。宗子惟城：使诸子团结一心就是坚城。⑩寻师：用兵，三年后将用兵于二邑。⑪狐裘：大夫的服装。龙茸：杂乱。⑫适从：听从谁。

【译文】起初，晋献公派士蒍为两位公子修筑蒲城与屈城的城墙，因为士蒍不慎重，将一些木柴放进了城墙里。夷吾将此告诉了晋献公。晋献公派人责备士蒍，士蒍叩头回答说："臣听说，如果没有丧事而心有悲戚，忧愁便必然会跟随而来。没有兵患，却修建城墙，敌人必定会据此作为守卫之用。既然敌人会占据，又何必要慎重呢？担任了官职却没有执行好命令，这是对国君不恭敬的行为；加固敌人会占有的地方，这是不忠义的行为。不忠不敬，又怎么能事奉国君呢？《诗经》中说：‘心存道德便是安宁，宗室子弟团结就是坚固的城墙。’君王只需要修养德行并巩固同宗子弟的地位，又有什么城墙能比得上呢？三年以后这里便会用兵，又哪里需要慎重呢？”退出后便作了一首诗说：“狐皮袍子蓬松杂乱，一个国家却有三个主人，我究竟该一心一意跟随谁呢？”

及难，公使寺人披[①]伐蒲。重耳曰：“君父之命不校[②]。”乃徇[③]曰：“校者吾仇也。”逾垣[④]而走。披斩其袪，遂出奔翟[⑤]。

【注释】①寺人披：宦官。②不校：不违抗。校，违抗。③徇：宣示。④逾垣：跳墙。⑤翟：即狄，此指邻晋国的狄地。

【译文】等到发生祸难，晋献公派寺人披领军攻打蒲城。重耳说：“君父的命令不能违抗。”于是通告全城说：“凡是抵抗的人，便将是我的敌人。”重耳翻墙逃走，被寺人披砍下了衣袖，最后重耳逃到了翟国。

夏，公孙兹如牟，娶焉。

【译文】夏季，公孙兹去了牟国，在牟国娶了妻。

会于首止，会王大子郑，谋宁周也[①]。

【注释】①宁周：安定周太子郑之位。

【译文】鲁僖公与诸侯在首止一起会见了周朝的太子郑，是为了商议安定周室。

陈辕宣仲怨郑申侯之反己于召陵[①]，故劝之城其赐邑[②]，曰："美城之[③]，大名也[④]，子孙不忘。吾助子请。"乃为之请于诸侯而城之，美。遂谮诸郑伯，曰："美城其赐邑，将以叛也。"申侯由是得罪。

【注释】①辕宣仲：即辕涛涂。反己：背约，出卖。②赐邑：指齐桓公所赐之虎牢。③美城：将城邑筑得美观。④大名：即扩大名声。

【译文】陈国的辕涛涂怨恨郑国的申侯在召陵出卖了他，因此故意劝申侯在他所赐的封邑修建城墙，他说："把城建设得美观了，名声将会更大，子孙也不会忘记。我帮助您去向诸侯请求吧。"于是便为申侯向诸侯提出请求并筑起了城墙，建得很美观。辕涛涂于是在郑文公面前陷害申侯说："申侯将所赐封邑的城墙建得很美观，将来肯定会凭借这城墙发动叛乱。"申侯因此而获罪。

秋，诸侯盟。王使周公召郑伯[①]，曰："吾抚女以从楚，辅之以晋，可以少安。"郑伯喜于王命而惧其不朝于齐也，故逃归不盟。孔叔[②]止之曰："国君不可以轻[③]，轻则失亲。失亲患必至，病而乞盟，所丧多矣，君必悔之。"弗听，逃其师而归[④]。

【注释】①王：周惠王。周公：名宰孔。郑伯：指郑文公。②孔叔：郑国大夫。③轻：轻举妄动。④逃其师：国君出行，必带军队同行。郑伯害怕帅师回国，受到诸侯堵截，故离开军队只身逃跑。

【译文】秋季，诸侯会盟。周惠王派周公召见郑文公，说："我安抚你去跟随楚国，再让晋国辅助你，这样你便能稍稍安定了。"郑文公对周惠王的命令感到高兴，但是心中又对没有朝见齐国而感到害怕，因此逃回国而没有参加会盟。孔叔曾劝阻他说："国君不可以轻举妄动，轻举妄动便会失去亲近的国家。失去了亲近的国家则一定会有祸患。当国家遇到困难再去乞求结盟，所丧失的东西就会多了，君王您一定会后悔这样做的。"郑文公没有听从，丢掉军队逃回国了。

楚斗谷於菟灭弦，弦子奔黄。于是江、黄、道、柏方睦于齐[①]，皆弦姻也[②]。弦子恃之而不事楚，又不设备，故亡。

【注释】①江、黄、道、柏：四国名，地处楚国附近。②弦姻：江、黄、道、柏国都和弦国有姻亲关系。

【译文】楚国的令尹子文灭掉了弦国，弦国国君逃到了黄国。当时江、黄、道、柏四国正与齐国盟好，且都与弦国有姻亲关系。弦国国君凭借这点而没有事奉楚国，又没有布置边防，因此弦国被灭。

晋侯复假道于虞以伐虢。宫之奇谏曰："虢，虞之表[①]也。虢亡，虞必从之。晋不可启[②]，寇不可玩[③]，一之谓甚，其可再乎？谚所谓'辅[④]车相依，唇亡齿寒'者，其虞、虢之谓也。"公曰："晋，吾宗[⑤]

也，岂害我哉？”对曰：“大伯、虞仲[⑥]，大王之昭也[⑦]。大伯不从[⑧]，是以不嗣[⑨]。虢仲、虢叔[⑩]，王季之穆也[⑪]，为文王卿士，勋在王室，藏于盟府[⑫]。将虢是灭，何爱于虞？且虞能亲于桓、庄乎[⑬]？其爱之也？桓、庄之族何罪，而以为戮，不唯逼[⑭]乎？亲以宠逼，犹尚害之，况以国乎？”公曰：“吾享祀丰絜[⑮]，神必据[⑯]我。”对曰：“臣闻之，鬼神非人实亲[⑰]，惟德是依。故《周书》[⑱]曰：‘皇天无亲，惟德是辅。’又曰：‘黍稷非馨，明德惟馨[⑲]。’又曰：‘民不易物，惟德繄[⑳]物。’如是，则非德，民不和，神不享矣。神所冯依[㉑]，将在德矣。若晋取虞而明德以荐馨香，神其吐之乎？”弗听，许晋使。宫之奇以其族行，曰：“虞不腊[㉒]矣，在此行也，晋不更举矣。”

【注释】①表：外围，屏障。②晋不可启：晋国之野心不可开启。启，开启。③寇：兵，指借道之晋军。玩：玩忽，轻侮。④辅：车厢两边的夹板。⑤宗：同宗，都是姬姓国。⑥大伯：即太伯，周太王长子。虞仲：太伯之弟，太王次子，与太伯一起逃到江南。⑦大王：即周太王，古公亶父，周文王的祖父。昭：古代庙次及墓次。始祖居中，其后第一、三、五代逢奇数者位在左，为昭；第二、四、六代逢偶数者位在后，为穆。⑧不从：不跟从他的父亲。⑨不嗣：太伯为太王长子，与其弟虞仲远去吴国，不能继承父位，由其幼弟季历即位。⑩虢仲、虢叔：王季（季历）之子。⑪穆：王季是后稷十三代孙，排位为昭，虢仲、虢叔皆其子，排位为穆，故称王季之穆。⑫盟府：主管策勋奉赏盟约的官府。⑬桓：指曲沃桓叔，晋献公曾祖父。庄：指曲沃庄伯，晋献公祖父。⑭逼：逼迫。⑮絜（jié）：同“洁”，干净。⑯据：依靠、依从。⑰非人实亲：即非亲人。⑱《周书》：记载周代历史的书。⑲黍稷：古代祭祀常用的谷物。馨：芳香。

明德：光明之德。⑳繄（yī）：是。㉑冯：同“凭”，凭借。㉒腊：年终时的祭祀。

【译文】晋献公再次向虞国借道去攻打虢国。宫之奇再次劝谏虞公说：“虢国是虞国的屏障，如果虢国灭亡了，虞国必定会跟着灭亡。不能让晋国开启侵略的野心，晋军的行动不能忽视啊。借道一次已经够了，怎么可以再次借道给他们呢？俗话所说的‘大车的夹板与车是互相依存的，如果没了嘴唇牙齿便会受冷受寒’，这说的便是我们虞国与虢国的关系啊。”虞公说：“晋国与我是同宗，又怎么会害我吗？”宫之奇回答说：“太伯、虞仲是太王的儿子。太伯因为没有随侍在太王身边，所以没能继承王位。虢仲、虢叔，都是王季的儿子，做过文王的卿士，对王室有功勋，受勋的记录还保存在盟府。晋国准备灭掉虢国，那对虞国又怎么会爱惜呢？况且虞国与晋国的关系能比桓叔、庄伯还更亲近吗？他们爱惜桓叔、庄伯吗？桓叔、庄伯的族人有什么罪过，都被他们杀戮，不就是桓叔、庄伯让他们感受到了威胁吗？如此亲近的人，因受宠而感觉公室受到了威胁便被无辜杀害，何况是一个国家呢？”虞公说：“我祭祀的祭品既丰盛又清洁，神明一定会保佑我的。”宫之奇回答说：“我曾听说，鬼神是不会亲近某一个人的，只会保佑有德行的人。所以《周书》中说：‘上天没有亲情，只会辅助有德行的人。’又说：‘祭祀的禾黍不芳香，美好的德行才会芳香。’又说：‘百姓无法变更祭祀的物品，只有德行才能充当祭祀的物品。’这样说来，如果没有德行，百姓就不和，神明也不会享用他的祭品了。神明所能凭借的，将只有德行了。晋国如果在攻取了虞国之后，能够传扬美德，以此作为芳香的祭品献祭给神明，神明难道会吐出来吗？”虞公不听，答应了晋国借道的要求。宫之奇于是带领自己的族人离开了虞国。他说："虞国过不了今年的腊祭了。就是这一次了，晋国不用再次出兵了。"

八月甲午，晋侯围上阳[①]。问于卜偃曰："吾其济乎？"对曰："克之。"公曰："何时？"对曰："童谣云：'丙之晨[②]，龙尾伏辰[③]，均服振振[④]，取虢之旂[⑤]。鹑之贲贲[⑥]，天策焞焞[⑦]。火中成军[⑧]，虢公其奔。'其九月、十月之交乎。丙子旦，日在尾，月在策，鹑火中，必是时也。"

【注释】①上阳：虢国有东虢、北虢、南虢，上阳为南虢，在今河南陕县南。②丙：丙子。③龙尾：苍龙七宿的第六宿，即尾宿。辰：日月相会叫辰。④均服：戎服，黑色。振振：旺盛的样子。⑤取虢之旂：古战以取得对方旗子为荣，取到旗子就是获胜。⑥鹑：朱雀七宿第三宿，即柳宿，亦名鹑火，火星。贲贲：状柳宿形状。⑦天策：傅说星。焞（tūn）焞：暗淡的样子。⑧火中：指鹑星出现在南方。成军：组成军队。

【译文】八月甲午日，晋献公领军包围了上阳。他问卜偃说："这次我能成功吗？"卜偃回答说："一定能打下来。"晋献公又问："什么时候？"卜偃回答说："有童谣说：'丙子日的清晨，龙尾星与阳光相会，军服旺盛，将夺取虢国的军旗。鹑火星形同柳宿，而天策星则没有了光辉。在鹑火星下整理军队，虢公将在这时候逃跑。'时间大概就在九月底十月初吧，丙子日的早晨，太阳在尾星之上，月亮在天策星之上，鹑火星出现在南方，一定会是在那个时候。"

冬十二月丙子朔[①]，晋灭虢，虢公丑奔京师[②]。师还，馆[③]于虞，遂袭虞，灭之，执虞公及其大夫井伯[4]，以媵秦穆姬[5]。而修虞祀，且归其职贡[6]于王。

【注释】①冬十二月丙子朔：此用周历，即夏历十月初一。②京师：王城，周都城，即今河南洛阳。③馆：住，住宿。④井伯：虞大夫。⑤媵：陪嫁。秦穆姬：晋献公之女，嫁秦穆公。⑥职贡：赋税和贡物。

【译文】冬季十二月丙子朔，晋国灭掉了虢国。虢公丑逃到了周朝京城。晋军回国时，住在虞国境内，因此乘机袭击虞国，最终灭掉了虞国，并抓住了虞公以及虞国大夫井伯。晋献公让井伯随秦穆姬陪嫁到了秦国，仍然祭祀虞国所祭祀的山川之神，并将虞国应承担的赋税贡物献给了周天子。

故书曰："晋人执虞公。"罪虞，且言易也。

【译文】所以《春秋》中记载说："晋人执虞公。"这是将罪过归于虞国，而且表明虞国被灭得非常容易。

僖公六年

【经】六年[1]春，王正月。夏，公会齐侯、宋公、陈侯、卫侯、曹伯伐郑[2]，围新城[3]。秋，楚人围许，诸侯遂救许。冬，公至自伐郑。

【注释】①六年：即公元前654年。②齐侯：即齐桓公。宋公：即宋桓公。陈侯：即陈宣公。卫侯：即卫文公。曹伯：即曹昭公。③新城：在今河南省密县东南。

【译文】六年春季，周历正月。夏季，僖公会合齐桓公、宋桓公、陈宣公、卫文公、曹昭公联合攻打郑国，包围了新城。秋季，楚国人包围了许国，诸侯联军于是救援许国。冬季，僖公在攻打郑国后回国。

【传】六年春，晋侯使贾华伐屈[①]。夷吾不能守，盟而行[②]。将奔狄，郤（xì）芮[③]曰："后出同走[④]，罪也。不如之梁[⑤]。梁近秦而幸[⑥]焉。"乃之梁。

【注释】①晋侯：即晋献公。贾华：晋国右行大夫。②盟而行：夷吾与屈人盟誓，要求他们不背叛自己，而后离屈出走。③郤（xì）芮：一说冀芮，晋大夫。④同走：指与重耳同到狄国。⑤梁：嬴姓国，在今陕西韩城县南。⑥幸：指得秦之幸。

【译文】六年春季，晋献公派贾华领军攻打屈地。夷吾没能守住，与贾华订立盟约后出走。他准备逃往狄国，郤芮劝阻说："在重耳逃往狄国后，你也逃到狄国，这会让人觉得你犯了同谋罪。不如去梁国。梁国靠近秦国且得到了秦国的信任。"于是夷吾便逃到了梁国。

夏，诸侯伐郑，以其逃首止之盟故也。围新密[①]，郑所以不时[②]城也。

【注释】①新密：即新城，由郑新筑，所以称新城。②不时：即非兴土功之时，指农忙时节所筑。

【译文】夏季，诸侯进攻郑国，是因为郑国在首止会盟时逃走的缘故。诸侯军包围了新密，这也是郑国之所以违背时令动土筑城的原因。

秋，楚子[①]围许以救郑。诸侯救许，乃还。

【注释】①楚子：即楚成王。

【译文】秋季，楚成王率军包围了许国来救援郑国。诸侯救援许国，楚成王于是撤军回国。

冬，蔡穆侯将许僖公以见楚子于武城[①]。许男面缚[②]，衔璧[③]，大夫衰绖[④]，士舆榇[⑤]。楚子问诸逢伯[⑥]，对曰："昔武王克殷，微子启[⑦]如是。武王亲释其缚，受其璧而祓[⑧]之。焚其榇，礼而命之，使复其所[⑨]。"楚子从之。

【注释】①武城：地名，在今河南省南阳市北。②许男：即许僖公。面缚：谓手背后反绑双手。③衔璧：口含璧玉。古人死后，口含珠玉而葬，以此表示甘服死罪。④衰绖（dié）：古代用麻布制成的孝服。⑤舆榇（chèn）：抬着棺材。榇，棺材。⑥逢伯：楚大夫。⑦微子启：殷帝乙的长子，纣王的庶兄。⑧祓：古礼，用以除灾求福。⑨复其所：复微子之国。

【译文】冬季，蔡穆侯带着许僖公到武城去见楚成王。面见楚成王时，许僖公反绑双手，口衔璧玉，许国大夫身穿孝服，士抬着棺材。

楚成王见了便问逢伯他们这样做的原因，逢伯回答说："从前武王战胜殷朝后，微子启也是这样做的。武王亲自为他解开绳子，接受他的璧玉，并为他举行祈祷。烧掉他的棺材，对他加以礼遇后赠给他封号，让他回到了原先的封地。"楚成王听从了逢伯的建议。

僖公七年

【经】七年[①]春，齐人伐郑。夏，小邾子[②]来朝。郑杀其大夫申侯。秋七月，公会齐侯、宋公、陈世子款、郑世子华[③]，盟于宁母[④]。曹伯班卒。公子友如齐。冬，葬曹昭公。

【注释】①七年：公元前653年。②小邾子：即郳犁来。③齐侯：即齐桓公。宋公：即宋桓公。④宁母：鲁地，在今山东鱼台县。

【译文】七年春季，齐国人攻打郑国。夏季，小邾子前来鲁国朝见。郑国杀死了大夫申侯。秋季七月，僖公在宁母与齐桓公、宋桓公、陈太子款、郑太子华会盟。曹昭公班去世。公子友去了齐国。冬季，曹昭公下葬。

【传】七年春，齐人伐郑。孔叔言于郑伯曰："谚有之曰：'心则不竞[①]，何惮于病[②]。'既不能强，又不能弱，所以毙也。国危矣，请下齐[③]以救国。"公曰："吾知其所由来矣。姑少待我。"对曰："朝不及夕[4]，何以待君？”

【注释】①则：假如。竞：强，争竞。②何惮于病：何必害怕屈辱？惮，害怕。病，屈辱。③下齐：屈服于齐。下，屈服。④朝不及夕：保得了早晨保不了傍晚，意为情况危急。

【译文】七年春季，齐国人攻打郑国。孔叔对郑文公说：“有句俗话说：‘心志如果不坚强，怎么还会害怕屈辱呢？’既然不能强硬，又不能示弱，因此只有死路一条。国家危险了。请您屈服于齐国来挽救国家吧。”郑文公说：“我知道他们是为了什么而来了。姑且请先稍等我一下吧。”孔叔回答说：“现在已经是保得了早晨保不了晚上了，又凭什么等待君王呢？”

夏，郑杀申侯以说[1]于齐，且用陈辕涛涂之谮也。初，申侯，申出[2]也，有宠于楚文王。文王将死，与之璧，使行，曰：“唯我知女，女专利而不厌[3]，予取予求[4]，不女疵瑕[5]也。后之人将求多于女[6]，女必不免[7]。我死，女必速行。无适小国，将不女容焉。”既葬，出奔郑，又有宠于厉公[8]。子文[9]闻其死也，曰：“古人有言曰‘知臣莫若君。’弗可改也已。”

【注释】①说：同“悦”，即取悦，讨好。②申出：有说为楚女嫁于申国所生之子，还有说为申国之女嫁于楚国所生。③女：同“汝”，你。专利：垄断财货。厌：足。④予取予求：从我这里支取，从我这里求得。⑤疵瑕：指责，指摘。⑥求多于女：向你大量索取财货。⑦不免：不免于死罪。⑧厉公：指郑厉公。⑨子文：即楚令尹斗谷於菟。

【译文】夏季，郑国杀死了申侯来讨好齐国，这也是因为听信陈国的辕涛涂诬陷申侯的缘故。起初，因为申侯是申氏所生，所以得到了楚文王的宠爱。在楚文王临死之时，给了申侯一块玉璧，让他离开，并说："只有我了解你，你喜爱财货且不会满足。你在我这里取，从我这里求，我没怪你。以后的君王将会向你索取大量财货，你一定会因此获罪。我死后，你一定要赶快离开。不要到小国去，他们不会接纳你的。"安葬了楚文王后，申侯逃到了郑国，又得到了郑厉公的宠爱。子文听到申侯的死讯后，说："古人曾说过：'没有比国君更了解臣子的了。'这话真是不变的真理啊。"

秋，盟于宁母，谋郑故也。

【译文】秋季，鲁僖公在宁母与齐桓公、宋桓公、陈太子款、郑太子华结盟，是为了谋划攻打郑国。

管仲言于齐侯曰："臣闻之，招携[①]以礼，怀远以德，德礼不易[②]，无人不怀。"齐侯修礼于诸侯，诸侯官受方物[③]。

【注释】①招携：招抚有二心的国家。携，离心，怀二心。②不易：不改变、不背离。③受方物：接受赏赐。方物，职贡所用土产。

【译文】管仲对齐桓公说："臣听说，用礼对怀有二心的国家进行招抚，用德行来笼络与安抚远方的国家。不违背德与礼，没有人会不归附。"齐桓公因此以礼相待诸侯，诸侯的官员也接受了齐国的赏赐。

郑伯使大子华听命于会，言于齐侯曰："泄氏、孔氏、子人氏三族[①]，实违君命。若君去之[②]以为成，我以郑为内臣[③]，君亦无所不利焉。"齐侯将许之。管仲曰："君以礼与信属[④]诸侯，而以奸[⑤]终之，无乃不可乎？子父不奸之谓礼，守命共时[⑥]之谓信。违此二者，奸莫大焉。"公曰："诸侯有讨于郑，未捷。今苟有衅[⑦]，从之，不亦可乎？"对曰："君若绥[⑧]之以德，加之以训辞，而帅诸侯以讨郑，郑将覆亡[⑨]之不暇，岂敢不惧？若总其罪人以临之[⑩]，郑有辞矣，何惧？且夫合诸侯以崇德也，会而列奸[⑪]，何以示后嗣？夫诸侯之会，其德刑礼义，无国不记。记奸之位，君盟替[⑫]矣。作而不记，非盛德也。君其勿许，郑必受盟。夫子华既为大子而求介[⑬]于大国，以弱其国，亦必不免。郑有叔詹、堵叔、师叔三良为政[⑭]，未可间也。"齐侯辞焉。子华由是得罪于郑。

【注释】①泄氏、孔氏、子人氏：三者均为郑国大夫。泄氏指泄驾氏族；孔氏指孔叔；子人氏指郑厉公弟，名语。三族都和太子华不睦。②去之：除掉他们。③内臣：臣服于齐，如封内之臣。④属（zhǔ）：会合。⑤奸（gān）：干犯，违背。⑥守命共时：见机行事以完成君命。⑦有衅：有隙可乘。⑧绥：安抚。⑨覆亡：挽救危亡。⑩总：带领。罪人：指太子华，他出卖郑国，是郑国的罪人。⑪列奸：使奸人在君位。列，位。⑫替：废。指丧失威信，盟约无效。⑬介：凭借。⑭叔詹、堵叔、师叔：郑国执政的三位贤明大夫。

【译文】郑文公派遣太子华到诸侯盟会上听取命令。太子华对齐桓公说："泄氏、孔氏、子人氏这三族，确实违背了君王的命令。如果君王能除掉他们而与我国结盟，我愿让郑国成为齐国的臣属。这样对于君王并没有什么不好的地方。”齐桓公正想答应太子华，管仲说：“君王以礼和信与诸侯会盟，现在却想以邪恶的行为结束，这恐怕不行吧。儿子与父亲不相违背叫做礼，见机行事以完成君命叫做信。如果违背礼与信这两点，就没有比这更邪恶的了。”齐桓公说：“诸侯军进攻郑国，没有能取得胜利。现在幸而有隙可乘，听从他的建议不也是可以的吗？”管仲回答说：“君王如果以德行来安抚郑国，再加以教训之言，他们如不接受，君王再率领诸侯讨伐郑国。到时郑国想要挽救危亡都还来不及，又怎么会不害怕呢？但如果领着他们国家的罪人去攻打郑国，那么郑国就会有理了，那时他还会害怕什么？况且会合诸侯是为了尊崇德行，如果盟会让奸邪之人占有了席位，那么将拿什么来教育后代呢？诸侯会盟的时候，他们的德行、刑罚、礼仪、道义，没有一个国家不加以记录。如果记载了奸邪之人列入席位，君王的盟约就会因丧失威信而被废弃。做了事而不被记载，这不符合崇高的德行。君王还是不要答应为好，郑国一定会接受盟约的。太子华既然身为太子，却求借于大国来削弱自己的国家，他也一定不能免于祸患。郑国有叔詹、堵叔、师叔三位贤明的大夫执政，没有空子可以钻。”于是，齐桓公拒绝了太子华的要求。而太子华也因此在郑国获罪。

冬，郑伯使请盟于齐。

【译文】冬季，郑文公派人到齐国请求订立盟约。

闰月[①]，惠王崩。襄王恶大叔带之难[②]，惧不立，不发丧而告难于齐。

【注释】①闰月：闰十二月。②襄王：即惠王太子郑。恶：忧虑、畏惧。大叔带：即太叔带，襄王之弟，惠后之子，惠后欲立太叔带，没有来得及，惠王就死了。

【译文】闰十二月，周惠王驾崩。周襄王害怕太叔带叛乱，又担心自己不能被立为国君，所以没有对外发布丧事的消息，却将担心发生内乱的事告诉了齐国。

僖公八年

【经】八年[①]春，王正月，公会王人、齐侯、宋公、卫侯、许男、曹伯、陈世子款[②]，盟于洮[③]。郑伯[④]乞盟。夏，狄伐晋。秋七月，禘[⑤]于大庙，用致夫人[⑥]。冬十有二月丁未[⑦]，天王崩。

【注释】①八年：公元前652年。②王人：周朝使者。齐侯：即齐桓公。宋公：即宋桓公。卫侯：即卫文公。许男：即许僖公。曹伯：即曹共公。③洮（táo）：曹地，在今山东省鄄城县西南。④郑伯：即郑文公。⑤禘（dì）：古代帝王或诸侯在始祖庙里对祖先的一种盛大祭祀。⑥夫人：哀姜。⑦冬十有二月丁未：此月日依周朝讣告发丧日，实际周天子已经死了一年了。

【译文】鲁僖公八年春季，鲁僖公与周朝使者、齐桓公、宋桓公、卫文公、许僖公、曹共公、陈太子款会合，在洮地结盟。郑文公请求参加盟会。夏季，狄国攻打晋国。秋季七月，在太庙举行了大祭，是因为将夫人哀姜的神主放入太庙里。冬季十二月丁未日，周惠王驾崩。

【传】八年春，盟于洮，谋王室也。郑伯乞盟[①]，请服也。襄王定位而后发丧。

【注释】①乞盟：请求加入盟会。

【译文】鲁僖公八年春季，在洮地会盟，商量安定周王室的事。郑文公请求参加盟会，表示顺服。襄王稳定君位后才发布周惠王的丧事。

晋里克帅师，梁由靡[①]御。虢射[②]为右，以败狄于采桑[③]。梁由靡曰："狄无耻[④]，从之必大克。"里克曰："拒之而已，无速众狄。"虢射曰："期年[⑤]，狄必至，示之弱矣。"

【注释】①梁由靡：晋国大夫。②虢射：晋国大夫。③采桑：地名，在今山西省乡宁县西。④狄无耻：狄人退却逃跑，无羞耻之心。⑤期年：一年。

【译文】晋国的里克率领军队，由梁由靡为他驾御战车，虢射为车右，在采桑击败了狄人。梁由靡说："狄人不会因逃跑而感到羞耻，如果率军追击，必定能取得大胜。"里克说："吓唬他们一下就行了，不要因为追击敌人而招惹更多狄人的报复。”虢射说：“不出一年，狄人一定会再来，我们已经向他们示弱了。”

夏，狄伐晋，报采桑之役也。复期月[①]。

【注释】①期月：即期年，一年。

【译文】夏季，狄人进攻晋国，这是为了报复采桑战役之仇，虢射所说的一年内必来的预言应验了。

秋，禘而致哀姜焉，非礼也。凡夫人不薨于寝[①]，不殡[②]于庙，不赴于同[③]，不祔[④]于姑，则弗致也。

【注释】①薨于寝：死于自己的寝宫。②殡：停放灵柩。③同：同盟之国。④祔（fù）：奉新死者的木主于祖庙与祖先的木主一起祭祀。

【译文】秋季，为将哀姜的神主放入太庙而举行了大祭，这是不符合礼制的。凡是夫人，如果不是死在寝宫的，不得将棺木停放在祖庙，不得向同盟国发布讣告，不得陪祀祖姑，因此她的神主不能放入太庙。

冬，王人来告丧，难故也，是以缓。

【译文】冬季，周朝的使者派人来报告惠王的丧事。因为国内发生了祸难，所以报得迟了。

宋公疾，大子兹父[①]固请曰："目夷[②]长，且仁，君其立之。"公命子鱼，子鱼辞，曰："能以国让，仁孰大焉？臣不及也，且又不顺[③]。"遂走而退。

【注释】①兹父：后即位为襄公。②目夷：兹父庶兄，字子鱼，因担任司马，故称司马子鱼。③不顺：废嫡立庶，不符合礼制。

【译文】宋桓公得了重病，太子兹父再三请求说："目夷年长，而且仁厚，君王应当立他为国君。"宋桓公因此下令让目夷继位为君。目夷推辞说："能够将国家让给别人，还有什么比这更仁爱的呢？臣不如他，而且这也不符合立君之礼。"于是退了出去。

僖公九年

【经】九年[①]春，王三月丁丑，宋公[②]御说卒。夏，公会宰周公、齐侯、宋子、卫侯、郑伯、许男、曹伯于葵丘[③]。秋七月乙酉，伯姬卒。九月戊辰，诸侯盟于葵丘。甲子，晋侯佹诸[④]卒。冬，晋里克杀其君之子奚齐。

【注释】①九年：公元前651年。②宋公：即宋桓公。③宰周公：名孔，周王室的太宰，食邑在周。齐侯：即齐桓公。宋子：即宋襄公。因为正处丧期，所以称"子"不称爵。卫侯：即卫文公。郑伯：即郑文公。许男：即许僖公。曹伯：即曹共公。葵丘：宋地，在今河南省兰考县境内。

④晋侯佹(guǐ)诸：即晋献公。

【译文】九年春季，周历三月丁丑日，宋桓公御说去世。夏季，僖公与宰周公、齐桓公、宋襄公、卫文公、郑文公、许僖公、曹共公在葵丘会面。秋季七月乙酉日，伯姬去世。九月戊辰日，诸侯在葵丘结盟。十一月甲子日，晋献公佹诸去世。冬季，晋国的里克杀害了国君的儿子奚齐。

【传】九年春，宋桓公卒，未葬而襄公会诸侯，故曰子。凡在丧[①]，王曰小童，公侯[②]曰子。

【注释】①在丧：处在君死至下葬礼前这段时间之中。指守孝。②公侯：公、侯、伯、子、男五等爵位的统称。

【译文】九年春季，宋桓公去世，还没有下葬，宋襄公便与诸侯会面，所以《春秋》中记载时称他为“子”。凡是在丧期内，天子称“小童”，公侯称“子”。

夏，会于葵丘，寻盟，且修好，礼也。

【译文】夏季，在葵丘会面，为了重温旧盟，同时发展友好关系，这是符合礼制的。

王使宰孔赐齐侯胙，曰：“天子有事于文武[①]，使孔赐伯舅[②]胙。”齐侯将下拜[③]。孔曰：“且有后命。天子使孔曰：‘以伯舅耋老[④]，加劳，赐一级，无下拜。'"对曰："天威不违颜咫尺[⑤]，小白余敢贪天子之命无下拜[⑥]？恐陨越[⑦]于下，以遗天子羞。敢不下拜？"下，拜，登，受。

【注释】①有事：有祭事，即祭祀大事。文、武：指周文王、周武王。②伯舅：天子称同姓诸侯为伯父或叔父，称异姓诸侯为伯舅。③下拜：下降于两阶之间，北面再拜稽首。④耋（dié）老：年老。⑤颜：面。咫尺：形容距离近。咫，古代以八寸为咫。⑥小白：即齐桓公。贪：受。⑦陨越：颠坠，即跌跤。

【译文】周襄王派宰孔将祭肉赐给齐桓公，说："天子祭祀了文王与武王，现在派我将祭肉赐给伯舅。"齐桓公准备走下台阶跪拜接受。宰孔说："天子还有话给伯舅。天子派我说：'因为伯舅岁数大了，加上有功劳，赐给一等爵位，不用下阶跪拜。'"齐桓公回答说："天子的威严在我的面前不过咫尺之远，小白我怎么敢妄自受天子的命令而不下阶跪拜呢？不下阶跪拜恐怕违背礼法，给天子留下羞辱。我又怎敢不下阶跪拜呢？"齐桓公下阶，行了跪拜礼，然后登上堂，接受了祭肉。

秋，齐侯盟诸侯于葵丘，曰："凡我同盟之人，既盟之后，言归于好。"

【译文】这年秋季，齐桓公与诸侯在葵丘会盟，说："凡是我们同盟的人，既然已经结盟，就该言归于好。"

宰孔先归，遇晋侯[①]曰："可无会也。齐侯不务德而勤远略[②]，故北伐山戎，南伐楚，西为此会也。东略之不知，西则否矣。其在乱乎。君务靖乱，无勤于行。"晋侯乃还。

【注释】①晋侯：即晋献公。②勤远略：忙于对远方发动进攻。

【译文】宰孔在会盟之前就回国了，在途中遇到了晋献公，对他说："你可以不必去参加会盟了。齐桓公不致力于修德却总是忙于对远方发动进攻，所以他向北进攻山戎，向南攻打楚国，在西边又举行了这次会盟。是否要向东边征伐还不知道，攻打西边是不可能了。晋国应该担心的是内乱吧！您应该致力于平定内乱，而不应忙着远行去参加会盟。"晋献公于是回国了。

九月，晋献公卒，里克、丕郑欲纳文公[①]，故以三公子[②]之徒作乱。

【注释】①丕（pī）郑：晋大夫。文公：重耳。②三公子：指申生、重耳、夷吾。

【译文】九月，晋献公去世。里克、丕郑想接回文公立为国君，因此便发动申生、重耳、夷吾三位公子的党羽作乱。

初，献公使荀息傅奚齐，公疾，召之，曰："以是藐诸孤[①]，辱在[②]大夫，其若之何？"稽首而对曰："臣竭其股肱之力，加之以忠贞。其济，君之灵[③]也；不济，则以死继之[④]。"公曰："何谓忠贞？"对曰：

“公家之利，知无不为，忠也。送往事居[⑤]，耦俱无猜[⑥]，贞也。”

【注释】①藐孤：幼弱的孤儿。②辱在：托付。③灵：威灵，福气。④以死继之：不惜牺牲自己的生命来把某事干到底。⑤送往事居：送走死去的，侍奉活着的。此指献公、奚齐。⑥耦：指已故国君和新国君。

【译文】起初，晋献公曾让荀息辅助奚齐。晋献公得了重病后，便召见荀息，对他说：“我想将这个弱小的孤儿托付给大夫您，您准备怎么办啊？”荀息叩拜后回答说：“臣愿意竭尽全力辅佐，并忠贞于他。如果事情得以成功，那是君王在天之灵的护佑；如果没能成功，我将继续努力，到死也不可惜。”晋献公说：“你所说的忠贞是什么？”荀息回答说：“凡是对国家有利的，只要知道了便去做，这是忠；送走辞世的，侍奉活着的，使两者都不猜疑，这是贞。”

及里克将杀奚齐，先告荀息曰：“三怨[①]将作，秦、晋辅之，子将何如？”荀息曰：“将死之。”里克曰：“无益也。”荀叔曰：“吾与先君言矣，不可以贰[②]。能欲复言而爱身乎[③]？虽无益也，将焉辟[④]之？且人之欲善，谁不如我？我欲无贰而能谓人已[⑤]乎？”

【注释】①三怨：指三公子之徒。②贰：改变，有二心。③复言：实践诺言。爱身：顾惜生命。④辟：同“避”。⑤已：止。

【译文】等到里克准备杀死奚齐，事先告诉荀息说：“三位公子的党羽要发动叛乱了，秦国与晋国人都帮助他们，您准备怎么办呢？”荀息说：“我将赴死。”里克说：“这没有用啊。”荀息说：“我与先君已经说过了，不能够再改变。难道还有能够实践诺言而又能保全自身的方法吗？虽然赴死没有好处，但又怎么能逃避呢？而且人们想做善事，谁会不像我一样呢？既然我不想改变诺言，又怎么能够劝别人停止实践他们自己的诺言呢？”

冬十月，里克杀奚齐于次[①]。书曰：“杀其君之子。”未葬也。荀息将死之，人曰：“不如立卓子而辅之。”荀息立公子卓以葬。十一月，里克杀公子卓于朝，荀息死之。君子曰：“诗所谓‘白圭之玷，尚可磨也；斯言之玷，不可为也[②]’，荀息有焉！”

【注释】①次：居丧的茅屋，即遭丧者陪侍灵柩所居住的寝所。②此诗出自《诗·大雅·抑》。白圭：白玉。玷：玉石上的瑕疵。

【译文】冬季十月，里克在停放晋献公灵柩的茅屋里杀死了奚齐。《春秋》中记载说：“杀其君之子。”是因为晋献公还没有下葬的缘故。荀息准备自杀，有人对他说：“不如立卓子为国君而辅佐他吧。”于是荀息立了公子卓为国君，并安葬了晋献公。十一月，里克又在朝堂上杀死了公子卓，荀息因此自杀了。君子说：“《诗经》中所说的‘白玉圭上的斑点，尚且可以磨掉；如果是说错了话，那就无法挽回了’，说的正是荀息这种情况啊！”

齐侯以诸侯之师伐晋，及高梁[①]而还，讨晋乱也。令不及鲁，故不书。

【注释】①高梁：晋邑，在今山西省临汾市东北。

【译文】齐桓公率领诸侯军攻打晋国，打到高梁时便回国了。这次出兵是为了讨伐晋国发生的祸乱。因为命令没有下达给鲁国，所以《春秋》中没有记载。

晋郤芮使夷吾重赂秦以求入，曰："人实有国，我何爱焉？入而能民[①]，土于何有[②]？"从之。齐隰朋[③]帅师会秦师，纳晋惠公。秦伯[④]谓郤芮曰："公子谁恃？"对曰："臣闻亡人[⑤]无党，有党必有仇。夷吾弱不好弄[⑥]，能斗不过[⑦]，长亦不改，不识其他。"

【注释】①能民：得民。②土于何有：倒装句，即何有于土？意为不患无土。③隰（xí）朋：齐国大夫。④秦伯：即秦穆公。⑤亡人：逃亡在外的人，指夷吾。党：同伙。⑥弱不好弄：小时候不贪玩。弱，幼小。⑦能斗不过：能争斗而不过分。

【译文】晋国的郤芮劝夷吾送重礼给秦国，以此请求秦国助他回国为君，并对夷吾说："如果真让别人占据了国家，我们还有什么不舍得的呢？如果回国后能够得到百姓，还担心得不到土地吗？"夷吾听从了他的意见。齐国的隰朋率军与秦军会合，护送夷吾回国登上了君位，即晋惠公。秦穆公问郤芮说："公子依靠的是谁？"郤芮回答说："臣听说逃亡在外的人没有党羽，如果有了党羽就必定会有仇敌。夷吾小时候不贪玩，能争斗却不过分，长大后也没有改变。至于其他的，我就不知道了。"

公谓公孙枝[①]曰："夷吾其定乎？"对曰："臣闻之，唯则[②]定国。《诗》曰：'不识不知，顺帝之则。'[③]文王之谓也。又曰：'不僭不贼，鲜不为则。’[④]无好无恶，不忌不克之谓也。今其言多忌克[⑤]，难哉！”公曰：“忌则多怨，又焉能克？是吾利也。”

【注释】①公孙枝：字子桑，是现今桑姓的先祖，秦国大夫，向秦穆公举荐了百里奚。②唯则：行为合乎法则。③《诗》：出自《诗·大雅·皇矣》。帝：天帝。则：法则。④此诗出自《诗·大雅·抑》。僭（jiàn）：差失，罪过；乱。贼：伤害。⑤忌克：猜忌好胜。

【译文】秦穆公问公孙枝说：“你认为夷吾能够安定晋国吗？”公孙枝回答说：“臣听说，只有行为合乎法则才能安定国家。《诗》中说：‘不知不识，自然地遵循天帝的法则。’这说的就是文王。又说：‘不逾本分，不悖常理，很少有不能成为典范的。’这说的就是没有偏好也没有厌恶，不猜忌也不好胜。现在他的话中多的是猜忌与好胜，所以他很难安定晋国啊。”秦穆公说：“猜忌便会多怨恨，这又怎么能够取胜呢？这对我国来说是好机会啊。”

宋襄公即位，以公子目夷为仁，使为左师以听政，于是宋治。故鱼氏[①]世为左师。

【注释】①鱼氏：公子目夷字子鱼，其后以鱼为氏。

【译文】宋襄公即位后，认为公子目夷仁爱，让他担任左师，处理国家政事，宋国因此得以安定太平。所以，目夷的后人鱼氏便世世代代承袭左师的官职。

僖公十年

【经】十年[①]春，王正月，公如齐。狄灭温，温子奔卫。晋里克弑其君卓，及其大夫荀息。夏，齐侯、许男伐北戎[②]。晋杀其大夫里克。秋七月。冬，大雨雪。

【注释】①十年：公元前650年。②齐侯：即齐桓公。许男：即许僖公。

【译文】十年春季，周历正月，僖公去了齐国。狄人灭亡了温国，温国国君逃到了卫国。晋国的里克杀害了他的国君卓以及大夫荀息。夏季，齐桓公、许僖公攻打北戎。晋国杀死了大夫里克。秋季七月。冬季，雨雪下得很大。

【传】十年春，狄灭温，苏子无信也[①]。苏子叛王即狄，又不能于狄[②]，狄人伐之，王不救，故灭。苏子奔卫。

【注释】①苏子：温国国君，以苏为氏。无信：不守信义。②不能于狄：与狄不相得，即与狄相处不和。

【译文】十年春季，狄人灭掉了温国，这是因为苏子不讲信义的缘故。苏子背叛了周襄王而投靠狄人，又与狄人相处不和，狄人因此攻打他，周襄王没有前去救援，所以温国被灭。苏子逃到了卫国。

夏四月，周公忌父、王子党会齐隰朋立晋侯[①]。晋侯杀里克以说[②]。将杀里克，公使谓之曰："微子则不及此[③]。虽然，子弑二君与一大夫，为子君者不亦难乎？"对曰："不有废也，君何以兴？欲加之罪，其无辞乎？臣闻命矣。"伏剑[④]而死。于是丕郑聘于秦，且谢缓赂[⑤]，故不及。

【注释】①周公忌父：周卿士。王子党：周大夫。晋侯：即晋惠公夷吾。②以说：表示讨恶。③微：无。不及此：即做不了国君。④伏剑：以剑自刎。⑤谢：致歉。缓赂：所许财货暂缓给予。

【译文】夏季四月，周公忌父、王子党与齐国的隰朋会合，立夷吾为晋国国君，即晋惠公。晋惠公杀死里克以表示讨恶。在杀里克之前，晋惠公派人对他说："如果没有您，我便当不了国君。尽管如此，但是您杀害了两位国君与一位大夫，做您的国君，不也是太难了吗？"里克回答说："如果不是奚齐、卓子被废，君王您又怎么能兴起呢？您要是想加我罪名，还怕没有借口吗？臣接受命令。"说完用剑自刎而死。当时丕郑正在秦国访问，同时是为推迟割让领土给秦而去道歉，所以没有遭遇这场灾祸。

晋侯改葬共大子[①]。

【注释】①共大子：即太子申生。

【译文】晋惠公改葬了太子申生。

秋，狐突适下国[①]，遇大子[②]，大子使登，仆[③]，而告之曰："夷吾无礼，余得请于帝矣。将以晋畀[4]秦，秦将祀余。”对曰：“臣闻之，神不歆非类[5]，民不祀非族。君祀无乃殄乎[6]？且民何罪？失刑乏祀[7]，君其图之。”君曰：“诺。吾将复请。七日新城西偏，将有巫者而见我焉。”许之，遂不见。及期而往，告之曰：“帝许我罚有罪矣，敝于韩[8]。”

【注释】①下国：指曲沃新城，原为太子申生所居。②大子：指申生。③仆：为其御，狐突本就为太子御。④畀（bì）：给予，赋予。⑤歆：享用。非类：不同种族，异族。⑥无乃：岂不是。殄：灭绝。⑦失刑：刑罚不当。乏祀：断绝祭祀。⑧敝于韩：败于韩。韩即韩原，位于今山西省芮城县。

【译文】秋季，狐突去曲沃，梦中遇到了太子申生。太子让他登车，驾驶车子，并告诉他说：“夷吾无礼，我已请求天帝，并得到了同意，将把晋国交给秦国，秦国将会祭祀我。”狐突回答说：“臣听说，神明不会享用不是同族人的祭品，百姓也不会祭祀不是同族的神明。您的祭祀或许会因此而断绝吧？况且百姓又有什么罪过呢？这样刑罚不当而又使祭祀断绝。请您还是多考虑考虑吧。”太子申生说：“好吧，我将重新请求。七天后，新城的西边我将会依巫人出现，可来见我。”狐突答应了，于是申生便不见了。等到了约定的日子狐突前去时，巫人告诉他说：“天帝允许我惩罚有罪的人，让他在韩地大败。”

丕郑之如秦也，言于秦伯曰：“吕甥、郤称、冀芮实为不从[1]，若重问以召之[2]，臣出晋君，君纳重耳，蔑不济[3]矣。”

【注释】①吕甥：又称瑕甥，也称瑕吕饴甥或阴饴甥，字子金，晋国大夫。郤称：晋国大夫，郤氏，郤豹长子，又称郤伯，子孙别为伯氏。冀芮：即郤芮，晋国大臣。不从：指不与秦赂。②重问：赠送厚礼。召：召请。③蔑不济：没有不成功的。蔑，无。

【译文】丕郑到了秦国后，对秦穆公说："吕甥、郤称、冀芮三人不同意将土地交给秦国。如果您给他们赠送厚礼，并召请他们，臣将赶走晋惠公，君王让重耳回国即位，没有不成功的。"

冬，秦伯使泠至报问[①]，且召三子。郤芮曰："币重而言甘，诱我也。"遂杀丕郑、祁举及七舆大夫[②]：左行共华、右行贾华、叔坚、骓歂[③]、累虎、特宫、山祁，皆里、丕之党也。

【注释】①泠（líng）至：秦大夫。报：报聘，报答回访。问：赠送礼物。②祁举：晋大夫。七舆大夫：指主管诸侯副车的七大夫。春秋时，侯伯出行有副车七乘，每车有一大夫主管。③骓（zhuī）歂（chuán）：晋大夫。

【译文】冬季，秦穆公让泠至到晋国进行回访，并召请了吕甥、郤称、冀芮三人。郤芮说："财礼重而话好听，这是在引诱我们啊。"于是杀了丕郑、祁举以及七舆大夫，即左行共华、右行贾华、叔坚、骓歂、累虎、特宫、山祁，他们都是里克与丕郑的党羽。

丕豹奔秦[①]，言于秦伯曰："晋侯背大主而忌小怨[②]，民弗与也，伐之必出。"公曰："失众，焉能杀。违祸[③]，谁能出君？"

【注释】①丕豹：丕郑之子，在丕郑为晋惠公所杀后逃奔秦国，成为秦国大夫。②背大主：背离秦国，指不贿赂秦国。忌小怨：忌恨里克、丕郑的小怨，而滥杀无辜。③违祸：避祸。

【译文】丕郑之子丕豹逃到了秦国，对秦穆公说："晋惠公背叛了秦国，而又因小怨忌恨里克、丕郑，百姓不拥护他。如果攻打晋国，百姓们一定会赶走他的。"秦穆公说："如果晋惠公没有了百姓支持，又怎么能杀死这么多大臣呢？百姓们避祸还怕来不及，谁又能赶走国君呢？"

僖公十一年

【经】十有一年[①]春，晋杀其大夫丕郑父[②]。夏，公及夫人姜氏会齐侯于阳谷[③]。秋八月，大雩[④]。冬，楚人伐黄。

【注释】①十有一年：公元前649年。②丕郑父：即丕郑，父是对男子的尊称。此事发生在前年，写在这一年是来告的日期。③姜氏：即声姜。齐侯：即齐桓公。④大雩：也叫"雩礼"，简称"雩"，古代吉礼的一种。所祀对象为被认为能兴云降雨的"山川百源"。

【译文】十一年春季，晋国杀死了大夫丕郑。夏季，僖公与夫人姜氏在阳谷会见齐桓公。秋季八月，举行了盛大的雩祭。冬季，楚国人攻打黄国。

【传】十一年春，晋侯[①]使以丕郑之乱来告。

【注释】①晋侯：即晋惠公。

【译文】十一年春季，晋惠公派人来鲁国报告丕郑发动叛乱的事。

天王使召武公、内史过赐晋侯命[①]受玉惰[②]。过归，告王曰："晋侯其无后乎！王赐之命而惰于受瑞[③]，先自弃也已，其何继之有？礼，国之干也；敬，礼之舆[④]也。不敬则礼不行，礼不行则上下昏[⑤]，何以长世？"

【注释】①天王：指周襄王。召武公：召国国君，伯爵，名过，周卿士。内史过：周大夫。赐晋侯命：赐予晋侯荣宠的策命。②受玉：接受瑞玉。古代天子赐策命的同时还赐玉以作为信物凭证。惰：懈怠，不恭敬。③瑞：玉的通称。④舆：车。⑤昏：乱。

【译文】周襄王派召武公、内史过赐予晋惠公荣宠的策命。晋惠公在接受玉圭时精神不振。内史过回国后，向周襄王禀报说："晋惠公的后代恐怕难以享有禄位了。天子赐给他荣宠之命，而他在接受瑞玉时却很懒散。他这是先自暴自弃了，怎么还会有继承人呢？礼，是国家的根本；敬，是承载礼的车子。不敬则礼不能推行，礼不能推行则国家上下便会昏乱，又怎么能长久呢？"

夏，扬、拒、泉、皋、伊、洛之戎同伐京师[①]，入王城，焚东门，王子带召之也。秦、晋伐戎以救周。秋，晋侯平戎于王[②]。

【注释】①扬、拒、泉、皋：为四个戎人城邑。伊、洛：指居住在伊水、洛水一带的戎人。诸戎都位于洛阳市西南。②平戎于王：使戎人与周襄王讲和。

【译文】夏季，扬、拒、泉、皋四地与住在伊水洛水一带的戎人联合攻打周京师，攻入了内城，并烧毁了东门，这是王子带把他们召来的。秦军、晋军因此联合攻打戎人以救援周朝。秋季，晋惠公促成了戎人和周襄王讲和。

黄人不归楚贡。冬，楚人伐黄。

【译文】黄国人不向楚国进献贡品。冬季，楚国人攻打黄国。

僖公十二年

【经】十有二年[①]春王三月庚午，日有食之。夏，楚人灭黄。秋七月。冬十有二月丁丑，陈侯杵臼[②]卒。

【注释】①十有二年：公元前648年。②陈侯杵（chǔ）臼（jiù）：即陈宣公，妫姓陈国国君。

【译文】十二年春季，周历三月庚午日，发生了日食。夏季，楚国人灭掉了黄国。秋季七月。冬季十二月丁丑日，陈宣公杵臼去世。

【传】十二年春，诸侯城卫楚丘之郛[①]，惧狄难也。

【注释】①郛（fú）：即郭，外城。卫于僖公二年迁都楚丘，诸侯协助筑城，今又帮助筑外城。

【译文】十二年春季，诸侯在卫国的楚丘修建了外城，这是因为害怕狄人前来侵犯。

黄人恃诸侯之睦于齐也，不共楚职[①]，曰："自郢[②]及我九百里，焉能害我？"夏，楚灭黄。

【注释】①职：贡物。②郢：楚国都城，在今湖北省江陵县。

【译文】黄国人仰仗诸侯与齐国和睦，因此没有向楚国进贡，并说："从郢都到我国有九百里路，楚国又怎么能危害到我国呢？"夏季，楚国出兵灭掉了黄国。

王以戎难故，讨王子带。秋，王子带奔齐。

【译文】周襄王因为王子带召来戎人骚扰王城的缘故，讨伐王子带。秋季，王子带逃到了齐国。

冬，齐侯使管夷吾平戎于王[①]，使隰朋平戎于晋。

【注释】齐侯：即齐桓公。管夷吾：即管仲。

【译文】冬季，齐桓公派管仲劝戎人和周襄王讲和，并派隰朋劝戎人和晋国讲和。

王以上卿之礼飨管仲，管仲辞曰："臣，贱有司也①，有天子之二守国、高在②。若节春秋③来承王命，何以礼焉？陪臣敢辞④。"王曰："舅氏⑤，余嘉乃⑥勋，应乃懿德，谓督⑦不忘。往践乃职⑧，无逆朕命。"管仲受下卿之礼而还。

【注释】①贱有司：谦词，指自己不过是地位低下的有值守官员。②二守：即国子、高子二守臣，为周天子所任命，均为上卿。国氏、高氏世代为齐上卿，管仲为齐桓公任命，为下卿。③节春秋：即春秋时节。古代以春、秋两季为朝聘之节，来接受王室的命令。④陪臣：列国的大夫入天子之国自称陪臣。敢辞：请辞上卿之礼。⑤舅氏：指齐桓公。周王称异姓诸侯为伯舅。⑥乃：你。⑦督：深厚。⑧往践乃职：去执行你的职务。践，执行。

【译文】周襄王以接待上卿之礼设宴招待管仲，管仲辞谢说："臣只是个地位低贱的官员，现在有天子所任命的国氏、高氏两位守臣在。如果他们在春秋时节回来接受天子的命令，天子又用什么礼节来对待他们呢？所以陪臣斗胆请求辞去这样的待遇。"周襄王说："伯舅，我赞美你的功勋，接受你的美德，这些可以说是深厚而不能忘记。请去执行你的职务吧，不要违背我的命令。"管仲于是接受了招待下卿之礼后回国。

君子曰："管氏之世祀[①]也宜哉！让不忘其上。《诗》[②]曰：'恺悌[③]君子，神所[④]劳矣。'"

【注释】①世祀：世代受到祭祀。②《诗》：出自《诗·大雅·旱麓》。③恺悌：平易和乐。④神所劳：为神所护佑。劳，保佑。

【译文】君子说："管氏世世代代受到祭祀也是应该的，他为人谦让且不忘爵位比自己高的上卿。正如《诗经》中说：'平易近人的君子，将是神明所保佑的人。'"

僖公十三年

【经】十有三年[①]春，狄侵卫。夏四月，葬陈宣公。公会齐侯、宋公、陈侯、卫侯、郑伯、许男、曹伯于咸[②]。秋九月，大雩。冬，公子友如齐。

【注释】①十有三年：公元前647年。②齐侯：即齐桓公。宋公：即宋襄公。陈侯：即陈穆公。卫侯：即卫文公。郑伯：即郑文公。许男：即许僖公。曹伯：即曹共公。咸：卫地，位于今河南省濮阳县东南。

【译文】十三年春季，狄人侵犯卫国。夏季四月，陈宣公下葬。僖公与齐桓公、宋襄公、陈穆公、卫文公、郑文公、许僖公、曹共公在咸地会面。秋季九月，举行了盛大的雩祭。冬季，公子友去了齐国。

【传】十三年春，齐侯使仲孙湫聘于周，且言王子带。事毕，不与王言。归，复命曰："未可。王怒未怠[①]，其十年乎？不十年，王弗召也。"

【注释】①未怠：没有缓和。

【译文】十三年春季，齐桓公派仲孙湫到周朝访问，同时让他替王子带求情。结束访问后，仲孙湫没有向周襄王提起王子带的事。回国后，仲孙湫向齐桓公汇报说："现在还不能提。周襄王的怒气还没有消减，恐怕要等十年吧？不到十年，周襄王是不会召他回国的。"

夏，会于咸，淮夷[①]病杞故，且谋王室也。

【注释】①淮夷：商周时期生活在我国东部的黄淮、江淮一带的少数民族。

【译文】夏季，在咸地会面，是因为淮夷侵扰杞国，并且为了商量安定周王朝。

秋，为戎难故，诸侯戍周，齐仲孙湫致之[①]。

【注释】①致之：带兵戍守周地。

【译文】秋季，因为戎人侵犯王城的缘故，所以诸侯派兵守卫周朝。齐国的仲孙湫也带兵前去守卫。

冬，晋荐饥[①]，使乞籴[②]于秦。秦伯谓子桑[③]："与诸乎？"对曰：

"重施[④]而报，君将何求？重施而不报，其民必携[⑤]，携而讨焉，无众必败。"谓百里[⑥]："与诸乎？"对曰："天灾流行，国家代[⑦]有，救灾恤邻，道也。行道，有福。"丕郑之子豹在秦，请伐晋。秦伯曰："其君是恶，其民何罪？"秦于是乎输粟于晋，自雍及绛相继[⑧]，命之曰"泛舟之役"。

【注释】①荐饥：连年灾荒；连续灾荒。②乞籴（dí）：求买粮食。③秦伯：即秦穆公。子桑：即公孙枝。④重施：指既使夷吾回国即位，又给他们粮食。重，再一次。⑤携：离。⑥百里：即大夫百里奚。⑦代：交替、轮流。⑧雍：秦都，位于今陕西省凤翔县南。绛：晋都。

【译文】冬季，晋国发生了大饥荒，派人到秦国去购买粮食。秦穆公询问子桑说："给他们吗？"子桑回答说："如果再给他们一次恩惠，他们报答我们，君王有什么要求？如果再给他们一次恩惠，他们不报答我们，他们的百姓必定会离心。百姓离心后再去讨伐他们，因为没有民众拥护，所以他们必定会失败。"秦穆公又问百里说："给他们吗？"百里回答说："天灾流行，常会在各国交替发生。救援灾荒，周济邻国，这是道义。按照道义办事，便会拥有福禄。"当时丕郑的儿子丕豹正在秦国，他请求进攻晋国。秦穆公说："我厌恶的是他们的国君，但百姓又有什么罪呢？"秦穆公于是便让人把米运往晋国，运输船从雍城到绛城接连不断，人们称这次运粮为"泛舟之役"。

僖公十四年

【经】十有四年[①]春，诸侯城缘陵[②]。夏六月，季姬及鄫子遇于防[③]，使鄫子来朝。秋八月辛卯，沙鹿[④]崩。狄侵郑。冬，蔡侯肸[⑤]卒。

【注释】①十有四年：公元前646年。②缘陵：杞邑，在今山东昌乐县东南。③季姬：鄫子夫人，鲁僖公女。鄫：国名，姒姓，故城在今山东省枣庄市东。④沙鹿：古山名，故址在今河北省大名县东。⑤蔡侯肸（xī）：即蔡穆侯，姬姓，名肸，蔡哀侯之子。

【译文】十四年春季，诸侯修筑缘陵城墙。夏季六月，季姬与鄫子在防地会面，让鄫子到鲁国朝见。秋季八月辛卯日，沙鹿山发生崩塌。狄人入侵郑国。冬季，蔡穆侯肸去世。

【传】十四年春，诸侯城缘陵而迁杞焉。不书其人，有阙[①]也。

【注释】①阙：指文献不足。

【译文】十四年春季，诸侯修筑缘陵城墙，并将杞国迁了过去。《春秋》中没有记载筑城的是哪些国家，是因为当时的文献不足。

鄫季姬来宁[①]，公怒，止之，以鄫子之不朝也。夏，遇于防，而使来朝。

【注释】①宁：归宁，已嫁女子回娘家探望父母。

【译文】鄫季姬回鲁国探亲，僖公发怒，不准她回去，因为鄫子没有前来朝见的缘故。夏季，鄫季姬和鄫子在防地会面，让鄫子到鲁国朝见。

秋八月辛卯，沙鹿崩。晋卜偃曰：“期年将有大咎[①]，几亡国。”

【注释】①大咎：大灾难。

【译文】秋季八月辛卯日，沙鹿山发生崩塌。晋国的卜偃说：“一年后将会有大灾难，国家几乎要灭亡。”

冬，秦饥，使乞籴于晋，晋人弗与。庆郑[①]曰：“背施[②]无亲，幸灾[③]不仁，贪爱[④]不祥，怒邻不义。四德皆失，何以守国？”虢射[⑤]曰：“皮之不存，毛将安傅[⑥]？”庆郑曰：“弃信背邻，患孰恤之？无信患作，失援必毙，是则然矣。”虢射曰：“无损于怨而厚于寇[⑦]，不如勿与。”庆郑曰：“背施幸灾，民所弃也。近犹仇之，况怨敌乎？”弗听。退曰：“君其悔是哉！”

【注释】①庆郑：晋大夫。②背施：背弃恩惠。③幸灾：因别人遭灾而高兴。④贪爱：贪恋，迷恋。⑤虢射：晋大夫。⑥傅：通“附”。⑦厚于寇：增加敌人的实力。

【译文】冬季，秦国发生饥荒，派人到晋国去请求购买粮食，但晋国人没有同意。庆郑说："背弃恩德将无人亲近，因别人遭灾而高兴是不仁，贪恋喜爱的东西是不祥，激怒邻国是不义。这四种德行都没有了，那将用什么来保卫国家呢？"虢射说："皮都已经没有了，毛又将附在哪儿呢？"庆郑说："舍弃信用，背弃邻国，当遇到患难谁会来帮助呢？不讲信用就会遭遇患难，到时没有了援助，国家必定会灭亡，这是可以肯定的。"虢射说："即使给了他们粮食，秦对我们的怨恨也不会减少，反而会让敌人的实力得到增强，所以还不如不给。"庆郑说："背弃恩惠而庆幸灾祸，这是百姓所唾弃的。亲近的人还会因此而仇恨，何况是有怨恨的敌人呢？"晋惠公没有听从庆郑的意见。庆郑退下后说："国君会为此后悔的！"

僖公十五年

【经】十有五年[①]春，王正月，公如齐。楚人伐徐。三月，公会齐侯、宋公、陈侯、卫侯、郑伯、许男、曹伯[②]，盟于牡丘[③]，遂次于匡[④]。公孙敖[⑤]帅师及诸侯之大夫救徐。夏五月，日有食之。秋七月，齐师、曹师伐厉[⑥]。八月，螽[⑦]。九月，公至自会。季姬归于鄫。己卯晦，震夷伯[⑧]之庙。冬，宋人伐曹。楚人败徐于娄林[⑨]。十有一月壬戌，晋侯及秦伯战于韩[⑩]，获晋侯。

【注释】①十有五年：公元前645年。②齐侯：即齐桓公。宋公：即宋襄公。陈侯：即陈穆公。卫侯：即卫文公。郑伯：即郑文公。许男：即许僖公。曹伯：即曹共公。③牡丘：齐地，位于今山东聊城市茌平县东。④匡：一说属卫地，在今河南省长垣县西南；一说属宋地，在今河南省睢县西。⑤公孙敖：庆父之子孟穆伯。⑥厉：国名，在今河南省鹿邑县东。⑦螽（zhōng）：虫名。蝗类的总名。⑧夷伯：姬姓，展氏。展氏的始祖。⑨娄林：地名，在今安徽泗县东北。⑩晋侯：即晋惠公。秦伯：即秦穆公。韩：一说在今陕西省韩城县西南，一说在今山西省芮城县。

【译文】十五年春季，周历正月，僖公去了齐国。楚国人攻打徐国。三月，僖公与齐桓公、宋襄公、陈穆公、卫文公、郑文公、许僖公、曹共公相会，在牡丘结盟，接着率军驻扎在匡地。公孙敖率军与诸侯大夫前往救援徐国。夏季五月，发生了日食。秋季七月，齐国军队、曹国军队进攻厉国。八月，发生了蝗灾。九月，僖公从盟会回国。季姬回到鄫国。己卯晦，雷电击中了夷伯的庙宇。冬季，宋国人攻打曹国。楚国人在娄林打败徐国。十一月壬戌日，晋惠公与秦穆公在韩地交战，秦国俘获了晋惠公。

【传】十五年春，楚人伐徐，徐即诸夏故也[①]。三月，盟于牡丘，寻葵丘之盟，且救徐也。孟穆伯[②]帅师及诸侯之师救徐，诸侯次于匡以待之。

【注释】①即：接近，亲附。诸夏：中原诸侯国。②孟穆伯：即公孙敖，庆父之子。

【译文】十五年春季，楚国人攻打徐国，是因为徐国与中原诸侯亲近的缘故。三月，诸侯在牡丘结盟，是为了重温葵丘之盟，并商讨救援徐国的事。孟穆伯率领鲁军和诸侯军队前往救援徐国，诸侯驻扎在匡地等待结果。

夏五月，日有食之。不书朔与日，官失之也。

【译文】夏季五月，发生了日食。《春秋》中没有记载朔日和日期，是因为史官漏记了。

秋，伐厉，以救徐也。

【译文】秋季，诸侯攻打厉国，以此来救援徐国。

晋侯之入也，秦穆姬属贾君焉[①]，且曰："尽纳群公子[②]。"晋侯烝于贾君，又不纳群公子，是以穆姬怨之。晋侯许赂中大夫[③]，既而皆背之。赂秦伯以河外[④]列城五，东尽虢略[⑤]，南及华山[⑥]，内及解梁城[⑦]，既而不与。晋饥，秦输之粟；秦饥，晋闭之籴[⑧]。故秦伯伐晋。

【注释】①秦穆姬：晋献公之女，嫁秦穆公。贾君：太子申生的夫人，晋惠公的嫡长嫂。②群公子：晋献公有子九人，除申生、奚齐、卓子已死，夷吾立为国君外，还有重耳等五人，故称群公子。③中大夫：晋国执政之臣，指里克、丕郑等人。④河外：指黄河以西、以南之地。黄河自龙门至华阴，自北而南，晋都于绛，故以河西与河南为外。⑤虢略：在今河南省灵宝县。⑥华山：在陕西省华阴县，为秦、晋交界处。⑦内：河内。解（xiè）梁城：在今山西运城境内。⑧闭之籴：不卖粮给秦国。

【译文】晋惠公回国继承君位之时，秦穆姬将贾君嘱托给他，并且说："你要把所有公子都接回国。"晋惠公与贾君二人通奸，又没有接公子们回国，穆姬因此怨恨他。晋惠公曾答应给中大夫们赠送礼物，但后来违背了自己的承诺。他还答应将黄河以西以及以南的五座城割给秦穆公，最东到达虢略镇，最南到达华山，黄河内到达解梁城，这些后来都没有给。当晋国发生饥荒时，秦国给晋国运来了米；当秦国发生饥荒时，晋国却拒绝卖给秦国粮食。因此，秦穆公率军攻打晋国。

卜徒父[①]筮之，吉，"涉河，侯车败"。诘之，对曰："乃大吉也，三败必获晋君。其卦遇《蛊》䷑[②]，曰：'千乘三去[③]，三去之余，获其雄狐。'夫狐蛊[④]，必其君也。《蛊》之贞[⑤]，风也；其悔[⑥]，山也。岁云秋矣，我落其实而取其材[⑦]，所以克也。实落材亡，不败何待？"

【注释】①卜徒父：秦之卜者，名徒父。②《蛊》：象征惩弊治乱，革新之义。③千乘：指诸侯，此处指秦国。去：驱赶，击退。④狐蛊：占筮得到蛊卦，蛊之外卦为艮，艮象征狐。⑤贞：重卦的下卦又称贞。蛊卦的上卦为巽，巽象征风。⑥悔：重卦的上卦又称悔。蛊卦的下卦为艮，艮象征山。⑦我落其实而取其材：巽为内卦，代表秦国，艮为外卦，代表晋国，秦为风，晋为山，风吹山林，故附会为吹落果实，伐取木材。

【译文】卜徒父用筮草占卜，结果吉利，卦象显示"秦军渡过黄河，毁坏了君侯的车子"。秦穆公再三追问，卜徒父回答说："这是大吉啊。三次击败晋军后，必定能抓获晋国国君。这一卦是《蛊》，卦辞说：'秦国三次击退晋国，三次之后，必定获得他们的雄狐。'雄狐，一定是他们的国君。《蛊》的上卦是风，下卦是山。现在已经是秋季了，我们的风吹落了他们山上的果实，取得了他们的木材，所以能战胜他们。果实落地而木材被伐，他们如果不败还能等什么时候呢？"

三败，及韩。晋侯谓庆郑曰："寇深矣，若之何？"对曰："君实深之，可若何？"公曰："不孙[①]。"卜右[②]，庆郑吉，弗使。步扬[③]御戎，家仆徒[④]为右，乘小驷[⑤]，郑入[⑥]也。庆郑曰："古者大事[⑦]，必乘其产，生其水土而知其人心，安其教训而服习[⑧]其道，唯所纳[⑨]之，无不如志。今乘异产，以从戎事，及惧而变，将与人易[⑩]。乱气狡愤[⑪]，阴血周作[⑫]，张脉偾兴[⑬]，外强中干。进退不可，周旋不能，君必悔之。"弗听。

【注释】①不孙：无礼。孙，同"逊"，恭顺。②卜右：以占卜选择在战车右侧陪乘的人。③步扬：姬姓，晋公族郤氏的后代，食采于步。御戎：驾御军车。④家仆徒：晋大夫。⑤小驷：马名。⑥郑入：郑国人所纳献的，并非当地所产。⑦大事：指战争。⑧服习：熟悉。⑨唯所纳：听凭使唤。⑩与人易：与人的意愿相反。易，反。⑪乱气狡愤：指马的性情乖戾暴躁。乱气，人体中逆乱之气。狡，乖戾。⑫阴血周作：血液在全身奔流。阴血，即血液。血液有形而属阴，故名。⑬张脉偾兴：血管膨胀突起。偾兴，兴奋，涨起。

【译文】晋军战败三次后，退到了韩地。晋惠公对庆郑说："敌人已经深入国内了，该怎么办呢？"庆郑回答说："是君王让他们深入的，还能怎么办呢？”晋惠公说：“你说话太无礼了。”占卜出任车右的人选，庆郑得吉卦，但是晋惠公没有用他。晋惠公让步扬驾御战车，家仆徒为车右，用小驷马驾车，马是郑国人纳献的。庆郑说：“古代发生战争，必须要用本国的马来驾车，因为它出生在自己的国家，熟悉自己主人的心意，安于接受主人的调教训练，又熟悉自己国家的道路，无论怎么使唤，没有不让人满意的。现在用异国所产的马驾驶战车去参加战斗，等到受到惊吓会因害怕而发生变故，将与驾车人的意愿相反，不听从指挥。马鼻里乱喷粗气，性情变得乖戾暴躁，血液奔流于全身，血管扩张突起，外表看上去强壮，内里却已枯竭，进退不可，旋转不得，君王必定会后悔的。”晋惠公不听。

九月，晋侯逆①秦师，使韩简视师②，复曰：“师少于我，斗士倍我③。”公曰：“何故？”对曰：“出因其资，入用其宠，饥食其粟，三施而无报，是以来也。今又击之，我怠④秦奋，倍犹未也。”公曰：“一夫不可狃⑤，况国乎？”遂使请战，曰：“寡人不佞⑥，能合其众而不能离也，君若不还，无所逃命。”秦伯使公孙枝对曰：“君之未入，寡人惧之；入而未定列⑦，犹吾忧也。苟列定矣，敢不承命。”韩简退曰：“吾幸而得囚。”

【注释】①逆：迎战。②韩简：晋大夫，是韩武子韩万之孙。视师：察看敌情。③斗士倍我：斗志旺盛之士二倍于我。④怠：懒惰，松懈。⑤一夫不可狃：意为一个人尚不可轻侮。狃，轻侮。⑥不佞：谦辞，犹言不才。⑦定列：定君位，即君位安定。

【译文】九月，晋惠公准备迎战秦军，派韩简前往侦察敌情。韩简回来报告说："秦军人数比我们少，但是斗志旺盛的士兵却是我们的一倍。"晋惠公说："这是什么原因？"韩简回答说："君王逃离晋国是由于他们的资助，回国为君也是因为得到了他们的宠信，我们患饥荒时吃的是他们的米，他们三次施恩于我们，我们却没有报答，因此他们才出兵讨伐我们。现在我们又要攻击他们，我军懈怠而秦军士气大振，斗志旺盛的士兵比我们多一倍还不止啊！"晋惠公说："一个人尚不能轻侮，何况是一个国家呢！"于是便让韩简去约战，说："寡人不才，能集合我的部下而不能遣散他们。君王如果不回去，我们将没有地方逃避。"秦穆公派公孙枝回答说："您没有回国为君时，我为您忧惧；您回国后君位没有稳固，我还是为您担忧。如果您君位已经稳定了，我又怎么敢不接受作战的命令呢。"韩简退下后说："我能够被俘囚就是幸运的了。"

壬戌，战于韩原，晋戎马还泞[①]而止。公号[②]庆郑。庆郑曰："愎谏违卜[③]，固败是求，又何逃焉？"遂去之。梁由靡御韩简[④]，虢射为右，辂[⑤]秦伯，将止[⑥]之。郑以救公误之，遂失秦伯。秦获晋侯以归。晋大夫反首拔舍从之[⑦]。秦伯使辞焉，曰："二三子何其戚也？寡人之从君而西也，亦晋之妖梦是践[⑧]，岂敢以至[⑨]？"晋大夫三拜稽首，曰："君履后土而戴皇天，皇天后土实闻君之言，群臣敢在下风[⑩]。"

【注释】①还（hái）泞（nìng）：盘旋挣扎于泥泞之中。②号：呼号求救。③愎谏：不听劝谏。违卜：违背卜者之言，指不用庆郑为车右。④御韩简：即驾御韩简的战车。⑤辂（lù）：迎上。⑥止：俘获。⑦反首：披头散发。拔舍：拔起帐篷。⑧妖梦：指僖公十年狐突到曲沃梦见太子一事。践：应验。⑨以至：太过分。⑩下风：比喻处于下位、卑位，此作谦辞。

【译文】九月壬戌日，秦、晋两军在韩原交战。晋惠公驾驭战车的马在泥泞之中盘旋挣扎，动弹不得。晋惠公向庆郑呼号求救，庆郑说："不听劝谏，违背卜者之言，本来就是自求失败，又为什么要逃走呢？"于是说完就离开了。梁由靡为韩简驾驶战车，虢射为车右，迎战秦穆公的战车，将要俘获他。庆郑叫他们救援晋惠公，因此耽误了，失去了捉住秦穆公的机会。秦军抓获晋惠公后回国。晋国的大夫一个个披头散发，拔起帐篷，跟随着晋惠公。秦穆公派人辞谢说："你们为什么这样忧伤啊？我将随晋君西行，这也正好应验了你们晋国的妖梦，又怎么敢做得太过分呢？"晋国的大夫三拜叩头，说："君王脚踩后土而头顶皇天，皇天后土都听到了您的话，我们谨在下面听候吩咐。"

穆姬闻晋侯将至，以大子罃、弘与女简璧登台而履薪焉[①]，使以免服衰绖逆[②]，且告曰："上天降灾，使我两君匪以玉帛[③]相见，而以兴戎。若晋君朝以入，则婢子夕以死；夕以入，则朝以死。唯君裁之！"乃舍诸灵台[④]。

【注释】①大子罃（yīng）：即秦康公，秦穆公的长子。弘：公子弘，罃的同母弟。履薪：踩着柴草，表示要自焚。②免（wèn）服：古代丧服。衰(cuī)绖(dié):丧服。古人丧服胸前当心处缀有长六寸、广四寸的麻布,名衰;围在头上的散麻绳为首绖,缠在腰间的为腰绖。③玉帛:古代诸侯会盟执玉帛,故又用以表示和好。④灵台:秦宫名,在都城郊外。

【译文】秦穆姬听说晋惠公将要到了,便带着太子罃、弘和女儿简璧登上高台,脚踩柴草,派人捧着丧服前去迎接秦穆公,并对他说:“上天降下灾祸,使我们两国的国君不是执玉帛相见,而是兴兵动武。如果晋惠公早晨进入国都,那么婢子我便在晚上自尽;如果是晚上进入国都,那么我便在早晨自尽。请君王决定吧!”秦穆公于是将晋惠公安置在灵台。

大夫请以入。公曰:“获晋侯,以厚[①]归也。既而丧归,焉用之?大夫其何有焉?且晋人戚忧以重我[②],天地以要[③]我。不图[④]晋忧,重其怒也;我食吾言[⑤],背天地也。重怒难任[⑥],背天不祥,必归晋君。”公子縶[⑦]曰:“不如杀之,无聚慝[⑧]焉。”子桑曰:“归之而质其大子,必得大成[⑨]。晋未可灭而杀其君,只以成恶[⑩]。且史佚[⑪]有言曰:‘无始祸[⑫],无怙乱[⑬],无重怒。’重怒难任,陵人[⑭]不祥。”乃许晋平。

【注释】①厚:收获大。②戚忧:忧愁。重:通“动”,影响。③要:要挟。④图:谋划,反复考虑。⑤食吾言:说话不算数,不履行诺言。⑥难任:难以承当。⑦公子縶:嬴姓赵氏,名縶,字子显,秦大夫。⑧聚慝:相聚为恶。⑨大成:大为有利的讲和条件。⑩成恶:使关系更恶化。⑪史佚:原名尹佚、尹逸,西周初年太史。⑫始祸:为祸乱的首倡者。⑬怙乱：恃人之乱以为己利。⑭陵人：欺凌他人。

【译文】秦国的大夫们请求将晋惠公带进国都，秦穆公说：“抓住晋惠公，是我们带回来的巨大收获。如果因此而发生丧事，这又有什么用？你们又能得到什么好处呢？而且晋国人用忧愁来影响我，用天地来约束我，如果不顾及晋国人的忧愁，便会加深他们对秦国的愤怒。如果我不履行自己的诺言，就会违背天地之意。深重的愤怒是我担当不起的，而违背天地将会不吉利，一定得将晋惠公放回去。”公子絷说：“不如杀了他吧，这样就不会积聚邪恶。”子桑说：“让他回国而将他的太子留作人质，一定对我们讲和大为有利。现在晋国还没有灭亡，如果我们杀死了他们的国君，只会使关系更恶化。而且史佚曾说过：‘不要成为祸乱的首倡者，不要恃人之乱而为己利，不要因事而增加愤怒。’增加愤怒将让人难以承担，而欺凌别人又会不吉利。”于是秦穆公同意与晋国讲和。

晋侯使郤乞[①]告瑕吕饴甥，且召之。子金[②]教之言曰：“朝国人[③]而以君命赏，且告之曰：‘孤虽归，辱社稷矣。其卜贰圉[④]也。’”众皆哭。晋于是乎作爰田[⑤]。吕甥曰：“君亡之不恤，而群臣是忧，惠之至也。将若君何？”众曰：“何为而可？”对曰：“征缮以辅孺子[⑥]，诸侯闻之，丧君有君，群臣辑睦[⑦]，甲兵益多，好我者劝，恶我者惧，庶有益乎！”众说。晋于是乎作州兵[⑧]。

【注释】①郤乞：晋国大夫，郤氏，郤芮族人。②子金：瑕吕饴甥的字。③朝国人：使国人到朝堂前共同商议国家大事。④卜贰圉：占卜日期立子圉为君。圉：即子圉，晋太子。⑤作爰（yuán）田：把土地分赏给众人，减轻劳役地租。⑥征缮：征收赋税，修治军备。孺子：指子圉。⑦辑睦：和睦，团结。⑧作州兵：指改革军制，扩充军备。

【译文】晋惠公派郤乞把情况报告给瑕吕饴甥，并召他前来。饴甥教郤乞说："让国人到朝堂前共同商议国家大事，以国君的名义赏赐他们，并且告诉他们说：'我虽然回国了，但已让国家受到了侮辱，还是占卜一个吉日立太子圉为国君吧。'"大家听完都哭了起来。晋国于是把土地分赏给群臣，减轻劳役地租。瑕吕饴甥说："国君没有担忧自己身在国外，却为群臣而忧虑，这真是莫大的恩惠啊。我们该如何报答国君呢？"大夫们说："要怎么做才行呢？"瑕吕饴甥回答说："征收赋税，修治军备，辅助太子。如果诸侯听到我们失去国君后又有了新的国君，且群臣和睦，军备武器比以前更多，那么与我们交好的国家便会勉励我们，与我们有仇怨的国家便会害怕我们，希望会有所帮助吧！"众人听后很高兴，晋国于是开始改革军制，扩充军备。

初，晋献公筮嫁伯姬于秦，遇《归妹》䷵之《睽》䷥[①]。史苏[②]占之曰："不吉。其繇[③]曰：'士刲[④]羊，亦无衁[⑤]也。女承筐，亦无贶[⑥]也。西邻责言[⑦]，不可偿也。《归妹》之《睽》，犹无相[⑧]也。'《震》之《离》，亦《离》之《震》，为雷为火[⑨]。为嬴败姬[⑩]，车说其輹[⑪]，火焚其旗，不利行师，败于宗丘[⑫]。《归妹》《睽》孤[⑬]，寇张之弧[⑭]，侄其从姑[⑮]，六年其逋，逃归其国，而弃其家[⑯]，明年其死于高梁之虚。"

【注释】①《归妹》：六十四卦之一，卦象为兑下震上。之：变。《睽》：六十四卦之一，卦象为兑下离上。②史苏：晋卜筮的官员。③繇（zhòu）：通“籀”，古时占卜的文辞。④刲（kuī）：割，刺。⑤衁（huāng）：血。⑥贶（kuàng）：赐。⑦西邻：指秦国，秦在晋西。责言：责备之言。⑧无相：无助。归妹是嫁女之卦，睽是乖离之象，所以说“无相”。⑨为雷为火：指震为雷，离为火。由震变离则是为火，由离变震则是为雷。⑩为嬴败姬：秦国嬴姓，晋国姬姓，即秦打败晋国。⑪车说其輹（fù）：车子脱落伏兔。说，脱。輹，固定车轴的东西，又名伏兔。⑫宗丘：即韩原。⑬《归妹》《睽》孤：归妹，即嫁女；睽指睽违，睽离，故说睽孤。⑭弧：木弓。⑮侄其从姑：侄子跟着姑姑。指子圉到秦做人质，跟从在穆姬身边。⑯弃其家：抛妻弃子。指子圉娶怀嬴。

【译文】起初，晋献公将伯姬嫁到秦国时曾占筮，卦象由《归妹》变成了《睽》卦。史苏因此预测说：“不吉利。卦辞表示：‘男人宰羊时，不见血浆；女人背着筐，无物可装。西邻有责备之言，没有办法补偿。《归妹》变《睽》卦，将没有人会帮忙。’《震》卦变成《离》卦，也是《离》卦变成《震》卦，由震变离则是为火，由离变震则是为雷。姓嬴的秦国打败姓姬的晋国，车子脱离了车轴，大火烧毁了军旗，不利于出兵打仗，在宗丘将会被打败。《归妹》是嫁女，《睽》是孤独，敌人的木弓已然张舒。侄子跟着姑姑，六年之后才能逃走，逃回了自己的国家，抛弃了自己的妻儿，第二年他将死在高梁的废墟中。”

及惠公在秦，曰：“先君若从史苏之占，吾不及此夫！”韩简侍，曰：“龟，象也[①]；筮，数也[②]。物生而后有象，象而后有滋[③]，滋而后有数。先君之败德，及可数乎[④]？史苏是占，勿从何益？《诗》[⑤]曰：

‘下民之孽，匪降自天，僔沓背憎[6]，职竞由人[7]。’”

【注释】①象：形象，象征。占卜用龟甲，烧灼后根据裂纹而测吉凶。②数：数字。占筮用蓍草，通过揲蓍，根据束数推演成卦而占祸福。③滋：通“孳”，滋生，繁殖。④及可数乎：意为非筮数所生。⑤《诗》：出自《诗·小雅·十月之交》。⑥僔（zǔn）沓背憎：意为相聚是谈论热烈，背后相互怨憎。僔沓，相聚面语。背憎，背地里憎恨。⑦职竞由人：主导者终究在人。职，主。竞，终究。

【译文】等到晋惠公被抓到秦国，他说：“先君如果听从了史苏的占卜，我也不会落得如此地步啊！”韩简跟随在旁边侍奉，说：“龟甲占卜，得到的是形象；筮草占卜，得到的是数字。事物生长后便会有形象，有了形象后才能滋长，滋长之后才有数字。先君德行败坏，可以用数字来计量吗？史苏的那次占卜，先君即使听从了，又有什么好处呢？《诗经》中说：‘百姓遭遇的灾祸，不是从天而降的。当面附和而背后憎恨，主导者终究在于人啊。’”

震夷伯之庙，罪之也，于是展氏有隐慝[1]焉。

【注释】①隐慝：人所不知的罪恶，或不可告人的罪恶。

【译文】雷电击中了夷伯的庙宇，这是神明降罪于他，由此可知展氏有不可告人的罪恶。

冬，宋人伐曹，讨旧怨[1]也。

【注释】①旧怨：指庄公十四年曹国与齐、陈攻打宋国。

【译文】冬季，宋国人进攻曹国，是讨伐以前的仇怨。

楚败徐于娄林，徐恃救也。

【译文】楚国在娄林击败了徐国，是因为徐国依仗有诸侯的救援而产生懈怠。

十月，晋阴饴甥会秦伯，盟于王城[①]。秦伯曰："晋国和乎？"对曰："不和。小人耻失其君而悼丧其亲，不惮征缮以立圉也，曰：'必报仇，宁事戎狄。'君子爱其君而知其罪，不惮征缮以待秦命，曰：'必报德，有死无二。'以此不和。"秦伯曰："国谓君何[②]？"对曰："小人戚，谓之不免。君子恕[③]，以为必归。小人曰：'我毒秦，秦岂归君？'君子曰：'我知罪矣，秦必归君。贰而执之，服而舍之，德莫厚焉，刑莫威焉。服者怀德，贰者畏刑。此一役也，秦可以霸。纳而不定，废而不立，以德为怨，秦不其然。'"秦伯曰："是吾心也。"改馆晋侯，馈七牢[④]焉。

【注释】①王城：当在今陕西省大荔县东。②国谓君何：国人以为晋侯命运会怎样。③恕：推己及人。④牢：古代祭祀或宴享时用的牲畜。牛羊豕各一曰太牢，羊豕各一曰少牢。

【译文】十月，晋国的阴饴甥会见秦穆公，双方在王城订立了盟约。秦穆公说："晋国国内团结吗？"阴饴甥回答说："不团结。平民以国君被俘为耻，并哀悼战死的将士，不怕征收赋税、修治军备来辅佐子圉为国君，并说：‘一定要报仇，宁愿因此而事奉戎狄。’而君子则爱护自己的国君并知道他的过失，不怕征收赋税、修治军备来等待秦国的命令，并说：‘一定要报答秦国的恩德，哪怕是死也没有二心。’因为这样，所以不和睦。”秦穆公说：“国人认为国君的命运会如何？”阴饴甥回答说：“平民忧愁，认为国君不会被赦免；君子推己及人，认为国君一定会回来。平民说：‘我们得罪了秦国，秦国又怎么会让国君回来呢？’君子说：‘我们已经认罪了，秦国一定会放国君回来。因为三心二意而被抓，因为认罪了而释放他，没有比这更仁厚的德行了，没有比这更威严的刑罚了。认罪的人感念恩德，三心二意的人害怕刑罚。通过此次战役，秦国可以称霸诸侯了。让他回国而不让他的君位稳定，甚至废除他而不另立新君，使恩德变成了怨恨，秦国不会这样做的。’”秦穆公说：“这正是我想的啊。”于是让晋惠公住进了驿馆，并赠送给他牛、羊、猪各七头。

蛾析谓庆郑曰[①]：“盍[②]行乎？”对曰：“陷君于败，败而不死，又使失刑[③]，非人臣也。臣而不臣，行将焉入？”十一月，晋侯归。丁丑，杀庆郑而后入。

【注释】①蛾析：晋大夫。②盍：何不，表示反问或疑问。③失刑：不能实施刑罚。

【译文】蛾析对庆郑说：“你为什么不逃走呢？”庆郑回答说：“我让国君陷入失败，国君失败了我又没死，又让国君不能实施刑罚，这不是做臣子应该有的行为。身为臣子却不遵守臣道，又能逃到哪里去呢？”十一月，晋惠公被放回国。丁丑日，晋惠公杀了庆郑，然后进入国都。

是岁，晋又饥，秦伯又饩[①]之粟，曰：“吾怨其君而矜[②]其民。且吾闻唐叔[③]之封也，箕子[④]曰：‘其后必大。’晋其庸可冀乎[⑤]！姑树德焉，以待能者。”于是秦始征晋河东，置官司焉。

【注释】①饩（xì）：赠送别人谷物。②矜：怜悯，怜惜。③唐叔：晋国的始祖，武王之子，成王之弟，名虞，始封于唐，故曰康叔，后迁曲沃，因南有晋水，故改曰晋。④箕子：名胥余，是文丁的儿子，帝乙的弟弟，纣王的叔父，官太师，封于箕。⑤庸：怎么。冀：尽。

【译文】这一年，晋国又发生了饥荒，秦穆公再次赠给晋国粟米，并说：“我怨恨他们的国君，但怜惜他们的百姓。而且我听说唐叔在受封时，箕子曾说：‘他的后代一定昌盛。’晋国的将来还是很有希望的吧！姑且我们树立恩德以等待能人的出现。”于是秦国开始在晋国黄河以东的地区征收赋税，并设置了官员。

僖公十六年

【经】十有六年[①]春，王正月戊申朔，陨石于宋五。是月，六鹢退飞[②]，过宋都。三月壬申，公子季友卒。夏四月丙申，鄫季姬卒。秋七月甲子，公孙兹卒。冬十有二月，公会齐侯、宋公、陈侯、卫侯、郑伯、许男、邢侯、曹伯于淮[③]。

【注释】①十有六年：公元前644年。②鹢（yì）：一种水鸟，能高飞。退飞：鸟飞遇风而不能前进。③齐侯：即齐桓公。宋公：即宋襄公。陈侯：即陈穆公。卫侯：即卫文公。郑伯：即郑文公。许男：即许僖公。曹伯：即曹共公。淮：位于江苏盱眙县。

【译文】十六年春季，周历正月戊申朔，从天上坠下了五块石头落在宋国。这一月，六只鹢鸟遇风不能前进，经过了宋国国都。三月壬申日，公子季友去世。夏季四月丙申日，鄫季姬去世。秋季七月甲子日，公孙兹去世。冬季十二月，僖公在淮地与齐桓公、宋襄公、陈穆公、卫文公、郑文公、许僖公、邢侯、曹共公相会。

【传】十六年春，陨石于宋五，陨星也。六鹢退飞，过宋都，风也。周内史叔兴聘于宋，宋襄公问焉，曰："是何祥[①]也？吉凶焉在？"对曰："今兹[②]鲁多大丧，明年齐有乱，君将得诸侯而不终。"退而告人曰："君失问[③]。是阴阳之事，非吉凶所生也。吉凶由人，吾不敢逆[④]君故也。"

【注释】①祥：吉凶的先兆。②今兹：今年。③失问：询问不当。④逆：违背。

【译文】十六年春季，从天上坠下了五块石头落在宋国境内，这是陨落的流星。另外有六只鹢鸟不能前进而飞过了宋国国都的上空，是由于风大。当时周内史叔兴正在宋国访问，宋襄公向他询问这两件事，说："这是什么征兆？吉凶会在什么地方？"叔兴回答说："今年鲁国将有大的丧事，齐国明年将有动乱，君王将会得到诸侯的拥护却无法维持到最后。"叔兴退下后对别人说："国君询问的不恰当啊。这是由于阴阳的两件事，而与人事吉凶并没有什么关系。吉凶是由人的行为所决定的，我因为不敢违背国君命令而不得不这样回答。"

夏，齐伐厉不克，救徐而还。

【译文】夏季，齐国攻打厉国，但没有获胜，在救援徐国后便回国了。

秋，狄侵晋，取狐、厨、受铎[①]，涉汾，及昆都[②]，因晋败也。

【注释】①狐、厨、受铎：都在今山西襄汾县境内。狐、厨，可能是一邑，也可能是两邑。②昆都：晋邑，在今山西临汾县南，汾水之东。

【译文】秋季，狄人入侵晋国，攻取了狐、厨、受铎，然后渡过汾水，到达昆都，是凭着晋国刚被秦国打败的机会。

王[①]以戎难告于齐，齐征诸侯而戍周。

【注释】①王：指周襄王。

【译文】周襄王将戎人攻打王城的事告诉了齐国，齐国因此调集诸侯军队守卫周。

冬十一月乙卯，郑杀子华[1]。

【注释】①子华：郑国太子。

【译文】冬季十一月乙卯日，郑国杀了太子子华。

十二月会于淮，谋鄫，且东略[1]也。城鄫，役人病[2]。有夜登丘而呼曰："齐有乱。"不果城而还[3]。

【注释】①东略：向东征伐。②役人：供役使的人。病：困乏。③不果城而还：未把城墙筑好就返回了。

【译文】十二月，鲁僖公与诸侯在淮地会面，商量救援鄫国，并且打算向东征伐。诸侯军为鄫国修筑城墙，服劳役的人疲惫不堪。有人在夜里登上小山叫喊："齐国发生动乱了。"诸侯没把城墙筑完便各自回国了。

僖公十七年

【经】十有七年[1]春，齐人、徐人伐英氏[2]。夏，灭项[3]。秋，夫人姜氏会齐侯于卞[4]。九月，公至自会。冬十有二月乙亥，齐侯小白卒。

【注释】①十有七年：公元前643年。②英氏：国名，偃姓，位于今大别山腹地的安徽省六安市金寨县③项：姬姓，子爵，又称项子国，位于今河南省沈丘县与项城市之间。④卞：鲁邑，在今山东省泗水县东南。

【译文】十七年春季，齐国人、徐国人联合攻打英氏国。夏季，灭掉了项国。秋季，僖公夫人姜氏与齐桓公在卞地会面。九月，僖公会盟后回国。冬季十二月乙亥日，齐桓公小白去世。

【传】十七年春，齐人为徐伐英氏[①]，以报娄林之役也。

【译文】十七年春季，齐国人为救徐国而攻打英氏国，是为了报复楚国在娄林击败徐国那一战之仇。

夏，晋大子圉为质于秦，秦归河东[①]而妻之。

【注释】①河东：即晋割给秦的河东五城。

【译文】夏季，晋国太子圉去秦国做人质，秦穆公把河东的土地归还给了晋国，并将女儿嫁给了太子圉。

惠公之在梁[①]也，梁伯妻之。梁嬴孕，过期[②]，卜招父[③]与其子卜之。其子曰：“将生一男一女。”招曰：“然。男为人臣，女为人妾。”故名男曰圉，女曰妾。及子圉西质，妾为宦女[④]焉。

【注释】①梁：国名，嬴姓。故其女称为梁嬴。②过期：怀孕超过十个月未分娩称过期。③卜招父：梁国太卜。④宦女：侍女。

【译文】晋惠公在梁国时，梁伯将女儿嫁给了他。梁嬴怀孕，足月也没有生产。卜招父与他的儿子为此占卜，他的儿子说："将会生下一男一女。"卜招父说："是的。男的将成为别人的奴仆，女的将成为别人的奴婢。"因此给男孩取名圉，女孩取名妾。等到子圉到秦国做人质，妾也在秦国做了侍女。

师灭项。淮之会，公有诸侯之事[①]，未归而取项。齐人以为讨，而止[②]公。

【注释】①诸侯之事：指国家事务。②止：拘捕。

【译文】鲁军灭掉了项国。在淮地会见时，僖公正好还有国事要处理，因此没有回国，而鲁军攻取了项国。齐国人因此事声讨鲁僖公，并拘捕了他。

秋，声姜以公故[①]，会齐侯于卞。九月，公至。书曰"至自会"，犹有诸侯之事焉，且讳之也。

【注释】①声姜：僖公夫人，齐女。

【译文】秋季，声姜因为僖公的缘故，与齐桓公在卞地会面。九月，僖公来到。《春秋》中记载说"至自会"，是因为僖公还有国事要处理，而且顾忌被齐国拘捕的事。

齐侯之夫人三：王姬，徐嬴，蔡姬[①]，皆无子。齐侯好内[②]，多内宠，内嬖如夫人者六人[③]：长卫姬，生武孟[④]；少卫姬，生惠公[⑤]；郑姬，生孝公[⑥]；葛嬴，生昭公[⑦]；密姬，生懿公[⑧]；宋华子，生公子雍。公与管仲属孝公于宋襄公，以为大子。雍巫[⑨]有宠于卫共姬，因寺人貂以荐羞[⑩]于公，亦有宠，公许之立武孟。管仲卒，五公子[⑪]皆求立。冬十月乙亥，齐桓公卒。易牙入，与寺人貂因内宠以杀群吏，而立公子无亏。孝公奔宋。十二月乙亥，赴[⑫]。辛巳，夜殡[⑬]。

【注释】①王姬：周王室之女。徐嬴：徐国之女。蔡姬：蔡国之女。②好内：好女色。③内嬖：宫内宠幸之姬妾。如夫人：待遇等同于夫人。④武孟：即公子无亏。桓公卒后即位，在位仅三个月，为国人所杀。⑤惠公：即公子元，继懿公后为君，在位十年。⑥孝公：即公子昭，继无亏后为君，在位十年。⑦昭公：即公子潘，继孝公后为君，在位二十年。⑧懿公：即公子商人。昭公卒，子舍立，商人杀舍自立，在位四年。⑨雍巫：即易牙，名巫。雍，指饔人，宫中掌烹调之官。⑩羞：通“馐”。⑪五公子：指除孝公以外的五个公子。⑫赴：向诸侯发出丧事讣告。⑬殡：停放灵柩或把灵柩送到墓地去。

【译文】齐桓公的三位夫人王姬、徐嬴以及蔡姬，都没有生下儿子。齐桓公喜好女色，内宠很多，内宠中待遇等同于夫人的有六个人，分别是长卫姬，生下武孟；少卫姬，生下惠公；郑姬，生下孝公；葛嬴，生下昭公；密姬，生下懿公；宋华子，生下公子雍。桓公与管仲将孝公托付给了宋襄公，并将他立为太子。易牙很得卫共姬的宠信，又凭借寺人貂的关系，经常能把美味的食物进献给桓公，因此也得到了齐桓公的宠爱，桓公答应他立武孟为继承人。管仲死后，五个公子都谋求继承君位。冬季十月乙亥日，齐桓公去世。易牙进入宫中，联合寺人貂，依靠那些内宠杀死了执政大夫们，并立公子无亏为国君。孝公被迫逃到了宋国。十二月乙亥日，齐国才发出讣告，向诸侯报丧。辛巳日夜，入殓。

僖公十八年

【经】十有八年[①]春，王正月，宋公、曹伯、卫人、邾人伐齐[②]。夏，师救齐。五月戊寅，宋师及齐师战于甗[③]，齐师败绩。狄救齐。秋八月丁亥[④]，葬齐桓公。冬，邢人，狄人伐卫。

【注释】①十有八年：公元前642年。②宋公：即宋襄公。曹伯：即曹共公。③甗（yǎn）：齐邑，在今山东省济南市西南。④八月丁亥：八月无丁亥日，有误。

【译文】十八年春季，周历正月，宋襄公、曹共公、卫国人、邾国人联合讨伐齐国。夏季，鲁国率军救援齐国。五月戊寅日，宋军与齐军在甗地交战，齐军大败。狄国率军救援齐国。秋八月丁亥日，齐桓公下葬。冬季，邢国人、狄国人攻打卫国。

【传】十八年春，宋襄公以诸侯伐齐。三月，齐人杀无亏。

【译文】十八年春季，宋襄公率诸侯军讨伐齐国。三月，齐国人杀了无亏。

郑伯始朝于楚，楚子赐之金[1]，既而悔之，与之盟曰："无以铸兵[2]。"故以铸三钟。

【注释】①楚子：即楚成王。金：指铜。②无以铸兵：不可用所赐之铜铸造兵器。

【译文】郑文公第一次去朝见楚国，楚成王赐给他铜，但不久后又后悔了，因此与他盟誓说："请不要用它铸造武器。"所以郑文公用这些铜铸造了三口大钟。

齐人将立孝公，不胜四公子[1]之徒，遂与宋人战。夏五月，宋败齐师于甗，立孝公而还。

【注释】①四公子：指昭公潘、懿公商人、惠公元及公子雍。

【译文】齐国人准备立孝公为国君，但胜不了四公子的党羽，这些人于是与宋国人交战。夏季五月，宋军在甗地打败了齐军，拥立孝公为齐国国君后回国。

秋八月，葬齐桓公。

【译文】秋季八月，安葬了齐桓公。

冬，邢人、狄人伐卫，围菟圃[1]。卫侯[2]以国让父兄子弟及朝众曰："苟能治之，毁请从焉。"众不可，而后师于訾娄[3]。狄师还。

【注释】①菟圃：卫地，位于河南省长垣县境内。②卫侯：即卫文公，姬姓，卫氏，初名辟疆，后改名毁，春秋时期卫国第二十任国君。③訾娄：卫邑，在今河南滑县西南，与长垣相接。

【译文】冬季，邢国人、狄国人攻打卫国，包围了菟圃。卫文公将国君之位让给父兄子弟以及朝中大夫，说："谁如果能治理好国家，我便跟从他。"众人不同意，而后率军在訾娄摆开阵势迎敌。狄军因此撤兵。

梁伯益其国而不能实也[1]，命曰新里[2]，秦取之。

【注释】①益其国：修筑很多城邑。实：使百姓居住。②新里：秦占领后称为新城，位于今陕西澄城县东北。

【译文】梁伯扩张疆土，修建了很多城邑，却没能把百姓迁到那里居住，为新建城邑命名新里，但被秦国占领了。

僖公十九年

【经】十有九年[1]春，王三月，宋人执滕子婴齐。夏六月，宋公、曹人、邾人盟于曹南[2]。鄫子会盟于邾。己酉，邾人执鄫子，用[3]之。

秋，宋人围曹。卫人伐邢。冬，会陈人、蔡人、楚人、郑人盟于齐。梁亡。

【注释】①十有九年：公元前641年。②曹南：曹国南部边境。③用：用作牲畜，即作祭物。

【译文】十九年春季，周历三月，宋国人抓住了滕子婴齐。夏季六月，宋襄公、曹国人、邾国人在曹国南部边境结盟。鄫子去邾国参加盟会。己酉日，邾国人抓住了鄫子，把他作为祭品。秋季，宋国人包围了曹国。卫国人攻打邢国。冬季，僖公与陈国人、蔡国人、楚国人、郑国人在齐国会盟。梁国被灭。

【传】十九年春，遂城而居之。

【译文】十九年春季，秦国人在新里修筑了城墙，并将百姓迁到那里居住。

宋人执滕宣公[①]。

【注释】①滕宣公：即滕子婴齐，滕国国君。

【译文】宋国人抓住了滕宣公。

夏，宋公使邾文公用鄫子于次睢之社[①]，欲以属东夷。司马子鱼[②]曰："古者六畜不相为用[③]，小事不用大牲，而况敢用人乎？祭祀以为人也。民，神之主也。用人，其谁飨之？齐桓公存三亡国[④]以属诸侯，义士犹曰薄德。今一会而虐二国之君，又用诸淫昏之鬼[5]，将以求霸，不亦难乎？得死[6]为幸！”

【注释】①次睢之社：次睢的土地神。次睢，地名，一说在今江苏省铜山县附近，一说在今山东临沂市东北。②司马子鱼：即公子目夷。③不相为用：不能相混。④存三亡国：指桓公平定鲁国内乱立僖公、筑夷仪封刑、城楚丘封卫。⑤淫昏之鬼：指次睢之社奉祀的妖神。⑥得死：即善终。

【译文】夏季，宋襄公派邾文公用鄫子祭祀次睢的土地神，想以此让东夷前来依附。司马子鱼说：“古时候六种牲畜不能混用来祭祀，小的祭祀不用杀大牲口，何况是牺牲人呢？祭祀是为了人，而百姓是神的主人。杀人来祭祀，什么神会享用呢？齐桓公恢复了鲁、卫、邢三个被灭亡的国家，从而使诸侯归附，义士还说他德行微薄。如今这次会盟却侵害了两个国家的君主，又用他们来祭祀邪恶昏乱的妖神，想以此来求得霸业，不也是很难吗？能够善终就已经非常幸运了！”

秋，卫人伐邢，以报菟圃之役。于是卫大旱，卜有事[1]于山川，不吉。宁庄子曰：“昔周饥，克殷而年丰。今邢方无道，诸侯无伯[2]，天其或者欲使卫讨邢乎？”从之，师兴而雨。

【注释】①有事：即祭祀之事。②伯：首领，盟主。

【译文】秋季，卫国人攻打邢国，是为了报复菟圃战役之仇。当时卫国大旱，为祭祀山川而占卜，结果不吉利。宁庄子说：“从前周朝发生饥荒，打败商朝后便获得了丰收年。现在邢国无道，诸侯也没有领袖，这或者是上天要让卫国去攻打邢国吧？”卫国国君听从了他的话，当军队征集好时便下起雨来。

宋人围曹，讨不服也。子鱼言于宋公曰：“文王闻崇[①]德乱而伐之，军三旬[②]而不降，退修教而复伐之，因垒[③]而降。《诗》曰：‘刑于寡妻，至于兄弟，以御于家邦。’[④]今君德无乃犹有所阙，而以伐人，若之何？盍姑内省德乎[⑤]？无阙而后动。”

【注释】①崇：即崇侯虎，为崇城国君，侯爵，名虎。崇，国名，在今陕西户县。②军三旬：军队进攻了三十天。③因垒：依之前修筑的壁垒。④《诗》：出自《诗·大雅·思齐》。刑：同“型”，示范。寡妻：嫡妻。御：治理。⑤内：退。省德：自省德行。

【译文】宋国人包围了曹国，是为了讨伐曹国不肯顺服。子鱼对宋襄公说：“文王听说崇侯虎德行昏乱后便率军前去讨伐，军队进攻了三十天而崇国还是没有投降。文王因此退兵回国，修明德政，然后再次攻打，仍旧凭依之前修筑的壁垒，这次崇国投降了。《诗经》中说：‘在嫡妻面前做好榜样，由此推及到为兄弟做好表率，以此来治理一家一国。’现在君王的德行恐怕还有所欠缺，而以此攻打曹国，又怎么能取胜呢？为什么不暂且撤回去反省自己的德行？等到德行没有缺失了再行动。”

陈穆公请修好于诸侯，以无忘齐桓之德。冬，盟于齐，修桓公之好也。

【译文】陈穆公请求与诸侯重新修好，以表示不忘齐桓公的德行。冬季，诸侯在齐国会盟，重新建立了齐桓公时的友好关系。

梁亡，不书其主，自取之也。初，梁伯好土功，亟[①]城而弗处，民罢[②]而弗堪，则曰："某寇将至。"乃沟公宫[③]，曰："秦将袭我。"民惧而溃，秦遂取梁。

【注释】①亟：屡次。②罢：通"疲"。③沟公宫：在梁伯宫室外挖成深沟。

【译文】梁国被灭，《春秋》中没有记载是被谁灭的，因为这是梁国自取灭亡。起初，梁伯喜好大兴土木，多次修城却又没有人居住，百姓也因此疲惫不堪，有人便传言说："某某敌人要来了。"于是在国君的宫室外挖了条沟，说："秦国将要来袭击我国。"百姓因为害怕而逃散了，秦国于是趁机灭了梁国。

僖公二十年

【经】二十年[①]春，新作南门[②]。夏，郜子来朝。五月乙巳，西宫[③]灾。郑人入滑。秋，齐人、狄人盟于邢。冬，楚人伐随。

【注释】①二十年：公元前640年。②南门：本名稷门，僖公重建，比别门高大，改名为高门。③西宫：鲁宫名，鲁有东、西、北宫。

【译文】二十年春季，鲁国重新修建南门。夏季，郜子来鲁国朝见。五月乙巳日，西宫发生了火灾。郑国人入侵滑国。秋季，齐国人与狄国人在邢国结盟。冬季，楚国人讨伐随国。

【传】二十年春，新作南门。书，不时也。凡启塞从时[①]。

【注释】①启塞：门户、道路、桥梁和城郭、护城河。

【译文】二十年春季，鲁国重新修建南门。《春秋》中记载这件事，是因为修建时不符合时令。凡是修筑门户、道路、桥梁和城郭、护城河，都应该符合时令。

滑人叛郑而服于卫。夏，郑公子士、泄堵寇帅师入滑[①]。

【注释】①公子士：郑文公之子。泄堵寇：郑大夫。

【译文】滑国人背叛郑国而归顺卫国。夏季，郑国的公子士、泄堵寇率军入侵滑国。

秋，齐、狄盟于邢，为邢谋卫难也。于是卫方病邢[①]。

【注释】①病：担忧。

【译文】秋季，齐国和狄国在邢国订立盟约，为的是帮邢国商议应对卫国的攻击。于是卫国开始担心邢国会侵扰自己。

随以汉东诸侯叛楚。冬，楚斗谷於菟帅师伐随，取成[1]而还。君子曰："随之见伐，不量力也。量力而动，其过鲜矣。善败[2]由己，而由人乎哉？《诗》[3]曰：'岂不夙夜[4]，谓行多露[5]。'"

【注释】①取成：迫使对方接受议和。②善败：即成败。③《诗》：出自《诗·召南·行露》。④夙夜：清晨与夜晚。⑤谓：奈何。行：道路。

【译文】随国率汉水以东的诸侯背叛楚国。冬季，楚国的斗谷於菟率军攻打随国，迫使随国接受议和后回国。君子说："随国被攻打，是因为自不量力。如果能根据自己的力量然后采取行动，便很少会有祸患了。成败在于自己，难道与别人有关吗？《诗经》中说：'难道不想早早赶路吗？奈何路上的露水太多了。'"

宋襄公欲合诸侯，臧文仲[1]闻之，曰："以欲从人[2]，则可；以人从欲[3]，鲜济。"

【注释】①臧文仲：鲁臣，即臧孙辰，臧哀伯次子。②以欲从人：克制自己，将自己的欲望服从别人。③以人从欲：强制别人服从自己的欲望。

【译文】宋襄公想要与诸侯会合，臧文仲听说了，便说："拿自己的欲望服从别人，这是可以实现的；但要想让别人服从自己的欲望，这很少有成功的。"

僖公二十一年

【经】二十有一年[①]春，狄侵卫。宋人、齐人、楚人盟于鹿上[②]。夏，大旱。秋，宋公、楚子、陈侯、蔡侯、郑伯、许男、曹伯会于盂[③]。执宋公以伐宋。冬，公伐邾。楚人使宜申[④]来献捷。十有二月癸丑，公会诸侯盟于薄[⑤]。释宋公。

【注释】①二十有一年：公元前639年。②鹿上：宋地，在今安徽阜阳市南。③宋公：即宋襄公。楚子：即楚成王。陈侯：即陈穆公。蔡侯：即蔡庄公。郑伯：即郑文公。许男：即许僖公。曹伯：即曹共公。盂：宋地，位于今河南睢县。④宜申：即斗宜申，字子西，若敖氏后裔，楚国司马。⑤薄：即亳，宋邑，位于今河南商丘市北。

【译文】二十一年春季，狄国人侵袭卫国。宋国人、齐国人、楚国人在鹿上结盟。夏季，鲁国大旱。秋季，宋襄公、楚成王、陈穆公、蔡庄公、郑文公、许僖公、曹共公在盂地会盟。抓住了宋襄公来攻打宋国。冬季，僖公率军攻打邾国。楚国派遣宜申来鲁国进献攻打宋国的战利品。十二月癸丑日，僖公与诸侯在薄地会盟，释放了宋襄公。

【传】二十一年春，宋人为鹿上之盟，以求诸侯[①]于楚。楚人许之。公子目夷曰："小国争盟，祸也。宋其亡乎，幸而后败[②]。"

【注释】①求诸侯：即要求诸侯奉己为盟主。②幸而后败：失败得晚一点就算幸运了。

【译文】二十一年春季，宋国人在鹿上举行了会盟，要求当时归附楚国的中原诸侯尊奉自己为盟主。楚国人答应了。公子目夷说：“小国争当盟主，这是灾祸啊。宋国会被灭亡吧，如果是能晚一点失败都算是幸运了。”

夏，大旱。公欲焚巫、尪[①]。臧文仲曰：“非旱备也。修城郭，贬食[②]省用，务穑劝分[③]，此其务也。巫、尪何为？天欲杀之，则如勿生；若能为旱，焚之滋甚[④]。”公从之。是岁也，饥而不害[⑤]。

【注释】①巫、尪（wāng）：巫人及突胸仰面的畸形人。②贬食：降低、减少饮食。③务穑：致力于农事。劝分：劝勉富人济贫救荒。④滋甚：更厉害。⑤饥而不害：虽有饥荒，未成大害。

【译文】夏季，鲁国大旱。僖公想将巫人和仰面突胸的畸形人烧死。臧文仲说：“这不是防备旱灾的办法。修理城墙，省吃俭用，大力发展农业，劝勉富人济贫救荒，这才是要做的事。巫人、仰面突胸的畸形人能够做什么？如果上天要杀他们，那么不如不生下他们；如果他们能造成旱灾，那么烧死他们后旱情可能会更加厉害。”僖公听从了他的意见。这一年，虽有饥荒，但没有对百姓造成伤害。

秋，诸侯会宋公于盂。子鱼曰：“祸其在此乎！君欲已甚[①]，其何以堪之？”于是楚执宋公以伐宋。冬，会于薄以释之。子鱼曰：

“祸犹未也，未足以惩君[②]。”

【注释】①已甚：太过分。②惩君：惩罚国君使其悔悟。

【译文】秋季，诸侯与宋襄公在盂地相会。子鱼说：“祸害大概就在这里了吧。国君的欲望太过分了，别的诸侯又怎么能忍受得了呢？”在这次盟会上楚国抓住了宋襄公去攻打宋国。冬季，诸侯在薄地会盟，楚国释放了宋襄公。子鱼说：“灾祸还没有结束啊，单是这次还不足以惩罚国君。”

任、宿、须句、颛臾[①]，风姓也。实司大皞与有济之祀[②]，以服事诸夏[③]。邾人灭须句，须句子来奔，因成风[④]也。成风为之言于公曰：“崇明祀[⑤]，保小寡[⑥]，周礼也；蛮夷猾[⑦]夏，周祸也。若封须句，是崇皞、济而修祀、纾[⑧]祸也。”

【注释】①任：国名，在今山东省济宁市。宿：国名，在今山东东平县。须句：国名，在今山东省东平县东南。颛臾：国名，在今山东省费县西北。②司：主。大皞：即太皞，即伏羲，传说中的古帝名。有济：即济水。③服事：服从。诸夏：指周代分封的诸侯国，即中原各国。④成风：庄公之妾，僖公的母亲，须句人。⑤明祀：太皞与济水的祭祀。⑥小寡：小国寡民。⑦猾：扰乱。⑧纾：缓解。

【译文】任、宿、须句、颛臾四国，都是风姓国。他们负责伏羲与济水神的祭祀，而服从于中原各国。邾国人灭掉了须句，须句国君逃到了鲁国，这是因为僖公的母亲成风是须句人。成风为他们对僖公说：“尊崇明祀，保护小国寡民，这是周的礼仪。蛮夷侵扰中原，这是周的祸患啊。如果封给须句国爵位，这便是尊崇伏羲与济水神并修明祭祀、缓解祸患的做法。”

僖公二十二年

【经】二十有二年[①]春，公伐邾，取须句。夏，宋公、卫侯、许男、滕子伐郑[②]。秋八月丁未，及邾人战于升陉[③]。冬十有一月己巳朔，宋公及楚人战于泓[④]，宋师败绩。

【注释】①二十有二年：公元前638年。②宋公：即宋襄公。卫侯：即卫文公。许男：即许僖公。③升陉：在山东高密境内。④泓：水名，位于今河南柘城县北。

【译文】二十二年春季，僖公率军攻打邾国，攻取了须句。夏季，宋襄公、卫文公、许僖公、滕子联合攻打郑国。秋季八月丁未日，僖公率军与邾国人在升陉交战。冬季十一月己巳朔，宋襄公率军与楚国人在泓水交战，宋军大败。

【传】二十二年春，伐邾，取须句，反其君焉，礼也。

【译文】二十二年春季，鲁国讨伐邾国，占领须句，并护送须句国君回国，这是符合礼的。

三月，郑伯如楚。

【译文】三月，郑文公去了楚国。

夏，宋公伐郑。子鱼曰："所谓祸在此矣。"

【译文】夏季，宋襄公率军攻打郑国。子鱼说："所说的灾祸就在这里了。"

初，平王之东迁也，辛有[①]适伊川，见被发而祭于野者[②]，曰："不及百年，此其戎乎！其礼先亡矣。"

【注释】①辛有：周大夫。伊川：伊河流经的地方，即今河南省嵩县至伊川县境内。②被发：让头发披散下来，为夷狄的风俗。祭于野：在野外墓地进行祭祀，也是夷狄的风俗。

【译文】起初，周平王向东迁都洛阳时，辛有到了伊川，见到一些披着头发在野外祭祀的人，他说："到不了一百年，这里就要变成戎人居住的地方了！周朝的礼仪首先已经开始消亡了。"

秋，秦、晋迁陆浑之戎[①]于伊川。

【注释】①陆浑之戎：古戎人的一个分支，本居瓜州，后迁河南省伊、洛一带。

【译文】秋季，秦国与晋国将陆浑的戎人迁到了伊川。

晋大子圉为质于秦，将逃归，谓嬴氏[①]曰："与子归乎？"对曰："子，晋大子，而辱于秦[②]，子之欲归，不亦宜乎？寡君之使婢子侍执巾栉[③]，以固子[④]也。从子而归，弃君命也。不敢从，亦不敢言。"遂逃归。

【注释】①嬴氏：即怀嬴，秦女，太子子圉之妻。②辱于秦：屈居与秦。③婢子：《礼记·曲礼下》云："自世妇以下自称曰婢子。"执巾栉（zhì）：古时为人妻妾的谦辞。④固子：使你安心住下来。

【译文】晋国的太子圉在秦国做人质，准备逃回晋国，他对嬴氏说："跟我一起回去吗？"嬴氏回答说："你是晋国的太子，却屈居在秦国。你想要回去，这不是应该的吗？我国君主让我成为你的妻子，这是为了让你安心住下来。如果我跟你回去了，便违背了国君的命令。所以我不敢跟你走，也不敢泄露你的计划。"于是太子圉逃回了晋国。

富辰言于王曰[①]："请召大叔[②]。《诗》[③]曰：'协比其邻[④]，昏姻孔云[⑤]。'吾兄弟之不协，焉能怨诸侯之不睦？"王说。王子带自齐复归于京师，王召之也。

【注释】①富辰：周大夫。王：即周襄王。②大叔：即周襄王之弟王子带，于僖公二十年奔齐。③《诗》：出自《诗·小雅·正月》。④协比其邻：与邻里相处融洽亲切。协比，融洽亲切。⑤昏姻孔云：姻亲交往非常友好。孔，甚。

【译文】富辰对周襄王说："请您将太叔召回国吧。《诗经》中说：'与邻居相处融洽，姻亲便能友好交往。'我国兄弟之间不融洽，又怎么能埋怨诸侯之间不和睦呢？”周襄王听后很是高兴。于是王子带便从齐国回到了京师，这是周襄王把他召回来的。

邾人以须句故出师。公卑[①]邾，不设备而御之。臧文仲曰：“国无小，不可易[②]也。无备，虽众不可恃也。《诗》曰：‘战战兢兢，如临深渊，如履薄冰[③]。’又曰：‘敬之敬之，天惟显思，命不易哉[④]！’先王之明德，犹无不难也，无不惧也，况我小国乎！君其无谓邾小。蜂虿[⑤]有毒，而况国乎？”弗听。

【注释】①卑：轻视。②易：轻视、轻慢。③《诗》：出自《诗·小雅·小旻》。战战兢兢：因畏惧而颤抖。形容戒惧谨慎的样子。④此诗出自《诗·周颂·敬之》。⑤蜂虿（chài）：黄蜂、蝎子一类的毒虫。长尾为虿，短尾为蝎。

【译文】邾国人因为鲁国攻取须句的缘故，出兵攻打鲁国。僖公轻视邾国，没有做好防备便去迎敌。臧文仲说：“国家无所谓弱小，都是不能轻视的。如果没有准备好，即便人数再多也是不足以依靠的。《诗经》中说：‘战战兢兢，就好像面对深渊、踩着薄冰一样小心。’又说：‘要谨慎又谨慎，上天光明普照，能够得到上天的保佑是不容易的。’以先王的美德，还没有不困难、不害怕的，何况是我们这样的小国呢？君王不要以为邾国弱小啊。黄蜂、蝎子那么小都有巨毒，更何况是一个国家呢？”僖公没有听从。

八月丁未，公及邾师战于升陉，我师败绩。邾人获公胄[①]，县诸鱼门[②]。

【注释】①胄：头盔。②县：通“悬”。鱼门：邾国的城门。

【译文】八月丁未日，僖公率军与邾军在升陉交战，鲁军大败。邾军缴获了僖公的头盔，并将它悬挂在鱼门上。

楚人伐宋以救郑。宋公将战，大司马固谏曰[①]：“天之弃商[②]久矣，君将兴之，弗可赦也已。”弗听。

【注释】①固：人名，即公孙固。②商：即宋，先祖为微子，其地为商旧都周围地区。

【译文】楚国人攻打宋国来救援郑国。宋襄公准备迎战，大司马固劝阻他说：“上天抛弃我们商朝的后代已经很久了，君王您想要复兴它，那是上天不可饶恕的事。”宋襄公没有听。

冬十一月己巳朔，宋公及楚人战于泓。宋人既成列[①]，楚人未既济[②]。司马曰：“彼众我寡，及其未既济也，请击之。”公曰：“不可。”既济而未成列，又以告。公曰：“未可。”既陈[③]而后击之，宋师败绩。公伤股，门官[④]歼焉。

【注释】①成列：形成队列，排成行列。②未既济：尚未完全渡过泓水。既，尽。③陈：通“阵”，摆阵势。④门官：护卫国君的亲兵，由卿大夫子弟充任。

【译文】冬季十一月己巳朔，宋襄公率军与楚军在泓水边交战。当时宋军已经排列好了阵势，而楚军还没有完全渡过泓水。司马说：“他们人多，我们人少，请君王趁他们还没有全部渡过河就下令攻击他们。”宋襄公说：“不可以。”当楚军渡过了河还没有排开阵势时，司马又请求宋襄公马上进攻楚军，宋襄公又说：“还不行。”等楚军摆开阵势后宋军才发动攻击，结果宋军大败。宋襄公大腿也受了箭伤，保护宋襄公的门官全被杀死了。

国人皆咎[①]公。公曰：“君子不重伤[②]，不禽二毛[③]。古之为军也，不以阻隘[④]也。寡人虽亡国之余，不鼓[⑤]不成列。”子鱼曰：“君未知战。勍敌[⑥]之人，隘而不列，天赞我也。阻而鼓之，不亦可乎？犹有惧焉。且今之勍者，皆吾敌也。虽及胡耇[⑦]，获则取之，何有于二毛？明耻教战[⑧]，求杀敌也。伤未及死，如何勿重？若爱重伤[⑨]，则如勿伤；爱其二毛，则如服焉。三军以利用也[⑩]，金鼓以声气也[⑪]。利而用之，阻隘可也；声盛致志[⑫]，鼓儳[⑬]可也。”

【注释】①咎：责备，追究罪过。②不重伤：对已受伤的敌人不再伤害。③禽：同“擒”。二毛：有白发掺杂在黑发之间的老年人。④不以阻隘：不凭借险隘的地势打败敌人。⑤不鼓：不攻击。古时作战，击鼓为进军的号令。⑥勍（qíng）敌：强敌。⑦胡耇（gǒu）：老年人，长寿者。⑧明耻教战：明白什么是耻辱，然后教之以战术。⑨爱重伤：怜惜伤兵。⑩三军：诸侯大国设上、中、下三军。利用：凭借有利条件来作战。⑪金鼓：两种乐器，古代作为行军进退的号令。以声气：以声音激励士气。⑫声盛：鼓声宏大。致志：鼓起斗志。⑬鼓儳（chán）：乘敌方阵列不整齐时，即鸣鼓进击。儳，列阵不整，进退无章。

【译文】宋国臣民因此都责怪宋襄公。宋襄公说：“君子对已经受伤的人不再伤害，不捉拿头发花白的人。古代的用兵之道，不凭借险隘的地势打败敌人。寡人虽然是殷商亡国的后裔，但也不会攻击没有摆开阵势的敌人。”子鱼说：“国君不懂得作战的道理。强大的敌人，因地形狭隘而没能摆开阵势，这是上天在帮助我们啊。这时拦截并攻击他们，又有什么不可以的呢？这样都还会担心不能取胜呢。再说现在这些强大的国家，都是我们的敌人，即使是遇到老人了，能抓住也要抓回来，是不是头发花白又有什么关系呢？明白什么是国家的耻辱，并以此教导士兵作战，为的就是要多杀敌人。敌人受伤了还没有死，为什么不能再伤害他呢？如果怜惜敌人的伤员而停止攻击，那就应当一开始就不要伤害；如果可怜那些头发已经花白的人，那还不如向他们投降。三军是凭借有利条件来作战的，战鼓是用声音来激励士气的。抓住有利的机会就使用，在险隘之地攻击敌人是可以的；鼓声宏大是为了鼓舞起斗气，攻击没有摆开阵势的敌人也是可以的。”

丙子晨，郑文夫人芈氏、姜氏劳楚子于柯泽[①]。楚子使师缙示之俘馘[②]。君子曰：“非礼也。妇人送迎不出门，见兄弟不逾阈[③]，戎事不迩女器[④]。”

【注释】①柯泽：郑地。②师缙：楚国的乐师。馘（guó）：古代战争中割取敌人的左耳以计数献功。③阈（yù）：门槛。④迩：近。女器：女子使用的东西。

【译文】十一月丙子日早晨，郑文公夫人芈氏、姜氏在柯泽慰劳楚成王。楚成王派师缙把生擒的俘虏与被杀敌人的左耳拿给她们看。君子说：“这是不符合礼制的。妇人送迎客人不出房门，与兄弟相见不出门槛，发生战争时不接近女人用的器具。”

丁丑，楚子入飨于郑，九献[①]，庭实旅百[②]，加笾豆六品[③]。飨毕，夜出，文芈送于军，取郑二姬[④]以归。叔詹[⑤]曰："楚王其不没乎！为礼卒于无别，无别不可谓礼，将何以没？"诸侯是以知其不遂霸也。

【注释】①九献：宴饮之时，主宾酬酢九次。②庭实旅百：院子里陈设的礼品上百。旅，陈列。③笾：古代祭祀和宴会时盛食品用的一种竹器。豆：古代一种盛食物的高脚器皿。品：种。④二姬：姬姓二女。郑，姬姓。⑤叔詹：姬姓，郑国的相，郑文公的弟弟。

【译文】丁丑日，楚成王到郑国接受了享礼，主人向他敬了九次酒，庭院里陈列的礼品有上百件，另外有笾豆装盛事物六件。宴席结束后，楚成王晚上出城，文芈将他送到了军营里，楚成王带了郑国的两个女子回国。叔詹说："楚成王恐怕将不得善终啊！实施礼节后却不分男女，混杂一起，男女混杂一起不能说是符合礼制，他又怎么会得善终呢？"诸侯们因此推断，楚成王不能完成霸业。

僖公二十三年

【经】二十有三年[①]春，齐侯[②]伐宋，围缗[③]。夏五月庚寅，宋公兹父卒。秋，楚人伐陈。冬十有一月，杞子[④]卒。

【注释】①二十有三年：公元前637年。②齐侯：即齐孝公。③缗：位于今山东省金乡县东北。④杞子：即杞成公。

【译文】二十三年春季，齐孝公率军攻打宋国，包围了缗地。夏季五月庚寅日，宋襄公滋父去世。秋季，楚国人攻打陈国。冬季十一月，杞子去世。

【传】二十三年春，齐侯伐宋，围缗，以讨其不与盟于齐也。

【译文】二十三年春季，齐孝公率军攻打宋国，包围了缗地，是为了讨伐宋国不参加齐国举行的会盟。

夏五月，宋襄公卒，伤于泓故也。

【译文】夏季五月，宋襄公去世，是因为在泓水战役中受伤的缘故。

秋，楚成得臣[1]帅师伐陈，讨其贰于宋[2]也。遂取焦、夷[3]，城顿[4]而还。子文以为之功，使为令尹。叔伯[5]曰："子若国何？"对曰："吾以靖[6]国也。夫有大功而无贵仕[7]，其人能靖者与有几？"

【注释】①成得臣：楚臣，字子玉，即令尹子玉。②贰于宋：与宋暗中往来。亦即对楚不忠诚。③焦、夷：都属陈邑，在今安徽亳县境内。④顿：国名，姬姓，在今河南省项城县南顿故城。⑤叔伯：即蔿吕臣，楚大夫。⑥靖：安定。⑦贵仕：位居高官。

【译文】秋季，楚国令尹子玉领军攻打陈国，是为了讨伐陈国暗中与宋国往来背叛楚国。于是攻占了焦、夷，修助了顿国的城墙后回国。子文认为这些都是他的功劳，让楚王封他为令尹。叔伯说："您打算如何治理国家？"子文回答说："我是以令尹之职来安定国家。有了大功而不身居高位的，这样而又能安定国家的有几人呢？"

九月，晋惠公卒。怀公[①]立，命无从亡人[②]。期，期而不至，无赦。狐突之子毛及偃从重耳在秦[③]，弗召。冬，怀公执狐突曰："子来则免。"对曰："子之能仕，父教之忠，古之制也。策名委质[④]，贰乃辟[⑤]也。今臣之子，名在重耳，有年数矣。若又召之，教之贰也。父教子贰，何以事君？刑之不滥，君之明也，臣之愿也。淫刑以逞[⑥]，谁则无罪？臣闻命矣。"乃杀之。卜偃[⑦]称疾不出，曰："《周书》有之：'乃大明，服。'己则不明而杀人以逞，不亦难乎？民不见德而唯戮是闻，其何后之有？"

【注释】①怀公：晋惠公子太子圉。②无从亡人：不要跟随逃亡的重耳。③狐突：晋大夫。毛：即狐毛，晋大夫，晋文公的舅舅，狐偃之兄。偃：即狐偃，字子犯。④策名：名字写在简策上，指出仕。委质：送给尊者的进见礼物。委，置。质，同"贽"，指玉帛、禽鸟一类见面礼品。⑤辟：罪过。⑥淫刑：滥施刑罚。逞：快意，称心。⑦卜偃：晋之卜官名偃。

【译文】九月，晋惠公去世。怀公继位，命令臣民不得跟随重耳等逃亡在外的人。并且规定了期限，如果到期还不回来，将不会赦免。狐突的儿子狐毛与狐偃跟随重耳在秦国，狐突不肯召他们回国。

冬季，怀公抓住了狐突，对他说：“如果你儿子回来就赦免你。”狐突回答说：“当儿子能够做官，父亲用忠诚的道理教他，这是古代的制度。名字写在简策上做为礼物送给主子表示忠心，如果有二心那便是罪过。现在臣的儿子，名字在重耳那里已经有很多年了，如果现在又召他们回来，这便是教他们不忠啊。父亲教儿子不忠，又将以什么来事奉国君呢？不滥用刑罚，这是君主的贤明，也是臣子的愿望。如果为图一时之快而滥用刑罚，那试问谁又没犯过错呢？臣已经听到您的命令了。”晋怀公于是杀了狐突。卜偃推说有病不出门，说：“《周书》上有这样一句话：‘如果君主伟大贤明，那么臣民便会顺服。’自己如果不贤明，反而为图快意而杀人，不也很难成事吗？百姓们看不到他的德行，而听到的只是杀戮，他又怎么会有后代呢？”

十一月，杞成公卒。书曰“子”，杞，夷也。不书名，未同盟也。凡诸侯同盟，死则赴以名，礼也。赴以名，则亦书之，不然则否，辟不敏也①。

【注释】①辟：同“避”，避免。不敏：不真实。

【译文】十一月，杞成公去世。《春秋》中记载称其为“子”，是因为把杞当成夷人。不记载他的名字，是因为他与鲁国没有结盟的缘故。凡是同盟诸侯，死后都会在讣告上写上名字，这是符合礼制的。讣告上写了名字，《春秋》中就会记载，否则将不会记载，这是为了避免记录下不真实的事。

晋公子重耳之及于难[①]也，晋人伐诸蒲城。蒲城人欲战，重耳不可，曰："保君父之命而享其生禄[②]，于是乎得人[③]。有人而校[④]，罪莫大焉。吾其奔也。"遂奔狄。从者狐偃、赵衰、颠颉、魏武子、司空季子[⑤]。狄人伐廧咎如[⑥]，获其二女：叔隗、季隗，纳诸公子。公子取季隗，生伯儵、叔刘，以叔隗妻赵衰，生盾。将适齐，谓季隗曰："待我二十五年，不来而后嫁。"对曰："我二十五年矣，又如是而嫁，则就木[⑦]焉。请待子。"处狄十二年而行。

【注释】①及于难：遭遇祸难。指被骊姬陷害。②保：依靠。生禄：从采邑中得到赋税收入，供给自己生活。③得人：得到人们的拥护。④校：抵抗。⑤赵衰：赵夙之子，后为晋国执政大臣。颠颉（jié）：重耳亲信，晋大夫。魏武子：又名魏犨，重耳亲信，晋大夫。司空季子：又名胥臣、臼季，字季子，曾任司空。⑥廧（qiáng）咎（gāo）如：狄人的一支，隗姓。⑦就木：装入棺椁为死亡之意。

【译文】晋公子重耳遭遇祸难时，晋国军队曾到蒲城攻打过他。蒲城人想要为他迎战，他不同意，说："我因父亲的恩宠而享有俸禄，也因此才有了百姓的拥护。如果有人因拥护我而与君父反抗，那我的罪过将没有比这更大的了。我还是逃走吧。"于是他逃到了狄。跟随他逃跑的有狐偃、赵衰、颠颉、魏武子、司空季子。狄人攻打廧咎如，俘虏了他两个女儿叔隗与季隗，并将她们献给了重耳。重耳娶了季隗为妻，生下了伯儵、叔刘；将叔隗嫁给了赵衰，生下了赵盾。重耳准备到齐国去，临行前他对季隗说："等我二十五年，如果我没回来接你，你就改嫁吧。"季隗回答说："我已经二十五岁了，如果再过二十五年再改嫁，那时已经快要进棺材了。请让我等您。"重耳在狄生活了十二年才离开。

过卫。卫文公不礼焉。出于五鹿[①]，乞食于野人[②]，野人与之块[③]，公子怒，欲鞭之。子犯曰："天赐也。"稽首，受而载之。

【注释】①五鹿：卫地名，一在今河南省濮阳县南，一在今河北省大名县东。②野人：乡下人。③块：土地。

【译文】经过卫国时，卫文公没有对重耳以礼相待。离开五鹿后，曾向乡下人要过食物，那乡下人给了他一块泥土。重耳因此发怒，要鞭打他。子犯说："这是上天赐与我们土地啊。"叩头，接受了泥土后装上车子带走了。

及齐，齐桓公妻之，有马二十乘[①]，公子安之。从者以为不可。将行，谋于桑下。蚕妾[②]在其上，以告姜氏。姜氏杀之，而谓公子曰："子有四方之志，其闻之者吾杀之矣。"公子曰："无之。"姜曰："行也。怀与安[③]，实败名。"公子不可。姜与子犯谋，醉而遣之。醒，以戈逐子犯。

【注释】①乘：马四匹为一乘。②蚕妾：养蚕的女奴。③怀与安：怀恋妻室及贪图安逸。怀，眷恋。

【译文】到达齐国后，齐桓公为重耳娶了妻，又给了他八十匹马，重耳在齐国生活得很安逸。跟随他的人认为不能这样下去了。他们准备离开，于是在桑林下商量动身的事。有个采桑饲蚕的女奴在桑树上偷听到他们的话，便回去将这件事报告给了姜氏。姜氏将女奴杀了，并对重耳说："您有远大的志向，偷听的人我已经将她杀了。"重耳说："没有这回事。"姜氏说："您走吧！怀恋妻子和安于现状，实在是一件败坏名声的事。"重耳还是不肯走。姜氏便与狐偃定下计策，把重耳灌醉后送出了齐国都城。重耳醒来后大怒，拿起长戈就去追杀狐偃。

及曹，曹共公闻其骈胁[①]，欲观其裸。浴，薄[②]而观之。僖负羁[③]之妻曰："吾观晋公子之从者，皆足以相国[④]。若以相，夫子必反其国。反其国，必得志于诸侯。得志于诸侯而诛无礼，曹其首也。子盍蚤自贰[⑤]焉？"乃馈盘飧[⑥]，置璧焉。公子受飧反璧。

【注释】①骈胁：肋骨排列紧密，并为一体。②薄：靠近。③僖负羁：曹国大夫。④相国：辅助国家。⑤贰：二心，指讨好重耳，向他表示礼敬与友好。⑥盘飧（sūn）：盘盛食物的统称。

【译文】他们到了曹国。曹共公听说重耳的肋骨排列紧密并连成一片，所以想看看他的裸身。有一次重耳洗澡，曹共公靠近重耳的身边，偷看到他的肋骨。曹国大夫僖负羁的妻子说："我看跟从晋公子重耳的那些人，其能力都足够担当辅佐国家的大任。如果能得到这些人的帮助，晋公子一定能重新回到晋国成为国君。做了国君之后，他一定能在诸侯中称霸。在诸侯当中称霸后，他一定会讨伐那些对他无礼的人，而曹国恐怕就是第一个。你为什么不早些向他表示礼敬与友好呢？"僖负羁听了妻子的话后，便派人给重耳送了饭菜，并在盒底放了一块玉璧。重耳接受了食物，却将玉璧退了回去。

及宋，宋襄公赠之以马二十乘。

【译文】到达宋国后，宋襄公给重耳送了二十乘马车。

及郑，郑文公亦不礼焉。叔詹谏曰："臣闻天之所启[1]，人弗及也。晋公子有三焉，天其或者将建诸，君其礼焉。男女[2]同姓，其生不蕃[3]。晋公子，姬出[4]也，而至于今，一也。离[5]外之患，而天不靖晋国，殆将启之，二也。有三士[6]，足以上人[7]而从之，三也。晋、郑同侪[8]，其过子弟[9]，固将礼焉，况天之所启乎？"弗听。

【注释】①启：开，此作赞助。②男女：此指父母。重耳母为狐姬，晋为姬姓国，所以是"男女同姓"。③其生不蕃：后代不能昌盛。④姬出：姬姓女所生。⑤离：同"罹"，遭受。⑥三士：指狐偃、赵衰、贾佗。⑦上人：言才智谋略超出他人之上。⑧同侪：同等，同辈。⑨其过子弟：指晋国子弟路过郑国。

【译文】到了郑国后，郑文公也没有对重耳以礼相待。叔詹劝谏说："臣听说上天所赞助的人，常人是无法比得上的。晋公子身上有三个优越条件，上天或许将要让他为晋国国君吧。您应该对他以礼相待！同姓的男女结婚，他们的子孙一定不会昌盛。晋公子重耳，父母都姓姬，但他却一直活到现在，这是第一个。晋公子遭遇到流亡在外的祸患，上天却不让晋国安定下来，大概是准备启用重耳，让他有机会回去做国君吧，这是第二个。晋公子有狐偃、赵衰、贾佗这三个足以胜过一般人的贤士跟随，这是第三个。晋国和郑国是同等国家，他们的子弟经过这里，本来就应该以礼相待，更何况晋公子是上天所赞助的人呢？”郑文公没有听从叔詹的劝告。

及楚，楚子飨之，曰：“公子若反晋国，则何以报不穀[①]？”对曰：“子女[②]玉帛，则君有之，羽毛齿革[③]，则君地生焉。其波及晋国者，君之余也，其何以报君？”曰：“虽然，何以报我？”对曰：“若以君之灵[④]，得反晋国，晋、楚治兵，遇于中原，其辟君三舍[⑤]。若不获命[⑥]，其左执鞭弭[⑦]，右属櫜鞬[⑧]，以与君周旋[⑨]。”子玉请杀之。楚子曰：“晋公子广而俭[⑩]，文而有礼。其从者肃而宽[⑪]，忠而能力。晋侯无亲[⑫]，外内恶之。吾闻姬姓，唐叔[⑬]之后，其后衰者也，其将由晋公子乎！天将兴之，谁能废之。违天必有大咎。”乃送诸秦。

【注释】①不穀：楚成王自称。②子女：指男女奴隶。③羽毛齿革：泛指各种珍宝。羽，翡翠、孔雀之类的羽毛。毛，旄牛。齿，象牙。革，犀牛皮。④灵：威灵，福。⑤辟：通“避”，退让。舍：古代行军一宿为一舍，而一日行军三十里，故城三十里为一舍。⑥获命：获得应允。⑦弭：泛指弓。⑧属（zhǔ）：佩、系。櫜（gāo）：箭袋。鞬：弓套。⑨周旋：追逐，指战争之事。⑩广而俭：志向远大而严于律己。⑪肃而宽：严肃而宽厚。⑫晋侯：即晋惠公。无亲：没有人亲近。⑬唐叔：晋国始祖。

【译文】到了楚国后，楚成王设宴款待他，说：“公子如果回到晋国为君，将拿什么报答我呢？”重耳回答说：“男女奴隶、珠宝和丝绸等您都已经有了；美丽的鸟翎、兽毛和名贵的象牙、牛皮，是您的土地上出产的；那些流散到晋国的，不过是您用剩下的罢了，叫我拿什么来报答您呢？”楚成王说：“话虽然这么说，可是您到底应该怎样报答我呢？”重耳回答说：“如果托您的庇佑，我能够回到晋国，假如有一天晋楚两国交战，双方在中原相遇，我一定会让晋军退让九十里；如果仍然不能得到您的谅解，那么我只好左手拿着马鞭、弓，右边带着箭袋、弓套，与您较量一番了。”令尹子玉请求成王杀死公子重耳。楚成王说：“晋公子志向远大而不放纵，言语文明而有礼貌。他的随从态度庄重且待人宽厚，忠诚而勤奋。现在的晋国国君没有人亲近，国内外的人都厌恶他。我听说姬姓一族，其中唐叔的后人是最后衰亡的，这或许是要由晋公子来振兴吧！既然上天要晋公子来复兴晋国，谁又能够毁掉他呢？如果谁违背了天意，一定会遭遇大祸。”于是楚成王让人把公子重耳等人护送到了秦国。

秦伯纳女五人，怀嬴[①]与焉。奉匜沃盥[②]，既而挥之[③]。怒曰：“秦、晋匹[④]也，何以卑我！”公子惧，降服而囚[⑤]。

【注释】①怀嬴：秦穆公之女，原为晋怀公圉的妻子，怀公逃归后，又嫁给晋文公重耳，后又叫辰嬴。②奉：捧。匜（yí）：古代一种盛水洗手的用具。沃盥（guàn）：浇水洗手。③挥之：挥手甩干水。此行为不合乎礼。④匹：相当，相敌，比得上。⑤降服而囚：脱去上衣，自己囚禁自己向怀嬴谢罪。

【译文】秦穆公将宗族的五个女子送给了重耳，秦穆公的女儿怀嬴也在内。有一次，怀嬴捧着水盆给重耳浇水洗手，洗完手后，重耳便挥手甩干水。怀嬴生气地说：“秦、晋两国是地位同等的国家，您为什么瞧不起我？”公子重耳怕秦穆公知道后生气，连忙脱去上衣，自己囚禁自己向怀嬴谢罪。

他日，公享之①。子犯曰："吾不如衰之文②也，请使衰从。公子赋《河水》③，公赋《六月》④。赵衰曰："重耳拜赐⑤。"公子降⑥，拜，稽首，公降一级而辞焉。衰曰："君称所以佐天子者命重耳，重耳敢不拜？"

【注释】①公：秦穆公。享：宴享，用食物招待人。②文：有文采，善辞令。③赋：宴会上宾主都可以指定诗篇，让乐工演奏，称作赋诗。《河水》：逸诗的名篇。诗以河水朝宗于海为义，以海喻秦，表示对秦国的尊敬。④《六月》：出自《诗经·小雅》，是歌颂尹吉甫辅佐周宣王北伐的诗。秦穆公借此说重耳将来定能称霸诸侯，辅佐周天子。⑤拜赐：拜谢秦穆公的好意。⑥降：下阶退到堂下。

【译文】后来有一天，秦穆公请公子重耳赴宴。狐偃说："我不如赵衰那样善于文辞，请让赵衰陪您去吧。"在宴会上，公子重耳赋诗《河水》，以此表示对秦穆公的尊敬；秦穆公赋诗《六月》，期望重耳将来称霸诸侯、辅助周天子。这时赵衰说："重耳拜谢恩赐！"晋公子重耳走下台阶，拜，叩头。秦穆公也急忙走下一级台阶辞谢。赵衰说："您提出要重耳担当辅助周天子的重大使命，重耳怎敢不拜谢您的厚意呢？"

僖公二十四年

【经】二十有四年①春，王正月。夏，狄伐郑。秋七月。冬，天王出居于郑[2]。晋侯夷吾[3]卒。

【注释】①二十有四年：公元前636年。②天王：指周襄王。居：天子以四海为家，所以不记载逃亡，只是说居。③晋侯夷吾：即晋惠公，实际死于上年九月。

【译文】鲁僖公二十四年春季，周历正月。夏季，狄人侵扰郑国。秋季七月。冬季，周襄王出逃到了郑国。晋惠公夷吾去世。

【传】二十四年春，王正月，秦伯纳之，不书，不告入也。

【译文】二十四年春季，周历正月，秦穆公派军队护送公子重耳返回晋国。《春秋》中没有记载这件事，是因为重耳回国之事没有报告给鲁国。

及河[1]，子犯以璧授公子，曰："臣负羁绁从君巡于天下[2]，臣之罪甚多矣。臣犹知之，而况君乎？请由此亡[3]。"公子曰："所不与舅氏同心者[4]，有如白水[5]。"投其璧于河。

【注释】①河：黄河。②负羁绁（xiè）：背着马笼头和马缰绳，这是从行者的客套话，意为追随车前马后，为其驱使、服役。巡于天下：逃亡的委婉说法。③亡：逃离，出走，离开。④所：若，假如。舅氏：子犯为重耳的舅父。⑤有如白水：重誓词，意为指着河水发誓。

【译文】到了黄河边，狐偃拿着一块玉璧献给公子重耳，说："我为您牵马驾车服侍您走遍了各国，一路上有很多得罪您的地方。连我自己都知道自己有罪，更何况是您呢？请让我从此离开吧。”公子重耳说：“如果我不与舅舅一条心，我可以指着黄河水发誓。”说着便将那玉璧扔进了河里。

济河，围令狐[①]，入桑泉[②]，取臼衰[③]。二月甲午，晋师军于庐柳[④]。秦伯使公子縶[⑤]如晋师，师退，军于郇[⑥]。辛丑，狐偃及秦、晋之大夫盟于郇。壬寅，公子入于晋师。丙午，入于曲沃。丁未，朝于武宫[⑦]。戊申，使杀怀公于高粱。不书，亦不告也。吕、郤畏逼[⑧]，将焚公宫而弑晋侯[⑨]。寺人披请见，公使让[⑩]之，且辞焉，曰：“蒲城之役[⑪]，君命一宿[⑫]，女即至。其后余从狄君以田渭滨[⑬]，女为惠公来求杀余，命女三宿，女中宿[⑭]至。虽有君命，何其速也。夫祛[⑮]犹在，女其行乎。”对曰：“臣谓君之入也，其知之[⑯]矣。若犹未也，又将及难。君命无二[⑰]，古之制也。除君之恶，唯力是视[⑱]。蒲人、狄人，余何有焉？今君即位，其无蒲、狄乎？齐桓公置射钩[⑲]而使管仲相，君若易之，何辱命[⑳]焉？行者甚众，岂唯刑臣[㉑]。”公见之，以难告。三月，晋侯潜会秦伯于王城[㉒]。己丑晦[㉓]，公宫火，瑕甥、郤芮不获公，乃如河上，秦伯诱而杀之。

【注释】①令狐：晋地，故城在今山西省临猗县一带。②桑泉：晋邑，在今山西临猗县西南临晋镇东北。③臼衰（cuī）：晋大夫臼季邑。在今山西运城市解州西北。④庐柳：晋地，在今山西省临猗县西北。⑤公子縶：嬴姓赵氏，名縶，字子显，秦国公子。如：前往。⑥郇（xún）：晋地名，在今山西省临猗县西南一带。⑦武宫：重耳祖父晋武公的神庙。⑧吕、郤：指吕甥、郤芮，二人均为晋怀公的亲信。畏逼：畏惧晋文公逼迫。⑨公官：国君所住的宫殿。晋侯：指晋文公重耳。⑩让：责备。⑪蒲城之役：指僖公五年，寺人披曾奉晋献公的命令到蒲城迫杀重耳。⑫一宿：一夜。指第二天。⑬田：打猎。渭滨：渭水之滨。⑭中宿：过了第二个晚上后第三日。⑮袪（qū）：袖头。⑯知之：明智，晓得为君的道理。⑰无二：无二心。⑱唯力是视：即只看自己有多大力量。⑲置射钩：把射杀桓公时误中衣带钩一事放一边。⑳何辱命：何须君主下命令。㉑刑臣：受过宫刑的小臣，寺人披自称。㉒潜会：秘密地会见。王城：秦地，在今陕西大荔县东。㉓晦：每月最后一天。

【译文】秦军护送重耳渡过黄河，包围了令狐，进入桑泉，攻下了臼衰。二月甲午日，晋怀公的军队驻扎在庐柳。秦穆公派遣秦国大夫公子絷到晋军中劝他们不要抵抗。晋军后退，驻扎在郇城。辛丑日，狐偃与秦、晋两国的大夫在郇城结盟。壬寅日，重耳接管了晋军。丙午日，进入曲沃城。丁未日，到武公庙朝拜。戊申日，派人在高梁杀死晋怀公。《春秋》中没有记载这件事，也是因为晋国没有将此事报告给鲁国。瑕甥、郤芮害怕受到重耳的迫害，因此想以焚烧宫室的办法来杀死晋文公。寺人披请求进见，晋文公让人去责备他，并且拒绝见他，说：“当初蒲城那次战役，献公命你在一个晚上之内到达蒲城，你当天就到了。后来我跟随狄君在渭水之滨打猎，你为了晋惠公的命令而前来刺杀我，惠公命令你三个晚上之后赶到，你却只过了两个晚上便到了。虽然是国君命令你的，但你为什么会那么着急呢？那只被你割断的袖子还在，你还是走吧！”寺人披回答说：“我原来认为国君您回国之后，应该明白为君之道了。如果还没明白，很快就又会遭遇祸难了。对于国君的命令，只有一心一意去执行，这是自古以来的制度。为国君排忧解难，应当尽自己最大的力量。杀一个蒲人或狄人，对我来说算什么呢？现在您已经即位为君，难道就没有像当年在蒲城和狄那样的反对者吗？齐桓公能将射钩之仇放在一边，并让管仲为相辅助他。君王如果没有齐桓公的度量，改变他那种做法，何须君主下命令呢，我会自己走开。那样的话离开的人会很多，又怎么会仅仅是我一个受过宫刑的小臣呢？”于是晋文公接见了寺人披，寺人披便将瑕甥、郤芮两人的计策告诉了晋文公。三月，晋文公与秦穆公在王城秘密会见。己丑晦，晋文公的宫殿起火，瑕甥、郤芮没有抓到晋文公，就到黄河边上去找，秦穆公将他们诱骗过去杀死了。

晋侯逆夫人嬴氏[①]以归。秦伯送卫于晋三千人，实纪纲之仆[②]。

【注释】①嬴氏：秦穆公之女文嬴。②纪纲之仆：得力的仆从。

【译文】晋文公迎接夫人文嬴回国。秦穆公送了三千名卫士给晋国，这些都是得力的仆从。

初，晋侯之竖头须[①]，守藏[②]者也。其出也，窃藏以逃，尽用以求纳之[③]。及入，求见，公辞焉以沐[④]。谓仆人曰：“沐则心覆[⑤]，心覆则图反[⑥]，宜吾不得见也。居者为社稷之守，行者为羁绁之仆，其亦可也，何必罪居者？国君而仇匹夫，惧者甚众矣。”仆人以告，公遽见之。

【注释】①竖：未成年的童仆、随从。头须：人名，又作里凫须。②守藏：保管财物。③求纳之：设法让文公回国。④沐：洗头。⑤覆：倒。⑥图反：思考问题颠倒。

【译文】起初，晋文公有个叫做头须的小臣，专门负责保管财物。当年晋文公逃亡在外时，头须偷了财物，并全都用在了设法让晋文公回国这件事上。等到晋文公回国后，头须请求进见，但晋文公以正在洗头为由不愿见他。头须便对晋文公的仆人说：“洗头的时候心是向下倒过来的，心倒了则思考问题也就颠倒了，所以我不能被接见。留在国内的人是国家的守卫者，跟随逃亡在外的人是牵马驾车的仆人，这两种人都是一样的，又何必要怪罪留在国内的人呢？身为国君却仇视普通人，那么害怕的人将会很多。”仆人将他说的这些话告诉给晋文公，晋文公于是马上接见了他。

狄人归季隗于晋而请其二子[①]。文公妻赵衰，生原同、屏括、楼婴[②]。赵姬请逆盾与其母[③]，子余[④]辞。姬曰：“得宠而忘旧，何以使人？必逆之！”固请，许之。来，以盾为才，固请于公以为嫡子，而使其三子下之[⑤]，以叔隗为内子[⑥]而己下之。

【注释】①请其二子：请求将其二子留在狄国。二子，即伯儵、叔刘。②原同、屏括、楼婴：赵同、赵括、赵婴齐的采邑分别在原、屏、楼三地。原，在今河南济源西北。屏，地址不详。楼，在今山西永和南。③赵姬：晋文公之女，赵衰之妻。盾：赵盾，其母为叔隗。④子余：赵衰字。⑤下之：居于赵盾之下。⑥内子：嫡妻。

【译文】狄国人把季隗送回晋国，却请求留下她的两个儿子。晋文公将女儿嫁给赵衰，生下了原同、屏括、楼婴。赵姬请求将赵盾与他的母亲叔隗接回来，赵衰推辞了。赵姬说：“得到了新宠而忘记旧好，以后还怎么使唤别人呢？一定要把他们接回来。”因此坚决请求，赵衰同意了。叔隗与赵盾接回来以后，赵姬认为赵盾有才干，便极力请求赵衰将赵盾立为嫡子，而让自己所生的三个儿子位居赵盾之下，并让叔隗作为正妻，而自己位居叔隗之下。

晋侯赏从亡者，介之推[1]不言禄，禄亦弗及。推曰："献公之子九人，唯君在矣。惠、怀无亲，外内弃之。天未绝晋，必将有主。主晋祀者，非君而谁？天实置之，而二三子[2]以为己力，不亦诬[3]乎？窃人之财，犹谓之盗，况贪天之功以为己力乎？下义其罪[4]，上赏其奸，上下相蒙[5]，难与处矣！"其母曰："盍亦求之，以死谁怼[6]？"对曰："尤[7]而效之，罪又甚焉，且出怨言，不食其食[8]。"其母曰："亦使知之若何？"对曰："言，身之文[9]也。身将隐，焉用文之？是求显[10]也。"其母曰："能如是乎？与女偕隐。"遂隐而死。晋侯求之，不获，以绵上[11]为之田[12]，曰："以志吾过，且旌[13]善人。"

【注释】①介之推：人名，晋文公臣，又作介子推，跟随文公逃亡的小臣。②二三子：指跟从逃亡的臣子。③诬：欺骗。④下义其罪：下面的人把罪过当作正义的行为。⑤相蒙：相互欺骗蒙蔽。⑥怼（duì）：怨恨。⑦尤：罪过。⑧不食其食：不该吃其俸禄。⑨身之文：身体的装饰。⑩求显：求显达，求为人所知。⑪绵上：在今山西省介休市。⑫田：祭田。⑬旌：表彰。

【译文】晋文公对跟随自己逃亡的人进行赏赐，介之推没有向晋文公提出禄位要求，而晋文公也没有赐给他禄位。介之推说："献公共有九个儿子，现在只有国君在世了。惠公、怀公没有亲近的人，国内国外都抛弃他们。上天没有让晋国绝后，必定会有新主。现在主持晋国宗庙祭祀的人，除了国君还能有谁呢？这是上天要立君为国君，而他们这些随从逃亡的人却都以为是自己的功劳，这不是欺骗上天吗？偷他人的财物，尚且叫做强盗，何况是贪取上天的功劳以为是自己的功劳呢？下面的人把罪恶当作正义的行为，上面的人对这种欺骗还加以奖赏，上下相互欺骗蒙蔽，这就难以与他们相处啊。”介之推的母亲说：“你为什么不也去求赏呢？如果这样死了又能怨谁？”介之推回答说：“明知道他们错了还去效法，那罪过就更大了。而且我口出怨言，不能再接受他的俸禄。”他的母亲说：“也让他知道这是怎么回事，怎么样？”介之推回答说：“语言，是身体的文饰。身体都要隐藏了，还用得着文饰吗？这样反而是去求显达了。”他母亲说：“你能够做到这样吗？我和你一起隐居吧。”于是母子两人隐居到死。晋文公派人去寻找介之推，但是没有找到，便将绵上作为介之推的祭田，说：“以此来提醒我的过失，并且表扬善人。”

郑之入滑①也，滑人听命。师还，又即卫。郑公子士、洩堵俞弥帅师伐滑②。王使伯服、游孙伯③如郑请滑。郑伯怨惠王之入而不与厉公④爵也，又怨襄王之与⑤卫、滑也，故不听王命而执二子⑥。王怒，将以狄伐郑。

【注释】①郑之入滑：此事发生在僖公二十年。②公子士：郑国宗室即郑文公子。洩堵俞弥：郑大夫。③伯服、游孙伯：均为周大夫。④厉公：郑文公之父。⑤与：偏袒。⑥二子：指伯服、游孙伯。

【译文】郑军攻入滑国后，滑国人听从郑国的命令。郑军回国后，滑国又亲近卫国。郑国的公子士、洩堵俞弥又率军攻打滑国。周襄王派伯服、游孙伯到郑国去请求不要攻打滑国。郑文公怨恨当年周惠王回国后没有给他父亲郑厉公酒爵，又怨恨周襄王偏袒卫、滑两国，所以没有听从周襄王的命令，并且逮捕了伯服和游孙伯两人。周襄王大怒，准备带领狄人攻打郑国。

富辰[①]谏曰："不可。臣闻之，大上[②]以德抚民，其次亲亲以相及也[③]。昔周公吊二叔之不咸[④]，故封建亲戚以蕃屏周[⑤]。管、蔡、郕、霍、鲁、卫、毛、聃、郜、雍、曹、滕、毕、原、酆、郇[⑥]，文之昭也。邘、晋、应、韩[⑦]，武之穆也。凡、蒋、邢、茅、胙、祭，周公之胤也[⑧]。召穆公思周德之不类[⑨]，故纠合宗族于成周而作诗[⑩]，曰：'常棣之华，鄂不韡韡，凡今之人，莫如兄弟[⑪]。'其四章曰：'兄弟阋[⑫]于墙，外御其侮。'如是，则兄弟虽有小忿，不废懿亲[⑬]。今天子不忍小忿以弃郑亲，其若之何？庸勋[⑭]亲亲，昵近尊贤，德之大者也。即聋从昧，与顽用嚚[⑮]，奸之大者也。弃德崇奸，祸之大者也。郑有平、惠之勋[⑯]，又有厉、宣之亲[⑰]，弃嬖宠而用三良[⑱]，于诸姬为近[⑲]，四德[⑳]具矣。耳不听五声之和为聋[㉑]，目不别五色之章为昧[㉒]，心不则[㉓]德义之经为顽，口不道忠信之言为嚚，狄皆则之，四奸[㉔]具矣。周之有懿德也，犹曰'莫如兄弟'，故封建之。其怀柔[㉕]天下也，犹惧有外侮，扞御[㉖]侮者，莫如亲亲，故以亲屏周。召穆公亦云。今周德既衰，于是乎又渝周、召以从诸奸[㉗]，无乃不可乎？民未忘祸[㉘]，王又兴之，其若文、武何[㉙]？"

【注释】①富辰：周臣。②大上：即“太人”，最上等的人。③亲亲：亲近自己的亲族。以相及：由近及远。④吊：伤感。二叔：指管叔、蔡叔。不咸：不同心，不和睦。⑤封建：分封建制。蕃屏周：为周王室做蕃篱、屏障。⑥管、蔡、郕、霍、鲁、卫、毛、聃、郜、雍、曹、滕、毕、原、酆（fēng）、郇：为十六诸侯国，均为周文王之子的封国。⑦邘（yú）、晋、应、韩：这四个为周武王之子的封国。⑧凡、蒋、刑、茅、胙、祭：这六个为周公之子的封国。胤（yìn）：后代。⑨召（shào）穆公：即召公虎，又称召伯虎，周厉王、宣王时大臣。不类：不善、衰微。⑩纠合：集合、召集。诗：出自《诗·小雅·常棣》。⑪常棣：花名，郁李的别名。鄂：同“萼”，花萼，花蒂。韡（wěi）韡：光明美丽的样子。⑫阋（xì）：争吵，斗狠，争强。⑬懿亲：好亲戚。⑭庸勋：酬劳有功者。庸，酬劳。⑮即聋：接近耳聋的人。从昧：跟从昏暗的人。与顽：赞成固陋的人。用嚚（yín）：任用奸诈愚顽之人。⑯平、惠之勋：指周平王东迁，依靠郑而立国。周惠王因王子颓之乱出奔，也由郑返回。⑰厉、宣之亲：指郑始封之祖桓公友是周厉王的儿子，周宣王的弟弟。⑱弃嬖宠：指郑文公杀掉嬖臣申侯和宠子太子华。用三良：指信用叔詹、堵叔、师说等贤臣。⑲于诸姬为近：郑国出自周厉王，在姬姓诸国中与王室血缘最近。⑳四德：即庸勋、亲亲、昵近、尊贤。㉑五声：即宫、商、角、徵、羽。和：唱和。㉒五色：即青、赤、黄、白、黑。章：文采。㉓不则：不遵循，不效法。㉔四奸：即聋、昧、顽、嚚。㉕怀柔：笼络。㉖扞御：捍卫、抵御。㉗渝周、召：改变周公、召公的做法。渝，改变。从诸奸：指用狄军。㉘民未忘祸：指前有王子颓之乱，后有王子带勾结狄人带给周人的祸难。㉙若文、武何：指将废弃文王、武王的功业。

【译文】富辰劝阻说：“不能这样。臣听说，上等之策是用德行来安抚百姓，其次是按亲疏关系来亲近亲族。过去周公叹息管叔、蔡叔不得善终，所以将土地分封给族人，建立国家，作为周朝延续的保障。管、蔡、郕、霍、鲁、卫、毛、聃、郜、雍、曹、滕、毕、原、酆、郇等国，都是文王的儿子。邘、晋、应、韩等国，都是武王的儿子。凡、蒋、邢、茅、胙、祭等国，则是周公的后代。召穆公因担心周朝的德行会日益衰微，所以召集宗族在成周做了首诗，诗中说：'常棣花一朵朵盛开，花朵是那样漂亮艳丽。凡今天下之人，总是不能像兄弟一样亲近。'诗的第四章说：'兄弟们在家里虽然会争吵，但遇到外侮就会共同抵抗。'如果这样，那么兄弟之间即使不是很和睦，但是也不能因此抛弃了友好亲戚。现在您因无法忍受小怨而抛弃了郑国这个亲戚，又能怎么样呢？酬劳有功之人、亲爱亲戚、亲近近亲、尊敬贤人，这是德行中的大德。接近不听谏言的人、跟随昏庸的人、赞成固陋的人、重用奸诈的人，这是恶行中的大恶。抛弃大德，尊崇邪恶，这是祸患中的大祸。郑国有辅佐平王、惠王的功劳，又是厉王、宣王的亲属，郑国也曾杀掉嬖臣申侯和宠子太子华，并重用叔詹、堵叔、师说三位贤臣，在姬姓诸国中又属于近亲，它四种德行都具备了。耳朵听不到五音的唱和是耳聋，眼睛不能辨别五色的文采是昏昧，心不学德义的准则是顽固，口不说忠信之言是奸诈。而狄人信奉这些，它四种邪恶都具备了。在周室美德尚存之时，尚且说'总不能像兄弟一样亲近'，所以采取分封建国。以此笼络天下之时，尚且还担心外敌的侵犯，而抵御外敌侵犯的办法，没有比亲近亲人更好的了，所以周室以分封亲属作为周室最后的屏障。召穆公也是这样认为的。现在周室的德行已经衰微，却还要改变周公、召公的做法，跟从邪恶用狄人，恐怕不行吧？百姓还没有忘记当年狄人带给周人的祸难，君王现在又要挑起祸端，将怎么去面对文王、武王呢？”

王弗听，使颓叔、桃子出狄师[①]。夏，狄伐郑，取栎[②]。王德[③]狄人，将以其女为后。富辰谏曰：“不可。臣闻之曰：‘报者倦矣，施者未厌。’狄固贪惏[④]，王又启之，女德无极[⑤]，妇怨无终[⑥]，狄必为患。”王又弗听。

【注释】①颓叔、桃子：二人皆周大夫。出狄师：出动狄军伐郑。②栎（lì）：郑国别都，在今河南省禹县。③德：感谢。④贪惏：同“贪婪”。⑤女德无极：女人求其所得无止境。⑥妇怨无终：妇女欲望不得满足，则怨无终止。

【译文】周襄王没有听从，仍派颓叔、桃子率领狄军攻打郑国。夏季，狄军攻打郑国，占领了栎地。周襄王感激狄人，准备娶狄君的女儿为王后。富辰再次劝阻说：“不可以。臣曾听说：‘报答的人已经疲倦了，但施恩的人却还没有满足。’狄人本性贪婪，而您又正好开启了他们的贪心。女人求其所得将会无止境，其欲望得不到满足，那么怨恨便不会终结。狄人一定会成为大患。”周襄王还是没有听从。

初，甘昭公有宠于惠后[①]，惠后将立之，未及而卒。昭公奔齐，王复之，又通于隗氏[②]。王替[③]隗氏。颓叔、桃子曰：“我实使狄，狄其怨我。”遂奉大叔，以狄师攻王。王御士[④]将御之，王曰：“先后[⑤]其谓我何？宁使诸侯图之。”王遂出。及坎欿[⑥]，国人纳之。

【注释】①甘昭公：即王子带，周惠王之子，周襄王之弟，封于甘，昭是他的谥号。惠后：襄王、王子带之母。②通：通奸。隗氏：周襄王新娶狄女，立为王后。③替：废。④王御士：襄王的侍卫亲兵。⑤先后：死去的惠后。⑥坎欿（kǎn）：地名，在今河南省巩县东南。

【译文】起初，甘昭公得到惠后的宠爱，惠后想立他为太子，但还没来得及惠后便去世了。甘昭公逃到了齐国，周襄王又将他接了回来，而他又与隗氏私通。周襄王因此废了隗氏。颓叔、桃子说："狄人会这样，其实是我们自己造成的，他们恐怕是要怨恨我们的。"于是二人拥戴王子带，率领狄军攻打周襄王。周襄王的侍卫亲兵准备迎击，周襄王说："如果杀死他，母后会如何说我呢？宁可让诸侯国来商讨解决。"周襄王于是离开王城，到了坎欿，却又被国都的人接了回去。

秋，颓叔、桃子奉大叔，以狄师伐周，大败周师，获周公忌父、原伯、毛伯、富辰。王出适郑，处于氾[①]。大叔以隗氏居于温[②]。

【注释】①氾（fàn）：地名，在今河南省襄城县南一带。因周襄王曾出居于此，故名为襄城。②温：位于今河南温县西南。

【译文】秋季，颓叔、桃子拥戴太叔率领狄军攻打周襄王，大败周朝军队，俘虏了周公忌父、原伯、毛伯、富辰。周襄王逃到了郑国，住在氾地。王子带带着隗氏住在温地。

郑子华之弟子臧出奔宋，好聚鹬冠[①]。郑伯闻而恶之，使盗诱之。八月，盗杀之于陈、宋之间。

【注释】①鹬(yù)冠：用鹬羽毛做冠。鹬，水鸟名。

【译文】郑国子华的弟弟子臧逃到了宋国，他喜欢收集鹬毛冠。郑文公听说后讨厌他，便让盗贼将他骗了出来。八月，盗贼将子臧诱骗到陈国和宋国交界处并杀死了他。

君子曰："服之不衷[①]，身之灾也。《诗》[②]曰：'彼己之子，不称其服。'子臧之服，不称也夫。《诗》曰：'自诒伊戚。[③]'其子臧之谓矣。《夏书》曰'地平天成[④]'，称也。"

【注释】①不衷：不合适。②《诗》：出自《诗经·曹风·候人》。③《诗》：出自《诗经·小雅·小明》。诒：留下。伊：此。戚：忧伤。④地平天成：大地平静，上天成全。

【译文】君子说："衣服不合适，是身体的灾祸。《诗经》中说：'那个人啊，与他所穿的服饰不相称。'子臧所穿的服饰，便是不相称的。《诗经》中又说：'自己给自己带来忧伤。'这说的就是子臧这种情况。《夏书》中说：'大地平静，上天成全。'说的就是要上下相称。"

宋及楚平。宋成公如楚，还入于郑。郑伯将享之，问礼于皇武子[①]。对曰："宋，先代之后[②]也，于周为客[③]，天子有事膰焉[④]，有丧拜焉，丰厚可也。"郑伯从之，享宋公有加[⑤]，礼也。

【注释】①皇武子：郑卿。②先代之后：宋为殷商之后。先代，指殷商。③于周为客：郑国是姬姓国，周王室的宗亲，宋对于郑来说是客人。④有事：指祭祀。膰(fán)：宗庙祭肉，此用作动词，即送上祭肉。

⑤有加：正礼外又有所加。

【译文】宋国和楚国讲和。宋成公到楚国去，回国时进入郑国。郑文公准备设宴招待他，因此向皇武子询问礼仪。皇武子回答说：“宋国，是先朝的后代，对于周室来说是客人。周天子祭祀宗庙，会送祭肉给他；有了丧事，宋君前来吊唁时周天子要答拜。因此，丰厚地招待他是可以的。”郑文公听从了皇武子的意见，招待的规格比正礼还有所增加。这是符合礼制的。

冬，王使来告难曰：“不穀不德，得罪于母弟[①]之宠子带，鄙[②]在郑地氾，敢告叔父。”臧文仲对曰：“天子蒙尘[③]于外，敢不奔问官守[④]。”王使简师父[⑤]告于晋，使左鄢父[⑥]告于秦。

【注释】①母弟：王子带是周襄王的弟弟。母弟应为“母氏”。②鄙：野居，僻居。天子离开王都称野居。③蒙尘：天子逃亡在外，蒙受风尘。④奔问：赶去慰问。官守：居官职的人，指天子的群臣。这里代指天子以表恭敬。⑤简师父：周大夫。⑥左鄢父：周大夫。

【译文】冬季，周襄王派人来报告王子带之乱，说：“不穀没有德行，得罪了母亲宠爱的王子带，现在野居在郑国的氾地，谨将此事报告叔父。”臧文仲回答说：“天子在外受难，又怎么敢不赶紧去问候呢？”周襄王还派简师父到晋国报告，派左鄢父到秦国报告。

天子无出[①]，书曰“天王出居于郑”，辟母弟之难也。天子凶服、降名[②]，礼也。

【注释】①无出：无所谓出国，因为天下莫非王土。②凶服：穿着凶服。降名：天子当自称余以人，不穀是诸侯自称，周天子用不穀自称，是自降身份。

【译文】天子无所谓出国，而《春秋》中记载说“天王出居于郑”，说的是因为躲避兄弟造成的祸难。天子身穿凶服，自降身份称“不穀”，这是符合礼制的。

郑伯与孔将钼、石甲父、侯宣多省视官具于氾[①]，而后听其私政[②]，礼也。

【注释】①孔将钼、石甲父、侯宣多：三人皆为郑大夫。官：即官司，指天子的工作人员。具：器用。②私政：指属于郑国的政事。

【译文】郑文公和孔将钼、石甲父、侯宣多到氾地去问候周襄王的随从官员，并且巡视天子用品的供应情况，然后听取郑国的政事，这是符合礼制的。

卫人将伐邢，礼至[①]曰：“不得其守[②]，国不可得[③]也。我请昆弟[④]仕焉。”乃往，得仕。

【注释】①礼至：卫大夫。②不得其守：不除去邢国守官。守，指刑国正卿国子。③国不可得：不能得到邢国。④昆弟：兄弟。

【译文】卫国人准备攻打邢国，礼至说：“不除掉邢国的正卿，是得不到邢国的。我请求让我兄弟去邢国做官。”于是他们去了邢国，并做了官。

僖公二十五年

【经】二十有五年[1]春，王正月，丙午，卫侯燬[2]灭邢。夏四月癸酉，卫侯燬卒。宋荡伯姬来逆妇[3]。宋杀其大夫。秋，楚人围陈，纳顿子于顿。葬卫文公。冬十有二月癸亥，公会卫子、莒庆盟于洮[4]。

【注释】①二十有五年：公元前635年。②卫侯燬：即卫文公。③荡伯姬：鲁国女，嫁给宋大夫荡氏为妻。逆妇：给儿子娶亲。④卫子：即卫国新君卫成公郑，因其父死去未满一年，所以称卫子。莒庆：莒大夫。洮：鲁地，近莒。

【译文】僖公二十五年春季，周历正月丙午日，卫文公燬灭掉了邢国。夏季四月癸酉日，卫文公燬去世。宋国的荡伯姬来为她的儿子迎娶妻子。宋国杀了他们的大夫。秋季，楚国人包围了陈国，并将顿子护送回国。卫文公下葬。冬季十二月癸亥日，僖公在洮邑与卫君、莒庆会盟。

【传】二十五年春，卫人伐邢，二礼从国子巡城[1]，掖以赴外[2]，杀之。正月丙午，卫侯燬灭邢，同姓也，故名。礼至为铭[3]曰："余掖杀国子，莫余敢止。"

【注释】①二礼：指礼至兄弟二人。②掖以赴外：挟持到城外。③为铭：在器具上铭刻其功。

【译文】二十五年春季，卫国人攻打邢国。礼至兄弟跟随国子巡察城防，挟持国子并将他带到城外杀了。正月丙午日，卫侯燬灭掉了邢国。因为卫国和邢国同姓，所以《春秋》中记载了卫侯的名字。礼至在铜器上铭刻了自己的功绩说："我挟持并杀死了国子，没有人敢阻止我。"

秦伯师于河上，将纳王。狐偃言于晋侯曰："求诸侯，莫如勤王[①]。诸侯信之，且大义也。继文[②]之业，而信宣于诸侯，今为可矣。"使卜偃卜之，曰："吉。遇黄帝战于阪泉[③]之兆。"公曰："吾不堪也。"对曰："周礼未改。今之王，古之帝也。"公曰："筮之。"筮之，遇《大有》䷍之《睽》䷥[④]，曰："吉。遇'公用享于天子[⑤]'之卦也。战克而王飨，吉孰大焉？且是卦也，天为泽以当日[⑥]，天子降心以逆公[⑦]，不亦可乎？《大有》去《睽》而复[⑧]，亦其所也。"晋侯辞秦师而下。三月甲辰，次于阳樊[⑨]。右师围温，左师逆王。夏四月丁巳，王入于王城，取大叔于温，杀之于隰城[⑩]。

【注释】①勤王：勤劳王事，此指纳周天子入国。②文：指晋文侯，曾经帮助平王东迁，匡扶周室。③黄帝战于阪泉：传说黄帝与炎帝战于阪泉，三战后获胜。阪泉，在今河北省涿鹿县东南。④《大有》：六十四卦之一，卦象为乾下离上。《睽》：六十四卦之一，卦象为兑下离上。⑤公用享于天子：为《易经》大有卦的九三爻辞。公，群臣。⑥天为泽以当日：乾为天，兑为泽，离为日。《大有》变《睽》，乾变为兑，就是天为泽迎着太阳。⑦天子降心以逆公:《乾》为天,《离》为火,《乾》在《离》下,指天子降格接待公侯。⑧《大有》去《睽》而复:意为天子终将回到王朝。⑨阳樊:在今河南省济源县东南。⑩隰城:位于今河南武涉县。

【译文】秦穆公率军驻扎在黄河边,准备护送周襄王回朝。狐偃对晋文公说:"要想得到诸侯的拥护,没有比尽力为天子办事更有效的。那样既能得到诸侯的信任,而且又符合大义。既继承了文侯的事业,同时使信用在诸侯之中得到宣扬,现在便是个好机会。"晋文公让卜偃为此占卜,卜偃说:"大吉。得到了黄帝在阪泉之战时的预兆。"晋文公说:"我担当不起啊。"卜偃回答说:"周室的礼制没有改变,现在的王,便是古代的帝。"晋文公说:"占筮看看。"于是又占筮,得到《大有》卦变为《睽》卦。卜偃说:"吉利。得到'公被天子招待'的卦象,象征战胜之后得到了天子设宴招待,还有比这更吉利的吗?而且这一卦,卦辞是天变成水泽来承受太阳的照耀,这象征着天子将降格来接待公侯,这不也是很好吗?《大有》卦变成《睽》卦,而又回到了《大有》卦,也是理所当然的。"晋文公告别秦军,顺黄河而下。三月甲辰日,晋军驻扎在阳樊。右军包围温地,左军迎接周襄王。夏季四月丁巳日,襄王回到王城,在温地抓住了王子带,并在隰城杀死了他。

戊午,晋侯朝王,王飨醴,命之宥[①]。请隧[②],弗许,曰:"王章[③]也。未有代德而有二王[④],亦叔父[⑤]之所恶也。"与之阳樊、温、原、欑茅之田。晋于是始启南阳[⑥]。

【注释】①飨醴，命宥：设宴招待。②请隧：请求死后用隧葬。隧葬为古代天子葬礼。③王章：王者所享的典章礼制。④代德：取代周室之德。二王：两个天子，指诸侯用天子的葬礼。⑤叔父：晋国为武王子唐叔虞之后，所以周王称叔父。⑥启：开辟。南阳：在今河南新乡一带。

【译文】戊午日，晋文公朝见周襄王。周襄王用甜酒招待他，并让晋文公回敬自己酒。晋文公请求死后能用隧葬，周襄王没有答应。他说："这是为王者所享有的礼制。还没有取代周室的德行却出现了诸侯用天子的葬礼，这也是叔父所厌恶的。"周王将阳樊、温、原、欑茅的田地赐给晋文公。晋国从此开辟了南阳的疆土。

阳樊不服，围之。苍葛[①]呼曰："德以柔中国，刑以威四夷[②]，宜吾不敢服也。此[③]，谁非王之亲姻，其俘之也！"乃出其民。

【注释】①苍葛：阳樊人。②刑以威四夷：用刑罚威震四夷。四夷，指华夏之外的蛮、夷、戎、狄。③此：指阳樊。

【译文】阳樊人不归服，于是晋军包围了阳樊。苍葛大声说："德行是用来安抚中原国家的，而刑罚应当用来威慑四方的夷狄。你们这样，我们实在不敢归服啊。这里谁不是天子的亲戚？怎么能做俘虏呢？"晋国人只好把阳樊的百姓迁出了城。

秋，秦、晋伐鄀[①]。楚斗克、屈御寇以申、息之师戍商密[②]。秦人过析[③]，隈入而系舆人[④]，以围商密，昏而傅[⑤]焉。宵，坎血加书[⑥]，伪与子仪、子边盟者。商密人惧曰："秦取析矣！戍人反矣。"乃降秦师。秦师囚申公子仪、息公子边以归。楚令尹子玉追秦师，弗及，遂围陈，纳顿子于顿。

【注释】①鄀（ruò）：位于秦楚边界上的小国，故城约在今河南省淅川县。后为晋所灭。②斗克：字子仪，时为楚地方长官，称申公。屈御寇：字子边，时为楚地方长官，称息公。商密：鄀的国都。③析：鄀国的城邑，包括今湖南内乡、淅川县西北。④隈（wēi）：河水弯曲处，此指丹水河。舆人：众人。或为士兵，或为役卒。⑤昏而傅：黄昏而逼近城下。⑥坎血：掘地为坎。杀牲取血以告神，即歃血。加书：即将盟书放在上面。

【译文】秋季，秦国与晋国联合攻打鄀国。楚国的斗克与屈御寇率申、息两地的军队戍守商密。秦军经过析地，绕道丹水河湾，并将自己的士兵捆绑起来假装成俘虏，以此包围商密，在黄昏时逼近到城下。夜里，秦军掘地为坎，杀牲歃血，并将盟书放在上面，假装与楚国的子仪、子边盟誓。商密人见后很害怕，说："秦军已攻占析地了！戍守的楚人也反叛了。"于是向秦军投降了。秦军囚禁了申公子仪、息公子边回国。楚国的令尹子玉率军追赶秦军，但没有追上。楚军于是包围陈国，将顿子护送回了顿国。

冬，晋侯围原，命三日之粮[①]。原不降，命去之。谍出[②]，曰："原将降矣。"军吏曰："请待之。"公曰："信，国之宝也，民之所庇也，得原失信，何以庇之？所亡滋多[③]。"退一舍而原降。迁原伯贯于冀[④]。赵衰为原大夫，狐溱[⑤]为温大夫。

【注释】①三日之粮：准备三天的粮食。②谍：晋军间谍。出：从围城中出来。③所亡滋多：所失去的更多。④原伯贯：原邑长官。冀：位于今山西河津县东北。⑤狐溱（zhēn）：狐毛之子，晋国重臣。

【译文】冬季，晋文公率军包围了原邑，命令士兵携带三天的粮食。如果三天后原邑不投降，晋文公便下令撤离。城中间谍出来说："原邑准备投降了。"晋国的军官说："请再等等。"晋文公说："信用，是国家存立的宝贝，也是百姓被庇护的凭借。如果得到了原邑却失去了信用，又用什么来庇护百姓呢？那样，损失的东西就太多了。"晋军后退三十里，而原邑投降。晋文公将原伯贯迁到了冀地。任命赵衰为原大夫，狐溱为温大夫。

卫人平莒[①]于我，十二月，盟于洮，修卫文公之好，且及莒平也。

【注释】①平：调解，使和好。

【译文】卫国人调和莒国与我国的关系。十二月，在洮地会盟，重修与卫文公的旧交，并且与莒国讲和。

晋侯问原守于寺人勃鞮[①]，对曰："昔赵衰以壶飧[②]从，径[③]，馁[④]而弗食。"故使处原。

【注释】①寺人勃鞮（dī）：即寺人披。②壶飧：水泡饭，装在壶里。③径：走小路。④馁：饥饿。

【译文】晋文公向寺人披询问镇守原邑的人选，寺人披回答说：

“以前赵衰用壶装着食物跟随您，一个人走在小路上，即使饿了也不吃带的事物。”所以晋文公任命赵衰为原大夫。

僖公二十六年

【经】二十有六年[①]春，王正月，己未，公会莒子、卫宁速盟于向[②]。齐人侵我西鄙，公追齐师，至酅[③]，弗及。夏，齐人伐我北鄙。卫人伐齐。公子遂[④]如楚乞师。秋，楚人灭夔[⑤]，以夔子归。冬，楚人伐宋，围缗。公以楚师伐齐，取谷[⑥]。公至自伐齐。

【注释】①二十有六年：公元前634年。②莒子：莒兹丕公。卫宁：卫大夫宁庄子。向：莒地，在今山东莒县南。③酅：齐地，位于今山东东阿县南。④公子遂：鲁庄公之子。又称“东门遂”“东门襄仲”“仲遂”，居官为卿。⑤夔（kuí）：国名，芈姓，位于今湖北秭归县。⑥谷：位于今山东东阿县。

【译文】二十六年春季，周历正月己未日，僖公在向地与莒子、卫国的宁速会盟。齐国人侵犯我西部边境，僖公率军追击齐军，一直追到酅地都没有追上。夏季，齐国人攻打我北部边境。卫国人攻打齐国。公子遂到楚国请求援助。秋季，楚国人灭掉了夔国，将夔子带回国。冬季，楚国人攻打宋国，包围缗地。僖公率领楚军进攻齐国，攻占了谷地。僖公攻打齐国后回国。

【传】二十六年春，王正月，公会莒兹丕公、宁庄子盟于向，寻洮之盟[①]也。齐师侵我西鄙，讨是二盟[②]也。夏，齐孝公伐我北鄙。卫人伐齐，洮之盟故也。

【注释】①寻洮之盟：洮之盟在去年。②二盟：指洮之盟和向之盟。

【译文】二十六年春季，周历正月，鲁僖公与莒兹丕公、宁庄子在向地会盟，重温洮地之盟的旧好。齐国军队侵犯我国西部边境，以表示对洮、向两次会盟的不满。夏季，齐孝公率军攻打我国北部边境。卫国出兵攻打齐国，这是因为鲁、卫两国履行洮地盟约的缘故。

公使展喜犒师[①]，使受命于展禽[②]。齐侯未入竟[③]，展喜从之[④]，曰："寡君闻君亲举玉趾[⑤]，将辱于敝邑，使下臣犒执事[⑥]。"齐侯曰："鲁人恐乎？"对曰："小人恐矣，君子则否。"齐侯曰："室如县罄[⑦]，野无青草，何恃而不恐？"对曰："恃先王之命。昔周公、大公股肱周室，夹辅成王。成王劳之而赐之盟，曰：'世世子孙，无相害也。'载在盟府[⑧]，大师职之[⑨]。桓公是以纠合诸侯，而谋其不协，弥缝其阙[⑩]，而匡救其灾，昭旧职[⑪]也。及君即位，诸侯之望曰：'其率桓之功[⑫]。'我敝邑用不敢保聚[⑬]，曰：'岂其嗣世九年[⑭]，而弃命废职[⑮]，其若先君何？君必不然。'恃此以不恐。"齐侯乃还。

【注释】①展喜：鲁大夫。犒师：以酒肉食品犒劳军队。②展禽：鲁大夫，名获，字禽。食邑于柳下，谥为"惠"，故又称柳下惠，为春秋时有名的贤人。展喜是他的弟弟。③入竟：即入境。④从之：从而见齐侯。⑤玉趾：对人脚步的敬称。⑥执事：指左右侍从。⑦室如县罄：即室中一无所有。县，同“悬”。罄，同“磬”。⑧载：即盟约。盟府：收藏盟约的府库。⑨大师：即太师。职：主管。⑩弥缝：弥补缝合缺陷。阙：过失。⑪昭旧职：发扬太公辅佐周室的固有职责。⑫率桓之功：遵循桓公的功业。率，遵循。⑬用：因。保聚：聚众守卫。⑭嗣世九年：齐孝公继桓公之位已有九年。嗣世，即嗣位。⑮弃命废职：抛弃先王之命，废太公之职。

【译文】僖公派展喜去犒劳齐国军队，并让他向展禽请教如何措辞。齐孝公还没有进入鲁国境内，展喜便出境去迎接他，然后跟随他说：“我们国君听说您大驾光临，将要屈尊我国，所以特派下臣前来慰劳您的军队。”齐孝公说：“鲁国人害怕吗？”展喜回答说：“小人害怕了，但君子不怕。”齐孝公说：“你们室中一无所有，四野里连青草都没有，有什么依靠而不害怕？”展喜回答说：“依仗先王的命令。过去周公、太公是周天子的有力助手，在左右辅佐周成王。成王为了慰劳他们，便给他们订立盟约，说：‘世世代代的子孙，不要互相侵犯。’这个盟约仍收藏在盟府之中，由太师掌管着。桓公因此联合诸侯，协商解决相互之间的纠纷，弥补他们的过失，挽救他们的灾难，这些都是在显扬过去太公辅佐周室的职责。等到您当上国君后，各诸侯都盼望说：‘他一定会遵循桓公的功业。’我们鲁国因此不敢聚众守卫，说：‘难道齐侯即位九年，就背弃先王之命、废弃太公之职了吗？他怎么对得住先君呢？他一定不会这样做的。’就凭这一点，所以鲁国人不害怕。”齐孝公听后便撤军回国了。

东门襄仲、臧文仲如楚乞师[①]，臧孙见子玉而道之伐齐、宋[②]，以其不臣也。

【注释】①东门襄仲：即公子遂，为将而治东门，因以为氏。臧文仲：即臧孙辰。②子玉：楚国令尹成得臣。道：引导、带领。

【译文】东门襄仲、臧文仲到楚国去求救兵。臧孙辰会见楚国令尹子玉，并带领他们攻打齐、宋两国，因为齐、宋两国不肯侍奉楚国。

夔子不祀祝融与鬻熊[①]，楚人让之，对曰："我先王熊挚[②]有疾，鬼神弗赦，而自窜于夔。吾是以失楚，又何祀焉？"秋，楚成得臣、斗宜申[③]帅师灭夔，以夔子归。

【注释】①祝融与鬻（yù）熊：祝融、鬻熊都是楚国的先祖。夔（kuí）：国名，与楚同姓，为楚国国君熊绎的六世孙熊挚的后代所建立，礼应祭祀二祖。②熊挚：原名熊挚红，是楚熊渠的次子。熊绎之来孙，季连的第三十六世孙。③斗宜申：即司马子西。

【译文】夔君不祭祀祝融与鬻熊，楚国人因此责备他。夔君回答说："我们的先王熊挚有病，鬼神都不肯赦免他，所以自己跑到了夔地。我国因此失去了楚国的援助，我们又要祭祀什么呢？"秋季，楚国令尹子玉、斗宜申率军灭掉了夔国，将夔君抓回了国。

宋以其善于晋侯也[①]，叛楚即晋。冬，楚令尹子玉、司马子西帅师伐宋，围缗。

【注释】①善于晋侯：宋曾与晋文公相友善。重耳出亡过宋时，宋襄公曾赠马二十乘。

【译文】宋国因为他们曾经对晋侯表示友善，所以背叛楚国而亲近晋国。冬季，楚国的令尹子玉、司马子西领兵攻打宋国，包围了缗地。

公以楚师伐齐，取谷。凡师能左右之[①]曰“以”。置桓公子雍于谷，易牙奉之以为鲁援。楚申公叔侯戍之。桓公之子七人，为七大夫于楚。

【注释】①左右之：指随意指挥别国军队。

【译文】僖公率领楚军攻打齐国，攻取了谷地。凡是能够随意指挥他国军队的，叫做“以”。楚国将齐桓公的儿子雍安置在谷地，易牙侍奉他并作为鲁国的后援。楚国的申公叔侯守卫谷地。齐桓公的七个儿子，都在楚国做了大夫。

僖公二十七年

【经】二十有七年[①]春，杞子[②]来朝。夏六月庚寅，齐侯昭[③]卒。秋八月乙未，葬齐孝公。乙巳，公子遂帅师入杞。冬，楚人、陈侯、蔡侯、郑伯、许男围宋[④]。十有二月甲戌，公会诸侯，盟于宋。

【注释】①二十有七年：公元前633年。②杞子：即杞桓公。③齐侯昭：即齐孝公。④陈侯：即陈穆公。蔡侯：即蔡庄侯。郑伯：即郑文公。许男：即许僖公。

【译文】二十七年春季，杞桓公来鲁国朝见。夏季六月庚寅日，齐孝公昭去世。秋季八月乙未日，齐孝公下葬。九月乙巳日，公子遂率军入侵杞国。冬季，楚国人、陈穆公、蔡庄侯、郑文公、许僖公联合率军包围宋国。十二月甲戌日，僖公与诸侯会面，在宋国结盟。

【传】二十七年春，杞桓公来朝，用夷礼，故曰子。公卑杞，杞不共[①]也。

【注释】①共：同"恭"，恭敬。鲁公蔑视杞用夷礼，以为不恭敬。

【译文】二十七年春季，杞桓公来鲁国朝见。因为他是以夷狄的礼节来朝见，所以《春秋》中记载时称他为"子"。僖公看不起杞桓公，因为他认为杞桓公对他不恭敬。

夏，齐孝公卒。有齐怨[①]，不废丧纪[②]，礼也。

【注释】①有齐怨：去年齐两次伐鲁。②丧纪：丧事。

【译文】夏季，齐孝公去世。鲁国虽然怨恨齐国，但是仍没有废弃对齐孝公丧事的礼节，这是符合礼制的。

秋，入杞，责无礼也。

【译文】秋季，鲁军攻入杞国，这是为了责备杞桓公的无礼。

楚子将围宋，使子文治兵于睽[①]，终朝[②]而毕，不戮一人。子玉复治兵于蒍[③]，终日而毕，鞭七人，贯三人耳[④]。国老[⑤]皆贺子文，子文饮之酒。蒍贾[⑥]尚幼，后至，不贺。子文问之，对曰："不知所贺。子之传政[⑦]于子玉，曰：'以靖国也。'靖诸内而败诸外，所获几何？子玉之败，子之举也。举以败国，将何贺焉？子玉刚而无礼，不可以治民[⑧]。过三百乘，其不能以入[⑨]矣。苟入而贺，何后之有？"

【注释】①治兵：此指临战前的军事演习。睽（kuí）：楚地，地址不详。②终朝：一个早晨，即从旦至食时。③蒍（wěi）：楚地，地址不详。④贯耳：用箭穿耳。⑤国老：国中退职老臣。⑥蒍贾：楚大夫，字伯嬴，楚名相孙叔敖之父。⑦传政：指将令尹之职传给子玉。⑧治民：指治军。⑨入：率全军回国。

【译文】楚成王准备围攻宋国，便命令子文在睽地练兵。子文仅用了一个早晨就完成了，不惩罚一个人。又派子玉在蒍地练兵，子玉练了一整天才结束，且鞭打了七个人，用箭刺穿了三个人的耳朵。楚国的老臣们都来祝贺子文，子文便请大家喝酒。当时，蒍贾年纪还小，宴饮时他最后才到场，却没有祝贺子文。子文问他为什么，蒍贾回答说："不知道祝贺您什么。您把国家政事交给了子玉，还说：'这是为了安定楚国。'国内确实也获得了安定，但是对外却遭到了失败，这样楚国得到的好处能有多少呢？子玉的作战失败，是您举荐的结果。举荐人反而让国家遭到失败，这又有什么可祝贺的呢？子玉这个人刚愎自用，而且没有礼貌，不能让他治理军队。如果让他带领楚国的三百乘军队去作战，恐怕将无法安全地回国了吧。等他胜利回国后，我再来祝贺，那样能算晚了吗？”

冬，楚子及诸侯围宋，宋公孙固[①]如晋告急。先轸[②]曰：“报施救患，取威定霸，于是乎在矣。”狐偃曰：“楚始得曹而新昏[③]于卫，若伐曹、卫，楚必救之，则齐、宋免矣。”于是乎蒐于被庐[④]，作三军，谋元帅。赵衰曰：“郤縠[⑤]可。臣亟[⑥]闻其言矣，说礼、乐而敦《诗》、《书》[⑦]。《诗》、《书》，义之府也[⑧]。礼、乐，德之则也。德、义，利之本也。《夏书》曰：‘赋纳以言，明试以功，车服以庸[⑨]。’君其试之。”及使郤縠将中军，郤溱佐之；使狐偃将上军，让于狐毛，而佐之；命赵衰为卿，让于栾枝[⑩]、先轸。使栾枝将下军，先轸佐之。荀林父御戎，魏犨为右。

【注释】①公孙固：宋庄公之孙，曾为大司马。②先轸：因采邑在原，又称原轸，晋国卿大夫。③昏：同“婚”。④蒐（sōu）：检阅军队。被庐：晋地，地址不详。⑤郤縠（hú）：晋国公族，也是晋国第一任中军将。⑥亟：多次。⑦说：同“悦”。敦：崇尚。⑧义之府：道义的府库。⑨《夏书》：引自《尚书·益稷》。赋纳：普遍采纳。赋，通“敷”。明试以功：根据功迹考察其能力。车服以庸：用马车、衣服等酬报其功绩。庸，报酬。⑩栾枝：晋大夫，谥贞，又被称为栾贞子，是栾共叔之子，晋靖侯之孙栾宾的孙子。

【译文】这年冬季，楚成王和诸侯率兵围攻宋国，宋国的大司马公孙固向晋国告急求援。先轸说：“报答宋国的恩德，救助宋国的危难，让您在诸侯当中获得威望，奠定晋国的霸业，就在于这一仗了。”狐偃说：“楚国刚刚得到了曹国的归附，并与卫国刚刚结为了姻亲。如果攻打曹、卫两国，楚国一定会来救援，那么齐国、宋国的威胁就可以解除了。”于是，晋国在被庐进行了大规模的军队检阅，建立了上、中、下三军，并商量中军元帅的人选。赵衰说：“郤縠可以担任。我曾经多次听他谈论，他既喜爱礼、乐又熟悉《诗》《书》这些经典。《诗》《书》是道义的府库，礼、乐是道德修养的准则。德与义，是利益的根本。《夏书》上说：‘选用一个人，应该听取他的言论，明察他的行事能力，如果有了功绩就要用车马服饰作为酬劳来奖赏他。’您可以试一试。”于是晋文公便下令由郤縠统率中军，郤溱辅佐他；由狐偃统率上军，但狐偃推辞，让给狐毛统率上军，而由自己来辅佐他；任命赵衰为卿，赵衰让给栾枝、先轸。让栾枝统领下军，由先轸辅佐。荀林父为晋文公驾驶战车，魏犨担任车右。

晋侯始入而教其民[①]，二年，欲用之。子犯曰：“民未知义，未安其居。”于是乎出定襄王[②]，入务利民，民怀生[③]矣。将用之。子犯曰：“民未知信，未宣其用[④]。”于是乎伐原以示之信。民易资[⑤]者，不求丰[⑥]焉，明征其辞[⑦]。公曰：“可矣乎？”子犯曰：“民未知礼，未生其共。”于是乎大蒐[⑧]以示之礼，作执秩以正其官[⑨]，民听不惑[⑩]，而后用之。出谷戍，释宋围，一战而霸[⑪]，文之教也。

【注释】①教其民：训练百姓作战。②定襄王：指僖公二十五年晋侯出兵帮助周襄王复位之事。③怀生：安于生计。④宣：明白。用：作用，意义。⑤易资：以货物交换资财。⑥不求丰：即不求高价谋利。⑦明征其辞：明码实价。⑧大蒐：在被庐大规模阅兵。⑨作：开始设置。执秩：管理爵禄秩位的官。正其官：使国家官吏的设置合于正规。⑩民听不惑：百姓听从指挥，明辨是非。⑪一战而霸：指明年城濮之战，晋获大胜而为诸侯霸主。

【译文】晋文公一回国即位，便开始训练百姓作战。二年后，晋文公便想征召自己的国民去征战。狐偃说："百姓还不知道什么是道义，生活还没有安定。"于是晋文公在出兵安定了周襄王王位后，便回国做了大量对国民有益的事，百姓因此逐渐安居乐业。晋文公又想征用国民作战。狐偃说："现在百姓还没有明白何为诚信，还不明白讲究诚信的意义所在。"于是晋文公便通过讨伐原邑来向百姓展示信义的意义。百姓在交换货物时不过分求利，讲究明码实价，以示信义。晋文公便问："可以征用民众了吗？"狐偃说："民众现在还不懂得礼义，对长辈还没有恭敬之心。"于是晋文公便通过举行盛大阅兵来向百姓申明礼义，制定管理爵禄秩位之官来整顿吏治。等到百姓听从指挥，明辨是非，这样才征用百姓作战。后来赶走楚国戍守在谷地的军队，解救被围困的宋国，通过城濮之役一战便成就了霸业，这都是晋文公教化的结果。

僖公二十八年

【经】二十有八年①春，晋侯②侵曹，晋侯伐卫。公子买③戍卫，不卒戍[4]，刺[5]之。楚人救卫。三月丙午，晋侯入曹，执曹伯[6]。畀[7]宋人。夏四月己巳，晋侯、齐师、宋师、秦师及楚人战于城濮[8]，楚师败绩。楚杀其大夫得臣。卫侯[9]出奔楚。五月癸丑，公会晋侯、齐侯、宋公、蔡侯、郑伯、卫子、莒子[10]，盟于践土[11]。陈侯[12]如会。公朝于王所。六月，卫侯郑自楚复归于卫。卫元咺[13]出奔晋。陈侯款卒。秋，杞伯姬来。公子遂如齐。冬，公会晋侯、齐侯、宋公、蔡侯、郑伯、陈子、莒子、邾子、秦人[14]于温。天王狩于河阳[15]。壬申，公朝于王所。晋人执卫侯，归之于京师。卫元咺自晋复归于卫。诸侯遂围许[16]。曹伯襄复归于曹，遂会诸侯围许。

【注释】①二十有八年：公元前632年。②晋侯：即晋文公。③公子买：鲁大夫，字子丛。④不卒戍：驻守不满期就离开。⑤刺：杀。⑥曹伯：即曹共公。⑦畀（bì）：给予。⑧城濮：卫地，在今山东省濮县。⑨卫侯：即卫成公。⑩齐侯：即齐昭侯。宋公：即宋成公。蔡侯：即蔡庄侯。郑伯：即郑文公。卫子：卫成公出奔，其弟叔武代理参加会盟，所以称卫子。莒子：即莒兹丕公。⑪践土：位于今河南原阳县西南。⑫陈侯：即陈穆公。⑬元咺（xuān）：卫大夫。⑭陈子：指刚即位的陈共公。秦人：即秦穆公。⑮狩：冬猎。河阳：位于今河南孟县西。⑯围许：许国亲楚，又不参加践土之盟，所以讨伐它。

【译文】鲁僖公二十八年春季，晋文公入侵曹国，然后又攻打卫国。公子买率军戍守卫国，驻守不满期限就离开，僖公派人杀了他。楚国人出兵救援卫国。三月丙午日，晋文公攻入曹国，抓住了曹共公，并将曹国的祭田送给宋国。夏季四月己巳日，晋文公和齐国、宋国、秦国的军队，与楚国人在城濮交战，楚军被打得大败。楚国杀了大夫子玉。

卫成公逃到了楚国。五月癸丑日，僖公与晋文公、齐昭侯、宋成公、蔡庄侯、郑文公、卫叔武、莒兹丕公等在践土会盟。陈穆公参加了会盟。僖公到周天子行宫朝见。六月，卫成公郑从楚国又回到了卫国。卫国的元咺逃到了晋国。陈穆公款去世。秋季，杞伯姬到鲁国探亲。公子遂去了齐国。冬季，僖公与晋文公、齐昭侯、宋成公、蔡庄侯、郑文公、陈共公、莒兹丕公、邾子、秦穆公在温地相会。周天子在河阳狩猎。十月壬申日，僖公到周天子行宫朝见。晋国人抓住了卫成公，并将他送到了京师。卫国的元咺从晋国又回到了卫国。诸侯包围了许国。曹共公襄又回到了曹国，于是会同诸侯包围许国。

【传】二十八年春，晋侯将伐曹，假道于卫，卫人弗许。还，自南河[①]济。侵曹伐卫。正月戊申，取五鹿[②]。二月，晋郤縠卒。原轸将中军，胥臣佐下军，上德[③]也。晋侯、齐侯盟于敛盂[④]。卫侯请盟，晋人弗许。卫侯欲与楚，国人不欲，故出其君以说于晋[⑤]。卫侯出居于襄牛[⑥]。

【注释】①南河：即南津，又称棘津、济津、石济津，在现今河南省淇县之南一带，延津县之北部。②五鹿：卫地，在今河南省濮阳县南。③上德：即尚德，崇尚德行。④敛盂：卫地，在今河南省濮阳县东南。⑤出：赶走。说：同“悦”。⑥襄牛：宋邑。在今河南睢县。

【译文】鲁僖公二十八年春季，晋文公准备攻打曹国，便向卫国借道，卫国人不同意。晋军于是绕道南下渡过黄河，入侵曹国后，又攻打卫国。正月戊申日，晋军攻占了五鹿。二月，晋国中军主帅郤縠去世，由先轸接管中军，胥臣辅佐下军，这样做是崇尚德行。晋文公、齐昭公在敛盂结盟。卫成公请求参加会盟，晋国人没有答应。卫成公因此想进一步投靠楚国，可是卫国人又不同意，因此卫国人赶走了卫成公，以此来讨好晋国。卫成公逃到了襄牛。

公子买戍卫，楚人救卫，不克。公惧于晋，杀子丛[1]以说焉。谓楚人曰："不卒戍也。"

【注释】①子丛：即公子买，字子丛。

【译文】公子买带兵戍守卫国，楚国人也出兵救援卫国，但没能成功。鲁僖公因为害怕晋国，便杀了公子买来讨好晋国。鲁僖公对楚国人却说："公子买驻守不满期限就离开，所以杀了他。"

晋侯围曹，门焉[1]，多死，曹人尸诸城上[2]，晋侯患之，听舆人[3]之谋曰："称舍于墓。"师迁焉，曹人凶惧[4]，为其所得者，棺而出之。因其凶也而攻之。三月丙午，入曹。数之[5]，以其不用僖负羁，而乘轩者[6]三百人也。且曰："献状[7]。"

【注释】①门焉：攻打曹国城门。②尸诸城上：将晋军尸体堆列城上。③舆人：古代操贱役的吏卒。④凶惧：恐惧，惊扰不安。⑤数之：数说曹君的罪状。⑥乘轩者：指贵族被封官爵的人。⑦献状：晋文公流亡到曹国，曹共公曾乘晋文公洗澡时偷看文公的骈肋。现在要责其当初的无礼罪状。

【译文】晋文公包围了曹国，攻打城门时，晋军伤亡很大，曹国人把晋军战死的尸体都堆列在城上，晋文公非常担心这样会动摇军心，他听到吏卒们谋划说：“把军队驻扎到曹人的坟地上去。”晋文公就将军队迁到了曹人的墓地，曹国人果然恐慌起来，便把他们得到的晋军尸体装进棺木送了出来。晋军趁着曹国人心惶惶的时候，更加猛烈地攻城。三月丙午日，晋军攻入曹国都城。晋国人数说曹共公的罪状，斥责他不重用贤臣僖负羁，滥施爵赏让三百人享受乘车的待遇。并责令说：“要供述当年偷看晋文公洗澡的罪状。”

令无入僖负羁之宫而免其族，报施[①]也。魏犨、颠颉怒曰：“劳之不图[②]，报于何有！”爇[③]僖负羁氏。魏犨伤于胸，公欲杀之而爱其材，使问[④]，且视之。病[⑤]，将杀之。魏犨束胸见使者曰：“以君之灵，不有宁[⑥]也。”距跃三百[⑦]，曲踊[⑧]三百。乃舍[⑨]之。杀颠颉以徇[⑩]于师，立舟之侨[⑪]以为戎右。

【注释】①报施：报答重耳过曹时，僖负羁赠食、赠玉之惠。②劳之不图：指对有功劳的尚不考虑行赏，魏犨、颠颉均有从亡之劳。③爇（ruò）：烧。④问：问候，慰问。⑤病：伤势重。⑥不有宁：不敢自图安定。⑦距跃三百：向上跳跃多次。三百，虚数，并非实指。⑧曲踊：向前跳。⑨舍：舍而不杀。⑩徇：示众。⑪舟之侨：本虢臣，于鲁闵公二年投奔晋，为晋大夫。

【译文】晋文公下令不准进入僖负羁的家里，并赦免了僖负羁同族的人，以此来报答他过去对自己“盘飧置璧”的恩惠。魏犨、颠颉发怒说：“我们立有这么大功劳他都不考虑奖赏，而像僖负羁那点小恩惠有什么值得报答的！”于是放火烧了僖负羁的房屋。魏犨的胸部受了伤，晋文公因他违背军令想杀死他，可是又很爱惜他的才能。因此派使者去慰问他，并借机探看伤势，要是伤重不起，文公就杀他正法。魏犨把胸部裹紧出来见使者，说："托国君的福，你看我不是好好的吗？"当着使者的面，他离地高跳多次，屈腿前跳多次。于是晋文公便赦免了他，只杀死颠颉以警示众人，改用舟子侨担任车右。

宋人使门尹般[1]如晋师告急。公曰："宋人告急，舍之则绝，告楚不许。我欲战矣，齐、秦未可，若之何？"先轸曰："使宋舍我而赂齐、秦，藉[2]之告楚。我执曹君而分曹、卫之田以赐宋人。楚爱曹、卫，必不许也。喜赂怒顽[3]，能无战乎？"公说，执曹伯，分曹、卫之田以畀宋人。

【注释】①门尹般：宋国大夫，也是宋国的重臣。②藉：凭借，依靠。③怒顽：即恼怒楚国的顽固。

【译文】宋国派遣大夫门尹般向晋军求救。晋文公说："宋国来讨救兵，如果撇开不管，那么两国的关系就将断绝。请楚撤兵，楚国又不会答应。我们要与楚国作战，齐国、秦国又不会同意，该怎么办呢？"先轸说："设法让宋国不向我们求救，让他们给齐、秦两国赠送财礼，利用齐、秦两国出面请求楚国撤兵。同时，我们将曹国国君扣留，再把曹、卫两国的土地分一部分给宋人。楚国爱惜曹、卫两个盟邦，一定不会答应齐、秦两国的请求。齐、秦既喜得宋国的贿赂，又恼怒楚国的顽固，这样能不发生战争吗？"晋文公听了先轸的话很高兴，当时就将曹共公扣押，并把曹、卫两国的一部分土地分给了宋人。

楚子入居于申[①]，使申叔去谷[②]，使子玉去宋，曰："无从晋师[③]。晋侯在外十九年矣，而果得晋国。险阻艰难，备尝之矣；民之情伪[④]，尽知之矣。天假之年[⑤]，而除其害[⑥]。天之所置，其可废乎？《军志》[⑦]曰：'允当则归[⑧]。'又曰：'知难而退。'又曰：'有德不可敌。'此三志[⑨]者，晋之谓矣。"

【注释】①楚子：楚成王。申：楚之大邑，在今河南省南阳市。②申叔：即申公叔侯，楚国大夫。去谷：撤离谷地。③无从晋师：避免与晋军交战。从，这里指周旋，交战。④情伪：真诚与虚伪。⑤天假之年：文公入国时已经六十二岁。⑥除其害：扫除危害他的政敌，指晋惠公、怀公、吕甥、郤芮等。⑦《军志》：古代兵书，已佚。⑧允当则归：指敌我力量相当，有适当收获应收兵，即适可而止。⑨三志：三条记载。

【译文】楚成王回兵驻扎在申地，命令申叔撤离谷地，又命令子玉撤离宋国，并对他们说："不要同晋军交战。晋侯在外流亡了十九年，却能回到晋国为君。人世的艰难险阻，他都经历过了；人心的真假虚实，他也全都清楚。上天赐给了他长寿，又助他除掉了仇敌。上天是这样安排的，又怎么可能会废弃呢？《军志》上说：'适可而止。'又说：'知难而退。'又说：'有德的人不可以与之为敌。'这三条记载，说的就是晋国啊。"

子玉使伯棼[①]请战，曰："非敢必有功也，愿以间执谗慝之口[②]。"王怒，少与之师，唯西广、东宫与若敖之六卒实从之[③]。

【注释】①伯棼：楚大夫，即斗椒，字子越，斗伯比之孙。②间执：

防止，堵塞。谗慝（tè）之口：专进谗言的恶人，指前面蒍贾批评子玉会失败的话。③西广：指楚国右军的兵车。东宫：楚太子所属的军队。若敖：子玉的祖父，即若敖氏所组成的亲兵。六卒：一卒为兵车三十乘，六卒为一百八十乘。

【译文】子玉派伯棼去向楚王请战，说："我不敢说一定能成功，不过我愿意借这个机会来堵住那些搬弄是非的小人之口。"楚成王听了很生气，便给了他一点点兵力，只派了西广、东宫两支军队和若敖氏的一百八十乘战车让他指挥。

子玉使宛春[①]告于晋师曰："请复卫侯而封曹，臣亦释宋之围。"子犯曰："子玉无礼哉！君取一，臣取二[②]，不可失矣。"先轸曰："子与之。定人[③]之谓礼，楚一言而定三国，我一言而亡之。我则无礼，何以战乎？不许楚言，是弃宋也。救而弃之，谓诸侯何？楚有三施，我有三怨，怨仇已多，将何以战？不如私许复曹、卫以携之[④]，执宛春以怒楚，既战而后图之。"公说，乃拘宛春于卫，且私许复曹、卫。曹、卫告绝[⑤]于楚。

【注释】①宛春：楚大夫。②君取一，臣取二：晋文公为国君，只取一个释宋之围的好处，子玉为楚臣，却取得复卫和封曹两个好处。③定人：安定别人的国家。④携之：指离间曹、卫于楚国的关系。⑤告绝：宣布绝交。

【译文】令尹子玉派宛春通知晋军说："请晋国恢复卫侯的君位和曹国的土地，我们楚国也撤除对宋国的包围。"狐偃说："子玉太没有礼貌了！我们国君只得到宋国解围这一个好处，他做臣子反而得到复卫和封曹两个好处，这正是我们不可失去的作战机会。”先轸说：“国君应该答应他。安定别人的国家叫做有礼。楚国一句话便能够让曹、卫、宋三个国家安定，我们要是说一句‘不同意’就会灭亡三个国家，那就是我们无礼了。这样，我们还靠什么去作战呢？不答应楚国的请求，就是抛弃宋国，本是为了救宋国而来，结果反而弃之不顾，怎么向诸侯国们交代呢？楚国的一句话对曹、卫、宋三国都有恩惠，我们一旦拒绝就会跟这三个国家结下仇恨。如果怨恨太多，我们又依靠什么去作战呢？我看不如暗中答应曹、卫恢复他们的国家，以此离间他们与楚国之间的关系，再扣留宛春以此激怒楚国，其他的对策等打完仗再作下一步的打算吧。”晋文公听了先轸的计谋后很高兴，于是将宛春拘留在卫国，并且暗中答应恢复曹国和卫国。曹、卫两国果然宣告与楚国断绝关系。

子玉怒，从晋师[①]。晋师退。军吏曰：“以君辟臣，辱也。且楚师老矣，何故退？”子犯曰：“师直为壮[②]，曲为老。岂在久乎？微[③]楚之惠不及此，退三舍辟之，所以报也。背惠食言，以亢[④]其仇，我曲楚直。其众素饱[⑤]，不可谓老。我退而楚还，我将何求？若其不还，君退臣犯，曲在彼矣。”退三舍。楚众欲止，子玉不可。

【注释】①从晋师：向晋军进攻。②师直：指师出有理，即理直。壮：气壮。③微：没有。④亢：捍卫，庇护。⑤饱：士气饱满。

【译文】子玉得知后大怒，带领包围宋国的楚军进攻晋军，晋军却向后撤退。晋国的将领们说：“做国君的反而躲避臣子，这是耻辱啊。况且楚军出征日久，士气已经衰疲不振，为什么还要撤退呢？”狐偃说："军队作战，理直士气便会旺盛，理亏士气便会衰落，又怎么会在于出征时间的长短呢？从前如果没有楚国的恩惠，我们晋国就不会有今天。现在我军退让九十里，就是为了报答楚王当年的恩惠。如果我们对楚国忘恩失信，又去保护他们的仇敌，那便是我们理亏而楚国理直了。楚军向来士气饱满，不能说是疲惫了。我军撤退，楚军如果也撤回去，那我们还要求什么呢？如果楚军不肯撤退，那便是国君在退让，而做臣子的还要进犯，那他们便是理亏了。"于是晋军后退了九十里。楚军因此想要停止前进，但是子玉不同意。

夏四月戊辰，晋侯、宋公、齐国归父、崔夭、秦小子慭次于城濮①。楚师背酅②而舍，晋侯患之，听舆人之诵③，曰："原田每每④，舍其旧而新是谋。"公疑焉。子犯曰："战也。战而捷，必得诸侯。若其不捷，表里山河⑤，必无害也。"公曰："若楚惠何？"栾贞子曰："汉阳诸姬⑥，楚实尽之，思小惠而忘大耻，不如战也。"晋侯梦与楚子搏，楚子伏己而盬其脑⑦，是以惧。子犯曰："吉。我得天⑧，楚伏其罪⑨，吾且柔之⑩矣。"

【注释】①宋公：即宋成公。国归父、崔夭：齐国大夫。小子慭（yìn）：秦穆公之子。②酅（xī）：险要之地。③诵：宜于诵读的韵文。④每每：植物生长繁茂。⑤表里山河：指晋国外有黄河，内有太行山，面河背山，地势优越，足以固守。⑥汉阳诸姬：指汉水以北姬姓诸国。⑦伏己：即伏在晋文公身上。盬（gǔ）：咀嚼。⑧得天：指晋侯仰卧向上，象征得天。⑨伏其罪：指楚子俯卧，向下，象征伏罪。⑩柔之：将他驯服。

【译文】夏季四月戊辰日，晋文公、宋成公、齐国大夫国归父、崔夭以及秦国的小子慭统率军队进驻城濮。楚军背靠险要之地安营扎寨，晋文公见敌人占据了有利地势，因此有些担忧。他听到众人唱道："原野上的青草长得多么茂盛啊，除掉旧根子，速播新种子。"晋文公对此疑惑不定。狐偃说："战吧。战胜了，我们一定可以得到诸侯的拥护。就是没能取得胜利，我们晋国外有黄河、内有太行山之险可以凭借防守，也一定不会有人敢来侵犯。"晋文公说："与楚国开战，以前他们对我们的恩惠怎么办呢？"栾贞子说："汉水以北那些姬姓诸侯国，都被楚国灭了，考虑这些小恩小惠而忘记这个奇耻大辱，我看不如与其决战。"晋文公梦见与楚成王搏斗，楚王伏在他的身上，吮吸他的脑髓，因此晋文公有些害怕。狐偃说："这是吉兆。说明我们晋国得到了上天的帮助，楚君伏罪，我们可以将他们驯服了。"

子玉使斗勃①请战，曰："请与君之士戏，君冯轼②而观之，得臣与寓目③焉。"晋侯使栾枝对曰："寡君闻命矣。楚君之惠，未之敢忘，是以在此④。为大夫⑤退，其敢当君乎⑥？既不获命矣，敢烦大夫，谓二三子⑦，戒尔车乘，敬尔君事⑧，诘朝⑨将见。"

【注释】①斗勃：楚大夫。②冯轼：靠着车前扶手横木。冯，同"凭"。③寓目：注目、过目。④是以在此：指退避三舍，撤退到这里。⑤大夫：指子玉。⑥其：通"岂"。君：指晋文公。⑦二三子：二三位，此指楚国将领。⑧敬：严肃，谨慎。君事：指国事。⑨诘朝：明日早晨。

【译文】子玉让斗勃向晋文公请战："请让我与您的士兵们进

行一场角力戏。您可靠着车的横木观看，我子玉也可以陪同您一起看看。”晋文公派栾枝答复说：“您的话我们国君已经知道了。楚君对我们的恩惠，我们从来没敢忘记，所以我们才退到了这里。我们以为子玉已经退兵了，又怎么敢抵挡楚君呢？现在既然不能获得楚国退兵的命令，那么就请麻烦您转告贵国的将领，准备好你们的战车，认真去做你们国君交付的任务，明天早晨咱们在战场上见。”

晋车七百乘，韅、靷、鞅、靽[①]。晋侯登有莘之虚[②]以观师，曰：“少长有礼[③]，其可用也。”遂伐其木以益其兵[④]。

【注释】①韅（xiǎn）、靷（yǐn）、鞅（yāng）、靽（bàn）：均为战马装备的各种皮件，意为装备齐全。②有莘之虚：莘国旧城遗址。虚，通“墟”，旧城废址。③少长有礼：士卒中年少的与年长的相互尊敬爱护，有礼貌。④益：增加。兵：兵器。

【译文】晋军的战车一共七百辆，装备很齐全。晋文公登上莘国的旧城检阅全军，说：“年少的和年长的相互尊敬爱护，很有礼貌，可以让他们参加战斗了。”于是命令士兵砍伐树木，补充兵器。

己巳，晋师陈于莘北[①]，胥臣以下军之佐当陈、蔡[②]。子玉以若敖之六卒将中军，曰：“今日必无晋矣。”子西[③]将左，子上[④]将右。胥臣蒙马以虎皮，先犯陈、蔡。陈、蔡奔，楚右师溃。狐毛设二旆[⑤]而退之。栾枝使舆曳柴而伪遁，楚师驰之。原轸、郤溱以中军公族[⑥]横击之。狐毛、狐偃以上军夹攻子西，楚左师溃。楚师败绩。子玉收其卒[7]而止，故不败。

【注释】①莘北：即城濮。②胥臣：即司空季子。陈、蔡：陈国、蔡国是楚国的同盟国，两国军队为楚方右翼。③子西：楚司马，斗宜申的字。④子上：斗勃的字。⑤二旆（pèi）：两面大旗。旆，大旗。⑥中军公族：指晋文公直辖的军队，由公族子弟组成。⑦收其卒：收兵。卒，指若敖六卒。

【译文】四月己巳日，晋军在莘北列阵，由下军副将胥臣率领部下抵挡陈、蔡两国军队。子玉以若敖氏的一百八十乘战车作为中军，说："我们今天一定会将晋军全部消灭。"其左军由楚将子西统率，右军由子上统率。晋将胥臣把战马都蒙上虎皮，先攻陈、蔡两国军队。陈、蔡联军弃阵逃跑，楚方右翼部队溃散。狐毛树起两面大旗，冒充中军撤退，栾枝则将树枝拖挂在战车后面，假装败逃，楚军急速追击。先轸、郤溱指挥中军的亲兵，向着楚军拦腰冲杀。狐毛、狐偃则指挥上军夹击子西，楚国的左翼部队也溃败了。子玉收兵未动，所以没有失败。

晋师三日馆谷[1]，及癸酉而还。甲午，至于衡雍[2]，作王宫于践土。

【注释】①馆谷：居其馆，食其谷。指驻军就食。②衡雍：郑地，在今河南省原阳县西。

【译文】晋军占据楚人军营住了三天，吃他们留下的粮食，到四月癸酉日才起程返回。甲午日，晋军到达衡雍，晋文公在践土为周天子修筑了一座行宫。

乡役[①]之三月，郑伯如楚致其师[②]，为楚师既败而惧，使子人九行成于晋[③]。晋栾枝入盟郑伯。五月丙午，晋侯及郑伯盟于衡雍。

【注释】①乡役：指城濮之战。乡，通“向”，从前的。②致其师：即出兵助战。③子人九：郑大夫。行成：求和。

【译文】在城濮战役之前的三个月，郑文公曾前往楚国，将郑国的军队交给楚国指挥。当得知楚军战败后，郑文公感到害怕，便派大夫子人九向晋国求和修好。晋国的栾枝去郑国与郑文公订立盟约。五月丙午日，晋文公与郑文公在衡雍结盟。

丁未，献楚俘于王，驷介[①]百乘，徒兵千。郑伯傅王[②]，用平礼[③]也。己酉，王享醴，命晋侯宥。王命尹氏及王子虎、内史叔兴父策命晋侯为侯伯[④]，赐之大辂之服[⑤]，戎辂之服[⑥]，彤弓[⑦]一，彤矢百，玈[⑧]弓矢千，秬鬯一卣[⑨]，虎贲[⑩]三百人，曰：“王谓叔父，敬服王命，以绥四国。纠逖王慝[⑪]。”晋侯三辞，从命。曰：“重耳敢再拜稽首，奉扬天子之丕显休命[⑫]。”受策以出，出入三觐[⑬]。

【注释】①驷介：四匹披甲的马。②傅王：给周王担任赞礼的职务。傅，相，负责赞礼的人。③平礼：用从前周平王接待晋文侯的礼仪来接待晋文公。④尹氏及王子虎：都是周王卿士。内史叔兴父：周大夫，任内史之职。策命：以策书封官授爵。侯伯：诸侯之长，即霸主。⑤大辂(lù)：祭祀所用涂金的车子。服：指乘大辂时相配的冕服。⑥戎辂：兵车。服：乘戎辂时相配的韦弁，即熟皮所制的冠。⑦彤弓：涂朱漆的弓。赐弓表示授予征伐之权。⑧玈(lú)：黑色。⑨秬鬯(chàng)：

用黑黍和香草酿成的香酒。卣(yǒu):盛酒的器具。⑩虎贲:勇士,王的近卫亲兵。⑪纠逖:督察惩治。慝:邪恶。⑫丕显休命:伟大光明的赐命。⑬出入三觐:前后三次进见天子。觐,进见。

【译文】五月丁未日,晋文公将俘虏的楚国人献给周襄王,并献上一百辆披甲的四马兵车和一千名步兵。郑文公担任相礼,用以前周平王接待晋文侯的礼节接待晋文公。五月己酉日,周襄王设宴款待晋文公,并赐给晋文公甜酒,允许文公向自己敬酒。周襄王命令卿士尹氏、王子虎、内史叔兴父,以书面命令晋文公为诸侯的领袖,赏赐给晋文公祭祀时乘坐的大辂车和相应的服饰、举行兵礼时乘坐的戎辂车和相应的服饰,一张红色的弓,一百支红色的箭,黑色的弓十张和箭一千支,黑黍米酿造的香酒一卣,勇士三百人,说:"天子对叔父说:'请恭敬认真地服从天子的命令,好好地安抚四方诸侯,督察惩治那些邪恶的人。'"晋文公辞让再三,才接受了王命。晋文公说:"重耳再次拜谢叩首,一定会敬奉和发扬天子伟大而光明的圣命。"晋文公接受了策书后离开王宫,之后又三次朝见周襄王。

卫侯闻楚师败,惧,出奔楚,遂适陈,使元咺奉叔武以受盟。癸亥,王子虎盟诸侯于王庭,要言[①]曰:"皆奖[②]王室,无相害也。有渝[③]此盟,明神殛[④]之,俾队其师[⑤],无克祚国[⑥],及而玄孙[⑦],无有老幼[⑧]。"君子谓是盟也信,谓晋于是役也,能以德攻[⑨]。

【注释】①要言:盟约,约定的内容或条款。②奖:辅助。③渝:背叛。④殛(jí):诛杀。⑤俾:使。队:同"坠",颠覆。⑥无克祚国:不能享有国家。⑦及而玄孙：即使到了你的玄孙一代。⑧无有老幼：无论老幼。⑨能以德攻：能以文德教民，而后用之于征伐。

【译文】卫成公听说楚军被打败，非常害怕，便逃到了楚国，又逃到了陈国，并派元咺事奉叔武去接受诸侯的盟约。五月癸亥日，王子虎在王庭与诸侯订立盟约，宣誓说："大家都应辅助王室，不得互相残杀。如果有人违背此约，神明将会惩罚他，让他的军队覆灭，不能享有国家。惩罚将延续到他的子孙后代，不论老幼都是一样。"君子认为这次盟约是讲信用的，并认为在这次战役中晋国是倚仗仁德的力量来讨伐楚国。

初，楚子玉自为琼弁、玉缨[①]，未之服也。先战，梦河神谓己曰："畀余，余赐女孟诸之麋[②]。"弗致也。大心与子西使荣黄谏[③]，弗听。荣季曰："死而利国，犹或为之，况琼玉乎？是粪土也，而可以济师[④]，将何爱焉？"弗听。出，告二子[⑤]曰："非神败令尹，令尹其不勤民[⑥]，实自败也。"既败，王使谓之曰："大夫若入，其若申、息之老何[⑦]？"子西、孙伯[⑧]曰："得臣将死，二臣止之曰：'君其将以为戮。'"及连榖[⑨]而死。晋侯闻之而后喜可知也，曰："莫余毒[⑩]也已！蒍吕臣[⑪]实为令尹，奉己而已[⑫]，不在民[⑬]矣。"

【注释】①琼弁：装饰玉石的马冠。玉缨：装饰玉石的马鞅。②孟诸：宋国的沼泽地。麋：同"湄"，水边草地。③大心：子玉之子。荣黄：即荣季，楚臣。④而可以济师：如果可以帮助军队打胜仗。⑤二子：指大心、子西。⑥不勤民：不以民事为重。⑦其若申、息之老何：申、息子弟都跟从子玉出征而死，子玉将如何面对其父兄。⑧孙伯：即大心。⑨连縠：楚地名，地址不详。⑩莫余毒：即莫毒余，意为没有人害我。⑪蒍吕臣：楚臣，即僖公二十三年传之叔伯。⑫奉己而已：保全自己的禄位而已。⑬不在民：不勤于民事，无远大志向。

【译文】起初，子玉为自己制作了镶玉的马冠马鞅，只是一直还没有使用。在作战之前，子玉梦见河神对他说："把马冠马鞅送给我，我赐给你孟诸的沼泽地。"但子玉没有送去。他的儿子大心与子西让荣季去劝他，子玉不听。荣季说："如果有利于国家，便是死也还要去做，何况只是献出美玉呢？与国家利益相比，这只是粪土而已。如果献出美玉可以帮助军队打胜仗，又有什么可惜的呢？"子玉还是不同意。荣季出来后，对大心与子西说："不是神明要让令尹失败，而是令尹不肯为百姓办事，实在是自取失败啊。"子玉战败之后，楚成王派人对他说："大夫如果回来，怎么向申、息两地伤亡的众多子弟的父老乡亲交代呢？"子西、大心对使臣说："子玉本来准备自杀，但我们二人劝阻他说：'不要自杀，等着楚王来制裁你吧。'"等到了连縠，子玉便自杀而死。晋文公听说子玉自杀后，满脸喜色，说："再没有人能威胁到我了。蒍吕臣担任楚国令尹，只不过能保住自己的禄位而已，他是不会为了百姓而勤勉的。"

或诉[①]元咺于卫侯曰："立叔武矣。"其子角[②]从公，公使杀之。咺不废命[③]，奉夷叔以入守[④]。六月，晋人复卫侯。宁武子与卫人盟于宛濮[⑤]，曰："天祸卫国，君臣不协，以及此忧也。今天诱其衷[⑥]，使皆降心[⑦]以相从也。不有居者，谁守社稷？不有行者，谁扞牧圉[⑧]？不协之故，用昭乞盟于尔大神以诱天衷[⑨]。自今日以往，既盟之后，行者无保其力[⑩]，居者无惧其罪。有渝此盟，以相及[⑪]也。明神先君，是纠是殛[12]。”国人闻此盟也，而后不罚。

【注释】①诉：有事实根据地说人坏话。②角：元咺之子元角。③废命：废弃卫成公之命。④夷叔：即叔武，夷是他的谥号。入守：回国摄政。⑤宁武子：名俞，谥号“武子”，卫国大夫。宛濮：位于今河南长垣县西南。⑥天诱其衷：当时俗语，指上天保佑我。⑦降心：放弃成见。⑧扞（hàn）：保卫。牧圉（yǔ）：牛马，借指君王的财产。⑨昭：彰明。以诱天衷：乞求天心佑护我。天衷，天心。⑩保其力：仗势其功劳。⑪相及：灾祸将降临到他头上。⑫是纠是殛（jí）：加以惩罚和诛杀。

【译文】有人向卫成公毁谤元咺说：“他要立叔武为国君。”元咺的儿子角跟随着卫成公，卫成公派人杀了他。元咺并没有因此而废弃卫成公的命令，依旧侍奉叔武回国摄政。六月，晋国人将卫成公放回了国。宁武子与卫国人在宛濮结盟，并说：“上天给卫国降下灾祸，是因为卫国君臣不和，才遭致这样的祸患。现在上天保佑，让大家放下成见互相听从。如果没有留守的人，那谁来守卫国家呢？如果没有跟随君王出去的人，谁又去保护君王的财产呢？由于不和，所以请大家向大神宣誓，乞求上天保佑。从今天订立盟约之后，跟随君王在外的人不要仗恃自己的功劳，留守的人不要害怕获罪。如果谁违背了这个盟约，灾祸将降临到他头上。神明和先君有灵，将加以惩罚和诛杀。”卫国人听到这个盟约，就不再三心二意了。

卫侯先期入，宁子[①]先，长牂[②]守门，以为使也，与之乘而入。公子歂犬、华仲前驱[③]。叔孙[④]将沐，闻君至，喜，捉发走出[⑤]，前驱射而杀之。公知其无罪也，枕之股而哭之。歂犬走出，公使杀之。元咺出奔晋。

【注释】①宁子：即宁武子。②长牂（zāng）：卫大夫。③公子歂犬、华仲前驱：两人是卫侯的前驱。④叔孙：即叔武。⑤捉发走出：手握着头发跑出来迎接。捉，握住。

【译文】卫成公比约定的时间早回到卫国，宁武子又比卫成公先回国。长牂守卫城门，以为他是卫成公的使者，便与他一同乘车进入城内。公子歂犬、华仲作为卫成公的前驱。叔武正要洗头发，听说国君回来了，非常高兴，便用手握着头发跑出来迎接，前驱却把他射死了。卫成公知道他是没有罪过的，将头枕在他大腿上哭。公子歂犬逃跑了，但还是被卫成公派的人杀了。元咺逃到了晋国。

城濮之战，晋中军风于泽[①]，亡大旆之左旃[②]。祁瞒奸命[③]，司马杀之，以徇于诸侯，使茅筏[④]代之。师还。壬午，济河。舟之侨先归，士会摄右[⑤]。秋七月丙申，振旅[⑥]，恺[⑦]以入于晋。献俘、授馘[⑧]，饮至、大赏，征会讨贰[⑨]。杀舟之侨以徇于国，民于是大服。

【注释】①风于泽：军行于泽中，突遇大风。②大旆：旗名。左旃：前军左边赤色大旗。③祁瞒：晋臣。奸命：违犯军令。④茅筏：晋大夫。⑤士会：士蒍之孙，成伯缺之子，士氏名会，字季，因被封于随、范，以邑为氏，别为范氏，谥武。摄右：代理车右。⑥振旅：整顿部队，操练士兵。⑦恺：同“凯”，凯旋的乐曲。⑧授馘（guó）：呈报杀敌数字。馘，战争中割取的敌人的左耳，用以记功。⑨征会讨贰：征召诸侯会盟，讨伐那些有二心的国家。

【译文】在城濮战役中，晋军的中军在沼泽中遇到了大风，丢失了前军左边的大旗。祁瞒违犯军令，司马把他杀了，并将此消息通告给诸侯，让茅筏代替他。晋军回国。六月壬午日，渡过黄河。舟之侨在此之前已先行回国，由士会代理车右。秋季七月丙申日，中军胜利回国，进入国都时高唱凯歌。在太庙献上俘虏和杀敌的数目，然后饮酒犒赏士兵，并召集诸侯会盟，讨伐那些心怀二意的国家。杀了舟之侨，并通告全国，百姓们因此大为顺服。

君子谓："文公其能刑[①]矣，三罪[②]而民服。《诗》[③]云：'惠此中国，以绥四方。'不失赏刑之谓也。"

【注释】①能刑：能严明刑罚或者善于用刑。②三罪：杀三罪人，即颠颉、祁瞒、舟之侨。③《诗》：出自《诗经·大雅·民劳》。

【译文】君子认为："晋文公善于用刑，杀了颠颉、祁瞒、舟之侨三个罪人而使百姓顺服。《诗经》中说：'施惠于中原国家，安定四方诸侯。'这正是没有失去赏罚分明啊。"

冬，会于温，讨不服也。

【译文】冬季，僖公在温地与诸侯相会，商议讨伐那些不顺服的诸侯国。

卫侯与元咺讼[①]，宁武子为辅[②]，鍼庄子为坐[③]，士荣为大士[④]。卫侯不胜。杀士荣，刖鍼庄子，谓宁俞忠而免之。执卫侯，归之于京师，置诸深室[⑤]。宁子职纳橐饘[⑥]焉。元咺归于卫，立公子瑕。

【注释】①讼：争讼。为杀叔武之事到晋国告状。②辅：即诉讼人。③坐：诉讼代理人。④大士：辩护人。⑤深室：囚室。⑥纳橐（tuó）饘（zhān）：送衣食。

【译文】卫成公与元咺发生了官司，宁武子为卫成公的诉讼人，鍼庄子是卫成公的代理人，士荣为辩护人。卫成公没有胜诉。晋国于是杀了士荣，砍了鍼庄子的脚，因认为宁武子忠诚而赦免了他。晋国抓捕了卫成公，将他送到了京师，关进牢房囚禁起来。宁武子负责给他送衣食。元咺回到卫国，立公子瑕为君。

是会[①]也，晋侯召王，以诸侯见，且使王狩。仲尼[②]曰："以臣召君，不可以训[③]。"故书曰："天王狩于河阳。"言非其地[④]也，且明德[⑤]也。

【注释】①是会：指温之会。②仲尼：即孔子。③以臣召君，不可以训：召只能用在上对下，晋文公召天子，是无礼。④非其地：天子诸侯田猎，皆在自己封地，不得越境。⑤且明德：明晋侯尊王的功德，并隐其召王的缺失。

【译文】这次温地会盟，晋文公召请周襄王前来，并带领诸侯朝见，又让周襄王去打猎。孔子说："以臣子召请君主，不可以作为榜样。"所以《春秋》中记载说："天王狩于河阳。"说的是这里不是周襄王的地方，而且是为了表明晋侯尊王的功德而隐去了他召请周王的缺失。

壬申，公朝于王所。

【译文】十月壬申日，僖公到周襄王的行宫朝觐。

丁丑，诸侯围许。

【译文】十一月丁丑日，诸侯包围许国。

晋侯有疾，曹伯之竖侯獳货筮史[①]，使曰以曹为解[②]：“齐桓公为会而封异姓[③]，今君为会而灭同姓[④]。曹叔振铎[⑤]，文之昭也。先君唐叔[⑥]，武之穆也。且合诸侯而灭兄弟，非礼也。与卫偕命[⑦]，而不与偕复，非信也。同罪异罚，非刑也。礼以行义，信以守礼，刑以正邪，舍此三者，君将若之何？”公说，复曹伯，遂会诸侯于许。

【注释】①竖侯獳（nòu）：名叫侯獳的小臣。货：贿赂。筮史：掌卜筮的官员。②以曹为解：把曹国灭亡作为晋侯得病的原因来解释。③齐桓公为会而封异姓：齐桓公封邢、卫，于齐为异姓。④灭同姓：晋与曹同为姬姓国。⑤叔振铎：始封于曹，文王之子。⑥唐叔：即唐叔虞，武王之子，始封于晋。⑦偕命：一同得到晋侯允许复国的命令。

【译文】晋文公患了重病，曹共公的小臣侯獳贿赂晋文公的卜筮官，并让卜筮官把文公得病的原因说成是因为灭了曹国，说：“齐桓公主持盟会而分封了异姓诸侯，现在君王主持盟会却灭了同姓国家。曹叔振铎，是文王的儿子；先君唐叔虞，是武王的儿子。况且您会合诸侯而灭掉了兄弟之国，这是不符合礼的。曹国与卫国都得到了君王的诺言，但是没能一起复国，这是不讲信用。同样的罪过，却得到不同的惩罚，这不符合刑罚。礼是用来施行道义的，信用则是用来守护礼义的，而刑罚则是用来纠正邪恶的。如果舍弃了这三项，君王将准备怎么做呢？”晋文公听了很高兴，因此恢复了曹共公的君位，于是曹共公没有回国，先到许国与诸侯会盟。

晋侯作三行[①]以御狄，荀林父将中行，屠击将右行，先蔑将左行。

【注释】①行：此前晋有左右二行，今又增中行而成三行。

【译文】晋文公建立了三个步兵军来抵御狄人，由荀林父统领中军，屠击统领右军，先蔑统领左军。

僖公二十九年

【经】二十有九年[①]春，介葛卢[②]来。公至自围许。夏六月，会王人、晋人、宋人、齐人、陈人、蔡人、秦人盟于翟泉[③]。秋，大雨雹。冬，介葛卢来。

【注释】①二十有九年：公元前631年。②介：鲁国南部的东夷小国。葛卢：介国国君名。③翟泉：位于今河南洛阳境内。

【译文】二十九年春季，介国国君葛卢来鲁国朝见。僖公从包围许国那里回国。夏季六月，僖公与周王使者以及晋国、宋国、齐国、陈国、蔡国、秦国使者在翟泉会盟。秋季，下了大冰雹。冬季，介国国君葛卢再次来到鲁国朝见。

【传】二十九年春，介葛卢来朝，舍于昌衍[①]之上。公在会[②]，馈之刍[③]、米，礼也。

【注释】①昌衍：即昌平山，位于今山东曲阜县东南。②在会：会诸侯包围许国。③刍：干草。

【译文】二十九年春季，介国国君葛卢前来鲁国朝见，僖公让他住在昌平山上。当时僖公正在参加诸侯包围许国的会见，让人赠送给他干草、大米，这是符合礼制的。

夏，公会王子虎、晋狐偃、宋公孙固、齐国归父、陈辕涛涂、秦小子憖，盟于翟泉，寻践土之盟，且谋伐郑也。卿不书[①]，罪之也[②]。在礼，卿不会公、侯，会伯、子、男可也。

【注释】①卿不书：不记录参加盟会的卿大夫。②罪之也：是罪其违礼。

【译文】夏季，僖公在翟泉与王子虎、晋国的狐偃、宋国的公孙固、齐国的国归父、陈国的辕涛涂、秦国的小子憖会盟，重温践土之盟的旧好，并且谋划讨伐郑国之事。《春秋》中没有记载参加会盟的卿的名字，这是表示对他们的谴责。按照礼制，卿不能参加公、侯的会见，但参加伯、子、男的会见是可以的。

秋，大雨雹，为灾也。

【译文】秋季，下大冰雹，《春秋》中记载，是因为对百姓造成了灾害。

冬，介葛卢来，以未见公，故复来朝。礼之，加燕好[①]。

【注释】①燕好：以宴享之礼招待及馈赠上等财货。

【译文】冬季，介国国君葛卢再次来鲁国朝见，因为上次没有见到僖公，所以再次来朝见。僖公以礼接待了他，并以宴享之礼招待且赠送给他上等财货。

介葛卢闻牛鸣，曰："是生三牺[①]，皆用[②]之矣，其音云[③]。"问之而信。

【注释】①牺：用于宗庙祭祀的小牛。②用：杀了用来祭祀。③其音云：其叫声就是这样的。

【译文】介国国君葛卢听到有牛叫，便说："这头牛生了三头小牛，都杀了用来祭祀，所以它才这样叫。"僖公问外面的人，果然是这样。

僖公三十年

【经】三十年[①]春王正月。夏，狄侵齐。秋，卫杀其大夫元咺及公子瑕。卫侯郑[②]归于卫。晋人、秦人围郑。介人侵萧[③]。冬，天王[④]使宰周公来聘。公子遂如京师，遂如晋。

【注释】①三十年：公元前630年。②卫侯郑：即卫成公。③萧：宋地，位于今安徽萧县西北。④天王：即周襄王。

【译文】三十年春季周历正月。夏季，狄人侵犯齐国。秋季，卫国杀了大夫元咺与公子瑕。卫成公回到卫国。晋国人、秦国人包围了郑国。介国人入侵萧地。冬季，周天子派周公阅来鲁国访问。公子遂要去京师，于是去了晋国。

【传】三十年春，晋人侵郑，以观其可攻与否。狄间晋之有郑虞也[①]，夏，狄侵齐。

【注释】①间：乘隙，乘机。郑虞：担心郑国。

【译文】三十年春季，晋国人入侵郑国，以此来试探是否有机会可以攻打郑国。狄人乘着晋国担心郑国，夏季，狄人入侵齐国。

晋侯使医衍鸩卫侯[①]。宁俞货[②]医，使薄其鸩，不死。公[③]为之请，纳玉于王与晋侯，皆十瑴[④]。王许之。秋，乃释卫侯。

【注释】①医衍：医生，名衍。鸩（zhèn）：用毒酒害人。②货：贿赂。③公：指鲁僖公。④十瑴（jué）：十对玉。瑴，一对玉。

【译文】晋文公让医生衍用毒酒毒死卫成公。宁俞贿赂医生，让他少放点毒药，所以卫成公没有被毒死。僖公为卫成公向周襄王求情，并分别向周襄王与晋文公进献了十对白玉。周襄王答应了。秋季，便释放了卫成公。

卫侯使赂周歂、冶廑[①]，曰："苟能纳我，吾使尔为卿。"周、冶杀元咺及子适、子仪[②]。公入，祀先君。周、冶既服将命[③]。周歂先入，及门，遇疾[④]而死。冶廑辞卿。

【注释】①周歂（chuán）、冶廑（jǐn）：都是卫国大夫。②子适：即公子瑕。子仪：公子瑕的弟弟。③既服将命：已经穿好卿的礼服，将入宋庙受命。④遇疾：突然发病。

【译文】卫成公让人贿赂周歂、冶廑，说："如果能接我回国，我将任命你们为卿。"周歂、冶廑二人于是杀了元咺及子适、子仪。卫成公回国后，在太庙祭祀先君。周、冶二人穿好卿的礼服，准备进入太庙接受任命。周歂先进入太庙，但刚到门口，便突然发病而死。冶廑害怕了，因此辞去了卿位。

九月甲午，晋侯、秦伯围郑，以其无礼于晋[①]，且贰于楚[②]也。晋军函陵[③]，秦军氾南[④]。

【注释】①无礼于晋：指重耳流亡过郑，郑文公不接待他。②贰于楚：亲近楚国。③军：驻扎。函陵：在今河南省新政县北。④氾南：氾水之南，位于今河南省中牟县一带。

【译文】九月甲午日，晋文公、秦穆公联合围攻郑国，因为郑文公曾对晋文公无礼，并且背叛晋国而与楚国亲近。晋军驻扎在函陵，而秦军则驻扎在氾南。

佚之狐言于郑伯曰[①]：“国危矣，若使烛之武见秦君，师必退。”公从之。辞曰：“臣之壮也，犹不如人，今老矣，无能为也已。”公曰：“吾不能早用子，今急而求子，是寡人之过也。然郑亡，子亦有不利焉。”许之，夜缒[②]而出，见秦伯，曰：“秦、晋围郑，郑既知亡矣。若亡郑而有益于君，敢以烦执事[③]。越国以鄙远[④]，君知其难也，焉用亡郑以陪邻[⑤]？邻之厚，君之薄也。若舍郑以为东道主，行李[⑥]之往来，共[⑦]其乏困，君亦无所害。且君尝为晋君赐[⑧]矣，许君焦、瑕[⑨]，朝济而夕设版焉[⑩]，君之所知也。夫晋，何厌之有？既东封郑[⑪]，又欲肆[⑫]其西封，若不阙[⑬]秦，将焉取之？阙秦以利晋，唯君图之。”秦伯说，与郑人盟，使杞子、逢孙、杨孙[⑭]戍之，乃还。

【注释】①佚（yì）之狐：郑大夫。郑伯：即郑文公。②缒（zhuì）：用绳索拴在身上，从城墙上吊下去。③执事：办事的人，这里指秦穆公。④越国：越过晋国。鄙远：以远方之地为边境。⑤焉用：何用。陪邻：增加邻国的土地。陪，通“倍”。⑥行李：外交使节。⑦共：同“供”。⑧为晋君赐：即有赐于晋君，指援助晋惠公。⑨焦、瑕：晋惠公曾答应把晋国的河外五城割给秦国，焦、瑕就是其中两地，位于今河南省境内。⑩朝济：早晨渡过黄河回国。设版：指筑城抵御秦国。版，筑城用的夹版。⑪东封郑：向东在郑国土地上封疆，即扩张领土。⑫肆：延伸，扩张。⑬阙：同“缺”，损害。⑭杞子、逢孙、杨孙：均为秦大夫。

【译文】郑国大夫佚之狐对郑文公说：“这次国家很危险了！如果能让烛之武去会见秦穆公，秦、晋两军一定会撤军。”郑文公听从了佚之狐的建议。可是，烛之武推辞说：“当我在壮年的时候，还不如别人；现在我已经老了，更不能做什么了。”郑文公说：“我没能及早重用您，到现在国家出现了危急才来求您，这是我的过错。然而，要是郑国灭亡了，对您也是不利的呀。”于是烛之武答应了郑文公。夜里，烛之武让人用绳子捆住自己的身体，从城上吊着慢慢放了下去。烛之武见到秦穆公，说：“秦、晋两国围攻郑国，郑国知道自己要亡国了！如果灭了郑国对您有好处，那就麻烦你们进攻。可是您越过晋国占领了边远的郑国作为秦国的边邑，您知道这样做是非常困难的。既然这样，您何苦要灭亡郑国来增加邻国的土地呢？邻国的实力增强了，便相当于您的力量被削弱了。假如不灭亡郑国而让郑国成为东方大道上的主人，让郑国提供贵国使臣来往缺乏的物资，这对您是没有什么害处的。况且您曾经给过晋惠公恩惠，他答应回国后把晋国的焦、瑕二邑送给您作为报答。可是，晋君早上渡河回国，晚上就筑城防备秦国，这些事您是知道的。晋国又怎么会有满足的时候呢？他们已经把郑国当作他们东边的疆界了，势必还会扩张西边的疆界，那时晋国如果不损害秦国，又能从哪里得到土地呢？损害了秦国而让晋国得到好处，这件事希望您能考虑考虑。”秦穆公听了很高兴，便与郑国人订立了盟约，留下大夫杞子、逢孙、杨孙三人领兵帮助郑国防守，而自己撤军回国了。

子犯请击之，公曰：“不可。微夫人力不及此[1]。因人之力而敝[2]之，不仁；失其所与[3]，不知[4]；以乱易整[5]，不武。吾其还也。”亦去之。

【注释】①微：如果没有。夫人：那人，指秦穆公。②敝：损害。③与：亲近。④知：同“智”，明智。⑤乱：指秦、晋发生冲突。整：指秦、晋友好和睦。

【译文】狐偃请求晋文公攻击秦军，晋文公说：“不能这么做啊。当初如果没有这个人的帮助，我也不会有今天。如果依靠别人的力量而又去伤害他，这是不仁义的；为此放弃了盟国，这是不明智的；用秦、晋内部的冲突代替原来的友好和睦，这不算勇武。我们还是回去吧。”于是晋军也撤出了郑国。

初，郑公子兰出奔晋，从于晋侯。伐郑，请无与围郑。许之，使待命于东[1]。郑石甲父、侯宣多[2]逆以为大子，以求成于晋，晋人许之。

【注释】①东：晋国东部边境。②石甲父、侯宣多：都是郑国大夫。石甲父，名癸，字甲父。

【译文】起初，郑国的公子兰逃亡到晋国，跟随晋文公。攻打郑国时，他请求不参加对郑国的围攻。晋文公同意了，并让他在东部边境等候命令。郑国的石甲父、侯宣多将他接回郑国并立为太子，以此向晋国求和，晋国人答应了。

冬，王使周公阅来聘，飨有昌歜、白、黑、形盐[1]。辞曰："国君，文足昭也，武可畏也，则有备物之飨以象其德[2]。荐五味，羞[3]嘉谷，盐虎形，以献[4]其功。吾何以堪之？"

【注释】①昌歜（chù）：即菖蒲菹，指用菖蒲根做成的腌菜。白：稻米糕。黑：黍米糕。形盐：其形似虎的盐块。②以象其德：宴请时所备物品要象征他的德行。③羞：进献。④献：与象征同义。

【译文】冬季，周襄王派周公阅来鲁国访问，僖公用昌歜、白米糕、黑黍糕和虎形盐块等食物招待他。周公阅辞谢说："君主，如果文治能够显扬四方，武功可以威慑四夷，那么便可以备设特殊的事物来宴享他，以象征他的德行。献上五味、嘉谷、虎形盐块，来象征他的功业。而我又怎么能承受得起呢？"

东门襄仲[1]将聘于周，遂初聘于晋。

【注释】①东门襄仲：姬姓，东门氏，名遂，字襄仲，鲁庄公之子。因家住曲阜东门而立东门氏，故称东门襄仲，也称公子遂。

【译文】东门襄仲准备去周朝访问，顺路到晋国作首次访问。

僖公三十一年

【经】三十有一年[①]春，取济西[②]田。公子遂如晋。夏四月，四卜郊[③]，不从[④]，乃免牲[⑤]。犹三望[⑥]。秋七月。冬，杞伯姬来求妇[⑦]。狄围卫。十有二月，卫迁于帝丘[⑧]。

【注释】①三十有一年：公元前629年。②济西：济水之西。③郊：在郊外祭祀天地。④不从：不吉。⑤免牲：占卜不吉，因此不杀牲。⑥三望：鲁国三望是祭东海、泰山和淮水。⑦求妇：指为其子来求娶妻子。⑧帝丘：位于今河南濮阳县西南。

【译文】三十一年春季，鲁国获得了济水以西的田地。公子遂去了晋国。夏季四月，僖公四次占卜郊祭，但是都不吉利，于是没有杀牲。还是举行了三次望祭。秋季七月。冬季，杞伯姬来鲁国为儿子求亲。狄人包围了卫国。十二月，卫国迁到了帝丘。

【传】三十一年春，取济西田，分曹地也。使臧文仲往，宿于重馆[①]。重馆人告曰："晋新得诸侯，必亲其共[②]，不速行，将无及[③]也。"从之，分曹地，自洮[④]以南，东傅[⑤]于济，尽曹地也。

【注释】①重：鲁地名，在今山东省鱼台县西。馆：候馆。②共：通"恭"。③无及：赶不上。④洮：位于今山东鄄城西南。⑤傅：接近。

【译文】三十一年春季，鲁国获得了济水以西的田地，这本来是瓜分曹国的土地。僖公派臧文仲前往，晚上住在重地的宾馆里。重地旅馆里的人告诉他说："晋国最近得到许多诸侯的支持，必定亲近恭顺他的人。你如果不赶快去，恐怕将赶不上了。"臧文仲听从了那人的建议，分得了曹国的土地，从洮地以南，东边一直到济水，都是曹国的土地。

襄仲如晋，拜曹田也。

【译文】东门襄仲去了晋国，拜谢晋国将曹国的田地分给他。

夏四月，四卜郊，不从，乃免牲，非礼也。犹三望，亦非礼也。礼不卜常祀[①]，而卜其牲、日[②]，牛卜日曰牲。牲成而卜郊，上怠慢[③]也。望，郊之细[④]也。不郊，亦无望可也。

【注释】①常祀：常规的祭祀。郊祭即为祭天的常祀。②卜其牲、日：卜问用此牛及牲献之日是否吉利。③怠慢：怠于吉典，亵渎龟策。④细：细节。

【译文】夏季四月，僖公四次占卜郊祭，都不吉利，于是没有杀牲牛，这是不符合礼制的。但仍举行三次望祭，这也是不符合礼制的。按照礼制，常规的祭祀是不占卜的，只用占卜祭祀时使用的牺牲与祭祀的日期。牛在占卜定下日期以后就改称为牲。在成为牲后还占卜郊祭的吉凶，这是上位者侮慢大典、亵渎龟甲的行为。望祭，不过是郊祭的细节。如果不举行郊祭，也就不需要举行望祭。

秋，晋蒐于清原[1]，作五军[2]以御狄。赵衰为卿。

【注释】①蒐（sōu）：检阅部队。清原：位于今山西稷山县东南。②作五军：在原来上中下三军基础上，又增设上下新军。

【译文】秋季，晋国在清原检阅军队，并建立了五军来抵御狄人。赵衰被任命为卿。

冬，狄围卫，卫迁于帝丘。卜曰三百年。卫成公梦康叔[1]曰："相[2]夺予享。"公命祀相。宁武子不可，曰："鬼神非其族类，不歆[3]其祀。杞、鄫[4]何事？相之不享于此，久矣，非卫之罪也，不可以间[5]成王、周公之命祀。请改祀命。"

【注释】①康叔：周武王弟，为卫国的始祖。②相：夏后帝启之孙，帝中康之子，居于帝丘。③歆：飨，祭祀时神灵享受祭品、香火。④杞、鄫：都是夏的后代，本该祭祀相，而今却不祭。⑤间：冒犯，违反。

【译文】冬季，狄人包围了卫国，卫国迁到帝丘。占卜的结果是可立国三百年。卫成公梦见康叔说："相夺走了我的祭献。"于是卫成公命人祭祀相。宁武子不同意，说："如果不是同族的人祭祀，鬼神不会享用其祭品。杞国、鄫国为什么不祭祀呢？相已经很久没有受到祭祀了，这不是卫国的罪过。我们不能违反成王、周公规定的祭祀之礼。请您更改祭祀相的命令。"

郑泄驾恶公子瑕[1]，郑伯亦恶之，故公子瑕出奔楚。

【注释】①泄驾：郑大夫。公子瑕：郑文公之子。

【译文】郑国的泄驾厌恶公子瑕，郑文公也不喜欢他，所以公子瑕逃到了楚国。

僖公三十二年

【经】三十有二年[①]春王正月。夏四月己丑，郑伯捷[②]卒。卫人侵狄。秋，卫人及狄盟。冬十有二月己卯，晋侯重耳[③]卒。

【注释】①三十有二年：公元前628年。②郑伯捷：即郑文公。③晋侯重耳：即晋文公。

【译文】三十二年春季，周历正月。夏季四月己丑日，郑文公捷去世。卫国人率军入侵狄国。秋季，卫国人与狄人结盟。冬季十二月己卯日，晋文公重耳去世。

【传】三十二年春，楚斗章请平[①]于晋，晋阳处父报之[②]。晋、楚始通。

【注释】①请平：请求讲和。②阳处父：晋大夫。报之：入楚回访。

【译文】三十二年春季，楚国的斗章前往晋国求和，晋国的阳处父到楚国回访。晋、楚两国开始通好。

夏，狄有乱。卫人侵狄，狄请平焉。秋，卫人及狄盟。

【译文】夏季，狄人内部发生动乱。卫国人趁机率军入侵狄国，狄人请求讲和。秋季，卫国人和狄人结盟。

冬，晋文公卒。庚辰，将殡[①]于曲沃，出绛，柩有声如牛。卜偃使大夫拜，曰："君命大事[②]，将有西师过轶我[③]，击之，必大捷焉。"

【注释】①殡：人死入殓而未葬。②大事：指兵戎之事。③西师：指秦军。过轶：越境而过。轶，超越。

【译文】冬季，晋文公去世。十二月庚辰日，晋文公的灵柩将送往曲沃停放。当他们离开绛城时，棺柩里发出如牛叫般的声音。卜筮官让大夫们跪地下拜，说："国君在发布军事命令，将有西边的军队要越过我国境内，我们攻击它，一定可以获得全胜。"

杞子自郑使告于秦，曰："郑人使我掌其北门之管[①]，若潜师[②]以来，国可得也。"穆公访诸蹇叔[③]，蹇叔曰："劳师以袭远，非所闻也。师劳力竭，远主备之，无乃[④]不可乎！师之所为，郑必知之。勤而无所，必有悖心[⑤]。且行千里，其谁不知？"公辞焉。召孟明、西乞、白乙[⑥]，使出师于东门之外。蹇叔哭之，曰："孟子[⑦]，吾见师之出而不见其入也。"公使谓之曰："尔何知？中寿[⑧]，尔墓之木拱矣。"蹇叔之子与师，哭而送之，曰："晋人御师必于崤[⑨]。崤有二陵[10]焉。其南陵，夏后皋[11]之墓也；其北陵，文王之所辟风雨也。必死是间，余收尔骨焉。”秦师遂东。

【注释】①管：钥匙。②潜师：秘密地派遣军队。③访：询问。蹇（jiǎn）叔：秦国老臣。④无乃：恐怕。⑤悖心：怨恨之心，忤逆之心。⑥孟明、西乞、白乙：即秦将百里孟明视、西乞术、白乙丙。⑦孟子：即孟明。⑧中寿：指六七十岁，蹇叔已近八十，过了中寿。⑨崤：山名。位于今河南洛宁县西北，西接陕县界，东接渑池界。⑩二陵：两座山陵，即东崤山和西崤山。⑪夏后皋：夏帝皋，夏桀的祖父。

【译文】秦国大夫杞子从郑国派人秘密报告秦穆公说：“郑国人让我掌管都城北门的钥匙，如果您暗中派兵前来，便可以占领郑国。”秦穆公便向老臣蹇叔询问意见。蹇叔说：“让军队劳苦去偷袭远方的国家，我还从来没有听说过。兵马会因此疲劳力竭，远方的国家也会有所防备，这样做恐怕不可以吧！我们军队的一举一动，郑国一定会知道。最终只会劳苦了军队而无所收获，他们也会因此而产生怨恨之心。况且行军千里，又有谁会不知道我们的行动呢？”秦穆公没有听从蹇叔的劝告。他召见孟明视、西乞术、白乙丙三将，命他们率军从东门外出兵。蹇叔哭着送他们说：“孟明啊，我看着大军出发，可是却看不见他们回来啊！”秦穆公派人对蹇叔说：“你知道什么？如果你只活到六七十岁就死了，那么现在你坟上的树也该有两手合抱那么粗了！”蹇叔的儿子也在这次出征的队伍中，蹇叔哭着为他送行说：“晋军一定会在崤山伏击你们。崤山有两座山陵，南面的那座山陵，是夏后皋的坟墓；北面的那座山陵，是周文王躲避过风雨的地方。你们一定会死在这两座山之间，我只好到那里为你们收尸骨了。”秦军于是向东出发。

僖公三十三年

【经】三十有三年[①]春王二月，秦人入滑。齐侯[②]使国归父来聘。夏四月辛巳，晋人及姜戎[③]败秦师于崤。癸巳，葬晋文公。狄侵齐。公伐邾，取訾娄[④]。秋，公子遂帅师伐邾。晋人败狄于箕[⑤]。冬十月，公如齐。十有二月，公至自齐。乙巳，公薨于小寝[⑥]。陨霜不杀草。李、梅实。晋人、陈人、郑人伐许。

【注释】①三十有三年：公元前627年。②齐侯：即齐昭公。③姜戎：姜姓之戎人，居于晋国南部边境。④訾娄：邾地名。⑤箕：一曰在今山西太谷县，一曰在今山西蒲县东北。⑥小寝：天子、诸侯寝宫。与路寝相对，路寝是办公的地方。

【译文】三十三年春季，周历二月，秦国人入侵滑国。齐昭公派国归父来鲁国访问。夏季四月辛巳日，晋国人与姜戎一起在崤地击败秦军。癸巳日，晋文公下葬。狄人入侵齐国。僖公率军攻打邾国，占领了訾娄。秋季，公子遂率军攻打邾国。晋国人在箕地击败了狄人。冬季十月，僖公去了齐国。十二月，僖公从齐国回国。乙巳日，僖公在他的寝宫去世。下霜但草木不枯黄。李树、梅树结出果实。晋国人、陈国人、郑国人一起讨伐许国。

【传】三十三年春，秦师过周北门[①]，左右免胄而下[②]。超乘[③]者三百乘。王孙满[④]尚幼，观之，言于王曰："秦师轻而无礼[⑤]，必败。轻则寡谋，无礼则脱[⑥]。入险而脱，又不能谋，能无败乎？

【注释】①周北门：周朝都城洛邑的北门。②左右：指战车上的武士。免胄：脱下头盔。③超乘：一跃而上车。④王孙满：周襄王之孙。名满，周大夫。⑤轻：轻狂，轻佻，不庄重。无礼：依礼，兵车过周都应脱下盔甲，收起兵器。⑥脱：疏略，疏忽。

【译文】三十三年春季，秦军经过周朝都城洛邑的北门，为了表示对周天子的敬意，兵车上左右两边的士兵脱掉了头盔下车步行。但有三百辆战车的士兵，刚一下车就又跳上战车。当时王孙满的年纪还小，他看到秦军经过，便对周襄王说："秦军轻狂又不懂礼节，一定会失败的。轻狂就会使人缺少谋略，不懂礼节就会使人粗心大意。进入险地还这样粗心大意，又没有谋略，能不失败吗？"

及滑，郑商人弦高将市于周[①]，遇之。以乘韦先[②]，牛十二犒师，曰："寡君闻吾子将步师出于敝邑[③]，敢犒从者，不腆[④]敝邑，为从者之淹[⑤]，居则具一日之积[⑥]，行则备一夕之卫。"且使遽[⑦]告于郑。

【注释】①将市于周：将要去周朝都城做生意。②以乘韦先：以四张熟牛皮作为先行致送的礼物。乘，四，古代一车四马，故借乘为四。韦，熟牛皮。③寡君：指郑穆公。步师：行军。出于：经过。④不腆（tiǎn）：不丰厚。通常为赠人礼物的谦词。⑤淹：耽搁，逗留。⑥积：粮食。此指军需及生活用品。⑦遽：古代传递公文消息的快车，即驿车。

【译文】秦军到了滑国，正好郑国的商人弦高要到周朝都城去做生意，在这遇上了秦军。弦高先送上四张熟牛皮，随后又送去十二头牛，犒劳秦兵。他对秦军说："我们国君听说贵军行军要经过敝国，所以冒昧地用微薄之礼慰劳贵军将士。敝国虽然不富裕，但因考虑到贵军在外行军日久，所以我们愿意在你们驻扎时为你们提供一天的给养，在你们动身前为你们守卫一夜。"弦高又马上派驿车急速回郑国报信。

郑穆公使视客馆[①]，则束载、厉兵、秣马矣[②]。使皇武子辞焉[③]，曰："吾子淹久于敝邑，唯是脯资饩牵竭矣[④]。为吾子之将行也，郑之有原圃[⑤]，犹秦之有具囿[⑥]也。吾子取其麋鹿以闲敝邑，若何？"杞子奔齐，逢孙、杨孙奔宋。

【注释】①客馆：杞子等人所住的住所。②束载：捆束行李。厉兵：磨砺兵器。秣马：喂饱马匹。③皇武子：郑大夫。辞：辞谢。④脯资：指干肉和粮食，也泛指食物。饩（xì）牵：指猪牛羊等牲畜。泛指粮、肉等食品。⑤原圃：郑国养兽打猎的苑囿，在今河南中牟县西北。⑥具囿：秦国养兽打猎的苑囿，在今陕西省凤翔县境内。

【译文】郑穆公派人到客馆去探望杞子等人，发现他们已经捆好了行李、磨好了武器，喂饱了战马。郑穆公便让皇武子去辞谢他们，说："你们在敝国耽搁得太久了，只是我们的干肉、粮食和牲畜都没有了。听说你们就要走了，郑国的猎场原圃，就像秦国的猎场具囿一样，请各位去打些麋鹿在道上用吧，以便我们可以得到休息，怎么样？"杞子听后逃到了齐国，而逢孙、杨孙则逃到了宋国。

孟明曰："郑有备矣，不可冀[①]也。攻之不克，围之不继[②]，吾其还也。"灭滑而还。

【注释】①冀：希望。②不继：无后援。

【译文】孟明视说："郑国已经有了防备，偷袭是不可能指望了。攻它是攻不下的，围困它而后援又跟不上，我们还是回去吧。"于是秦军灭了滑国后取道回国。

齐国庄子[①]来聘，自郊劳至于赠贿[②]，礼成而加之以敏[③]。臧文仲言于公曰："国子为政[④]，齐犹有礼，君其朝焉。臣闻之，服于有礼，社稷之卫[⑤]也。"

【注释】①国庄子：即齐国大夫国归父。②郊劳：到郊外迎接并慰劳。赠贿：赠送礼物送行。③敏：做事审慎、得当。④国子：指国庄子。为政：执政。⑤社稷之卫：社稷的保障。

【译文】齐国的国庄子来鲁国访问，从郊外迎接一直到赠礼、送行，礼节都非常周到而又审慎、得当。臧文仲对僖公说："国子执政时，齐国还是有礼的，君王还是去朝见吧。臣听说，顺服于有礼之国，是国家的一种保障。"

晋原轸[①]曰："秦违蹇叔，而以贪勤民，天奉[②]我也。奉不可失，敌不可纵。纵敌患生，违天不祥。必伐秦师。"栾枝曰："未报秦施[③]而伐其师，其为死君[④]乎？"先轸曰："秦不哀吾丧而伐吾同姓[⑤]，秦则无礼，何施之为？吾闻之，一日纵敌，数世之患也。谋及子孙，可谓死君乎？”遂发命，遽兴姜戎[6]。子墨衰绖[7]，梁弘御戎，莱驹为右[8]。夏四月辛巳，败秦师于崤，获百里孟明视、西乞术、白乙丙以归，遂墨以葬文公。晋于是始墨[9]。

【注释】①原轸：即先轸，封于原。②奉：送；给予，赐予。③秦施：秦国的恩惠。④为死君：指忘掉先君，即晋文公。⑤同姓：指郑、滑，与晋同为姬姓国。⑥遽兴姜戎：急速调动姜戎的军队。遽，马上。⑦子：指晋文公之子晋襄公。因文公未葬，尚未即位，故称子。墨衰绖：染黑丧服。衰，麻制丧服。绖，麻制腰带。衰、绖均为白色。因行军穿白色孝服不吉利，故用墨染成黑色。⑧梁弘、莱驹：都是晋大夫。⑨始墨：开始用黑色作为丧服的颜色，并由此形成习俗。

【译文】晋国的先轸说：“秦穆公不听蹇叔的话，为了贪利而使百姓劳苦，这是上天给我们的好机会啊。上天所赐之机不可失去，敌人不能随便放走。放走敌人，就会发生祸乱；违背天意，便会不吉利。所以我们一定要讨伐秦军。”栾枝说：“我们还没有报答秦国的恩惠，却要拦击它的军队，心里还有死去的先君吗？”先轸说：“秦国不来哀悼我们的丧事，反而进攻我们的同姓国，这是秦国无礼，还谈什么恩惠？我听说，一日放走敌人，将导致数代的祸患。为了子孙后代打算，这能算是违背先君的遗命吗？”于是下达命令，急速调动姜戎的军队参战。晋襄公身穿黑色丧服，由梁弘驾驶兵车，莱驹为车右。夏季四月辛巳日，晋军在崤山打败了秦军，俘获了百里孟明视、西乞术、白乙丙三员大将而归。晋襄公于是穿着黑色丧服，安葬晋文公。晋国从这以后，开始改穿黑色丧服。

文嬴请三帅[①]，曰："彼实构[②]吾二君，寡君[③]若得而食之，不厌，君何辱讨[④]焉！使归就戮于秦，以逞[⑤]寡君之志，若何？"公许之。

【注释】①文嬴：晋文公夫人，襄公嫡母。请：求情。三帅：孟明视、西乞术、白乙丙三人。②构：挑拨，离间。③寡君：指秦穆公。文嬴是秦女，故称。④讨：指惩罚孟明视三人。⑤逞：快意，实现，使称心。

【译文】晋襄公的母亲文嬴请求释放秦国的三位统帅，她对晋襄公说："这三个人挑拨了秦、晋两国君主的关系，如果秦君能得到他们三人，即便是吃了他们的肉也不会满足，国君何必自己去处罚他们呢？不如放他们回去，让秦君去惩罚他们，以满足秦君的心愿，怎么样？"晋襄公答应了文嬴的请求。

先轸朝，问秦囚。公曰："夫人请之，吾舍之矣。"先轸怒曰："武夫力而拘诸原[①]，妇人暂而免诸国[②]。堕军实而长寇仇[③]，亡无日矣。"不顾而唾[④]。

【注释】①力：拼力，努力。原：原野，指战场。②暂：通"渐"，欺诈。免：赦免，释放。③堕军实：毁伤战果。长寇仇：助长敌人的势力。④不顾而唾：不回头就在襄公面前吐唾沫。言其气愤之极。

【译文】先轸朝见晋襄公时，问如何处理秦国的俘虏。晋襄公说："夫人替他们求情，我已经将他们三个人放走了。"先轸听了大怒说："武士们拼尽全力才在战场上将他们抓获，现在一个妇人家说几句谎话却轻易将他们从国都内放走。这不仅损伤了战争的果实，而且助长了敌人的势力，晋国离灭亡的日子不远了！”先轸甚至不顾礼貌，当着襄公的面不回头就吐了一口唾沫。

公使阳处父追之，及诸河，则在舟中矣。释左骖[1]，以公命赠孟明。孟明稽首曰："君之惠，不以累臣衅鼓[2]，使归就戮于秦，寡君之以为戮，死且不朽。若从君惠而免之，三年将拜君赐[3]。"

【注释】①释左骖：解开左边驾车的马。古代一车四马，在两旁的称骖。②累臣：囚臣，孟明自称。衅鼓：以血涂鼓，即杀戮。古代有以囚俘祭鼓的现象。③拜君赐：指再来报仇。

【译文】晋襄公派大夫阳处父去追赶孟明视等三人，追到黄河边时，孟明视等人已经在船上了。阳处父解下车子左边的套马，以晋襄公的名义赠给孟明视。孟明视叩头说："托晋君的恩惠，没有将我们这些被俘之臣杀了去祭鼓，而让我们能够回秦国去接受刑罚。如果我们国君将我们杀了，即使身死我们也是不朽的。如果托晋君的福，我们得以赦免，三年之后我们再来拜谢晋君的恩赐。"

秦伯素服郊次[1]，乡[2]师而哭曰："孤违蹇叔，以辱二三子，孤之罪也。"不替[3]孟明，曰："孤之过也，大夫何罪？且吾不以一眚[4]掩大德。"

【注释】①素服：凶服。郊次：在郊外等候。②乡：通"向"。③替：废止，撤职。④眚（shěng）：过失。

【译文】秦穆公穿着白色的丧服来到郊外等候孟明他们，面对归来的将士哭着说："我没有听从蹇叔的劝告，而使诸位受到了侮辱，这是我的罪过。"穆公没有撤换孟明的职务，说："都是我的过错，大夫们又有什么罪呢？况且我不会因为一点小过失就抹杀你们的大功德。"

狄侵齐，因晋丧也。

【译文】狄人入侵齐国，是因为晋国正好有丧事无法派兵援助齐国。

公伐邾，取訾娄，以报升陉之役[①]。邾人不设备。秋，襄仲[②]复伐邾。

【注释】①升陉之役：僖公二十二年，鲁僖公与邾人在升陉交战，鲁国战败。②襄仲：即公子遂。

【译文】僖公率军攻打邾国，攻占了訾娄，这是为了报复升陉战役之仇。邾国人没有防备。秋季，襄仲再次率军攻打邾国。

狄伐晋，及箕。八月戊子，晋侯败狄于箕。郤缺获白狄子[①]。先轸曰："匹夫逞志于君而无讨[②]，敢不自讨乎？"免胄入狄师，死焉。狄人归其元[③]，面如生。

【注释】①郤缺：晋臣，又名郤成子。白狄：为狄人的一支，位于今陕西省境内。②逞志于君：对君王无礼，指前面不顾而唾之事。无讨：

没受到惩罚。③元：首级，脑袋。

【译文】狄人攻打晋国，一直打到箕地。八月戊子日，晋襄公率军在箕地打败了狄人。郤缺俘获了白狄人的首领。先轸说："我一介匹夫在国君面前放肆，却没有受到惩罚，自己又怎么能不惩罚自己呢？"于是他脱下头盔，冲入狄军中，结果死在战场上。狄人将他的首级送了回来，其面色仍像活着那样。

初，臼季使过冀[①]，见冀缺耨[②]，其妻馌[③]之。敬，相待如宾。与之归，言诸文公曰："敬，德之聚也。能敬必有德，德以治民，君请用之。臣闻之，出门如宾，承事如祭，仁之则也。"公曰："其父有罪[④]，可乎？"对曰："舜之罪也殛鲧[⑤]，其举也兴禹[⑥]。管敬仲，桓之贼也，实相以济[⑦]。《康诰》曰：'父不慈，子不祗，兄不友，弟不共，不相及也[⑧]。'《诗》曰：'采葑采菲，无以下体[⑨]。'君取节焉[⑩]可也。"文公以为下军大夫。反自箕，襄公以三命命先且居将中军[⑪]，以再命命先茅[⑫]之县赏胥臣曰："举郤缺，子之功也。"以一命命郤缺为卿，复与之冀，亦未有军行[⑬]。

【注释】①臼季：即胥臣，又称马季子，晋大夫。冀：位于今山西省运城境内。②冀缺：即郤缺。耨（nòu）：锄草。③馌（yè）：给在田间耕作的人送饭。④其父有罪：冀缺之父为晋惠公之党，欲害晋文公，为秦穆公所诱杀。⑤罪：治罪。殛（jí）鲧（gǔn）：把鲧流放到荒远的地方。殛，流放，放逐。鲧，传说是禹的父亲。⑥举：选拔人才。兴：起用。⑦相（xiàng）：任命他为相。济：成功，完成霸业。⑧《康诰》：《尚书》中的一篇。在今《康诰》中并没有发现此文。⑨《诗》：出自《诗经·邶风·谷风》。葑：白菜。菲：萝卜。无以下体：葑、菲根也能食，不要只采叶子不采根。⑩取节焉：节取其长处。⑪三命：诸侯任命大臣有"一命""二命""三命"的区别。以命数多为贵，车服的规制也与此相应。三命为最高等级。先且(jū)居：先轸之子。⑫先茅：晋大夫，因绝后，故取其县赏赐胥臣。⑬军行：在军中任职。

【译文】起初，晋大夫臼季出使时经过冀地，看到郤缺在田间锄草，他的妻子到田里给他送饭。两人对彼此很恭敬，就像对待宾客一样。臼季和郤缺一起回来，对晋文公说："恭敬，是德行的集中表现。对人能够恭敬，其人必定有德行。有德行则可以治理百姓，请君王任用他。臣听说，出门时好像是去会见宾客一样有礼，承担事情时好像是参加祭祀一样恭敬，这是仁爱的准则。"晋文公说："他的父亲冀芮有罪，可以任用吗？"臼季回答说："舜惩办罪人时将鲧流放到荒远的地方，但他选用人才时却起用了鲧的儿子禹。管仲是齐桓公的敌人，但桓公却任命他为相且获得了成功。《康诰》中说：'父亲不慈爱，儿子不诚敬，兄长不友爱，弟弟不恭敬，不要牵扯到别人。'《诗经》中说：'采食葑和菲，不要只采叶子不采根。'您用他的长处就可以了。"晋文公因此任命冀缺为下军大夫。从箕地回来后，晋襄公以三命的级别命令先且居统率中军，以再命的级别命令将先茅的县邑赏给胥臣，并说："推举郤缺，是你的功劳。"用一命的级别命令郤缺担任卿，并将冀地重新赏给他，但是没有在军中任职。

冬，公如齐，朝，且吊[①]有狄师也。反，薨于小寝，即安[②]也。

【注释】①吊：抚慰。②即安：贪图安适。生病应该住在路寝，而僖公病，却没有移居，仍然住在小寝。

【译文】冬季，僖公去了齐国朝见，且对狄人攻打齐国一事表示慰问。回国后，在小寝中去世，这是因为贪图安逸的缘故。

晋、陈、郑伐许，讨其贰于楚也。

【译文】晋国、陈国、郑国联合攻打许国，是为了讨伐许国亲附楚国。

楚令尹子上侵陈、蔡。陈、蔡成，遂伐郑，将纳公子瑕，门于桔柣之门①。瑕覆于周氏之汪②，外仆髡屯禽之以献③。文夫人敛而葬之郐城之下④。

【注释】①门：攻城门。桔柣（dié）之门：郑都远郊之门。②覆：战车翻倒。汪：池。指污浊的小水坑。③外仆髡屯：外勤仆人叫做髡屯。禽：同"擒"。④文夫人：郑文公夫人，公子瑕的生母。郐（kuài）：周武王灭商纣后，将祝融的后代封到郐，又建立郐国，后被郑桓公所灭。位于今河南省密县。

【译文】楚国令尹子上率军攻打陈国与蔡国。陈国、蔡国向楚国求和，于是子上又进攻郑国，准备护送公子瑕回国，楚军攻打桔柣之门。公子瑕的战车翻倒在周氏的污水坑中，外勤仆人髡屯抓住了他，并将他杀了献给郑穆公。文公夫人将他殡敛并安葬在郐城之下。

晋阳处父侵蔡，楚子上救之，与晋师夹泜①而军。阳子患之，使谓子上曰："吾闻之，文不犯顺，武不违敌[②]。子若欲战，则吾退舍，子济而陈[③]，迟速[④]唯命，不然纾我[⑤]。老师[⑥]费财，亦无益也。"乃驾以待[⑦]。子上欲涉，大孙伯[⑧]曰："不可。晋人无信，半涉而薄[⑨]我，悔败何及，不如纾之。"乃退舍。阳子宣言曰："楚师遁矣。"遂归。楚师亦归。大子商臣谮子上[⑩]曰："受晋赂而辟之，楚之耻也，罪莫大焉。"王杀子上。

【注释】①泜：泜水，发源于河南省鲁山县，今名沙河。②文不犯顺，武不违敌：讲文，不能触犯理顺的人；动武，不能回避仇敌。喻指对理顺之人要温文相待，对仇敌则须武力应付。③济：渡河。陈：同"阵"，布阵。④迟速：慢和快，缓慢或迅速。⑤纾我：使我纾缓，即济河而列阵。纾，缓。⑥老师：军队久驻在外，疲劳不堪。⑦驾以待：驾上战车等着。⑧大孙伯：即大心，子玉之子。⑨薄：同"迫"，逼近。⑩大子商臣谮子上：楚成王想立商臣为太子，令尹子上曾经加以阻止，所以太子商臣在楚成王面前诬告子上。

【译文】晋国的阳处父率军攻打蔡国，楚国令尹子上带兵前往救援，与晋军隔着泜水两岸对峙。阳处父担心楚军，便派人对子上说："我听说，讲文不能触犯理顺的人，动武不能回避仇敌。如果您想打，那么我便退让三十里，请您渡河后再布阵，早打晚打都听您的命令。如果不打，便这样让我缓口气，军队在外日久疲劳，又浪费钱财，这也没有什么好处。"于是登上战车等候子上的决定。子上想要渡河，大心说："不可以。晋国人没有信用，如果他们乘我们渡过一半时进攻我们，到时战败后悔就来不及了，不如让他们缓口气吧。"于是子上命楚军后退了三十里。阳处父宣告说："楚军逃走了。"于是率军回国。楚军也回国了。楚国太子商臣因此在楚成王面前诬告子上说："子上因为接受了晋国的贿赂而躲避他们，这是楚国的耻辱，没有比这更大的罪过了。"楚成王因此杀了子上。

葬僖公，缓作主[①]，非礼也。凡君薨，卒哭而祔[②]，祔而作主，特[③]祀于主，烝尝禘于庙[④]。

【注释】①主：也称神主，即灵牌。②卒哭：古代丧礼，百日祭后，止无时之哭，变为朝夕一哭，名为卒哭。祔：把新死者的神主附祭于先祖。③特：单独。④烝：冬祭。尝：秋祭。禘（dì）：禘祭，新主既立，则可单独祭祀先主于寝庙，五年一次的大祭。

【译文】安葬僖公后，却没有及时制作僖公的神主，这是不符合礼制的。凡是国君去世，停止了哭丧后，就应当把死者的神主附祭于祖庙，附祭祖庙就得制作神主，并单独祭祀新逝者的神主。烝祭、尝祭、禘祭时，便与祖庙中其他祖先一起祭祀。

文 公

文公元年

【经】元年[①]春王正月，公即位。二月癸亥，日有食之。天王使叔服来会葬。夏四月丁巳，葬我君僖公。天王使毛伯[②]来锡公命。晋侯伐卫。叔孙得臣[③]如京师。卫人伐晋。秋，公孙敖会晋侯于戚。冬十月丁未，楚世子商臣弑其君頵[④]。公孙敖如齐。

【注释】①元年：公元前626年。②毛伯：即毛伯卫，春秋时期毛国国君，伯爵。③叔孙得臣：鲁国大夫，叔牙之孙。④商臣：即楚穆王，楚成王长子，春秋时期楚国国君。頵（yūn）：即楚成王熊頵。

【译文】鲁文公元年春季，周历正月，鲁文公即位。二月癸亥日，发生了日食。周襄王派叔服前来参加鲁僖公的葬礼。夏季四月丁巳日，埋葬我国国君僖公。周襄王派毛伯为鲁国赏赐文公策命。晋襄公讨伐卫国。叔孙得臣到了京师。卫国人讨伐晋国。秋季，公孙敖与晋襄公在戚地会面。冬季十月丁未日，楚国的太子商臣杀了他的国君頵。公孙敖到了齐国。

【传】元年春，王使内史叔服来会葬。公孙敖闻其能相人也，见其二子焉。叔服曰：“谷也食子，难也收子。谷也丰下[1]，必有后于鲁国。”

【注释】①丰下：下颔丰满，面呈方形。旧时视为贵相。

【译文】鲁文公元年春季，周襄王派遣内史叔服来鲁国参加僖公的葬礼。公孙敖听说叔服会给人看面相，便让自己的两个儿子谷和难与叔服相见。叔服说：“谷可以祭祀供养您，难可以为您安葬。谷的下颌丰满，他的后代在鲁国一定会繁荣昌盛。”

于是闰三月，非礼也。先王之正时[1]也，履端[2]于始，举正[3]于中，归余[4]于终。履端于始，序则不愆。举正于中，民则不惑。归余于终，事则不悖。

【注释】①正时：推算日历。②履端：推算日历的起点。③举正：设立至正的标准。④归余：积月之余日以置闰月。

【译文】这年是闰三月，这是不合乎礼义的。先王在安排时令的时候，把冬至作为年历推算的开始，把春分、秋分、夏至、冬至的月份设定为四季的中月，将其他剩余的日子全部归到年尾。把冬至作为年历推算的开始，四季的次序就不会发生混乱。把春分、秋分、夏至、冬至的月份设定为四季的中月，百姓就不会产生迷惑。把其他剩余的日子都归总在一年的年末，做事情就不会出现失误。

夏四月丁巳，葬僖公。

【译文】夏季四月丁巳日，安葬鲁僖公。

王使毛伯卫来锡公命。叔孙得臣如周拜。

【译文】周襄王派遣毛伯卫来鲁国为鲁文公赏赐策命。叔孙得臣到周去拜谢周襄王的赏赐。

晋文公之季年[1]，诸侯朝晋。卫成公不朝，使孔达[2]侵郑，伐绵、訾及匡[3]。晋襄公既祥[4]，使告于诸侯而伐卫，及南阳。先且居曰："效尤，祸也。请君朝王，臣从师。"晋侯朝王于温，先且居、胥臣伐卫。五月辛酉朔，晋师围戚。六月戊戌，取之，获孙昭子。

【注释】①季年：晚年，末年。②孔达：卫国的执政者，也称为庄叔。③绵、訾、匡：郑邑，今河南省境内。④祥：古时以父母死后的第十三个月举行祭祀，名为小祥。

【译文】晋文公的晚年，诸侯到晋国朝拜。卫成公没有去朝见，反而派遣孔达去侵袭郑国，攻打绵、訾和匡三地。晋襄公在举行小祥祭祀之后，派人将讨伐卫国的事情通告给各诸侯，到达南阳。先且居说："故意效仿他人做错事，这是祸患。请您前去朝见周襄王，由我跟随军队前去讨伐卫国。"晋襄公在温地朝见了周襄王。先且居、胥臣讨伐卫国。五月初一，晋国军队保卫戚地。六月戊戌日，夺取戚地，俘虏了孙昭子。

卫人使告于陈。陈共公曰:“更伐之,我辞之。”卫孔达帅师伐晋,君子以为古[①]。古者越国而谋。

【注释】①古:通“沽”,此指粗心忽略。

【译文】卫国人派人向陈国报告情况。陈共公说:“你调转方向前去进攻晋国,然后我去向晋国讲和。”卫国的孔达就率领军队讨伐晋国。君子认为,这样的做法是粗心大意的。粗心大意,指的是让别国给自己出主意。

秋,晋侯疆戚田,故公孙敖会之。

【译文】秋季,晋襄公划定戚地土地的边界,所以公孙敖去戚地与他会面。

初,楚子将以商臣为大子,访诸令尹子上。子上曰:“君之齿未也。而又多爱,黜乃乱也。楚国之举,恒在少者。且是人也,蜂目[①]而豺声[②],忍人[③]也,不可立也。”弗听。既又欲立王子职而黜大子商臣。商臣闻之而未察,告其师潘崇曰:“若之何而察之?”潘崇曰:“享江芈而勿敬也。”从之。江芈怒曰:“呼,役夫[④]!宜君王之欲杀女而立职也。”告潘崇曰:“信矣。”潘崇曰:“能事诸乎?”曰:“不能。”“能行乎?”曰:“不能。”“能行大事乎?”曰:“能。”

【注释】①蜂目:眼睛像胡蜂,形容相貌凶悍。②豺声:比喻恶人的声音凶猛如豺。③忍人：残忍的人，硬心肠的人。④役夫：指卑贱的人。

【译文】最初，楚成王打算立商臣为太子，向令尹子上询问意见。子上说："国君还很年轻，并且有许多的宠妃，如果将商臣立为太子之后再废黜的话，会造成祸患的。楚国立太子，经常立年纪较轻的人。并且商臣这个人，眼睛如胡蜂，声音如豺狼，是一个残忍的人，不能够被立为太子。"楚成王没有听从。将商臣立为太子之后，又想立王子职为太子而废黜太子商臣。商臣听说这个消息后还没有经过确认，就告诉了他老师潘崇说："应该怎样验证这个消息的真假呢？"潘崇说："你设宴招待江芈，并且故意对她态度不尊敬。"商臣听从了他的意见。江芈愤怒地说："你这个卑贱的人！难怪国君想要杀掉你，立王子职为太子。"商臣告诉潘崇说："消息验证了，这件事是真的。"潘崇说："你能够事奉王子职吗？"商臣说："不能。"潘崇说："您能逃亡到国外吗？"商臣说："不能。"潘崇说："你能够办大事吗？"商臣说："能。"

冬十月，以宫甲[①]围成王。王请食熊蹯[②]而死。弗听。丁未，王缢。谥之曰"灵"，不瞑；曰"成"，乃瞑。穆王立，以其为大子之室与潘崇，使为大师，且掌环列[③]之尹。

【注释】①宫甲：太子宫中的卫兵。②熊蹯（fán）：熊的足掌。脂肪多，味道美，是极珍贵的食品。③环列：列兵而环卫，引申为护卫。

【译文】冬季十月，商臣带领太子宫中的卫兵围困楚成王。楚成王请求吃了熊掌之后再去赴死，商臣不答应。丁未日，楚成王自缢而死。给他的谥号为“灵”，尸体没有闭上眼睛；又将谥号改为“成”，才闭上眼睛。楚穆王即位，将他做太子时所住的房屋赐给了潘崇，任命潘崇为太师，并且担任执掌宫中护卫的长官。

穆伯①如齐，始聘焉，礼也。凡君即位，卿出并聘，践②修旧好，要结外援，好事邻国，以卫社稷，忠、信、卑让③之道也。忠，德之正也；信，德之固也；卑让，德之基也。

【注释】①穆伯：即公孙敖。②践：通“缵”，继续。③卑让：谦让。

【译文】穆伯到了齐国，开始访问诸侯，这是合于礼的。凡是新君即位，派遣卿大夫出国访问各诸侯，与各国重新恢复和谐友好的往来，团结外援，善待邻国，以此来达到保卫国家的目的，这是忠、信、谦让的方法。忠，指的是道德的纯正；信，指的是道德的巩固；谦让，指的是道德的基础。

崤之役，晋人既归秦帅，秦大夫及左右皆言于秦伯曰：“是败也，孟明之罪也，必杀之。”秦伯曰：“是孤之罪也。周芮良夫①之诗曰：‘大风有隧，贪人败类，听言则对，诵言如醉，匪用其良，覆俾我悖。’是贪故也，孤之谓矣。孤实贪以祸夫子，夫子何罪？”复使为政。

【注释】①芮良夫：周朝的卿士，芮国国君。

【译文】崤地之战，晋国将秦国的统帅放了回来，秦国的大夫和秦穆公的左右待臣都对秦穆公说："这次战争的失败，是孟明的过错，一定要杀死他。"秦穆公说："这是我的罪过。周朝芮良夫的诗说：'大风迅猛的将一切都摧毁，贪婪的人将善良的人屏退。听到不相干的话语就喜欢应对，听到劝诫的话语就开始昏昏欲睡，不能任用有才能的人，反而使我违背了道义。'这是由于贪婪的缘故，说的就是我啊。因为我的贪婪使得孟明遭受祸患，孟明有什么罪过呢？"重新任用孟明执政。

文公二年

【经】二年春王二月甲子，晋侯及秦师战于彭衙①，秦师败绩。丁丑，作僖公主。三月乙巳，及晋处父②盟。夏六月，公孙敖会宋公、陈侯、郑伯、晋士縠盟于垂陇③。自十有二月不雨，至于秋七月。八月丁卯，大事于大庙，跻僖公。冬，晋人、宋人、陈人、郑人伐秦。公子遂如齐纳币④。

【注释】①彭衙：又称彭戏，秦邑，在今陕西白水县东北。②处父：即阳处父，晋国大夫，封邑在今山西省太谷县阳邑村。③垂陇：郑邑，位于今河南荥阳市东北。④纳币：男方向女方送聘礼。亦称文定，俗称过定。

【译文】鲁文公二年春季周历二月甲子日，晋襄公带兵和秦军在彭衙交战，秦国军队被打败。丁丑日，制作僖公的神主。三月乙巳日，与晋国的阳处父结盟。夏季六月，公孙敖与宋成公、陈共公、郑穆公、晋国的士縠在垂陇会盟。从十二月开始直到秋天的七月，一直没有下雨。八月丁卯日，在太庙举行祭祀，把僖公的神主升到闵公之上。冬季，晋国人、宋国人、陈国人、郑国人一起讨伐秦国。公子遂到齐国送聘礼。

【传】二年春，秦孟明视帅师伐晋，以报崤之役。二月，晋侯御之。先且居将中军，赵衰佐之。王官无地御戎，狐鞫居[①]为右。甲子，及秦师战于彭衙，秦师败绩。晋人谓秦“拜赐之师”。

【注释】①狐鞫（jū）居：晋国大夫，狐偃族人。

【译文】鲁文公二年春季，秦国的孟明视带领军队攻打晋国，是为了报复崤地的那次战役。二月，晋襄公亲自带领军队抵抗秦军。先且居率领中军，赵衰辅助他。王官无地为先且居驾御战车，狐鞫居担任车右。甲子日，和秦军在彭衙交战，秦军大败。这就是晋国人讥笑说秦人是“拜谢恩赐的军队”。

战于崤也，晋梁弘御戎，莱驹为右。战之明日，晋襄公缚秦囚，使莱驹以戈斩之。囚呼，莱驹失戈，狼瞫[①]取戈以斩囚，禽之以从公乘，遂以为右。箕之役，先轸黜之而立续简伯。狼瞫怒。其友曰：“盍死之？”瞫曰：“吾未获死所。”其友曰：“吾与女为难。”瞫曰：

“《周志》有之：‘勇则害上，不登于明堂[2]。’死而不义，非勇也。共用之谓勇。吾以勇求右，无勇而黜，亦其所也。谓上不我知，黜而宜，乃知我矣。子姑待之。”及彭衙，既陈，以其属驰秦师，死焉。晋师从之，大败秦师。君子谓：“狼瞫于是乎君子。《诗》曰：‘君子如怒，乱庶遄沮。’又曰：‘王赫斯怒，爰整其旅。’怒不作乱而以从师，可谓君子矣。”

【注释】①狼瞫（shěn）：晋国大夫。②明堂：古代天子举行大典的地方。

【译文】在崤地作战的时候，晋国的梁弘为晋襄公驾御战车，莱驹担任车右。交战的第二天，晋襄公将秦国的俘虏都捆绑了起来，派莱驹用戈去斩杀他们。俘虏大声喊叫，莱驹把戈掉在地上，狼瞫拿起戈将俘虏砍杀，抓起莱驹追上了晋襄公的战车，于是晋襄公就任命他为车右。箕地之战时，先轸废黜了狼瞫，并且让续简伯接替狼瞫担任车右。狼瞫发怒。他的朋友说：“为什么不去死呢？”狼瞫说：“我没有找到死的地方。”他的朋友说：“我跟你一起向先轸发难吧。”狼瞫说：“《周志》中这样说道：‘如果勇敢却杀害了上级，死后不能进入明堂。’不合乎道义的死，不是勇敢。为国家而死才可以称作勇敢，我凭借勇敢获得了车右这个职位。没有勇敢而被废黜，也是理所应当的事情。如果说先轸不了解我，废黜我却很得当，就是很了解我了。您姑且等着吧！”到达彭衙，将阵型都排列好后，狼瞫率领自己的属下冲入秦军，死在战场上。晋国军队跟随着冲上去，将秦军打败。君子说：“狼瞫这样也可以称得上是君子了。《诗》说：‘君子如果发怒，动乱就可以很快被制止了。’又说：‘文王勃然大怒，于是就整顿自己的军队。’

狼瞫发怒却没有去作乱，反而是冲入敌军阵营，可以称得上是君子了。”

秦伯犹用孟明。孟明增修国政，重施于民。赵成子[1]言于诸大夫曰：“秦师又至，将必辟之，惧而增德，不可当也。《诗》曰：‘毋念尔祖，聿修厥德。’孟明念之矣，念德不怠，其可敌乎？”

【注释】①赵成子：即赵衰，晋国大夫。

【译文】秦穆公仍然重用孟明。孟明更加修明政事，给予百姓更丰厚的恩惠。赵成子对众大夫们说：“秦军如果再一次前来，一定要避开它。孟明因为警惧所以更加修明德行，那是不能抵挡的。《诗》说：‘心中怀念着先祖，继承发扬先祖的德行。’孟明知道这个道理。知道这个道理并且经过不懈的努力，难道可以抵御吗？”

丁丑，作僖公主，书，不时也。

【译文】丁丑日，制作僖公的神主。《春秋》中记载这件事，是因为制作的不是时候。

晋人以公不朝来讨，公如晋。夏四月己巳，晋人使阳处父盟公以耻之。书曰：“及晋处父盟。”以厌之也。适晋不书，讳之也。公未至，六月，穆伯会诸侯及晋司空士縠盟于垂陇，晋讨卫故也。书士縠，堪其事也。

【译文】晋国人因为鲁文公没有来朝见而讨伐鲁国，于是文公去了晋国。夏季，四月己巳日，晋国人派遣大夫阳处父和文公结盟，以此来羞辱鲁文公。《春秋》中记载道："和晋国的阳处父结盟。"这是表示厌恶的意思。文公到了晋国却没有记载，这是出于隐讳。鲁文公没有回到鲁国，六月，穆伯和诸侯以及晋国的司空士縠在垂陇结盟，这是由于晋国要讨伐卫国的缘故。《春秋》中记载道"士縠"，是因为认为他能胜任这件事。

陈侯为卫请成于晋，执孔达以说。

【译文】陈共公为了替卫国向晋国求和，拘捕了孔达，以此向晋国解释。

秋八月丁卯，大事于大庙，跻僖公，逆祀也。于是夏父弗忌为宗伯，尊僖公，且明见曰："吾见新鬼大，故鬼小。先大后小，顺也。跻圣贤，明也。明、顺，礼也。"

【译文】秋季，八月丁卯日，在太庙祭祀，将僖公的神位升到闵公之上，这是不按顺序的祭祀。当时夏父弗忌担任宗伯，尊崇僖公，而且宣布说："我见到新鬼大，旧鬼小，先大后小，这是顺序。将圣贤升到上面，这是明智的。明智、和顺，这是合于礼的。"

君子以为失礼："礼无不顺。祀，国之大事也，而逆之，可谓礼乎？子虽齐圣，不先父食久矣。故禹不先鲧[①]，汤不先契[②]，文、武不先不窋[③]。宋祖帝乙，郑祖厉王，犹上祖也。是以《鲁颂》[④]曰：'春秋匪解，享祀不忒。皇皇后帝，皇祖后稷。'君子曰礼，谓其后稷亲而先帝也。《诗》曰：'问我诸姑，遂及伯姊。'君子曰礼，谓其姊亲而先姑也。"仲尼曰："臧文仲，其不仁者三，不知者三。下展禽[⑤]，废六关，妾织蒲，三不仁也。作虚器[⑥]，纵逆祀，祀爰居[⑦]，三不知也。"

【注释】①鲧（gǔn）：大禹的父亲，帝颛顼之子。②契：又称阏伯，是帝喾与简狄之子，是商汤的先祖。③不窋（zhú）：后稷之子，周朝的先祖。④《鲁颂》：是《诗经》三颂之一，均为歌颂鲁僖公，共四篇。⑤展禽：即柳下惠，鲁国大夫展无骇之子。⑥虚器：有其器而无其位，此指臧文仲私藏国家用以占卜的大龟。⑦爰居：一种海鸟，形似凤凰，性好鸣，畏惧大风。

【译文】君子认为，这样是不合乎礼的："礼是没有不合乎顺序的。祭祀是国家的大事，却不按顺序，可以说是合乎礼吗？儿子虽然聪明睿智，但是不可以在父亲之前先享受祭祀，这个规矩已经很久远了。因此禹不能在鲧之前，汤不能在契之前，文王、武王不能在不窋之前。宋国将帝乙作为祖先，郑国将厉王作为祖先，这是对祖宗的尊崇。因此《鲁颂》说：'一年之中四季的祭祀没有懈怠，享礼没有差错，祭祀上天，祭祀伟大的祖先后稷。'君子说这是合于礼，说的是后稷虽然亲近，然而却以上天为先。《诗》说：'先问候我的姑母们，再问候我的各位姐姐。'君子说这是合于礼的，说的是姐姐虽然亲近，然而却要以姑母为先。"孔子说："臧文仲，他有三件不仁义的事情，三件不明智的事情。使展禽居于下位，设立六关，让小妾编蒲为席，这是三件不仁义的事情。建造房屋私蓄大蔡之龟，纵容不合顺序的祭祀，祭祀海鸟爰居，这是三件不明智的事情。”

冬，晋先且居、宋公子成、陈辕选、郑公子归生伐秦，取汪[①]，及彭衙而还，以报彭衙之役。卿不书，为穆公故，尊秦也，谓之崇德。

【注释】①汪：秦邑，今陕西境内。

【译文】冬季，晋国的先且居、宋国的公子成、陈国的辕选、郑国的公子归生讨伐秦国，夺取了汪地和彭衙后回国，是为了报复彭衙之战。《春秋》中没有记载卿的名字，是因为秦穆公的缘故，尊重秦国，叫做尊崇德行。

襄仲如齐纳币，礼也。凡君即位，好舅甥，修昏姻，娶元妃以奉粢盛[①]，孝也。孝，礼之始也。

【注释】①粢（zī）盛：古代盛在祭器内以供祭祀的谷物。

【译文】襄仲到齐国送聘礼，这是合于礼的。凡是国君即位，舅甥两个国家之间恢复友好往来的关系，商量办理婚姻之事，娶元配夫人来主持祭祀，这是孝道。孝道，是礼的开始。

文公三年

【经】三年春王正月，叔孙得臣会晋人、宋人、陈人、卫人、郑人伐沈[①]。沈溃。夏五月，王子虎卒。秦人伐晋。秋，楚人围江。雨螽于宋。冬，公如晋。十有二月己巳，公及晋侯盟。晋阳处父帅师伐楚以救江。

【注释】①沈：古国名，今安徽省境内，春秋时期被蔡国所灭。

【译文】鲁文公三年春周历正月，叔孙得臣与晋国人、宋国人、陈国人、卫国人、郑国人会合讨伐沈国。沈国人溃散逃亡。夏季五月，王子虎去世。秦国人讨伐晋国。秋季，楚国人围攻江国。蝗虫像雨一样降临到宋国。冬季，鲁文公到了晋国。十二月己巳日，鲁文公和晋襄公结盟。晋国的阳处父带领军队讨伐楚国，目的是营救江国。

【传】三年春，庄叔会诸侯之师伐沈，以其服于楚也。沈溃。凡民逃其上曰溃，在上曰逃。

【译文】鲁文公三年春季，庄叔与诸侯军队会合讨伐沈国，是为了沈国归服楚国的事情。沈国人溃散逃亡。凡是百姓背叛将领四散逃亡的称为溃，将领或统帅逃亡的称为逃。

卫侯如陈，拜晋成也。

【译文】卫成公到了陈国，是为了拜谢陈国替卫国向晋国求和。

夏四月乙亥，王叔文公卒，来赴，吊如同盟，礼也。

【译文】夏季，四月乙亥日，王叔文公去世，发来讣告，鲁国以同盟国的礼仪来参加凭吊，这是合于礼的。

秦伯伐晋，济河焚舟，取王官，及郊。晋人不出，遂自茅津[①]济，封崤尸而还。遂霸西戎，用孟明也。君子是以知“秦穆公之为君也，举人之周也，与人之壹也；孟明之臣也，其不解也，能惧思也；子桑之忠也，其知人也，能举善也。《诗》曰：‘于以采蘩[②]？于沼于沚[③]，于以用之？公侯之事。’秦穆有焉。‘夙夜匪解，以事一人’，孟明有焉。‘诒厥孙谋，以燕翼子’，子桑有焉。”

【注释】①茅津：又称陕津、太阳津，今山西省平陆县西南茅津渡。②蘩（fán）：白蒿。③沚：水中的小块陆地。

【译文】秦穆公讨伐晋国，渡过黄河之后烧毁船只，夺取了王官和郊地。晋国人不出战。于是秦军从茅津渡黄河，为在崤地战役中死亡的将士筑一个大坟墓，然后回国。于是秦穆公称霸西戎，这是因为任用了孟明的缘故。君子因此知道“秦穆公作为国君，提拔人才可以考虑全面，任用人才可以深信不疑；孟明作为臣子，能够坚持努力、毫不懈怠，能够因为畏惧而思考；子桑的忠诚，能够了解别人，能够推举贤能。《诗》说：‘在哪里去采白蒿？在池塘里、在小洲上。用它做什么呢？在公侯的祭祀典礼上。’秦穆公就是这样的。‘日夜努力不懈，忠心的事奉一人。’孟明就是这样的。‘把谋略留给子孙，是为了安定和辅佐他们。’子桑就是这样的”。

秋，雨螽于宋，队而死也。

【译文】秋季，蝗虫像雨一般降临宋国，落到地上就死了。

楚师围江。晋先仆伐楚以救江。

【译文】楚军包围江国，晋国的先仆讨伐楚国，是为了营救江国。

冬，晋以江故告于周。王叔桓公、晋阳处父伐楚以救江。门于方城，遇息公子朱而还。

【译文】冬季，晋国把江国的事情报告给周襄王，王叔桓公、晋国的阳处父讨伐楚国，是为了营救江国。攻打方城城门，碰到了楚国的息公子朱才撤军回国。

晋人惧其无礼于公也，请改盟。公如晋，及晋侯盟。晋侯飨公，赋《菁菁者莪》[①]。庄叔以公降、拜，曰：“小国受命于大国，敢不慎仪？君贶之以大礼，何乐如之？抑小国之乐，大国之惠也。”晋侯降、辞。登，成拜。公赋《嘉乐》。

【注释】①《菁菁者莪》：《诗经·小雅》中的一篇。诗中反复吟咏对于君子长育人才的欢愉之情，同时也描述了青年学子见到君子的欢乐之情。

【译文】晋国人为曾经对鲁文公的失礼而感到忧惧，请求改立盟约。文公到了晋国，和晋襄公结盟。晋襄公设享礼招待文公，赋《菁菁者莪》这首诗。庄叔让文公降阶下拜，说：“小国在接受大国命令的时候，怎么敢不谨慎地对待礼仪呢？国君将这么重大的享礼赐予我们，还有什么比这更让人高兴的呢？小国的高兴，是大国的恩赐啊。”晋襄公走下台阶辞谢，再登上台阶，完成拜礼。文公赋《嘉乐》这首诗。

文公四年

【经】四年春，公至自晋。夏，逆妇姜于齐。狄侵齐。秋，楚人灭江。晋侯伐秦。卫侯使宁俞来聘。冬十有一月壬寅，夫人风氏薨。

【译文】鲁文公四年春，鲁文公从晋国回到鲁国。夏季，鲁国为鲁文公去齐国迎娶姜氏。狄人入侵齐国。秋季，楚国人灭了江国。晋襄公讨伐秦国。卫成公派遣宁武子来鲁国访问。冬季十一月壬寅日，夫人风氏去世。

【传】四年春，晋人归孔达于卫，以为卫之良也，故免之。

【译文】鲁文公四年春季，晋国人将孔达释放回卫国，这是因为将孔达当做是卫国的人才，所以才赦免了他。

夏，卫侯如晋拜。曹伯如晋，会正[1]。

【注释】①会正：会谈纳贡的事情。

【译文】夏季，卫成公到晋国去拜谢晋国释放孔达。曹共公到晋国会谈纳贡的事情。

逆妇姜于齐，卿不行，非礼也。君子是以知出姜之不允于鲁也，曰："贵聘而贱逆之，君而卑之，立而废之，弃信而坏其主，在国必乱，在家必亡。不允宜哉？《诗》曰：'畏天之威，于时保之。'敬主之谓也。"

【译文】鲁国人为鲁文公去齐国迎娶姜氏，鲁国的卿大夫没有去迎接，这是不合于礼的。君子因此知道出姜在鲁国不会终老，说："用高规格的礼节去下聘却用低规格的礼节去迎娶她，身份是小君却在礼节上轻待她，等同于立了她又废黜她，背弃信义又损害了内主的身份，这样的事情如果发生在国内，一定会使国家发生动乱，如果发生在卿大夫家中，一定会使家族灭亡。在鲁国不会终老，也是应该的了。《诗》说：'畏惧上天的威灵，因此才能保有福禄。'这就是说要敬重内主的身份。"

秋，晋侯伐秦，围邧[①]、新城[②]，以报王官之役。

【注释】①邧（yuán）：秦邑，今陕西澄城县南。②新城：秦邑，今陕西澄城县东北。

【译文】秋季，晋襄公讨伐秦国，包围邧地、新城，是为了报复王官那次战役。

楚人灭江，秦伯为之降服[①]、出次[②]、不举[③]，过数。大夫谏，公曰："同盟灭，虽不能救，敢不矜乎！吾自惧也。"君子曰："《诗》云：'惟彼二国，其政不获。惟此四国，爰究爰度。'其秦穆之谓矣。"

【注释】①降服：衣着朴素，穿素服。②出次：为悼念死者而避开正寝，出郊外暂住。③不举：古代逢大的天灾人事，皆除去盛馔，偃息声乐。

【译文】楚国人灭亡了江国，秦穆公为这件事穿上素服，离开正寝，去郊外暂住，除去盛馔、偃息声乐，已超过了应有的礼数。秦国的大夫劝阻秦穆公，秦穆公说："同盟的国家被灭，即使不能救援，怎么敢不哀怜呢？我要自己警惕呀。"君子说："《诗》说：'夏朝和殷商两个国家，他们的政策不合乎民心。四方的国家，如何谋划才可以安身。'说的就是秦穆公这样的。"

卫宁武子来聘，公与之宴，为赋《湛露》[①]及《彤弓》[②]。不辞，又不答赋。使行人私焉。对曰："臣以为肄业及之也。昔诸侯朝正于王，王宴乐之，于是乎赋《湛露》，则天子当阳，诸侯用命也。诸侯敌王所忾而献其功，王于是乎赐之彤弓一，彤矢百，玈弓矢千，以觉报宴。今陪臣来继旧好，君辱贶之，其敢干大礼以自取戾？”

【注释】①《湛露》：《诗经》中的一篇，描述了贵族们在举行宴会，尽情饮乐，互相赞扬的情景。②《彤弓》：《诗经》中的一首宴会上唱的雅诗，描述了天子赏赐诸侯彤弓，并设宴招待他们的情景。

【译文】卫国的宁武子来鲁国访问，文公设宴招待他，让乐工为他演奏《湛露》和《彤弓》。宁武子没有辞谢，也没有赋诗回答。文公派使者私下询问原因。宁武子回答说：“下臣以为那是乐师在练习演奏。从前诸侯正月去京师向天子朝贺，天子设宴且奏乐招待诸侯，这时赋的就是《湛露》这首诗，表示天子对着太阳南面就坐，诸侯听候命令。诸侯与天子同仇敌忾，而且献上自己讨伐四方夷狄时所抓获的俘虏。天子因此赐给他们红色的弓一张，红色的箭一百枝，黑色的弓十张和箭一千枝，以此来计算诸侯的功劳并且用宴乐来报答。如今陪臣前来延续过去的友好关系，承君王赐宴，怎么敢触犯大礼且自取罪过呢？”

冬，成风薨。

【译文】冬季，成风去世。

文公五年

【经】五年春王正月，王使荣叔归含，且赗[1]。三月辛亥，葬我小君成风。王使召伯来会葬。夏，公孙敖如晋。秦人入鄀。秋，楚人灭六[2]。冬十月甲申，许男业卒。

【注释】①赗（fèng）：送给办丧事人家的东西。②六：古国名，在今安徽六安市北。

【译文】鲁文公五年春季周历正月，周襄王派遣荣叔来赠送死者口中所含的玉珠，并且赠送其他办丧事所需要的东西。三月辛亥日，安葬我国夫人成风。周襄王派召伯来参加葬礼。夏季，公孙敖到了晋国。秦国人入侵鄀国，秋季，楚国人灭了六国。冬季十月甲申日，许僖公业去世。

【传】五年春，王使荣叔来含且赗，召昭公来会葬，礼也。

【译文】鲁文公五年春季，周襄王派遣荣叔前来赠送死者口中所含的玉珠，并且赠送其他办丧事所需要的东西，召昭公来参加葬礼，这是符合礼制的。

初，鄀叛楚即秦，又贰于楚。夏，秦人入鄀。

【译文】当初，鄀国背叛楚国亲近秦国，后来又对秦国产生二心，亲近楚国。夏季，秦国入侵鄀国。

六人叛楚即东夷。秋，楚成大心、仲归帅师灭六。

【译文】六国人背叛楚国亲近东夷。秋季，楚国的成大心、仲归带领军队灭亡了六国。

冬，楚公子燮灭蓼[①]，臧文仲闻六与蓼灭，曰："皋陶、庭坚不祀忽诸[②]。德之不建，民之无援，哀哉！"

【注释】①蓼（liǎo）：古国名，在今河南固始县东北蓼城冈。②忽诸：一下子，忽然。

【译文】冬季，楚国的公子燮灭蓼国。臧文仲听说了六国和蓼国被灭亡的事情，说："皋陶、庭坚忽然没有人祭祀了。德行没有建立，百姓没有救援，可悲啊！"

晋阳处父聘于卫，反过甯，甯嬴从之，及温而还。其妻问之，嬴曰："以刚。《商书》曰：'沈渐刚克，高明柔克。'夫子壹之，其不没乎！天为刚德，犹不干时，况在人乎？且华而不实，怨之所聚也，犯而聚怨，不可以定身。余惧不获其利而离其难，是以去之。"

【译文】晋国的阳处父到卫国访问，回国的时候路过甯地，甯嬴跟随着他，但甯嬴到了温地后又返回了。他妻子问他为什么回来，甯嬴说："阳处父太刚强了。《商书》说：'深沉的人需要用刚强来克服，爽朗的人需要用柔弱来克服。'阳处父只具备了其中之一，恐怕不能善终了！上天具有刚强的德行，尚且不能违反寒暑四时运行的规律，更何况是人呢？况且华而不实，怨恨就会积聚。触犯别人就会积聚怨恨，不能够安身自保。我担心跟着他没有获得好处反而会遭到祸患，所以才离开他的。"

晋赵成子、栾贞子、霍伯、臼季皆卒。

【译文】晋国的赵成子、栾枝、先且居、胥臣都去世了。

文公六年

【经】六年春，葬许僖公。夏，季孙行父如陈。秋，季孙行父如晋。八月乙亥，晋侯驩卒。冬十月，公子遂如晋。葬晋襄公。晋杀其大夫阳处父。晋狐射姑[①]出奔狄。闰月不告月，犹朝于庙。

【注释】①狐射姑：字季，也称贾季，晋国大夫狐偃的儿子，晋文公的表弟。

【译文】鲁文公六年春季，安葬许僖公业。夏季，季孙行父到了陈国。秋季季孙行父到了晋国。八月乙亥日，晋襄公驩去世。冬季十月，公子遂到了晋国，安葬晋襄公。晋国人杀了他们的大夫阳处父。晋国的狐射姑逃亡到狄国。闰月不举行告朔的仪式，但仍旧祭祀宗庙。

【传】六年春，晋蒐于夷，舍二军。使狐射姑将中军，赵盾佐之。阳处父至自温，改蒐于董，易中军。阳子，成季之属也，故党[①]于赵氏，且谓赵盾能，曰："使能，国之利也。"是以上之。宣子于是乎始为国政。制事典[②]，正法罪[③]。辟刑狱，董[④]逋逃。由质要，治旧洿[⑤]，本秩礼，续常职，出滞淹[⑥]。既成，以授大傅阳子与大师贾佗，使行诸晋国，以为常法。

【注释】①党：偏私，偏袒。②事典：治事的规章。③法罪：刑罚律令。④董：监督管理。⑤旧洿（wū）：也称为旧污，陈垢，引申为旧时不良的政治和习俗。⑥滞淹：人沉抑于下而不得升进，亦指滞淹之人。

【译文】鲁文公六年春季，晋国在夷地检阅军队，撤去两个军。让狐射姑率领中军，赵盾辅佐他。阳处父从温地回来，将检阅军队的地方从夷地改为董地，并撤换了中军主将。阳处父曾是赵成子的下属，因此偏袒赵成子，并且认为赵盾有才能，说："任用贤能的人，这是国家的利益。"所以让赵盾居上位。赵宣子从这时开始掌握晋国的政权，制定处理政务所需的规章制度，修订刑罚律令，清理刑法讼案，监督追捕逃犯，办事使用契约，清除政治上不良的习惯风俗，纠正明确被破坏的等级制度，恢复被废弃的官职，提拔屈居下位的贤人。政令法规制定完备之后，交给太傅阳处父和太师贾佗，由他们在晋国推行，成为晋国的常用法规制度。

臧文仲以陈、卫之睦也，欲求好于陈。夏，季文子聘于陈，且娶焉。

【译文】臧文仲因为陈、卫两国和睦相处的缘故，也想与陈国交好。夏季，季文子到陈国访问，并且求娶陈国女子为妻。

秦伯任好卒。以子车氏之三子奄息、仲行、鍼虎为殉。皆秦之良也。国人哀之，为之赋《黄鸟》[①]。君子曰："秦穆之不为盟主也宜哉。死而弃民。先王违世，犹诒之法，而况夺之善人乎？《诗》曰：'人之云亡，邦国殄瘁。'无善人之谓。若之何夺之？古之王者知命之不长，是以并建圣哲，树之风声，分之采物[②]，著之话言，为之律度，陈之艺极，引之表仪，予之法制，告之训典，教之防利，委之常秩，道之礼则，使毋失其土宜，众隶赖之，而后即命。圣王同之。今纵无法以遗后嗣，而又收其良以死，难以在上矣。"君子是以知秦之不复东征也。

【注释】①《黄鸟》：出自《诗经·国风·秦风》。这是一首秦人讽刺秦穆公以人殉葬，悲惋秦国优秀人才的挽诗。②采物：有彩色纹饰的旌旗、衣物等物，古代用其来区分尊卑等级。

【译文】秦穆公任好去世，让子车氏的三个儿子奄息、仲行、鍼虎殉葬，这三个人都是秦国的优秀人才。国民为他们哀悼，为他们赋了《黄鸟》诗。君子说："秦穆公没有当上盟主，也是应该的！死了以后还抛弃百姓。以前的国君离世，还留下了法则，更何况是夺走贤良之人的生命呢？《诗》说：'贤能的人死了，国家就会衰亡。'这就是说没有贤能的人。如果有贤能的人，为什么还会有夺走贤人生命的事情发生呢？古代身居王位的人知道自己的寿命不能长久，所以广泛地选贤任能，树立良好的教化风气，分给他们旌旗衣物，把有益的话语记录在典册上，为他们制订法律制度，并将这些法律制度颁布下去，树立表率来引导他们，给予法规制度让他们使用，告诉他们先王留下的遗训，教育他们如何防止谋求私利，委任他们一定的官职，训导他们行为举止合于礼仪，让他们不要忘记因地制宜的规律，让大家都信赖他们，然后才离世。圣人和先王都是这样做的。如今秦穆公不仅没有将法则留给后代，反而将贤良的人作为陪葬，这就难以成为一国之君了。"君子因此知道秦国不能再向东征伐了。

秋，季文子将聘于晋，使求遭丧之礼以行。其人曰："将焉用之？"文子曰："备豫不虞，古之善教也。求而无之，实难。过求，何害？"

【译文】秋季，季文子准备到晋国访问，派人求取遭遇丧事时所需要用到的物品，然后才动身。随行的人说："准备这些有什么用呢？"文子说："防备意外的事情发生，这是古人留下的好教训。需要时求取却没有得到，就会陷入困境。有所准备虽一时用不着，但有什么害处呢？"

八月乙亥，晋襄公卒。灵公少，晋人以难故，欲立长君。赵孟曰："立公子雍。好善而长，先君爱之，且近于秦。秦，旧好也。置善则固，事长则顺，立爱则孝，结旧则安。为难故，故欲立长君，有此四德者，难必抒矣。"贾季曰："不如立公子乐。辰嬴嬖于二君，立其子，民必安之。"赵孟曰："辰嬴①贱，班在九人，其子何震之有？且为二嬖，淫也。为先君子，不能求大而出在小国，辟也。母淫子辟，无威。陈小而远，无援。将何安焉？杜祁②以君故，让偪姞③而上之，以狄故，让季隗④而己次之，故班在四。先君是以爱其子而仕诸秦，为亚卿焉。秦大而近，足以为援，母义子爱，足以威民，立之不亦可乎？"使先蔑、士会如秦，逆公子雍。贾季亦使召公子乐于陈，赵孟使杀诸郫⑤。贾季怨阳子之易其班也，而知其无援于晋也。九月，贾季使续鞫居杀阳处父。书曰："晋杀其大夫。"侵官也。

【注释】①辰嬴：秦穆公之女，先是晋怀公的夫人，后为晋文公的夫人，生下一子姬乐。②杜祁：公子雍的母亲，晋文公的夫人。③偪姞：晋文公的夫人，晋襄公姬欢的母亲，在晋文公妃嫔中位次第二，排在季隗、杜祁之前。④季隗：赤狄部族的一支廧（qiáng）咎如的公主，与晋文公一起生活了十二年。⑤郫：晋邑，位于今河南济源市西。

【译文】八月乙亥日，晋襄公去世。晋灵公年幼，晋国人因为发生祸患的缘故，想要立年长的公子为国君。赵孟说："立公子雍为国君。他乐于为善并且年长，先君宠爱他，并且与秦国关系比较亲近。秦国，是老朋友了。立善良的人为国君，国家地位就会巩固；立年长的人为国君，就比较名正言顺；立先君所喜爱的为国君，就比较合于孝道；结交老朋友，国家就安定。因为祸难的缘故，所以想要立年长的公子为国君。具备这四项德行，祸难就一定会缓解。”贾季说：“不如立公子乐为国君。辰嬴受到两位国君的宠爱，立她的儿子为国君，百姓一定会安定。”赵孟说：“辰嬴身份卑贱，妃妾中的位次第九，她的儿子又有什么威望呢？并且辰嬴受到两位国君的宠幸，这是淫荡。作为先君的儿子，不能求得大国的庇护反而居住在小国，这是鄙陋。母亲淫荡，儿子鄙陋，没有威望。陈国地小而且距离远，有事发生不能援助，又怎么能获得安定呢？杜祁由于国君的缘故，让位给偪姞，使偪姞位居上位；由于狄人的缘故，让位给季隗而自己居于季隗之下，所以位次第四。先君因此喜欢她的儿子，让他在秦国做官，位居亚卿。秦国地大而且距离近，有事情发生可以救援；母亲仁义，儿子仁爱，足以震慑百姓。立公子雍，不也是可以的吗？”赵孟派先蔑、士会到秦国迎接公子雍。贾季也派人到陈国召回公子乐，赵孟派人在郫地杀了他们。贾季怨恨阳处父贬了他的官职，又知道他在晋国没有人愿意援助。九月，贾季派续鞫居杀死阳处父。《春秋》中记载说：“晋国杀了他们的大夫。”这是因为阳处父侵夺了他人官职的缘故。

冬十月，襄仲如晋，葬襄公。

【译文】冬季十月，襄仲到晋国参加晋襄公的葬礼。

十一月丙寅，晋杀续简伯。贾季奔狄。宣子使臾骈送其帑。夷之蒐，贾季戮臾骈，臾骈之人欲尽杀贾氏以报焉。臾骈曰：“不可。吾闻《前志》有之曰：‘敌惠敌怨，不在后嗣，忠之道也。’夫子礼于贾季，我以其宠报私怨，无乃不可乎？介人之宠，非勇也。损怨益仇，非知也。以私害公，非忠也。释[①]此三者，何以事夫子？”尽具其帑，与其器用财贿，亲帅扞[②]之，送致诸竟。

【注释】①释：放开，放下。②扞：保卫。

【译文】十一月丙寅日，晋国杀了续简伯。贾季逃亡到了狄国。赵宣子派臾骈把他的妻子儿女送到狄国。在夷地阅兵的时候，贾季曾经侮辱过臾骈。臾骈手下的人想要杀尽贾氏以此来报仇。臾骈说：“不可以。我听闻《前志》中有这样的话：‘有惠于人或有怨于人，都和他的后代无关，这是忠义之道。’赵孟对贾季以礼相待，我却因为受到他的宠信而报自己的私怨，恐怕是不可以的吧！凭借他人的宠信而去报仇，这不是勇猛。为了消除自己的怨气反而增加别人对自己的仇恨，这是不明智的。因为私事而损害公事，这是不忠诚的。舍弃了这三条，又用什么去事奉赵宣子呢？”于是把贾季的妻儿以及他们的器用财货全部准备齐全，亲自率领士兵保卫，把他们送到边境上。

闰月不告朔，非礼也。闰以正时，时以作事，事以厚生，生民之道于是乎在矣。不告闰朔，弃时政也，何以为民？

【译文】闰月没有举行告朔的仪式，这是不合于礼仪的。闰月是用来补正四时的，四时是用来安排农事的，农事合于时令可以使百姓生活富足，教养百姓的方法就在于此了。不在闰月举行告朔仪式，这是放弃了施政的时令，又如何能治理百姓呢？

文公七年

【经】七年春，公伐邾。三月甲戌，取须句。遂城郚[①]。夏四月，宋公王臣卒。宋人杀其大夫。戊子，晋人及秦人战于令狐。晋先蔑奔秦。狄侵我西鄙。秋八月，公会诸侯、晋大夫盟于扈[②]。冬，徐伐莒。公孙敖如莒莅盟。

【注释】①郚（wú）：鲁邑，在今山东泗水县东南。②扈：郑邑，在今河南原阳县西。

【译文】鲁文公七年春季，鲁文公讨伐邾国。三月甲戌日，夺取须句。于是在郚地修建城池。夏季四月，宋成公王臣去世。宋国人杀了他们的大夫。戊子日，晋国人和秦国人在令狐交战。晋国的先蔑逃亡到秦国。狄国侵袭我国西边边境。秋季八月，鲁文公和诸侯、晋国大夫在扈地结盟。冬季，徐国讨伐莒国。公孙敖到莒国参加盟会。

【传】七年春，公伐邾。间晋难也。

【译文】鲁文公七年春季，鲁文公发兵讨伐邾国，这是鲁国利用晋国内部有动乱的机会。

三月甲戌，取须句，置文公子焉，非礼也。

【译文】三月甲戌日，夺取须句，把邾文公的儿子安置在那里做官，这是不合于礼仪的。

夏四月，宋成公卒。于是公子成为右师，公孙友[1]为左师，乐豫为司马，鳞矔[2]为司徒，公子荡为司城，华御事[3]为司寇。

【注释】①公孙友：公子目夷的儿子，宋桓公的孙子。②鳞矔：又称东乡矔，公子鳞的儿子，宋桓公的孙子。③华御事：华元的父亲，华督的孙子。

【译文】夏季四月，宋成公去世。这时候公子成担任右师，公孙友担任左师，乐豫担任司马，鳞矔担任司徒，公子荡担任司城，华御事担任司寇。

昭公将去群公子，乐豫曰："不可。公族，公室之枝叶也，若去之，则本根无所庇阴矣。葛藟[1]犹能庇其本根，故君子以为比，况国君乎？此谚所谓'庇焉而纵寻斧焉'者也。必不可，君其图之！亲之以德，皆股肱也，谁敢携贰？若之何去之？"不听。穆、襄之族率国人以攻公，杀公孙固、公孙郑于公宫。六卿和公室，乐豫舍司马以让公子卬，昭公即位而葬。书曰："宋人杀其大夫。"不称名，众也，且言非其罪也。

【注释】①葛藟（lěi）：植物名，可供食用。

【译文】宋昭公准备除掉众公子。乐豫说："不可以。公族，是公室的枝叶，如果去掉枝叶，那么树干和树根就失去了庇护。葛藟尚且能够庇护自己的躯干和根，所以君子用它来作比喻，更何况是国君呢？这就是谚语所说的'枝叶可以用来庇护枝干，你却偏偏要用斧子砍掉它'。一定不可以，君王要好好考虑一下。应该用德行去亲近他们，他们都是左右辅佐的得力之人，谁敢有二心呢？为什么要除掉他们呢？"宋昭公没有听从。穆公、襄公的族人率领国人攻打昭公，在宫里杀了公孙固和公孙郑。六卿与公室讲和，乐豫放弃司马的职位让给了公子卬。昭公即位后安葬宋成公。《春秋》中记载说："宋国人杀了他们的大夫。"没有记载被杀大夫的名字，是因为人数太多，并且他们也没有罪。

秦康公送公子雍于晋，曰："文公之入也无卫，故有吕、郤之难。"乃多与之徒卫。穆嬴日抱大子以啼于朝，曰："先君何罪？其嗣亦何罪？舍适嗣不立而外求君，将焉置此？"出朝，则抱以适赵氏，顿首于宣子曰："先君奉此子也而属诸子，曰：'此子也才，吾受子之赐；不才，吾唯子之怨。'今君虽终，言犹在耳，而弃之，若何？"宣子与诸大夫皆患穆嬴，且畏逼，乃背先蔑而立灵公，以御秦师。箕郑居守。赵盾将中军，先克[①]佐之。荀林父佐上军。先蔑将下军，先都佐之，步招御戎，戎津为右。及堇阴[②]。宣子曰："我若受秦，秦则宾也；不受，寇也。既不受矣，而复缓师，秦将生心。先人有夺人之心，军之善谋也。逐寇如追逃，军之善政也。"训卒利兵，秣马蓐食[③]，潜师夜起。戊子，败秦师于令狐，至于刳首[④]。己丑，先蔑奔秦，士会从之。

【注释】①先克：晋国卿大夫，先且居之子，英年早逝。②堇阴：晋邑，在今山西万荣县西南。③蓐食：早晨未起身，在床席上进餐，比喻早餐时间很早。④刳（kū）首：晋邑。在今山西省临猗县西南。

【译文】秦康公将公子雍送到晋国，说："晋文公回国的时候没有士兵保护，所以发生了吕、郤之难。"于是就多送给了他步兵卫士。穆嬴每天抱着太子在朝堂上啼哭，说："先君有什么罪？他的后代继承人又有什么罪？舍弃嫡子不立，反而到外边去迎接国君，你们打算如何安置太子呢？"出了朝廷，就抱着孩子到赵氏家去，向赵盾叩头，说："先君将这个孩子托付给您，说：'将来这个孩子如果成才，那么我就是受了您的恩赐；如果没有成才，那么我就要怨您了。'如今国君虽然去世，话语却好像仍在耳边，您反而要舍弃他，怎么办呢？"赵盾和大夫们都怕穆嬴，而且害怕威逼，于是就背弃了先蔑转而立灵公为君，并且发兵抵御秦国军队。箕郑留守。赵盾率领中军，先克辅佐他；荀林父辅佐上军；先蔑率领下军，先都辅佐他。步招驾御战车，戎津担任车右。一直到达堇阴。赵盾说："我们如果接受秦国护送回来的公子雍，那么他们就是客人；如果不接受，那么他们就是敌人。现在已经不接受了，并且又慢慢地出兵，秦国将会产生别的想法。先发制人并且动摇敌人的军心，这是作战时的好计谋。驱逐贼寇就如同追赶逃犯一般，这是作战时的好计策。"于是训练士兵，磨砺武器，喂饱战马，早起吃饭，隐蔽行动，夜里出兵。戊子日，在令狐打败秦军，并且一直追击到刳首。己丑日，先蔑逃亡到秦国，士会跟随他逃亡。

先蔑之使也，荀林父止之，曰："夫人、大子犹在，而外求君，此必不行。子以疾辞，若何？不然，将及。摄卿以往可也，何必子？同官为寮，吾尝同寮，敢不尽心乎！"弗听。为赋《板》之三章。又弗听。及亡，荀伯尽送其帑及其器用财贿于秦，曰："为同寮故也。"

【译文】先蔑出使秦国的时候，荀林父曾劝阻他，说："夫人和太子都还在，反而到外边去迎接国君，这一定是行不通的。您以生病作借口推辞了吧，怎么样？如果不这样做，祸患将会降临到您身上。派一个卿大夫代替您前去就可以了，为什么一定要您亲自前去呢？在一起做官就称为同僚，我们曾经是同僚，我对您又怎么敢不尽心呢？"先蔑没有听从。荀林父为他赋《板》这首诗的第三章，又没有听从。等到先蔑逃亡的时候，荀林父把他的妻子儿女和财货全部送到秦国，说："这是因为我们是同僚的缘故。"

士会在秦三年，不见士伯。其人曰："能亡人于国，不能见于此，焉用之？"士季曰："吾与之同罪，非义之也，将何见焉？"及归，遂不见。

【译文】士会在秦国三年，都没有和先蔑见面。随行的人说："你可以和他一起逃亡到这个国家，却又不在这里见面，又有什么用处呢？"士会说："我和他的罪过是相同的，并不是因为道义才跟随他来的，为什么要见面呢？"一直到回国，都没有见过面。

狄侵我西鄙，公使告于晋。赵宣子使因贾季问酆舒[①]，且让之。

酆舒问于贾季曰："赵衰、赵盾孰贤？"对曰："赵衰，冬日之日也。赵盾，夏日之日也。"

【注释】①酆（fēng）舒：春秋时期赤狄潞氏的国相，后因谋反遭到晋国的讨伐，战败而死。

【译文】狄人侵袭我国西部边境，鲁文公派使者向晋国报告。赵宣子派人通过贾季询问酆舒，并且责备他。酆舒问贾季说："赵衰、赵盾谁更贤明？"贾季回答说："赵衰，是冬日里的太阳。赵盾，是夏日里的太阳。"

秋八月，齐侯、宋公、卫侯、陈侯、郑伯、许男、曹伯会晋赵盾盟于扈，晋侯立故也。公后至，故不书所会。凡会诸侯，不书所会，后也。后至，不书其国，辟不敏也。

【译文】秋季八月，齐昭公、宋成公、卫成公、陈共公、郑穆公、许昭公、曹共公和晋国的赵盾在扈地结盟，这是因为晋灵公即位的缘故。鲁文公后到，所以《春秋》中没有记载到会的国家和卿大夫的名字。凡是参加诸侯会盟，如果没有记载参加会盟的国家，都是因为有人晚到的缘故。晚到，不记载国家，这是为了避免弄不清情况而误记。

穆伯娶于莒，曰戴己，生文伯，其娣声己生惠叔。戴己卒，又聘于莒，莒人以声己辞，则为襄仲聘焉。

【译文】穆伯娶莒国的女子为妻，名叫戴己，生了文伯；她的妹妹声己，生了惠叔。戴己去世后，穆伯又到莒国求娶，莒国人因为声己的缘故而推辞了，于是为襄仲行聘。

冬，徐伐莒。莒人来请盟。穆伯如莒莅盟，且为仲逆。及鄢陵[①]，登城见之，美，自为娶之。仲请攻之，公将许之。叔仲惠伯谏曰："臣闻之：'兵作于内为乱，于外为寇，寇犹及人，乱自及也。'今臣作乱而君不禁，以启寇仇，若之何？"公止之，惠伯成之。使仲舍之，公孙敖反之，复为兄弟如初。从之。

【注释】①鄢陵：莒地，在今山东沂水县西南。

【译文】冬季，徐国攻打莒国，莒国人前来鲁国请求结盟，穆伯到莒国参加盟会，同时为襄仲迎娶莒女。到达鄢陵，登上城楼看到莒女，认为莒女很美丽，因此就自己娶了莒女。襄仲请求攻打穆伯，文公打算答应他的请求。叔仲惠伯劝谏说："下臣听说：'战争在内部爆发称为乱，在外部爆发称为寇。寇尚且是伤害敌人，乱就是自己人伤害自己人了。'如今臣子作乱而国君却不加制止，一定会引来外部的敌人乘机进攻，如果发生了这样的事情该怎么办呢？"文公于是阻止了襄仲。惠伯为他们调解。让襄仲舍弃莒女，穆伯也将莒女送回莒国，二人又重新像兄弟一般，和好如初。二人听从了。

晋郤缺[①]言于赵宣子曰："日卫不睦，故取其地，今已睦矣，可以归之。叛而不讨，何以示威？服而不柔，何以示怀？非威非怀，何以示德？无德，何以主盟？子为正卿，以主诸侯，而不务德，将若之何？《夏书》曰：'戒之用休[2]，董之用威，劝之以《九歌》，勿使坏。'九功之德皆可歌也，谓之《九歌》。六府、三事，谓之九功。水、火、金、木、土、谷，谓之六府；正德、利用、厚生，谓之三事。义而行之，谓之德、礼。无礼不乐，所由叛也。若吾子之德莫可歌也，其谁来之？盍使睦者歌吾子乎？"宣子说之。

【注释】①郤缺：即郤成子，晋国上卿，事奉过晋文公、襄公、灵公、成公。②休：吉庆，美善，福禄。

【译文】晋国的郤缺对赵宣子说："从前卫国不臣服于晋，所以占取它的土地，如今已经臣服，可以将土地归还给它了。背叛了却不加以讨伐，又如何能显示声威呢？臣服了却不加以安抚，又如何能表示关怀呢？不显示声威也不表示关怀，又如何能显示德行呢？没有德行，又如何能主持盟会呢？您作为正卿，主持诸侯盟会的事宜，却不致力于修习德行，又打算怎么办呢？《夏书》中说：'把喜事告诉他，用威刑督察他，用《九歌》劝勉他，不要让他学坏。'九功的德行都可以歌唱，称为《九歌》。六府、三事，称为九功。水、火、金、木、土、谷，称为六府；端正德行，有利于百姓，使百姓生活富足，称为三事。合于道义就推行它，称为德和礼。没有礼就不歌颂，这是叛变产生的由来。如果你的德行没有可以歌颂的，那么谁还会来归顺你呢？为什么不让归顺您的人歌颂您呢？"赵宣子听了这番话很高兴。

文公八年

【经】八年春王正月。夏四月。秋八月戊申，天王崩。冬十月壬午，公子遂会晋赵盾盟于衡雍。乙酉，公子遂会雒戎盟于暴。公孙敖如京师，不至而复。丙戌，奔莒。螽。宋人杀其大夫司马。宋司城来奔。

【译文】鲁文公八年春季周历正月。夏季四月。秋季八月戊申日，周襄王驾崩。冬季十月壬午日，公子遂与晋国的赵盾在衡雍会面结盟。乙酉日，公子遂与雒戎在暴地会面结盟。公孙敖前往京师，还没有到京师就又返回了。丙戌日，逃亡到莒国。蝗虫肆虐。宋国人杀了他们的大夫司马公子卬。宋国的司城逃亡到鲁国。

【传】八年春，晋侯使解扬归匡、戚之田于卫，且复致公壻池之封，自申至于虎牢之竟。

【译文】鲁文公八年春季，晋灵公派遣解扬将匡地、戚地的田地归还给卫国，并且重新认同公壻池所划定的疆界，从申地一直到虎牢的边境。

夏，秦人伐晋，取武城[1]，以报令狐之役。

【注释】①武城：晋邑，在今陕西华县东北。

【译文】夏季，秦国军队讨伐晋国，夺取了武城，是为了报复令狐的那场战役。

秋，襄王崩。

【译文】秋季，周襄王驾崩。

晋人以扈之盟来讨。冬，襄仲会晋赵孟，盟于衡雍，报扈之盟也。遂会伊雒之戎。书曰“公子遂”，珍之也。

【译文】晋国人因为在扈地结盟时文公晚到的事情前来讨伐鲁国。冬季，襄仲和晋国的赵孟在衡雍会盟，这是为了补偿扈地结盟晚到。乘机又与伊雒的戎人会盟。《春秋》中称他为“公子遂”，这是为了表示尊敬。

穆伯如周吊丧，不至，以币奔莒，从己氏焉。

【译文】穆伯去周朝为周襄王吊唁，还没有到达京师，就带着礼物逃亡到莒国，跟随莒女去了

宋襄夫人，襄王之姊也，昭公不礼焉。夫人因戴氏之族，以杀

襄公之孙孔叔、公孙钟离及大司马公子卬，皆昭公之党也。司马握节以死，故书以官。司城荡意诸[①]来奔，效节于府人[②]而出。公以其官逆之，皆复之。亦书以官，皆贵之也。

【注释】①荡意诸：公孙寿的儿子，宋国的司城。②府人：古代掌管府藏的官员。

【译文】宋襄公夫人是周襄王的姐姐，宋昭公对她不以礼相待。夫人依靠戴氏的族人杀了襄公的孙子孔叔、公孙钟离和大司马公子卬，他们都是宋昭公的党羽。大司马公子卬是手中握着符节而死的，所以《春秋》中记录了他的官职。司城荡意诸逃亡到鲁国，把符节交还给府人之后就逃亡了。文公按照迎接司城的礼仪接待他，并且他的随从也都按照他们原来官职的礼仪接待。《春秋》中记载了官名，是为了表示尊重。

夷之蒐，晋侯将登箕郑父、先都，而使士縠、梁益耳将中军。先克曰："狐、赵之勋，不可废也。"从之。先克夺蒯得田于堇阴。故箕郑父、先都、士縠、梁益耳、蒯得作乱。

【译文】在夷地阅兵的时候，晋襄公打算提拔箕郑父、先都，并且让士縠、梁益耳率领中军。先克说："狐偃、赵衰两人的功劳，不可以忘记。"晋襄公听从了这个意见。先克夺取了蒯得在堇阴的田地。所以箕郑父、先都、士縠、梁益耳、蒯得发动叛乱。

文公九年

【经】九年春，毛伯来求金。夫人姜氏如齐。二月，叔孙得臣如京师。辛丑，葬襄王。晋人杀其大夫先都。三月，夫人姜氏至自齐。晋人杀其大夫士縠及箕郑父。楚人伐郑。公子遂会晋人、宋人、卫人、许人救郑。夏，狄侵齐。秋八月，曹伯襄卒。九月癸酉，地震。冬，楚子使椒[①]来聘。秦人来归僖公、成风之禭。葬曹共公。

【注释】①椒：即斗椒，又称斗越椒，字子越，楚国司马斗子良之子，楚国的令尹。

【译文】鲁文公九年春季，毛伯前来求取助丧用的财物。文公的夫人姜氏来到齐国。二月，叔孙得臣到达京师。辛丑日，安葬周襄王。晋国人杀了他们的大夫先都。三月，夫人姜氏从齐国回国。晋国人杀了他们的大夫士縠以及箕郑父。楚国人讨伐郑国。公子遂与晋国人、宋国人、卫国人、许国人援救郑国。夏季，狄国侵犯齐国。秋季八月，曹共公襄去世。九月癸酉日，发生地震。冬季，楚王派遣斗椒前来鲁国访问。秦国人前来归还僖公、成风去世时的衣被。安葬曹共公。

【传】九年春，王正月己酉，使贼杀先克。乙丑，晋人杀先都、梁益耳。

【译文】 鲁文公九年春季，周历正月己酉日，箕郑父派遣贼人杀死了先克。乙丑日，晋国人杀死了先都、梁益耳。

毛伯卫来求金，非礼也。不书王命，未葬也。

【译文】 毛伯卫前来求取助丧用的财物，这不合于礼。《春秋》中没有记载说是天子的命令，这是由于周襄王还没有安葬的缘故。

二月庄叔如周葬襄王。

【译文】 二月，庄叔到周朝参加周襄王的葬礼。

三月甲戌，晋人杀箕郑父、士縠、蒯得。

【译文】 三月甲戌日，晋国人杀死了箕郑父、士縠、蒯得。

范山言于楚子曰："晋君少，不在诸侯，北方可图也。"楚子师于狼渊①以伐郑。囚公子坚、公子龙及乐耳。郑及楚平。公子遂会晋赵盾、宋华耦、卫孔达、许大夫救郑，不及楚师。卿不书，缓也，以惩不恪。

【注释】 ①狼渊：在今河南省许昌市西。

【译文】 范山对楚王说："晋国国君年纪小，志向不在于称霸诸侯，北方是可以图谋的。"楚王军队驻扎在狼渊是为了攻打郑国。楚国人囚禁了郑国的公子坚、公子龙和乐耳。郑国和楚国讲和。公子遂与晋国的赵盾、宋国的华耦、卫国的孔达、许国的大夫会面，援救郑国，没有碰上楚军。《春秋》中没有记载卿的名字，是因为他们出兵缓慢，以此惩罚他们的办事不严谨。

夏，楚侵陈，克壶丘①，以其服于晋也。

【注释】①壶丘：陈邑，在今河南新蔡县东南。

【译文】夏季，楚国入侵陈国，攻克壶丘，是因为陈国归服晋国。

秋，楚公子朱自东夷伐陈，陈人败之，获公子茷。陈惧，乃及楚平。

【译文】秋季，楚国的公子朱从东夷讨伐陈国，陈国军队打败了他，俘虏了公子茷。陈国人感到害怕，于是与楚国讲和。

冬，楚子越椒来聘，执币傲。叔仲惠伯曰："是必灭若敖氏之宗。傲其先君，神弗福也。"

【译文】冬季，楚国的子越椒来鲁国访问，手中拿着礼物，态度傲慢。叔仲惠伯说："这个人一定会使若敖氏的宗族灭亡。对他的先君态度傲慢，神灵是不会降福庇佑他的。"

秦人来归僖公、成风之襚，礼也。诸侯相吊贺也，虽不当事，苟有礼焉，书也，以无忘旧好。

【译文】秦国人前来归还僖公和成风去世时的衣衾，这是合于礼的。诸侯之间互相吊丧贺喜，虽不及时，如果是合乎礼仪的，《春秋》中就一定要加以记载，是为了表示没有忘记过去两国之间的友好往来。

文公十年

【经】十年春王三月辛卯，臧孙辰卒。夏，秦伐晋。楚杀其大夫宜申。自正月不雨，至于秋七月。及苏子盟于女栗。冬，狄侵宋。楚子、蔡侯次于厥貉[①]。

【注释】①厥貉（mò）：宋邑，在今河南项城市西南。

【译文】鲁文公春季周历三月辛卯日，臧孙辰去世。夏季，秦国讨伐晋国。楚国杀了他们的大夫宜申。从正月开始一直到秋季七月都没有下雨。鲁文公在女栗与苏子结盟。冬季，狄国侵袭宋国。楚穆王、蔡庄公率军驻扎在厥貉。

【传】十年春，晋人伐秦，取少梁。

【译文】鲁文公十年春季，晋国人讨伐秦国，夺取了少梁。

夏，秦伯伐晋，取北徵[1]。

【注释】①北徵：晋地，在今陕西蒲城县东北。

【译文】夏季，秦康公带领军队讨伐晋国，夺取了北徵。

初，楚范巫矞似谓成王与子玉、子西曰："三君皆将强死[1]。"城濮之役，王思之，故使止子玉曰："毋死。"不及。止子西，子西缢而县绝，王使适至，遂止之，使为商公。沿汉溯江，将入郢。王在渚宫[2]，下，见之。惧而辞曰："臣免于死，又有谗言，谓臣将逃，臣归死于司败[3]也。"王使为工尹[4]，又与子家谋弑穆王。穆王闻之，五月杀斗宜申及仲归。

【注释】①强死：非因病、老而死；人尚壮健而死于非命。②渚宫：楚国宫名，今湖北省江陵县。③司败：官名，即司寇。④工尹：官名，掌管百工及官营手工业。

【译文】当初，楚国范地的巫人矞似对成王和子玉、子西说："你们三位都会死于非命。"城濮之战时，楚成王想到矞似的这句话，所以派人制止子玉说："不要自杀。"但是没来得及。去阻止子西，子西正上吊时绳子断了，楚成王的使者刚到，于是阻止了他自杀，任命他为商公。子西沿着汉江顺流而下，逆长江逆流而上，即将进入郢都。楚成王正在渚宫，下来接见他，子西感到害怕，就借口说："下臣幸而免于一死，却又有人诬陷，说下臣打算逃亡，如今臣愿意去司败那里领死。"成王任命他为工尹，如今子西又和子家谋划杀死穆王。穆王知道后，五月杀了斗宜申及仲归。

秋七月，及苏子盟于女栗，顷王立故也。

【译文】秋季，七月，文公在女栗与苏子结盟，这是因为周顷王刚刚即位的缘故。

陈侯、郑伯会楚子于息。冬，遂及蔡侯次于厥貉，将以伐宋。宋华御事曰："楚欲弱我也。先为之弱乎，何必使诱我？我实不能，民何罪？"乃逆楚子，劳，且听命。遂道以田孟诸。宋公为右盂，郑伯为左盂。期思[①]公复遂为右司马，子朱及文之无畏为左司马。命夙驾载燧，宋公违命，无畏抶[②]其仆以徇。

【注释】①期思：楚邑，在今河南淮滨县东南期思镇。②抶（zhì）：鞭打。

【译文】陈共公、郑穆公在息地与楚穆王会面。冬季，他们和蔡庄公一起带领军队驻扎在厥貉，是为了讨伐宋国。宋国的华御事说："楚国想要让我们归服，不如我们先主动表示顺服吧？楚国为什么要摆出这副架势来逼迫我们呢？我们确实无能，但是百姓又有什么罪呢？"于是亲自去迎接楚穆王，慰劳楚国的士兵，并且听从楚国的命令。于是引导楚穆王在孟诸打猎。宋昭公担任右阵，郑穆公担任左阵。期思公复遂担任右司马，子朱和文之无畏担任左司马。命令属下早晨在车上装上取火工具出发。宋昭公违背命令，无畏鞭打了他的仆人并在全军示众。

或谓子舟曰："国君不可戮也。"子舟曰："当官而行，何强之有？《诗》曰：'刚亦不吐，柔亦不茹。''毋纵诡随，以谨罔极。'是亦非辟强也，敢爱死以乱官乎！"

【译文】有人对子舟说："国君是不可以随便侮辱的。"子舟说："我做官按照职责办事，有什么强横的呢？《诗》说：'硬的不吐出来，软的也吞不下去。'又说：'不要做诡谲善变的人，谨防行事没有准则。'这说的是不避强横，我怎么敢因为爱惜生命而放弃职守呢！"

厥貉之会，麇[①]子逃归。

【注释】①麇（jūn）：国名，为今湖北、陕西两省毗邻地区。与楚为邻。

【译文】在厥貉会面的时候，麇国国君逃回国内。

文公十一年

【经】十有一年春，楚子伐麇。夏，叔仲彭生会晋郤缺于承匡[①]。秋，曹伯来朝。公子遂如宋。狄侵齐。冬十月甲午，叔孙得臣败狄于咸。

【注释】①承匡：宋邑，在今河南睢县西。

【译文】鲁文公十一年春季，楚穆王讨伐麇国。夏季，叔仲彭生与晋国的郤缺在承匡会面。秋季，曹文公来鲁国朝见。公子遂到了宋国。狄国侵袭齐国。冬季十月甲午日，叔孙得臣在咸地打败了狄国。

【传】十一年春，楚子伐麇，成大心败麇师于防渚[①]。潘崇复伐麇，至于钖穴[②]。

【注释】①防渚：麇邑，在今湖北房县。②钖（yáng）穴：麇国都城，在今陕西省白河县东。

【译文】鲁文公十一年春季，楚穆王讨伐麇国，成大心在防渚打败麇国军队。潘崇再次攻打麇国，一直打到钖穴。

夏，叔仲惠伯会晋郤缺于承匡，谋诸侯之从于楚者。

【译文】夏季，叔仲惠伯与晋国的郤缺在承匡会面，这是为了商量对付亲近楚国的诸侯国。

秋，曹文公来朝，即位而来见也。

【译文】秋季，曹文公前来鲁国朝见，这是因为曹文公刚刚即位所以前来朝见。

襄仲聘于宋，且言司城荡意诸而复之。因贺楚师之不害也。

【译文】襄仲到宋国访问，并且替司城荡意诸求情希望宋国可以让他回国。这次访问是为了庆贺宋国没有受到楚国军队的侵害。

鄋瞒[①]侵齐，遂伐我。公卜使叔孙得臣追之，吉。侯叔夏御庄叔，绵房甥为右，富父终甥驷乘。冬十月甲午，败狄于咸，获长狄侨如。富父终甥摏[②]其喉以戈，杀之，埋其首于子驹之门。以命宣伯。

【注释】①鄋（sōu）瞒：夷国，在今山东境内。②摏（chōng）：撞击。

【译文】鄋瞒侵袭齐国，并因此讨伐鲁国。文公因为派遣叔孙得臣前去追赶狄人的事情占卜，得到吉卦。侯叔夏驾御叔孙得臣的战车，绵房甥担任车右，富父终甥担任驷乘。冬季，十月甲午日，在咸地打败狄人，俘虏了长狄侨如。富父终甥用戈抵住他的咽喉，杀死了他，并把他的头颅埋在子驹之门的下边。叔孙得臣为宣伯改名为叔孙侨如。

初，宋武公之世，鄋瞒伐宋，司徒皇父帅师御之，耏班御皇父充石，公子穀甥为右，司寇牛父驷乘，以败狄于长丘[①]，获长狄缘斯[②]，皇父之二子死焉。宋公于是以门赏耏班，使食其征，谓之耏门。晋之灭潞也，获侨如之弟焚如。齐襄公之二年，鄋瞒伐齐，齐王子成父获其弟荣如，埋其首于周首[③]之北门。卫人获其季弟简如，鄋瞒由是遂亡。

【注释】①长丘：宋邑，在今河南封丘县西南。②缘斯：长狄鄋瞒的酋长。兄弟共五人：侨如、焚如、荣如、简如、缘斯。③周首：齐邑，在今山东省东阿县东。

【译文】当初，宋武公在世时，鄋瞒讨伐宋国，司徒皇父带兵抵抗。耏班为皇父充石驾御战车，公子穀甥担任车右，司寇牛父担任驷乘，在长丘打败狄人，俘虏了长狄缘斯。皇父和穀甥、牛父都战死沙场。因此宋武公将城门赏赐给耏班，让他征收城门税，把城门命名为耏门。晋国灭亡潞国时，俘虏了侨如的弟弟焚如。齐襄公二年，鄋瞒讨伐齐国，齐国的王子成父俘虏了侨如的弟弟荣如，把他的头颅埋在周首的北门下边。卫国人又俘虏了侨如的小弟弟简如。鄋瞒由此灭亡。

郕大子朱儒自安于夫钟[①]，国人弗徇。

【注释】①夫钟：郕地，在今山东汶上县东北。

【译文】郕国的太子朱儒自己安居在夫钟，国人都不顺服于他。

文公十二年

【经】十有二年春王正月，郕伯来奔。杞伯来朝。二月庚子，子叔姬卒。夏，楚人围巢[①]。秋，滕子来朝。秦伯使术[②]来聘。冬十有二月戊午，晋人、秦人战于河曲[③]。季孙行父帅师城诸及郓。

【注释】①巢：古国名，今安徽省巢湖市东北。②术：即西乞术，秦国大夫。③河曲：晋邑，今山西芮城县西南。

【译文】鲁文公十二年春季周历正月，郕伯逃亡到鲁国。杞伯来鲁国朝见。二月庚子日，子叔姬去世。夏季，楚国军队包围巢国。秋季，滕昭公来鲁国朝见。秦康公派遣西乞术来鲁国访问。冬季十二月戊午日，晋国人和秦国人在河曲交战。季孙行父率领军队在诸地和郓地修建城池。

【传】十二年春，郕伯卒，郕人立君。大子以夫钟与郕邽来奔。公以诸侯逆之，非礼也。故书曰："郕伯来奔。"不书地，尊诸侯也。

【译文】鲁文公十二年春季，郕伯去世，郕国人又另立了新的国君。太子在逃亡到鲁国的时候将夫钟和郕国的宝圭当做礼物献了出去。文公按照诸侯的礼仪迎接他，这不合于礼。因此《春秋》中记载说："郕伯逃亡到鲁国。"没有记载关于他献出土地的事情，是因为隐讳文公失礼而把太子当作诸侯来尊重。

杞桓公来朝，始朝公也。且请绝叔姬而无绝昏，公许之。

【译文】杞桓公来鲁国朝见，这是第一次来鲁国朝见鲁文公。同时请求休弃叔姬，但又不断绝两国的姻亲关系，文公答应了。

二月，叔姬卒，不言杞，绝也。书叔姬，言非女也。

【译文】二月，叔姬去世。《春秋》不记载“杞”字，是因为叔姬已经和杞桓公断绝了关系。所以记载为“叔姬”，是说她已经不是未出嫁的女子了。

楚令尹大孙伯卒，成嘉为令尹。群舒叛楚。夏，子孔执舒子平及宗子，遂围巢。

【译文】楚国的令尹成大心去世，成嘉担任令尹。舒国背叛楚国。夏季，成嘉抓获了舒君平和宗君，于是乘机包围巢地。

秋，滕昭公来朝，亦始朝公也。

【译文】秋季，滕昭公来鲁国朝见鲁文公，这也是滕昭公第一次来朝见文公。

秦伯使西乞术来聘，且言将伐晋。襄仲辞玉曰：“君不忘先君之好，照临鲁国，镇抚其社稷，重之以大器，寡君敢辞玉。”对曰：“不腆敝器，不足辞也。”主人三辞。宾答曰：“寡君愿徼福于周公、鲁公以事君，不腆先君之敝器，使下臣致诸执事，以为瑞节，要结好命，所以藉寡君之命，结二国之好，是以敢致之。”襄仲曰：“不有君子，其能国乎？国无陋矣。”厚贿之。

【译文】秦康公派遣西乞术来鲁国访问，而且报告说秦将要讨伐晋国。襄仲不肯接受西乞术带来的美玉，说："您没有忘记和先君的友好关系，光临鲁国，安抚我们国家，十分厚重地赠送给我们丰厚的礼物，寡君不敢接受美玉。"西乞术回答说："不是丰厚的礼物，不值得推辞。"襄仲再三推辞，客人回答说："寡君愿意在周公、鲁公那里求取福禄来事奉贵国国君，先君一些不丰厚的礼物，派遣下臣送到执事面前，作为祥瑞的信物，并以此来缔结友好关系，借此表达国君的命令，缔结两国的友好关系，因此才敢献上。"襄仲说："如果没有君子，如何能治理好国家呢？秦国并不是鄙陋的国家。"于是又送了丰厚的回礼给西乞术。

秦为令狐之役故，冬，秦伯伐晋，取羁马[①]。晋人御之。赵盾将中军，荀林父佐之；郤缺将上军，臾骈佐之；栾盾将下军，胥甲佐之。范无恤御戎，以从秦师于河曲。臾骈曰："秦不能久，请深垒固军以待之。"从之。

【注释】①羁马：晋邑，在今山西永济市西南。

【译文】秦国因为令狐那次战役的缘故，冬季，秦康公带领军队讨伐晋国，夺取了羁马。晋国人发兵抵抗。赵盾率领中军，荀林父担任辅佐；郤缺率领上军，臾骈担任辅佐；栾盾率领下军，胥甲担任辅佐。范无恤驾驭战车，在河曲迎战秦军。臾骈说："秦军不能久战，请修筑高墙巩固军营来等待他们。"赵盾听从了他的意见。

秦人欲战，秦伯谓士会曰："若何而战？"对曰："赵氏新出其属曰臾骈，必实为此谋，将以老我师也。赵有侧室曰穿，晋君之婿也，有宠而弱，不在军事，好勇而狂，且恶臾骈之佐上军也，若使轻者肆焉，其可。"秦伯以璧祈战于河。

【译文】秦军打算出战，秦康公对士会说："用什么办法作战呢？"士会回答说："赵盾刚刚提拔了一个名叫臾骈的家臣，一定是他出谋划策，打算拖住我们使我们感到疲乏。赵盾有一个旁支子弟赵穿，是晋国国君的女婿，年少却很受赵盾宠爱，不通晓作战方略，喜欢逞凶斗狠并且狂妄自大，同时又讨厌臾骈作为上军的辅佐。如果派遣一些勇敢却又不刚强的人突然袭击他们，或许还有可能取得胜利。"秦康公把玉璧投入黄河之中，向河神祈求战争可以获胜。

十二月戊午，秦军掩晋上军，赵穿追之，不及。反，怒曰："裹粮坐甲，固敌是求，敌至不击，将何俟焉？"军吏曰："将有待也。"穿曰："我不知谋，将独出。"乃以其属出。宣子曰："秦获穿也，获一卿矣。秦以胜归，我何以报？"乃皆出战，交绥①。秦行人夜戒晋师曰："两君之士皆未憖②也，明日请相见也。"臾骈曰："使者目动而言肆③，惧我也，将遁矣。薄诸河，必败之。"胥甲、赵穿当军门呼曰："死伤未收而弃之，不惠也；不待期而薄人于险，无勇也。"乃止。秦师夜遁。复侵晋，入瑕。

【注释】①交绥：交战时，双方尚未短兵相接，即争相撤退。②憖

（yìn）：宁愿。③目动言肆：神色不安，语调失常。

【译文】十二月戊午日，秦国突然袭击晋军的上军，赵穿追赶秦军，没有追上。回来后，发怒说："装好了粮食，穿好了战甲，本来是想和敌人决战。敌人来了却不去追击，是在等待什么吗？"军吏说："将要有所等待啊。"赵穿说："我不懂得计谋，我打算自己出去应战。"于是带领他的属下出城迎战。赵盾说："秦军如果俘虏了赵穿，那么就相当于俘虏了一名卿大夫。秦国带着胜利回去，我又该用什么来回报晋国的百姓呢？"于是全部出战，双方刚一交战就争相退兵。秦军的使者夜里通知晋国军队说："我们两国的将士都还没有痛快地打一仗，请明天再决战。"臾骈说："使者神色不安语调失常，这是害怕我们，秦军打算撤退了。我们将他们逼到黄河边上，一定可以打败他们。"胥甲、赵穿却挡住军营的大门大喊道："战死之人的尸体还没有收回，如今却又将他们丢弃，这是不仁慈啊。没有等到约定的时间就将人逼迫到险地，这是没有勇气。"于是晋军停止出击。秦军趁夜逃走了。后来又再次侵袭晋国，攻入瑕地。

城诸及郓，书，时也。

【译文】鲁国在诸地和郓地修筑城池，《春秋》中记载这件事，是因为合于时令。

文公十三年

【经】十有三年春王正月。夏五月壬午，陈侯朔卒。邾子蘧蒢卒。自正月不雨，至于秋七月。大室屋坏。冬，公如晋。卫侯会公于沓。狄侵卫。十有二月己丑，公及晋侯盟。公还自晋，郑伯会公于棐[①]。

【注释】①棐：即棐林，郑邑，在今河南新郑市东北。

【译文】鲁文公十三年春季周历正月。夏季五月壬午日，陈共公朔去世。邾文公蘧蒢去世。从正月开始到秋季七月一直不下雨，鲁国太庙的屋顶损坏。冬季，鲁文公去了晋国。卫成公在沓地与鲁文公会面。狄国侵袭卫国。十二月己丑日，鲁文公和晋灵公结盟。鲁文公从晋国回国，郑穆公在棐地与鲁文公会面。

【传】十三年春，晋侯使詹嘉处瑕，以守桃林之塞。

【译文】鲁文公十三年春季，晋灵公派詹嘉住在瑕地，是为了守卫桃林关塞。

晋人患秦之用士会也，夏，六卿相见于诸浮，赵宣子曰："随会在秦，贾季在狄，难日至矣，若之何？"中行桓子曰："请复贾季，能外事，且由旧勋。”郤成子曰：“贾季乱，且罪大，不如随会，能贱而有耻，柔而不犯，其知足使也，且无罪。”

【译文】晋国人担忧秦国会任用士会，夏季，晋国的六卿在诸浮会面。赵宣子说：“士会在秦国，贾季在狄国，祸患每天都可能发生，该怎么办呢？”中行桓子说：“请求让贾季回国，他了解国外的事情，而且还有过去的功勋。”郤成子说：“贾季犯上作乱，并且罪过很大，不如让士会回来。士会能够忍受卑贱而知道羞耻，性情柔和却不容侵犯，他的智谋足以使用，并且没有罪过。”

乃使魏寿余伪以魏叛者，以诱士会。执其帑于晋，使夜逸。请自归于秦，秦伯许之。履士会之足于朝。秦伯师于河西，魏人在东。寿余曰：“请东人之能与夫二三有司言者，吾与之先。”使士会。士会辞曰：“晋人，虎狼也。若背其言，臣死，妻子为戮，无益于君，不可悔也。”秦伯曰：“若背其言，所不归尔帑者，有如河。”乃行。绕朝赠之以策，曰：“子无谓秦无人，吾谋适不用也。”既济，魏人噪而还。秦人归其帑。其处者为刘氏。

【译文】于是晋国派魏寿余假装带领魏地的人叛乱，以此来引诱士会。晋国人将魏寿余的妻子儿女抓起来，让他们留在晋国，让魏寿余趁夜逃走。魏寿余请求将魏地归入秦国，秦康公答应了。魏寿余在朝堂上踩了一下士会的脚以作暗示。秦康公的军队驻扎在河西，魏地的人在河东。魏寿余说：“请派遣一位东边人能够和魏地的几位官员说话，我跟他先到魏地去。”秦康公派遣士会过去。士会辞谢说：“晋国人，是老虎豺狼。如果他们违背了他们之前的话不让下臣回来，那么臣会死去，臣的妻子儿女也将被杀，这对君王并没有好处，这是不能后悔的事情。”秦康公说：“如果晋国违背他们之前的话不允许你回来，我若不送还你的妻子儿女，那就让河神惩罚我！”士会准备出发。绕朝把马鞭送给士会，说：“您不要以为秦国没有人才，我的计谋只是正好不被采用罢了。”渡过黄河以后，魏地人因得到士会而欢呼，并且呼嚎着要回国。秦国人送还了士会的妻子儿女。士会留在秦国的亲属，之后都改为刘姓。

邾文公卜迁于绎[①]。史曰：“利于民而不利于君。”邾子曰：“苟利于民，孤之利也。天生民而树之君，以利之也。民既利矣，孤必与焉。”左右曰：“命可长也，君何弗为？”邾子曰：“命在养民。死之短长，时也。民苟利矣，迁也，吉莫如之！”遂迁于绎。

【注释】①绎：邾邑，在今山东邹城市东南。

【译文】邾文公为了迁都到绎地而占卜问吉凶。史官说：“对百姓有利对国君您却不利。”邾文公说：“如果对百姓有利，也就是对我有利了。上天孕育了百姓并且为他们设立君主，就是为了给他们带来利益。百姓获得了利益，我也一定会获得。”左右的随从说：“寿命是可以延长的，君王您为什么不这样做呢？”邾文公说：“活在世上的意义就是为了养育百姓。死的或早或晚，那就是天命了。百姓如果获得利益，那么就可以迁都，再没有比这更吉利的了。”于是迁都到绎地。

五月，邾文公卒。君子曰："知命。"

【译文】五月，邾文公去世。君子说："邾文公是真正懂得天命的人。"

秋七月，大室之屋坏，书，不共也。

【译文】秋季七月，鲁国太庙的屋顶损坏，《春秋》中记载这件事，是为了批评文公不恭敬。

冬，公如晋朝，且寻盟。卫侯会公于沓，请平于晋。公还，郑伯会公于棐，亦请平于晋。公皆成之。郑伯与公宴于棐。子家赋《鸿雁》①。季文子曰："寡君未免于此。"文子赋《四月》②。子家赋《载驰》③之四章。文子赋《采薇》④之四章。郑伯拜。公答拜。

【注释】①《鸿雁》：出自《诗经·小雅》，是一篇"饥者歌其食，劳者歌其事"的现实主义诗歌。②《四月》：是《诗经》中的一首政治讽喻诗，是一位周朝的臣子在被流放去南方的途中，有家不能归，心中满怀冤屈的情况下，写下了这首哀怨之诗。③《载驰》：是《诗经》中的一篇，是卫国被狄人占领以后，许穆夫人赶到曹邑为吊唁祖国的危亡而作。④《采薇》：是《诗经》中的一首戍卒返乡诗，唱出从军将士艰辛生活和思念家乡的情怀。

【译文】冬季，鲁文公到晋国朝见，同时是为了重温衡雍之盟。卫成公在沓地与鲁文公会面，是希望鲁文公代替卫国向晋国求和。文公回国时，郑穆公在棐地与鲁文公会面，也希望鲁文公代替郑国向晋国求和。鲁文公都帮助他们和晋国达成了和议。郑穆公和鲁文公在棐地举行宴会，子家赋了《鸿雁》诗。季文子说："我们国君也不能免于这种处境啊。"文子赋了《四月》诗。子家又赋了《载驰》诗的第四章。文子又赋了《采薇》诗的第四章。郑穆公拜谢，鲁文公回应了郑穆公的拜谢。

文公十四年

【经】十有四年春王正月，公至自晋。邾人伐我南鄙，叔彭生帅师伐邾。夏五月乙亥，齐侯潘卒。六月，公会宋公、陈侯、卫侯、郑伯、许男、曹伯、晋赵盾。癸酉，同盟于新城[①]。秋七月，有星孛[②]入于北斗。公至自会。晋人纳捷菑于邾。弗克纳。九月甲申，公孙敖卒于齐。齐公子商人弑其君舍。宋子哀来奔。冬，单伯如齐。齐人执单伯。齐人执子叔姬。

【注释】①新城：宋邑，在今河南商丘西南。②星孛：彗星。

【译文】鲁文公十四年春季周历正月，鲁文公从晋国回国。邾国人攻打我国南部边境，叔彭生率领军队讨伐邾国。夏季五月乙亥日，齐侯潘去世。六月，鲁文公和宋昭公、陈灵公、卫成公、郑穆公、许昭公、曹文公、晋国的赵盾会面。癸酉日，在新城结盟。秋季七月，有彗星进入北斗。鲁文公从新城盟会回国。晋国人想把捷菑送到邾国，没有成功送回。九月甲申日，公孙敖在齐国去世。齐国的公子商人杀了他们的国君舍。宋国的大夫子哀逃亡到鲁国。冬季，单伯前往齐国。齐国人扣留了单伯。齐国人扣留了子叔姬。

【传】十四年春，顷王崩。周公阅与王孙苏争政，故不赴。凡崩、薨，不赴，则不书。祸、福，不告，亦不书，惩不敬也。

【译文】鲁文公十四年春季，周顷王驾崩。周公阅和王孙苏争夺政权，因此没有发送讣告。凡是天子“崩”，诸侯“薨”，没有发送讣告的，《春秋》中就不加记载。发生灾祸或喜庆的事情，如果没有前来通报，《春秋》中也不加记载。这是为了惩戒不恭敬。

邾文公之卒也，公使吊焉，不敬。邾人来讨，伐我南鄙，故惠伯伐邾。

【译文】邾文公去世时，鲁文公派遣使者前去凭吊，礼仪不恭敬。邾国人前来兴师问罪，攻打我国南部边境，因此惠伯带领军队攻打邾国。

子叔姬妃[①]齐昭公，生舍。叔姬无宠，舍无威。公子商人骤施于国，而多聚士，尽其家，贷于公，有司以继之。夏五月，昭公卒，舍即位。

【注释】①妃：古同“配”，婚配。

【译文】子叔姬嫁给齐昭公为妻，生了太子舍。叔姬不受宠爱，太子舍也没有威望。公子商人多次在国内施舍财物，并且招揽了很多门客，将家产都用尽了，又向公室借钱继续向百姓施舍财物。夏季五月，齐昭公去世，舍即位。

邾文公元妃齐姜，生定公，二妃晋姬，生捷菑。文公卒，邾人立定公，捷菑奔晋。

【译文】邾文公的原配妻子齐姜，生了定公；次妃晋姬，生了捷菑。邾文公去世后，邾国人立定公为君，捷菑逃亡到晋国。

六月，同盟于新城，从于楚者服，且谋邾也。

【译文】六月，鲁文公和诸侯在新城结盟，这是因为之前追随楚国的国家如今都归顺了，并且谋划将捷菑送回邾国。

秋七月乙卯，夜，齐商人弑舍，而让元。元曰："尔求之久矣。我能事尔，尔不可使多蓄憾，将免我乎？尔为之！"

【译文】秋季七月乙卯日夜，齐商人杀死舍并且将国君之位让给元。元说："你谋求这个君位已经很久了。我能够事奉你，我不能让你积蓄更多的怨恨，否则，你还能赦免我吗？你去做国君吧！"

有星孛入于北斗，周内史叔服曰："不出七年，宋、齐、晋之君皆将死乱。”

【译文】有彗星进入北斗。周朝的内史叔服说：“不超过七年，宋国、齐国、晋国的国君，都将死于动乱。”

晋赵盾以诸侯之师八百乘纳捷菑于邾。邾人辞曰：“齐出貜且[①]长。”宣子曰：“辞顺而弗从，不祥。”乃还。

【注释】①貜（jué）且：即邾定公，邾文公之子。

【译文】晋国的赵盾带领诸侯联军的八百辆战车，把捷菑送回邾国。邾国人辞谢说：“齐女生的貜且年龄最大。”赵宣子说：“他们说的话合情合理，如果我们不顺从的话，不吉利。”于是撤兵回国。

周公将与王孙苏讼于晋，王叛王孙苏，而使尹氏与聃启讼周公于晋。赵宣子平王室而复之。

【译文】周公阅打算和王孙苏去晋国争讼，周匡王违背了对王孙苏的诺言，并且派尹氏和聃启前往晋国替周公阅争讼。赵宣子调解了他们的纠纷并且将他们之前的职位都恢复了。

楚庄王立，子孔、潘崇将袭群舒，使公子燮与子仪守，而伐舒蓼[①]。二子作乱，城郢而使贼杀子孔，不克而还。八月，二子以楚子出，将如商密。庐戢梨[②]及叔麇诱之，遂杀斗克及公子燮。

【注释】①舒蓼：春秋时期的小国，在今安徽舒城县至庐江县东古龙舒城之间。②戢梨：庐国大夫。

【译文】楚庄王即位，子孔、潘崇打算袭击舒氏的各个部落，派公子燮和子仪驻守，自己则去讨伐舒蓼。公子燮和子仪趁机作乱，二人修建郢都的城墙，并且派贼人刺杀子孔，没有成功而返回郢城。八月，二人挟持楚庄王离开郢都，准备去商密。庐戢梨和叔麇设计诱捕他们，于是杀死了斗克和公子燮。

初，斗克囚于秦，秦有崤之败，而使归求成，成而不得志。公子燮求令尹而不得。故二子作乱。

【译文】当初，斗克被囚禁在秦国，秦国因为在崤地战败，所以为了向楚国求和就将他放了回去。求和成功之后，斗克却没有得到赏赐，公子燮想要担任令尹却没有成功，因此二人趁机发动了叛乱。

穆伯之从己氏也，鲁人立文伯。穆伯生二子于莒而求复，文伯以为请。襄仲使无朝。听命，复而不出，三年而尽室以复适莒。文伯疾而请曰："穀之子弱，请立难也。"许之。文伯卒，立惠叔。穆伯请重赂以求复，惠叔以为请，许之。将来，九月，卒于齐，告丧，请葬，弗许。

【译文】穆伯跟随己氏离开的时候，鲁国人立了文伯。穆伯和己氏在莒国生了两个儿子，想要回国。文伯替他向朝廷提出请求。襄仲让穆伯不得参与政事。穆伯听从了，回国后没有再做官。三年之后又带着家中的所有财物搬到莒国。文伯患重病，请求说："縠的儿子尚且年幼，请立难吧。"朝廷同意了。文伯去世，立了惠叔。穆伯带着丰厚的礼物再次请求回国，惠叔替他提出请求，得到允许。穆伯打算回国，九月在齐国去世。向鲁国报丧，请求埋葬在鲁国，没有得到允许。

宋高哀为萧封人，以为卿，不义宋公而出，遂来奔。书曰："宋子哀来奔。"贵之也。

【译文】宋国的高哀担任萧地的封人，宋昭公任命他为卿，高哀认为宋公不义因此离去，于是逃亡到鲁国。《春秋》中记载说："宋国的子哀逃亡到鲁国。"这是为了表示对他的尊重。

齐人定懿公，使来告难，故书以九月。齐公子元不顺懿公之为政也，终不曰"公"，曰"夫己氏"。

【译文】齐国人稳定了齐懿公的地位，才派人前来报告齐国发生的祸患，所以《春秋》中将商人杀死舍记录为"九月"。对于懿公的执政，齐国的公子元始终不服从，一直不称懿公为"公"，而是称其为"那个人"。

襄仲使告于王，请以王宠求昭姬于齐，曰："杀其子，焉用其母？请受而罪之。"

【译文】襄仲派人报告周顷王，请求用周天子的荣宠使齐国同意子叔姬回鲁国，说："既然杀了她的儿子，为什么还要留着他的母亲呢？请求同意让她返回鲁国并且交由鲁国惩罚她。"

冬，单伯如齐，请子叔姬，齐人执之。又执子叔姬。

【译文】冬季，单伯到齐国请求将子叔姬送回鲁国，齐国人扣留了单伯，同时又抓捕了子叔姬。

文公十五年

【经】十有五年春，季孙行父如晋。三月，宋司马华孙来盟。夏，曹伯来朝。齐人归公孙敖之丧。六月辛丑朔，日有食之。鼓，用牲于社。单伯至自齐。晋郤缺帅师伐蔡。戊申，入蔡。秋，齐人侵我西鄙。季孙行父如晋。冬十有一月，诸侯盟于扈。十有二月，齐人来归子叔姬。齐侯侵我西鄙，遂伐曹，入其郛。

【译文】鲁文公十五年春季，季孙行父前往晋国。三月，宋国的司马华孙来鲁国结盟。夏季，曹文公前来鲁国朝见。齐国人送回公孙敖的灵柩。六月初一，发生了日食。击鼓，并用牺牲来祭祀土地神。单伯从齐国回国。晋国的郤缺带领军队讨伐蔡国。戊申日，进入蔡国。秋季，齐国人侵袭我国西部边境。季孙行父前往晋国。冬季十一月，诸侯在扈地结盟。十二月，齐国人将子叔姬送回鲁国。齐国人侵袭我国西部边境，并且攻打曹国，进入曹国都城的外城。

【传】十五年春，季文子如晋，为单伯与子叔姬故也。

【译文】鲁文公十五年春季，季文子前往晋国，是因为单伯和子叔姬的缘故。

三月，宋华耦来盟，其官皆从之。书曰“宋司马华孙”，贵之也。

【译文】三月，宋国的华耦前来鲁国结盟，他的属下都跟随着他前来。《春秋》中记载为“宋国的司马华孙”，这是表示尊重他。

公与之宴，辞曰：“君之先臣督，得罪于宋殇公，名在诸侯之策。臣承其祀，其敢辱君？请承命于亚旅[①]。”鲁人以为敏。

【注释】①亚旅：上大夫的别称。

【译文】鲁文公要宴请他，华耦辞谢说：“君王的先臣督得罪了宋殇公，名字记载在诸侯的简册上。下臣承继他的祭祀，怎么敢让君王您受到羞辱呢？请用上大夫的礼仪吧。”鲁国人认为华耦对答很敏捷。

夏，曹伯来朝，礼也。诸侯五年再相朝，以修王命，古之制也。

【译文】 夏季，曹文公前来鲁国朝见，这是合于礼的。诸侯之间每五年需要进行互相朝见，是为了重温天子的命令，这是从古至今的制度。

齐人或为孟氏谋，曰：“鲁，尔亲也。饰棺[1]置诸堂阜，鲁必取之。”从之。卞人以告。惠叔犹毁以为请，立于朝以待命。许之，取而殡之。齐人送之。书曰：“齐人归公孙敖之丧。”为孟氏，且国故也。葬视共仲。

【注释】 ①饰棺：古人按等级以不同织物装饰覆盖棺柩。

【译文】 齐国有人为孟氏谋划，说：“鲁国，是你的宗亲，将公孙敖的饰棺放置在堂阜，鲁国一定会取回的。”孟氏听从了。卞邑大夫把这件事报告给了鲁国。惠叔因为丧事依然很悲哀，面容憔悴，向朝廷请求将公孙敖安葬，并站立在朝廷上等待命令。鲁国答应了。于是将公孙敖的饰棺取回停放。齐国人送回公孙敖的饰棺。《春秋》中记载说：“齐国人将公孙敖的饰棺送回。”这是为了孟氏，同时也是因为鲁国的缘故。鲁国按照共仲的规格安葬公孙敖。

声己不视，帷堂[1]而哭。襄仲欲勿哭，惠伯曰：“丧，亲之终也。虽不能始，善终可也。史佚有言曰：‘兄弟致美。救乏、贺善、吊灾、祭敬、丧哀，情虽不同，毋绝其爱，亲之道也。’子无失道，何怨于人？”襄仲说，帅兄弟以哭之。他年，其二子来，孟献子爱之，闻于国。或谮之曰："将杀子。"献子以告季文子。二子曰："夫子以爱我闻，我以将杀子闻，不亦远于礼乎？远礼不如死。"一人门于句鼆，一人门于戾丘，皆死。

【注释】①帷堂：有丧事时，设帷幕于堂上，吊丧者只可在幕外。

【译文】声己没有去看灵柩，而是在帷堂外哭泣。襄仲不想去哭丧，惠伯说："办丧事，是最后一次面对亲人了。即使不能有一个好的开始，一个好的结局也是可以得的。史佚有这样的话，说：'兄弟之间应当做到尽善尽美。救济贫乏，共和喜庆，慰问灾祸，祭祀恭敬，丧事悲哀，感情虽然不一样，也不要断绝他们之间的友爱，这就是对待亲人的道理。'您不失去为人之道，为什么要怨恨别人呢？"襄仲听了很高兴，带领着众兄弟前去哭丧。几年之后，穆伯的两个儿子回来了，孟献子对他们的宠爱，全国闻名。有的人诬陷他们，说："这两个人准备杀死你。"孟献子把这话告诉给季文子。这两个人说："孟献子他老人家因为爱我们而闻名，而我们却以准备杀死他而出名，这不是远离礼义了吗？远离礼义还不如死了好。"后来，两兄弟一人在句鼆守门，一人在戾丘守门，都战死了。

六月辛丑朔，日有食之，鼓，用牲于社，非礼也。日有食之，天子不举，伐鼓于社；诸侯用币于社，伐鼓于朝，以昭事神、训民、事君，示有等威，古之道也。

【译文】六月初一，出现了日食。击鼓，用牺牲在土地神庙里祭祀，这是不合于礼的。出现日食，天子除去盛馔，偃息声乐，在土地神庙里击鼓。诸侯在土地神庙里用玉帛祭祀，在朝堂上击鼓，是为了表示对神明的敬奉、对百姓的教导、对国君的事奉，表示威仪有不同的等级，这是从古至今的制度。

齐人许单伯请而赦之，使来致命。书曰："单伯至自齐。"贵之也。

【译文】齐国人同意了单伯请求放子叔姬回国的请求并且赦免了他，派遣他来鲁国传达命令。《春秋》中记载"单伯从齐国前来"，这是为了表示对单伯的尊重。

新城之盟，蔡人不与。晋郤缺以上军、下军伐蔡，曰："君弱，不可以怠。"戊申，入蔡，以城下之盟而还。凡胜国，曰灭之；获大城焉，曰入之。

【译文】在新城的盟会，蔡国人不参加。晋国的郤缺率领上军、下军攻打蔡国，说："不要因为国君年幼就有所懈怠。"戊申日，进入蔡国，签订了城下之盟后回国。凡是战胜一个国家，称为"灭"；获得一座城池，称为"入"。

秋，齐人侵我西鄙，故季文子告于晋。

【译文】秋季，齐国军队侵袭我国西部边境，因此季文子去向晋国报告。

冬十一月，晋侯、宋公、卫侯、蔡侯、郑伯、许男、曹伯盟于扈，寻新城之盟，且谋伐齐也。齐人赂晋侯，故不克而还。于是有齐难，是以公不会。书曰“诸侯盟于扈”，无能为故也。凡诸侯会，公不与，不书，讳君恶也。与而不书，后也。

【译文】冬季十一月，晋灵公、宋昭公、卫成公、蔡庄侯、陈灵公、郑穆公、许昭公、曹文公在扈地结盟，重温新城盟会，同时谋划讨伐齐国。齐国人贿赂晋灵公，所以他没有开战就回国了。这时齐国对鲁国发难，因此鲁文公没有参加盟会。《春秋》中记载“诸侯在扈地结盟”，是因为没能讨伐齐国的缘故。凡是诸侯之间的会盟，鲁公没有参加的，《春秋》中就不加记载，这是因为要隐瞒国君的过失。参加了会盟，却没有记载，是因为迟到的缘故。

齐人来归子叔姬，王故也。

【译文】齐国人前来送回子叔姬，是因为天子的命令。

齐侯侵我西鄙，谓诸侯不能也。遂伐曹，入其郛，讨其来朝也。季文子曰：“齐侯其不免乎？已则无礼，而讨于有礼者，曰：‘女何故行礼！’礼以顺天，天之道也，已则反天，而又以讨人，难以免矣。《诗》曰：‘胡不相畏，不畏于天？’君子之不虐幼贱，畏于天也。在《周颂》曰：'畏天之威，于时保之。'不畏于天，将何能保？以乱取国，奉礼以守，犹惧不终。多行无礼，弗能在矣！"

【译文】齐懿公发兵侵袭我国西部边境，他认为诸侯不能救援。于是讨伐曹国，进入曹国的外城，是因为曹国曾经来鲁国朝见的缘故。季文子说："齐懿公大概不能免于灾祸了吧？自己的行为不合乎礼，反而要讨伐合于礼的国家，还说：'你为什么遵守礼？'礼是用来顺从上天的，这是上天的常道。自己已经违背了上天，却又要讨伐别人，这就难以免于灾祸了。《诗》说：'为什么不互相畏惧呢？因为不畏惧上天。'君子不虐待幼小和卑贱的人，这是因为畏惧上天。在《周颂》里说：'只有畏惧上天的威严，才可以保有福禄。'对上天不畏惧，那么又如何能保住福禄呢？凭借动乱获取君位，就要奉行礼来守护君位，尚且害怕不能有好的结局。多做不合于礼的事情，就一定不会有好的结局了。"

文公十六年

【经】十有六年春，季孙行父会齐侯于阳谷，齐侯弗及盟。夏五月，公四不视朔[①]。六月戊辰，公子遂及齐侯盟于郪丘[②]。秋八月辛未，夫人姜氏薨。毁泉台。楚人、秦人、巴人灭庸。冬十有一月，宋人弑其君杵臼。

【注释】①视朔：古代天子、诸侯每月朔日祭告祖庙后，在太庙听政。②郪（qī）丘：齐邑，在今山东东阿县。

【译文】鲁文公十六年春季，季孙行父在阳谷和齐懿公会面，齐懿公不肯结盟。夏季五月，鲁文公四次没有在初一去宗庙祭祀听政。六月戊辰日，公子遂和齐懿公在郪丘结盟。秋季八月辛未日，夫人姜氏去世。拆毁泉台。楚国人、秦国人、巴人灭掉庸国。冬季十一月，宋国人杀了他们的国君杵臼。

【传】十六年春，王正月，及齐平。公有疾，使季文子会齐侯于阳谷。请盟，齐侯不肯，曰："请俟君间。"

【译文】鲁文公十六年春季周历正月，鲁国与齐国讲和。文公生病，派季文子和齐懿公在阳谷会面。季文子请求结盟，齐懿公没有答应，说："请等贵国国君的病好了再说吧。"

夏五月，公四不视朔，疾也。公使襄仲纳赂于齐侯，故盟于郪丘。

【译文】夏季五月，文公四次没有在初一去宗庙祭祀听政，这是因为鲁文公生病的缘故。文公派襄仲贿赂齐懿公，给他赠送财物，所以才在郪丘结盟。

有蛇自泉宫出，入于国，如先君之数。秋八月辛未，声姜薨，毁泉台。

【译文】有蛇从泉宫出来，进入国都，数目和鲁国去世的国君数目相同，共十七条。秋季，八月辛未日，声姜去世，鲁人拆毁泉台。

楚大饥，戎伐其西南，至于阜山[①]，师于大林。又伐其东南，至于阳丘，以侵訾枝。庸人帅群蛮以叛楚。麇人率百濮[②]聚于选[③]，将伐楚。于是申、息之北门不启。

【注释】①阜山：楚地，今湖北房县西南。②百濮：古代称西南少数民族。③选：楚地，在今湖北枝江市南。

【译文】楚国发生大饥荒，戎人攻打楚国的西南部，一直打到阜山，军队驻扎在大林。又讨伐楚国的东南部，一直打到阳丘，是为了侵袭訾枝。庸国人率领各部蛮人背叛楚国，麇国人率领百濮人聚集在选地，打算攻打楚国。这时，申地、息地的北门都不敢打开。

楚人谋徙于阪高[①]。蒍贾曰："不可。我能往，寇亦能往。不如伐庸。夫麇与百濮，谓我饥不能师，故伐我也。若我出师，必惧而归。百濮离居，将各走其邑，谁暇谋人？"乃出师。旬[②]有五日，百濮乃罢。自庐以往，振廪[③]同食。次于句澨[④]。使庐戢梨侵庸，及庸方城[⑤]。庸人逐之，囚子扬窗。三宿而逸，曰："庸师众，群蛮聚焉，不如复大师，且起王卒，合而后进。"师叔曰："不可。姑又与之遇以骄之。彼骄我怒，而后可克，先君蚡冒[⑥]所以服陉隰也。"又与之遇，七遇皆北，唯裨、儵、鱼[7]人实逐之。

【注释】①阪高：楚邑，在今湖北当阳市东北。②旬：十日为一旬，一个月分三旬。③振廪：开放粮仓。④句澨：楚邑，在今湖北丹江口市西北。⑤方城：庸邑，今湖北竹山县东。⑥蚡冒：即楚厉王，在位期间，开疆拓土，征服陉隰，使楚国实力增强。⑦裨、儵、鱼：四川地区的三个部落。

【译文】楚国人谋划将国都迁徙到阪高。芀贾说："不行。我们可以去，贼人也可以去，不如讨伐庸国。麇国和百濮以为我们遭受饥荒不能出兵，所以攻打我们。如果我们出兵，他们一定会害怕并且退兵。百濮分散居住，到时各自回到各自的地方，谁还有空闲去打别人的主意呢？"于是楚国出兵，过了十五天，百濮果然退兵回国。楚军从庐地出发以后，每到一地就开仓放粮，让将士一起食用。军队驻扎在句澨。派庐戢梨侵袭庸国，到达庸国的方城。庸国人赶走楚军，囚禁了子扬窗。三个晚上之后，子扬窗逃回来，说："庸国的军队人数众多，各部的蛮人聚集在那里，不如再次发动大军，同时启用国君的直属部队，会合之后再进攻。"师叔说："不可以这样。姑且用之前的军队和他们再交战，使他们骄傲。他们骄傲，我们士气奋发，然后就可以战胜，先君蚡冒曾经就使用这样的计策使陉隰归服。"楚军又和蛮人交战，交战七次都输了，楚军假装逃走，各部蛮人中只有裨、儵、鱼人追击楚军。

庸人曰："楚不足与战矣。"遂不设备。楚子乘驲，会师于临品[1]，分为二队，子越自石溪[2]，子贝自仞[3]，以伐庸。秦人、巴人从楚师，群蛮从楚子盟。遂灭庸。

【注释】①临品：楚邑，在今湖北丹江口市南。②石溪：楚邑，在今湖北丹江口市南，是进入庸国的要道。③仞：楚邑，在今湖北省丹江口市西。

【译文】庸国人说："楚国不足以一战了。"于是不加防备。楚庄王乘坐驿站的专车，在临品和前面的军队会面，把军队分成两支，子越从石溪出发，子贝从仞地出发，同时攻打庸人。秦军、巴军跟随着楚军，各部蛮人和楚庄王结盟。于是楚军把庸国灭了。

宋公子鲍礼于国人，宋饥，竭其粟而贷之。年自七十以上，无不馈诒[①]也，时加羞珍异。无日不数于六卿之门。国之材人，无不事也；亲自桓以下，无不恤也。公子鲍美而艳，襄夫人欲通之，而不可，夫人助之施。昭公无道，国人奉公子鲍以因夫人。

【注释】①馈诒：馈赠。

【译文】宋国的公子鲍对国民以礼相待，宋国发生饥荒，他将自己的粮食全部拿出来施舍给百姓。对年纪在七十岁以上的老人，没有不馈赠的，还时常加送珍贵的食物。他没有一天不奔走在六卿的府邸。国内有才能的人，他没有不加以事奉的；对于亲属中桓公以下的子孙，他没有不加以接济的。公子鲍英俊而且艳丽，襄夫人想要和他私通，公子鲍不肯，襄夫人就帮助他施舍。宋昭公无道，百姓事奉公子鲍以依附襄夫人。

于是华元为右师，公孙友为左师，华耦为司马，鳞鱹为司徒，荡意诸为司城，公子朝为司寇。初，司城荡卒，公孙寿辞司城，请使意诸为之。既而告人曰："君无道，吾官近，惧及焉。弃官，则族无所庇。子，身之贰也，姑纾死焉。虽亡子，犹不亡族。"既，夫人将使公田孟诸而杀之。公知之，尽以宝行。荡意诸曰："盍适诸侯？"公曰："不能其大夫至于君祖母以及国人，诸侯谁纳我？且既为人君，而又为人臣，不如死。"尽以其宝赐左右以使行。夫人使谓司城去公，对曰："臣之而逃其难，若后君何？"

【译文】当时，华元担任右师，公子友担任左师，华耦担任司马，鳞鱹担任司徒，荡意诸担任司城，公子朝担任司寇。当初，司城荡去世，公子寿辞去司城的职务，请求让荡意诸担任。后来他告诉别人说："国君无道，我的官位接近国君，害怕灾祸降临。如果丢掉官职不干，那么家族将得不到庇护。儿子，是我的代表，有罪有他顶替，可以让我晚点死。这样，即使儿子会死，但是家族不会灭亡。"不久以后，襄夫人打算让宋昭公去孟诸打猎并乘机杀死他。宋昭公知道这件事后，带着全部珍宝出走。荡意诸说："为什么不去其他诸侯国躲避呢？"宋昭公说："我不能得到自己手下大夫、君祖母以及百姓们的信任，诸侯们又有谁肯接纳我呢？并且既然已经做了别人的君主，却又做别人的臣子，还不如死了好。"昭公把他带的全部珍宝都赐给了左右随从，并让他们离去。襄夫人派人给司城传话，让他离开宋昭公。司城回答说："既然做了他的臣子，却又在他危难的时候离开他，之后还如何事奉君主呢？"

冬十一月甲寅，宋昭公将田孟诸，未至，夫人王姬使帅甸[①]攻而杀之。荡意诸死之。书曰："宋人弑其君杵臼。"君无道也。

【注释】①帅甸：公邑的大夫。

【译文】冬季十一月甲寅日，宋昭公打算去孟诸打猎，还没有到达，襄夫人王姬派遣帅甸攻打宋昭公并且杀了他，荡意诸为此也死了。《春秋》中记载说："宋国人杀了他们的国君杵臼。"这是因为宋昭公无道。

文公即位，使母弟须为司城。华耦卒，而使荡虺[①]为司马。

【注释】①荡虺（huī）：荡意诸的弟弟。

【译文】宋文公即位，任命自己的同母弟须担任司城。华耦去世后，让荡虺担任司马。

文公十七年

【经】十有七年春，晋人、卫人、陈人、郑人伐宋。夏四月癸亥，葬我小君声姜。齐侯伐我西鄙。六月癸未，公及齐侯盟于谷。诸侯会于扈。秋，公至自谷。冬，公子遂如齐。

【译文】鲁文公十七年春季，晋国人、卫国人、陈国人、郑国人一起讨伐宋国。夏季四月癸亥日，安葬我国夫人声姜。齐懿公讨伐我国西部边境。六月癸未日，鲁文公和齐懿公在谷地结盟。诸侯在扈地会面。秋季，鲁文公从谷地回国。冬季，公子遂到了齐国。

【传】十七年春，晋荀林父、卫孔达、陈公孙宁、郑石楚伐宋。讨曰："何故弑君！"犹立文公而还，卿不书，失其所也。

【译文】鲁文公十七年春季，晋国的荀林父、卫国的孔达、陈国的公孙宁、郑国的石楚一起讨伐宋国，质问说："为什么要杀死你们的国君呢？"还是立了宋文公之后撤兵回国。《春秋》中没有记载卿的姓名，这是因为认为他们处置不当。

夏四月癸亥，葬声姜。有齐难，是以缓。

【译文】夏季四月癸亥日，安葬声姜。因为齐国对鲁国发难，所以推迟了。

齐侯伐我北鄙，襄仲请盟。六月，盟于谷。

【译文】齐懿公进攻我国北部边境，襄仲请求结盟。六月，在谷地结盟。

晋侯蒐于黄父[①]，遂复合诸侯于扈，平宋也。公不与会，齐难故也。书曰“诸侯”，无功也。

【注释】①黄父：又称黑壤，晋邑，在今山西翼城县东北，接沁水县界。

【译文】晋灵公在黄父阅兵，于是再次和诸侯在扈地会合，这是为了和宋国和解。鲁文公没有与诸侯会合，这是因为齐国对鲁国发难的事情。《春秋》中记载为“诸侯”，这是因为与宋国没有成功和解。

于是晋侯不见郑伯，以为贰于楚也。

【译文】当时晋灵公拒绝会见郑穆公，是因为晋灵公认为郑穆公亲附楚国。

郑子家使执讯[①]而与之书，以告赵宣子，曰：“寡君即位三年[②]，召蔡侯而与之事君。九月，蔡侯入于敝邑以行。敝邑以侯宣多[③]之难，寡君是以不得与蔡侯偕。十一月，克灭侯宣多，而随蔡侯以朝于执事。十二年六月，归生佐寡君之嫡夷，以请陈侯于楚，而朝诸君。十四年七月，寡君又朝，以蒇[④]陈事。十五年五月，陈侯自敝邑往朝于君。往年正月，烛之武往，朝夷也。八月，寡君又往朝。以陈、蔡之密迩[⑤]于楚，而不敢贰焉，则敝邑之故也。虽敝邑之事君，何以不免？在位之中，一朝于襄，而再见于君。夷与孤之二三臣相及于绛，虽我小国，则蔑以过之矣。今大国曰：‘尔未逞吾志。’敝邑有亡，无以加焉。古人有言曰：‘畏首畏尾，身其余几。’又曰：‘鹿死不择音。'小国之事大国也，德，则其人也；不德，则其鹿也，铤而走险，急何能择？命之罔极，亦知亡矣。将悉敝赋以待于儵，唯执事命之。文公二年六月壬申，朝于齐。四年二月壬戌，为齐侵蔡，亦获成于楚。居大国之间，而从于强令，岂其罪也？大国若弗图，无所逃命。"

【注释】①执讯：古时掌通讯的官吏。②三年：郑穆公三年，即鲁文公二年。③侯宣多：郑国大夫，曾拥立郑穆公为君。④蒇（chǎn）：完成，解决。⑤密迩：靠近，贴近。

【译文】郑国的子家派执讯去晋国，并且交给他一封信，是为了告诉赵宣子，信中说："我国国君即位已经三年，召请蔡庄公与我国一起事奉贵国国君。九月，蔡庄公来到我国，并前往贵国。我国因为侯宣多作乱，使得我国国君不能和蔡庄公同行。十一月，消灭了侯宣多，就紧随着蔡庄公去贵国朝见。十二年六月，公子归生辅佐我国国君的嫡太子夷，是为了陈灵公去晋国朝见一事向楚国请求。十四年七月，我国国君又去贵国朝见，是为了促成陈灵公去晋国朝见一事。十五年五月，陈灵公从我国前往贵国朝见。去年正月，烛之武前往贵国，是为了太子夷去晋国朝见一事。八月，我国国君又再次前去朝见。陈国和蔡国都与楚国紧紧挨着，却不敢倾向于楚，这是因为我们国家影响的缘故。即使我们如此事奉贵国，为什么还是不能免于祸患呢？我国国君在位期间，一次朝见贵国先君襄公，两次朝见现任国君。太子夷和我国的一些臣子都相继到过绛都。虽然我们郑国国小势弱，但是对于事奉贵国的诚心，没有一个国家可以比得上。如今大国说：'你们没有满足我的心愿。'我们国家只有等待灭亡了，再也不能增加什么来侍奉贵国了。古人曾说：'畏首畏尾，身上还有多少是不害怕的呢？'又说：'鹿在临死前，是不会选择庇护地的好坏的。'小国事奉大国，如果大国以德相待，那么小国就会像人一样恭顺；如果没有以德相待，那么就会像鹿一样，铤而走险，情况危急的时候，还有什么选择的余地呢？贵国的命令没有准则，我们也知道即将亡国了。打算将我国所有的军队都派出去，在儵地等待，就等贵国执事的命令了。文公二年六月壬申日，去齐国朝见齐国国君。四年二月壬戌日，为齐国侵袭蔡国，同时也和楚国达成和解。小国处于齐、楚两个大国之间，并且屈从于强国的命令，这难道是小国的罪过吗？大国如果不谅解小国的困苦，那么小国也就无法逃避大国的命令了。"

晋巩朔行成于郑，赵穿、公婿池为质焉。

【译文】晋国的巩朔前往郑国求和修好，赵穿、公婿池作为人质留在郑国。

秋，周甘歜败戎于邥垂[①]，乘其饮酒也。

【注释】①邥（shěn）垂：周邑，在今河南洛阳市南。

【译文】秋季，周朝的甘歜在邥垂打败戎人，是乘戎人饮酒不加防备而出兵攻打的。

冬十月，郑大子夷、石楚为质于晋。

【译文】冬季十月，郑国的太子夷、大夫石楚到晋国作人质。

襄仲如齐，拜谷之盟。复曰：“臣闻齐人将食鲁之麦。以臣观之，将不能。齐君之语偷。臧文仲有言曰：‘民主偷，必死。’”

【译文】襄仲前往齐国，拜谢谷地之盟。他回来禀报鲁文公说：“臣听说齐国人打算来鲁国吃鲁国的麦子。但是在臣看来，恐怕不能做到。齐国国君说话很草率。臧文仲曾说过：‘百姓的主人说话做事草率，必死无疑。’”

文公十八年

【经】十有八年春王二月丁丑，公薨于台下。秦伯罃卒。夏五月戊戌，齐人弑其君商人。六月癸酉，葬我君文公。秋，公子遂、叔孙得臣如齐。冬十月，子卒。夫人姜氏归于齐。季孙行父如齐。莒弑其君庶其。

【译文】鲁文公十八年春季周历二月丁丑日，鲁文公在宫中台下去世。秦康公罃去世。夏季五月戊戌日，齐国人杀了他们的国君商人。六月癸酉日，埋葬我国国君文公。秋季，公子遂、叔孙得臣前往齐国。冬季十月，太子恶被杀。夫人姜氏回到齐国。季孙行父前往齐国。莒国人杀了他们的国君庶其。

【传】十八年春，齐侯戒师期，而有疾。医曰："不及秋，将死。"公闻之，卜曰："尚无及期！"惠伯令龟，卜楚丘占之曰："齐侯不及期，非疾也。君亦不闻。令龟有咎。"二月丁丑，公薨。

【译文】鲁文公十八年春季，齐懿公下达了出兵攻打鲁国的日期，不久之后就病了。医生说："等不到秋天，齐懿公将会死去。"鲁文公听说这件事后，占卜，说："希望他等不到出兵的日子就死！"惠伯让人将要占卜的事情刻在龟甲上，卜楚丘占卜后说："齐懿公等不到出兵的日子就会死，但不是因病而死。国君也听不到齐懿公去世的消息。致告龟甲的人也会有灾祸。"二月丁丑日，鲁文公去世。

齐懿公之为公子也，与邴歜之父争田，弗胜。及即位，乃掘而刖[①]之，而使歜仆。纳阎职之妻，而使职骖乘。

【注释】①刖：古代的一种酷刑，将脚砍掉。

【译文】齐懿公还是公子的时候，和邴歜的父亲争夺田地，没有获胜。等到即位之后，就将邴歜父亲的尸体挖出后砍去他的脚，并且让邴歜为他驾车。抢夺了阎职的妻子，却让阎职担任骖乘。

夏五月，公游于申池[①]。二人浴于池，歜以扑抶职。职怒。歜曰："人夺女妻而不怒，一抶女，庸何伤！"职曰："与刖其父而弗能病者何如？"乃谋弑懿公，纳诸竹中。归，舍爵而行。齐人立公子元。

【注释】①申池：齐都临淄申门外之池，在今山东淄博市临淄西北。

【译文】夏季五月，齐懿公在申池游玩。邴歜、阎职二人在池子里洗澡，邴歜用马鞭鞭打阎职。阎职发怒。邴歜说："别人夺了你的妻子你不生气，我打了你一鞭子，又有什么妨碍呢？"阎职说："与那个被人砍了父亲的脚却不敢发怒的人相比又怎么样？"于是二人谋划杀了齐懿公，把尸体放在竹林里。回去后，二人祭告宗庙后逃走。齐国人立了公子元为国君。

六月，葬文公。

【译文】六月，安葬鲁文公。

秋，襄仲、庄叔如齐，惠公立故，且拜葬也。

【译文】秋季，襄仲、庄叔前往齐国，这是因为齐惠公新即位，并且拜谢齐国前来参加文公的葬礼。

文公二妃，敬嬴生宣公。敬嬴嬖，而私事襄仲。宣公长，而属诸襄仲，襄仲欲立之，叔仲不可。仲见于齐侯而请之。齐侯新立，而欲亲鲁，许之。

【译文】鲁文公有两个妃子，敬嬴生了宣公。敬嬴受文公的宠爱，并私下与襄仲勾结。宣公长大后，敬嬴将宣公托付给襄仲，襄仲想要立他为国君，叔仲不同意。襄仲觐见齐惠公并且请求齐国支持立宣公。齐惠公刚刚即位，想要与鲁国亲近，就同意了襄仲的请求。

冬十月，仲杀恶及视，而立宣公。书曰“子卒”，讳之也。仲以君命召惠伯。其宰公冉务人止之，曰：“入必死。”叔仲曰：“死君命可也。”公冉务人曰：“若君命可死，非君命何听？”弗听，乃入，杀而埋之马矢之中。公冉务人奉其帑以奔蔡，既而复叔仲氏。

【译文】冬季十月，襄仲杀死了太子恶和他的弟弟视，立宣公为国君。《春秋》中记载为“子卒”，这是为了隐讳事情的真相。襄仲以国君的名义召见惠伯，惠伯的家臣总管公冉务人劝阻他，说：“你进去一定会死的。”叔仲说：“死于国君的命令是可以的。”公冉务人说：“如果是国君的命令，可以死；如果不是国君的命令，为什么要听从呢？”惠伯不听，于是进去了，襄仲杀了他后将尸体埋在马粪里。公冉务人事奉惠伯的妻子儿女逃亡到蔡国，不久以后鲁国又重新立了叔仲氏。

夫人姜氏归于齐，大归[①]也。将行，哭而过市曰：“天乎！仲为不道，杀適立庶。”市人皆哭，鲁人谓之哀姜。

【注释】①大归：妇人遭丈夫离弃，永归娘家。

【译文】鲁文公的夫人姜氏回到齐国，这是永归娘家不再回来了。将要离开鲁国的时候，她哭着经过集市，说：“天哪！襄仲无道，将嫡子杀掉反而立了庶子。”集市上的人都跟着她哭泣，鲁国人称她为哀姜。

莒纪公生大子仆，又生季佗[1]，爱季佗而黜仆，且多行无礼于国。仆因国人以弑纪公，以其宝玉来奔，纳诸宣公。公命与之邑，曰："今日必授！"季文子使司寇出诸竟，曰："今日必达！"公问其故。季文子使大史克对曰："先大夫臧文仲教行父事君之礼，行父奉以周旋，弗敢失队[2]。曰：'见有礼于其君者，事之，如孝子之养父母也。见无礼于其君者，诛之，如鹰鹯[3]之逐鸟雀也。'先君周公制《周礼》曰：'则以观德，德以处事，事以度功，功以食民。'作《誓命》曰：'毁则为贼，掩贼为藏，窃贿[4]为盗，盗器为奸。主藏之名，赖奸之用，为大凶德[5]，有常无赦，在《九刑》不忘。'行父还观莒仆，莫可则也。孝敬、忠信为吉德，盗贼、藏奸为凶德。夫莒仆，则其孝敬，则弑君父矣；则其忠信，则窃宝玉矣。其人，则盗贼也；其器，则奸兆[6]也。保而利之，则主藏也。以训则昏，民无则焉。不度于善，而皆在于凶德，是以去之。

【注释】①季佗：即莒厉公，莒国第十五位国君，纪公之子。②失队：失落，丢失。队，通"坠"。③鹰鹯（zhān）：鹰与鹯。比喻忠勇的人。④贿：财物。⑤凶德：违背道德礼义的恶行。⑥奸兆：盗窃的赃物。

【译文】莒纪公生了太子仆，又生了季佗，因为喜爱季佗所以废黜了太子仆，并且在国内干了许多不合礼义的事情。太子仆依靠国民的力量杀了纪公，并且带着他的宝玉逃亡到鲁国，鲁宣公收留了他。宣公下令送给他食邑，说："今天一定要给。"季文子派司寇将太子仆赶出国境，说："今天一定要彻底执行，将太子仆赶走。"鲁宣公询问这样做的原因。季文子派太史克回答说："先大夫臧文仲教导行父事奉国君的礼仪，行父奉行先训并以此来应对宾客，不敢失礼。先大夫说：‘看到对他的国君以礼相待的，要像孝子奉养父母一般事奉他；看到对他的国君无礼的，要像鹰鹯追逐鸟雀一般诛杀他。’先君周公制定《周礼》说：‘礼仪用来观察德行，德行用来处理事情，事情用来衡量功劳，功劳用来养育百姓。’又制定了《誓命》说：‘毁弃礼仪便是贼寇，窝藏贼寇便是窝藏罪人，偷窃财物便是偷盗，偷盗宝器便是奸邪。有窝赃的名声，又利用奸邪的宝器，这是违背道德礼仪的恶行，国家对此具有相关的规定，不能赦免，记载在《九刑》之中，不能忘记。’行父仔细观察莒国太子仆，没有可以效法的地方。孝敬、忠信是高尚的品德，强盗窃贼、心中不怀好意是违背道德礼仪的恶行。这个莒国太子仆，想要效仿他的孝敬，但他是杀害自己君父的人；想要效仿他的忠信，但他是偷窃宝玉的人。他这个人，就是一个盗贼；他的宝器，就是盗窃的赃物。如果保护这个人并且使用这个人的宝器，那便是窝赃。以此来教育百姓，百姓就会迷乱并且失去准则。莒国太子仆的这些表现都不能算是善的行为，都属于违背道德礼仪的恶行，所以才将他赶走了。

“昔高阳氏[①]有才子八人，苍舒、隤敳、梼戭、大临、龙降、庭坚、仲容、叔达[②]，齐圣广渊，明允笃诚[③]，天下之民谓之八恺。高辛氏[④]有才子八人，伯奋、仲堪、叔献、季仲、伯虎、仲熊、叔豹、季狸，忠肃共懿，宣慈惠和，天下之民谓之八元。此十六族也，世济其美，不陨其名，以至于尧，尧不能举。舜臣尧，举八恺，使主后土[⑤]，以揆[⑥]百事，莫不时序，地平天成。举八元，使布五教于四方，父义、母慈、兄友、弟共、子孝，内平外成。昔帝鸿氏[7]有不才子，掩义隐贼，好行凶德，丑类恶物[8]，顽嚚[9]不友，是与比周[10]，天下之民谓之浑敦[11]。少皞氏有不才子，毁信废忠，崇饰恶言，靖谮庸回[12]，服谗蒐慝，以诬盛德，天下之民谓之穷奇[13]。颛顼有不才子，不可教训，不知话言，告之则顽，舍之则嚚，傲很[14]明德，以乱天常，天下之民谓之梼杌[15]。此三族也，世济其凶，增其恶名，以至于尧，尧不能去。缙云氏有不才子，贪于饮食，冒[16]于货贿，侵欲[17]崇侈，不可盈厌，聚敛积实，不知纪极[18]，不分孤寡，不恤穷匮，天下之民以比三凶，谓之饕餮[19]。舜臣尧，宾于四门，流四凶族，浑敦、穷奇、梼杌、饕餮，投诸四裔[20]，以御魑魅[21]。是以尧崩而天下如一，同心戴舜，以为天子，以其举十六相，去四凶也。故《虞书》[22]数舜之功，曰'慎徽五典，五典克从'，无违教也。曰'纳于百揆，百揆时序'，无废事也。曰'宾于四门，四门穆穆[23]'，无凶人也。舜有大功二十而为天子，今行父虽未获一吉人，去一凶矣。于舜之功，二十之一也，庶几免于戾乎！"

【注释】①高阳氏：即颛顼（zhuān xū），上古部落联盟首领，五帝之一，黄帝之孙。②苍舒、隤（tuí）敳、梼戭（yǎn）、大临、尨（páng）降、庭坚、仲容、叔达：八人皆是颛顼苗裔。③齐圣广渊、明允笃诚：对于八人品德的概括。④高辛氏：即帝喾（kù），名俊，上古部落联盟首领，五帝之一，黄帝的曾孙。⑤后土：上古掌管有关土地事务的官。⑥揆：管理，掌管。⑦帝鸿氏：即黄帝，古代东方氏族首领。⑧丑类恶物：做坏事的人。⑨顽嚚：愚妄奸诈。⑩比周：和小人亲近，结党营私。⑪浑敦：相传为尧舜时四凶中的驩（huān）兜，为人不分是非、善恶。⑫靖谮庸回：语言善巧而行动乖违。⑬穷奇：神话传说中的古代四凶之一。⑭傲很：傲慢狠戾。⑮梼杌（táo wù）：相传为颛顼之子，古代四大凶兽之一。⑯冒：贪求，不知满足地追求。⑰侵欲：侵吞贪求的欲望。⑱纪极：终极，限度，穷尽。⑲饕餮（tāo tiè）：古代神话传说中的怪物，名叫狍鸮（xiāo），比喻为贪婪之徒。⑳四裔：四方边远的地方。㉑魑魅（chī mèi）：能害人的山泽之神怪。亦泛指鬼怪。㉒《虞书》：《尚书》的组成部分之一。㉓穆穆：仪容、言语美好。

【译文】当初颛顼的手下有八位才子：苍舒、隤敳、梼戭、大临、龙降、庭坚、仲容、叔达，他们中正、通达、宽广、深远、清明、守信、忠厚、诚实，天下的人称他们为八恺。帝喾的手下有八位才子：伯奋、仲堪、叔献、季仲、伯虎、仲熊、叔豹、季狸，他们忠诚、恭敬、勤谨、美好、博闻、慈爱、仁爱、和顺，天下的人称他们为八元。这十六个部族，世世代代都继承着他们的美德，没有损害先祖的美名。一直到尧的时代，但尧没有举荐他们。当舜成为尧的臣子之后，推举八恺，任命他们担任管理土地的官职，以掌管各种事务，他们处理事务没有不按照顺序进行的，上下相宜、万事妥帖。又举荐了八元，任命他们去周边各国宣扬五种教化，让父亲有道义，母亲有慈爱，兄弟间能相互友爱尊敬，儿女懂孝顺，中原各国安定平和、与夷族各部相安无事。从前黄帝有一个没有才能的儿子，遮掩道义，阴险狡诈，喜欢做违背仁义道德的事情，将做坏事的人引为同类，与愚妄奸诈的人混在一起，天下的人都称他为浑敦。少皞氏有一个没有才能的儿子，毁坏信义，废弃忠诚，花言巧语，口是心非，任用奸邪，造谣中伤，掩盖罪恶，诬陷有崇高品德的人，天下的人都称他为穷奇。颛顼氏有一个没有才能的儿子，没有办法教育他，不知道美善之言，开导他又冥顽不灵，舍弃他又奸诈刁恶，鄙视美德，搅乱上天的常道，天下的人称他为梼杌。这三个部族，世世代代都继承了他们的凶恶，加重了他们的坏名声，一直到尧的时代，但是尧却没有能赶走他们。缙云氏有一个没有才能的儿子，贪图吃喝，贪求财货，任性奢侈，不能满足，聚财积谷，不知穷尽，也不分给鳏寡孤独的人，不救济穷困贫乏的人，天下的人把他和三凶相比，称他为饕餮。当舜做尧的臣子之后，打开四方的城门，对来往的客人以宾客之礼对待，流放四个凶恶的部族，把浑敦、穷奇、梼杌、饕餮驱逐到四方荒蛮之地，让他们去抵御鬼怪。因此，在尧驾崩之后天下统一，国民同心同德地拥戴舜做天子，因为他举荐了八恺八元并且赶走了四凶。因此在《虞书》中列举了舜的功业，说‘恭敬地宣扬五教，五教就能服从他’，这是在说他没有错误的教导。说‘放置在众多事务当中，事务仍可以顺利的解决’，这是在说他没有荒废事务。说‘打开四方的城门，对远方来的宾客都恭敬肃穆、以礼相待’，这是在说没有凶顽的人了。舜因为建立了二十件大功所以才成为天子，如今行父虽没有得到一个好人，但已经赶走一个凶顽的人了。与舜的功业相比，已是二十分之一，差不多可以免于罪过了吧！”

宋武氏之族道昭公子，将奉司城须以作乱。十二月，宋公杀母弟须及昭公子，使戴、庄、桓之族攻武氏于司马子伯之馆。遂出武、穆之族，使公孙师为司城，公子朝卒，使乐吕为司寇，以靖国人。

【译文】宋国武氏一族领着昭公的儿子，打算事奉司城须并以此发动叛乱。十二月，宋文公杀了自己的同母弟须和昭公的儿子，派戴公、庄公、桓公的族人在司马子伯的馆驿里攻打武氏等人。于是把武公、穆公的族人驱逐出境，派遣公孙师担任司城。公子朝去世，派乐吕担任司寇，以此安定国内百姓的心。

左傳

全本全注全译

〔中〕

〔战国〕左丘明 撰
中华文化讲堂 注译

团结出版社

目　录

宣　公

宣公元年 ……489
宣公二年 ……493
宣公三年 ……503
宣公四年 ……508
宣公五年 ……514
宣公六年 ……516
宣公七年 ……518
宣公八年 ……521
宣公九年 ……524
宣公十年 ……527
宣公十一年 ……531
宣公十二年 ……536
宣公十三年 ……561

宣公十四年 …… 563
宣公十五年 …… 567
宣公十六年 …… 575
宣公十七年 …… 578
宣公十八年 …… 582

成 公

成公元年 …… 586
成公二年 …… 588
成公三年 …… 616
成公四年 …… 623
成公五年 …… 627
成公六年 …… 631
成公七年 …… 638
成公八年 …… 643
成公九年 …… 650
成公十年 …… 658
成公十一年 …… 663
成公十二年 …… 668

成公十三年……673
成公十四年……684
成公十五年……688
成公十六年……695
成公十七年……720
成公十八年……733

襄 公

襄公元年……743
襄公二年……746
襄公三年……751
襄公四年……758
襄公五年……766
襄公六年……771
襄公七年……774
襄公八年……780
襄公九年……787
襄公十年……798
襄公十一年……812

襄公十二年 ……………………………………………820

襄公十三年 ……………………………………………822

襄公十四年 ……………………………………………828

襄公十五年 ……………………………………………845

襄公十六年 ……………………………………………850

襄公十七年 ……………………………………………854

襄公十八年 ……………………………………………859

襄公十九年 ……………………………………………867

襄公二十年 ……………………………………………877

襄公二十一年……………………………………………881

襄公二十二年 …………………………………………891

襄公二十三年……………………………………………899

襄公二十四年……………………………………………915

襄公二十五年……………………………………………924

襄公二十六年……………………………………………942

襄公二十七年……………………………………………962

襄公二十八年 …………………………………………978

襄公二十九年……………………………………………994

襄公三十年 ……………………………………………1010

襄公三十一年……………………………………………1025

宣 公

宣公元年

【经】元年[①]春王正月，公即位。公子遂如齐逆女。三月，遂以夫人妇姜[②]至自齐。夏，季孙行父如齐。晋放其大夫胥甲父于卫。公会齐侯于平州[③]。公子遂如齐。六月，齐人取济西田[④]。秋，邾子来朝。楚子[⑤]、郑人侵陈，遂侵宋。晋赵盾帅师救陈。宋公、陈侯、卫侯、曹伯会晋师于棐林[⑥]，伐郑。冬，晋赵穿帅师侵崇[⑦]。晋人、宋人伐郑。

【注释】①元年：公元前608年。②妇姜：宣公夫人姜氏。称妇，是因为婆婆尚在。③齐侯：即齐惠公。平州：齐邑。位于今山东省莱芜市西。④济西田：济水之西的田地。本为曹地，鲁国拿此田地贿赂齐国。⑤楚子：即楚庄王。⑥宋公：即宋文公。陈侯：即陈灵公。卫侯：即卫成公。曹伯：即曹文公。棐（fěi）林：郑地。位于今河南新郑市东北。⑦崇：秦的盟国。在今陕西渭水北，靠近晋国。

【译文】鲁宣公元年春季，周历正月，宣公即位。公子遂到齐国为宣公迎亲。三月，公子遂带着夫人姜氏从齐国回到鲁国。夏季，季孙行父前往齐国。晋国把大夫胥甲父放逐到卫国。宣公与齐惠公在平州会面。公子遂前往齐国。六月，齐国人得到了济西的田地。秋季，邾国国君来鲁国朝见。楚庄王、郑国人侵袭陈国，于是入侵宋国。晋国的赵盾率军救援陈国。宋文公、陈灵公、卫成公、曹文公与晋军在棐林会合，联合讨伐郑国。冬季，晋国的赵穿率军入侵崇国。晋国人、宋国人再次征讨郑国。

【传】元年春，王正月，公子遂如齐逆女。尊君命[①]也。三月，遂以夫人妇姜至自齐。尊夫人[②]也。

【注释】①尊君命：指尊重国君的命令。②尊夫人：指尊敬夫人。

【译文】鲁宣公元年春季，周历正月，公子遂到齐国为宣公迎娶齐女。《春秋》中之所以称“公子遂”，是因为尊重国君的命令。三月，公子遂带着夫人姜氏从齐国回到鲁国。《春秋》中之所以称“遂”，是表示尊敬夫人。

夏，季文子如齐，纳赂以请会。

【译文】夏季，季文子前往齐国，进献礼物以请求让两国国君会面。

晋人讨不用命[①]者，放胥甲父于卫，而立胥克[②]。先辛[③]奔齐。

【注释】①不用命：指不肯奉命。文公十二年，在河曲之战中，赵穿、胥甲父不肯追击秦军。②胥克：胥甲父之子。③先辛：胥甲父的属下。

【译文】晋国人惩罚不肯听从命令的人，把胥甲父放逐到卫国，然后立了胥克。先辛逃到了齐国。

会于平州，以定公位。东门襄仲如齐拜成。

【译文】宣公和齐惠公在平州会面，是为了稳定宣公的君位。东门襄仲前往齐国，拜谢让宣公参加盟会。

六月，齐人取济西之田，为立公故，以赂齐也。

【译文】六月，齐国人获得了济西的田地，是由于齐国帮助宣公顺利继承君位，以此作为对齐国的谢礼。

宋人之弑昭公也，晋荀林父以诸侯之师伐宋，宋及晋平，宋文公受盟于晋。又会诸侯于扈，将为鲁讨齐，皆取赂而还。郑穆公曰："晋不足与[①]也。"遂受盟于楚。陈共公之卒[②]，楚人不礼焉。陈灵公受盟于晋。秋，楚子侵陈，遂侵宋。晋赵盾帅师救陈、宋。会于棐林，以伐郑也。楚蒍贾救郑，遇于北林[③]，囚晋解扬[④]。晋人乃还。

【注释】①与：亲附。②陈共公之卒：陈共公死于文公十三年。

③北林：郑地。位于今河南郑州市东南。④解扬：字子虎，晋国大夫。

【译文】宋国人杀死昭公的时候，晋国的荀林父率领诸侯联军攻打宋国，宋国和晋国达成和解，宋文公在晋国接受了盟约。又与诸侯们在扈地会合，准备为鲁国去征讨齐国，结果都因收取了贿赂而撤军回国。郑穆公说："晋国是不值得亲附的。"于是在楚国接受了盟约。陈共公死的时候，楚国不参加陈国的吊丧仪式。陈灵公因此与晋国缔结盟约。秋季，楚庄王入侵陈国，于是乘机攻打宋国。晋国的赵盾率兵救援陈、宋两国。晋军和诸侯联军在棐林会合，联合讨伐郑国。楚国的蒍贾率军救援郑国，在北林和晋军相遇，楚军抓住了晋国的解扬。晋军因此撤军回国。

晋欲求成于秦，赵穿曰："我侵崇，秦急崇，必救之。吾以求成焉。"冬，赵穿侵崇。秦弗与成。

【译文】晋国想要和秦国达成和解，赵穿说："我军入侵崇国，秦国必为崇国着急，一定会想办法援救崇国。我们可借此机会向秦国提出讲和。"冬季，赵穿入侵崇国。秦国不肯和晋国达成和解。

晋人伐郑，以报北林之役[①]。于是，晋侯侈，赵宣子为政，骤谏而不入，故不竞于楚[②]。

【注释】①北林之役：解扬被抓。②不竞于楚：不再能与楚国争斗。

【译文】晋国人讨伐郑国，是为了报复北林的那次战役。当时，晋灵公奢侈放纵，赵宣子执政，多次劝谏他都不听，所以晋国不再能和楚国争斗。

宣公二年

【经】二年[①]春王二月壬子，宋华元帅师及郑公子归生帅师，战于大棘[②]。宋师败绩，获宋华元。秦师伐晋。夏，晋人、宋人、卫人、陈人侵郑。秋九月乙丑，晋赵盾弑其君夷皋[③]。冬十月乙亥，天王[④]崩。

【注释】①二年：公元前607年。②大棘：宋邑，位于今河南睢县南。③夷皋：即晋灵公。④天王：即周匡王。

【译文】鲁宣公二年春季，周历二月壬子日，宋国的华元带兵与郑国的公子归生在大棘交战。宋军大败，华元被抓。秦军讨伐晋国。夏季，晋国人、宋国人、卫国人、陈国人联合侵犯郑国。秋季，九月乙丑日，晋国的赵盾杀死了他的国君夷皋。冬季，十月乙亥日，周匡王驾崩。

【传】二年春，郑公子归生受命于楚，伐宋。宋华元、乐吕御之。二月壬子，战于大棘，宋师败绩，囚华元，获[①]乐吕，及甲车[②]四百六十乘，俘二百五十人，馘[③]百人。

【注释】①获：此指“斩获”，即杀死。②甲车：兵车，战车。③馘（guó）：古代战争中割取敌人的左耳以计数献功。

【译文】二年春季，郑国的公子归生接受楚国的命令讨伐宋国。宋国的华元、乐吕率兵抵御。二月壬子日，双方在大棘交战，宋军大败。郑国抓住并囚禁了华元，杀死了乐吕，并缴获了四百六十辆战车，俘获宋军二百五十人，割下一百个被杀敌人的左耳。

狂狡辂郑人[①]，郑人入于井。倒戟而出之，获狂狡。君子曰：“失礼违命，宜其为禽也。戎，昭果毅以听之之谓礼[②]，杀敌为果，致果[③]为毅。易之[④]，戮也。”

【注释】①狂狡：宋国大夫。辂：迎战。②昭：显扬，显示。果毅：果敢坚毅。③致果：极其勇敢地杀敌立功。④易之：相反。

【译文】交战时，狂狡迎战郑国人，有一郑国士兵掉入井里。狂狡倒授戟柄救出了郑国士兵，但那个士兵出井以后反而抓住了狂狡。君子说：“丢掉礼而违背命令，狂狡当然会被俘获。战争中，发扬果敢坚毅的精神，并牢记于心，称为“礼”。能杀敌就叫“果”，极其勇敢地杀敌立功就叫“毅”。相反，就要被杀害。”

将战，华元杀羊食士，其御羊斟[①]不与。及战，曰：“畴昔[②]之羊，子为政[③]，今日之事，我为政。”与入[④]郑师，故败。君子谓：“羊斟非人也，以其私憾，败国殄[⑤]民。于是刑孰大焉？《诗》所谓‘人之无良[⑥]’者，其羊斟之谓乎，残民以逞[⑦]。”

【注释】①羊斟：即叔牂，一作羊羹，华元的车御。②畴昔：往日，从前。③为政：做主。④与入：驱入。⑤殄（tiǎn）：尽、灭绝。⑥人之无良：出自《诗经·鄘风·鹑之奔奔》。⑦残民以逞：指以残害人民来达到目的。残，残害。逞，称愿，满足某种心愿。

【译文】将要对战时，华元宰羊犒赏士兵，他的车御羊斟没能分到羊肉。等到交战时，羊斟说："从前的羊肉，由你做主；今日驾车打仗，由我做主。"说完就驾车进入郑军，所以宋军大败。君子说："羊斟不是个人，因为他的个人私怨，而让国家战败、百姓遭殃。还有比这更大的罪过吗？《诗经》中所说的'没有良心的人'，就是羊斟这样的人吧！他以残害百姓来达到自己的快意。"

宋人以兵车百乘、文马百驷以赎华元于郑[①]。半入，华元逃归，立于门外，告而入。见叔牂，曰："子之马然也。"对曰："非马也，其人也。"既合[②]而来奔。

【注释】①文马：指毛色有文采的马。百驷：指四百匹马。驷，计算马或车的单位，古代一车套四马，称为驷。②合：答话。

【译文】宋国人用一百辆兵车、四百匹毛色漂亮的马，向郑国换回华元。仅送去一半，华元就逃了回来。华元站在城门外，告诉守门士兵自己的身份，然后才进城。见到羊斟说："我被俘是因为您的马不受驾御才会那样的。"羊斟回答说："不是马的原因，而是因为人。"羊斟回答完就逃到了鲁国。

宋城，华元为植[①]，巡功[②]。城者讴[③]曰："睅[④]其目，皤[⑤]其腹，弃甲而复。于思[6]于思，弃甲复来。”使其骖乘[7]谓之曰：“牛则有皮，犀兕[8]尚多，弃甲则那[9]？”役人曰：“从[10]其有皮，丹漆[11]若何？”华元曰：“去之！夫其口众我寡。”

【注释】①植：主持者，监督工事。②巡功：也作“巡工”。巡视工役。③讴：歌唱。④睅（hàn）：眼睛瞪大突出。⑤皤（pó）：大肚子。⑥于思：大胡子。⑦骖乘：又作参乘，陪乘的人。古时乘车，尊者在左，御者在中，又一人在右，称车右或骖乘。由武士充任，负责警卫。⑧犀兕（sì）：犀牛和兕。⑨那（nuó）：如何，奈何。⑩从：同“纵”。⑪丹漆：朱红色的漆。

【译文】宋国筑城，华元是主持者，巡视工役。筑城的人唱到：“鼓着眼珠，挺着大肚子，丢下盔甲逃了回来。连鬓胡，长满腮，丢下盔甲逃回家。”华元让他的车右对他们唱到：“有牛就有皮，犀牛和兕多的是，丢下盔甲又能怎么样？”筑城的人又唱到：“即使牛皮再多，又该去哪里找朱漆呢？”华元说：“走吧！他们人多，我们人少。”

秦师伐晋，以报崇也，遂围焦[1]。夏，晋赵盾救焦，遂自阴地[2]，及诸侯之师侵郑，以报大棘之役。楚斗椒救郑，曰：“能欲诸侯，而恶其难乎？”遂次于郑，以待晋师。赵盾曰：“彼宗竞于楚[3]，殆将毙矣。姑益其疾[4]。”乃去之。

【注释】①焦：在今河南省陕县南。因焦水而得名。②阴地：晋地。西起今陕西商州市，东至河南嵩县，北起黄河，南至秦岭山脉。今河南卢氏县东北有阴地城。③彼宗：指斗椒若敖氏之族。竞：强。④益其疾：加重他的病情，指让斗椒越发骄纵。

【译文】秦军讨伐晋国，以此报复晋军入侵崇国，因此包围焦地。夏季，晋国的赵盾救援焦地，于是从阴地与诸侯联军合力入侵郑国，以此报复郑国在大棘攻打宋国的那次战役。楚国的斗椒救援郑国，说："想得到诸侯的拥护，还会害怕困难吗？"于是楚军在郑国驻兵，以等待晋军的到来。赵盾说："斗椒的宗族在楚国是强族，就快要完蛋了。暂且让他加重自己的弊病吧。"于是离开了郑国。

晋灵公不君[①]：厚敛以雕墙[②]；从台上弹人，而观其辟丸也；宰夫胹熊蹯不熟[③]，杀之，置诸畚[④]，使妇人载以过朝。赵盾、士季见其手，问其故，而患之。将谏，士季曰："谏而不入，则莫之继也。会[⑤]请先，不入则子继之。"三进[⑥]，及溜[⑦]，而后视之，曰："吾知所过矣，将改之。"稽首而对曰："人谁无过？过而能改，善莫大焉。《诗》曰：'靡不有初，鲜克有终[⑧]。'夫如是，则能补过者鲜矣。君能有终，则社稷之固也，岂惟群臣赖之。又曰：'衮职有阙，惟仲山甫补之[⑨]。'能补过也。君能补过，衮不废矣。"

【注释】①不君：不行君道。②厚敛：重敛财物。亦指征收重税。雕墙：用彩画装饰墙壁。③宰夫：古代掌管膳食的小吏；厨师。胹（ér）：烹煮。熊蹯（fán）：熊掌。④畚（běn）：用木、竹、铁片做成的撮垃圾、粮食等的器具。⑤会：士季名会。⑥三进：指进门、入庭、上阶。⑦溜：屋檐滴水的地方。⑧靡不有初，鲜克有终：出自《诗经·大雅·荡》，指事情都有个开头，但很少能有善终。多用以告诫人们为人做事要善始善终。⑨衮（gǔn）职有阙，惟仲山甫补之：出自《诗经·大雅·烝民》。衮，天子的礼服，这里指周宣王。职，职责。仲山甫，周宣王时的卿士，辅佐宣王中兴，封地为樊，从此以樊为姓，为樊姓始祖。

【译文】晋灵公不行君道：征收重税用彩画来装饰墙壁；从高台上用弹弓射人，以看人们躲避弹丸来取乐；厨子煮熊掌没有熟，灵公就把他杀死，放在畚箕里，让宫女背着走过朝廷。赵盾和士季看到畚箕里的手，问到杀人的原因，为此事感到担心。他们准备进谏，士季说："如果进谏却听不进去，就没有人会继续进谏了。请让我先去劝谏，如果不听，你再接着劝谏。"士季向前走了三次，到达屋檐下，晋灵公才不得不见他，说："我知道自己错了，准备改正。"士季叩头回答说："哪有人没有过错？有了过错能够改正，没有比这更好的事情了。《诗经》中说：'事情都有个好开头，但很少能有好结果。'正因为这样，所以能够弥补过错的人就很少。国君能够有好结果，那我们国家就有了保障，不止是群臣有了依靠。《诗经》中又说：'周宣王有了过失，只能让仲山甫来弥补。'这说的就是能够弥补过错。国君能够弥补过错，天子的职责就不会荒废了。"

犹不改。宣子骤谏，公患之，使鉏麑贼之①。晨往，寝门②辟矣，盛服③将朝。尚早，坐而假寐④。麑退，叹而言曰："不忘恭敬，民之主也。贼民之主，不忠；弃君之命，不信。有一于此，不如死也。"触槐而死。

【注释】①鉏（chú）麑（ní）：晋国著名的大力士。贼：此指杀害。②寝门：古礼天子五门，诸侯三门，大夫二门。最内之门曰寝门，即路门。后泛指内室之门。③盛服：穿著整齐庄重。④假寐：打盹儿，打瞌睡。

【译文】晋灵公还是不改正。赵盾屡次进谏，晋灵公很讨厌他，派鉏麑去刺杀他。凌晨鉏麑进入赵盾家中，他家卧室的门已经打开了，赵盾穿着整齐庄重，准备上朝。时间还早，赵盾正坐着打瞌睡。鉏麑退出来，暗中叹道："不忘对国君的恭敬，这是百姓的依靠。刺杀百姓的依靠，这是不忠；丢弃国君的命令，这是不信。不忠与不信总要占一个，我还不如死了好。"于是鉏麑撞在槐树上自杀了。

秋九月，晋侯饮赵盾酒，伏甲，将攻之。其右提弥明[①]知之，趋登，曰："臣侍君宴，过三爵[②]，非礼也。"遂扶以下，公嗾夫獒焉[③]，明搏而杀之。盾曰："弃人用犬，虽猛何为！"斗且出，提弥明死之。

【注释】①提弥明：别称祁弥，是晋国正卿赵盾的车右。②过三爵：超过三杯酒。古人与君王饮酒不过三爵。③嗾（sǒu）：以口作声对狗发出命令。獒（áo）：一种高大、凶猛、垂耳、短毛的家犬，主要用于看门或警戒。

【译文】秋季九月，晋灵公请赵盾喝酒，预先埋伏了甲士，准备杀死赵盾。赵盾的车右提弥明发觉了，快步登上殿堂，说："臣下陪侍国君饮酒，超过三杯酒，就是不合礼法。"说完就扶着赵盾下了殿堂，晋灵公赶忙唤出猛犬，提弥明与猛犬搏斗，并将它打死。赵盾说："废弃忠良之人而用猛犬，犬虽猛又有什么用！"一边打斗一边向后退，提弥明因掩护赵盾而死。

初，宣子田于首山[①]，舍于翳桑[②]，见灵辄[③]饿，问其病。曰："不食三日矣。"食之，舍其半。问之，曰："宦[④]三年矣，未知母之存否，今近焉，请以遗之。"使尽之，而为之箪食[⑤]与肉，寘诸橐[⑥]以与之。既而与为公介[⑦]，倒戟[⑧]以御公徒，而免之。问何故。对曰："翳桑之饿人也。"问其名居[⑨]，不告而退，遂自亡也。

【注释】①首山：即首阳山。在今山西永济市东南。②翳（yì）桑：古地名。③灵辄：晋国侠士。④宦：贵族家的奴仆。⑤箪（dān）食：装在箪筒里的饭食。⑥橐（tuó）：口袋。⑦介：甲士。⑧倒戟：掉转戟锋向自方攻击。戟，古代一种长柄兵器。⑨名居：姓名和居所。

【译文】起初，赵盾在首阳山打猎，居住在翳桑，看见灵辄非常饿，就问他得了什么病。灵辄说："已经三天没有吃到东西了。"赵盾拿食物给他吃，他留下一半食物。赵盾问他为什么这样做，他说："做贵族家的奴仆已经三年了，不知道母亲是否还健在，现在快到家了，请让我把这些食物留给她吃。"赵盾让他吃完，并且又为他准备了一筐饭和一些肉，都放到袋子里交给他。后来灵辄做了晋灵公的卫兵，他掉转戟锋来抵御灵公埋伏的甲兵，使赵盾免于祸难。赵盾问他为什么这样做。他回答说："我就是翳桑那个饿倒的人。"问他的姓名和居所，他没有回答就退出去了，并自己逃走了。

乙丑，赵穿攻灵公于桃园。宣子未出山[①]而复。大史书曰："赵盾弑其君。"以示于朝。宣子曰："不然。"对曰："子为正卿，亡不越竟，反不讨贼，非子而谁？"宣子曰："呜呼！'我之怀矣，自诒伊戚[②]'，其我之谓矣！"孔子曰："董孤[③]，古之良史也，书法不隐。赵宣子，古之良大夫也，为法受恶。惜也，越竟乃免。”

【注释】①山：晋国边境的山。②我之怀矣，自诒伊戚：《诗经·小雅·小明》云：“心之忧矣，自诒伊戚。”怀，怀恋。自诒伊戚，指自寻烦恼，自招灾殃。③董狐：即晋太史。

【译文】九月乙丑日，赵穿在桃园杀死了晋灵公。赵盾还没有走出晋国国境就又返回。太史记载说：“赵盾弑其君。”并公布在朝堂上。赵盾说：“不是这样。”太史回答说：“您身为正卿，逃走却没有走出国境，返回又不讨伐逆贼，弑君的人不是您还会有谁呢？”赵盾说：“哎呀！《诗经》中说‘因为我的怀恋，而给自己带来灾殃’，这说的就是我啊！”孔子说：“董狐，是古代的好史官，依照原则照实书写而不加隐讳。赵宣子，是古代的好大夫，为了坚持记史的原则而蒙受恶名。太可惜了，要是他能走出国境，就可以避免背上弑君的恶名了。”

宣子使赵穿逆公子黑臀[1]于周而立之。壬申，朝于武宫。

【注释】①公子黑臀：晋文公之子，晋襄公异母弟，后即位为晋成公。

【译文】赵盾派赵穿到周迎接公子黑臀，并立他为国君。十月壬申日，公子黑臀到武宫朝祭。

初，丽姬[1]之乱，诅无畜群公子[2]，自是晋无公族[3]。及成公即位，乃宦卿之適子而为之田[4]，以为公族。又宦其余子[5]，亦为余子。其庶子为公行[6]。晋于是有公族、余子、公行。

【注释】①丽姬：即骊姬，僖公四年在晋国发生骊姬乱政一事。②诅：盟誓。畜：收留。群公子：献公诸子。③公族：指公族大夫，掌管公族及卿大夫子弟的官职。④宦：授予官职。適：同“嫡”。为：给予。⑤余子：此指嫡子的同母弟。后一个余子指官名，治余子之政。⑥庶子：庶妻所生的儿子。公行：官名，掌诸侯之兵车。

【译文】起初，骊姬之乱的时候，曾在神前盟誓，不许收留献公诸子，从此晋国就没有公族这一官职。等到晋成公即位，就把官职授给了卿的嫡长子，并且给予他们祭田，让他们做公族大夫。又把官职授给卿的其他儿子，也让他们担任余子的官职。并让卿庶妻所生的儿子担任公行。晋国从此有了公族、余子、公行三种官职。

赵盾请以括[1]为公族，曰：“君姬氏[2]之爱子也。微[3]君姬氏，则臣狄人[4]也。”公许之。冬，赵盾为旄车之族[5]，使屏季[6]以其故族为公族大夫。

【注释】①括：赵盾的异母弟，因采邑于屏，又称屏括。②君姬氏：即赵姬，晋文公之女，嫁赵衰。③微：如果没有。④臣狄人：赵盾本为狄女叔隗所生，赵姬坚持让赵衰接回赵盾，并以赵盾为嫡子。⑤旄车之族：即余子大夫。旄车，诸侯所乘兵车，其旗帜以牦牛尾装饰。⑥屏季：即赵括。

【译文】赵盾请求让赵括担任公族大夫，说：“他是君姬氏的爱子。如果没有君姬氏，那么臣就是狄人而已。”晋成公同意了。冬季，赵盾掌管旄车之族，让赵括统率赵盾之前统率的赵氏宗族，担任公族大夫。

宣公三年

【经】三年[①]春王正月，郊牛[②]之口伤，改卜牛。牛死，乃不郊。犹三望[③]。葬匡王。楚子[④]伐陆浑之戎。夏，楚人侵郑。秋，赤狄[⑤]侵齐。宋师围曹。冬十月丙戌，郑伯兰[⑥]卒。葬郑穆公。

【注释】①三年：公元前606年。②郊牛：古帝王郊祭时尚未卜日祭祀的牛。③三望：祭东海、泰山、淮水。④楚子：即楚庄王。⑤赤狄：狄人的一支。主要分布于今山西长治一带，与晋人相杂居。⑥郑伯兰：即郑穆公。

【译文】鲁宣公三年春季，周历正月，郊祭前准备祭祀的牛嘴巴受了伤，再占卜选择其他的牛。后来选的牛又死了，于是不再举行郊祭。但还是举行三望。安葬了周匡王。楚庄王讨伐陆浑的戎人。夏季，楚国人入侵郑国。秋季，赤狄入侵齐国。宋军率兵包围曹国。冬季十月丙戌日，郑穆公兰去世。安葬了郑穆公。

【传】三年春，不郊而望，皆非礼也。望，郊之属也。不郊亦无望，可也。

【译文】三年春季，没有举行郊祭，而举行了望祭，这都不符合礼法。望祭，是郊祭的一种。不举行郊祭，也不举行望祭，这是可以的。

晋侯伐郑，及郔[①]。郑及晋平，士会入盟。

【注释】①郔（yán）：郑地。位于今河南滑县。

【译文】晋成公率军攻打郑国，一直打到郔地。郑国和晋国达成和解，士会到郑国订立盟约。

楚子伐陆浑之戎，遂至于雒[①]，观兵[②]于周疆。定王使王孙满[③]劳楚子。楚子问鼎[④]之大小、轻重焉。对曰："在德不在鼎。昔夏之方有德也，远方图物[⑤]，贡金九牧[⑥]，铸鼎象物[⑦]，百物而为之备，使民知神、奸[⑧]。故民入川泽山林，不逢不若[⑨]。螭魅罔两[⑩]，莫能逢之，用能协于上下，以承天休[⑪]。桀有昏德[⑫]，鼎迁于商，载祀[⑬]六百。商纣暴虐，鼎迁于周。德之休明[⑭]，虽小，重也。其奸回[⑮]昏乱，虽大，轻也。天祚[⑯]明德，有所厎止[⑰]。成王定鼎于郏鄏[⑱]，卜世三十，卜年七百，天所命也。周德虽衰，天命未改，鼎之轻重，未可问也。"

【注释】①雒（luò）：即洛河。源出陕西省雒南县冢岭山，流经河南省巩县注入黄河。②观兵：显示兵力。③王孙满：周襄王之孙，周恭王十四世孙，时为周大夫。④鼎：九鼎，相传为夏禹时所铸。夏、商、周朝三代奉为象征国家政权的传国之宝。⑤图物：描绘各地奇异的事物。⑥贡金：进献铜。九牧：九州之长。⑦象物：指取法于物象；描摹物象。⑧奸：邪恶的东西。⑨不若：不祥或不祥的事物。指传说中的魑魅魍魉等害人之物。⑩螭（chī）魅（mèi）：传说中山林间害人的精怪。人面兽身四足，为山川木石之精气蕴积化育而成。罔（wǎng）两：山川中的木石精怪。⑪天休：天赐福佑。⑫昏德：昏乱而无仁德；恶德。⑬载祀：年。⑭休明：美好清明。⑮奸回：奸恶邪僻。⑯天祚：上天赐福。⑰厎（dǐ）止：至，终。⑱定鼎：定都建国。郏（jiá）鄏（rǔ）：周朝东都。故地在今河南省洛阳市。

【译文】楚庄王率军讨伐陆浑的戎人，于是到达洛河，在周都的边境显示兵力。周定王派王孙满慰劳楚庄王。楚庄王询问九鼎的大小和轻重。王孙满回答说："鼎的大小轻重在于持鼎人的德行，而不在于鼎的本身。过去夏朝在有德行的时候，把远方的风景都画成图，又让九州的长官进献铜器，铸造九鼎并且把图画铸在鼎上，天下万物鼎上都有，这样百姓就知道神物和邪物了。所以当百姓进入川泽山林时，就不会遇到不祥的事物。螭魅魍魉等鬼怪也不会再碰上。因而能够使上下和谐，以承受天赐予的福佑。夏桀昏乱而无仁德，把九鼎迁到了商朝，商朝前后六百年。商纣王暴虐，九鼎又被迁到周朝。如果德行美好清明，鼎虽然小，也是重的。如果奸邪昏乱，鼎虽然大，也是轻的。上天赐福给有光明之德的人，是有一定期限的。周成王把九鼎安放在郏鄏，占卜的结果是传世三十代，享国七百年，这些都是上天的命令。周朝的德行虽然已经衰微，但天命并没有改变，鼎的轻重，是不应该询问的。"

夏，楚人侵郑，郑即晋故也。

【译文】夏季，楚国人侵袭郑国，这是因为郑国亲近晋国的缘故。

宋文公即位三年，杀母弟须及昭公子，武氏之谋也。使戴、桓之族攻武氏于司马子伯之馆，尽逐武、穆之族。武、穆之族以曹师伐宋。秋，宋师围曹，报武氏之乱也。

【译文】宋文公即位的第三年，杀死了同母弟须和昭公的儿子，这是武氏谋划的。宋人让戴公、桓公的族人在司马子伯的客馆里攻打武氏，把武公、穆公的族人全部驱赶出去。武公、穆公的族人率领曹军讨伐宋国。秋季，宋军率军包围了曹国，以报复武氏的叛乱。

冬，郑穆公卒。初，郑文公有贱妾曰燕姞[1]，梦天使与己兰，曰："余为伯鯈[2]。余，而祖也。以是为而子。以兰有国香，人服媚[3]之如是。"既而文公见之，与之兰而御之。辞[4]曰："妾不才，幸而有子。将[5]不信，敢征兰[6]乎！"公曰："诺。"生穆公，名之曰兰。

【注释】①燕姞：南燕国之女，姞姓。②伯鯈（tiáo）：黄帝的后裔，南燕国的始祖。③服媚：喜爱佩带。④辞：讲话；告诉。⑤将：假如。⑥征兰：以兰作为信物。

【译文】冬季，郑穆公去世。起初，郑文公有个叫燕姞的贱妾，燕姞曾梦见天使给了她一支兰花，说："我是伯鯈。我，是你的祖先。你把这支兰花当作你的儿子。因为兰花的香味是全国第一，人们都喜欢佩带它，也会像爱它一样地爱你。"不久，文公见到燕姞，送给她一支兰花，并让她侍寝。燕姞对文公说："我的地位低贱，侥幸怀了孩子。假如不相信，请把兰花作为信物！"文公说："好。"后来生了穆公，取名叫兰。

文公报郑子之妃曰陈妫[①]，生子华、子臧。子臧得罪而出。诱子华而杀之南里，使盗杀子臧于陈、宋之间。又娶于江，生公子士。朝于楚，楚人鸩之，及叶[②]而死。又娶于苏[③]，生子瑕、子俞弥。俞弥早卒。泄驾恶瑕，文公亦恶之，故不立也。公逐群公子，公子兰奔晋，从晋文公伐郑。石癸曰："吾闻姬、姞耦，其子孙必蕃。姞，吉人也，后稷之元妃也。今公子兰，姞甥也。天或启之，必将为君，其后必蕃，先纳之，可以亢宠[④]。"与孔将钼、侯宣多纳之，盟于大宫[⑤]而立之。以与晋平。

【注释】①报：淫。郑子：子仪，文公的叔父。陈妫（guī）：子仪娶陈女为妻，妫为陈姓。②叶：楚邑。在今河南叶县南。③苏：古国名。在今河南温县西南。④亢宠：得到极度宠幸。⑤大宫：郑国祖庙。

【译文】郑文公奸污了郑子仪名叫陈妫的妃子，生了子华、子臧。子臧获罪而逃出了郑国。文公将子华诱骗到南里并杀死了他，又让强盗在陈、宋两国之间把子臧杀死。文公又在江国娶妻，生了公子士。公子士到楚国朝见，楚国人给他喝了毒酒，到叶地就死了。文公又在苏国娶妻，生了子瑕、子俞弥。俞弥早死。泄驾厌恶子瑕，郑文公也厌恶他，所以没有立他为太子。郑文公驱逐诸公子，公子兰逃到了晋国，跟随晋文公攻打郑国。石癸说："我听说姬、姞两姓适合通婚，他们的子孙后代必定繁盛。姞，就是吉人的意思，是后稷的嫡妻。现在公子兰是姞氏的外甥。上天或许要让他光大，必定会让他做国君，他的后代必定繁盛。如果先接纳他回国，并立他为国君，就可以得到他的极度宠幸。"于是石癸就和孔将钽、侯宣多接公子兰回国，在大宫里盟誓后，立他为国君。以此与晋国达成和解。

穆公有疾，曰："兰死，吾其死乎！吾所以生也。"刈[①]兰而卒。

【注释】①刈(yì)：割。

【译文】郑穆公生了重病，说："兰花死了，我也恐怕要死了吧！我是靠着它而出生的。"割掉兰花，郑穆公就死了。

宣公四年

【经】四年[①]春王正月，公及齐侯平莒及郯[②]。莒人不肯。公伐莒，取向[③]。秦伯稻[④]卒。夏六月乙酉，郑公子归生弑其君夷。赤狄侵齐。秋，公如齐。公至自齐。冬，楚子[⑤]伐郑。

【注释】①四年：公元前605年。②齐侯：即齐惠公。郯：古国名。相传为少昊后裔所建。在今山东省郯城县。③向：位于今山东莒南县南。④秦伯稻：即秦共公。⑤楚子：即楚庄王。

【译文】鲁宣公四年春季，周历正月，宣公及齐惠公调停莒、郯两国讲和。莒国人不同意。宣公率军讨伐莒国，夺取了向地。秦共公稻去世。夏季六月乙酉日，郑国的公子归生杀死了他的国君夷。赤狄人侵袭齐国。秋季，宣公到了齐国。宣公从齐国回到鲁国。冬季，楚庄王讨伐郑国。

【传】四年春，公及齐侯平莒及郯，莒人不肯。公伐莒，取向，非礼也。平国[①]以礼，不以乱[②]。伐而不治，乱也。以乱平乱，何治之有？无治，何以行礼？

【注释】①平国：平定国家间的纠纷。②乱：指用兵。

【译文】四年春季，鲁宣公和齐惠公调停莒、郯两国讲和，莒国人不同意。宣公讨伐莒国，占领了向地，这是不符合礼法的。平定国家间的纠纷应该用礼，而不应该用兵。讨伐就不能太平，就是乱。用乱去平定乱，怎么会太平呢？没有太平，用什么来实行礼义呢？

楚人献鼋[①]于郑灵公。公子宋与子家将见[②]。子公之食指动，以示子家，曰："他日我如此，必尝异味。"及入，宰夫将解[③]鼋，相视而笑。公问之，子家以告。及食大夫鼋，召子公而弗与也。子公怒，染指于鼎，尝之而出。公怒，欲杀子公。子公与子家谋先。子家曰：“畜老，犹惮杀之，而况君乎？”反谮子家，子家惧而从之。夏，弑灵公。书曰“郑公子归生弑其君夷”，权不足也。君子曰：“仁而不武，无能达也[④]。”凡弑君，称君[⑤]，君无道也；称臣，臣之罪也。

【注释】①鼋（yuán）：大鳖。②公子宋：字子公。子家：即公子归生。③解：宰杀、分解。④仁而不武，无能达也：只讲仁义而不用武力，是不会行得通的。⑤称君：称君之名。

【译文】楚国人献给郑灵公一只大鳖。公子宋和子家将要进见郑灵公。公子宋的食指突然自己动了起来，他给公子归生看，说：“以往我遇到这种情况，一定可以品尝到新鲜美味。”等进入朝堂，厨师正准备宰杀大鳖，两人互相看看对方笑了起来。郑灵公问他们为什么笑，公子归生就把刚才的事告诉给郑灵公。等到郑灵公把大鳖赏赐给众大夫吃的时候，把公子宋召来但偏不给他吃。公子宋发怒，用手指头蘸在鼎里，尝到味道后才退出去。郑灵公发怒，想要杀了公子宋。公子宋和公子归生商议先下手。公子归生说：“牲口老了，尚且害怕被杀，更何况是国君呢？”公子宋反过来在灵公面前诬陷公子归生。归生害怕了，只好跟着公子宋干。夏季，杀死了郑灵公。《春秋》中记载说“郑公子归生弑其君夷”，这是因为子家权力不足的缘故。君子说：“只讲仁义而不用武力，是行不通的。”凡是杀死国君，《春秋》中如果只记载国君的名字，这是由于国君无道；记下臣子的名字，这说明臣下有罪过。

郑人立子良[①]，辞曰：“以贤，则去疾不足；以顺[②]，则公子坚[③]

长。”乃立襄公。襄公将去穆氏[④]，而舍子良。子良不可，曰：“穆氏宜存，则固愿也。若将亡之，则亦皆亡，去疾何为？”乃舍之，皆为大夫。

【注释】①子良：即公子去疾，郑穆公庶子。②以顺：以年龄长幼。③公子坚：灵公庶弟，去疾之兄，立为襄公。④穆氏：穆公诸子，即襄公的兄弟们。

【译文】郑国人要立子良为国君，子良辞谢说：“要论贤明，那么去疾不够格；要论年龄长幼，那么公子坚更年长。”于是立了公子坚为郑襄公。襄公准备驱逐他的兄弟们，而留下了子良。子良不同意，说：“穆公的儿子们应该留下来，这是我的本来愿望。如果要把公子们驱逐出去，那就都驱逐，留下我干什么呢？”于是穆公的儿子们都留了下来，他们都做了大夫。

初，楚司马子良生子越椒[①]，子文曰：“必杀之!是子也，熊虎之状，而豺狼之声，弗杀，必灭若敖氏矣。谚曰：‘狼子野心。’是乃狼也，其可畜[②]乎？”子良不可。子文以为大戚[③]，及将死，聚其族，曰：“椒也知政[④]，乃速行矣，无及于难。”且泣曰：“鬼犹求食，若敖氏之鬼不其馁[⑤]而!”

【注释】①司马子良：斗伯比之子，令尹子文之弟。子越椒：即斗椒，字子越。②畜：养。③戚：忧愁，悲哀。④知政：执政。⑤馁：饿。

【译文】起初，楚国的司马子良生了子越椒，子文说：“一定要杀了他！这个孩子，有熊虎的模样、豺狼的声音，如果不杀死他，必定会让若敖氏灭亡。俗话说：'狼子野心。'这孩子是一只狼，难道能够养他吗？"子良不同意。子文因此非常担忧，到了他临死的时候，把他的族人召集在一起，说："一旦斗椒执政，你们就快点走吧，不要遭到祸难。"而且哭着说："鬼尚且要乞求食物，若敖氏的鬼不是要挨饿了吗！"

及令尹子文卒，斗般[①]为令尹，子越为司马。艻贾为工正，谮子扬而杀之。子越为令尹，己为司马。子越又恶之，乃以若敖氏之族，圄伯嬴于轑阳而杀之[②]，遂处烝野[③]，将攻王。王以三王[④]之子为质焉，弗受。师于漳澨[⑤]。秋七月戊戌，楚子与若敖氏战于皋浒[⑥]。伯棼[⑦]射王，汰辀[⑧]，及鼓跗[⑨]，著于丁宁[⑩]。又射，汰辀，以贯笠毂[⑪]。师惧，退。王使巡师曰："吾先君文王克息，获三矢焉。伯棼窃其二，尽于是矣。"鼓而进之，遂灭若敖氏。

【注释】①斗般：子文之子，字子扬。②圄（yǔ）：囚禁。伯嬴：即艻贾。轑（liǎo）阳：楚邑，在今河南南阳县。③烝野：楚邑。位于今河南新野县。④三王：楚文王、成王、穆王。⑤漳澨（shì）：漳水边，在今湖北当阳市东北漳水东岸。⑥皋浒：楚邑，在今湖北襄樊市西北。⑦伯棼：即斗椒。⑧汰：通过，掠过。辀（zhōu）：车辕。⑨鼓跗（fū）：鼓架的四足。借指鼓架。⑩丁宁：古代乐器名。即钲，似钟而小。⑪笠毂（gǔ）：古代撑在兵车上的笠帽。

【译文】等到令尹子文去世，斗般担任令尹，子越担任司马。艻贾出任工正，他在楚王面前诬陷子扬，并把他杀了。之后子越做了令尹，苏贾自己做了司马。子越又讨厌苏贾，于是带领若敖氏的族人在轑阳囚禁苏贾，并杀死了他，于是驻扎在烝野，准备讨伐楚庄王。楚庄王用三代楚君的子孙作为人质，子越不接受。楚庄王率军驻扎在漳澨。秋季，七月戊戌日，楚庄王和若敖氏在皋浒交战。子越椒用箭射楚庄王，箭力量很强，飞过车辕，穿过鼓架，射在铜钲上。又射了一箭，飞过车辕，射中车盖。楚庄王的军队害怕了，向后退兵。楚庄王派人到军中宣扬说："我们的先君文王攻克息国时，得到了三支神箭，子越椒偷去两支，已经全都用完了。"于是击鼓进军，从而灭亡了若敖氏。

初，若敖娶于䢵[①]，生斗伯比。若敖卒，从其母畜于䢵，淫于䢵子之女，生子文焉。䢵夫人使弃诸梦中，虎乳之。䢵子田，见之，惧而归。夫人以告，遂使收之。楚人谓乳[②]穀，谓虎於菟，故命之曰斗穀於菟。以其女妻伯比，实为令尹子文。其孙箴尹[③]克黄使于齐，还，及宋，闻乱。其人曰："不可以入矣。"箴尹曰："弃君之命，独谁受之？尹，天也，天可逃乎？"遂归，复命，而自拘于司败[④]。王思子文之治楚国也，曰："子文无后，何以劝善？"使复其所，改命曰生。

【注释】①䢵：即郧。在今湖北安陆市。②乳：喂奶。③箴（zhēn）尹：楚国官名。主规谏。④司败：主管司法的官。

【译文】起初，若敖在䢵国娶妻，生了斗伯比。若敖死后，斗伯比跟着他的母亲在䢵国长大，之后和䢵国国君的女儿私通，生了子文。䢵夫人让人把子文丢弃在云梦泽里，有老虎给他喂奶。䢵国国君打猎时，看到这场面，害怕而返回。䢵夫人把女儿暗中生子的事告诉给䢵国国君，䢵国国君就让人收养了子文。楚国人把奶叫做“穀”，把老虎叫做“於菟”，所以就给这个孩子起名叫“斗穀於菟”。䢵国国君把他的女儿嫁给斗伯比为妻。斗穀於菟就是令尹子文。子文的孙子箴尹克黄出使齐国，返回时到了宋国，听到国内发生斗椒叛乱的消息。他的侍从说：“不能回国了。”箴尹说：“丢弃国君的命令，还有谁会接纳我呢？国君，就是上天，天命难道可以逃避吗？”于是仍回到楚国复命，并且自己到司败那里请求把他抓起来。楚庄王想起子文治理楚国的功绩，说：“子文如果没有了后人，那该如何劝人们行善呢？”于是恢复了克黄的官职，并让他改名为“生”。

冬，楚子伐郑，郑未服也。

【译文】冬季，楚庄王讨伐郑国，这是由于郑国不肯服从的缘故。

宣公五年

【经】五年[①]春，公如齐。夏，公至自齐。秋九月，齐高固[②]来逆叔姬。叔孙得臣卒。冬，齐高固及子叔姬[③]来。楚人伐郑。

【注释】①五年：公元前604年。②高固：齐国大夫。③子叔姬：

叔姬已出嫁，所以称“子”。

【译文】鲁宣公五年春季，宣公前往齐国。夏季，宣公从齐国回到鲁国。秋季九月，齐国的高固来鲁国迎娶叔姬。叔孙得臣去世。冬季，齐国的高固和子叔姬来到鲁国。楚国人讨伐郑国。

【传】五年春，公如齐，高固使齐侯止公[①]，请叔姬焉。

【注释】①齐侯：即齐惠公。止：扣留。

【译文】五年春季，鲁宣公前往齐国，高固让齐惠公扣留鲁宣公，强请宣公把叔姬嫁给他为妻。

夏，公至自齐，书，过也。

【译文】夏季，宣公从齐国回到鲁国，《春秋》中记载此事，是因为宣公有过错。

秋九月，齐高固来逆女，自为也。故书曰：“逆叔姬。”卿自逆[①]也。

【注释】①卿自逆：诸侯娶妻，由卿大夫出国迎亲。卿大夫以下娶妻，亲自去迎接。

【译文】秋季九月，齐国的高固来鲁国迎娶叔姬，是为自己迎娶。所以《春秋》中记载说：“逆叔姬。”这是表明卿大夫为自己迎娶。

冬，来，反马[①]也。

【注释】①反马：古礼，既婚三月以后，夫家送还新妇来时所乘之马，以示夫妇情好，妇永不复归。

【译文】冬季，高固和子叔姬来到鲁国，这是为了行返马之礼。

楚子伐郑。陈及楚平。晋荀林父救郑，伐陈。

【译文】楚庄王讨伐郑国。陈国和楚国达成和解。晋国的荀林父率军救援郑国，并攻打陈国。

宣公六年

【经】六年[①]春，晋赵盾、卫孙免[②]侵陈。夏四月。秋八月，螽。冬十月。

【注释】①六年：公元前603年。②孙免：卫国大夫。

【译文】鲁宣公六年春季，晋国的赵盾、卫国的孙免联合入侵陈国。夏季四月。秋季八月，发生蝗灾。冬季十月。

【传】六年春，晋、卫侵陈，陈即楚故也。

【译文】六年春季，晋国、卫国联合攻打陈国，这是因为陈国亲近楚国的缘故。

夏，定王使子服[1]求后于齐。

【注释】①子服：周王室大夫。

【译文】夏季，周定王派子服前往齐国求娶齐女为王后。

秋，赤狄伐晋，围怀及邢丘[1]。晋侯[2]欲伐之。中行桓子[3]曰："使疾[4]其民，以盈其贯[5]，将可殪[6]也。《周书》曰：'殪戎殷[7]。'此类之谓也。"

【注释】①怀：在今河南省武陟县西南。邢丘：晋邑。在今河南温县东。②晋侯：即晋成公。③中行桓子：即荀林父。④疾：害。⑤盈其贯：即满贯。贯，串钱绳。⑥殪（yì）：一举灭之。⑦殪戎殷：出自《尚书·康诰》。戎殷，大国殷商。

【译文】秋季，赤狄攻打晋国，围攻怀地和邢丘。晋成公准备反攻。中行桓子说："先让他危害百姓，等到他恶贯满盈，到时候就可以一举歼灭了。《周书》说：'一举歼灭大国殷。'说的就是这个意思。"

冬，召桓公[1]逆王后于齐。

【注释】①召桓公：周王卿士。

【译文】冬季，召桓公到齐国为周定王迎娶王后。

楚人伐郑，取成而还。

【译文】楚军讨伐郑国，两国达成和解后，楚国撤军回国。

郑公子曼满与王子伯廖语[①]，欲为卿。伯廖告人曰："无德而贪，其在《周易》《丰》䷶之《离》䷝[②]，弗过之矣。"间一岁[③]，郑人杀之。

【注释】①公子曼满、王子伯廖：均为郑大夫。②《丰》之《离》：《丰》卦变为《离》卦，上爻由阴变阳。③间一岁：隔一年。

【译文】郑国的公子曼满对王子伯廖说，他想做卿。伯廖告诉别人说："他没有德行而又贪婪，真是应了《周易》的《丰》卦变成《离》卦那样的卦象，不超过三年，必然灭亡。"只隔了一年，郑国人就杀死了公子曼满。

宣公七年

【经】七年[①]春，卫侯[②]使孙良夫来盟。夏，公会齐侯伐莱[③]。秋，公至自伐莱。大旱。冬，公会晋侯、宋公、卫侯、郑伯、曹伯于黑壤[④]。

【注释】①七年：公元前602年。②卫侯：即卫成公。③齐侯：即齐惠公。莱：国名，在今山东省昌邑市东南。④晋侯：即晋成公。宋公：即宋文公。郑伯：即郑襄公。曹伯：即曹文公。黑壤：一名黄父。春秋晋地，即今山西翼城县东北。

【译文】鲁宣公七年春季，卫成公派孙良夫来鲁国结盟。夏季，宣公会合齐惠公讨伐莱国。秋季，宣公从伐莱的战场上回国。鲁国大旱。冬季，宣公在黑壤与晋成公、宋文公、卫成公、郑襄公、曹文公会面。

【传】七年春，卫孙桓子[1]来盟，始通，且谋会晋也。

【注释】①孙桓子：即孙良夫。

【译文】七年春季，卫国的孙桓子来鲁国结盟，两国开始通好，并且商量和晋国国君的会面。

夏，公会齐侯伐莱，不与谋也。凡师出，与谋[1]曰“及”，不与谋曰“会”。

【注释】①与谋：参与谋划。

【译文】夏季，鲁宣公会合齐惠公联合进攻莱国，鲁国并没有参与谋划。凡是出兵，事先参与谋划叫做“及”，没有参与谋划叫做“会”。

赤狄侵晋，取向阴[1]之禾。

【注释】①向阴：即向，在今河南济源市南。

【译文】赤狄侵犯晋国，割取了向阴的禾稻。

郑及晋平，公子宋之谋也，故相郑伯[①]以会。冬，盟于黑壤，王叔桓公临之[②]，以谋不睦。

【注释】①相郑伯：为郑襄公担任相礼。②王叔桓公：周王卿士。临：监临。

【译文】郑国和晋国达成和解，这是听从公子宋的谋划，所以公子宋为郑襄公担任相礼参加会盟。冬季，众诸侯在黑壤订立盟约。王叔桓公奉周天子的命令到会监临，以商议如何对付不服从晋国的诸侯国。

晋侯之立也，公不朝焉，又不使大夫聘，晋人止公于会。盟于黄父，公不与盟[①]。以赂免。故黑壤之盟不书，讳之也。

【注释】①公不与盟：诸侯会盟，先会后盟。宣公因被执，所以没有参加盟誓。

【译文】晋成公即位的时候，鲁宣公没有去朝见，又没有派大夫去访问，晋国人因此在黑壤盟会上扣留了宣公。在黄父结盟，宣公没有参加盟誓。因为向晋国献上财物，宣公才得以被释放回国。所以《春秋》中没有记载黑壤会盟，这是因为要隐讳宣公被扣留受辱一事。

宣公八年

【经】八年[①]春，公至自会。夏六月，公子遂如齐，至黄[②]乃复。辛巳，有事[③]于大庙，仲遂卒于垂[④]。壬午，犹绎[⑤]。万[⑥]入，去籥[⑦]。戊子，夫人嬴氏[⑧]薨。晋师、白狄伐秦。楚人灭舒蓼。秋七月甲子，日有食之，既。冬十月己丑，葬我小君敬嬴。雨，不克葬。庚寅，日中而克葬。城平阳[⑨]。楚师伐陈。

【注释】①八年：公元前601年。②黄：齐邑，位于今山东淄博市。③有事：举行禘祭，即对天神、祖先的大祭。④仲遂：即公子遂。垂：地名，在今山东平阴县。⑤犹绎：又举行祭祀。⑥万：万舞。⑦籥（yuè）：籥舞。即文舞，吹籥而舞，舞时依照籥声为节拍。⑧嬴氏：鲁宣公之母。⑨平阳：鲁邑。即今山东新泰市。

【译文】鲁宣公八年春季，宣公从会盟地回国。夏季六月，公子遂到了齐国，一直到了黄地才返回。辛巳日，在太庙举行禘祭，公子遂死在垂地。壬午日，又举行祭祀。用了万舞，免去了籥舞。戊子日，夫人嬴氏去世。晋军、白狄联合讨伐秦国。楚国人灭了舒蓼国。秋季七月甲子日，发生日全食。冬季十月己丑日，安葬宣公母亲敬嬴。下雨，不能下葬。庚寅日，到了中午才能下葬。在平阳筑城。楚军攻打陈国。

【传】八年春，白狄及晋平。夏，会晋伐秦。晋人获秦谍，杀诸绛[1]市，六日而苏[2]。

【注释】①绛：晋国都城。②苏：复活、复生。

【译文】八年春季，白狄和晋国达成和解。夏季，白狄与晋国联合攻打秦国。晋国人俘获了秦国的间谍，把他杀死在绛城的市集上，过了六天他又复活了。

有事于大庙，襄仲卒而绎，非礼也。

【译文】鲁国在太庙举行祭祀，在襄仲死后又举行祭祀，这是不符合礼制的。

楚为众舒叛，故伐舒蓼，灭之。楚子疆之[1]，及滑汭[2]。盟吴、越[3]而还。

【注释】①楚子：即楚庄王。疆：划定疆界。②滑：水名。在今安徽省巢湖市与无为县之间。下流注入长江。汭（ruì）：河流弯曲之地。③吴：古国名。姬姓。据说是周太王之子泰伯、仲雍的后代，又称勾吴、工吴。初都蕃离，后都于吴，在今江苏苏州市。越：古国名。又称于越。姒姓。相传始祖为夏少康庶子无余，建都会稽，位于今浙江绍兴市。

【译文】楚国因为群舒的背叛，所以进攻舒蓼，并灭亡了它。楚庄王为此划定疆界，一直到了滑水的弯曲处。并和吴国、越国缔约盟约后才回国。

晋胥克有蛊疾[1]，郤缺为政。秋，废胥克。使赵朔[2]佐下军。

【注释】①蛊疾：神经错乱之病。②赵朔：赵盾之子。

【译文】晋国的胥克得了神经错乱的病，郤缺在晋国执政。秋季，罢免了胥克。任命赵朔做下军佐。

冬，葬敬嬴。旱，无麻，始用葛茀[1]。雨，不克葬，礼也。礼，卜葬，先远日，辟不怀[2]也。

【注释】①葛茀（fú）：古代丧葬时引棺用的葛绳。②辟不怀：避免不怀念其已死的父母。

【译文】冬季，安葬敬嬴。因为天旱，没有麻，开始改用葛做引棺用的绳子。因为下雨，不能如期下葬，这是符合礼法的。依照礼法，占卜下葬的日期，先占卜较远的日期，以避免认为孝子不怀念他已死的父母。

城平阳，书，时也。

【译文】在平阳筑城，《春秋》中记载此事，是因为符合时令。

陈及晋平。楚师伐陈，取成而还。

【译文】陈国和晋国达成和解。楚军进攻陈国，两国讲和后，楚军撤兵回国。

宣公九年

【经】九年[①]春王正月，公如齐。公至自齐。夏，仲孙蔑[②]如京师。齐侯[③]伐莱。秋，取根牟[④]。八月，滕子[⑤]卒。九月，晋侯、宋公、卫侯、郑伯、曹伯会于扈[⑥]。晋荀林父帅师伐陈。辛酉，晋侯黑臀[⑦]卒于扈。冬十月癸酉，卫侯郑[⑧]卒。宋人围滕。楚子[⑨]伐郑。晋郤缺帅师救郑。陈杀其大夫泄冶。

【注释】①九年：公元前600年。②仲孙蔑：即孟献子，公孙敖之孙，文伯穀之子。③齐侯：即齐惠公。④根牟：国名。位于今山东沂水县南。⑤滕子：即滕昭公。⑥晋侯：即晋成公。宋公：即宋文公。卫侯：即卫成公。郑伯：即郑襄公。曹伯：即曹文公。⑦晋侯黑臀：即晋成公。⑧卫侯郑：即卫成公。⑨楚子：即楚庄王。

【译文】鲁宣公九年春季，周历正月，宣公前往齐国。宣公从齐国回到鲁国。夏季，仲孙蔑到了京师。齐惠公率军征讨莱国。秋季，占领了根牟。八月，滕昭公去世。九月，晋成公、宋文公、卫成公、郑襄公、曹文公在扈地会盟。晋国的荀林父率军攻打陈国。辛酉日，晋成公黑臀在扈地去世。冬季十月癸酉日，卫成公郑去世。宋国人包围了滕国。楚庄王率军讨伐郑国。晋国的郤缺率军救援郑国。陈国杀死了他们的大夫泄冶。

【传】九年春，王使来征聘[①]。夏，孟献子聘于周。王以为有礼，厚贿之。

【注释】①王使：周王的使者。征聘：指征召诸侯聘问。

【译文】九年春季，周定王派使者来鲁征召鲁国去周聘问。夏季，孟献子去周聘问。周定王认为有礼，赠给他丰厚的财礼。

秋，取根牟，言易也。

【译文】秋季，攻取了根牟，《春秋》中用"取"来记载，表示很容易。

滕昭公卒。

【译文】滕昭公去世。

会于扈，讨不睦也。陈侯[①]不会。晋荀林父以诸侯之师伐陈。晋侯卒于扈，乃还。

【注释】①陈侯：即陈灵公。

【译文】晋国与诸侯在扈地会盟，这是因为准备攻打不服从晋国的诸侯国。陈灵公没有到会参加。晋国的荀林父率领诸侯联军进攻陈国。因晋成公在扈地去世，荀林父便撤军回国。

冬，宋人围滕，因其丧也。

【译文】冬季，宋国人围攻滕国，因为滕国有丧事。

陈灵公与孔宁、仪行父通于夏姬①，皆衷其衵服②，以戏于朝。洩冶谏曰："公卿宣淫③，民无效焉，且闻不令④，君其纳⑤之！"公曰："吾能改矣。"公告二子，二子请杀之，公弗禁，遂杀洩冶。孔子曰："《诗》云：'民之多辟，无自立辟⑥。'其洩冶之谓乎。"

【注释】①孔宁、仪行父：都是陈大夫。夏姬：郑穆公之女，陈大夫御叔之妻，夏徵舒之母，是春秋时代公认的四大美女之一，妖淫成性，与多位诸侯、大夫通奸。②衷：贴身穿着；穿在里面。衵（rì）服：内衣。③宣淫：公然淫乱，毫无避忌。④闻：名声。不令：不善。⑤纳：收藏。⑥民之多辟，无自立辟：出自《诗经·大雅·板》。多辟，多邪僻。立辟，制订法律。

【译文】陈灵公和孔宁、仪行父都与夏姬通奸，都把夏姬的内衣贴身穿在身上，而且在朝堂上互相开玩笑。洩冶劝谏说："国君和卿大夫公然淫乱，毫无避忌，百姓就无所效法，而且名声也会变得不好。国君还是把夏姬的内衣收藏起来吧！"陈灵公说："我能改过。"陈灵公把这些话告诉给孔宁、仪行父，这二人请求杀死洩冶，陈灵公没有禁止，于是二人杀了洩冶。孔子说："《诗经》中说：'百姓多邪僻，就不要再去制订法律了。'这说的就是洩冶吧！"

楚子为厉之役①故，伐郑。晋郤缺救郑，郑伯败楚师于柳棼[2]。国人皆喜，唯子良[3]忧曰："是国之灾也，吾死无日矣。"

【注释】①厉之役：指宣公六年楚伐郑之役。②柳棼：郑地，地址不详。③子良：即公子去疾。

【译文】楚庄王因为厉地之战的缘故，讨伐郑国。晋国的郤缺率军救援郑国，郑襄公在柳棼打败楚军。国内的百姓都很高兴，只有子良担心地说："这是国家的灾难啊，我们离死的日子没有多远了。"

宣公十年

【经】十年[1]春，公如齐。公至自齐。齐人归我济西田。夏四月丙辰，日有食之。己巳，齐侯元[2]卒。齐崔氏[3]出奔卫。公如齐。五月，公至自齐。癸巳，陈夏徵舒弑其君平国[4]。六月，宋师伐滕。公孙归父如齐。葬齐惠公。晋人、宋人、卫人、曹人伐郑。秋，天王使王季子来聘[5]。公孙归父帅师伐邾，取绎[6]。大水。季孙行父如齐。冬，公孙归父如齐。齐侯使国佐来聘[7]。饥。楚子[8]伐郑。

【注释】①十年：公元前599年。②齐侯元：即齐惠公。③崔氏：即崔杼，齐大夫。④夏徵舒：陈大夫，夏姬之子。平国：即陈灵公。⑤天王：即周定王。王季子：即刘康公，名季子，周顷王之子，周匡王、周定王之弟。⑥绎：邾邑。⑦齐侯：即齐顷公。国佐：齐国上卿，国归父之子。谥武，称国武子。⑧楚子：即楚庄王。

【译文】鲁宣公十年春季，宣公到了齐国。宣公从齐国回到鲁国。齐国人归还我国济西的田地。夏季四月丙辰日，发生日食。己巳日，齐惠公元去世。齐国的崔氏逃到卫国。宣公前往齐国。五月，宣公从齐国回到鲁国。癸巳日，陈国的夏徵舒杀死了他的国君平国。六月，宋军征讨滕国。公孙归父前往齐国。安葬齐惠公。晋国人、宋国人、卫国人、曹国人联合攻打郑国。秋季，周定王派王季子来鲁国访问。公孙归父率军讨伐邾国，攻取绎邑。鲁国发生了洪水。季孙行父前往齐国。冬季，公孙归父前往齐国。齐顷公派国佐来鲁国访问。鲁国发生饥荒。楚庄王率军攻打郑国。

【传】十年春，公如齐。齐侯以我服故，归济西之田。

【译文】十年春季，鲁宣公到了齐国。齐惠公因为我国表示顺服的缘故，所以把济西的田地归还给我国。

夏，齐惠公卒。崔杼有宠于惠公，高、国[①]畏其逼也，公卒而逐之，奔卫。书曰“崔氏”，非其罪也，且告以族，不以名。凡诸侯之大夫违[②]，告于诸侯曰：“某氏之守臣某，失守宗庙，敢告。”所有玉帛之使者[③]，则告，不然，则否。

【注释】①高、国：指齐国的高氏、国氏，世为齐上卿。②违：离开本国。③玉帛之使者：指友好往来的国家。

【译文】夏季，齐惠公去世。崔杼得到惠公的宠信，高氏、国氏害怕崔杼的威逼，惠公死后就把他驱逐出去，崔杼逃到了卫国。《春秋》中记载说“崔氏”，因为不是他的罪过，而且通告诸侯时，也只说了族氏，没有说名。凡是诸侯的大夫离开本国，通告诸侯时说：“某氏的守臣某，失守宗庙，谨此通告。”凡是友好往来的国家就发给通告，否则，就不发通告。

公如齐奔丧。

【译文】宣公到齐国参加丧礼。

陈灵公与孔宁、仪行父饮酒于夏氏。公谓行父曰：“徵舒似女。”对曰：“亦似君。”徵舒病[①]之。公出，自其厩[②]射而杀之。二子[③]奔楚。

【注释】①病：恨。②厩：马厩。③二子：指孔宁、仪行父。

【译文】陈灵公和孔宁、仪行父在夏家喝酒。灵公对仪行父说：“徵舒长得像你。”仪行父回答说：“也像国君您。”夏徵舒对此感到愤恨。在灵公出去的时候，夏徵舒从马厩里射死了灵公。孔宁、仪行父逃到了楚国。

滕人恃晋而不事宋，六月，宋师伐滕。

【译文】滕国人依仗晋国而不侍奉宋国，六月，宋军讨伐滕国。

郑及楚平。诸侯之师伐郑，取成而还。

【译文】郑国和楚国达成和解。诸侯联军攻打郑国，达成和解后撤军回国。

秋，刘康公来报聘[①]。

【注释】①报聘：指派使臣回访他国。

【译文】秋季，刘康公来鲁国回访。

师伐邾，取绎。

【译文】鲁军讨伐邾国，夺取了绎地。

季文子初聘于齐。

【译文】季文子第一次到齐国访问。

冬，子家如齐，伐邾故也。

【译文】冬季，公孙归父到了齐国，这是因为向齐国解释鲁国攻打邾国的缘故。

国武子来报聘。

【译文】国武子来鲁国回访。

楚子伐郑。晋士会救郑，逐楚师于颍北[①]。诸侯之师戍郑。郑子家卒。郑人讨幽公之乱[②]，斫[③]子家之棺而逐其族。改葬幽公，谥之曰灵。

【注释】①颍北：颍水之北。颍水出今河南登封市西境，东南流经禹州、临颍、西华、周口，与沙河合而东流。②幽公之乱：指宣公四年子家与公子宋杀郑灵公。③斫（zhuó）：用刀、斧等砍劈。

【译文】楚庄王率军进攻郑国。晋国的士会援救郑国，在颍水以北赶走了楚军。诸侯联军留守在郑国。郑国的子家去世。郑国人为了讨伐子家杀害幽公的那次动乱，劈开了他的棺木，并把他的族人驱逐出国。改葬幽公，并把他的谥号改为“灵”。

宣公十一年

【经】十有一年[①]春王正月。夏，楚子、陈侯、郑伯盟于辰陵[②]。公孙归父会齐人伐莒。秋，晋侯会狄于欑函[③]。冬十月，楚人杀陈夏徵舒。丁亥，楚子入陈。纳公孙宁、仪行父于陈。

【注释】①十有一年：公元前598年。②楚子：即楚庄王。郑伯：即郑襄公。辰陵：陈邑。在今河南西华县西北。③欑（cuán）函：狄地，地址不详。

【译文】鲁宣公十一年春季，周历正月。夏季，楚庄王、陈侯、郑襄公在辰陵会盟。鲁国的公孙归父与齐国人联合讨伐莒国。秋季，晋景公在欑函与狄国人会面。冬季十月，楚国人杀死了陈国的夏徵舒。丁亥日，楚庄王进入陈都。把孔宁、仪行父护送回陈国。

【传】十一年春，楚子伐郑，及栎[1]。子良曰："晋、楚不务德而兵争，与其来者可也。晋、楚无信，我焉得有信。"乃从楚。夏，楚盟于辰陵，陈、郑服也。

【注释】①栎：郑别都。在今河南禹州市。

【译文】十一年春季，楚庄王率军攻打郑国，一直打到栎地。公子去疾说："晋国、楚国不讲仁德，而一心以兵争战，我们只能是谁来攻打就归顺谁。晋国、楚国没有信用，我们还用讲信用吗？"于是就归顺楚国。夏季，楚庄王在辰陵会盟，这是因为陈、郑两国都归顺楚国的缘故。

楚左尹子重[1]侵宋，王待诸郔[2]。令尹蔿艾猎城沂[3]，使封人虑事[4]，以授司徒。量功命日[5]，分财用[6]，平板干[7]，称畚筑[8]，程土物[9]，议远迩[10]，略基趾[11]，具糇粮[12]，度[13]有司。事三旬而成，不愆于素[14]。

【注释】①左尹子重：即公子婴齐，楚庄王之弟。左尹，楚国官名。左丞相，位次于令尹，为楚国之卿。②郔（yán）：楚地，在今河南项城市南。③𫇭艾猎：即孙叔敖。沂：楚地，位于今河南省正阳县南。④封人：典守封疆，同时掌管筑城之官。虑事：估量工程所需。⑤量功：计量工程。命日：规定日期。⑥分：分配。财用：材料和用具。⑦板干：古代筑城或筑墙的用具。干，夹板两旁支撑的木柱。⑧称：均衡。畚筑：盛土和捣土的工具。⑨程：计算。土物：土方和材料。⑩远迩：远近。⑪略：巡视。基趾：建筑物的地基、基础。⑫糇（hóu）粮：干粮。⑬度：审察选拔。⑭愆（qiān）：超出。素：原定计划。

【译文】楚国的左尹子重侵袭宋国，楚庄王呆在郔地等待消息。令尹𫇭艾猎在沂地筑城，派封人考虑工程计划，向司徒报告情况。他们计量工程，规定日期，分配材料和用具，放平夹板和支柱，均衡盛土和捣土的速度，计算土方和材料的数量，研究取材的远近，巡视城基各处，准备好干粮，选拔工程的负责人。工程三十天完成，没有超出原定计划。

晋郤成子[①]求成于众狄。众狄疾赤狄之役[②]，遂服于晋。秋，会于欑函，众狄服也。是行也，诸大夫欲召狄。郤成子曰："吾闻之，非德，莫如勤，非勤，何以求人？能勤，有继[③]。其从[④]之也。《诗》曰：'文王既勤止[⑤]。'文王犹勤，况寡德[⑥]乎？"

【注释】①郤成子：即郤缺。②赤狄之役：被赤狄奴役。③有继：事情能成功。④从：就，前往。⑤文王既勤止：出自《诗经·周颂·赉》。勤，勤苦，辛劳。止，语气助词。⑥寡德：缺少德行的人。

【译文】晋国的郤成子向狄人各部族求和。狄人各部族憎恨赤狄对他们的奴役，于是向晋国表示顺服。秋季，在欑函会面，是因为狄人各部族都来顺服的缘故。在这次会面之前，大夫们想召狄人前来会面。郤成子说："我听说，没有德行，就不如自己勤劳；没有勤劳，怎么能要求别人顺服我呢？能勤劳，事情就能成功。还是我们到狄人那里去吧。《诗经》中说：'文王已经做到勤劳了。'文王尚且还要勤劳，更何况是那些缺少德行的人呢？"

冬，楚子为陈夏氏乱故，伐陈。谓陈人无动[①]，将讨于少西氏[②]。遂入陈，杀夏徵舒，轘诸栗门[③]。因县陈。陈侯[④]在晋。

【注释】①动：惊恐，害怕。②少西氏：夏徵舒祖父名少西，所以称夏家为少西氏。③轘（huàn）：古代用车分裂人体的酷刑。栗门：陈城门。④陈侯：指陈灵公太子午。

【译文】冬季，楚庄王因为陈国夏氏作乱的缘故，攻打陈国。楚国人对陈国人说不要害怕，楚国将讨伐少西氏。于是攻入陈国，杀死了夏徵舒，在陈国的栗门处以车裂之刑。并把陈国设置为楚国的一个县。当时陈灵公太子午在晋国避乱。

申叔时[①]使于齐，反，复命而退。王使让之曰："夏徵舒为不道，弑其君，寡人以诸侯讨而戮之，诸侯、县公[②]皆庆寡人，女独不庆寡人，何故？"对曰："犹可辞乎？"王曰："可哉！"曰："夏徵舒弑其君，其罪大矣；讨而戮之，君之义也。抑[③]人亦有言曰：'牵牛以蹊[4]人之田，而夺之牛。’牵牛以蹊者，信有罪矣；而夺之牛，罚已重矣。诸侯之从也，曰讨有罪也。今县陈，贪其富也。以讨召诸侯，而以贪归之，无乃不可乎？”王曰：“善哉！吾未之闻也。反之，可乎？”对曰：“可哉！吾侪[5]小人所谓取诸其怀而与之也。”乃复封陈。乡取一人焉以归，谓之夏州[6]。故书曰：“楚子入陈，纳公孙宁、仪行父于陈。”书有礼也。

【注释】①申叔时：楚国大夫。②县公：古代的一种封爵。③抑：不过。④蹊（xī）：践踏。⑤吾（wú）侪（chái）：我辈；我们这类人。⑥夏州：楚地。位于今湖北武汉市汉阳城区北。

【译文】申叔时出使齐国，回到楚国，向楚庄王复命后就退了下去。楚庄王派人去责备他说：“夏徵舒胡作非为，杀了他的国君，寡人带领诸侯讨伐并杀死他，诸侯、县公都向寡人表示庆贺，只有你不向寡人庆贺，什么缘故呢？”申叔时回答说：“我还可以陈述理由吗？”楚庄王说：“可以呀！”申叔时说：“夏徵舒杀了他的国君，他的罪过够大了；讨伐并杀死他，这是君王在行仁义之事。不过人们也说：‘牵着牛践踏别人的田地，就把他的牛夺走。’牵着牛践踏别人田地，的确有过错；但夺走他的牛，惩罚就太重了。诸侯们跟从楚国攻打陈国，说的是讨伐有罪的人。如今把陈国设置为楚国的一个县，这就是在贪图它的财富。用讨伐有罪来号召诸侯，而以贪婪来告终，恐怕不可以吧？”楚庄王说：“说的好啊！我还没有听说过这样的话呢。恢复陈国，可以吗？”申叔时回答说：“可以啊！这就是我们这些小人所说的‘从别人怀里拿过来还给他’呀。”于是楚庄王恢复陈国并立了国君。

每个乡出一个人归楚国，集中在一地，取名为夏州。所以《春秋》中记载说："楚子入陈，纳公孙宁、仪行父于陈。"这样记载，是表示楚庄王的行为符合礼法。

厉之役，郑伯逃归，自是楚未得志焉。郑既受盟于辰陵，又徼[1]事于晋。

【注释】①徼：求。

【译文】厉地一战，郑襄公逃回郑国，从这以后，楚国的欲望就没有得到满足过。郑国虽然在辰陵接受了盟约，又请求事奉晋国。

宣公十二年

【经】十有二年[1]春，葬陈灵公。楚子[2]围郑。夏六月乙卯，晋荀林父帅师及楚子战于邲[3]，晋师败绩。秋七月。冬十有二月戊寅，楚子灭萧[4]。晋人、宋人、卫人、曹人同盟于清丘[5]。宋师伐陈。卫人救陈。

【注释】①十有二年：公元前597年。②楚子：即楚庄王。③邲：郑地。在今河南郑州市西北。④萧：宋附庸国。子姓，始封之君为萧叔大心。在今安徽省萧县西北。⑤清丘：卫地。位于今河南濮阳县东南。

【译文】鲁宣公十二年春季，陈灵公下葬。楚庄王率军包围了郑国。夏季六月乙卯日，晋国的荀林父率军与楚庄王在邲地交战，晋军大败。秋季七月。冬季十二月戊寅日，楚庄王灭亡了萧国。晋国人、宋国人、卫国人、曹国人在清丘举行会盟。宋军讨伐陈国。卫国人救援陈国。

【传】十二年春，楚子围郑。旬有七日，郑人卜行成①，不吉；卜临②于大宫，且巷出车③，吉。国人大临，守陴④者皆哭。楚子退师，郑人修城，进复围之，三月克之。入自皇门⑤，至于逵路⑥。郑伯肉袒牵羊以逆⑦，曰："孤不天⑧，不能事君，使君怀怒以及敝邑，孤之罪也，敢不唯命是听？其俘诸江南，以实海滨，亦唯命；其翦⑨以赐诸侯，使臣妾之⑩，亦唯命。若惠顾前好，徼福于厉、宣、桓、武⑪，不泯其社稷，使改事君，夷⑫于九县，君之惠也，孤之愿也，非所敢望也。敢布腹心⑬，君实图之。"左右曰："不可许也，得国无赦。"王曰："其君能下人，必能信用其民矣，庸可几乎⑭？"退三十里而许之平。潘尪⑮入盟，子良出质。

【注释】①行成：商议求和。②临：哭。③巷出车：兵车被陈列在里巷中，准备巷战。④陴（pí）：城上的矮墙。亦称"女墙"。⑤皇门：郑都城门。⑥逵路：四通八达的大道。⑦郑伯：即郑襄公。肉袒牵羊：古代战败投降的仪式。牵羊，牵着羊，表示犒劳军队。⑧不天：不为天所护佑。⑨翦：翦除，灭亡。⑩臣妾之：做诸侯的奴仆。⑪徼福：祈福，求福。厉、宣、桓、武：指周厉王、周宣王、郑桓王、郑武公。⑫夷：等同。⑬布：披露、陈述。腹心：心里话。⑭庸：岂，怎么。几：通"冀"，希望。

⑮潘尫（wāng）：字师叔，楚国大夫，潘党的父亲。

【译文】十二年春季，楚庄王率军围攻郑国。已经有十七天，郑国人占卜是否可与楚商议求和，结果不吉利；又为在郑祖庙号哭和摆列战车于里巷去占卜，结果吉利。城里的百姓在祖庙大哭，守城的将士也都哭了。楚庄王退兵，郑国人修筑城墙，不久楚国又向前包围郑都，三个月后，攻克了郑都。楚军从皇门攻入，一直打到大道上。郑襄公去衣露体，牵着羊去迎接楚庄王进城，说："我不为天所护佑，不能事奉君王，使君王带着怒气，来到敝城，这是我的罪过，怎敢不服从命令呢？要是把我抓到江南，充实海滨之地，我也服从君王的命令；如果灭亡郑国，把它赐给诸侯国，让郑国人作他们的奴仆，我也服从君王的命令。如果君王施予恩惠，顾念从前两国的友好，向周厉王、宣王、郑桓公、武公求福，而不灭绝我国，让我国改而事奉君王，等同于楚国的诸县，那真是君王的恩惠、我的心愿，但并不是我所敢于希望的。我大胆地坦露心里的话，请君王考虑。"庄王的左右随从说："不能答应他的请求，既得到了国家，就没有赦免的。"楚庄王说："陈国的国君能够屈居他人之下，必然能够凭借诚信使用他的百姓，岂可希望得到这样的国家？"楚军后退三十里，并答应与郑国达成和解。楚国的潘尫入城结盟，子良到楚国作人质。

夏六月，晋师救郑。荀林父将中军，先縠[①]佐之；士会将上军，郤克佐之；赵朔将下军，栾书[②]佐之。赵括、赵婴齐[③]为中军大夫，巩朔、韩穿为上军大夫，荀首、赵同为下军大夫[④]。韩厥[⑤]为司马。

【注释】①先縠：晋国大夫。先轸之后，又称原縠。食封邑于彘，故又称彘子、彘季。②栾书：即栾武子。栾枝之孙，栾盾之子，晋国卿大夫。③赵括、赵婴齐：即屏括、楼婴，赵盾之异母弟。④荀首：荀林父之弟，史称智庄子，是晋国六卿之一智氏家族的奠基人。赵同：赵括的同母兄，因采邑在原，又称原同。⑤韩厥：亦称韩献子，韩简之孙，晋国卿大夫。

【译文】夏季六月，晋军救援郑国。荀林父率领中军，先縠辅佐他；士会率领上军，郤克辅佐他；赵朔率领下军，栾书辅佐他。赵括、赵婴齐担任中军大夫，巩朔、韩穿担任上军大夫，荀首、赵同担任下军大夫。韩厥担任司马。

及河，闻郑既及楚平，桓子[①]欲还，曰："无及于郑而剿[②]民，焉用之？楚归而动，不后。"随武子[③]曰："善。会闻用师，观衅而动[④]。德、刑、政、事、典、礼不易[⑤]，不可敌也，不为是征[⑥]。楚军讨郑，怒其贰而哀其卑。叛而伐之，服而舍之，德、刑成矣。伐叛，刑也；柔服[⑦]，德也。二者立矣。昔岁入陈[⑧]，今兹入郑，民不罢劳[⑨]，君无怨讟[⑩]，政有经[⑪]矣。荆尸[⑫]而举，商、农、工、贾不败其业，而卒乘辑睦[⑬]，事不奸[⑭]矣。蒍敖为宰，择楚国之令典[⑮]，军行，右辕[⑯]，左追蓐[⑰]，前茅[⑱]虑无，中权，后劲[⑲]。百官象物[⑳]而动，军政不戒[㉑]而备，能用典矣。其君之举[㉒]也，内姓选于亲，外姓选于旧[㉓]；举不失德，赏不失劳；老有加惠，旅有施舍。君子小人，物有服章[㉔]。贵有常尊[㉕]，贱有等威[㉖]，礼不逆矣。德立、刑行，政成、事时、典从、礼顺，若之何敌之？见可而进，知难而退，军之善政也。兼弱攻昧[㉗]，武之善经[㉘]也。子姑整军而经武[㉙]乎！犹有弱而昧者，何必楚？仲虺[30]有言曰：'取乱侮亡。'兼弱也。《汋》曰：'於铄王师，遵养时晦[31]。'耆昧[32]也。《武》曰：'无竞惟烈[33]。'抚弱耆昧，以务烈所[34]，可也。"彘子曰："不可。晋所以霸，师武、臣力也。今失诸侯，不可谓力；有敌而不从，不可谓武。由我失霸，不如死。且成师以出，闻敌强而退，非夫[35]也。命为军帅，而卒以非夫，唯群子能，我弗为也。"以中军佐济[36]。

【注释】①桓子：即荀林父。②剿：劳苦。③随武子：即士会。④观衅而动：抓住敌人的空隙进行进攻。衅，缝隙，裂痕。⑤不易：不违背常规。⑥不为是征：不贸然进攻这样的国家。⑦柔服：安抚顺服者。⑧昔岁入陈：即上年入陈杀夏徵舒一事。⑨罢劳：疲劳，疲惫。⑩怨讟（dú）：怨恨诽谤。⑪有经：符合常规。⑫荆尸：楚武王所创的军阵法名。⑬卒：步兵。乘：车兵。辑睦：和睦。⑭奸：犯，干扰。⑮令典：好的典章法度。⑯右辕：右军跟随主将的车辕。⑰左追蓐（rù）：左军打草做歇息的准备。追蓐，行军部队征集草蓐供歇宿用。⑱前茅：古代行军时的前哨斥候。遇敌情则举旌向后军示警。⑲中权，后劲：中军制定谋略，精兵殿后。⑳象物：指画有各类不同物象的旗帜。㉑戒：下令戒备。㉒举：选拔人才。㉓内姓：同姓。外姓：异姓。㉔服章：古代表示官阶身份的服饰。㉕常尊：固定的显贵地位。㉖贱有等威：卑贱者也分成等级，让人畏惧。㉗兼弱攻昧：兼并弱国，讨伐昏聩糊涂的君主。㉘善经：好的法则。㉙经武：整治武备。㉚仲虺（huǐ）：商汤的左相。㉛於铄王师，遵养时晦：出自《诗经·周颂·酌》。汋，也作酌。铄，盛大。遵养时晦，原为颂扬周武王顺应时势，退守待时。后多指暂时隐居，等待时机。㉜耆昧：致昧，使之至于昏乱。㉝无竞惟烈：出自《诗经·周颂·武》。无竟，无止境。烈，功业。㉞烈所：功业之所在。㉟夫：大丈夫。㊱济：渡河。

【译文】晋军到达黄河边时，听说郑国已经和楚国达成和解，荀林父想撤军回国，说："来不及赶到郑国，又让将士劳苦，再进军有什么用呢？等楚军撤退后我军再出兵伐郑，也不算晚。"士会说："好。我听说用兵，必须抓住敌人的空隙再发动进攻。凡是德行、刑罚、政令、事务、典则、礼仪不违背常规，那么就是不可抵挡的，这样的国家是不能贸然进攻的。楚军讨伐郑国，对郑国的三心二意很恼怒，又哀怜它的谦卑。郑国背叛就讨伐它，郑国服罪就赦免它，楚国的德行、刑罚都已经具备了。讨伐背叛的，这是用刑罚；安抚顺服的，这是施德行。这二者楚国都已经树立起来了。去年讨伐陈国，如今又征讨郑国，百姓并不感到疲劳，国君也没有受到怨恨和诽谤，这说明楚国的政令符合常规。楚军发兵，摆开阵势，商贩、农夫、工匠、店主都没有废弃他们的原本职业，步兵、车兵关系和睦，这说明楚国的事务互不干扰。𫇭敖担任令尹，能选择适合楚国的好法典，军队出动，右军跟随主将的车辕，左军打草做歇息的准备，前军以旄旌开路向后军示警，中军制定谋略，精兵殿后。军中百官根据画有各类不同物象的旗帜，采取不同的行动，军中政令不待主帅下令戒备，士卒就有所防备，这说明楚国能够运用典则。楚国国君选拔人才，同姓的从亲族中选拔，异姓的从贵族世家中选拔；选拔而不遗漏有德行的人，赏赐而不遣漏有功劳的人；对老人有优待，对旅客有馈赠。君子和小人，衣饰器物各有标志和文采。尊贵的有固定的显贵地位，低贱的分成等级以示威严，这说明楚国的礼仪有序不悖。德行树立，刑罚施行，政令完备，事务合时，典则人人服从，礼仪顺畅，我们怎么能与楚国为敌呢？看到有利就前进，遇到困难就后退，这是治军的好办法。兼并弱国，讨伐昏聩糊涂的君主，这是用兵的好原则。您姑且整顿军队、整顿武备吧！诸侯中还有弱小或昏昧的国家，为什么一定要进攻楚军呢？仲虺曾说：'攻取动乱之国，欺侮衰亡之国。'说的就是兼并弱者。《汋》说：'伟大而强盛的王师，攻取昏昧的国家。'说的就是攻取昏昧者。《武》说：'武王的功业无比强盛。'说明安抚弱者、攻取昏昧者、以致力于功业之所在，是可以的。"先縠说："不行。晋国之所以在诸侯中称霸，是因为军队勇武、臣下尽力。现在失去了郑国，不能说是尽到了力；遇到敌人不去追逐，不能说是勇武。因为我而丢掉霸主的地位，还不如去死。而且晋国整顿军队出兵，听到敌人强大就撤退，这不是大丈夫所为。被任命为军队的统帅，而最后却不能像个大丈夫，只有你们这些人能做到，我不是这种人。"说完，他带领中军副帅的部属渡过黄河。

知庄子[①]曰："此师殆哉！《周易》有之，在《师》䷆之《临》䷒[②]，曰：'师出以律，否臧[③]，凶。'执事顺成为臧，逆为否。众散为弱，川壅为泽，有律以如己也，故曰律。否臧，且律竭也。盈而以竭[④]，夭且不整[⑤]，所以凶也。不行之谓《临》，有帅而不从，临孰甚焉！此之谓矣。果遇，必败，彘子尸[⑥]之。虽免而归，必有大咎。"韩献子谓桓子曰："彘子以偏师陷，子罪大矣。子为元师，师不用命，谁之罪也？失属亡师，为罪已重，不如进也。事之不捷，恶有所分。与其专罪，六人同之，不犹愈[⑦]乎？"师遂济。

【注释】①知庄子：即荀首。②在《师》之《临》：《师》卦变为《临》卦，《师》卦是坎下坤上，《临》卦是兑下坤上，由坎变为兑。③否臧：不善。④竭：败坏，毁灭。⑤夭：塞。不整：不端正，不整齐。⑥尸：主，承受。⑦愈：胜过。

【译文】荀首说："先縠带领的这支军队危险啊！《周易》上有这样的情况，从《师》卦变成《临》卦，爻辞说：'出师征战必须要有严明的纪律，如果法令不严明，结果必凶。'行事顺理而成功就叫做善，否则就叫做否。众心离散，力量就会被削弱，流水堵塞就会成为沼泽，有纪律地指挥三军如同指挥自己一样，所以叫做律。军纪实施得不好，说明纪律已经穷尽而无用了。从充满到枯竭，阻塞而不整齐，这是凶险的征兆了。水流不通畅叫做《临》，有统帅却不服从，还有比这更严重的《临》吗？说的就是先縠这样的人。果真和敌人相遇，一定会大败，先縠将会承受此祸。即使免于一死而回国，一定也会有大的灾祸。"韩厥对荀林父说："先縠率领一部分军队陷入敌阵，您的罪过大了。您作为最高统帅，军队却不听从您的命令，这是谁的罪过？失去属国，丧失军队，犯下的罪过已经太重了，不如干脆进军。作战如果不能取胜，战败的罪过可以由大家共同分担。与其一个人承担罪责，不如我们六个人共同承担，不是更好吗？"晋军于是渡过黄河。

楚子北师次于郔，沈尹[①]将中军，子重[②]将左，子反[③]将右，将饮马于河而归。闻晋师既济，王欲还，嬖人伍参[④]欲战。令尹孙叔敖弗欲，曰："昔岁入陈，今兹入郑，不无事矣。战而不捷，参之肉其足食乎？"参曰："若事之捷，孙叔为无谋矣。不捷，参之肉将在晋军，可得食乎？”令尹南辕、反旆[⑤]，伍参言于王曰：“晋之从政者新，未能行令。其佐先縠刚愎不仁[⑥]，未肯用命。其三帅者，专行不获，听而无上，众谁适从？此行也，晋师必败。且君而逃臣，若社稷何？”王病之，告令尹，改乘辕而北之，次于管[⑦]以待之。

【注释】①沈尹：历来有两种说法：一是将其作为楚国的地方官长，即沈县之县尹；二是将沈作为姓氏。②子重：楚庄王之弟公子婴齐，楚国令尹。③子反：即公子侧，楚庄王之弟，楚国司马。④伍参：伍子胥的曾祖父。⑤南辕：车辕向南，即车向南行。反旆：出师归来，回师。⑥刚愎不仁：指倔强固执，对人刻薄。愎，固执任性。⑦管：地名，在今河南郑州市。

【译文】楚庄王率军北上，驻军在郔地。沈尹率领中军，子重率领左军，子反率领右军，准备在黄河饮马后回师。听说晋军已经渡过黄河，楚庄王想要撤兵回国，宠臣伍参想交战。令尹孙叔敖不想交战，说：“去年攻打陈国，今年征讨郑国，不是没有战争。交战却不能获胜，伍参的肉够全国的人吃吗？”伍参说：“如果作战获胜，孙叔敖就是没有谋略的人。如果不能获胜，伍参的肉将会在晋军之中，还能吃得到呢？”令尹回车向南行，倒转旌旗，伍参对楚庄王说：“晋国的执政者刚刚上任，不能推行军令。他的副将先縠倔强固执，对人刻薄，不肯听从命令。三军统帅想要专权行事也无法办到，士卒想要听从命令也不知道谁是主帅，大家应该听从谁的命令？这一仗，晋军一定战败。而且国君逃避臣下，如何向国家交代？”楚庄王听了很不高兴，告诉令尹，让他把战车改向北，驻扎在管地等待晋军。

晋师在敖、鄗[①]之间。郑皇戌[②]使如晋师，曰："郑之从楚，社稷之故也，未有贰心。楚师骤胜而骄，其师老矣，而不设备，子击之，郑师为承[③]，楚师必败。"彘子曰："败楚服郑，于此在矣，必许之。"栾武子曰："楚自克庸以来，其君无日不讨国人而训之于民生之不易、祸至之无日、戒惧之不可以怠[④]。在军，无日不讨军实而申儆之于胜之不可保、纣之百克而卒无后[⑤]，训之以若敖、蚡冒[⑥]，筚路蓝缕[⑦]，以启山林。箴[⑧]之曰：'民生在勤，勤则不匮。'不可谓骄。先大夫子犯[⑨]有言曰：'师直为壮，曲为老。'我则不德，而徼怨[⑩]于楚，我曲楚直，不可谓老。其君之戎，分为二广，广有一卒[⑪]，卒偏之两[⑫]。右广初驾，数[⑬]及日中；左则受之，以至于昏。内官序当其夜[⑭]，以待不虞，不可谓无备。子良，郑之良也。师叔[⑮]，楚之崇也。师叔入盟，子良在楚，楚、郑亲矣。来劝我战，我克则来，不克遂往，以我卜也！郑不可从。"赵括、赵同曰："率师以来，唯敌是求。克敌得属，又何俟？必从彘子。"知季[⑯]曰："原、屏，咎之徒[⑰]也。"赵庄子曰："栾伯善哉！实[⑱]其言，必长[⑲]晋国。"

【注释】①敖、鄗（qiāo）：二山名，位于今河南荥阳市西北。②皇戌：郑卿。③承：后继。④讨：治。训：教导。⑤军实：军中将士。申儆：儆戒；训戒。⑥若敖、蚡（fén）冒：都为楚国的先祖。⑦筚路蓝缕：驾着简陋的车，穿着破烂的衣服去开辟山林。形容创业的艰苦。筚路，柴车。蓝缕，破衣服。⑧箴（zhēn）：规戒、劝谏。⑨子犯：即狐偃。⑩徼怨：招怨。⑪广有一卒：每部一卒之车，即三十辆车。⑫卒偏之两：即每卒分为两偏。⑬数：时间。⑭内官：指国君左右的亲近臣僚。序：依照次序。⑮师叔：即潘尫。⑯知季：即知庄子荀首。⑰咎之徒：自取殃咎之道。徒，通“途”，道路。⑱实：实践。⑲长：长久。

【译文】晋军驻扎在敖、鄗两山之间。郑国的皇戌出使晋军，说：“郑国跟从楚国，是为了国家社稷的缘故，对晋国并没有二心。楚军因屡次取胜而骄傲，士气衰竭，又不设防备，您攻击他们，郑军作为后继，楚军必定大败。”先縠说：“打败楚国，降服郑国，就在此一举了，一定要答应郑国的要求。”栾书说：“楚国自从战胜庸国以来，楚国的国君没有一天不在治理百姓，并教导他们注意：人生的不容易、祸患不知哪天就会到来、警戒恐惧之心不能懈怠。在军队里，没有一天不在治理将士，并告诫他们：胜利不能永远保有、商纣虽然得到一百次胜利但终究绝了后。又用若敖、蚡冒驾着简陋的车，穿着破烂的衣服去开辟山林的事迹来教导楚人。还规劝他们说：‘人之生计在于勤，勤就不会匮乏。’所以不能说楚军已经骄傲了。先大夫子犯曾说：‘军队理直，士气就会盛壮；理亏，士气就会衰弱。’这次是我们所做的事情不合于道德，跟楚国结下仇怨，我们理曲，楚国理直，这就不能说楚军士气衰弱。他们国君的战车分为左右二广，每广有战车一卒，每卒又分左右两偏。右广先驾，计算时间等到中午而止；然后由左广接替，一直到天刚黑。左右近臣按次序值夜班，以防发生意外，所以不能说楚国不设防备。子良，是郑国的贤良。师叔，是楚国所崇敬的大夫。师叔进入郑国结盟，子良在楚国做人质，楚国和郑国是亲近的关系。郑国来劝我们与楚国交战，我们战胜他们就来归附，不胜就去依靠楚国，这是用我们的胜负来决定该归服谁！郑国的要求不能答应。”赵括、赵同说：“领兵而来，求的就是与敌交战。战胜敌人，得到属国，还等待什么？一定听从先縠的话。”荀首说：“依照赵同、赵括的话行事，是自取殃咎之道。”赵朔说：“栾书说得好啊！按他的话去做，一定能使晋国长治久安。”

楚少宰如晋师，曰：“寡君少遭闵凶[①]，不能文[②]。闻二先君[③]之出入此行也，将郑是训定[④]，岂敢求罪于晋？二三子无淹久[⑤]！”随季对曰：“昔平王命我先君文侯曰：‘与郑夹辅周室，毋废王命。’今郑不率[⑥]，寡君使群臣问诸郑，岂敢辱候人[⑦]？敢拜君命之辱。”彘子以为谄[⑧]，使赵括从而更之，曰：“行人失辞。寡君使群臣迁大国之迹于郑[⑨]，曰：‘无辟敌！’群臣无所逃命。”

【注释】①闵凶：忧患凶丧之事。②不能文：谦词，即不善辞令。③二先君：指楚成王、楚穆王，曾伐郑。④训定：平定之而使顺服。⑤淹久：久留。⑥率：遵从。⑦候人：古代掌管整治道路稽查奸盗，或迎送宾客的官员。⑧谄：奉承，巴结。⑨迁大国之迹于郑：外交辞令，指把楚国赶出郑国。

【译文】楚国的少宰前往晋军，说：“我们国君年少时就遇到忧患凶丧之事，不善于辞令。听说我们两位先君也曾来往于这条路上，那是为了教导和平定郑国，哪敢得罪晋国？您几位无须久留！”士会回答说：“从前周平王命令我们先君晋文侯说：‘和郑国一同辅佐周王室，不要废弃我周王的命令。’如今郑国不遵从，我们国君派下臣们问罪郑国，哪敢劳烦贵国官员来迎送？谨拜谢贵国国君的命令。”先縠认为这是在奉承楚王，派赵括跟上去更正说：“我们使者言辞失当。我们国君派群臣把楚国赶出郑国，说：‘不要躲避敌人！’下臣们无处可逃，非与楚军决战不可。”

楚子又使求成于晋，晋人许之，盟有日矣。楚许伯御乐伯，摄叔为右，以致晋师[①]。许伯曰：“吾闻致师者，御靡旌摩垒而还[②]。”乐伯曰：“吾闻致师者，左射以菆[③]，代御执辔，御下两[④]马，掉鞅[⑤]而还。”摄叔曰：“吾闻致师者，右入垒，折馘[⑥]，执俘而还。”皆行其所闻而复。晋人逐之，左右角之[⑦]。乐伯左射马而右射人，角不能进，矢一而已。麋兴于前，射麋丽龟[⑧]。晋鲍癸当其后，使摄叔奉麋献焉，曰：“以岁之非时，献禽之未至，敢膳诸从者。”鲍癸止之，曰：“其左善射，其右有辞，君子也。”既免。

【注释】①致晋师：向晋军挑战。②靡旌：疾驱之战车。摩垒：迫近敌垒，即挑战。③菆（zōu）：利箭。④两：并。⑤掉鞅：下车整理马脖子上的皮带。⑥折（shé）馘（guó）：古代战争中杀死敌人割其左耳以数计功。⑦左右角之：张开左右夹攻。⑧丽：中。龟：禽兽中心脊椎。

【译文】楚庄王又派使者与晋国求和修好，晋国人答应了，已约定好结盟的日期。楚国的许伯为乐伯驾御战车，摄叔担任车右，向晋军挑战。许伯说：“我听说挑战时，驾车人须驾车疾行，使车上的旌旗斜倒，迫近敌营，然后才返回。”乐伯说：“我听说挑战时，车左用利箭射敌，代驾的人执马缰，让驾车人下车，把马匹排列整齐，整理好马脖子上的皮带，然后返回。”摄叔说：“我听说挑战时，车右冲入敌营，杀死敌人割下左耳，抓住敌人，然后返回。”这三个人都按照自己所听说的去做，然后回来。晋国人追击他们，左右两面夹攻。乐伯向左射马，向右射人，使晋军左右翼不能前进，他的箭只剩下一支。有麋鹿出现在前面，乐伯射麋鹿正中脊椎。晋国的鲍癸在后面追赶，乐伯让摄叔将麋鹿献给他，说："因为今年还不到献禽兽的季节，我冒昧地将它作为食物进献给您的随从。"鲍癸停止追赶，说："楚国的车左善于射箭，车右善于辞令，都是君子啊。"因此乐伯等三人都免于被俘。

晋魏锜[①]求公族未得，而怒，欲败晋师。请致师，弗许。请使，许之。遂往，请战而还。楚潘党逐之，及荧泽[②]，见六麋，射一麋以顾献曰："子有军事，兽人[③]无乃不给于鲜？敢献于从者。"叔党[④]命去之。赵旃[⑤]求卿未得，且怒于失楚之致师者，请挑战，弗许。请召盟，许之。与魏锜皆命而往。郤献子曰："二憾往矣，弗备必败。"彘子曰："郑人劝战，弗敢从也。楚人求成，弗能好也。师无成命，多备何为？"士季曰："备之善。若二子怒楚，楚人乘我[⑥]，丧师无日矣。不如备之。楚之无恶，除备而盟，何损于好？若以恶来，有备，不败。且虽诸侯相见，军卫不彻，警也。"彘子不可。士季使巩朔、韩穿帅七覆[⑦]于敖前，故上军不败。赵婴齐使其徒先具舟于河，故败而先济。

【注释】①魏锜：又名厨武子，被封于吕，又称吕锜、吕武子。晋国大夫，魏武子魏犨之次子。②荧泽：即荥泽。在今河南郑州市西北古荥镇北。③兽人：掌田猎之官。④叔党：即潘党。⑤赵旃：赵穿之子。⑥乘我：乘机袭击。⑦七覆：七处伏兵。

【译文】晋国的魏锜请求做公族大夫，没能达成心愿，因而发怒，想让晋军失败。他请求去挑战，没有得到允许。请求出使，得到了允许。于是就前往楚营，向楚军请战后回国。楚国的潘党去追赶他，一直追到荧泽，魏锜看到六只麋鹿，就射死一只，回过头献给潘党，说："您有军事在身，负责田猎的人恐怕不能供给您新鲜的禽兽吧？我冒昧地将这进献给您的随从人员。"潘党下令不再追击魏锜。晋国的赵旃请求做卿而没能达成心愿，并且对放掉楚国挑战的人感到生气，请求挑战，没有得到允许。请求召请楚国人前来结盟，得到了允许。赵旃和魏锜同接受命令前往楚营。郤克说："这两个挟有私怨的人去了，我们如果不加防备，必然会失败。"先縠说："郑国人劝我们作战，我们不敢听从。楚国人要求修好，我们又不能表示友好。作战却没有固定的策略，多加防备又有什么用？"士会说："还是多加防备为好。如果这两位激怒了楚国，楚国人乘机袭击我们，我军的败亡就没有几日了。不如多加防备。楚国人如果没有恶意，撤除戒备而结盟，哪会损害和好呢？如果带着恶意而来，有了防备，就不会失败了。而且即使是两国诸侯相见，军队的守备也并不撤除，这也是有所警惕。"先縠不同意加以防备。士会派巩朔、韩穿率领七处伏兵埋伏在敖山之前，所以上军没有被打败。赵婴齐派他的部下先在黄河边准备了船只，所以战败后能先渡过黄河。

潘党既逐魏锜，赵旃夜至于楚军，席[①]于军门之外，使其徒入之。楚子为乘广三十乘，分为左右。右广鸡鸣而驾，日中而说[②]；左则受之，日入而说。许偃御右广，养由基为右；彭名御左广，屈荡为右。乙卯，王乘左广以逐赵旃。赵旃弃车而走林，屈荡搏之，得其甲裳[③]。晋人惧二子之怒楚师也，使𫐄车[④]逆之。潘党望其尘，使聘而告曰："晋师至矣。"楚人亦惧王之入晋军也，遂出陈[⑤]。孙叔曰："进之。宁我薄[⑥]人，无人薄我。《诗》云：'元戎十乘，以先启行[⑦]。'先人也。《军志》曰：'先人有夺人之心。'薄之也。"遂疾进师，车驰卒奔，乘晋军。桓子不知所为，鼓于军中曰："先济者有赏。"中军、下军争舟，舟中之指可掬[⑧]也。

【注释】①席：席地而坐。②说（shuì）：休憩，止息。③甲裳：皮革制的战袍。腰以上谓之甲衣，腰以下谓之甲裳。④𫐄（tún）车：古代兵车名。⑤陈：同"阵"。⑥薄：迫近。⑦元戎十乘，以先启行：出自《诗经·小雅·六月》。元戎，大的兵车。启行，开路。⑧掬：用两手捧。

【译文】潘党已经赶走了魏锜，赵旃趁夜到了楚军的驻地，在军门外席地而坐，派他的部下先进军门。楚庄王有广车三十辆，分为左右两广。右广鸡鸣时就驾车，到了中午才卸车；左广接替右广，太阳落山后才卸车。许偃为右广驾车，养由基担任车右；彭名为左广驾车，屈荡担任车右。六月乙卯日，楚庄王乘坐左广之车追赶赵旃。赵旃丢掉车子跑进林中，屈荡和他搏斗，得到他的下身甲裳。晋国人害怕这二人激怒楚军，就派驻守用的兵车去迎接他们。潘党望见飞起来的尘土，就派人驾车飞驰报告楚军说："晋军来了。"楚国人也害怕楚庄王陷入晋军之中，于是出兵列阵。孙叔敖说："前进！宁可我们迫近敌人，也不能让敌人迫近我们。《诗经》中说：'大兵车十辆，冲在前面开道。'这是要抢在敌人的前面。《军志》中说：'先发制人，可以摧毁敌人的士气。'这是说要主动迫近敌人。"于是快速进军，车马疾行，士卒奔跑，追逐晋军。荀林父不知所措，在军中击鼓喊道："先过河的有赏。"中军、下军争夺船只，船中被砍下的指头多得可以用双手捧了。

晋师右移，上军未动。工尹齐将右拒卒以逐下军[①]。楚子使唐狡与蔡鸠居告唐惠侯曰[②]："不穀不德而贪，以遇大敌，不穀之罪也。然楚不克，君之羞也。敢藉君灵，以济楚师。"使潘党率游阙[③]四十乘，从唐侯以为左拒，以从上军。驹伯[④]曰："待诸乎？"随季曰："楚师方壮，若萃于我，吾师必尽。不如收而去之，分谤[⑤]生民，不亦可乎？"殿其卒[⑥]而退，不败。

【注释】①工尹齐：楚大夫。工尹，官名。右拒：右边方形战阵。②唐狡、蔡鸠居：都是楚大夫。唐惠侯：唐国国君。唐，楚属国，姬姓，在今湖北随州市西北。③游阙：备用的游车。④驹伯：即郤锜，郤克之子，因封于驹，号曰驹伯，晋国卿大夫。⑤分谤：指分担别人受到的诽谤。⑥殿其卒：为上军作后卫。

【译文】晋军向右逃走渡河，上军没有动。工尹齐率领右边方阵的士卒追击晋国的下军。楚庄王派唐狡和蔡鸠居对唐惠侯说："我不善无德还贪功，遇到强敌，这是我的罪过。然而楚国如果不能得胜，这也是国君的耻辱。我冒昧地想借助您的威灵，以帮助楚军得胜。"楚庄王派潘党率领四十辆备用的游车，跟随唐惠侯作为左方阵，以迎战晋国的上军。郤锜说："抵御楚军吗？"士会说："楚军的士气正盛，如果集中兵力进攻我们上军，我们军队必然全军覆没。不如收兵撤退，分担战败的指责，保全士卒的性命，这不也是可以吗？"士会亲自为上军作后卫撤退，因此上军没有被打败。

王见右广，将从之乘。屈荡户[1]之，曰："君以此始，亦必以终。"自是楚之乘广先左。

【注释】①户：阻止。

【译文】楚庄王见到右广之车，准备乘坐。屈荡阻止说："君王乘坐左广之车开始出战，也一定要乘坐它结束战争。"从此楚国的广车改为左广先驾。

晋人或以广队不能进[1]，楚人惎之脱扃[2]。少进，马还[3]，又惎之拔旆投衡[4]，乃出。顾曰："吾不如大国之数奔也。"

【注释】①广：兵车。队：同"坠"，指陷入。②惎（jì）：教。扃（jiōng）：车上用来固定武器和插旗的横木。③还：盘旋不进。④衡：置于车辕前端的横木。

【译文】晋国人有的战车陷入坑里不能前进，楚国人教他们卸掉车前的横木。没前进几步，马又盘旋不进，楚国人又教他们拔掉军旗，放到车辕前端的横木上，这样兵车才得以出坑。晋军转过头对楚国人说："我们不像你们大国的人有数次逃奔的经验。"

赵旃以其良马二，济其兄与叔父，以他马反，遇敌不能去，弃车而走林。逢大夫与其二子乘，谓其二子无顾。顾曰："赵傁[1]在后。”怒之，使下，指木曰：“尸[②]女于是。”授赵旃绥[③]，以免。明日以表[④]尸之，皆重获在木下。

【注释】①赵傁（sǒu）：此指赵旃。傁，同“叟”，对长辈的敬称。②尸：收尸。③绥：指登车时手挽的索。④以表：按照标记。

【译文】赵旃拿出他的两匹好马，帮助他的兄长和叔父逃跑，而自己用其他的马驾车返回，碰上敌人不能逃脱，只好弃车跑到树林里。逢大夫和他的两个儿子坐在车上，他对两个儿子说不要回头看。儿子回头看说：“赵老在后边。”逢大夫大怒，让他们下车，指着一棵树说：“就在这里为你们收尸。”逢大夫把登车时手挽的索交给赵旃，赵旃登上战车才得以免于祸难。第二天，逢大夫按照标记去收尸，在树下找到了两个重叠在一起的尸体。

楚熊负羁囚知䓨[①]。知庄子以其族反之，厨武子[②]御，下军之士多从之。每射，抽矢，菆，纳诸厨子之房[③]。厨子怒曰：“非子之求，而蒲[④]之爱，董泽[⑤]之蒲，可胜既乎[⑥]？”知季曰：“不以人子，吾子其可得乎？吾不可以苟射故也。”射连尹襄老，获之，遂载其尸。射公子榖臣[⑦]，囚之。以二者还。

【注释】①熊负羁：楚大夫。知䓨（yīng）：一作荀䓨。知庄子荀首之子，字子羽。②厨武子：即魏锜。③房：箭房，即箭袋。④蒲：即蒲柳，又名水杨，可用来制箭。⑤董泽：在今山西省闻喜县东北。⑥胜：尽。既：取。⑦公子榖臣：楚庄王之子。

【译文】楚国的熊负羁抓住了知䓨。荀首率领他的部属返回战场，魏锜为他驾车，下军的士卒大多都跟着回来了。荀首每次射箭，如果是抽到利箭，就放进魏锜的箭袋里。魏锜生气地说："不去寻找儿子，反而心疼蒲柳，董泽的蒲柳，难道能用得完吗？"荀首说："不用别人的儿子交换，我的儿子难道可以得到吗？这是我不能随便射出利箭的缘故。"荀首射中了连尹襄老，得到他的尸首，就用战车载上。射中公子縠臣，把他囚禁起来。荀首带着这二人回去。

及昏，楚师军于邲。晋之余师不能军，宵济，亦终夜有声。

【译文】到了黄昏，楚军驻扎在邲地。晋国剩下的士兵溃不成军，夜里渡河，整夜都是渡河的喧闹声。

丙辰，楚重[①]至于邲，遂次于衡雍[②]。潘党曰："君盍筑武军[③]而收晋尸以为京观[④]？臣闻克敌必示子孙，以无忘武功。"楚子曰："非尔所知也。夫文，止戈为武。武王克商。作《颂》[⑤]曰：'载戢干戈，载櫜弓矢。我求懿德，肆于时夏，允王保之。'又作《武》[⑥]，其卒章曰：'耆定尔功。'其三曰：'铺时绎思，我徂维求定[⑦]。'其六曰：'绥万邦，屡丰年[⑧]。'夫武，禁暴、戢兵、保大、定功、安民、和众、丰财者也，故使子孙无忘其章。今我使二国暴骨，暴矣；观兵以威诸侯，兵不戢矣；暴而不戢，安能保大？犹有晋在，焉得定功？所违民欲犹多，民何安焉？无德而强争诸侯，何以和众？利人之几[⑨]，而安人之乱，以为己荣，何以丰财？武有七德，我无一焉，何以示子孙？其为先君宫，告成事[⑩]而已。武非吾功也。古者明王伐不敬，取其鲸鲵⑪而封之，以为大戮，于是乎有京观，以惩淫慝⑫。今罪无所，而民皆尽忠以死君命，又何以为京观乎？"祀于河，作先君宫，告成事而还。

【注释】①重：辎重。②衡雍：郑邑。在今河南原阳县。③武军：古代战争中，战胜者为炫耀武功，收敌尸封土而成的高垒。④京观：古代为炫耀武功，聚集敌尸，封土而成的高冢。⑤《颂》：指《诗经·周颂·时迈》。载戢（jí）干戈，将武器收藏起来，指不再诉诸武力。载戢，装运收藏。干戈，古代的两种武器，引申为战争。橐（gāo），收藏盔甲、弓箭的囊袋。肆，陈设。⑥《武》：出自《诗经·周颂·武》。耆，致。⑦铺时绎思，我徂维求定：出自《诗经·周颂·赉》。铺，安排，摆设。绎思，寻绎追念。徂，往。⑧绥万邦，屡丰年：出自《诗经·周颂·桓》。绥，安定。⑨几：危。⑩成事：战事的胜利。⑪鲸鲵：比喻凶恶的敌人。⑫淫慝：邪恶。

【译文】六月丙辰日，楚军的辎重运到了邲地，于是军队就驻扎在衡雍。潘党说："君王何不修筑高垒显示武功，收集晋国人的尸首建造一个大坟堆呢？下臣听说战胜了敌人一定要将这件事昭告给子孙后代，以让他们不忘记武功。"楚庄王说："这不是你所知道的。说到文字，止戈二字合起来就组成武。周武王灭亡商朝，作《周颂》说：'收藏起干戈，把弓箭放进箭袋。我追求的是美德，并将此公布在《夏》乐之中，这样才能成就王业，保有天下。'又作《武》篇，它的最后一章说：'达成你的功业。'第三章说：'布陈先王的功德，并加以发扬，我前去征讨只是为了求得天下安定。'第六章说：'安定万邦，常有丰年。'武，就是用来禁止强暴、停止战争、保持强大、巩固功业、安定百姓、使民众和谐、财物丰富的，所以要让子孙后代不要忘记他的显赫功德。现在我让两国士卒暴露尸骨，这是强暴；显耀武力以使诸侯畏惧，使战争不能停止；强暴而不能停止战争，怎么会保持强大？还有晋国在，如何能够巩固功业？违背百姓的愿望还有很多，百姓如何能够安定？没有德行而与诸侯强争，如何能够使民众和谐？乘他人之危来利己，趁他人之乱来安己，用打败晋国来作为自己的荣誉，如何能使自己财物丰富？武具有七种美德，我却一种都没有，用什么来昭示子孙后代？为楚国的先君修建神庙，只是把成功之事祭告先君罢了。用武不是我追求的功业。古代圣明的君王讨伐不恭敬的国家，抓住罪魁祸首并杀死埋葬，以土封之，把此当作一次大杀戮，这样才有了大坟堆，以惩戒邪恶。现在并不能明确指出晋国的罪过在哪里，而晋国人又都尽忠于国君，愿为执行国君的命令而死，我们又怎么能去建造大坟堆呢？”楚国人在黄河边祭祀了河神，修建了先君的神庙，向先君报告了战事的胜利，然后回国。

是役也，郑石制[①]实入楚师，将以分郑，而立公子鱼臣[②]。辛未，郑杀仆叔及子服。君子曰：“史佚所谓‘毋怙乱[③]’者，谓是类也。《诗》曰：‘乱离瘼矣，爰其适归[④]？’归于怙乱者也夫。”

【注释】①石制：郑国大夫，字子服。②公子鱼臣：字仆叔。③怙乱：乘乱取利。④乱离瘼（mò）矣，爰其适归：出自《诗经·小雅·四月》。瘼，病，疾苦。爰，何。

【译文】这次战役，实际上是郑国的石制把楚军引进来的，他想分裂郑国，并立公子鱼臣为国君。七月辛未日，郑国杀死了鱼臣和石制。君子说："史佚所说的'不要乘乱取利'，说的就是这种人。《诗经》中说：'颠沛流离太痛苦了，哪里可以归宿呢？'这是归罪于靠动乱来谋私利的人吧！"

郑伯、许男如楚。

【译文】郑襄公、许昭公前往楚国。

秋，晋师归，桓子请死，晋侯欲许之。士贞子[①]谏曰："不可。城濮之役，晋师三日谷，文公犹有忧色。左右曰：'有喜而忧，如有忧而喜乎？'公曰：'得臣犹在，忧未歇也。困兽犹斗，况国相[②]乎！'及楚杀子玉，公喜而后可知也，曰：'莫余毒也已。'是晋再克而楚再败也。楚是以再世不竞[③]。今天或者大警晋也，而又杀林父以重楚胜，其无乃久不竞乎？林父之事君也，进思尽忠，退思补过，社稷之卫也，若之何杀之？夫其败也，如日月之食焉，何损于明？"晋侯使复其位。

【注释】①士贞子：士会的庶子，名渥浊，也称士贞伯。②国相：指子玉。③再世：指成王、穆王两代。不竞：不强。

【译文】秋季，晋军回到国内，荀林父请求处以死刑，晋景公打算答应他。士贞子劝谏说："不行。城濮那次战役，晋军连着三天吃楚军留下的粮食，文公还面带忧色。左右随从说：'有了喜事还在忧愁，如果有了忧愁反倒欢喜吗？'文公说：'得臣还在，忧愁就不算停止。被困的野兽尚且要搏斗，更何况是一国的宰相呢？'等到楚国杀死得臣，文公才喜形于色，说：'没有人来害我了。'这是晋国的再次胜利，而楚国的再次失败。所以楚国两代都不能振兴。现在上天想要给晋国一个严厉地警告，但我们又要杀了荀林父来增加楚国的胜利，这恐怕会使晋国长久不能振兴起来了吧？荀林父事奉国君，进，想着竭尽忠诚，退，想着弥补过错，这是捍卫国家的人，怎么能杀了他呢？他这次的失败，就像日食月食，怎么会损害日月的光明呢？"晋景公让荀林父官复原职。

冬，楚子伐萧，宋华椒以蔡人救萧。萧人囚熊相宜僚及公子丙[①]。王曰："勿杀，吾退。"萧人杀之。王怒，遂围萧。萧溃。申公巫臣[②]曰："师人多寒。"王巡三军，拊[③]而勉之。三军之士，皆如挟纩[④]。遂傅于萧。

【注释】①熊相宜僚、公子丙：都是楚大夫。②申公巫臣：字子灵，楚国申县县尹。③拊：抚慰。④挟（jiā）纩（kuàng）：披着绵衣。亦以喻受人抚慰而感到温暖。

【译文】冬季，楚庄王攻打萧国，宋国的华椒率领蔡军救援萧国。萧军把熊相宜僚和公子丙囚禁起来。楚庄王说："不要杀他们，我退兵。"萧国人却杀了他们。楚庄王大怒，于是包围了萧国。萧军溃败。申公巫臣说："军队中的将士大多很寒冷。"楚庄王巡视三军，安抚并勉励士兵们。三军的士兵，都像披上了绵衣一样感到温暖。军队于是逼近了萧国。

还无社与司马卯言[①]，号申叔展[②]。叔展曰："有麦曲[③]乎？"曰："无。""有山鞠穷[④]乎？"曰："无。""河鱼腹疾[⑤]奈何？"曰："目于眢井[⑥]而拯之。""若为茅绖[⑦]，哭井则已。"明日萧溃，申叔视其井，则茅绖存焉，号而出之。

【注释】①还无社：萧大夫。司马卯：楚大夫。②号：呼喊。申叔展：楚大夫。③麦曲：麦制的酒母。④山鞠穷：芎穷的异名，中药。⑤河鱼腹疾：指腹泻。河鱼，腹疾的隐称，因鱼腐烂是从腹中开始而得名。⑥眢（yuān）井：废井，枯井。⑦茅绖（dié）：茅草绳子。

【译文】还无社对司马卯说，把申叔展喊出来。申叔展说："有麦曲吗？"还无社说："没有。""有芎穷吗？"还无社说："没有。""得了腹泻怎么办？"还无社说："注意看枯井就能救我。"申叔展说："你在井上放一条茅草绳子，在井上哭的人就是我。"第二天，萧国溃败，申叔展看到井上有草绳子在那儿，就大声号哭，把还无社救出枯井。

晋原縠[①]、宋华椒、卫孔达、曹人同盟于清丘，曰："恤病[②]，讨贰。"于是卿不书，不实其言[③]也。宋为盟故，伐陈。卫人救之。孔达曰："先君[④]有约言焉，若大国[⑤]讨，我则死之。"

【注释】①原縠：即先縠。②恤病：指救援有危难的人。③不实其言：虽有盟约，但未实行。④先君：指卫成公。⑤大国：指晋国。

【译文】晋国的原縠、宋国的华椒、卫国的孔达与曹国人在清丘结盟，说："救援有困难的国家，讨伐三心二意的国家。"这次会盟，《春秋》中没有记载卿的名字，是因为没有实行盟约。宋国为了盟约的缘故，攻打陈国。卫国人救援陈国。孔达说："先君与陈国人有约定，如果晋国来讨伐，我则为此而死。"

宣公十三年

【经】十有三年①春，齐师伐莒。夏，楚子②伐宋。秋，螽。冬，晋杀其大夫先縠。

【注释】①十有三年：公元前596年。②楚子：即楚庄王。

【译文】鲁宣公十三年春季，齐军征讨莒国。夏季，楚庄王讨伐宋国。秋季，发生蝗灾。冬季，晋国杀了他的大夫先縠。

【传】十三年春，齐师伐莒，莒恃晋而不事齐故也。

【译文】十三年春季，齐军征讨莒国，是因为莒国依附晋国而不事奉齐国的缘故。

夏，楚子伐宋，以其救萧也。君子曰："清丘之盟，唯宋可以免焉。"

【译文】夏季，楚庄王讨伐宋国，是因为宋国曾救援萧国。君子说："清丘之盟，只有宋国可以免于被批评。"

秋，赤狄伐晋，及清[1]，先縠召之也。

【注释】①清：又名清原。晋地，在今山西稷山县东南。

【译文】秋季，赤狄攻打晋国，一直打到清地，是先縠把他们召来的。

冬，晋人讨邲之败与清之师，归罪于先縠而杀之，尽灭其族。君子曰："恶[1]之来也，己则取之，其先縠之谓乎。"

【注释】①恶：指刑戮。

【译文】冬季，晋国人追究邲之战的失败和清地战败的责任，归罪于先縠，从而杀了他，灭了他的全族。君子说："刑戮到了，那是自找的，这说的就是先縠吧。"

清丘之盟，晋以卫之救陈也，讨[1]焉。使人弗去，曰："罪无所归，将加而师。"孔达曰："苟利社稷，请以我说[2]，罪我之由。我则为政，而亢[3]大国之讨，将以谁任？我则死之。"

【注释】①讨：责问。②请以我说：请解释我是主谋。③亢：当，面对。

【译文】根据清丘盟约，晋国由于卫国救援陈国，就派人来责问卫国。晋国使者不肯离开，说："如果不知道谁担罪责，将要向你们卫国出兵了。"孔达说："如果对国家社稷有利，就请解释我是主谋吧，由我来承担罪责。我作为执政者，而面对大国的责问，还能把罪责推给谁？我愿意为此而死。"

宣公十四年

【经】十有四年[①]春，卫杀其大夫孔达。夏五月壬申，曹伯寿[②]卒。晋侯[③]伐郑。秋九月，楚子[④]围宋。葬曹文公。冬，公孙归父会齐侯于谷[⑤]。

【注释】①十有四年：公元前595年。②曹伯寿：即曹文公。③晋侯：即晋景公。④楚子：即楚庄王。⑤齐侯：即齐顷公。谷：齐邑。在今山东平阴县西南东阿镇。

【译文】鲁宣公十四年春季，卫国杀了他的大夫孔达。夏季五月壬申日，曹文公寿去世。晋景公讨伐郑国。秋季九月，楚庄王率军包围宋国。安葬曹文公。冬季，公孙归父与齐顷公在谷地会面。

【传】十四年春，孔达缢而死。卫人以说于晋而免。遂告于诸侯曰："寡君有不令[①]之臣达，构[②]我敝邑于大国，既伏其罪矣，敢告。"卫人以为成劳[③]，复室[④]其子，使复其位。

【注释】①不令：不善。②构：构怨。③成劳：旧勋。指助卫成公复国。④室：娶亲。

【译文】十四年春季，卫国的孔达自缢而死。卫国人以此向晋国解释而免于被伐。于是卫国通告各诸侯国说："我们国君有一个不好的臣子孔达，在敝国和大国之间制造仇怨，已经受到应有的惩罚，谨此通告。"卫国人认为孔达过去助卫成公复国有功，便为他的儿子娶妻，并让他的儿子承袭父亲的官位。

夏，晋侯伐郑，为邲故也。告于诸侯，蒐[1]焉而还。中行桓子[2]之谋也。曰："示之以整[3]，使谋而来。"郑人惧，使子张[4]代子良于楚。郑伯[5]如楚，谋晋故也。郑以子良为有礼，故召之。

【注释】①蒐（sōu）：阅兵，检阅。②中行桓子：即荀林父。③整：指队伍整齐，军纪严明。④子张：即公孙黑肱，穆公之孙。⑤郑伯：即郑襄公。

【译文】夏季，晋景公征讨郑国，是因为邲之战的缘故。晋国向各诸侯国通告，阅兵后回国。此计谋出于荀林父。他说："给他们显示一下我军的队伍整齐，军纪严明，让郑国自己谋划要不要前来归服我们。"郑国人害怕，派子张代替子良到了楚国。郑襄公前往楚国，是为了要商议对付晋国的缘故。郑国认为子良有礼，所以召他回国。

楚子使申舟聘于齐，曰："无假道于宋。"亦使公子冯聘于晋，不假道于郑。申舟以孟诸之役[1]恶宋，曰："郑昭[2]宋聋，晋使不害，我则必死。”王曰：“杀女，我伐之。”见犀[3]而行。及宋，宋人止之，华元曰：“过我而不假道，鄙我[4]也。鄙我，亡也。杀其使者必伐我，伐我亦亡也。亡一也。”乃杀之。楚子闻之，投袂[5]而起，屦及于窒皇[6]，剑及于寝门之外，车及于蒲胥[7]之市。秋九月，楚子围宋。

【注释】①孟诸之役：指鲁文公十年时，申舟得罪宋昭公一事。②昭：眼明。③犀：申舟之子。④鄙我：以我为边鄙县邑。⑤投袂（mèi）：甩袖。形容激动奋发。⑥窒皇：甬道。⑦蒲胥：楚郢都内的街市名。

【译文】楚庄王派申舟前往齐国访问，说：“不要向宋国借路。”又派公子冯前往晋国访问，也不让向郑国借路。申舟因为孟诸一战得罪了宋国，说：“郑国明白、宋国糊涂，出使晋国的使者没有危险，我则一定会死。”楚庄王说：“宋国要是杀了你，我就去讨伐它。”申舟让儿子申犀进见楚庄王，然后才启程。到了宋国，宋国人拦住他，华元说：“经过我国却不借路，这是把我国当作楚国的边鄙县邑。把我国当作边鄙县邑，这是视我国为已经被灭亡的国家。杀了楚国的使者，楚国必定会讨伐我国，讨伐我国也是会被灭。反正一样是被灭。”于是杀了申舟。楚庄王听到申舟被杀的消息，一甩袖子就站了起来，随从一直追到甬道才给他穿上鞋子，一直追到寝宫的殿门外才给他送上佩剑，车驾一直追到蒲胥街市才追上他。秋季九月，楚庄王率军围攻宋国。

冬，公孙归父会齐侯于谷。见晏桓子[1]，与之言鲁，乐。桓子告高宣子[2]曰：“子家其亡乎！怀[3]于鲁矣。怀必贪，贪必谋人。谋人，人亦谋己。一国谋之，何以不亡？”

【注释】①晏桓子：即晏弱，谥桓，又称晏桓子，晏婴之父。②高宣子：即齐卿高固。③怀：留恋宠信。

【译文】冬季，公孙归父与齐顷公在谷地会面。见到晏桓子，跟他谈到鲁国时，很是高兴。晏桓子告诉高宣子说：“归父恐怕要逃离鲁国了吧！他留恋于鲁国的宠信。留恋必然贪婪，贪婪必然会算计别人。算计别人，别人也会算计他自己。一国之人都在算计他，他怎能不逃离鲁国呢？”

孟献子[①]言于公曰：“臣闻小国之免于大国也，聘而献物，于是有庭实旅百[②]。朝而献功[③]，于是有容貌采章[④]，嘉淑而有加货[⑤]，谋其不免也。诛而荐贿[⑥]，则无及也。今楚在宋，君其图之。”公说。

【注释】①孟献子：即仲孙蔑。②庭实旅百：形容庭中陈列物品的众多。③献功：进献治国或征伐之功。④采章：彩色花纹。多指有彩纹的旌旗、车舆、服饰等。⑤嘉淑：美善之物。加货：额外加赠的礼物。⑥荐贿：奉献财物。

【译文】孟献子对鲁宣公说：“臣听说小国要想免罪于大国，就要派人去访问，且进献财物，因此就有进献的上百件礼物堆放在庭院中。国君去朝见并进献功劳，因此就有各色装饰品，在这些美好的礼物外再额外加赠礼物，这是为了谋求免除不能被赦免的罪过。如果等到大国加以责罚后再进献财物，就已经来不及了。如果楚国正屯兵在宋国，国君应该仔细考虑一下！”鲁宣公听了很高兴。

宣公十五年

【经】十有五年[①]春，公孙归父会楚子[②]于宋。夏五月，宋人及楚人平。六月癸卯，晋师灭赤狄潞[③]氏，以潞子婴儿[④]归。秦人伐晋。王札子杀召伯、毛伯[⑤]。秋，螽。仲孙蔑会齐高固于无娄[⑥]。初税亩[⑦]。冬，蝝[⑧]生。饥。

【注释】①十有五年：公元前594年。②楚子：即楚庄王。③潞：赤狄的一支，在今山西潞城东北。④潞子婴儿：潞国国君，名婴儿。⑤王札子：即王子捷。召伯、毛伯：都是周卿士。⑥无娄：杞邑，地址不详。⑦初税亩：古代废除井田制，按田亩征税的开始。⑧蝝（yuán）：蝻，蝗的幼虫。

【译文】鲁宣公十五年春季，公孙归父与楚庄王在宋国会面。夏季五月，宋国人和楚国人达成和解。六月癸卯日，晋军灭了赤狄潞氏，把潞君婴儿抓回国。秦国人讨伐晋国。王札子杀了召伯、毛伯。秋季，发生蝗灾。仲孙蔑与齐国的高固在无娄会面。鲁国开始按田亩征税。冬季，蝝虫成灾。发生饥荒。

【传】十五年春，公孙归父会楚子于宋。

【译文】十五年春季，鲁国的公孙归父与楚庄王在宋国会面。

宋人使乐婴齐告急于晋，晋侯欲救之。伯宗[①]曰："不可。古人有言曰：'虽鞭之长，不及马腹[②]。'天方授楚，未可与争。虽晋之强，能违天乎？谚曰：'高下在心[③]。'川泽纳污，山薮藏疾[④]，瑾瑜匿瑕[⑤]，国君含垢[⑥]，天之道也，君其待之。"乃止。使解扬[⑦]如宋，使无降楚，曰："晋师悉起，将至矣。"郑人囚而献诸楚，楚子厚赂之，使反其言，不许，三而许之。登诸楼车[⑧]，使呼宋人而告之。遂致[⑨]其君命。楚子将杀之，使与之言曰："尔既许不穀，而反之，何故？非我无信，女则弃之。速即尔刑。"对曰："臣闻之，君能制命[⑩]为义，臣能承命为信，信载义而行之为利。谋不失利，以卫社稷，民之主也。义无二信，信无二命。君之赂臣，不知命也。受命以出，有死无霣[⑪]，又可赂乎？臣之许君，以成命也。死而成命，臣之禄也。寡君有信臣，下臣获考死[⑫]，又何求？"楚子舍之以归。

【注释】①伯宗：晋大夫。②虽鞭之长，不及马腹：鞭子虽然很长，但是不应该打到马肚上。后以之比喻力所不能及。③高下在心：原意是做事要斟酌情况，采取适当办法。后形容能胸有成竹地处理事情。高下，比喻伸和屈。④山薮（sǒu）藏疾：比喻小毛病并不损害其整体的形象。薮，草木积聚之处，近山近泽皆得称薮。⑤瑾瑜匿瑕：比喻美好的事物完全看不到瑕疵，好似美好把瑕疵给吸收了。瑾瑜，美玉。⑥含垢：容忍耻辱。⑦解扬：字子虎。不但武艺高强，而且能言善辩，聪明过人。⑧楼车：古代战车的一种。上设望楼，用以窥探敌人的虚实。⑨致：传达。⑩制命：制定正确的命令。⑪霣（yūn）：通"陨"，废弃。⑫考死：死得其所。

【译文】宋国人派乐婴齐向晋国告急，晋景公想要救援宋国。

伯宗说："不行。古人曾说过：'鞭子虽然很长，但是不应该打到马肚上。'上天正在保佑楚国，我们不能与之相争。晋国虽然强盛，但能违背天意吗？俗话说：'或伸或屈，全由心来决定。'河流湖泊可容纳污泥浊水，山林草野可暗藏毒虫猛兽，美玉也会隐藏瑕疵，国君尚能忍受耻辱，这是上天的常道，国君还是等等吧！"晋景公于是停止发兵救宋。晋景公派解扬前往宋国，让宋国不要投降楚国，说："晋军都已经出发，就要到达宋国了。"解扬路过郑国时，郑国人把他抓住献给了楚国。楚庄王赐给他大量财物，让他对宋国人说反话，解扬不答应，劝说三次后他才答应了。解扬登上楼车，楚国人让他向宋国人喊话，并将楚国人要说的话告诉他们。解扬却乘机传达晋君的命令。楚庄王准备杀死他，派人对他说："你既已答应了我，现在却反悔，是什么缘故？不是我不讲信义，而是你背弃了诺言。快去受你的刑罚吧！"解扬回答说："臣听说，国君能制定正确的命令就是义，臣下能承担命令就是信，信贯彻义并去做就是利。谋划而不失去利，并以此保卫国家，这是百姓的主人。贯彻义不能有两种信，守信的臣子不能同时接受两种命令。君王赐给臣下财物，就是君王不明白命令的意义。臣下接受我国国君的命令而在外出使，宁可一死也不能废弃我国国君的命令，难道会接受贿赂吗？臣下之所以答应您，那是为了借机完成我国国君的命令。虽死但能完成命令，这是臣下的福气。我国国君有守信的臣子，下臣死得其所，我还有什么可求的呢？"于是楚庄王赦免了解扬，并放他回国。

夏五月，楚师将去宋，申犀稽首于王之马前，曰："毋畏[①]知死而不敢废王命，王弃言焉。”王不能答。申叔时仆[2]，曰：“筑室反耕者[3]，宋必听命。”从之。宋人惧，使华元夜入楚师，登子反之床，起之曰：“寡君使元以病告，曰：‘敝邑易子而食，析骸以爨[4]。虽然，城下之盟，有以国毙，不能从也。去我三十里，唯命是听。’”子反惧，与之盟，而告王。退三十里。宋及楚平，华元为质。盟曰：“我无尔诈，尔无我虞[5]。”

【注释】①毋畏：即申舟。②申叔时：楚大夫。仆：为王驾车。③筑室：建筑屋舍。反耕者：叫耕田的农民回来。④析骸以爨（cuàn）：指被围日久，粮尽柴绝的困境，剖下尸骸而炊食。亦以形容战乱或灾荒时期百姓的悲惨生活。⑤虞：欺骗。

【译文】夏季五月，楚军准备离开宋国，申犀在楚庄王的马前叩头说：“毋畏虽然知道要死却不敢废弃君王的命令，可君王却背弃了自己的诺言。”楚庄王不能回答。申叔时正为楚庄王驾车，说：“建筑屋舍，让种田的人回来，宋国必定听从楚国的命令。”楚庄王同意了。宋国人害怕，派华元趁夜进入楚军阵营，登上子反的床，叫他起来，说：“我国国君派华元把困难情况告诉你们，说：‘敝国已经到了交换着儿子杀了吃，拆开尸骨当柴烧。尽管如此，在武力威胁下而被迫结盟，我们宁可让国家灭亡，也是不能答应的。你们撤离我城三十里，我们就服从你们的命令。’”子反害怕，就和华元私自缔结盟约，然后才报告楚庄王。楚军退兵三十里。宋国和楚国达成和解，华元到楚国作人质。盟誓说：“我不骗你，你也不欺我。”

潞子婴儿之夫人，晋景公之姊也。酆舒[①]为政而杀之，又伤潞子之目。晋侯将伐之，诸大夫皆曰："不可。酆舒有三俊才[②]，不如待后之人。"伯宗曰："必伐之。狄有五罪，俊才虽多，何补焉？不祀，一也；耆[③]酒，二也；弃仲章而夺黎氏地[④]，三也；虐[⑤]我伯姬，四也；伤其君目，五也。怙[⑥]其俊才，而不以茂德[⑦]，兹益罪也。后之人或者将敬奉德义以事神人，而申固[⑧]其命，若之何待之？不讨有罪，曰'将待后'，后有辞而讨焉，毋乃不可乎？夫恃才与众，亡之道也。商纣由之，故灭。天反时为灾，地反物为妖，民反德为乱。乱则妖灾生。故文[⑨]，反正为乏[⑩]。尽在狄矣。"晋侯从之。六月癸卯，晋荀林父败赤狄于曲梁[⑪]。辛亥，灭潞。酆舒奔卫，卫人归诸晋，晋人杀之。

【注释】①酆（fēng）舒：潞国大臣。②俊才：卓越的才能。③耆：同"嗜"。④仲章：潞国的贤人。黎：国名，原在今山西省长治市西南，后迁到今山西省黎城县东北。⑤虐：杀。⑥怙：依仗，凭借。⑦茂德：盛德。⑧申固：巩固。⑨文：文字。⑩反正为乏：小篆"正"与"乏"二字字形似相反。⑪曲梁：位于今山西潞城县。

【译文】潞国国君婴儿的夫人，是晋景公的姐姐。酆舒执政后杀了潞君夫人，又伤了潞君的眼睛。晋景公准备讨伐酆舒，大夫们都说："不行。酆舒有三项卓越的才能，不如等待他的后人继任时再去讨伐。"伯宗说："一定要讨伐他。狄人有五大罪状，卓越的才能虽然多，但有什么益处呢？不祭祀祖先，这是第一项罪；喜欢喝酒，这是第二项罪；废弃仲章而夺取黎氏的土地，这是第三项罪；杀害我们伯姬，这是第四项罪；伤了他国君的眼睛，这是第五项罪。依仗他自己卓越的才能而不是美德，这就更增加了他的罪过。潞国继任的人或者将会敬奉德义而事奉神人，用来巩固国家的命运，怎么能等到继任的人呢？现在不讨伐有罪的人，说'将等待后继之人'，以后的继任有了理由我们再去讨伐，恐怕就不可以了吧？依仗才能和人多，这是亡国之道。商纣就是这样做了，所以才被灭。天违反时令就是灾难，地违反物性就是妖异，百姓违反事物的准则就是祸乱。有了祸乱就有妖异和灾祸发生。所以在文字上，'正'字反过来就是'乏'字。上面这些反常的事，狄人都发生了。"晋景公听从了伯宗的建议。六月癸卯日，晋国的荀林父在曲梁打败了赤狄。辛亥日，灭了潞国。酆舒逃到了卫国，卫国人把他送还到晋国，晋国人把他杀了。

王孙苏与召氏、毛氏争政，使王子捷杀召戴公及毛伯卫，卒立召襄[①]。

【注释】①召襄：召戴公之子。

【译文】王孙苏与召氏、毛氏争夺政权，派王子捷杀了召戴公和毛伯卫，最后立了召襄。

秋七月，秦桓公伐晋，次于辅氏[①]。壬午，晋侯治兵于稷[②]，以略[③]狄土，立黎侯而还。及洛[④]，魏颗败秦师于辅氏。获杜回，秦之力人[⑤]也。

【注释】①辅氏：晋地，位于今陕西省大荔县东。②稷：晋地，位于今山西稷山县南。③略：强取。④洛：晋地，位于今陕西大荔县东南。⑤力人：大力士。

【译文】秋季七月，秦桓公讨伐晋国，驻扎在辅氏。壬午日，晋景公在稷地练兵，并强占了狄人的土地，立了黎国国君后才回国。到了洛地，魏颗在辅氏击败了秦军。俘获了秦国大力士杜回。

初，魏武子[①]有嬖妾，无子。武子疾，命颗曰："必嫁是。"疾病[②]，则曰："必以为殉！"及卒，颗嫁之，曰："疾病则乱[③]，吾从其治[④]也。"及辅氏之役，颗见老人结草以亢[⑤]杜回，杜回踬而颠[⑥]，故获之。夜梦之曰："余，而所嫁妇人之父也。尔用先人之治命，余是以报。"

【注释】①魏武子：即魏犨，魏颗之父。②疾病：病危。③乱：神志不清。④治：神志清醒。⑤亢：遮拦。⑥踬（zhì）：被东西绊倒。颠：仆倒，倒下。

【译文】起初，魏武子有一爱妾，没有儿子。魏武子得病，命令魏颗说："等我死了以后，一定要把她嫁出去。"病危时，却说："一定要让她殉葬！"等到魏武子死后，魏颗把她嫁了出去，说："病重就会神志不清，我听从他神志清醒时的话。"等到辅氏之战，魏颗看到一个老人用草绳拦住杜回。杜回被绊倒在地，所以魏颗抓住了杜回。夜里魏颗梦见这个老人说："我，是你所嫁女子的父亲。你听从你先父神志清醒时的遗嘱，我以此来报答你。"

晋侯赏桓子狄臣千室[1]，亦赏士伯以瓜衍之县[2]，曰："吾获狄土，子之功也。微子，吾丧伯氏[3]矣。"羊舌职[4]说是赏也，曰："《周书》所谓'庸庸祗祗[5]'者，谓此物也夫。士伯庸中行伯，君信之，亦庸士伯，此之谓明德矣。文王所以造周，不是过也。故《诗》曰：'陈锡哉周[6]。'能施也。率[7]是道也，其何不济？"

【注释】①狄臣：狄人奴隶。千室：千家。②士伯：即士贞子。瓜衍：位于今山西省孝义市北。③伯氏：即荀林父。④羊舌职：晋国大夫，羊舌突之子。⑤庸庸祗祗：出自《尚书·周书·康诰》。庸庸，任用应受任用的人。祗祗，尊敬应受尊敬的人。⑥陈锡哉周：出自《诗经·大雅·文王》。陈锡，广施恩赐。哉，初、始。⑦率：遵循。

【译文】晋景公赏给桓子狄人奴隶一千家，又把瓜衍之县赏给了士伯，说："我得到了狄人的土地，是您的功劳。如果没有您，我就失去伯氏了。"羊舌职对这样的赏赐感到高兴，说："《周书》上所说的'用可用的人、敬可敬的人'，说的就是这一类吧。士伯认为中行伯可以任用，国君信任他，也重用士伯，这就叫做明德了。文王之所以能创立周朝，不就是这样了。所以《诗经》中说：'广施恩赐而创立周朝。'这是说文王能够施恩于人。遵循这个道理去做，还有什么不能成功的呢？"

晋侯使赵同献狄俘于周，不敬。刘康公[1]曰："不及十年，原叔[2]必有大咎，天夺之魄[3]矣。"

【注释】①刘康公：即王季子。②原叔：即赵同。③魄：魂魄。

【译文】晋景公派赵同给周朝进献狄人俘虏，赵同表现得不恭敬。刘康公说："到不了十年，原叔一定有大的灾祸，上天要夺走他的魂魄了。"

初税亩，非礼也。谷出不过藉[①]，以丰财[②]也。

【注释】①藉：借民力以耕田。旧井田法用藉法，即庶人为"公田"提供劳役，公田的产出归"公"，以此作为地租。②丰财：使资财丰裕。

【译文】鲁国开始按田亩征税，这是不符合礼法的。过去的征税方法是所征的谷子不超过"藉法"的规定，这是为了使资财丰裕。

冬，蝝生，饥。幸之也。

【译文】冬季，蝗虫遍生，造成饥荒。《春秋》中记载此事，是由于庆幸没有造成大的灾害。

宣公十六年

【经】十有六年[①]春王正月。晋人灭赤狄甲氏及留吁[②]。夏，成周宣榭[③]火。秋，郯伯姬[④]来归。冬，大有年[⑤]。

【注释】①十有六年：公元前593年。②甲氏、留吁：赤狄的两支。③宣榭：古代建筑于土台上的厅堂，为讲武临观之所。④郯伯姬：鲁国女，郯君夫人。⑤大有年：大丰收。

【译文】鲁宣公十六年春季，周历正月。晋国人灭了赤狄的甲氏和留吁。夏季，成周的宣榭发生火灾。秋季，郯伯姬回到鲁国。冬季，大丰收。

【传】十六年春，晋士会帅师灭赤狄甲氏及留吁、铎辰[①]。

【注释】①铎辰：赤狄的一支。分布在今山西省境内。

【译文】十六年春季，晋国的士会率军灭了赤狄的甲氏和留吁、铎辰。

三月，献狄俘。晋侯请于王。戊申，以黻冕[①]命士会将中军，且为大傅[②]。于是晋国之盗逃奔于秦。羊舌职曰："吾闻之，'禹称善人，不善人远'，此之谓也夫。《诗》曰：'战战兢兢，如临深渊，如履薄冰[③]。'善人在上也。善人在上，则国无幸民[④]。谚曰：'民之多幸[⑤]，国之不幸也。'是无善人之谓也。"

【注释】①黻（fú）冕：古代祭服。黻，古代礼服上黑与青相间的花纹。冕，礼帽。②大傅：太傅，主管刑礼之官。③战战兢兢，如临深渊，如履薄冰：出自《诗经·小雅·小旻》。战战兢兢，形容恐惧得发抖或小心谨慎的样子。④幸民：心怀侥幸的百姓。⑤多幸：侥幸。

【译文】三月，晋国向周定王进献狄人俘虏。晋景公向周定王请求。戊申日，把礼服赐给士会并命令他统帅中军，并且任命他为太傅。于是晋国的盗贼都逃奔到了秦国。羊舌职说："我听说，'禹任用善人，不善的人就自觉远去了'，说的就是这种情况吧！《诗经》中说：'战战兢兢，如同面临深渊，如同踩着薄冰。'这是因为有好人在上。有好人在上，国内就没有心存侥幸的百姓。谚语说：'百姓多存侥幸，就是国家的不幸。'这就是说没有好人了。"

夏，成周宣榭火，人火之也。凡火，人火曰火，天火曰灾。

【译文】夏季，成周的宣榭发生火灾，这是人为的火灾。凡是火灾，人烧着的火叫做火，天降的火叫做灾。

秋，郯伯姬来归，出也。

【译文】秋季，郯伯姬来到鲁国，这是因为被遗弃送回娘家。

为毛、召之难故，王室复乱。王孙苏奔晋，晋人复之。冬，晋侯使士会平王室，定王享之，原襄公相礼①。殽烝②。武子③私问其故。王闻之，召武子曰："季氏，而弗闻乎？王享有体荐④，宴有折俎⑤。公当享，卿当宴。王室之礼也。"武子归而讲求典礼，以修晋国之法。

【注释】①原襄公：原国国君，伯爵。相礼：导引、襄助他人行礼。

②殽（yáo）烝：指将煮熟牲体节解，连肉带骨放在俎上，以享宾客。③武子：即士会，字季，谥武。④体荐：古代祭祀、宴享时，将牲的半体置于大俎以进献。⑤折俎：古代祭祀、宴会时，杀牲肢解而后置于俎上。引申为参与国家大典。俎，盛牺牲的礼器。

【译文】由于毛氏、召氏之难的缘故，周王室又发生动乱。王孙苏逃奔晋国，晋国人又把他送回来复位。冬季，晋景公派士会调解王室的内乱，周定王宴请招待他，原襄公担任相礼。设殽烝。士会暗中问原襄公这是什么缘故。周定王听到，召来士会说："季氏，你没有听说过吗？天子设享礼有体荐，设宴礼有折俎。天子对诸侯应设享礼招待，诸侯对卿应设宴礼招待。这是王室的礼节。"士会回国后，讲求典礼，是为了修明晋国的法度。

宣公十七年

【经】十有七年[①]春王正月庚子，许男锡我[②]卒。丁未，蔡侯申[③]卒。夏，葬许昭公。葬蔡文公。六月癸卯，日有食之。己未，公会晋侯、卫侯、曹伯、邾子同盟于断道[④]。秋，公至自会。冬十有一月壬午，公弟叔肸卒。

【注释】①十有七年：公元前592年。②许男锡我：即许昭公。③蔡侯申：即蔡文公。④晋侯：即晋景公。卫侯：即卫穆公。曹伯：即曹宣公。断道：晋邑。在今山西省沁县东南，或在今河南济源市西南。

【译文】鲁宣公十七年春季，周历正月庚子日，许昭公锡我去世。二月丁未日，蔡文公申去世。夏季，安葬许昭公。安葬蔡文公。六月癸卯日，发生日食。己未日，宣公与晋景公、卫穆公、曹宣公、邾国国君在断道会盟。秋季，宣公从断道盟会回到鲁国。冬季十一月壬午日，宣公弟叔肹去世。

【传】十七年春，晋侯使郤克征[1]会于齐。齐顷公帷妇人[2]，使观之。郤子登，妇人笑于房[3]。献子[4]怒，出而誓曰："所[5]不此报，无能涉河。"献子先归，使栾京庐[6]待命于齐，曰："不得齐事，无复命矣。"郤子至，请伐齐，晋侯弗许。请以其私属[7]，又弗许。

【注释】①征：召。②帷：用幕布遮挡。妇人：指齐顷公之母萧同叔子。③妇人笑于房：郤克是跛子，所以妇人见他登台阶，笑出了声。房，东西厢房。④献子：即郤克。⑤所：如果。⑥栾京庐：郤克出使齐国的副手。⑦私属：家族之兵。

【译文】十七年春季，晋景公派郤克去齐国召请齐顷公参加盟会。齐顷公让妇人坐帷帐里观看郤克。郤克登上台阶时，那妇人在厢房里笑出了声。郤克大怒，出来时发誓说："如果我不报此仇，今生定不过黄河！"郤克先回国，让栾京庐在齐国等候命令，说："不能完成召请齐顷公参加盟会的使命，就不要回国复命了。"郤克回到晋国，请求讨伐齐国，晋景公不答应。郤克请求带领家兵去讨伐齐国，晋景公也不答应。

齐侯使高固、晏弱、蔡朝、南郭偃会[①]。及敛盂[②]，高固逃归。夏，会于断道，讨贰也。盟于卷楚[③]，辞[④]齐人。晋人执晏弱于野王[⑤]，执蔡朝于原[⑥]，执南郭偃于温[⑦]。苗贲皇[⑧]使，见晏桓子。归，言于晋侯曰："夫晏子何罪？昔者诸侯事吾先君，皆如不逮[⑨]，举[⑩]言群臣不信，诸侯皆有贰志。齐君恐不得礼，故不出，而使四子来。左右或沮之，曰：'君不出，必执吾使。'故高子及敛盂而逃。夫三子者曰：'若绝君好，宁归死焉。'为是犯难而来，吾若[⑪]善逆彼以怀来者，吾又执之，以信齐沮，吾不既过矣乎？过而不改，而又久之，以成其悔，何利之有焉？使反者得辞[⑫]，而害来者，以惧诸侯，将焉用之？"晋人缓之，逸[⑬]。秋八月，晋师[⑭]还。

【注释】①高固：即高宣子。晏弱：即晏桓子。蔡朝、南郭偃：都是齐国大夫。②敛盂：卫邑。位于今河南濮阳市东南。③卷楚：一说即断道，一说与断道为二地。④辞：拒绝。⑤野王：晋邑。即今河南沁阳市。⑥原：在今河南济源市西北。⑦温：在今河南省温县西南。⑧苗贲皇：楚国令尹斗椒之子，采邑于苗，故称苗贲皇。⑨不逮：比不上。⑩举：全。⑪若：应该。⑫反者：指高固。得辞：有了借口。⑬逸：跑，逃跑。⑭晋师：参加盟会的军队。

【译文】齐顷公派高固、晏弱、蔡朝、南郭偃参加盟会。等到了敛盂时，高固先逃回国。夏季，在断道会盟，是为了讨伐背晋亲楚的国家。又在卷楚缔结盟约，并拒绝齐国人参加。晋国人在野王抓住了晏弱，在原地抓住了蔡朝，在温地抓住了南郭偃。苗贲皇出使时，途中遇见晏桓子。回国后，对晋景公说："晏子有什么罪呢？过去诸侯们事奉我们的先君，都急得怕赶不上，都说是因为晋国群臣不守信用，所以诸侯们都有了别的打算。齐国国君担心不能得到礼遇，所以自己不敢出国，而派这四人前来。齐顷公的左右随从中有人劝阻他，说：‘国君您不出国，晋国一定会抓住我们的使者。’所以高固到了敛盂就逃了回来。剩下的三个人说：‘如果因为我们而断绝了国君之间的友好，宁可到了盟会之后回去被处死。’为此他们冒险而来，我们应该好好地迎接招待他们，以使前来的人对我们留恋，但是我们却抓住了他们，以此证实了齐国人的劝阻是正确的，我们不是已经犯了错误吗？犯了错而不加以改正，并久久不肯释放，以造成他们的后悔，这又有什么好处呢？让先逃回去的人有了借口，而伤害了前来参加盟会的人，以使诸侯害怕，这又有什么用呢？”晋国人于是故意放松看守，晏桓子逃回国。秋季八月，晋军回国。

范武子[①]将老，召文子[②]曰：“燮乎！吾闻之，喜怒以类[③]者鲜，易者[④]实多。《诗》[⑤]曰：‘君子如怒，乱庶遄沮。君子如祉，乱庶遄已。’君子之喜怒，以已乱也。弗已者，必益之。郤子其或者欲已乱于齐乎？不然，余惧其益之也。余将老，使郤子逞其志[⑥]，庶有豸[⑦]乎。尔从二三子唯敬。”乃请老，郤献子为政。

【注释】①范武子：即士会，士蔿之孙，晋国大夫。因封于随，称随会。封于范，又称范会。②文子：即士燮，士会之子，谥文，又称范文子。③以类：合乎礼法。④易者：反其道而行。⑤《诗》：出自《诗经·小雅·巧言》。庶，也许，或许。遄沮，迅速阻止。祉，喜。已，止。⑥逞其志：满足他的心愿。⑦豸（zhì）：解决。

【译文】范武子打算告老致仕，叫来范文子，说："燮儿啊！我听说，很少有人能喜怒合乎礼法，反其道而行倒是有很多。《诗经》中说：'君子如果发怒，祸乱或许可以迅速阻止。君子如果喜悦，祸乱或许可以迅速停歇。'君子的喜怒是用来阻止祸乱的。如果不能阻止祸乱，就一定会增加祸乱。郤克或许是想要在齐国阻止祸乱吧？否则，我担心他会增加祸乱呢！我打算告老还乡了，就让郤克满足他的心愿，祸乱或许可以解除。你跟随大夫们，唯有恭敬从事。"于是请求告老还乡，郤克开始执政。

冬，公弟叔肸卒。公母弟也。凡大子之母弟，公在曰公子，不在曰弟。凡称弟，皆母弟也。

【译文】冬季，鲁宣公的弟弟叔肸去世。他是宣公的同母兄弟。凡是太子的同母兄弟，国君在世叫公子，不在世叫弟。凡称为弟的，都是同母兄弟。

宣公十八年

【经】十有八年[①]春，晋侯[②]、卫世子臧伐齐。公伐杞。夏四月。秋七月，邾人戕[③]鄫子于鄫。甲戌，楚子旅[④]卒。公孙归父如晋。冬十月壬戌，公薨于路寝。归父还自晋，至笙[⑤]。遂奔齐。

【注释】①十有八年：公元前591年。②晋侯：即晋景公。③戕（qiāng）：杀害。④楚子旅：即楚庄王。⑤笙：鲁邑。在今山东菏泽市北。

【译文】鲁宣公十八年春季，晋景公、卫世子臧联合攻打齐国。鲁宣公征讨杞国。夏季四月。秋季七月，邾国人在鄫国杀害了鄫子。甲戌日，楚庄公旅去世。公孙归父去了晋国。冬季十月壬戌日，鲁宣公在路寝去世。公孙归父从晋国回国，到达笙地。于是逃到了齐国。

【传】十八年春，晋侯、卫大子臧伐齐，至于阳谷。齐侯会晋侯盟于缯[①]，以公子强为质于晋。晋师还，蔡朝、南郭偃逃归。

【注释】①缯：国名，在今河南省方城境内。

【译文】十八年春季，晋景公、卫国的太子臧联合讨伐齐国，一直打到阳谷。齐顷公与晋景公在缯地会盟，齐国派公子强到晋国作人质。晋军撤兵回国。蔡朝、南郭偃逃回齐国。

夏，公使如楚乞师，欲以伐齐。

【译文】夏季，鲁宣公派人到楚国请求出兵援救，想要征讨齐国。

秋，邾人戕鄫子于鄫。凡自内虐[①]其君曰弑，自外曰戕。

【注释】①虐：杀。

【译文】秋季，邾国人在鄫国杀害鄫子。凡是由国内的人杀害他们的国君叫做“弑”，由国外来人杀害国君的叫做“戕”。

楚庄王卒，楚师不出。既而用晋师，楚于是乎有蜀之役[①]。

【注释】①蜀之役：发生于成公二年冬季。蜀，鲁地，在今山东泰安市东南。

【译文】楚庄王去世，楚军不能出兵。后来鲁国就率领晋军征讨齐国，楚国因此有了蜀地的战役。

公孙归父以襄仲之立公也，有宠，欲去三桓[①]，以张公室。与公谋，而聘于晋，欲以晋人去之。冬，公薨。季文子言于朝曰：“使我杀適[②]立庶以失大援者，仲也夫。”臧宣叔[③]怒曰：“当其时不能治也，后之人何罪？子欲去之，许请去之。”遂逐东门氏[④]。子家还，及笙，坛帷[⑤]，复命于介[⑥]。既复命，袒、括发[⑦]，即位哭，三踊[⑧]而出。遂奔齐。书曰：“归父还自晋。”善之也。

【注释】①三桓：指鲁国卿大夫孟孙氏、叔孙氏和季孙氏，都是鲁桓公的后代。②適：通“嫡”。③臧宣叔：即臧孙许，鲁国大夫。④东门氏：即襄仲之族。⑤坛：用土堆成的平台。帷：用帷幕围住坛。⑥介：副手。⑦袒：脱去上衣。括发：束发。指服丧。⑧三踊：指古代丧礼，向死者跳脚号哭，以示哀痛。

【译文】公孙归父由于他父亲襄仲当年立了鲁宣公，因而得到了宣公的宠信，他想把三桓驱逐出国，以此张大鲁公室的权力。他和宣公谋划，然后去晋国访问，想要用晋国人的力量来驱逐三桓。冬季，鲁宣公去世。季文子在朝堂上说："让我杀死嫡子拥立庶子以致失掉大国的援助的，就是襄仲啊！"臧宣叔发怒说："当时不能治襄仲的罪，他的后人又有什么罪过呢？如果您想除掉他，我就请求去除掉他。"于是把襄仲之族东门氏驱逐出鲁国。公孙归父回国，到达笙地，用帷幕围住土坛，向他的副手行复命之礼。复命之礼完成后，他脱去外衣，以麻束发，到规定的位置上号哭，跳脚三次后才出去。于是逃到了齐国。《春秋》中记载说："归父还自晋。"是为了赞许他。

成 公

成公元年

【经】元年[①]春王正月，公即位。二月辛酉，葬我君宣公。无冰。三月，作丘甲[②]。夏，臧孙许及晋侯盟于赤棘[③]。秋，王师败绩于茅戎[④]。冬十月。

【注释】①元年：公元前592年。②丘甲：古代军赋制度四丘为甸，每甸出甲士三人，步卒七十二人。今鲁国将每甸所赋令每丘出之，《春秋》中记载是为了讽刺重敛。③晋侯：即晋景公。赤棘：晋地，地址不详。④茅戎：戎人的一支，在今山西平陆县，或说在河南修武县。

【译文】鲁成公元年春季，周历正月，成公即位。二月辛酉日，安葬我国国君宣公。没有结冰。三月，实行了丘甲制。夏季，臧孙许在赤棘与晋景公会盟。秋季，周王室的军队被茅戎打败。冬季十月。

【传】元年春，晋侯使瑕嘉[①]平戎于王，单襄公[②]如晋拜成。刘康公徼戎[③]，将遂伐之。叔服[④]曰："背盟而欺大国，此必败。背盟，不祥；欺大国，不义；神、人弗助，将何以胜？”不听，遂伐茅戎。三月癸未，败绩于徐吾氏[⑤]。

【注释】①瑕嘉：即詹嘉，晋大夫。②单襄公：单国国君，周王卿士，即单朝。③徼（jiǎo）戎：乘戎不防备欲进行袭击想侥幸打败戎。④叔服：周王内史。⑤徐吾氏：茅戎一支，此指交战所在地。

【译文】元年春季，晋景公派大夫詹嘉对周王室与戎人之间的矛盾进行调停，单襄公因此到晋国拜谢调停成功。刘康公想趁戎人不备之机进行袭击，而侥幸攻伐获胜。叔服说：“这样不仅违背了与戎人的盟约，还欺骗了晋国，所以一定会失败。违背盟约，就会不吉祥；欺骗大国，就是不义，因此神明与百姓都不会给予我们帮助，您又凭什么来取胜呢？”刘康公没有听从，便率军攻打茅戎。三月癸未日，在徐吾氏的领地上被戎人打得大败。

为齐难故，作丘甲。

【译文】鲁国为了防备齐国入侵，实行了丘甲制。

闻齐将出楚师，夏，盟于赤棘。

【译文】成公听说齐国准备与楚军前来攻打鲁国，夏季，便与晋国在赤棘结盟。

秋，王人来告败。

【译文】秋季，周王室派使者前来通报周王军队被茅戎打败的消息。

冬，臧宣叔令修赋[①]、缮完[②]、具守备，曰："齐、楚结好，我新与晋盟，晋、楚争盟，齐师必至。虽晋人伐齐，楚必救之，是齐、楚同我也。知难而有备，乃可以逞[③]。"

【注释】①修赋：整顿军赋，即实行丘甲制。②缮完：修治城郭。③逞：解除忧患。

【译文】冬季，臧宣叔下令整顿军赋，修治城郭，完善防御设施，说："齐、楚两国交好，而我国又刚与晋国结盟，晋、楚两国正在争夺盟主之位，所以齐军一定会来攻打我国。虽说晋国人如果攻打齐国，楚国必定会前往救援，但这实际上是齐国与楚国联合攻打我国。察觉到忧患并做好防备，才能够解除忧患啊。"

成公二年

【经】二年[①]春，齐侯[②]伐我北鄙。夏四月丙戌，卫孙良夫[③]帅师及齐师战于新筑，卫师败绩。六月癸酉，季孙行父、臧孙许、叔孙侨如、公孙婴齐帅师会晋郤克、卫孙良夫、曹公子首及齐侯战于鞍④，齐师败绩。秋七月，齐侯使国佐如师。己酉，及国佐盟于袁娄⑤。八月壬午，宋公鲍⑥卒。庚寅⑦，卫侯速⑧卒。取汶阳田。冬，楚师、郑师侵卫。十有一月，公会楚公子婴齐于蜀⑨。丙申，公及楚人、秦人、宋人、陈人、卫人、郑人、齐人、曹人、邾人、薛人、鄫人盟于蜀。

【注释】①二年：公元前589年。②齐侯：即齐顷公。③孙良夫：孙氏，名良夫，谥桓，史称孙桓子。新筑：卫地，位于今河北魏县南。④叔孙侨如：叔孙得臣长子，史称叔孙宣伯。公孙婴齐：叔肸之子，又称仲婴齐，谥声伯，史称子叔声伯。鞍：齐邑，位于今山东省济南市西北。⑤袁娄：即爰娄，齐邑，在今山东淄博市东北。⑥宋公鲍：即宋文公。⑦庚寅：九月五日。⑧卫侯速：即卫穆公。⑨公子婴齐：即子重，楚令尹。蜀：鲁地，位于今山东泰安市东南。

【译文】成公二年春季，齐顷公发兵攻打我国北部边境。夏季四月丙戌日，卫国的孙良夫率军与齐军在新筑交战，卫军大败。六月癸酉日，季孙行父、臧孙许、叔孙侨如、公孙婴齐率军与晋国的郤克、卫国的孙良夫、曹国的公子首会合，在鞍地与齐顷公率领的齐军交战，齐军大败。秋季七月，齐顷公派国佐到诸侯军中。己酉日，诸侯国与国佐在袁娄会盟。八月壬午日，宋文公鲍去世。九月庚寅日，卫穆公去世。取回了汶水以北的田地。冬季，楚军和郑军入侵卫国。十一月，成公在蜀地会见了楚国的公子婴齐。丙申日，成公与楚国人、秦国人、宋国人、陈国人、卫国人、郑国人、齐国人、曹国人、邾国人、薛国人、鄫国人在蜀地会盟。

【传】二年春，齐侯伐我北鄙，围龙[①]。顷公之嬖人卢蒲就魁门[②]焉，龙人囚之。齐侯曰："勿杀！吾与而盟，无入而封[③]。"弗听，杀而膊[④]诸城上。齐侯亲鼓，士陵城[⑤]，三日，取龙，遂南侵，及巢丘[⑥]。

【注释】①龙：鲁邑，位于今山东泰安县东南。②门：攻城。③封：边境。④膊（bó）：分裂尸体。⑤陵城：登上城墙。⑥巢丘：地名，今山东泰安境内。

【译文】二年春季，齐顷公率军攻打我国北部边境，包围了龙地。顷公的宠臣卢蒲就魁领兵攻打城门，被龙地人擒获。齐顷公说："不要杀他！我与你们订立盟约，不进入你们境内。"龙地人没有听从，杀死了卢蒲就魁，并将他的尸体吊在城上示众。齐顷公亲自击鼓督战，士兵登上了城墙。三天后，夺取了龙地。于是齐军南侵，直达巢丘。

卫侯使孙良夫、石稷、宁相、向禽将侵齐[①]，与齐师遇。石子欲还，孙子曰："不可。以师伐人，遇其师而还，将谓君何？若知不能，则如[②]无出。今既遇矣，不如战也。"

【注释】①石稷：即石成子，石碏四世孙。宁相：即宁俞子。②如：应当。

【译文】卫穆公派遣孙良夫、石稷、宁相、向禽将率军攻打齐国，途中与齐军相遇。石稷准备撤军，孙良夫说："不行。我们率军是来攻打齐国的，现在遇到了齐军却要撤回，怎么向国君交代？如果早知不能与齐军交战，那还不如不出兵。现在既然已经与齐军相遇了，不如一战。”

夏，有……[①]

【注释】①以下有阙文，当记卫军战败一事。

【译文】夏季，有……

石成子曰：“师败矣。子不少须[①]，众惧尽。子丧师徒，何以复命？”皆不对。又曰：“子，国卿也。陨[②]子，辱矣。子以众退，我此乃止。”且告车来甚众。齐师乃止，次于鞫居[③]。新筑人[④]仲叔于奚救孙桓子，桓子是以免。

【注释】①须：等待。②陨：损失。③鞫（jū）居：卫邑。在今河南封丘县东。④新筑人：指新筑大夫。孙桓子：即孙良夫，卫国的卿。

【译文】石稷说：“我军已经战败了。如果您不坚持一阵挡住敌人的进攻，恐怕我们要全军覆没。您丧失了军队，回去怎么向国君交代？”大家都不回答。石稷又说：“您是国家的卿，损失了您，是国家的耻辱。您领着军队撤退，我留在这里抵挡齐军。”于是留了下来并告诉全军说来了很多救援的兵车。齐军因此才停止了进攻，驻扎在鞫居。新筑大夫仲叔于奚前来救援孙良夫，孙良夫因此才幸免于难。

既，卫人赏之以邑，辞。请曲县[①]、繁缨以朝，许之。

【注释】①曲县：也作“曲悬”。周礼，诸侯之乐，室内三面悬乐器，形曲，谓之“曲县”。天子四面悬挂，名宫悬；诸侯三面悬挂，称轩县、曲县；大夫左右悬挂，称判县；士挂东面或阶间，称特县。县，悬挂的乐器，如钟、磬类。繁（pán）缨：古代天子、诸侯所用辂马的带饰。繁，马腹带。缨，马颈革。

【译文】不久，卫国人奖给仲叔于奚一块封地，仲叔于奚推辞了。他请求得到诸侯才能享受的三面悬挂乐器，以及繁缨装饰马匹的待遇，并以此朝见国君，卫穆公答应了他的请求。

仲尼闻之曰：“惜也，不如多与之邑。唯器与名，不可以假人，君之所司[①]也。名以出信，信以守器，器以藏礼，礼以行义，义以生利，利以平[②]民，政之大节也。若以假人，与人政也。政亡，则国家从之，弗可止也已。”

【注释】①君之所司：国君所管辖。②平：治理，镇压。

【译文】孔子听说了这件事后说道：“可惜啊！不如多赏给他封地。只有器物和爵号不能随易赐给别人，这是君主所掌管的东西。爵位名号可以赋予威信，威信可以保护器物，器物可以体现礼法，礼法可以推行道义，道义可以谋求利益，利益可以治理百姓，这是治理国家的关键。如果轻易将名位、礼器赐给别人，就等于是将政权交给别人呀。丧失了政权，那么国家也就会随之灭亡，到时便再也无法阻止了。”

孙桓子还于新筑，不入[①]，遂如晋乞师。臧宣叔亦如晋乞师。皆主郤献子[②]。晋侯许之七百乘。郤子曰："此城濮之赋[③]也。有先君之明与先大夫之肃[④]，故捷。克于先大夫，无能为役，请八百乘。"许之。郤克将中军，士燮佐上军，栾书将下军，韩厥为司马，以救鲁、卫。臧宣叔逆晋师，且道[⑤]之。季文子帅师会之。

【注释】①不入：指不进入国都。②主郤献子：以郤克为主人，是指通过郤克的关系请求出兵。③赋：兵员数量。④先君：即晋文公。先大夫：即先轸、狐偃等先辈大夫。肃：通"速"，敏捷。⑤道：做向导。

【译文】孙良夫回到新筑，没有进入国都，就前往晋国请求出兵。鲁国的臧宣叔也来到晋国请求出兵。他们都通过郤克向晋景公请求出兵。晋景公答应派出七百辆战车。郤克说："这只是城濮之战时我军的兵力。那次战役，因为有先君的明察和先辈大夫的敏捷才能，所以才能取得胜利。我和先辈大夫们相比，还不足以做他们的仆人，请派八百乘兵车。"晋景公同意了。郤克率领中军，士燮辅佐上军，栾书率领下军，韩厥担任司马，领兵救援鲁、卫二国。臧宣叔迎接晋军，同时为他们做向导。鲁国的季文子率领军队与晋军会合。

及卫地，韩献子将斩人，郤献子驰，将救之，至则既斩之矣。郤子使速以徇[①]，告其仆曰："吾以分谤也。"

【注释】①徇：陈尸示众。

【译文】军队到达卫国时，韩厥将要杀死触犯军法的人，郤克飞车前往营救，准备救下那人，等他赶到时犯人已经被杀了。于是郤克派人迅速将其尸首陈尸在全军面前示众，并告诉他的御者说："我这样做是为了分担别人对韩厥的指责。”

师从齐师于莘[①]。六月壬申，师至于靡笄[②]之下。齐侯使请战，曰：“子以君师，辱于敝邑，不腆敝赋[③]，诘朝[④]请见。”对曰：“晋与鲁、卫，兄弟也。来告曰：‘大国朝夕释憾于敝邑之地[⑤]。’寡君不忍，使群臣请于大国，无令舆师淹[⑥]于君地。能进不能退，君无所辱命。”齐侯曰：“大夫之许，寡人之愿也；若其不许，亦将见也。”

【注释】①从：追上。莘：卫邑，位于今山东莘县北，为从卫至齐的要道。②靡笄（jī）：山名，即今山东济南市千佛山。③不腆：不丰厚，不富足。古代用作谦词。敝赋：对自己军队的谦称。古代按田亩出车徒，故称兵卒、车辆为赋。④诘朝：第二天早晨。⑤大国：指齐国。朝夕：早晚，指不断。释憾：谓借事报复以解恨。⑥淹：久留。

【译文】晋、鲁、卫联军在莘地追上了齐军。六月壬申日，联军赶到靡笄山。齐顷公派人请战，说：“您率领贵国国君的军队来到敝国，虽然我军已疲惫不堪，但也请求和贵军在明天早晨决战。”郤克回答说：“晋国与鲁、卫二国，是兄弟国家，他们来告诉我们说：‘齐国经常到敝邑的土地上发泄愤怒。’我国国君于心不忍，让我们这些大臣向大国请求，不要让我们的军队在贵国久留。我军只有前进，不能后退，您无须再下命令了。”齐顷公说：“您同意决战，这是我的愿望；即使您不同意，也一定要和你们兵戎相见。”

齐高固入晋师，桀[①]石以投人，禽[②]之而乘其车，系桑本[③]焉，以徇齐垒，曰："欲勇者贾[④]余余勇。"

【注释】①桀：举起。②禽：通"擒"，捕捉。③桑本：即桑树根。④贾：买。

【译文】齐军的高固闯入晋军中，举起一块巨石砸向晋兵，擒获了晋兵并抢坐上他的战车，把桑树根系在车后，回到齐军示众，说："想要勇气的人可以来买我多余的勇气。"

癸酉，师陈于鞍。

【译文】癸酉日，齐、晋两军在鞍地排开阵仗。

邴夏[①]御齐侯，逢丑父[②]为右。晋解张[③]御郤克，郑丘缓[④]为右。

【注释】①邴夏：齐大夫。②逢（páng）丑父：齐国大夫。③解张：晋国大夫，字张侯，其子孙以字命氏，也称张氏。④郑丘缓：郑丘为复姓，因为周王子郑封地郑父之丘而得氏，晋国大夫。

【译文】邴夏为齐顷公驾驭战车，逢丑父为车右。晋国的解张为郤克驾车，郑丘缓为车右。

齐侯曰："余姑翦灭此而朝食。"不介马[①]而驰之。

【注释】①不介马：不给战马披甲。

【译文】齐顷公说："我们先将这些人都消灭了再吃早饭吧。"于是马不披甲就奔向了晋军。

郤克伤于矢，流血及屦，未绝鼓音，曰："余病[①]矣！"张侯曰："自始合[②]，而矢贯余手及肘，余折以御，左轮朱殷[③]，岂敢言病。吾子忍之！"缓曰："自始合，苟有险，余必下推车，子岂识之[④]？然子病矣！"张侯曰："师之耳目，在吾旗鼓，进退从之。此车一人殿[⑤]之，可以集事[⑥]，若之何其以病败君之大事也？擐[⑦]甲执兵，固即死也。病未及死，吾子勉之！"左并辔[⑧]，右援枹[⑨]而鼓，马逸不能止，师从之。齐师败绩。逐之，三周华不注[⑩]。

【注释】①病：受伤。②合：交锋，交战。③朱殷（yān）：赤黑色。④子岂识之：你哪里知道呢？⑤殿：镇守。⑥集事：成事。⑦擐（huàn）：穿，贯。⑧并辔（pèi）：驾车本来是用双手挽缰绳，以一手挽两条缰绳称并辔。⑨援枹：手持鼓槌。谓随时可以指挥进军。古时以击鼓指挥军队进击。郤克受伤，故解张帮他击鼓。枹，鼓槌。⑩华不注：又名华山，金舆山。在山东济南市。

【译文】郤克被箭射伤，鲜血一直流到鞋子上，但他还是不停地击鼓，说："我受伤了！"解张说："从开始交战，箭就射穿了我的手和肘，我把箭折断继续驾车，左边的车轮都被血染成赤黑色了，我都不敢说受伤，您就再坚持坚持吧！"郑丘缓说："从开始交战，只要遇到险阻，我必定下去推车，您又哪里会知道，但您确实伤得很重！"解张说："军队的耳目，全听凭我们的旌旗和战鼓，进攻后退都听从旗鼓的指挥。这辆战车只要有一个人镇守，就可以成功，怎么能因为受伤而影响了国君的大事呢？军人身披盔甲、手持兵器，本来就抱定了必死的决心。现在虽然受伤了但还没有死，您还是振作起精神吧！”说完，解张用左手抓住缰绳，右手拿起鼓槌击鼓，马车一路向前狂奔，军队也跟着冲了上去。结果齐军大败，晋军追赶齐军，绕着华不注山追了三圈。

韩厥梦子舆[①]谓己曰：“且辟左右[②]。”故中御而从齐侯[③]。邴夏曰：“射其御者，君子也。”公曰：“谓之君子而射之，非礼也。”射其左，越[④]于车下。射其右，毙于车中，綦毋张[⑤]丧车，从韩厥，曰：“请寓乘[⑥]。”从左右，皆肘之，使立于后。韩厥俛[⑦]，定其右。逢丑父与公易位。将及华泉[⑧]，骖絓[⑨]于木而止。丑父寝于辗[⑩]中，蛇出于其下，以肱[⑪]击之，伤而匿之，故不能推车而及。韩厥执絷[⑫]马前，再拜稽首，奉觞加璧[⑬]以进，曰：“寡君使群臣为鲁、卫请，曰：‘无令舆师陷入君地。’下臣不幸，属当戎行[⑭]，无所逃隐。且惧奔辟，而忝[⑮]两君，臣辱戎士，敢告不敏[⑯]，摄官承乏[⑰]。”丑父使公下，如华泉取饮。郑周父御佐车[⑱]，宛茷[⑲]为右，载齐侯以免。

【注释】①子舆：韩厥父亲。②辟：躲避。左右：车左或车右。③中御：站在车中间，代替御者。从：追赶。④越：失坠，坠落。⑤綦（qí）毋（wú）张：晋大夫。姓綦毋名张。⑥寓乘：搭乘别人的车。⑦俛：同“俯”，弯下身子。⑧华泉：泉名，在华不注山下，流入济水。⑨骖（cān）：车前两侧的马。絓（guà）：绊住。⑩辗（zhàn）：栈车。用竹木条做成的一种车。⑪肱（gōng）：上臂，手臂由肘到肩的部分。

⑫縶（zhí）：拴马的绳索。⑬奉觞加璧：敬酒献玉。⑭戎行：军队、行伍。⑮忝（tiǎn）：辱，有愧于。⑯不敏：自谦之词，不才。⑰摄官承乏：旧时常用作官场的自谦语。摄，代理。承乏，指官位空着无人出任，暂且由自己承担。⑱郑周父：齐国大夫。佐车：副车。⑲宛茷：齐国大夫。

【译文】韩厥梦见父亲舆对他说："明天交战时你要避开战车的左右两侧！"因此韩厥便在中间驾车追击齐顷公。邴夏说："射那辆车的驾车人，他是个君子。"齐顷公说："认为他是君子却又要射杀他，这不符合礼法。"于是让人射车左，车左死在车下。又射击车右，车右也死在了车里。綦毋张丢了战车，追上韩厥说："请让我搭乘您的车吧。"上车后，他无论站在车左或车右，都被韩厥用肘部推开，让他站立在自己身后。韩厥低下身子，放好车右的尸体。逢丑父与齐顷公互换了位置。当他们快到华泉时，骖马被树木挂住了，车子被迫停了下来。前几天，逢丑父在栈车里睡觉，一条蛇从车下爬了上来，他用上臂去打蛇，结果被蛇咬伤了，但他隐瞒了这件事，没有声张，所以这时他无法推车，因此被韩厥追上。韩厥手握着马缰走到齐顷公马前，下拜叩头，捧着酒杯和玉璧献给齐顷公，说："我国国君派我们群臣前来为鲁国、卫国请命，说：'不要让晋军久留在齐国的土地上。'下臣不幸，恰巧在军中，无处逃避。而且我也担心奔走逃避会让两国国君蒙受耻辱。下臣勉强充当一名战士，谨向国君禀告我的无能，但因缺乏人手，只好由我代替这一职务。"逢丑父便让齐顷公下车，去华泉取水。郑周父驾驭副车，宛茷为车右，载着齐顷公，让他乘机逃走，免于被俘。

韩厥献丑父，郤献子将戮之。呼曰："自今无有代其君任患者[①]，有一于此，将为戮乎！”郤子曰：“人不难以死免其君。我戮之不祥，赦之以劝事君者。”乃免之。

【注释】①任患：承受祸患。

【译文】韩厥将逢丑父带回，郤克准备杀死他。逢丑父大声叫喊道：“从古至今，还没有能代替他的国君受难的人。现在有一个这样的人在这里，他还要被杀死吗？”郤克说：“这个人不怕以死来让他的国君免于祸患，如果我杀死他，恐怕不吉利。如果赦免他，则可以勉励那些侍奉国君的人。”于是便赦免了逢丑父。

齐侯免，求丑父，三入三出[①]。每出，齐师以帅退[②]。入于狄卒，狄卒皆抽戈楯冒之[③]。以入于卫师，卫师免之[④]。遂自徐关[⑤]入。齐侯见保者[⑥]，曰：“勉之！齐师败矣。”辟女子[⑦]，女子曰：“君免乎？”曰：“免矣。”曰：“锐司徒[⑧]免乎？”曰：“免矣。”曰：“苟君与吾父免矣，可若何？”乃奔。齐侯以为有礼，既而问之，辟司徒[⑨]之妻也。予之石窌[⑩]。

【注释】①三入三出：指齐顷公三次进入晋军，企图救出逢丑父。②以帅退：保护着他后退。③楯：同“盾”。冒：覆盖，护卫。④免之：使他免于伤害。⑤徐关：齐地，位于今山东临淄一带。⑥保者：守卫城邑的人。⑦辟女子：叫女子让道。辟，开道，让行人避开。⑧锐司徒：官名。主管锐（矛）类兵器。⑨辟司徒：主管军中营垒的官。辟，通“壁”。⑩石窌（liù）：齐地，当在今山东长清县东南。

【译文】齐顷公逃脱后，为了营救逢丑父，他三次冲入敌军，又三次杀出重围。每次出来时，齐军都紧紧护卫着他让他后退。当他冲入狄人的军中时，狄人的士兵都拿起戈和盾护卫他。当他冲入卫军中时，卫军也没有人伤害他。于是齐顷公率军从徐关进入齐都。齐顷公见到守城军队，说："你们尽力防范吧！齐军战败了。"齐顷公的护卫驱赶前面的一个女子，要她让开。这个女子问："国君免于祸难了吗？"护卫回答说："免了。"女子又问："锐司徒免于祸难了吗？"护卫回答说："免了。"女子说："如果国君与我父亲都幸免于难了，我还担心什么呢？"于是便跑开了。齐顷公认为这个女子懂得礼法，不久后查问，才知道她是辟司徒的妻子，于是便将石窌赐给她作为封邑。

晋师从齐师，入自丘舆[①]，击马陉[②]。

【注释】①丘舆：齐地，位于今山东青州市西南。②马陉：齐地。在今山东省淄博市南。

【译文】晋军追击齐军，从丘舆进入齐国，然后进攻马陉。

齐侯使宾媚人赂以纪甗、玉磬与地[①]。不可，则听客之所为。宾媚人致赂，晋人不可，曰："必以萧同叔子为质，而使齐之封内尽东其亩。"对曰："萧同叔子非他，寡君之母也。若以匹敌，则亦晋君之母也。吾子布大命于诸侯，而曰：'必质其母以为信。'其若王命何？且是以不孝令也。《诗》曰：'孝子不匮，永锡尔类[②]。'若以不孝令于诸侯，其无乃非德类[③]也乎？先王疆理[④]天下，物[⑤]土之宜，而布其利[⑥]，故《诗》曰：'我疆我理，南东其亩[⑦]。'今吾子疆理诸侯，而曰‘尽东其亩’而已，唯吾子戎车是利，无顾土宜，其无乃非先王之命也乎？反先王则不义，何以为盟主？其晋实有阙。四王之王也[⑧]，树德而济同欲[⑨]焉。五伯[⑩]之霸也，勤而抚之，以役王命。今吾子求合诸侯，以逞无疆[⑪]之欲。《诗》曰：‘布政优优，百禄是遒[⑫]。’子实不优，而弃百禄，诸侯何害焉！不然，寡君之命使臣则有辞矣，曰：‘子以君师辱于敝邑，不腆敝赋，以犒从者。畏君之震[⑬]，师徒桡败[⑭]，吾子惠徼齐国之福，不泯[⑮]其社稷，使继旧好，唯是先君之敝器、土地不敢爱。子又不许，请收合余烬[⑯]，背城借一[⑰]。敝邑之幸，亦云从也。况其不幸，敢不唯命是听。’”

【注释】①宾媚人：即国佐，齐国上卿，国归父之子。纪甗(yǎn)：纪国的一件古炊器。玉磬(qìng)：古代石制乐器名。②孝子不匮，永锡尔类：出自《诗经·大雅·既醉》。匮，穷尽。锡，赏赐。③非德类：不符合道德法则。④疆理：厘定疆界。⑤物：物色、考察。⑥布其利：做有利于生产的布置。⑦我疆我理，南东其亩：出自《诗经·小雅·信南山》，指划分地界，开掘沟渠，向南向东开辟田亩。⑧四王：虞舜、夏禹、商汤、周武。王(wàng)：成就王业。⑨同欲：诸侯共同的愿望。⑩五伯：即夏伯昆吾，商伯大彭、豕韦，周伯齐桓公、晋文公。⑪无疆：无止境。⑫布政优优，百禄是遒：出自《诗经·商颂·长发》。布，施行。优优，宽和的样子。遒(qiú)，聚集。⑬震：威严。⑭师徒：士兵。桡(náo)败：失败，挫败。⑮泯(mǐn)：消除、消灭。⑯余烬：此指残余的军队。⑰背城借一：在自己城下和敌人决一死战。

【译文】齐顷公派遣宾媚人把纪甗、玉磬以及土地送出去贿赂战胜国，并告诉他，“如果对方不同意讲和，那就随他们的便。”宾媚人前往进献礼物，晋国人果然不同意，并说：“必须以萧同叔子作为人质，并且将齐国境内的田垅都改为东西走向。”宾媚人回答说：“萧同叔子不是别人，她是我国国君的母亲。如果以同等地位而论，那么我国国君的母亲也等于是晋国国君的母亲。您向诸侯中发布重大命令，却说‘必须把他的母亲作为人质才能相信’。那您又该怎么对待周天子的命令呢？况且这样做，就是命令诸侯做不孝的事啊。《诗经》中说：‘孝子的孝心无穷尽，把自己的孝思永远分给同类的人。’如果您用不孝来号令诸侯，这好像也不符合道德的准则吧！先王划分疆界，分别地理，因地制宜，来获得应得的利益。所以《诗经》中说：‘划分疆界，分别地理，南向东向开辟田亩。’现在您让诸侯划分疆界、分别地理，却说‘一律让田垅改为东向’，只考虑您的战车行进的方便，而不顾田地是否适宜。这恐怕不符合先王的政令吧？违背先王的遗命就是不符合道义，又怎么能成为诸侯的盟主呢？晋国的确有过错。四王能够统治天下，是因为他们树立德行，满足诸侯的共同愿望。五伯能够称霸诸侯，是因为他们勤勉图强，安抚诸侯，共同为天子效力。现在您想要召集诸侯，来满足自己无止境的欲望，《诗经》中说：‘施行统治政策宽松，各种福禄就会集于一身。’如果您施行的政策不够宽松，失去了许多福禄，这对诸侯又有什么害处呢？如果您不同意讲和，我们国君命令我转告一番话：‘您率领贵国国君的军队光临我国，我们以微薄的力量来犒劳你们。因畏惧贵国国君的威严，我军战败了。如果您能为齐国求福，不灭亡我国，使我们能继续保持过去的友好关系，那么先王留下的破旧器物和土地，我们将不敢怜惜。但您如果不同意，我们就只好召集残余部队，在我国城下与贵国军队决一死战。如果我国侥幸取胜，也仍然听从贵国的命令。何况不幸战败了，又怎敢不唯命是从呢？’”

鲁、卫谏曰：“齐疾[①]我矣！其死亡者，皆亲昵也。子若不许，仇我必甚。唯子则又何求？子得其国宝，我亦得地，而纾于难[②]，其荣多矣！齐、晋亦唯天所授，岂必晋？”晋人许之，对曰：“群臣帅赋舆[③]，以为鲁、卫请，若苟[④]有以藉口，而复于寡君，君之惠也。敢不唯命是听。”

【注释】①疾：痛恨。②纾于难：解除危难。③赋舆：兵车。④若苟：假如，如果。

【译文】鲁国、卫国也劝谏郤克说：“齐国痛恨我们！那些战死的人，都是齐侯的宗族亲戚。您如果不答应讲和，他们会更加仇恨我们。您还想得到什么呢？您得到了齐国的宝器，我们得到了土地，而且又使祸患得到解除，这荣耀也够多了。齐国、晋国都是上天保佑的国家，难道上天会永远只保佑晋国不败吗？”晋国人最终答应了鲁、卫二国的意见，回答说：“诸位大臣率军前来为鲁、卫两国请命，只要能让我们对国君有所交代，就是你们国君对我们的恩惠了。我们又岂有敢不听从之理？”

禽郑[①]自师逆公。

【注释】①禽郑：鲁国大夫。

【译文】禽郑从军中前往迎接鲁成公。

秋七月，晋师及齐国佐盟于爰娄，使齐人归我汶阳之田。公会晋师于上鄍[①]，赐三帅先路三命之服[②]，司马、司空、舆帅、候正、亚旅[③]，皆受一命之服。

【注释】①上鄍（míng）：齐地，在今山东阳谷县。②三帅：即郤克、士燮、栾书。先路：亦作"先辂"，天子或诸侯乘坐的一种用象牙装饰的正车。③司空：主管水利、土木工程建设的官。舆帅：主管兵车的将领。候正：主管侦察谍报的官。亚旅：上大夫的别称。

【译文】秋季七月，晋军在爰娄与齐国国佐结盟，让齐国人将汶阳的田地归还给我国。成公在上鄍会见了晋军，赐给郤克、士燮、栾书三位将帅先路礼车以及三命的车服，司马、司空、舆师、候正、亚旅也都接受了一命的车服。

八月，宋文公卒。始厚葬，用蜃炭[①]，益车马，始用殉[②]，重器备[③]。椁有四阿[④]，棺有翰桧[⑤]。

【注释】①蜃（shèn）炭：把蜃壳烧成灰。放棺中用来吸潮气。蜃，蛤蜊。②殉：用人殉葬。③重（chóng）：增加。器备：指陪葬用品。④四阿：架木于棺四周为椁，与棺齐高后仍往上堆，逐步收缩成顶，顶为方形，四面成斜坡，类宫室之四阿。⑤翰桧（guì）：棺材四周及上面的彩绘装饰，为天子所用。

【译文】八月，宋文公去世。开始厚葬，用了蜃炭，增加了陪葬车马，并开始用活人殉葬，还放了很多陪葬用品。外棺做成了宫室一样的四阿形，棺木上有翰、桧等彩绘装饰。

君子谓："华元、乐举[①]，于是乎不臣。臣治烦[②]去惑者也，是以伏死而争[③]。今二子者，君生则纵其惑，死又益其侈，是弃君于恶也。何臣之为？"

【注释】①华元、乐举：都是宋国执政大臣。②烦：乱。③伏死而争：甘愿舍弃生命而谏诤。

【译文】君子说："华元和乐举，在这件事上没有尽到臣子的责任。臣子的职责是为国君解除烦恼与惑乱，因此要冒死进谏。现在这两个人，却在国君生前放纵国君作恶；国君死后，他们又为国君增加奢侈，这种行为是将国君推向邪恶的深渊。这算是什么臣子呢？"

九月，卫穆公卒，晋三子自役吊焉[①]，哭于大门之外。卫人逆之，妇人哭于门内，送亦如之。遂常以葬。

【注释】①晋三子：指郤克、士燮、栾书。役：戎役，指军中。

【译文】九月，卫穆公去世，晋国的三位主将从战场上归来前往吊唁，在大门之外大声哭泣。卫国人在门外迎接他们，妇人们则在门内哭泣，送行时也是这样。于是从此之后，别国官员来吊唁就依照此例直到下葬。

楚之讨陈夏氏也，庄王欲纳夏姬[①]，申公巫臣曰：“不可。君召诸侯，以讨罪[②]也。今纳夏姬，贪其色也。贪色为淫，淫为大罚。《周书》曰：‘明德慎罚[③]。’文王所以造周也。明德，务崇之之谓也；慎罚，务去之之谓也。若兴诸侯，以取大罚，非慎之也。君其图之！”王乃止。

【注释】①夏姬：夏徵舒的母亲。②讨罪：讨伐夏徵舒弑君之罪。③明德慎罚：出自《尚书·康诰》，指文王崇尚德政，慎用刑罚，所以能创立周王朝。

【译文】楚国攻打陈国夏氏时，楚庄王想把夏姬纳为妃。申公巫臣说：“不可以。君王您召集诸侯，本来是为了讨伐夏徵舒的弑君之罪。如今如果纳夏姬为妃，就等于是因为贪恋夏姬的美色才讨伐陈国。而贪恋美色就是淫乱，淫乱是要受到上天的重罚的。《周书》说：‘要宣扬德行，慎用刑罚。’这正是周文王能够创立周朝的根本原因。宣扬德行，就是说要大力提倡；慎用刑罚，就是说要尽力避免它。如果出动诸侯联军，对其进行重罚，那就不是尽力避免刑罚了。君王您还是认真考虑一下吧！”庄王于是放弃了纳夏姬为妃的想法。

子反[①]欲取之，巫臣曰：“是不祥人也！是夭子蛮[②]，杀御叔[③]，弑灵侯[④]，戮夏南[⑤]，出孔、仪[⑥]，丧陈国，何不祥如是？人生实难，其有不获死[⑦]乎？天下多美妇人，何必是？”子反乃止。

【注释】①子反：即公子侧，楚穆王之子，楚庄王之弟，楚国司马。

②夭：早死。子蛮：为夏姬之兄。③御叔：陈国的公孙，陈宣公的孙子，少西之子，夏姬的丈夫。④灵侯：即陈灵公，陈国第十九任国君，因与夏姬通奸而被夏徵舒所杀。⑤夏南：即夏徵舒。⑥孔、仪：即孔宁、仪行父。⑦不获死：不得善终。

【译文】子反也想娶夏姬，巫臣说："这是个不吉利的女人啊！她使兄长子蛮早死，使丈夫夏御叔被杀，使陈灵公因贪图她的美色而丧命，使儿子夏徵舒因弑君之罪被诛，使孔宁、仪行父逃亡在外，使陈国因此灭亡，还有谁比她更不吉利呢？人生在世的确不容易，您如果娶了夏姬，恐怕也不会得善终的！天下美貌的女子多得是，为何一定要娶她呢？"于是子反也放弃了娶夏姬的想法。

王以予连尹襄老。襄老死于邲[①]，不获其尸，其子黑要烝焉。巫臣使道[②]焉，曰："归[③]！吾聘女。"又使自郑召之，曰："尸可得也，必来逆之。"姬以告王，王问诸屈巫[④]。对曰："其信！知䓨之父[⑤]，成公之嬖也，而中行伯[⑥]之季弟也，新佐中军，而善郑皇戌，甚爱此子。其必因郑而归王子[⑦]与襄老之尸以求之。郑人惧于邲之役而欲求媚于晋，其必许之。"王遣夏姬归。将行，谓送者曰："不得尸，吾不反矣。"巫臣聘诸郑，郑伯许之。

【注释】①襄老死于邲：襄老在邲之战中被射死。②道：通"导"，示意。③归：指回郑国。④屈巫：即巫臣。⑤知䓨（yīng）之父：即知庄子荀首。⑥中行伯：即荀林父。⑦王子：即楚公子穀（gǔ）臣，被荀首擒获。

【译文】楚庄王最后把夏姬送给了连尹襄老，结果襄老在晋楚邲之役中被杀，连尸首都没找到。襄老的儿子黑要却趁机与夏姬私通。巫臣派人向夏姬示意，说："你回郑国去，我娶你为妻。"又派人去郑国，让郑国召她回去，说："襄老的尸首可以还给你，但你必须亲自前来迎接。"夏姬便向楚庄王请求回国迎尸，楚庄王向巫臣询问意见。巫臣回答说："这话大概可信。知罃的父亲，是晋成公的宠臣，又是荀林父的小弟，他刚刚担任了中军佐，与郑国的皇戌关系很好，很是喜欢这个儿子。他必定会通过郑国归还公子穀臣与襄老的尸首，来请求交换知罃。郑国人担心邲之战得罪了晋国，因此想要讨好晋国，他们一定会答应的。"于是楚庄王让夏姬回郑国。临走之时，夏姬对送行的人说："如果得不到襄老的尸身，我绝不回来。"巫臣向郑国请求娶夏姬为妻，郑襄公同意了。

及共王即位，将为阳桥之役[①]，使屈巫聘于齐，且告师期。巫臣尽室以行。申叔跪[②]从其父，将适郢，遇之，曰："异哉！夫子有三军之惧[③]，而又有《桑中》之喜[④]，宜[⑤]将窃妻以逃者也。"及郑，使介反币，而以夏姬行。将奔齐，齐师新败，曰："吾不处不胜之国。"遂奔晋，而因郤至[⑥]，以臣于晋。晋人使为邢[⑦]大夫。

【注释】①阳桥之役：指攻打鲁国。阳桥，鲁地，在今山东泰安市西北。②申叔跪：楚国大夫，申叔时之子。③三军之惧：指因负有军事使命，因此应惧戒从事。④《桑中》之喜：指巫臣和夏姬的私约。《桑中》，出自《诗经·国风·鄘风》，写男女幽会。⑤宜：大概，恐怕。⑥郤至：即郤昭子，郤克的族侄。⑦邢：晋邑，位于今河南温县东北。

【译文】等到楚共公即位，准备发动阳桥之战，便派巫臣出使齐国，同时把出兵的日期通报给齐国。巫臣动身时带走了全家人及全部家产。申叔跪跟随他的父亲准备到郢都去，在路上遇到了巫臣，说："奇怪啊！这个人虽然有军事使命在身的戒惧之心，脸上却带着《桑中》所描述的那种幽会喜悦之色，大概是要偷偷带着别人的妻子私奔吧。"果然，巫臣到了郑国后，让自己的副使带着出使齐国的礼物返回楚国，而自己则带着夏姬逃走了。他原本准备逃到齐国去，但齐军刚刚打了败仗，因此他说："我不会住在战败的国家。"于是逃到了晋国，又通过郤至的关系，做了晋国的臣子。晋国人任命他为邢地的大夫。

子反请以重币锢[①]之，王曰："止！其自为谋也则过矣。其为吾先君谋也，则忠。忠，社稷之固也，所盖[②]多矣。且彼若能利国家，虽重币，晋将可乎？若无益于晋，晋将弃之，何劳锢焉！"

【注释】①锢：禁锢，即让晋国不要录用他。②盖：覆盖，庇护。

【译文】子反请求用重金收买晋国，让晋国永不起用巫臣。楚共王说："不要这样做！虽然他为自己打算有过错，但他为先君出谋划策，却是忠诚的。忠诚，是国家稳固的基础，它所能保护的东西太多了。况且他要是对晋国有利，即使送去了重礼，晋国就会同意我们的要求了吗？如果他对晋国来说没有用处，晋国自然会丢弃他，又哪里用得着我们送重礼去请求不要录用他呢？"

晋师归，范文子[①]后入。武子[②]曰："无为吾望尔也乎[③]？"对曰：

“师有功，国人喜以逆之，先入，必属耳目[④]焉，是代帅受名也，故不敢。”武子曰：“吾知免矣。”

【注释】①范文子：即士燮。②武子：即士会，士燮之父。③为：同“谓”。望：盼望。④属耳目：引起人们的注意。

【译文】晋军班师回朝，士燮最后才进入国都。他的父亲士会说：“你不知道我在盼望你回来吗？”士燮回答说：“军队打了胜仗回来，国人都高兴地迎接他们。如果我先进城，一定会引起人们的注意，这是代替主帅享受了这份荣誉啊，所以不敢先进城。”士会说：“你能这样，我认为我们家族可以免于祸患了。”

郤伯[①]见，公曰：“子之力也夫！”对曰：“君之训也，二三子之力也，臣何力之有焉！”范叔[②]见，劳之如郤伯，对曰：“庚[③]所命也，克之制也，燮何力之有焉！”栾伯[④]见，公亦如之，对曰：“燮之诏也，士用命也，书何力之有焉！”

【注释】①郤伯：即郤克。②范叔：即范文子。③庚：即荀庚，荀林父之子，上军将，为士燮的上司。④栾伯：即栾书，下军帅。

【译文】郤克觐见晋景公，景公说：“这次大胜是你的功劳啊！”郤克回答说：“这完全是国君您教导有方，诸位将领的功劳，我有什么功劳呢？”范文子觐见景公，景公以同样的话慰劳他，范文子回答说：“这次的胜利，是听从荀庚的命令，接受郤克统帅的结果，我士燮有什么功劳呢？”栾书觐见景公，景公也以同样的话慰劳他，栾书回答说：

“这次的胜利，归功于士燮的指挥以及士兵们的奋不顾身，我栾书有什么功劳呢？”

宣公使求好于楚。庄王卒，宣公薨，不克作好。公即位，受盟于晋，会晋伐齐。卫人不行使于楚，而亦受盟于晋，从于伐齐。故楚令尹子重为阳桥之役以救齐。将起师，子重曰：“君弱[①]，群臣不如先大夫，师众而后可。《诗》曰：‘济济多士，文王以宁[②]。’夫文王犹用众，况吾侪乎？且先君庄王属之曰：‘无德以及远方，莫如惠恤[③]其民，而善用之。’”乃大户[④]，已责[⑤]，逮鳏[⑥]，救乏[⑦]，赦罪，悉师，王卒尽行。彭名御戎，蔡景公为左，许灵公为右。二君[⑧]弱，皆强冠[⑨]之。

【注释】①弱：年幼。当时楚共王仅十二三岁。②济济多士，文王以宁：出自《诗经·大雅·文王》，指拥有众多的优秀人才，文王得以安宁。赞美周王能任用人才，达到国家的长治久安。济济，人才众多。宁，安宁。③惠恤：施加恩德体恤。④大户：清查户口。⑤已责：免除百姓的债务。责，同“债”。⑥逮鳏（guān）：施惠及于鳏夫。鳏，无妻或丧妻的男人。⑦救乏：救助生活困难的人。乏，生活困难的人。⑧二君：指蔡景公、许灵公二君正年少。⑨强冠：不到成年，勉强行冠礼。而任车左、车右，一定要在行冠礼以后。

【译文】鲁宣公曾派使者到楚国请求交好。正好楚庄王去世，不久鲁宣公也去世了，两国因此没能建立友好关系。鲁成公即位后，接受了晋国的盟约，会同晋国一起攻打齐国。卫国人没有派使者前往楚国请求交好，也接受了晋国的盟约，跟随晋国一起攻打齐国。所以，楚国的令尹子重决定发动阳桥之战来救援齐国。在大军准备出发时，子重说："现在国君年幼，臣子们也比不上已故大夫们有才能，只有聚集众多的军队才可以获胜。《诗经》中说：'有众多的优秀人才，周文王才得以安宁。'周文王尚且需要依靠众多的人才，何况我们这些人呢？再说先君庄王临终之时嘱托我们说：'如果没有足够的德行播及远方，就不如施恩体恤百姓，来好好地利用他们。'"于是楚国大规模清查户口，免除拖欠的赋税，帮助鳏夫，救济贫困，赦免罪人，调动全国的军队，楚王的侍卫亲兵也全部出动。彭名驾驭战车，蔡景公担任车左，许灵公担任车右。蔡景公与许灵公这个时候都还没有成年，但为了随军作战，就勉强举行了加冠礼。

冬，楚师侵卫，遂侵我师于蜀[①]。使臧孙[②]往，辞曰："楚远而久，固将退矣。无功而受名，臣不敢。"楚侵及阳桥，孟孙[③]请往，赂之以执斫、执针、织纴[④]，皆百人。公衡[⑤]为质，以请盟，楚人许平。

【注释】①蜀：鲁地，在今山东泰安附近。②臧孙：即臧孙许。③孟孙：即孟献子仲孙蔑。④执斫（zhuó）、执针、织纴（rèn）：均为工匠，即木工、裁缝、织布工。⑤公衡：鲁成公之子。

【译文】冬季，楚军攻打卫国，随后又从蜀地入侵我国。鲁国派臧孙前往楚军中求和，臧孙辞谢说："楚军离本国已经很远了，本来就要退兵了。没有尽到让他们退兵的功劳而接受这份荣誉，下臣不敢这么做。"楚国继续进攻，一直打到阳桥，孟孙请求前往，给楚军送去了木工、裁缝、织布工各一百人。并将公衡当作人质，请求结盟，楚国人答应了讲和。

十一月，公及楚公子婴齐、蔡侯、许男、秦右大夫说[①]、宋华元、陈公孙宁、卫孙良夫、郑公子去疾及齐国之大夫盟于蜀。卿不书，匮盟[②]也。于是乎畏晋而窃与楚盟，故曰匮盟。蔡侯、许男不书，乘楚车也，谓之失位。

【注释】①说（yuè）：人名。②匮盟：缺乏诚意的会盟。

【译文】十一月，鲁成公与楚国公子婴齐、蔡景侯、许灵公、秦国右大夫说、宋国华元、陈国公孙宁、卫国孙良夫、郑国公子去疾以及齐国大夫在蜀地结盟。《春秋》中没有记载卿的名字，表示这次结盟缺乏诚意。这些国家因害怕晋国而只能偷偷与楚国结盟，所以说是“缺乏诚意的会盟”。《春秋》中没有记载蔡景侯和许灵公，是因为他们乘坐楚国的战车，这叫作失去身份。

君子曰：“位其不可不慎也乎！蔡、许之君，一失其位，不得列于诸侯，况其下乎？《诗》曰：‘不解于位，民之攸塈[①]。’其是之谓矣。”

【注释】①不解（xiè）于位，民之攸塈（jì）：出自《诗经·大雅·假乐》，指正因为在高位的人勤于政事不懈怠，才使得天下百姓得以休养生息。解，通“懈”。攸，文言语助词，无义。塈，休息。

【译文】君子说：“对待身份不能不谨慎啊！蔡、许两国国君，一旦失去了身份，便不能再与诸侯并列，更何况在他们之下的人呢？《诗经》中说：'在高位的人勤于政事不懈怠，百姓才能得到休息。'大概说的就是这种情况了。"

楚师及宋，公衡逃归。臧宣叔曰："衡父不忍数年之不宴[①]，以弃鲁国，国将若之何？谁居[②]？后之人必有任是夫！国弃矣。"

【注释】①宴：安宁。②居：用于句末，表示疑问的语气。

【译文】楚军到达宋国，公衡就逃了回来。臧宣叔说："公衡不能忍受几年的不安宁，因此置鲁国安危于不顾，国家将怎么办呢？谁能承担这一祸患呢？他的后代子孙必然会有人承担这个祸患啊！他把国家抛弃了。"

是行也，晋辟楚，畏其众也。君子曰："众之不可以已也。大夫为政，犹以众克，况明君而善用其众乎？《大誓》所谓商兆民离，周十人同者，众也[①]。"

【注释】①《大誓》：指《尚书·泰誓》。

【译文】在这次阳桥之战中，晋军避开了楚军，是因为害怕楚军兵力众多。君子说："大众是不可以不重视的。楚国有子重这样的大夫执政，尚且能以人多势众来战胜敌军，何况是贤明的国君而又善于利用大众呢？《大誓》中所说的'商朝亿万民众离心离德，周朝十个人同心同德'，说的便是利用众人的重要性。"

晋侯使巩朔献齐捷[1]于周，王[2]弗见，使单襄公辞焉，曰："蛮夷戎狄，不式[3]王命，淫湎毁常[4]，王命伐之，则有献捷，王亲受而劳之，所以惩不敬，劝有功也。兄弟甥舅[5]，侵败王略[6]，王命伐之，告事而已，不献其功，所以敬亲昵，禁淫慝也。今叔父克遂[7]，有功于齐，而不使命卿[8]镇抚王室，所使来抚余一人[9]，而巩伯实来，未有职司于王室[10]，又奸[11]先王之礼，余虽欲[12]于巩伯，其敢废旧典以忝[13]叔父？夫齐，甥舅之国也，而大师之后[14]也，宁不亦淫从其欲[15]以怒叔父，抑岂不可谏诲[16]？"士庄伯[17]不能对。王使委于三吏[18]，礼之如侯伯克敌使大夫告庆之礼，降于卿礼一等。王以[19]巩伯宴，而私贿之。使相[20]告之曰："非礼也，勿籍。"

【注释】①献……捷：古代打胜仗后，进献所获的俘虏及战利品。②王：即周定王。③式：用。④淫湎：沉溺于酒色。毁常：败坏纲常制度。⑤兄弟：指同姓诸侯。甥舅：指异姓诸侯。⑥王略：法度。⑦克遂：能够成功。⑧命卿：由天子所任命的诸侯之卿。⑨余一人：古代天子自称，也写作"予一人"。⑩未有职司于王室：巩朔当时为上军大夫，不是由周王室任命的卿。指来使地位太低。⑪奸：违反。⑫欲：爱好，喜爱。⑬忝：羞辱。⑭大师：即太师，指齐国始祖吕尚，也就是姜太公。⑮淫从其欲：放纵私欲。⑯谏诲：规劝教诲。⑰士庄伯：即巩朔。⑱三吏：指三公，即司徒、司马、司空。⑲以：与。⑳相（xiàng）：赞礼者，主持礼节仪式的人。

【译文】晋景公派巩朔把齐国的俘虏进献给周王室。周定王不肯接见，派单襄公辞谢，说："如果蛮夷戎狄不服从天子命令，沉溺酒色，败坏纲常，天子命令讨伐他们，取得胜利后，才有向王室进献俘虏的规定。天子亲自接受并进行慰劳，这是用来惩罚不敬，勉励有功。如果同姓兄弟国家或异姓甥舅国家互相侵犯，败坏了天子的法度，天子命令讨伐他们，取得胜利后，也只是派人来报告一下胜利的消息就行，不需进献俘虏，这是用来尊敬亲近、禁止邪恶。现在叔父能够成功，在对齐作战中建立功勋，但却没有派曾受天子任命的卿来安抚王室，所派前来安抚我的使者只是巩朔，在周王室所任命的卿中并没有他，这违背了先王的礼法。我虽然喜爱巩朔，但难道敢因此废弃先王的典章制度，而来羞辱叔父吗？齐国和周王室是甥舅关系，又是姜太公的后代，叔父攻打齐国，是齐国放纵私欲激怒了叔父，还是齐国已经不可劝谏教诲了呢？”巩朔不能回答。周定王把接待的任务交给三公，让他们按侯伯战胜敌国派大夫向王室告捷的礼节接待巩朔，这比接待卿的礼节低了一等。随后周定王与巩朔宴饮，私下送给他礼物，又派赞礼者告诉巩朔：“这种接待不符合礼法，不要记在史书上。”

成公三年

【经】三年[①]春王正月，公会晋侯、宋公、卫侯、曹伯伐郑[②]。辛亥，葬卫穆公。二月，公至自伐郑。甲子，新宫[③]灾。三日哭。乙亥，葬宋文公。夏，公如晋。郑公子去疾帅师伐许。公至自晋。秋，叔孙侨如帅师围棘[④]。大雩。晋郤克、卫孙良夫伐啬咎如[⑤]。冬十有一月，晋侯使荀庚来聘。卫侯使孙良夫来聘。丙午，及荀庚盟。丁未，及孙良夫盟。郑伐许。

【注释】①三年：公元前588年。②晋侯：即晋景公。宋公：即宋共公。卫侯：即卫定公。曹伯：即曹宣公。③新宫：鲁宣公庙。④棘：地名，位于今山东肥城县南。⑤啬咎如：赤狄部落名，隗（wěi）姓，在今河南安阳市西南。

【译文】鲁成公三年春季，周历正月，鲁成公会合晋景公、宋共公、卫定公、曹宣公攻打郑国。辛亥日，安葬了卫穆公。二月，鲁成公从讨伐郑国的战场上回国。甲子日，宣公庙遭遇火灾。哭泣了三天。乙亥日，安葬了宋文公。夏季，鲁成公前往晋国。郑国的公子去疾率军攻打许国。鲁成公从晋国回国。秋季，叔孙侨如率军包围了棘地。举行了求雨的祭祀。晋国的郤克和卫国的孙良夫讨伐啬咎如。冬季十一月，晋景公派荀庚来鲁国访问。卫定公派孙良夫来鲁国访问。丙午日，与荀庚订立盟约。丁未日，与孙良夫订立盟约。郑国攻打许国。

【传】三年春，诸侯伐郑，次于伯牛[①]，讨邲之役也，遂东侵郑。郑公子偃[②]帅师御之，使东鄙覆诸鄤[③]，败诸丘舆。皇戌如楚献捷。

【注释】①伯牛：郑地名，在郑国西部，今地址不详。②公子偃：郑穆公之子子游。③覆：埋伏。鄤（màn）：郑地，在郑国东部，在今河南省境内。

【译文】鲁成公三年春季，诸侯联军讨伐郑国，军队驻扎在伯牛，这是为了讨伐邲之战中郑国对晋国的不忠，所以联军才东下进攻郑国。郑国的公子偃领兵抵抗，命令东部边境的军队埋伏在鄤地，在丘舆击败了诸侯联军。皇戌前往楚国进献俘虏。

夏，公如晋，拜汶阳之田。

【译文】夏季，鲁成公去了晋国，以答谢晋国让齐国归还汶阳之田的恩情。

许恃楚而不事郑，郑子良伐许。

【译文】许国倚仗与楚国友好而不侍奉郑国，郑国的子良率军攻打许国。

晋人归公子穀臣与连尹襄老之尸于楚，以求知罃。于是荀首佐中军矣，故楚人许之。王送知罃，曰："子其怨我乎？"对曰："二国治戎[①]，臣不才，不胜其任，以为俘馘[②]。执事不以衅鼓，使归即戮，君之惠也。臣实不才，又谁敢怨？"王曰："然则德我乎？"对曰："二国图其社稷，而求纾[③]其民，各惩[④]其忿，以相宥也，两释累囚[⑤]以成其好。二国有好，臣不与及[⑥]，其谁敢德？"王曰："子归，何以报我？"对曰："臣不任[⑦]受怨，君亦不任受德，无怨无德，不知所报。"王曰："虽然，必告不穀。"对曰："以君之灵，累臣[⑧]得归骨于晋，寡君之以为戮，死且不朽。若从君之惠而免之，以赐君之外臣首；首其请于寡君，而以戮于宗，亦死且不朽。若不获命，而使嗣宗职[⑨]，次及于事[⑩]，而帅偏师，以修封疆[⑪]，虽遇执事，其弗敢违[⑫]。其竭力致死，无有二心，以尽臣礼，所以报也。”王曰：“晋未可与争。”重为之礼而归之。

【注释】①治戎：交战。②俘馘：指被俘虏者。③纾：舒解，指得到平安。④惩：抑止。⑤累囚：拘禁的囚犯。累，通“缧”。⑥臣不与及：与臣无关。⑦任：担负。⑧累臣：被拘禁的臣子。⑨宗职：家族世袭的职位。⑩次及于事：轮到我参与国家政事。⑪以修封疆：参与边境的战事。⑫违：逃避。

【译文】晋国人把公子榖臣与连尹襄老的尸首归还给了楚国，以此要求交换知罃。当时知罃的父亲荀首在晋军担任中军佐，所以楚国人同意了交换。楚共王送别知罃的时候，说：“您怨恨我吗？”知罃回答说：“两国交战，下臣没有才能，没能胜任自己的职务，因而做了您的俘虏。您的左右随从没有用我的血祭鼓，而是让我回国受死，这是您给我的恩惠。下臣实在无能，又敢怨恨谁呢？”楚共王又说：“那么您感激我吗？”知罃回答说：“楚、晋两国都是为了谋求本国的利益，以求百姓生活安定。现在各自克制自己的愤怒，互相谅解，双方释放战俘，重结友好。而两国友好了，我没有参与谋划，又敢感激谁呢？”楚共王又说：“您回国后，准备用什么来报答我？”知罃回答说：“我不怨恨您，也不感激您，无怨无德，不知道应该报答您什么？”楚共王说：“即便如此，您也一定要把您的想法告诉我。”知罃说：“托君王您的福佑，我这个阶下囚能够回到晋国，即使我国国君将我杀了，我也死而不朽了。如果承蒙您的恩惠而使我国国君免我一死，把我交给君王的外臣荀首处置，即使荀首向我国国君请求在宗庙杀死我，我也死得其所了。如果没有得到我国国君处死我的命令，而让我继承宗族世袭的职位，并依照次序参与政事，率领一部分军队保卫边境，到那时即使遇到您的左右，我也不敢违背礼义回避，我会竭尽全力直到死，绝无二心，以尽到臣子的职责，这就是我对君王的报答。”楚共王说：“看来是不能与晋国相争啊。”于是就对知罃重加礼遇后放其回了晋国。

秋，叔孙侨如围棘，取汶阳之田。棘不服，故围之。

【译文】秋季，叔孙侨如围攻棘地，占领了汶阳的田地。因为棘地人不肯服从，所以才围攻他们。

晋郤克、卫孙良夫伐廧咎如，讨赤狄之余焉。廧咎如溃，上失民也[①]。

【注释】①上失民也：指廧咎如的首领失去百姓的拥护。

【译文】晋国的郤克、卫国的孙良夫联合出兵讨伐廧咎如，以此消灭赤狄的残余势力。廧咎如溃败，这是因为他们的首领失去了百姓的拥护。

冬十一月，晋侯使荀庚来聘，且寻盟[①]。卫侯使孙良夫来聘，且寻盟[②]。公问诸臧宣叔曰：“中行伯之于晋也，其位在三[③]。孙子之于卫也，位为上卿，将谁先？”对曰：“次国之上卿当大国之中，中当其下，下当其上大夫。小国之上卿当大国之下卿，中当其上大夫，下当其下大夫。上下如是，古之制也。卫在晋，不得为次国。晋为盟主，其将先之。”丙午，盟晋，丁未，盟卫，礼也。

【注释】①寻盟：寻元年赤棘之盟。②寻盟：寻宣公七年之盟。③位在三：晋郤克为中军主将，位第一；荀首为佐中军，位第二；荀庚为上军主将，位第三。

【译文】冬季十一月，晋景公派荀庚访问鲁国，并重温过去的盟约。卫定公也派了孙良夫前来访问，同时也重温了过去的盟约。鲁成公向臧宣叔询问说：“荀庚在晋国，位次排第三。孙良夫在卫国，位为上卿，谁应该在前面呢？”臧宣叔回答说：“次等国家的上卿相当于大国的中卿，中卿相当于大国的下卿，下卿相当于大国的上大夫。小国的上卿只相当于大国的下卿，中卿相当于大国的上大夫，下卿相当于大国的下大夫。上下位次如此，这是自古以来的制度。卫国和晋国相比，算不上是次等国家。晋国为诸侯盟主，应该让晋国在前面。”丙午日，鲁国先和晋国结盟。丁未日，再与卫国结盟。这是符合礼法的。

十二月甲戌，晋作六军。韩厥、赵括、巩朔、韩穿、荀骓[①]、赵旃皆为卿，赏鞍之功也。

【注释】①荀骓：谥文子，时任晋国新下军。

【译文】十二月甲戌日，晋军扩充为六个军。韩厥、赵括、巩朔、韩穿、荀骓、赵旃都成了卿，这是为了奖赏他们在鞍之战中立下的功劳。

齐侯朝于晋，将授玉[①]。郤克趋进[②]曰："此行也，君为妇人之笑辱也，寡君未之敢任。"晋侯享齐侯。齐侯视[③]韩厥，韩厥曰："君知[④]厥也乎？"齐侯曰："服改矣。"韩厥登，举爵曰："臣之不敢爱[⑤]死，为两君之在此堂也。"

【注释】①授玉：给予玉圭。古代诸侯相朝，互相授受以玉为礼。②趋进：小步疾行而前，表示敬意的一种动作。③视：仔细看。④知：认识。⑤爱：爱惜，珍惜。

【译文】齐顷公前往晋国朝见，准备举行授玉仪式。这时郤克快步上前对齐顷公说："君王此次出访，是为了贵国妇人嘲笑小臣一事来受辱，我们君王可担当不起。"晋景公设宴招待齐顷公。宴席上齐顷公仔细看韩厥，韩厥说："君王认识我韩厥吗？"齐顷公说："只是服装换了。"韩厥登上台阶，举起酒杯说："下臣之所以在战场上不惜一死，就是为了让两位君王现在相聚在这个堂上啊。"

荀罃[①]之在楚也，郑贾人有将置诸褚[②]中以出。既谋之，未行，而楚人归之。贾人如晋，荀罃善视[③]之，如实出己，贾人曰："吾无其功，敢有其实乎？吾小人，不可以厚诬[④]君子。"遂适齐。

【注释】①荀罃：即知罃。②褚（zhǔ）：装衣物用的袋子。③善视：善加看待。④厚诬：深加欺骗、蒙蔽。

【译文】知罃当初被囚禁在楚国时，有一个郑国商人想将他藏在装衣物的袋子里救出来。两人已经谋划好了，但还没来得及行动，楚国人便将知罃放回晋国了。后来这个商人来到晋国，知罃对他善加看待，就好像是他真的救出了自己一样。那个商人说：“我没有那样的功劳，又怎敢接受你的厚待呢？我是个小人，不能这样欺骗君子。”于是便到齐国去了。

成公四年

【经】四年[①]春，宋公[②]使华元来聘。三月壬申，郑伯坚[③]卒。杞伯[④]来朝。夏四月甲寅，臧孙许卒。公如晋。葬郑襄公。秋，公至自晋。冬，城郓[⑤]。郑伯[⑥]伐许。

【注释】①四年：周定王二十年，公元前587年。②宋公：即宋共公。③郑伯坚：即郑襄公。④杞伯：即杞桓公。⑤郓（yùn）：鲁地，位于今山东郓城县东。⑥郑伯：即郑悼公。

【译文】鲁成公四年春，宋共公派华元访问鲁国。三月壬申日，郑襄公坚去世。杞桓公来鲁国朝见。夏季四月甲寅日，臧孙许去世。鲁成公前往晋国。郑襄公下葬。秋季，鲁成公从晋国回国。冬季，修建郓城的城墙。郑悼公率军讨伐许国。

【传】四年春，宋华元来聘，通嗣君[①]也。

【注释】①嗣君：指宋共公。

【译文】鲁成公四年春，宋国的华元访问鲁国，是为他们新继位的宋共公来谋求和鲁国通好。

杞伯来朝，归叔姬[①]故也。

【注释】①叔姬：鲁女嫁杞桓公为夫人。

【译文】杞桓公前来鲁国朝见，是为了讲明休弃叔姬回鲁国的原因。

夏，公如晋，晋侯见公，不敬。季文子曰："晋侯必不免。《诗》曰：'敬之敬之！天惟显思，命不易哉[①]！'夫晋侯之命在诸侯矣，可不敬乎？"

【注释】①敬之敬之！天惟显思，命不易哉：出自《诗经·周颂·敬之》。敬，谨慎，不怠慢。显，明。思，语助词，无义。

【译文】夏季，鲁成公去了晋国。晋景公在会见成公时很不恭敬。季文子说："晋景公日后必定难免祸患。《诗经》中说：'处事应小心谨慎！上天是明察的，天命不可能长久不变！'晋景公的命运由诸侯决定，怎么能对诸侯不恭敬呢？"

秋，公至自晋，欲求成于楚而叛晋，季文子曰："不可。晋虽无道，未可叛也。国大臣睦，而迩于我，诸侯听焉，未可以贰。《史佚[①]之志》有之，曰：'非我族类，其心必异。'楚虽大，非吾族也，其肯字[②]我乎？”公乃止。

【注释】①史佚：原名尹佚、尹逸，西周初年太史。②字：爱。

【译文】秋季，鲁成公从晋国回国，想与楚国结好而背叛晋国，季文子说：“不可以这样。晋国虽然无道，但也不能背叛它。晋国的国力强盛，臣民们和睦，而且邻近我国，诸侯都听从它的命令，所以不能对它有二心。《史佚之志》中有这样的话：‘不是我们同一个种族，必然不能同心同德。’楚国虽然土地广大，但不是我们的族类，难道肯爱护我们吗？”鲁成公于是放弃了这个想法。

冬十一月，郑公孙申帅师疆许田[①]，许人败诸展陂[②]。郑伯伐许，取鉏任、泠敦[③]之田。

【注释】①公孙申：即叔申，郑国大夫。疆：划定界限。②展陂：在今河南许昌市西北。③鉏（chú）任、泠敦：地名，均在河南许昌。

【译文】冬季十一月，郑国的公孙申率军在占领的许国田地上划定边界，许国人在展陂打败了他们。郑悼公讨伐许国，夺取了鉏任、泠敦的田地。

晋栾书将中军，荀首佐之，士燮佐上军，以救许伐郑，取氾、祭[①]。

【注释】①氾（fán）：郑地，在今河南荥阳县西北。祭：郑地，在今河南郑州市北。

【译文】晋国的栾书率领中军，由荀首为副帅，士燮为上军副帅，前往攻打郑国以救援许国，攻占了郑国的汜、祭二地。

楚子反救郑，郑伯与许男讼焉[①]。皇戌摄[②]郑伯之辞，子反不能决也，曰："君若辱在寡君[③]，寡君与其二三臣共听两君之所欲，成[④]其可知也。不然，侧[⑤]不足以知二国之成。"

【注释】①许男：即许灵公。讼：争辩是非曲直。②摄：代。③辱在寡君：外交辞令，指屈驾去面见楚王。在：问候。④成：平息是非。⑤侧：指公子侧，即子反。

【译文】楚国的子反率军救援郑国，郑悼公和许灵公在子反面前发生了争吵。皇戌代表郑悼公发言。子反无法判断谁是谁非，于是说："如果二位国君能屈驾前去面见我国国君，他和几个大臣一起听取两位国君的诉说，是非曲直大概就可以明断了。不然，我也无法判断你们两国到底孰是孰非。"

晋赵婴[①]通于赵庄姬[②]。

【注释】①赵婴：即赵婴齐，赵衰之子，赵盾之弟。②赵庄姬：赵盾之子赵朔的妻子，晋成公之女。

【译文】晋国的赵婴与赵庄姬私通。

成公五年

【经】五年[①]春，王正月，杞叔姬来归。仲孙蔑如宋。夏，叔孙侨如会晋荀首于谷。梁山[②]崩。秋，大水。冬十有一月己酉，天王[③]崩。十有二月己丑，公会晋侯、齐侯、宋公、卫侯、郑伯、曹伯、邾子、杞伯同盟于虫牢[④]。

【注释】①五年：公元前586年。②梁山：位于今陕西韩城县。③天王：即周定王。④晋侯：即晋景公。齐侯：即齐顷公。宋公：即宋共公。卫侯：即卫定公。郑伯：即郑悼公。曹伯：即曹宣公。邾子：即邾定公。杞伯：即杞桓公。虫牢：郑地，位于今河南封丘县北。

【译文】鲁成公五年春季，周历正月，杞叔姬被休回了鲁国。仲叔蔑去了宋国。夏季，叔孙侨如与晋国的荀首在谷地会面。梁山发生了山崩。秋季，发大水。冬季十一月己酉日，周定王驾崩。十二月己丑日，成公与晋景公、齐顷公、宋共公、卫定公、郑悼公、曹宣公、邾定公、杞桓公一起在虫牢结盟。

【传】五年春，原、屏[①]放诸齐。婴曰："我在，故栾氏不作[②]。我亡，吾二昆[③]其忧哉！且人各有能有不能，舍我何害？"弗听。婴梦天使谓己："祭余，余福女。"使问诸士贞伯[④]，贞伯曰："不识也。"既而告其人曰："神福仁而祸淫，淫而无罚，福也。祭，其得亡[⑤]乎？"祭之，之明日而亡。

【注释】①原、屏：即赵同、赵括，两人是同母兄弟，与赵婴、赵盾是异母兄弟。②栾氏：指栾书等人。作：作乱。③二昆：即二兄，指赵同、赵括，都为赵婴之兄。④士贞伯：即士贞子、士渥浊。⑤亡：通"无"，指免予受罚。

【译文】鲁成公五年春季，赵同、赵括将赵婴放逐到了齐国。赵婴说："晋国因为有我在，所以栾书等人不敢作乱。如果我不在晋国，两位兄长恐怕就有忧患了。再说人各有所能，也有所不能，赦免我对你们又有什么坏处呢？"赵同、赵括不听。赵婴梦见上天派使者来对自己说："祭祀我，我保佑你。"赵婴派人向士贞伯请教，贞伯说："我也不知道这是什么意思。"不久士贞伯又告诉别人说："神灵保佑仁人君子，降祸于淫乱之人，淫乱而没有受到惩罚，这就已经是福了。即使祭祀了神灵，难道就能免除祸患吗？"赵婴祭祀了神灵后，第二天就被放逐了。

孟献子如宋，报华元也。

【译文】孟献子前往宋国，这是对去年华元来鲁国访问的回报。

夏，晋荀首如齐逆女，故宣伯饫诸谷[①]。

【注释】①宣伯：即叔孙侨如。馔（yùn）：给在野外的行路之人馈送食物。

【译文】夏季，晋国的荀首前往齐国迎亲，所以叔孙侨如在谷地赠送食物给他们。

梁山崩，晋侯以传召伯宗[①]。伯宗辟重[②]，曰："辟传！"重人[③]曰："待我，不如捷之速也。"问其所，曰："绛人也。"问绛事焉，曰："梁山崩，将召伯宗谋之。"问："将若之何？"曰："山有朽壤[④]而崩，可若何？国主山川。故山崩川竭，君为之不举[⑤]，降服[⑥]，乘缦[⑦]，彻乐[⑧]，出次[⑨]，祝币[⑩]，史辞[⑪]以礼焉。其如此而已，虽伯宗若之何？"伯宗请见之，不可。遂以告而从之。

【注释】①传（zhuàn）：传车，古代驿站的专用车辆。伯宗：晋大夫。②辟重：叫装载货物的车让道。③重人：押送重车的人。④朽壤：腐土。⑤不举：即菜肴简单，不奏乐。⑥降服：脱去平时华丽的衣服换成素服。⑦缦：没有彩绘的车子。⑧彻乐：不奏音乐。⑨出次：离开寝宫住到郊外。⑩祝币：陈列献神的礼物。祝：太祝，祭祀时司告鬼神的人。⑪史辞：太史读祭神文辞。

【译文】梁山发生了崩塌，晋景公用驿车召见伯宗。伯宗让装载货物的重车给他让路，说："给驿车让路！"押送重车的人说："等我让路，还不如走捷径来得快。"伯宗问他是哪里人，他回答说："绛城人。"伯宗又问他绛城的情况，他说："梁山发生了山崩，国君要召回伯宗商量对策。"伯宗又问："你觉得应该怎样办？"那人回答说："山因为有了腐朽的土质而崩塌，又能有什么办法？国家以山川为根本，因此一旦有山崩塌或河流枯竭的事，国君就应当减膳撤乐，穿素服，乘坐没有彩饰的车子，不奏音乐，离开寝宫住到郊外去，太祝给神灵陈列礼物，太史宣读祭神文辞，以礼祭祀山川神灵。这样做就可以了，即使伯宗来了他又能怎么样呢？”于是伯宗请他一块去见晋景公，他不肯去。于是伯宗便把押车人的话告诉了晋景公，晋景公照着押车人的话去做了。

许灵公愬[①]郑伯于楚。六月，郑悼公如楚，讼，不胜。楚人执皇戌及子国[②]。故郑伯归，使公子偃请成于晋。秋八月，郑伯及晋赵同盟于垂棘[③]。

【注释】①愬（sù）：控告。②子国：即郑穆公之子公子发。③垂棘：晋地，位于今山西潞城县北。

【译文】许灵公到楚国控告郑悼公。六月，郑悼公前往楚国争讼，结果没有获胜。楚国人因此囚禁了郑国的皇戌和子国。所以，郑悼公回国后，派公子偃到晋国请求修好。秋季八月，郑悼公和晋国的赵同在垂棘结盟。

宋公子围龟[①]为质于楚而还，华元享之。请鼓噪[②]以出，鼓噪以复入，曰：“习攻华氏。”宋公杀之。

【注释】①公子围龟：字子灵，宋文公之子。②鼓噪：擂鼓呐喊。

【译文】宋国的公子围龟在楚国当人质后回到宋国，华元设宴招待他。公子围龟请求擂鼓呐喊着从华元家出来，再擂鼓呐喊着进入华元家，并说："我这是演习攻打华氏。"宋共公因此杀了他。

冬，同盟于虫牢，郑服也。

【译文】冬季，鲁成公与众诸侯在郑国的虫牢举行盟会，是因为郑国归顺了晋国。

诸侯谋复会，宋公使向为人[1]辞以子灵之难。

【注释】①向为人：宋国大夫。

【译文】众诸侯商议再举行一次盟会，宋共公派向为人以国内发生了子灵事件为由谢绝了。

十一月己酉，定王崩。

【译文】十一月己酉日，周定王驾崩。

成公六年

【经】六年[1]春王正月，公至自会[2]。二月辛巳，立武宫[3]。取郚[4]。卫孙良夫帅师侵宋。夏六月，邾子[5]来朝。公孙婴齐如晋。壬申，郑伯费[6]卒。秋，仲孙蔑、叔孙侨如帅师侵宋。楚公子婴齐帅师伐郑。冬，季孙行父如晋。晋栾书帅师救郑。

【注释】①六年：公元前585年。②会：指虫牢之会。③武宫：纪念武宫的建筑。④郚（zhuān）：鲁的附庸国，在今山东省郯城县东北。⑤邾子：即邾定公。⑥郑伯费：即郑悼公。

【译文】鲁成公六年春季，周历正月，鲁成公从虫牢之会回国。二月辛巳日，建立武宫。攻取了郚国。卫国的孙良夫率军攻打宋国。夏季六月，邾定公前来鲁国朝见。公孙婴齐前往晋国。壬申日，郑悼公费去世。秋季，仲孙蔑、叔孙侨如率军攻打宋国。楚国公子婴齐率军攻打郑国。冬季，季孙行父前往晋国。晋国的栾书率军救援郑国。

【传】六年春，郑伯如晋拜成，子游相[1]，授玉于东楹[2]之东。士贞伯曰："郑伯其死乎？自弃也已！视流[3]而行速，不安其位，宜[4]不能久。"

【注释】①子游：公子偃的字。相：任相礼。②楹：堂上大柱，东西各有一。③视流：目光不定的样子。④宜：殆，大概。

【译文】鲁成公六年春季，郑悼公前往晋国拜谢并同意与晋国修好之事，由子游担任相礼，在东楹的东边行授玉之礼。士贞伯说："郑悼公恐怕快要死了吧？自己都不尊重自己，目光游移不定，且走路速度过快，在自己的位子上都坐不安定，大概活不久了。"

二月，季文子以鞍之功立武宫，非礼也。听于人[1]以救其难，不可以立武[2]。立武由己，非由人也。

【注释】①听于人：鞍之战鲁向晋请求出兵与齐作战，故鲁军听命于晋军。②立武：建立纪念性建筑以表彰武功。

【译文】二月，季文子因为鞍之战的功劳而建立了武宫，这是不符合礼法的。听从别人的指挥来解除本国的灾难，不能建立武宫。建立武宫必须是以自己的力量取得的胜利，而不是靠别人的功劳。

取鄟，言易也。

【译文】攻取了鄟国，《春秋》中这样记载，是因为这次行动完成得很容易。

三月，晋伯宗、夏阳说，卫孙良夫、宁相，郑人，伊、洛之戎[1]，陆浑[2]，蛮氏[3]侵宋，以其辞会也。师于鍼[4]，卫人不保[5]。说欲袭卫，曰："虽不可入，多俘而归，有罪不及死。"伯宗曰："不可。卫唯信晋，故师在其郊而不设备。若袭之，是弃信也。虽多卫俘，而晋无信，何以求诸侯？"乃止。师还，卫人登陴[6]。

【注释】①伊、洛之戎：居住在今伊河、洛河之间的戎人。②陆浑：即居住在陆浑的戎人。③蛮氏：戎蛮，居住在河南临汝县西南一带。④鍼（qián）：卫邑，位于今河南濮阳附近。⑤不保：不设防。⑥陴

（pí）：城上女墙。

【译文】三月，晋国的伯宗、夏阳说，卫国的孙良夫、宁湘，郑国人以及伊、洛的戎人，陆浑，蛮氏，一起攻打宋国，是因为宋国去年拒绝参加虫牢会盟。联军驻扎在鍼地，卫国人没有设防。夏阳说想袭击卫国，说："即使不能攻入卫国国都，但多抓些俘虏回去，国君即使怪罪也还不至于被处死。"伯宗说："不能这样。卫国正因为信任晋国，所以我们军队驻扎在他们郊外，他们才没有防备。如果偷袭卫国，这是背信弃义的行为。虽然可以多抓些卫国的俘虏，但晋国却因此而丧失信义，又怎么能得到诸侯的拥戴？"军队于是就停止了行动。晋军开拔回国，卫国人才登上城墙守卫。

晋人谋去故绛[①]。诸大夫皆曰："必居郇、瑕[②]氏之地，沃饶而近盬[③]，国利君乐，不可失也。"韩献子将新中军，且为仆大夫[④]。公揖而入。献子从。公立于寝庭[⑤]，谓献子曰："何如？"对曰："不可。郇、瑕氏土薄水浅，其恶易觏[⑥]。易觏则民愁，民愁则垫隘[⑦]，于是乎有沉溺重膇之疾[⑧]。不如新田[⑨]，土厚水深，居之不疾，有汾、浍以流其恶[⑩]，且民从教，十世之利也。夫山、泽、林、盬，国之宝也。国饶，则民骄佚。近宝，公室乃贫，不可谓乐。"公说，从之。夏四月丁丑，晋迁于新田。

【注释】①故绛：指以前的晋国都城绛，即翼，位于今山西翼城。②郇、瑕：泛指山西临猗（yī）一带晋国故地。③盬（gǔ）：即盐池，今名解池。④仆大夫：太仆之官，掌管宫中之事。⑤寝：路寝，也叫正寝，是君主处理政事的宫室。寝庭：路寝外的庭院。⑥恶：污秽脏物。觏（gòu）：通“构”，构成，积聚。⑦垫隘：羸弱。⑧沉溺：指风湿病。重：同“肿”。腿（zhuì）：指脚肿。⑨新田：晋国新都绛，在今山西侯马市。⑩汾、浍：均为水名，汾水流经新田西北，浍水在新田注入汾水。

【译文】晋国人打算将都城迁离故都绛城。大夫们都说：“一定要迁到郇、瑕氏的地方，那里土地肥沃，又离盐池很近，对国家有利，君王也快乐，不能放弃那个好地方。”此时韩献子掌管中军，又兼任仆大夫。晋景公向群臣作揖而后退入了路门，韩献子跟在他后面。晋景公站在正寝外边的庭院里，对韩献子说：“怎么样？”韩献子回答说：“不行。郇、瑕之地土质贫瘠，又缺少水源，容易积聚肮脏的东西。肮脏的东西容易积聚，百姓就忧愁，百姓忧愁，身体就会疲弱不堪，这种情况下就会滋生风湿和脚肿的疾病。不如迁往新田，那里土地肥沃，水源丰富，居住在那里不会生病，又有汾水和浍水冲走各种肮脏之物，而且那里的百姓顺从易教化，子孙十代都可以安享其利。大山、沼泽、森林、盐池，是国家的宝藏。国家富饶，百姓就会骄傲放纵。靠近宝藏之地，大家争利，国家财富将因此而贫乏，这不能说是君王的快乐。”景公听后很满意，采纳了韩献子的意见。夏季四月丁丑日，晋国迁都到新田。

六月，郑悼公卒。

【译文】六月，郑悼公去世。

子叔声伯[1]如晋。命伐宋。

【注释】①子叔声伯：即公孙婴齐。

【译文】子叔声伯前往晋国。晋国命令鲁国攻打宋国。

秋，孟献子、叔孙宣伯侵宋，晋命也。

【译文】秋季，孟献子和叔孙宣伯率军攻打宋国，这是奉了晋国的命令。

楚子重伐郑，郑从晋故也。

【译文】楚国的子重攻打郑国，是因为郑国又归顺了晋国。

冬，季文子如晋，贺迁[1]也。

【注释】①贺迁：庆贺迁都或迁居。

【译文】冬季，季文子前往晋国，祝贺晋国迁都。

晋栾书救郑，与楚师遇于绕角[1]。楚师还，晋师遂侵蔡。楚公子申、公子成以申、息之师[2]救蔡，御诸桑隧[3]。赵同、赵括欲战，请于武子[4]，武子将许之。知庄子、范文子、韩献子谏曰："不可。吾来救郑，楚师去我，吾遂至于此，是迁戮[5]也。戮而不已，又怒楚师，战必不克。虽克，不令[⑥]。成师以出，而败楚之二县，何荣之有焉？若不能败，为辱已甚[⑦]，不如还也。”乃遂还。

【注释】①绕角：郑地，在今河南鲁山县东南。②申、息之师：楚国申县和息县的两支军队。③桑隧：位于今河南确山县东。④武子：指栾书。⑤迁戮：指因迁怒而杀戮。⑥令：善。⑦已甚：过分。

【译文】晋国的栾书率军救援郑国，与楚军在绕角相遇。楚军撤退回国，晋军于是顺道攻打了蔡国。楚国的公子申、公子成率领申、息两地的军队去救援蔡国，在桑隧抵抗晋军。赵同、赵括想要出战，向栾书请示，栾书准备答应。荀首、士燮和韩厥劝谏说："不能出战。我们前来救援郑国，楚军避开我们，我们才到了这里，这实际上是转移了杀戮的对象。杀戮没有结束，又激怒了楚军，这样出战必定不会获胜。即使获胜，也不一定是好事。整顿大军出战，仅仅击败楚国两个县的军队，又有什么荣耀呢？如果不能击败他们，那么我们蒙受的耻辱就太大了，不如撤回去吧。"于是晋军就回国了。

于是，军帅之欲战者众，或谓栾武子曰："圣人与众同欲，是以济事。子盍从众？子为大政[①]，将酌于民者也。子之佐十一人，其不欲战者，三人而已。欲战者可谓众矣。《商书》曰：'三人占，从二人[②]。'众故也。"武子曰："善钧[③]，从众。夫善，众之主也。三卿为主，可谓众矣。从之，不亦可乎？"

【注释】①大政：即执政大臣。②三人占，从二人：出自《尚书·洪范》，指三人一起占卜，每个人的判断不一定相同，听从其中两个相同的。③钧：通“均”，平均，相当。

【译文】此时，军中将领主张出战的人很多，有人对栾书说：“圣人与大众的愿望相同，所以能够成功。您为什么不顺从大家的意见呢？您是执政大臣，应该斟酌百姓的意见。辅佐您的有十一人，不想出战的只有三人。主张出战的人可以说是多数了。《商书》中说：‘如果有三个人占卜，就听从其中占卜结果相同的两个人。’因为两个人就是多数。”栾书说：“如果大家都是拥有美德的人，那么就听从多数人的意见。因为美德，是大众服从的主导。现在有三位卿同意不出战，也可以说是多数了。听从他们的意见，不也是可以的吗？”

成公七年

【经】七年[①]春王正月，鼷鼠食郊牛角[②]，改卜牛。鼷鼠又食其角，乃免牛。吴伐郯。夏五月，曹伯[③]来朝。不郊，犹三望。秋，楚公子婴齐帅师伐郑。公会晋侯、齐侯、宋公、卫侯、曹伯、莒子、邾子、杞伯救郑[④]。八月戊辰，同盟于马陵[⑤]。公至自会。吴入州来[⑥]。冬，大雩。卫孙林父出奔晋。

【注释】①七年：指公元前584年。②鼷（xī）鼠：一种家鼠。身体小，吻部尖而长，耳朵较大，尾巴细长，全身灰黑色或灰褐色。是传播鼠疫的媒介。郊牛：古帝王郊祭时准备用于祭祀的牛。③曹伯：即曹宣公。④晋侯：即晋景公。齐侯：即齐顷公。宋公：即宋共公。卫侯：即卫定公。杞伯：即杞桓公。⑤马陵：卫地，位于今河北大名县东南。⑥州来：国名，在今安徽凤台县。

【译文】鲁成公七年春季，周历正月，鼷鼠咬坏了用来郊祭的牛的角，于是占卜改用了其他的牛。鼷鼠又咬坏了那头牛的角，于是不再杀牛祭祀。吴国攻打郯国。夏季五月，曹宣公前来鲁国朝见。不举行郊祭，但还是举行了三次望祭。秋季，楚国的公子婴齐率军攻打郑国。成公会合晋景公、齐顷公、宋共公、卫定公、曹宣公、莒子、邾子、杞桓公联合救援郑国。八月戊辰日，各国一起在马陵会盟。成公从马陵之盟回国。吴国侵入州来。冬季，举行了大规模的祈雨祭祀活动。卫国的孙林父出逃到了晋国。

七年春，吴伐郯，郯成。

【译文】鲁成公七年春季，吴国攻打郯国，郯国求和。

季文子曰："中国不振旅[①]，蛮夷[②]入伐，而莫之或恤，无吊者[③]也夫！《诗》曰：'不吊昊天，乱靡有定[④]。'其此之谓乎！有上[⑤]不吊，其谁不受乱？吾亡无日矣！"君子曰："知惧如是，斯不亡矣。"

【注释】①中国：华夏诸国。振旅：整顿军队，操练士兵。②蛮夷：指吴国。③吊者：此指霸主。④不吊昊天，乱靡有定：出自《诗经·小雅·节南山》，指命运多舛不被上天怜悯，天下动乱频仍至今还没有安定。昊天，苍天。⑤上：霸主。

【译文】季文子说："中原各国不整顿军备，四方蛮夷经常入侵，却没有人忧虑此事，这是因为没有霸主的缘故啊！《诗经》中说：'命运多舛不被上天怜悯，天下动乱频仍至今还没有安定。'大概说的就是这种情况吧！即使有了能统领诸侯的霸主，但他不仁不义，试问又有谁能免遭祸乱呢？我们离灭亡不远了。"君子说："如果能像季文子这样知道戒惧，国家就不会灭亡了。"

郑子良相成公以如晋，见，且拜师。

【译文】郑国的子良以郑成公相礼的身份陪同郑成公前往晋国，朝见晋景公，并拜谢晋国去年出兵救援郑国之事。

夏，曹宣公来朝。

【译文】夏季，曹宣公前来鲁国朝见。

秋，楚子重伐郑，师于氾[①]。诸侯救郑。郑共仲、侯羽军[②]楚师，囚郧公[③]钟仪，献诸晋。

【注释】①氾（fàn）：指郑南氾，位于今河南襄城县。②军：包围。③郧公：郧县县尹。郧，诸侯国名，位于今湖北安陆市。

【译文】秋季，楚国的子重率军讨伐郑国，军队驻扎在氾地。各诸侯国率军救援郑国。郑国的共仲、侯羽包围了楚军，囚禁郧公钟仪，

并将他献给了晋国。

八月，同盟于马陵，寻虫牢之盟，且莒服故也。

【译文】八月，鲁成公与众诸侯一起在马陵会盟，重温在虫牢的盟约，这也是因为莒国归顺晋国的缘故。

晋人以钟仪归，囚诸军府[①]。

【注释】①军府：军用仓库，亦用以囚禁俘虏。

【译文】晋国人将郧公钟仪带回国，囚禁在军府里。

楚围宋之役[①]，师还，子重请取于申、吕[②]以为赏田，王许之。申公巫臣曰："不可。此申、吕所以邑也，是以为赋[③]，以御北方。若取之，是无申、吕也。晋、郑必至于汉[④]。"王乃止。子重是以怨巫臣。子反欲取[⑤]夏姬，巫臣止之，遂取以行，子反亦怨之。及共王即位，子重、子反杀巫臣之族子阎、子荡及清尹[⑥]弗忌及襄老之子黑要，而分其室[⑦]。子重取子阎之室，使沈尹[⑧]与王子罢分子荡之室，子反取黑要与清尹之室。巫臣自晋遗二子[⑨]书，曰："尔以谗慝贪婪事君，而多杀不辜。余必使尔罢[⑩]于奔命以死。"

【注释】①围宋之役：在宣公十四年九月至十五年五月，楚围宋九个月。②吕：国名，姜姓，早被楚灭，位于今河南南阳市西。③赋：军赋。④汉：指汉水。⑤取：同“娶”。⑥清尹：楚国官名。⑦室：家族的财产。⑧沈尹：楚沈县尹。⑨二子：子重、子反。⑩罢（pí）：同“疲”，疲劳，衰弱。

【译文】楚军在围攻宋国的那次战役后，回到国内，令尹子重请求将申、吕两地作为赏田赐给他，楚庄王答应了他的请求。申公巫臣说：“不可以这样。申、吕二地之所以能成为城邑，是因为国家能从这里征收兵赋以抵御北方的敌人。如果子重占有了这些田地，也就等于楚国丧失了申、吕两个城邑。那么晋国与郑国的势力必定会扩张到汉水一带。”于是楚庄王便取消了这个命令。子重因此而怨恨巫臣。子反想娶夏姬为妻，巫臣阻止他，结果他自己反而娶了夏姬并逃到了晋国，子反因此也怨恨巫臣。当楚共王即位后，子重、子反杀了巫臣的族人子阎、子荡、清尹弗忌以及襄老的儿子黑要，并且瓜分了他们的家产。子重抢占了子阎的家产，让沈尹和王子罢瓜分子荡的家产，子反占有了黑要和清尹弗忌的家产。巫臣从晋国写信给子重和子反，说：“你们靠邪恶和贪婪侍奉国君，又滥杀无辜，我一定要让你们疲于奔命而死。”

巫臣请使于吴，晋侯许之。吴子寿梦[①]说之，乃通吴于晋。以两之一卒[②]适吴，舍偏两之一[③]焉。与其射御，教吴乘车，教之战陈，教之叛楚。置其子狐庸焉，使为行人于吴。吴始伐楚，伐巢、伐徐。子重奔命。马陵之会，吴入州来。子重自郑奔命。子重、子反于是乎一岁七奔命。蛮夷属于楚者，吴尽取之，是以始大，通吴于上国[④]。

【注释】①寿梦：吴侯仲雍第十九世孙，吴侯去齐之子，季札的父来。②两之一卒：合两偏以成一卒车，即兵车三十辆。③舍：留下。偏两之一：一偏的卒车，即十五辆战车。④上国：中原诸国。

【译文】巫臣请求出使吴国，晋景公答应了他的请求。吴王寿梦很赏识他，于是巫臣就让吴国和晋国建立了友好关系。巫臣到吴国去时带了三十辆兵车，他留下了十五辆给吴国，将它们送给吴国的射手与御者，教吴国人驾车，教他们排兵布阵之法，又教唆他们背叛楚国。巫臣又让自己的儿子狐庸留在吴国，做了吴国的外交使者。于是吴国开始攻打楚国，进攻巢国与徐国。为了抵御吴国的进攻，子重四处奔波救援。马陵会盟时，吴国攻入州来，子重从郑国奉命赶去援救。就这样，子重、子反为了抵御吴国，在一年内奉命奔波了七次。从前依附楚国的蛮夷，全部被吴国降服，吴国也因此开始强大起来，并得以与中原各国互通往来。

卫定公恶孙林父。冬，孙林父出奔晋。卫侯如晋，晋反戚[①]焉。

【注释】①戚：卫邑，在今河南濮阳市北。

【译文】卫定公讨厌孙林父。冬季，孙林父从卫国逃到了晋国。卫定公去晋国，晋国将孙林父的封地戚邑还给了卫国。

成公八年

【经】八年[①]春，晋侯[②]使韩穿来言汶阳之田，归之于齐。晋栾书帅师侵蔡。公孙婴齐如莒。宋公[③]使华元来聘。夏，宋公使公孙寿来纳币。晋杀其大夫赵同、赵括。秋七月，天子使召伯来赐公命[④]。冬十月癸卯，杞叔姬卒。晋侯使士燮来聘。叔孙侨如会晋士燮、齐人、邾人伐郯。卫人来媵[⑤]。

【注释】①八年：公元前583年。②晋侯：即晋景公。③宋公：即宋共公。④天子：即周简王。召伯：召桓公，周王室卿士。⑤媵：送陪嫁之女。国君之女出嫁，其他同姓国送女陪嫁。

【译文】鲁成公八年春季，晋景公派韩穿来鲁国，要求鲁国将取回的汶阳之田重新还给齐国。晋国的栾书率军入侵蔡国。公孙婴齐前往莒国。宋共公派华元来鲁国访问。夏季，宋共公又派公孙寿来鲁国送聘礼。晋国杀死了大夫赵同与赵括。秋季七月，周简王派召伯来鲁国传达赏赐成公的命令。冬季十月癸卯日，杞叔姬去世。晋景公派士燮来鲁国访问。叔孙侨如会同晋国的士燮、齐国人、邾国人一起攻打郯国。卫国人送来陪嫁的女子。

【传】八年春，晋侯使韩穿来言汶阳之田，归之于齐。季文子饯之，私焉，曰："大国制义[①]以为盟主，是以诸侯怀德畏讨，无有贰心。谓汶阳之田，敝邑之旧也，而用师于齐，使归诸敝邑。今有二命[②]，曰：'归诸齐。'信以行义，义以成命，小国所望而怀也。信不可知，义无所立，四方诸侯，其谁不解体？《诗》曰：'女也不爽，士贰其行。士也罔极，二三其德[③]。'七年之中，一与一夺，二三孰甚焉！士之二三，犹丧妃耦[④]，而况霸主？霸主将德是以[⑤]，而二三之，其何以长有诸侯乎？《诗》曰：'犹之未远，是用大简[⑥]。'行父[⑦]惧晋之不远犹而失诸侯也，是以敢私言之。”

【注释】①制义：处理事务符合道义。②二命：不同的命令。③女也不爽，士贰其行。士也罔极，二三其德：出自《诗经·国风·卫风·氓》，是一首弃妇之诗，指女子没有什么过错，男子的行为却有过错。男人的态度没有准则，行为前后不一致。罔极：无准则。二三：前后不一致。这里用女子比喻鲁国，用男子比喻晋国。④妃耦：配偶。⑤以：用。⑥犹之未远，是用大简：出自《诗经·大雅·板》，指谋略太没有远见，所以要极力劝谏。犹，同“猷”，谋略。简，作“谏”。⑦行父：季文子之名。

【译文】鲁成公八年春季，晋景公派韩穿来鲁国，要求鲁国把汶阳之田重新还给齐国。季文子设宴为韩穿饯行，私下对他说：“大国因为处理事务符合道义而成为盟主，诸侯也因此既感怀其德行而又害怕受到其讨伐，所以都没有异心。说到汶阳之田，这本来就是我国原有的领土，是在对齐国用兵之后，才迫使齐国归还给我国。现在又有不同的命令，说：‘将它归还给齐国。’推行道义要凭信用，完成命令要靠道义，这是小国所希望的，我们也会因此而感怀。现在信用不可靠，道义又没有树立，四方诸侯又怎能不离心涣散呢？《诗经》中说：‘女人并无过错，是男子太无情了。男子的心中没有标准，前后行为不一致。’七年之内，汶阳之田被还回来一次又被夺回去一次，还有比这更前后不一的吗？男子前后不一，还会因此失去配偶，更何况是诸侯霸主呢？霸主必须讲求德行，如果是前后不一、朝令夕改，那又怎能长久得到诸侯的拥护呢？《诗经》中说：‘谋略缺乏远见，因此极力劝谏。’行父我担心晋国不能深谋远虑而失去诸侯的拥护，因此才大胆私下对您说这些话。”

晋栾书侵蔡，遂侵楚，获申骊[①]。

【注释】①申骊：楚国大夫。

【译文】晋国的栾书率军入侵蔡国，接着又侵入楚国，抓获了申骊。

楚师之还也，晋侵沈[①]，获沈子揖初[②]，从知、范、韩[③]也。君子曰：“从善如流，宜哉！《诗》曰：‘恺悌君子，遐不作人[④]。’求善也夫！作人，斯有功绩矣。”

【注释】①沈：诸侯国名，姬姓，子爵。在今河南省平舆县北。春秋时为蔡所灭。②揖初：沈国国君名。③知、范、韩：即知庄子荀首、范文子士燮、韩献子韩厥。④恺悌君子，遐不作人：出自《诗经·大雅·旱麓》，是指品性良好的君子，为什么不起用人才。恺悌君子，泛指品德优良、平易近人的人。遐不，何不。作人，起用人才。

【译文】楚军回国时，晋国趁机侵入沈国，俘虏了沈国国君揖初，这是听从荀首、士燮、韩厥三人计谋的结果。君子说：“采纳好建议就像流水一样爽快，这是多么恰当啊！《诗经》中说：‘品德优良、平易近人的君子，何不起用人才呢？’说的就是要求取贤能之人啊！善于起用人才，这就有功绩了。”

是行也，郑伯[①]将会晋师，门于许东门，大获焉。

【注释】①郑伯：即郑成公。

【译文】这次行动，郑成公准备联合晋军，经过许国，攻打许国国都的东门，收获很大。

声伯如莒，逆也。

【译文】鲁国的公孙婴齐前往莒国，是为了迎娶妻子。

宋华元来聘，聘共姬也[1]。

【注释】①共姬：穆姜所生，鲁成公姊妹。嫁与宋共公，故称共姬。

【译文】宋国的华元前来鲁国访问，为宋共公聘定共姬为夫人。

夏，宋公使公孙寿来纳币[1]，礼也。

【注释】①纳币：送聘礼给女方家。

【译文】夏季，宋共公派公孙寿来鲁国送聘礼，这是符合礼法的。

晋赵庄姬[1]为赵婴之亡故，谮之于晋侯，曰："原、屏将为乱。"栾、郤为征[2]。六月，晋讨赵同、赵括。武从姬氏畜于公宫[3]。以其田与祁奚[4]。韩厥言于晋侯曰："成季[5]之勋，宣孟[6]之忠，而无后，为善者其惧矣。三代之令王[7]，皆数百年保天之禄。夫岂无辟王[8]，赖前哲以免也。《周书》曰：'不敢侮鳏寡[⑨]。'所以明德也。"乃立武，而反其田焉。

【注释】①庄姬：晋成公之女。②征：通"证"。③武：即赵武，赵朔与庄姬之子。畜：养育。公宫：晋景公之宫。④祁奚：晋国大夫，字黄羊。⑤成季：即赵衰。⑥宣孟：即赵盾。⑦令王：贤明的君王。⑧辟王：邪僻的君王，即昏君。辟，邪僻。⑨不敢侮鳏寡：出自《尚书·康诰》，指不敢轻视、怠慢老弱孤苦之人。

【译文】晋国的赵庄姬因为赵婴被放逐的缘故，便在晋景公面前诬陷赵同和赵括，说："赵同与赵括准备叛乱。"栾氏与郤氏为她作证。六月，晋国讨伐赵同、赵括。赵武跟着赵庄姬住在晋景公的宫内。景公把赵氏的田地赏给了大夫祁奚。韩厥对晋景公说："以赵衰的功勋，赵盾的忠心，却没有了后代，这恐怕会使善良之人感到害怕啊。夏、商、周三代贤明的君王，都能够保有几百年的江山，难道这几百年间就没有邪僻的昏君吗？只不过靠他们贤明的祖先才得以免除灾祸罢了。《周书》中说：'不敢欺侮老弱孤苦之人。'就是用这样的做法来宣扬德行啊。"于是晋景公便立赵武为赵氏的继承人，并将赵氏的田地都归还给他。

秋，召桓公来赐公命。

【译文】秋季，召桓公来鲁国传达赏赐成公的命令。

晋侯使申公巫臣如吴，假道于莒。与渠丘公立于池上[①]，曰：

“城已恶[②]！”莒子曰：“辟陋在夷，其孰以我为虞[③]？”对曰：“夫狡焉思启封疆以利社稷者，何国蔑有[④]？唯然，故多大国矣，唯或思或纵[⑤]也。勇夫重闭[⑥]，况国乎？”

【注释】①渠丘公：莒国国君，名朱。渠丘，莒邑，在今山东省莒县。池：护城河。②已：太，过。恶：坏。③虞：企望，期待。④蔑有：没有。⑤或思或纵：有的小国因防备而得存，有的小国因放纵而灭亡。⑥重闭：层层关闭门户。

【译文】晋景公派申公巫臣前往吴国，想向莒国借道。巫臣与渠丘公站在护城河边，说：“城墙太破旧了。”渠丘公说：“我国地处偏远狭小的蛮夷之地，又有谁还会打我们的主意呢？”巫臣说：“那些狡猾的总是处心积虑企图开疆辟土以有利于自己国家的人，哪个国家没有呢？正因为这样，所以才会有那么多的大国，只是有的小国因有所防备而得存，有的小国因为放纵而灭亡。勇敢的人还知道要把门窗层层关闭好，何况是一个国家呢？”

冬，杞叔姬卒。来归自杞，故书。

【译文】冬季，杞叔姬去世。因为她是被杞国休弃回到鲁国的，所以《春秋》中进行了记载。

晋士燮来聘，言伐郯也，以其事吴故。公赂之，请缓师，文子[①]不可，曰：“君命无贰，失信[②]不立。礼无加货，事无二成[③]。君后诸侯，是寡君不得事君也[④]。燮将复之[⑤]。”季孙惧，使宣伯帅师会伐郯。

【注释】①文子：即士燮。②失信：没完成使命。③二成：两种结果，两头都满意。④不得事君：不能事奉君王，即与鲁绝交。⑤复之：向晋侯复命。

【译文】晋国的士燮前来鲁国访问，提到要攻打郯国，是因为郯国听命于吴国的缘故。成公用财礼贿赂士燮，请求让鲁国暂缓出兵。士燮没有同意，说："国君的命令不能随意更改，失去信义将难以自立。除规定的礼物外，不应该另外增加，只有马上出兵这一种选择。如果您在其他诸侯之后出兵，那么我们的国君就不能再听命于您了。我将如实向我们国君汇报。"季孙听后感到害怕，于是便让宣伯率兵与晋军一起讨伐郯国。

卫人来媵共姬，礼也。凡诸侯嫁女，同姓媵之，异姓则否。

【译文】卫国人送女来鲁国作为共姬的陪嫁，这是符合礼法的。凡是诸侯嫁女，如果是同姓国家就要送女作为陪嫁，异姓国家则不必如此。

成公九年

【经】九年[①]春王正月，杞伯[②]来逆叔姬之丧以归。公会晋侯、齐侯、宋公、卫侯、郑伯、曹伯、莒子、杞伯，同盟于蒲[③]。公至自会。二月伯姬归于宋。夏，季孙行父如宋致女[④]。晋人来媵[⑤]。秋七月丙子，齐侯无野[⑥]卒。晋人执郑伯。晋栾书帅师伐郑。冬十有一月，葬齐顷公。楚公子婴齐帅师伐莒。庚申，莒溃。楚人入郓[⑦]。秦人、白狄伐晋。郑人围许。城中城[⑧]。

【注释】①九年：公元前582年。②杞伯：即杞桓公。③晋侯：即晋景公。齐侯：即齐顷公。宋公：即宋共公。卫侯：即卫定公。郑伯：即郑成公。曹伯：即曹宣公。莒子：即莒渠丘公。蒲：卫地，位于今河南长垣县。④致女：古代国君嫁女三月之后，派遣大夫前往进行聘问的一种礼仪。⑤媵：即媵伯姬。⑥齐侯无野：即齐顷公，无野是其名。⑦郓（yùn）：地名，此为东郓，在今山东省沂水县附近。⑧中城：即鲁都曲阜内城。

【译文】鲁成公九年春季，周历正月，杞桓公前来鲁国迎接叔姬的灵柩回国。鲁成公与晋景公、齐顷公、宋共公、卫定公、郑成公、曹宣公、莒渠丘公、杞桓公一起在蒲地会盟。鲁成公从蒲地会盟回国。二月，伯姬嫁到了宋国。夏季，季孙行父到宋国慰问伯姬。晋国人送女来作陪嫁。秋季七月丙子日，齐顷公无野去世。晋国人囚禁了郑成公。晋国的栾书率军攻打郑国。冬季十一月，安葬了齐顷公。楚国的公子婴齐率军攻打莒国。庚申日，莒国溃败。楚国人攻入郓地。秦国人与白狄联合攻打晋国。郑国人包围了许国。修筑鲁都曲阜的内城城墙。

【传】九年春，杞桓公来逆叔姬之丧，请之也。杞叔姬卒，为杞故[①]也。逆叔姬，为我也。

【注释】①为杞故：因为遭杞桓公休弃的缘故。

【译文】鲁成公九年春季，杞桓公来鲁国接回了叔姬的灵柩，这是应鲁国的请求而来。杞叔姬去世，是因为被杞桓公休弃的缘故。杞桓公接回叔姬的灵柩，也是因为考虑到与我国的关系。

为归汶阳之田故，诸侯贰于晋。晋人惧，会于蒲，以寻马陵之盟。季文子谓范文子曰："德则不竞[①]，寻盟何为？"范文子曰："勤以抚之，宽以待之，坚强以御之，明神以要[②]之，柔服[③]而伐贰，德之次也。"

【注释】①竞：强。②要：约束，禁止。③柔服：安抚顺服者。

【译文】由于晋国要求鲁国把汶阳之田归还给齐国的缘故，诸侯国对晋国都产生了异心。晋国人害怕了，因此在蒲地与诸侯会盟，以重温在马陵的盟约。季文子对范文子说："晋国的德行已经衰落了，重温旧盟干什么？"范文子说："可以用勤勉来安抚诸侯，用宽厚来对待诸侯，用坚强来领导诸侯，用盟约来约束诸侯，安抚顺服的而讨伐有异心的，这毕竟也是次一等的德行。"

是行也，将始会吴，吴人不至。

【译文】这次会盟，晋国准备开始会见吴国，但是吴国人没有来参加。

二月，伯姬归于宋。

【译文】二月，伯姬嫁到了宋国。

楚人以重赂求郑，郑伯会楚公子成于邓[①]。

【注释】①邓：诸侯国名，曼姓，在今河南邓县，被楚国所灭。

【译文】楚国人用重礼请求与郑国结好，郑成公因此在邓地与楚国公子成会盟。

夏，季文子如宋致女，复命，公享之。赋《韩奕》之五章[①]，穆姜出于房[②]，再拜，曰："大夫勤辱[③]，不忘先君以及嗣君[④]，施及未亡人。先君犹有望也！敢拜大夫之重勤。"又赋《绿衣》之卒章[⑤]而入。

【注释】①《韩奕》之五章：《韩奕》是《诗经·大雅》中的一篇，第五章写韩姞嫁韩厥父，生活安乐快活。②穆姜：宣公夫人，伯姬之母。房：古代堂中间叫正室，两旁的叫房。③勤辱：辛勤。④先君：指宣公，伯姬之父。嗣君：指成公。⑤《绿衣》之卒章：《绿衣》是《诗经·邶风》中的一篇，卒章有"我思古人，实获我心"，指我思念故人，实在体贴我的心，借此表示对伯姬的思念及表示季文子所赋正合心意。

【译文】夏季，季文子前往宋国慰问伯姬，回国后向鲁成公复命，鲁成公设宴招待他。宴席上季文子吟诵《韩奕》一诗的第五章，穆姜从房里走出来，两次下拜，说："大夫辛勤，没有忘记先君以及嗣君的恩德，并将其延及我这个未亡人。先君当初也对您有这样的希望。再次拜谢您加倍的辛勤。"又吟诵《绿衣》的最后一章后才进去。

晋人来媵，礼也。

【译文】晋国人送女来作陪嫁，这是符合礼法的。

秋，郑伯如晋。晋人讨其贰于楚也，执诸铜鞮[①]。

【注释】①铜鞮（dī）：晋地，在今山西沁县南。

【译文】秋季，郑成公前往晋国。晋国人为了惩罚他背叛晋国而投靠楚国，在铜鞮将他抓获。

栾书伐郑，郑人使伯蠲[①]行成，晋人杀之，非礼也。兵交，使在其间可也。

【注释】①伯蠲（juān）：郑国大夫。

【译文】栾书率军讨伐郑国，郑国人派伯蠲前来求和，但晋国人杀了他，这是不符合礼法的。两国交战，不杀来使，即使者是可以往来于两国之间的。

楚子重侵陈以救郑。

【译文】楚国令尹子重率军入侵陈国，以此来救援郑国。

晋侯观于军府，见钟仪，问之曰："南冠而絷者[①]，谁也？"有司对曰："郑人所献楚囚也。"使税[②]之，召而吊[③]之。再拜稽首。问其族，对曰："泠人[④]也。"公曰："能乐乎？"对曰："先父之职官也，敢有二事？”使与之琴，操南音[⑤]。公曰：“君王何如？”对曰：“非小人之所得知也。”固问之，对曰：“其为大子也，师、保[⑥]奉之，以朝于婴齐而夕于侧也[⑦]。不知其他。”

【注释】①南冠：楚式帽子。絷（zhí）：拘捕，拘禁。②税：同“脱”，解开刑具。③吊：慰问。④泠人：伶人。古代乐人。⑤南音：南方的音乐。这里指楚乐。⑥师、保：古称教辅太子的官。⑦婴齐：公子婴齐，即令尹子重。侧：公子侧，即司马子反。

【译文】晋景公视察军用仓库，见到了钟仪，便问看管的人说：“那个戴着南方帽子而被拘禁的人是谁呢？”官吏回答说：“是郑国人献来的楚国俘虏。”景公让人给钟仪解开刑具，召见并慰问他。钟仪再拜叩头，表示感谢。景公问起他的家世，钟仪回答说：“家里世代都是乐官。”景公说：“能演奏乐曲吗？”钟仪回答说：“先祖以此为官职，我怎敢干其他的事呢？”景公便让人给他琴，他弹奏的是南方曲调。景公说：“你们国君怎么样？”钟仪回答说：“这不是小人能知道的事。”景公再三问他，他才回答说：“他做太子的时候，师、保侍奉他，他每天早晨向令尹子重请教，而晚上则向司马子反请教。其他的事，我就不知道了。”

公语范文子。文子曰：“楚囚，君子也。言称先职，不背本也。乐操土风[①]，不忘旧也。称大子，抑[②]无私也。名其二卿，尊君也。不背本，仁也；不忘旧，信也；无私，忠也；尊君，敏[③]也。仁以接事，信以守之，忠以成之，敏以行之。事虽大，必济。君盍归之，使合晋、楚之成?”公从之，重为之礼，使归求成。

【注释】①土风：本土乐曲，指楚乐。②抑：用在句首，无义。③敏：通达事理。

【译文】景公将这些话对范文子说了，范文子说：“这个楚国俘虏，是个君子。说话时，他先提到了先祖的职官，这是不忘本；奏乐时弹奏的是家乡的曲调，这是不忘旧；提到楚君做太子时的事，这是没有私心；直呼两位卿的名字，这是尊重国君您。不忘本，是仁；不忘旧，是信；无私心，是忠；尊重国君，是敏达。仁爱地处理事务，并以信义恪守它，以忠心完成它，以敏达执行它。这样哪怕再大的事，也一定能成功。国君您何不放他回去，让他促成晋、楚两国的友好呢?”景公听从了范文子的建议，对钟仪重加礼遇，让他回国替晋国求和。

冬，十一月，楚子重自陈伐莒，围渠丘。渠丘城恶，众溃，奔莒。戊申，楚入渠丘。莒人囚楚公子平，楚人曰：“勿杀！吾归而俘。”莒人杀之。楚师围莒。莒城亦恶，庚申，莒溃。楚遂入郓，莒无备故也。

【译文】冬季十一月，楚国的子重从陈国出兵攻打莒国，包围了渠丘。因为渠丘城池破败，守军溃败，逃到了莒城。戊申日，楚军攻入渠丘。莒国人俘虏了楚国的公子平。楚国人说：“不要杀他！我们归还你们的俘虏。”莒国人还是杀了公子平，于是楚军包围了莒城。莒城的城墙早已破败不堪，庚申日，莒城守军溃败。楚军于是进入郓城，莒国这次大败，是因为没有防备的缘故。

君子曰:“恃陋[1]而不备,罪之大者也;备豫不虞[2],善之大者也。莒恃其陋,而不修城郭,浃辰[3]之间,而楚克其三都,无备也夫!《诗》曰:‘虽有丝、麻,无弃菅、蒯;虽有姬、姜,无弃蕉萃。凡百君子,莫不代匮[4]。’言备之不可以已也。”

【注释】①恃陋:凭借地处偏僻。②备豫不虞:对可能发生的意外变故,事前就要有所准备。不虞,预料不到。③浃(jiā)辰:古代以干支纪日,称自子至亥十二日为浃辰。这里指从戊申到庚申刚好十二天。④所引诗不见今《诗经》入,杜预认为是“逸诗”。菅(jiān)、蒯(kuǎi),都是多年生草本植物,古人用来编席、鞋等。姬、姜,常代指美女。蕉萃,即憔悴,面容枯槁。匮,缺少。

【译文】君子说:“凭借地处偏僻而不设防,这是罪中的大罪;随时防备意外,这是善中的大善。莒国倚仗地处偏僻,而不修治城郭,导致在十二天之内,楚军连克三城,这是没有防备的结果啊!《诗经》中说:‘虽然有了丝、麻,也不要把菅、蒯扔掉;虽然有了美貌的姬妾,也不要将憔悴丑陋的妻子抛弃。凡是君子,没有不碰上缺此少彼的时候。’说的就是不能停止防备。”

秦人、白狄伐晋,诸侯贰故也。

【译文】秦国人与白狄联合攻打晋国,这是因为诸侯对晋国有了二心的缘故。

郑人围许,示晋不急君也。是则公孙申谋之,曰:“我出师以围许，为将改立君者，而纾[1]晋使，晋必归君。”

【注释】①纾：迟缓，拖延。

【译文】郑国人包围了许国，以此示意晋国，他们并不急着想救回郑成公。这是公孙申想出的计谋，他说：“我们出军围攻许国，使晋国误以为我们要改立国君了，而暂缓派使者去晋国谈判，这样晋国一定会放我们国君回来。”

城中城。书，时也。

【译文】修筑鲁都内城城墙。《春秋》中记载了这件事，是因为修城时合乎时令。

十二月，楚子使公子辰如晋[1]，报钟仪之使，请修好结成。

【注释】①楚子：即楚共王。公子辰：字子商，官太宰。

【译文】十二月，楚共王派公子辰前往晋国，回报晋国钟仪已安然回国的使命，并建议两国重修旧好，同时订立盟约。

成公十年

【经】十年[1]春，卫侯[2]之弟黑背帅师侵郑。夏四月，五卜郊，不从，乃不郊。五月，公会晋侯、齐侯、宋公、卫侯、曹伯伐郑[3]。齐人来媵。丙午，晋侯獳[4]卒。秋七月，公如晋。冬十月。

【注释】①十年：公元前581年。②卫侯：即卫定公。③晋侯：指晋厉公。齐侯：即齐灵公。宋公：即宋共公。曹伯：即曹宣公。④晋侯獳（nòu）：指晋景公。

【译文】鲁成公十年春季，卫定公的弟弟黑背率军入侵郑国。夏季四月，鲁成公五次为郊祭占卜，都不吉利，于是放弃举行郊祭。五月，鲁成公会合晋厉公、齐灵公、宋共公、卫定公、曹宣公联合攻打郑国。齐国人送女来作陪嫁。六月丙午日，晋景公獳去世。秋季七月，鲁成公前往晋国。冬季十月。

【传】十年春，晋侯使籴茷[1]如楚，报大宰子商[2]之使也。

【注释】①籴（dí）茷：晋国大夫。②子商：即公子辰。

【译文】鲁成公十年春季，晋景公派籴茷去楚国，这是对楚国太宰子商出使晋国的回报。

卫子叔黑背侵郑，晋命也。

【译文】卫国的子叔黑背率军攻打郑国，这是执行晋国的命令。

郑公子班闻叔申之谋[1]。三月，子如立公子繻[2]。夏四月，郑人杀繻，立髡顽[3]。子如奔许。

【注释】①公子班：即子如。叔申：即公孙申。②公子繻：成公庶兄。③髡（kūn）顽：郑成公太子，后即位为郑僖公。

【译文】郑国的公子班听说了叔申的计谋。三月，公子班立公子繻为国君。夏季四月，郑国人杀了公子繻，另立髡顽为国君。公子班逃到了许国。

栾武子[①]曰："郑人立君，我执一人焉，何益？不如伐郑而归其君，以求成焉。"晋侯有疾。五月，晋立大子州蒲以为君，而会诸侯伐郑。郑子罕赂以襄钟[②]，子然盟于修泽[③]，子驷[④]为质。辛巳，郑伯归。

【注释】①栾武子：指栾书。②子罕：郑穆公之子，即公子喜。襄钟：郑襄公庙的钟。③子然：郑穆公之子。修泽：郑地，位于今河南原阳县西南。④子驷：即公子骓，郑穆公之子。

【译文】栾书说："郑国人已立了国君，我们囚禁的郑成公也顶多就是个普通人而已，这对我们又有什么好处呢？不如去攻打郑国，把他们的国君送回去，以此谋求两国和好。"晋景公生病了。五月，晋国立太子州蒲为国君，联合诸侯攻打郑国。郑国的子罕把郑襄公庙里的钟献给了晋国，子然在修泽与众诸侯会盟，子驷到晋国做人质。辛巳日，郑成公回国。

晋侯梦大厉[①]，被[②]发及地，搏膺而踊[③]，曰："杀余孙[④]，不义。余得请于帝矣！"坏大门及寝门而入。公惧，入于室。又坏户。公觉，召桑田[⑤]巫。巫言如梦。公曰："何如？"曰："不食新[⑥]矣。"

【注释】①晋侯：即晋景公。厉：恶鬼。②被（pī）：同“披”，覆盖。③搏膺：捶胸。踊：跳、跃。④杀余孙：指成公八年晋景公杀赵同、赵括一事。⑤桑田：在今河南灵宝县。本为虢邑，后属晋。⑥新：新麦。

【译文】晋景公梦见一个恶鬼，头发披散垂到地上，捶胸跳脚，说：“你杀了我的子孙，这是不义。我已经得到天帝的允许要为子孙报仇了。”恶鬼捣毁宫门和寝门走了进来。景公十分害怕，吓得躲到内室。恶鬼又捣坏了内室的门。景公惊醒了，召请桑田的巫人占卜。巫人占卜的结果和景公梦到的一样。景公问：“怎么样？”巫人说：“国君您吃不到今年的新麦子了。”

公疾病，求医于秦。秦伯使医缓[①]为之。未至，公梦疾为二竖子[②]，曰：“彼，良医也。惧伤我，焉逃之？”其一曰：“居肓[③]之上，膏[④]之下，若我何？”医至，曰：“疾不可为也。在肓之上，膏之下，攻[⑤]之不可，达[⑥]之不及，药不至焉，不可为也。”公曰：“良医也。”厚为之礼而归之。

【注释】①医缓：秦国名医，名缓。②竖子：小孩。③肓（huāng）：心脏与横膈膜之间的部位。④膏：心尖脂肪，认为是药力达不到的部位。⑤攻：指灸。⑥达：指针。

【译文】景公的病情加重，于是派人到秦国求名医。秦桓公派了一个叫缓的名医来给景公治病。缓还没有到达，景公又梦见他的病变成了两个小孩，一个说：“缓是一个名医，恐怕他会伤害我们，我们该逃到哪里呢？”另一个说：“我们躲到肓的上面，膏的下面，看他能把我们怎么样？”医缓到了，说：“病已经无法医治了。病灶现在肓之上，膏之下，艾灸用不了，施针也够不着，用药也不起作用，没办法治了。”景公说：“的确是个好医生啊。”于是赏给他很多礼物，让他回国了。

六月丙午，晋侯欲麦，使甸人[①]献麦，馈人[②]为之。召桑田巫，示而杀之。将食，张[③]，如厕，陷而卒。小臣[④]有晨梦负公以登天，及日中，负晋侯出诸厕，遂以为殉。

【注释】①甸人：古官名。掌田野之事及公族死刑。②馈人：主饮食的官。③张：通“胀”，胀满。④小臣：宦官。

【译文】六月丙午日，景公想尝新麦，就让甸人献上麦子，馈人煮好麦饭。景公召来那个桑田的巫人，把做好的新麦饭拿给他看，然后杀了他。景公将要进食时，忽然肚子发胀，便去上茅厕，结果掉到厕坑里淹死了。有个宦官早晨梦见自己背着景公登天，中午时，他从厕坑里背出景公，于是晋国人就把他作为景公的陪葬了。

郑伯讨立君者，戊申，杀叔申、叔禽[①]。君子曰：“忠为令德，非其人[②]犹不可，况不令乎？”

【注释】①叔禽：叔申之弟。②非其人：指效忠的对象不合适。其人，指郑成公。

【译文】郑成公惩治另立新君的人，六月戊申日，杀死了叔申与叔禽。君子说：“忠诚是美德，但效忠的对象不合适，反而会害了自己，更何况他本人就缺乏美德呢？”

秋，公如晋。晋人止公，使送葬。于是籴茷未反。

【译文】秋季，鲁成公前往晋国。晋国人强迫鲁成公留下，让他为晋景公送葬。当时籴茷还没有回国。

冬，葬晋景公。公送葬，诸侯莫在。鲁人辱之，故不书，讳之也。

【译文】冬季，安葬了晋景公。鲁成公为他送葬，其他诸侯一个都没有来。鲁国人以此为耻辱，所以《春秋》中没有记载，是因为忌讳这件事。

成公十一年

【经】十有一年①春，王三月，公至自晋。晋侯使郤犨来聘②，己丑，及郤犨盟。夏，季孙行父如晋。秋，叔孙侨如如齐。冬十月。

【注释】①十有一年：公元前580年。②晋侯：即晋厉公。郤犨（chōu）：晋大夫，郤扬之子，郤克堂弟。

【译文】鲁成公十一年春季，周历三月，成公从晋国回国。晋厉公派郤犨前来鲁国访问，己丑日，与郤犨缔结盟约。夏季，季孙行父前往晋国。秋季，叔孙侨如去往齐国。冬季十月。

【传】十一年春，王三月，公至自晋。晋人以公为贰于楚，故止公。公请受盟，而后使归。

【译文】鲁成公十一年春季，周历三月，鲁成公从晋国回国。晋国人认为鲁成公暗中依附楚国，所以扣留了他。鲁成公请求接受盟约，而后晋国人才让他回国。

郤犨来聘，且莅盟。

【译文】郤犨前来鲁国访问，同时参加盟会。

声伯之母不聘[①]，穆姜[②]曰："吾不以妾为姒[③]。"生声伯而出[④]之，嫁于齐管于奚。生二子而寡，以归声伯。声伯以其外弟[⑤]为大夫，而嫁其外妹于施孝叔[⑥]。郤犨来聘，求妇于声伯。声伯夺施氏妇以与之。妇人曰："鸟兽犹不失俪[⑦]，子将若何？"曰："吾不能死亡。"妇人遂行，生二子于郤氏。郤氏亡[⑧]，晋人归之施氏，施氏逆诸河，沉其二子。妇人怒曰："己不能庇其伉俪[⑨]而亡之，又不能字[⑩]人之孤而杀之，将何以终？"遂誓施氏[⑪]。

【注释】①声伯：即公孙婴齐。不聘：这里指没有举行媒聘之礼就和叔肸同居。凡聘则为妻，不聘则为妾。②穆姜：鲁宣公夫人。声伯之父叔肸与宣公为同母兄弟，故穆姜与声伯之母为妯娌。③姒（sì）：妯娌。兄妻为姒，弟妻为娣。兄弟之妻相互称“姒”。④出：被遗弃，被休弃。⑤外弟：指其母与管于奚所生之子。⑥外妹：指其母与管于奚所生之女。施孝叔：鲁惠公五世孙，鲁国大夫。⑦失俪：失去配偶。⑧郤氏亡：在成公十七年，郤氏被灭。⑨伉（kàng）俪（lì）：夫妻。⑩字：抚养，养育，教养。⑪誓施氏：指发誓不再做施氏的妻子。

【译文】声伯的母亲没有举行媒聘之礼便嫁给了声伯的父亲，穆姜说：“我不能让一个妾做我的嫂子。”声伯的母亲生下声伯后便被遗弃了，后来嫁给了齐国的管于奚。她生下两个孩子后又守了寡，最后又回到了声伯身边。声伯让外弟做了大夫，把外妹嫁给了施孝叔。郤犨来鲁国聘问时，请求声伯给他物色一位妻子。声伯把他外妹从施孝叔手里夺回来，让她嫁给了郤犨。他外妹对施孝叔说：“鸟兽尚且不愿失去配偶，你打算怎么办呢？”施孝叔说：“我不能为你而死，也不愿逃亡。”于是声伯的外妹便跟郤犨走了，她后来为郤氏生了两个孩子。郤氏被灭族后，晋国人又把她送还给了施孝叔。施孝叔在黄河边迎接她，却将她的两个孩子丢到河里淹死了。她愤怒地说：“你自己既不能保护妻子而令她远去他国，又不能养育别人的孤儿而杀死了他们，这样的人怎么会善终呢？”于是她发誓不再做施孝叔的妻子。

夏，季文子如晋报聘，且莅盟也。

【译文】夏季，季文子前往晋国，是为了回报郤犨对鲁国的访问，并参加了盟会。

周公楚恶惠、襄之逼也[①]，且与伯舆[②]争政，不胜，怒而出。及阳樊[③]，王使刘子复之[④]，盟于鄄[⑤]而入。三日，复出奔晋。

【注释】①周公楚：周国国君，周公旦后裔，公爵。惠、襄：指周惠王、周襄王的后裔、族人。②伯舆：周王室卿士。③阳樊：在今河南济源县。④王：即周简王。刘子：即刘康公。⑤鄄（juàn）：周邑，今地址不详。

【译文】周公楚讨厌周惠王、周襄王族人的逼迫，又因与伯舆争夺政权，没有获胜，因此发怒离开。当他到了阳樊时，周简王派刘康公请他回去，在鄄地结盟后进入国都。三天后，周公楚又再次离开逃到了晋国。

秋，宣伯聘于齐，以修前好。

【译文】秋季，宣伯到齐国访问，以修复两国以前的友好关系。

晋郤至与周争鄇[①]田，王命刘康公、单襄公讼诸晋。郤至曰："温，吾故也，故不敢失。"刘子、单子曰："昔周克商，使诸侯抚封[②]，苏忿生[③]以温为司寇，与檀伯达[④]封于河。苏氏即狄，又不能于狄而奔卫。襄王劳文公而赐之温，狐氏、阳氏先处之[⑤]，而后及子。若治其故，则王官之邑也，子安得之？"晋侯使郤至勿敢争。

【注释】①鄇（hóu）：温的别邑，在今河南武陟县西南。②抚封：据有封地。③苏忿生：西周开国功臣之一，与周公、召公齐名。为王族，因封于苏，故称苏忿生。④檀伯达：封于檀而为氏。檀为周邑，在今河南济源县境内。与温都靠近黄河。⑤狐氏：指狐溱，僖公二十五年晋封他为温大夫。阳氏：指阳处父，温曾是他的采邑。

【译文】晋国的郤至和周王室争夺鄇田，周简王命令刘康公、单襄公前往晋国理论。郤至说："温地，是我的旧邑，所以我不敢丢弃。"刘康公和单襄公说："从前周朝战胜商朝，让诸侯都据有封地，苏忿生被封在温地，并做了司寇，他和檀伯达都被封在黄河边。后来苏氏后人投靠了狄人，因在狄人那里待不下去，又逃到了卫国。襄王为了慰劳晋文公而把温地赏给了他。狐氏和阳氏先后都曾被封在温地，之后才封给你们郤氏。如果要探根寻源，那么温地是周王属官的封邑，您又怎能得到它呢？"晋厉公让郤至不要再争。

宋华元善于令尹子重，又善于栾武子[①]。闻楚人既许晋籴茷成，而使归复命矣。冬，华元如楚，遂如晋，合晋、楚之成。

【译文】宋国的华元和楚国的令尹子重关系很好，与晋国的栾书也很要好。他听说楚国人已经同意了晋国籴茷的求和，并让他回国复命。冬季，华元先来到楚国，接着又去了晋国，促成了晋国和楚国和好一事。

秦、晋为成，将会于令狐[①]。晋侯先至焉，秦伯[②]不肯涉河，次于王城[③]，使史颗[④]盟晋侯于河东。晋郤犫盟秦伯于河西。范文子曰："是盟也何益？齐[⑤]盟，所以质信[⑥]也。会所[⑦]，信之始也。始之不从，其何质乎？"秦伯归而背晋成。

【注释】①令狐：晋邑，在今山西临猗县西。②秦伯：即秦桓公。③王城：秦地，位于今陕西大荔县朝邑镇东。④史颗：秦国大夫。⑤齐：同“斋”，盟誓前斋戒以表诚信。⑥质信：立信，保证诚信。⑦会所：约定进行盟约的场所。

【译文】秦、晋两国结好，准备在令狐会盟。晋厉公先到，秦桓公不肯渡过黄河，便驻扎在王城，派史颗到河东与晋厉公缔结盟约。晋国的郤犨到河西与秦桓公缔结盟约。范文子说：“这种结盟有什么好处？斋戒盟誓，是为了表示信用。约定见面的地点，是信用的开始。一开始就不讲信用，这种盟约可信吗？”秦桓公回国后果然背弃了与晋国的盟约。

成公十二年

【经】十有二年[①]春，周公[②]出奔晋。夏，公会晋侯、卫侯于琐泽[③]。秋，晋人败狄于交刚[④]。冬十月。

【注释】①十有二年：公元前579年。②周公：即周公楚。③晋侯：即晋厉公。卫侯：即卫定公。琐泽：晋地，在今河北省大名县东。④狄：指白狄。交刚：晋地，今地不详，或说在今山西隰县。

【译文】鲁成公十二年春季，周公楚离开周都逃到了晋国。夏季，鲁成公在琐泽与晋厉公、卫定公会盟。秋季，晋国人在交刚打败了狄人。冬季十月。

【传】十二年春，王使以周公之难来告。书曰：“周公出奔晋。”凡自周无出，周公自出故也。

【译文】鲁成公十二年春季，周简王派使者来鲁国通告周公楚出逃的祸难。《春秋》中记载说：“周公楚离开周都出逃到晋国。”凡是从周朝外逃的不能称作“出”，对周公楚称“出”，是因为他自己要出逃的缘故。

宋华元克合晋、楚之成。夏五月，晋士燮会楚公子罢、许偃。癸亥，盟于宋西门之外，曰：“凡晋、楚无相加戎，好恶同之，同恤灾危，备救凶患。若有害楚，则晋伐之。在晋，楚亦如之。交贽往来[1]，道路无壅，谋其不协，而讨不庭[2]。有渝此盟，明神殛之，俾队其师[3]，无克胙国。”郑伯如晋听成[4]，会于琐泽，成故也。

【注释】①交贽往来：使者往来。贽，古时初次求见人时所送的礼物，见面礼。②不庭：不来朝见，指不服晋、楚的诸侯。③俾（bǐ）：使。队：同“坠”。④郑伯：即郑成公。听：受。

【译文】宋国的华元促成了晋、楚两国和好。夏季五月，晋国的士燮会见了楚国的公子罢和许偃。癸亥日，在宋国的西门外结盟，誓词说：“今后晋、楚两国不再武力相加，会同心协力，共同拯救危难，尽全力援救饥荒祸患。如果有危害楚国的，晋国就出兵讨伐；如果有危害晋国的，楚国也出兵讨伐。两国使者往来，道路不得设置障碍，一起协商对付不服从的国家，讨伐背叛的诸侯。谁违背了这一盟约，神灵就会诛杀他，并使他的军队毁灭，不能保有国家。”郑成公也到晋国接受了和约，并与诸侯在琐泽会面，这是因为晋、楚两国和好的缘故。

狄人间宋之盟以侵晋，而不设备。秋，晋人败狄于交刚。

【译文】狄人乘晋、楚两国在宋国结盟之机发兵攻打晋国，但自己却没有设置防备。秋季，晋国人在交刚打败了狄人。

晋郤至如楚聘，且莅盟。楚子享之，子反相，为地室而县焉[①]。郤至将登[②]，金奏[③]作于下，惊而走出。子反曰："日云莫[④]矣，寡君须[⑤]矣，吾子其入也！"宾[⑥]曰："君不忘先君之好，施及下臣，贶[⑦]之以大礼，重之以备乐[⑧]。如天之福，两君相见，何以代[⑨]此。下臣不敢。"子反曰："如天之福，两君相见，无亦唯是一矢以相加遗[⑩]，焉用乐？寡君须矣，吾子其入也！"宾曰："若让[⑪]之以一矢，祸之大者，其何福之为？世之治也，诸侯间[⑫]于天子之事，则相朝也，于是乎有享、宴之礼。享以训共俭[⑬]，宴以示慈惠[⑭]。共俭以行礼，而慈惠以布政。政以礼成，民是以息。百官承事，朝而不夕，此公侯之所以扞城[⑮]其民也。故《诗》曰：'赳赳武夫，公侯干城[⑯]。'及其乱也，诸侯贪冒[⑰]，侵欲不忌，争寻常以尽其民[⑱]，略[⑲]其武夫，以为己腹心、股肱、爪牙[⑳]。故《诗》曰：'赳赳武夫，公侯腹心[㉑]。'天下有道，则公侯能为民干城，而制其腹心。乱则反之。今吾子之言，乱之道也，不可以为法。然吾子，主也，至敢不从？"遂入，卒事[㉒]。归，以语范文子。文子曰："无礼必食言，吾死无日矣夫！"

【注释】①地室：地下室。县：悬挂的乐器，如钟、鼓一类。②登：登堂。③金奏：敲击钟镈一类乐器以奏九种《夏》乐。这是诸侯相见时用的乐曲。④日云莫：时间已经不早。莫，同“暮”。⑤须：等待。⑥宾：指郤至。⑦贶（kuàng）：赠予、赐予。⑧重：加上。备乐：完整的音乐，即金奏。⑨代：增加。⑩无亦唯是一矢以相加遗：指两国国君只能以战争相见。无亦，同“不亦”，表示委婉的反问，可译为“不是”“岂是”。加遗，同义词连用，赠予。⑪让：用酒食招待，这里指用箭来款待。⑫间：闲暇。⑬共俭：恭敬俭约。⑭慈惠：慈爱恩惠。⑮扞城：即“干城”，这里指捍卫。⑯赳赳武夫，公侯干城：出自《诗经·周南·兔罝》，指雄壮勇敢的武夫，是公侯们用以捍卫疆土或保卫政权的人。⑰贪冒：贪图财利。⑱寻常：八尺为寻，倍寻为常，此指尺寸之地。尽其民：驱使人民投入战争而死亡。⑲略：通“掠”。抢劫，夺取。⑳腹心、股肱、爪牙：都是同义，比喻左右得力的臣子。㉑赳赳武夫，公侯腹心：出自《诗经·周南·兔罝》，指雄壮勇敢的武夫，是公侯们的好心腹。㉒卒事：完成会盟之事。

【译文】晋国的郤至前往楚国进行访问，同时参加盟会。楚共王设享礼招待他，子反担任相礼，在地下室悬挂乐器奏乐。郤至正要登堂时，地下室里奏起了乐曲，他吓得连忙跑了出来。子反说：“时间不早了，我们国君正在等候您，您就快进去吧！”郤至说：“贵国国君不忘和我国先君的友好关系，并将这种友好推及到下臣，赐予我隆重的礼仪和全套的音乐。如果上天赐福，让我们两国的国君相见，将用什么样的礼节来代替这个呢？下臣实在不敢接受。”子反说：“如果上天降福，让我们两国国君相见，也只能是在战场上，以一支箭彼此相赠，哪里用得着奏乐呢？我们国君还等着您，请您还是进去吧！”郤至说："如果在战场上以箭互赠，那就是祸患中的大祸患，还有什么福可赐？当天下大治的时候，诸侯在完成天子使命的闲暇时间，便互相朝见，在这时就产生了享、宴的礼仪。享礼用来教导恭敬节俭，宴礼用来表示慈爱恩惠。恭敬节俭用来推行礼仪，而慈爱恩惠用来施行政事。政事凭借礼仪来完成，百姓因此安居乐业。百官处理政事，都是在白天而不是在晚上，这是公侯用来保护他们百姓的办法。所以《诗经》中说：'雄壮勇敢的武士，是公侯的护卫者。'到了社会动乱不安的时代，诸侯变得贪图财利，侵夺的欲望到了无所顾忌的地步，为了争夺尺寸之地而使百姓遭殃，强行夺取对方的武夫，把他们当作自己的心腹、臂膀、爪牙。所以《诗经》中又说：'雄壮勇敢的武士，是公侯的心腹。'如果天下有道，那么公侯就能成为百姓的保护者，而制约好他们的心腹。如果是动乱时代，情况就恰恰相反。刚才您说的话，就是乱世之道，不能作为行动的准则。但您是主人，我郤至又怎敢不服从呢？"于是就进去了。办完事之后，郤至回到晋国，把情况告诉给士燮。士燮说："无礼的人，说话必定不算数，我们离死的日子不远了啊！"

冬，楚公子罢如晋聘，且莅盟。十二月，晋侯及楚公子罢盟于赤棘。

【译文】冬季，楚国的公子罢到晋国访问，同时参加盟会。十二月，晋厉公与楚国的公子罢在赤棘缔结盟约。

成公十三年

【经】十有三年[1]春，晋侯使郤锜来乞师[2]。三月，公如京师。夏五月，公自京师，遂会晋侯、齐侯、宋公、卫侯、郑伯、曹伯、邾人、滕人伐秦[3]。曹伯卢[4]卒于师。秋七月，公至自伐秦。冬，葬曹宣公。

【注释】①十有三年：公元前578年。②晋侯：即晋厉公。郤锜：因封于驹，号曰驹伯，晋国卿大夫，郤克之子。③齐侯：即齐灵公。宋公：即宋共公。卫侯：即卫定公。郑伯：即郑成公。曹伯：即曹宣公。④曹伯卢：即曹宣公。

【译文】鲁成公十三年春季，晋厉公派郤锜前来鲁国请求出兵。三月，成公去京师朝见周天子。夏季五月，成公从京师离开，于是会合晋厉公、齐灵公、宋共公、卫定公、郑成公、曹宣公、邾国人和滕国人一起攻打秦国。曹宣公卢死在军中。秋季七月，成公从伐秦的战场上回国。冬季，曹宣公下葬。

【传】十三年春，晋侯使郤锜来乞师，将事[1]不敬。孟献子曰："郤氏其亡乎！礼，身之干也。敬，身之基也。郤子无基。且先君之嗣卿[2]也，受命以求师，将社稷是卫，而惰，弃君命也。不亡何为？"

【注释】①将事：处理某项任务或工作。②嗣卿：继承父亲为卿。

【译文】鲁成公十三年春季，晋厉公派郤锜来鲁国请求出兵，郤锜在处理事务时态度不恭敬。孟献子说："郤氏恐怕要灭亡了吧！礼仪，就好像是身体的主干；恭敬，就好像是身体的基础。郤锜已丧失了基础。况且他继承父亲为卿，接受命令前来请求出兵，是为了保卫国家，但却如此懈怠，这是抛弃了国君的命令。他又怎能不灭亡呢？"

三月，公如京师。宣伯欲赐，请先使[①]。王以行人之礼礼焉。孟献子从，王以为介[②]，而重贿之。公及诸侯朝王，遂从刘康公、成肃公会晋侯伐秦。

【注释】①先使：先去通报。②介：副手，副职。

【译文】三月，成公到京师朝见周简王。宣伯想要得到周简王的赏赐，便请求先行出发去通报。周简王只以对待普通使者的礼节接待他。孟献子跟随成公一起到了京师，周简王认为他是成公的副手，因此对他重加赏赐。成公和诸侯朝见完周简王，就跟随刘康公、成肃公与晋厉公会和一起攻打秦国去了。

成子受脤于社[①]，不敬。刘子[②]曰："吾闻之，民受天地之中[③]以生，所谓命[④]也。是以有动作礼义威仪之则，以定命也。能者养以之福[⑤]，不能者败以取祸。是故君子勤礼，小人尽力，勤礼莫如致敬，尽力莫如敦笃[⑥]。敬在养神，笃在守业。国之大事，在祀与戎，祀有执膰[7]，戎有受脤，神之大节也。今成子惰，弃其命矣，其不反乎？”

【注释】①成子：即成肃公。受脤（shèn）：古代出兵祭社，其名为宜。祭毕，以社肉颁赐众人，谓之受脤。②刘子：即刘康公。③天地之中：天地间中和之气。④命：生命。⑤之福：致福，得到福。之，动词。⑥敦笃：敦厚笃实。⑦执膰（fán）：古代于祭祀后向参祭者分祭肉。

【译文】成肃公在社庙接受祭肉时，态度不够恭敬。刘康公说：“我听说，百姓因得到了天地间的中和之气而降生，这就是所说的生命。因此便有了动作、礼义、威仪的法则，以此来福佑天命。有能力的人遵循这些法则而得到了福佑，没有能力的人因败坏这些法则而招致祸患。因此君子勤守礼法，小人则竭尽全力。勤于礼法没有比恭敬再好的了，竭尽全力没有比敦厚笃实再好的了。恭敬莫过于供奉神明，笃实莫过于安分守业。国家的大事，在于祭祀和战争。祭祀有分派祭肉之礼，战争有接受祭肉之礼，这些都是侍奉神明的关键。现在成肃公在接受祭肉时懈怠无礼，这是抛弃了天命，他恐怕是回不来了吧？”

夏四月戊午，晋侯使吕相[1]绝秦，曰：“昔逮[2]我献公，及穆公相好，戮力[3]同心，申之以盟誓，重之以昏姻。天祸晋国，文公如齐，惠公如秦。无禄[4]，献公即世，穆公不忘旧德，俾我惠公用能奉祀于晋[5]。又不能成大勋，而为韩之师。亦悔于厥心，用集[6]我文公，是穆之成也[7]。

【注释】①吕相：晋大夫魏锜之子魏相。以擅长外交辞令著称。魏锜亦称吕锜，故魏相亦有吕相之称。②昔逮：自从。③戮力：努力，合力。④无禄：不幸。⑤用：因而。奉祀：供奉祭祀。⑥集：成就，成全。⑦成：功劳，成全。

【译文】夏季四月戊午日，晋厉公派吕相去秦国与之断交，说："自从我们献公与你们穆公开始友好以来，大家同心合力，立下了盟誓，并用联姻来加深这层关系。后来上天降灾给晋国，晋文公逃到了齐国，晋惠公逃到了秦国。不幸，献公去世，但秦穆公不忘旧德，使我们惠公能回晋国主持祭祀。但穆公却没有为两国的友好建立更大的功勋，而是发动了韩原之战。后来他对于俘获惠公一事感到后悔，因此又支持我们文公登上君位，这都是秦穆公的功劳。

"文公躬擐甲胄[①]，跋履山川[②]，踰越险阻，征东之诸侯，虞、夏、商、周之胤，而朝诸秦，则亦既报旧德矣。郑人怒君之疆埸[③]，我文公帅诸侯及秦围郑。秦大夫不询于我寡君，擅及郑盟。诸侯疾之，将致命[④]于秦。文公恐惧，绥静[⑤]诸侯，秦师克还无害，则是我有大造于西也[⑥]。

【注释】①躬擐（huàn）甲胄：指亲自穿上铠甲和头盔，即坐镇军中亲自指挥。擐，穿。②跋履山川：形容远道奔波之苦。③怒：侵犯。疆埸（yì）：边境。④致命：拼死决战。⑤绥静：安抚平定。⑥大造：大功劳，大恩德。西：指秦国，在晋国之西。

【译文】"文公坐镇军中亲自指挥，跋山涉水，历尽艰险，征服了东方的诸侯，让虞、夏、商、周的后代都来秦国朝见，这也算是报答了秦国过去的恩惠了。郑国人侵犯贵国边境时，我们文公又率领诸侯和秦军一起围攻郑国。秦大夫没有征求我们国君的意见，便擅自与郑国订立盟约。诸侯们都因此而憎恨秦国，准备与秦国拼死决战。我们文公为贵国担忧，安抚诸侯，才使秦军能够平安回国，未受伤害，这也是我国对秦国的大恩德了。

“无禄，文公即世，穆为不吊[①]，蔑[②]死我君，寡我[③]襄公，迭[④]我殽地，奸绝[⑤]我好，伐我保城[⑥]，殄灭我费滑[⑦]，散离我兄弟[⑧]，挠乱我同盟，倾覆我国家。我襄公未忘君之旧勋，而惧社稷之陨，是以有殽之师。犹愿赦罪[⑨]于穆公，穆公弗听，而即楚谋我。天诱其衷[⑩]，成王[⑪]陨命，穆公是以不克逞志[⑫]于我。

【注释】①吊：祭奠死者或对遭到丧事的人家、团体给予慰问。②蔑：蔑视、轻视。③寡：少，这里指欺侮。④迭：同“轶”，突然进犯。⑤奸绝：引申为离间使断绝。⑥保城：边境小城。⑦费滑：即滑国。费，滑国都城，在今河南偃师市东南府店镇北。⑧散离：分散，散失。我兄弟：秦伐郑灭滑，二国与晋同为姬姓国，是同盟关系。⑨赦罪：赦免罪行。⑩天诱其衷：上天开导其心意，使之悔悟。衷，内心。⑪成王：楚成王。⑫逞志：快心，称愿，得逞。

【译文】“不幸，文公去世，你们穆公却没有前来吊唁，蔑视我们去世的君王，并且欺凌我们襄公，突然进犯我们殽地，断绝了与我国的友好关系，攻打我们边境小城，灭亡我们同姓的滑国，离间我们兄弟之邦，扰乱我们与盟国的关系，想要颠覆我们国家。我们襄公虽没有忘记过去贵国国君对我国的恩德，但害怕国家遭到灭亡，因此才向殽地发兵。即便如此，我国还是希望向穆公赔罪，但是穆公不听，而是勾结楚国来对付我们。天佑我国，让楚成王丢了性命，穆公对我国的阴谋才因此没有得逞。

“穆、襄即世，康、灵即位。康公，我之自出[①]，又欲阙翦[②]我公室，倾覆我社稷，帅我蝥贼[③]，以来荡摇我边疆，我是以有令狐之役。康犹不悛[④]，入我河曲，伐我涑川[⑤]，俘我王官[⑥]，翦我羁马[⑦]，我是以有河曲之战[⑧]。东道之不通[⑨]，则是康公绝我好也。

【注释】①我之自出：秦康公为晋献公之女穆姬所生。②阙（quē）翦：削弱，损害。③蝥（máo）贼：食禾稼的两种害虫，多比喻危害人民和国家的坏人或灾异。此指晋之公子雍。④悛（quān）：悔改。⑤涑川：又称涑水，黄河支流，即今山西西南部涑水河。⑥王官：晋邑，在今山西闻喜县南。⑦翦：削断。羁马：晋邑，在今山西永济市南。⑧河曲之战：见文公十二年传。⑨东道之不通：指秦、晋两国不相往来。晋在秦之东，故云。

【译文】“秦穆公、晋襄公去世后，秦康公与晋灵公即位。康公本来是我晋国女子所生，却也想要侵害我们公室，颠覆我们国家，甚至利用我国的内奸，前来扰乱我国边疆，我国因此才与贵国发生了令狐之战。康公仍不悔改，又率军侵犯我国河曲，攻打我国的涑川，抢夺我王官，削断我羁马，因此我国才与贵国发生了河曲之战。秦、晋两国之所以会断绝友好关系不相往来，是因为康公断绝与我国的友好关系造成的。

"及君[1]之嗣也，我君景公引领[2]西望曰：'庶抚我乎！'君亦不惠称盟[3]，利吾有狄难[4]，入我河县[5]，焚我箕、郜[6]，芟夷我农功[7]，虔刘[8]我边陲。我是以有辅氏之聚[9]。君亦悔祸之延，而欲徼福[10]于先君献、穆，使伯车[11]来，命我景公曰：'吾与女同好弃恶[12]，复修旧德，以追念前勋，'言誓未就，景公即世，我寡君是以有令狐之会[13]。

【注释】①君：指秦桓公。②引领：伸颈远望，多形容期望殷切。③称盟：举行盟会。④狄难：宣公十五年，晋军入赤狄作战，灭赤狄潞氏之事。把"赤灭"说成有难，有歪曲事实之嫌。⑤河县：临近黄河的县。秦、晋以黄河为界。⑥箕：晋邑，位于今山西蒲县。郜（gào）：晋邑，在今山西浮山县西南。⑦芟（shān）：除草，这里指割除、抢割。农功：农事。⑧虔刘：劫掠，杀戮。⑨辅氏之聚：宣公十五年辅氏之战。⑩徼福：祈福，求福。⑪伯车：秦桓公之子，名鍼。⑫同好弃恶：同修前好，抛弃旧怨。⑬令狐之会：发生在成公十一年。

【译文】"待君王即位之后，我们先君景公曾翘首西望说：'秦国应该会安抚我们了吧！'但君王却不愿加恩与我们结盟，反而趁我们被狄人入侵之机，侵占我国黄河边上的城邑，焚毁我国的箕、郜二地，抢收我国的庄稼，在我国的边疆大肆杀戮。因此我们才发动了辅氏之战。君王也为战祸的蔓延而感到后悔，想向先君献公、穆公祈求福佑，派伯车来我国，命令我们景公说：'我和你同修旧好，摒弃旧怨，重新修复以前的情谊，以追念先君的功勋。'盟约还没有订立，景公就去世了，我君厉公才因此参加了与贵国在令狐举行的会盟。

"君又不祥[1]，背弃盟誓。白狄及君同州[2]，君之仇雠，而我之昏姻[3]也。君来赐命曰：‘吾与女伐狄。’寡君不敢顾昏姻，畏君之威，而受[4]命于吏。君有[5]二心于狄，曰：‘晋将伐女。’狄应且憎，是用告我。楚人恶君之二三其德也，亦来告我曰：‘秦背令狐之盟，而来求盟于我，昭告昊天上帝、秦三公、楚三王[6]曰：“余虽与晋出入[7]，余唯利是视[8]。”不穀[9]恶其无成德，是用宣之，以惩不壹。’诸侯备闻此言，斯是用痛心疾首，昵就[10]寡人。

【注释】①不祥：不善。②同州：同在雍州，禹贡九州之一。③我之昏姻：白狄女子曾嫁晋文公。④受：同“授”。⑤有：同“又”。⑥秦三公：指秦穆公、秦康公、秦共公。楚三王：楚成王、楚穆王、楚庄王。⑦出入：往来。⑧唯利是视：以利益为着眼点，指一心只顾谋取利益。⑨不穀：古代诸侯自称的谦辞。⑩昵就：亲近，亲昵。

【译文】“但君王又没有诚意，背弃了盟誓。白狄和君王同处在雍州，他们是君王的仇人，却是我晋国的姻亲。君王却传令说：‘我与你们一起攻打白狄。’我们国君不敢顾及与白狄的姻亲关系，畏惧贵国君王的威严，只好接受使者传来的命令。可君王却对白狄另有打算，对狄人说：‘晋国将要攻打你们。’白狄表面上接受了您的好意，实际上却憎恨您，因此将这件事告诉给我们。楚国人也厌恶君王这种前后不一致的行为，因此也来告诉我们说：‘秦国背弃了令狐之盟，而来请求与我国结盟，并对着皇天上帝、秦三公和楚三王宣誓说：“我们虽然与晋国往来，但我们只是谋取利益而已。”我们楚王厌恶秦国这种言而无信的品德，所以将他的话宣扬于众，以惩罚他们的言行不一。’诸侯们都听到了这些话，因此对秦国感到痛心疾首，反而更加亲近我国国君。

“寡人帅以听命，唯好是求。君若惠顾[①]诸侯，矜哀寡人，而赐之盟，则寡人之愿也。其承宁[②]诸侯以退，岂敢徼乱[③]。君若不施大惠，寡人不佞[④]，其不能以诸侯退矣。敢尽布之执事，俾执事实图利之！”

【注释】①惠顾：关心照顾。②承宁：止息，安定。③徼乱：指招致祸乱。④不佞：谦辞，犹言不才。

【译文】“现在我国国君率领诸侯前来听候君王的命令，只是想要谋求友好而已。君王如果能心怀慈悲地关心照顾诸侯，怜悯我国国君，赐恩与我们结盟，那么这将是我国国君的愿望。我国国君将安抚诸侯并让他们退兵，又怎么敢谋求战乱呢？君王如果不肯施予大恩，那么我国国君不才，也就不能率领诸侯退兵了。我冒昧地将这些话全都陈述给贵国的执事官员，以便你们认真考虑吧！”

秦桓公既与晋厉公为令狐之盟，而又召狄与楚，欲道[①]以伐晋，诸侯是以睦于晋。

【注释】①道：引导。

【译文】秦桓公与晋厉公在令狐结盟之后，又召来狄人和楚国人，想拉拢他们一起攻打晋国，诸侯们因为这件事反而与晋国关系和睦。

晋栾书将中军，荀庚佐之。士燮将上军，郤锜佐之。韩厥将下军，荀罃佐之。赵旃将新军，郤至佐之。郤毅[①]御戎，栾鍼[②]为右。孟献子曰:“晋帅乘[3]和,师必有大功。”五月丁亥,晋师以诸侯之师及秦师战于麻隧[4]。秦师败绩,获秦成差及不更女父[5]。

【注释】①郤毅:郤至之弟,又称步毅。②栾鍼:栾书之子。③乘:车上的甲士。④麻隧:秦地,位于今陕西泾阳县北。⑤成差:秦国大夫。不更:爵名,名女父,或即车右。

【译文】晋国的栾书为中军统领,荀庚为辅佐;上军由士燮统率,郤锜为辅佐;下军由韩厥率领,荀罃为辅佐;赵旃为新军统帅,郤至为辅佐。郤毅驾御战车,栾鍼担任车右。孟献子说:“晋国的将帅和甲士团结一致,军队一定能建立大功。”五月丁亥日,晋军率领诸侯联军在麻隧与秦军交战。秦军大败,俘获了秦国的成差与不更女父。

曹宣公卒于师。师遂济泾,及侯丽[1]而还。迓晋侯于新楚[2]。

【注释】①侯丽:秦邑,在泾水南岸,位于今陕西省礼泉县东。②迓(yà):迎接。新楚:秦地,在今陕西大荔县。

【译文】曹宣公在军中去世。军队于是渡过泾水,一直到达侯丽才回去。在新楚迎接晋厉公。

成肃公卒于瑕。

【译文】成肃公在晋国的瑕地去世。

六月丁卯夜，郑公子班自訾求入于大宫[①]，不能，杀子印、子羽[②]。反军于市，己巳，子驷帅国人盟于大宫，遂从而尽焚之，杀子如、子駹、孙叔、孙知[③]。

【注释】①公子班：成公十年逃到许，此时求归。訾：郑地，地址不详。大宫：郑国祖庙。②子印、子羽：均为郑穆公之子。③子如：即公子班。子駹（máng）：子如之弟。孙叔：子如之子。孙知：子駹之子。

【译文】六月丁卯日夜，郑国的公子班从訾地请求进入祖庙，却没能如愿，因此杀了子印和子羽，然后率军返回并驻扎在城内。己巳日，子驷率领国人在祖庙结盟，国人随后跟从子驷把公子班驻扎的军营全部焚毁，并杀死了公子班、子駹、孙叔、孙知。

曹人使公子负刍[①]守，使公子欣时[②]逆曹伯之丧。秋，负刍杀其大子而自立也，诸侯乃请讨之。晋人以其役[③]之劳，请俟他年。冬，葬曹宣公。既葬，子臧将亡，国人皆将从之。成公乃惧，告罪，且请焉，乃反，而致其邑。

【注释】①公子负刍：曹宣公庶子，后自立为成公。②公子欣时：曹宣公庶子，字子臧。③其役：伐秦之役。

【译文】曹国人派公子负刍守在国内，派公子欣时前往迎接曹宣公的灵柩。秋季，公子负刍杀死了太子而自立为君，诸侯因此请求讨伐他。晋国人因为公子负刍在对秦战争中立有功劳，便请求等以后再讨伐他。冬季，安葬曹宣公。曹宣公下葬后，公子欣时准备逃离曹国，曹国人都想要跟随他。曹成公负刍因此感到了害怕，便承认了自己的罪过，并请求子臧留下来。子臧于是回到曹国，将自己的封邑还给了曹成公。

成公十四年

【经】十有四年[①]春，王正月，莒子朱[②]卒。夏，卫孙林父自晋归于卫。秋，叔孙侨如如齐逆女。郑公子喜[③]帅师伐许。九月，侨如以夫人妇姜氏[④]至自齐。冬十月庚寅，卫侯臧[⑤]卒。秦伯[⑥]卒。

【注释】①十有四年：公元前577年。②莒子朱：即莒渠丘公。③公子喜：即郑穆公之子，字子罕。④妇姜氏：姜氏即齐女。此时宣公夫人穆姜尚在，于姜氏为婆婆，故称妇。⑤卫侯臧：即卫定公。⑥秦伯：即秦桓公。

【译文】鲁成公十四年春季，周历正月，莒渠丘公朱去世。夏季，卫国的孙林父从晋国回到了卫国。秋季，叔孙侨如到齐国为成公迎娶齐女。郑国的公子喜率军攻打许国。九月，叔孙侨如带着成公夫人姜氏从齐国回到了鲁国。冬季十月庚寅日，卫定公臧去世。秦桓公去世。

【传】十四年春，卫侯[①]如晋，晋侯强见孙林父焉，定公不可。夏，卫侯既归，晋侯使郤犨送孙林父而见之。卫侯欲辞，定姜[②]曰："不可。是先君宗卿[③]之嗣也，大国又以为请，不许，将亡。虽恶之，不犹愈[④]于亡乎？君其忍之！安民而宥宗卿[⑤]，不亦可乎？”卫侯见而复之。

【注释】①卫侯：即卫定公。②定姜：卫定公夫人。③宗卿：与国君同宗之大臣，此指孙林父之父孙良夫。④愈：胜过。⑤宗卿：此指孙林父。孙林父出奔前为卫国卿大夫。

【译文】成公十四年春季，卫定公前往晋国，晋厉公一定要卫定公接见孙林父，卫定公不同意。夏季，卫定公回国后，晋厉公又派郤犨送孙林父回卫国拜见定公。定公想要拒绝，定姜说：“不能这样做。孙林父是先君同宗之卿的后代，而且又有大国来为他求情，如果不答应，恐怕将会亡国。您虽然讨厌他，但这不比亡国要强吗？国君就忍耐一下吧！这样既能安定百姓，又饶恕了宗卿，不也是可以的吗？”卫定公于是接见了孙林父，并且恢复了他的官职和封地。

卫侯飨苦成叔[①]，宁惠子[②]相。苦成叔傲。甯子曰：“苦成家其亡乎！古之为享食也，以观威仪、省祸福也。故《诗》曰：‘兕觥其觩，旨酒思柔。彼交匪傲，万福来求[③]。’今夫子傲，取祸之道也。”

【注释】①飨：同“享”，设盛宴招待宾客。苦成叔：即郤犨。苦地为其采邑，在今山西省运城市东。②宁惠子：即宁殖，卫国大夫。③兕（sì）觥（gōng）其觩（qiú），旨酒思柔。彼交匪傲，万福来求：出自《诗经·小雅·桑扈》。兕觥，古代酒器，腹椭圆形或方形，圈足或四足，有流和鋬，盖一般成带角兽头形，盛行于商代和西周前期。觩，同“斛”，角上方弯曲的样子。旨酒，甜酒。彼，同“匪”，非。交，骄傲。求，聚。

【译文】卫定公设盛宴款待苦成叔，由宁惠子任相礼。在宴会上，苦成叔很傲慢。宁惠子说："苦成叔的家族快要灭亡了吧！古代设享礼款待他人，就是为了观察这个人的威仪，查看他的祸福。所以《诗经》中说：'牛角酒杯，甜酒柔和。不骄不傲，聚集万福。'现在这个人态度傲慢，这可是取祸之道啊！"

秋，宣伯如齐逆女。称族，尊君命也。

【译文】秋季，叔孙侨如到齐国为鲁成公迎娶齐女。《春秋》中称他的族名为"叔孙"，是出于尊重国君的命令。

八月，郑子罕伐许，败焉。戊戌，郑伯复伐许。庚子，入其郛[①]。许人平以叔申之封[②]。

【注释】①郛：外城。②叔申之封：成公四年，公孙申划定的许国疆界。

【译文】八月，郑国的子罕率军攻打许国，但是被打败了。戊戌日，郑成公再次发兵攻打许国。庚子日，攻入许都的外城。许国人以承认叔申划定的许国疆界为条件向郑国求和。

九月，侨如以夫人妇姜氏至自齐。舍族，尊夫人也。故君子曰："《春秋》之称[①]，微而显[②]，志而晦[③]，婉而成章，尽而不污[④]，惩恶而劝善。非圣人，谁能修之？"

【注释】①称：言论，记载。②微而显：指用词细密而意义明显。③志而晦：叙事真实而意义深远。④尽而不污：记事穷尽而没有歪曲。污：歪曲。

【译文】九月，叔孙侨如带着鲁成公的夫人姜氏从齐国回到鲁国。《春秋》中不称他的族名“叔孙”，是因为尊重夫人。所以君子说：“《春秋》中的记载，用词细密而意义明显，记载真实而含义深远，表达委婉而顺理成章，记述全面但又不歪曲事实，因此能惩戒邪恶，勉励行善。如果不是圣人，谁又能够编撰呢？”

卫侯有疾，使孔成子、宁惠子立敬姒之子衎以为大子[①]。冬十月，卫定公卒。夫人姜氏既哭而息，见大子之不哀也，不内酌饮[②]，叹曰：“是夫也，将不唯卫国之败，其必始于未亡人！乌呼！天祸卫国也夫！吾不获鱄[③]也使主社稷。”大夫闻之，无不耸惧[④]。孙文子自是不敢舍其重器于卫[⑤]，尽置诸戚[⑥]，而甚善晋大夫。

【注释】①孔成子：孔达之子孔烝钼。敬姒：卫定公妾，生衎（kàn），后为献公。②内：同“纳”。酌饮：指吃粗食饮水，是守丧之礼。③鱄（zhuān）：太子衎之弟。④耸惧：极其恐惧。耸，通“悚”，惧。⑤孙文子：即孙林父。舍：放置。重器：宝器。⑥戚：孙林父的采邑。

【译文】卫定公生了重病，因此让孔成子、宁惠子拥立敬姒的儿子衎为太子。冬季十月，卫定公去世。夫人姜氏哭着哭着就停了下来，看见太子并没有哀伤，而且连水也不喝，她叹息说：“这个人啊，不但会让卫国败亡，而且还一定会从我这个未亡人身上开始动手！呜呼！这是上天要降祸给卫国啊！我没有得到鱄来主持国家政事的机会。”大夫们听到了这番话，无不恐惧。孙林父从此不敢把贵重宝物放在都城里，而是全部放到他的封邑戚地去了，同时也尽量搞好与晋国大夫们的关系。

成公十五年

【经】十有五年[①]春，王二月，葬卫定公。三月乙巳，仲婴齐[②]卒。癸丑，公会晋侯、卫侯、郑伯、曹伯、宋世子成、齐国佐、邾人同盟于戚[③]。晋侯执曹伯归于京师。公至自会。夏六月，宋公固[④]卒。楚子[⑤]伐郑。秋八月庚辰，葬宋共公。宋华元出奔晋。宋华元自晋归于宋。宋杀其大夫山[⑥]。宋鱼石[⑦]出奔楚。冬十有一月，叔孙侨如会晋士燮、齐高无咎、宋华元、卫孙林父、郑公子鳝、邾人会吴于钟离[⑧]。许迁于叶[⑨]。

【注释】①十有五年：公元前576年。②仲婴齐：鲁仲遂之子，公孙归父之弟。③晋侯：即晋厉公。卫侯：即卫献公。郑伯：即郑成公。曹伯：即曹成公。④宋公固：即宋共公。⑤楚子：即楚共王。⑥大夫山：即荡泽，官司马，公孙寿之孙。⑦鱼石：公子目夷的曾孙，官左师。⑧钟离：本为诸侯小国，在今安徽凤阳县东北。⑨叶：位于今河南叶县。

【译文】鲁成公十五年春季，周历二月，安葬了卫定公。三月乙巳日，仲婴齐去世。癸丑日，成公与晋厉公、卫献公、郑成公、曹成公、宋世子成、齐国佐、邾国人在戚地会盟。晋厉公抓住曹成公并将其送往京师。成公从会盟地回国。夏季六月，宋共公固去世。楚共王攻打郑国。秋季八月庚辰日，安葬了宋共公。宋国的华元逃到了晋国。宋国的华元从晋国回到宋国。宋国杀死了大夫山。宋国的鱼石逃到了楚国。冬季十一月，叔孙侨如与晋国的士燮、齐国的高无咎、宋国的华元、卫国的孙林父、郑公子鰌、邾国人在钟离和吴国人会面。许国迁到了叶城。

【传】十五年春，会于戚，讨曹成公也。执而归诸京师。书曰："晋侯执曹伯。"不及其民[①]也。凡君不道于其民，诸侯讨而执之，则曰某人执某侯。不然，则否。

【注释】①不及其民：没有危害百姓。

【译文】鲁成公十五年春季，各诸侯在戚地会盟，是为了商议讨伐曹成公。晋厉公在盟会上抓住曹成公将其送往京师。《春秋》中记载说："晋侯执曹伯。"这是因为曹成公没有危害曹国的百姓。凡是国君对百姓不行仁道，诸侯讨伐并抓住他，就叫作"某人执某侯"。否则，就不会这样记载。

诸侯将见子臧于王而立之，子臧辞曰："《前志》有之，曰：'圣达节，次守节，下失节[①]。'为君，非吾节也。虽不能圣，敢失守乎？"遂逃，奔宋。

【注释】①圣达节，次守节，下失节：指圣人通达节操，其次的只能保守节操，下等的丧失节操。达节，不拘常规而合于节义。

【译文】诸侯准备让子臧前去朝见周天子，而后立他为曹国国君，子臧辞谢说："《前志》上有这样的话，说：'圣人能通达节义，次一等的能保守节义，下等的失去节义。'成为国君，这不符合我的节义。我虽然比不了圣人，但又怎么敢失去节义呢？"于是逃到了宋国。

夏六月，宋共公卒。

【译文】夏季六月，宋共公去世。

楚将北师[①]。子囊[②]曰："新与晋盟而背之，无乃不可乎？"子反曰："敌利则进，何盟之有？"申叔时老矣，在申，闻之，曰："子反必不免。信以守礼，礼以庇身，信礼之亡，欲免得乎？"

【注释】①北师：北侵郑、卫。②子囊：楚庄王之子，楚共王弟子贞。

【译文】楚国准备发兵北伐，子囊说："刚刚与晋国结盟就背叛盟约，这样恐怕不行吧？"子反说："如果敌情对我国有利就进兵，又何必管什么同盟呢？"申叔此时已经老了，住在申地，听说了这件事后，说："子反一定会遭遇祸患。信用是用来坚守礼义的，礼义是用来保护自身的，信用和礼义都不要了，想要免于祸患，可能吗？"

楚子侵郑，及暴隧[①]，遂侵卫，及首止[②]。郑子罕侵楚，取新石[③]。

【注释】①暴隧：即暴，位于今河南原阳县西南。②首止：卫地，位于今河南睢县东南。③新石：楚邑，位于今河南叶县。

【译文】楚共王入侵郑国，打到了暴隧，又入侵卫国，打到了首止。郑国的子罕率军攻打楚国，攻占了新石。

栾武子欲报楚，韩献子曰："无庸，使重其罪，民将叛之。无民，孰战？"

【译文】栾书想要报复楚国，韩献子说："用不着，让他们加重自己的罪过，百姓便会背叛他们。失去了百姓，他们还能靠什么打仗呢？"

秋八月，葬宋共公。于是华元为右师，鱼石为左师，荡泽为司马，华喜[①]为司徒，公孙师[②]为司城，向为人为大司寇，鳞朱[③]为少司寇，向带为大宰，鱼府[④]为少宰。荡泽弱公室，杀公子肥[⑤]。华元曰："我为右师，君臣之训，师所司也。今公室卑而不能正，吾罪大矣。不能治官[⑥]，敢赖[⑦]宠乎？"乃出奔晋。

【注释】①华喜：华父督的玄孙。②公孙师：宋庄公之孙。③鳞朱：大司寇子奏的儿子，司徒文的孙子。④鱼府：子鱼之后，与鱼石同宗。⑤公子肥：宋共公之子。一云共公太子。⑥治官：尽职。⑦赖：利，好处。

【译文】秋季八月，安葬了宋共公。这时华元担任右师，鱼石担任左师，荡泽担任司马，华喜担任司徒，公孙师担任司城，向为人担任大司寇，鳞朱担任少司寇，向带担任太宰，鱼府担任少宰。荡泽想削弱公室的势力，因此杀了公子肥。华元说：“我身为右师，维护君臣之礼，这是我的职责所在。如今公室衰落而我却不能拨乱反正，我的罪过大了。做官不能尽到职责，又怎么敢依仗宠信来利己呢？”于是逃到了晋国。

二华，戴族[①]也；司城，庄族[②]也；六官[③]者，皆桓族[④]也。鱼石将止华元，鱼府曰：“右师反，必讨，是无桓氏[⑤]也。”鱼石曰：“右师苟获反，虽许之讨，必不敢。且多大功，国人与之，不反，惧桓氏之无祀于宋也。右师讨，犹有戌[⑥]在，桓氏虽亡，必偏[⑦]。”鱼石自止华元于河上。请讨，许之，乃反。使华喜、公孙师帅国人攻荡氏，杀子山。书曰：“宋杀大夫山。”言背其族也。

【注释】①戴族：指宋戴公之后。②庄族：指宋庄公之后。③六官：皆桓族也，指鱼石、荡泽、向为人、鳞朱、向带、鱼府。④桓族：指宋桓公之后。⑤无桓氏：指桓公一族也将受牵连被灭。⑥戌：即向戌，也是桓族，与华元友善。⑦偏：一部分。

【译文】华元和华喜，都是宋戴公的后人；司城公孙师，是宋庄公的后人；其他六位大臣，都是宋桓公的后人。鱼石准备劝阻华元逃亡，鱼府说：“右师如果回来，一定会讨伐荡泽，这样会导致我们桓氏一族被灭。”鱼石说：“右师如果能够回来，即便准许他讨伐罪人，他也一定不敢。况且他有大功，国人都拥护他，如果不让他回来，我担心我们桓氏一族在宋国将无人祭祀了。右师即使讨伐，也还有向戌在，桓氏一族即使灭亡，也只会是灭掉一部分。”鱼石亲自赶到黄河边阻止华元出走。华元请求讨伐荡泽，鱼石同意了，华元这才回来。华元让华喜、公孙师率领国人攻打荡氏，杀了荡泽。《春秋》中记载说“宋杀其大夫山”，称名而不称族，是表示荡泽背叛了自己的宗族。

鱼石、向为人、鳞朱、向带、鱼府出舍于睢①上。华元使止之，不可。冬十月，华元自止之，不可。乃反。鱼府曰：“今不从，不得入矣。右师视速而言疾，有异志焉。若不我纳，今将驰②矣。”登丘而望之，则驰。骋而从之，则决睢澨③，闭门登陴④矣。左师、二司寇、二宰遂出奔楚。华元使向戌为左师，老佐⑤为司马，乐裔为司寇，以靖国人。

【注释】①睢（suī）：水名，流经今河南。此指宋都城外的睢水边。②驰：车马疾行。③睢澨（shì）：指睢水的堤防。④陴（pí）：城上的短墙。⑤老佐：宋戴公五世孙。

【译文】鱼石、向为人、鳞朱、向带、鱼府离开国都住在睢水边。华元派人劝阻他们，但是他们不听。冬季十月，华元亲自前往劝阻他们，他们仍然不听。于是华元就回去了。鱼府说：“我们现在没有听从华元的劝告，以后恐怕就不能进入国都了。华元的目光锐利且言语急迫，可能有了别的打算。如果他不是真心接纳我们，现在应该已经车马疾行了。”于是他们登上山丘远望，发现华元果然已经驱车远去。他们驱车紧随其后，但此时华元已经打开睢水的堤防，关闭城门登上城墙了。左师、大司寇、少司寇、太宰、少宰几人便逃到了楚国。华元便让

向戌担任左师，老佐担任司马，乐裔担任司寇，以安定国人。

晋三郤害伯宗[①]，谮而杀之，及栾弗忌[②]。伯州犁[③]奔楚。韩献子曰："郤氏其不免乎！善人，天地之纪也，而骤[④]绝之，不亡何待？"

【注释】①三郤：指郤锜、郤犨、郤至。伯宗：晋国大夫。祖父公子遨，宋襄公之弟，遨公受宋襄公之命出使晋国完成任务后留晋为官生子改姓伯。②栾弗忌：晋国大夫，伯宗党羽。③伯州犁：伯宗的儿子。④骤：屡次。

【译文】晋国的三郤迫害伯宗，诬陷并杀死了他，同时还杀死了栾弗忌。伯州犁逃到了楚国。韩献子说："郤氏恐怕难逃祸患了吧！善人，是天地的纲纪，而郤氏却屡次想要杀害他们，不灭亡还等什么呢？"

初，伯宗每朝，其妻必戒之曰："'盗憎主人，民恶其上[①]。'子好直言，必及于难。"

【注释】①盗憎主人，民恶其上：指盗贼憎恨主人，百姓讨厌当官的。形容乱世社会骚乱，人际关系紧张。

【译文】起初，伯宗每次上朝时，他的妻子一定会劝诫他说："'盗贼憎恨主人，百姓讨厌当官的。'你喜欢直言相谏，一定会遭难的。"

十一月，会吴于钟离，始通吴也。

【译文】十一月，众诸侯在钟离与吴国会面，这标志着中原各国开始与吴国往来。

许灵公畏逼于郑，请迁于楚。辛丑，楚公子申迁许于叶。

【译文】许灵公因畏惧郑国的胁迫，所以请求把国家迁往楚国。辛丑日，楚国的公子申将许国迁到了叶城。

成公十六年

【经】十有六年[①]春，王正月，雨，木冰[②]。夏四月辛未，滕子[③]卒。郑公子喜帅师侵宋。六月丙寅朔，日有食之。晋侯使栾黡[④]来乞师。甲午晦[⑤]，晋侯及楚子、郑伯战于鄢陵[⑥]。楚子、郑师败绩。楚杀其大夫公子侧。秋，公会晋侯、齐侯、卫侯、宋华元、邾人于沙随[⑦]，不见公。公至自会。公会尹子[⑧]、晋侯、齐国佐、邾人伐郑。曹伯[⑨]归自京师。九月，晋人执季孙行父，舍之于苕丘[⑩]。冬十月乙亥，叔孙侨如出奔齐。十有二月乙丑，季孙行父及晋郤犫盟于扈[⑪]。公至自会[⑫]。乙酉，刺公子偃。

【注释】①十有六年：公元前575年。②木冰：指雨雪霜沾附于树木遇寒而凝结成冰。③滕子：即滕文公。④栾黡（yǎn）：栾书之子，号栾桓子。⑤晦：农历每月的末一天，朔日的前一天。⑥晋侯：即晋厉公。楚子：即楚共王。郑伯：即郑成公。鄢陵：位于今河南鄢陵县北。⑦齐侯：即齐灵公。卫侯：即卫献公。沙随：宋地，位于今河南宁陵县北。⑧尹子：即尹武公，周王卿士。⑨曹伯：即曹成公。⑩苕（tiáo）丘：晋地，今地址不祥。⑪扈：郑地，位于今河南原阳县西。⑫至自会：此会指伐郑之役。

【译文】鲁成公十六年春季，周历正月，下雨，雨滴沾附在树木上凝结成冰。夏季四月辛未日，滕文公去世。郑国的公子喜率军入侵宋国。六月丙寅日，发生日食。晋厉公派栾黡来鲁国请求出兵援助。甲午日，晋厉公率军与楚共王、郑成公在鄢陵交战。楚共王及郑军大败。楚国杀死了大夫公子侧。秋季，鲁成公在沙随与晋厉公、齐灵公、卫献公、宋国的华元、邾国人会面，晋厉公没有接见成公。成公从沙随盟会回国。成公会同尹武公、晋厉公、齐国国佐、邾国人一起攻打郑国。曹成公从京师回国。九月，晋国人俘获了季孙行父，将他囚禁在苕丘。冬季十月乙亥日，叔孙侨如逃到了齐国。十二月乙丑日，季孙行父与晋国的郤犨在扈地会盟。成公从盟会回国。乙酉日，杀死公子偃。

【传】十六年春，楚子自武城使公子成以汝阴之田求成于郑[①]。郑叛晋，子驷从楚子盟于武城。

【注释】①武城：位于今河南南阳市北。汝阴之田：汝水之南的田地，在今河南郏县与叶县之间。

【译文】鲁成公十六年春季，楚共王在武城派公子成以汝水之南的田地向郑国求和。郑国因此又背叛了晋国，子驷前往武城与楚共王订立盟约。

夏四月，滕文公卒。

【译文】夏季四月，滕文公去世。

郑子罕伐宋，宋将鉏、乐惧败诸汋陂[①]。退，舍于夫渠[②]，不儆[③]，郑人覆之，败诸汋陵[④]，获将鉏、乐惧。宋恃胜也。

【注释】①将鉏、乐惧：宋大夫。汋陂：宋地，位于今河南宁陵县东南。②夫渠：当离汋陂不远。③儆：使人警醒，不犯过错。④汋陵：宋地，位于今河南宁陵县南。

【译文】郑国的子罕率军攻打宋国，宋国的将鉏、乐惧二人率军在汋陂打败了子罕。宋军撤退后，驻扎在夫渠，但没有加强戒备，郑国人设伏兵袭击他们，在汋陵打败了宋军，并俘获了将鉏与乐惧。宋军失败，是因为倚仗胜利而不设防备的缘故。

卫侯伐郑，至于鸣雁[①]，为晋故也。

【注释】①鸣雁：位于今河南杞县北。

【译文】卫献公率军攻打郑国，一直打到鸣雁，是为了晋国而出兵的。

晋侯将伐郑，范文子曰："若逞[①]吾愿，诸侯皆叛，晋可以逞[②]。若唯郑叛，晋国之忧，可立俟[③]也。"栾武子曰："不可以当吾世而失诸侯，必伐郑。"乃兴师。栾书将中军，士燮佐之。郤锜将上军，荀偃[④]佐之。韩厥将下军，郤至佐新军，荀罃居守[⑤]。

【注释】①逞：满足。②逞：此指"行""做"。③立俟：站着就能等到、看到。④荀偃：字伯游，又称中行偃。荀林父之孙，荀庚之子，荀罃堂侄。⑤居守：留置守护。

【译文】晋厉公准备攻打郑国，士燮说："如果想要满足我的愿望，那便得等到诸侯全都背叛我们时，我们才能出兵。如果只有郑国背叛而我们同样出兵，那晋国的灾祸马上便会降临了。"栾书说："不能在我们这一代就失去诸侯的拥护，必须要攻打郑国。"于是出兵攻打郑国。栾书率领中军，由士燮辅佐。郤锜率领上军，由荀偃辅佐。韩厥率领下军，由郤至辅佐新军，荀罃留守国都。

郤犨如卫，遂如齐，皆乞师焉。栾黡来乞师，孟献子曰："有胜矣。"

【译文】郤犨前往卫国，之后又去了齐国，都是去请求援兵的。栾黡也来鲁国请求援兵，孟献子说："晋国能够取胜。"

戊寅，晋师起。郑人闻有晋师，使告于楚，姚句耳[①]与往。

【注释】①姚句(gōu)耳：郑国重臣，郑成公时谏议大夫。

【译文】戊寅日，晋军出发。郑国人听说晋军来了，便派人通报楚国，姚句耳也一同前往。

楚子救郑，司马[①]将中军，令尹[②]将左，右尹子辛[③]将右。过申，子反入见申叔时，曰："师其何如？"对曰："德、刑、详[④]、义、礼、信，战之器也。德以施惠，刑以正邪，详以事神，义以建利，礼以顺时，信以守物。民生厚[⑤]而德正，用利而事节[⑥]，时顺[⑦]而物成。上下和睦，周旋不逆[⑧]，求无不具，各知其极[⑨]。故《诗》曰：'立我烝民，莫匪尔极[⑩]。'是以神降之福，时无灾害，民生敦厖[⑪]，和同[⑫]以听，莫不尽力以从上命，致死以补其阙。此战之所由克也。今楚内弃其民，而外绝其好，渎齐[⑬]盟，而食话言，奸时[⑭]以动，而疲民以逞。民不知信，进退罪也。人恤所底[⑮]，其谁致死？子其勉之！吾不复见子矣！"

【注释】①司马：即公子侧，字子反。②令尹：即公子婴齐，字子重。③子辛：即公子壬夫，字子辛，楚穆王的儿子。④详：通"祥"，敬顺，和善。⑤厚：丰厚。⑥事节：行事得当。⑦时顺：顺应天时。⑧周旋：举措。逆：违背、不顺从。⑨极：标准、准则。⑩立我烝民，莫匪尔极：出自《诗经·周颂·思文》。烝，众。⑪敦厖(máng)：丰厚，富足。⑫和同：和睦同心。⑬齐：同"斋"，斋戒。古代盟誓前须斋戒沐浴。⑭奸时：违反春耕时令，指发动战争恰值春耕季节。⑮恤：忧。底(zhǐ)：往。

【译文】楚共王率军援救郑国，由司马子反率中军，令尹子重率左军，右尹子辛率右军。楚军途经申地时，子反拜见了申叔时，说：“这次出兵，您以为如何？”申叔时回答说：“德行、刑罚、敬顺、道义、礼法、信用，这是战争取胜的六种条件。德行用来施予恩惠，刑罚用来纠正邪恶，敬顺用来敬奉神灵，道义用来创造利益，礼法用来顺应时势，信用用来保有万物。百姓生活富足，德行就会端正；一切为百姓谋利，办事就合乎法度；顺应时势，事情就会成功。这样就能上下和睦，行事不会有阻碍，凡所需没有不能满足的，每个人都知道行事的准则。所以《诗经》中说：‘先王安置我的百姓，没有人不懂得行为的准则。’因此神灵就会降福给他们，使四时无灾害，百姓生活富足，团结一致，听从政令，无论做什么事没有不尽心尽力的，哪怕牺牲生命也要弥补国家的损失，这就是作战取胜的原因。现在楚国对内抛弃百姓，对外又断绝和其他国家的友好关系，亵渎斋戒盟约，言而无信，且违背时令而兴兵，劳民伤财来满足自己的野心。百姓不知道什么是信义，前进后退都是获罪。士兵对上前线心生忧虑，还有谁愿意去拼死作战呢？您好自为之吧！我不会再见到您了。”

姚句耳先归，子驷问焉，对曰：“其行速，过险而不整。速则失志，不整丧列。志失列丧，将何以战？楚惧不可用也。”

【译文】姚句耳先回到郑国，子驷问他，他回答说：“楚军行军迅速，过险要地段时军容不整。行军太快，可能会缺乏周密考虑；不整饬军容，便会导致队列混乱。考虑不周，而队列混乱，楚军又凭什么去打仗呢？楚国恐怕是靠不住。”

五月，晋师济河。闻楚师将至，范文子欲反，曰："我伪逃楚，可以纾忧[1]。夫合诸侯，非吾所能也，以遗能者。我若群臣辑睦[2]以事君，多[3]矣。"武子曰："不可。"

【注释】①纾忧：解除忧患。②辑睦：和睦。③多：足够。

【译文】五月，晋军渡过黄河。听说楚军就要到了，士燮便想率军返回，说："我们假装逃避楚军，这样可以解除国内的忧患。大会诸侯，不是我们所能做到的，还是留给有能力的人吧。我们群臣如果能够团结和睦事奉国君，那便已经足够了。"栾书说："不能退兵。"

六月，晋、楚遇于鄢陵。范文子不欲战，郤至曰："韩之战[1]，惠公不振旅[2]；箕之役[3]，先轸不反命[4]；邲之师[5]，荀伯不复从[6]。皆晋之耻也。子亦见先君之事矣。今我辟楚，又益耻也。"文子曰："吾先君之亟[7]战也，有故。秦、狄、齐、楚皆强，不尽力，子孙将弱。今三强服矣，敌楚而已。唯圣人能外内无患，自非[8]圣人，外宁必有内忧。盍释楚以为外惧乎？"

【注释】①韩之战：僖公十五年秦与晋韩之战，晋国战败，惠公被俘。②不振旅：战败。③箕之役：僖公三十三年晋与狄箕之战，晋将先轸战死。④不反命：指没能回国复命，即战死。⑤邲之战：宣公十二年晋与楚邲之战，晋国战败。⑥不复从：没能原路回兵，指失败。⑦亟：屡次。⑧自非：倘若不是。

【译文】六月，晋、楚两军在鄢陵相遇。士燮还是不想交战，郤至说："韩地之战，我们惠公溃败而归；箕地之战，先轸战死；邲地用兵，荀伯一战即败，这些都是我们晋国的耻辱。您也见到先君的成败了。现在我们如果再躲避楚国，将会再次增加晋国的耻辱。”士燮说：“我们先君之所以屡次作战，是有原因的。当时秦、狄、齐、楚都很强大，如果先君不尽力作战，那么子孙后代将会被进一步削弱。现在秦、狄、齐三强国已经屈服了，能与我们相匹敌的只有楚国而已。只有圣人才能做到国内外都没有忧患。倘若不是圣人，国家外部安宁，那必定会有内忧。我们何不放过楚国，而把它当作引起戒惧的外部国家呢？”

甲午晦，楚晨压[①]晋军而陈。军吏患之。范匄[②]趋进，曰：“塞井夷灶[③]，陈于军中，而疏行首[④]。晋、楚唯天所授，何患焉？”文子执戈逐之，曰：“国之存亡，天也。童子何知焉？”栾书曰：“楚师轻窕[⑤]，固垒而待之，三日必退。退而击之，必获胜焉。”郤至曰：“楚有六间[⑥]，不可失也：其二卿相恶[⑦]；王卒以旧[⑧]；郑陈而不整；蛮[⑨]军而不陈；陈不违晦[⑩]；在陈而嚣[⑪]，合而加嚣，各顾其后，莫有斗心。旧不必良，以犯天忌，我必克之。”

【注释】①压：逼近。②范匄（gài）：因范氏为士氏旁支，故又称士匄。士燮之子，史称范宣子。③塞井夷灶：填井平灶，指做好布阵的准备。④疏行首：将行列间道路隔宽。⑤轻窕：同“轻佻”，行动不沉着，不稳重。⑥间：空隙，缺点。⑦二卿：指子重、子反。相恶：不和。战败后子重逼子反自杀。⑧旧：旧家子弟。⑨蛮：指随楚而来的蛮族军队。⑩违晦：避开月底。古代认为月底不宜布阵作战。⑪嚣：喧哗。

【译文】甲午日，楚军在清晨时逼近晋军，并摆开阵势。晋国军吏为此很是担心。范匄快步进入军营，说："赶快填井平灶，摆开军阵，将行列间道路隔宽。晋国与楚国都是上天赐福的国家，有什么可担忧的呢？"士燮拿着戈赶走他，说："国家的存亡，完全在于上天的意志，你小孩子知道什么？"栾书说："楚军行动不稳重，我们只要加固壁垒，严阵以待，三天后楚军必退。一旦他们退了，我们便趁机追击，一定能获得胜利。"郤至说："楚军有六处弱点，我们不能失去这个机会：一是子反、子重两位卿互相仇视；二是楚王用的亲兵都是旧家子弟；三是郑国的列阵不整齐；四是蛮人的军队没有摆开阵势；五是楚军布阵作战没有忌讳，不知现在是晦日；六是楚军士兵在阵中喧闹不止，两军相遇后更加喧闹，各军互相观望后路，没有斗志。旧家子弟未必是精兵，晦日出兵犯了上天大忌，我们一定能战胜他们。"

楚子登巢车[①]以望晋军，子重使大宰伯州犁[②]侍于王后。王曰："骋而左右，何也？"曰："召军吏也。""皆聚于军中矣！"曰："合谋也。""张幕矣。"曰："虔卜[③]于先君也。""彻幕矣！"曰："将发命也。""甚嚣，且尘上矣！"曰："将塞井夷灶而为行也。""皆乘矣，左右执兵而下矣！"曰："听誓[④]也。""战乎？"曰："未可知也。""乘而左右皆下矣！"曰："战祷也。"伯州犁以公卒告王。

【注释】①巢车：古代的一种兵车，用以瞭望敌军。车上有用辘轳升降的瞭望台，人在台中，如鸟在巢，故名。②伯州犁：晋国大夫伯宗之子。原为晋国贵族，其父伯宗被"三郤"所迫害，奔楚，为楚国太宰。③虔卜：诚心问卜。④听誓：听取军令。

【译文】楚共王登上巢车观望晋军的情况，子重让太宰伯州犁站在楚共王身后。楚共王问："晋军的兵车有的向左有的向右奔驰，这是为什么？"伯州犁回答说："这是为了召集军吏。"楚共王又说："他们都聚集到了军帐中。"伯州犁说："他们这是在研究策略。"楚共王说："他们打开了帷帐。"伯州犁说："他们这是在向先君诚心问卜。"楚共王说："他们又拆除了帷帐。"伯州犁说："他们这是准备发布命令了。"楚共王说："那里十分喧闹，而且尘土飞扬。"伯州犁说："这是他们在填井平灶，做好布阵，准备采取行动了。"楚共王说："他们都上了兵车，但将帅和车右又拿着武器下来了。"伯州犁说："他们这是要听取主帅的命令。"共王问："他们这是准备出战了吗？"伯州犁回答说："还不知道。"楚共王说："他们上了兵车，但将帅与车右又下车了。"伯州犁说："他们这是在做战前祈祷。"伯州犁还把晋厉公亲兵的情况一一禀报给楚共王。

苗贲皇[①]在晋侯之侧，亦以王卒告。皆曰："国士在[②]，且厚，不可当也。"苗贲皇言于晋侯曰："楚之良，在其中军王族而已。请分良以击其左右，而三军萃于王卒[③]，必大败之。"公筮之，史曰："吉。其卦遇《复》䷗[④]，曰：'南国蹙[⑤]，射其元王[⑥]中厥目。'国王伤，不败何待？"公从之。

【注释】①苗贲皇：楚国令尹斗椒之子，采邑于苗，故称苗贲皇，于宣公四年逃晋。②国士：一国中才能最优秀的人物，此指伯州犁。③萃：聚集。王卒：楚国王族组成的军队。④《复》：复卦，震卦在下，坤卦在上，强调主方须要反复探索。⑤蹙（cù）：同"蹙"，窘迫。⑥元王：元首，指国王。

【译文】这时苗贲皇跟随在晋厉公的身边，也将楚共王亲兵的情况禀报给晋厉公。晋厉公左右的人都说："楚国有才能的人全在军中，而且他们阵容强大，不可抵挡。"苗贲皇对晋厉公说："楚军的精良部队，只是中军的亲兵而已。请将我们的精锐部队分出来去攻击楚军的左右军，再集中三军攻击楚王的亲兵，一定能大败楚军。"晋厉公为此占筮，史官说："吉利。占卦得到的是《复》卦，卦辞说：'南国艰难窘迫，用箭射其国君，将射中他的眼睛。'国家窘迫而君王受伤，楚国这时候不败还要等到什么时候呢？"晋厉公因此听从了苗贲皇的建议出战。

有淖[①]于前，乃皆左右相违于淖。步毅[②]御晋厉公，栾鍼为右。彭名御楚共王，潘党为右。石首御郑成公，唐苟为右。栾、范以其族夹公行。陷于淖，栾书将载晋侯，鍼曰："书退！国有大任[③]，焉得专之？且侵官[④]，冒也；失官，慢也；离局[⑤]，奸也。有三罪焉，不可犯也。"乃掀[⑥]公以出于淖。

【注释】①淖（nào）：泥沼，深泥，烂泥。②步毅：即郤毅，郤至之弟。③大任：重任，重要职务。④侵官：侵犯他人的职守。⑤离局：远离自己的部属；离开职守。⑥掀：抬。

【译文】晋军的前面有一片泥沼地，于是军队都从左右两边绕行避开泥沼地。步毅为晋厉公驾车，栾鍼为车右。彭名为楚共王驾车，潘党为车右。石首为郑成公驾车，唐苟为车右。栾氏、范氏带领自己的族人左右护卫着晋厉公前进。晋厉公的战车陷到了泥沼里，栾书准备让厉公乘坐自己的战车，栾鍼说："栾书您退下！国家有重任，怎能由您一人独揽？而且您这样做侵犯了别人的职权，就是冒犯；丢弃自己的职责，就是怠慢；远离自己的部属，就是不忠于职守。这三种罪，千万不能触犯啊。”于是他将晋厉公的战车抬出了泥沼。

癸巳[①]，潘尫之党与养由基蹲甲而射之[②]，彻七札焉[③]。以示王，曰：“君有二臣如此，何忧于战？”王怒曰：“大辱国。诘朝尔射，死艺[④]。”吕锜梦射月，中之，退入于泥。占之，曰：“姬姓，日也[⑤]。异姓，月也[⑥]，必楚王也。射而中之，退入于泥，亦必死矣。”及战，射共王中目。王召养由基，与之两矢，使射吕锜，中项，伏弢[⑦]。以一矢复命。

【注释】①癸巳：为甲午日的前一天。此为补叙。②潘尫（wāng）之党：即潘尫的儿子潘党。养由基：楚国将领，古代著名的神射手。蹲甲：把皮甲重叠在一起。③彻：贯穿。七札：七层铠甲。札，甲的叶片。④死艺：死在卖弄技艺上，即他们有勇无谋，夸口轻敌。⑤姬姓，日也：古代以日比天子，姬为周天子姓，周天子与晋侯同为姬姓，所以以日当之。⑥异姓，月也：古代以月比臣、诸侯，楚王为芈姓，是异姓诸侯，所以以月当之。⑦伏弢（tāo）：仆倒在弓套上。弢，弓套。

【译文】六月癸巳日，潘尫的儿子潘党与养由基将皮甲叠放在远处，比赛射箭，二人都穿透了七层皮甲。他们将这些皮甲拿给楚王看，并说：“君王有我们两个神射手，与晋交战还有什么可担忧的呢？”楚共王大怒说：“太羞辱国家了。明天早晨你们要是这样射箭，一定会死在你们自己的箭术上。”吕锜夜里梦见用箭射月亮，射中了，可自己后退时却掉到了泥坑里。他为这个梦进行占卜，占卜的人说：“姬姓为日，异姓为月，这月亮一定是代表楚共王。你射中他，但自己却在后退时掉到了泥坑里，你也一定会死。”当交战的时候，吕锜果然射中楚共王的眼睛。楚共王叫来养由基，给了他两支箭，让他去射吕锜。养由基一箭射中了吕锜的脖子，吕锜倒在弓袋上死了。养由基拿着剩下的一支箭向楚共王复命。

郤至三遇楚子之卒，见楚子必下，免胄而趋风[①]。楚子使工尹襄问之以弓[②]，曰："方事之殷也，有韎韦之跗注[③]，君子也。识见不穀而趋，无乃伤乎？"郤至见客，免胄承命，曰："君之外臣至，从寡君之戎事，以君之灵，间蒙甲胄[④]，不敢拜命。敢告不宁[⑤]，君命之辱。为事之故，敢肃[⑥]使者。"三肃使者而退。

【注释】①趋风：向前快走。这是尊敬的表现。②工尹襄：工尹，官名。襄，人名。问：问候。古代向某人问候必送礼物。③韎（mèi）韦：赤色熟皮，古代用来制军服。韎，赤黄色。韦，熟牛皮，去毛熟治的皮革。跗（fū）注：古代一种衣裤相连的军服。④间：参加。蒙：披着，穿着。⑤宁：通"憖"，受伤。⑥肃：肃拜，古代的一种礼仪，为九拜之一。身略俯折，与今之作揖相似。

【译文】郤至三次碰到楚共王的亲兵，每次见到楚共王，他都一定要下车，脱下头盔，快步向前走。楚共王派工尹襄送给他一张弓表示问候，并且说："现在战事正激烈，这位身穿赤黄色军服的人，是一位君子。见到我就快步走，他恐怕是受伤了吧？"郤至见到工尹襄，脱下头盔接受楚共王的问候，说："君王的外臣郤至，跟随我国国君前来作战，托楚君的威灵护佑，得以披甲戴胄，所以不敢拜受君王的问候。谨向君王报告，我并没有受伤，对于君王的问候，实不敢当。由于军务在身，谨向使者行肃拜礼。”他对使者行了三次肃拜礼后才退下。

晋韩厥从郑伯，其御杜溷罗曰：“速从之！其御屡顾，不在马，可及也。”韩厥曰：“不可以再辱国君[①]。”乃止。郤至从郑伯，其右茀翰胡曰：“谍辂之[②]，余从之乘而俘以下。”郤至曰：“伤国君有刑。”亦止。

【注释】①再辱国君：吕锜已射中楚共王的眼睛，羞辱过一个国君；如果再追击郑成公，就是羞辱第二个国君。②谍：侦察兵，此指轻兵。辂（yà）：迎击。

【译文】晋国的韩厥追击郑成公，他的御者杜溷罗说：“赶快追上去！他们驾车的人总是回头，心没有放在赶马上，可以追上。”韩厥说：“不能再羞辱国君了。”于是停止了追赶。郤至追击郑成公，他的车右茀翰胡说：“派一支轻兵从小道截击，我从后面登上他的车，将他掠下来。”郤至说：“伤害国君要受到刑罚。”于是也停止了追赶。

石首曰：“卫懿公唯不去其旗，是以败于荧[①]。”乃内旌于弢中。唐苟谓石首曰：“子在君侧，败者壹大[②]。我不如子，子以君免，我请止。”乃死。

【注释】①败于荧：闵公二年卫与狄战于荧泽，卫军大败，卫懿公被杀。荧，荧泽，地名，在黄河之北，今河南淇县。②败者壹大：战败了更应一心保护君主。壹，专心一意。大，指国君。

【译文】（郑成公的御者）石首说：“卫懿公就是因为没有丢掉车子上的旗子，所以才在荧泽战败被杀。”于是他们便将旌旗收进了弓袋。唐苟对石首说：“您留在国君身边，战败后更应一心保护国君。我不如您，您带着国君逃走，我留下来抵挡敌人。”唐苟因此而战死。

楚师薄于险，叔山冉①谓养由基曰：“虽君有命②，为国故，子必射！”乃射。再发，尽殪。叔山冉搏人以投，中车折轼。晋师乃止。囚楚公子筏。

【注释】①叔山冉：楚国的勇士，复姓叔山，名冉。②君有命：楚共王之前曾斥责养由基，禁止他射箭。

【译文】楚军被逼迫到了险要之地，叔山冉对养由基说：“虽然国君有命令让您不要随便射箭，但为了国家，您必须要射箭啊！”于是养由基便射向晋军。他连发两箭，被射中的两人都死了。叔山冉抓住一个俘虏扔向晋军，击中了战车，砸断了车前的横木。晋军这才停止追击。晋军俘获并囚禁了楚国的公子筏。

栾鍼见子重之旌，请曰：“楚人谓：‘夫旌，子重之麾也。’彼其子重也。日①臣之使于楚也，子重问晋国之勇。臣对曰：‘好以众整②。’曰：‘又如何？’臣对曰：‘好以暇③。’今两国治戎，行人不使，不可谓整。临事而食言，不可谓暇。请摄饮④焉。”公许之。使行人执榼⑤承饮，造于子重，曰：“寡君乏使，使鍼御持矛⑥，是以不得犒从者，使某摄饮。”子重曰：“夫子尝与吾言于楚，必是故也，不亦识⑦乎！”受而饮之。免使者而复鼓。

【注释】①日：往日。②好：喜欢。众整：人多而有纪律。③暇：从容。④摄饮：派人代为献酒。摄，代。⑤榼（kē）：古代盛酒的器具。⑥持矛：为车右。古代车战，车左善射，车右持矛戟善战。⑦识（zhì）：通“志”。记住。

【译文】栾鍼看见子重的旗子，对晋厉公请求道：“楚国人说：‘那面旗子是子重的旗子。’车上的人可能就是子重。以前我出使楚国时，子重曾问晋国的勇武怎么样。我回答说：‘喜欢军容整肃。’又问：‘还有什么？’我回答说：‘喜欢从容不迫。’现在两国交兵，外交使节不相往来，不能说是军容整肃；遇到战事而不履行过去的诺言，不能说是从容不迫。请您派人代我向子重献酒。”晋厉公同意了他的请求。于是让使者端着酒，送到子重那里，说：“我们国君缺少人才，让栾鍼拿着矛戟侍立在旁，因此他不能前来犒劳你的随从，特派我来代为向您敬酒。”子重说：“栾鍼在楚国时曾与我交谈过，一定是为那次谈话的缘故才给我送这杯酒，他的记性真好！”于是子重接过酒喝下。让使者回去后又再次击鼓。

旦而战，见星未已。子反命军吏察夷伤[①]，补卒乘，缮甲兵，展[②]车马，鸡鸣而食，唯命是听。晋人患之。苗贲皇徇[③]曰：“蒐乘补卒，秣马利兵，修陈固列，蓐食申祷[④]，明日复战。”乃逸楚囚。王闻之，召子反谋。榖阳竖[⑤]献饮于子反，子反醉而不能见。王曰：“天败楚也夫！余不可以待。”乃宵遁。

【注释】①夷伤：杀伤，创伤。②展：排列。③徇：对众宣示。④蓐食：早晨未起身，在床席上进餐。谓早餐时间很早。申祷：再次祷祝。

⑤穀阳竖：楚国大司马子反的仆从，导致子反自杀。

【译文】从一天的早晨开始交战，一直到星星出来了都还没有结束。子反命令军吏去查看士兵伤亡情况，补充兵卒战车，修整铠甲兵器，排列好战车马匹，鸡叫时便吃了饭，只等主帅的命令。晋国人对此很担忧。苗贲皇对全军宣示说："检查战车，补充士兵，喂饱战马，磨砺武器，整顿军阵，巩固行列，早早地进食，再次祷祝，明天再战。"于是晋人故意放跑了楚军的俘虏。楚共王听了这些俘虏的报告后，便召来子反商量对策。子反的侍从穀阳竖拿酒给子反喝，子反喝醉了，因而无法去见楚共王。楚共王说："这是上天要我楚国失败啊！我不能坐以待毙。"因此连夜逃走了。

晋入楚军，三日谷。范文子立于戎马[①]之前，曰："君幼，诸臣不佞，何以及此？君其戒之！《周书》曰：'唯命不于常[②]'，有德之谓。"

【注释】①戎马：晋厉公的车马。②唯命不于常：出自《尚书·周书·康诰》，指人的命运不是注定的。

【译文】晋军攻入楚军阵地，连续三天吃的都是缴获来的楚军的粮食。士燮站在晋厉公的车马前，说："国君年幼，而群臣又没有才能，凭什么能取得这么大的胜利呢？国君您要警惕啊！《周书》中说'天命不是一成不变的'，就是说只有具备德行的人才能享有天命。"

楚师还及瑕[①]，王使谓子反曰："先大夫[②]之覆师徒者，君不在。子无以为过，不穀之罪也。"子反再拜稽首曰："君赐臣死，死且不朽。臣之卒实奔，臣之罪也。”子重使谓子反曰：“初陨师徒者[③]，而亦闻之矣！盍图之？”对曰：“虽微先大夫有之，大夫命侧[④]，侧敢不义？侧亡君师，敢忘其死？”王使止之，弗及而卒。

【注释】①瑕：随国地名，随为楚之附庸国，在今安徽蒙城县东北。②先大夫：指子玉，子反之父。③初陨师徒者：指子玉。陨，损失。④侧：子反，名侧。

【译文】楚军撤兵到达瑕地时，楚共王派人对子反说：“先大夫子玉使楚军覆灭，当时国君不在军中。这次战败您不要以为是自己的过错，这都是我的罪过。”子反拜了两拜，叩头说：“即使国君赐我一死，我死了也觉得不朽。我的部下确实有溃败后逃跑的，这是我的罪过。”子重又派人对子反说：“当初使军队覆灭的子玉，你也听说过吧！何不自己早做决断？”子反回答说：“即使没有子玉兵败自杀一事，您让我去死，我岂敢贪生而做不义之人呢？我使君王的军队惨遭失败，怎敢忘记先大夫的以死谢罪呢？”楚共王派人来制止他，但还没赶到，子反就自杀了。

战之日，齐国佐、高无咎[①]至于师。卫侯出于卫，公出于坏隤[②]。

【注释】①高无咎：高固之子。②坏隤：鲁邑，在山东曲阜附近。

【译文】楚晋交战当天，齐国国佐、高无咎来到了军中。卫献公从卫国赶来，鲁成公从坏隤率军赶来。

宣伯通于穆姜[①]，欲去季、孟[②]，而取其室。将行，穆姜送公，而使逐二子。公以晋难告，曰："请反而听命。"姜怒，公子偃、公子钼趋过，指之曰："女不可，是皆君也。"公待于坏隤，申宫儆备[③]，设守而后行，是以后。使孟献子守于公宫。

【注释】①宣伯：即叔孙侨如。穆姜：鲁成公的母亲。②季、孟：季文子和孟献子，即季孙行父和仲孙蔑。③申宫：司宫，守宫。申，通"司"。儆备：加强防备。

【译文】叔孙侨如与穆姜私通，他想除掉季文子和孟献子，进而夺取他们的家财。成公准备出发去晋国，穆姜为他送行，要他驱逐季文子和孟献子。成公把晋国要求鲁国出兵的事告诉她，并说："请等我回来再听从您的命令。"穆姜很生气，成公的庶弟公子偃与公子钼从旁边快步走过，穆姜指着他们说："如果你不同意驱逐季文子和孟献子，那他们可以随时取代你成为国君。"成公在坏隤等候，同时下令防守宫室，加强防备，安排好守卫之后才前往晋国，因此他迟到了。他让孟献子留守在宫中。

秋，会于沙随，谋伐郑也。

【译文】秋季，众诸侯在沙随举行会谈，是为了商量攻打郑国一事。

宣伯使告郤犨曰："鲁侯待于坏隤以待胜者。"郤犨将新军，且为公族大夫，以主东诸侯[①]。取货于宣伯而诉[②]公于晋侯，晋侯不见公。

【注释】①主东诸侯：主持东部诸侯的招待事宜。②诉：诽谤。

【译文】叔孙侨如派人告诉郤犨说："鲁成公在坏隤等候迟迟不动，静观晋、楚两国的胜负。"这时郤犨为新军主帅，并担任公族大夫，主持对东部诸侯的招待事宜。因为接受了叔孙侨如的贿赂，所以他在晋厉公面前诽谤鲁成公，晋厉公因此没有接见鲁成公。

曹人请于晋曰："自我先君宣公即世，国人曰：'若之何忧犹未弭[①]？'而又讨我寡君，以亡曹国社稷之镇公子[②]，是大泯[③]曹也。先君无乃有罪乎？若有罪，则君列诸会[④]矣。君唯不遗德刑，以伯诸侯。岂独遗诸敝邑？敢私布之。"

【注释】①未弭：没止息。曹宣公死，太子为负刍所杀。②镇公子：指子臧。镇，重。③泯：灭。④列诸会：即"列之于会"。会，指宣公十七年的断道会盟等。

【译文】曹国人向晋国请求说："自从我先君宣公去世后，国人说：'这忧患没完没了，要怎么办才好？'而贵国去年又讨伐我国国君，使主持我国国政的子臧逃亡在外，这是要彻底灭亡我们曹国啊。先君难道有罪吗？如果真有罪，却又让他参加诸侯会盟。国君您正是因为从来没有丢失德行和赏罚，所以才能在诸侯中称霸。为什么唯独对曹国赏罚不公？谨在此私下向国君表达疑惑之情。"

七月，公会尹武公及诸侯伐郑。将行，姜又命公如初。公又申守而行。诸侯之师次于郑西。我师次于督扬[①]，不敢过郑。子叔声伯使叔孙豹请逆于晋师[②]。为食于郑郊。师逆以至。声伯四日不食以待之，食使者而后食。

【注释】①督扬：郑邑，在今河南新郑市东。②子叔声伯：即公孙婴齐。叔孙豹：叔孙侨如之弟。

【译文】七月，鲁成公会合尹武公及诸侯一起攻打郑国。准备出发时，穆姜又像以前一样命令成公驱逐季文子和孟献子。成公又加强戒备、设置守卫后才离开。诸侯的军队驻扎在郑国西部，鲁军驻扎在郑国东部的督扬，不敢经过郑都。子叔声伯派叔孙豹请求晋军前来迎接鲁军，并在郑都郊外为晋军准备了饭食。晋军为迎接鲁军来到了郑郊。子叔声伯为等待晋军，连续四天没有吃饭，一直到让晋国使者吃过饭之后自己才进食。

诸侯迁于制田[①]。知武子[②]佐下军，以诸侯之师侵陈，至于鸣鹿[③]。遂侵蔡。未反，诸侯迁于颍上[④]。戊午，郑子罕宵军之，宋、齐、卫皆失军[⑤]。

【注释】①制田：郑地，位于今河南新郑市东北。②知武子：即荀罃③鸣鹿：陈邑，位于今河南鹿邑县西。④颍上：指颍水边。颍水流经今河南登封、禹县、临颍等地，此指禹县之颍。⑤失军：即战败。

【译文】诸侯联军迁到了制田。荀罃担任下军副帅，率领诸侯军队攻入陈国，直达鸣鹿。紧接着又攻入蔡国。军队没有返回，诸侯又迁到了颍水边。七月戊午日，郑国的子罕乘夜突袭了诸侯联军，宋国、齐国、卫国的军队都被打得溃不成军。

曹人复请于晋，晋侯谓子臧："反，吾归而君。"子臧反，曹伯归。子臧尽致其邑与卿而不出。

【译文】曹国人再次请求晋国，晋厉公对子臧说："你回去吧，我放你们君主回国。"子臧回到曹国，曹成公也回来了。子臧把自己的封邑和卿的官位全都还给了曹成公，从此不再做官。

宣伯使告郤犨曰："鲁之有季、孟，犹晋之有栾、范也，政令于是乎成。今其谋曰：'晋政多门①，不可从也。宁事齐、楚，有亡而已，蔑②从晋矣。'若欲得志于鲁，请止行父而杀之，我毙蔑③也而事晋，蔑有贰矣。鲁不贰，小国必睦。不然，归必叛矣。"

【注释】①多门：指出自各大卿族，不能统一。②蔑：不。③蔑：仲孙蔑，即孟献子。

【译文】叔孙侨如派人告诉郤犨说："鲁国有季文子和孟献子，就像你们晋国有栾书、士燮一样，政令都由他们制定。现在他们商议说：'晋国的政令出自各大卿族，不可服从。宁可效命于齐国和楚国，最多就是亡国而已，但决不跟从晋国了。'如果晋国想在鲁国实现志愿，就请留下并杀死季孙行父，而我则杀死仲孙蔑以示效命于晋国的决心，这样就不再有对晋国有二心的人了。鲁国对晋国没有二心，其他小国也一定会归顺于晋国。不然，季孙行父回国后必定会背叛晋国。”

九月，晋人执季文子于苕丘。公还，待于郓[1]。使子叔声伯请季孙于晋，郤犨曰：“苟去仲孙蔑而止季孙行父，吾与子国[2]，亲于公室。”对曰：“侨如之情[3]，子必闻之矣。若去蔑与行父，是大弃鲁国而罪寡君也。若犹不弃，而惠徼周公之福，使寡君得事晋君。则夫二人者，鲁国社稷之臣也。若朝亡之，鲁必夕亡。以鲁之密迩仇雠[4]，亡而为仇，治[5]之何及？”郤犨曰：“吾为子请邑。”对曰：“婴齐，鲁之常隶[6]也，敢介大国以求厚[7]焉！承寡君之命以请，若得所请，吾子之赐多矣。又何求？”

【注释】①郓：鲁地，在今山东郓城县东。鲁有二郓，此为西郓。②吾与子国：指让声伯执政。③侨如之情：指叔孙侨如与穆姜私通谋夺季氏、孟氏财产一事。④密迩：贴近，靠近。仇雠：指楚、齐等诸国。⑤治：补救。⑥常隶：指职位低微的吏役。⑦厚：厚禄。

【译文】九月，晋国人在苕丘抓住了季文子。成公回国，在郓地等候，并派子叔声伯到晋国为季文子求情。郤犨说：“假如您能除掉仲孙蔑而留下季孙行父，我就让您在鲁国执政，而且我们的关系也将比与鲁国公室的关系还要亲近。”子叔声伯回答说：“叔孙侨如和穆姜的私情，您一定也听说了。如果除掉仲孙蔑与季孙行父，那便是彻底抛弃鲁国及加罪我们国君。如果您还不想抛弃鲁国，而承蒙周公之福，让我们国君继续听命于晋国国君的话，那么这两个人便将是鲁国的社稷之臣。如果在早晨处死他们，那么鲁国就必定会在晚上灭亡。鲁国紧挨着晋国的仇敌，如果你们想灭掉鲁国，那么便是帮助了仇敌，到时候再来补救还来得及吗？”郤犨说：“我为您请求封邑。”子叔声伯回答说：“我只是鲁国的一个小臣，又怎么敢倚仗大国而求取厚禄呢？我奉国君之命前来请求，如果能够得到应允，那么您给我的赏赐就够多了，又怎么还敢有别的要求呢？”

范文子谓栾武子曰：“季孙于鲁，相二君[①]矣。妾不衣帛，马不食粟，可不谓忠乎？信谗慝而弃忠良，若诸侯何？子叔婴齐奉君命无私，谋国家不贰，图其身不忘其君。若虚[②]其请，是弃善人也。子其图之！”乃许鲁平，赦季孙。

【注释】①二君：指宣公和成公。②虚：拒绝。

【译文】士燮对栾书说：“季孙行父在鲁国，先后辅佐了宣公和成公两位君王。他的妻妾不穿丝绸，马不喂养粮食，能说他不是忠心之臣吗？听信奸邪而抛弃忠良，要怎么向诸侯交代？子叔婴齐奉国君之命而无私心杂念，为国家谋利，忠心不贰，即使为自己考虑时也不忘记他的国君。如果拒绝了他的请求，这便是抛弃好人。请您认真考虑一下吧！”于是晋国同意了与鲁国讲和，赦免了季孙行父。

冬十月，出[①]叔孙侨如而盟之，侨如奔齐。

【注释】①出：放逐。

【译文】冬季十月，鲁国放逐了叔孙侨如，并与群臣订立盟誓。叔孙侨如逃到了齐国。

十二月，季孙及郤犨盟于扈。归，刺公子偃，召叔孙豹于齐而立之。

【译文】十二月，季孙行父与郤犨在扈地结盟。季孙行父回国后，联合孟献子以鲁成公的名义杀死了公子偃，并从齐国召回了叔孙豹将他立为叔孙氏的继承人。

齐声孟子[①]通侨如，使立于高、国[②]之间。侨如曰："不可以再罪。"奔卫，亦间于卿[③]。

【注释】①声孟子：齐灵公之母，宋国女。②高、国：齐国世袭上卿高氏、国氏。③间于卿：位于卿之间。

【译文】齐灵公的母亲声孟子与叔孙侨如私通，让叔孙侨如的地位与高氏、国氏等同。叔孙侨如说："我不能再犯罪了。"于是逃到了卫国，地位也在各卿之间。

晋侯使郤至献楚捷于周，与单襄公语，骤称其伐[①]。单子语诸大夫曰："温季[②]其亡乎！位于七人之下，而求掩[③]其上。怨之所聚，乱之本也。多怨而阶乱[④]，何以在位？《夏书》曰：'怨岂在明？不见是图[⑤]。'将慎其细也。今而明之，其可乎？"

【注释】①伐：功劳。②温季：即郤至。温为其彩邑。③掩：盖过。④阶乱：祸乱的阶梯。⑤怨岂在明？不见是图：此两句本逸书，后编入《古文尚书》的《五子之歌》，指结下的仇怨哪里会出现在明处？更应该防备的是那些没有表现出来的怨恨。

【译文】晋厉公派郤至前往周王室进献在对楚作战中所获得的战利品，郤至在与单襄公谈话时，多次夸耀自己的战功。之后单襄公对大夫们说："郤至恐怕要被杀了吧！他的官位在七人之下，却想要超过他们。怨恨的聚积，这是祸乱的根本。积累很多的怨恨，而又自造祸乱的阶梯，这怎么能保住官位呢？《夏书》中说：'怎么能只警惕那些明显的仇恨呢？那些看不见的怨恨更应该防备。'这说的就是要谨慎对待那些细微的看似不起眼的小问题。现在郤至却把看不见的怨恨公开了，这能行吗？"

成公十七年

【经】十有七年[①]春，卫北宫括[②]帅师侵郑。夏，公会尹子、单子、晋侯、齐侯、宋公、卫侯、曹伯、邾人伐郑[③]。六月乙酉，同盟于柯陵[④]。秋，公至自会。齐高无咎出奔莒。九月辛丑，用郊。晋侯使荀罃来乞师。冬，公会单子、晋侯、宋公、卫侯、曹伯、齐人、邾人伐郑。十有一月，公至自伐郑。壬申，公孙婴卒于狸脤[⑤]。十有二月丁巳朔，日有食之。邾子貜且[⑥]卒。晋杀其大夫郤锜、郤犨、郤至。楚人灭舒庸[⑦]。

【注释】①十有七年：公元前574年。②北宫括：卫成公之曾孙。③尹子、单子：即尹武公和单襄公。二人皆周大夫。晋侯：即晋厉公。齐侯：即齐灵公。宋公：即宋平公。卫侯：即卫献公。曹伯：即曹成公。④柯陵：郑地名，在今河南省境内。⑤狸脤（shèn）：鲁邑。在今山东省曲阜市西南。⑥貜（jué）且（jū）：邾定公名。⑦舒庸：群舒的一支，也为楚国的附庸，偃姓国，位于今安徽舒城附近。

【译文】鲁成公十七年春季，卫国的北宫括率领军队攻打郑国。夏季，鲁成公会合尹武公、单襄公、晋厉公、齐灵公、宋平公、卫献公、曹成公、邾国人联合讨伐郑国。六月乙酉日，晋、齐、鲁等国在柯陵举行盟会。秋季，鲁成公从盟会回国。齐国的高无咎逃到了莒国。九月辛丑日，鲁国举行了郊祭。晋厉公派荀罃来鲁国请求出兵。冬季，鲁成公又会合单襄公、晋厉公、宋平公、卫献公、曹成公、齐国人、邾国人一起出兵讨伐郑国。十一月，鲁成公从讨伐郑国的前线回国。壬申日，公孙婴齐在狸脤去世。十二月初一，发生了日食。邾定公貜且去世。晋国杀死了大夫郤锜、郤犨、郤至。楚国人灭掉了舒庸。

【传】十七年春，王正月，郑子驷侵晋虚、滑[①]。卫北宫括救晋，侵郑，至于高氏[②]。

【注释】①虚：晋邑，在今河南偃师县。滑：费滑，姬姓国，位于今河南偃师市西南。②高氏：郑邑，在今河南禹州市西南。

【译文】鲁成公十七年春季，周历正月，郑国的子驷率军入侵晋国的虚地与滑地。卫国的北宫括率兵救援晋国，攻入郑国，一直打到高氏。

夏五月，郑大子髡顽、侯獳[①]为质于楚，楚公子成、公子寅戍郑。公会尹武公、单襄公及诸侯伐郑，自戏童至于曲洧[②]。

【注释】①侯獳：郑国大夫。②戏童：地名，位于今河南巩县东南。曲洧（wěi）：郑邑，即今河南洧川。

【译文】夏季五月，郑国太子髡顽、侯獳前往楚国作人质，楚国公子成、公子寅前往郑国戍守。鲁成公会同尹武公、单襄公和众诸侯一起攻打郑国，从戏童一直打到了曲洧。

晋范文子反自鄢陵，使其祝宗[①]祈死，曰："君骄侈而克敌，是天益其疾也。难将作矣！爱我者惟祝[②]我，使我速死，无及于难，范氏之福也。"六月戊辰，士燮卒。

【注释】①祝宗：古代主持宗庙祭祀祈祷者。②祝：此指诅咒。

【译文】晋国的士燮从鄢陵回国后，让他的祝宗祈求让他早点死去，说："国君骄横奢侈却能战胜敌人，这是上天在增加他的过失，灾难就要到来了啊！爱我的人只希望你们诅咒我，让我快点死，以免遇到祸乱，这就是我们范氏家族的福气了。"六月戊辰日，士燮去世。

乙酉，同盟于柯陵，寻戚之盟也。

【译文】六月乙酉日，众诸侯在柯陵会盟，是为了重温成公十五年在戚地的盟约。

楚子重救郑，师于首止。诸侯还。

【译文】楚国的子重率军援救郑国，驻军于首止。诸侯联军撤兵回国。

齐庆克[①]通于声孟子，与妇人蒙衣乘辇而入于闳[②]。鲍牵[③]见之，以告国武子[④]，武子召庆克而谓[⑤]之。庆克久不出，而告夫人曰："国子谪[⑥]我！"夫人怒。国子相灵公以会，高、鲍[⑦]处守。及还，将至，闭门而索客。孟子诉之曰："高、鲍将不纳君，而立公子角[⑧]。国子知之[⑨]。"秋七月壬寅，刖[⑩]鲍牵而逐高无咎。无咎奔莒，高弱以卢叛[⑪]。齐人来召鲍国[⑫]而立之。

【注释】①庆克：齐国大夫，庆封之父。②蒙衣：以巾蒙头，为当时妇女外出时的习俗。闳（hóng）：巷门。③鲍牵：齐大夫，鲍叔牙曾孙。④国武子：即国佐。⑤谓：告诉。⑥谪：谴责。⑦高、鲍：指高无咎和鲍牵。⑧公子角：齐顷公之子。⑨知之：参与其事。⑩刖（yuè）：古代的一种酷刑，把脚砍掉。⑪高弱：高无咎之子。卢：高氏采邑，位于今山东长清县西南。⑫鲍国：鲍牵之弟，谥文子。

【译文】齐国的庆克与齐灵公之母声孟子私通，他与一个妇人以巾蒙头共同乘辇进入宫中巷门。鲍牵看见了，便告诉给国武子。国武子就召来庆克，告诉他这件事。庆克因此躲在家很久没有出门，并且告诉声孟子说："国武子责备我了。"声孟子为此很恼怒。国武子作为齐灵公的相礼参与诸侯会盟，高无咎与鲍牵留守国都。等到国武子与齐灵公回国，将要到达都城的时候，城门却被关闭，并且要检查进出行人。声孟子便向齐灵公告状说："高无咎与鲍牵准备不让您进城，另立公子角为君，国佐也参与了这件事。"秋季，七月壬寅日，齐灵公下令砍下鲍牵的双脚，并放逐了高无咎。高无咎逃到了莒国，他的儿子高弱率领卢地的百姓发动叛乱。齐国人将鲍国从鲁国召回，让他继承鲍氏的职位。

初，鲍国去鲍氏而来为施孝叔臣。施氏卜宰[①]，匡句须吉。施氏之宰有百室之邑。与匡句须邑，使为宰。以让鲍国，而致邑焉。施孝叔曰："子实吉。"对曰："能与忠良，吉孰大焉！"鲍国相施氏忠，故齐人取以为鲍氏后。

【注释】①宰：即家宰，家臣之长。

【译文】起初，鲍国离开鲍氏族人来到鲁国做施孝叔的家臣。施氏占卜挑选家宰，结果占得匡句须吉利。施氏的家宰享有一百户人家的封邑。施氏给了匡句须封邑，让他担任家宰，但他却将这一职位让给了鲍国，而且将封邑也给了鲍国。施孝叔说："占卜的结果是你吉利。"匡句须回答说："能把这一职位送给忠良，还有比这更吉利的事吗？"鲍国辅佐施氏家族忠心耿耿，因此齐国人选他做鲍氏家族的继承人。

仲尼曰："鲍庄子之知不如葵[1]，葵犹能卫其足。"

【注释】①鲍庄子：即鲍牵。葵：蔬菜名，我国古代重要蔬菜之一，古人往往不等葵菜叶老就摘下来吃，这样不伤其根，又可以吃到嫩叶。

【译文】孔子说："鲍牵还不如葵菜聪明，葵菜还能保护自己的脚。"

冬，诸侯伐郑。十月庚午，围郑。楚公子申救郑，师于汝上[1]。十一月，诸侯还。

【注释】①汝上：汝水边。汝水流贯今河南省，是当时郑与楚两国的交界线。

【译文】冬季，诸侯联合讨伐郑国。十月庚午日，联军包围了郑国。楚国的公子申率军援救郑国，军队驻扎在汝水边。十一月，诸侯联军撤兵回国。

初，声伯梦涉洹[1]，或与己琼瑰[2]，食之，泣而为琼瑰，盈其怀。从而歌之曰："济洹之水，赠我以琼瑰。归乎！归乎！琼瑰盈吾怀乎！"惧不敢占[3]也。还自郑，壬申，至于狸脤而占之，曰："余恐死，故不敢占也。今众繁而从余三年矣，无伤也。"言之，之莫[4]而卒。

【注释】①洹：洹水，即今安阳河，在河南境内，源出林州市隆虑山，东流经安阳市、县至内黄县北入卫河。②琼瑰：次于玉的美石。③惧不敢占：古人死后含珠入殓，声伯梦珠认为不祥，所以不敢占梦。④莫：同“暮”。

【译文】起初，子叔声伯梦见自己蹚过了洹水，有人给了自己一块美石，他吃了下去，哭泣时泪水都变成了美石，满满一怀抱。于是他跟着那个人唱道：“渡过洹水，有人赠给我美石。回去吧！回去吧！美石装满了我的怀抱啊！”醒来后他很害怕，不敢占梦问吉凶。他从郑国回来，十一月壬申日，到了狸脤时占梦，说：“我害怕死，所以不敢占卜。现在这么多人跟随我已有三年了，再无妨碍了。”说完这话后，到晚上他便去世了。

齐侯使崔杼为大夫，使庆克佐之，帅师围卢。国佐从诸侯围郑，以难请而归。遂如卢师，杀庆克，以谷[①]叛。齐侯与之盟于徐关[②]而复之。十二月，卢降。使国胜[③]告难于晋，待命于清[④]。

【注释】①谷：齐邑，在今山东平阴县西南东阿镇。②徐关：齐地，在今山东省淄博市淄川区西南。③国胜：国佐之子。④清：齐地，位于今山东聊城市西。

【译文】齐灵公任命崔杼为大夫，让庆克辅佐他，率军围攻卢地。国佐跟随诸侯一起包围郑国，他以国内发生动乱为由请求回国。随后他闯入围攻卢地的军队中，杀了庆克，并率领谷地的百姓叛离了齐国。齐灵公与国佐在徐关缔结盟约，并恢复了他的官职。十二月，卢地投降。齐国派国胜前往晋国报告这一祸难，并让他在清地等候命令。

晋厉公侈，多外嬖[①]。反自鄢陵，欲尽去群大夫，而立其左右。胥童[②]以胥克之废也，怨郤氏，而嬖于厉公。郤锜夺夷阳五[③]田，五亦嬖于厉公。郤犨与长鱼矫[④]争田，执而梏[⑤]之，与其父母妻子同一辕。既，矫亦嬖于厉公。

【注释】①外嬖（bì）：指宫禁外的宠臣，此指下文的胥童、夷阳五、长鱼矫等。②胥童：胥克之子。宣公八年，郤缺废胥克。③夷阳五：又称夷羊五。夷阳为复姓，名五，晋厉公宠臣。④长鱼矫：晋厉公宠臣，复姓长鱼，名矫。⑤梏：戴上手铐。

【译文】晋厉公奢侈放纵，有很多宠臣。从鄢陵回国后，他便想罢免所有大夫，然后立他身边宠信的人。胥童因为父亲胥克被郤缺罢免，因而怨恨郤氏，而厉公却很宠信他。郤锜夺取了夷阳五的田地，而夷阳五也很得厉公的宠信。郤犨与长鱼矫争夺田地，他抓住长鱼矫并给他戴上手铐，将他与他的父母、妻儿绑在同一根车辕上。不久，长鱼矫也得到了厉公的宠信。

栾书怨郤至，以其不从己而败楚师也，欲废之。使楚公子茷[①]告公曰："此战也，郤至实召寡君。以东师[②]之未至也，与军帅之不具[③]也，曰：'此必败！吾因奉孙周[④]以事君。'"公告栾书，书曰："其有焉！不然，岂其死之不恤，而受敌使[⑤]乎？君盍尝使诸周而察之[⑥]？"郤至聘于周，栾书使孙周见之。公使觇[⑦]之，信。遂怨郤至。

【注释】①公子茷：在晋、楚鄢陵之战中被晋俘获。②东师：指齐、鲁、卫等东方诸侯国军队。③军帅之不具：晋出动上、中、下、新四军，本应有八位将佐。但新军将郤犨到各国求援，下军佐荀罃留守国内，所以说军队的统帅不全。④孙周：晋襄公的曾孙，名周。后嗣位，为晋悼公。⑤受敌使：鄢陵之战中，郤至接受楚共王派人赠送的一把弓。⑥使诸周而察之：时孙周在周侍奉单襄公，所以派他去周，看他是否与孙周勾结。⑦觇（chān）：窥探，侦察。

【译文】栾书怨恨郤至，因为郤至没有采纳自己的意见却打败了楚军，因此想罢免郤至的官职。栾书指使楚公子茷向晋厉公告状说："那次鄢陵战役，实际上是郤至召来我们国君的。因为当时东方诸侯国军队还没有到，晋军的将帅也还没有到齐，郤至说：'这次战役晋国必定失败！我将因此而拥立孙周为君来侍奉君王。'"晋厉公将这番话告诉栾书，栾书说："可能有这回事吧！要不然，他怎么一点都不怕死而去接受敌国使者的礼物呢？君王何不试着让他出使周王室来进一步考察他呢？"郤至前往周王室访问，栾书又让孙周去与他见面。晋厉公派人侦察，果然郤至和孙周见面了。于是厉公开始怨恨郤至。

厉公田，与妇人先杀[①]而饮酒，后使大夫杀。郤至奉豕[②]，寺人孟张夺之，郤至射而杀之。公曰："季子欺余[③]。"

【注释】①杀：射杀被围困的野兽。依礼，田猎时诸侯射兽后，依次当由卿、大夫射，妇人不得参与。②奉豕：献上猎获的野猪。③季子：即郤至。欺：欺侮，轻视。

【译文】晋厉公外出打猎，和女人一起先射猎接着又喝酒助兴，然后才让大夫射猎。郤至献给厉公一头猎获的野猪，被宦官孟张抢夺了过去，郤至一箭将他射死了。晋厉公说："郤至这是在欺负我啊。"

厉公将作难，胥童曰："必先三郤，族大，多怨。去大族，不逼[①]，敌多怨有庸[②]。"公曰："然。"郤氏闻之，郤锜欲攻公，曰："虽死，君必危。"郤至曰："人所以立，信、知、勇也。信不叛君，知不害民，勇不作乱。失兹三者，其谁与我？死而多怨，将安用之？君实有臣而杀之，其谓君何？我之有罪，吾死后矣！若杀不辜，将失其民，欲安，得乎？待命而已！受君之禄，是以聚党[③]。有党而争命，罪孰大焉！"

【注释】①不逼：不受逼迫。②庸：功劳，成功。③聚党：聚集党众。

【译文】晋厉公准备对大夫们发难，胥童说："一定要先除掉三郤，他们家族势力强大，怨恨他们的人很多。如果铲除了这个大家族，国君就不会再受逼迫，而且讨伐让大家怨恨的人还容易成功。"厉公说："对。"郤氏家族听说了这件事，郤锜想率家兵攻打厉公，说："即使我们死了，国君也必会面临危险。"郤至说："一个人之所以立身处世，凭借的是信用、智慧与勇气。讲信用就不会背叛国君，有智慧就不会残害百姓，有勇气就不会发动祸乱。没有了这三点，还有谁会拥护我们？同样是死，又何必发动祸乱来招致更多怨恨呢？这样做对我们来说又有什么用呢？国君拥有臣子却杀了他们，人们又能对国君怎么样？如果我们真有罪，那我们就死得太晚了！如果国君滥杀无辜，他就将失去百姓，他想要安定君位，可能吗？我们还是听候命令吧！接受国君赐予的禄位，才能聚集党众。有了党众却与国君的命令相抗争，没有比这更大的罪行了！"

壬午，胥童、夷羊五帅甲八百，将攻郤氏。长鱼矫请无用众，公使清沸魋[①]助之，抽戈结衽[②]，而伪讼者。三郤将谋于榭[③]。矫以戈杀驹伯、苦成叔于其位[④]。温季[⑤]曰："逃威[⑥]也！"遂趋。矫及诸其车，以戈杀之，皆尸诸朝。

【注释】①清沸魋（tuí）：晋厉公的宠臣。②结衽：衣襟相结，指揪住对方。③榭：建筑在台上的房屋。④驹伯：即郤锜。苦成叔：即郤犨。⑤温季：即郤至，因采邑于温，时人尊称温季，史称郤昭子。⑥威：威胁。

【译文】十二月壬午日，胥童、夷羊五率领甲士八百人，准备攻打郤氏家族。长鱼矫请求不要兴师动众，厉公于是就让清沸魋协助他。长鱼矫与清沸魋抽出戈来，将两人的衣襟系在一起，伪装成吵架的样子。三郤准备在台榭上与他们商议。长鱼矫便用戈把郤锜与郤犨杀死在座位上。郤至说："我要逃离威胁啊！"于是快步逃走了。长鱼矫追上他的坐车，用戈杀了他，并将三郤的尸体全部陈列在朝堂上示众。

胥童以甲劫[①]栾书、中行偃于朝。矫曰："不杀二子，忧必及君。"公曰："一朝而尸三卿，余不忍益[②]也。"对曰："人将忍君。臣闻乱在外为奸，在内为轨[③]。御奸以德，御轨以刑。不施而杀，不可谓德；臣逼而不讨，不可谓刑。德刑不立，奸轨并至。臣请行。"遂出奔狄。公使辞于二子，曰："寡人有讨于郤氏，郤氏既伏其辜矣。大夫无辱[④]，其复职位。"皆再拜稽首曰："君讨有罪，而免臣于死，君之惠也。二臣虽死，敢忘君德。"乃皆归。公使胥童为卿。

【注释】①劫：劫持。②不忍益：不忍心再加杀戮。③轨：同“宄”，作乱或盗窃的人。④无辱：不要把被劫持这事当作耻辱。

【译文】胥童率领甲士在朝堂上劫持了栾书和荀偃。长鱼矫说：“如果不杀掉这两个人，祸患一定会降临到国君身上。”晋厉公说：“一天之内就杀了三位卿并把他们的尸体陈列在朝堂上示众，我不忍心再添杀戮了。”长鱼矫回答说：“但别人是会对国君忍心的。臣听说在外作乱是奸，在内作乱是轨。抵挡奸是要用德行，抵挡轨是要用刑罚。不先施恩就杀人，不能说是有德行；臣子逼迫国君却不加讨伐，不能说是用刑罚。德行和刑罚如果不能建立，奸和轨就会同时到来。臣请求离开晋国。”于是他们逃到了狄人那里。晋厉公派人对栾书和荀偃二人说：“我讨伐郤氏，郤氏已经伏法了。你们不要把被劫持这事当作耻辱，请恢复你们原来的职位吧。”栾书和荀偃拜了又拜，叩头说：“国君讨伐有罪之人，又赦免我们的死罪，这是国君的恩惠。我们二人即使死了，也不敢忘记国君您的大德。”于是两人都回去了。厉公让胥童做了卿。

公游于匠丽氏[①]，栾书、中行偃遂执公焉。召士匄，士匄辞。召韩厥，韩厥辞，曰：“昔吾畜于赵氏，孟姬之谗[②]，吾能违兵[③]。古人有言曰‘杀老牛莫之敢尸[④]’，而况君乎？二三子不能事君，焉用厥也？”

【注释】①匠丽氏：晋厉公的宠臣，复姓匠丽。②孟姬之谗：鲁成公八年孟姬谗杀赵同、赵括，栾氏、郤氏也趁机诬陷赵氏。③违兵：不肯用兵。④杀老牛莫之敢尸：指牛老了也没有人敢主张将它杀掉，因为古人认为牛有功于人。尸，主。

【译文】晋厉公到匠丽氏家里游玩，栾书与荀偃趁机抓住了厉公。他们召请士匄，士匄推辞了。召请韩厥，韩厥也推辞了，说："过去我被赵家抚养提拔，孟姬陷害赵氏，我都不肯出兵攻打赵氏。古人有句话说'宰杀老牛却没有人敢做主'，况且是国君呢？你们几个既然连国君都不愿意效命，又怎么会用得着我韩厥呢？"

舒庸人以楚师之败也，道吴人围巢[①]，伐驾[②]，围釐、虺[③]，遂恃吴而不设备。楚公子橐师袭舒庸，灭之。

【注释】①巢：国名，偃姓，位于今安徽巢湖市东北。②驾：地名，位于今安徽无为县境内。③釐（lí）：地名，位于今安徽无为县。虺（huī）：地名，在今安徽庐江县。

【译文】舒庸人趁着楚军战败，引导吴国人包围了巢地，攻打驾地，接着又包围了釐、虺二地，因此他们便依仗着吴国而不设防备。楚国的公子橐师率军偷袭舒庸，并灭掉了它。

闰月乙卯晦，栾书、中行偃杀胥童。民不与郤氏，胥童道君为乱，故皆书曰："晋杀其大夫。"

【译文】闰十二月乙卯晦日，栾书与荀偃杀死了胥童。百姓们不拥护郤氏，而胥童又趁机引诱国君制造动乱，所以《春秋》对此记载为："晋杀其大夫。"

成公十八年

【经】十有八年[①]春王正月，晋杀其大夫胥童。庚申，晋弑其君州蒲[②]。齐杀其大夫国佐。公如晋。夏，楚子、郑伯伐宋[③]。宋鱼石复入于彭城[④]。公至自晋。晋侯[⑤]使士匄来聘。秋，杞伯[⑥]来朝。八月，邾子[⑦]来朝。筑鹿囿[⑧]。己丑，公薨于路寝。冬，楚人、郑人侵宋。晋侯使士鲂[⑨]来乞师。十有二月，仲孙蔑会晋侯、宋公、卫侯、邾子、齐崔杼同盟于虚朾[⑩]。丁未，葬我君成公。

【注释】①十有八年：公元前573年。②州蒲：指晋厉公。③楚子：即楚共王。郑伯：即郑成公。④彭城：宋邑，位于今江苏徐州市。⑤晋侯：即晋悼公。⑥杞伯：即杞桓公。⑦邾子：即邾宣公。⑧鹿囿：饲养鹿的园囿。⑨士鲂（fáng）：晋国卿大夫，士会之子，因采邑于彘，故亦可称彘鲂，史称彘恭子。⑩宋公：即宋平公。卫侯：即卫献公。虚朾（chēng）：宋邑，在今山东省泗水县。或疑即虚，在今河南延津县。

【译文】鲁成公十八年春周历正月，晋国杀了他们的大夫胥童。庚申日，晋国杀了他们的国君晋厉公州蒲。齐国杀了大夫国佐。鲁成公前往晋国。夏季，楚共王和郑成公讨伐宋国。宋国的鱼石复回国来到彭城。鲁成公从晋国回国。晋悼公派士匄来鲁国访问。秋季，杞桓公来鲁国朝见。八月，邾宣公来鲁国朝见。修建饲养鹿的园囿。己丑日，鲁成公在路寝内去世。冬季，楚国人、郑国人入侵宋国。晋悼公派士鲂前来请求鲁国出兵。十二月，仲孙蔑会合晋悼公、宋平公、卫献公、邾宣公、齐国的崔杼在虚朾举行盟会。丁未日，安葬我国国君鲁成公。

【传】十八年春王正月庚申，晋栾书、中行偃使程滑[①]弑厉公，葬之于翼东门之外，以车一乘[②]。使荀罃、士鲂逆周子[③]于京师而立之，生十四年矣。大夫逆于清原[④]。周子曰："孤始愿不及此。虽及此，岂非天乎！抑人之求君，使出命也，立而不从，将安用君？二三子用我今日，否亦今日，共[⑤]而从君，神之所福也。"对曰："群臣之愿也，敢不唯命是听。"庚午，盟而入，馆于伯子同[⑥]氏。辛巳，朝于武宫，逐不臣者[⑦]七人。周子有兄而无慧[⑧]，不能辨菽麦[⑨]，故不可立。

【注释】①程滑：晋国大夫。②以车一乘：车，指葬车。诸侯葬车当有七乘，今只有一乘，即不以诸侯礼安葬，只简单草率地埋葬了厉公。③周子：即孙周。④清原：晋地，在今山西稷山县东南。⑤共：通"恭"，恭敬。⑥伯子同：晋国大夫。⑦不臣者：助厉公为恶如夷羊五之流及不尽臣责的人。⑧无慧：白痴。⑨菽麦：本意为豆与麦，这里比喻极易识别的事物。

【译文】鲁成公十八年春周历正月庚申日，晋国的栾书与荀偃派程滑杀死了晋厉公，并将他葬在翼地的东门之外，仅用了一辆车随葬。接着栾书、荀偃又派荀罃、士鲂到京师迎接孙周回国将其立为国君，即晋悼公，此时孙周才十四岁。晋国大夫们到清原迎接他。孙周说："我当初并没有做国君的愿望，现在虽然到了这个地步，但这难道不是上天的意志吗？然而人们拥立一个国君，只是为了让他发布命令而已，立了国君以后却不听从他的命令，要国君又有什么用呢？各位立我为君是在今天，不想立我也在今天，恭敬地听从国君的命令，就是神灵所保佑的。”大夫们回答说：“这正是我们的愿望，不敢不听从国君的命令。”庚午日，孙周与大夫们订立盟约后进入国都，住在伯子同氏家。辛巳日，孙周在武宫朝见，放逐了不尽臣责的大夫七人。孙周本来有一个哥哥，但因为是个白痴，连大豆与麦子都不能分辨，因此无法立为国君。

齐为庆氏之难[1]故，甲申晦，齐侯使士华免[2]以戈杀国佐于内宫之朝。师[3]逃于夫人之宫。书曰：“齐杀其大夫国佐。”弃命，专杀[4]，以谷叛故也。使清人杀国胜。国弱[5]来奔，王湫[6]奔莱。庆封为大夫[7]，庆佐[8]为司寇。既，齐侯反国弱，使嗣国氏，礼也。

【注释】①庆氏之难：即国佐杀庆克。②士华免：士为官名，掌管刑罚，名为华免。③师：众人，指同在内宫之朝的官员。④专杀：专权杀人，指杀庆克。⑤国弱：国胜之弟。⑥王湫：国佐同党。⑦庆封：庆克之子。大夫：在齐相当于诸侯之卿。⑧庆佐：庆克之子。

【译文】齐国因为国佐杀死庆克的缘故，在正月的最后一天，齐灵公派士华免用戈在内宫的前堂杀死了国佐。同在内宫前堂的官员都逃到了夫人的宫中。《春秋》中记载说：“齐杀其大夫国佐。”这是因为国佐违背国君的命令，专权杀人，又率领谷地的百姓发动叛乱的缘故。齐灵公让清地的人杀了国胜。国弱逃到了鲁国，王湫逃到了莱地。齐灵公任命庆封为大夫，庆佐为司寇。不久，齐灵公让国弱回国，让他做了国氏的继承人，这是符合礼法的。

二月乙酉朔，晋侯悼公即位于朝。始命百官，施舍、已责[①]，逮鳏寡，振废滞[②]，匡乏困，救灾患，禁淫慝，薄赋敛，宥罪戾，节器用，时用民，欲无犯时。使魏相、士鲂、魏颉[③]、赵武为卿。荀家、荀会、栾黡、韩无忌为公族大夫[④]，使训卿之子弟共俭孝弟。使士渥浊为大傅，使修范武子之法。右行辛[⑤]为司空，使修士蒍之法。弁纠[⑥]御戎，校正[⑦]属焉，使训诸御知义。荀宾[⑧]为右，司士[⑨]属焉，使训勇力之士时使。卿无共御[⑩]，立军尉以摄之。祁奚[⑪]为中军尉，羊舌职佐之，魏绛[⑫]为司马，张老为候奄[⑬]。铎遏寇[⑭]为上军尉，籍偃[⑮]为之司马，使训卒乘亲以听命[⑯]。程郑为乘马御[⑰]，六驺[⑱]属焉，使训群驺知礼。凡六官之长，皆民誉也。举不失职，官不易方[⑲]，爵不逾德，师不陵正，旅不逼师[⑳]，民无谤言，所以复霸也。

【注释】①施舍：以财物救济别人。已责：免除百姓对国家所欠债务。责，同“债”。②振：起用。废滞：废置不用，废弃。亦指被废弃的人或被搁置的事。③魏颉：子爵，谥文，魏颗之子，魏犨之孙。④荀家、荀会：皆荀偃之族。韩无忌：韩厥长子。⑤右行辛：即贾辛，领右行，故以为氏。⑥弁纠：即栾纠。⑦校正：掌马官。⑧荀宾：荀偃之族。⑨司士：主管车右之官。⑩卿无共御：各军将佐原均有固定的御者，此时取消。⑪祁奚：字黄羊，因食邑于祁，遂为祁氏。⑫魏绛：魏犨之子，谥庄，史称魏庄子。⑬张老：即张孟之。候奄：古代军中负责侦察敌情的官员。⑭铎遏寇：复姓铎遏，名寇。⑮籍偃：即籍游，籍季之子。⑯卒乘：士兵与战车，后多泛指军队。亲：和睦亲近。⑰程郑：晋大夫，荀氏别族。乘马御：即赞仆，掌六驺驾御之长官。⑱六驺（zōu）：诸侯的马，即六闲之驺。驺，主驾车马的小吏。⑲官不易方：指掌握政权的人不改变行政方针，形容政局稳定，政策得人心。方，标准，准则。⑳师、正、旅：都是军职，正大于师，师大于旅，是各军各部门的长官。

【译文】二月初一，晋悼公登朝即位为君。他开始任命百官，赏赐众人，免除百姓对国家所欠债务，鳏夫、寡妇也不例外，起用被废黜和滞居下位的贤良，救济贫困，帮助有灾患的人，禁止邪恶，减轻税赋，赦免罪犯，节省开支，有限度地使用民力，个人欲望不违背农时。派魏相、士鲂、魏颉、赵武为卿。荀家、荀会、栾黡、韩无忌为公族大夫，让他们教育卿的子弟懂得恭敬、节俭、孝顺、友爱。任命士渥浊为太傅，让他学习范武子治国之法。任命右行辛为司空，让他学习士蒍建都城宫室之法。让弁纠驾驭战车，主管马的校正，让他训练驾车人懂得道义。让荀宾为车右，司士官归他管辖，让他训练勇士们随时效力。规定卿都不设固定的驾车人，而由新设的军尉兼管此事。任命祁奚为中军尉，羊舌职辅佐他。任命魏绛为中军司马，张老为中军候奄。让铎遏寇担任上军尉，籍偃为上军司马，让他训练步兵和车兵和睦亲近，听从命令。让程郑为乘马御，国君的六驺都归他管，让他训练马匹懂得礼仪。凡是各部门的长官，都是百姓赞誉的人。这些被选拔的人任职后，都没有失职行为，做官的人也都遵守现有的制度，授予爵位时不超过德行，师不欺凌正，旅不逼迫师，百姓没有怨恨、指责的话，晋国因此再次在诸侯中称霸。

公如晋，朝嗣君也。

【译文】鲁成公前往晋国，是去朝见新即位的国君晋悼公。

夏六月，郑伯侵宋，及曹门[①]外。遂会楚子伐宋，取朝郏[②]。楚子辛、郑皇辰侵城郜[③]，取幽丘[④]，同伐彭城，纳宋鱼石、向为人、鳞朱、向带、鱼府焉，以三百乘戍之而还。书曰“复入”，凡去其国，国逆而立之，曰“入”；复其位，曰“复归”；诸侯纳之，曰“归”，以恶曰复入。

【注释】①曹门：宋都城门名。②朝郏：宋邑，在今河南夏邑县境内。③子辛：即公子壬夫，楚国的王子，父亲楚穆王，曾任楚国令尹，右尹。城郜：在今安徽萧县。④幽丘：在今安徽萧县。

【译文】夏季六月，郑成公入侵宋国，到达宋都曹门之外。接着又会合楚共王攻打宋国，攻占了朝郏。楚国的子辛、郑国的皇辰侵袭城郜，并攻占了幽丘，之后又一同攻打彭城，把宋国的鱼石、向为人、鳞朱、向带、鱼府等人送回宋国，并留下三百辆战车守卫，然后就回国了。《春秋》中记载鱼石等人是“复入”，凡是离开自己国家，由本国人迎接他回国并拥立他，叫“入”；恢复他的职位，叫“复归”；由诸侯将他送回国，叫“归”；以不正当手段回国的，就叫“复入”。

宋人患之。西鉏吾[①]曰：“何也？若楚人与吾同恶[②]，以德于我，吾固事之也，不敢贰矣。大国无厌，鄙我[③]犹憾。不然，而收吾憎，使赞其政，以间吾衅，亦吾患也。今将崇[④]诸侯之奸，而披[⑤]其地，以塞夷庚[⑥]。逞奸而携服[⑦]，毒诸侯而惧吴、晋。吾庸[⑧]多矣，非吾忧也。且事晋何为？晋必恤之。”

【注释】①西鉏吾：宋大夫。②恶：指憎恶鱼石等人。③鄙我：以我为其边鄙。④崇：尊崇。⑤披：分。⑥夷庚：平坦大道。⑦逞奸：肆行奸邪。携服：使原来顺服的人背离。⑧庸：功，此指利益。

【译文】宋国人担心这件事。西鉏吾说："为什么要担心呢？如果楚国人与我们一样厌恶鱼石等人，用恩德对待我们，我们本来就应该效命于他们，不敢再有二心了。但现在这个大国贪得无厌，把我国当作他们的边邑还不满足。否则，收留我们憎恶的人，并企图让他们回国掌权执政，伺机钻我们的空子，这也是我们的祸患。现在他们尊崇诸侯的乱臣，还分给他们田地，阻塞各国之间往来的通道，使奸邪之人得到满足而让顺服之人背离，触犯诸侯而使吴、晋等国害怕。这对我国来说是很有利的，而不是我们的忧患。况且我们效命于晋国又是为了什么？晋国一定会来援救我们的。"

公至自晋。晋范宣子来聘，且拜朝也。君子谓："晋于是乎有礼。"

【译文】鲁成公从晋国回国。晋国的范宣子来鲁国访问，并且答谢成公对晋悼公的朝见。君子说："晋国这样做是符合礼法的。"

秋，杞桓公来朝，劳公，且问晋故。公以晋君语之，杞伯于是骤朝于晋而请为昏[①]。

【注释】①骤：迅疾，猛快。昏：同"婚"。

【译文】秋季，杞桓公前来鲁国朝见，慰劳鲁成公，并且询问晋国的情况。鲁成公将晋悼公的情况告诉给了他，杞桓公于是很快到晋国朝见并请求通婚。

七月，宋老佐、华喜围彭城，老佐卒焉[①]。

【译文】七月，宋国的老佐、华喜包围彭城，老佐死在这次战争中。

八月，邾宣公来朝，即位而来见也。

【译文】八月，邾宣公前来鲁国朝见，这是他新即位后的例行朝见。

筑鹿囿，书，不时也。

【译文】鲁国修建饲养鹿的园囿，《春秋》中之所以记载此事，是因为修建得不合时令。

己丑，公薨于路寝，言道[①]也。

【注释】①道：正常。

【译文】己丑日，鲁成公死在路寝内，这属于正常情况。

冬十一月，楚子重救彭城，伐宋，宋华元如晋告急。韩献子为政，曰："欲求得人[1]，必先勤之[2]，成霸、安强，自宋始矣。"晋侯师于台谷[3]以救宋，遇楚师于靡角之谷[4]。楚师还。

【注释】①得人：即得到诸侯拥护。②勤之：为之勤劳。③台谷：晋邑，今地不详，或在今山西晋城市西南。④靡角之谷：地名，在彭城附近。

【译文】冬季十一月，楚国的子重率军救援彭城，攻打宋国，宋国的华元前往晋国请求救援。当时韩献子在晋国执政，说："想要得到诸侯的拥护，必须先为他们付出辛劳。晋国成就霸业、抑制强楚，应当从救援宋国开始。"于是晋悼公派兵从台谷出发救援宋国，在靡角之谷与楚军相遇。楚军撤退回国。

晋士鲂来乞师。季文子问师数于臧武仲[1]，对曰："伐郑之役，知伯[2]实来，下军之佐也。今彘季[3]亦佐下军，如伐郑可也。事大国，无失班爵[4]而加敬焉，礼也。"从之。

【注释】①臧武仲：即臧孙纥，又称臧孙、臧纥，谥"武"，臧文仲之孙，臧宣叔之子。鲁国大夫，封邑在防。②知伯：即荀罃。③彘季：即士鲂。④班爵：爵位，官阶。

【译文】晋国的士鲂前来鲁国请求出兵。季文子向臧孙纥询问出兵的数量，臧孙纥回答说："上次攻打郑国时，是荀罃来请求出兵的，他当时是下军佐。现在士鲂也是下军佐，派出和上次攻打郑国时一样的人数就可以了。效于大国，不要弄乱使者的爵位次序，并对他们恭敬有礼，这是符合礼制的。”季文子听从了他的意见。

十二月，孟献子会于虚朾，谋救宋也。宋人辞诸侯而请师以围彭城。孟献子请于诸侯，而先归会葬。

【译文】十二月，孟献子与众诸侯在虚朾会盟，是为了商议援救宋国。宋国人谢绝了诸侯的好意而请求出兵包围彭城。孟献子向诸侯们发出请求。让自己先回国参加成公的葬礼。

丁未，葬我君成公，书，顺也。

【译文】丁未日，我国国君鲁成公下葬，《春秋》中这样记载，是表示当时鲁国国内的形势稳定且万事顺遂。

襄公

襄公元年

【经】元年[①]春王正月，公即位。仲孙蔑会晋栾黡、宋华元、卫宁殖、曹人、莒人、邾人、滕人、薛人围宋彭城。夏，晋韩厥帅师伐郑，仲孙蔑会齐崔杼、曹人、邾人、杞人次于鄫[②]。秋，楚公子壬夫帅师侵宋。九月辛酉，天王崩。邾子[③]来朝。冬，卫侯[④]使公孙剽[⑤]来聘。晋侯[⑥]使荀罃[⑦]来聘。

【注释】①元年：公元前572年，周简王十四年。②鄫（zēng）：郑地，在今河南睢县东南。③邾（zhū）子：即邾宣公。④卫侯：即卫献公。⑤公孙剽：卫定公弟公子黑背之子，名剽，字子叔。⑥晋侯：即晋悼公，又称周子或孙周。⑦荀罃（yīng）：又称智罃，即智武子，晋国卿士。

【译文】鲁襄公元年春季周历正月，鲁襄公即位。仲孙蔑联合晋国的栾黡、宋国的华元、卫国的宁殖、曹国人、莒国人、邾国人、滕国人、薛国人包围宋国的彭城。夏季，晋国的韩厥率领军队攻打郑国，仲孙蔑与齐国的崔杼、曹国人、邾国人、杞国人一起驻扎在鄫地。秋季，楚国公子壬夫率领军队入侵宋国。九月辛酉日，周简王驾崩。邾宣公前来鲁国朝见。冬季，卫献公派遣公孙剽前来访问。晋悼公也派遣荀罃前来访问。

【传】元年春己亥，围宋彭城。非宋地，追书也。于是为宋讨鱼石，故称宋，且不登叛人也，谓之宋志。彭城降晋，晋人以宋五大夫在彭城者归，置诸瓠[①]丘。齐人不会彭城，晋人以为讨。二月，齐大子光为质于晋。

【注释】①瓠（hù）丘：即壶丘，古地名，在今山西垣曲东南。

【译文】鲁襄公元年春季正月己亥日，各路诸侯率领军队包围宋国的彭城。彭城虽然已经不是宋国的地盘，但后来又归了宋，《春秋》中如此记载是一种追记。由于是为了宋国收复彭城而讨伐鱼石，所以称宋国，并且不记录叛乱者的名字，这是宋国人的意愿。彭城向晋国投降，晋国人带着在彭城的五位大夫回国，将他们安置在瓠丘。齐国人实质上并没有参加收复彭城的战争，晋国因此讨伐齐国。二月，齐国太子光到晋国做人质。

夏五月，晋韩厥、荀偃帅诸侯之师伐郑，入其郛[①]，败其徒兵[②]于洧[③]上。于是东诸侯之师次于鄫，以待晋师。晋师自郑以鄫之师侵楚焦、夷及陈。晋侯、卫侯次于戚，以为之援。

【注释】①郛（fú）：城郭，即古代城圈外围的大城。②徒兵：步兵。③洧（wěi）：古水名。源出河南登封县阳城山，东南流至新郑县与溱水合，至西华县入颍水。

【译文】五月夏季，晋国的韩厥、荀偃率领各路诸侯军队讨伐郑国，军队攻入郑国国都的外城，在洧水边上打败了郑国的步兵。当时东部各诸侯国的军队驻扎在鄫地，等待晋国军队。晋国军队从郑国出发，与驻扎在鄫地的诸侯联军一起入侵楚国的焦地、夷地以及陈国。晋悼公、卫献公的军队驻扎在戚地，作为后援。

秋，楚子辛救郑，侵宋吕、留。郑子然①侵宋，取犬丘②。

【注释】①子然：郑穆公之子。②犬丘：宋地，在今河南省永城西北。

【译文】秋季，楚国的子辛带领军队援救郑国，入侵宋国的吕地、留地。郑国的子然带领军队入侵宋国，占领了犬丘。

九月，邾子来朝，礼也。

【译文】九月，邾宣公前来朝见，这是合乎礼制的。

冬，卫子叔、晋知武子来聘，礼也。凡诸侯即位，小国朝之，大国聘焉，以继好、结信、谋事、补阙①，礼之大者也。

【注释】①阙：过失。

【译文】冬季，卫国的公孙剽、晋国的荀罃前来访问，这是符合礼制的。凡是诸侯即位，小国要来朝见，大国要派使者来访问，目的是为了继续保持双方的友好关系，互相取得信任，商议国事，弥补过失，这是礼制中的大事。

襄公二年

【经】二年春王正月，葬简王。郑师伐宋。夏五月庚寅，夫人姜氏薨。六月庚辰，郑伯睔[①]卒。晋师、宋师、卫宁殖侵郑。秋七月，仲孙蔑会晋荀罃、宋华元、卫孙林父、曹人、邾人于戚。己丑，葬我小君齐姜。叔孙豹[②]如宋。冬，仲孙蔑会晋荀罃、齐崔杼、宋华元、卫孙林父、曹人、邾人、滕人、薛人、小邾人于戚，遂城虎牢[③]。楚杀其大夫公子申。

【注释】①郑伯睔（gùn）：即郑成公，郑悼公之弟，郑国第十三代君主。②叔孙豹：史称叔孙穆子，亦称叔孙穆叔，鲁国大夫。③虎牢：郑国地名，又称制，在今河南荥阳县。

【译文】鲁襄公二年春季周历正月，安葬周简王。郑国军队攻打宋国。夏季五月庚寅日，夫人姜氏去世。六月庚辰日，郑成公睔去世。晋国、宋国和卫国的宁殖带领军队入侵郑国。秋季七月，仲孙蔑和晋国的荀罃、宋国的华元、卫国的孙林父、曹国人、邾国人在戚地会面。己丑日，安葬我国夫人齐姜。叔孙豹去了宋国。冬季，仲孙蔑和晋国的荀罃、齐国的崔杼、宋国的华元、卫国的孙林父、曹国人、邾国人、滕国人、薛国人、小邾国人在戚地会面后，在虎牢修建了城墙。楚国杀死了他们的大夫公子申。

【传】二年春，郑师侵宋，楚令也。

【译文】鲁襄公二年春季，郑国军队入侵宋国，这是执行楚国的命令。

齐侯伐莱[①]，莱人使正舆子[②]赂夙沙卫[③]以索马牛，皆百匹，齐师乃还。君子是以知齐灵公之为“灵”也。

【注释】①莱：姜姓子爵国，后被齐所灭。②正舆子：莱国的贤大夫。③夙沙卫：齐灵公的宠臣，曾任齐国少傅。

【译文】齐灵公攻打莱国，莱国人派正舆子用精选的马、牛各一百匹贿赂夙沙卫，齐军于是退兵。君子由此知道齐灵公谥号为“灵”的原因。

夏，齐姜薨。初，穆姜使择美槚[①]，以自为榇[②]与颂琴[③]，季文子取以葬。君子曰：“非礼也。礼无所逆，妇，养姑者也。亏姑以成妇，逆莫大焉。《诗》曰：‘其惟哲人，告之话言，顺德之行。’季孙于是为不哲矣。且姜氏，君之妣也。《诗》曰：‘为酒为醴，烝[④]畀[⑤]祖妣[⑥]。以洽百礼，降福孔偕。’”

【注释】①槚（jiǎ）：古书上指楸树或茶树，木材细密，可制器具及棺木。②榇（chèn）：古时指空棺，后泛指棺材。③颂琴：也叫雅琴。古代乐器名，长七尺二寸，广一尺八寸，二十五弦。穆姜制此琴用以殉葬。④烝（zhēng）：进献。⑤畀（bì）：给予。⑥祖妣（bǐ）：先祖和先母。

【译文】夏季，齐姜去世。当初，穆姜派人挑选上等的槚木，用来为自己做了一副棺材和颂琴，季文子却把它们拿来安葬齐姜。君子说：“这是不符合礼制的。礼法不允许出现这种上下颠倒的行为。媳妇，是侍奉婆婆的人。通过损害婆婆的利益来成就媳妇，再没有比这更大逆不道的了。《诗经》中说：‘只有这个人明智，才能告诉他好话，让他顺着道德行事。’季孙在这件事上是不明智的。何况穆姜是国君襄公的祖母。《诗经》中说：‘酿造美酒，进献给祖父祖母。这种行为符合所有礼仪，祖父祖母便会普降福气。’”

齐侯使诸姜[①]、宗妇[②]来送葬。召莱子，莱子不会，故晏弱[③]城东阳以逼之。

【注释】①诸姜：嫁给大夫的齐女。②宗妇：同姓大夫的妻子。③晏弱：即晏桓子，齐国大夫，在顷公、灵公时期曾多次出使别国。

【译文】齐灵公派遣嫁给大夫的齐女和同姓大夫的妻子前来送葬。召莱子同去，莱子拒绝前往，因此派晏弱在东阳修建城墙来逼迫莱子。

郑成公疾，子驷[①]请息肩[②]于晋。公曰：“楚君以郑故，亲集矢于其目，非异人任，寡人也。若背之，是弃力与言，其谁昵我？免寡人，唯二三子！”

【注释】①子驷：即公子骓，郑国大夫，郑穆公之子，郑灵公和襄公的弟弟。②息肩：让肩头得到休息，比喻卸除责任或免除劳役。

【译文】郑成公生了病，子驷请求服从晋国以解除楚国带给郑国的压力。郑成公说："楚国国君是因为郑国的缘故，亲自率领军队和晋军作战以致眼睛受了箭伤，这不是为了别人，是为了我啊。如果背弃楚国，是丢弃楚国的功劳和我们的盟约，那到时候谁还会亲近我们呢？能让我免于犯错，只有依靠你们几位了！"

秋七月庚辰，郑伯睔卒。于是子罕当国，子驷为政，子国为司马。晋师侵郑，诸大夫欲从晋。子驷曰："官命未改。"

【译文】秋季七月庚辰日，郑成公睔去世。这时子罕主持国事，子驷处理政务，子国任司马。晋国军队入侵郑国，大夫们想顺从晋国。子驷说："国君的命令不能更改。"

会于戚，谋郑故也。孟献子曰："请城虎牢以逼郑。"知武子曰："善。鄫之会，吾子闻崔子之言，今不来矣。滕、薛、小邾之不至，皆齐故也。寡君之忧不唯郑。罃将复于寡君，而请于齐。得请而告，吾子之功也。若不得请，事将在齐。君子之请，诸侯之福也，岂唯寡君赖之。"

【译文】诸侯在戚地会面，是为了商议如何对付郑国。孟献子说："请在虎牢修建城墙以此来逼迫郑国。"荀罃说："好！鄫地的会盟，您是听到崔杼的话了的，如今他却不来了。滕国、薛国、小邾国不来参加会盟，都是齐国的缘故。我们国君忧虑的不仅仅是郑国。我将向国君汇报，并请求齐国参加。要是请求得到同意并宣告各诸侯在虎牢修筑城墙，这是您的功劳。要是请求没有得到同意，那么战事将会在齐国发生。您的这一请求，是诸侯们的福气，不是只有我国国君依靠它。”

穆叔[①]聘于宋，通嗣君[②]也。

【注释】①穆叔：即叔孙豹。②嗣君：即鲁襄公。

【译文】叔孙豹作为使者到宋国访问，通报鲁襄公即位的消息。

冬，复会于戚，齐崔武子及滕、薛、小邾之大夫皆会，知武子之言故也。遂城虎牢，郑人乃成。

【译文】冬季，各诸侯再次在戚地会面，齐国的崔杼和滕、薛、小邾等国的大夫都参加了会面，这是因为荀罃之前的一番话。于是在虎牢修建城墙，郑国人向晋国求和。

楚公子申为右司马，多受小国之赂，以逼子重、子辛，楚人杀之。故书曰：“楚杀其大夫公子申。”

【译文】楚国的公子申任右司马，收受了许多小国的贿赂，以威逼子重、子辛，所以楚国人杀了他。因此在《春秋》中记载说：“楚人杀了他们的大夫公子申。”

襄公三年

【经】三年春，楚公子婴齐帅师伐吴。公如晋。夏四月壬戌，公及晋侯盟于长樗[①]。公至自晋。六月，公会单子、晋侯、宋公、卫侯、郑伯、莒子、邾子、齐世子光[②]。己未，同盟于鸡泽。陈侯使袁侨[③]如会。戊寅，叔孙豹及诸侯之大夫及陈袁侨盟。秋，公至自会。冬，晋荀罃帅师伐许。

【注释】①长樗（chū）：晋都郊区地名。②单子：即单顷公。宋公：即宋平公，宋共公之子。郑伯：即郑僖公，郑成公之子。莒（jǔ）子：即莒犁比公。③陈侯：即陈成公，陈灵公之子。袁侨：陈国卿大夫。

【译文】鲁襄公三年春季，楚国公子婴齐率领军队攻打吴国。襄公前往晋国。夏季四月壬戌日，鲁襄公和晋悼公在长樗结盟。襄公从晋国回国。六月，鲁襄公与单顷公、晋悼公、宋平公、卫献公、郑僖公、莒犁比公、邾宣公、齐国太子光会面。己未日，在鸡泽结盟。陈成公派袁侨参加会盟。戊寅日，叔孙豹和各国大夫以及陈国的袁侨结盟。秋季，襄公从会盟地回国。冬季，晋国荀罃带领军队攻打许国。

【传】三年春，楚子重伐吴，为简之师[①]，克鸠兹[②]，至于衡山[③]。使邓廖帅组甲[④]三百、被练[⑤]三千以侵吴。吴人要而击之，获邓廖。其能免者，组甲八十、被练三百而已。子重归，既饮至三日，吴人伐楚，取驾[⑥]。驾，良邑也。邓廖，亦楚之良也。君子谓：“子重于是役也，所获不如所亡。”楚人以是咎子重。子重病之，遂遇心疾而卒。

【注释】①简之师：经过挑选的军队。②鸠兹：古邑名。在今安徽芜湖市东南。③衡山：即横山，在今安徽当涂县东北。④组甲：用丝带子连缀的铠甲，车兵服用。⑤被练：用帛连缀的铠甲，步卒服用。⑥驾：楚地，在今安徽无为县境内。

【译文】鲁襄公三年春季，楚国的子重攻打吴国，带领了一支经过严格选拔的军队，攻下鸠兹，一直打到衡山。派邓廖率领三百名身穿甲衣的车兵和三千名身穿练袍的步兵攻打吴国。吴军拦腰截击，俘虏邓廖。只有八十名身穿甲衣的车兵和三百名身穿练袍的步兵幸免于难，返回国内。子重回国后，祭告宗庙并饮酒祈福三日后，吴国军队攻打楚国，占领了驾地。驾地是楚国上等的城池，邓廖也是楚国的良将。君子说：“子重在这场战役中所得到的没有所失去的多。”楚国人因此怪罪子重。子重为此忧郁愤懑，不久便因心病而死。

公如晋，始朝也。夏，盟于长樗。孟献子相，公稽首[①]。知武子曰：“天子在，而君辱稽首，寡君惧矣。”孟献子曰：“以敝邑介在东表，密迩[②]仇雠[③]，寡君将君是望，敢不稽首？”

【注释】①稽首：古时的一种跪拜礼，叩头至地，是九拜中最恭敬的礼仪。诸侯只有对天子才能行稽首之礼。②迩（ěr）：不远的地方；近处。③仇雠（chóu）：仇人。

【译文】鲁襄公前去晋国，这是他即位后的初次朝见。夏季，两国在长樗结盟。孟献子任赞礼，襄公向晋国国君行跪拜礼。荀罃说："天子在上，然而襄公屈尊向晋悼公行跪拜礼，我们国君感到害怕啊。"孟献子说："因为我国地处东海边，跟敌国离得很近，因此我们国君将希望完全寄托在贵国国君身上，怎么敢不行跪拜之礼呢？"

晋为郑服故，且欲修吴好，将合诸侯。使士匄[1]告于齐曰："寡君使匄，以岁之不易，不虞之不戒，寡君愿与一二兄弟相见，以谋不协，请君临之，使匄乞盟。"齐侯欲勿许，而难为不协，乃盟于耏[2]外。

【注释】①士匄（gài）：即范匄。因范氏为士氏旁支，故又称士匄，史称范宣子。②耏（ér）：即时水，在今山东省境内。

【译文】晋国因为郑国已经臣服的缘故，同时想和吴国建立友好关系，准备召集各诸侯会盟。派士匄通知齐国说："我们国君派我前来，是因为近年来各国之间纠纷不断，对出乎意料的事情又没有加强戒备，我们国君想要和几位兄弟相见，目的是商量解决纠纷，邀请国君您光临，特此派我前来请求结盟。"齐国国君本来不想答应，然而又为难，怕被认为有二心，于是在耏水之滨结盟。

祁奚[1]请老，晋侯问嗣焉。称解狐[2]，其仇也，将立之而卒；又问焉，对曰："午[3]也可。"于是羊舌职[4]死矣，晋侯曰："孰可以代之？"对曰："赤[5]也可。"于是使祁午为中军尉，羊舌赤佐之。君子谓："祁奚于是能举善矣。称其仇，不为谄。立其子，不为比[6]。举其偏，不为党。《商书》曰：‘无偏无党，王道[7]荡荡。’其祁奚之谓矣！解狐得举，祁午得位，伯华得官，建一官而三物[8]成，能举善也夫！唯善，故能举其类。《诗》云：‘惟其有之，是以似之。’祁奚有焉。”

【注释】①祁奚：又称祁黄羊。因食邑于祁，遂为祁氏。②解（xiè）狐：晋国大夫。③午：指祁午，是祁奚的儿子，在其父祁奚告老还乡之后，接替父亲的职位。④羊舌职：晋国大夫，羊舌突之子，当时为中军尉佐。⑤赤：指羊舌赤，字伯华，羊舌职之子。⑥比：勾结；偏爱。⑦王道：指君主以仁义治天下，以德政安抚臣民的统治方法；常与“霸道”相对。⑧一官：一个部门的官员，这里指中军尉。三物：指三件事，得举、得位、得官。

【译文】祁奚请求告老还乡，晋悼公问谁可以接替他的职位。祁奚举荐了解狐，解狐是他的仇人，晋悼公打算任命解狐时，解狐却死了。晋悼公又问祁奚谁可以接任他，祁奚回答说：“我儿子祁午可以。”此时羊舌职也去世了，晋悼公又问祁奚：“谁可以代替他？”祁奚说：“羊舌职的儿子羊舌赤可以。”于是晋悼公任命祁午为中军尉，羊舌赤为他的副手。君子说：“祁奚在这件事上称得上是能够举荐贤能了。举荐他的仇人，不算是谄媚；举荐他的儿子，不算是偏私；举荐他的副手，不算是结党。《商书》中说：‘既不结党又不营私，君王之道光明浩荡。’说的大概就是祁奚这样的人吧！解狐得到推荐，祁午得到任命，羊舌赤得到官位，设立一个官位而完成了三件好事，这是善于举荐贤能的结果啊！因为只有贤能之人，才能举荐贤能之人。《诗经》中说：‘只有有德的人，才能举荐像自己一样有德的人。’祁奚便是这样的人。”

六月，公会单顷公及诸侯。己未，同盟于鸡泽。

【译文】六月，鲁襄公与单顷公以及各诸侯会面。己未日，在鸡泽结盟。

晋侯使荀会逆吴子[1]于淮上，吴子不至。

【注释】①吴子：即吴王寿梦，吴侯去齐之子。

【译文】晋悼公派遣荀会到淮水边迎接吴王，吴王没来。

楚子辛为令尹，侵欲于小国。陈成公使袁侨如会求成，晋侯使和组父[1]告于诸侯。秋，叔孙豹及诸侯之大夫及陈袁侨盟，陈请服也。

【注释】①和组父：晋大夫。

【译文】楚国的子辛担任令尹，因为自己无尽的欲望而不断地侵害勒索小国。因此陈成公派袁侨到鸡泽盟会上请求加盟。晋悼公派和组父把此事通告给各诸侯。秋季，叔孙豹跟各诸侯国的大夫以及陈国的袁侨再次结盟，这是由于陈国请求归顺的缘故。

晋侯之弟扬干乱行[1]于曲梁，魏绛戮其仆。晋侯怒，谓羊舌赤曰："合诸侯，以为荣也。扬干为戮，何辱如之？必杀魏绛，无失也！"对曰："绛无贰志，事君不辟难，有罪不逃刑，其将来辞，何辱命焉？"言终，魏绛至，授仆人[2]书，将伏剑。士鲂[3]、张老止之。公读其书曰："日君乏使，使臣斯司马。臣闻师众以顺为武，军事有死无犯为敬。君合诸侯，臣敢不敬？君师不武，执事不敬，罪莫大焉。臣惧其死，以及扬干，无所逃罪。不能致训，至于用钺。臣之罪重，敢有不从，以怒君心？请归死于司寇。"公跣[④]而出，曰："寡人之言，亲爱也。吾子之讨，军礼也。寡人有弟，弗能教训，使干大命，寡人之过也。子无重寡人之过，敢以为请。"

【注释】①乱行：扰乱军队行列。②仆人：接受官员奏章的官，古代太仆等官的通称。③士鲂（fáng）：晋国卿大夫。④跣（xiǎn）：光着脚，不穿鞋袜。

【译文】晋悼公的弟弟扬干在曲梁扰乱前去参加盟会军队的行列，魏绛处死了扬干的车夫。晋悼公知道后非常生气，对羊舌赤说："与各诸侯会面本是一件荣耀的事情，但是扬干却因此事而受到了侮辱，还有比这更耻辱的吗？必须杀死魏绛，不要耽误了！"羊舌赤回答说："魏绛忠心不贰，侍奉国君从来不逃避危难，有了罪过也不会逃避惩罚，他会来请罪，何必劳驾国君下令呢？"话刚说完，魏绛就来了，把一封信交给御仆后，便要拔剑自杀。士鲂跟张老阻止了他。晋悼公看了他的信，信中说："当初国君缺少人手，让臣出任司马之职。我听说军队把服从命令称为武，在军中任职将宁死不违军纪称为敬。国君与各诸侯会面，我怎敢不敬呢？国君的军队不服从命令，管理的官员不遵守纪律，再没有比这更大的过错了。我害怕自己因不严格执行军法而犯死罪，所以对扬干的行为做了惩罚，这实在是不能逃避的罪责。我没有教育训导好属下，以至于动用大刑杀了扬干的车夫。我的罪很大，怎敢不服从惩罚，反而激怒国君呢？请把我交给司寇执行死刑。”悼公光着脚跑出来，说：“我刚刚对羊舌赤说的话，是出于一个兄长对弟弟的友爱。您杀死扬干的车夫，这是执行军法。我有弟弟，却没有将弟弟教育好，让他触犯了军令，这是我的过失，你不要再加重我的过错了，拜托你了。”

晋侯以魏绛为能以刑佐民矣，反役，与之礼食，使佐新军。张老为中军司马，士富为候奄①。

【注释】①候奄：古代军中负责侦察敌情的官员。

【译文】晋悼公认为魏绛能较好地运用刑法治理民众，从鸡泽回国之后，便在太庙设宴招待他，并任他为新军副帅。又任命张老为中军司马，士富做候奄。

楚司马公子何忌侵陈，陈叛故也。

【译文】楚国的司马公子何忌攻打陈国，是因为陈国背叛了楚国的缘故。

许灵公事楚，不会于鸡泽。冬，晋知武子帅师伐许。

【译文】许灵公依附于楚国，没有参加鸡泽盟会。冬季，晋国的荀罃率领军队攻打许国。

襄公四年

【经】四年春王三月己酉，陈侯午卒。夏，叔孙豹如晋。秋七月戊子，夫人姒氏薨。葬陈成公。八月辛亥，葬我小君定姒。冬，公如晋。陈人围顿[①]。

【注释】①顿：靠近陈国的小国，姬姓，子爵，后被楚国所灭。

【译文】鲁襄公四年春，周历三月己酉日，陈成公去世。夏季，叔孙豹前往晋国。秋季七月戊子日，夫人姒氏去世。安葬陈成公。八月辛亥日，安葬我国夫人定姒。冬季，鲁襄公前往晋国。陈国人包围顿国。

【传】四年春，楚师为陈叛故，犹在繁阳。韩献子患之，言于朝曰："文王帅殷之叛国以事纣，唯知时也。今我易之，难哉！"

【译文】鲁襄公四年春季，楚国军队因为陈国叛变的缘故，还驻扎在繁阳。韩献子为此感到忧虑，在朝廷上说："周文王率领背叛殷商的诸侯国效命纣王，是由于他知道时机还不成熟。如今我们改变文王的做法，想要获得成功，难啊！"

三月，陈成公卒。楚人将伐陈，闻丧乃止。陈人不听命。臧武仲闻之，曰："陈不服于楚，必亡。大国行礼焉，而不服，在大犹有咎，而况小乎？"

【译文】三月，陈成公去世。楚军打算攻打陈国，听说陈国有丧事便停止了行动。陈国人不听从楚国的命令。臧武仲听说了此事，说："陈国不服从楚国，必定灭亡。大国遵守礼制停止进攻，然而陈国却不顺服，这么做对大国来说尚且会发生灾祸，更何况小国呢？"

夏，楚彭名侵陈，陈无礼故也。

【译文】夏季，楚国的彭名率领军队攻打陈国，这是因为陈国无礼的缘故。

穆叔如晋，报知武子之聘也。晋侯享之，金奏《肆夏》[①]之三，不拜。工歌《文王》[②]之三，又不拜。歌《鹿鸣》[③]之三，三拜。韩献子使行人[④]子员问之，曰："子以君命，辱于敝邑。先君之礼，藉之以乐，以辱吾子。吾子舍其大，而重拜其细，敢问何礼也？"对曰："三《夏》，天子所以享元侯也，使臣弗敢与闻。《文王》，两君相见之乐也，使臣不敢及。《鹿鸣》，君所以嘉寡君也，敢不拜嘉？《四牡》，君所以劳使臣也，敢不重拜？《皇皇者华》，君教使臣曰：'必咨[⑤]于周。'臣闻之：'访问于善为咨，咨亲为询，咨礼为度，咨事为诹[⑥]，咨难为谋。'臣获五善，敢不重拜？"

【注释】①《肆夏》：古乐章名。②《文王》：古琴曲。③《鹿鸣》：出自《诗经·小雅》，是一首宴饮诗。④行人：使者的通称。⑤咨：询问。⑥诹（zōu）：在一起商量事情，咨询。

【译文】穆叔前往晋国，是为了回报荀罃的访问，晋悼公设宴招待他，并用钟镈演奏了《肆夏》等三章，穆叔却没有起身拜谢。乐工又歌唱了《文王》等三章，穆叔还是没有拜谢。乐工又歌唱了《鹿鸣》等三章，这次穆叔起身连续拜谢了三次。韩献子派遣使者子员去问他，说："您奉君主之命光临我国。我国按先君制定的礼仪，用音乐来招待您。您对前两次重大的音乐不拜谢，反而对第三次细小的乐歌连拜三次，请问这是为什么？"穆叔回答说："《肆夏》三首，是天子用来款待诸侯首领的，作为使臣，我不敢听。《文王》三首是两国国君相见时所用的音乐，作为使臣，我也不敢听。《鹿鸣》是君王用来颂扬我国国君的，我怎敢不拜谢？《四牡》是君王慰劳使臣我的，我怎敢不再次拜谢？《皇皇者华》，是君王教导我说：'必须要向忠信之人请教。'我听说：'向善人请教称为咨，向亲戚请教称为询，咨询礼仪称为度，咨询政事称为诹，咨询祸难称为谋。'我由此获得了五种善道，又怎敢不再三拜谢呢？"

秋，定姒薨。不殡于庙，无榇，不虞[①]。匠庆[②]谓季文子曰："子为正卿，而小君之丧不成，不终君也。君长，谁受其咎？"

【注释】①虞：即虞祭，既葬之后的祭祀，也叫反哭。②匠庆：鲁国有名的木匠。

【译文】秋季，襄公的母亲定姒去世。没有在祖庙停放棺材，没有使用内棺，也没有举办虞祭。匠庆对季文子说：“您是正卿，国君生母的丧礼不完备，这使国君不能为他的母亲送终。以后国君长大了，谁将受责罚呢？”

初，季孙为己树六槚于蒲圃[①]东门之外。匠庆请木，季孙曰：“略[②]。”匠庆用蒲圃之槚，季孙不御[③]。君子曰：“《志》所谓‘多行无礼，必自及也’，其是之谓乎！”

【注释】①蒲圃：鲁国场圃名，地面较宽阔，四面有门。②略：随意使用，不必精选。③御：阻止。

【译文】当初，季文子为了自己在蒲圃的东门之外种了六棵槚树。匠庆请求将这些树制成木料给定姒做内棺，季文子说：“简单点吧。”匠庆还是用了蒲圃的槚木，季文子也没有阻止。君子说：“《志》书中所说的‘做多了不合礼仪的事，必定自己遭受恶果’，大概说的便是这种情况吧！”

冬，公如晋听政，晋侯享公。公请属鄫，晋侯不许。孟献子曰：“以寡君之密迩于仇雠，而愿固事君，无失官命。鄫无赋于司马，为执事朝夕之命敝邑，敝邑褊小，阙而为罪，寡君是以愿借助焉！”晋侯许之。

【译文】冬季，襄公前往晋国听取晋国的贡赋要求，晋悼公设宴款待他。襄公请求把鄫国作为鲁国的附属国，晋悼公不答应。孟献子说："我们国家距离敌国这么近，却还是愿意一心一意地效命于君主，从不违反晋国的命令。鄫国从未向贵国的司马交纳贡赋，而君主您的左右官员却整天向我国索取，我们国家地域狭小，满足不了贵国的要求便是罪过，故而我们国君希望能得到鄫国作为帮助！"晋悼公答应了这一请求。

楚人使顿间陈而侵伐之，故陈人围顿。

【译文】楚国人让顿国乘陈国没有防备的时候去攻打它，所以陈国人包围了顿国。

无终[①]子嘉父使孟乐如晋，因魏庄子纳虎豹之皮，以请和诸戎。晋侯曰："戎狄无亲而贪，不如伐之。"魏绛曰："诸侯新服，陈新来和，将观于我。我德，则睦；否，则携贰[②]。劳师于戎，而楚伐陈，必弗能救，是弃陈也。诸华必叛。戎，禽兽也。获戎失华，无乃不可乎！《夏训》有之曰：'有穷[③]后羿[④]……'"公曰："后羿何如？"对曰："昔有夏之方衰也，后羿自鉏[⑤]迁于穷石，因夏民以代夏政。恃其射也，不修民事，而淫于原兽[⑥]。弃武罗、伯困、熊髡[⑦]、龙圉[⑧]，而用寒浞[⑨]。寒浞，伯明[⑩]氏之谗子弟也。伯明后寒弃之，夷羿[⑪]收之，信而使之，以为己相。浞行媚于内，而施赂于外，愚弄其民，而虞羿于田。树之诈慝[⑫]，以取其国家，外内咸服。羿犹不悛，将归自田，家众杀而亨之，以食其子。其子不忍食诸，死于穷门。靡[13]奔有鬲氏。浞因羿室，生浇及豷[14]，恃其谗慝诈伪，而不德于民。使浇用师，灭斟灌及斟寻氏。处浇于过，处豷于戈。靡自有鬲氏，收二国之烬[15]，以灭浞而立少康。少康灭浇于过，后杼[16]灭豷于戈，有穷由是遂亡，失人故也。昔周辛甲[17]之为大史也，命百官，官箴王阙。于《虞人之箴》曰：'芒芒禹迹，画为九州，经启九道。民有寝庙，兽有茂草，各有攸处，德用不扰。在帝夷羿，冒于原兽，忘其国恤，而思其麀[18]牡。武不可重，用不恢于夏家。兽臣司原，敢告仆夫。'《虞箴》如是，可不惩乎？"于是晋侯好田，故魏绛及之。

【注释】①无终：山戎国名，子爵，始在今山西省太原市东。②携贰：有二心，指离心、不相亲附。③有穷：夏代国名。其地在今山东省境内。④后羿：有穷国君。⑤鉏：夏代国名，在今河南滑县东。⑥原兽：野兽。⑦熊髡（kūn）：夏第六代王后羿之臣。⑧龙圉（máng yǔ）：后羿的大臣。⑨寒浞（zhuó）：任有穷部落首领后羿的相，后杀掉后羿，夺得有穷部落的政权，使天下获得了统一。⑩伯明：寒国君王。⑪夷羿：即后羿。⑫慝（tè）：奸邪，邪恶。⑬靡：夏朝的臣子。⑭豷（yì）：寒浞的儿子。⑮烬：遗民。⑯后杼：夏后相之子，即少康子。⑰辛甲：曾为殷商大臣，后为周太史。⑱麀（yōu）：雌鹿。

【译文】无终国国君嘉父派孟乐前去晋国，通过魏庄子向晋悼公进献了虎豹皮，请求晋国与各戎人部落讲和。晋悼公说："戎人不讲亲情而且贪婪，不如去攻打他们。"魏庄子说："各诸侯国最近刚刚顺服，陈国也是最近才向我们臣服，都在观望我们的行动。若我们有德行，他们便亲近我们；若我们没有德行，那么他们就会产生二心。如果我们兴师动众地去征讨戎国，楚国一旦乘机攻打陈国，我们也必定无法救援他们。这实际上是我们抛弃了陈国。由此中原诸国也一定会背叛我们。戎人，如同禽兽，如果因为征服戎人而失去了中原各诸侯国，这恐怕不行吧?《夏训》中有这样的话：‘有穷的后羿……’”悼公说：“后羿怎么样?”魏庄子答道：“当初夏朝刚刚衰败时，后羿从鉏地迁到了穷石，依靠夏朝的民众夺取了夏朝的政权。他倚仗自己的射箭技术，不治理国家、管理百姓，而是沉溺于打猎。后羿抛弃了武罗、伯困、熊髡、尨圉等贤臣，却任用了寒浞。寒浞，是伯明氏的一个喜爱进谗言的奸邪子弟。寒君伯明氏抛弃了他，他后来被后羿收留，相信并重用他，让他成为自己的辅相。寒浞在宫内对女人献媚，在宫外广施钱财收买民心，愚弄百姓，并且让后羿整天沉迷于田猎。他在朝廷内扶植奸邪之人作为自己的党羽，以此来抢夺后羿的政权，使得朝廷内外都归顺于他。此时的后羿仍不思悔改，准备从打猎的地方赶回朝廷时，却被手下人杀死并煮了他，还强迫他的儿子吃。他的儿子不忍心吃，也被杀害在有穷国的城门口。后羿的臣子靡逃到了有鬲氏部落。寒浞霸占了后羿的妻妾，生下了浇和豷。寒浞依靠着邪恶奸诈，对民众不施恩德。派浇出兵，灭掉了斟灌氏和斟寻氏部落。让浇驻扎在过地，让豷驻扎在戈地。靡在有鬲氏部落收留斟灌和斟寻两国的遗民，并带领他们灭掉了寒浞，后立少康为君。少康在过地灭掉了浇，后杼在戈地消灭了豷。有穷氏从此就灭亡了，这便是失去了贤人的缘故。当初周朝的辛甲担任太史时，命令百官都来劝诫天子的过失。在《虞人之箴》中说：‘大禹走过的辽远广阔的土地，划分为九州，开辟了众多道路。民众有房屋有祖庙，禽兽有丰茂的青草，人兽各自都有住处，互不干扰。后羿身为君王，却沉溺于打猎，忘掉了国家的忧患，心中想到的只是飞鸟走兽。田猎之事不能太多，太多了便不利于夏王朝疆域的扩大，会导致国家灭亡。我主管打猎之事，谨以此告诫君王左右的臣子。'《虞箴》都这样说了，怎么能不让人警惕呢？"当时晋悼公很喜欢打猎，所以魏庄子才借机提起了此事。

公曰："然则莫如和戎乎？"对曰："和戎有五利焉：戎狄荐居，贵货易土，土可贾焉，一也。边鄙不耸，民狎[1]其野，穑人成功，二也。戎狄事晋，四邻振动，诸侯威怀，三也。以德绥戎，师徒不勤，甲兵不顿，四也。鉴于后羿，而用德度，远至迩安，五也。君其图之！"公说，使魏绛盟诸戎，修民事，田以时。

【注释】①狎：习惯，这里指安心。

【译文】晋悼公说："那么，就没有比与戎人讲和更好的办法了吗？"魏庄子回答说："跟戎人讲和有五点好处：戎狄择水草之地而居，看重财物而轻视土地，可以将他们的土地买过来，这是第一点。讲和后边境民众不会再有恐惧，民众能够安心耕种，农民可以获得收成，这是第二点。戎狄臣服于晋国，周边的诸侯国一定会震动，我们国家的威严可以震慑他们，且能收服各诸侯国，这是第三点。以德行安抚戎人，将士免去辛劳，武器不被损坏，这是第四点。鉴于后羿失国的教训，推行道德法度，可以使远方的国家前来朝见，而邻近的国家也能安心，这是第五点。请君王您好好考虑考虑！"晋悼公听后很高兴，便让魏庄子与各部戎人讲和，又致力于对民众的治理，打猎合乎时令。

冬十月，邾人、莒人伐鄫。臧纥[1]救鄫，侵邾，败于狐骀[2]。国人逆丧者皆髽[3]。鲁于是乎始髽，国人诵之曰："臧之狐裘，败我于狐骀。我君小子，朱儒是使。朱儒！朱儒！使我败于邾。"

【注释】①臧纥（hé）：即臧武仲，鲁国大夫，矮小多智，号称"圣人"。②狐骀（tái）：古地名，在今山东省滕州市东南，又作目台山，俗称狐山。③髽（zhuā）：古代妇女服丧时用麻扎成的发髻。

【译文】冬季十月，邾国人、莒国人联合进攻鄫国。臧纥率兵救援鄫国，进攻邾国，在狐骀被击败。鲁国人都以麻束发去迎接阵亡的将士。鲁国从此有了以麻束发的丧葬习俗，鲁国人用歌谣来讽刺说："臧纥穿着狐皮袄，使我军在狐骀被击败。我们国君太年幼，竟派一个侏儒去作战。侏儒啊，侏儒啊！让我国败给邾国。"

襄公五年

【经】五年春，公至自晋。夏，郑伯使公子发来聘。叔孙豹、鄫世子巫如晋。仲孙蔑、卫孙林父会吴于善道。秋，大雩[1]。楚杀其大夫公子壬夫。公会晋侯、宋公、陈侯、卫侯、郑伯、曹伯、莒子、邾子、滕子、薛伯、齐世子光、吴人、鄫人于戚。公至自会。冬，戍陈。楚公子贞[2]帅师伐陈。公会晋侯、宋公、卫侯、郑伯、曹伯、齐世子光救陈。十有二月，公至自救陈。辛未，季孙行父卒。

【注释】①大雩（yú）：古求雨祭名。②公子贞：即楚国令尹子囊，楚庄王之子，楚共王之弟。

【译文】鲁襄公五年春季，襄公从晋国回到鲁国。夏季，郑僖公派遣大夫公子发来鲁国访问。鲁国的叔孙豹、鄫国的太子巫到了晋国。鲁国的仲孙蔑、卫国的孙林父和吴国人在善道相会。秋季，鲁国举行盛大的求雨祭礼。楚国杀死了他们的大夫公子壬夫。鲁襄公在戚地与晋悼公、宋平公、陈哀公、卫献公、郑僖公、曹成公、莒犁比公、邾宣公、滕悼公、薛伯、齐国太子光、吴国人、鄫国人会面。鲁襄公从诸侯会盟之地回到鲁国。冬季，鲁国派军队去戍守陈国。楚国的公子贞率领军队攻打陈国。鲁襄公与晋悼公、宋平公、卫献公、郑僖公、曹成公、齐国太子光一起援救陈国。十二月，鲁襄公从援救陈国的战场回到鲁国。辛未日，鲁国大夫季孙行父去世。

【传】五年春，公至自晋。

【译文】鲁襄公五年春季，襄公从晋国返回鲁国。

王使王叔陈生诉戎于晋，晋人执之。士鲂如京师，言王叔之贰于戎也。

【译文】周灵王派遣王叔陈生向晋国控告戎人，晋国人把他抓了起来。士鲂到达京师，向周灵王报告王叔与戎人勾结一事。

夏，郑子国来聘，通嗣君也。

【译文】夏季，郑国的子国来鲁国访问，是为了通报郑僖公即位的消息。

穆叔觌[①]鄫大子于晋，以成属鄫。书曰："叔孙豹、鄫大子巫如晋。"言比诸鲁大夫也。

【注释】①觌（dí）：见；相见。

【译文】穆叔与鄫国的太子在晋国相见，是为了完成鄫国归属鲁国的事。《春秋》中记载说："叔孙豹、鄫太子巫到了晋国。"这样说是把鄫国的太子巫比作鲁国大夫。

吴子使寿越如晋，辞不会于鸡泽之故，且请听诸侯之好。晋人将为之合诸侯，使鲁、卫先会吴，且告会期。故孟献子、孙文子会吴于善道。

【译文】吴王派遣寿越到晋国去，解释没有参加鸡泽会盟的原因，同时请求听从命令与诸侯结好。晋国人打算为此事而会合诸侯，让鲁国、卫国先与吴国会面，同时告知会盟的日期。因此孟献子、孙文子在善道与吴国人会面。

秋，大雩，旱也。

【译文】秋季，举行盛大的求雨祭礼，这是因为大旱的缘故。

楚人讨陈叛故，曰："由令尹子辛实侵欲焉。"乃杀之。书曰："楚杀其大夫公子壬夫。"贪也。君子谓："楚共王于是不刑。《诗》曰：'周道挺挺，我心扃扃[①]，讲事不令，集人来定。'己则无信，而杀人以逞，不亦难乎？《夏书》曰：'成允成功。'"

【注释】①扃扃（jiōng）：明察。

【译文】楚国人质问陈国反叛的原因，陈人说："因为令尹子辛不断地向小国索取好处来满足他的个人欲望。"楚国于是杀了子辛。《春秋》中记载说："楚国杀了他们的大夫公子壬夫。"是因为子辛贪婪的缘故。君子说："楚共王在这件事情上惩处不当。《诗》中记载说：'大道笔直，我的心里清楚。计划事情不周密，应该招集贤人来商定。'自己没有信用，反倒用杀人来立威，这难道不是很有问题吗？《夏书》中说：'做到守信用，之后才能完成功业。'"

九月丙午，盟于戚，会吴，且命戍陈也。

【译文】九月丙午日，诸侯在戚地会盟，这是为了与吴国人会面，并且晋国命令诸侯出兵镇守陈国。

穆叔以属鄫为不利，使鄫大夫听命于会。

【译文】穆叔觉得鄫国的归属对鲁国不利，便让鄫国大夫以独立国家的身份参加会盟来听取命令。

楚子囊为令尹。范宣子曰："我丧陈矣！楚人讨贰而立子囊，必改行而疾讨陈。陈近于楚，民朝夕急，能无往乎？有陈，非吾事也，无之而后可。"

【译文】楚国的子囊当了令尹。范宣子说："我们将要失去陈国了！楚国人征讨有二心的国家并且又立了子囊，必定会改变子辛以往的做法，同时迅速地攻打陈国。陈国靠近楚国，民众时时担惊受怕，能不归顺楚国吗？保有陈国，不是我们所能做到的事情，放弃陈国以后反而更好。"

冬，诸侯戍陈。子囊伐陈。十一月甲午，会于城棣以救之。

【译文】冬季，诸侯派兵戍守陈国。子囊率领军队攻打陈国。十一月甲午日，诸侯为救助陈国而在城棣会面。

季文子卒。大夫入敛，公在位。宰庀[①]家器为葬备，无衣帛之妾，无食粟之马，无藏金玉，无重器备。君子是以知季文子之忠于公室也。相三君矣，而无私积，可不谓忠乎？

【注释】①庀（pǐ）：具备；备办。

【译文】季文子去世。依据大夫入敛的礼仪，鲁襄公亲自去察看。家臣收集家里的器物作为随葬品，家里没有穿丝绸的妾，没有用粮食喂养的马，没有收藏的金器玉器，一切用具都没有重份。君子因此知道季文子对公室的忠心。他辅佐过三位国君，却没有私人积蓄，难道不能称得上忠心吗？

襄公六年

【经】六年春王三月壬午，杞伯姑容卒。夏，宋华弱来奔。秋，葬杞桓公。滕子来朝。莒人灭鄫。冬，叔孙豹如邾。季孙宿如晋。十有二月，齐侯①灭莱。

【注释】①齐侯：即齐灵公。

【译文】鲁襄公六年春季周历三月壬午日，杞桓公姑容去世。夏季，宋国大夫华弱来投奔鲁国。秋季，安葬杞桓公。滕成公到鲁国来朝见鲁襄公。莒国人灭亡了鄫国。冬季，鲁国大夫叔孙豹去了邾国。鲁国大夫季孙宿去了晋国。十二月，齐灵公灭掉了莱国。

【传】六年春，杞桓公卒，始赴以名，同盟故也。

【译文】鲁襄公六年春季，杞桓公去世，讣告上开始记录他的名字，是由于两国是同盟国的缘故。

宋华弱与乐辔少相狎[①]，长相优[②]，又相谤也。子荡怒，以弓梏华弱于朝。平公见之，曰："司武而梏于朝，难以胜矣！"遂逐之。夏，宋华弱来奔。司城子罕曰："同罪异罚，非刑也。专戮于朝，罪孰大焉！"亦逐子荡。子荡射子罕之门，曰："几日而不我从！"子罕善之如初。

【注释】①相狎：彼此亲昵、接近。②相优：互相调笑戏谑。

【译文】宋国华弱跟乐辔少时彼此相亲，长大了彼此相戏谑，又互相诽谤。乐辔有一次发怒，在朝堂上用弓套住华弱的脖子。宋平公看到了，说："司马在朝堂上被弓套着脖子，以后打仗就很难取胜了！"便驱赶了他。夏季，宋国华弱来投奔鲁国。司城子罕说："犯了同样的罪受到的惩罚却不同，这是不合刑法的。在朝堂上擅自杀戮的人，再没有比这更大的罪过了！"于是也驱逐了乐辔。乐辔一箭射在子罕的大门上，说："用不了几天你就会和我有一样的下场！"于是子罕像原来那样善待乐辔。

秋，滕成公来朝，始朝公也。

【译文】秋季，滕成公来鲁国朝见，这是他第一次朝见襄公。

莒人灭鄫，鄫恃赂也。

【译文】莒国人灭掉了鄫国，这是因为鄫国依仗给鲁国送过礼物而忽视防备造成的。

冬，穆叔如邾聘，且修平。

【译文】冬季，穆叔到邾国访问，并且与邾国重修旧好。

晋人以鄫故来讨，曰："何故亡鄫？"季武子如晋见，且听命。

【译文】晋国人因为鄫国被灭的缘故来责问鲁国，说："为什么让鄫国灭亡了？"季武子到晋国觐见，同时听候处置。

十一月，齐侯灭莱，莱恃谋也。于郑子国之来聘也，四月，晏弱城东阳，而遂围莱。甲寅，堙[①]之环城，傅于堞[②]。及杞桓公卒之月，乙未，王湫帅师及正舆子、棠人军齐师，齐师大败之。丁未，入莱。莱共公浮柔奔棠。正舆子、王湫奔莒，莒人杀之。四月，陈无宇献莱宗器于襄宫。晏弱围棠，十一月丙辰，而灭之。迁莱于郳[③]。高厚、崔杼定其田。

【注释】①堙（yīn）：古代攻城时，积土为山，然后登堙观察城里敌情。②堞（dié）：城上如齿状的矮墙，也叫女墙。③郳（ní）：古国名，曹姓，在今山东省滕州市东。

【译文】十一月，齐灵公灭了莱国，这是因为莱国只依仗谋略却不加防备的缘故。在郯国的子国来鲁国访问的那一年，四月，晏弱在东阳修建城墙，接着包围了莱国。四月甲寅日，环绕莱国的都城在四周堆起土山，紧靠着女墙。到杞桓公去世的那个月，乙未日，王湫率兵与正舆子、棠邑军队抵御齐军，被齐军击败。丁未日，攻入莱国。莱共公浮柔逃奔到棠邑。正舆子、王湫逃亡到莒国，莒国人杀了他们。四月，陈无宇把莱国宗庙里的宝器献给齐襄公庙。晏弱包围棠邑，十一月丙辰日，灭亡了棠邑。把莱国的民众迁移到郳地。派高厚、崔杼划定莱国的田地。

襄公七年

【经】七年春，郯子来朝。夏四月，三卜郊，不从，乃免牲。小邾子来朝。城费。秋，季孙宿如卫。八月，螽。冬十月，卫侯使孙林父来聘。壬戌，及孙林父盟。楚公子贞帅师围陈。十有二月，公会晋侯、宋公、陈侯、卫侯、曹伯、莒子、邾子于鄬[①]。郑伯髡顽如会，未见诸侯，丙戌，卒于鄵[②]。陈侯逃归。

【注释】①鄬（wéi）：古地名，春秋时属郑，在今河南省鲁山县。②鄵（cào）：古地名，春秋时属郑，在今河南省新郑、鲁山二县之间。

【译文】鲁襄公七年春季，郯国国君来鲁国朝见鲁襄公。夏季四月，为郊祭进行了三次占卜，都显示不吉利，于是不用牺牲。小邾穆公来朝见鲁襄公。鲁国修筑费邑的城墙。秋季，鲁国季孙宿到卫国去。八月，鲁国发生了蝗灾。冬季十月，卫献公派孙林父来鲁国访问。壬戌日，鲁襄公与卫国大夫孙林父结盟。楚国令尹公子贞率领军队包围了陈国。十二月，鲁襄公在邬地与晋悼公、宋平公、陈哀公、卫献公、曹成公、莒犁比公、邾宣公会面。郑僖公髡顽去参加诸侯会盟，未能见到各国诸侯，丙戌日，在鄵地去世。陈哀公从诸侯会盟地逃回国。

【传】七年春，郯子来朝，始朝公也。

【译文】鲁襄公七年春季，郯君来鲁国朝见，这是他首次朝见襄公。

夏四月，三卜郊，不从，乃免牲。孟献子曰："吾乃今而后知有卜筮。夫郊祀后稷，以祈农事也。是故启蛰而郊，郊而后耕。今既耕而卜郊，宜其不从也。"

【译文】夏季四月，鲁国为举行郊祭占卜了三次，都显示不吉利，就决定不用牺牲。孟献子说："我从今天起才知道卜和筮的灵验。郊祭祭祀后稷，是为了祈求农业丰收。因此在启蛰这一节气举行郊祭，郊祭后开始耕种。如今已经耕种完毕才举行占卜郊祭之事，显示不吉利也是应该的。"

南遗为费宰。叔仲昭伯为隧正[①]，欲善季氏，而求媚于南遗，谓遗："请城费，吾多与而役。"故季氏城费。

【注释】①隧正：官名，掌征发郊外庶民服役之官。

【译文】南遗担任费邑县宰。叔仲昭伯出任隧正一职，他想巴结季氏，因此便先讨好南遗，对南遗说："您去请求在费邑修建城墙，我会多派劳役给您。"因此季氏决定在费邑修城。

小邾穆公来朝，亦始朝公也。

【译文】小邾穆公来鲁国朝见，这也是他首次朝见襄公。

秋，季武子如卫，报子叔之聘，且辞缓报，非贰也。

【译文】秋季，季武子到卫国访问，是为了回报子叔对鲁国的访问，并解释迟至现在才回报的原因，并非对卫国有二心。

冬十月，晋韩献子告老。公族[①]穆子[②]有废疾[③]，将立之。辞曰："《诗》曰：'岂不夙夜，谓行多露。'又曰：'弗躬弗亲，庶民弗信。'无忌不才，让，其可乎？请立起[④]也！与田苏[⑤]游，而曰好仁。《诗》曰：'靖共尔位，好是正直。神之听之，介尔景福。'恤民为德，正直为正，正曲为直，参和为仁。如是，则神听之，介福降之。立之，不亦可乎？"

【注释】①公族：西周始置。为朝廷大臣，掌君王贵族内部事务。②穆子：即韩无忌，此时为公族大夫。③废疾：有残疾而不能作事。④起：即韩起，又称韩宣子，韩无忌之弟。⑤田苏：晋国的贤人，后指有贤德的长者。

【译文】冬季十月，晋国的韩献子告老还乡。公族大夫韩无忌患有残疾，准备让他继任为卿。韩无忌推辞说："《诗经》中说：'难道是我不想早晚都来，只因途中露水太多。'又说：'要是不能亲自办理政事，百姓便不会信任你。'我韩无忌没有才干，让给别人，这也是可以的吧？请求任命韩起。韩起跟田苏经常交往，田苏称他好仁。《诗经》中说：'对自己的职责静肃恭谨，喜欢用正直的人。神灵知道之后，将会降给你大福。'体恤关心百姓是德，校正己心是正，纠正错误是直，三者统一为一体是仁。这样，神灵知道后，就会降给你福禄吉祥。任用这样的人为卿，不是很合适吗？"

庚戌，使宣子朝，遂老。晋侯谓韩无忌仁，使掌公族大夫。

【译文】十月庚戌日，晋悼公让韩宣子觐见，于是韩献子退休。晋悼公觉得韩无忌有仁德，便让他担任公族大夫。

卫孙文子来聘，且拜武子之言，而寻孙桓子[①]之盟。公登亦登。叔孙穆子相，趋进，曰："诸侯之会，寡君未尝后卫君。今吾子不后寡君，寡君未知所过。吾子其少安！"孙子无辞，亦无悛容。

【注释】①孙桓子：即孙良夫，孙文子之父。

【译文】卫国的孙文子来鲁国访问，并且答谢季武子的解释，又重温了孙桓子与鲁国结盟的友好关系。襄公每登一级台阶孙文子也同时登一级台阶，与襄公齐肩。叔孙穆子担任相礼，看到这种情况急忙上前，说："当初诸侯会盟时，我们国君未曾有走在卫国国君后面的时候。现在您却不走在我们国君后面，我们国君不知道究竟有什么过错使您这样轻视他。您还是稍微慢一点吧。"孙文子没有解释，脸上也没有悔改的表情。

穆叔曰："孙子必亡。为臣而君，过而不悛，亡之本也。《诗》曰：'退食自公，委蛇[1]委蛇。'谓从者也。衡而委蛇必折。"

【注释】①委蛇（wēi yí）：从容自得的样子。

【译文】穆叔说："孙文子一定会灭亡。他作为臣子却想要与国君并肩，有了过错又不知悔改，这便是灭亡的根本原因。《诗经》中说：'办完公务回家吃饭，从容又自得。'说的是小心顺从的人。如果蛮横无理却又从容自得，那么一定会遭到挫折。"

楚子囊围陈，会于鄬以救之。

【译文】楚国的子囊包围了陈国，诸侯在鄬地会面是为了救援陈国。

郑僖公之为大子也，于成之十六年，与子罕适晋，不礼焉。又与子丰适楚，亦不礼焉。及其元年，朝于晋。子丰欲诉诸晋而废之，子罕止之。及将会于邬，子驷相，又不礼焉。侍者谏，不听，又谏，杀之。及鄵，子驷使贼夜弑僖公，而以疟疾赴于诸侯。简公生五年，奉而立之。

【译文】郑僖公还是太子时，在鲁成公十六年，同子罕一起到了晋国，对子罕无礼。又与子丰一起到了楚国，对子丰也很无礼。等到郑僖公即位的第一年，去晋国朝见。子丰想要向晋国控告僖公并希望把僖公废掉，子罕阻止了。等到各诸侯在邬地会面时，子驷担任相礼，僖公对子驷还是很无礼。侍者劝谏，僖公不听，侍者再次劝谏，僖公居然把侍者杀了。到了鄵地，子驷便派人在夜里刺杀了僖公，之后给诸侯发讣告说，僖公是患了疟疾而死。简公那时年仅五岁，被立为郑国国君。

陈人患楚。庆虎、庆寅谓楚人曰："吾使公子黄往而执之。"楚人从之。二庆使告陈侯于会，曰："楚人执公子黄矣！君若不来，群臣不忍社稷宗庙，惧有二图。"陈侯逃归。

【译文】陈国人担忧楚国的围攻。陈国执政大夫庆虎、庆寅对楚国人说："我们派国君的弟弟公子黄去你们国家，请你们把他关起来。"楚国人听从了这个建议。庆虎、庆寅派人通知正在参加诸侯大会的陈哀公，说："楚国已经把公子黄抓起来了！国君要是不回来，群臣不忍心国家被楚国灭亡，恐怕会有别的想法。”陈哀公于是逃回了陈国。

襄公八年

【经】八年春王正月，公如晋。夏，葬郑僖公。郑人侵蔡，获蔡公子燮[1]。季孙宿会晋侯、郑伯、齐人、宋人、卫人、邾人于邢丘。公至自晋。莒人伐我东鄙。秋九月，大雩。冬，楚公子贞帅师伐郑。晋侯使士匄来聘。

【注释】①公子燮：蔡国公子。

【译文】鲁襄公八年春季，周历正月，襄公到晋国去。夏季，安葬郑僖公。郑国军队攻打蔡国，抓获了蔡国的公子燮。鲁国大夫季孙宿在邢丘与晋悼公、郑简公、齐国人、宋国人、卫国人和邾国人会面。鲁襄公从晋国回到鲁国。莒国军队攻打鲁国东部边境。秋季九月，鲁国举行大规模的求雨祭祀活动。冬季，楚国大夫公子贞率领军队攻打郑国。晋悼公派遣大夫士匄来鲁国访问。

【传】八年春，公如晋，朝，且听朝聘之数。

【译文】鲁襄公八年春季，襄公去晋国朝见，并且听取晋国要求

鲁国上贡缴纳财物的数目。

郑群公子以僖公之死也，谋子驷。子驷先之。夏四月庚辰，辟杀[①]子狐、子熙、子侯、子丁。孙击、孙恶出奔卫。

【注释】①辟杀：制造罪名而杀之。

【译文】郑国的公子们因为僖公的死，计划谋杀子驷。子驷抢先动手。夏季四月庚辰日，（子驷）编造罪名杀死子狐、子熙、子侯、子丁。孙击、孙恶出逃到卫国。

庚寅，郑子国、子耳[①]侵蔡，获蔡司马公子燮。郑人皆喜，唯子产[②]不顺，曰："小国无文德，而有武功，祸莫大焉。楚人来讨，能勿从乎？从之，晋师必至。晋、楚伐郑，自今郑国不四五年，弗得宁矣。"子国怒之曰："尔何知？国有大命，而有正卿。童子言焉，将为戮矣。"

【注释】①子耳：即公孙辄，公子去疾之子，郑穆公之孙，是郑国的司空。②子产：郑穆公之孙，子国之子，郑国大夫。

【译文】庚寅日，郑国的子国、子耳率领军队攻打蔡国，抓住了蔡国的司马公子燮。郑国人为此都感到很高兴，只有子产没有附和，说："小国没有礼乐教化，却在军事上获得了成功，没有比这更大的祸患了。如果是楚国人为此前来讨伐，我们能不顺从吗？顺从了楚国，那么晋国的军队又肯定会来。晋、楚两国都来攻打郑国，那么郑国在这之

后的至少四五年的时间里，是得不到安宁了！”子国听了大怒斥责子产说：“你懂得什么？国家有出兵的重大命令，会有执政大夫来决断。小孩子乱说话，是会有杀身之祸的！”

五月甲辰，会于邢丘，以命朝聘之数，使诸侯之大夫听命。季孙宿、齐高厚、宋向戌、卫宁殖、邾大夫会之。郑伯献捷于会，故亲听命。大夫不书，尊晋侯也。

【译文】五月甲辰日，（诸侯）在邢丘会面，晋国规定朝贡的财礼数目，让诸侯的大夫们到会听取命令。鲁国的季孙宿、齐国的高厚、宋国的向戌、卫国的宁殖、邾国大夫参加会面。郑简公因为在这次会上进献俘虏，所以亲自前来参加会面，听取命令。《春秋》中没有记录各国大夫的名字，是因为尊重晋悼公的缘故。

莒人伐我东鄙，以疆鄫田。

【译文】莒国人进攻鲁国东部边境，是为了划定鄫国土地的疆界。

秋九月，大雩，旱也。

【译文】秋季九月，鲁国举行大规模的求雨祭祀活动，这是因为大旱的缘故。

冬，楚子囊伐郑，讨其侵蔡也。

【译文】冬季，楚国的子囊率领军队攻打郑国，是为了讨伐郑国入侵蔡国。

子驷、子国、子耳欲从楚，子孔[①]、子蟜[②]、子展[③]欲待晋。子驷曰："《周诗》有之曰：'俟河之清，人寿几何？兆云询多，职竞作罗。'谋之多族，民之多违，事滋无成。民急矣，姑从楚以纾吾民。晋师至，吾又从之。敬共币帛，以待来者，小国之道也。牺牲玉帛，待于二竟，以待强者而庇民焉。寇不为害，民不罢病，不亦可乎？"

【注释】①子孔：即公子嘉，郑穆公之子，郑灵公和郑襄公的弟弟，郑国上卿。②子蟜（jiǎo）：即公孙虿（chài），公子偃之子，郑国的司马。③子展：即公孙舍之，子罕之子，郑国的当国。

【译文】子驷、子国、子耳想要归顺楚国，子孔、子蟜、子展想要等待晋国军队的救援。子驷说："《周诗》中曾说：'等到黄河之水变得清澈时，人的寿命还能有多长呢？占卜问询得太多，最终便会给自己编织一幅罗网。'与众人谋划，因为想法太多，民众不知道该听谁的，所以选择不服从，事情因此而难以成功。现在民众已经很危急了，姑且先顺从楚国来缓解一下民众的苦难吧。当晋军到达之后，我们再顺从他们。恭恭敬敬地供给财帛，等待他人的到来，这是我们小国的生存之道。牺牲玉帛，在两国的边境上等候，以待实力强大的国家来保护我们的民众。这样，敌人不会制造祸患，民众也不会因战争而困苦，这不也是可行的吗？”

子展曰：“小所以事大，信也。小国无信，兵乱日至，亡无日矣。五会之信，今将背之，虽楚救我，将安用之？亲我无成，鄙我是欲，不可从也。不如待晋。晋君方明，四军无阙，八卿和睦，必不弃郑。楚师辽远，粮食将尽，必将速归，何患焉？舍之闻之：‘杖莫如信。’完守以老楚，杖信以待晋，不亦可乎？”

【译文】子展说：“小国之所以能够效忠于大国，是因为讲信用。如果小国没有信用，那么战争与祸乱就会频频降临，亡国之日也就不远了。五次盟会所建立的信用，现在要准备背弃了，即便楚国救了我们，那又有什么用呢？楚国的亲近对我们不会有什么好结果，他们想要让我们国家成为他们的边邑，绝不能顺从他们。不如等待晋国的到来吧。此时的晋君正是贤明之君，四军兵员以及装备都齐整无缺，八个卿大夫都团结和睦，他们一定不会抛弃郑国的。楚国军队距离我们路途遥远，所带的粮食即将食尽，一定会迅速回国，有什么好担心的呢？我听说：‘再没有比信用更让人值得依仗的了。’我们只要全力防守使楚军疲惫，依仗信义等待晋军的到来，这不也是可以的吗？”

子驷曰：“《诗》云：‘谋夫孔多，是用不集。发言盈庭，谁敢执其咎？如匪行迈谋，是用不得于道。’请从楚，騑[①]也受其咎。”乃及楚平。

【注释】①骓（fēi）：子驷的名。

【译文】子驷说："《诗经》中说：'出主意的人多了，导致意见不统一，因而事情难以成功。发言的人多到挤满了庭院，谁又敢承担过错？这就如同一个人边走边与路人商量，所以一路一无所得。'请顺从楚国吧，由我子驷来承担所有后果！"于是郑国便请求与楚国讲和。

使王子伯骈告于晋，曰："君命敝邑：'修而车赋，儆而师徒，以讨乱略。'蔡人不从，敝邑之人，不敢宁处，悉索敝赋，以讨于蔡，获司马燮，献于邢丘。今楚来讨曰：'女何故称兵于蔡？'焚我郊保[①]，冯陵[②]我城郭。敝邑之众，夫妇男女，不遑启处，以相救也。翦焉倾覆，无所控告。民死亡者，非其父兄，即其子弟。夫人愁痛，不知所庇。民知穷困，而受盟于楚，孤也与其二三臣不能禁止。不敢不告。"

【注释】①郊保：郊外的小城堡。保，同"堡"。②冯陵：亦作"冯凌"。侵略，攻犯。

【译文】郑国派王子伯骈向晋国报告，说："我们的君王已经命令全国说：'整备好你们的战车，让你们的军队保持戒备，去讨伐叛乱的国家。'蔡国人不顺从，我们国家边境的百姓不敢贪图安逸，因此集中了全部兵力，前往征讨蔡国，抓获了司马公子燮，把他在邢丘的盟会上献了出去。现在楚国军队前来攻打我国，并说：'你们为什么要出兵攻打蔡国？'他们焚烧了我国郊外的城堡，侵犯我们城郭。我们国家的民众，无论男女老少，没有空闲的时间去休息，大家都在互相救援。国家将要面临灭亡，没有地方可以去控告求助。死去和逃离的民众，不是父兄，便是子弟。百姓愁苦悲痛，不知在哪里能够获得庇护。我国百姓知道已经到了困窘至极的地步，只得与楚国结盟，我与我的臣子们也无法禁止，不敢不据实报告给君王！”

知武子使行人子员对之曰：“君有楚命，亦不使一介行李告于寡君，而即安于楚。君之所欲也，谁敢违君？寡君将帅诸侯以见于城下，唯君图之！”

【译文】智武子派使者子员答复王子伯骈说：“贵国君主接到楚国讨伐的命令，也不派一名使者来报告给我们国君，而是立即便屈服于楚国了。这是你们君王自己的意愿，谁又敢反对呢？我们国君打算率领诸侯与你们在城下相见，请你们君王好好准备吧！”

晋范宣子来聘，且拜公之辱，告将用师于郑。公享之，宣子赋《摽有梅》[①]。季武子曰：“谁敢哉！今譬于草木，寡君在君，君之臭味也。欢以承命，何时之有？”武子赋《角弓》[②]。宾将出，武子赋《彤弓》[③]。宣子曰：“城濮之役，我先君文公献功于衡雍，受彤弓于襄王，以为子孙藏。匄也，先君守官之嗣也，敢不承命？”君子以为知礼。

【注释】①《摽有梅》：《诗经·召南》中的一篇。摽，落。②《角弓》：出自《诗经·小雅》，是一首劝告周王不要疏远兄弟亲戚，亲近小人的诗。③《彤弓》：出自《诗经·小雅》，是一首适合在宴会上唱的雅歌，描述的是天子赏赐给诸侯彤弓，并设宴招待他们的场景，这里借以希望晋悼公继承文公的霸业。

【译文】晋国的范宣子来鲁国访问，并且拜谢襄公去晋国的朝见，同时告知晋国准备对郑国用兵。鲁襄公设宴款待他，宣子赋《摽有梅》诗。季武子说："谁敢不及时响应？如今用草木作比，我们君主相比于贵国君主来说，贵国君王是草木，我们君主不过是草木散发出的气味罢了。我们君主高兴地接受命令，又怎么会拖延时间呢？"季武子赋《角弓》诗。客人将要退席，季武子又赋《彤弓》诗。范宣子说："当年城濮一战，我国先君文公曾在衡雍向天子奉献战俘，在襄王那儿接受了彤弓，作为子孙的宝藏。我是先君官员的后裔，哪敢不接受命令？"君子认为范宣子懂得礼仪。

襄公九年

【经】九年春，宋灾。夏，季孙宿如晋。五月辛酉，夫人姜氏薨。秋八月癸未，葬我小君穆姜。冬，公会晋侯、宋公、卫侯、曹伯、莒子、邾子、滕子、薛伯、杞伯，小邾子、齐世子光伐郑。十有二月己亥，同盟于戏。楚子伐郑。

【译文】鲁襄公九年春季，宋国发生了火灾。夏季，鲁国大夫季孙宿去往晋国。五月辛酉日，鲁宣公的夫人穆姜去世。秋季八月癸未日，安葬我国夫人穆姜。冬季，鲁襄公与晋悼公、宋平公、卫献公、曹成公、莒犁比公、邾宣公、滕成公、薛伯、杞孝公、小邾穆公、齐国的太子光联合攻打郑国。十二月己亥日，诸侯们在戏地结盟。楚共王率领军队攻打郑国。

【传】九年春，宋灾。乐喜为司城以为政。使伯氏司里，火所未至，彻小屋，涂大屋；陈畚挶①，具绠②缶，备水器；量轻重，蓄水潦，积土涂；巡丈城，缮守备，表火道。使华臣具正徒，令隧正纳郊保，奔火所。使华阅讨右官，官庀其司。向戌讨左，亦如之。使乐遄③庀刑器，亦如之。使皇郧④命校正⑤出马，工正⑥出车，备甲兵，庀武守。使西鉏吾庀府守。令司宫⑦、巷伯⑧儆宫。二师令四乡正敬享，祝宗⑨用马于四墉，祀盘庚⑩于西门之外。

【注释】①畚（běn）挶（jū）：盛土和抬土的工具。泛指土建工具。②绠（gěng）缶：汲水的绳索和器具。绠，汲水用的绳子。缶，汲水的瓦器。③乐遄（chuán）：宋国司寇，主管刑法。④皇郧（yún）：宋国司马。⑤校正：司马的属官，主管马匹。⑥工正：司马的属官，主管战车。⑦司宫：宫内小臣，即阉人之长，掌管宫内的事。⑧巷伯：阉人，主管宫内巷、寝门户的小臣。⑨祝宗：古代主持祭祀祈祷者。⑩盘庚：商王祖丁之子，阳甲之弟，曾迁都于殷。

【译文】鲁襄公九年春季，宋国发生火灾。乐喜作为宋国司城执掌国家政务。乐喜派伯氏管理城内街巷，在火还没有蔓延的地方，拆除小屋，用泥涂抹大屋；摆放盛土和运土的器具，准备汲水用的绳索和工具，准备盛水的器具；估量任务的轻重，合理安排人力救援，储满水塘，堆积泥土；巡视城郭，修缮防守设备，立标指明疏散通道。乐喜派华臣调集常备的徒役，华臣命令隧正调集郊外各城堡的士兵，奔赴着火地点。乐喜派华阅主管右师属官，令他们各司其职。向戌管理左师属官，同样也要各司其职。乐喜派乐遄准备刑具，属官同样要各司其职。乐喜派皇郧命令校正牵出马匹，工正推出战车，准备好盔甲兵器，守卫好武器库。乐喜派西钼吾保护好府库，西钼吾命令司宫、巷伯在宫内加强戒备。左师跟右师命令四乡的乡正恭敬地祭祀神灵，祝宗在四城用马祭祀神灵，在宋都西门外祭祀盘庚。

晋侯问于士弱[①]曰："吾闻之，宋灾，于是乎知有天道。何故？"对曰："古之火正[②]，或食于心[③]，或食于咮[④]，以出内火。是故咮为鹑火[⑤]，心为大火[⑥]。陶唐氏之火正阏伯[⑦]居商丘，祀大火，而火纪时焉。相土[⑧]因之，故商主大火。商人阅其祸败之衅，必始于火，是以日知其有天道也。"公曰："可必乎？"对曰："在道。国乱无象，不可知也。"

【注释】①士弱：士渥浊之子，谥庄子。②火正：帝尧时设立的天文官，负责观测大火星，为五行官之一。③心：二十八星宿之一。东方苍龙七宿的第五宿，有三颗星。④咮（zhòu）：星宿名，柳宿的别称。⑤鹑（chún）火：是十二星次之一。黄道十二宫的狮子宫为鹑火宫。⑥大火：是十二星次之一。黄道十二宫的天蝎宫为大火宫。⑦阏（è）伯：帝喾（kù）之子，后用为商星的别称。⑧相土：殷商的祖先。阏伯之孙，商族的第三任首领。

【译文】晋悼公问士弱说:“我听说,宋国因发生火灾,从此才知道有天道,这是什么原因?”士弱回答说:“古代的火正,祭祀时或用心宿陪祭,或用柳宿陪祭,这是因为火星出入这两个星宿之间。所以柳宿即鹑火星,心宿即大火星。陶唐氏的火正阏伯居住在商丘,祭祀大火星,并且用火星来确定时节。相土沿用了此种办法,因此商朝以大火星为祭祀的主星。商朝人观察他们祸乱衰败的预兆,必定从火灾开始,所以过去从火灾中知道了天道。”晋悼公说:“这种预测能准确吗?”士弱回答说:“在于天道。国家开始发生祸乱而上天却没有降临相应的预兆,便不能预知了。”

夏,季武子如晋,报宣子之聘也。

【译文】夏季,季武子到晋国去,是为了答谢范宣子对鲁国的访问。

穆姜薨于东宫。始往而筮之,遇《艮》䷳之八。史曰:“是谓《艮》之《随》䷐。《随》其出也。君必速出。”姜曰:“亡。是于《周易》曰:‘《随》,元、亨、利、贞,无咎。’元,体之长也;亨,嘉之会也;利,义之和也;贞,事之干也。体仁足以长人,嘉德足以合礼,利物足以和义,贞固足以干事。然,故不可诬也,是以虽《随》无咎。今我妇人,而与于乱,固在下位,而有不仁,不可谓元。不靖国家,不可谓亨。作而害身,不可谓利。弃位而姣,不可谓贞。有四德者，《随》而无咎。我皆无之，岂《随》也哉？我则取恶，能无咎乎？必死于此，弗得出矣。”

【译文】穆姜在东宫去世。当初她搬到东宫时曾做了占卜，占卜的结果是艮卦变为八。太史说：“这便是说《艮》卦变为《随》卦。随，表示出走。您必须要尽快出去。”穆姜说：“不。这卦象在《周易》中的卦辞是：‘《随》，元、亨、利、贞，无灾无祸’。元，是身体之首；亨，是万物美好的汇合；利，是道义的和谐统一；贞，是事物的根本。躬行仁道便可以领导他人，拥有美好的德行便可以合乎礼仪；对一切事物有利便可以使事物各得其宜；坚守正道、固守根本便可以干成事业。这样，就不能有欺骗，因此虽然是《随》卦也没有灾祸。如今我身为妇人，却参与作乱，处于低下的地位，又没有仁义的行为，不能称为元。没有使国家安定，不能称为亨。自己的所作所为危及自身，不能称为利。不顾及作为太后的威严而淫乱，不能称为贞。具备了这四种德行，就算遇到《随》卦也没有灾祸。这四种德行我都没有，如何能符合《随》卦的卦辞呢？我自取邪恶，怎么能没有灾祸呢？必定要死在这儿，不能出去了。”

秦景公使士雃[①]乞师于楚，将以伐晋，楚子许之。子囊曰：“不可。当今吾不能与晋争。晋君类能而使之，举不失选，官不易方。其卿让于善，其大夫不失守，其士竞于教，其庶人力于农穑。商工皂隶，不知迁业。韩厥老矣，知罃禀焉以为政。范匄少于中行偃而上之，使佐中军。韩起少于栾黡，而栾黡、士鲂上之，使佐上军。魏绛多功，以赵武为贤，而为之佐。君明臣忠，上让下竞。当是时也，晋不可敌，事之而后可。君其图之！”王曰：“吾既许之矣。虽不及晋，必将出师。”

【注释】①士雃（jiān）：也称刘轼，士会之次子，秦国大夫。

【译文】秦景公派士雃向楚国请求出兵，准备进攻晋国，楚共王同意了。子囊说：“不可以。如今我们还不能与晋国争斗。晋悼公根据各人的能力加以任用，选用的人也都没有失职的，任命的官员也没有改变政策的。卿甘愿把职位让给善人，大夫不失职守，读书人努力教化百姓，百姓努力生产粮食。各行各业安心本职不想改变职业。韩厥已告老退休，智罃继承他的职位执掌政务。范匄比荀偃年轻，官职却在荀偃之上，让他辅佐中军。韩起比栾黡年轻，而栾黡和士鲂却让他位居他们之上，让他辅佐上军。魏绛战功累累，却认为赵武比自己贤能，而甘愿辅佐赵武。国君贤明，臣子忠诚，在上的相互谦让，在下的坚持努力。在这个时候，是不能与晋国为敌的，只有效忠于他们才行。国君您还是考虑一下吧！”共王说：“我既然已经答应秦国出兵了，就算比不上晋国，也一定要出兵。”

秋，楚子师于武城，以为秦援。秦人侵晋，晋饥，弗能报也。

【译文】秋季，楚共王率领军队进入武城，作为对秦国的支援。秦国人侵袭晋国，晋国正发生饥荒，无力回击。

冬十月，诸侯伐郑。庚午，季武子、齐崔杼、宋皇郧从荀罃、士匄门于鄟门[①]。卫北宫括、曹人、邾人从荀偃、韩起门于师之梁。滕人、薛人从栾黡、士鲂门于北门。杞人、郳人从赵武、魏绛斩行栗。甲戌，师于汜，令于诸侯曰："修器备，盛餱粮[②]，归老幼，居疾于虎牢，肆眚[③]，围郑。"

【注释】①鄟（zhuān）门：郑都城的东门。②餱（hóu）粮：干粮。③肆眚（sì shěng）：宽赦罪人。

【译文】冬季十月，诸侯联军进攻郑国。庚午日，季武子、齐国的崔杼、宋国的皇郧跟随荀罃、士匄从鄟门发起进攻。卫国的北宫括、曹国人、邾国人跟随荀偃、韩起一起向师之梁门发起进攻。滕国人、薛国人随同栾黡、士鲂向北门发起进攻。杞国人、郳国人随同赵武、魏绛负责砍伐路边的栗树。甲戌日，诸侯联军在汜水边安营扎寨，晋悼公传令诸侯说："修整武器装备，准备干粮，把老人小孩送回去，把有伤病在身的士兵留在虎牢，赦免有罪的人，包围郑国。"

郑人恐，乃行成。中行献子[①]曰："遂围之，以待楚人之救也，而与之战。不然，无成。"知武子曰："许之盟而还师，以敝楚人。吾三分四军，与诸侯之锐，以逆来者，于我未病，楚不能矣，犹愈于战。暴骨以逞，不可以争。大劳未艾。君子劳心，小人劳力，先王之制也。"诸侯皆不欲战，乃许郑成。

【注释】①中行献子：即荀偃，又称中行偃，史称中行献子。

【译文】郑国人非常害怕，于是派人来求和。荀偃说："包围郑国后，等待楚军前来救援，再与他们开战。如果不这样，就不可能真正使郑国臣服。”智武子说：“我们可以答应与郑国结盟然后撤兵，让楚国军队去攻打郑国而使楚国军队疲惫。然后我们将四军分成三队，联合诸侯精锐部队，一起对战楚军，这样对我军来说没有困乏之虑，但楚军却不行了，这比包围郑国等候与楚军直接交战要好。那种逞一时之快而使士兵暴尸郊野的行为，是不能与楚军一战的。更大的劳作还没有结束。君子以智慧取胜，小人靠力气取胜，这是先王的遗训。”由于诸侯们也都不愿作战，于是晋国答应和郑国讲和。

十一月己亥，同盟于戏，郑服也。将盟，郑六卿公子騑、公子发、公子嘉、公孙辄、公孙虿、公孙舍之及其大夫、门子[①]皆从郑伯。晋士庄子[②]为载书[③]，曰：“自今日既盟之后，郑国而不唯晋命是听，而或有异志者，有如此盟。”公子騑趋进曰：“天祸郑国，使介居二大国之间。大国不加德音，而乱以要之，使其鬼神不获歆其禋祀[④]，其民人不获享其土利，夫妇辛苦垫隘[⑤]，无所厎告[⑥]。自今日既盟之后，郑国而不唯有礼与强可以庇民者是从，而敢有异志者，亦如之。”荀偃曰：“改载书。”公孙舍之曰：“昭大神要言焉。若可改也，大国亦可叛也。”知武子谓献子曰：“我实不德，而要人以盟，岂礼也哉！非礼，何以主盟？姑盟而退，修德息师而来，终必获郑，何必今日？我之不德，民将弃我，岂唯郑？若能休和，远人将至，何恃于郑？”乃盟而还。

【注释】①门子：旧时在官衙中侍候官员的差役，非指看门人。此指卿大夫的嫡子。②士庄子：即士弱。③载书：就是盟书，会盟时所订的誓约文件。④禋祀（yīn sì）：古代祭天的一种礼仪。先燔柴升烟，再加牲体或玉帛于柴上焚烧，泛指祭祀。⑤垫隘：羸弱困苦。⑥厎告：诉告，把自己的心意表达给人。

【译文】十一月己亥日，诸侯们在戏地结盟，这是因为郑国已臣服于晋国。即将进行盟誓时，郑国的六卿公子騑、公子发、公子嘉、公孙辄、公孙虿、公孙舍之与他们的大夫及卿的嫡子都跟随郑简公来了。晋国的士弱起草了盟书，并说："从今天盟誓后，郑国如果不对晋国唯命是从，或还有其他什么想法，便将会像盟书中说的那样遭到惩罚！"公子騑快步上前说："上天降祸给郑国，让我们国家夹在两个大国之间。大国对我们不但没有友好的话语，反而以发动战乱来胁迫我们结盟，使我们的神灵得不到祭祀，民众享受不到土地带来的利益，男女老少辛苦劳作却依然羸弱困苦，又无处诉说。从今日盟誓之后，郑国要是不对待我们以礼且又能保护我国民众的国家绝对服从，反而另有其他想法的话，甘心像盟书所记录的那样受到惩罚！"荀偃说："要再修改一下盟书！"公孙舍之说："已经向神灵宣读过盟书的内容了。如果盟书能够修改的话，那么大国也是能够背叛的了。"知罃对荀偃说："我们的做法实在是不合乎道义，以盟约来要挟于人，难道是合乎礼的吗？不符合礼，又怎么能主持盟会呢？不如暂且结盟退兵，等到我们修养德行、休整军队后再来，最终一定能够得到郑国，又何必急着要在今天得到呢？如果我们的德行不够，那么百姓也会离弃我们，又怎么会只是郑国呢？如果我们能休养生息、和睦团结，远方的诸侯也会主动依附我们，又何必倚仗郑国呢？"于是与郑国结盟后撤军回国了。

晋人不得志于郑，以诸侯复伐之。十二月癸亥，门其三门。闰月戊寅，济于阴阪，侵郑。次于阴口而还。子孔曰："晋师可击也，师老而劳，且有归志，必大克之。"子展曰："不可。"

【译文】晋国人未能使郑国完全臣服，所以带领诸侯联军再次进攻郑国。十二月癸亥日，攻击郑国的三面城门。十二月戊寅日，从阴阪渡河，偷袭郑国。晋军屯驻在阴口然后撤兵回国。子孔说："可以袭击晋军，军队长期在外，士气衰落而疲劳，而且有回去的念头，一定可以打败他们。"子展说："不行。"

公送晋侯。晋侯以公宴于河上，问公年。季武子对曰："会于沙随之岁，寡君以生。"晋侯曰："十二年矣！是谓一终[①]，一星终也。国君十五而生子。冠而生子，礼也。君可以冠矣！大夫盍为冠具？"武子对曰："君冠，必以祼享之礼行之，以金石之乐节之，以先君之祧处之。今寡君在行，未可具也。请及兄弟之国而假备焉。"晋侯曰："诺。"公还，及卫，冠于成公之庙，假钟磬焉，礼也。

【注释】①一终：即一星终。古人以岁星（木星）十二年运行一周天为一星终。

【译文】鲁襄公送晋悼公，晋悼公为襄公在黄河边上设宴，问起襄公的年龄。季武子回答说："在沙随盟会那一年，我们国君出生。"晋悼公说："十二岁了，这称为一终，是木星运行一周天所用的时间。国君十五岁即可生子。举行冠礼以后生子，是合乎礼仪的。贵国国君能够举行冠礼了。大夫为何不准备冠礼的用具呢？”季武子回答说：“国君举行冠礼，必须行裸享的礼仪，用金石演奏的音乐来表示礼节，还要在先君的宗庙里举办。如今我们国君正在路上，不具备这些条件。等到了兄弟国家后向他们借用这些用具。”晋悼公说：“好。”鲁襄公回国途中，到达卫国，在卫成公的庙里举办冠礼，借用了钟磬，这是合乎礼仪的。

楚子伐郑，子驷将及楚平。子孔、子蟜曰：“与大国盟，口血未干而背之，可乎？”子驷、子展曰：“吾盟固云：‘唯强是从。’今楚师至，晋不我救，则楚强矣。盟誓之言，岂敢背之？且要盟无质，神弗临也，所临唯信。信者，言之瑞也，善之主也，是故临之。明神不蠲要盟，背之可也。”乃及楚平。公子罢戎入盟，同盟于中分。

【译文】楚共王进攻郑国，子驷要和楚国讲和。子孔、子蟜说：“和大国结盟，嘴里的歃血还没有干便背离了它，可以吗？”子驷、子展说：“我们的盟誓中本来就说：‘只服从于强大的国家。’现在楚国军队打来了，晋国却没有来救援，那么楚国就是强国了。盟誓的话，如何敢违背？况且，在受到胁迫的情况下订立的盟约本来就没有诚信可言，神灵也不会降临，神灵只会降临在有诚信的盟会上。诚信，是语言的凭证，善良的主体，所以神灵会降临。明神认为因受到胁迫而订立的盟约是不干净的，背弃它也是可行的。”于是跟楚国讲和。公子罢戎进入郑国结盟，共同在中分盟誓。

楚庄夫人卒，王未能定郑而归。

【译文】楚庄王夫人去世，楚共王没能安定郑国便回国了。

晋侯归，谋所以息民。魏绛请施舍，输积聚以贷。自公以下，苟有积者，尽出之。国无滞积，亦无困人。公无禁利，亦无贪民。祈以币更，宾以特牲，器用不作，车服从给。行之期年，国乃有节。三驾而楚不能与争。

【译文】晋悼公回国后，谋求让百姓休养生息的方法。魏绛请求施舍恩惠，把积聚的财物拿出来借给百姓。从晋悼公往下，凡是有积聚的财物的，全部拿出来。国内没有积压的财物，也没有穷苦的百姓。国家不再有专享的利益，也没有了贪婪的百姓。祈祷时用币帛代替牺牲，招待宾客只用一种牲畜。不再制作新的器物，车马服饰只求够用。这些方法推行一年，国家便有了法度。晋国三次出兵攻打楚国，楚国都不能与晋国相抗衡。

襄公十年

【经】十年春，公会晋侯、宋公、卫侯、曹伯、莒子、邾子、滕子、薛伯、杞伯、小邾子、齐世子光会吴于柤[①]。夏，五月甲午，遂灭偪阳。公至自会。楚公子贞、郑公孙辄帅师伐宋。晋师伐秦。秋，莒人伐我东鄙。公会晋侯、宋公、卫侯、曹伯、莒子、邾子、齐世子光、滕子、薛伯、杞伯、小邾子伐郑。冬，盗杀郑公子騑、公子发、公孙辄。戍郑虎牢。楚公子贞帅师救郑。公至自伐郑。

【注释】①柤（zhā）：楚地名，故址在今江苏省邳县西北。

【译文】鲁襄公十年春季，襄公同晋悼公、宋平公、卫献公、曹成公、莒犁比公、邾宣公、滕成公、薛伯、杞孝公、小邾穆公、齐国太子光在柤地和吴国人会面。夏季，五月甲午日，诸侯军队最终灭亡了偪阳国。鲁襄公从柤回国。楚国大夫公子贞和郑国司空公孙辄率领军队攻打宋国。晋国军队攻打秦国。秋季，莒国人攻打鲁国东部边境。鲁襄公同晋悼公、宋平公、卫献公、曹成公、莒犁比公、邾宣公、齐国太子光、滕成公、薛伯、杞孝公、小邾穆公一起出兵攻打郑国。冬季，盗贼杀了郑国的公子騑、公子发、公孙辄。鲁国派军队去守卫郑国的虎牢。楚国大夫公子贞率领军队救援郑国。鲁襄公从攻打郑国的战场上回国。

【传】十年春，会于柤，会吴子寿梦也。三月癸丑，齐高厚相大子光，以先会诸侯于钟离，不敬。士庄子曰："高子相大子以会诸侯，将社稷是卫，而皆不敬，弃社稷也，其将不免乎！"

【译文】鲁襄公十年春季，诸侯在柤地相见，是为了与吴王寿梦会面。三月癸丑日，齐国高厚作为太子光的相礼，在钟离与诸侯会面，态度不够恭敬。士庄子说："高厚作为太子的相礼参加诸侯会盟，是为了捍卫自己的国家，不过他们的态度都不够恭敬，这是抛弃了国家社稷啊，他们将难以免除灾祸！”

夏四月戊午，会于柤。

【译文】夏季四月戊午日，诸侯在柤地会面。

晋荀偃、士匄请伐偪阳，而封宋向戌焉。荀罃曰：“城小而固，胜之不武，弗胜为笑。”固请。丙寅，围之，弗克。孟氏之臣秦堇父辇重如役。偪阳人启门，诸侯之士门焉。县门发，郰[①]人纥[②]抉之以出门者。狄虒弥[③]建大车之轮，而蒙之以甲，以为橹。左执之，右拔戟，以成一队。孟献子曰：“《诗》所谓‘有力如虎’者也。”主人县布，堇父[④]登之，及堞而绝之。队[⑤]，则又县之，苏而复上者三。主人辞焉，乃退。带其断以徇于军三日。

【注释】①郰（zōu）：鲁邑，故址在今山东省曲阜县东南的郰城，为孔子的故里。②纥：即叔梁纥，孔子之父。③狄虒（sī）弥：鲁国的大勇士。④堇父：即秦堇父，与鲁国名将狄虒弥、叔梁纥合称“鲁国三虎将”。⑤队：同“坠”。

【译文】晋国的荀偃、士匄请求进攻偪阳，并打算把它当作宋国向戌的封地。荀罃说：“偪阳城面积虽小却很坚固，攻克了偪阳也显不出我们的勇武，攻不下却要被人嘲笑。”荀偃等人坚决请求攻打偪阳。丙寅日，晋军包围偪阳，攻不下来。孟氏的家臣秦堇父拉着一辆辎重车来到战场。偪阳人开启城门，诸侯军队乘机冲了进去。内城闸门放下，郰邑大夫叔梁纥将城门托住让攻入城的士兵能够出来。狄虒弥把一个大车的轮子立起来，蒙上一层皮甲，作为盾牌。他左手拿着车轮做的盾牌，右手拿着一支戟，独自带领一队士兵作战。孟献子说："这便是《诗经》中所说的'力大如虎'的人啊！"偪阳人把一匹布从城墙上放了下来，堇父拉着布登城，爬到靠近城墙垛时布被剪断，堇父坠落城下。城上的人又把布放下来，堇父苏醒后又拉着布重新登城，这样反复三次。守城人钦佩堇父，不再放布。后来堇父回去后把割断的布做成带子在军中炫耀了三天。

诸侯之师久于偪阳，荀偃、士匄请于荀罃曰："水潦将降，惧不能归，请班师。"知伯怒，投之以机，出于其间，曰："女成二事，而后告余。余恐乱命，以不女违。女既勤君而兴诸侯，牵帅老夫以至于此，既无武守，而又欲易余罪，曰：'是实班师，不然克矣。'余赢老也，可重任乎？七日不克，必尔乎取之！"五月庚寅，荀偃、士匄帅卒攻偪阳，亲受矢石。甲午，灭之。书曰"遂灭偪阳"，言自会也。以与向戌，向戌辞曰："君若犹辱镇抚宋国，而以偪阳光启寡君，群臣安矣，其何贶[①]如之？若专赐臣，是臣兴诸侯以自封也，其何罪大焉？敢以死请。"乃予宋公。

【注释】①贶（kuàng）：赠，赐。

【译文】诸侯的军队在偪阳驻扎了很久，荀偃、士匄请求荀罃说："雨季将至，再晚恐怕回不去，请下令退兵吧！"荀罃大怒，把弩机扔向他们，从两人的中间飞过，说：“你们先去把伐偪阳和封向戌这两件事办好了再来和我说话，我担心我们之间意见不一致而乱了军令，所以我不反对你们的要求。你们既然已经麻烦了国君又集合了诸侯的军队，还让我来到这里担任统帅，你们现在既不坚守进攻，又想再增添罪名给我，回去说：‘实在是我要下令退兵的，不然偪阳是可以攻克的。’我已经老了，怎么可以担得起这罪责呢？给你们七天期限，要是仍攻克不下，一定取你们的首级。”五月庚寅日，荀偃、士匄率军攻打逼阳，二人亲自下战场参与战斗并受到箭石的攻击。甲午日，占领偪阳。《春秋》中记载说“于是灭了偪阳”，说的是柤地会盟后开始攻打偪阳。晋国将偪阳给了向戌，向戌推辞说：“如果是君王用来安抚宋国，所以将偪阳送给我们国君用以扩大我国疆土，群臣也便安心了。难道还会有比这更好的赏赐吗？如果是君王专门赐给小臣的，那便是小臣动用诸侯联军来为自己求得封地了，还有比这更大的罪过吗？小臣冒死请求您收回这个命令。”于是把偪阳赐给了宋平公。

宋公享晋侯于楚丘①，请以《桑林》②。荀罃辞。荀偃、士匄曰：“诸侯宋、鲁，于是观礼。鲁有禘乐③，宾祭用之。宋以《桑林》享君，不亦可乎？”舞，师题以旌夏④。晋侯惧而退入于房。去旌，卒享而还。及著雍，疾。卜，桑林见。荀偃、士匄欲奔请祷焉。荀罃不可，曰：“我辞礼矣，彼则以之。犹有鬼神，于彼加之。”晋侯有间⑤，以偪阳子归，献于武宫⑥，谓之夷俘。偪阳，妘姓也。使周内史选其族嗣，纳诸霍人⑦，礼也。

【注释】①楚丘：即宋都商丘，在今山东曹县东南。②《桑林》：古乐曲名。相传为殷天子之乐。③禘（dì）乐：禘祭时所用的音乐。④旌夏：古时乐舞所用的大旗。⑤有间：病稍有起色。⑥武宫：晋武公庙。⑦霍人：晋地，在今山西省繁峙县东郊。

【译文】宋平公在楚丘设宴招待晋悼公，请求演奏《桑林》之乐。荀罃谢绝了。荀偃、士匄说："诸侯只能到宋国、鲁国，来欣赏这种天子之礼。鲁国有禘乐，在宴请贵宾和举行大的祭祀活动时使用。如今宋国用《桑林》之乐招待我国国君，不也是可以的吗？"舞乐开始，领队举着旌夏领着乐人进来。晋悼公因害怕而退到厢房。撤去旌夏，悼公才重新回来直到宴会结束才离开。回国路上到达著雍时，晋悼公生病。让人占卜，占卜的结果是桑林之神在作怪。荀偃、士匄想要返回宋国去祈祷。荀罃不同意，他说："我们已经推辞这种礼仪了，宋国还是坚持，如果神灵要报复，也只能降祸给宋国。"晋悼公的病稍有了起色，带着偪阳国君回国，在武宫举办了献俘典礼，称他为夷人俘虏。偪阳，是妘姓国。晋悼公派周内史从妘姓宗族中挑选族嗣，送到霍人居住，这是合于礼法的。

师归，孟献子以秦堇父为右。生秦丕兹，事仲尼。

【译文】鲁国军队回国之后，孟献子任用秦堇父为车右。秦堇父生了秦丕兹，拜孔子为师。

六月，楚子囊、郑子耳伐宋，师于訾毋。庚午，围宋，门于桐门。

【译文】六月，楚国的子囊、郑国的子耳征讨宋国，军队驻扎在訾毋。庚午日，包围宋国，进攻宋都的北门桐门。

晋荀罃伐秦，报其侵也。

【译文】晋国的荀罃发兵攻打秦国，以报复去年秦国对晋国的入侵。

卫侯救宋，师于襄牛[①]。郑子展曰："必伐卫，不然，是不与楚也。得罪于晋，又得罪于楚，国将若之何？"子驷曰："国病矣！"子展曰："得罪于二大国，必亡。病，不犹愈于亡乎？"诸大夫皆以为然。故郑皇耳[②]帅师侵卫，楚令也。孙文子[③]卜追之，献兆于定姜。姜氏问繇[④]。曰："兆如山陵，有夫出征，而丧其雄。"姜氏曰："征者丧雄，御寇之利也。大夫图之！"卫人追之，孙蒯获郑皇耳于犬丘。

【注释】①襄牛：又名襄陵，在今河南睢县。②皇耳：郑国大夫。③孙文子：即孙林父，孙良夫之子。④繇（zhòu）：繇词，也称繇辞，卦兆的占词。

【译文】卫献公发兵援救宋国，军队驻扎在襄牛。郑国的子展说："一定要攻打卫国，如果不这样，便是不服从楚国。得罪了晋国，再得罪楚国，我国将怎么办呢？"子驷说："我国已经很困乏了。"子展说："得罪了这两个大国，必定会灭亡。困乏不也比灭亡好吗？"大夫们都觉得子展的话有道理。于是郑国的皇耳便领兵攻打卫国，这是奉了楚国的命令。孙文子为是否要追击郑军而占卜，把占卜的结果献给了定姜。姜氏问卦兆的占词是如何说的。孙文子说："卜兆犹如山陵，有人出兵远征，最后失去了他们的英雄。"姜氏说："出征者丧失了他们的英雄，说明是对抵御敌人的一方有利，大夫考虑一下吧！"于是卫国人出兵追击郑军，最后孙蒯在犬丘俘虏了郑国的皇耳。

秋七月，楚子囊、郑子耳伐我西鄙。还，围萧[①]。八月丙寅，克之。九月，子耳侵宋北鄙。孟献子曰："郑其有灾乎！师竞已甚。周犹不堪竞，况郑乎？有灾，其执政之三士[②]乎！"

【注释】①萧：古国名，春秋时宋的附庸，后灭于楚，在今安徽省萧县西北。②三士：即子驷、子国、子耳。

【译文】秋季七月，楚国的子囊、郑国的子耳侵犯鲁国西部边境。回国途中又包围了萧地。八月丙寅日，攻克萧地。九月，子耳又率领军队侵犯宋国北部边境。孟献子说："郑国将有灾难发生！军队在外征战的次数太多了。周朝尚且经不起如此频繁的征战，何况是郑国呢？如果有灾难发生，一定会降临在子驷、子国、子耳这三个执政的人的身上吧！"

莒人间诸侯之有事也，故伐我东鄙。

【译文】莒国人乘各诸侯有战事的空隙，侵犯鲁国东部边境。

诸侯伐郑。齐崔杼使大子光先至于师，故长于滕。己酉，师于牛首[①]。

【注释】①牛首：郑地，在今河南通许县稍北。

【译文】诸侯进攻郑国。齐国的崔杼派太子光先来到晋军中，故而他的名字排在了滕子的前面。己酉日，诸侯军队驻扎在牛首。

初，子驷与尉止[①]有争，将御诸侯之师而黜其车。尉止获，又与之争。子驷抑尉止曰："尔车，非礼也。"遂弗使献。初，子驷为田洫[②]，司氏、堵氏、侯氏、子师氏皆丧田焉，故五族聚群不逞之人，因公子之徒以作乱。于是子驷当国，子国为司马，子耳为司空，子孔为司徒。

【注释】①尉止：郑国大夫，因参与发动郑国的五族之乱而被杀。②田洫：田畔的水沟田塍。

【译文】起初，子驷和尉止发生争执，在将要抵御诸侯军队进攻时子驷削减尉止军队中的战车。尉止俘虏了敌人，子驷又与尉止争抢功劳。子驷故意压制尉止说："你的兵车太多，不合乎礼义的规定。"于是不准他进献俘虏。当初子驷开挖田沟，司氏、堵氏、侯氏、子师氏的田地都因此而受到了损失，所以五个家族聚集了一伙对子驷不满的人，凭借公子的徒党犯上作乱。这时子驷执掌郑国政权，子国担任司马，子耳担任司空，子孔担任司徒。

冬十月戊辰，尉止、司臣、侯晋、堵女父[1]、子师仆[2]帅贼以入，晨攻执政于西宫之朝，杀子驷、子国、子耳，劫郑伯以如北宫。子孔知之，故不死。书曰“盗”，言无大夫焉。

【注释】①堵女父：郑国大夫，因参与发动五族之乱，被执行醢刑。②子师仆：郑国大夫，因参与发动五族之乱被杀。

【译文】冬季十月戊辰日，尉止、司臣、侯晋、堵父女、子师仆率领叛军闯入宫门，早晨在西宫的朝堂上攻击执政，杀死子驷、子国、子耳，把郑简公劫持到北宫。子孔由于事先知道了这一阴谋，所以才没被杀死。《春秋》中记载说“盗”，意思是说没有大夫参与这次叛乱。

子西[1]闻盗，不儆而出，尸而追盗，盗入于北宫，乃归授甲。臣妾多逃，器用多丧。子产闻盗，为门者，庀群司，闭府库，慎闭藏，完守备，成列而后出，兵车十七乘，尸而攻盗于北宫。子蟜帅国人助之，杀尉止、子师仆，盗众尽死。侯晋奔晋，堵女父、司臣、尉翩、司齐奔宋。

【注释】①子西：即公子夏，子驷的儿子。

【译文】子西听说发生了叛乱，不加防备就出来了，收敛好他父亲的尸首就去追击叛乱分子。叛乱分子进入北宫后，子西返回家中分发盔甲。但是家里的男女奴仆大多已逃走，器物也大多丢失。子产听说发生了叛乱，就派人守住大门，安排好官员，关闭府库，把贵重财物谨慎收好，完善守卫防备，让士兵排列好队才出门，出动兵车十七辆，先收敛好尸首然后就到北宫攻打叛贼。子蟜领着国都的百姓来帮忙。杀死了尉止、子师仆，其他叛乱分子也全都杀死。侯晋逃亡到晋国，堵女父、司臣、尉翩、司齐逃亡到宋国。

子孔当国，为载书，以位序，听政辟。大夫、诸司、门子弗顺，将诛之。子产止之，请为之焚书。子孔不可，曰："为书以定国，众怒而焚之，是众为政也，国不亦难乎？"子产曰："众怒难犯，专欲难成，合二难以安国，危之道也。不如焚书以安众，子得所欲，众亦得安，不亦可乎？专欲无成，犯众兴祸，子必从之。"乃焚书于仓门之外，众而后定。

【译文】子孔主掌国政，制订盟书，规定官员各自做好自己的本职工作，认真听取并执行政令。大夫、各部门官员、卿的嫡子不肯听从他的命令，子孔打算将不服从他的人都杀掉。子产制止他，并请求把那份盟书烧了。子孔不同意，说："拟定盟书是为了使国家安定，因为众人的愤怒而烧毁它，就等于是让众人一起来执政，如果这样的话，国家不就难以治理了吗？"子产说："众怒难犯，专权的行为更是难以实现，把这两种很难的事情搅合在一块去安定国家，是一个很危险的做法。还不如用烧毁盟书的方法来安抚众人，这样您能得到想要的东西，大家也能安定下来，不也是可以的吗？专权的想法行不通，触犯了众怒就会兴起祸乱，您一定要顺从他们。"于是在郑都仓门之外烧掉了盟书，众人也就稳定了下来。

诸侯之师城虎牢而戍之。晋师城梧及制，士鲂、魏绛戍之。书曰“戍郑虎牢”，非郑地也，言将归焉。郑及晋平。楚子囊救郑。十一月，诸侯之师还郑而南，至于阳陵[1]。楚师不退。知武子欲退，曰：“今我逃楚，楚必骄，骄则可与战矣。”栾黡曰：“逃楚，晋之耻也。合诸侯以益耻，不如死！我将独进。”师遂进。己亥，与楚师夹颍[2]而军。子蟜曰：“诸侯既有成行，必不战矣。从之将退，不从亦退。退，楚必围我。犹将退也。不如从楚，亦以退之。”宵涉颍，与楚人盟。栾黡欲伐郑师，荀罃不可，曰：“我实不能御楚，又不能庇郑，郑何罪？不如致怨焉而还。今伐其师，楚必救之。战而不克，为诸侯笑。克不可命，不如还也！”丁未，诸侯之师还，侵郑北鄙而归。楚人亦还。

【注释】①阳陵：郑地，今河南许昌市北。②颍：水名，源于河南省，流经安徽省入淮河。

【译文】诸侯的军队在虎牢修筑城墙并且驻守在那里。晋国军队在梧地和制地修筑城墙，由士鲂和魏绛带领士兵戍守。《春秋》中记载说“戍郑虎牢”，意思是虎牢现在还不属于郑，但是很快就会成为郑国的土地。郑国和晋国讲和。楚国的子囊救助郑国。十一月，诸侯军队绕过郑国向南开进，抵达阳陵。楚国军队依旧不撤退。知武子想要退兵，说：“如今我们躲避与楚国军队交战，楚军一定产生骄傲轻敌思想，一旦骄傲便能够和他们作战了。”栾黡说：“逃避与楚军之间的战争，是晋国的耻辱。联合诸侯一起攻打楚国到头来却增加了自己的耻辱，还不如死！我准备独自领兵进攻。”联军于是前进。己亥日，军队和楚军隔着颍水驻扎下来。子蟜说:“诸侯都已准备好要退兵,必定不会和楚军作战了。我们听从命令,他们要撤兵,不听从命令他们也要撤兵。如果诸侯退兵,楚国军队一定会围攻我们。既然顺从不顺从诸侯都要退兵,还不如顺从楚国,让楚国也退兵。”于是在晚上渡过颍水,跟楚国人订立了盟约。栾黡想攻打郑军,荀罃不让,说:“是我们不能抵抗楚军,又不能保护郑国,郑国有什么罪过?不如回去让郑国怨恨楚国。现在攻打郑国军队,楚军一定会来救援。攻打而不能取胜,便会被诸侯嘲笑。既然对取胜没有绝对的信心,不如知难而退。”丁未日,诸侯军队撤退,攻击了郑国的北部边境后便回国了。楚国人也撤兵回国了。

王叔陈生与伯舆争政。王右伯舆,王叔陈生怒而出奔。及河,王复之,杀史狡以说焉。不入,遂处之。晋侯使士匄平王室,王叔与伯舆讼焉。王叔之宰与伯舆之大夫瑕禽坐狱[①]于王庭,士匄听之。王叔之宰曰:“筚门闺窦[②]之人而皆陵其上,其难为上矣!”瑕禽曰:“昔平王东迁,吾七姓从王,牲用备具。王赖之,而赐之骍旄[③]之盟,曰:‘世世无失职。’若筚门闺窦,其能来东底乎?且王何赖焉?今自王叔之相也,政以贿成,而刑放于宠。官之师旅,不胜其富,吾能无筚门闺窦乎?唯大国图之!下而无直,则何谓正矣?”范宣子曰:“天子所右,寡君亦右之;所左,亦左之。”使王叔氏与伯舆合要,王叔氏不能举其契。王叔奔晋。不书,不告也。单靖公为卿士,以相王室。

【注释】①坐狱：诉讼双方互相辩论。②筚门闺窦：比喻贫苦人家或贫苦人家居住的陋室。筚门，柴门。闺窦，穿墙小门，上圆下方，似圭。③骍旄（xīng máo）：赤红色的牛。古代天子与诸侯或诸侯间订盟时常用此做祭品。

【译文】王叔陈生和伯舆争夺政权。周灵王偏袒伯舆，王叔陈生发怒而出走。来到黄河岸边，周灵王请他回去，并将王叔的仇人史狡杀死以此来讨好王叔。王叔不肯回去，于是在黄河边住了下来。晋悼公派士匄去调解王室的争端，王叔和伯舆向他提出诉讼。王叔的家宰和伯舆的大夫瑕禽在王庭上相互辩论，士匄听取了双方的申诉。王叔的家宰说："出身贫苦人家的人却要凌驾于众人之上，那么上面的人就会有难处啊！"瑕禽说："当初平王东迁，他们七位大夫跟随平王，祭祀用的牲畜全都准备好。天子依赖他们，并赏赐给他们赤红色的牛作为祭品，并说：'你们世世代代都不要失去职守。'如果是贫苦人家出身的人，能跟随天子东迁定居在此吗？并且天子还能依赖他们吗？现在自从王叔开始辅佐天子后，处理政事全靠贿赂才能办成，并将执法大权交给了自己的亲信。他们阵营中的官员，都非常富有，我们如何能不变成蓬门小户呢？请大国明察！要是因为地位低下而导致有理也不能申述，那么还有公正可言吗？"士匄说："天子所支持帮助的，也就是我们国君要支持帮助的。天子所反对的，也便是我们国君反对的。"让王叔和伯舆提出各自的理由跟证据来验证自己说的话，王叔拿不出任何理由跟证据。于是王叔逃到了晋国。《春秋》中没有记载这件事，是由于王室没有通报给鲁国。单靖公替代王叔出任卿士，来辅助王室。

襄公十一年

【经】十有一年春王正月，作三军。夏四月，四卜郊，不从，乃不郊。郑公孙舍之帅师侵宋。公会晋侯、宋公、卫侯、曹伯、齐世子光、莒子、邾子、滕子、薛伯、杞伯、小邾子伐郑。秋七月己未，同盟于亳城[①]北。公至自伐郑。楚子、郑伯伐宋。公会晋侯、宋公、卫侯、曹伯、齐世子光、莒子、邾子、滕子、薛伯、杞伯、小邾子伐郑，会于萧鱼[②]。公至自会。楚执郑行人良霄[③]。冬，秦人伐晋。

【注释】①亳城：郑地，在今河南省境内。②萧鱼：郑地，在今河南原阳县西南；一说在今河南许昌。③良霄：字伯有，子耳之子，郑国的卿大夫。

【译文】鲁襄公十一年春季周历正月，鲁国建立三军。夏季四月，鲁国四次为郊祭占卜，结果都显示不吉利，于是取消郊祭。郑国公孙舍之率领军队攻打宋国。鲁襄公与晋悼公、宋平公、卫献公、曹成公、齐国太子光、莒犁比公、邾宣公、滕成公、薛伯、杞孝公、小邾穆公一起出兵攻打郑国。秋季七月己未日，各国诸侯在亳城北缔结盟约。鲁襄公从攻打郑国的战场上回到鲁国。楚共王、郑简公联合攻打宋国。鲁襄公与晋悼公、宋平公、卫献公、曹成公、齐国太子光、莒犁比公、邾宣公、滕成公、薛伯、杞孝公、小邾穆公一起攻打郑国，并在萧鱼举行会面。鲁襄公从萧鱼会盟返回鲁国。楚国人抓住了郑国使者良霄。冬季，秦军攻打晋国。

【传】十一年春，季武子将作三军，告叔孙穆子曰："请为三军，各征其军。"穆子曰："政将及子，子必不能。"武子固请之，穆子曰："然则盟诸？"乃盟诸僖闳①，诅诸五父之衢。

【注释】①僖闳（hóng）：指僖公庙的正门。

【译文】鲁襄公十一年春季，季武子准备组建三军，告诉叔孙穆子说："请组建三军，各家率领一个军。"穆子说："国家政权将来要由您掌握，您是一定无法胜任的。"季武子坚决请求这样做，叔孙穆子说："既然这样那是否要为这件事举办盟誓呢？"于是在僖公宗庙的大门口盟誓，在五父之衢立下咒誓。

正月，作三军，三分公室而各有其一。三子各毁其乘。季氏使其乘之人，以其役邑入者无征，不入者倍征。孟氏使半为臣，若子若弟。叔孙氏使尽为臣，不然不舍。

【译文】正月，编定三军，把公室的军队一分为三，季孙、叔孙、孟孙每族掌握一个军。三家各自解散自己原来的私家军。季氏让他私家军中选择留下的士兵凡服兵役的人免除其家里的税收，不服兵役的人家中税收加倍。孟氏让他私家军中的一半的人留下来当兵，他们或为自由民之子，或为其弟。叔孙氏将他的私家军全部编入军队中，否则就不改置。

郑人患晋、楚之故，诸大夫曰："不从晋，国几亡。楚弱于晋，晋不吾疾也。晋疾，楚将辟之。何为而使晋师致死于我，楚弗敢敌，而后可固与也。"子展曰："与宋为恶，诸侯必至，吾从之盟。楚师至，吾又从之，则晋怒甚矣。晋能骤来，楚将不能，吾乃固与晋。"大夫说之，使疆埸①之司恶于宋。宋向戌侵郑，大获。子展曰："师而伐宋可矣。若我伐宋，诸侯之伐我必疾，吾乃听命焉，且告于楚。楚师至，吾乃与之盟，而重赂晋师，乃免矣。"

【注释】①疆埸：边界，边防。

【译文】郑国人因为晋国、楚国的不断侵扰而感到忧虑，众位大夫说："不选择顺从晋国，我们国家几乎灭亡。楚国的实力稍弱于晋国，但晋国并没有急着攻打我们。如果晋国表现出急着进攻我们的样子，楚国也会避开他们的。有什么办法能让晋国死命进攻我们，这样楚国便不敢与晋国抗衡了，我们与晋国的关系便可以稳固了。"子展说："我们可以与宋国交恶，这样诸侯联军一定会来，到时我们便可以与他们结盟。当楚军来了，我们又顺从楚国，这样晋国一定会非常生气。晋国能够不断地发兵前来，但楚国却不能。这样我们与晋国的关系便可以稳固了。"众大夫听后很是高兴，便让边境的官吏骚扰宋国。宋国的向戌因此侵袭郑国，并俘虏了很多郑人。子展说："可以出兵攻打宋国了。如果我们攻打宋国，诸侯联军必定会急速前来救援宋国并攻打我国，到时我们便听从诸侯联军的命令，同时向楚国请求救援。楚军到来，我们又与他们结盟，并且加倍贿赂晋军，这样便能免除祸患了。"

夏，郑子展侵宋。四月，诸侯伐郑。己亥，齐大子光、宋向戌先至于郑，门于东门。其莫，晋荀罃至于西郊，东侵旧许。卫孙林父侵其北鄙。六月，诸侯会于北林，师于向。右还，次于琐，围郑。观兵于南门，西济于济隧。郑人惧，乃行成。

【译文】夏季，郑国的子展率领军队攻打宋国。四月，诸侯联军出兵讨伐郑国。己亥日，齐国太子光、宋国的向戌最先到达郑国，驻扎在东门。傍晚，晋国的荀罃到达西郊，向东进军攻打旧许。卫国的孙林父袭击了郑国北部边境。六月，诸侯联军在北林会面，出兵抵达向地。之后又向右绕行，驻扎于琐。联军实现了对郑国的合围，在南门外阅兵展示实力后，又向西渡过济隧。郑国人感到害怕，便来求和。

秋七月，同盟于亳。范宣子曰："不慎，必失诸侯。诸侯道敝而无成，能无贰乎？"乃盟，载书曰："凡我同盟，毋蕴年①，毋壅利，毋保奸，毋留慝，救灾患，恤祸乱，同好恶，奖王室。或间兹命，司慎、司盟，名山、名川，群神、群祀，先王、先公，七姓十二国之祖，明神殛②之，俾失其民，队命③亡氏，踣④其国家。"

【注释】①蕴年：积聚粮食。②殛：杀死。③队命：丧君，指君主丧亡。队：同坠。④踣（bó）：颠覆，灭亡，败亡。

【译文】秋季七月，郑国与各诸侯在亳地结盟。范宣子说："如果盟书订立得不够慎重，就一定会失去诸侯的拥护。诸侯们疲于在道路上奔波却一无所获，怎么能没有二心呢？"于是开始盟誓，盟书上书：

“凡是我们的同盟国家，不要囤积粮食互不支援，不要垄断利益不与人共享，不要庇护罪人，不要收留奸邪之人，要相互救助灾患，平定祸乱，要有相同的善恶标准，要共同辅佐王室。如果有人违背这些条令，司慎、司盟之神，名山、名川之神，群神、群祀，先王、先公，七姓十二国的祖先，明察的神灵们将会杀死他，使他失去百姓的支持，死君灭族，亡国亡家。”

楚子囊乞旅于秦，秦右大夫詹帅师从楚子，将以伐郑。郑伯逆之。丙子，伐宋。

【译文】楚国的子囊请求秦国出兵救援，秦国的右大夫詹带领军队跟随楚共王准备去攻打郑国。郑简公前往迎接。丙子日，一起向宋国发起进攻。

九月，诸侯悉师以复伐郑。郑人使良霄、大宰石㚟如楚，告将服于晋，曰：“孤以社稷之故，不能怀君。君若能以玉帛绥晋，不然则武震以摄威之，孤之愿也。”楚人执之，书曰“行人”，言使人也。

【译文】九月，诸侯们全部出兵再次讨伐郑国。郑国派良霄、太宰石㚟前往楚国，告诉他们郑国将归顺晋国，说：“我因为国家的缘故，不能再效忠君王了。君王最好能用玉帛财物去安抚晋国，如果不行便只能用武力来震摄他们了，这是我的愿望。”楚国人囚禁了他们。《春秋》中记载的“行人”，指的便是使臣不应该被拘禁。

诸侯之师观兵于郑东门，郑人使王子伯骈行成。甲戌，晋赵武入盟郑伯。冬十月丁亥，郑子展出盟晋侯。十二月戊寅，会于萧鱼。庚辰，赦郑囚，皆礼而归之。纳斥候，禁侵掠。晋侯使叔肸[①]告于诸侯。公使臧孙纥对曰："凡我同盟，小国有罪，大国致讨，苟有以藉手，鲜不赦宥。寡君闻命矣。"

【注释】①叔肸（xī）：即羊舌肸，字叔向。因被封于杨，以邑为氏，别为杨氏，又称叔肸、杨肸。

【译文】诸侯联军在郑国东门练兵展示军威，郑国人派王子伯骈前去讲和。甲戌日，晋国的赵武进入郑都与郑简公订立盟约。冬季十月丁亥日，郑国子展出城与晋悼公结盟。十二月戊寅日，双方在萧鱼会面。庚辰日，诸侯联军释放了郑国的俘虏，并全部以礼相待地放回郑国。召回侦察兵，禁止对郑国侵犯掠夺。晋悼公派叔肸将这些命令通告给各诸侯。鲁襄公派臧孙纥回复说："但凡我们的同盟国家，小国犯了过错，大国出兵前往征讨，如果稍有所得，很少有不对小国加以宽恕的。寡君知道您的命令了。"

郑人赂晋侯以师悝、师触、师蠲，广车[①]、軘车[②]淳十五乘，甲兵备，凡兵车百乘，歌钟二肆，及其镈[③]磬，女乐二八。

【注释】①广车：指大车或战车，用来攻击。②軘（tún）车：古代兵车名，屯守之车。③镈（bó）：古代钟一类的乐器。

【译文】郑人将师悝、师触、师蠲等乐师献给晋悼公，另有配对的广车、輔车各十五辆，并配备了齐全的衣甲和兵器，战车共一百乘，两架编钟及与之相配的大钟、磬，能歌善舞的美女两队共十六人。

晋侯以乐之半赐魏绛，曰："子教寡人和诸戎狄以正诸华。八年之中，九合诸侯，如乐之和，无所不谐。请与子乐之。"辞曰："夫和戎狄，国之福也；八年之中，九合诸侯，诸侯无慝[①]，君之灵也，二三子之劳也，臣何力之有焉？抑臣愿君安其乐而思其终也！《诗》曰：'乐只君子，殿[②]天子之邦。乐只君子，福禄攸同。便蕃左右，亦是帅从。'夫乐以安德，义以处之，礼以行之，信以守之，仁以厉之，而后可以殿邦国，同福禄，来远人，所谓乐也。《书》曰：'居安思危。'思则有备，有备无患，敢以此规。"公曰："子之教，敢不承命。抑微子，寡人无以待戎，不能济河。夫赏，国之典也，藏在盟府[③]，不可废也。子其受之！"魏绛于是乎始有金石之乐，礼也。

【注释】①无慝：没有恶意，不变心。②殿：镇抚。③盟府：古代掌管保存盟约文书的官府。

【译文】晋悼公将一半的乐器和乐队赐给了魏绛，说："您教我与各部戎狄和好，以此来整顿中原各国。八年之中九次聚合诸侯，诸侯之间的关系就如音乐声一样和谐，没有任何不协调之处。请让我与您一起分享这些快乐。"魏绛辞谢说："能够与戎狄讲和，这是国家的福运所致；八年之中，九次聚合诸侯，而诸侯没有变心，这是君王的威灵所致，也是诸位大臣的功劳，臣又出了什么力呢？不过下臣希望君王既能安享这种快乐又能居安思危。《诗》中说：'快乐吧君子，镇抚天子的家国。快乐吧君子，福禄与人共享。管理好周边的小国，让他们都来臣服。'音乐可以用来巩固德行，用道义来对待它，用礼仪来践行它，用信义来守护它，用仁义来激励它，然后便能够镇抚国家，共享福禄，使远方的人都来归顺，这便是所说的快乐。《书》中说：'在安定的时候要想到危机。'能够想到危机就会有所防备，有了防备便可以避免祸患，谨以此规劝君王！"晋悼公说："您的教诲，我怎么敢不接受呢？如果没有您，我便不能用正确的方法对待戎狄，更不可能渡过黄河。奖赏，是国家的制度，收藏在盟府中，是不可以废除的。您还是接受吧！"魏绛从这以后才有了金石的音乐，这是合乎礼制的。

秦庶长[①]鲍、庶长武帅师伐晋以救郑。鲍先入晋地，士鲂御之，少秦师而弗设备。壬午，武济自辅氏，与鲍交伐晋师。己丑，秦、晋战于栎，晋师败绩，易秦故也。

【注释】①庶长：官爵名，春秋时期秦国设置的掌握军政大权的官员，相当于其他国家的卿大夫。

【译文】秦国的庶长鲍、庶长武率领军队攻打晋国救援郑国。庶长鲍先进入晋国境内，士鲂率军进行抵抗，士鲂看到秦国的士兵人数少而没有对其多加防备。壬午日，庶长武从辅氏渡过黄河，与庶长鲍两边夹击晋军。己丑日，秦军、晋军在栎地交战，晋军大败，这是因为轻视秦军的缘故。

襄公十二年

【经】十有二年春王二月，莒人伐我东鄙，围台。季孙宿帅师救台，遂入郓[①]。夏，晋侯使士鲂来聘。秋九月，吴子乘卒。冬，楚公子贞帅师侵宋。公如晋。

【注释】①郓：古地名，在今山东省沂水县东。

【译文】鲁襄公十二年春季，周历二月，莒国人攻打鲁国东部边境，包围了台地。季孙宿率领军队救援台地，于是攻入郓城。夏季，晋悼公派遣大夫士鲂前来鲁国访问。秋季九月，吴王乘去世。冬季，楚国令尹公子贞率领军队攻打宋国。鲁襄公前往晋国。

【传】十二年春，莒人伐我东鄙，围台。季武子救台，遂入郓，取其钟以为公盘。

【译文】鲁襄公十二年春季，莒国人进攻鲁国东部边境，包围了台地。季武子救援台地，于是攻入郓地，夺取了他们的钟改铸为公室的盘。

夏，晋士鲂来聘，且拜师。

【译文】夏季，晋国士鲂来鲁国访问，而且对鲁国的出兵帮助表示感谢。

秋，吴子寿梦卒。临[①]于周庙，礼也。凡诸侯之丧，异姓临于外，同姓于宗庙，同宗于祖庙，同族于祢庙[②]。是故鲁为诸姬，临于周庙。为邢、凡、蒋、茅、胙、祭[③]，临于周公之庙。

【注释】①临：哭。②祢（nǐ）庙：父庙，或称考庙。③邢、凡、蒋、茅、胙、祭：此六国都是周朝的封地。

【译文】秋季，吴王寿梦去世。鲁襄公到周文王庙里哭吊寿梦，这是合乎礼制的。但凡诸侯的丧事，异姓的在城外哭吊，同姓的在宗庙里哭吊，同宗的在祖庙里哭吊，同族的在父庙里哭吊。因此，鲁国为姬姓诸侯国，在周文王庙里哭吊。邢、凡、蒋、茅、胙、祭六个姬姓诸侯国的人，都在周公庙里哭吊。

冬，楚子囊、秦庶长无地伐宋，师于杨梁，以报晋之取郑也。

【译文】冬季，楚国的子囊、秦国的庶长无地领兵进攻宋国，军队屯驻在杨梁，是为了报复晋国从楚国手中夺走郑国。

灵王求后于齐。齐侯问对于晏桓子，桓子对曰："先王之礼辞有之。天子求后于诸侯，诸侯对曰：'夫妇所生若而人。妾妇之子若而人。'无女而有姊妹及姑姊妹，则曰：'先守某公之遗女若而人。’”齐侯许婚，王使阴里结之。

【译文】周灵王向齐国求娶王后。齐灵公向晏桓子询问如何答复，晏桓子回答说：“先王的礼仪辞令中有这样的记载。天子向诸侯求娶王后，诸侯答复说：‘夫人所生的女儿有若干人。姬妾所生的女儿有若干人。’如果没有女儿而有姐妹和姑母的，便说：‘先君某公的遗女若干人。’”齐灵公同意了婚事。周灵王派阴里到齐国做了口头约定。

公如晋朝，且拜士鲂之辱[①]，礼也。

【注释】①辱：谦辞，屈尊。

【译文】襄公到晋国朝见，而且拜谢士鲂到鲁国的访问，这是合乎礼制的。

秦嬴归于楚。楚司马子庚聘于秦，为夫人宁，礼也。

【译文】秦嬴嫁到楚国。楚国司马子庚到秦国访问，是为了夫人回娘家省亲，这是合乎礼制的。

襄公十三年

【经】十有三年春，公至自晋。夏，取邿[①]。秋九月庚辰，楚子审卒。冬，城防。

【注释】①邿（shī）：古国名，鲁国的附属国，在今山东省济宁市东南。

【译文】鲁襄公十三年春季，襄公从晋国回到鲁国。夏季，鲁国攻取邿国。秋季九月庚辰日，楚共王审去世。冬季，鲁国在防地修筑城墙。

【传】十三年春，公至自晋，孟献子书劳于庙，礼也。

【译文】鲁襄公十三年春季，襄公从晋国回到鲁国。孟献子在宗庙里记录了襄公的功劳，这是合乎礼制的。

夏，邿乱，分为三。师救邿，遂取之。凡书“取”，言易也。用大师焉曰“灭”，弗地曰“入”。

【译文】夏季，邿国发生动乱，分裂成三部分。鲁国出兵救援邿国，乘机占领了它。凡是《春秋》中记载的是“取”的，就是说事情办得容易。凡动用大量士兵的称为“灭”，攻破国家却又不占有其土地的称为“入”。

荀罃、士鲂卒。晋侯蒐[①]于绵上[②]以治兵，使士匄将中军，辞曰：“伯游长。昔臣习于知伯，是以佐之，非能贤也。请从伯游。”荀偃将中军，士匄佐之。使韩起将上军，辞以赵武。又使栾黡，辞曰：

“臣不如韩起。韩起愿上赵武，君其听之！”使赵武将上军，韩起佐之。栾黡将下军，魏绛佐之。新军无帅，晋侯难其人，使其什吏率其卒乘官属，以从于下军，礼也。晋国之民，是以大和，诸侯遂睦。

【注释】①蒐（sōu）：打猎。②绵上：晋地，在今山西省翼城县西。

【译文】荀罃、士鲂去世。晋悼公在绵上打猎并检阅军队，派士匄率领中军，士匄辞谢说：“荀偃比我强。当初下臣与知武子相互了解，所以辅佐他，并不是因为我贤能啊。请任命荀偃。”于是任命荀偃做中军统帅，士匄辅佐他。任命韩起做上军统帅，韩起辞让给赵武。又任命栾黡，栾黡辞谢说：“下臣比不上韩起。韩起愿意让赵武在他之上，君王就听从他吧。”于是任命赵武统领上军，韩起辅佐他。栾黡统领下军，魏绛辅佐他。新军没有统帅，晋悼公为统帅的人选感到为难，让新军中的十名官吏领着步兵、车兵和所属官员，附属于下军，这是合乎礼制的。晋国的民众因此非常团结和睦，诸侯间因此也能够和睦相处。

君子曰：“让，礼之主也。范宣子让，其下皆让。栾黡为汰，弗敢违也。晋国以平，数世赖之。刑善也夫！一人刑善，百姓[①]休和[②]，可不务乎？《书》曰：‘一人有庆，兆民赖之，其宁惟永。’其是之谓乎？周之兴也，其《诗》曰：‘仪刑[③]文王，万邦作孚。’言刑善也。及其衰也，其《诗》曰：‘大夫不均，我从事独贤。’言不让也。世之治也，君子尚能而让其下，小人农力以事其上，是以上下有礼，而谗慝黜远，由不争也，谓之懿德。及其乱也，君子称其功以加小人，小人伐其技以冯君子，是以上下无礼，乱虐并生，由争善也，谓之昏德。国家之敝，恒必由之。”

【注释】①百姓：百官族姓。古时贵族以其所封之地为姓，故称为百姓。②休和：安定和平。③仪刑：效法，法式。

【译文】君子说：“谦让，是礼的主体。范宣子谦让，他的下属也都跟着学会谦让了。栾黡是个骄奢的人，也不敢违反。晋国故而彼此团结，几代人都得到好处，这是因为取法于善啊！一个人取法于善，百官各族都会安定和平，这样的事能不努力去做吗？《书》中说：‘一个人有善行，众百姓都可以获得利益，国家能够长治久安。’说的就是这种情况吧？周朝兴起的时候，《诗》中说：‘效仿文王，各国都会信服。’说的就是取法于善。等到周朝衰弱的时候，《诗》中说：‘大夫做事不公平，我办事最贤能。’说的就是不谦让。当天下大治的时候，君子崇尚贤能且对下属谦让，地位低下的人努力做事以侍奉上级，故而上下以礼相待，远离邪恶奸佞，因为不相争夺，所以称为美德。等到天下动乱的时候，君子夸耀他的功劳，并且凌驾于地位低下的人之上，地位低下的人夸耀他的技能并且凌驾于君子之上，故而上下都无礼，动乱暴虐一起发生，是因为争相自以为善的缘故，这称为昏德。国家的衰败，一定是从这里开始的。”

楚子疾，告大夫曰：“不穀不德，少主社稷，生十年而丧先君，未及习师保之教训，而应受多福。是以不德，而亡师于鄢，以辱社稷，为大夫忧，其弘多矣。若以大夫之灵，获保首领以殁于地，唯是春秋窀穸[①]之事，所以从先君于祢庙者，请为‘灵’若‘厉’。大夫择焉！”莫对。及五命乃许。

【注释】①窀穸（zhūn xī）：埋葬。

【译文】楚共王患病，告诉大夫们说：“我没有德行，年幼的时候便做了国君。十岁时便失去了先君，没有来得及学习师保们的教导，却承受了太多的福分，因此缺乏德行，在鄢陵之战中打了败仗，让国家蒙受了耻辱，让大夫们担忧，这真的是很大的罪过了。如果凭借大夫们的威灵，我可以保全尸身，得以善终，在祭奠安葬这些事情方面，能够在祢庙里追随先君，只能请求谥作‘灵’或者‘厉’了。大夫们选定吧！”没有人答复。等到第五次命令之后，才答应了。

秋，楚共王卒。子囊谋谥。大夫曰：“君有命矣。”子囊曰：“君命以共，若之何毁之？赫赫楚国，而君临之，抚有蛮夷，奄征南海，以属诸夏，而知其过，可不谓共乎？请谥之‘共’。”大夫从之。

【译文】秋季，楚共王去世。子囊跟大家商量谥号。大夫们说：“国君已经有过命令了。”子囊说：“国君的命令是体现他的谦恭，怎么能够诋毁他呢？声威赫赫的楚国，国君在上主政，安抚了蛮夷各族，大举征伐南海，让中原诸国服从于楚国，并且国君又知道自己的过错，难道不可以说是‘共’吗？请谥作‘共’！”大夫们听取了这个意见。

吴侵楚，养由基[1]奔命，子庚以师继之。养叔曰：“吴乘我丧，谓我不能师也，必易我而不戒。子为三覆以待我，我请诱之。”子庚从之。战于庸浦，大败吴师，获公子党。君子以吴为不吊。《诗》曰：“不吊昊天，乱靡有定。”

【注释】①养由基：楚国大夫，是古代著名的神射手。

【译文】吴国侵犯楚国，养由基作为前锋奔赴战场，子庚带领军队随后跟上。养由基说：“吴国乘我们举办国丧，认为我们不会出兵迎战，一定会轻视我们，对我们不加防备。您设下三处伏兵等待我，我去引诱他们。”子庚听从了。两军在庸浦交战，大败吴军，抓获了公子党。君子觉得吴国不对。《诗》说：“上天觉得你不好，灾难就不会停止。”

冬，城防，书事，时也。于是将早城，臧武仲请俟毕农事，礼也。

【译文】冬季，在防地修筑城墙。《春秋》中记载这件事，是因为合乎农时。当时准备早点修筑城墙，臧武仲请求等农事结束后再动工，这是合乎礼制的。

郑良霄、大宰石㚟犹在楚。石㚟言于子囊曰：“先王卜征五年，而岁习其祥，祥习则行。不习，则增修德而改卜。今楚实不竞，行人何罪？止郑一卿，以除其逼，使睦而疾楚，以固于晋，焉用之？使归而废其使，怨其君以疾其大夫，而相牵引也，不犹愈乎？”楚人归之。

【译文】郑国的良霄、太宰石㚟还留在楚国。石㚟对子囊说：“先王为征伐之事连续占卜五年，每年重复吉兆便出兵。要是有一年占卜结果显示不吉利，那就更加努力修养德行而重新占卜。如今楚国实在是不能与晋国争强，使者又有什么罪呢？留下郑国一个卿大夫，却为郑国君臣去除了威逼，让他们相互和睦而怨恨楚国，使他们臣服于晋国的决心得到巩固，这对楚国又有什么好处呢？不如让良霄回去从而使他完不成使命，他会怨恨他的君王和大夫们，使他们君臣之间有嫌隙进而相互牵制，如此不是比现在更好吗？”于是楚国人将良霄放了回去。

襄公十四年

【经】十有四年春王正月，季孙宿、叔老[①]会晋士匄、齐人、宋人、卫人、郑公孙虿、曹人、莒人、邾人、滕人、薛人、杞人、小邾人会吴于向[②]。二月乙未朔，日有食之。夏四月，叔孙豹会晋荀偃、齐人、宋人、卫北宫括、郑公孙虿、曹人、莒人、邾人、滕人、薛人、杞人、小邾人伐秦。己未，卫侯出奔齐。莒人侵我东鄙。秋，楚公子贞帅师伐吴。冬，季孙宿会晋士匄、宋华阅、卫孙林父、郑公孙虿、莒人、邾人于戚。

【注释】①叔老：鲁国大夫。②向：郑地，位于今安徽怀远西。

【译文】鲁襄公十四年春季周历正月，鲁国大夫季孙宿、叔老与晋国大夫士匄、齐国人、宋国人、卫国人、郑国的公孙虿、曹国人、莒国人、邾国人、滕国人、薛国人、杞国人、小邾国人在向地会见吴国人。二月初一，发生了日食。夏季四月，鲁国大夫叔孙豹与晋国的荀偃、齐国人、宋国人、卫国的北宫括、郑国的公孙虿、曹国人、莒国人、邾国人、滕国人、薛国人、杞国人、小邾国人一起出兵攻打秦国。己未日，卫献公出逃到齐国。莒国人进犯鲁国东部边境。秋季，楚国公子贞率领军队讨伐吴国。冬季，季孙宿在戚邑与晋国的士匄、宋国的华阅、卫国的孙林父、郑国的公孙虿、莒国人、邾国人会面。

【传】十四年春，吴告败于晋。会于向，为吴谋楚故也。范宣子数吴之不德也，以退吴人。

【译文】十四年春季，吴国向晋国报告战败的消息。在向地会面，是为了替吴国谋划对付楚国的事情。士匄指责吴国人不讲道德，竟然在楚国国丧期间用兵，以此拒绝了吴国人的请求。

执莒公子务娄，以其通楚使也。

【译文】抓捕了莒国的公子务娄，是因为他派使者与楚国往来。

将执戎子驹支[①]。范宣子亲数诸朝，曰："来！姜戎氏！昔秦人迫逐乃祖吾离于瓜州[②]，乃祖吾离被苫盖[③]、蒙荆棘以来归我先君。我先君惠公有不腆之田，与女剖分而食之。今诸侯之事我寡君不如昔者，盖言语漏泄，则职女之由。诘朝[4]之事尔无与焉！与，将执女！”对曰：“昔秦人负恃其众，贪于土地，逐我诸戎。惠公蠲其大德，谓我诸戎是四岳[5]之裔胄也，毋是翦弃。赐我南鄙之田，狐狸所居，豺狼所嗥。我诸戎除翦其荆棘，驱其狐狸豺狼，以为先君不侵不叛之臣，至于今不贰。昔文公与秦伐郑，秦人窃与郑盟而舍戍焉，于是乎有崤之师。晋御其上，戎亢其下，秦师不复，我诸戎实然。譬如捕鹿，晋人角之，诸戎掎[6]之，与晋踣[7]之，戎何以不免？自是以来，晋之百役，与我诸戎相继于时，以从执政，犹崤志也。岂敢离逷[8]？今官之师旅，无乃实有所阙，以携诸侯，而罪我诸戎！我诸戎饮食衣服不与华同，贽币[9]不通，言语不达，何恶之能为？不与于会，亦无瞢[10]焉！”赋《青蝇》[11]而退。宣子辞焉，使即事于会，成恺悌[12]也。

【注释】①戎子驹支：即姜戎氏的国君。驹支，戎子的名。此时姜戎已成晋国的附庸。②瓜州：古地名，在今甘肃省敦煌市。③苫（shān）盖：遮盖。苫，用茅草编成的覆盖物。④诘朝：明日清晨。⑤四岳：相传为共工　的后裔，因佐禹治水有功，赐姓姜，封于吕，并使为诸侯之长。⑥掎（jǐ）：用力拉住，拖住。⑦踣（bó）：向前仆倒，跌倒。⑧离逷（tì）：远离，疏离。⑨贽（zhì）币：见面礼，泛指各种礼品。⑩瞢（méng）：忧闷，惭愧。⑪《青蝇》：出自《诗经·小雅》，是一首政治抒情诗，主要是劝诫掌权者不要听信谗言，要做平易近人的执政者。⑫成恺悌：和乐平易，这里指不听信谗言。

【译文】打算将戎人的首领驹支抓来。士匄亲自在朝堂上列举他的过错，说："你过来！姜戎氏！当初秦国人将你的祖先吾离驱逐出瓜州，吾离他身披蓑衣、头戴草帽投靠我们先君。那时我国先君惠公即使田地不多，却也将土地平分给吾离让你们有吃的东西。现在诸侯事奉我们国君不如以前了，大概是因为话语被泄露了，这都是你们造成的。明天早晨开会时你不要参加了，如果你参加了，就将你抓起来。"戎子驹支回答说："当初秦国依仗着人多，贪图土地，驱逐我们戎人各部落。惠公表现了他的崇高德行，觉得我们戎人也是四岳的后代，不能把我们丢弃。于是把晋国南部边疆的土地赐给了我们，那个地方有狐狸在居住，有豺狼在嚎叫。我们各部落戎人砍掉那里的荆棘，驱赶那里的野兽，成为一个不离弃不背叛的臣子，直到此刻也没有二心。从前晋文公跟秦国一同进攻郑国，秦国人又私下和郑国讲和，并增派军队戍守郑国，故而发生了崤地之战。晋国从正面作战，我们戎人在后面抗击秦国人，秦军之所以全军覆没，就是由于有戎人各部奋力助战。就如同捕鹿，晋国人抓住了鹿角，戎人从后面抓住了鹿腿，和晋国一块把它摔倒，为何我们戎人还要受到责备呢？自战以来，晋国发动的数次战争，我们戎人都及时参与，跟随你们的政策命令，就像是崤地之战一样，怎么敢违背？如今你们的官员确实是有失误，所以导致了诸侯背叛，却反要怪罪我们各戎人部落。我们戎人的饮食跟服装都和中原各国不同，使者不相往来，言语不通，能做什么坏事呢？就算不让参加会议，我们也不会忧闷。"说完吟诵着《青蝇》诗退了下去。士匄急忙上前道歉，并立即决定让他参与会议，表现了不听谗言的宽广胸怀。

于是，子叔齐子为季武子介以会，自是晋人轻鲁币，而益敬其使。

【译文】这时，子叔齐子作为季武子的副手参加大会，之后晋国减轻了鲁国的贡礼，而且更加敬重鲁国的使者。

吴子诸樊[1]既除丧，将立季札[2]。季札辞曰："曹宣公之卒也，诸侯与曹人不义曹君，将立子臧。子臧去之，遂弗为也，以成曹君。君子曰：'能守节。'君，义嗣[3]也。谁敢奸君？有国，非吾节也。札虽不才，愿附于子臧，以无失节。"固立之。弃其室而耕。乃舍之。

【注释】①诸樊：吴王寿梦之长子，为吴国第二十君。②季札：称公子札，吴王寿梦第四子，诸樊之弟。③义嗣：理所当然的继承者。

【译文】吴王诸樊为父亲服丧期满后，想要立弟弟季札为国君。季札推辞说："曹宣公去世时，诸侯跟曹国人都不赞成立曹成公为君，准备立子臧为国君。子臧逃离了曹国，使得曹国人的计划没有实现，成全了曹成公。君子觉得子臧的这种行为是'能保守节操'。您是理所应当的继承者，谁敢冒犯您？当国君，不符合我的节操。我季札虽然没有什么才干，不过愿意追随子臧，以保不失节操。"诸樊坚持要立他为君。季札抛弃了家室跑到乡间种田。诸樊才不再勉强他。

夏，诸侯之大夫从晋侯伐秦，以报栎之役也。晋侯待于竟，使六卿帅诸侯之师以进。及泾[1]，不济。叔向见叔孙穆子。穆子赋《匏有苦叶》[2]，叔向退而具舟。鲁人、莒人先济。郑子蟜见卫北宫懿子[3]曰："与人而不固，取恶莫甚焉！若社稷何？"懿子说。二子见诸侯之师而劝之济，济泾而次。秦人毒泾上流，师人多死。郑司马子蟜帅郑师以进，师皆从之，至于棫林，不获成焉。荀偃令曰："鸡鸣而驾，塞井夷灶，唯余马首是瞻！"栾黡曰："晋国之命，未是有也。余马首欲东。"乃归。下军从之。左史谓魏庄子曰："不待中行伯乎？"庄子曰："夫子命从帅。栾伯，吾帅也，吾将从之。从帅，所以待夫子也。"伯游曰："吾令实过，悔之何及，多遗秦禽。"乃命大还。晋人谓之迁延之役。

【注释】①泾：水名，发源于甘肃省，注入陕西省渭水。②《匏有苦叶》：出自《诗经·邶风》，讲述的是一位女子对情人喜悦又焦躁等候的心情。③北宫懿子：北宫括。

【译文】夏季，诸侯各国大夫都跟着晋悼公进攻秦国，是为了报栎地一战之仇。悼公在国境边等候，派六卿带领诸侯的军队继续前进。到达泾水时，军队都不愿渡河。叔向与叔孙豹见面，叔孙豹吟诵了《匏有苦叶》一诗，叔向回去就准备船只。鲁国人、莒国人抢先渡河。郑国的子蟜与卫国的北宫括说："既顺服晋国却又心存二心，没有比这更令人厌恶的了。这样将如何向国家交代？"北宫括十分赞同他的话。两人去拜见各诸侯的军队，劝他们尽快渡河，随后军队渡过泾水并屯驻到对岸。秦国人在泾水上游下了毒，军队中许多人中毒而死。郑国的司马子蟜率领郑国的军队前进，其他军队随后跟上，行至棫林，依然没能使秦国屈服求和。荀偃下令："明天早上鸡叫时驾好战车，填井平灶，看着我马头的方向前进。"栾黡说："晋国还从来没有下过这样的命令。我可要撤兵回国！"于是掉转马头回国了，整个下军也跟他回去了。左史对魏绛说："我们也不等荀偃吗？"魏绛说："是他命令我们要服从主帅。栾黡是我的主帅，我将要跟随他。服从主帅，也就是服从荀偃。"荀偃说："我的命令确实有失误，后悔也来不及了，多留下些人也只是给秦国多增加些俘虏罢了。"于是下令全都撤退。晋国人称此次战役为"迁延之役。"

栾鍼[①]曰："此役也，报栎之败也。役又无功，晋之耻也。吾有二位于戎路[②]，敢不耻乎？"与士鞅驰秦师，死焉。士鞅反，栾黡谓士匄曰："余弟不欲往，而子召之。余弟死，而子来，是而子杀余之弟也。弗逐，余亦将杀之。"士鞅奔秦。

【注释】①栾鍼（zhēn）：栾书的儿子，栾黡的弟弟，时任晋国车右。②戎路：古代将帅所乘的车，后泛指兵车。

【译文】栾鍼说："这一战役，本是为报栎地战败之仇的。不过发动了战役却没有成功，这真的是晋国的耻辱。我们栾氏兄弟作为这次战争的将领也参与了这次征伐，怎么能不为此感到耻辱呢？"于是和士匄的儿子士鞅一同冲入秦军之中，最终战死。士鞅逃了回来。栾黡对士匄说："我弟弟并不想去，是你儿子怂恿他去的。现在我弟弟死了，你儿子却逃了回来，事实上是你儿子杀了我的弟弟。要是不把他赶走，我就杀了他。"于是士鞅逃往秦国。

于是，齐崔杼、宋华阅、仲江会伐秦。不书，惰也。向之会亦如之。卫北宫括不书于向，书于伐秦，摄也。

【译文】这时齐国的崔杼、宋国的华阅、仲江联合攻打秦国。《春秋》中没有记载他们，是由于他们临阵怠惰。在向地会盟的记录中也是这样。卫国的北宫括在向地会盟的记载中没有留下名字，但在伐秦战役中积极主动，就记录了他的名字。

秦伯问于士鞅曰："晋大夫其谁先亡？"对曰："其栾氏乎！"秦伯曰："以其汰乎？"对曰："然。栾黡汰虐已甚，犹可以免，其在盈乎！"秦伯曰："何故？"对曰："武子之德在民，如周人之思召公焉，爱其甘棠，况其子乎？栾黡死，盈之善未能及人，武子所施没矣，而黡之怨实章，将于是乎在。"秦伯以为知言，为之请于晋而复之。

【译文】秦景公问士鞅说："晋国的大夫谁先灭亡？"士鞅回答说："恐怕是栾氏吧！"秦景公说："由于他太骄奢吗？"士鞅回答说："对。栾黡太骄奢暴虐了，然而他还可以免于祸难，祸难恐怕要落在栾盈的身上吧！"秦景公说："这是什么原因呢？"士鞅回答说："栾武子的恩德留在百姓中间，好像周朝人思念召公，就会爱护他的甘棠树一样，何况他的儿子呢？栾黡死了，栾盈对别人没有恩惠，栾武子对人们的恩惠也渐渐被人们淡忘，而对栾黡的怨恨就会显现出来，所以矛盾将会在栾盈身上爆发。"秦景公认为他的话很有见地，就为士鞅向晋国求情，希望晋国可以恢复他的官职。

卫献公戒孙文子、宁惠子食，皆服而朝。日旰①不召，而射鸿于囿。二子从之，不释皮冠而与之言。二子怒。孙文子如戚，孙蒯入使。公饮之酒，使大师歌《巧言》②之卒章。大师辞，师曹③请为之。初，公有嬖妾④，使师曹诲之琴，师曹鞭之。公怒，鞭师曹三百。故师曹欲歌之，以怒孙子，以报公。公使歌之，遂诵之。蒯惧，告文子。文子曰："君忌我矣，弗先，必死。"并帑⑤于戚而入，见蘧伯玉⑥曰："君之暴虐，子所知也。大惧社稷之倾覆，将若之何？"对曰："君制其国，臣敢奸之？虽奸之，庸知愈乎？"遂行，从近关出。

【注释】①日旰：天色晚，日暮。②《巧言》：出自《诗经·小雅》，此诗为一首政治讽喻诗，讽刺了周王听信谗言，招致祸患。同时也批判了进谗言者的无耻。③师曹：卫献公的琴师。④嬖（bì）妾：受宠幸的姬妾。⑤帑（nú）：通"孥"，儿女。⑥蘧（qú）伯玉：即蘧瑗（yuàn），卫国大夫，蘧无咎之子。

【译文】卫献公邀请孙文子、宁惠子一起吃饭，两人衣着朝服在朝堂上等候。直至日暮降临还没有等到卫献公召请他们，原来献公还在园林里射雁。两人来到园林，献公与他们交谈时却没有摘掉皮帽子。两人十分气愤。孙文子回到戚地，他的儿子孙蒯入朝请命。献公请孙蒯饮酒，并让太师演奏《巧言》一诗的最后一章。太师拒绝，师曹主动请求演唱。先前献公有个宠妾，让师曹教她弹琴，师曹鞭打过她。献公十分生气，打了师曹三百鞭子。因此师曹想要通过唱这首诗，来激怒孙蒯，借此来报复卫献公。卫献公命令他唱，于是师曹就开始歌唱。孙蒯听后感到十分害怕，回去告诉了孙文子，文子说："国君已经忌恨我了，要是不先下手为强，就一定会死。"于是孙文子把家人都集合到戚地，之后进入国都，途中碰见蘧伯玉，跟他说："国君暴虐无道，你也是知道的。我很担忧国家因此而灭亡，你看该怎么办？"伯玉回答说："国君统治整个国家，臣子哪里敢冒犯他？就算敢冒犯，谁晓得将来新君能不能比他强呢？"于是蘧伯玉就离开了，从最近的关口出境。

公使子蟜、子伯、子皮与孙子盟于丘宫，孙子皆杀之。四月己未，子展奔齐。公如鄄，使子行请于孙子，孙子又杀之。公出奔齐，孙氏追之，败公徒于河泽。鄄人执之。

【译文】卫献公派子蟜、子伯、子皮与孙文子在丘宫结盟，结果孙文子把他们全部杀死。四月己未日，子展出逃到齐国。卫献公到达鄄地，派子行向孙文子求和，孙文子又把他杀死。卫献公出逃到齐国，孙家的人追杀他们，在河泽将卫献公的亲兵打败。鄄地人把这些亲兵抓了起来。

初，尹公佗学射于庚公差，庚公差学射于公孙丁。二子追公，公孙丁御公。子鱼曰："射为背师，不射为戮，射为礼乎？"射两軥[①]而还。尹公佗曰："子为师，我则远矣。"乃反之。公孙丁授公辔而射之，贯臂。

【注释】①軥（qú）：车軛两边下卷以利于系革带的部分。

【译文】先前，尹公佗跟庾公差学射箭，庾公差又跟公孙丁学射箭。如今尹公佗和庾公差两人追击卫献公，公孙丁为卫献公驾车。庾公差说："射是背叛老师，不射将被诛戮，用一种合乎礼仪的方式射吧吧！"于是把箭射在车軥上返回。尹公佗讲说："他是你的老师，我和他的关系便远了。"于是回车又去追击。公孙丁把马车的缰绳递给卫献公后便将箭射向尹公佗，一箭射穿了他的手臂。

子鲜从公，及竟，公使祝宗告亡，且告无罪。定姜曰："无神，何告？若有，不可诬也。有罪，若何告无？舍大臣而与小臣谋，一罪也。先君有冢卿[①]以为师保，而蔑之，二罪也。余以巾栉[②]事先君，而暴妾使余，三罪也。告亡而已，无告无罪。"

【注释】①冢卿：上卿，六卿之中负责执掌国政的人，是六卿之首。②巾栉（zhì）：指毛巾和梳篦。古代夫妻相处，妻子捧拿巾栉侍奉丈夫，故后世以巾栉为妻子的代称。

【译文】子鲜跟着卫献公出逃，抵达边境时，献公派祝宗向祖先报告逃亡，而且告称说自己无罪。定姜说："如果没有神灵，如何报告？如果有神灵，就不能欺骗。明明有罪，为何报告没有？舍弃大臣而与小臣商量，这是第一条罪。先君有正卿作为师保，而你却忽略他们，这是第二条罪。我是先君的正妻，而你却待我如同对待婢妾一般残暴，这是第三条罪。你报告逃亡就好了，不要报告说自己没有罪过！"

公使厚成叔[1]吊于卫，曰："寡君使瘠，闻君不抚社稷，而越在他竟，若之何不吊？以同盟之故，使瘠敢私于执事曰：'有君不吊，有臣不敏，君不赦宥，臣亦不帅职[2]，增淫发泄，其若之何？'"卫人使大叔仪[3]对曰："群臣不佞，得罪于寡君。寡君不以即刑，而悼弃之，以为君忧。君不忘先君之好，辱吊群臣，又重恤之。敢拜君命之辱，重拜大贶。"厚孙归复命，语臧武仲曰："卫君其必归乎！有大叔仪以守，有母弟鱄[4]以出。或抚其内，或营其外，能无归乎？"

【注释】①厚成叔：即郈成叔，鲁国大夫，名瘠。②帅职：遵守职责。③大叔仪：卫国大夫。④鱄（zhuān）：献公同母弟，字子鲜。

【译文】鲁襄公派厚成叔到卫国慰问，说："我们国君派我前来，是因为听说你们君王失去君位，流亡到别国，怎么能不来慰问？出于同盟的原因，国君让我私下对各位说：'国君不明智，臣子不明达，国君不宽恕臣子，臣子也不尽职，积怨久了发泄出来，又将怎么办？'"卫人派太叔仪答复说："群臣没有才能，得罪了我们国君。我们国君没有把臣子抓起来进行处罚，而是远远地舍弃了他们，因此成了贵国国君的忧虑。贵国国君没有忘记与先王的友好关系，屈尊来慰问臣子们，更是对臣子加以怜悯。仅以此拜谢贵国国君的屈尊慰问，再拜谢对下臣们的怜悯。"厚成叔回国复命，告诉臧武仲说："卫献公一定会回国的！有太叔仪留守国内，有胞弟子鲜跟着出国。这样，有人安抚国内，有人经营国外，怎么能不回国呢？"

齐人以郲[1]寄卫侯。及其复也，以郲粮归。右宰穀从而逃归，卫人将杀之。辞曰："余不说初矣，余狐裘而羔袖[②]。"乃赦之。卫人立公孙剽，孙林父、宁殖相之，以听命于诸侯。

【注释】①郲：即莱国，襄公七年为齐所灭。②狐裘而羔袖：狐皮衣服和羔皮袖子，比喻整体尚好，略有缺点。

【译文】齐国将郲地让给卫献公寄居。等到后来卫献公复位的时候，把郲地的粮食也带回了国。右宰穀跟随卫献公出奔后又逃回卫国，卫国人要杀死他。他辩解说："我先前跟着献公出逃并不是心甘情愿的，我只是有点小过错。"于是卫国人便赦免了他。卫国人立公孙剽为国君，孙林父、宁殖辅佐他，以听取诸侯的命令。

卫侯在郲，臧纥如齐，唁卫侯。卫侯与之言，虐。退而告其人曰："卫侯其不得入矣！其言粪土也，亡而不变，何以复国？"子展、子鲜闻之，见臧纥，与之言，道。臧孙说，谓其人曰："卫君必入。夫二子者，或輓之，或推之，欲无入，得乎？"

【译文】卫献公住在郲地，臧纥到齐国慰问卫献公。卫献公跟他谈话，态度很粗暴。臧纥退出后告诉他的下属说："卫献公大概是不能回国了。他的话如同粪土一般，逃亡在外却不知悔改，怎么可以回国复位呢？"子展、子鲜听说了，觐见臧纥，与他交谈，理顺辞达。臧纥很高兴，对他的下属说："卫献公一定可以回国。这两个人，有的拉他，有的推他，想不回国，能行吗？"

师归自伐秦，晋侯舍新军，礼也。成国不过半天子之军。周为六军，诸侯之大者，三军可也。于是知朔生盈而死，盈生六年而武子卒，彘裘[①]亦幼，皆未可立也。新军无帅，故舍之。

【注释】①彘裘：晋国大夫，士鲂的儿子。

【译文】军队进攻秦国回来，晋悼公想要解散新军，这是合乎礼制的。大国军队的数量不能超过天子军队数量的一半。周天子有六支军队，诸侯中的大国，有三支军队就可以了。先前知朔生了知盈之后便去世了，知盈出生六年后知武子去世，彘裘也还年幼，都不能继承父亲的官职。新军没有主帅，因此将新军解散。

师旷[①]侍于晋侯。晋侯曰："卫人出其君，不亦甚乎？"对曰："或者其君实甚。良君将赏善而刑淫，养民如子，盖之如天，容之如地。民奉其君，爱之如父母，仰之如日月，敬之如神明，畏之如雷霆，其可出乎？夫君，神之主而民之望也。若困民之主，匮神乏祀，百姓绝望，社稷无主，将安用之？弗去何为？天生民而立之君，使司牧之，勿使失性。有君而为之贰，使师保之，勿使过度。是故天子有公，诸侯有卿，卿置侧室，大夫有贰宗，士有朋友，庶人、工、商、皂、隶、牧、圉皆有亲昵，以相辅佐也。善则赏之，过则匡之，患则救之，失则革之。自王以下，各有父兄子弟以补察其政。史为书，瞽为诗，工诵箴谏，大夫规诲，士传言，庶人谤，商旅于市，百工献艺。故《夏书》曰：'遒人[②]以木铎徇于路。官师相规，工执艺事以谏。'正月孟春，于是乎有之，谏失常也。天之爱民甚矣。岂其使一人肆于民上，以从其淫，而弃天地之性？必不然矣。”

【注释】①师旷：字子野，春秋时期著名的乐师，生来就没有双目，所以被称为盲臣。②遒(qiú)人：古代帝王派出去了解民情的使臣。

【译文】师旷陪侍在晋悼公身旁。晋悼公说：“卫国人赶走他们的国君，不是太过分了吗？”师旷回答说：“也许是他们的国君真的太过分了。好的国君是会奖励善良而惩处邪恶的，把百姓当作是自己的孩子一样抚养，像天一样地遮盖着他们，像地一样地包容着他们。百姓尊奉他们的国君，热爱国君就如同热爱自己的父母一样，敬仰国君就如同敬仰日月一样，敬重国君就如同敬重神明一样，害怕国君就如同害怕雷霆一样，难道还能将国君赶出去吗？国君，是祭祀神明的主持者和百姓的希望。如果百姓生活困乏，神明缺乏祭祀，百姓感到绝望，国家没有主人，哪里还用得着国君？不赶出去干什么？上天孕育万民并为他们设立君王，让君王统治百姓，不让他们失去天性。有了国君又为其设置辅佐，让他们去教导保护国君，不让国君做超出底线的事情。因此天子有诸侯，诸侯有卿，卿设置侧室，大夫有贰宗，士有朋友，庶人、工、商、皂、隶、牧、圉都有亲近的人，用来互相帮助。良善的就会受到表扬，有过失的就更正，有患难的就救援，有过错的就更改。从君王以下，各有父兄子弟来观察弥补他政令的得失。太史作出记载，乐师写出诗歌，乐工诵读箴谏，大夫规劝开导，士传达意见，庶人公开评论，商人在市场上议论，工匠们用技艺表达自己的意见。故而《夏书》上说：‘遒人摇着木铎在道路上巡视，官员们规劝，工匠们通过技艺表示劝诫。’每到正月初春时就会有遒人摇动木铎在道路上巡视，是为了让人劝谏君主不要做出超出常规的事情。上天对百姓是非常爱护的，难道会让某一个人在百姓头上肆意妄为，放纵他的邪恶，使他丢掉天地的本性？一定不会这样的。”

秋，楚子[1]为庸浦之役故，子囊师于棠以伐吴，吴不出而还。子囊殿，以吴为不能而弗儆。吴人自皋舟[2]之隘要而击之，楚人不能相救。吴人败之，获楚公子宜穀。

【注释】①楚子：即楚康王，名昭，楚共王的长子。②皋舟：春秋时吴地。

【译文】秋季，楚康王由于庸浦战役的缘故，让子囊在棠地驻扎攻打吴国，吴国不出兵应战，楚军便撤兵回国了。子囊殿后，认为吴国没有作为所以没有对其进行防备。吴国人从皋舟的险道拦腰截击楚军，楚军前后不能自救。吴国人击败了楚军，抓获了楚国公子宜穀。

王使刘定公[1]赐齐侯命，曰：“昔伯舅大公右我先王，股肱周室，师保万民，世胙大师，以表东海。王室之不坏，繄伯舅是赖。今余命女环，兹率舅氏之典，纂乃祖考，无忝乃旧。敬之哉，无废朕命！”

【注释】①刘定公：即刘夏，刘国国君，姬姓，子爵。

【译文】周灵王派刘定公赐予齐灵公荣宠，说：“从前伯舅太公辅佐我先王，是周王室的股肱，百姓的师保。世世代代酬谢太师的功劳，让他在东海显扬光大。周王室没有颓败，所依赖的就是伯舅。现在我命令你环，要孜孜不倦地遵从舅氏的常法，继承你的祖先，不要玷辱你的祖先。要恭敬啊，不要废弃我的命令！”

晋侯问卫故于中行献子，对曰：“不如因而定之。卫有君矣，伐之，未可以得志，而勤诸侯。史佚有言曰：‘因重而抚之。’仲虺[①]有言曰：‘亡者侮之，乱者取之，推亡，固存，国之道也。’君其定卫以待时乎！”

【注释】①仲虺（huī）：与伊尹为商汤的左、右二相。

【译文】晋侯向荀偃询问对卫国的策略，荀偃回答说：“不如依据现状而安定它。卫国已经有新的国君了，攻击它，不一定能够达到目的，反而会劳烦诸侯。史佚有句话说：‘根据它安定的现状而安抚它。’仲虺有句话说：‘灭亡的能够欺侮，动乱的能够攻取，推翻灭亡的，巩固存在的，这才是治国之道。’君王您还是先安定卫国以等待时机吧！”

冬，会于戚，谋定卫也。

【译文】冬季，诸侯在戚地会面，就是为了商量安定卫国的办法。

范宣子假羽毛于齐而弗归，齐人始贰。

【译文】范宣子向齐国借了鸟羽和旄牛尾却没有归还，于是齐国人开始有二心。

楚子囊还自伐吴，卒。将死，遗言谓子庚："必城郢。"君子谓："子囊忠。君薨，不忘增其名，将死，不忘卫社稷，可不谓忠乎？忠，民之望也。《诗》曰：'行归于周，万民所望。'忠也。"

【译文】楚国的子囊从讨伐吴国的战场上回来，而后就去世了。临终时，对子庚说："必须要修建郢地的城墙。"君子认为："子囊忠诚。国君死后，没有忘记谥他为'共'，自己将死，都没有忘记保卫国家，能不说他忠诚吗？忠诚，是民众的希望。《诗经》中说：'德行归结于忠信，是百姓所期望的。'说的就是忠诚。"

襄公十五年

【经】十有五年春，宋公使向戌来聘。二月己亥，及向戌盟于刘。刘夏逆王后于齐。夏，齐侯伐我北鄙，围成。公救成，至遇。季孙宿、叔孙豹帅师城成郛[①]。秋八月丁巳，日有食之。邾人伐我南鄙。冬十有一月癸亥，晋侯周卒。

【注释】①郛：古代城圈外围的大城。

【译文】鲁襄公十五年春季，宋平公派遣向戌来鲁国访问。二月己亥日，鲁襄公在刘地与向戌结盟。刘夏到齐国迎接王后。夏季，齐灵公攻打鲁国北部边境，包围了成邑。鲁襄公援救成邑，到达遇邑。鲁国的季孙宿、叔孙豹率领军队修筑成邑的外城。秋季八月丁巳日，发生了日食。邾国军队攻打鲁国南部边境。冬季十一月癸亥日，晋悼公周去世。

【传】十五年春，宋向戌来聘，且寻盟。见孟献子，尤其室，曰："子有令闻，而美其室，非所望也！"对曰："我在晋，吾兄为之，毁之重劳，且不敢间。"

【译文】鲁襄公十五年春季，宋国的向戌来鲁国访问，而且重温旧盟。见了孟献子，批评他的房子，说："您有美好的声誉，却将房子修饰得太过华丽，这不是人们所希望的。"孟献子回答说："这是我在晋国的时候，我哥哥修建的。毁弃它又加重劳力负担，何况我也不敢说哥哥做的事是不对的。"

官师从单靖公逆王后于齐。卿不行，非礼也。

【译文】官师跟随单靖公去齐国迎接王后。卿没有去，这是不合乎礼制的。

楚公子午为令尹，公子罢戎为右尹，蒍子冯[①]为大司马，公子橐师为右司马，公子成为左司马，屈到[②]为莫敖，公子追舒为箴尹，屈荡[③]

为连尹，养由基为宫厩尹，以靖国人。君子谓："楚于是乎能官人。官人，国之急也。能官人，则民无觎心。《诗》云：'嗟我怀人，置彼周行。'能官人也。王及公、侯、伯、子、男、甸、采、卫[4]大夫，各居其列，所谓周行也。"

【注释】①芳子冯：楚国令尹，叔孙敖的侄子。②屈到：屈荡之子。③屈荡：屈到之父，楚国大夫。④甸（shèng）、采、卫：为五服之名。古代王畿外围，每五百里为一区划，按距离的远近分为五等地带，叫五服。周代称侯、甸、男、采、卫为五服。甸，古同"乘"，古代划分田、里的名称。

【译文】楚国的公子午做令尹，公子罢戎做右尹，芳子冯做大司马，公子橐师做右司马，公子成做左司马，屈到做莫敖，公子追舒做箴尹，屈荡做连尹，养由基做宫厩尹，以此安定国民。君子认为："楚国在这个时候可以合理地任命官员。任命官员，是国家最急切的事情。合理地任用官员，那么百姓就没有非分的念头。《诗》中说：'嗟叹我所怀念的贤人，要将他们都安置在合适的官职上。'这就是合理地任命官员。天子和公、侯、伯、子、男、甸、采、卫各级大夫，各自都在他们应该在的职位上，这便是所说的'周行'了。"

郑尉氏、司氏之乱，其余盗在宋。郑人以子西、伯有、子产之故，纳贿于宋，以马四十乘，与师茷、师慧[1]。三月，公孙黑[2]为质焉。司城子罕以堵女父、尉翩[3]、司齐[4]与之，良司臣而逸之，托诸季武子，武子置诸卞[5]。郑人醢之三人也。

【注释】①师慧：郑国的盲人乐师。②公孙黑：即姬黑，字子皙，郑国上大夫。③尉翩：郑国大夫，后因发动“五族之乱”而被执行醢刑。④司齐：郑国的士，后因发动“五族之乱”而被执行醢刑。⑤卞：鲁地，在今山东省泗水县东。

【译文】郑国尉氏、司氏的叛乱，余下的叛乱分子都逃往了宋国。郑国人因为子西、伯有、子产的缘故，向宋国赠送礼物，包含马匹一百六十匹以及乐师师茷、师慧。三月，公孙黑前往宋国做人质。司城子罕把堵女父、尉翩、司齐送交给郑国，郑国人认为司臣贤能所以放走了他，托付给鲁国的季武子，武子把他安置在卞地。郑国人对堵女父三人执行了醢刑。

师慧过宋朝，将私焉。其相曰：“朝也。”慧曰：“无人焉。”相曰：“朝也，何故无人？”慧曰：“必无人焉。若犹有人，岂其以千乘之相易淫乐之矇[1]？必无人焉故也。”子罕闻之，固请而归之。

【注释】①矇（méng）：指乐官。古代以盲人充任，故名。

【译文】师慧经过宋国朝堂，准备小便。扶持他的人说：“这里是朝堂。”师慧说：“没有人在这儿啊。”扶持他的人说：“朝堂，怎么会没有人？”师慧说：“必定没有人啊。要是还有人，难道会用拥有千辆战车之国的国相去交换一个演唱淫乐的盲人吗？必定是因为这里没有人。”子罕听到了师慧的话，坚决向宋平公请求让师慧回国。

夏，齐侯围成，贰于晋故也。于是乎城成郛。

【译文】夏季，齐灵公包围成邑，是由于齐国对晋国有了二心的缘故。在此时鲁国在成邑修建了外城。

秋，邾人伐我南鄙。使告于晋，晋将为会以讨邾、莒。晋侯有疾，乃止。冬，晋悼公卒，遂不克会。郑公孙夏如晋奔丧，子蟜送葬。

【译文】秋季，邾国人进攻鲁国南部边境。鲁国派人向晋国报告，晋国打算为讨伐邾国、莒国而举行会盟。因晋悼公生病，事情就终止了。冬季，晋悼公去世，于是没能举行会盟。郑国的公孙夏前去晋国奔丧吊唁，又派子蟜参加送葬。

宋人或得玉，献诸子罕。子罕弗受。献玉者曰："以示玉人，玉人以为宝也，故敢献之。"子罕曰："我以不贪为宝，尔以玉为宝，若以与我，皆丧宝也。不若人有其宝。"稽首而告曰："小人怀璧，不可以越乡。纳此以请死也。"子罕置诸其里，使玉人为之攻之，富而后使复其所。

【译文】宋国有人获得一块美玉，献给子罕。子罕不接受。献玉的人说："我将这块玉拿给玉工看过，玉工认为这玉是宝物，所以我才敢献给您。"子罕说："我把不贪婪作为宝物，你把玉作为宝物，如果把玉给了我，那么我们两人就都丢失了宝物。这样还不如各人保有自己的宝物。"献玉的人叩头告诉子罕说："小人带着玉璧，是不可能走出自己家乡的。送给您是以此来请求免于一死。"子罕把献玉的人安置在自己居住的里巷，让玉工替他雕琢宝玉，将玉卖出，使献玉的人富有之后才让他回到自己的家乡。

十二月，郑人夺堵狗之妻，而归诸范氏。

【译文】十二月，郑国人抢夺堵狗的妻子，并让她回到娘家范氏去。

襄公十六年

【经】十有六年春王正月，葬晋悼公。三月，公会晋侯、宋公、卫侯、郑伯、曹伯、莒子、邾子、薛伯、杞伯、小邾子，于湨梁①。戊寅，大夫盟。晋人执莒子、邾子以归。齐侯伐我北鄙。夏，公至自会。五月甲子，地震。叔老会郑伯、晋荀偃、卫宁殖、宋人伐许。秋，齐侯伐我北鄙，围成。大雩。冬，叔孙豹如晋。

【注释】①湨（jú）梁：湨水边的大堤。湨，水名，即今河南济源市、孟县、武陟县境之黄河支流漭河。

【译文】鲁襄公十六年春季周历正月，安葬晋悼公。三月，鲁襄公在湨梁与晋平公、宋平公、卫殇公、郑简公、曹成公、莒犁比公、邾宣公、薛伯、杞孝公、小邾穆公会面。戊寅日，各诸侯的大夫结盟。晋国人拘捕了莒犁比公和邾宣公并把他们带回晋国。齐灵公率兵攻打鲁国北部边境。夏季，鲁襄公从诸侯会盟地回到鲁国。五月甲子日，鲁国发生地震。鲁国大夫叔老会合郑简公、晋国的荀偃、卫国的宁殖以及宋国人，出兵攻打许国。秋季，齐灵公攻打鲁国北部边境，包围了成地。鲁国举行大规模的求雨祭祀。冬季，鲁国大夫叔孙豹到晋国去。

【传】十六年春，葬晋悼公。平公即位，羊舌肸为傅，张君臣为中军司马，祁奚、韩襄、栾盈、士鞅为公族大夫，虞丘书为乘马御①。改服，修官，烝②于曲沃。警守而下，会于溴梁。命归侵田。以我故，执邾宣公、莒犁比公，且曰："通齐、楚之使。"

【注释】①乘马御：晋国官名，负责军事训练。②烝：古代特指冬天的祭祀。

【译文】鲁襄公十六年春季，安葬晋悼公。晋平公即位，羊舌肸做太傅，张君臣做中军司马，祁奚、韩襄、栾盈、士鞅做公族大夫，虞丘书做乘马御。更换官服，选贤任能，在曲沃举办烝祭。平公布置好负责守备警戒国都的军队后便沿黄河而下，跟诸侯在溴梁会面。命令诸侯退还所侵占的别国土地。因为我国的缘故，拘捕了邾宣公、莒犁比公，并且说："两国的使者往来于齐、楚之间。"

晋侯与诸侯宴于温，使诸大夫舞，曰："歌诗必类！"齐高厚之诗不类。荀偃怒，且曰："诸侯有异志矣！"使诸大夫盟高厚，高厚逃归。于是，叔孙豹、晋荀偃、宋向戌、卫宁殖、郑公孙虿、小邾之大夫盟，曰："同讨不庭①。"

【注释】①不庭：不忠于王庭，指背叛的诸侯不来朝贡。

【译文】晋平公和诸侯在温地宴饮，让众大夫跳舞，说："所歌唱的诗一定要和舞蹈相匹配！"齐国高厚的诗跟舞蹈不相匹配。荀偃很气愤，并说："诸侯有二心了！"让众大夫跟高厚盟誓，高厚逃走回国。那时，鲁国的叔孙豹、晋国的荀偃、宋国的向戌、卫国的宁殖、郑国的公孙虿、小邾国的大夫盟誓，说："一起讨伐不顺从的国家。"

许男请迁于晋。诸侯遂迁许，许大夫不可。晋人归诸侯。

【译文】许男向晋国请求迁都。诸侯同意许国迁都，许国大夫们却不同意迁都。晋国人让诸侯们回国。

郑子蟜闻将伐许，遂相郑伯以从诸侯之师。穆叔从公。齐子帅师会晋荀偃。书曰："会郑伯。"为夷故也。

【译文】郑国的子蟜听说将要讨伐许国，于是辅佐郑简公跟随诸侯军队。穆叔跟随鲁襄公。齐子带领军队与晋国荀偃会合。《春秋》中记载说："会郑伯。"这是为了摆平排位顺序。

夏六月，次于棫林。庚寅，伐许，次于函氏。

【译文】夏季六月，军队驻扎在棫林。庚寅日，攻打许国，驻扎在函氏。

晋荀偃、栾黡帅师伐楚，以报宋杨梁之役。楚公子格帅师及晋师战于湛阪，楚师败绩。晋师遂侵方城之外，复伐许而还。

【译文】晋国荀偃、栾黡率领军队攻打楚国，是为了报复在宋国杨梁的那次战役。楚国公子格率领军队和晋国军队在湛阪交战，楚国军队大败。于是晋国军队侵入了楚国方城山的外围，再次进攻许国后回国。

秋，齐侯围成，孟孺子速徼之。齐侯曰："是好勇，去之以为之名。"速遂塞海陉而还。

【译文】秋季，齐灵公领兵包围成邑，孟孺子迅速拦截齐国军队。齐灵公说："此人好逞勇武，我们撤离这儿以成其好勇之名。"于是孟孺子堵塞海陉隘道而后回国。

冬，穆叔如晋聘，且言齐故。晋人曰："以寡君之未禘祀[①]，与民之未息。不然，不敢忘。"穆叔曰："以齐人之朝夕释憾于敝邑之地，是以大请！敝邑之急，朝不及夕，引领西望曰：'庶几乎！'比执事之间，恐无及也！"见中行献子，赋《圻父》[②]。献子曰："偃知罪矣！敢不从执事以同恤社稷，而使鲁及此。"见范宣子，赋《鸿雁》[③]之卒章。宣子曰："匄在此，敢使鲁无鸠乎？"

【注释】①禘祀：古代对天神、祖先的大祭。②《圻父》：出自《诗经·小雅》。③《鸿雁》：出自《诗经·小雅》，是一首现实主义的诗。

【译文】冬季，穆叔到晋国访问，并且报告齐国侵袭鲁国之事。晋国人说："由于我们国君还没有举行禘祀，百姓还没有得到休养生息，因此不能出兵救援。如果不是这样，是不敢忘记盟约的。"穆叔说："因为齐国人早晚都会在我们国家发泄愤怒，故而才郑重地请求。敝国的危急，朝不保夕，大家都伸长脖子望着西方说：'晋国差不多快来救援了吧！'等到你们有空的时候，恐怕就来不及了！"穆叔觐见荀偃，赋了《圻父》一诗。荀偃说："我知道错了！怎么敢不跟随你们来共同忧虑国家大计，而让鲁国到了这个地步。"觐见范宣子，赋《鸿雁》的最后一章。范宣子说："有我在这儿，怎么敢让鲁国不得安宁呢？"

襄公十七年

【经】十有七年春王二月庚午，邾子牼卒。宋人伐陈。夏，卫石买帅师伐曹。秋，齐侯伐我北鄙，围桃[①]。高厚帅师伐我北鄙，围防[②]。九月，大雩。宋华臣出奔陈。冬，邾人伐我南鄙。

【注释】①桃：鲁地，在今山东省汶上县北。②防：鲁地，在今山东省费城县东北。

【译文】鲁襄公十七年春季周历二月庚午日，邾宣公牼去世。宋军攻打陈国。夏季，卫国大夫石买率领军队攻打曹国。秋季，齐灵公攻打鲁国北部边境，包围了桃地。齐国大夫高厚率领军队攻打鲁国北部边境，包围了防地。九月，鲁国举行大规模的求雨祭祀。宋国的大夫华臣出逃到陈国。冬季，邾国军队攻打鲁国南部边境。

【传】十七年春，宋庄朝伐陈，获司徒卬，卑宋也。

【译文】鲁襄公十七年春季，宋国的庄朝进攻陈国，抓捕了司徒卬。这是陈国轻视宋国的结果。

卫孙蒯田于曹隧，饮马于重丘[①]，毁其瓶。重丘人闭门而询[②]之，曰："亲逐而君，尔父为厉。是之不忧，而何以田为？"

【注释】①重丘：在今山东茌平县西南。②询（gòu）：古同"诟"，责骂。

【译文】卫国的孙蒯跨过边境在曹国的隧地打猎，又在重丘饮马，不小心摔破了汲水瓶。重丘人关起门来咒骂他，说："你亲手赶走了你的国君，你的父亲又作恶多端。你不为这些事忧虑，还来打什么猎？"

夏，卫石买、孙蒯伐曹，取重丘。曹人诉于晋。

【译文】夏季，卫国的石买、孙蒯讨伐曹国，夺取了重丘。曹国人向晋国告状。

齐人以其未得志于我故，秋，齐侯伐我北鄙，围桃。高厚围臧纥于防。师自阳关[1]逆臧孙，至于旅松。郰叔纥、臧畴、臧贾帅甲三百，宵犯齐师，送之而复。齐师去之。

【注释】①阳关：鲁地，后归入齐，在今山东省泰安市东南。

【译文】齐国人因为在攻打鲁国的战役中没有得到满足，秋季，由齐灵公亲自率领军队进攻鲁国北部边境，包围了桃地。高厚在防地包围了臧纥。鲁军从阳关出发接应臧纥，军队行至旅松。郰叔纥、臧畴、臧贾领着士兵三百人，趁夜偷袭齐军，将臧纥送至旅松而后又回到防城。齐军离开了鲁国。

齐人获臧坚[1]。齐侯使夙沙卫唁之，且曰："无死！"坚稽首曰："拜命之辱！抑君赐不终，姑又使其刑臣礼于士。"以杙[2]抉其伤而死。

【注释】①臧坚：臧孙氏，鲁国大夫。②杙（yì）：小木棒。

【译文】齐国人抓捕了臧坚。齐灵公派夙沙卫去慰问他，并说："不要寻死！"臧坚叩头说："感谢国君的好意！不过国君不让我死，却又让一个受过宫刑的臣子来慰问我。"于是就抓起一根木棍刺进伤口而死。

冬，邾人伐我南鄙，为齐故也。

【译文】冬季，邾国人进攻鲁国南部边境，这是为了帮助齐国。

宋华阅卒。华臣弱皋比之室，使贼杀其宰华吴。贼六人以铍[1]杀诸卢门合左师之后。左师惧曰："老夫无罪。"贼曰："皋比私有讨于吴。"遂幽其妻，曰："畀余而大璧！"宋公闻之，曰："臣也不唯其宗室是暴，大乱宋国之政，必逐之！"左师曰："臣也亦卿也。大臣不顺，国之耻也。不如盖之。"乃舍之。左师为已短策，苟过华臣之门，必聘。

【注释】①铍（pī）：兵器，双刃刀。

【译文】宋国的华阅去世。华臣认为皋比软弱可欺，就派刺客去杀皋比家的家宰华吴。六个刺客用铍把华吴杀害在卢门向戌家的屋后。左师向戌十分害怕地说："老夫我没有犯罪啊。"刺客说："这是皋比自己要私下里杀死华吴。"于是把华吴的妻子也关了起来，威胁她说："把你们家的大玉璧交出来。"宋平公知道此事后，说："华臣不仅对他的宗室这么残暴，还会使宋国的朝政变得混乱，一定要把他赶出去。"左师向戌说："华臣也是一个卿大夫，臣子之间关系不够和睦，是国家的耻辱。不如把此事掩盖起来。"宋平公便放弃了继续追究这件事。向戌为自己做了一个短马鞭，只要经过华臣家门口，就一定会打马快跑。

十一月甲午，国人逐瘈狗，瘈狗入于华臣氏，国人从之。华臣惧，遂奔陈。

【注释】①瘈（zhì）狗：疯狗。

【译文】十一月甲午日，百姓追赶一只疯狗，疯狗逃到华臣家，人们追了进去。华臣十分害怕，于是逃到了陈国。

宋皇国父为大宰，为平公筑台，妨于农功。子罕请俟农功之毕，公弗许。筑者讴[①]曰："泽门之皙，实兴我役。邑中之黔，实尉我心。"子罕闻之，亲执扑，以行筑者，而抶[②]其不勉者，曰："吾侪小人皆有阖庐以辟燥湿寒暑。今君为一台而不速成，何以为役？"讴者乃止。或问其故，子罕曰："宋国区区，而且诅有祝，祸之本也。"

【注释】①讴（ōu）：歌唱。②抶（chì）：用鞭、杖或竹板之类的东西打。

【译文】宋国的皇国父做了太宰，他为了给平公修建一座台子，因而影响了农事。子罕请求等农忙结束后再修建，平公不答应。修台的民工唱道："住在泽门的白面人，让我们服劳役；住在城中的黑面汉，实在让我们欣慰。"子罕听见后，自己亲自拿着鞭子，在修筑台子的民工中巡视，并鞭打那些不愿出力的人，他说："我们这些小人都有用来躲避干燥、潮湿、寒冷、暑热的屋子。如今国君想要建造一个台子，你们却不赶紧完成，还能做什么事情呢？"那些唱歌的人就不再唱了。有人问子罕为何这么做，子罕说："宋国这么一个小国家，居然有咒骂有歌颂，这是祸乱的根源所在。"

齐晏桓子卒。晏婴粗缞斩[①]，苴绖[②]、带、杖，菅屦[③]，食鬻[④]，居倚庐[5]，寝苫，枕草。其老曰："非大夫之礼也。"曰："唯卿为大夫。"

【注释】①粗缞（cuī）斩：古代丧服的一种。②苴绖（jū dié）：用苴麻做的带子，服丧时戴在头上。③菅屦（jiān jù）：用菅草编成的鞋，丧葬时所穿。④鬻：通"粥"，稀饭。⑤倚庐：守丧者所住的草房。这种草房盖在中门之外的东墙下，向北开门，门上没有横梁和柱子，只是以草为屏障，不加泥涂。

【译文】齐国的晏桓子去世。晏婴身穿粗布丧服，头上跟腰间束着麻带，手拿竹仗，脚穿草鞋，每日只喝稀饭，住在草房之中，睡在草垫子上，枕着草做的枕头。他的家臣说："这不符合大夫的礼仪啊。"晏婴说："只有卿才能行大夫之礼。"

襄公十八年

【经】十有八年春，白狄来。夏，晋人执卫行人石买。秋，齐师伐我北鄙。冬十月，公会晋侯、宋公、卫侯、郑伯、曹伯、莒子、邾子、滕子、薛伯、杞伯、小邾子同围齐。曹伯负刍卒于师。楚公子午帅师伐郑。

【译文】鲁襄公十八年春季，白狄来到鲁国。夏季，晋国人拘捕了卫国使者石买。秋季，齐军攻打鲁国北部边境。冬季十月，鲁襄公与晋平公、宋平公、卫殇公、郑简公、曹成公、莒犁比公、邾悼公、滕成公、薛伯、杞孝公、小邾穆公共同出兵围攻齐国。曹成公负刍在讨伐齐国的军中去世。楚国大夫公子午率领军队攻打郑国。

【传】十八年春，白狄始来。

【译文】鲁襄公十八年春季，白狄第一次来鲁国。

夏，晋人执卫行人石买于长子[①]，执孙蒯于纯留，为曹故也。

【注释】①长子：晋邑，在今山西省长子县西南。

【译文】夏季，晋国人在长子抓捕了卫国使臣石买，在纯留逮捕了孙蒯，是因为曹国被侵的缘故。

秋，齐侯伐我北鄙。中行献子将伐齐，梦与厉公[①]讼，弗胜。公以戈击之，首队于前，跪而戴之，奉之以走，见梗阳[②]之巫皋。他日，见诸道，与之言，同。巫曰："今兹主必死，若有事于东方，则可以逞。"献子许诺。

【注释】①厉公：即晋厉公，名寿曼，晋景公之子。②梗阳：古地名，今山西省清徐县。

【译文】秋季，齐灵公进攻我鲁国北部边境。荀偃打算攻打齐国，梦见自己跟晋厉公争辩，没有获胜。晋厉公用戈打他，脑袋被砍下，他跪着把头安好，双手捧着头就跑了，见到梗阳的巫皋。过了几天，在路上碰到巫皋，荀偃跟他谈起自己梦中发生的事，竟和巫皋做了同样的梦。巫皋说："今年您一定会死，但要是在东方有战事，是可以有功的。"荀偃答应了。

晋侯伐齐，将济河。献子以朱丝系玉二瑴[①]，而祷曰："齐环怙恃其险，负其众庶，弃好背盟，陵虐神主。曾臣[②]彪将率诸侯以讨焉，其官臣[③]偃实先后之。苟捷有功，无作神羞，官臣偃无敢复济。唯尔有神裁之！"沉玉而济。

【注释】①瑴（jué）：玉名，双玉。②曾臣：陪臣，古代诸侯面对天子时的谦称。③官臣：根据天子的命令所设置的管理家邑的官吏。

【译文】晋平公攻打齐国，打算渡过黄河。荀偃用红丝线系着两对玉，祷告说："齐灵公凭借着他们国家的险要地势，依仗着人多势众，抛弃好友并背叛同盟，欺压凌辱百姓。陪臣彪打算率领诸侯联军去征讨他，他的官臣偃会在旁边辅佐他。如果得胜有功，就不给神灵带来羞耻，否则官臣偃不敢再渡过黄河回到这里。全都请神灵定夺。"之后把玉沉入河中渡过黄河。

冬十月，会于鲁济，寻湨梁之言，同伐齐。齐侯御诸平阴[①]，堑防门而守之，广里。夙沙卫曰："不能战，莫如守险。"弗听。诸侯之士门焉，齐人多死。范宣子告析文子曰："吾知子，敢匿情乎？鲁人、莒人皆请以车千乘自其乡入，既许之矣。若入，君必失国。子盍图之？”子家以告公，公恐。晏婴闻之曰：“君固无勇，而又闻是，弗能久矣。”齐侯登巫山[②]以望晋师。晋人使司马斥山泽之险，虽所不至，必旆而疏陈之。使乘车者左实右伪，以旆先，舆曳柴[③]而从之。齐侯见之，畏其众也，乃脱归。丙寅晦，齐师夜遁。师旷告晋侯曰：“鸟乌之声乐，齐师其遁。”邢伯告中行伯曰：“有班马[④]之声，齐师其遁。”叔向告晋侯曰：“城上有乌，齐师其遁。”

【注释】①平阴：齐邑，在今山东平阴县东北。②巫山：今山东省肥城县西北。③曳柴：古代作战用的一种诈敌方法，即以车曳柴起尘，造成众军奔驰的假象，以迷惑敌人。④班马：离群的马。

【译文】冬季十月，诸侯们在鲁国的济水边见面，重温溴梁之盟的誓言，一起讨伐齐国。齐灵公在平阴抵抗诸侯，在防门外挖壕沟据守，壕沟宽达一里。夙沙卫说：“不能与诸侯开战，没有比扼守险要更好的了。”齐灵公没有听从。诸侯的甲士攻打城门，齐国士兵很多战死。范宣子告诉析文子说：“我知道您，怎么敢隐瞒实情呢？鲁国人、莒国人都请求带一千辆战车从各自国家进攻齐国，我们已经同意他们了。要是攻入，你们君王一定会失去他自己的国家。您何不打算一下？”析文子把这些话告诉给齐灵公，齐灵公恐惧了。晏婴听到后说：“国君原本就没有勇气，现在又听了这些话，维持不了多久了。”齐灵公登上巫山远看晋国军队。晋国人派司马探测山川河泽的险阻，就算是军队无法到达的地方，也一定树起大旗而稀疏地布下阵势。让在战车上的士兵左边坐真人而右边为假人，用大旗作前导，战车后面拖着薪柴树枝跟上去营造一种众马奔驰的景象。齐灵公看见这种情景，恐惧晋军的人数之庞大，便离开军队脱身回国。丙寅晦日，齐国军队趁夜逃走。师旷告诉晋平公说："乌鸦的叫声欢快，齐军可能逃跑了。"邢伯告诉荀偃说："有离群之马的悲鸣声，齐军可能逃走了。"叔向告诉晋平公说："平阴城上有乌鸦，齐军可能逃走了。

十一月丁卯朔，入平阴，遂从齐师。夙沙卫连大车以塞隧而殿。殖绰、郭最[①]曰："子殿国师，齐之辱也。子姑先乎！"乃代之殿。卫杀马于隘以塞道。晋州绰[②]及之，射殖绰，中肩，两矢夹脰[③]，曰："止，将为三军获；不止，将取其衷。"顾曰："为私誓。"州绰曰："有如日！"乃弛弓而自后缚之。其右具丙亦舍兵而缚郭最，皆衿甲面缚，坐于中军之鼓下。晋人欲逐归者，鲁、卫请攻险。

【注释】①殖绰、郭最：效忠于齐灵公、齐庄公。帮助齐庄公夺取王位，杀掉支持太子牙的夙沙卫。②州绰：春秋时期著名的勇士。③脰：脖子、颈。

【译文】十一月初一，晋军进入平阴，于是追击齐军。夙沙卫把战车连接在一块堵塞山中的隘道并殿后，殖绰、郭最说："您为我国军队殿后，这是齐国的耻辱。您还是先走吧！"于是代替夙沙卫殿后。夙沙卫杀了马匹放在狭窄的小路上阻碍道路。晋国的州绰赶上齐军，用箭射殖绰，射中了他的肩膀，两箭又从其脖子的左右边穿过，说："停下别跑，你将成为我军的俘虏；不停下来，我将射中你的后心。"殖绰回过头来说："你发誓。"州绰说："有太阳在上为证！"于是州绰便把弓弦松开从后面绑住殖绰，他的车右具丙也放下武器绑住郭最，两个人都是穿着盔甲被从后面捆绑着，坐在中军的战鼓下边。晋国人希望追击齐国的逃兵，鲁国、卫国请求进攻险要之地。

己卯，荀偃、士匄以中军克京兹。乙酉，魏绛、栾盈以下军克邿。赵武、韩起以上军围卢，弗克。十二月戊戌，及秦周，伐雍门之萩[①]。范鞅门于雍门，其御追喜以戈杀犬于门中。孟庄子斩其櫄[②]以为公琴。己亥，焚雍门及西郭、南郭。刘难、士弱率诸侯之师焚申池之竹木。壬寅，焚东郭、北郭。范鞅门于扬门。州绰门于东闾，左骖迫，还于门中，以枚数阖。

【注释】①萩（qiū）：通“楸”，落叶乔木。②櫄（chūn）：椿树。

【译文】己卯日，荀偃、士匄带领中军攻下京兹。乙酉日，魏绛、栾盈带领下军攻下邿。赵武、韩起带领上军包围卢地，没有攻克。十二月戊戌日，抵达秦周，砍下了雍门外的木萩。范鞅进攻雍门，他的御者追喜用戈在门里杀死一条狗。孟庄子砍了那儿的櫄木打算为襄公做琴。己亥日，放火烧了雍门以及西边、南边的外城。刘难、士弱率领诸侯联军放火烧了申池附近的竹子树木。壬寅日，放火烧了东边和北边的外城。范鞅进攻扬门。州绰进攻东闾门，左边的马迫于拥挤而不能前进，只能在城门洞内盘旋，连城门上的钉子都数得一清二楚。

齐侯驾，将走邮棠[①]。大子与郭荣扣马，曰：“师速而疾，略也。将退矣，君何惧焉！且社稷之主，不可以轻，轻则失众。君必待之。”将犯之，大子抽剑断鞅[②]，乃止。甲辰，东侵及潍[③]，南及沂[④]。

【注释】①邮棠：齐地名，在今山东平度市东南。②鞅（yāng）：套在马颈上，用以驾车的皮带。③潍：水名，今称潍河，在山东省东部。④沂：大沂河，古称沂水。源出山东省的沂山，南流经沂水县、临沂县、郯城县境入江苏省。

【译文】齐灵公驾车，打算逃到邮棠。太子跟郭荣拉住马，说："敌军的行军速度迅猛，是为了掠夺财物。会很快退兵的，君王您害怕什么呢？况且作为国家的主人，是不可以轻举妄动的，轻举妄动的后果就是失去民心。君王您一定要在这里等待！"齐灵公打算冲出去，太子抽出剑来砍断套马的皮带子，这才停下来。甲辰日，诸侯联军一路向东打到潍水，向南打到沂水。

郑子孔欲去诸大夫，将叛晋而起楚师以去之。使告子庚，子庚弗许。楚子闻之，使杨豚尹宜告子庚曰："国人谓不穀主社稷而不出师，死不从礼。不穀即位，于今五年，师徒不出，人其以不穀为自逸而忘先君之业矣。大夫图之！其若之何？"子庚叹曰："君王其谓午怀安乎！吾以利社稷也。"见使者，稽首而对曰："诸侯方睦于晋，臣请尝之。若可，君而继之。不可，收师而退，可以无害，君亦无辱。"

【译文】郑国的子孔想要除掉大夫们，打算背叛晋国发动楚国军队来除掉他们。他派人告知楚国的令尹子庚，子庚没有答应。楚康王听说了这件事，派豚尹杨宜转告子庚说："百姓认为我主持朝政却不出兵打仗，死后便不能使用先君的礼仪祭祀安葬。我继承王位到如今已有五年，军队没有出动过，人们可能认为我是为了自己享受安逸的生活而忘掉了先君未完成的霸业。大夫们考虑一下，这件事应如何做？”子庚叹息着说：“君王大概是觉得我在贪图享受安逸生活吧！我这是为了国家呀！”子庚接见使者，叩头回答说：“诸侯目前正处在与晋国和睦相处的关系中，下臣请求试探一下。要是可行，君王便继续出兵。要是不行，收兵退回，能够没有损害，君王也不会受到羞辱。”

子庚帅师治兵于汾[①]。于是子蟜、伯有、子张从郑伯伐齐，子孔、子展、子西守。二子知子孔之谋，完守入保。子孔不敢会楚师。

【注释】①汾：地名，在今河南许昌县南。

【译文】子庚带领军队在汾地练兵。在那时子蟜、伯有、子张跟随郑简公讨伐齐国，子孔、子展、子西留守国内。子展、子西二人晓得子孔的计划，便完善城郭并入城堡固守。子孔不敢跟楚军会合。

楚师伐郑，次于鱼陵[①]。右师城上棘，遂涉颍，次于旃然。蒍子冯、公子格率锐师侵费滑[②]、胥靡[③]、献于、雍梁，右回梅山，侵郑东北，至于虫牢[④]而反。子庚门于纯门，信[⑤]于城下而还。涉于鱼齿之下。甚雨及之，楚师多冻，役徒几尽。

【注释】①鱼陵：又称鱼齿山，在今河南省平顶山市西北。②费滑：古地名，在今河南偃师南之缑氏镇。③胥靡：郑地，在今河南省偃师市东南。④虫牢：郑地，在今河南省封丘县北。⑤信：住两晚。

【译文】楚国军队攻打郑国，屯驻在鱼陵。右翼部队在上棘修筑城墙，接着便徒步渡过颍水，驻扎在旃然。蒍子冯、公子格率领精锐部队攻打费滑、胥靡、献于、雍梁，向右绕过梅山，攻击郑国东北部，抵达虫牢才返回。子庚进攻郑都的纯门，在城下驻扎了两晚后撤兵。军队徒步渡过鱼齿山下的河。碰上大雨，楚国的将士多数被冻坏，军中服杂役的人几乎死光。

晋人闻有楚师，师旷曰："不害。吾骤歌北风，又歌南风。南风不竞，多死声。楚必无功。"董叔曰："天道多在西北，南师不时，必无功。"叔向曰："在其君之德也。"

【译文】晋国人听说楚国攻打郑国，师旷说："没有影响。我屡次歌唱北方的曲调，又歌唱南方的曲调。南方的曲调声音不强，多是象征死亡的声音。楚国一定徒劳无功。"董叔说："今年岁星多在西北，南方的军队不合天时，一定不能成功。"叔向说："成败在于他们国君的德行。"

襄公十九年

【经】十有九年春王正月，诸侯盟于祝柯[①]。晋人执邾子。公至自伐齐。取邾田，自漷水[②]。季孙宿如晋。葬曹成公。夏，卫孙林父帅师伐齐。秋七月辛卯，齐侯环卒。晋士匄帅师侵齐，至谷，闻齐侯卒，乃还。八月丙辰，仲孙蔑卒。齐杀其大夫高厚。郑杀其大夫公子嘉。冬，葬齐灵公。城西郛。叔孙豹会晋士匄于柯。城武城。

【注释】①祝柯：即祝阿，又称督扬。齐地，在今山东济南市西南。②漷（kuò）水：源出今山东峄城西北，经鱼台东北入泗水。今山东省南沙河的古称。

【译文】鲁襄公十九年春季周历正月，诸侯在祝柯会盟。晋国人拘捕了邾悼公。鲁襄公从讨伐齐国的战场上回国。鲁国取得邾国的田地，从漷水开始都归鲁国所有。鲁国大夫季孙宿到晋国去。安葬曹成公。夏季，卫国大夫孙林父率领军队攻打齐国。秋季七月辛卯日，齐灵公环去世。晋国的士匄率领军队侵袭齐国，到达谷地，听到齐灵公去世的消息，便撤军回国。八月丙辰日，鲁国大夫仲孙蔑去世。齐国杀死他们的大夫高厚。郑国杀死他们的大夫公子嘉。冬季，安葬齐灵公。鲁国在西面的外城修筑城墙。鲁国大夫叔孙豹在柯地与晋国大夫士匄会面。鲁国修筑武城的城墙。

【传】十九年春，诸侯还自沂上，盟于督扬[①]，曰：“大毋侵小。”

【注释】①督扬：古地名，即祝柯。

【译文】鲁襄公十九年春季，诸侯从沂水边回来，在督阳结盟，约定说：“大国不得入侵小国。”

执邾悼公，以其伐我故。遂次于泗上[1]，疆我田。取邾田，自漷水归之于我。

【注释】①泗上：泛指泗水北岸的地域。

【译文】抓捕了邾悼公，这是因为邾国攻击我国的缘故。于是诸侯联军便驻扎在泗水边，划定我国与邾国的边界。获得被邾国占有的田地，从漷水起都归属我国。

晋侯先归。公享晋六卿于蒲圃，赐之三命[1]之服。军尉、司马、司空、舆尉、候奄，皆受一命之服。贿荀偃束锦[2]，加璧，乘马[3]，先吴寿梦之鼎。

【注释】①三命：周代将官爵划为九等，称九命。三命为公侯伯之卿。②束锦：五匹锦，古代用作礼物。③乘马：四匹马或古代国君所乘的马。

【译文】晋平公先回国。鲁襄公在蒲圃设宴招待晋国的六卿，赐予他们三命的车服。军尉、司马、司空、舆尉、候奄，都是接受一命的车服。送给荀偃五匹锦，加上玉璧，四匹马，再送给他吴王寿梦的铜鼎。

荀偃瘅疽[1]，生疡[2]于头。济河，及著雍，病，目出。大夫先归者皆反。士匄请见，弗内。请后，曰："郑甥可。"二月甲寅，卒，而视，不可含。宣子盥而抚之，曰："事吴，敢不如事主！"犹视。栾怀子曰："其为未卒事于齐故也乎？"乃复抚之曰："主苟终，所不嗣事于齐者，有如河！”乃瞑，受含。宣子出，曰：“吾浅之为丈夫也。”

【注释】①瘅疽（dān jū）：恶疮。②疡（yáng）：疮、痈、疽、疖等的通称，创伤。

【译文】荀偃长了恶疮，疮生在头部。渡过黄河，到达著雍，病危，眼珠都鼓出来了。大夫先回国的都赶回来。士匄请求觐见，不允许入内。派人问将要立谁为继承人，荀偃说：“可立郑国女子所生的荀吴。”二月甲寅日，荀偃去世，眼睛却没有闭上，嘴巴紧闭无法将珠玉放入口中。士匄替荀偃盥洗后抚摸着荀偃说：“事奉荀吴，怎么敢不像事奉您一样尽心呢！”荀偃的眼睛还是没有闭上。栾盈说：“是因为攻打齐国的事情还没有完成的缘故吗？”士匄便又抚摸着荀偃的尸体说：“要是在您去世后，我们不继续从事攻打齐国的事情，有河神为证！”荀偃这才闭了眼，接受了放进嘴里的珠玉。士匄出来后，说：“作为一个男人，我实在是太浅薄啊。”

晋栾鲂帅师从卫孙文子伐齐。

【译文】晋国的栾鲂带领士兵跟随卫国的孙文子讨伐齐国。

季武子如晋拜师，晋侯享之。范宣子为政，赋《黍苗》①。季武子兴，再拜稽首曰：“小国之仰大国也，如百谷之仰膏②雨焉！若常膏之，其天下辑睦，岂唯敝邑？”赋《六月》③。

【注释】①《黍苗》：出自《诗经·小雅·鱼藻之什》，叙述了召伯治理谢邑的事情。②膏（gào）：润泽，滋润。③《六月》：出自《诗经·小雅》，讲述的是在周宣王时期，尹吉甫北伐玁狁（xiǎn yǔn）的诗歌，赞美了尹吉甫的文韬武略和聪明才智。

【译文】季武子去到晋国拜谢晋国出兵的事，晋平公设享礼款待他。范宣子执政，赋《黍苗》一诗。季武子站起来，再拜叩头说："小国对大国的仰望，就如同谷物仰望润泽的雨水一般。要是常常润泽，天下将会和睦，又怎么会只有我国？"便赋了《六月》一诗。

季武子以所得于齐之兵作林钟而铭鲁功焉。臧武仲谓季孙曰："非礼也。夫铭，天子令德，诸侯言时计功，大夫称伐[①]。今称伐，则下等也；计功，则借人也，言时，则妨民多矣，何以为铭？且夫大伐小，取其所得，以作彝器[②]，铭其功烈，以示子孙，昭明德而惩无礼也。今将借人之力以救其死，若之何铭之？小国幸于大国，而昭所获焉以怒之，亡之道也。"

【注释】①称伐：计功，表功。②彝器：古代宗庙常用祭器的总称。

【译文】季武子把从齐国获得的武器熔铸成林钟并在钟上铭刻上鲁国的功劳。臧武仲对季武子说："这是不合乎礼的。铭文，是天子用来记录德行，诸侯用来记录合乎时令的言行以及所取得的功劳，大夫用来记录征伐的。现在记载征伐，那是降了一等了；记录功劳，那是借助别人的力量才取得的；记录合于时令的言行，那么对民众的妨害又太多，铭文又该写些什么呢？况且大国攻打小国，用从小国取得的东西来制作彝器，记载他们的功劳，以便让子孙后代看到，这是为了宣扬明德而惩处无礼。如今是借助了别人的力量来拯救自己的死亡，怎么能记载这个呢？小国侥幸战胜大国，却宣扬所得到的战利品以此来激怒敌人，这是亡国之道啊。”

齐侯娶于鲁，曰颜懿姬，无子。其侄鬷声姬[①]，生光，以为大子。诸子仲子、戎子[②]，戎子嬖。仲子生牙，属诸戎子。戎子请以为大子，许之。仲子曰：“不可。废常，不祥；间诸侯，难。光之立也，列于诸侯矣。今无故而废之，是专黜诸侯，而以难犯不祥也。君必悔之。”公曰：“在我而已。”遂东大子光。使高厚傅牙，以为大子，夙沙卫为少傅。

【注释】①鬷（zōng）声姬：颜懿姬的侄女，齐灵公的妾夫人，齐庄公的母亲。②仲子、戎子：都是宋女。

【译文】齐灵公从鲁国娶妻，名叫颜懿姬，没生儿子。她的侄女鬷声姬生了光，齐灵公立其为太子。姬妾中有仲子、戎子，戎子受宠。仲子生了牙，把他托付给戎子。戎子请求立牙为太子，齐灵公同意了。仲子说：“不可以。废弃常规，是不吉祥的；触犯诸侯，事情难以成功。光成为太子，已经多次参与盟会，而在诸侯之列了。如今没有原因就废掉他，这是专横而轻视诸侯，用难以成功的事去触犯不吉祥的事。君王一定会后悔的。”齐灵公说：“一切事情都由我做主。”于是把太子光迁移到东部边境。派高厚做牙的太傅，立牙为太子，让夙沙卫做牙的少傅。

齐侯疾，崔杼微逆光。疾病，而立之。光杀戎子，尸诸朝，非礼也。妇人无刑。虽有刑，不在朝市。

【译文】齐灵公生了病，崔杼偷偷地把光接回来。齐灵公病危，崔杼立光为太子。光杀了戎子，把尸体摆在朝堂上，这是不合乎礼制的。没有专门针对妇女设定的刑法。即使是用刑，也不能将尸体摆在朝堂之上。

夏五月壬辰晦，齐灵公卒。庄公即位，执公子牙于句渎之丘[①]。以夙沙卫易己，卫奔高唐[②]以叛。

【注释】①句渎之丘：又名谷丘，在今河南虞城县西南谷熟镇。②高唐：齐邑，在今山东禹城市西南。

【译文】夏季五月壬辰晦日，齐灵公去世。齐庄公即位，在句渎之丘逮捕了公子牙。齐庄公认为自己被废是夙沙卫出的主意，夙沙卫便逃亡到高唐背叛了齐国。

晋士匄侵齐，及谷，闻丧而还，礼也。

【译文】晋国的士匄率领军队侵袭齐国，到达谷地，听到齐国有丧事就撤军回国了，这是合于礼制的。

于四月丁未，郑公孙虿卒，赴于晋大夫。范宣子言于晋侯，以其善于伐秦也。六月，晋侯请于王，王追赐之大路，使以行，礼也。

【译文】四月丁未日，郑国公孙虿去世，向晋国大夫发出讣告。范宣子向晋平公进言，因为公孙虿在攻打秦国的战役中表现良好。六月，晋平公向周灵王请求对公孙虿封赏，周灵王追赐给他大路，让它跟随柩车出葬，这是合于礼制的。

秋八月，齐崔杼杀高厚于洒蓝[①]，而兼其室。书曰："齐杀其大夫。"从君于昏也。

【注释】①洒蓝：齐地名，在今山东临淄城外。

【译文】秋季八月，齐国的崔杼在洒蓝杀了高厚，后兼并了他的家财采邑。《春秋》中记载"齐国杀了他们的大夫"，这是因为高厚顺从了国君昏聩的命令。

郑子孔之为政也专。国人患之，乃讨西宫之难与纯门之师。子孔当罪，以其甲及子革、子良氏之甲守。甲辰，子展、子西率国人伐之，杀子孔，而分其室。书曰："郑杀其大夫。"专也。子然、子孔，宋子之子也；士子孔，圭妫之子也。圭妫之班亚宋子，而相亲也；二子孔亦相亲也。僖之四年，子然卒；简之元年，士子孔卒。司徒孔实相子革、子良之室，三室如一，故及于难。子革、子良出奔楚，子革为右尹。郑人使子展当国，子西听政，立子产为卿。

【译文】郑国的子孔执政时独断专行。国民很担忧，就追究西宫的灾难和楚国攻打纯门那场战役的罪责。子孔应当承担罪责，他带领着自己的甲士以及子革、子良的甲士来保卫自己。甲辰日，子展、子西领着国民讨伐子孔，杀掉子孔，瓜分了他的家财采邑。《春秋》中记载“郑国杀了他们的大夫”，这是由于子孔独断专行。子然、子孔，是宋子的儿子；士子孔，是圭妫的儿子。圭妫的位次在宋子之下，不过两人的关系很亲密；二人的儿子子孔与士子孔的关系也很亲密。郑僖公四年，子然去世；郑简公元年，士子孔去世。司徒子孔辅佐子革、子良两家，三家关系亲密得如同一家一样，因此子革、子良被牵连而遭难。子革、子良逃到楚国，子革做了楚国右尹。郑国人让子展执掌国事，子西负责处理政务，让子产为卿。

齐庆封[①]围高唐，弗克。冬十一月，齐侯围之，见卫在城上，号之，乃下。问守备焉，以无备告。揖之，乃登。闻师将傅，食高唐人。殖绰、工偻会夜缒纳师，醢卫于军。

【注释】①庆封：齐国大夫，庆克之子。

【译文】齐国的庆封领兵包围高唐，没有攻克。冬季十一月，齐庄公亲自带兵包围高唐，看见夙沙卫在城墙上，就大声喊他，夙沙卫便下城来见庄公。齐庄公问夙沙卫防守的情况，夙沙卫告诉他说没有守备力量。之后两人相互作揖行礼，夙沙卫又登上城墙。夙沙卫听说齐军打算贴着城墙攻击，就让高唐城里的人饱吃一顿。殖绰、工偻会在晚上将绳子从城墙上放下接应齐国军队进城，将夙沙卫在军中剁成肉酱。

城西郛，惧齐也。

【译文】鲁国在城池的西面修建城墙，这是因为畏惧齐国报复。

齐及晋平，盟于大隧。故穆叔会范宣子于柯。穆叔见叔向，赋《载驰》[1]之四章。叔向曰："肸敢不承命。"穆叔归，曰："齐犹未也，不可以不惧。"乃城武城。

【注释】①《载驰》：出自《诗经·国风·鄘风》，是在卫国被狄国占领后，许穆夫人吊唁祖国危亡时所作。

【译文】齐国跟晋国讲和，在大隧结盟。因此穆叔和范宣子在柯地会见。穆叔觐见叔向，赋《载驰》诗的第四章。叔向说："我怎么敢不接受命令呢！"穆叔回国后，说："齐国不会就此善罢甘休，不能不忧惧。"于是在武城修筑城墙。

卫石共子卒，悼子不哀。孔成子[1]曰："是谓蹷[2]其本，必不有其宗。"

【注释】①孔成子：名烝鉏，卫国大夫。②蹷（jué）：同"蹶"，拔掉。

【译文】卫国的石买去世，石买的儿子悼子并不悲伤。孔成子说："这叫作失掉本性，一定不能保全他的宗族。"

襄公二十年

【经】二十年春王正月辛亥，仲孙速会莒人盟于向。夏六月庚申，公会晋侯、齐侯、宋公、卫侯、郑伯、曹伯、莒子、邾子、滕子、薛伯、杞伯、小邾子盟于澶渊[1]。秋，公至自会。仲孙速帅师伐邾。蔡杀其大夫公子燮[2]。蔡公子履出奔楚。陈侯之弟黄出奔楚。叔老如齐。冬十月丙辰朔，日有食之。季孙宿如宋。

【注释】①澶渊：古地名，在今河南省濮阳县西南。②公子燮：蔡庄公之子。

【译文】鲁襄公二十年春季周历正月辛亥日，鲁国大夫仲孙速与莒国人会面并在向地结盟。夏季六月庚申日，鲁襄公与晋平公、齐庄公、宋平公、卫殇公、郑简公、曹武公、莒犁比公、邾悼公、滕成公、薛伯、杞孝公、小邾穆公在澶渊结盟。秋季，鲁襄公从澶渊会盟返回鲁国。鲁国的仲孙速率领军队攻打邾国。蔡国杀了他们的大夫公子燮。蔡国的公子履出逃到楚国。陈哀公的弟弟黄出逃到楚国。鲁国大夫叔老去往齐国。冬季十月初一，发生了日食。鲁国大夫季孙宿到宋国去。

【传】二十年春，及莒平。孟庄子会莒人盟于向，督扬之盟故也。

【译文】鲁襄公二十年春季，鲁国跟莒国讲和。孟庄子与莒国人会面并在向地结盟，这是因为督扬之盟的缘故。

夏，盟于澶渊，齐成故也。

【译文】夏季，诸侯在澶渊结盟，这是为了和齐国讲和。

邾人骤至，以诸侯之事，弗能报也。秋，孟庄子伐邾以报之。

【译文】邾国人屡次侵犯鲁国，鲁国因为经常参与诸侯之间的盟会和征伐，而没有时间去报复邾国人。秋季，孟庄子领兵进攻邾国进行报复。

蔡公子燮欲以蔡之晋，蔡人杀之。公子履，其母弟也，故出奔楚。

【译文】蔡国公子燮想要让蔡国臣服于晋国，蔡国人将他杀了。公子履，是公子燮的同母弟，故而逃亡到楚国。

陈庆虎、庆寅畏公子黄之逼，诉诸楚曰："与蔡司马同谋。"楚人以为讨。公子黄出奔楚。

【译文】陈国的庆虎、庆寅因为害怕公子黄的逼迫，向楚国进谗言说："公子黄跟蔡国司马一起谋划打算臣服于晋国。"楚国人因此讨伐陈国。公子黄出逃到楚国。

初，蔡文侯欲事晋，曰："先君与于践土之盟，晋不可弃，且兄弟也。"畏楚，不能行而卒。楚人使蔡无常，公子燮求从先君以利蔡，不能而死。书曰"蔡杀其大夫公子燮"，言不与民同欲也。"陈侯之弟黄出奔楚"，言非其罪也。公子黄将出奔，呼于国曰："庆氏无道，求专陈国，暴蔑其君，而去其亲，五年不灭，是无天也。"

【译文】起初，蔡文侯想要臣服于晋国，说："先君参加了践土之盟，晋国不能抛弃，况且我们还是兄弟之国。"但因畏惧楚国，没有施行就去世了。楚国人役使蔡国使其没有正常的法规制度，公子燮请求继承先君的遗志臣服于晋国使蔡国从中获得利益，没办成就去世了。《春秋》中记载说"蔡国人杀了他们的大夫公子燮"，说的是公子燮不能和百姓有相同的愿望。"陈哀公的弟弟黄出逃到楚国"，说的是并不是他的罪过。公子黄临逃跑前，在国都大声喊道："庆氏无道，想要谋求在陈国独断专行，轻慢他的国君，并且除掉国君的亲人，如果国家在五年之内没有灭亡的话，就是没有天理了。"

齐子初聘于齐，礼也。

【译文】鲁国大夫叔老第一次到齐国访问，这是合乎礼制的。

冬，季武子如宋，报向戌之聘也。褚师段[①]逆之以受享，赋《常棣》[②]之七章以卒。宋人重贿之。归，复命，公享之。赋《鱼丽》[③]之卒章。公赋《南山有台》[④]。武子去所，曰："臣不堪也。"

【注释】①褚师段：字子石，是宋共公的儿子，宋平公的弟弟。褚师，古代管理市场的官吏。②《常棣》：出自《诗经·小雅》，是在宴会上歌唱兄弟情的诗。③《鱼丽》：出自《诗经·小雅》，是周代燕飨宾客通用的乐歌。④《南山有台》：出自《诗经·小雅》，是一首颂德祝寿的宴饮诗。

【译文】冬季，鲁国的季武子到了宋国，是为了回报之前向戌到鲁国的访问。褚师段迎接季武子并让他接受宋平公的享礼，季武子赋《常棣》诗的第七章跟最后一章。宋国人送给他一份厚礼。季武子回国复命，鲁襄公设享礼款待他。季武子赋《鱼丽》诗的最后一章。鲁襄公赋《南山有台》一诗。季武子离开坐席，说："臣下不敢当。"

卫宁惠子疾，召悼子[①]曰："吾得罪于君，悔而无及也。名藏在诸侯之策，曰：'孙林父、宁殖出其君。'君入则掩之。若能掩之，则吾子也。若不能，犹有鬼神，吾有馁而已，不来食矣。"悼子许诺，惠子遂卒。

【注释】①悼子：即甯喜，宁殖之子，卫国卿大夫。

【译文】卫国的宁殖生病，告诉儿子甯喜说："我得罪了国君，后悔也来不及了。我的名字已经记录在诸侯的简策上了，写着：'孙林父、宁殖将自己的国君驱逐出国。'只有国君回国才能掩盖这件事。你若是能掩盖这件事，你就是我的好儿子。如果不能，若有鬼神的存在，我宁愿挨饿，也不接受你的祭祀。”甯喜答应了，宁殖便死了。

襄公二十一年

【经】二十有一年春王正月，公如晋。邾庶其以漆[①]、闾丘来奔。夏，公至自晋。秋，晋栾盈出奔楚。九月庚戌朔，日有食之。冬十月庚辰朔，日有食之。曹伯[②]来朝。公会晋侯、齐侯、宋公、卫侯、郑伯、曹伯、莒子、邾子于商任。

【注释】①漆：古邑名，在今山东省邹城。②曹伯：即曹武公。

【译文】鲁襄公二十一年春季周历正月，鲁襄公去晋国访问。邾国的庶其带着他的采邑漆、闾丘来投奔鲁国。夏季，鲁襄公从晋国回到鲁国。秋季，晋国的栾盈出逃到楚国。九月初一，出现了日食。冬季十月初一，出现了日食。曹武公来鲁国朝见鲁襄公。鲁襄公在商任与晋平公、齐庄公、宋平公、卫殇公、郑简公、曹武公、莒犁比公、邾悼公会面。

【传】二十一年春，公如晋，拜师及取邾田也。

【译文】鲁襄公二十一年春季，襄公前去晋国，对晋国出兵帮助鲁国征讨齐国和夺取邾国田地之事表示感谢。

邾庶其以漆、闾丘来奔。季武子以公姑姊妻之，皆有赐于其从者。

【译文】邾国的庶其带着自己的采邑漆地和闾丘逃亡到鲁国。季武子把襄公的姑姑嫁给他做妻子，对跟着庶其出逃的人也都有奖赏。

于是鲁多盗。季孙谓臧武仲曰："子盍诘盗？"武仲曰："不可诘也，纥又不能。"季孙曰："我有四封，而诘其盗，何故不可？子为司寇，将盗是务去，若之何不能？"武仲曰："子召外盗而大礼焉，何以止吾盗？子为正卿，而来外盗，使纥去之，将何以能？庶其窃邑于邾以来，子以姬氏妻之，而与之邑，其从者皆有赐焉。若大盗，礼焉以君之姑姊与其大邑，其次皂牧[①]舆马，其小者衣裳剑带，是赏盗也。赏而去之，其或难焉。纥也闻之，在上位者洒濯[②]其心，壹以待人，轨度其信，可明征也，而后可以治人。夫上之所为，民之归也。上所不为，而民或为之，是以加刑罚焉，而莫敢不惩。若上之所为，而民亦为之，乃其所也，又可禁乎？《夏书》曰：'念兹在兹，释兹在兹，名言兹在兹，允出兹在兹，惟帝念功。'将谓由己壹也。信由己壹，而后功可念也。"

【注释】①皂牧：自皂至牧共八等，皂、舆、隶、僚、仆、台、圉、牧，皆贱役之属。②洒濯：洗净、清洗。

【译文】当时鲁国有很多盗贼。季武子对臧武仲说："您为什么不整治这些盗贼呢？"臧武仲说："盗贼不可以整治，我也没有能力整治。"季武子说："我国有四方边界，用来整治那些盗贼，为什么整治不了呢？您作为司寇，整治盗贼是您的职责，为何说做不到呢？"臧武仲说："您将国外的盗贼招来，又对他礼遇有加，还怎么禁止我们国内的盗贼呢？您作为正卿，收容从国外来的盗贼，却让我将国内的盗贼除掉，我又如何能做到呢？庶其从邾国偷取了两座城池，您把姬氏送给他做妻子，又送给他城邑，跟随他来的人也都有赏赐。做大盗却可以得到君王的姑姑做妻子以及大的城池，次一等的得到奴仆车马，最差的也可以得到衣裳剑带，这是在奖赏盗贼。既要铲除盗贼又要奖赏盗贼，这恐怕很难。我曾听说，身居上位的人要洗涤自己的内心，待人要从一而终，使其诚信合于法度，有明确的行动做证明，然后才能有资格治理人民。身处上位的人的行为举止，是民众效仿的榜样。如果身处上位的人没有做坏事，而百姓却做了，就要对他们进行惩罚，使其他人不敢不引以为戒。要是上面的人做了坏事，下面的民众也跟着做了，这是理所当然的，又如何禁止得住呢？《夏书》中说：'想要做的就是这个，想要丢弃的就是这个，想要命令的就是这个，诚信所在的就是这个，只有帝王才会记下这个功劳。'这就是人们所说的自己的言行要一致。诚信出于自己的言行一致，只有言行一致才可以记录功劳。"

庶其非卿也，以地来，虽贱，必书，重地也。

【译文】庶其不是邾国的卿大夫，只是由于他带着城池而来，所以即使他地位卑微，《春秋》中也要记载下来，这是由于重视土地。

齐侯使庆佐①为大夫，复讨公子牙之党，执公子买于句渎之丘。公子钽来奔。叔孙还奔燕。

【注释】①庆佐：庆封的兄弟，庆克的儿子，崔杼的同党。

【译文】齐庄公任命庆佐为大夫，再次讨伐公子牙的同党，在句渎之丘抓住了公子买。公子钽逃亡到鲁国。叔孙还逃亡到燕国。

夏，楚子庚卒，楚子使薳子冯为令尹。访于申叔豫，叔豫曰：“国多宠而王弱，国不可为也。”遂以疾辞。方暑，阙地，下冰而床焉。重茧，衣裘，鲜食而寝。楚子使医视之，复曰：“瘠则甚矣，而血气未动。”乃使子南为令尹。

【译文】夏季，楚国的子庚去世，楚康王任命薳子冯为令尹。薳子冯前去询问申叔豫的意见，申叔豫说：“国家有太多的宠臣而君王又太过年幼，国家不好管理呀！”于是薳子冯就以患病为由拒绝接任令尹一职。这时正值暑天，他就在地上挖了个坑，坑中放入冰块，再在坑上放一张床。穿着厚棉衣，又穿上皮大衣，只吃一点饭便睡觉了。康王派医生探望他，医生回去报告说：“他身体十分瘦弱，不过血气没亏。”于是康王只好任命子南做令尹。

栾桓子娶于范宣子，生怀子。范鞅以其亡也，怨栾氏，故与栾盈为公族大夫而不相能。桓子卒，栾祁与其老州宾通，几亡室矣。怀子患之。祁惧其讨也，诉诸宣子曰："盈将为乱，以范氏为死桓主而专政矣，曰：'吾父逐鞅也，不怒而以宠报之，又与吾同官而专之，吾父死而益富。死吾父而专于国，有死而已，吾蔑从之矣！'其谋如是，惧害于主，吾不敢不言。"范鞅为之征。怀子好施，士多归之。宣子畏其多士也，信之。怀子为下卿，宣子使城著而遂逐之。

【译文】栾黡娶士匄的女儿为妻，生下栾盈。范鞅因曾被栾黡逼迫而逃亡，所以对栾氏怀恨在心，因此虽然他与栾盈同为公族大夫但却不能和平共处。栾黡去世后，他的妻子栾祁与管家州宾私通，州宾几乎将栾家的家产全都侵吞。栾盈很担忧。栾祁怕他讨伐自己，就先到士匄那里诬告说："栾盈准备发动叛乱，他认为是范氏害死了栾黡从而要独揽朝政大权，他说：'我父亲赶走范鞅，范鞅回国后我父亲不仅没有对他发怒反而宠信重用他，又让他与我同为公族大夫，范鞅却更加专横跋扈。我父亲死后他们范氏更加富足了。分明是他们将我父亲害死的，从而独揽国家大权，我宁愿一死也不愿再听从他们的吩咐。'这就是他的阴谋，我害怕他伤害到您，因此不敢不说出来。"范鞅也在旁边为栾祁作证。栾盈喜爱施舍接济别人，多数人都归附于他。士匄正因栾盈身边有太多的支持者而感到畏惧，便相信了栾祁的话。栾盈当时任下卿，士匄派他去著地修筑城墙，乘机将他赶出了都城。

秋，栾盈出奔楚。宣子杀箕遗、黄渊、嘉父、司空靖、邴豫、董叔、邴师、申书、羊舌虎、叔罴[①]。囚伯华、叔向、籍偃[②]。人谓叔向曰："子离[③]于罪，其为不知乎？"叔向曰："与其死亡若何？《诗》曰：'优哉游哉，聊以卒岁。'知也。"乐王鲋[④]见叔向曰："吾为子请！"叔向弗应。出，不拜。其人皆咎叔向。叔向曰："必祁大夫。"室老闻之，曰："乐王鲋言于君，无不行，求赦吾子，吾子不许。祁大夫所不能也，而曰'必由之'，何也？"叔向曰："乐王鲋，从君者也，何能行？祁大夫外举不弃仇，内举不失亲，其独遗我乎？《诗》曰：'有觉德行，四国顺之。'夫子，觉者也。"

【注释】①箕遗、黄渊、嘉父、司空靖、邴豫、董叔、邴师、申书、羊舌虎、叔罴：此十人皆为晋国大夫，是栾盈的同党。②籍偃：即籍游，籍季之子，晋国大夫，时任上军司马。③离：古同"罹"，遭受。④乐王鲋：晋国大夫，有智谋，但贪财，史称乐桓子。

【译文】秋季，栾盈逃亡到楚国。士匄杀了他的同党箕遗、黄渊、嘉父、司空靖、邴豫、董叔、邴师、申书、羊舌虎、叔罴，将伯华、叔向、籍偃三人囚禁起来。有人对叔向说："您遭受这样的惩罚，这难道不是不明智的吗？"叔向说："和那些逃亡以及死去的人相比，又算得了什么呢？《诗经》中说：'优哉游哉，能避害而终寿。'这就是明智啊！"乐王鲋去见叔向说："我去为您求情吧。"叔向没有回应。乐王鲋离开的时候，叔向也没有拜送。叔向的随从都责怪他。叔向说："一定要祁大夫才能救我。"他的家宰听说后，对他说："乐王鲋在国君面前说的话，没有不被采纳的，他要去国君面前请求赦免您，您不答应。祁奚做不到，您却说'必须由祁大夫去'，这是为什么？"叔向说：

"乐王鲋，是顺从国君的人，又怎么能够救得了我呢？祁奚举荐外族人的时候也不会抛弃仇敌，举荐同族人时也不会失去亲人，他难道会单单漏掉我吗？《诗经》中说：'德行高尚的人，天下人都会归顺他。'祁奚便是一个德行高尚的人。"

晋侯问叔向之罪于乐王鲋，对曰："不弃其亲，其有焉。"于是祁奚老矣，闻之，乘驲[①]而见宣子，曰："《诗》曰：'惠我无疆，子孙保之。'《书》曰：'圣有谟勋，明征定保。'夫谋而鲜过，惠训不倦者，叔向有焉，社稷之固也。犹将十世宥之，以劝能者。今壹不免其身，以弃社稷，不亦惑乎？鲧殛而禹兴[②]。伊尹放大甲[③]而相之，卒无怨色。管、蔡为戮，周公右王。若之何其以虎也弃社稷？子为善，谁敢不勉？多杀何为？"宣子说，与之乘，以言诸公而免之。不见叔向而归。叔向亦不告免焉而朝。

【注释】①驲：古代驿站专用的车，后亦指驿马。②鲧（gǔn）殛而禹兴：鲧因治水无功而被杀，其子大禹治水成功，获得帝位。比喻一人有罪不能株连亲属。鲧，大禹的父亲。③大甲：即太甲，商汤嫡长孙，商朝第四位君王。

【译文】晋平公问乐王鲋关于叔向的罪过，乐王鲋回答说："叔向一向不抛弃自己的亲人朋友，很可能参加了叛乱。"这时祁奚已告老还乡，知道此事后，乘坐驿车赶到国都求见士匄，他说："《诗经》中说：'君王赐予我们无限的恩惠，子孙后代都应该保有他。'《书》中说：'圣明的人有谋略和训诲，应当对他的保护有明显的表示。'参与谋划又鲜少有错误，教诲别人却不知疲倦的人，只有叔向全都具备，这是社稷的根本啊。就算他的子孙后代犯了错也应该得到宽恕，以此来勉励有能力的人。如今他因为一点罪过却连自身都无法保全，从而抛弃了社稷的根本，不是很糊涂的做法吗？先前鲧被处死他的儿子禹却获得重用。伊尹曾放逐过太甲而太甲却任用伊尹为相，始终对他面无怨色。管叔、蔡叔被杀死，而他们的兄弟周公却能继续辅佐天子。为什么要因为一个羊舌虎而抛弃了社稷的根本呢？您要是推行善政，谁能不更加勤勉呢？为什么要多杀人呢？”士匄听了后十分高兴，和他一块乘车上朝，劝说平公赦免叔向。事后祁奚没有见叔向就回家了。叔向也没有向祁奚表达感谢就去朝见晋平公了。

初，叔向之母妒叔虎之母美而不使，其子皆谏其母。其母曰：“深山大泽，实生龙蛇。彼美，余惧其生龙蛇以祸女。女，敝族也。国多大宠，不仁人间之，不亦难乎？余何爱焉！”使往视寝，生叔虎。美而有勇力，栾怀子嬖之，故羊舌氏之族及于难。

【译文】先前，叔向的母亲嫉妒羊舌虎的母亲美丽而不让她服侍丈夫，她的儿子们都劝她不要这样。她说：“深山大泽，是生长龙蛇的地方。她长得那么漂亮，我担心她生出像龙蛇一样的人会给你们带来灾难。你们是衰败的家族。如今国家中，受宠的大家族有很多，不讲道德的人从中挑拨是非，想要和平安定的环境不也很难吗？我自己又有什么可爱惜的？”便答应羊舌虎的母亲去侍寝。后来生下羊舌虎，漂亮并且勇猛有力，栾盈很宠爱他，也正是这个原因使得整个羊舌氏家族遭到祸患。

栾盈过于周，周西鄙掠之。辞于行人曰：“天子陪臣盈得罪于王之守臣，将逃罪。罪重于郊甸，无所伏窜，敢布其死。昔陪臣书[1]能输力于王室，王施惠焉。其子黡不能保任其父之劳。大君若不弃书之力，亡臣犹有所逃。若弃书之力，而思黡之罪，臣，戮余也，将归死于尉氏[2]，不敢还矣。敢布四体，唯大君命焉！”王曰：“尤而效之，其又甚焉！”使司徒禁掠栾氏者，归所取焉。使候[3]出诸轘辕[4]。

【注释】①书：即栾书。②尉氏：古代掌管刑狱之官，即司寇。③候：候人，古代掌管整治道路稽查奸盗，或迎送宾客的官员。④轘辕：即轘辕山，在今河南省偃师县东南，接登封、巩义二市界。因山道险隘、盘旋往复得名。山势险阻，历来为兵家控守之要地。

【译文】栾盈路过周地，周朝西部边境的人抢夺了他的财物。栾盈对周王室的使者申诉说：“天子陪臣盈得罪了天子的守臣，打算逃避处罚。又在天子的郊外获罪，没有能够隐匿藏身的处所，大胆冒死进言。当初陪臣栾书能为王室效力，是天子赐予的恩惠。他的儿子栾黡，不能保全他父亲的功劳。君王如果没有忘掉栾书曾经的辛劳，亡臣尚且可以有躲避的地方。如果君王丢弃栾书曾经的功劳，而计较我的罪过，那么由于我本就是躲避惩罚的人，如此就将要回国死在狱官的手里，不敢再回来了。谨此袒露心声，唯君王之命是从。”周灵王说：“别人有过失而去效仿，过失就更大了。”于是派司徒制止那些抢夺栾氏财物的人，把所抢夺的财物归还给栾氏。派候人将栾盈送出轘辕山。

冬，曹武公来朝，始见也。

【译文】冬季，曹武公来鲁国朝见，这是曹武公第一次朝见鲁襄公。

会于商任，锢栾氏也。齐侯、卫侯不敬。叔向曰："二君者必不免。会朝，礼之经也；礼，政之舆也；政，身之守也；怠礼失政；失政不立，是以乱也。"

【译文】诸侯在商任会面，是为了禁锢栾盈。齐庄公、卫殇公不想遵从。叔向说："这二位国君一定不能免于祸患。会面和朝见，是礼仪中的规范；礼仪，是政事的载体；政事，是身体的寄托。轻慢礼仪便会丧失政事，丧失政事便不能立身，故而就会出现祸乱。

知起①、中行喜②、州绰、邢蒯出奔齐，皆栾氏之党也。乐王鲋谓范宣子曰："盍反州绰、邢蒯？勇士也。"宣子曰："彼栾氏之勇也，余何获焉？"王鲋曰："子为彼栾氏，乃亦子之勇也。"

【注释】①知起：即荀起，又称智起，为栾盈的同党。②中行喜：即荀喜，为栾盈的同党。

【译文】荀起、荀喜、州绰、邢蒯逃亡到齐国，他们都是栾盈的同党。乐王鲋对范宣子说："为什么不让州绰、邢蒯回来呢？他们都是勇士啊。"范宣子说："他们都是栾盈的勇士，我又能得到什么呢？"乐王鲋说："如果您能像栾盈一样对待他们，那么他们也会成为您的勇士。"

齐庄公朝，指殖绰、郭最曰："是寡人之雄也。"州绰曰："君以为雄，谁敢不雄？然臣不敏，平阴之役，先二子鸣。"庄公为勇爵。殖绰、郭最欲与焉。州绰曰："东闾之役，臣左骖迫，还于门中，识其枚数。其可以与于此乎？"公曰："子为晋君也。"对曰："臣为隶新。然二子者，譬于禽兽，臣食其肉而寝处其皮矣。"

【译文】齐庄公上朝，指着殖绰、郭最说："这是寡人的勇士。"州绰说："君王觉得他们是勇士，谁又敢不认为他们是勇士呢？然而臣虽不才，在平阴之战中，却比他们二人先获得胜利。"齐庄公为勇士设立爵位，殖绰、郭最想要得到爵位。州绰说："东闾那次战役，臣下的左骖马由于道路窄小，只能盘旋在门里不能前进，将门上的铁钉都数了个遍，它大概在这里也能获得一个爵位吧？"庄公说："您当时是为了晋平公啊。"州绰回答说："臣下做您仆隶的时间还很短。然而这两位，如果用禽兽做比喻的话，臣下早已吃了他们的肉并睡在他们的皮上了。"

襄公二十二年

【经】二十有二年春王正月，公至自会。夏四月。秋七月辛酉，叔老卒。冬，公会晋侯、齐侯、宋公、卫侯、郑伯、曹伯、莒子、邾子、薛伯、杞伯、小邾子于沙随[①]。公至自会。楚杀其大夫公子追舒。

【注释】①沙随：宋地，在今河南宁陵东北。

【译文】鲁襄公二十二年春季周历正月，鲁襄公从商任会盟回到鲁国。夏季四月。秋季七月辛酉日，鲁国大夫叔老去世。冬季，鲁襄公与晋平公、齐庄公、宋平公、卫殇公、郑简公、曹武公、莒犁比公、邾悼公、薛伯、杞孝公、小邾穆公在沙随会面。鲁襄公自沙随回到鲁国。楚国人杀死了他们的大夫公子追舒。

【传】二十二年春，臧武仲如晋，雨，过[①]御叔[②]。御叔在其邑，将饮酒，曰："焉用圣人！我将饮酒，而己雨行，何以圣为？"穆叔闻之，曰："不可使也，而傲使人，国之蠹[③]也。"令倍其赋。

【注释】①过：拜访、探望。②御叔：鲁国御邑的大夫。③蠹（dù）：蛀蚀器物的虫子。

【译文】鲁襄公二十二年春季，臧武仲去了晋国。天正下着大雨，臧武仲前去拜访御叔。御叔在自己的封邑里，正准备饮酒，说："要这个圣人的称号有什么用？我正打算饮酒，而他却在冒雨前行，还算什么圣人？"穆叔听到后，说："这个人自己不够资格做使臣，反而傲视出使的人，是国家的蛀虫。"下令将御叔封邑的赋税加重一倍。

夏，晋人征朝于郑。郑人使少正公孙侨对曰："在晋先君悼公九年，我寡君于是即位。即位八月，而我先大夫子驷从寡君以朝于执事，执事不礼于寡君。寡君惧。因是行也，我二年六月朝于楚，晋是以有戏之役。楚人犹竞，而申礼于敝邑。敝邑欲从执事，而惧为大尤，曰：'晋其谓我不共有礼。'是以不敢携贰于楚。我四年三月，先大夫子蟜又从寡君以观衅于楚，晋于是乎有萧鱼之役。谓我敝邑，迩在晋国，譬诸草木，吾臭味也，而何敢差池？楚亦不竞，寡君尽其土实，重之以宗器，以受齐盟。遂帅群臣随于执事以会岁终。贰于楚者，子侯、石盂，归而讨之。溴梁之明年，子蟜老矣，公孙夏从寡君以朝于君，见于尝酎[①]，与执燔焉。间二年，闻君将靖东夏，四月又朝，以听事期。不朝之间，无岁不聘，无役不从。以大国政令之无常，国家罢病，不虞荐至，无日不惕，岂敢忘职？大国若安定之，其朝夕在庭，何辱命焉？若不恤其患，而以为口实，其无乃不堪任命，而翦为仇雠？敝邑是惧，其敢忘君命？委诸执事，执事实重图之。"

【注释】①尝酎：祭祀时尝饮新酒。酎（zhòu），连酿三次的醇酒。

【译文】夏季，晋国征召郑国入朝觐见。郑国派少正公孙侨答复说："在晋国先君晋悼公九年的时候，我们国君即位。即位八个月后，我国先大夫子驷跟随我国国君前来朝见晋国，而贵国却对我们国君不尊重。我们国君感到害怕。因此这一次出行，我国在二年六月到达楚国朝见，晋国因此发动了戏地战役。楚国这时尚且强大，却对我们国家表示出了应有的礼仪。我们国家想要服从贵国，却又害怕犯下大错，说：‘晋国会认为我们国家对有礼仪的国家不尊重。’因此不敢背叛楚国。在我国四年三月的时候，先大夫子蟜又跟随我国国君朝见楚国，晋国因此发动了萧鱼之战。说我们国家，就在晋国的边上，就好比晋国是草木，我们国家是草木散发出来的气味而已，又怎么敢有任何差错？楚国日趋衰弱，寡君拿出土地上的全部出产，加上宗庙的礼器，来接受盟约。并领着群臣跟从晋国参加年终的盟会。我们国家亲附楚国的，是子侯和石盂，我们回国之后就惩罚了他们二人。溴梁之盟的第二年，子蟜告老还乡，公孙夏跟随我们国君来朝见晋国国君，在尝祭的时候觐见，参加了祭典。两年之后，听说君王要平定东方，四月又来朝见君王，是为了听取结盟的日期。在没有朝见的时候，我们没有哪一年是不进行访问的，也没有哪一场战役是不跟随参加的。因为大国的政令没有常规标准，国家疲困不堪，意想不到的事情接连发生，没有一日是不警惕的，怎么敢忘掉自己的职责呢？大国如果可以使我们国家安定，我们一定会经常来朝见，又怎么会劳烦你们下令呢？如果不体恤我们国家的忧虑，而是把不朝见当作借口，难道不会使我们国家因无法忍受你们国家的命令，被你们丢弃而成为仇敌吗？我们国家很担心，哪里敢忘记君王的命令呢？我们把一切都交给你们，贵国应当认真考虑一下。”

秋，栾盈自楚适齐。晏平仲言于齐侯曰：“商任之会，受命于晋。今纳栾氏，将安用之？小所以事大，信也。失信不立，君其图之。”弗听。退告陈文子[①]曰：“君人执信，臣人执共[②]，忠、信、笃、敬，上下同之，天之道也。君自弃也，弗能久矣！”

【注释】①陈文子：名须无，即田文子，齐庄公时大夫。②共：古同“恭”，恭敬。

【译文】秋季，栾盈从楚国来到齐国。晏平仲对齐庄公说：“商任会盟，我们接受了晋国的命令。如今接纳了栾盈，又该如何安置任用他呢？小国之所以能够事奉大国，靠的是信用。失去信用，就无法安身立命，希望君王能够考虑一下。”齐庄公没有听从。晏平仲告退后告诉陈文子说：“为人君者应该守信用，为人臣者应当保持恭敬，忠诚、信用、诚笃、恭敬，上下一起共同保持它，这是天道。国君自己丢弃这些，不能久居其位了。”

九月，郑公孙黑肱[①]有疾，归邑于公。召室老、宗人立段，而使黜官、薄祭。祭以特羊，殷[②]以少牢[③]。足以共祀，尽归其余邑。曰：“吾闻之，生于乱世，贵而能贫，民无求焉，可以后亡。敬共事君与二三子。生在敬戒，不在富也。”己巳，伯张卒。君子曰：“善戒。《诗》曰：‘慎尔侯度，用戒不虞。’郑子张其有焉。”

【注释】①公孙黑肱：字子张。②殷：殷祭，盛大的祭典。③少牢：古代用羊和猪做祭品的祭祀活动。

【译文】九月，郑国公孙黑肱生病，把封邑归还给郑简公。他又召集家宰、宗人将段立为继承人，并且让他减少家臣、祭奠从简。普通的祭祀用一只羊，盛大的祭祀用羊和猪做祭品。留下能够供祭奠使用的土地，其余的封邑全都归还郑简公。他说：“我听说，生在乱世，地位尊贵却可以简朴地生活，不向民众索取，就可以比他人后消亡。你要恭敬地事奉国君和各位大夫。生存在于能够恭敬警惕，不在于富有。”己巳日，公孙黑肱去世。君子说：“公孙黑肱擅长警戒。《诗经》中说：‘谨慎地奉行公侯的法度，用来警惕意外的灾难。’郑国的公孙黑肱大概做到了吧。”

冬，会于沙随，复锢栾氏也。

【译文】冬季，诸侯在沙随会盟，是为了再次禁锢栾盈。

栾盈犹在齐。晏子曰：“祸将作矣！齐将伐晋，不可以不惧。”

【译文】栾盈尚且在齐国住着。晏子说：“灾难将要发生了！齐国将会进攻晋国，不能不使人忧惧。”

楚观起有宠于令尹子南[①]，未益禄，而有马数十乘。楚人患之，王将讨焉。子南之子弃疾为王御士[②]，王每见之，必泣。弃疾曰：“君三泣臣矣，敢问谁之罪也？”王曰：“令尹之不能，尔所知也。国将讨焉，尔其居乎？”对曰：“父戮子居，君焉用之？泄命重刑，臣亦不为。”王遂杀子南于朝，轘[③]观起于四竟。子南之臣谓弃疾：“请徙子尸于朝。”曰：“君臣有礼，唯二三子。”三日，弃疾请尸，王许之。既葬，其徒曰：“行乎？”曰：“吾与杀吾父，行将焉入？”曰：“然则臣王乎？”曰：“弃父事仇，吾弗忍也。”遂缢而死。

【注释】①子南：楚国令尹，楚庄王之子。②御士：近卫之士。③轘（huàn）：古代用车分裂人体的酷刑。

【译文】楚国的观起受到令尹子南的宠爱，俸禄没有增加，却有能驾数十辆车的马。楚国人对这件事感到担忧，楚康王打算讨伐他。子南的儿子弃疾做了楚康王的近卫，楚康王每次看见他，必定哭泣。弃疾说：“君王已经在臣面前哭过多次了，请允许我问一下，这是谁的过错？”楚康王说：“令尹的不善，你是知道的。国家打算讨伐他，你还会留下来吗？”弃疾回答说：“父亲被杀而儿子却留了下来，君王还怎么能任用他呢？因泄露国君的命令而加重处罚的事情，我是不会做的。”于是楚康王在朝堂上杀了子南，并且对观起施以车裂之刑并将其尸身挂在四方示众。子南的家臣对弃疾说：“请让我们把主人的尸体从朝堂上搬出来。”弃疾说：“君臣之间有规定的礼仪，只能看诸位大臣如何做决定了。”过了三天，弃疾请求收尸，楚康王同意了。安葬完毕，弃疾的随从说：“出走吗？”弃疾说：“我参加了杀害我父亲的事情，又能出走到哪个国家呢？”随从说：“既然这样，那么还继续做君王的臣子吗？”弃疾说：“舍弃父亲事奉仇人的事情，我是不能忍受的。”于是上吊而死。

复使薳子冯为令尹，公子齮为司马，屈建[1]为莫敖。有宠于薳子者八人，皆无禄而多马。他日朝，与申叔豫言，弗应而退。从之，入于人中。又从之，遂归。退朝，见之，曰：“子三困我于朝，吾惧，不敢不见。吾过，子姑告我。何疾我也？”对曰：“吾不免是惧，何敢告子？”曰：“何故？”对曰：“昔观起有宠于子南，子南得罪，观起车裂。何故不惧？”自御而归，不能当道。至，谓八人者曰：“吾见申叔，夫子所谓生死而肉骨也。知我者，如夫子则可。不然，请止。”辞八人者，而后王安之。

【注释】①屈建：字子木，屈到之子。

【译文】楚康王再次任命薳子冯为令尹，公子齮为司马，屈建为莫敖。受到薳子冯宠爱的有八个人，都是没有俸禄却马匹众多。有一天薳子冯上朝，想要与申叔豫说话，申叔豫没有回应就离开了。薳子冯跟了上去，申叔豫走入人群当中。薳子冯又跟了上去，申叔豫便回家了。退朝后，薳子冯到申叔豫家见他，说：“您在朝廷上三次让我受窘，我感到害怕，不敢不来见您。我有过错，您姑且告诉我，为什么要厌恶我呢？”申叔豫回答说：“我害怕的是不能免于祸患，怎么敢告诉您呢？”子冯说：“这是什么原因？”申叔豫回答说：“当初观起受到子南的宠爱，结果子南获罪，观起被车裂。怎么能不感到害怕呢？”子冯自己驾着车子回家，车子都无法行走在车道上。回到家，对那八个人说：“我今天看到了申叔豫，他就是人们所说的能使人死而复生、白骨长肉的人。能够像他一样理解我的，就留下来。如果不是这样，就请分开。”之后便辞退了这八个人，之后楚康王才对他放心了。

十二月，郑游眅将归晋，未出竟，遭逆妻者，夺之，以馆于邑。丁巳，其夫攻子明，杀之，以其妻行。子展废良而立大叔，曰：

“国卿，君之贰也，民之主也，不可以苟。请舍子明之类。”求亡妻者，使复其所。使游氏勿怨，曰：“无昭恶也。”

【译文】十二月，郑国的游贩即将回到晋国，还没有出国境，碰到迎亲的人，他抢夺人家的妻子，就在那个城里住了下来。丁巳日，他抢夺的妻子的丈夫攻打游贩，将他杀死，带着妻子逃走了。子展废黜了游良而立太叔，说：“国卿，国君的副手，民众的主人，不能够不谨慎。请舍弃像游贩那样的人！”寻找妻子被抢的人，让他回到他自己的家乡去生活吧。告诫游氏不要再埋怨，说：“不要再彰显游贩的罪恶了。”

襄公二十三年

【经】二十有三年春王二月癸酉朔，日有食之。三月己巳，杞伯匄卒。夏，邾畀我来奔。葬杞孝公。陈杀其大夫庆虎及庆寅。陈侯之弟黄自楚归于陈。晋栾盈复入于晋，入于曲沃①。秋，齐侯伐卫，遂伐晋。八月，叔孙豹帅师救晋，次于雍榆②。己卯，仲孙速卒。冬十月乙亥，臧孙纥出奔邾。晋人杀栾盈。齐侯袭莒。

【注释】①曲沃：古地名，在今山西省临汾市。②雍榆：又名雍城，即今河南浚县西南瓮城。

【译文】鲁襄公二十三年春季周历二月初一，发生了日食。三月己巳日，杞孝公匄去世。夏季，邾国畀我逃亡到鲁国。安葬杞孝公。陈国人杀了他们的大夫庆虎和庆寅。陈哀公的弟弟黄从楚国回到陈国。晋国栾盈又回到楚国，进入曲沃。秋季，齐庄公讨伐卫国，接着又讨伐晋国。八月，鲁国的叔孙豹率领军队援救晋国，驻扎在雍榆。己卯日，鲁国大夫仲孙速去世。冬季十月乙亥日，鲁国大夫臧孙纥逃亡到邾国。晋国人杀了栾盈。齐庄公袭击莒国。

【传】二十三年春，杞孝公卒，晋悼夫人丧之。平公不彻乐，非礼也。礼，为邻国阙。

【译文】鲁襄公二十三年春季，杞孝公去世，晋悼公夫人为他服丧。晋平公不撤除音乐，这是不合乎礼仪的。按照礼仪，如果邻国有丧事，就应该撤除音乐。

陈侯如楚。公子黄诉二庆于楚，楚人召之。使庆乐往，杀之。庆氏以陈叛。夏，屈建从陈侯围陈。陈人城，板队而杀人。役人相命，各杀其长。遂杀庆虎、庆寅。楚人纳公子黄。君子谓庆氏：“不义，不可肆也。故《书》曰：‘惟命不于常。’”

【译文】陈哀公到楚国朝见，公子黄在楚国对庆虎、庆寅进行控诉，楚国人召来庆虎、庆寅对质。庆虎和庆寅让庆乐前往，结果楚国人杀了庆乐。庆氏领着陈国背叛楚国。夏季，屈建跟随陈哀公包围陈国。陈国人修筑城池，夹板掉下来，庆氏就杀了那个修筑城池的工人。筑城的人互相转告，各自杀害他们的工头，于是乘机杀害了庆虎、庆寅。楚国人把公子黄送回陈国。君子认为庆氏："行为举止不合乎道义，就不能被赦免。因此《书》中说：'天命不能长在。'"

晋将嫁女于吴，齐侯使析归父媵之，以藩载栾盈及其士，纳诸曲沃。栾盈夜见胥午而告之。对曰："不可。天之所废，谁能兴之？子必不免。吾非爱死也，知不集也。"盈曰："虽然，因子而死，吾无悔矣。我实不天，子无咎焉。"许诺。伏之而觞曲沃人，乐作，午言曰："今也得栾孺子，何如？"对曰："得主而为之死，犹不死也。"皆叹，有泣者。爵行，又言。皆曰："得主，何贰之有？"盈出，遍拜之。

【译文】晋国将要把女儿嫁到吴国，齐庄公让析归父将陪嫁女送到晋国去，他就用篷车带着栾盈及栾盈的随从，将他们安排在曲沃。栾盈夜里拜见胥午并把情况告诉他。胥午回答说："不能那么做。上天所废弃的，谁又能让他兴起呢？您是一定不能免除死刑的。我不是怕死，只不过是知晓事情一定不会成功。"栾盈说："尽管这样，依靠您而死去，我不后悔。我虽然没有得到上天的帮助，可是您没有过错故而可依你行事。"胥午同意了。他把栾盈藏起来以后便请曲沃人喝酒，音乐开始响起，胥午说："如今要是找到栾孺子，该怎么办呢？"人们回答说："找到主人并且为他死，虽死犹生。"大家都叹息，还有痛哭的。酒喝过几巡之后，胥午又谈论起刚才的话题。大家都说："找到主人，哪里还会有二心！"栾盈走出来，对大家一一拜谢。

四月，栾盈帅曲沃之甲，因魏献子[①]，以昼入绛。初，栾盈佐魏庄子[②]于下军，献子私焉，故因之。赵氏以原、屏之难怨栾氏，韩、赵方睦。中行氏以伐秦之役怨栾氏，而固与范氏和亲。知悼子少，而听于中行氏。程郑嬖于公。唯魏氏及七舆大夫与之。

【注释】①魏献子：即魏舒，魏绛之子。②魏庄子：即魏绛，晋国卿。

【译文】四月，栾盈带领驻扎在曲沃的甲兵，凭借魏舒的帮助，在白天进入绛地。当初，栾盈在下军中辅佐魏庄子，魏献子和他私下关系很好，所以才依靠他。赵氏因为赵原和赵屏被杀的事情而怨恨栾盈，韩氏、赵氏的关系正和睦。中行氏因为讨伐秦国的那次战役而怨恨栾盈，并且他们本来就与范氏的关系很亲密。知悼子年幼，因此很听从中行氏的话。程郑受到晋平公的宠爱。因此只有魏氏跟七舆大夫依附栾盈。

乐王鲋侍坐于范宣子。或告曰："栾氏至矣！"宣子惧。桓子曰："奉君以走固宫[①]，必无害也。且栾氏多怨，子为政，栾氏自外，子在位，其利多矣。既有利权，又执民柄[②]，将何惧焉？栾氏所得，其唯魏氏乎！而可强取也。夫克乱在权，子无懈矣。"

【注释】①固宫：又叫襄公之宫、襄宫，先秦时期晋国晋襄公的别宫，因宫城高大坚固而得名为固宫。②民柄：对臣民的赏罚之权。

【译文】乐王鲋在范宣子身旁陪坐。有人报告说："栾盈来了。"

宣子恐惧。乐王鲋说："事奉国君逃跑到固宫，那里一定是没有危险的。况且栾盈的仇敌众多，您是掌握政权的人，而栾盈是从外面来的，您处在掌权的地位，有利的条件很多。既有利有权，又掌握着对臣民的赏罚之权，有什么可害怕的呢？栾盈所能获得的支持，大概就只有魏氏了吧！况且我们可以通过武力将魏氏强行争取过来。平定叛乱取决于权力，您不要懈怠！"

公有姻丧，王鲋使宣子墨缞[①]冒绖[②]，二妇人辇以如公，奉公以如固宫。

【注释】①墨缞（cuī）：黑色的丧服。②绖（dié）：服丧时结在头上或腰间的麻带。

【译文】晋平公有姻亲去世，乐王鲋让范宣子穿着黑色丧服，戴上麻巾，系上麻带，乘坐由两位妇人拉着的车到晋平公那里，事奉晋平公到达固宫。

范鞅逆魏舒，则成列既乘，将逆栾氏矣。趋进，曰："栾氏帅贼以入，鞅之父与二三子在君所矣，使鞅逆吾子，鞅请骖乘[①]。"持带，遂超乘。右抚剑，左援带，命驱之出。仆请，鞅曰："之公。"宣子逆诸阶，执其手，赂之以曲沃。

【注释】①骖乘：古代乘车陪坐在右边的人。

【译文】范鞅前去迎接魏舒，魏舒的军队已经排成行列，登上战车，准备好迎战栾盈了。范鞅快步上前，说："栾盈率领叛乱分子进入国都，我的父亲和几位大夫都在国君那里，派我前来迎接您，我请求担任您的骖乘。"于是就拉着带子，跳上魏舒的战车。范鞅右手拿着剑，左手拉着带子，下令驱车离开队列。驾车的人询问目的地在哪里，范鞅说："去固宫国君那里。"范宣子在固宫台阶前迎接魏献子，拉着他的手，同意把曲沃送给他。

初，斐豹[①]隶也，著于丹书。栾氏之力臣曰督戎[②]，国人惧之。斐豹谓宣子曰："苟焚丹书，我杀督戎。"宣子喜，曰："而杀之，所不请于君焚丹书者，有如日！"乃出豹而闭之。督戎从之。逾隐而待之，督戎逾入，豹自后击而杀之。范氏之徒在台后，栾氏乘公门。宣子谓鞅曰："矢及君屋，死之！"鞅用剑以帅卒，栾氏退。摄车从之，遇栾乐，曰："乐免之，死将讼女于天。"乐射之，不中；又注，则乘槐本而覆。或以戟钩之，断肘而死。栾鲂[③]伤。栾盈奔曲沃，晋人围之。

【注释】①斐豹：晋国的奴隶，曾参与晋国内部的贵族斗争。②督戎：晋国的大力士，是栾盈的手下，后在栾盈之乱中被斐豹所杀。③栾鲂：春秋时期晋国的政治人物、将军。

【译文】起初，斐豹被罚为奴隶，用红字记录在竹简上。栾盈手下有个大力士叫督戎，国民都很害怕他。斐豹对范宣子说："你如果烧掉那个用红字记录的竹简，我就去杀了督戎。"范宣子很高兴，说："你杀了督戎，我如果不请求国君烧掉那用红字记录的竹简，有太阳可作明证！”于是让斐豹出宫而后关上宫门。督戎跟随着斐豹。斐豹越过墙之后隐匿身形等待督戎，督戎越过墙之后，斐豹从后面猛击而杀害了他。范氏手下的人在台的后面，栾盈登上宫门。范宣子对范鞅说：“箭如果射到国君的屋子里去，你便去死！”范鞅用剑带领步兵迎战，栾氏败退。范鞅跳上战车追击，碰到栾乐，说：“栾乐，不要再抵抗了，否则，我死后也会向上天控诉你的罪行。”栾乐用箭射他，没有射中；又把箭搭上弓弦，车轮却碰上槐树根翻了车。有人用戟钩他，他的手臂被拉断而死。栾鲂受了伤。栾盈逃到了曲沃，晋国人包围了曲沃。

秋，齐侯伐卫。先驱，穀荣御王孙挥[①]，召扬为右；申驱[②]，成秩御莒恒，申鲜虞之傅挚为右。曹开御戎，晏父戎[③]为右；贰广[④]，上之登御邢公，卢蒲癸[⑤]为右。启，牢成御襄罢师，狼蘧疏为右；胠[⑥]，商子车御侯朝，桓跳为右。大殿，商子游御夏之御寇，崔如[⑦]为右。烛庸之越驷乘[⑧]。自卫将遂伐晋。

【注释】①王孙挥：齐国大夫。②申驱：次前锋部队。③晏父戎：齐庄公的车右。④贰广：国君的副车。⑤卢蒲癸：齐国的勇士，初为齐庄公的手下，后逃到晋国。⑥胠（qū）：古代军队的右翼。⑦崔如：崔杼的同族。⑧驷乘：古代兵车常乘三人，所以所乘坐的第四人曰“驷乘”。

【译文】秋季，齐庄公讨伐卫国。前锋部队，穀荣为王孙挥驾驭战车，召扬为车右；次前锋部队，成秩为莒恒驾驭战车，申鲜虞的儿子傅挚担任车右；曹开为齐庄公驾驭战车，晏父戎担任车右；齐庄公的副车，上之登为邢公驾驭战车，卢蒲癸担任车右。左翼部队，牢成为襄罢师驾驭战车，狼蘧疏担任车右；右翼部队，商子车为侯朝驾驭战车，桓跳担任车右。后军，商子游为夏之御寇驾驭战车，崔如担任车右。烛庸之越等四人同乘一辆车殿后。从卫国出发打算讨伐晋国。

晏平仲曰："君恃勇力，以伐盟主，若不济，国之福也。不德而有功，忧必及君。"崔杼谏曰："不可。臣闻之，小国间大国之败而毁焉，必受其咎。君其图之！"弗听。陈文子见崔武子，曰："将如君何？"武子曰："吾言于君，君弗听也。以为盟主，而利其难。群臣若急，君于何有？子姑止之。"文子退，告其人曰："崔子将死乎！谓君甚，而又过之，不得其死。过君以义，犹自抑也，况以恶乎？"

【译文】晏平仲说："君王依仗着勇力去攻打盟主。如果没有成功，这是国家的福气。没有德行却取得功劳，祸患一定会降临到君王身上。"崔杼劝谏说："不能去攻打晋国。下臣听说，小国趁大国有祸患的时候乘机攻打大国，一定会有祸患降临，君王您还是仔细考虑一下吧。"齐庄公没有听从。陈文子去见崔杼，说：'打算把国君怎么办？"崔杼说："我对国君进行劝说，国君没有听从。我国把晋国奉为盟主，如今却乘晋国危难之时获取利益。群臣若是知道国家有危难，谁还会顾及国君呢？您姑且不要管这事了。"陈文子离开后，告诉他的手下人说："崔杼将要死了吧！谴责国君的所作所为过分，却不知自己的所作所为比国君还要过分，会不得善终的。推行道义超过国君，尚且需要自我抑制，何况是做坏事呢？"

齐侯遂伐晋，取朝歌[1]。为二队，入孟门[2]，登大行。张武军于荧庭，戍郫邵[3]，封少水，以报平阴之役，乃还。赵胜[4]帅东阳[5]之师以追之，获晏氂[6]。八月，叔孙豹帅师救晋，次于雍榆，礼也。

【注释】①朝歌：古地名，殷纣的都城，在今河南省淇县东北。②孟门：古山名，在今河南辉县西，春秋时期为晋国要塞。③郫邵：古地名，晋地，在今河南济源西。④赵胜：晋国大夫，赵旃之子。⑤东阳：古地名，春秋晋地。相当今河北省太行山以东邢台、邯郸一带。⑥晏氂：齐国大夫，晏婴之子。

【译文】齐庄公于是讨伐晋国，夺取朝歌。兵分两路，一队攻入孟门，一队登上太行山。在荧庭筑起营垒，派人戍守郫邵，在少水收集晋军尸体埋入坑中堆成土丘，以此来报复平阴之役受到的耻辱，然后才收兵回国。赵胜带领东阳的军队追击，抓获了晏氂。八月，叔孙豹带领军队援救晋国，驻扎在雍榆，这是合乎礼制的。

季武子无適子，公弥[1]长，而爱悼子，欲立之。访于申丰，曰："弥与纥，吾皆爱之，欲择才焉而立之。"申丰趋退，归，尽室将行。他日，又访焉，对曰："其然，将具敝车而行。"乃止。访于臧纥，臧纥曰："饮我酒，吾为子立之。"季氏饮大夫酒，臧纥为客。既献，臧孙命北面重席，新尊絜[2]之。召悼之，降，逆之。大夫皆起。及旅[3]，而召公钼，使与之齿，季孙失色。

【注释】①公弥：即公钼，鲁国正卿季武子的儿子。②絜（jié）：古同"洁"，干净。③旅：即旅酬，古代祭礼毕，便宴请众宾客，宾客们互相敬酒酬答。

【译文】季武子没有嫡子，庶子中公弥最为年长，但是季武子最爱的是悼子，想要立悼子为继承人。他向申丰询问，说道："弥跟纥，都是我所疼爱的，想要从中选择有才能的人立为继承人。"申丰听后快步走出，回家，打算带领全家人出走。过了几天，季武子又问申丰，申丰回答说："如果这样，我准备套上我的车出走。"季武子于是暂停此事。季武子又去问臧纥，臧纥说："款待我喝酒，我为您立悼子为继承人。"季氏款待大夫们喝酒，尊臧纥是上宾。向宾客献酒结束，臧纥让人在北面铺上两层席子，换上干净的新酒杯。召见悼子，走下台阶迎接他。大夫们也都跟着站了起来迎候。等到宾主互相敬酒酬答过后，才召见公鉏，让他和别人按年领大小排列座位。季武子感到很意外，脸色都变了。

季氏以公鉏为马正，愠而不出。闵子马①见之，曰："子无然！祸福无门，唯人所召。为人子者，患不孝，不患无所。敬共父命，何常之有？若能孝敬，富倍季氏可也。奸回②不轨，祸倍下民可也。"公鉏然之。敬共朝夕，恪居官次。季孙喜，使饮己酒，而以具往，尽舍旃③。故公鉏氏富，又出为公左宰。

【注释】①闵子马：即闵马父，鲁国大夫。②奸回：奸恶邪僻。③旃："之""焉"二字的合读。

【译文】季武子任命公鉏为马正，公鉏很生气所以拒绝上任。闵子马见了，说道："您不要这样！祸福无门，唯人自召。为人子，应该担忧的是不孝，而不是担忧没有地位。恭敬地听从父亲的命令，事情又怎么会是固定不变的呢？你如果能够孝顺恭敬，那么你将会比悼子还要富有。如果奸恶邪僻做不法的事情，祸患就会比百姓还要多得多。”公鉏听从了他的话，便早晚都恭敬地向父亲请安问好，谨慎地做好自己的事情。季武子很高兴，让他款待自己喝酒，却带了宴会所用的器具前往，酒后季武子将这些器具都留给了公鉏。因此公鉏变得很富有，后公鉏又担任鲁公的左宰。

孟孙恶臧孙，季孙爱之。孟氏之御驺[①]丰点好羯也，曰：“从余言，必为孟孙。”再三云，羯从之。孟庄子疾，丰点谓公鉏：“苟立羯，请仇臧氏。”公鉏谓季孙曰：“孺子秩[②]固其所也。若羯立，则季氏信有力于臧氏矣。”弗应。己卯，孟孙卒。公鉏奉羯立于户侧。季孙至，入，哭，而出，曰：“秩焉在？”公鉏曰：“羯在此矣！”季孙曰：“孺子长。”公鉏曰：“何长之有？唯其才也。且夫子之命也。”遂立羯。秩奔邾。

【注释】①御驺（zōu）：官名，掌管养马兼驾车之事。②孺子秩：孟庄子的长子，孟孝伯的哥哥。

【译文】孟庄子厌恶臧孙纥，但是季武子却很喜欢他。孟氏的御驺丰点很喜欢羯，说：“听从我的话，你一定能够成为孟氏的继承人。”丰点再三地说，羯便听从了。孟庄子患病，丰点对公鉏说：“要是立羯为继承人，请让他仇恨臧氏。”公鉏对季武子说：“孺子秩本来应该做孟氏的继承人。如果改立羯为继承人，那么季氏就会比臧氏有实力得多。”季武子没有回应。己卯日，孟庄公去世。公钽拥立羯站在门边接受宾客们的吊唁。季武子到达，进门便开始哭泣，出门后，说：“孺子秩在哪里？”公钽说：“羯在这儿了。”季武子说：“孺子秩较为年长。”公钽说：“哪里有什么年长不年长的？应该以才能来决定啊。况且这是他父亲的命令。”于是便立羯为继承人，孺子秩逃往邾国。

臧孙入哭，甚哀，多涕。出，其御曰：“孟孙之恶子也，而哀如是。季孙若死，其若之何？”臧孙曰：“季孙之爱我，疾疢[1]也；孟孙之恶我，药石也。美疢不如恶石。夫石犹生我，疢之美，其毒滋多。孟孙死，吾亡无日矣。”

【注释】①疾疢（chèn）：疾病。

【译文】臧孙纥进门后哭泣，非常伤心，流了很多眼泪。出门后，他的御者说：“孟庄子如此厌恶您，而您却如此悲伤。若是季武子去世了，您又该如何悲伤呢？”臧孙纥说：“季武子对我的喜爱，就像是没有痛苦的疾病；孟庄子对我的厌恶，就像是治疗疾病的良药。没有痛苦的疾病不如让人痛苦的良药。良药还能够让我活下去，没有痛苦的疾病，它的毒害却很多。孟庄子死了，我离灭亡的日子也不远了。”

孟氏闭门，告于季孙曰：“臧氏将为乱，不使我葬。”季孙不信。臧孙闻之，戒。冬十月，孟氏将辟，藉除于臧氏。臧孙使正夫[1]助之，除于东门，甲从己而视之。孟氏又告季孙。季孙怒，命攻臧氏。乙亥，臧纥斩鹿门之关以出奔邾。

【注释】①正夫：正卒，常备的徒卒。

【译文】孟氏关起大门，告诉季武子说："臧氏将要发动叛乱，不让我们下葬。"季武子不相信。臧孙纥听说了这件事，进行戒备。冬季十月，孟氏想要开挖墓道，在臧氏那儿借用役夫。臧孙纥让正夫前去帮忙，在东门开掘墓道，让甲士跟随自己前去巡视。孟氏又告诉了季武子。季武子非常生气，下令攻打臧氏。乙亥日，臧孙纥砍断鹿门的门栓逃往邾国。

初，臧宣叔[①]娶于铸[②]，生贾及为而死。继室以其侄，穆姜之姨子也。生纥，长于公宫。姜氏爱之，故立之。臧贾[③]、臧为[④]出在铸。臧武仲自邾使告臧贾，且致大蔡[⑤]焉，曰："纥不佞，失守宗祧[⑥]，敢告不吊。纥之罪不及不祀。子以大蔡纳请，其可。"贾曰："是家之祸也，非子之过也。贾闻命矣。"再拜受龟。使为以纳请，遂自为也。臧孙如防，使来告曰："纥非能害也，知不足也。非敢私请！苟守先祀，无废二勋，敢不辟邑。"乃立臧为。臧纥致防而奔齐。其人曰："其盟我乎？"臧孙曰："无辞。"将盟臧氏，季孙召外史[⑦]掌恶臣，而问盟首焉，对曰："盟东门氏也，曰：'毋或如东门遂[⑧]不听公命，杀適立庶。'盟叔孙氏也，曰：'毋或如叔孙侨如[⑨]欲废国常，荡覆公室。'"季孙曰："臧孙之罪，皆不及此。"孟椒曰："盍以其犯门斩关？"季孙用之。乃盟臧氏，曰："毋或如臧孙纥干国之纪，犯门斩关。"臧孙闻之，曰："国有人焉，谁居？其孟椒乎！"

【注释】①臧宣叔：即臧孙许，臧文仲之子。②铸：古国名，在今山东肥城南。③臧贾：鲁国大夫。④臧为：鲁国大夫。⑤大蔡：大龟。⑥宗祧（tiāo）：宗庙。祧，指远祖的庙。⑦外史：职官名，执掌记录王者下达于京畿外的命令，并掌理四方邦国志书和三皇五帝的典籍。⑧东门遂：即东门襄仲，鲁庄公之子。因家住曲阜东门而立东门氏，故称东门襄仲，亦称公子遂。⑨叔孙侨如：叔孙庄公长子，史称叔孙宣伯。三桓之一，叔孙氏宗主。

【译文】起初，臧宣叔娶铸国女子为妻，她生下臧贾和臧为后便去世了。臧宣叔后又将妻子的侄女娶为继室，她便是穆姜妹妹的女儿，生下了纥，从小在鲁国的宫中长大。穆姜很喜欢他，因此将他立为臧宣叔的继承人。臧贾、臧为离开鲁国住在铸国。臧孙纥从邾国派人告知臧贾并送上一只大龟，说道："我没有才能，不能祭奠宗庙，谨以此来向您报告我的无能。我的罪过还没有到达绝嗣的地步，您将这只大龟献上，并请求立我们家族的继承人，这件事应该能成功。"臧贾说："这是我们家族的祸患，不是您的过错。我听从您的吩咐。"臧贾再次拜谢后收下大龟。之后臧贾让臧为代替自己去进献大龟并请求立自己为继承人，臧为却请求立自己为继承人。臧孙纥到达防地后，派人来报告说："我不是能伤害别人的人，是因为智谋不足的缘故。不敢因为自己的私利而提出请求。如果能够保住对先人的祭祀，不废除两位先人的功勋，我怎么敢不让出封邑呢？"于是鲁国便立了臧为做继承人。臧孙纥献出防地之后逃往齐国。他的随从说："他们能为我们订立盟约吗？"臧孙纥说："盟会不好措辞。"季武子想要为臧孙纥订立盟约，于是召见掌管逃亡臣子的外史，询问盟辞应该怎么书写，外史回答说："按照与东门氏的盟誓书写，说：'不要有人像东门遂那样不听从国君的命令，杀死嫡子改立庶子。'或者按照与叔孙氏的盟誓书写，说：'不要有人像叔孙侨如那样想要废弃国家的常规制度，颠覆公室！'"季武子说："臧孙纥的罪过还没有到达这个地步。"孟椒说："为什么不将他砍断城门门栓的事情写入盟辞中呢？"季武子采纳了这个建议。于是与臧孙纥订立盟约，说："不要有人像臧孙纥那般触犯国家的法纪，砍断城门的门栓！"臧孙纥听到后，说："国内有人才啊！会是谁呢？大概是孟椒吧！"

晋人克栾盈于曲沃，尽杀栾氏之族党。栾鲂出奔宋。书曰："晋人杀栾盈。"不言大夫，言自外也。

【译文】晋国人在曲沃攻克栾盈，将栾氏的亲族党羽尽数杀死。栾鲂逃亡到宋国。《春秋》中记载说："晋国人杀了栾盈。"没有说他是大夫，是说他是从国外回国发动叛乱的。

齐侯还自晋，不入，遂袭莒。门于且于①，伤股而退。明日，将复战，期于寿舒②。杞殖、华还载甲夜入且于之隧，宿于莒郊。明日，先遇莒子于蒲侯氏。莒子重赂之，使无死，曰："请有盟。"华周对曰："贪货弃命，亦君所恶也。昏而受命，日未中而弃之，何以事君？"莒子亲鼓之，从而伐之，获杞梁③。莒人行成。

【注释】①且于：莒邑，在今山东莒县。②寿舒：莒邑，在今山东莒县。③杞梁：即杞殖。

【译文】齐庄公从晋国回来，还没有入城，就去偷袭莒国。进攻且于的城门，因大腿受伤而退兵。第二天，打算再次进攻，商定军队在寿舒集合。杞殖、华还用战车载着甲士趁夜进入且于的隘道，驻扎在莒国郊外。第二天，在蒲侯氏先与莒犁比公相遇。莒犁比公送厚礼给他们，让他们不要死战，说："请允许我和你们结盟。"华还回答说："贪取财货舍弃命令，这也是君王您所厌恶的啊。昨晚才接受的命令，今日还没有到正午就要放弃，还凭什么去事奉君王呢？"莒犁比公亲自击鼓，进攻齐军，杀死了杞殖。莒国人主动与齐国人讲和。

齐侯归，遇杞梁之妻于郊，使吊之。辞曰："殖之有罪，何辱命焉？若免于罪，犹有先人之敝庐在，下妾不得与郊吊。"齐侯吊诸其室。

【译文】齐庄公返回国内，在郊外碰到杞梁的妻子，派人向她吊唁。她辞谢说："如果杞梁有罪，怎么敢劳驾国君派人吊唁？如果能够免罪，还有先人的破屋在那里，下妾不能接受在郊外的吊唁。"于是齐庄公又到杞梁家中去吊唁。

齐侯将为臧纥田。臧孙闻之，见齐侯，与之言伐晋，对曰："多则多矣！抑君似鼠。夫鼠昼伏夜动，不穴于寝庙，畏人故也。今君闻晋之乱而后作焉。宁将事之，非鼠如何？"乃弗与田。

【译文】齐庄公打算赏赐臧孙纥田地。臧孙纥听说这件事后，去觐见齐庄公，齐庄公对他说起讨伐晋国的事，他回答说：“您的功劳确实是很多！可是君王您就像老鼠一般。老鼠白天藏起来晚上行动，不在宗庙里打洞做窝，是因为怕人的缘故。如今君王您听到晋国有动乱发生便乘机发兵攻打。在晋国动乱平定后又打算去效忠它，这不是老鼠又是什么？”于是齐庄公没有封给臧孙纥田地。

仲尼曰：“知之难也。有臧武仲之知，而不容于鲁国，抑有由也。作不顺而施不恕也。《夏书》曰：‘念兹在兹。’顺事、恕施也。”

【译文】孔子说：“做个聪明人是一件很难的事情。像臧武仲那样聪明的人，而不能被鲁国容纳，是有原因的。这是因为他的所作所为不顺应事理又不合恕道。《夏书》中说：‘念念不忘地做一件事。’这便是所说的顺应事理又合乎恕道。”

襄公二十四年

【经】二十有四年春，叔孙豹如晋。仲孙羯[①]帅师侵齐。夏，楚子伐吴。秋七月甲子朔，日有食之，既。齐崔杼帅师伐莒。大水。八月癸巳朔，日有食之。公会晋侯、宋公、卫侯、郑伯、曹伯、莒子、邾子、滕子、薛伯、杞伯、小邾子于夷仪[②]。冬，楚子、蔡侯、陈侯、许男伐郑。公至自会。陈鍼宜咎出奔楚。叔孙豹如京师。大饥。

【注释】①仲孙羯：即孟孝伯，鲁国大夫。②夷仪：古地名，在今山东聊城西。

【译文】鲁襄公二十四年春季，鲁国大夫叔孙豹到晋国去。鲁国大夫仲孙羯率领军队侵袭齐国。夏季，楚康王攻打吴国。秋季七月初一，鲁国发生日食，这次是日全食。齐国大夫崔杼率领军队攻打莒国。鲁国发大水。八月初一，鲁国发生了日食。鲁襄公在夷仪与晋平公、宋平公、卫殇公、郑简公、曹武公、莒犁比公、邾悼公、滕成公、薛伯、杞文公、小邾穆公会面。冬季，楚康王、蔡景公、陈哀公、许灵公攻打郑国。鲁襄公从夷仪返回鲁国。陈鍼宜咎逃亡到楚国。鲁国的叔孙豹前往京师。鲁国发生大饥荒。

【传】二十四年春，穆叔如晋。范宣子逆之，问焉，曰："古人有言曰，'死而不朽'，何谓也？"穆叔未对。宣子曰："昔匄之祖，自虞以上，为陶唐氏[①]，在夏为御龙氏[②]，在商为豕韦氏[③]，在周为唐杜氏[④]，晋主夏盟为范氏，其是之谓乎？"穆叔曰："以豹所闻，此之谓世禄[⑤]，非不朽也。鲁有先大夫曰臧文仲，既没，其言立。其是之谓乎！豹闻之：'大上有立德，其次有立功，其次有立言。'虽久不废，此之谓不朽。若夫保姓受氏，以守宗祊[⑥]，世不绝祀，无国无之。禄之大者，不可谓不朽。"

【注释】①陶唐氏：传说中的远古部落名。唐尧治地，位于平阳，在今山西临汾西南，尧是首领。②御龙氏：夏代帝王孔甲赐予刘累的贵族封号，专指刘累氏族的后代。③豕韦氏：古部落名，彭姓，被商汤所灭。在今河南省滑县。④唐杜氏：陶唐氏后代在周的历史称谓。⑤世禄：古代有世禄之制，贵族世代享有爵禄。⑥宗祊（bēng）：宗庙，家庙。

【译文】鲁襄公二十四年春季，穆叔前往晋国。士匄出来迎接，问他，说："古人有句话说：'死而不朽。'这是什么意思？"穆叔没有回答。士匄又说："曾经我的祖先，在虞舜之前是陶唐氏，在夏朝是御龙氏，在商朝是豕韦氏，在周朝是唐杜氏，晋国称霸中原举行盟会的是我范氏，这大概说的就是不朽吧？"穆叔说："据我所知，这叫作世禄，并不是不朽。鲁国有个先大夫叫臧文仲，他去世后，所说的话还在世间流传。这才是所说的不朽吧！我听说：'最高的境界是树立德行，其次是建立功业，再其次是留下言论。'即使是去世已久也不会被废弃，这才是所说的不朽。如果想要保留祖宗留下的姓氏荣耀，守住宗庙，让祖先世代都可以获得祭祀，每一个国家都有这样的情况。这只是爵禄的丰厚，不能称之为不朽。"

范宣子为政，诸侯之币重。郑人病之。二月，郑伯如晋。子产寓书①于子西以告宣子，曰："子为晋国，四邻诸侯不闻令德，而闻重币，侨也惑之。侨闻君子长国家者，非无贿之患，而无令名之难。夫诸侯之贿聚于公室，则诸侯贰。若吾子赖之，则晋国贰。诸侯贰，则晋国坏。晋国贰，则子之家坏。何没没②也！将焉用贿？夫令名，德之舆也。德，国家之基也。有基无坏，无亦是务乎？有德则乐，乐则能久。《诗》云：‘乐只君子，邦家之基。’有令德也夫！‘上帝临女，无贰尔心。’有令名也夫！恕思[3]以明德，则令名载而行之，是以远至迩安。毋宁使人谓子‘子实生我’，而谓‘子浚[4]我以生’乎？象有齿以焚其身，贿也。”宣子说，乃轻币。是行也，郑伯朝晋，为重币故，且请伐陈也。郑伯稽首，宣子辞。子西相，曰：“以陈国之介恃[5]大国，而陵虐于敝邑，寡君是以请罪焉，敢不稽首？”

【注释】①寓书：寄信，传递书信。②没没：糊涂。③恕思：以宽厚之心去考虑事情。④浚：掠夺，榨取。⑤介恃：依凭，仗恃。

【译文】士匄执政期间，各国诸侯的贡赋很重。郑国人不堪承受。二月，郑简公抵达晋国。子产让子西给士匄传递一封书信，信上说：“阁下管理晋国，四邻的各诸侯国不知道您的德行，却知道要向您敬献很丰厚的贡品，我感到很疑惑。我听说您执掌国家大权，并没有缺少财货的忧虑，而是担忧没有一个好的名声。如果诸侯的财物都集中到了贵国的手中，那么诸侯便会产生二心。要是您将这些财物都集中到自己的手中，那么晋国的内部也会产生二心。如果诸侯有了二心，晋国便会受到损害。晋国的内部产生了分裂，您的家族也将遭受损害。您是多么糊涂啊！要这些财物又有什么用呢？好的名声是承载德行的工具，德行是一个国家的根本。有了好的根本，国家才不会被损害，难道不应该致力于此吗？有了德行便会令人快乐，内心快乐便能事事长久。《诗经》中说：‘君子的快乐在于德行，德行是一个国家的根本。’讲的就是有美德！‘上天在看着你，你不要产生二心。’讲的就是有美名！以宽厚的心去宣扬德行，美名就会远扬，使得远方的人归服，近处的人安心。您是希望有人说‘是您让我可以生活下去’，还是希望有人说‘您依靠榨干我们为生’呢？大象是因为拥有象牙才使自己遭受毁灭，这是因为人们重视财货的缘故。”士匄听后十分高兴，就减轻了各诸侯国缴纳贡品的数量。这次郑简公去晋国朝见，是因为要缴纳的贡品数量太多了，还有一个目的便是请求出兵讨伐陈国。郑简公叩头行礼，士匄不敢接受。子西作为相礼，说道：“陈国依仗楚国而欺压侮辱我们国家，我们国君请求向陈国兴师问罪，怎么敢不磕头行礼呢？”

孟孝伯侵齐，晋故也。

【译文】鲁国的孟孝伯侵略齐国，是为了报复齐国对晋国的侵犯。

夏，楚子为舟师[①]以伐吴，不为军政[②]，无功而还。

【注释】①舟师：水军。②军政：军政事务，包括军队的建立，动员或复员的指导，军事编制、管制与征用征购的实施，以及员额、军事预算与装备的获得等。

【译文】夏季，楚康王率领水军讨伐吴国，因为没有对军队进行训练，所以无功而返。

齐侯既伐晋而惧，将欲见楚子。楚子使薳启彊如齐聘，且请期。齐社[①]，蒐[②]军实，使客观之。陈文子曰：“齐将有寇。吾闻之，兵不戢，必取其族。”

【注释】①社：古代指土地神和祭祀土地神的地方、日子以及祭礼。②蒐（sōu）：阅兵，检阅。③戢（jí）：收敛，收藏。

【译文】齐庄公在讨伐晋国之后感到害怕，准备去觐见楚康王。康王派薳启彊到齐国访问，并询问朝见的日期。齐国在军中祭祀社神，并检阅军队，让薳启彊参观。陈文子说：“齐国将要受到侵犯。我听说，如果不把武器收藏起来，一定会危及自己的族类。”

秋，齐侯闻将有晋师，使陈无宇从薳启彊如楚，辞，且乞师。崔杼帅师送之，遂伐莒，侵介根[1]。

【注释】①介根：莒邑，在今山东胶州市西南。

【译文】秋季，齐庄公听说晋军将要出兵侵袭齐国，就派陈无宇跟随薳启彊到楚国，解释不能朝见的原因，并请求楚国出兵协助。崔杼派兵护送他，乘机进攻莒国，侵入介根。

会于夷仪，将以伐齐，水，不克。

【译文】晋平公与众诸侯在夷仪会面，准备攻打齐国，由于发生水灾，没有行动。

冬，楚子伐郑以救齐，门于东门，次于棘泽。诸侯还救郑。晋侯使张骼[①]、辅跞致楚师，求御于郑。郑人卜宛射犬[②]，吉。子大叔[③]戒之曰："大国之人，不可与也。"对曰："无有众寡，其上一也。"大叔曰："不然，部娄[④]无松柏。"二子在幄[⑤]，坐射犬于外，既食而后食之。使御广车而行，己皆乘乘车。将及楚师，而后从之乘，皆踞转而鼓琴。近，不告而驰之。皆取胄[⑥]于櫜[⑦]而胄，入垒，皆下，搏人以投，收禽挟囚。弗待而出。皆超乘，抽弓而射。既免，复踞转而鼓琴，曰："公孙！同乘，兄弟也。胡再不谋？"对曰："曩[⑧]者志入而已，今则怯也。"皆笑，曰："公孙之亟也。"

【注释】①张骼：字让义，晋国大夫。②宛射犬：郑国大夫，郑公孙，食邑于宛，宛在今河南省许昌市西北。③子大叔：即游吉，郑国正卿。④部娄：小山丘。⑤幄：帐幕，多指军用帐幕。⑥胄：盔，古代战士戴的帽子。⑦櫜（gāo）：古代车上用来盛东西的大袋子，也泛指袋子。⑧曩（nǎng）：以往，从前，过去的。

【译文】冬季，楚康王通过进攻郑国来援助齐国，攻打郑都的东门，驻扎在棘泽。诸侯回师救援郑国。晋平公派张骼、辅跞向楚军挑战，并向郑国提出想要一个驾车的人。郑国人占卜派宛射犬，吉利。子太叔告诫宛射犬说："对于大国的人，你不可以和他们分庭抗礼。"宛射犬说："作为一个驾车的人，不论兵力的多少，位置都会在车左和车右之上。"太叔说："不是这样的，小山丘上是不会长出松柏的。"张骼、辅跞坐在军用帐幕内，却让宛射犬坐在军用帐幕外；两人吃完饭才让宛射犬吃。他们让宛射犬驾驶着战车在前面走，自己则坐到普通的车子上。等到快到达楚营时，两人才坐在宛射犬的战车上，还都蹲坐在车后的横木上弹琴。临近楚军时，宛射犬没有通知他们便加速冲了过去。两人连忙从袋子中取出头盔戴上，进到敌营后，都下了车，抓住楚国士兵扔了出去，又将抓到的俘虏捆好夹在腋下。宛射犬没等他们俩便驾车奔出。两人只得跳上车，抽弓射杀追赶的敌兵。脱离危险后，又蹲在车后横木上弹起琴来，说："公孙，同乘一辆车，就是兄弟，为什么两次行动都不与我们商量呢？"宛射犬回答说："开始是一心想着冲进去，如今这一回是因为害怕了。"两个人都笑道："公孙真是急性子！"

楚子自棘泽还，使薳启彊帅师送陈无宇。

【译文】楚康王从棘泽回来后，派薳启彊带领军队送陈无宇回国。

吴人为楚舟师之役故，召舒鸠[①]人。舒鸠人叛楚。楚子师于荒浦，使沈尹寿与师祁犁让之。舒鸠子敬逆二子，而告无之，且请受盟。二子复命，王欲伐之。薳子曰："不可。彼告不叛，且请受盟，而又伐之，伐无罪也。姑归息民，以待其卒。卒而不贰，吾又何求？若犹叛我，无辞，有庸。"乃还。

【注释】①舒鸠：处在吴国与楚国之间，今安徽省舒城县群舒的一支。

【译文】吴国人因为楚国水军侵犯吴国的那一场战役，召集舒鸠人。舒鸠人便背叛了楚国。楚康王带领军队驻扎在荒浦，派沈尹寿和师祁犁前去谴责舒鸠人。舒鸠国国君恭敬有礼地迎接两人，告诉他们舒鸠人并没有背叛楚国，而且请求结盟。两人回去复命，楚康王想要讨伐舒鸠国。薳启冯说："不能这么做。他们告诉我们说没有背叛，而且请求结盟，我们却要讨伐他们，这是在讨伐无罪之国啊。我们姑且回国，休养生息，等待最后的结果。如果他们最后真的没有二心，那么我们又有什么别的要求呢？如果他们还是背叛了我们，他们也就无话可说了，我们便能够成功了。"于是楚国军队就撤兵回国了。

陈人复讨庆氏之党，鍼宜咎出奔楚。

【译文】陈国人又一次讨伐庆氏的党羽，鍼宜咎逃亡到楚国。

齐人城郏[①]。穆叔如周聘，且贺城。王嘉其有礼也，赐之大路。

【注释】①郏：春秋郏地，后属楚。故地在今河南省郏县。

【译文】齐国人在郏地修建城池。穆叔到周朝去访问，而且祝贺新建的城池顺利完工。周灵王嘉奖他言行有礼，赐给他一辆大辂车。

晋侯嬖程郑[①]，使佐下军。郑行人公孙挥[②]如晋聘。程郑问焉，曰："敢问降阶何由？"子羽不能对，归以语然明[③]。然明曰："是将死矣。不然，将亡。贵而知惧，惧而思降，乃得其阶。下人而已，又何问焉？且夫既登而求降阶者，知人也，不在程郑。其有亡衅乎？不然，其有惑疾，将死而忧也。”

【注释】①程郑：晋国大夫，荀氏别族。②公孙挥：即子羽，协助子产治理郑国。③然明：鬷（zōng）氏，名蔑，又称鬷明，郑国大夫。

【译文】晋平公宠信程郑，让他出任下军佐。郑国外交使节公孙挥到晋国访问。程郑问他，说："请问如何才能降级？"公孙挥无法回答，回国后告诉然明。然明说："问这话的人可能即将会死去。或者不会死去也会将要逃亡他国。地位尊贵且知道害怕，感到害怕才会想要降级，这是想获得适合自己的位置。这只需要屈居人下就好了，又有什么可问的呢？况且既已登上高位却又想要求得降级，说明这个人很聪明，但是程郑不是这样的人。或许他已有逃亡的想法了？如果不是这样，那便是他疑神疑鬼，在担忧自己即将死了吧。"

襄公二十五年

【经】二十有五年春，齐崔杼帅师伐我北鄙。夏五月乙亥，齐崔杼弑其君光。公会晋侯、宋公、卫侯、郑伯、曹伯、莒子、邾子、滕子、薛伯、杞伯、小邾子于夷仪。六月壬子，郑公孙舍之帅师入陈。秋八月己巳，诸侯同盟于重丘[①]。公至自会。卫侯入于夷仪。楚屈建帅师灭舒鸠。冬，郑公孙夏帅师伐陈。十有二月，吴子遏伐楚，门于巢，卒。

【注释】①重丘：齐地，在今山东茌平县西南。

【译文】鲁襄公二十五年春季，齐国的崔杼率领军队攻打鲁国北部边境。夏季五月乙亥日，齐国的崔杼杀了他们的国君庄公光。鲁襄公在夷仪与晋平公、宋平公、卫殇公、郑简公、曹武公、莒犁比公、邾悼公、滕成公、薛伯、杞文公、小邾穆公会面。六月壬子日，郑国大夫公孙舍之率领军队攻入陈国。秋季七月己巳日，诸侯在重丘结盟。鲁襄公从重丘返回鲁国。卫献公进入夷仪。楚国令尹屈建率领军队灭亡了舒鸠国。冬季，郑国大夫公孙夏率领军队讨伐陈国。十二月，吴王诸樊讨伐楚国，攻入巢邑的城门，伤重去世。

【传】二十五年春，齐崔杼帅师伐我北鄙，以报孝伯之师也。公患之，使告于晋。孟公绰曰："崔子将有大志，不在病我，必速归，何患焉！其来也不寇，使民不严，异于他日。"齐师徒归。

【译文】鲁襄公二十五年春季，齐国崔杼率领军队攻击我国北部边境，是为了报复孟孝伯对齐国的进攻。鲁襄公很担忧，派人向晋国报告。孟公绰说："崔杼将会有大的行动，目的不会放在伤害我国上，所以必定会很快撤军回国，又有什么可忧虑的呢？他到我国时也不掳掠，驱使百姓也不严厉，跟以前不同。"齐军空来一趟便回去了。

齐棠公之妻，东郭偃[①]之姊也。东郭偃臣崔武子。棠公死，偃御武子以吊焉。见棠姜而美之，使偃取之。偃曰："男女辨姓，今君出自丁，臣出自桓，不可。"武子筮之，遇《困》䷮之《大过》䷛。史皆曰："吉。"示陈文子，文子曰："夫从风，风陨妻，不可娶也。且其《繇》[2]曰：'困于石，据于蒺藜[3]，入于其宫，不见其妻，凶。'困于石，往不济也。据于蒺藜，所恃伤也。入于其宫，不见其妻，凶，无所归也。"崔子曰："嫠[4]也，何害？先夫当之矣。"遂取之。庄公通焉，骤如崔氏。以崔子之冠赐人，侍者曰："不可。"公曰："不为崔子，其无冠乎？"崔子因是，又以其间伐晋也，曰："晋必将报。"欲弑公以说于晋，而不获间。公鞭侍人贾举[5]，而又近之，乃为崔子间公。

【注释】①东郭偃：齐国崔杼的家臣。②《繇》：古同"宙"，占卜的文辞。③蒺藜（jí lí）：一年生草本植物。茎平铺在地，羽状复叶，小叶长椭圆形，开黄色小花，果皮有尖刺，种子可入药，有滋补作用。④嫠（lí）：寡妇。⑤贾举：齐后庄公内侍，曾被齐后庄公鞭笞。后与崔杼合谋，帮助崔杼将齐后庄公害死。

【译文】齐国棠公的妻子，是东郭偃的姐姐。东郭偃是崔杼的家臣。棠公去世后，东郭偃为崔武子驾车去吊丧。崔杼一见棠姜就觉得她很美，让东郭偃帮他娶棠姜。东郭偃说："男女婚配前要分辨姓氏，您是丁公的后代，臣是桓公的后代，同姓不能够结婚。"崔武子占筮，得到的结果是《困》卦变为《大过》卦。史官都说："吉利。"拿给陈文子看，陈文子说："丈夫跟随着风，风伤害妻子，不能够娶的。并且它的《繇》辞说：'被石头所围困，据守在蒺藜中，走进屋子，看不见妻子，凶兆。'被石头所围困，意味着做了也不能获得成功。把守在蒺藜中，意味着所依靠的东西会让自己受伤。走进屋子，看不到妻子，凶兆，意味着没有归宿。"崔武子说："她是一个寡妇，又有什么影响呢？况且她以前的丈夫已经承担这凶兆了。”于是娶棠姜为妻。齐后庄公跟棠姜私通，多次到崔杼家去。将崔杼的帽子赐给别人，侍从说：“不能够这样做。”庄公说：“不用崔杼的帽子，难道就没有帽子可戴了吗？”崔杼因此怨恨齐后庄公，又因为庄公曾趁着晋国发生动乱的时候进攻晋国，崔杼说：“晋国必定要报这个仇。”崔杼想要通过杀死齐后庄公来讨好晋国，但是却没有机会动手。齐后庄公曾鞭打过侍从贾举，鞭打之后又亲近他，于是贾举就为崔杼寻找杀死齐后庄公的机会。

夏五月，莒为且于之役故，莒子朝于齐。甲戌，飨诸北郭，崔子称疾，不视事。乙亥，公问崔子，遂从姜氏。姜入于室，与崔子自侧户出。公拊楹[①]而歌。侍人贾举止众从者，而入闭门。甲兴，公登台而请，弗许；请盟，弗许；请自刃于庙，弗许。皆曰：“君之臣杼疾病，不能听命。近于公宫，陪臣干掫[②]有淫者，不知二命。”公逾墙，又射之，中股，反队，遂弑之。贾举、州绰、邴师、公孙敖、封具、铎父、襄伊、偻堙[③]皆死。祝佗父祭于高唐[④]，至，复命，不说[⑤]弁[⑥]而死于崔氏。申蒯，侍渔者[⑦]，退，谓其宰曰：“尔以帑[⑧]免，我将死。”其宰曰：“免，是反子之义也。”与之皆死。崔氏杀鬷蔑于平阴。

【注释】①楹（yíng）：堂屋前部的柱子。②干掫（zōu）：指夜间巡逻击捕，后亦泛指捍卫。③偻堙（yīn）：齐国大臣。④高唐：今山东省禹城市西南。⑤说：通“脱”，解脱。⑥弁（biàn）：古时的一种官帽，通常配礼服用（吉礼之服用冕）。赤黑色布做的叫爵弁，是文冠；白鹿皮做的叫皮弁，是武冠，后泛指帽子。⑦侍渔者：古代监收渔税之官。⑧帑（nú）：妻与子的合称。

【译文】夏季五月，莒国因为且于之战的缘故，莒犁比公到齐国去朝见齐后庄公。甲戌日，庄公在北城设享礼款待莒犁比公，崔杼推脱生病，不理政事。乙亥日，齐后庄公前去看望崔杼，乘机去幽会棠姜。姜氏进到内室，跟崔武子从侧门出去。齐后庄公拍着柱子唱歌。侍人贾举阻止齐后庄公的随从进入，自己进入后反而关上大门。埋伏的甲士忽然一拥而上，齐后庄公登上高台请求免除一死，没有得到允许；请求结盟，也没有得到允许；请求在祖庙里自杀，还是没有得到允许。众人都说："君王的臣子崔杼病得很厉害，不能听取您的命令。何况这儿距离公宫很近，陪臣只知道夜间巡逻缉捕淫乱之人，不晓得其他命令。"齐后庄公跳墙逃命，众人又用箭射他，射中了大腿，齐后庄公翻身跌入墙内，于是众人将齐后庄公杀死。贾举、州绰、邴师、公孙敖、封具、铎父、襄伊、偻堙也都被杀了。祝佗父到高唐祭奠，回到国都，复命，还没有摘掉帽子便在崔杼家中被杀死。申蒯是监守渔税的官员，退出来，然后对他的家宰说："你带着我的妻儿赶紧离开，我准备一死。"家宰说："如果我逃跑了，这是违反了您所坚持的道义啊。"于是就与申蒯一起自杀。崔杼在平阴杀死鬷蔑。

晏子立于崔氏之门外，其人曰："死乎？"曰："独吾君也乎哉？吾死也？"曰："行乎？"曰："吾罪也乎哉？吾亡也？"曰："归乎？"曰："君死，安归？君民者，岂以陵民？社稷是主。臣君者，岂为其口实[①]？社稷是养。故君为社稷死，则死之；为社稷亡，则亡之。若为己死，而为己亡，非其私昵[②]，谁敢任之？且人有君而弑之，吾焉得死之？而焉得亡之？将庸何归？"门启而入，枕尸股而哭。兴，三踊[③]

而出。人谓崔子："必杀之！"崔子曰："民之望也！舍之，得民。"卢蒲癸奔晋，王何奔莒。

【注释】①口实：俸禄。②私昵：所亲近、宠爱的人。③三踊：古代丧礼，向死者跳脚号哭，以示哀痛。凡初死、小敛、大敛皆哭踊，谓之三踊。

【译文】晏子站在崔杼家门外，他的随从说："你准备去死吗？"晏子说："难道他只是我一个人的君王吗？我为什么要去死？"随从说："那么要逃走吗？"晏子说："他的死是我的罪过吗？我为什么要逃亡？"随从说："那么要回去吗？"晏子说："国君死了，我还能回到哪里去呢？作为百姓的君王，难道可以凌驾在民众之上吗？是要他来主持国政的。作为国君的臣子，难道只是为了他给的俸禄吗？是让他来管理国家的。故而国君为国家而死，那么臣子也会为国君而死；如若国君为国家而逃亡，那么臣子也会为国君而逃亡。如果国君为自己而死，或为自己而逃亡，不是国君所亲近宠爱的人，谁又敢担此重任呢？何况别人立了国君而又杀死他，我哪能为他死？又怎么能为他逃亡呢？可是我又能回到哪儿去呢？"大门打开，晏子进去，头枕着庄公尸体的大腿号哭。而后站起来，往上跳了三下才出去。有人对崔杼说："必须要杀死他！"崔杼说："他是百姓所仰望的人啊！放了他，可以获得民心。"卢蒲癸逃亡到晋国，王何逃亡到莒国。

叔孙宣伯之在齐也，叔孙还纳其女于灵公，嬖，生景公[①]。丁丑，崔杼立而相之，庆封为左相，盟国人[②]于大宫，曰："所不与崔、庆者……”晏子仰天叹曰：“婴所不唯忠于君、利社稷者是与，有如上帝。”乃歃[③]。辛巳，公与大夫及莒子盟。大史书曰：“崔杼弑其君。”崔子杀之。其弟嗣书，而死者二人。其弟又书，乃舍之。南史氏闻大史尽死，执简以往。闻既书矣，乃还。

【注释】①景公：名杵臼，齐灵公之子，齐庄公之弟。②国人：古代指居住在大邑内的人。③歃（shà）：古人盟会时，嘴唇涂上牲畜的血，表示诚意。

【译文】叔孙宣伯在齐国的时候，叔孙还把叔孙宣伯的女儿嫁给齐灵公，受到灵公的宠爱，生了景公。丁丑日，崔杼立景公为国君，自己为相辅佐他，庆封任左相，与国民在太公的庙里结盟，说：“所有不亲附崔氏、庆氏的……”晏子仰天长叹说：“我如果不忠于国君和利于社稷的人，有上天作证！”于是便歃血定盟。辛巳日，齐景公跟大夫及莒犁比公结盟。太史记载说：“崔杼杀了他的国君。”崔杼杀死太史。太史的弟弟继续这样写，因而又连续有两人被杀。太史另一个弟弟又如此写，崔杼便放弃杀他了。南史氏听说太史都死了，拿着同样写好的竹简前去。听说已经如实记录了，这才回去。

闾丘婴以帷缚其妻而载之，与申鲜虞乘而出。鲜虞推而下之，曰：“君昏不能匡，危不能救，死不能死，而知匿其昵，其谁纳之？”行及弇中[①]，将舍。婴曰：“崔、庆其追我！”鲜虞曰：“一与一，谁能惧我？”遂舍，枕辔[②]而寝，食马而食，驾而行。出弇中，谓婴曰：“速驱之！崔、庆之众，不可当也。”遂来奔。

【注释】①弇（yǎn）中：狭路，隘道。②辔（pèi）：驾驭牲口的嚼子和缰绳。

【译文】闾丘婴用车子的帷幕把他的妻子捆起来放在车上，与申鲜虞同乘一辆车逃亡。申鲜虞把闾丘婴的妻子推下车，说："国君昏庸不能辅佐，危难不能救援，死了不能同死，只晓得把自己亲爱的人藏匿起来，有谁会接纳我们呢？"走到隘道，打算住下来。闾丘婴说："崔氏、庆氏可能在追我们。"鲜虞说："一对一，谁能让我们害怕？"于是便住了下来，头枕着马缰睡觉，先将马喂饱然后自己才开始吃饭，之后套上马继续赶路。走出隘道后，对闾丘婴说："快点赶马，崔氏、庆氏的人多，我们是抵挡不了的。"于是便逃亡到鲁国。

崔氏侧庄公于北郭。丁亥，葬诸士孙之里。四翣[①]，不跸[②]，下车[③]七乘，不以兵甲。

【注释】①翣（shà）：古代出殡时的棺饰。②跸（bì）：帝王出行时清道，禁止行人来往。③下车：古代作殉葬用的粗陋的木制车。按照礼仪诸侯应该是九辆，列甲兵。

【译文】崔杼将庄公的棺材草草围住放在城北。丁亥日，把庄公葬在士孙里，只用四翣之礼，不清路开道，送葬的车子只有七辆，也没有用甲士列出军阵。

晋侯济自泮[①]，会于夷仪，伐齐，以报朝歌之役。齐人以庄公说，使隰鉏[②]请成。庆封如师，男女以班。赂晋侯以宗器、乐器。自六正、五吏、三十帅、三军之大夫、百官之正长[③]、师旅及处守[④]者皆有赂。晋侯许之。使叔向告于诸侯。公使子服惠伯对曰："君舍有罪，以靖小国，君之惠也。寡君闻命矣！"

【注释】①泮：即泮水，发源于泰山西北谷，东南流经泰安，又东南流入大汶河。②隰（xí）钽：齐国大夫。③正长：君主或各级行政长官。④处守：古代主管都城守卫的官吏。

【译文】晋平公渡过泮水，跟诸侯在夷仪会合，讨伐齐国，是为了报复朝歌那次战役。齐国人想用齐后庄公被杀之事讨晋国欢喜，派隰钽来讲和。庆封抵达军中，将男女奴隶分开排列捆绑好送给晋国。把宗庙里的祭器、乐器送给晋平公。给晋国的六卿、五吏、三十帅、三军的大夫、各部门的行政长官、师旅属官以及主管都城守卫的官员等都赠送了财礼。晋平公同意与齐国讲和。派叔向通报给众诸侯。鲁襄公派子服惠伯答复说："君王赦免有罪的齐国，是为了安抚小国，这是君王的恩惠。我们君王听从命令。"

晋侯使魏舒、宛没逆卫侯，将使卫与之夷仪。崔子止其帑，以求五鹿[①]。

【注释】①五鹿：卫地，在今河南清丰县西北。

【译文】晋平公派魏舒、宛没迎接卫献公，想要卫国把夷仪让出来给卫献公居住。崔杼扣留了卫献公的妻儿，以此来谋求五鹿。

初，陈侯会楚子伐郑，当陈隧者，井堙[①]，木刊。郑人怨之。六月，郑子展、子产帅车七百乘伐陈，宵突陈城，遂入之。陈侯扶其大子偃师奔墓，遇司马桓子，曰："载余！"曰："将巡城。"遇贾获，载其母妻，下之，而授公车。公曰："舍而母！"辞曰："不祥。"与其妻扶其母以奔墓，亦免。子展命师无入公宫，与子产亲御诸门。陈侯使司马桓子赂以宗器。陈侯免[②]，拥社[③]，使其众男女别而累，以待于朝。子展执縶[④]而见，再拜稽首，承饮而进献。子美入，数俘而出。祝祓[⑤]社，司徒致民，司马致节，司空致地，乃还。

【注释】①井堙（yīn）：堵塞水井。②免（wèn）：古代丧服。去冠括发，以布缠头。③拥社：抱持社主，怀抱土地神神主。④縶（zhí）：马缰绳。⑤祝祓（fú）：求告神灵降福除灾。

【译文】起初，陈哀公与楚康王一起讨伐郑国，凡是陈国军队经过的地方，水井被填塞，树木被砍伐。郑国人对此无比痛恨他们。六月，郑国的子展、子产率领七百辆战车攻打陈国，夜晚突然偷袭陈国都城，且攻进城。陈哀公扶着他的太子偃师逃往墓地，路上遇到司马桓子，说："让我们上车吧！"司马桓子说："我正打算要去巡城。"又碰到贾获，车上载着他的母亲和妻子，贾获便让自己的母亲和妻子下车，将车子交给陈哀公。陈哀公说："让你的母亲也坐在车上吧。"贾获辞谢说："妇女跟您同坐一辆车不吉祥。"于是与妻子一块扶着母亲逃奔到墓地，也得免于难。子展命令军队不许进入陈哀公的宫殿，子展与子产亲自监守着宫门。陈哀公派司马桓子将宗庙的祭器献给郑国。陈哀公穿着丧服，抱着土地神的神主，让他手下的众男女分别列队并各自捆绑，在朝堂上等待处置。子展手拿缰绳拜见陈哀公，再拜叩头，捧着酒杯向陈哀公敬酒。子产进来，清点完俘虏便退了出去。郑国人向土地神祈求降福除灾，司徒归还百姓，司马交还兵符，司空归还土地，便撤兵回国了。

秋七月己巳，同盟于重丘，齐成故也。

【译文】秋季七月己巳日，诸侯在重丘结盟，这是因为已经和齐国讲和的缘故。

赵文子[①]为政，令薄诸侯之币，而重其礼。穆叔见之，谓穆叔曰："自今以往，兵其少弭矣。齐崔、庆新得政，将求善于诸侯。武也知楚令尹。若敬行其礼，道之以文辞，以靖诸侯，兵可以弭。"

【注释】①赵文子：即赵武，赵盾之孙，赵朔之子，晋文公外曾孙。

【译文】赵武执政后，下令减轻诸侯应缴纳的贡品数量，反而更加注重礼仪。穆叔拜见赵武，赵武对穆叔说："从今以后，战争会逐渐平息。齐国的崔杼、庆氏刚刚掌握政权，打算与众诸侯建立友好关系。我跟楚国令尹交好。如果恭敬地遵守礼仪行事，再辅以有礼的外交辞令，以此来安抚众诸侯，那么战争便能够停歇。"

楚薳子冯卒，屈建为令尹，屈荡为莫敖。舒鸠人卒叛楚。令尹子木伐之，及离城[①]。吴人救之。子木遽[②]以右师先，子强、息桓、子捷、子骈、子盂帅左师以退。吴人居其间七日。子强曰："久将垫隘[③]，隘乃禽也，不如速战！请以其私卒诱之，简师，陈以待我。我克则进，奔则亦视之，乃可以免。不然，必为吴禽。”从之。五人以其私卒先击吴师，吴师奔。登山以望，见楚师不继，复逐之，傅诸其军，简师会之，吴师大败。遂围舒鸠，舒鸠溃。八月，楚灭舒鸠。

【注释】①离城：今舒城县之西，为楚军至舒鸠所经之邑。②遽（jù）：急忙、迫促。③垫隘：羸弱困苦。

【译文】楚国的薳子冯去世，屈建出任令尹，屈荡任莫敖。舒鸠人最终背叛了楚国。令尹子木率领军队讨伐舒鸠国，军队抵达了离城。吴国人前来救援舒鸠国。令尹子木急忙让右翼部队先冲上去，让子强、息桓、子捷、子骈、子盂带领左翼部队撤退。吴国军队在楚国左右两翼部队之间驻扎了七天。子强说：“军队停留的时间太长兵士将会疲弱，军队疲弱了便容易被抓捕，不如速战速决！请允许我带领家兵去引诱敌军，你们挑选精锐部队，摆好阵势等待我的消息。如果我能战胜他们便继续前进，要是失败了你们就看情况决定怎么办，这样能够免于被俘。如果不这样做的话，一定会被吴国人抓获。”令尹听从了他的意见。由子强、息桓、子捷、子骈、子盂五人领着自己的家兵先进攻吴军，吴军逃跑了。后来吴军登山眺望，看到楚军没有后援，于是便折回来追逐楚军，在逼近楚军时，楚国的精兵和子强等人的家兵会合，大败吴军。楚军再次围攻舒鸠，舒鸠人也溃散了。八月，楚国灭掉了舒鸠国。

卫献公入于夷仪。

【译文】卫献公来到夷仪居住。

郑子产献捷于晋，戎服将事。晋人问陈之罪。对曰："昔虞阏父为周陶正[①]，以服事我先王。我先王赖其利器用也，与其神明之后也，庸以元女大姬配胡公，而封诸陈，以备三恪[②]。则我周之自出，至于今是赖。桓公之乱，蔡人欲立其出。我先君庄公奉五父[③]而立之，蔡人杀之，我又与蔡人奉戴厉公。至于庄、宣，皆我之自立。夏氏之乱，成公播荡[④]，又我之自入，君所知也。今陈忘周之大德，蔑我大惠，弃我姻亲，介恃楚众，以凭陵[⑤]我敝邑，不可亿逞[⑥]。我是以有往年之告，未获成命，则有我东门之役。当陈隧者，井堙木刊。敝邑大惧不竞，而耻大姬，天诱其衷，启敝邑之心。陈知其罪，授手于我。用敢献功！"晋人曰："何故侵小？"对曰："先王之命，唯罪所在，各致其辟。且昔天子之地一圻[⑦]，列国一同[⑧]，自是以衰。今大国多数圻矣，若无侵小，何以至焉？"晋人曰："何故戎服？"对曰："我先君武、庄为平、桓卿士。城濮之役，文公布命，曰：'各复旧职！'命我文公戎服辅王，以授楚捷，不敢废王命故也。"士庄伯不能诘，复于赵文子。文子曰："其辞顺，犯顺，不祥。"乃受之。

【注释】①陶正：周代官名，掌制造陶器之事。②三恪：周朝新立，封前代三王朝的子孙，给以王侯名号，称三恪，以示敬重。③五父：即陈佗，陈国的君主。④播荡：迁徙流亡，居无定所。⑤凭陵：仗势欺人。⑥亿逞：亿盈，满溢，这里指满足。⑦圻（qí）：畿，京畿，古称天子直辖之地，亦指京城所辖的地区。⑧同：古代土地面积单位，地方百里为同。

【译文】郑国的子产到晋国进献从陈国缴获的战利品，他当时身穿军服处理事务。晋国人问他陈国犯了什么罪。他回答说："从前虞阏父担任周朝的陶正时，事奉我们先王。先王因为他制作的陶器于人有用而奖励他，再加上他是虞舜的后代，就把大女儿太姬许配给他的儿子胡公，并封他在陈地，以示诚敬。故而陈国是周朝的后辈，直到现在陈国还依赖着周朝。陈桓公死后陈国出现了动乱，蔡国人想要扶持他们的外甥厉公为国君。我们先君庄公事奉陈佗并立他为君，蔡国人将陈佗杀死，我们又和蔡国人共同拥立厉公为君。至于庄公、宣公，都是我们国家自己拥立的。夏徵舒之乱后，陈成公流亡在外，又是我们帮助他回国即位的，这一点国君您也是知道的。如今陈国忘记了周朝的大德，无视我国的恩惠，舍弃我们的姻亲关系，依靠楚国人多欺凌我国，欲望没有止境。因此我国在去年请求贵国帮助攻打陈国，没有获得允许，后来就有了陈国攻打郑国东门的战役。凡是陈国经过的地方，水井被填平，树木被砍伐。我国很担忧被削弱，而使太姬蒙受耻辱，幸亏上天厌恶他们，让我们萌发了攻打陈国的念头。陈国深知他们的罪过，甘愿让我们惩罚。故而我们才敢前来献上我们的战利品。"晋国人说："为何要侵略比你们小的国家？"子产回答说："先王曾下令，只要犯了罪，都要分别给予处罚。况且曾经天子所直辖之地只有方圆千里，诸侯的土地方圆百里，其他伯、子、男的土地依次递减。现在大国的土地居然多至方圆数千里，如果没有侵略小国，如何能达到这么多？"晋国人说："你为何穿着军服进献战利品？"子产回答说："我们先君武公、庄公曾做过平王、桓王的卿士。城濮之战中，晋文公下令，说：‘每个人都恢复原来的职位。’命令我们文公穿上军服辅佐天子，并接受楚国的俘虏，所以我们不敢废弃天子的命令。”士庄伯哑口无言，回去向赵武复命。赵武说：“他的答复合乎情理，如果我们违背情理，是不吉利的。”于是接受了子产献上的战利品。

冬十月，子展相郑伯如晋，拜陈之功。子西复伐陈，陈及郑平。仲尼曰：“《志》有之：‘言以足志，文以足言。’不言，谁知其志？言之无文，行而不远。晋为伯，郑入陈，非文辞不为功。慎辞哉！”

【译文】冬季十月，子展作为郑简公的相礼随同去了晋国，对晋国接受郑国献上的陈国的战利品表示感谢。子西又讨伐陈国，陈国跟郑国讲和。孔子说：“《志》中有句话说：‘言语用来表达志向，文采用来修饰言语。’如果不讲话，谁能了解他的志向呢？要是说话没有文采，他的话便不能广为流传。晋国成为霸主，郑国侵犯陈国，如果不是子产善于辞令事情也不会获得成功。要慎重地使用言辞啊！”

楚苏掩①为司马，子木使庀赋，数甲兵。甲午，苏掩书土田，度山林，鸠薮泽②，辨京陵③，表淳卤④，数疆潦⑤，规偃猪⑥，町原防⑦，牧隰皋⑧，井衍沃⑨，量入修赋，赋车籍马，赋车兵、徒卒、甲楯之数。既成，以授子木，礼也。

【注释】①蒍掩：楚国大夫，父亲为楚令尹蒍子冯。②鸠：聚集。薮泽：水草茂密的沼泽湖泊地带。③京陵：高丘大阜。④淳卤：瘠薄的盐碱地。⑤疆潦：土质坚硬容易引起涝害的土地。⑥偃猪：池沼。诸，同"潴"。⑦町原防：划分小块土地。原防，堤防间不方正的田地。⑧隰皋（xí gāo）：靠近水边的低湿地方，可供放牧。⑨衍沃：平广肥美的土地。

【译文】楚国蒍掩担任司马，令尹子木让他征收赋税，清点盔甲兵器。甲午日，蒍掩记录土地情况，测量山林的木材，聚集水泽的产品，分辨高丘大阜，标出瘠薄的土地，计算出容易引起涝害的土地，测定池沼的大小，分划小块耕地，在靠近水边的低湿地方放牧，在平坦肥美的土地上分划井田，根据收入制定赋税制度，规定百姓交纳的车、马数量，以及战车上士兵拿的武器、步兵拿的武器、盔甲盾牌的数量。任务完成之后，蒍掩把它们交给子木，这是合乎礼制的。

十二月，吴子诸樊伐楚，以报舟师之役。门于巢。巢牛臣[①]曰："吴王勇而轻，若启之，将亲门。我获射之，必殪[②]。是君也死，疆其少安！"从之。吴子门焉，牛臣隐于短墙以射之，卒。

【注释】①巢牛臣：楚国大夫。②殪（yì）：死。

【译文】十二月，吴王诸樊讨伐楚国，是为了报复楚国水军攻打吴国的那场战役。攻击巢邑的城门。巢牛臣说："吴王勇猛却轻率，如果打开城门，他将亲自带兵进入城门。我们乘机用箭射他，必定能射死他。这个国君死了，我们国家的边境上便能稍微安定。"听从了他的意见。吴王进到城门，牛臣隐藏在矮墙后用箭射他，吴王被射死了。

楚子以灭舒鸠赏子木。辞曰:“先大夫蒍子之功也。”以与蒍掩。

【译文】楚康王因为子木灭了舒鸠国而赏赐他。子木推辞说:“这是先大夫蒍子冯的功劳。”于是楚康王便把奖赏赐给了蒍掩。

晋程郑卒,子产始知然明,问为政焉。对曰:“视民如子。见不仁者诛之,如鹰鹯[①]之逐鸟雀也。”子产喜,以语子大叔,且曰:“他日吾见蔑之面而已,今吾见其心矣。”子大叔问政于子产。子产曰:“政如农功,日夜思之,思其始而成其终。朝夕而行之,行无越思,如农之有畔。其过鲜矣。”

【注释】①鹰鹯(zhān):鹰与鹯,比喻忠勇的人。

【译文】晋国程郑去世,子产才开始明白然明,向他询问如何施政。然明回答说:“把百姓看成是自己的孩子。看见不仁的人就诛戮他,就像鹰鹯追捕鸟雀一样。”子产很高兴,把他的话告诉给子太叔,而且说:“过去我见到的只是然明的外貌,如今我看见了然明的心。”子太叔向子产询问政事。子产说:“政事就像是做农活一样,日夜都想着它,想着它如何开始又想着怎样获得好的收成。早晨晚上都按所思考的去做,所做的不要超越所想的,如同农田有田地的界线一样。这样过失就少了。”

卫献公自夷仪使与甯喜言,甯喜许之。大叔文子闻之,曰:“乌乎!《诗》所谓‘我躬不说,皇恤我后’者,甯子可谓不恤其后矣。将可乎哉?殆必不可。君子之行,思其终也,思其复也。《书》曰:‘慎始而敬终,终以不困。’《诗》曰:‘夙夜匪解,以事一人。’今甯子视君不如弈棋,其何以免乎?弈者举棋不定,不胜其耦,而况置君而弗定乎?必不免矣。九世之卿族,一举而灭之,可哀也哉!”

【译文】卫献公从夷仪派人跟甯喜谈复位的事,甯喜同意了。太叔文子听说了,说道:“唉!《诗经》中说‘我自身都不能被容纳,哪里还能顾及我的后代’,甯喜可以说是不顾及他的后代了。这怎么可以呢?一定是不可以的。君子行动,要想到它的结果,要想到下次能够再做。《书》中说:‘谨慎的开始并且不怠慢结果,最终便不会困窘。’《诗经》中说:‘早晚不敢懈怠,全心全意事奉一人。’如今甯喜对待国君还没有对待下棋那般谨慎,他如何能免于祸难呢?下棋的人举棋不定,就无法战胜对手,何况在安置国君的事情上犹豫不定呢?一定不能免于祸难了。传承了九世的卿族,就这样一举覆灭,真是可悲啊!”

会于夷仪之岁,齐人城郏。其五月,秦、晋为成。晋韩起如秦莅盟①,秦伯车如晋莅盟,成而不结。

【注释】①莅盟:两国修好,相约至某地会盟。

【译文】晋平公在夷仪与诸侯会面的那一年,齐国人在郏地修筑城池。那年五月,秦国、晋国讲和。晋国的韩起到秦国参加盟会,秦国的伯车到晋国参加盟会，虽然结盟但是关系却不稳固。

襄公二十六年

【经】二十有六年春王二月辛卯，卫甯喜弑其君剽。卫孙林父入于戚以叛。甲午，卫侯衎复归于卫。夏，晋侯使荀吴来聘。公会晋人、郑良霄[①]、宋人、曹人于澶渊。秋，宋公杀其世子痤[②]。晋人执卫甯喜。八月壬午，许男宁卒于楚。冬，楚子、蔡侯、陈侯伐郑。葬许灵公。

【注释】①良霄：字伯有，子耳之子，郑国卿大夫。②世子痤（cuó）：宋平公的儿子，宋元公的哥哥。

【译文】鲁襄公二十六年春季周历二月辛卯日，卫国大夫甯喜杀了他的国君卫殇公剽。卫国大夫孙林父到戚地发动叛乱。甲午日，卫献公衎又回到卫国。夏季，晋平公派遣使者荀吴来鲁国访问。鲁襄公在澶渊与晋国人、郑国的良宵、宋国人、曹国人会面。秋季，宋平公杀死太子痤。晋国人囚禁了卫国的甯喜。八月壬午日，许灵公宁在楚国去世。冬季，楚康王、蔡景侯、陈哀公联合讨伐郑国。安葬许灵公。

【传】二十六年春，秦伯之弟鍼如晋修成，叔向命召行人子员。行人子朱曰：“朱也当御。”三云，叔向不应。子朱怒，曰：“班爵[①]同，何以黜朱于朝？”抚剑从之。叔向曰：“秦、晋不和久矣！今日之事，幸而集[②]，晋国赖之。不集，三军暴骨。子员道二国之言无私，子常易之。奸以事君者，吾所能御也。”拂衣从之。人救之。平公曰：“晋其庶乎！吾臣之所争者大。”师旷曰：“公室惧卑。臣不心竞而力争，不务德而争善，私欲已侈，能无卑乎？”

【注释】①班爵：爵位，官阶。②集：成就，成功。

【译文】鲁襄公二十六年春季，秦景公的弟弟鍼到晋国议和，叔向让人去召唤行人子员。行人子朱说：“今天是我当班。”说了三次，叔向都没有回应他。子朱大怒，说：“我的官阶和子员是一样的，为什么要在朝堂上黜退我？”便持剑跟了上去。叔向说：“秦、晋两国之间不和睦已经很久了。今天的事情，如果有幸能够成功的话，晋国就可以借此安定下来。如果事情不成功的话，就会再次爆发战争而导致尸横遍野。子员在两国事务上是没有私心的，你却常常相反。用奸诈狡猾来事奉国君的人，我是能够抗御的。”讲完撩起衣服走上前去。旁边的人把他们劝住。晋平公说：“看来晋国有希望大治了啊！我的臣子所争执的都是国家大事。”师旷却说：“公室的地位可能要降低了。臣子之间不在智慧上竞争却在武力上竞争，不致力于在德行上的修养却争强斗胜，个人的私心已经太大了，公室如何能不衰弱呢？”

卫献公使子鲜为复，辞。敬姒[①]强命之。对曰：“君无信，臣惧不免。”敬姒曰：“虽然，以吾故也。”许诺。初，献公使与甯喜言，甯喜曰：“必子鲜在，不然必败。”故公使子鲜。子鲜不获命于敬姒，以公命与甯喜言，曰："苟反，政由甯氏，祭则寡人。"甯喜告蘧伯玉，伯玉曰："瑗不得闻君之出，敢闻其入？"遂行，从近关出。告右宰穀，右宰穀曰："不可。获罪于两君，天下谁畜之？"悼子曰："吾受命于先人，不可以贰。"穀曰："我请使焉而观之。"遂见公于夷仪。反曰："君淹恤[2]在外十二年矣，而无忧色，亦无宽言，犹夫人也。若不已，死无日矣。"悼子曰："子鲜在。"右宰穀曰："子鲜在，何益？多而能亡，于我何为？"悼子曰："虽然，不可以已。"孙文子在戚，孙嘉聘于齐，孙襄居守。

【注释】①敬姒：卫献公、子鲜之母，卫定公之妾。②淹恤：长年落难，流亡异地。

【译文】卫献公让子鲜为自己争取恢复君位，被子鲜拒绝。敬姒强迫子鲜答应。子鲜回答说："国君不讲信用，我担忧自己不能免于祸害。"敬姒说："就算这样，为了我你还是去吧。"子鲜这才同意。起初，献公派人和甯喜商量这事，甯喜说："一定要有子鲜参加，如果不这样肯定要失败。"因此献公才派子鲜去。子鲜没有从敬姒那里获得命令，就把献公的命令告诉甯喜，说道："如果能够回到国内，政权由甯氏掌握，我只管祭祀的事宜。"甯喜告诉给蘧伯玉，伯玉说："我没有听说过国君出走的事，如何敢听他回国之事呢？"说完便走，又从最近的边境出国了。甯喜把这事告诉了右宰穀，右宰穀说："不能这么做。得罪了两位国君，天下还会有谁收留您呢？"甯喜说："我接受了先人的遗命，不能有二心"右宰穀说："请让我先出使去看看情况。"于是到夷仪觐见献公。回来后他说："国君在外流亡十二年，脸上却没有一点担忧的神色，也没有什么宽容的语言，还和过去一样。如果不停止计划，我们离死的日子也就不远了。”甯喜说：“有子鲜在。”右宰榖说：“有子鲜在，又有什么用？他最多不过是自己逃跑，对我们又有什么用？”甯喜说：“即便是这样，也不能停下来。”孙文子住在戚地，孙嘉到齐国访问，孙襄留守在都城。

二月庚寅，甯喜、右宰榖伐孙氏，不克。伯国伤。甯喜出，舍于郊。伯国死，孙氏夜哭。国人召甯子，甯子复攻孙氏，克之。辛卯，杀子叔[①]及大子角。书曰：“甯喜弑其君剽。”言罪之在甯氏也。孙林父以戚如晋。书曰：“入于戚以叛。”罪孙氏也。臣之禄，君实有之。义则进，否则奉身而退。专禄以周旋，戮也。

【注释】①子叔：即卫殇公，名秋，卫定公之子，卫献公之弟。

【译文】二月庚寅日，甯喜、右宰榖讨伐孙氏，没有获胜。孙襄受了伤。甯喜出逃，来到了郊外。孙襄伤重去世，夜晚孙家传出了哭号声。国都的人都在召唤甯喜，甯喜再次攻击孙氏，最终将孙氏打败。辛卯日，杀了卫殇公和太子角。《春秋》中记载说“甯喜杀了他的国君剽”，这是在说错在甯氏。孙林父带着戚地投奔晋国。《春秋》中记载说“进入戚地发生叛乱”，这是在说错在孙氏。臣子的俸禄，事实上是国君给的。合乎道义就尽力争取，否则就全身而退。如果将封邑视为自己的私产而用来事奉大国的话，就应当被杀掉。

甲午，卫侯入。书曰：“复归。”国纳之也。大夫逆于竟者，执其手而与之言。道逆者，自车揖之。逆于门者，颔之而已。公至，使让大叔文子[①]曰："寡人淹恤在外，二三子皆使寡人朝夕闻卫国之言，吾子独不在寡人。古人有言曰：'非所怨，勿怨。'寡人怨矣。"对曰："臣知罪矣。臣不佞，不能负羁绁[②]以从扞牧圉[③]，臣之罪一也。有出者，有居者。臣不能贰，通外内之言以事君，臣之罪二也。有二罪，敢忘其死？"乃行，从近关出。公使止之。

【注释】①大叔文子：即太叔文子，又称姬号文，是卫国的世叔。②羁绁（xiè）：马络头和马缰绳，泛指驭马或缚系禽兽的绳索。③牧圉（yǔ）：牛马，借指播迁中的君王车驾。

【译文】甲午日，卫献公进入国都。《春秋》中记载说"复其位"，是国民让他回来的。大夫在国境上迎接他，卫献公拉着大夫们的手与他们交谈。对于在道路上迎接自己的大夫，卫献公站在车上对他们作揖行礼。对于在城门口迎接自己的大夫，卫献公只是点头示意。卫献公回到宫中，派人责备太叔文子说："我流亡在外，诸位大臣每天早晚都要向我报告卫国所发生的事情，只有你不关心我。古人有句话说：'不怨恨不该怨恨的人。'如今我怨恨你。"太叔文子说："我知道我的罪过了。我没有才能，不能跟随国君去避难以保护财物，这是第一条罪状。国家有出逃在外的国君，有驻守在国内的国君。我不能三心二意，传递国内外的消息来侍奉两位国君，这是第二条罪状。有这两条罪状，怎么敢忘记一死？"于是出走，从最近的城门出关。献公派人劝阻他。

卫人侵戚东鄙，孙氏诉于晋，晋戍茅氏。殖绰伐茅氏，杀晋戍三百人。孙蒯追之，弗敢击。文子曰："厉之不如！"遂从卫师，败之圉。雍钼获殖绰。复诉于晋。

【译文】卫国人攻击戚地东部边境，孙林父到晋国告状，晋国派兵去茅氏戍守。殖绰讨伐茅氏，杀死晋国守军三百人。孙蒯追赶殖绰，却不敢攻击。孙林父说："你连一个厉鬼都比不上。"于是孙蒯又去追赶卫军，并在圉地把他们击败。雍钼抓住了殖绰。孙林父又到晋国告状。

郑伯赏入陈之功，三月甲寅朔，享子展，赐之先路①、三命之服②，先八邑；赐子产次路③、再命之服，先六邑。子产辞邑，曰："自上以下，隆杀以两，礼也。臣之位在四，且子展之功也。臣不敢及赏礼，请辞邑。"公固予之，乃受三邑。公孙挥曰："子产其将知政矣！让不失礼。"

【注释】①先路：亦作"先辂"，天子或诸侯使用的一种用象牙装饰的正车。②三命之服：卿大夫所受的最高等级的礼服。③次路：亦作"次辂"，副车。

【译文】郑简公奖赏攻入陈国的有功之臣，三月初一，设宴款待子展，赐给他先路车、三命朝服，还有八座城邑；赐予子产次路车、二命朝服，以及六座城邑。子产拒绝了城邑，说："从上到下，应当依次减二，这才合于礼。我位居第四位，况且这是子展的功劳。我不敢接受这奖励，请同意我辞去城邑。”郑简公坚持要给他，于是子产接受了三座城邑。公孙挥说：“子产将要执政了，他谦让而又不失礼。”

晋人为孙氏故，召诸侯，将以讨卫也。夏，中行穆子[①]来聘，召公也。

【注释】①中行穆子：即荀吴。

【译文】晋国人因为孙林父的缘故，召集诸侯，准备讨伐卫国。夏季，荀吴前来鲁国聘问，为的是召请襄公参加盟会。

楚子、秦人侵吴，及雩娄[①]，闻吴有备而还。遂侵郑。五月，至于城麇。郑皇颉戍之，出，与楚师战，败。穿封戌囚皇颉，公子围与之争之，正于伯州犁[②]。伯州犁曰：“请问于囚。”乃立囚。伯州犁曰：“所争，君子也，其何不知？”上其手，曰：“夫子为王子围，寡君之贵介弟也。”下其手，曰：“此子为穿封戌，方城外之县尹也。谁获子？”囚曰：“颉遇王子，弱焉。”戌怒，抽戈逐王子围，弗及。楚人以皇颉归。

【注释】①雩娄：古地名，在今河南商城县东北部、固始县南部，安徽霍邱县部分地区。②伯州犁：晋国大夫伯宗之子，后因父亲被害，逃亡到楚国，称为楚国太宰。

【译文】楚康王、秦国人联合侵袭吴国，抵达雩娄时，听说吴国做好了准备，就退兵了。于是又侵袭郑国。五月，攻至城麇。郑国的皇颉负责戍守城麇，出城与楚军作战，最后战败。穿封戌抓住了皇颉，公子围跟他争夺这一功劳，请求伯州犁做评判。伯州犁说：“请允许我询问被抓住的人。”就让皇颉来到跟前。伯州犁说：“他们二人在争夺你，你是一位君子，有什么事不知道的呢？”举起手，说：“这个人是王子围，是我们国君尊贵的弟弟。”手朝下指，说：“这是穿封戌，是方城山外的县尹。是谁逮住了你呢？”皇颉说：“我碰到了王子，抵抗不住才被抓获的。”穿封戌十分生气，抽出戈追赶王子围，没能赶上。楚国人领着皇颉回国了。

印堇父与皇颉戍城麇，楚人囚之，以献于秦。郑人取货于印氏以请之，子大叔为令正，以为请。子产曰：“不获。受楚之功，而取货于郑，不可谓国，秦不其然。若曰：‘拜君之勤郑国。微君之惠，楚师其犹在敝邑之城下。’其可。”弗从，遂行。秦人不予。更币，从子产，而后获之。

【译文】印堇父跟皇颉一块戍守城麇，楚国人把他抓住献给了秦国。郑国人从印堇父家中获得一份财物向秦国请求赎回印堇父，子太叔担任令正，为他们拟写文书。子产说：“这样做是不可能赎回印堇父的。秦国接受楚国献给的俘虏，又接受了郑国的财物，这不能说是一个国家应该有的做法，秦国不会这样做的。如果说：‘感谢国君帮助郑国。要是没有国君施以恩惠，楚国军队恐怕至今还在我们城下。’这样才可以。”子太叔没有听从这个建议，便走了。秦国没有同意子太叔的要求。后来再派使者带着礼物，依照子产的话去做，才把印堇父带了回来。

六月，公会晋赵武、宋向戌、郑良霄、曹人于澶渊以讨卫，疆戚田。取卫西鄙懿氏六十以与孙氏。赵武不书，尊公也。向戌不书，后也。郑先宋，不失所也。于是卫侯会之。晋人执甯喜、北宫遗[①]，使女齐[②]以先归。卫侯如晋，晋人执而囚之于士弱氏。

【注释】①北宫遗：卫国大夫，北宫括之子。曾与甯喜杀掉卫殇公，帮助卫献公复位。②女齐：即晋国大夫司马侯。

【译文】六月，鲁襄公与晋国的赵武、宋国的向戌、郑国的良霄、曹国人在澶渊会面商讨讨伐卫国之事，重新划定戚地的疆界。将卫国西部边境懿氏的六十座城邑送给孙林父。《春秋》中没有记载赵武的名字，是表示尊敬襄公。没有记载向戌的名字，是因为他迟到了。把郑国写在宋国前面，是因为郑国人准时参加了会面。那时卫献公也参加了会面。晋国人抓住甯喜和北宫遗，让女齐领着他们先回晋国。卫献公到晋国后，晋国人把他抓住囚禁在了士弱家中。

秋七月，齐侯、郑伯为卫侯故如晋，晋侯兼享之。晋侯赋《嘉乐》。国景子相齐侯，赋《蓼萧》[①]。子展相郑伯，赋《缁衣》[②]。叔向命晋侯拜二君，曰："寡君敢拜齐君之安我先君之宗祧也，敢拜郑君之不贰也。"国子使晏平仲私于叔向，曰："晋君宣其明德于诸侯，恤其患而补其阙，正其违而治其烦，所以为盟主也。今为臣执君，若之何？"叔向告赵文子，文子以告晋侯。晋侯言卫侯之罪，使叔向告二君。国子赋《辔之柔矣》，子展赋《将仲子兮》，晋侯乃许归卫侯。叔向曰："郑七穆，罕氏其后亡者也。子展俭而壹。"

【注释】①《蓼萧》：出自《诗经·小雅》，是一首祝颂诗，表达了诸侯朝见周天子时的尊崇、歌颂之意。②《缁衣》：出自《诗经·国风·郑风》，是一首描写国君与臣下关系的诗。

【译文】秋季七月，齐景公、郑简公因为卫献公的缘故到了晋国，晋平公设享礼同时款待他们。晋平公赋《嘉乐》诗。国景子担任齐景公的相礼，赋《蓼萧》诗。子展担任郑简公的相礼，赋《缁衣》诗。叔向让晋平公拜谢两位国君，说："我们国君拜谢齐国国君安定我们先君的宗庙，拜谢郑国国君对我们国君的忠心不贰。"国景子派晏平仲私下对叔向说："晋国国君在诸侯中宣扬自己的明德，体恤诸侯的祸患且补正诸侯的缺失，纠正诸侯的错误且治理诸侯的动乱，因此才能做盟主。但如今他为了臣下而逮捕了国君，该怎么办呢？"叔向将这些话告诉赵文子，赵文子又将这些话告知晋平公。晋平公列举了卫献公的罪过，派叔向告诉齐、郑两位国君。国景子赋《辔之柔矣》诗，子展赋《将仲子兮》诗，晋平公于是同意让卫献公回国。叔向说："郑穆公后代的七个分支，罕氏或许是最后消亡的。子展节俭而专一。"

初，宋芮司徒[①]生女子，赤而毛，弃诸堤下。共姬[②]之妾取以入，名之曰弃。长而美。平公入夕，共姬与之食。公见弃也，而视之，尤。姬纳诸御，嬖，生佐。恶而婉。大子痤美而很，合左师畏而恶之。寺人[③]惠墙伊戾为大子内师[④]，而无宠。

【注释】①芮司徒：宋国大夫。②共姬：鲁宣公的女儿，宋共公的夫人。③寺人：古称宫内供使令的小臣，即后世所称的宦官、太监。

④大子内师：即太子内师，为内人之长，职掌监知宫内之事，由寺人充任。

【译文】起初，宋国芮司徒生了个女儿，皮肤发红并且身上长着毛，芮司徒便将她抛弃在堤下。共姬的侍妾将她捡了回来，并给她取名为弃。长大之后变得很漂亮。宋平公晚上进宫向母亲请安，共姬留他吃饭。平公看到弃，发现弃长得很漂亮。共姬把她送给平公做侍妾，弃获得平公的宠爱，生了佐。佐的相貌难看，性格却很温顺。太子痤长得貌美心地却很阴狠，向戌对他又害怕又厌恶。寺人惠墙伊戾是太子的内师，却得不到宠信。

秋，楚客聘于晋，过宋。大子知之，请野享之，公使往。伊戾请从之。公曰："夫不恶女乎？"对曰："小人之事君子也，恶之不敢远，好之不敢近。敬以待命，敢有贰心乎？纵有共其外，莫共其内，臣请往也。"遣之。至，则欿[①]，用牲，加书，征之，而聘告公曰："大子将为乱，既与楚客盟矣。"公曰："为我子，又何求？"对曰："欲速。"公使视之，则信有焉。问诸夫人与左师，则皆曰："固闻之。"公囚大子。大子曰："唯佐也能免我。"召而使请，曰："日中不来，吾知死矣。"左师[②]闻之，聒而与之语。过期，乃缢而死。佐为大子。公徐闻其无罪也，乃亨伊戾。

【注释】①欿（kǎn）：通"坎"，坑，地面低陷的地方。②左师：宋国卿大夫，和右师一起执政，与司马、司徒、司城、司寇并称"六师"。

【译文】秋季，楚国的使者到晋国访问，经过宋国。太子跟楚国的使者原本就认识，因此请求在野外设宴款待他，平公同意让太子去。伊戾请求跟随太子去。平公说："太子不是厌恶你吗？"伊戾回答说："小人事奉君子的规矩是，被讨厌也不敢远离，被喜欢也不敢亲近。恭慎地等待命令，怎么敢有二心呢？纵使有人在外边侍候太子，也没有人在里面侍候。臣下请求前去。"平公便派他去了。到了那儿，便挖坑，杀了一只牲畜作为牺牲，将盟书放在牺牲上，又检查了一遍，驰马回来报告平公说："太子即将作乱，已经跟楚国使者结盟了。"平公说："太子已经是我的继承人了，还谋求什么呢？"伊戾回答说："想要快点即位。"平公派人去查看，真的是确有其事。平公询问夫人跟左师，他们都说："真的听说过。"平公囚禁太子。太子说："只有佐能使我免于灾难。"让人召唤佐并请求佐帮忙向平公求情，说："如果他到中午还没有来的话，我就知道我应该赴死了。"左师听到这些，就与佐闲聊拖延时间。过了中午，太子便上吊死了。佐被立为太子。平公慢慢知道太子痤没有罪，便把伊戾烹煮了。

左师见夫人之步马者，问之，对曰："君夫人氏也。"左师曰："谁为君夫人？余胡弗知？"圉人[①]归，以告夫人。夫人使馈之锦与马，先之以玉，曰："君之妾弃使某献。"左师改命曰"君夫人"，而后再拜稽首受之。

【注释】①圉人：官名，掌管养马放牧等事，又泛称养马的人。

【译文】左师向戌看到给夫人遛马的人，询问他是哪位夫人的手下，遛马人回答说："我是君夫人家的。"左师说："谁是君夫人？为什么我不知道呢？”遛马人回去后，将左师说的话告诉了君夫人。君夫人派人先给向戌送上玉，后又送上锦缎与马匹，说：“国君的侍妾弃让我将这些送给您。”向戌改口说“君夫人”，而后再拜叩头接受了礼物。

郑伯归自晋，使子西如晋聘，辞曰：“寡君来烦执事，惧不免于戾，使夏谢不敏。”君子曰：“善事大国。”

【译文】郑简公从晋国回来，派子西到晋国去访问，致辞说：“寡君来麻烦执事，害怕失敬而不能免于罪过，特派夏前来表达歉意。”君子说：“郑国擅长事奉大国。”

初，楚伍参[①]与蔡太师子朝[②]友，其子伍举与声子[③]相善也。伍举娶于王子牟[④]，王子牟为申公而亡，楚人曰：“伍举实送之。”伍举奔郑，将遂奔晋。声子将如晋，遇之于郑郊，班荆[⑤]相与食，而言复故。声子曰：“子行也！吾必复子。”及宋向戌将平晋、楚，声子通使于晋，还如楚。令尹子木与之语，问晋故焉，且曰：“晋大夫与楚孰贤？”对曰：“晋卿不如楚，其大夫则贤，皆卿材也。如杞、梓、皮革，自楚往也。虽楚有材，晋实用之。”子木曰：“夫独无族姻[⑥]乎？”对曰：“虽有，而用楚材实多。归生[⑦]闻之：‘善为国者，赏不僭而刑不滥。’赏僭，则惧及淫人；刑滥，则惧及善人。若不幸而过，宁僭无滥。与其失善，宁其利淫。无善人，则国从之。《诗》曰：‘人之云亡，邦国殄瘁[⑧]。’无善人之谓也。故《夏书》曰：‘与其杀不辜，宁失不经。'惧失善也。《商颂》[9]有之曰:'不僭不滥,不敢怠皇,命于下国,封建厥福。'此汤所以获天福也。古之治民者,劝赏而畏刑,恤民不倦。赏以春夏,刑以秋冬。是以将赏,为之加膳,加膳则饫赐[10],此以知其劝赏也。将刑,为之不举,不举则彻乐,此以知其畏刑也。夙兴夜寐,朝夕临政,此以知其恤民也。三者,礼之大节也。有礼无败。今楚多淫刑,其大夫逃死于四方,而为之谋主,以害楚国,不可救疗,所谓不能也。子仪之乱,析公奔晋。晋人置诸戎车之殿,以为谋主。绕角之役,晋将遁矣,析公曰:'楚师轻窕,易震荡也。若多鼓钧声,以夜军之,楚师必遁。'晋人从之,楚师宵溃。晋遂侵蔡,袭沈,获其君,败申、息之师于桑隧,获申丽而还。郑于是不敢南面。楚失华夏,则析公之为也。雍子之父兄谮[11]雍子,君与大夫不善是也,雍子奔晋,晋人与之鄐[12],以为谋主。彭城之役,晋、楚遇于靡角之谷。晋将遁矣。雍子发命于军曰:'归老幼,反孤疾,二人役,归一人,简兵蒐乘,秣马蓐食,师陈焚次,明日将战。'行归者,而逸楚囚。楚师宵溃,晋降彭城而归诸宋,以鱼石归。楚失东夷,子辛死之,则雍子之为也。子反与子灵争夏姬,而雍害其事,子灵奔晋,晋人与之邢,以为谋主。扞御[13]北狄,通吴于晋,教吴叛楚,教之乘车、射御、驱侵,使其子狐庸为吴行人焉。吴于是伐巢、取驾、克棘、入州来[14],楚罢于奔命,至今为患,则子灵之为也。若敖之乱,伯贲之子贲皇[15]奔晋,晋人与之苗,以为谋主。鄢陵之役,楚晨压晋军而陈,晋将遁矣。苗贲皇曰:'楚师之良在其中军王族而已,若塞井夷灶,成陈以当之,栾、范易行以诱之,中行、二郤[16]必克二穆。吾乃四萃于其王族,必大败之。'晋人从之,楚师大败，王夷师熸[17]，子反死之。郑叛，吴兴，楚失诸侯，则苗贲皇之为也。”子木曰：“是皆然矣。”声子曰：“今又有甚于此。椒举[18]娶于申公子牟，子牟得戾而亡，君大夫谓椒举：‘女实遣之！’惧而奔郑，引领南望，曰：‘庶几赦余。’亦弗图也。今在晋矣。晋人将与之县，以比叔向。彼若谋害楚国，岂不为患？”子木惧，言诸王，益其禄爵而复之。声子使椒鸣[19]逆之。

【注释】①伍参：伍奢之祖父，伍子胥之曾祖，辅佐楚庄王奠定春秋五霸的地位。②子朝：公子朝，蔡文公的儿子，蔡国太师。③声子：又名公孙归生，蔡国大夫，子朝之子。④王子牟：楚国公子，又称申公子牟。⑤班荆：在地上铺开荆条坐下，指朋友相遇，共坐谈心。⑥族姻：亦作“族婣”，家族和姻亲。⑦归生：字子家，郑国的执政大臣，郑文公之子。⑧殄瘁（tiǎn cuì）：贫病、困穷。⑨《商颂》：商朝及周朝时期宋国的诗歌，共五篇，前三篇讲述的是祭祀商朝祖先的乐章，后两篇歌颂商朝武丁伐荆楚的胜利。⑩饫赐：赐以丰盛的酒食，泛指赐宴。⑪谮（zèn）：说别人的坏话，诬陷，中伤。⑫鄐（chù）：古邑名，在今河南温县附近。⑬扞（gǎn）御：防御，抵抗。⑭州来：古地名，在今安徽凤台。⑮贲皇：即苗贲皇，楚国令尹斗椒之子。⑯二郤：即郤锜和郤至。郤锜，晋国卿大夫，郤克之子。⑰熸（jiān）：火熄灭，比喻士气不振。⑱椒举：即楚国大夫伍举，伍子胥的祖父。⑲椒鸣：椒举的儿子，伍奢的兄弟，伍子胥的伯父。

【译文】起初，楚国的伍参和蔡国的太师子朝关系很好，他的儿子伍举与声子关系也很融洽。伍举娶了王子牟的女儿为妻，王子牟在任申公时获罪逃亡，楚国人说：“是伍举护送他出城的。”伍举便出奔到郑国，打算逃亡到晋国。声子将要到晋国，在郑国郊外碰到伍举，于是二人坐在草地上共同进食，谈到要返回楚国的事。声子说："您走吧！我一定会让您回到楚国的。"当宋国的向戌准备调解晋、楚两国的关系时，声子出使晋国，从晋国回来后又出使楚国。令尹子木跟他交谈，询问晋国的事，并说："晋国大夫和楚国大夫相比谁更贤能？"声子回答说："晋国的卿比不上楚国，楚国的大夫都很贤能，都是可以担任卿的人才。就如同杞、梓、皮革，都是从楚国运来的。即使楚国有良材，却被晋国所用。"子木说："难道他们就没有家族和姻亲吗？"声子回答说："虽然有，但是更多的是使用楚国的人才。公子归生听到后说：'擅长治理国家的人，赏赐不会过分而刑罚也不会滥用。'赏赐过分了，就担忧奖励了坏人；刑罚滥用，就担忧处罚到了好人。如果不幸发生过错，那就宁愿多赏也不要滥罚。与其失掉好人，那就宁愿让坏人沾光。没有好人，国家也会跟着受到伤害。《诗经》中说：'贤人能士都跑光了，国家也会变得贫困。'说的就是国家没有好人的情况。故而《夏书》中说：'与其杀掉无辜的人，宁愿放过不合法的人。'这便是怕失掉好人。《商颂》中有这样的话：'不过分不滥用，不敢懈怠与偷懒，向下国发布命令，大力培养他们的福禄。'这便是商汤能够获得上天赐福的缘由。古代治理百姓的人，乐于行赏而怕用刑罚，为百姓操心而不知疲倦。在春夏进行赏赐，在秋冬执行惩罚。因此，在将要赏赐的时候，就加膳食，加膳后就能够把余下的饭菜赐给下面的人，以此让人知道自己是乐于赏赐的。在即将行刑时就减膳，减膳就撤去音乐，由此能够知道他怕用刑罚。日夜操劳，早晚亲自上朝处理朝政，由此可知他在为百姓操心。这三件事，是礼仪中重要的事情。有礼仪便不会失败。如今楚国滥用刑罚，大夫逃亡到四方各国，并且成为各国的谋士，为其谋划，来危害楚国，到了不可挽救的地步，这便是所说的楚国不能使用它的人才。子仪的叛乱，析逃亡到晋国。晋国人把他安置在国君戎车的后面，让他做谋士为晋人出谋划策。绕角那次战役，晋军将要逃跑了，析公说：‘楚军轻佻，容易动摇。如果多增加鼓并敲击，在夜里全军进攻，楚军一定溃逃。’晋国人听从了他的意见，楚国军队当夜果然溃败。晋国于是侵袭蔡国，袭击沈国，抓获了沈国国君，在桑隧击败了申邑、息邑的军队，抓获了楚国大夫申丽而回国。这时候的郑国再也不敢服从南面的楚国了。楚国丢失中原，这就是析公造成的结果。雍子的父亲跟哥哥诬陷雍子，国君跟大夫不明辨是非，雍子于是逃亡到晋国，晋国人将鄐地赐给他做封邑，让他做谋士。彭城那次战役，晋、楚两军在靡角之谷相遇。晋军打算逃跑，雍子向军队发布命令说：‘年老的和年幼的都回去，独生子和身体有疾病的也回去，家中兄弟二人都服役的，回去一个，精选步兵、检阅车兵，喂饱马，让士兵都吃饱饭，排好军阵，烧掉军帐，明日就要决战。’让该回去的回去，而且故意放松警惕让楚国俘虏逃走。楚国军队当天晚上就溃逃了，晋军接受彭城的投降并且将彭城归还给宋国，带着鱼石回国。楚国丧失了东方小国，子辛为此而死，这便是雍子造成的结果。子反与子灵争夺夏姬，子反破坏子灵的婚事，子灵逃亡到晋国，晋国人将邢地赐给他做封邑，让他做谋士。（子灵献计）抵抗北狄，与吴国交好，让吴国背叛楚国，教他们乘车、射箭、车战，让他的儿子狐庸做吴国的使臣。吴国在那时讨伐巢国，夺取驾地，攻克棘邑，进到州来，楚国疲于奔命，直到今日仍旧是楚国的祸患，这便是子灵造成的。若敖之乱，伯贲的儿子贲皇逃亡到晋国，晋国将苗地赐给他做封邑，让他做了谋士。鄢陵之战，楚军在早上直逼晋军，摆好军阵，晋军打算逃跑。苗贲皇说：‘楚军的精良部队在于中军王族，如果我们填井平灶，摆好阵势抵抗他们，栾书、士燮改用私家军去引诱他们，中行和郤锜、郤至必能战胜他们的子重、子辛。之后我们再将四面军队都集中起来攻击中军王族，一定可以打败楚国军队。’晋人听从了他的意见，楚军大败，君王受伤，军队士气低落，子反战死。郑国背叛楚国，吴国兴盛，楚国丧失诸侯的帮助，这些都是苗贲皇的主意造成的。”子木说：“的确这样。”声子说：“如今还有比这更厉害的呢。椒举娶了申公子牟的女儿，子牟得罪而逃亡，国君跟大夫对椒举说：‘真的是你送他走的吗？’椒举害怕而逃亡到郑国，伸长脖子望着南方，说道：‘可能会赦免我吧。’可是楚国并没有放在心上。如今椒举已经在晋国了。晋国人要给他封邑，把他比作叔向。他要是谋划危害楚国，这难道不是祸患吗？”子木害怕了，报告给楚康王，于是增加椒举的官禄爵位而让他回国复职。声子让椒鸣去恭迎椒举回来。

许灵公如楚，请伐郑，曰：“师不兴，孤不归矣！”八月，卒于楚。楚子曰：“不伐郑，何以求诸侯？”冬十月，楚子伐郑。郑人将御之，子产曰：“晋、楚将平，诸侯将和，楚王是故昧于一来，不如使逞而归，乃易成也。夫小人之性，衅于勇，啬于祸，以足其性而求名焉者，非国家之利也。若何从之？”子展说，不御寇。十二月乙酉，入南里[①]，堕其城。涉于乐氏，门于师之梁。县门发，获九人焉。涉入氾[②]而归，而后葬许灵公

【注释】①南里：郑地，在今河南新郑市。②汜（sì）：郑邑，在今河南襄城县南。

【译文】许灵公到了楚国，请求楚国出兵讨伐郑国，说："如果贵国不出兵，我就不回去了！"八月，在楚国去世。楚康王说："如果不讨伐郑国，如何能得到诸侯的拥护？"冬季十月，楚康王攻打郑国。郑国人准备抵御，子产说："晋、楚两国要讲和，诸侯之间要和睦相处，楚康王这一趟实在是太过冒昧，不如让他得逞回国，这样就容易讲和了。小人的本性，喜欢逞勇斗狠，贪于在祸乱中获得好处，用来满足他的本性并获得虚名，这不符合国家的利益。怎么能够听他的呢？"子展很高兴，就不派兵抵御敌人了。十二月乙酉日，楚军攻进南里，拆毁了那里的城墙。从乐氏渡口过河，攻击师之梁的城门。郑国放下内城的悬门，楚军抓获了九个被关在城外的郑国人。楚国军队又穿过汜地回国，之后安葬了许灵公。

卫人归卫姬于晋，乃释卫侯。君子是以知平公之失政也。

【译文】卫国人将卫姬嫁到了晋国，晋国这才释放了卫献公。君子由此知道晋平公已经失去了治国之道。

晋韩宣子聘于周。王使请事。对曰："晋士起将归时事于宰旅[①]，无他事矣。"王闻之，曰："韩氏其昌阜于晋乎！辞不失旧。"

【注释】①宰旅：冢宰的属吏。

【译文】晋国的韩宣子到周朝访问。周灵王派人询问韩宣子来意。韩宣子答复说："晋国的士韩起前来为宰旅献上贡品，此外没有其他的事情。"周灵王听后，说："韩氏大概要在晋国昌盛发达吧！他依然保持着过去的辞令。"

齐人城郏之岁，其夏，齐乌馀以廪丘①奔晋，袭卫羊角②，取之。遂袭我高鱼③。有大雨，自其窦入，介于其库，以登其城，克而取之。又取邑于宋。于是范宣子卒，诸侯弗能治也。及赵文子为政，乃卒治之。文子言于晋侯曰："晋为盟主。诸侯或相侵也，则讨而使归其地。今乌馀之邑，皆讨类也，而贪之，是无以为盟主也。请归之！"公曰："诺。孰可使也？"对曰："胥梁带④能无用师。"晋侯使往。

【注释】①廪丘：齐邑，在今山东郓城县西北。②羊角：卫邑，在今山东郓城西北。③高鱼：鲁邑，在今山东省郓城县西北。④胥梁带：晋国大夫。

【译文】齐国人在郏地修建城池那一年，夏季，齐国乌馀带着廪丘逃亡到晋国，并且袭击卫国的羊角，夺取了这个地方。随后乘机偷袭鲁国的高鱼。碰上天下大雨，乌馀军队从墙洞中钻进去，取出高鱼武器库中的甲胄装备自己，登上城墙，攻克并占据了高鱼。又夺取了宋国的城邑。这时范宣子已经去世，诸侯不能惩治乌馀。等到晋国赵文子执掌政权，才惩治他。赵文子对晋平公说："晋国做盟主，诸侯之间如果互相侵占，就要讨伐他并让他归还侵夺的土地。如今乌馀的城邑，都应当属于被征讨一类的，而我们却贪图它，这便没有资格做盟主了。请把这些城邑归还给诸侯。”晋平公说：“好。谁能够做使者？”赵文子答复说：“胥梁带可以不用军队便将这件事做好。”晋平公便派胥梁带前去。

襄公二十七年

【经】二十有七春，齐侯使庆封聘。夏，叔孙豹会晋赵武、楚屈建、蔡公孙归生、卫石恶、陈孔奂、郑良霄、许人、曹人于宋。卫杀其大夫甯喜。卫侯之弟鱄出奔晋。秋七月辛巳，豹及诸侯之大夫盟于宋。冬十有二月乙卯朔，日有食之。

【译文】鲁襄公二十七年春季，齐景公派庆封来鲁国访问。夏季，叔孙豹在宋国与晋国的赵武、楚国的屈建、蔡国的公孙归生、卫国的石恶、陈国的孔奂、郑国的良宵、许国人、曹国人会面。卫国杀了他们的大夫甯喜。卫献公的弟弟鱄逃亡到晋国。秋季七月辛巳日，叔孙豹在宋国和各国诸侯、大夫签订盟约。冬季十二月初一，发生了日食。

【传】二十七年春，胥梁带使诸丧邑者具车徒以受地，必周。使乌馀具车徒以受封，乌馀以众出。使诸侯伪效乌馀之封者，而遂执之，尽获之。皆取其邑，而归诸侯。诸侯是以睦于晋。

【译文】鲁襄公二十七年春季，胥梁带让丧失封地的各诸侯都带着兵马、战车前来接受土地，行动一定要隐秘。又让乌馀带着兵马、战车前来受封，乌馀带着部众出来。胥梁带让诸侯假装将封地献给乌馀，乘机把乌馀抓了起来，并且将他带来的手下也一网打尽。将他从诸侯手中夺得的城色，全都还给了诸侯。因此诸侯都服从晋国。

齐庆封来聘，其车美。孟孙谓叔孙曰："庆季之车，不亦美乎？"叔孙曰："豹闻之：'服美不称，必以恶终。'美车何为？"叔孙与庆封食，不敬。为赋《相鼠》，亦不知也。

【注释】①《相鼠》：出自《国风·鄘风·相鼠》，其诗表面上描写的是老鼠，实则是讲述了统治者用虚伪的礼节欺骗人民，人民借老鼠来讽刺。

【译文】齐国的庆封来鲁国访问，乘坐的车子十分豪华。孟孙对叔孙说："庆封的车子，不是太漂亮了吗？"叔孙说："我听说：'如果一个人的车马服饰与他的身份地位不相匹配的话，一定会招致恶果。'车子再漂亮又有什么用呢？"叔孙设宴招待庆封，庆封的态度很不恭敬。叔孙吟诵了《相鼠》诗讽刺他，他也浑然不知。

卫甯喜专，公患之。公孙免馀请杀之。公曰："微甯子，不及此。吾与之言矣。事未可知，只成恶名，止也。"对曰："臣杀之，君勿与知。"乃与公孙无地、公孙臣谋，使攻甯氏。弗克，皆死。公曰："臣也无罪，父子死余矣！"夏，免馀复攻甯氏，杀甯喜及右宰穀，尸诸朝。石恶将会宋之盟，受命而出。衣其尸，枕之股而哭之。欲敛以亡，惧不免，且曰："受命矣。"乃行。

【译文】卫国的甯喜专权独断，卫献公很厌恶他。公孙免馀请求杀了甯喜。献公说："要是没有甯喜的协助，我不可能有今天。我与他曾有约定。事情能否成功是一个未知数，只会得到不好的名声，不能这么做。"公孙免馀回答说："我去杀他，国君您不要参与，就当作不知道便好。"于是公孙免馀与公孙无地、公孙臣一同谋划，让他们攻击甯氏。没有成功，两人都被杀害。献公说："公孙臣没有罪，他们父子都是为我而死的。"夏季，公孙免馀再次攻击甯氏，杀害了甯喜跟右宰穀，把他们的尸体放到朝堂上示众。石恶准备到宋国参加盟会，接受了命令后出使宋国。给甯喜的尸体穿上衣服，头枕着甯喜的大腿大哭一场。他准备为甯喜入敛后再逃跑，又害怕不能免于祸患，就说："我已经接受命令了。"就动身去了宋国。

子鲜曰："逐我者出，纳我者死。赏罚无章，何以沮劝？君失其信，而国无刑，不亦难乎？且鱄实使之。"遂出奔晋。公使止之，不可。及河，又使止之。止使者而盟于河。托于木门①，不乡卫国而坐。木门大夫劝之仕，不可，曰："仕而废其事，罪也。从之，昭吾所以出也。将谁诉乎？吾不可以立于人之朝矣。"终身不仕。公丧之，如税服终身。

【注释】①木门：晋邑，在今河北河间西北。

【译文】子鲜说："驱逐我们的人已经逃亡在外了，接纳我们的人已经去世了。奖赏惩罚没有章法，又用什么来阻恶、劝善呢？国君失掉他的信用，国家没有正确的刑罚，要维持下去不是太难了吗？况且是我让甯喜接纳献公回来的。"于是便逃亡到晋国。献公派人劝阻他，没有成功。走到黄河岸边，献公又派人挽留他。他制止了使者后对着黄河发誓，绝不回卫国。之后隐居在晋国的木门，连坐下时都不肯面对卫国。木门大夫劝说他出来做官，他不同意，说："要是做官却不能尽职尽责，那是罪过。要是恪尽职守，就等于向世人表明了我逃亡的缘故。我又能向谁去诉说我的苦衷呢？我不能立足在别人的朝堂之上。"于是他终身没有做官。他死后，卫献公一直为他服丧到死。

公与免馀邑六十，辞曰："唯卿备百邑，臣六十矣。下有上禄，乱也，臣弗敢闻。且甯子唯多邑，故死，臣惧死之速及也。"公固与之，受其半。以为少师。公使为卿，辞曰："大叔仪不贰，能赞大事，君其命之！"乃使文子为卿。

【译文】卫献公赏给公孙免馀六十座城邑，公孙免馀推辞说："只有卿才能拥有一百座城邑，我已经有六十座城邑了。官居下位却享有上位的福禄，将会引起祸乱，我不敢接受。况且甯喜也正是因为拥有太多的城邑，所以才招致杀身之祸。我害怕自己也会过早地死亡。"献公坚持要给他城邑，他勉强接受了一半。又任命他为少师。献公要任命他为卿，他推辞说："太叔仪忠心不贰，可以辅助国君成就大事，国君还是任命他吧。"献公便任命太叔仪为卿。

宋向戌善于赵文子，又善于令尹子木，欲弭诸侯之兵以为名。如晋，告赵孟。赵孟谋于诸大夫，韩宣子曰："兵，民之残也，财用之蠹，小国之大灾也。将或弭之，虽曰不可，必将许之。弗许，楚将许之，以召诸侯，则我失为盟主矣。"晋人许之。如楚，楚亦许之。如齐，齐人难之。陈文子曰："晋、楚许之，我焉得已？且人曰'弭兵'，而我弗许，则固携吾民矣，将焉用之？"齐人许之。告于秦，秦亦许之。皆告于小国，为会于宋。

【译文】宋国的向戌与晋国的赵武关系非常好，同时又与楚国的令尹子木交好，他想要借平息各国诸侯之间的战争来提升自己的名气。他到晋国后，便将这想法告诉了赵武。赵武跟大夫们商议，韩起说："战争是对百姓的伤害，使各国的财物遭受损失，是弱小国家的重大灾难。现在有人提出想要平息战争，即使是不能做到，也一定要答应他。如果我们不同意，楚国也会答应他的，并且楚国会以此来号召诸侯，那么我们便会失去盟主的地位了。"晋国人同意了向戌的请求。向戌前往楚国，楚国人也同意了。他又去了齐国，齐国人感到为难。陈文子说："晋、楚两国已经同意，我们还能怎么办？况且人家说是要'平息战争'，而我们不同意的话，便会使我国百姓产生二心，之后还如何能使用他们呢？"齐国人便同意了。向戌又前往秦国，秦国也同意了。于是又通告给各小国，一起到宋国参加盟会。

五月甲辰，晋赵武至于宋。丙午，郑良霄至。六月丁未朔，宋人享赵文子，叔向为介。司马置折俎[①]，礼也。仲尼使举是礼也，以为多文辞。戊申，叔孙豹、齐庆封、陈须无、卫石恶至。甲寅，晋荀盈从赵武至。丙辰，邾悼公至。壬戌，楚公子黑肱先至，成言于晋。丁卯，宋向戌如陈，从子木成言于楚。戊辰，滕成公至。子木谓向戌："请晋、楚之从交相见也。"庚午，向戌复于赵孟。赵孟曰："晋、楚、齐、秦匹也。晋之不能于齐，犹楚之不能于秦也。楚君若能使秦君辱于敝邑，寡君敢不固请于齐？"壬申，左师复言于子木，子木使驲②谒诸王。王曰："释齐、秦，他国请相见也。"秋七月戊寅，左师至。是夜也，赵孟及子皙盟，以齐言。庚辰，子木至自陈。陈孔奂、蔡公孙归生至。曹、许之大夫皆至。以藩为军。晋、楚各处其偏。

【注释】①折俎（shé zǔ）：古代祭祀、宴会时，杀牲肢解而后置于俎上。俎，盛牺牲的礼器。②驲（rì）：古代驿站专用的车，后亦指驿马。

【译文】五月甲辰日，晋国的赵武到达宋国。丙午日，郑国的良霄到达宋国。六月初一，宋国人设宴招待赵武，由叔向作陪。司马把煮熟的肉切成碎块放在俎上，这是合于礼的。后来孔子看到了有关这次宴会的记载，认为有关宾主之间来往的记述，使用的辞藻太多。戊申日，鲁国的叔孙豹、齐国的庆封、陈国的须无、卫国的石恶到了宋国。甲寅日，晋国的荀盈在赵武之后到达宋国。丙辰日，邾悼公到达宋国。壬戌日，楚国公子黑肱先行到达，与晋国达成了相关和约的协议。丁卯日，宋国的向戌到了陈国，与楚国的令尹子木商定了有关与楚国的结盟条款。戊辰日，滕成公到达。子木对向戌说："让晋、楚两国的服从国相互交换朝见。"庚午日，向戌向赵武转达了子木的提议。赵武说："晋、楚、齐、秦四国地位相当，晋国不能指挥齐国，就如同楚国不能指挥秦国一样。楚国国君如果能让秦国国君屈尊到我们国家，我们国君又怎么敢不去请求齐国国君去楚国呢？”壬申日，向戌又将赵武的意见告诉了子木，子木派人乘坐驿车前去请示楚康王。康王说：“将齐国、秦国排除，让其他国家相互朝见就好。”秋季七月戊寅日，向戌到达。当天晚上，赵武跟公子黑肱拟定了盟书，并统一了言辞。庚辰日，子木从陈国到达。陈国的孔奂、蔡国的公孙归生也到了。曹国、许国的大夫也都到了。各国带来的军队以篱笆作为分界。晋国和楚国的军队分别驻扎在两边。

伯夙谓赵孟曰：“楚氛甚恶，惧难。”赵孟曰：“吾左还，入于宋，若我何？”辛巳，将盟于宋西门之外，楚人衷甲[①]。伯州犁曰：“合诸侯之师，以为不信，无乃不可乎？夫诸侯望信于楚，是以来服。若不信，是弃其所以服诸侯也。”固请释甲。子木曰：“晋、楚无信久矣，事利而已。苟得志焉，焉用有信？”大宰退，告人曰：“令尹将死矣，不及三年。求逞志而弃信，志将逞乎？志以发言，言以出信，信以立志，参以定之。信亡，何以及三？”赵孟患楚衷甲，以告叔向。叔向曰：“何害也？匹夫一为不信，犹不可，单毙其死。若合诸侯之卿，以为不信，必不捷矣。食言者不病，非子之患也。夫以信召人，而以僭济之，必莫之与也，安能害我？且吾因宋以守病，则夫能致死。与宋致死，虽倍楚可也。子何惧焉？又不及是。曰‘弭兵’以召诸侯，而称兵以害我，吾庸多矣，非所患也。”

【注释】①衷甲：在外衣里穿上铠甲。

【译文】荀盈对赵武说："楚军的气氛很不好，恐怕会发动袭击。"赵武说："我们从左边绕进去，进入宋国，又能将我们怎么样呢？"辛巳日，诸侯准备在宋国西门外举行会盟，楚国的士兵都贴身穿上了盔甲。伯州犁说："会合了诸侯的军队，却对他们不讲信用，这恐怕不合适吧？众诸侯都希望得到楚国的信任，所以才会前来臣服。如果现在不讲信用，那便是自动舍弃了能够使诸侯信服的东西了。"他坚持请求脱下盔甲。子木说："晋国和楚国之间相互不信任已经很久了，只要对我们有利便可以了。只要能够获得成功，哪儿还用得着讲什么信用呢？"伯州犁退下去，对别人说："令尹即将去世，至多不超过三年。只求满足自己的愿望而抛弃信用，愿望能够得到满足吗？有了愿望便形成语言，有了语言才能产生信用，有了信用才能完成愿望，这三者互相关联、制约。如今令尹丢失了信用，又如何能活到三年呢？"赵武对楚国人内穿盔甲的事情感到担忧，告诉了叔向。叔向说："有什么可害怕的呢？普通人一旦丢弃信用，尚且不行，会不得好死。如果会合众诸侯的卿大夫，一起做丢弃信用的事情，是一定不会取得成功的。说话不算数的人是不会对人产生危害的，这不会是你的祸患。这次的盟会是通过信用来召集大家的，反而用虚假来应付诸侯，一定不会有人听从他的，又如何能危害到我们呢？况且我们依靠宋国来抵御他们造成的伤害，晋国人人都可以拼命。我们与宋国一起拼命抵抗楚国，即使是楚军的人数再多一倍也能够抵挡得住。您又有什么可担心的呢？何况事情还不至于到这一步。楚国以'平息战争'为名召集诸侯，却发动战争来伤害我们，我们能够得到的好处更多，你就不要担忧了。"

季武子使谓叔孙以公命，曰："视邾、滕。"既而齐人请邾，宋人请滕，皆不与盟。叔孙曰："邾、滕，人之私也，我，列国也，何故视之？宋、卫，吾匹也。"乃盟。故不书其族，言违命也。

【译文】季武子派人以鲁襄公的名义向叔孙豹传达命令，说："把我国与邾、滕两国视作同等地位的国家。"不久齐国人请求把邾国作为齐国的附属国，宋国人请求把滕国作为自己的附属国，因此邾、滕二国都不参与结盟。叔孙豹说："邾、滕二国是别人的附属国，我们是诸侯国，为什么要将自己与邾、滕二国放在同等地位呢？宋国、卫国才是与我们有相同地位的国家。"于是参加了结盟。因此《春秋》中只记载了"豹"而没有记载他的族名，是因为他违反了国君命令的缘故。

晋、楚争先。晋人曰："晋固为诸侯盟主，未有先晋者也。"楚人曰："子言晋、楚匹也，若晋常先，是楚弱也。且晋、楚狎①主诸侯之盟也久矣！岂专在晋？"叔向谓赵孟曰："诸侯归晋之德只，非归其尸盟②也。子务德，无争先！且诸侯盟，小国固必有尸盟者，楚为晋细，不亦可乎？"乃先楚人。书先晋，晋有信也。

【注释】①狎：更替。②尸盟：主持盟会。

【译文】晋、楚两国为歃血盟誓的先后顺序发生了争执。晋国人说："晋国本来就是诸侯盟主，没有谁可以在晋国之前歃血盟誓。"楚国人说："你们说晋国、楚国的地位是相当的，要是晋国事事都领先，那就是在说楚国弱于晋国。况且晋、楚两国轮流主持诸侯盟会的时间已经很久了，怎么能一直由晋国来主持呢？”叔向对赵武说：“诸侯归顺于晋国主要在于晋国的德行，并不是归顺于他是否主持结盟。您尽管致力于修养德行，不必去抢夺歃血盟誓的先后。况且诸侯结盟，小国本来就要为主持盟会做事情，权当楚国在为晋国做具体琐碎的事务，这样不就可以了吗？”于是便让楚国先行歃血盟誓。《春秋》中记载把晋国放在前面，是因为晋国有信用。

壬午，宋公兼享晋、楚之大夫，赵孟为客。子木与之言，弗能对，使叔向侍言焉，子木亦不能对也。乙酉，宋公及诸侯之大夫盟于蒙门之外。子木问于赵孟曰：“范武子之德何如？”对曰：“夫人之家事治，言于晋国无隐情。其祝史陈信于鬼神，无愧辞。”子木归，以语王。王曰：“尚矣哉！能歆神、人，宜其光辅五君以为盟主也。”子木又语王曰：“宜晋之伯也！有叔向以佐其卿，楚无以当之，不可与争。”晋荀盈遂如楚莅盟。

【译文】壬午日，宋平公同时设宴款待晋、楚两国大夫，赵武做主宾。子木与赵武交谈，赵武不能应对，便让叔向在旁边代为答话，子木又无法回答。乙酉日，宋平公与各诸侯大夫在蒙门外结盟。子木询问赵武说：“范武子的德行怎么样？”赵武回答说：“这人对家事的治理井井有条，对晋国没有任何不可讲的隐秘之事。他的祝史在祭祀鬼神的时候很真诚，没有言不由衷的话。”子木回国后，把赵武的话告诉了楚康王。楚康王说：“真是德行高尚啊！他能够让神、人都高兴，怪不得他能够辅助五世国君成为盟主。"子木又对楚康王说："晋国确实能够做诸侯的领袖啊！有叔向来辅佐他的正卿，楚国没有与他旗鼓相当的人，不能与他们抗争啊。"晋国荀盈便去楚国参加结盟。

郑伯享赵孟于垂陇，子展、伯有、子西、子产、子大叔、二子石从。赵孟曰："七子从君，以宠武也。请皆赋以卒君贶，武亦以观七子之志。"子展赋《草虫》[1]，赵孟曰："善哉！民之主也。抑武也不足以当之。"伯有赋《鹑之贲贲》，赵孟曰："床笫之言不逾阈，况在野乎？非使人之所得闻也。"子西赋《黍苗》之四章，赵孟曰："寡君在，武何能焉？"子产赋《隰桑》[2]，赵孟曰："武请受其卒章。"子大叔赋《野有蔓草》[3]，赵孟曰："吾子之惠也。"印段赋《蟋蟀》[4]，赵孟曰："善哉！保家之主也，吾有望矣！"公孙段[5]赋《桑扈》，赵孟曰："'匪交匪敖'，福将焉往？若保是言也，欲辞福禄，得乎？"卒享，文子告叔向曰："伯有将为戮矣！诗以言志，志诬其上，而公怨之，以为宾荣，其能久乎？幸而后亡。"叔向曰："然。已侈，所谓不及五稔者，夫子之谓矣。"文子曰："其余皆数世之主也。子展其后亡者也，在上不忘降。印氏其次也，乐而不荒。乐以安民，不淫以使之，后亡，不亦可乎？"

【注释】①《草虫》：出自《国风·召南·草虫》，是一首妻子思念丈夫的诗，此处则是子展借诗称赞赵武为君子。②《隰桑》：出自《诗经·小雅》，讲述的是女子思念情人且永不忘怀的感情，此处则是子产借诗表示尽心事奉晋国且仰慕赵武。③《野有蔓草》：出自《诗经·国风·郑风》，讲述了一名男子在野外遇到了心爱的女子，心中无比开心并且与女子躲起来暗中幽会，此处则是子太叔借诗表示与赵武相见的喜悦之情。④《蟋蟀》：出自《诗经·国风·唐风》，此处则是夸赞赵武讲礼仪，戒惧。⑤公孙段：字子石，子丰之子，郑穆公之孙，郑国的卿大夫。

【译文】郑简公在垂陇设享礼款待赵文子，子展、伯有、子西、子产、子太叔、两位子石跟随郑简公。赵文子说："这七位大夫跟随着君王，这是对我的荣宠啊。请求各位都赋诗来完成君王的恩赐，我借此也能够看见七位的心志。"子展赋《草虫》诗，赵文子说："好啊！这是百姓的主人。不过我却不足以承担这个头衔。"伯有赋《鹑之贲贲》诗，赵文子说："床第之间的话语不应该传到门外去，更何况是野外呢？这不是应该让人听到的。"子西赋《黍苗》的第四章，赵文子说："是因为我们国君在这里，我又能有什么能力呢？"子产赋《隰桑》诗，赵文子说："我请求接受它的最后一章。"子太叔赋《野有蔓草》诗，赵文子说："这是您赐予的恩惠。"印段赋《蟋蟀》诗，赵文子说："好啊！这位是能够保住家族的大夫。我有希望了。"公孙段赋《桑扈》诗，赵文子说："不骄不傲，福禄还会跑去哪里呢？如果能按照这话一直坚持去做，即使想要推辞福禄，又怎么能做到呢？"享礼结束后，赵文子告诉叔向说："伯有将会遭到杀戮之祸。用诗来表达自己的心志，他心中一直在污蔑国君，并且又公开抱怨，又将其作为对宾客的荣宠，他可以长久吗？即使能够侥幸多活一段时间，但将来也是一定要流亡的。"叔向说："确实是这样。太骄奢了，所说的不到五年，指的就是他这种人。"赵文子说："其他的大夫都是可以延续数代的大夫。

子展或许是最后消亡的，居上位却不忘记降抑自己。印氏也许是仅次于他的倒数第二家消亡的，欢乐而不荒唐。欢乐用来安定百姓，且不过分地驱使百姓，灭亡得晚，不也是合乎常理的吗？”

宋左师请赏，曰：“请免死之邑。”公与之邑六十。以示子罕，子罕曰：“凡诸侯小国，晋、楚所以兵威之。畏而后上下慈和，慈和而后能安靖其国家，以事大国，所以存也。无威则骄，骄则乱生，乱生必灭，所以亡也。天生五材，民并用之，废一不可。谁能去兵？兵之设久矣，所以威不轨而昭文德也。圣人以兴，乱人以废。废兴、存亡、昏明之术，皆兵之由也，而子求去之，不亦诬乎？以诬道蔽诸侯，罪莫大焉。纵无大讨，而又求赏，无厌之甚也！”削而投之。左师辞邑。向氏欲攻司城①，左师曰：“我将亡，夫子存我，德莫大焉，又可攻乎？”君子曰：“‘彼己之子，邦之司直。’乐喜之谓乎！‘何以恤我，我其收之。’向戌之谓乎！”

【注释】①司城：同司空。春秋时宋国因为要避讳宋武公的名讳而改司空为司城。此处指子罕，其时任司城。

【译文】向戌向宋平公请求赏赐，说：“我做成了这件事而免于一死，故请赐给我城邑吧。”于是宋平公赐给他六十座城邑。向戌把简册拿给子罕看，子罕说：“但凡是诸侯国中弱小的国家，晋国、楚国都用武力威胁他们。弱小的国家因为害怕所以全国上下慈爱和睦，而因为慈爱和睦便能使国家得到安定，并以此事奉大国，这是弱小国家的生存之道。没有威胁便会生出骄傲，骄傲便会产生祸乱，生出祸乱就必定会灭亡，这是小国灭亡的原因。上天给予了金、木、水、火、土五种材料，百姓将其一一使用上，废弃任意一种都不可以。谁又能够舍掉武力呢？武力的出现已经很久了，所以能够用来威慑不法行为以及宣扬文德。圣人因为武力而兴起，作乱之人因为武力而被废弃。废弃和兴起、存留和灭亡、昏聩与贤明的方法，都因武力而来，而您却谋求去除它，这不是欺骗吗？以欺骗手段去蒙蔽诸侯，再没有比这更大的罪过了。纵使没有受到大的讨伐，如今却又来请求赏赐，这真是贪得无厌到了极致！”子罕因此削掉了简册上封赏的文字并将简册扔到地上。向戌于是又推辞了城邑的封赏。向戌的族人想要攻击子罕，向戌说：“我即将灭亡时，是他老人家保全了我，再没有比这更大的恩德了，又怎么可以攻击呢？”君子说：“‘那个人，是为国家主持正义的人。’说的便是像子罕这样的人吧！‘用什么来犒劳我，我全部都接受。’说的就是像向戌这样的人吧！”

齐崔杼生成及强而寡。娶东郭姜，生明。东郭姜以孤入，曰棠无咎，与东郭偃相崔氏。崔成有疾而废之，而立明。成请老于崔，崔子许之，偃与无咎弗予，曰：“崔，宗邑也，必在宗主。”成与强怒，将杀之，告庆封曰：“夫子之身，亦子所知也，唯无咎与偃是从，父兄莫得进矣。大恐害夫子，敢以告。”庆封曰：“子姑退，吾图之。”告卢蒲嫳[①]。卢蒲嫳曰：“彼，君之仇也。天或者将弃彼矣。彼实家乱，子何病焉！崔之薄，庆之厚也。”他日又告。庆封曰：“苟利夫子，必去之。难，吾助女。”

【注释】①卢蒲嫳（piè）：齐大夫，庆封之属臣。

【译文】齐国崔杼的妻子在生了崔成和崔强后便去世了。崔杼又娶东郭姜为妻，生了崔明。东郭姜带着前夫的儿子棠无咎一起嫁进崔家，和东郭偃一起辅佐崔氏。崔成患病被废，转而立了崔明为继承人。崔成请求一直居住在崔地生活到老，崔杼同意了，东郭偃跟棠无咎不同意把崔地给他，说："崔地，是宗庙所在地，必定要归于宗主居住。"崔成与崔强愤怒，打算杀死他们，告诉庆封说："我父亲的情况，想必您是知道的，他只听从棠无咎和东郭偃的话，父老与兄长的话都不听。我们很害怕这会对父亲产生危害，因此才来向您报告。"庆封说："你们暂时先回去，让我想想办法。"庆封这事告诉给卢蒲嫳。卢蒲嫳说："他，是国君的仇人。上天或许会将他舍弃。这其实是家族内部的动乱，您又有什么可伤脑筋的呢？崔家的势力削弱了，那么庆家的势力就相对会增强。"过几天崔成跟崔强又来对庆封说这件事。庆封说："只要对你父亲有好处，那么就一定要除去他们。如果有困难，我会帮助你们。"

九月庚辰，崔成、崔强杀东郭偃、棠无咎于崔氏之朝。崔子怒而出，其众皆逃，求人使驾，不得。使圉人驾，寺人御而出。且曰："崔氏有福，止余犹可。"遂见庆封。庆封曰："崔、庆一也。是何敢然？请为子讨之。"使卢蒲嫳帅甲以攻崔氏。崔氏堞其宫而守之。弗克，使国人助之，遂灭崔氏，杀成与强，而尽俘其家，其妻缢。嫳复命于崔子，且御而归之。至，则无归矣，乃缢。崔明夜辟诸大墓。辛巳，崔明来奔，庆封当国。

【译文】九月庚辰日，崔成、崔强在崔氏的朝堂上杀死了东郭偃、棠无咎。崔杼大怒出走，他的手下人都逃了，他想要找人驾车，却没有找到。他就只好让养马的人套上车，寺人驾驶着车子出去。临走并留下话说："崔氏如果有福的话，祸患就只停留在我身上就好了。"于是去拜见庆封。庆封说："崔、庆是一家。这些人怎么敢这样做呢？请让我为您去讨伐他们。"于是派卢蒲嫳带领甲士去攻打崔氏。崔氏的人在加固了的短墙上守卫。卢蒲嫳没有攻下来，派百姓来帮忙进攻城墙，于是灭掉了崔氏，杀死了崔成与崔强，且夺取了崔家的全部人口和财货，崔杼的妻子上吊自杀。卢蒲嫳向崔杼复命，并驾车送他回家。崔杼到家后，才知道已经无家可归，便上吊自杀了。崔明趁夜躲避在墓群里。辛巳日，崔明逃奔鲁国，庆封掌握了齐国大权。

楚薳罢[①]如晋莅盟，晋将享之。将出，赋《既醉》[②]。叔向曰："薳氏之有后于楚国也，宜哉！承君命，不忘敏。子荡将知政矣。敏以事君，必能养民，政其焉往？"

【注释】①薳罢（wěi pí）：字子荡，楚国令尹。②《既醉》：出自《诗经·大雅》，描述了周代统治者祭祀祖先，祝官代表神尸对主祭者周王传达神灵旨意，表示祝福，祭祀完毕后周王和诸侯尽情宴饮的场景。

【译文】楚国的薳罢到晋国参加盟会，晋平公设享礼款待他。宴会结束将要退席的时候，薳罢赋了《既醉》诗。叔向说："薳氏的后代将会在楚国一直享有禄位，这是理所应当的啊！秉承着国君的命令，没有忘掉敏以行事。子荡将要执掌国家政权了。能够用敏捷来事奉国君，一定可以教养百姓，如此国家政权又会落到哪里去呢？”

崔氏之乱，申鲜虞来奔，仆赁于野，以丧庄公。冬，楚人召之，遂如楚为右尹。

【译文】崔氏叛乱时，申鲜虞逃亡到鲁国，在郊外雇用了仆人，为齐庄公服丧。冬季，楚国人召请申鲜虞，申鲜虞便在楚国做了右尹。

十一月乙亥朔，日有食之。辰在申，司历[①]过也，再失闰矣。

【译文】十一月初一，发生了日食。那时斗柄指向申，这是掌管历法官员的过错，两次在应该加置闰月的时候缺少了闰月。

襄公二十八年

【经】二十有八年春，无冰。夏，卫石恶出奔晋。邾子来朝。秋八月，大雩。仲孙羯如晋。冬，齐庆封来奔。十有一月，公如楚。十有二月甲寅，天王崩。乙未，楚子昭卒。

【译文】鲁襄公二十八年春季，鲁国的湖面上没有结冰。夏季，卫国大夫石恶逃亡到晋国。邾悼公来鲁国朝见鲁襄公。秋季八月，举行盛大的求雨祭祀活动。鲁国的仲孙羯到晋国去。冬季，齐国的庆封逃亡到鲁国。十一月，鲁襄公到楚国去。十二月甲寅日，周灵王驾崩。乙未日，楚康王昭去世。

【传】二十八年春，无冰。梓慎[①]曰："今兹宋、郑其饥乎！岁[②]在星纪[③]，而淫于玄枵[④]，以有时灾，阴不堪阳。蛇乘龙，龙，宋、郑之星也，宋、郑必饥。玄枵，虚[⑤]中也。枵，耗名也。土虚而民耗，不饥何为？"

【注释】①梓慎：鲁国大夫，是春秋时期最有名的阴阳家。②岁：即岁星，也就是木星。古人认识到木星约十二年运行一周天，因而将周天分为十二等分，称十二次。木星每年行经一次，即以其所在星次来纪年，故称岁星。③星纪：星次名，十二次之一，与十二时辰之丑相对应，二十八星宿中斗、牛二宿属之。④玄枵（xiāo）：十二星次之一，与二十八宿相配为女、虚、危三宿，与十二时辰相配为子，与占星术的分野相配为齐。⑤虚：星名，二十八星宿之一。

【译文】鲁襄公二十八年春季，鲁国的湖面上没有结冰。梓慎说："或许今年宋国跟郑国要出现饥荒了！木星本应该在星纪的位置上，如今却越过了星纪，停在玄枵的位置上，这是因为天时不正所带来的灾荒，导致阴气不能抵挡阳气。蛇在上而龙在下，龙是宋国和郑国的星宿，因此宋国、郑国一定会发生饥荒。玄枵有女、虚、危三宿，虚宿在中间。枵，虚耗的意思。土地空虚而百姓消耗，又怎么能不发生饥荒呢？"

夏，齐侯、陈侯、蔡侯、北燕伯、杞伯、胡子、沈子、白狄朝于晋，宋之盟故也。齐侯将行，庆封曰：“我不与盟，何为于晋？”陈文子曰：“先事后贿，礼也。小事大，未获事焉，从之如志，礼也。虽不与盟，敢叛晋乎？重丘之盟，未可忘也。子其劝行！”

【译文】夏季，齐景公、陈哀公、蔡景公、北燕懿公、杞文公、胡子、沈子、白狄到晋国朝见，这是为了遵从在宋国签订的盟约。齐景公将要动身时，庆封说：“我国没有参加结盟，为什么要去晋国朝见呢？”陈文子说：“先考虑大事之后再考虑财物，这是合于礼的。小国事奉大国，就算没有参加结盟，但依然要顺从大国的意愿，这也是合于礼的。我们即使没有参加结盟，难道敢背叛晋国吗？重丘的盟会，不能够忘记。您还是劝国君去吧！”

卫人讨甯氏之党，故石恶出奔晋。卫人立其从子圃①，以守石氏之祀，礼也。

【注释】①圃：即石圃，石恶的侄子。

【译文】因为卫国人要讨伐甯氏的党羽，所以石恶逃到了晋国。卫国人立了他的侄子石圃为继承人，是为了保证石氏的宗庙可以继续获得祭祀，这是合于礼的。

邾悼公来朝，时事也。

【译文】邾悼公来鲁国朝见，这是按时令例行的朝见。

秋八月，大雩，旱也。

【译文】秋季八月，鲁国举行大型的求雨祭祀活动，这是由于天气干旱。

蔡侯归自晋，入于郑。郑伯享之，不敬。子产曰："蔡侯其不免乎！日其过此也，君使子展迋[①]劳于东门之外，而傲。吾曰犹将更之。今还，受享而惰，乃其心也。君小国，事大国，而惰傲以为己心，将得死乎？若不免，必由其子。其为君也，淫而不父。侨闻之，如是者，恒有子祸。"

【注释】①迋（wàng）：往，前往。

【译文】蔡景公从晋国回来后，进到郑国。郑简公设宴款待他，席上景公的态度很不恭敬。子产说："蔡侯或许难逃灾祸了吧！从前他经过郑国时，国君派子展前往东门外慰劳他，他的态度就很傲慢。我还认为他将会改正。没想到这次回来，接受享礼还是那样的怠惰无礼，他的本性便是这样。作为小国的国君事奉大国，而自己的内心却傲慢无礼，他还能有好的结果吗？如果不能免除灾祸，那一定是他的儿子引起的。他作为一国之君，荒淫而又不守父道。我听说过，像他这样的人，一定会有来自儿子的灾祸。"

孟孝伯如晋，告将为宋之盟故如楚也。

【译文】孟孝伯到了晋国，报告预备履行在宋国的盟约到楚国朝见。

蔡侯之如晋也，郑伯使游吉如楚。及汉，楚人还之，曰："宋之盟，君实亲辱。今吾子来，寡君谓吾子姑还。吾将使驲奔问诸晋而以告。"子大叔曰："宋之盟，君命将利小国，而亦使安定其社稷，镇抚其民人，以礼承天之休，此君之宪令，而小国之望也。寡君是故使吉奉其皮币，以岁之不易，聘于下执事。今执事有命曰：'女何与政令之有？必使而君弃而封守，跋涉山川，蒙犯霜露[1]，以逞君心。'小国将君是望，敢不唯命是听？无乃非盟载之言，以阙君德，而执事有不利焉，小国是惧。不然，其何劳之敢惮？"

【注释】①犯霜露：形容旅途艰苦。

【译文】蔡景公去晋国的时候，郑简公派游吉前往楚国。行到汉水时，楚国人让游吉回去，说："宋国的盟会，贵国国君亲自参加了。现在却派你来朝见，我们国君让你先回去。我们将派驿车到晋国询问之后再告知你们。"游吉说："宋国盟会上，贵国国君曾下令说要有利于小国，同时也使他们安定国家，镇抚百姓，按照礼仪来承接上天的福禄，这是贵国国君的命令，也是我们小国所希望的。我们国君于是派我带着毛皮和缯帛，在年景如此不利的情况下，来贵国访问。如今贵国却说：'你怎么能参与郑国的政令呢？一定要你们国君丢下国家，跋山涉水，披霜踏露前来，才能满足我们的愿望。'我们小国还要依赖贵国国君，又怎么敢不听从贵国的命令呢？不过这并不是盟约中所记载的内容，会损害贵国国君的德行，从而对你们也不利，我们小国对此深感担忧。如果不是这样，又怎么敢害怕劳苦呢？"

子大叔归，复命。告子展曰："楚子将死矣。不修其政德，而贪昧于诸侯，以逞其愿，欲久，得乎？《周易》有之，在《复》䷗之《颐》䷚，曰：'迷复，凶。'其楚子之谓乎！欲复其愿，而弃其本，复归无所，是谓迷复，能无凶乎？君其往也，送葬而归，以快楚心。楚不几十年，未能恤诸侯也，吾乃休吾民矣。"裨灶曰："今兹周王及楚子皆将死。岁弃其次，而旅于明年之次，以害鸟帑①，周、楚恶之。"

【注释】①鸟帑（nú）：轸星，为南方朱鸟七宿之末。

【译文】游吉回国，向郑简公复命。他告诉子展说："楚康王快要死了。他不修为政之德行，却一味贪图诸侯的进奉，以此来满足自己的欲望，想要久活于人世，又怎么能够呢？《周易》中有这样的卦象，《复》卦变为《颐》卦，是说：'进入迷途不能返回，不吉利。'这说的大概就是楚康王吧！他想满足自己的愿望，却丢弃了修养品行这一根本，这就像是进入迷途却找不到回去的路，怎么能没有凶险呢？国君还是去吧，参加完楚康王的葬礼再回国，也让楚国的百姓开心一下。楚国没有近十年的时间，是无法统御诸侯的，我们可以让百姓安心地休养生息了。"裨灶说："今年周天子和楚王都将死去。岁星舍弃掉了它本来的位置，却运行到明年的位置上，以致危害到了轸星，周王室跟楚国都将遭遇灾祸。”

九月，郑游吉如晋，告将朝于楚，以从宋之盟。子产相郑伯以如楚。舍不为坛。外仆言曰：“昔先大夫相先君，适四国，未尝不为坛。自是至今，亦皆循之。今子草舍，无乃不可乎？”子产曰：“大适小，则为坛；小适大，苟舍而已，焉用坛？侨闻之，大适小有五美：宥其罪戾，赦其过失，救其灾患，赏其德刑，教其不及。小国不困，怀服如归。是故作坛以昭其功，宣告后人，无怠于德。小适大有五恶：说其罪戾，请其不足，行其政事，共其职贡，从其时命。不然，则重其币帛，以贺其福而吊其凶，皆小国之祸也。焉用作坛以昭其祸？所以告子孙，无昭祸焉可也。”

【译文】九月，郑国的游吉去晋国，报告将要去楚国朝见，以履行在宋国所订的盟约。子产作为相礼跟随郑简公到楚国。搭了帐篷却不筑坛。外仆说：“先前先大夫辅助先君，到四方各国，从没有不筑坛的。从那个时候开始一直到今天，都延续着这个惯例。如今您还没有除草便开始搭建帐篷，恐怕不可以吧？”子产说：“大国的君臣到小国去，则筑坛；小国的君臣到大国去，草草地搭起帐篷就行了，哪儿用得着筑坛呢？我听说，大国的君臣到小国去有五样好处：宽宥小国的罪过，赦免小国的过失，救助小国的灾难，奖励小国的德行跟刑法，教导小国还做得不够好的地方。小国因此而感到不困乏，感怀和顺服大国就如同回家一般。因此筑坛来宣扬它的功德，宣告给后人，在修习德行上不要有懈怠。小国的君臣到大国去有五样坏处：向大国解释自己的罪过，向大国讨要自己缺少的东西，奉行大国的政事命令，向大国献供，服从大国随时下达的命令。如果不这样做的话，就会增加所献贡品的数目，用来祝贺它的喜事或吊唁它的祸事，这都是小国的灾祸。怎么能用筑坛来宣扬它的祸患？把这些都告诉后世子孙，不要彰显祸患就可以了。”

齐庄封好田[①]而耆[②]酒，与庆舍政。则以其内实[③]迁于卢蒲嫳氏，易内而饮酒。数日，国迁朝焉。使诸亡人得贼者，以告而反之，故反卢蒲癸。癸臣子之[④]，有宠，妻之。庆舍之士谓卢蒲癸曰：“男女辨姓，子不辟宗，何也？”曰：“宗不余辟，余独焉辟之？赋诗断章，余取所求焉，恶识宗？”癸言王何而反之，二人皆嬖。使执寝戈[⑤]，而先后之。

【注释】①田：古同“畋”，打猎。②耆（shì）：古同“嗜”，爱好。③内实：家中的妻妾及财物。④子之：庆舍的字。⑤寝戈：近身护卫用的武器。

【译文】齐国庆封喜欢打猎和嗜酒，于是把政事交给儿子庆舍管理。他带着家中的妻妾及财物住到了卢蒲嫳的家中，二人互换妻妾喝酒。几天之后，官员们都改到卢蒲嫳的家中朝见庆封。庆封让逃亡在外并且晓得崔氏余党的人，只要前来报告就允许他回来，因此就允许卢蒲癸回来了。卢蒲癸当了庆舍的家臣，受到宠信，庆舍便把女儿嫁给了他。庆舍的家臣对卢蒲癸说：“男女双方在结婚时要分辨是否同姓，您却不避讳同宗，这是为什么？”卢蒲癸说：“同宗的人不避我，我如何能独自避开同宗呢？如同赋诗时的断章取义，我取我所需要的东西，哪里还管得上是不是同宗？”卢蒲癸又说通了庆舍让王何也回了国，两个人都得到了宠信。庆舍让他俩拿着寝戈在前后护卫自己。

公膳①日双鸡，饔人②窃更之以鹜。御者知之，则去其肉而以其洎③馈。子雅④、子尾怒。庆封告卢蒲嫳。卢蒲嫳曰：“譬之如禽兽，吾寝处之矣。”使析归父告晏平仲。平仲曰：“婴之众不足用也，知无能谋也。言弗敢出，有盟可也。”子家⑤曰：“子之言云，又焉用盟？”告北郭子车。子车曰：“人各有以事君，非佐之所能也。”陈文子谓桓子曰：“祸将作矣，吾其何得？”对曰：“得庆氏之木百车于庄⑥。”文子曰：“可慎守也已。”

【注释】①公膳：卿大夫在公朝办事所用的膳食。②饔（yōng）人：官名，掌切割烹调之事。③洎（jì）：肉汁。④子雅：齐国大夫，名灶，又称公孙灶。⑤子家：庆封。⑥庄：大街名。

【译文】卿大夫在公朝办事时所用的膳食标准是每天两只鸡，厨师私下里更改为鸭子。送饭的人晓得了这件事，便去掉鸭子肉只送上肉汤。子雅、子尾十分生气。庆封告诉卢蒲嫳。卢蒲嫳说：“这两人就像是禽兽一样，我要睡在他们的皮上。”庆封派析归父告诉晏平仲。晏平仲说：“我的手下不足以任用，我的智慧也达不到出谋划策的程度。但我绝对不敢泄露这些话，我可以盟誓。”庆封说：“您都已经这样说了，还要盟誓做什么呢？”析归父又告诉了北郭子车。子车说：“每个人都有自己事奉君主的独特方式，这不是我所能做到的。”陈文子对儿子陈无宇说："祸患即将发生了，我们能得到什么呢？"陈无宇回答说："我们可以在庄街上得到庆氏的一百车木头。"陈文子说："你要谨慎地保住它。"

卢蒲癸、王何卜攻庆氏，示子之兆，曰："或卜攻仇，敢献其兆。"子之曰："克，见血。"冬十月，庆封田于莱[1]，陈无宇从。丙辰，文子使召之，请曰："无宇之母疾病，请归。"庆季卜之，示之兆，曰："死。"奉龟而泣。乃使归。庆嗣闻之，曰："祸将作矣！"谓子家："速归！祸作必于尝，归犹可及也。"子家弗听，亦无悛志[2]。子息曰："亡矣！幸而获在吴越。"陈无宇济水，而戕舟发梁。

【注释】①莱：齐邑，在今山东昌邑市东南。②悛（quān）志：悔改之意。

【译文】卢蒲癸、王何为攻打庆氏而占卜，把封象给庆舍看，说："有人为攻打仇人而占卜，请你看看卦象。"庆舍说："可以攻克，看见血了。"冬季十月，庆封在莱地打猎，陈无宇跟从。丙辰日，陈文子派人召唤陈无宇回去，陈无宇请求说："无宇的母亲病了，请求回去。"庆封占卜，把封象给陈无宇看，陈无宇说："这是死亡的卦象。"陈无宇捧着占卜用的龟甲哭泣，庆封便让陈无宇回去了。庆嗣听说了这件事，说："灾祸即将发生了。"他告诉庆封说："赶快回去，祸乱一定发生在尝祭的时候，如今回去还来得及。"庆封没有听从，也没有悔改之意。庆嗣说："他要逃亡了！侥幸的话可以逃到吴国或越国。"陈无宇渡过河，便毁坏了船只拆毁了桥梁。

卢蒲姜[①]谓癸曰："有事而不告我，必不捷矣。"癸告之。姜曰："夫子愎，莫之止，将不出，我请止之。"癸曰："诺。"十一月乙亥，尝于大公之庙，庆舍莅事。卢蒲姜告之，且止之，弗听，曰："谁敢者？"遂如公。麻婴[②]为尸[③]，庆奊[④]为上献。卢蒲癸、王何执寝戈。庆氏以其甲环公宫。陈氏、鲍氏之圉人为优[⑤]。庆氏之马善惊，士皆释甲束马，而饮酒，且观优，至于鱼里。栾、高、陈、鲍之徒介庆氏之甲。子尾抽桷[⑥]，击扉三，卢蒲癸自后刺子之，王何以戈击之，解其左肩。犹援庙桷，动于甍[⑦]，以俎、壶投，杀人而后死。遂杀庆绳、麻婴。公惧，鲍国曰："群臣为君故也。"陈须无以公归，税服而如内宫。

【注释】①卢蒲姜：庆封的孙女，庆舍的女儿，卢蒲癸的妻子。②麻婴：齐国大夫。③尸：古代祭祀时以活人代替受祭者，这个人称为"尸"。④庆奊（xié）：齐国大夫。⑤优：古代指以乐舞戏谑为业的人。⑥桷（jué）：方形的椽子，这里指槌子。⑦甍（méng）：屋脊。

【译文】卢蒲姜对卢蒲癸说："有事情发生却不告知于我，是一定不能获得成功的。"卢蒲癸便把情况告诉了她。卢蒲姜说："我父亲固执任性，没有人能够劝阻他，他不打算出来。请让我去劝阻他吧。"卢蒲癸说："好。"十一月乙亥日，在太公庙举行尝祭，庆舍将亲临主持祭祀。卢蒲姜告诉庆舍有人要发动祸患，并且劝他不要去，庆舍不听，说："谁敢这么干？"便到太公庙参加祭祀。麻婴充当祭尸，庆奊充当上献。卢蒲癸、王何手拿寝戈。庆氏让他的士兵包围了整个太公庙。陈氏、鲍氏的养马人在表演。庆氏的马容易受到惊吓，甲士们都解下甲衣拴好马，然后喝酒，到鱼里看优表演。栾氏、高氏、陈氏、鲍氏手下的士兵都穿上庆氏的甲衣。子尾抽出槌子，在门上敲了三下，卢蒲癸从后边袭击庆舍，王何用戈袭击庆舍，砍下了庆舍的左肩。庆舍此时还能攀着庙宇的椽子，连屋脊都被扯动了。又把俎和壶向人扔去，把人打死后自己才死去。卢蒲癸等人便杀了庆绳、麻婴。齐景公很害怕，鲍国说："群臣是因为君王的缘故才这样做的。"陈须无护着齐景公回到宫中，脱去祭服后进入内宫。

庆封归，遇告乱者。丁亥，伐西门，弗克。还伐北门，克之。入，伐内宫，弗克。反，陈于岳，请战，弗许，遂来奔。献车于季武子，美泽可以鉴。展庄叔[①]见之，曰："车甚泽，人必瘁，宜其亡也。"叔孙穆子食庆封，庆封氾祭[②]。穆子不说，使工为之诵《茅鸱》，亦不知。既而齐人来让[③]，奔吴。吴句馀予之朱方，聚其族焉而居之，富于其旧。子服惠伯谓叔孙曰："天殆富淫人，庆封又富矣。"穆子曰："善人富谓之赏，淫人富谓之殃。天其殃之也，其将聚而歼旃。"

【注释】①展庄叔：鲁国大夫。②氾祭：古人饮食前必先祭，氾祭是遍祭诸神，非礼所宜，这里表明庆封不懂礼。③让：责备，谴责。

【译文】庆封回来时，遇到报告动乱的人。丁亥日，庆封攻打西门，没有攻下。绕过来又攻打北门，攻下了。进入城里，攻打内宫，没有攻下。回兵在岳布阵，庆封请求决战，没有获得同意，就逃亡到鲁国。庆封把车子献给季武子，车子十分华美、光彩照人。展庄叔觐见季武子，说："车很漂亮，百姓一定憔悴，他逃亡在外也是应该的。"叔孙穆子设宴款待庆封，庆封先遍祭诸神。穆子不高兴，让乐工为他诵《茅鸱》诗，庆封也听不懂。不久齐国人因鲁国收留庆封一事前来责难，庆封又逃亡到吴国。吴王句馀把朱方封给了庆封，庆封将自己的族人都聚集在那里居住，比以前更富有。子服惠伯对叔孙穆子说："上天大概是要让坏人富有的，庆封又富有起来了。"叔孙穆子说："好人富有是奖赏，坏人富有是灾殃。上天或许将降灾于他，所以让他们都聚集在一起方便歼灭吧。"

癸巳，天王崩。未来赴，亦未书，礼也。

【译文】癸巳日，周天子驾崩。没有发来讣告，《春秋》中也没有记载，这是合乎礼的。

崔氏之乱，丧群公子，故鉏在鲁，叔孙还在燕，贾在句渎之丘。及庆氏亡，皆召之，具其器用，而反其邑焉。与晏子邶殿[①]其鄙六十，弗受。子尾曰："富，人之所欲也，何独弗欲？"对曰："庆氏之邑足欲，故亡。吾邑不足欲也，益之以邶殿，乃足欲。足欲，亡无日矣。在外，不得宰吾一邑。不受邶殿，非恶富也，恐失富也。且夫富，如布帛之有幅焉，为之制度，使无迁也。夫民，生厚而用利，于是乎正德以幅之，使无黜嫚，谓之幅利。利过则为败。吾不敢贪多，所谓幅也。"与北郭佐邑六十，受之。与子雅邑，辞多受少。与子尾邑，受而稍致之。公以为忠，故有宠。释卢蒲嫳于北竟。

【注释】①邶（bèi）殿：齐国的别都，在今山东省昌邑市市区北部。

【译文】崔氏的那次动乱，公子们都四散逃亡，因此公子钼逃亡到鲁国，叔孙还在燕国，公子贾在句渎之丘。等到庆氏灭亡后，就把他们都召了回来，将他们日常所用的器物都归还给了他们，并且还给他们封邑。赐予晏子邶殿边境的六十座城邑，晏子不接受。子尾说："富有，是人们都想要的，为什么唯独您不想要呢？"晏子回答说："庆氏的城邑足以满足欲望，所以他逃亡了。我的城邑虽然不能满足欲望，但加上邶殿，欲望便也得到了满足。如果欲望得到了满足，那么离逃亡的日子也就不远了。如果逃亡在外，那么我连一座城邑也保不住。不接受邶殿，不是讨厌富有，而是害怕失去富有。并且富有，就如同布帛一般具有一定的幅度，给它设好幅度，让它不能改变。历来百姓们总是想要生活富有且器物丰富，因此要端正德行来加以限制，使它既不欠缺也不满溢，这就是所说的限制欲望。欲望越过界限人就会变得败坏。我不敢贪多，这就是所说的限制。"于是齐景公赐予他北郭佐邑的六十座城池，他接受了。赐予子雅城邑，他推辞掉大部分只接受了小部分。赐予子尾城邑，他接受之后又全都奉还给齐景公。齐景公觉得子尾忠诚，故而很宠信子尾。把卢蒲嫳放逐到齐国北部边境。

求崔杼之尸，将戮之，不得。叔孙穆子曰："必得之，武王有乱臣十人，崔杼其有乎？不十人，不足以葬。"既，崔氏之臣曰："与我其拱璧①，吾献其柩。"于是得之。十二月乙亥朔，齐人迁庄公，殡于大寝。以其棺尸崔杼于市，国人犹知之，皆曰："崔子也。"

【注释】①拱璧：两手合抱的大块璧玉，比喻非常珍贵的宝物。

【译文】齐国人寻求崔杼的尸体，准备戮尸，没有得到。叔孙穆子说："一定能得到，武王有十个善于治理政务的大臣，崔杼有吗？崔杼没有这样的十个人，不能够安葬。"过了不久，崔氏的家臣说："把崔氏的宝物给我，我便献出他的灵柩。"于是得到了崔杼的尸体。十二月初一，齐国人迁葬庄公，停棺在正寝。把崔杼的棺材装上其尸体放在街上示众。国民们还认识，都说："这是崔杼。"

为宋之盟故，公及宋公、陈侯、郑伯、许男如楚。公过郑，郑伯不在，伯有迋劳于黄崖[①]，不敬。穆叔曰："伯有无戾于郑，郑必有大咎。敬，民之主也，而弃之，何以承守？郑人不讨，必受其辜。济泽之阿，行潦[②]之蘋藻，置诸宗室，季兰[③]尸之，敬也。敬可弃乎？"

【注释】①黄崖：郑地，在今河南新郑市北。②行潦：汇聚在路旁的积水。③季兰：古少女名或字。

【译文】为了遵守在宋国签订的盟约，鲁襄公跟宋平公、陈哀公、郑简公、许悼公到楚国朝见。鲁襄公路过郑国，郑简公不在国内，由伯有前往黄崖慰劳襄公，言行举止表现得不恭敬。穆叔说："伯有如果在郑国不获罪的话，郑国一定会有大的灾难。恭敬，是百姓的主宰，如今伯有却丢弃了它，又用什么来继承并守护祖宗留下的基业呢？郑国人不讨伐他，一定会受到他的牵连。渡口水泽边的薄土，路边积水中的浮萍水草，放在宗庙中做祭品，少女作为祭祀用的尸体而被接受，这是因为恭敬。恭敬怎么能够抛弃呢？"

及汉，楚康王卒。公欲反。叔仲昭伯曰："我楚国之为，岂为一人？行也！"子服惠伯曰："君子有远虑，小人从迩。饥寒之不恤，谁遑其后？不如姑归也。"叔孙穆子曰："叔仲子专之矣，子服子，始学者也。"荣成伯[1]曰："远图者，忠也。"公遂行。宋向戌曰："我一人之为，非为楚也。饥寒之不恤，谁能恤楚？姑归而息民，待其立君而为之备。"宋公遂反。

【注释】①荣成伯：即荣驾鹅，鲁国大夫。

【译文】鲁襄公抵达汉水时，楚康王去世。鲁襄公想要回国。叔仲昭伯说："我们是为了楚国而来的，难道只为了楚康王一人吗？继续走吧！"子服惠伯说："君子有长远的思考，小人只看眼前的利益。饥寒都顾不上，谁还能顾及到之后的事情呢？不如姑且回去吧。"叔孙穆子说："叔仲昭伯能够被专门任用，子服惠伯，只是刚刚开始学习的人。"荣成伯说："有长远打算的人，是忠诚的。"鲁襄公于是继续前往楚国。宋国的向戌说："我们是为楚康王一人来的，并不是为了楚国。饥寒都顾不上，谁又能顾得上楚国呢？姑且回去让百姓休养生息，等他们立了新的国君再戒备他们。"宋平公回国了。

楚屈建卒，赵文子丧之如同盟，礼也。

【译文】楚国的屈建去世，赵文子去吊唁他时态度就如同对待盟国一样，这是合乎礼的。

王人来告丧，问崩日，以甲寅告，故书之，以徵过也。

【译文】周天子的使者来鲁国告知周灵王去世的消息，问他周天子去世的日期，回答说是甲寅日，所以《春秋》中也是这样记录的，用以惩戒使者的过失。

襄公二十九年

【经】二十有九年春王正月，公在楚。夏五月，公至自楚。庚午，卫侯衎卒。阍[①]弑吴子馀祭[②]。仲孙羯会晋荀盈、齐高止、宋华定、卫世叔仪、郑公孙段、曹人、莒人、滕人、薛人、小邾人城杞。晋侯使士鞅来聘。杞子来盟。吴子使札来聘。秋九月，葬卫献公。齐高止出奔北燕。冬，仲孙羯如晋。

【注释】①阍（hūn）：守门，守门人。②馀祭：吴王寿梦的儿子，吴国国君。

【译文】鲁襄公二十九年春季周历正月，襄公在楚国。夏季五月，鲁襄公从楚国回国。庚午日，卫献公衎去世。吴国的守门人杀了吴王馀祭。鲁国的仲孙羯与晋国的荀盈、齐国的高止、宋国的华定、卫国的世叔仪、郑国的公孙段、曹国人、莒国人、滕国人、薛国人、小邾国人修筑杞国国都的城墙。晋平公派遣大夫士鞅来鲁国访问。杞文公来鲁国结盟。吴王派遣公子札来鲁国访问。秋季九月，安葬卫献公。齐国的大夫高止逃亡到北燕国。冬季，鲁国大夫仲孙羯来到晋国。

【传】二十九年春王正月，公在楚，释不朝正于庙也。楚人使公亲襚[1]，公患之。穆叔曰："祓殡[2]而襚，则布币也。"乃使巫以桃茢[3]先祓殡。楚人弗禁，既而悔之。

【注释】①襚（suì）：为死者穿衣物。②祓（fú）殡：祭于殡以除凶邪。③桃茢（liè）：以桃枝做苕帚，古代用以辟邪除秽。

【译文】鲁襄公二十九年春季，周历正月，鲁襄公在楚国，这是在解释其不去宗庙朝正的原因。楚国人让襄公亲自为楚康王穿衣服，襄公对此很不高兴。穆叔说："先举行殡祭除掉凶邪后再为死者穿衣服，这就相当于是在朝见时赠送财物了。"于是让巫人用桃枝做的苕帚先在棺材上去除凶邪。楚国人没有制止，不久之后又为此而后悔。

二月癸卯，齐人葬庄公于北郭。

【译文】二月癸卯日，齐国人在北面的外城安葬庄公。

夏四月，葬楚康王，公及陈侯、郑伯、许男送葬，至于西门之外，诸侯之大夫皆至于墓。楚郏敖[1]即位。王子围[2]为令尹。郑行人子羽[3]曰："是谓不宜，必代之昌。松柏之下，其草不殖。"

【注释】①郏敖：名熊员，楚康王之子，楚国国君，在位四年，后被公子围即楚灵王所杀。②王子围：即公子围，楚共王之子，楚康王的弟弟，杀掉侄子郏敖后自立为楚灵王。③子羽：郑穆公之子，郑国大夫。

【译文】夏季四月，安葬楚康王，鲁襄公跟陈哀公、郑简公、许悼公送葬，送到楚都的西门外，诸侯的大夫都送到了墓地。楚国的郏敖即位。公子围担任令尹。郑国使者子羽说："这就是所说的不恰当，令尹一定会取代郏敖而昌盛的。草长在松柏的下面，是不能生长繁殖的。"

公还，及方城。季武子取卞[①]，使公冶问。玺书追而与之，曰："闻守卞者将叛，臣帅徒以讨之，既得之矣。敢告。"公冶致使而退，及舍而后闻取卞。公曰："欲之而言叛，只见疏也。"公谓公冶曰："吾可以入乎？"对曰："君实有国，谁敢违君？"公与公冶冕服。固辞，强之而后受。公欲无入，荣成伯赋《式微》[②]，乃归。五月，公至自楚。公冶致其邑于季氏，而终不入焉。曰："欺其君，何必使余？"季孙见之，则言季氏如他日。不见，则终不言季氏。及疾，聚其臣，曰："我死，必以在冕服敛，非德赏也，且无使季氏葬我。"

【注释】①卞：鲁邑，在今山东泗水县东。②《式微》：出自《诗经·国风·邶风》，此诗描写家人盼望服役在外的亲人回家的急切心情。

【译文】鲁襄公回国，抵达方城山。季武子占领卞地，派公冶去问候襄公。用封泥加盖印章把信封好后追上公冶，让公冶将书信交给襄公，信中说："听闻戍守卞邑的人将要叛变，臣带领士兵讨伐，已经攻占了卞地。斗胆报告。"公冶拜见襄公后退出，回到住处后才听闻卞地被夺取的消息。襄公说："想要得到这个地方反而说这里发生了叛变，只能表明是远离我了。"鲁襄公对公冶说："我可以进入国家吗？"公冶回答说："国君您是掌握国家政权的人，谁敢违背您呢？"襄公赐给公冶冕服。公冶坚决不肯收，襄公坚持要赐予他，公冶才勉强接受。襄公不想进入鲁国，荣成伯赋《式微》诗，襄公这才回国。五月，襄公从楚国回到鲁国。公冶把自己的封邑送还给季武子，并且再也不进入季武子的家门。说道："你要欺骗国君，又为什么要派我去呢？"季武子拜见公冶，公冶就像以前那样和季武子说话。如果不见面，公冶就始终不谈论季武子。公冶生病的时候，聚集他的家臣，说："我死了之后，一定不要用冕服入敛，这不是依靠德行获得的赏赐，并且不要让季氏安葬我。"

葬灵王，郑上卿有事，子展使印段往。伯有曰："弱，不可。"子展曰："与其莫往，弱不犹愈乎？《诗》云：'王事靡盬①，不遑启处。'东西南北，谁敢宁处？坚事晋、楚，以蕃王室也。王事无旷，何常之有？"遂使印段如周。

【注释】①靡盬（gǔ）：无止息。

【译文】安葬周灵王，郑国的上卿子展因为有事无法前去，所以派遣印段前去。伯有说："印段太年轻，不行。"子展说："与其没有人去，派个年轻的去不是更好些吗？《诗经》中说：'王家的事做不完，哪有时间去休息呢。'东西南北，谁敢安居？坚定地事奉晋国、楚国，以此来保卫王室。王家的事没有耽误，哪里有什么常规不常规的呢？”于是派印段前往周王室。

吴人伐越，获俘焉，以为阍，使守舟。吴子馀祭观舟，阍以刀弑之。

【译文】吴国人讨伐越国，抓住了俘虏，让他做看门人，派他看守船只。吴王馀祭来观看船只，看门人用刀杀死了馀祭。

郑子展卒，子皮①即位。于是郑饥，而未及麦，民病。子皮以子展之命，饩国人粟，户一钟，是以得郑国之民。故罕氏常掌国政，以为上卿。宋司城子罕闻之，曰：“邻于善，民之望也。”宋亦饥，请于平公，出公粟以贷；使大夫皆贷。司城氏贷而不书，为大夫之无者贷。宋无饥人。叔向闻之，曰：“郑之罕，宋之乐，其后亡者也，二者其皆得国乎！民之归也。施而不德，乐氏加焉，其以宋升降乎！”

【注释】①子皮：即罕虎，郑穆公的曾孙，郑国的卿大夫。

【译文】郑国的子展去世，他的儿子子皮继承了他的职位。这时郑国开始闹饥荒，且麦子还没有到丰收的时节，人民困乏。子皮听从子展遗命，把粮食赠送给国人，每户一钟，因此获得郑国百姓的拥护。所以罕氏一直掌握着国家政权，担任上卿。宋国的司城子罕听说这件事，说：“和善良相近，这是民众所期望的。”宋国也开始闹饥荒，司城子罕向宋平公请求，将公室的粮食拿出来借给百姓；让大夫们也都借粮给百姓。司城子罕给百姓借粮却不要求百姓写借条，又替那些没有粮食可借的大夫借粮给百姓。宋国没有挨饿的人。叔向听说了这件事，说："郑国的罕氏，宋国的乐氏，大概会是最后才灭亡的，他们两家都会执掌国家政权啊！这是因为百姓都向着他们。施恩却不自以为对他人有恩德，乐氏就更高一筹了，他们大概会随着宋国国运的盛衰而盛衰吧！"

晋平公，杞出也，故治杞。六月，知悼子合诸侯之大夫以城杞，孟孝伯会之。郑子大叔[1]与伯石往。子大叔见大叔文子，与之语。文子曰："甚乎！其城杞也。"子大叔曰："若之何哉？晋国不恤周宗之阙，而夏肄是屏，其弃诸姬，亦可知也已。诸姬是弃，其谁归之？吉也闻之，弃同即异，是谓离德。《诗》曰：'协比其邻，昏姻孔云。'晋不邻矣，其谁云之？"

【注释】①子大叔：游吉。

【译文】晋平公是杞国女子所生，故而整修杞国的城墙。六月，知悼子与诸侯国大夫们会合一起整修杞国城墙，孟孝伯也参加了。郑国的游吉与伯石也去了。游吉看见太叔文子，和他说话。文子说："真是太过分了，这是在为杞国修筑城墙啊！"游吉说："拿他怎么办啊！晋国不顾及周王室的衰微，反而为夏朝的后裔做屏障，他将会抛弃姬姓诸国，这也是可以预料到的了。姓诸国都要抛弃，还有谁会归顺他呢？我听说，丢弃同姓却靠近异姓，这叫作离德。《诗经》中说：'与邻居和睦相处，亲戚之间的关系也会变得很好。'晋国不与近邻和睦相处，还会有谁跟他友好往来呢？”

齐高子容与宋司徒见知伯，女齐相礼。宾出，司马侯[①]言于知伯曰：“二子皆将不免。子容专，司徒侈，皆亡家之主也。”知伯曰：“何如？”对曰：“专则速及，侈将以其力毙，专则人实毙之，将及矣。”

【注释】①司马侯：晋国大夫。

【译文】齐国的高子容与宋国的司徒拜见知伯，女齐做相礼。宾客出去后，司马侯对知伯说：“这两个人都不能免除灾祸。子容专横，司徒奢侈，都是使家族灭亡的主要元凶。”知伯说：“为什么这么说呢？”女齐回答说：“专横霸道就会使灾祸很快降临，奢侈将会因为自己的力量过于强大而致死，专横会使人们置他于死地，他们的灾祸很快就要到了。”

范献子来聘，拜城杞也。公享之，展庄叔执币。射者三耦。公臣不足，取于家臣。家臣，展瑕、展玉父为一耦；公臣，公巫召伯、仲颜庄叔为一耦，鄫鼓父、党叔为一耦。

【译文】范献子来鲁国访问，拜谢鲁国帮忙修建杞国城墙。鲁襄公设享礼款待他，由展庄叔捧上束帛。参与射礼需要三对人。公臣中人数不够，就在家臣中选取。家臣中展瑕、展玉父为一对；公臣中公巫召伯、仲颜庄叔为一对，鄫鼓父、党叔为一对。

晋侯使司马女叔侯来治杞田，弗尽归也。晋悼夫人愠曰：“齐也取货。先君若有知也，不尚取之！”公告叔侯。叔侯曰：“虞、虢、焦、滑、霍、杨、韩、魏，皆姬姓也，晋是以大。若非侵小，将何所取？武、献以下，兼国多矣，谁得治之？杞，夏余也，而即东夷。鲁，周公之后也，而睦于晋。以杞封鲁犹可，而何有焉？鲁之于晋也，职贡不乏，玩好时至，公卿大夫相继于朝，史不绝书，府无虚月。如是可矣，何必瘠鲁以肥杞？且先君而有知也，毋宁夫人，而焉用老臣？”杞文公来盟。书曰“子”，贱之也。

【译文】晋平公派司马女叔侯来鲁国办理让鲁国交还杞国土地的事，不过没有全部归还给杞国。晋悼夫人气愤地说：“司马女叔侯一定收了他们的财物。先君如果知道这件事，也一定不会同意他这样做的！”晋平公将这话告诉了叔侯。叔侯说：“虞国、虢国、焦国、滑国、霍国、杨国、韩国、魏国，都是姬姓国，晋国因此变得强大。如果晋国没有侵吞小国，又是从哪里取得的土地呢？自武公、献公以来，兼并的国家太多了，哪个被兼并的国家能够得到恢复跟治理呢？杞国，是夏朝的后代，并且靠近东夷。鲁国，是周公的后代，且与晋国关系和睦。把杞国封给鲁国都是可以的，为何只想着杞国呢？鲁国对于晋国来说，每年的朝贡不断，玩物按时送到，公卿大夫相继前来朝见，史官从来没有中断过记录，国库没有一个月不接受贡品。如此就可以了，何必要通过削弱鲁国来增强杞国呢？况且，如果先君知道了这件事，就宁愿让夫人自己去办，哪里还用得着老臣呢？”杞文公来鲁国结盟。《春秋》称他为“子”，是在鄙视他。

吴公子札来聘，见叔孙穆子，说之。谓穆子曰：“子其不得死乎！好善而不能择人。吾闻君子务在择人。吾子为鲁宗卿，而任其大政，不慎举，何以堪之？祸必及子！”

【译文】吴国的公子札来鲁国结盟，看见叔孙穆子，很喜欢他。对穆子说：“您恐怕不得善终吧！喜欢做善事却不能够选择贤人。我听说君子应该致力于选择贤人。您担任鲁国的宗卿，而且掌握国家政权，如果不谨慎地举拔贤人，又怎么能够担当得起呢？祸患一定会降到您身上的！”

请观于周乐。使工为之歌《周南》《召南》[①]，曰：“美哉！始基之矣，犹未也。然勤而不怨矣。”为之歌《邶》《鄘》《卫》，曰：“美哉，渊乎！忧而不困者也。吾闻卫康叔[②]、武公[③]之德如是，是其《卫风》[④]乎！”为之歌《王》[⑤]，曰：“美哉！思而不惧，其周之东乎？”为之歌《郑》[⑥]，曰：“美哉！其细已甚，民弗堪也。是其先亡乎！”为之歌《齐》[⑦]，曰：“美哉！泱泱乎！大风也哉！表东海者，其大公乎！国未可量也。”为之歌《豳》[⑧]，曰：“美哉！荡乎！乐而不淫，其周公之东乎！”为之歌《秦》[⑨]，曰：“此之谓夏声。夫能夏则大，大之至也，其周之旧乎！”为之歌《魏》[⑩]，曰：“美哉！沨沨[⑪]乎！大而婉，险而易行，以德辅此，则明主也。”为之歌《唐》[⑫]，曰：“思深哉！其有陶唐氏之遗民乎！不然，何其忧之远也？非令德之后，谁能若是？”为之歌《陈》[⑬]，曰：“国无主，其能久乎！”自《郐》以下，无讥焉。为之歌《小雅》[⑭]，曰：“美哉！思而不贰，怨而不言，其周德之衰乎？犹有先王之遗民焉。”为之歌《大雅》[⑮]，曰：“广哉！熙熙乎！曲而有直体，其文王之德乎！”为之歌《颂》[16]，曰：“至矣哉！直而不倨，曲而不屈，迩而不逼，远而不携，迁而不淫，复而不厌，哀而不愁，乐而不荒，用而不匮，广而不宣，施而不费，取而不贪，处而不底，行而不流。五声[17]和，八风[18]平。节有度，守有序，盛德之所同也。”

【注释】①《周南》《召南》：简称“二南”。在诗经三百篇中，周南、召南列居十五国风之首。周公和召公分陕而治，因此出现了关于周公和召公的诗歌《周南》和《召南》，二地在岐山之阳，所以称为南。②卫康叔：名封，周文王姬昌与正妻太姒所生第九子，是周武王姬发的胞弟，是卫国的第一位国君。③武公：名和，是卫国的第十一位国君。④《卫风》：出自《诗经·卫风》，《邶（bèi）》《鄘（yōng）》《卫》都属于《卫风》。⑤《王》：出自《诗经·王风》，是《诗经》十五国风之一，共十篇。⑥《郑》：《郑风》是《诗经》中十五国风之一，有二十一篇。⑦《齐》：《齐风》，即齐地民歌，是《诗经》中十五国风之一，共十一篇，多数是写婚姻与爱情的诗文，少部分是写人民对沉重劳役的不满以及对齐襄公的讽刺。⑧《豳（bīn）》：《豳风》是豳地一带的民歌，是《诗经》中十五国风之一，共七篇，多数描写的是有关田园的诗文。⑨《秦》：《秦风》是秦地民歌，是《诗经》中十五国风之一，共十篇。⑩《魏》：《魏风》是魏国境内民歌，是《诗经》中十五国风之一，共七篇。⑪沨沨（féng）：形容悠扬婉转的中庸之声。⑫《唐》：《唐风》是先秦时代唐国的民歌，是《诗经》中十五国风之一。唐，原为尧地，周代为晋国之地，《唐风》实即晋国民歌，共十二篇。⑬《陈》：《陈风》是《诗经》中十五国风之一，共十篇。⑭《小雅》：《诗经》中的一部分，共七十四篇。主要是贵族举行仪式时使用的乐歌，描述了周代的社会风貌、情感实际。⑮《大雅》：是《诗经》中的一部分，多为西周早期的诗，共三十一篇，用于大飨，是周王举行一些仪式时使用的各种乐歌，同时作为乐教范本被较多地征引。⑯《颂》：宗庙祭祀的舞曲歌辞，内容多是歌颂祖先的功业，共四十篇，其中包括《周颂》三十一篇，《鲁颂》四篇，《商颂》五篇。⑰五声：即我国古代五声音阶中的宫、商、角、徵（zhǐ）、羽五个音级。⑱八风：即八音，八种制造乐器的材料，通常为金、石、丝、竹、匏、土、革、木八种不同材质。

【译文】公子札请求观赏周朝的音乐和舞蹈。于是让乐工为他歌唱《周南》《召南》。公子札说："真美妙啊！关于音乐的教化在周朝已经开始奠定基础了，只是还没有完成，不过百姓已经勤劳而不怨恨了。"为公子札歌唱《邶风》《鄘风》《卫风》，他说："真是美妙又深奥啊！忧愁却不窘迫。我听闻卫康叔、武公的德行就是如此，这大概就是《卫风》吧！"为公子札歌唱《王风》，他说："真是美妙啊！虽然有忧思却没有恐惧，这大概是周王室东迁之后的音乐吧！"为公子札歌唱《郑风》，他说："真是美妙啊！但是音乐过于琐碎了，百姓承受不了。这大概是郑国要先灭亡的缘故吧！"为公子札歌唱《齐风》，他说："真是美妙又浩大啊！这是大国的音乐吧！它是东海一带诸侯国的表率啊，是太公的国家吧！国家的前途不可限量啊。"为公子札歌唱《豳风》，他说："真是美妙又坦荡啊！欢乐而有节制，这大概是周公东征的音乐吧！"为公子札歌唱《秦风》，他说："这就叫作西方的夏声。能发出夏声，声音自然很大，且大到极致，这大概就是周朝的旧乐吧！"为公子札歌唱《魏风》，他说："真是美妙啊又婉转啊！声音大而婉转，节拍急促却不晦涩难歌，再用德行进行辅助，便是贤明的君主了。”为公子札歌唱《唐风》，他说：“思虑很深啊！大概是因为有陶唐氏的遗民吧？不然的话，为什么忧思会如此深远呢？不是美德者的后代，谁又能做到这样呢？”为公子札演唱《陈风》，他说：“国家没有主人，难道可以长久吗？”自《郐风》以后的诗歌，公子札听后不再评论。乐师为公子札歌唱《小雅》，他说：“真是美妙啊！有思虑却没有二心，憎怨却不表现在语言中，这难道是周朝德行衰微时的乐章？还有先王的遗民在。”为公子札演唱《大雅》，他说：“真是广博又欢乐啊！婉转曲折而本体却刚健劲直，这大概是文王的德行吧！”为公子札演唱《颂》，他说：“真是美到极致了！正直却不倨傲，婉转却不卑下，亲近却不逼迫，疏远却不散漫，变化却不邪乱，反复却不厌倦，哀伤却不忧愁，欢乐却不荒淫，运用却不匮乏，宽广却不显露，施舍却不浪费，获得却不贪婪，静止却不停滞，前行却不流连。五声和谐，八风协调。节奏有一定的尺度，各种乐器都按顺序鸣奏，这与有盛德的人是一样的。”

见舞《象箾》《南籥》[①]者，曰：“美哉！犹有憾。”见舞《大武》[②]者，曰：“美哉！周之盛也，其若此乎！”见舞《韶濩》[③]者，曰：“圣人之弘也，而犹有惭德，圣人之难也。”见舞《大夏》[④]者，曰：“美哉！勤而不德，非禹，其谁能修之？”见舞《韶箾》[⑤]者，曰：“德至矣哉，大矣！如天之无不帱[⑥]也，如地之无不载也。虽甚盛德，其蔑以加于此矣。观止矣！若有他乐，吾不敢请已！”

【注释】①《象箾》（xiāo）《南籥》（yuè）：《象箾》是一种武舞，箾是古代跳舞人手中拿的竿状舞具。《南籥》是一种文舞，籥是短管形的吹奏乐器，形制似笛，有三孔或六孔之分。《象箾》和《南籥》都是文王之乐。②《大武》：由周公创编的歌颂周武王伐纣获得胜利的乐舞作品，属《六舞》之一。③《韶濩》(hù)：歌颂商汤的乐曲。④《大夏》：歌颂大禹的舞蹈。⑤《韶箾》：歌颂虞舜的乐舞。⑥帱(dào)：覆盖。

【译文】公子札看见跳《象箾》《南籥》舞，说："真是美妙啊！不过还有遗憾。"看见跳《大武》舞，说："真是美妙啊！周朝兴盛的时候，大概就像这样吧！"看见跳《韶濩》舞，说："像圣人那么伟大的人，尚且有缺点存在，可见当圣人不容易。"看见跳《大夏》舞，说："真是美妙啊！辛勤做事却不自以为有功德的人，除了禹，还有谁能做到呢？"看见跳《韶箾》舞，说："功德抵达顶点了，真伟大啊！就像上天一样没有什么是不能覆盖的，就像大地一样没有什么是不能承载的。即使再高的盛德，也没有办法再增加什么了。观看就到这儿停止吧！如果有别的乐舞，我也不敢再请求欣赏了。"

其出聘也，通嗣君也。故遂聘于齐，说晏平仲，谓之曰："子速纳邑与政。无邑无政，乃免于难。齐国之政将有所归，未获所归，难未歇也。"故晏子因陈桓子以纳政与邑，是以免于栾、高之难。

【译文】公子札出国访问，是因为新立了国君而与各国交好。于是到齐国访问，与晏平仲很谈得来，对晏平仲说："您赶紧将封邑与政权交还给国君吧。没有了封邑和政权，才能免除祸患。齐国的政权将会有所归属，没有获得归属，灾难就不会停止。"因此晏子通过陈桓子交还了政权和封邑，由此在栾氏、高氏的那次动乱中未受到牵连。

聘于郑，见子产，如旧相识。与之缟带①，子产献纻衣②焉。谓子产曰："郑之执政侈，难将至矣。政必及子。子为政，慎之以礼。不然，郑国将败。"

【注释】①缟（gǎo）带：白绢所制的带子。②纻（zhù）衣：麻布所制的衣服。

【译文】公子札到郑国访问，看到子产，就如同看到了老相识。送给子产缟带，子产又回送给公子札纻衣。公子札对子产说："郑国的执政者奢侈，灾难将要降临了。政权一定会落到您的手中。您掌握政权，一定要依照礼仪谨慎地处理事情。否则，郑国将会灭亡。"

适卫，说蘧瑗、史狗、史鳝、公子荆、公叔发、公子朝，曰："卫多君子，未有患也。"

【译文】公子札抵达卫国，见到蘧瑗、史狗、史鳝、公子荆、公叔发、公子朝很高兴，他说："卫国的君子很多，不会有什么灾难发生的。"

自卫如晋，将宿于戚。闻钟声焉，曰："异哉！吾闻之也，辩而不德，必加于戮。夫子获罪于君以在此，惧犹不足，而又何乐？夫子之在此也，犹燕之巢于幕上。君又在殡，而可以乐乎？"遂去之。文子闻之，终身不听琴瑟。

【译文】公子札从卫国去晋国，打算在戚地住宿。听见钟声，说："奇怪啊！我听说，发生动乱又没有修习德行的，一定会遭到诛戮。这个人得罪了国君因而待在这里，害怕还来不及，又有什么可以欢乐的呢？这个人在此居住，就如同燕子在帐幕上做窝。国君还没有安葬，难道能寻欢作乐吗？"于是离开了戚地。孙文子听说了这件事，从此不再作乐。

适晋，说赵文子、韩宣子、魏献子，曰："晋国其萃于三族乎！"说叔向。将行，谓叔向曰："吾子勉之！君侈而多良，大夫皆富，政将在家。吾子好直，必思自免于难。"

【译文】公子札抵达晋国，见到了赵文子、韩宣子、魏献子很高兴，说："晋国的政权大约要集中在这三家了！"他喜爱叔向。将要离开时，对叔向说："您努力吧！国君放纵奢侈而优秀的臣下很多，大夫们都富有，政权即将归于大夫们的手中。您说话喜欢直来直去，一定要设法使自己免除祸患。"

秋九月，齐公孙虿、公孙灶放其大夫高止于北燕。乙未，出。书曰："出奔。"罪高止也。高止好以事自为功，且专，故难及之。

【译文】秋季九月，齐国的公孙虿、公孙灶将他们的大夫高止流放到北燕。乙未日，高止出国。《春秋》中记载说他"出逃"，这是将罪名归于高止身上。高止喜欢生事且居功自傲，同时又专横霸道，因此灾难才会降到他的身上。

冬，孟孝伯如晋，报范叔也。

【译文】冬季，孟孝伯前去晋国，这是回报范叔之前的访问。

为高氏之难故，高竖以卢叛。十月庚寅，闾丘婴帅师围卢。高竖曰：“苟请高氏有后，请致邑。”齐人立敬仲之曾孙酀，良敬仲也。十一月乙卯，高竖致卢而出奔晋，晋人城绵而置旃。

【译文】因为高氏遭到放逐的缘故，因此高竖在卢地发动叛乱。十月庚寅日，闾丘婴率领军队包围卢地。高竖说：“如果能够让高氏在国内留有后代，我可以将封邑归还给国君。”齐国人立了敬仲的曾孙酀为高氏的继承人，这是因为敬仲贤良。十一月乙卯日，高竖归还卢地并逃亡到晋国，晋国人在绵地修筑城池安置他。

郑伯有使公孙黑如楚，辞曰：“楚、郑方恶，而使余往，是杀余也。”伯有曰：“世行也。”子皙曰：“可则往，难则已，何世之有？”伯有将强使之。子皙怒，将伐伯有氏，大夫和之。十二月己巳，郑大夫盟于伯有氏。裨谌曰：“是盟也，其与几何？《诗》曰：‘君子屡盟，乱是用长。’今是长乱之道也。祸未歇也，必三年而后能纾。”然明曰：“政将焉往？”裨谌曰：“善之代不善，天命也，其焉辟子产？举不逾等，则位班也。择善而举，则世隆也。天又除之，夺伯有魄，子西即世，将焉辟之？天祸郑久矣，其必使子产息之，乃犹可以戾。不然，将亡矣。”

【译文】郑国的伯有派公孙黑去楚国，公孙黑推辞说：“楚国和郑国的关系恶劣，而你却派我前去，这是要杀我。”伯有说：“你家世世代代都是做使者的。”公孙黑说：“可以去就去，有危难便不去，这与世世代代做使者有什么关系呢？”伯有打算强迫他去。公孙黑大怒，准备讨伐伯有氏，大夫们为他们劝和。十二月己巳日，郑国的大夫们在伯有家结盟。裨谌说：“这次的盟约，可以维持多久呢？《诗经》说：‘君子多次结盟，动乱由此滋长。’现在这样做便是滋生动乱的行为。祸乱还没有停歇，一定要到三年之后才能缓和。”然明说：“政权将会由谁掌握呢？”裨谌说：“善人代替坏人，这是天命，政权怎么能避开子产呢？举荐人才不能逾越等级，再说按班次也应当是子产执政了。按照贤能来举荐人才的话，那么子产是受到世人所推崇的。上天又为子产扫除了障碍，夺走了伯有的魂魄，子西又去世了，子产又怎么能避开执政呢？上天降祸于郑国已经很久了，一定会让子产平息的，这样国家才能够获得安定。如果不这样，郑国就将要灭亡了。

襄公三十年

【经】三十年春王正月，楚子使薳罢来聘。夏四月，蔡世子般弑其君固。五月甲午，宋灾，宋伯姬卒。天王杀其弟佞夫。王子瑕奔晋。秋七月，叔弓如宋，葬宋共姬。郑良霄出奔许，自许入于郑，郑人杀良霄。冬十月，葬蔡景公。晋人、齐人、宋人、卫人、郑人、曹人、莒人、邾人、滕子、薛人、杞人、小邾人会于澶渊，宋灾故。

【译文】鲁襄公三十年春季周历正月，楚共王派遣薳罢来鲁国访问。夏季四月，蔡国的世子般杀死他的国君固。五月甲午日，宋国发生火灾，宋伯姬被火烧死。周景王杀了他的弟弟佞夫。王子瑕逃亡到晋国。秋季七月，鲁国的叔弓到宋国，参加宋共姬的葬礼。郑国的大夫良宵出逃到许国，从许国进入郑国，郑国人杀死了良宵。冬季十月，安葬蔡景公。晋国人、齐国人、宋国人、卫国人、郑国人、曹国人、莒国人、邾国人、滕国人、薛国人、杞国人、小邾国人在澶渊会盟，是因为宋国发生了火灾的缘故。

【传】三十年春王正月，楚子使薳罢来聘，通嗣君也。穆叔问："王子围之为政何如？"对曰："吾侪小人，食而听事，犹惧不给命，而不免于戾，焉与知政？"固问焉，不告。穆叔告大夫曰："楚令尹将有大事，子荡将与焉助之，匿其情矣。"

【译文】鲁襄公三十年春季，周历正月，楚王派薳罢来鲁国访问，是为新君谋求两国友好往来。穆叔问："王子围执政怎么样？"薳罢回答说："我们这些人，都是吃饱饭听从命令办事的，就这样尚且担心因为完不成任务，而不能免于罪过，哪里还有时间去关系国家大事呢？"

再三问他，依然不回答。穆叔对大夫们说："楚国的令尹在策划大的行动，薳罢将会参加，所以薳罢在帮助他掩饰内情。"

子产相郑伯以如晋，叔向问郑国之政焉。对曰："吾得见与否，在此岁也。驷、良方争，未知所成。若有所成，吾得见，乃可知也。"叔向曰："不既和矣乎？"对曰："伯有侈而愎，子皙好在人上，莫能相下也。虽其和也，犹相积恶也，恶至无日矣。"

【译文】子产作为相礼跟随郑简公前去晋国，叔向问起郑国的政务。子产回答说："我是否能判断清楚，就看今年了。如今子皙、伯有正在争斗，还不知道如何才能调和他们的关系。如果能调和，我才能做出判断，进而知道形势如何。"叔向说："他们二人不是已经和好了吗？"子产回答说："伯有骄奢荒淫且刚愎自用，子皙喜欢凌驾于他人之上，两人各不相让。虽然表面上已经和好，其实不过是将怨气积攒起来，离怨气爆发的日子不远了。"

二月癸未，晋悼夫人食舆人之城杞者，绛县人或年长矣，无子，而往，与于食。有与疑年，使之年。曰："臣小人也，不知纪年。臣生之岁，正月甲子朔，四百有四十五甲子矣。其季于今三之一也。"吏走问诸朝。师旷曰："鲁叔仲惠伯会郤成子于承匡之岁也。是岁也，狄伐鲁。叔孙庄叔于是乎败狄于咸，获长狄侨如①及虺也、豹也，而皆以名其子。七十三年矣。"史赵曰："亥有二首六身，下二如身，是其日数也。"士文伯②曰："然则二万六千六百有六旬也。”

【注释】①侨如：春秋时长狄鄋（sōu）瞒（mán）的酋长。②士文伯：即士伯瑕，范宣子士匄的堂弟，晋国大夫。

【译文】二月癸未日，晋悼公的夫人赏赐吃食给修建杞城城池的役卒，有一个绛县的老年人，因为没有儿子，就自己去修城池，也参加了这次酒席。有人怀疑他的年龄，让他说出自己的年龄。他说：“我是一个地位低下的人，不晓得年龄。只记得我出生的那一年，是正月初一甲子日，到现在已经过了四百四十五个甲子了。最末一个甲子日到今日已经过了三分之一了。”官吏到朝廷去请教老人的岁数。师旷说：“他出生于鲁国的叔仲惠伯在承匡会见郤成子的那一年。那一年，狄人讨伐鲁国。叔孙庄叔在咸地击败了狄人，抓捕了长狄侨如和虺、豹，用这几人的名字为他儿子取名。到如今已经七十三年了。”史赵说：“亥这个字是二字头六字身，把二移到他的身上，就是他所能活的天数。”士文伯说：“那么就是二万六千六百六十天了。”

赵孟问其县大夫，则其属也。召之，而谢过焉，曰：“武不才，任君之大事，以晋国之多虞，不能由吾子，使吾子辱在泥涂久矣，武之罪也。敢谢不才。”遂仕之，使助为政。辞以老。与之田，使为君复陶①，以为绛县师，而废其舆尉。

【注释】①复陶：主管衣服之官。

【译文】赵武向绛县的大夫询问情况，才知道老人是他的下属。

于是赵武把老人请来，向他道歉，说："我赵武没有才能，却担起了国君委任的重任，由于晋国忧患丛生，故而没能重用您，让您埋没在田间野，这是我的罪过。再次向您道歉。"于是让老人做官，协助自己处理政务。老人以年纪大为由推辞了。赵武送给老人一些田地，让他为国君管理衣服，任命他为绛县师，并免去了绛县的舆尉。

于是，鲁使者在晋，归以语诸大夫。季武子曰："晋未可媮①也。有赵孟以为大夫，有伯瑕以为佐，有史赵、师旷而咨度焉，有叔向、女齐以师保其君。其朝多君子，其庸可媮乎？勉事之而后可。"

【注释】①媮（tōu）：同"偷"，轻视、轻忽。

【译文】这时鲁国使者正在晋国访问，回国后把此事告诉了大夫们。季武子说："晋国不可轻视。有赵武执政，有伯瑕辅佐，有史赵、师旷担任顾问，有叔向、女齐出任国君的师保。他们朝廷中有很多君子，怎么可以轻视他们呢？要尽力侍奉他们才行。"

夏四月己亥，郑伯及其大夫盟。君子是以知郑难之不已也。

【译文】夏季四月己亥日，郑简公跟大夫们缔结盟约。君子因此而得知郑国的祸乱不断。

蔡景侯为大子般娶于楚，通焉。大子弑景侯。

【译文】蔡景公为太子般迎娶楚女，却又跟楚女私通。太子般杀了景侯。

初，王儋季卒，其子括将见王，而叹。单公子愆期[①]为灵王御士，过诸廷，闻其叹，而言曰："乌乎！必有此夫！"入以告王，且曰："必杀之！不戚而愿大，视躁[②]而足高[③]，心在他矣。不杀，必害。"王曰："童子何知？"及灵王崩，儋括欲立王子佞夫。佞夫弗知。戊子，儋括围蒍，逐成愆。成愆奔平畤[④]。五月癸巳，尹言多、刘毅、单蔑、甘过、巩成[⑤]杀佞夫。括、瑕、廖奔晋。书曰："天王杀其弟佞夫。"罪在王也。

【注释】①愆（qiān）期：周王室御士单公之子。②视躁：目光不定的样子，指四处张望。③足高：举步高远，形容高傲自大。④平畤（zhì）：周邑名，在今洛阳附近。⑤尹言多、刘毅、单蔑、甘过、巩成：都是周大夫。

【译文】起初，周灵王的弟弟儋季去世，他的儿子儋括打算去见灵王，却叹息起来。单国的公子愆期担任灵王的近卫，从朝堂经过，听见儋括的叹息声，说："哎呀！他一定想获得政权。"进去告诉了灵王，并说："一定要把这个人杀死！他的父亲刚刚去世，他却没有忧伤还野心勃勃，您看他目光游移且高傲自大，他的心已经在其他地方了。如果不杀他，将来一定成祸害。"灵王说："你这个小孩子又知道什么呢？"等到灵王驾崩后，儋括想要立王子佞夫为君。佞夫自己不知道这件事。戊子日，儋括包围蒍地，驱逐了邑大夫成愆。成愆逃亡到平畤。

五月癸巳日，尹言多、刘毅、单蔑、甘过、巩成杀死佞夫。儋括、瑕、廖逃亡到晋国。《春秋》中记载说："周景王杀了他的弟弟佞夫。"这是说罪责在周景王。

或叫于宋大庙，曰："嘻嘻！出出！"鸟鸣于亳社[①]，如曰"嘻嘻"。甲午，宋大灾。宋伯姬卒，待姆也。君子谓宋共姬"女而不妇。女待人，妇义事也"。

【注释】①亳社：古时建国之前必须要先建立社，商朝的都城是亳，所以称为亳社，也称殷社。后来周朝的宋国继续供奉亳社，位于今河南商丘。

【译文】有人在宋国的太庙中大喊大叫，说道："嘻嘻，出出。"鸟儿也在亳社鸣叫，声音就如同是"嘻嘻"。甲午日，宋国发生了大火灾。宋伯姬被烧死，她是为了等保姆。君子觉得宋伯姬"像一个未嫁人的女子而不是一个已经嫁人的妇人。小姐需要等待保姆陪着才可以行动，而已经嫁人的妇人就完全可以根据事情的具体情况随机应变"。

六月，郑子产如陈莅盟。归，复命。告大夫曰："陈，亡国也，不可与也。聚禾粟，缮城郭，恃此二者，而不抚其民。其君弱植，公子侈，大子卑，大夫敖，政多门，以介于大国，能无亡乎？不过十年矣。"

【译文】六月，郑国的子产到陈国参加会盟。回国，而后复命。他对大夫们说："陈国即将灭亡，不能再与他们交好。他们囤积粮食，修缮城池，只知道依仗这两点，却不知道安抚百姓。他们的国君懦弱又没有一丝一毫的建树，公子奢侈，太子卑微，大夫傲慢，政出多门，又处在大国之间，如何能不灭亡呢？超不过十年了。"

秋七月，叔弓如宋，葬共姬也。

【译文】秋季七月，叔弓到了宋国，是来参加共姬的葬礼。

郑伯有耆酒，为窟室[①]，而夜饮酒，击钟焉。朝至，未已。朝者曰："公焉在？"其人曰："吾公在壑谷[②]。"皆自朝布路[③]而罢。既而朝，则又将使子皙如楚，归而饮酒。庚子，子皙以驷氏之甲伐而焚之。伯有奔雍梁，醒而后知之，遂奔许。大夫聚谋，子皮曰："《仲虺之志》云：'乱者取之，亡者侮之。推亡固存，国之利也。'罕、驷、丰同生。伯有汰侈，故不免。"人谓子产就直助强。子产曰："岂为我徒？国之祸难，谁知所敝？或主强直，难乃不生。姑成吾所。"辛丑，子产敛伯有氏之死者而殡之，不及谋而遂行。印段从之。子皮止之。众曰："人不我顺，何止焉？"子皮曰："夫人礼于死者，况生者乎？"遂自止之。壬寅，子产入。癸卯，子石入。皆受盟于子皙氏。乙巳，郑伯及其大夫盟于大宫，盟国人于师之梁之外。

【注释】①窟室：地下室，后指畅饮欢娱之所。②壑谷：地窖下阴湿的地方。③布路：分散。

【译文】郑国的伯有喜好喝酒，建造了地下室，整夜饮酒，击钟奏乐。到了大夫来朝见他的时候，他还不停止饮酒。朝见的人说："主公在哪里？"他的手下人回答："我们主公在沟壑里。"朝见的人都各自分散回去了。不久后朝见郑简公，伯有又打算派子皙前去楚国，回家后又继续喝酒。庚子日，子皙带着驷氏的甲士讨伐伯有并且放火烧毁了伯有的家。伯有逃亡到雍梁，酒醒之后才明白发生了什么事情，于是又逃亡到许国。大夫们聚集在一块商量谋划该怎么办，子皮说："《仲虺之志》说：'发生动乱的就要夺取它，已经灭亡的就要欺辱它。摧毁灭亡的而巩固存在的，这是对国家有利的事情。'罕氏、驷氏、丰氏本来是同胞兄弟。伯有奢侈过度，所以不能免除灾祸。"有人对子产说要靠近正直的人并帮助强者。子产说："他们难道是与我同一党派的吗？国家的灾难，谁又能够平定呢？如果掌握政权的人刚强且正直，灾难就不会出现。我姑且保持我的立场。"辛丑日，子产收敛伯有家中的死者并为他们举行殡葬，没有与大夫们商量就离开了。印段跟随他。子皮不让子产离开。大家说："他不顺从我们，你又为什么要阻止他离开呢？"子皮说："这个人对死去的人都很有礼，更何况是对活着的人呢？"于是亲自劝阻子产。壬寅日，子产进入国都。癸卯日，印段进入国都。两个人都在子皙家中与大夫们订立了盟约。乙巳日，郑简公与大夫们在太庙订立盟约，又跟国民在师之梁门外订立盟约。

伯有闻郑人之盟己也，怒。闻子皮之甲不与攻己也，喜，曰："子皮与我矣。"癸丑，晨，自墓门之渎[①]入，因马师颉介于襄库，以伐旧北门。驷带率国人以伐之。皆召子产。子产曰："兄弟而及此，吾从天所与。”伯有死于羊肆，子产禭之，枕之股而哭之，敛而殡诸伯有之臣在市侧者，既而葬诸斗城[②]。子驷氏欲攻子产，子皮怒之曰：“礼，国之干也。杀有礼，祸莫大焉。”乃止。

【注释】①渎（dòu）：通“窦”，洞、穴。②斗城：郑邑，在今河南通许县东北。

【译文】伯有听说郑国人为了对付自己而订立盟约，很生气。又听说子皮的甲士没有参与攻打他，很高兴，说：“子皮与我是站在一起的。”癸丑日早晨，伯有等人从墓门的排水洞进城，凭借马师颉在襄库取得皮甲装备，领着士兵攻击旧北门。驷带率领国人攻打伯有。双方都邀请了子产。子产说：“兄弟之间到了如今这种地步，我顺从上天所要保佑的一方。”伯有死在羊市，子产给伯有的尸体穿上衣服，头枕在尸体的大腿上号哭，将尸体放入棺材中并把棺材停放在街市伯有部下的家中，之后将伯有葬在斗城。驷氏想要攻打子产，子皮愤怒地说道：“礼，是国家的支柱。杀害有礼的人，再没有比这更大的灾祸了。”于是驷氏停止了行动。

于是游吉如晋还，闻难，不入，复命于介。八月甲子，奔晋。驷带追之，及酸枣[①]。与子上盟，用两珪质于河。使公孙肸入盟大夫。己巳，复归。书曰：“郑人杀良霄。”不称大夫，言自外入也。

【注释】①酸枣：郑邑，在今河南延津县西南。

【译文】那时游吉从晋国回来，听说国内发生了灾祸，就没有入境，让副手回来复命。八月甲子日，逃亡到晋国。驷带追击他，在酸枣赶上。游吉和驷带订立盟约，把两件玉珪沉入黄河表示诚意。让公孙肸进入国都跟大夫们结盟。己巳日，游吉回到国内。《春秋》中记载说：“郑国人杀了良霄。”不称他为大夫，这是在说伯有从外面回国时已经失去了大夫的身份。

于子蟜之卒也，将葬，公孙挥与裨灶晨会事焉。过伯有氏，其门上生莠[①]。子羽曰：“其莠犹在乎？”于是岁在降娄[②]，降娄中而旦。裨灶指之，曰：“犹可以终岁，岁不及此次也已。”及其亡也，岁在娵訾[③]之口，其明年乃及降娄。

【注释】①莠（yǒu）：一年生草本植物，穗有毛，很像谷子，亦称“狗尾草”。②降娄：十二星次之一，又称为奎娄。③娵訾（jū zī）：星次名，十二星次之一，在二十八宿为室宿和壁宿，也称作“娵觜”。

【译文】子蟜去世后，将要安葬，公孙挥和裨灶早晨商量丧事。他们路过伯有家时，看到门上长了狗尾草。公孙挥说：“他们家门上的狗尾草还能存在多久呢？”那时岁星在降娄，降娄星挂在天空的中央，天马上就要亮起来了。裨灶指着降娄星，说：“还可以等待岁星绕行一周，但是他等不到岁星再到如今的这个位置了。”等到伯有被杀时，岁星正在娵訾的星口上，要到第二年岁星才能抵达降娄。

仆展从伯有，与之皆死。羽颉[①]出奔晋，为任大夫。

【注释】①羽颉：郑穆公之曾孙，晋国大夫，曾担任郑国的马师。

【译文】仆展跟随伯有，和伯有一起战死。羽颉逃亡到晋国，担任任邑大夫。

鸡泽之会，郑乐成奔楚，遂适晋。羽颉因之，与之比而事赵文子，言伐郑之说焉。以宋之盟故，不可。子皮以公孙钼为马师。

【译文】鸡泽的那次会盟，郑国的乐成逃亡到楚国，又碰巧去了晋国。羽颉依靠他，与他勾结一起事奉赵文子，提出要攻打郑国。因为有在宋国订立的盟约所制约，所以赵文子没有答应。子皮让公孙钼代替羽颉做了马师。

楚公子围杀大司马蒍掩而取其室。申无宇曰："王子必不免。善人，国之主也。王子相楚国，将善是封殖[1]，而虐之，是祸国也。且司马，令尹之偏，而王之四体[2]也。绝民之主，去身之偏，艾王之体，以祸其国，无不祥大焉！何以得免？"

【注释】①封殖：栽培，扶植。②四体：比喻兄弟或国君的辅佐大臣。

【译文】楚国的公子围杀了大司马蒍掩，并且夺取了他的家财。申无宇说："公子围一定不能免除祸患。善良的人，是国家的栋梁。公子围掌握楚国的政权，应该栽培善良的人，然而公子围却对这些人施暴，这是在祸害国家。况且司马是令尹的下属，同时也是君王的辅佐大臣。杀死国家的栋梁，去除自己的下属，斩除君王的辅佐大臣，如此危害国家，在没有比这更不吉利的了！如何才能够幸免于难呢？”

为宋灾故，诸侯之大夫会，以谋归宋财。冬十月，叔孙豹会晋赵武、齐公孙虿、宋向戌、卫北宫佗、郑罕虎及小邾之大夫，会于澶渊。既而无归于宋，故不书其人。

【译文】因为宋国发生火灾的缘故，各诸侯国的大夫们会面，商量资助宋国财物之事。冬季十月，叔孙豹跟晋国的赵武、齐国的公孙虿、宋国的向戌、卫国的北宫佗、郑国的罕虎还有小邾国的大夫，会盟于澶渊。事情结束之后并没有赠送给宋国任何财物，所以《春秋》中没有记载参加会议的人。

君子曰：“信其不可不慎乎！澶渊之会，卿不书，不信也。夫诸侯之上卿，会而不信，宠名皆弃，不信之不可也如是。《诗》曰：‘文王陟降，在帝左右。’信之谓也。又曰：‘淑慎尔止，无载尔伪。’不信之谓也。”书曰“某人某人会于澶渊，宋灾故”，尤之也。不书鲁大夫，讳之也。

【译文】君子说：“信用不可不谨慎对待！澶渊的会盟，没有记录各位上卿的名字，就是因为不守信用。诸侯上卿，会面了又不讲信用，尊贵与姓名全被丢弃了，不能不讲信用就是这样。《诗经》说：‘文王的上升或下降，都是在天帝的左右。’这是在说守信用。又说：‘你要好好地谨慎自己的行为举止，不要做虚伪的事情。’这是在说不守信用。”《春秋》中记载说“某人某人在澶渊会盟，是因为宋国遭受火灾的缘故”，这是表示谴责。没有记载鲁国的大夫，是因为避讳。

郑子皮授子产政。辞曰：“国小而逼，族大宠多，不可为也。”子皮曰：“虎帅以听，谁敢犯子？子善相之。国无小，小能事大，国乃宽。”

【译文】郑国的子皮将政权交给子产。子产推辞说：“国家小却逼近大国，家族庞大而受宠的人很多，不能够好好管理。”子皮说：“我带领军队听从您的命令，谁敢违背您呢？您好好地治理国家吧。国家不在于小，小国可以事奉大国，国家就能够得到缓和了。”

子产为政，有事伯石，赂与之邑。子大叔曰：“国皆其国也，奚独赂焉？”子产曰：“无欲实难。皆得其欲，以从其事，而要其成。非我有成，其在人乎？何爱于邑？邑将焉往？”子大叔曰：“若四国何？”子产曰：“非相违也，而相从也，四国何尤焉？《郑书》有之曰：‘安定国家，必大焉先。’姑先安大，以待其所归。”既，伯石惧而归邑，卒与之。伯有既死，使大史命伯石为卿，辞。大史退，则请命焉。复命之，又辞。如是三，乃受策入拜。子产是以恶其为人也，使次己位。

【译文】子产当政，有事情需要伯石去处理，就送给他城邑。子太叔说："国家是郑国所有臣民的国家，为什么要单独送他城邑？"子产说："人做到没有欲望真的是一件很难的事情。让他们的欲望都能得到满足，以使得他们能够为国家做事，并且要求他们所做的事情都要获得成功。这不是我的成功，难道还能是别人的成功吗？为什么要爱惜城邑呢？城邑又能跑到哪里去？"子太叔说："那么四面的邻国又会怎样看我们呢？"子产说："我这么做不是为了使国家分裂，而是为了使国家聚合，四面的邻国又能说我什么呢？《郑书》中有这样的话：'安定国家，一定要优先考虑大的家族。'暂时先安抚大的家族，以等待其结果。"不久后，伯石因为害怕就将封邑还给了国君，最终子产还是把城邑给了他。伯有去世之后，子产让太史任命伯石为卿，伯石推辞。太史退出，伯石又请求太史重新发布任命。太史又重新下命令，伯石又一次推辞。这样反复三次后，伯石才接受策书入朝拜谢。子产因此讨厌伯石的为人，但还是让他的官位仅次于自己之后。

子产使都鄙[①]有章，上下有服，田有封洫[②]，庐井[③]有伍。大人之忠俭者，从而与之；泰侈者，因而毙之。

【注释】①都鄙：京城和边城。②封洫：区分田界的水沟，泛指田界。③庐井：古代井田制，八家共一井，因此称共一井的八家庐舍为庐井，泛指房舍田园。

【译文】子产让京城与边邑都有一定的规章，上下各有职责，田地有边界，房舍和田园都有合理的安排。忠诚节俭的大夫，都顺从跟随他；骄纵奢侈的大夫，就惩罚他。

丰卷将祭，请田焉。弗许，曰："唯君用鲜，众给而已。"子张怒，退而征役。子产奔晋，子皮止之，而逐丰卷。丰卷奔晋。子产请其田、里，三年而复之，反其田、里及其入焉。

【译文】丰卷准备祭祀，请求让他打猎获得祭品。子产不同意，说："只有国君祭祀时才可以用新杀的猎物，普通人只需要准备一般的祭品就可以了。"丰卷发怒，退出之后便开始招募士兵。子产要逃亡到晋国，子皮劝阻他，而驱逐丰卷。丰卷逃亡到晋国。子产请求不要没收丰卷的土地、房屋，三年之后召回丰卷，归还他的土地、房屋以及三年以来的收入。

从政一年，舆人诵之，曰："取我衣冠而褚之，取我田畴而伍之。孰杀子产，吾其与之！"及三年，又诵之，曰："我有子弟，子产诲之；我有田畴，子产殖之。子产而死，谁其嗣之？"

【译文】子产从政一年，人们都歌颂他，说道："拿走我的衣服帽子藏起来，夺走我的田地重新安排。谁去杀了子产，我要跟随他一起去。"三年后，人们又歌颂他，说道："我有子弟，子产教导他们；我有田地，子产栽培它们。子产如果去世了，谁还能继承他呢？"

襄公三十一年

【经】三十有一年春王正月。夏六月辛巳，公薨于楚宫。秋九月癸巳，子野卒。己亥，仲孙羯卒。冬十月，滕子来会葬。癸酉，葬我君襄公。十有一月，莒人弑其君密州。

【译文】襄公三十一年春季周历正月。夏季六月辛巳日，鲁襄公在楚宫去世。秋季九月癸巳日，鲁国太子子野去世。己亥日，鲁国大夫仲孙羯去世。冬季十月，滕成公到鲁国来参加鲁襄公的葬礼。癸酉日，安葬我国国君襄公。十一月，莒国人杀死了他们的国君密州。

【传】三十一年春，王正月，穆叔至自会。见孟孝伯，语之曰："赵孟将死矣。其语偷，不似民主。且年未盈五十，而谆谆焉如八九十者，弗能久矣。若赵孟死，为政者其韩子乎！吾子盍与季孙言之，可以树善，君子也。晋君将失政矣，若不树焉，使早备鲁，既而政在大夫，韩子懦弱，大夫多贪，求欲无厌，齐、楚未足与也，鲁其惧哉！"孝伯曰："人生几何？谁能无偷？朝不及夕，将安用树？"穆叔出而告人曰："孟孙将死矣。吾语诸赵孟之偷也，而又甚焉。"又与季孙语晋故，季孙不从。及赵文子卒，晋公室卑，政在侈家，韩宣子为政，不能图诸侯。鲁不堪晋求，谗慝弘多，是以有平丘[1]之会。

【注释】①平丘：卫邑，在今河南省新乡市封丘县。

【译文】鲁襄公三十一年春，季周历正月，穆叔从澶渊盟会回国。看见孟孝伯，对他说："赵孟快要死了。他说话总是迎合别人，不像是一个掌握国家政权的人。况且他的年龄还没有到五十岁，说话却已经像是八九十岁的老人一样反反复复、颠倒不清了，所以他活不久了。如果赵孟死了，掌握国家政权的可能就是韩起了吧！您何不与季孙说说，可以和他及早建立和谐友善的关系，韩起是一位君子啊。晋国国君即将失去政权，如果不早点与他建立友好关系，使他尽早为鲁国考虑，之后政权落到大夫的手里，到那时韩起性格懦弱，大夫们又生性贪婪，索求无度，而齐国、楚国又很难依靠，到那时鲁国就很危险了。”孝伯说：“一个人又能活多长时间呢？谁能不得过且过呢？早上活着也许晚上就死了，又哪里需要与他提早建立友好关系呢？”穆叔出来告诉别人说：“孟孝伯也活不长了。我告诉他赵孟得过且过，然而他却比赵孟更甚。”穆叔又跟季孙说起晋国的事情，季孙也没有听从。等到赵孟去世，晋国公室变得衰微，政权落入豪奢的大夫手中，韩起执掌政权，也不能使诸侯拥护晋国。鲁国难以承受晋国的苛刻要求，邪恶奸佞的人又很多，因此有了平丘会盟。

齐子尾害闾丘婴，欲杀之，使帅师以伐阳州[1]。我问师故。夏五月，子尾杀闾丘婴，以说于我师。工偻洒、渻灶、孔虺、贾寅出奔莒。出群公子。

【注释】①阳州：鲁邑，在今山东东平县西北。

【译文】齐国的子尾认为闾丘婴是祸害，想要杀了他，于是让闾丘婴带领军队去讨伐阳州。鲁国发兵质问齐国侵犯的原因。夏季五月，子尾杀死闾丘婴，以此向鲁国做出交代。工偻洒、渻灶、孔虺、贾寅逃亡到莒国。齐国还将众公子都驱逐出国。

公作楚宫。穆叔曰："《大誓》云：'民之所欲，天必从之。'君欲楚也夫，故作其宫。若不复适楚，必死是宫也。"六月辛巳，公薨于楚宫。

【译文】襄公修建了一座楚国式的宫殿。穆叔说："《大誓》说：'百姓所想要的，上天一定会满足他们。'国君这是喜欢楚国，所以才会修建这座楚国式的宫殿吧。要是他不再去楚国的话，就一定会死在这座宫殿里。"六月辛巳日，襄公在楚宫去世。

叔仲带窃其拱璧，以与御人，纳诸其怀，而从取之，由是得罪。

【译文】叔仲带偷走襄公的大玉璧，把玉璧交给了侍者，让侍者放在怀中，带出去后又从侍者怀里取走，因此被鲁国人鄙视。

立胡女敬归之子子野，次于季氏。秋九月癸巳，卒，毁也。

【译文】（鲁国人）将胡国女子敬归的儿子子野立为国君，住在季氏的家中。秋季九月癸巳日，子野去世，是因为太过伤心的缘故。

己亥，孟孝伯卒。

【译文】己亥日，孟孝伯去世。

立敬归之娣齐归之子公子裯。穆叔不欲，曰：“大子死，有母弟，则立之，无，则立长。年钧择贤，义钧则卜，古之道也。非適嗣，何必娣之子？且是人也，居丧而不哀，在戚而有嘉容，是谓不度。不度之人，鲜不为患。若果立之，必为季氏忧。”武子不听，卒立之。比及葬，三易衰，衰衽如故衰。于是昭公十九年矣，犹有童心，君子是以知其不能终也。

【译文】（鲁国人）立敬归的妹妹齐归的儿子公子裯为新君。穆叔不想立他，说：“太子去世，如果有同母的胞弟，就应当立为国君，如果没有，就应该从庶子中选择年龄最大的立为国君。年龄如果相同就选择更贤能的立为国君，如果同样贤能就通过占卜的方式来立国君，这是自古以来的继位方法。去世的并不是嫡子，为什么一定要立其姨母的儿子为国君呢？况且这个人，居丧而不哀愁，在服丧期间竟然面带喜色，这就是所说的不孝。不孝的人，鲜少有不造成祸患的。如果立他为国君，一定会成为季氏的祸患。”季武子不听，最终立了公子裯为君。到了襄公下葬的日子，公子裯竟然换了三次丧服，他每次都将丧服的衣襟弄得跟旧衣服一样脏。这时昭公已经十九岁了，却仍旧像一个孩童一样贪玩，君子由此知道他将不得善终。

冬十月，滕成公来会葬，惰而多涕。子服惠伯曰：“滕君将死矣。怠于其位，而哀已甚，兆于死所矣。能无从乎？”

【译文】冬季十月，滕成公前来鲁国参加葬礼，态度不恭敬但眼泪却流了很多。子服惠伯说："滕成公很快就会死了。身处国君之位态度却轻慢不恭敬，然而又表现得过度哀伤，这死兆已经从葬礼上显现出来了。他如何能不跟着死呢？"

癸酉，葬襄公。

【译文】癸酉日，安葬襄公。

公薨之月，子产相郑伯以如晋，晋侯以我丧故，未之见也。子产使尽坏其馆之垣而纳车马焉。士文伯让之，曰："敝邑以政刑之不修，寇盗充斥，无若诸侯之属辱在寡君者何，是以令吏人完客所馆，高其闬闳[①]，厚其墙垣，以无忧客使。今吾子坏之，虽从者能戒，其若异客何？以敝邑之为盟主，缮完葺墙，以待宾客，若皆毁之，其何以共命？寡君使匄请命。"对曰："以敝邑褊小，介于大国，诛求无时，是以不敢宁居，悉索敝赋，以来会时事。逢执事之不间，而未得见，又不获闻命，未知见时。不敢输币，亦不敢暴露。其输之，则君之府实也，非荐陈之，不敢输也。其暴露之，则恐燥湿之不时而朽蠹，以重敝邑之罪。侨闻文公之为盟主也，宫室卑庳[②]，无观台榭，以崇大诸侯之馆，馆如公寝；库厩缮修，司空以时平易道路，圬人[③]以时塓[④]馆宫室；诸侯宾至，甸[⑤]设庭燎[⑥]，仆人巡宫，车马有所，宾从有代，巾车脂辖[⑦]，隶人、牧、圉，各瞻其事；百官之属，各展其物；公不留宾，而亦无废事；忧乐同之，事则巡之；教其不知，而恤其不足。宾至如归，无宁灾患；不畏寇盗，而亦不患燥湿。今铜鞮[8]之宫数里，而诸侯舍于隶人，门不容车，而不可逾越；盗贼公行，而天厉不戒。宾见无时，命不可知。若又勿坏，是无所藏币以重罪也。敢请执事，将何以命之？虽君之有鲁丧，亦敝邑之忧也。若获荐币，修垣而行，君之惠也，敢惮勤劳！”

【注释】①闬（hàn）、闳：里巷的大门。②卑庳（bì）：低下，不高。③圬人：泥瓦匠人。④塓（mì）：涂抹，涂刷。⑤甸：掌田野之事的官。⑥庭燎：古代庭中照明的火炬。⑦巾车：职官名，车官之长。脂辖：用油脂涂轮轴。⑧铜鞮（dī）：晋邑，在今山西省沁县南。

【译文】鲁襄公去世的那个月，子产作为相礼跟随郑简公去了晋国，晋平公因为鲁国有丧事的缘故，没有接见他们。子产派人将用来招待使者的馆驿的围墙拆毁，把车马都赶进馆驿。晋国大夫士文伯责备子产说：“我们国家因为政事和刑罚不修明，导致贼寇过多，这对于来问候我们国君的各诸侯的臣子来说是无奈之举，所以才派人前来修缮馆舍，使其大门高敞，墙壁厚实，让来往的使者没有忧愁。如今您却拆毁了它，即使您的随从做好充分的戒备工作，但是让其他国家的使者怎么办呢？由于你们国家是诸侯的盟主，所以修缮驿馆的围墙，用来接待宾客，如果将其全部都拆除的话，又如何能够满足其他国家使者的需要呢？我们国君派我前来请教您拆毁围墙的原因。”子产回答说：“因为我们国家土地狭小，又处在大国之间，大国不断向我们国家讨要贡物，因此我们不敢安居，搜尽国家的财物，才敢前来朝见。恰逢你们没有空闲时间，从而没有得到接见，又没有得到命令，不知道什么时候可以得到接见。我们既不敢呈上财物，又不敢将它露天放置。如果将这些财务呈上，那么这些就都是君王府库中的财物了，然而没有经过荐陈，我们是不敢敬献的。如果将这些财物露天放置，又担心被日晒雨淋进而腐烂毁坏，加重我们国家的过错。我听说当年文公做诸侯盟主的时候，自己的宫室低小，没有可供观赏的台榭，却把接待诸侯的驿馆修得富丽高大，就如同国君的寝宫一样；对驿馆中的库房、马厩进行修缮，司空按时整修道路，泥瓦工按时粉刷驿馆墙壁；诸侯到来的时候，甸人将庭院中的火炬都点亮了，仆人巡视整个驿馆，车马停放在固定的地方，宾客的随从有专人替代，管理车辆的人负责为车轴涂好油，管洒扫的隶人和养牲、看马的，都各自都做好自己分内的事情；百官各人都分别将带来的物品展示出来；文公从来不耽误宾客的时间也没有废除任何礼节；与宾客同忧共乐，有意外的事情发生就格外注意巡视；宾客如果有什么不知道的事情就进行教导，对缺乏的就给予救济帮助。宾客来到这里就好像是回到了家中一般，不但没有灾难，不畏惧贼寇，也不担忧干燥和潮湿。如今晋平公在铜鞮的别宫方圆数里，但是用来招待诸侯的驿馆却如同奴隶居住的屋子一般，大门进不去车子，又有围墙阻隔使得车子不能通过；盗贼公然抢劫，天灾难防。接见宾客没有固定的时间，召见的命令也不晓得什么时候发布。如果不拆毁围墙，就没有地方藏匿财物导致我们的罪过加重。请教执事，您对我们还有什么指示吗？即使君王碰到鲁国的丧事，但是这对我们国家来说也是一件忧伤的事情。如果可以早点献上礼物，我们愿把围墙修好后再走，这便是君王的恩惠了，岂敢害怕辛勤与劳苦呢？”

文伯复命，赵文子曰："信。我实不德，而以隶人之垣以赢诸侯，是吾罪也。"使士文伯谢不敏焉。晋侯见郑伯，有加礼，厚其宴好而归之。乃筑诸侯之馆。

【译文】士文伯回去复命，赵文子说："真的是这样。我们实在是没有德行，用奴隶住的房子来招待诸侯，这是我们的过错啊！"于是就派士文伯去赔礼道歉。晋平公接见郑简公，礼节十分隆重，设盛宴并赠以丰厚的礼物而后让他们回去了。晋国修建接待诸侯的驿馆。

叔向曰："辞之不可以已也，如是夫！子产有辞，诸侯赖之，若之何其释辞也？《诗》曰：'辞之辑①矣，民之协矣；辞之绎矣，民之莫矣。'其知之矣。"

【注释】①辑：和谐。

【译文】叔向说："辞令是不能废掉的，就如这个例子！子产善于辞令，诸侯因他而得利，为何要放弃辞令呢？《诗经》中说：'辞令和谐，百姓和睦；辞令动听，百姓安定。'子产懂得这其中的道理。"

郑子皮使印段如楚，以适晋告，礼也。

【译文】郑国的子皮派印段去楚国，行前把这件事报告给晋国，这是合乎礼的。

莒犁比公生去疾及展舆。既立展舆，又废之。犁比公虐，国人患之。十一月，展舆因国人以攻莒子，弑之，乃立。去疾奔齐，齐出也。展舆，吴出也。书曰“莒人弑其君买朱鉏”，言罪之在也。

【译文】莒国犁比公生了去疾跟展舆。已经立了展舆为太子，又废了他。犁比公暴虐，国民为此感到忧虑。十一月，展舆依靠国人攻击犁比公，将犁比公杀死，自立为国君。去疾逃往齐国，这是由于他的母亲是齐国人。展舆的母亲是吴国人。《春秋》中记载“莒人杀了他们的国君买朱鉏”，这是将罪责归在了犁比公的身上。

吴子使屈狐庸聘于晋，通路也。赵文子问焉，曰：“延州来季子其果立乎？巢陨诸樊，阍戕戴吴，天似启之，何如？”对曰：“不立。是二王之命也，非启季子也。若天所启，其在今嗣君乎！甚德而度。德不失民，度不失事。民亲而事有序，其天所启也。有吴国者，必此君之子孙实终之。季子，守节者也。虽有国，不立。”

【译文】吴王派屈狐庸到晋国聘问，这是为了沟通两国之间的友好关系。赵文子问他，说：“延州来季子一定会做国君吗？攻打巢地的战役中诸樊去世，守门人杀死了戴吴，上天好像为季札打开了做国君的大门，结果如何？”屈狐庸回答说：“季札不会被立为国君的。这是两位君王的命不好，不是上天为季札打开了做国君的大门。如果上天开启了大门，大概也是为现今继承国君之位的人开启的吧！他很有德行并且做事合于法度。有德行就不会失去百姓，合乎法度做事就不会失误。百姓亲附并且做事情有次序，这才应该符合让上天为其开启大门的条件！最终能够掌握吴国国家政权的，一定是这个人的子孙。季札，是保持节操的人。即使是将国家交给他，他也不愿做国君。”

十二月，北宫文子相卫襄公以如楚，宋之盟故也。过郑，印段迋劳于棐林，如聘礼而以劳辞。文子入聘。子羽为行人，冯简子与子大叔逆客。事毕而出，言于卫侯曰：“郑有礼，其数世之福也，其无大国之讨乎！《诗》曰：‘谁能执热，逝不以濯。’礼之于政，如热之有濯也。濯以救热，何患之有？”

【译文】十二月，北宫文子作为相礼跟随卫襄公出访楚国，这是为了履行在宋国订立的盟约。路过郑国，印段前往棐林慰问他们，按照国家之间相互访问的礼节而使用慰劳的辞令。北宫文子进到郑国国都进行访问。子羽担任使者，冯简子跟子太叔前去迎接客人。访问的礼仪结束出来后，北宫文子对卫襄公说：“郑国做事合乎礼，福瑞会降临给他们的后代，恐怕不会有大国再来讨伐了吧！《诗经》中说：‘谁能忍受炎热，不用冷水来冲凉。’礼对于政事，就如同天热时沐浴。用沐浴来解除炎热，还有什么好担忧的呢？”

子产之从政也，择能而使之。冯简子能断大事，子大叔美秀而文，公孙挥能知四国之为，而辨于其大夫之族姓、班位、贵贱、能否，而又善为辞令。裨谌能谋，谋于野则获，谋于邑则否。郑国将有诸侯之事，子产乃问四国之为于子羽，且使多为辞令；与裨谌乘以适野，使谋可否，而告冯简子，使断之。事成，乃授子大叔使行之，以应对宾客，是以鲜有败事。北宫文子所谓有礼也。

【译文】子产从政，选择有贤能的人加以任用。冯简子能决断大事；子太叔貌美才秀又精通典籍；公孙挥对各方诸侯的行动，以及各国大夫的家族姓氏、官职爵位、地位尊卑、才能大小都清楚明白，而且又善于辞令；裨谌能够出谋划策，他在野外谋划就可以获得成功，如果在城里谋划就会失败。郑国如果打算与各诸侯国交往，子产便向公孙挥询问四方诸侯的国内动向，并且让他妥善地准备好多套外交辞令；子产给裨谌准备车辆让他去郊外，思考行动是否可行性，之后再把思考的结果告诉冯简子，让他决断。计划完成后，便交给子太叔去办理，同宾客交流应对，因此很少有将事情办砸的时候。这便是北宫文子所说的有礼。

郑人游于乡校，以论执政。然明谓子产曰："毁乡校，何如？"子产曰："何为？夫人朝夕退而游焉，以议执政之善否。其所善者，吾则行之；其所恶者，吾则改之，是吾师也。若之何毁之？我闻忠善以损怨，不闻作威以防怨。岂不遽止？然犹防川。大决所犯，伤人必多，吾不克救也。不如小决使道，不如吾闻而药之也。"然明曰："蔑也今而后知吾子之信可事也。小人实不才，若果行此，其郑国实赖之，岂唯二三臣？"仲尼闻是语也，曰："以是观之，人谓子产不仁，吾不信也。"

【译文】郑国人穿梭在乡校，是为了谈论政策的得失。然明对子产说："毁掉乡校，怎么样？"子产说："为什么呢？人们早晚休息的时间聚集在一起，是为了讨论政策的得失。他们认为好的，我就推行它；他们认为不好的，我就改掉它，他们是我的老师。我为什么要毁掉它呢？我听说忠诚善良可以止息怨谤，没有听说利用威势可以防止怨恨。难道用强硬手段不能把众人的嘴巴堵住？可是就如同防止河水决口一样。一旦河水决口，受伤的人一定很多，我也不能挽救了。还不如开个小口子进行疏导，不如让我听到后把它们当作治病的良方来加以改正。"然明说："我直到今天才知道你是能够做大事的人。我实在是才疏学浅，如果真的这样做，那么郑国就有依靠了，又岂止是对我们这些大臣有利呢？"孔子后来听说了子产说的这些话，说："从这件事上看，如果有人说子产不仁，我是不相信的。"

子皮欲使尹何为邑。子产曰："少，未知可否。"子皮曰："愿，吾爱之，不吾叛也。使夫往而学焉，夫亦愈知治矣。"子产曰："不可。人之爱人，求利之也。今吾子爱人则以政，犹未能操刀而使割也，其伤实多。子之爱人，伤之而已，其谁敢求爱于子？子于郑国，栋也，栋折榱崩[①]，侨将厌焉，敢不尽言？子有美锦，不使人学制焉。大官、大邑，身之所庇也，而使学者制焉，其为美锦不亦多乎？侨闻学而后入政，未闻以政学者也。若果行此，必有所害。譬如田猎，射御贯，则能获禽，若未尝登车射御，则败绩厌覆是惧，何暇思获？"子皮曰："善哉！虎不敏。吾闻君子务知大者、远者，小人务知小者、近者。我，小人也。衣服附在吾身，我知而慎之，大官、大邑所以庇身也，我远而慢之。微子之言，吾不知也。他日我曰：'子为郑国，我为吾家，以庇焉，其可也。'今而后知不足。自今请，虽吾家，听子而行。"子产曰："人心之不同，如其面焉，吾岂敢谓子面如吾面乎？抑心所谓危，亦以告也。"子皮以为忠，故委政焉，子产是以能为郑国。

【注释】①栋折榱崩：正梁折断，椽子崩坏，指房屋倒塌，多比喻倾覆。

【译文】子皮想要任命尹何为宰邑。子产说："太年轻，不知道是否能够胜任。"子皮说："他为人老实谨慎，我喜欢他，他不会背叛我的。派他去学习，他就会更知道如何治理城邑了。"子产说："不可以。喜欢一个人，总是想要让他得到好处。如今您爱一个人就将政事交给他，就如同让一个还不会操控刀的人去割东西，这必然会让他受到很大的伤害。您这样爱一个人，其实是在伤害他，那么之后谁还敢求得您的喜欢呢？您对于郑国而言，就如同栋梁，如果梁折断椽子崩塌，那么我也将会被压在下面，怎么敢不把话都说出来呢？您有美丽的织锦，一定不会让人用它来学习裁剪的。权力大的官职、大的封邑，是您自身的庇护，反而让人学着治理，这与让不会裁剪的人去裁剪美锦相比岂不是更糟糕吗？我听说要经过学习之后再参与管理政事，没有听说过将管理政事当作学习方法的。如果真的这么做了，一定会有所伤害。就如同打猎，对射箭、驾车熟练，便能捕获猎物，如果没有试过驾车、射箭，只一味担心害怕车翻被压，又哪里来的时间顾及猎获呢？"子皮说："说得太对了！我真是不明智。我听说君子致力于重大的、长远的事情，小人只专注于微小的、眼前的事情。我，就是一个目光短浅的人。衣服穿在我身上，我知道谨慎地对待它，权力大的官职和大的封邑是用来护身的，我反倒疏忽轻视它。没有您的这番话，我还不晓得其中的道理。先前我说过：‘您治理郑国，我治理我的家族，以此让我的家族得到庇护，这就可以了。’如今才知道这么做是不够的。从今天开始，即使是我家族中的事情，也应该听从您的意见去做。”子产说：“人心不一样，就如同每个人的面目各不相同。我怎么敢说您的面目与我的一样呢？不过是我心里觉得这么做会有危险，所以如实告诉您。”子皮认为子产忠厚老实，因此将郑国的政权都委托给他，子产因此能够治理郑国。

卫侯在楚，北宫文子见令尹围之威仪，言于卫侯曰：“令尹似君矣，将有他志。虽获其志，不能终也。《诗》云：‘靡不有初，鲜克有终。’终之实难，令尹其将不免？”公曰：“子何以知之？”对曰：“《诗》云：‘敬慎威仪，惟民之则。’令尹无威仪，民无则焉。民所不则，以在民上，不可以终。”公曰：“善哉！何谓威仪？”对曰：“有威而可畏谓之威，有仪而可象谓之仪。君有君之威仪，其臣畏而爱之，则而象之，故能有其国家，令闻长世。臣有臣之威仪，其下畏而爱之，故能守其官职，保族宜家。顺是以下皆如是，是以上下能相固也。《卫诗》曰：‘威仪棣棣，不可选也。’言君臣、上下、父子、兄弟、内外、大小皆有威仪也。《周诗》曰：‘朋友攸摄，摄以威仪。’言朋友之道必相教训以威仪也。《周书》数文王之德，曰：‘大国畏其力，小国怀其德。’言畏而爱之也。《诗》云：‘不识不知，顺帝之则。’言则而象之也。纣囚文王七年，诸侯皆从之囚，纣于是乎惧而归之，可谓爱之。文王伐崇，再驾而降为臣，蛮夷帅服，可谓畏之。文王之功，天下诵而歌舞之，可谓则之。文王之行，至今为法，可谓象之。有威仪也。故君子在位可畏，施舍可爱，进退可度，周旋可则，容止可观，作事可法，德行可象，声气可乐，动作有文，言语有章，以临其下，谓之有威仪也。”

【译文】卫襄公在楚国，北宫文子看见令尹围的举止仪态，对卫襄公说：“令尹就像国君一般，他将要有其他的打算。即使令尹的愿望可以实现，他也不能善终。《诗经》说：‘没有不能善始的，但很少有可以善终的。’善终真的很难，令尹恐怕不能免除祸难了。”卫襄公说：“您是如何知道的呢？”北宫文子回答说：“《诗经》说：‘举止仪态要谨慎，因为百姓会以此为标准。’令尹没有良好的举止仪态，百姓就没有可以效仿的标准。百姓不效仿的人，却居百姓之上，是不能获得善终的。”卫襄公说：“确实是这样啊！那什么是威仪？”北宫文子回答说：“有威严并能使人感到畏惧的称为威，有仪表并能让人效仿的称为仪。国君有国君的威仪，他的臣子就会畏惧且爱护他，将他作为标准效仿他，因此他可以守护他的国家，好名声永久流传。臣子有臣子的威仪，他的下属畏惧且爱护他，因此他可以守护他的官职，保护家族、和睦家庭。以此类推都如此，因此上下能够相互巩固。《卫诗》说：‘雍容娴雅的威仪，是不可以随便的。’这是在说君臣、上下、父子、兄弟、内外、大小都应该有属于自己的威仪。《周诗》说：‘朋友间相互辅佐，所用的就是威仪。’这是在说朋友之道必须要用威仪来相互教导。《周书》列举周文王的美德，说：‘大国害怕他的力量，小国感念他的恩德。’这是说畏惧他且爱护他。《诗经》说：‘无识无知，顺从天帝的准则。’这是在说将他作为标准效仿他。殷纣王囚禁周文王七年，诸侯都跟随他一起坐牢，纣王因为害怕所以将文王放了回去，可以称得上是诸侯爱护文王了。文王讨伐崇国，两次发兵，崇国投降向文王称臣，蛮夷相继归服，可以称得上是诸侯畏惧文王了。文王的功业，天下传诵歌舞，可以称得上以文王为标准了。文王的行为举止，直到如今仍被人们视为法则，可以称得上是效仿文王了。这是因为文王有威仪啊。因此君子在位使人畏惧，施舍于人使人爱护，进退可以作为法度，行礼作揖可以作为标准，容止仪态可以供人观赏，做事可以让人效仿，德行可以作为典范，声音气度可以使人高兴，举止文明有修养，语言有条理，这样对待下属，就是所说的有威仪。”

左傳

全本全注全译

〔下〕

〔战国〕左丘明 撰
中华文化讲堂 注译

团结出版社

目　录

昭　公

昭公元年 …… 1043
昭公二年 …… 1073
昭公三年 …… 1079
昭公四年 …… 1093
昭公五年 …… 1110
昭公六年 …… 1123
昭公七年 …… 1132
昭公八年 …… 1150
昭公九年 …… 1157
昭公十年 …… 1164
昭公十一年 …… 1172
昭公十二年 …… 1181

昭公十三年 …………………………………………………………… 1194
昭公十四年 …………………………………………………………… 1217
昭公十五年 …………………………………………………………… 1222
昭公十六年 …………………………………………………………… 1229
昭公十七年 …………………………………………………………… 1239
昭公十八年 …………………………………………………………… 1246
昭公十九年 …………………………………………………………… 1253
昭公二十年 …………………………………………………………… 1260
昭公二十一年………………………………………………………… 1280
昭公二十二年 ………………………………………………………… 1290
昭公二十三年………………………………………………………… 1297
昭公二十四年………………………………………………………… 1308
昭公二十五年………………………………………………………… 1313
昭公二十六年………………………………………………………… 1330
昭公二十七年………………………………………………………… 1343
昭公二十八年 ………………………………………………………… 1353
昭公二十九年………………………………………………………… 1361
昭公三十年 …………………………………………………………… 1369
昭公三十一年………………………………………………………… 1374
昭公三十二年 ………………………………………………………… 1380

定 公

定公元年 …… 1387
定公二年 …… 1393
定公三年 …… 1395
定公四年 …… 1398
定公五年 …… 1414
定公六年 …… 1421
定公七年 …… 1426
定公八年 …… 1429
定公九年 …… 1438
定公十年 …… 1444
定公十一年 …… 1454
定公十二年 …… 1455
定公十三年 …… 1457
定公十四年 …… 1463
定公十五年 …… 1469

哀 公

哀公元年 …… 1474
哀公二年 …… 1481
哀公三年 …… 1488
哀公四年 …… 1492
哀公五年 …… 1495
哀公六年 …… 1498
哀公七年 …… 1506
哀公八年 …… 1513
哀公九年 …… 1519
哀公十年 …… 1522
哀公十一年 …… 1525
哀公十二年 …… 1536
哀公十三年 …… 1541
哀公十四年 …… 1547
哀公十五年 …… 1556
哀公十六年 …… 1564
哀公十七年 …… 1574

哀公十八年 …… 1582

哀公十九年 …… 1583

哀公二十年 …… 1584

哀公二十一年 …… 1587

哀公二十二年 …… 1589

哀公二十三年 …… 1590

哀公二十四年 …… 1592

哀公二十五年 …… 1594

哀公二十六年 …… 1599

哀公二十七年 …… 1604

昭 公

昭公元年

【经】元年[①]春王正月，公即位。叔孙豹会晋赵武、楚公子围、齐国弱、宋向戌、卫齐恶、陈公子招、蔡公孙归生、郑罕虎、许人、曹人于虢[②]。三月，取郓[③]。夏，秦伯之弟鍼出奔晋。六月丁巳，邾子华卒。晋荀吴帅师败狄于大卤[④]。秋，莒去疾自齐入于莒。莒展舆出奔吴。叔弓帅师疆郓田。葬邾悼公。冬十有一月己酉，楚子麇卒[⑤]。楚公子比出奔晋。

【注释】①元年：公元前541年，周景王4年。②虢：指东虢，被郑国所灭，在今河南郑州北。③郓：地名，在今山东沂水县东北。④大卤：在山西太原附近，中原诸夏国家称大原，夷狄国家称大卤。⑤楚子麇（jūn）：即楚王郏敖。

【译文】鲁昭公元年春季，周历正月，鲁昭公即位。鲁国的叔孙豹在虢地会见晋国的赵武、楚国的公子围、齐国的国弱、宋国的向戌、卫国的齐恶、陈国的公子招、蔡国的公孙归生、郑国的罕虎、许国人、曹国人。三月，鲁国攻占了郓地。夏季，秦景公的弟弟鍼出逃到晋国。六月丁巳日，邾悼公华去世。晋国的荀吴率领军队在大卤打败狄人。秋季，莒国的去疾从齐国进入莒国。莒国的展舆出逃到吴国。鲁国的叔弓率领军队划定郓地的疆界。安葬邾悼公。冬季十一月己酉日，楚国国君麇去世。楚国的公子比出逃到晋国。

【传】元年春，楚公子围聘[①]于郑，且娶于公孙段氏，伍举为介[②]。将入馆，郑人恶之[③]，使行人[④]子羽与之言，乃馆于外。既聘，将以众逆。子产患之，使子羽辞，曰："以敝邑褊[⑤]小，不足以容从者，请墠[⑥]听命！"令尹命大宰伯州犁对曰："君辱贶[⑦]寡大夫围，谓围将使丰氏抚有而室。围布几筵[⑧]，告于庄、共之庙而来。若野赐之，是委君贶于草莽也！是寡大夫不得列于诸卿也！不宁唯是，又使围蒙其先君，将不得为寡君老，其蔑以复矣[⑨]。唯大夫图之！"子羽曰："小国无罪，恃实其罪。将恃大国之安靖己，而无乃包藏祸心以图之。小国失恃，而惩诸侯，使莫不憾者，距违君命，而有所壅塞不行是惧！不然，敝邑，馆人之属也，其敢爱丰氏之祧[⑩]？"伍举知其有备也，请垂橐[⑪]而入。许之。

【注释】①聘：古代诸侯之间遣使互相通问叫聘，小规模的聘叫问，通称聘问。②伍举：楚国大夫，名叫湫举。介：副手，副使。③郑人恶之：知道楚国人怀有阴谋。所以郑国人心生厌恶。④行人：古代指外交人员，即使者的通称。⑤褊：狭小。⑥墠（shàn）：经过整治的郊野平地。此指子产欲除地为墠，代丰氏之庙，行迎亲之礼。⑦贶（kuàng）：赐，赏赐。⑧几筵：古代称祭席与灵座。几，指几案，即桌子。筵，指坐席。⑨其蔑以复矣：无法返国复命。⑩祧（tiāo）：宗庙。⑪垂橐（gāo）：倒垂着弓箭袋，示意没带武器。橐，收藏盔甲、弓矢的袋子。

【译文】鲁昭公元年，春季，楚国的令尹公子围到郑国去聘问，而且同时迎娶公孙段家的女儿为妻，由大夫伍举担任副使。即将进入行馆时，因郑国人不喜欢他们且怀疑其中有诈，便让行人子羽婉言拒绝了，于是公子围一行住在城外。举行聘礼之后，公子围领着众人准备前去迎接新妇。郑国大夫子产担心这件事，派子羽辞谢，说："因为敝国狭小，不能够容纳您的随从，请让我们在城外做墠来作为祭祀的地方，再来听取您的命令。"公子围便命太宰伯州犁答复说："承蒙贵君赐给敝国大夫围的恩惠，对围说将让丰氏的女儿嫁给你做妻子。公子围因此陈列几筵，在庄王、共王的神庙里祭告之后便前来迎娶。要是在野外迎娶，这是把贵君的恩赐丢到草丛里去了，这是让敝国大夫不能居于卿的行列了。不仅这样，还将让公子围欺蒙自己的先君，将不能再做我国国君的卿，恐怕无法回国复命了！请大夫认真考虑一下！"子羽说："小国没有罪过，但依靠大国而不设防那就是它的过错了。小国希望仰仗大国来安定国家，而大国可能会包藏祸心来谋算小国！小国失去了大国的依赖，会使得诸侯对大国有所戒惧，全都憎怨大国，抗拒并违背贵君的命令，使大国的命令雍塞而无法通行！这些事是我们小国所不敢做的，如果不是担心不测之事的发生，那么敝国的城邑便等于是贵国的宾馆，哪还敢爱惜丰氏的祖庙呢？"伍举知道郑国有了防备，便请求倒垂箭囊进入国都，郑国同意了。

正月乙未，入，逆而出。遂会于虢，寻宋之盟也。祁午[①]谓赵文子曰："宋之盟，楚人得志于晋。今令尹之不信，诸侯之所闻也。子弗戒，惧又如宋。子木之信称于诸侯，犹诈晋而驾焉，况不信之尤者乎[②]？楚重得志于晋，晋之耻也。子相晋国，以为盟主，于今七年矣！再合诸侯，三合大夫，服齐、狄，宁东夏，平秦乱，城淳于[③]，师徒不顿，国家不罢[④]，民无谤讟[⑤]，诸侯无怨，天无大灾，子之力也。有令名矣，而终之以耻，午也是惧。吾子其不可以不戒！"文子曰："武受赐矣！然宋之盟，子木有祸人之心，武有仁人之心，是楚所以驾于晋也。今武犹是心也，楚又行僭[⑥]，非所害也。武将信以为本，循而行之。譬如农夫，是穮[⑦]是蓘[⑧]，虽有饥馑，必有丰年。且吾闻之，能信不为人下，吾未能也。《诗》曰：'不僭不贼，鲜不为则。'信也。能为人则者，不为人下矣。吾不能是难，楚不为患。"楚令尹围请用牲，读旧书，加于牲上而已。晋人许之。

【注释】①祁午：晋国大夫祁奚的儿子。②不信之尤者：指楚国公子围。③淳于：杞国地名，在今山东安丘县。④罢：通"疲"，疲乏。⑤谤讟（dú）：非议，怨言。讟，怨言。⑥僭：超越本分，古代指地位在下的冒用在上的名义或礼仪、器物。⑦穮（biāo）：耘田锄草。⑧蓘（gǔn）：用土培苗根。

【译文】正月乙未日，公子围进入郑都，迎亲后就出城了。之后在郑国的虢地与诸大夫会面，重温宋国盟会的友好。祁午对赵文子说："在宋国盟会之时，楚国人先于晋国歃血，在大家面前满足了自己的心愿。如今的令尹是个无信之人，是所有诸侯都知道的。您要是不戒备，这次怕是又会与上次在宋国时一样。子木的信用在诸侯中是倍受称赞的，可他还是欺骗了晋国而使楚国凌驾于晋国之上，更何况是这个不讲一点信用的人呢！如果让楚国再次凌驾于晋国之上，这将成为晋国的耻辱。您辅佐晋国成为盟主，到现在已经七年了。两次会合诸侯，三次会合大夫，使齐国、狄人归服，安定了东方的华夏诸国，平定了秦国造成的动乱，在杞国的淳于修建了城垒，军队没有劳顿，国家没有疲乏，民众没有怨言，诸侯没有怨恨，上天没有降下大灾，这全都是您的功劳啊！已经有了好名声，却以耻辱而告终，这正是我担心的啊。对此您不能不防备呀！”赵文子说：“我赵武受教了。不过宋国的会盟，子木有害人之心，而我有爱人之心，故而楚国才能凌驾于晋国之上。现在我心依然如故，即使楚国又做出过分之事，也伤害不了晋国的。我将以信用作为根本，遵循诚信做事。就像农夫，只要努力耕地除草、用土培养苗根，就算遇上灾荒，也一定会有好的收成。并且我听说：‘能守信的人不会身处人下。’我还没能做到啊。《诗经》中说：‘不欺诈不为害，很少不成为民众的榜样。’这是因为信守承诺的缘故。可以做别人榜样的人，不会处于人下啊。我难在没能做到这一点，而不担忧楚国！”楚令尹公子围请求以牲畜举行祭礼，仅宣读原来宋国会盟的誓约，然后放在牺牲上面。晋国人同意了。

三月甲辰，盟。楚公子围设服离卫[①]。叔孙穆子曰：“楚公子美矣，君哉！”郑子皮曰：“二执戈者前矣！”蔡子家曰：“蒲宫有前，不亦可乎[②]？”楚伯州犁曰：“此行也，辞而假之寡君。”郑行人挥曰：“假不反矣！”伯州犁曰：“子姑忧子皙之欲背诞[③]也。”子羽曰：“当璧[④]犹在，假而不反，子其无忧乎？”齐国子曰：“吾代二子愍矣！”陈公子招曰：“不忧何成，二子乐矣。”卫齐子曰：“苟或知之，虽忧何害？”宋合左师曰：“大国令，小国共。吾知共而已。”晋乐王鲋曰：“《小旻》[⑤]之卒章善矣，吾从之。”

【注释】①设服：陈设国君的仪仗服饰。离卫：设置卫兵。设置二人执戈护卫是国君的仪仗，公子围是僭越使用国君的仪仗。②蒲宫有前：指公子围已经住在楚王的宫殿里，也是僭越行为。蒲宫，楚王的离宫。③背诞：违命放诞，不受节制。④当璧：将要立为国君的征兆。此处指公子弃疾。⑤《小旻》：《诗经·小雅》中的篇名。乐王鲋引此诗表明不赞成诸大夫公开议论公子围。

【译文】三月甲辰日，双方结盟。楚国公子围用了国君的仪仗服饰，两名士兵持戈护卫。叔孙豹说：“楚国公子围的服饰真美啊，像个国君！”郑国的子皮说：“两名执戈的侍卫走在前面！”蔡国的子家说：“他先前都已经僭越居住在楚王蒲宫里，现在安排两名持戈侍卫走在前面，那有什么不可以的呢？”楚国的伯州犁说：“这是此次出行之时向国君借来的。”郑国的行人公子羽说道：“借后应该不会归还了吧。”伯州犁说：“您暂且还是多想想子皙违命作乱的事吧。”子羽说：“公子弃疾还在，令尹借了君王的服饰而不归还，您难道就没有担忧吗？”齐国的国弱说：“我替这二位担忧啊！”陈国的公子招说：“不忧虑又如何能做成事情呢？这两位倒该高兴呢。”卫国的齐恶说：“如果有人能事先知道，即使有值得忧虑的事，又有什么危害呢？”宋国的向戌说：“大国发命令，小国奉命而行。我知道只要尽职就行了。”晋国的大夫乐王鲋说：“《小旻》一诗的最后一章说得很好！我依照去做就行了。”

退会，子羽谓子皮曰："叔孙绞[1]而婉，宋左师简而礼，乐王鲋字[2]而敬，子与子家持之，皆保世之主也。齐、卫、陈大夫其不免乎？国子代人忧，子招乐忧，齐子虽忧弗害。夫弗及而忧，与可忧而乐，与忧而弗害，皆取忧之道也，忧必及之。《大誓》曰：'民之所欲，天必从之。'三大夫兆忧，能无至乎？言以知物，其是之谓矣。"

【注释】①绞：急切。②字：爱。

【译文】散会后，子羽对子皮说："叔孙豹的话急切而委婉，宋左师向戌的话简要而合乎礼仪，乐王鲋的话自爱而恭敬，您跟子家的话都很得当不偏激，都是能够保持几代爵禄的大夫。齐国、卫国、陈国的大夫，或许难以免于灾难了吧。国子替别人担忧，公子招以担忧为乐，齐子即使忧虑却不知道危害在哪里。事不关己而担忧，以担忧为乐，忧虑而不知危害，这些都是招致忧患的行为，忧患必定会降临到他们头上。《大誓》中说：'民众所要求的，上天必定听从。'三位大夫有忧虑的兆头，忧患能不到来吗？通过一个人的言谈能够预知他将来的结果，或许说的就是这个吧。"

季武子伐莒，取郓，莒人告于会。楚告于晋曰："寻盟未退[1]，而鲁伐莒，渎齐盟，请戮其使。"

【注释】①寻盟：继续旧的盟约。未退：没有结束。

【译文】季武子率军征讨莒国，攻占了郓地。莒人向盟会报告。楚国对晋国说："续盟还没结束，鲁国就进攻莒国，亵渎盟约，请杀死鲁国使者！”

乐桓子相赵文子，欲求货于叔孙，而为之请，使请带焉，弗与。梁其胫[1]曰：“货以藩[2]身，子何爱焉？”叔孙曰：“诸侯之会，卫社稷也。我以货免，鲁必受师。是祸之也，何卫之为？人之有墙，以蔽恶也。墙之隙坏，谁之咎也？卫而恶之，吾又甚焉。虽怨季孙，鲁国何罪？叔出季处，有自来矣，吾又谁怨？然鲋也贿，弗与，不已。”召使者，裂裳帛而与之，曰：“带其褊矣。”

【注释】①梁其胫：叔孙豹家臣。②藩：保卫。

【译文】当时乐桓子担任赵文子的相礼，想向叔孙豹索求财货，然后替叔孙向赵文子求情。派人向叔孙要腰带，叔孙不给。梁其胫说：“财货是用来保护自身的，您为何要吝惜它呢？”叔孙说：“诸侯的会面，是为了保卫国家。我用财货去除祸患，鲁国就必定会受到征讨，这是给鲁国带来祸患，哪儿是什么保卫国家啊？人之所以要修筑围墙，是为了阻止坏人；墙壁要是裂缝毁坏，是谁的过错呢？原本是为了保卫自己的国家，结果反倒让自己的国家受害，那么我的罪过就更大了。虽然应该怨恨季孙，不过鲁国又有什么过错呢？叔孙出国由季孙守国，历来便是这样的，我又能去埋怨谁呢？不过乐王鲋喜爱财货，不给他，事情不会了结。”叔孙召见使者，撕下一块裙子的帛给他，说：“腰带或许太窄了。”

赵孟闻之，曰：“临患不忘国，忠也；思难不越官，信也；图国忘死，贞也；谋主三者，义也。有是四者，又可戮乎？”乃请诸楚曰：“鲁虽有罪，其执事不辟难，畏威而敬命矣[①]。子若免之，以劝左右可也。若子之群吏处不辟污[②]，出不逃难，其何患之有？患之所生，污而不治，难而不守，所由来也。能是二者，又何患焉？不靖其能，其谁从之？鲁叔孙豹可谓能矣，请免之以靖能者。子会而赦有罪，又赏其贤，诸侯其谁不欣焉望楚而归之，视远如迩？疆埸[③]之邑，一彼一此，何常之有？王伯之令也，引其封疆[④]，而树之官，举之表旗，而著之制令，过则有刑，犹不可壹[⑤]。于是乎虞有三苗[⑥]，夏有观、扈[⑦]，商有姺、邳[⑧]，周有徐、奄[⑨]。自无令王，诸侯逐进，狎主齐盟，其又可壹乎？恤大舍小，足以为盟主，又焉用之？封疆之削，何国蔑有？主齐盟者，谁能辩焉？吴、濮有衅，楚之执事岂其顾盟？莒之疆事，楚勿与知，诸侯无烦，不亦可乎？莒、鲁争郓，为日久矣，苟无大害于其社稷，可无亢[⑩]也。去烦宥善，莫不竞劝。子其图之！”固请诸楚，楚人许之，乃免叔孙。

【注释】①畏威而敬命：畏惧楚国的威严，听从楚国的命令。②辟污：躲避苦难的事。辟，躲避。污，苦难的事。③疆埸（yì）：边境。④引：拿来做证据、凭据或理由。⑤壹：一贯不变，固定不变。⑥三苗：国名，缙云氏之后，为诸侯，号饕餮。⑦观、扈：夏朝时古国名。观国故址在今山东观城范县。扈国故址在今陕西户县。⑧姺（shēn）、邳：商朝时古国名。姺国故址在今山东曹县。邳国故址在今江苏邳县。⑨徐、奄：周朝时古国名。徐国故址在今江苏泗洪县。奄国故址在今山东曲阜东。⑩亢：庇护。

【译文】赵文子听说了这件事，说：“面对祸患而不忘记国家，这是忠心；忧虑祸难时却不放弃职守，这是诚信；为国家着想而忘记死亡，这是坚贞；考虑问题以忠、信、贞三点为出发点，这是道义。一个人有这四项优点，还能够被诛杀吗？”于是向楚国请求说：“鲁国即使有罪，但是他的使者不逃避祸难，畏惧贵国的威严并恭敬地听命于贵国。您如果能够赦免他，就可以用来劝勉您的左右。要是您的官员们在国内不躲避困难劳苦之事，在国外不为了个人逃避灾难，贵国还有什么可担心的？一个国家的忧患之所以产生，便是对内有困难劳苦之事而得不到治理，对外有了灾难而没有人能坚守职责，都是由此而来的。可以做到这两点，又有什么可忧虑的呢？不能安定贤能的人，谁能听从您呢？鲁国的叔孙豹能够说是贤能的人了，请赦免他，用来安定贤能的人！您参加盟会而赦免有罪的国家，又嘉奖贤能的人，诸侯有谁不欣然仰望楚国而且归附于它，路途再远也会视楚国为近邻呢？边境上的城邑，有时归这国，有时归那国，哪有一定的呢？天子和各国国君早有政令，划定疆界并设置官吏，树立标志并写在制度法令上，越过边界便要惩罚，还不能使之固定不变，于是虞舜时代有三苗，夏朝有观氏、扈氏，商朝有姺国、邳国，周朝有徐国、奄国。自从没有了英明的天子，诸侯竞相扩展疆域，更换着主持结盟，难道又能够一贯不变吗？担忧大的祸难，舍弃小的过错，这就足以做盟主，哪儿用得着管这些小事？边疆被削减，哪个国家能没有这样的事？主持结盟的盟主，又有谁可以处理呢？吴国、百濮这些楚国的邻国要是对楚国挑衅的话，楚国执掌权力的大夫，难道还能顾及盟约而不与讨伐吗？莒国边境上的事情，楚国不要过问，让诸侯不经受出兵的烦劳，不也是挺好的吗？莒国、鲁国争夺郓地，已经很长时间了。要是对他们的国家没有大的危害，就不用去庇护谁了。免除烦劳，宽宥善人，如果能够做到这些，那么天下就没有人不争相为善的。您还是考虑一下吧！”赵文子坚决向楚国请求，楚国人同意了，于是赦免了叔孙。

令尹享赵孟，赋《大明》[1]之首章。赵孟赋《小宛》[2]之二章。事毕，赵孟谓叔向[3]曰：“令尹自以为王矣，何如？”对曰：“王弱，令尹强，其可哉！虽可，不终。”赵孟曰：“何故？”对曰：“强以克弱而安之，强不义也。不义而强，其毙必速。《诗》曰：‘赫赫宗周，褒姒灭之。’强不义也。令尹为王，必求诸侯。晋少懦矣，诸侯将往。若获诸侯，其虐滋甚。民弗堪也，将何以终？夫以强取，不义而克，必以为道。道以淫虐，弗可久已矣！”

【注释】①《大明》：《诗经·大雅》中的篇名。首章是歌颂周文王的，公子围却用来自我炫耀。②《小宛》：《诗经·小雅》中的篇名。赵文子借用来规劝公子围不要放纵骄奢，以免败亡。③叔向：即羊舌肸（xī），晋国大夫，与郑国的子产、齐国的晏婴齐名。

【译文】楚令尹公子围设宴款待赵孟，赋《大明》的首章。赵孟赋《小宛》的第二章。宴会完毕后，赵孟对叔向说：“令尹自以为是国君了，你怎么看呢？”叔向回答说：“国君弱小，令尹强大，也许能够成功吧！即使能够成功，不过不能善终。”赵孟说：“为什么？”叔向回答说：“强大的战胜弱小的却心安理得，这是强大的不符合道义。不符合道义却很强大，他的灭亡一定迅速。《诗经》说：‘声威显赫的宗周，褒姒灭亡了它。’这是因为强大而不符合道义。令尹做了楚王，一定要求得诸侯的支持。晋国已经稍显衰弱了，诸侯将会去亲近楚国。要是获得诸侯的支持，他的暴虐就会更加厉害，民众不堪忍受，他如何能得善终呢？公子围凭暴力夺得君位，以不义而获胜，公子围一定会把他的做法作为以后的做事标准。把荒淫暴虐当作施政之道，是不能够长久的啊！”

夏四月，赵孟、叔孙豹、曹大夫入于郑，郑伯兼享之。子皮戒[①]赵孟，礼终，赵孟赋《瓠叶》[②]。子皮遂戒穆叔，且告之。穆叔曰：“赵孟欲一献，子其从之！”子皮曰：“敢乎？”穆叔曰：“夫人之所欲也，又何不敢？”及享，具五献[③]之笾豆[④]于幕下。赵孟辞，私于子产曰：“武请于冢宰[⑤]矣。”乃用一献[⑥]。赵孟为客，礼终乃宴。穆叔赋《鹊巢》[⑦]。赵孟曰：“武不堪也。”又赋《采蘩》[⑧]，曰：“小国为蘩，大国省穑而用之，其何实非命？”子皮赋《野有死麇》[⑨]之卒章。赵孟赋《常棣》[⑩]，且曰：“吾兄弟比以安，尨也可使无吠。”穆叔、子皮及曹大夫兴，拜，举兕爵[⑪]，曰：“小国赖子，知免于戾矣。”饮酒乐。赵孟出，曰：“吾不复此矣。”

【注释】①戒：通知日期。②《瓠叶》：《诗经·小雅》中的篇名。赵孟借此诗来告诉郑国享礼要从简。③五献：飨礼时献酒五次。古代飨礼，上公九献，侯伯七献，子男五献。④笾（biān）豆：笾和豆。古代祭祀及宴会时常用的两种礼器。竹制为笾，木制为豆。⑤冢宰：指子皮，因子皮是郑国上卿，故称子皮为冢宰。⑥一献：士饮酒之礼，即主人向宾客进酒一次。⑦《鹊巢》：《诗经·国风·召南》中的篇名。穆叔借此诗来赞扬赵孟处理诸侯间的事情得当，使小国受到恩惠。⑧《采蘩》：《诗经·国风·召南》中的篇名。穆叔借此诗来表明小国恭敬侍奉大国的意愿。⑨《野有死麇(jūn)》:《诗经·国风·召南》中的篇名。子皮以此诗来赞扬赵孟能安抚诸侯,不以大国而欺凌小国。⑩《常棣》:《诗经·小雅》中的篇名。赵孟以此诗来答谢,表示自己本该如此处理事情。⑪兕爵:盛酒的礼器,形似雀,青铜制,有流、两柱、三足,用以温酒或盛酒。

【译文】夏季四月,赵孟、叔孙豹和曹国大夫进入郑国,郑简公设宴同时招待他们。子皮向赵孟通报宴享的日期,通知的礼节完成后,赵孟吟诵《瓠叶》。子皮接着通知叔孙豹,而且把赵孟吟诗的事情告诉了他。叔孙豹说:"赵孟想要献酒一次的宴享,您还是听从他吧。"子皮说:"赵孟地位高贵,我敢这么做吗?"叔孙豹说:"那是赵孟个人的愿望,又有何不敢呢?"到了宴享,在东房准备了献酒五次的笾、豆等食具。赵孟谢绝了,而且私下跟子产说:"我已经向上卿子皮请求过了,只要一献。"于是改用一献的规格。赵孟作主宾,享礼结束后就宴饮,穆叔朗诵《鹊巢》一诗,赵孟说:"我不敢当。"又朗诵《采蘩》,并说:"小国如同蘩,大国能爱惜地使用它,小国怎么敢不服从大国的命令。"子皮吟了《野有死麇》的末章,赵孟吟了《常棣》,而且说:"我们如兄弟一样亲密而安好,就能够让狗也不乱叫了。"叔孙豹、子皮还有曹国大夫站起来,行拜礼,举起兕角酒杯说:"我们小国一直依靠您,现在知道能够免除罪过了。"大家喝酒喝得很高兴。赵孟走出来说:"我今后很难再像今天这样愉快地喝酒了。"

天王使刘定公劳赵孟于颍[①],馆于雒汭[②]。刘子曰:"美哉禹功,明德远矣!微[③]禹,吾其鱼乎!吾与子弁冕端委[④],以治民临诸侯，禹之力也。子盍亦远绩禹功，而大庇民乎？”对曰：“老夫罪戾是惧，焉能恤远？吾侪偷食，朝不谋夕，何其长也？”刘子归，以语王曰：“谚所谓老将知而耄及之者，其赵孟之谓乎！为晋正卿，以主诸侯，而侪于隶人，朝不谋夕，弃神人矣。神怒民叛，何以能久？赵孟不复年矣。神怒，不歆其祀；民叛，不即其事。祀、事不从，又何以年？”

【注释】①颍：地名，现在河南登封东。②雒汭：雒水弯曲处。③微：没有，无。④弁冕：公卿戴的礼帽。端委：古代礼服。

【译文】周天子派刘定公到颍地慰问赵孟，让他住在雒水边。刘定公说：“禹的功劳真美好！光明的德行流播广远。如果没有禹，我们大概要变成鱼了吧！我跟您戴着礼帽，衣着礼服，治理民众，与诸侯交往，靠的是禹的力量。您何不也远继禹的功绩而庇护广大民众呢？”赵孟回答说：“老夫我只是害怕犯下罪过，哪能担心那么长远的事情？我们这类人苟且度日，早上不替晚上打算，哪能思考长远的事呢？”刘定公回去，把这些报告给周天子，说：“俗话所说的老了会明智些，不过昏乱也同时到了他的身上，说的就是赵孟这类人吧！作为晋国的正卿来管理诸侯的事务，却把自己等同于普通仆隶，早晨不替晚上打算，这等于丢弃了神灵和民众，神灵发怒，民众叛离，怎么能长久？赵孟不能活过今年了。神灵发怒，不享用他的祭祀；民众叛离，不替他做事。祭奠和工作都不能进行，又如何能过得了年？”

叔孙归，曾夭[①]御季孙以劳之。旦及日中不出。曾夭谓曾阜[②]曰：“旦及日中，吾知罪矣。鲁以相忍为国也，忍其外不忍其内，焉用之？”皋曰：“数月于外，一旦于是，庸何伤？贾而欲赢[3]，而恶嚣乎？”皋谓叔孙曰：“可以出矣！”叔孙指楹曰：“虽恶是，其可去乎？”乃出见之。

【注释】①曾夭：季孙的家臣。②曾阜：叔孙的家臣。③贾（gǔ）而欲赢：商人想盈利。赢，获利。

【译文】叔孙豹会盟归国，曾夭为季孙驾车来慰问他。从早等到中午，叔孙豹不出来。曾夭对曾阜说：“从早上等到中午，我们已经知道自己的罪过了。鲁国以相互忍让来治理国家，在国外能忍在国内不能忍，那又何必呢？”曾阜说：“叔孙几个月在外辛劳，你们在这儿等一个早上，有什么妨碍呢？商人要是想赚钱，难道还讨厌喧闹吗？”曾阜对叔孙豹说：“能够出去了。”叔孙豹指着堂上的大柱子说：“就算厌恶这个，难道能够去掉吗？”便出去接见他们。

郑徐吾犯[1]之妹美，公孙楚[2]聘之矣，公孙黑[3]又使强委禽[4]焉。犯惧，告子产。子产曰：“是国无政，非子之患也。唯所欲与。”犯请于二子，请使女择焉。皆许之，子皙盛饰入，布币而出。子南戎服入，左右射，超乘而出。女自房观之，曰：“子皙信美矣，抑子南，夫也。夫夫妇妇，所谓顺也。”适子南氏。子皙怒，既而櫜甲以见子南，欲杀之而取其妻。子南知之，执戈逐之。及冲[5]，击之以戈。子皙伤而归，告大夫曰：“我好见之，不知其有异志也，故伤。”

【注释】①徐吾犯：郑国大夫，徐吾是复姓，犯是名字。②公孙楚：子南，郑穆公孙。③公孙黑：子皙。④委禽：送聘礼。委，致送。禽，指雁，古代订婚用的礼物。⑤冲：十字路口。

【译文】郑国徐吾犯的妹妹很美丽，子南已经下了聘礼，子皙又派人硬是给她送去聘礼。徐吾犯很害怕，报告子产。子产说："这是国家政令混乱，不是您的忧虑，你妹妹愿意嫁给谁就把她嫁给谁。"徐吾犯向子南、子皙两人请求，让妹妹在两人中择婿，两人都同意了。子皙装扮华丽进去，放好聘礼就退了出去。子南穿着战袍进去，左右开弓，一跃登车而出。徐吾犯的妹妹从房里观看他们，说："子皙真的漂亮，不过子南像个男子汉。丈夫要像个男人，妻子要像个女人，才是所谓顺。"便嫁给了子南。子皙恼怒，不久以后，他把铠甲穿在里面去见子南，想杀害他而强娶他的妻子。子南知道了，拿起戈追赶子皙，追至十字路口，用戈击打他，子皙负伤而归，告诉大夫们说："我好意去见他，不料他有不好的想法，故而被他打伤。"

大夫皆谋之。子产曰："直钧[1]，幼贱有罪。罪在楚也。"乃执子南而数之，曰："国之大节有五，女皆奸之[2]。畏君之威，听其政，尊其贵，事其长，养其亲。五者所以为国也。今君在国，女用兵焉，不畏威也。奸国之纪，不听政也。子皙，上大夫，女，嬖大夫[3]，而弗下之，不尊贵也。幼而不忌，不事长也。兵其从兄，不养亲也。君曰：'余不女忍杀，宥女以远[4]。'勉，速行乎，无重而罪！"

【注释】①直钧：理由相同。②女皆奸之：你都触犯了。女，同"汝"。奸，触犯，抵触。③嬖大夫：晋国、郑国、吴国都称下大夫为嬖大夫。④宥女以远：宽赦其罪，放逐远方。

【译文】大夫们一起商议这件事，子产说："理由相等，年轻低贱的有罪，故而罪在子南。"于是逮捕子南并且一一列举他的罪过，说："国家的大节有五条，你都违犯了。要畏惧国君的威严，听从国君的政令，尊敬地位高贵的人，恭敬地事奉长辈，供养自己的亲属。这五条是治理国家的根本。现在君主处在国都之中，你却在此擅自动用兵器，这是不敬畏国君的威严。你的行为违犯了国家的法纪，这是不听从国君的政令。子皙为上大夫，你是下大夫，却不谦让他，这是不尊敬地位高贵的人。你年纪小却不懂得恭敬，这是不能事奉长辈。用兵器追杀堂兄，这是不能供养亲属。国君说了：'我不忍心杀你。赦免你把你放逐到远方。'尽你的力量，快点走吧！不要再加重你的罪过！"

五月庚辰，郑放游楚于吴，将行子南，子产咨于大叔。大叔曰："吉不能亢身[①]，焉能亢宗？彼，国政也，非私难也。子图郑国，利则行之，又何疑焉？周公杀管叔而蔡[②]蔡叔，夫岂不爱？王室故也。吉若获戾，子将行之，何有于诸游？"

【注释】①亢身：保护自身。亢，蔽，庇护。②蔡（sà）：放逐，流放。

【译文】五月庚辰日，郑国放逐子南到吴国，准备让子南动身时，子产向太叔征求意见。太叔说："我连自身都不能保护，哪能保护宗族呢？他的事是属于国政，不是私家的危难。你为郑国筹划大小事情，有益处就实行它，又有什么可担忧的呢？周公杀管叔，放逐蔡叔，难道他不爱护这两个兄弟吗？那是为了维护王室的缘故啊！即使是我犯法获罪，您也要实行惩处，更何况对于游家其他的人呢？”

秦后子有宠于桓，如二君于景。其母曰：“弗去，惧选[①]。”癸卯，鍼[②]适晋，其车千乘。书曰：“秦伯之弟鍼出奔晋。”罪秦伯也。后子享晋侯，造舟于河，十里舍车，自雍及绛[③]。归取酬币，终事八反。司马侯问焉，曰：“子之车，尽于此而已乎？”对曰：“此之谓多矣！若能少此，吾何以得见？”女叔齐[④]以告公，且曰：“秦公子必归。臣闻君子能知其过，必有令图[⑤]。令图，天所赞[⑥]也。”

【注释】①选：放逐。②鍼（zhēn）：即后子。③雍：秦国国都，旧址在今陕西凤翔县。绛：晋国国都。旧址在今山西侯马市。④女叔齐：姓女，字叔齐或叔侯，名侯或齐，曾任晋国三军司马，故也称司马侯。⑤令图：善谋；远大的谋略。⑥赞：辅佐，帮助。

【译文】秦景公的弟弟后子获得桓公的宠信，而且在景公在位时，二人就像并列的两个国君一样。后子的母亲对后子说：“你要是不离开秦国，恐怕会被国君放逐。”五月癸卯日，后子出发前去晋国，他带去的车子有一千多辆。《春秋》记录说：“秦景公的弟弟鍼逃到晋国。”这是把责任归罪于秦景公。后子设享礼招待晋平公，在黄河上并舟为桥，每隔十里停放一些车辆，从秦都雍城一直绵延到晋都绛城。期间，后子派人回去取酬酒的礼物，到享礼结束时一共来去了八次。司马侯问他说：“您的车子全都在这里了吗？”后子回答说：“现在这些车辆可以说已经很多了！要是比这些少，我如何会见到您呢？”司马侯把这些话报告给晋平公，而且说："秦公子一定能返回秦国。我听说君子能晓得自己的过错，必定会有好的打算。有了好的打算，上天是愿意帮助他的。"

后子见赵孟。赵孟曰："吾子其曷归？"对曰："鍼惧选于寡君，是以在此，将待嗣君①。"赵孟曰："秦君何如？"对曰："无道。"赵孟曰："亡乎？"对曰："何为？一世无道，国未艾也。国于天地，有与立焉。不数世淫，弗能毙也。"赵孟曰："夭乎？"对曰："有焉。"赵孟曰："其几何？"对曰："鍼闻之，国无道而年谷和熟，天赞之也。鲜不五稔②。"赵孟视荫③，曰："朝夕不相及，谁能待五？"后子出，而告人曰："赵孟将死矣。主民，玩岁而愒日④，其与几何？"

【注释】①嗣君：即位的国君。②五稔：五年。稔，庄稼成熟。古代谷一熟为一年。③荫：日影。④愒（kǎi）日：荒废光阴。

【译文】秦后子进见赵孟，赵孟说："您何时回国？"后子答复说："我害怕被国君流放，故而留在这里，将等待新的国君即位。"赵孟问："秦君如何？"答复说："没有道义。"赵孟说："会亡国吗？"答复说："如何会亡国呢？一代君主无道，国家的命脉没有断绝。国家建立在天地之间，就一定有辅佐它的人。如果不是连续几代君主都荒淫，是不会灭亡的。"赵孟问："国君会短命吗？"答复说："会的。"赵孟又问："大约多长时间？"答复说："我听说，国家无道却粮食丰收，是上天在帮助它。但很少能支撑过五年。"赵孟一边看着太阳的影子，一边说："从早上都等不到晚上，谁能等待五年？"后子出来，告诉别人说："赵孟将要死了，主持民众大事的人，既贪图安逸，又虚度光阴，还能活多久呢？"

郑为游楚乱故，六月丁巳，郑伯及其大夫盟于公孙段氏，罕虎、公孙侨、公孙段、印段、游吉、驷带私盟于闺门[①]之外，实薰隧[②]。公孙黑强与于盟[③]，使大史书其名，且曰七子。子产弗讨。

【注释】①闺门：泛指城门。②薰隧：门外道路名称。③公孙黑强与于盟：公孙黑本来是没有资格参与会盟的，可是他硬要参与，是目无国君的大罪。

【译文】郑国由于游楚作乱的原因，六月丁巳日，郑简公跟他的大夫们在公孙段家举办盟誓，罕虎、子产、公孙段、印段、游吉、驷带等人也在闺门外私自结盟，地点在薰隧。公孙黑硬要参加会盟，让太史写上他的名字，并且同其他六人并称"七子"。子产没有讨伐他。

晋中行穆子败无终及群狄于大原，崇卒也[①]。将战，魏舒曰："彼徒我车，所遇又厄，以什共车必克。困诸厄，又克。请皆卒，自我始。"乃毁车以为行，五乘为三伍。荀吴之嬖人不肯即卒，斩以徇。为五陈以相离，两于前，伍于后，专为右角，参为左角，偏为前拒[②]，以诱之。翟人笑之。未陈而薄之，大败之。

【注释】①中行穆子：姬姓，中行氏，名吴，谥穆，因中行氏出自荀氏，故亦称荀吴，史称中行穆子，晋国名将。无终：国名，在今山西太原一带。大原：地名，在今太原西南。崇卒：崇尚步兵。②两于前，伍于后，专为右角，参为左角，偏为前拒：两，伍，专，参，偏都是阵法名称。

【译文】晋国的荀吴在太原击败了无终国和各部狄人，这是由于重视步兵的缘故。作战开始前，魏舒说："对方是步兵，我们是战车，两军相遇的地方又狭窄险要，一辆兵车只需配备十人，我们一定会击败对方。另外，要是敌人被围困在险要地带，我们又可以打败他们，请全都改成步兵，从我开始。"于是抛弃战车改成步兵行列，五辆战车改编成三伍，荀吴的宠臣不肯编入步兵，便将他斩了示众。编成五种战阵来互相配合，两阵在前，伍阵在后，专阵作为右翼，参阵作为左翼，偏阵作为前锋，以引诱敌人。狄族人讥笑他们。晋军没等狄族部队摆好战阵便进攻他们，结果大胜狄族部队。

莒展舆立，而夺群公子秩[①]。公子召去疾于齐。

【注释】①秩：俸禄。

【译文】莒国的展舆即位后，削减了众公子的俸禄。公子们请公子去疾从齐国来莒国。

秋，齐公子钼纳去疾，展舆奔吴。

【译文】秋季，齐国的公子钼把去疾送回莒国，展舆则逃往吴国。

叔弓[①]帅师疆郓田，因莒乱也。于是莒务娄、瞀胡[①]及公子灭明以大厖[②]与常仪靡[③]奔齐。

【注释】①叔弓：子叔敬叔，鲁国大夫，叔老之子。②瞀（mào）胡：莒国大夫。③大厖（páng）：莒国邑名，在今山东莒县西北。厖，古同“庞”。④常仪靡：莒国邑名，在今山东莒县西北。

【译文】叔弓带兵划定郓地的疆界，这是利用莒国发生动乱的机会。这时，莒国的务娄、瞀胡跟公子灭明带着大厖和常仪靡两座城邑投靠了齐国。

君子曰：“莒展之不立，弃人也夫！人可弃乎？《诗》曰：‘无竞维人。’善矣。”

【译文】君子说：“莒国的展舆不能被立为国君，是由于抛弃了百姓吧！百姓能失去吗？《诗经》说：‘要强大莫过于依靠人民。’说得太好了。”

晋侯有疾，郑伯使公孙侨如晋聘，且问疾。叔向问焉，曰：“寡君之疾病，卜人曰：‘实沈[①]、台骀[②]为祟。’史莫之知，敢问此何神也？”子产曰：“昔高辛氏有二子，伯曰阏伯，季曰实沈，居于旷林，不相能也。日寻干戈，以相征讨。后帝不臧[③]，迁阏伯于商丘，主辰。商人是因，故辰为商星。迁实沈于大夏，主参。唐人是因，以服事夏、商。其季世曰唐叔虞。当武王邑姜方震大叔[④]，梦帝谓己：

‘余命而子曰虞，将与之唐，属诸参，而蕃育其子孙。’及生，有文在其手曰‘虞’，遂以命之。及成王灭唐而封大叔焉，故参为晋星。由是观之，则实沈，参神也。昔金天氏[⑤]有裔子曰昧，为玄冥师，生允格、台骀。台骀能业其官，宣汾、洮，障大泽，以处大原。帝用嘉之，封诸汾川。沈、姒、蓐、黄，实守其祀。今晋主汾而灭之矣。由是观之，则台骀，汾神也。抑此二者，不及君身。山川之神，则水旱疠疫之灾，于是乎禜[⑥]之。日月星辰之神，则雪霜风雨之不时，于是乎禜之。若君身，则亦出入、饮食、哀乐之事也，山川星辰之神，又何为焉？侨闻之，君子有四时：朝以听政，昼以访问，夕以修令[⑦]，夜以安身。于是乎节宣其气，勿使有所壅闭湫底，以露其体[⑧]。兹心不爽，而昏乱百度。今无乃壹之，则生疾矣。侨又闻之，内官不及同姓，其生不殖，美先尽矣，则相生疾[⑨]，君子是以恶之。故《志》曰：‘买妾不知其姓，则卜之。’违此二者，古之所慎也。男女辨姓，礼之大司也。今君内实有四姬焉，其无乃是也乎？若由是二者，弗可为也已。四姬有省犹可，无则必生疾矣。”叔向曰：“善哉！肸未之闻也。此皆然矣。”

【注释】①实沈：高辛氏的季子，名实沉，是参宿之神。②台骀（tái）：颛顼帝在位时的水利官员，当时叫玄冥师。台骀是金天氏的裔孙，玄冥师昧的儿子。受颛顼帝的委派，治理汾河与甘肃的洮河，其封地在汾川。子产尊台骀为汾河之神。③臧：善，好。④邑姜：周武王的王后。震：通“娠”，怀孕。大叔：指晋国始祖，唐叔虞。⑤金天氏：即少昊，传说中的古帝王。⑥禜（yíng）：古代一种祈求神灵消除灾祸的祭祀。⑦修令：确定政令。⑧壅闭湫底，以露其体：指血脉壅塞不通畅而使身体羸弱。⑨美先尽矣，则相生疾：指同姓结婚，易生疾病。

【译文】晋平公生了病，郑简公派子产前往晋国聘问，顺便问候平公的病情。叔向问子产："我们国君病重，占卜的人说：'是实沈、台骀在作怪。'太史不知道他们是谁。请问这是什么神啊？"子产说："先前高辛氏有两个儿子，大的称阏伯，小的称实沈。他们住在旷林中，互不相容，每日都大动干戈，互相攻打。帝尧看不过去，就把阏伯迁到商丘，以大火星来确定时节，商朝沿用这种方法，故而大火星就成了商星。把实沈迁往大夏，用参宿来确定时节，唐国人沿用此种办法，以事奉夏、商两朝。唐国的末代国君称唐叔虞。当周武王的王后邑姜怀着太叔时，曾梦到天帝对自己说：'我为你的儿子起名为虞，准备把唐国送给他，属于参宿，他的子孙将蕃衍不绝。'太叔生下后，手掌上有一个虞字，于是为他取名'虞'。等到成王灭了唐国，就把太叔封到那里，故而参宿便成为晋国的星宿。从这看来，实沈是参宿之神。先前金天氏有个后裔叫昧，主管水官。他生了允格跟台骀两个儿子。台骀能继承父亲的官位，疏通汾水跟洮水，又为大泽修筑堤防，让民众住在广阔的高原上。颛顼帝因此而嘉奖他，把汾水流域封给了他。沈、姒、蓐、黄四国便是他的后代，一直祭奠他。现在晋国占领了汾水流域，灭了这些国家。从这看来，台骀是汾水之神。不过这二位神灵都与贵君的疾病无关。山川之神兴水旱跟瘟疫之灾，能够通过祭祀禳除，日月星辰之神兴风霜雨雪之灾，也能够通过祭祀禳除。至于贵君的疾病，乃是由于逸劳、饮食、哀乐之事所致，跟山川、星辰之神有什么关系呢？据我所知，国君有四个时间，早上用于处理政事，白天用于四处出访，晚上用于修定政令，深夜用于休养身体。如此才能有节制地宣泄气血，从而让气血不至于过分集中在一处，导致壅塞不通，保证身体健康。要是心情不愉快，处理事情便会昏乱不堪。如今贵君很可能是精气集中到一处，故而导致生病。据我所知，国君不能娶同姓女子为姬妾，否则其子孙不能昌盛。要是娶同姓女子为妻妾，会因此而生病，国君最忌讳这一点。故而《志》中说：'要是买妾不知道她的姓氏，便要通过占卜来弄清。'违背了这两条，是古人都害怕的。男女通婚首先要辨明姓氏，这是礼仪的大事。如今贵君的姬妾中有四人是姬姓，恐怕是由于这个缘故吧！若是由于这两点，恐怕他的病就无法医治了。要是赶快把这四个姬姓女子送走还来得及，否则必定要生病。"叔向说："说得太好了！我还没有听说过这些。这些都说得很对。"

叔向出，行人挥送之。叔向问郑故焉，且问子皙。对曰："其与几何？无礼而好陵人，怙富而卑其上，弗能久矣。"

【译文】叔向出来时，行人子羽送他。叔向问起郑国的政事，同时问起子皙。子羽回答说："他还能坚持多久啊！无礼又喜欢凌驾于他人之上，依靠富有而看不起比他地位高的人，他活不久了。"

晋侯闻子产之言，曰："博物君子也。"重贿①之。

【注释】①重贿：送给厚礼。

【译文】晋平公听完子产的话，说："他真是个知识渊博的君子啊。"送给子产厚礼。

晋侯求医于秦。秦伯使医和[①]视之，曰："疾不可为也。是谓近女室，疾如蛊。非鬼非食，惑以丧志。良臣将死，天命不佑。"公曰："女不可近乎？"对曰："节之。先王之乐，所以节百事也。故有五节，迟速本末以相及，中声以降，五降之后，不容弹矣。于是有烦手淫声，慆堙心耳[②]，乃忘平和，君子弗听也。物亦如之，至于烦，乃舍也已，无以生疾。君子之近琴瑟[③]，以仪节也，非以慆心也。天有六气，降生五味，发为五色，征为五声，淫生六疾。六气曰阴、阳、风、雨、晦、明也。分为四时，序为五节，过则为灾：阴淫寒疾，阳淫热疾，风淫末疾，雨淫腹疾，晦淫惑疾，明淫心疾。女，阳物而晦时，淫则生内热惑蛊之疾。今君不节、不时，能无及此乎？"

【注释】①医和：医生的名字叫和。②慆（tāo）堙心（yīn）耳：使心神惑乱，使耳际充塞。③琴瑟：借指女色。

【译文】晋平公向秦国求医。秦景公派医和给他看病，医和说："您的病已无法医治了。这就是亲近女色，病同蛊惑。不是由于鬼神，不是因为饮食，是被迷惑而丧失了意志。良臣即将死去，上天不能保佑。"平公问："女色不能亲近吗？"医和回答说："需要节制。先王的音乐，是用来节制百事的，故而有五声的节制，有快慢本末相互调节，声音和谐以后渐渐降下来，五声下降停止以后，便不能再弹了。这时候再弹便会出现繁复的手法和靡靡之音，使人心荡耳塞，便会忘记平正和谐，故而君子是不听这种音乐的。其他事情也像音乐一样，一旦过度，就应当停止，所以不会因此而生病。君子接近女色，应该用礼仪来节制的，不可使身心沉溺其中。天有六种气象，生出五种味道，表现为五种颜色，应验为五种声音，以上这些过了头就会发生六种疾病。六种气象称为阴、晴、风、雨、夜、昼。这六种气象分为四时，按照五个阶段的顺序来发生。过了头便是灾祸，阴没有节制会产生寒病，阳没有节制会产生热病，风没有节制会产生四肢疾病，雨没有节制会产生腹疾，晦没有节制会产生昏乱迷惑病，明没有节制会产生心病。女色，属于阳事而时间在夜里，对女色没有节制就会发生内热蛊惑的疾病。如今您既不节制又不分昼夜，能不生病吗？”

出，告赵孟。赵孟曰："谁当良臣[①]？"对曰："主是谓矣！主相晋国，于今八年，晋国无乱，诸侯无阙，可谓良矣。和闻之，国之大臣，荣其宠禄，任其大节，有灾祸兴而无改焉，必受其咎。今君至于淫以生疾，将不能图恤社稷，祸孰大焉！主不能御，吾是以云也。"赵孟曰："何谓蛊？"对曰："淫溺惑乱之所生也。于文，皿虫为蛊。谷之飞亦为蛊。在《周易》，女惑男，风落山，谓之《蛊》䷑。皆同物也。"赵孟曰："良医也。"厚其礼而归之。

【注释】①谁当良臣：医和在前面提到"良臣将死"，所以赵孟问"谁当良臣"。

【译文】医和出来把情况告诉赵孟。赵孟说："谁相当于良臣？"医和回答说："说的就是您了！您辅助晋国，到如今八年，晋国没有动乱，诸侯没有不恭敬，能够说是良臣了。我听说，国家大臣光荣地受到国君的宠信并享受俸禄，承担国家重任，有灾祸出现而不能阻止，一定会受到连累。如今国君到了没有节制的程度因而生病，将不能为国家图谋操心，还有什么忧患比这个更大的吗？您不能阻止，我所以才这样说。”赵孟问：“什么叫蛊？”医和回答说：“这是沉迷惑乱所产生的。在文字里，器皿中的毒虫为蛊，谷物中的飞虫也为蛊。在《周易》里，女人迷惑男人，大风吹落山木都叫《蛊》。这全是同类事物。”赵孟说：“真是好医生啊。”赠给他厚礼后送他回国。

楚公子围使公子黑肱、伯州犁城犨、栎、郏[①]，郑人惧。子产曰：“不害。令尹将行大事，而先除二子也。祸不及郑，何患焉？”

【注释】①公子黑肱：公子围的弟弟。犨、栎、郏：三地本属郑国，现楚国在这三地筑城，郑国认为是楚国要占领郑国的地方，所以郑国担忧。

【译文】楚国公子围派公子黑肱、伯州犁在犨、栎、郏地修城，郑国人很担心。子产说：“不要紧。楚国令尹将要干出大事，所以先除掉这二人。祸患不会涉及到郑国，担忧什么呢？”

冬，楚公子围将聘于郑，伍举为介。未出竟，闻王有疾而还。伍举遂聘。十一月己酉，公子围至，入问王疾，缢而弑之，遂杀其二子幕及平夏[①]。右尹子干出奔晋。宫厩尹子皙出奔郑。杀大宰伯州犁于郏。葬王于郏，谓之郏敖[②]。使赴于郑，伍举问应为后之辞焉。对曰：“寡大夫围。”伍举更之曰：“共王之子围为长。”

【注释】①幕及平夏：楚共王的两个儿子。②敖：丘陵，郏敖即郏陵。

【译文】冬季，楚国公子围将到郑国聘问，伍举作为副手。还没有走出国境，得知楚王有病，公子围就返回了。伍举便到郑国聘问。十一月己酉日，公子围抵达国都，进宫问候楚王的病情，趁机把楚王勒死，并杀死楚王的两个儿子幕跟平夏。右尹子干逃到晋国。宫厩尹子皙逃到郑国。公子围又在郏地杀害了太宰伯州犁。把楚王埋葬在郏地，称为郏敖。派使者到郑国发讣告，伍举问使者关于继承人的措辞。使者说："寡大夫围。"伍举更正说："共王的儿子围是老大。"

子干奔晋，从车五乘。叔向使与秦公子同食，皆百人之饩。赵文子曰："秦公子富。"叔向曰："厎禄以德[①]，德钧以年，年同以尊。公子以国，不闻以富。且夫以千乘去其国，强御[②]已甚。《诗》曰：'不侮鳏寡，不畏强御。'秦、楚，匹也。"使后子与子干齿[③]。辞曰："鍼惧选，楚公子不获[④]，是以皆来，亦唯命。且臣与羁齿，无乃不可乎？史佚有言曰：'非羁，何忌[⑤]？'"

【注释】①厎（zhǐ）禄以德：依照德行给予食禄。厎，得到。②强御：强横。③齿：并列，对等。④不获：被怀疑，被厌恶。⑤非羁，何忌：不是羁旅之客，何必如此恭敬。

【译文】子干逃到晋国，随从的车子有五辆。叔向让他跟秦国公子后子食禄一样，都是供应一百人的口粮。赵文子说："秦国公子富有。"叔向说："获得俸禄应该依据德行，德行相等依据年龄，年龄相同依据地位。公子的食禄依据他国家的大小，没有听说依据富有。并且后子带着一千辆车子离开他的国家，太过强横了。《诗经》说：'不欺侮鳏寡，不害怕强暴。’秦国、楚国是地位一样的国家。”便让后子跟子干地位并列。后子辞谢说：“我是担心被驱赶，楚公子得不到信任，故而都来到晋国，也就唯命是听。并且让下臣跟宾客地位并列，恐怕不行吧？史佚有句话说：‘不是旅客为什么要对他恭敬？’”

楚灵王即位，薳罢[1]为令尹，薳启强为大宰。郑游吉如楚，葬郏敖，且聘立君。归，谓子产曰：“具行器矣！楚王汏侈[2]，而自说其事，必合诸侯。吾往无日矣。”子产曰：“不数年，未能也。”

【注释】①薳（wěi）罢（pí）：字子荡，楚国令尹。②汏（tài）侈：亦作“汰侈”，骄奢。

【译文】楚灵王即位，薳罢做令尹，薳启强做太宰。郑国游吉到楚国，参加郏敖的葬礼，同时聘问新国君。回国后，对子产说：“准备盟会的行装吧！楚王骄傲奢侈并自我得意，一定要会合诸侯。我用不了几天便要前去楚国了。”子产说：“没有几年时间，他是办不到的。”

十二月，晋既烝[1]，赵孟适南阳，将会孟子余[2]。甲辰朔，烝于温。庚戌，卒。郑伯如晋吊，及雍乃复。

【注释】①烝（zhēng）：冬天的祭祀。②会：古代为消灾除病而举行的祭祀。孟子余：即赵衰。

【译文】十二月，晋国举行了冬祭。赵孟到南阳去，准备祭奠他的曾祖孟子余。十二月甲辰日，在温地举办冬祭。十二月庚戌日，赵孟去世。郑简公去晋国吊丧，抵达雍地后就回去了。

昭公二年

【经】二年春，晋侯使韩起来聘。夏，叔弓如晋。秋，郑杀其大夫公孙黑。冬，公如晋，至河乃复。季孙宿如晋。

【译文】鲁昭公二年春季，晋平公派遣大夫韩起来鲁国访问。夏季，鲁国大夫叔弓到晋国去。秋季，郑国杀了大夫公孙黑。冬季，鲁昭公到晋国去，到黄河边就返回了。鲁国大夫季孙宿到晋国去。

【传】二年春，晋侯使韩宣子来聘，且告为政而来见，礼也。观书于大史氏[①]，见《易》《象》与《鲁春秋》[②]，曰："周礼尽在鲁矣。吾乃今知周公之德，与周之所以王也。"公享之。季武子赋《绵》[③]之卒章。韩子赋《角弓》[④]。季武子拜，曰："敢拜子之弥缝敝邑，寡君有望矣。"武子赋《节》[⑤]之卒章。既享，宴于季氏，有嘉树焉，宣子誉之。武子曰："宿敢不封殖此树，以无忘《角弓》。"遂赋《甘棠》[⑥]。宣子曰："起不堪也，无以及召公。"

【注释】①大史氏：即太史氏。古官世袭，大史以官职为氏。②《鲁春秋》：韩起见到的《鲁春秋》是鲁国史官二百多年的原始记录，也是孔子作《春秋》的依据。③《绵》：《诗经·大雅》中的篇名。季武子借此诗称颂晋平公和韩起。④《角弓》：《诗经·小雅》中的篇名。韩起借此诗来比喻晋鲁两国是兄弟之邦。⑤《节》：即《节南山》，《诗经·小雅》中的篇名。季武子借此诗称颂晋国养护万邦。⑥《甘棠》：《诗经·召南》中的篇名。季武子借此诗来将韩起比喻为召公。

【译文】昭公二年春季，晋平公派韩宣子来鲁国聘问。并且通告他因执掌国政而来相见，这是合于礼的。韩宣子在太史那儿参观藏书，看到了《易》、《象》和《鲁春秋》，说："周礼都在鲁国了，我今日才知道周公的盛德，和周朝之所以称王天下的缘故了。"鲁昭公设享礼招待他。席间季武子吟《绵》诗的末章，韩宣子吟《角弓》。季武子叩拜，说："谨拜谢您弥补缝合敝国和晋国的关系，我们国君有希望了。"又吟了《节南山》的末章。宴享结束，又在季武子家里宴饮，在季武子家里有一棵好树，韩宣子称赞它。季武子说："我怎敢不培植好这棵树。来表示不忘记您赋《角弓》。"于是吟了《甘棠》诗。韩宣子说："我担当不起，哪里比得上召公。"

宣子遂如齐纳币。见子雅①。子雅召子旗②，使见宣子。宣子曰："非保家之主也，不臣。"见子尾③。子尾见强④，宣子谓之如子旗。大夫多笑之，唯晏子信之，曰："夫子，君子也。君子有信，其有以知之矣。"自齐聘于卫。卫侯享之，北宫文子⑤赋《淇澳》⑥，宣子赋《木瓜》⑦。

【注释】①子雅：齐国大夫公孙灶，齐惠公之孙。②子旗：子雅的儿子栾施。③子尾：齐国大夫公孙虿，齐惠公之孙。④强：子尾的儿子高强。⑤北宫文子：北宫佗，卫国大夫。⑥《淇澳》：《诗经·国风·卫风》中的篇名。北宫文子借此诗来将韩起比喻为武公。⑦《木瓜》：《诗经·国风·卫风》中的篇名。韩起借此诗来表示维护晋卫两国友好的意思。

【译文】韩宣子到齐国去为晋平公聘娶少姜献聘礼。拜见子雅。子雅召来了儿子子旗，让他拜见韩宣子。宣子说："不像是能保有家族的人，他不像个臣子。"韩宣子拜见子尾，子尾让儿子子强来拜见他，韩宣子说他如子旗一样。齐国大夫大多讥笑他，只有晏子觉得他说的对。晏子说："韩宣子是个君子。君子有诚信，他的见解是有依据的。"韩宣子又从齐国到卫国聘问。卫襄公宴享他，北宫文子吟《淇澳》一诗，宣子吟了《木瓜》一诗。

夏四月，韩须[①]如齐逆女。齐陈无宇[②]送女，致少姜。少姜有宠于晋侯，晋侯谓之少齐。谓陈无宇非卿，执诸中都。少姜为之请曰："送从逆班[③]，畏大国也，犹有所易，是以乱作[④]。"

【注释】①韩须：韩起的儿子。②陈无宇：即陈桓子。③逆班：指迎娶方官员和送亲方官员之间的职位高低的关系。迎娶方官员的职位高，作为对等，送亲方也应派出职位高的官员。④畏大国也，犹有所易，是以乱作：指虽然韩须只是公族大夫，但齐国敬畏晋国，做了一些改变，齐国派出了上大夫陈无宇送亲，陈无宇虽不是卿，但官位在韩须之上，也是表示对大国的尊重。虽然引起了一些混乱，但希望晋国能予以理解。

【译文】夏季四月，韩须到齐国迎接齐女。齐国的陈无宇护送少姜，把她送到晋国。少姜受到晋平公的宠爱，晋平公称她为少齐。晋平公觉得陈无宇不是卿。在中都把他拘捕起来。少姜替他求情说："送亲的人地位应依从于迎亲的人，只是由于害怕大国，才有所更改，故而出现混乱。"

叔弓聘于晋，报宣子也。晋侯使郊劳[①]。辞曰："寡君使弓来继旧好，固曰：'女无敢为宾！'彻命[②]于执事，敝邑弘矣。敢辱郊使？请辞。"致馆。辞曰："寡君命下臣来继旧好，好合使成，臣之禄也。敢辱大馆？"叔向曰："子叔子知礼哉！吾闻之曰：'忠信，礼之器也[③]；卑让，礼之宗也[④]。'辞不忘国，忠信也。先国后己，卑让也。《诗》曰：'敬慎威仪，以近有德。'夫子近德矣。"

【注释】①郊劳：在郊外慰劳，这是当时迎宾的一种礼节。②彻命：传达使命。③忠信，礼之器也：忠信用以载礼。器，载物之器。④卑让，礼之宗也：卑让是礼制的中心宗旨。宗，主体，宗旨。

【译文】叔弓到晋国聘问，是对韩宣子来访的回报。晋平公派使臣到郊外慰劳，他拒绝说："寡君派我来继续保持过去的友好关系，坚持说：'你不能以宾客自居！'只要把君命禀报给您，敝国便大为光彩了，岂敢烦劳郊使！"请他到宾馆去住，又拒绝说："寡君命令下臣前来继续保持过去的友好关系，友好能保持，使命达成，便是我的福分，岂敢烦劳住在大宾馆里！"叔向说："叔弓懂得礼啊！我听说：'忠信，为礼的载体；卑让，为礼的中心宗旨。'言辞不忘国家，这是忠信；先国后己，这是谦卑礼让。《诗》说：'保持严肃慎重的威仪，就差不多称得上是有德君子了。'他老人家接近有德了。"

秋，郑公孙黑[1]将作乱，欲去游氏而代其位，伤疾作而不果。驷氏与诸大夫欲杀之。子产在鄙，闻之，惧弗及，乘遽[2]而至。使吏数之，曰："伯有之乱，以大国之事，而未尔讨也。尔有乱心，无厌，国不女堪。专伐伯有，而罪一也。昆弟争室，而罪二也。薰隧之盟，女矫君位，而罪三也。有死罪三，何以堪之？不速死，大刑将至。"再拜稽首，辞曰："死在朝夕，无助天为虐。"子产曰："人谁不死？凶人不终，命也。作凶事，为凶人。不助天，其助凶人乎？"请以印[3]为褚师[4]。子产曰："印也若才，君将任之；不才，将朝夕从女。女罪之不恤[5]，而又何请焉？不速死，司寇将至。"七月壬寅，缢。尸诸周氏之衢[6]，加木焉。

【注释】①公孙黑：字子皙，郑穆公的孙子，子驷的儿子，公孙夏的弟弟，郑国上大夫。②遽（jù）：送信的快车或快马。③印：公孙黑之子。④褚（zhǔ）师：古代管理市场的官吏。⑤恤：忧虑，考虑。⑥衢（qú）：大路，四通八达的道路。

【译文】秋季，郑国子皙打算发动叛乱，想要除掉游氏而取代他的地位，因旧伤发作而未能作乱。驷氏跟大夫们都想杀死他。子产正在边境城邑，听说了此事，怕赶不上制止动乱，便乘驿车回来，派官吏历数子皙的罪状，说："伯有那次叛乱，因为正与大国有事，没有征讨你。你有叛乱之心，而且不知满足，国家不能容忍你。专权而攻击伯有，是你的第一条罪状；抢夺兄弟妻室，是你的第二条罪状；薰隧之盟时，你假托君位，是你的第三条罪状。有三条死罪，怎么能容忍你？不快点去死，酷刑将落到你的头上。”子皙拜了两拜，磕头推脱说：“我的死便在早晚之间，不要帮着上天来惩罚我了。”子产说：“人谁不死？恶人不得善终，这是天命。做了恶事，便是恶人，不帮助上天，难道帮助恶人吗？”子皙请求让他儿子印担任褚师，子产说：“印要是有才能，君王将任命他；没有才能，早晚将步你的后尘。你不忧虑自己的过错，却又想请求什么？不赶快去死，司寇马上将要来了。”七月壬寅日，子皙自缢而死。郑国人把他的尸体放在周氏的大路上示众，尸体上放着写有罪状的木牌。

晋少姜卒。公如晋，及河。晋侯使士文伯[①]来辞，曰：“非伉俪[②]也。请君无辱！”公还，季孙宿遂致服焉。叔向言陈无宇于晋侯曰：“彼何罪？君使公族逆之，齐使上大夫送之。犹曰不共[④]，君求以贪。国则不共，而执其使。君刑已颇，何以为盟主？且少姜有辞。”冬十月，陈无宇归。

【注释】①士文伯：即士伯瑕，名匄，晋国大夫，是范宣子士匄的堂弟。②伉俪：嫡妻的专称。③致服：送去下葬的丧服。④共：同“恭”，恭敬。

【译文】晋平公的爱妾少姜去世。昭公到晋国去吊唁，走到黄河边，晋平公派士文伯来辞谢，说：“少姜不是嫡妻，请您不必屈驾了！”昭公回国，派季孙宿到晋国去送丧服。叔向向晋平公为陈无宇求情：“他有什么罪？您派公族大夫去迎亲，齐国派上大夫去送亲，还说不恭敬，您的要求也太过分了。贵国不恭敬，却抓了别国的使者，您的惩处太偏颇了，又怎么能做盟主？何况少姜还替陈无宇求过情。”冬十月，陈无宇回国。

冬十月，陈无宇归。十一月，郑印段如晋吊。

【译文】冬季十月，陈无宇被释放回国。十一月，郑国的印段前去晋国吊唁。

昭公三年

【经】三年春王正月丁未，滕子原①卒。夏，叔弓如滕。五月，葬滕成公。秋，小邾子②来朝。八月，大雩③。冬，大雨雹。北燕伯款④出奔齐。

【注释】①滕子原：即滕成公。②小邾子：即小邾穆公。③雩：古代为求雨而举行的一种祭祀。④北燕伯款：即燕简公姬款。

【译文】三年春季周历正月丁未日，滕成公原去世。夏季，鲁国大夫叔弓到滕国去。五月，安葬滕成公。秋季，小邾穆公来鲁国朝见。八月，鲁国举行盛大的求雨祭祀。冬季，鲁国下大冰雹。北燕简公款出逃到齐国。

【传】三年春，王正月，郑游吉如晋，送少姜之葬。梁丙与张趯[①]见之。梁丙曰："甚矣哉！子之为此来也。[②]"子大叔曰："将得已乎？昔文、襄之霸也，其务不烦诸侯。令诸侯三岁而聘，五岁而朝，有事而会，不协而盟。君薨，大夫吊，卿共葬事。夫人，士吊，大夫送葬。足以昭礼、命事、谋阙而已，无加命矣。今嬖宠之丧，不敢择位，而数于守適[③]，唯惧获戾，岂敢惮烦？少姜有宠而死，齐必继室。今兹吾又将来贺，不唯此行也。"张趯曰："善哉！吾得闻此数也。然自今，子其无事矣。譬如火[④]焉，火中，寒暑乃退。此其极也，能无退乎？晋将失诸侯，诸侯求烦不获。"二大夫退。子大叔告人曰："张趯有知，其犹在君子之后乎！"

【注释】①梁丙、张趯（tì）：晋国两位大夫。②甚矣哉！子之为此来也：太过分了，郑国的卿来为晋国国君的妾送葬。③数于守適：礼数超过国君的正妻了。数，礼数。守適，指国君的正妻。適，同"嫡"。④火：指大火星，心宿第二颗星，即"心宿二"。冬季早晨大火星出现在天空中，大寒将退，夏季黄昏大火星出现天空中，大暑将退。

【译文】三年春季，周历正月，郑国的游吉到晋国为少姜送葬。晋国大夫梁丙跟张趯求见他。梁丙说："您亲自去送葬，有点太过分了！"游吉说："我们也是不得已才这样做的。先前晋文公、晋襄公称霸诸侯时，他们都尽量不给诸侯带来麻烦，只是让每三年派大夫聘问一次，每五年让朝觐一次，平时有事才会见，诸侯间有了冲突才举办盟会。国君去世，派大夫吊丧，卿参加葬礼；夫人去世，派士吊唁，大夫参加葬礼。只要可以昭明礼节、颁布命令、商量补救缺失就行了，而且没有额外的命令。而如今连国君宠姬的丧礼，我们也不敢依照惯例仅派一个相应身份的人来，而是使用了超过正妻规格的礼节，怕的是得罪贵国，哪能嫌麻烦呢？少姜获得宠爱而死了，齐国一定还要嫁过来一位女子。到那时，我还得再来一趟，不仅仅是这一次啊。"张趯说："说的好啊，从您的话中我懂得了朝会吊丧的礼数！但从今之后你恐怕不会再来了。就像大火星，当它运行到天空正中的位置时，寒气或暑气将会逐渐消退。因为这是它运行的极点，能不消退吗？晋国将要失掉诸侯的拥戴了，那时候诸侯就是想要麻烦，或许还得不到呢？"两位大夫出去后，游吉对别人说："张趯聪明懂礼，能够进入君子的行列。"

丁未，滕子原卒。同盟，故书名。

【译文】正月丁未日，滕成公原去世。滕是鲁国的同盟国，故而《春秋》中记录了他的名字。

齐侯使晏婴请继室于晋，曰："寡君使婴曰：'寡人愿事君，朝夕不倦，将奉质币，以无失时，则国家多难，是以不获。不腆先君之適，以备内官，焜耀[①]寡人之望，则又无禄，早世殒命，寡人失望。君若不忘先君之好，惠顾齐国，辱收寡人，徼福于大公[②]、丁公[③]，照临敝邑，镇抚其社稷，则犹有先君之適及遗姑姊妹若而人。君若不弃敝邑，而辱使董振[④]择之，以备嫔嫱，寡人之望也。'"韩宣子使叔向对曰："寡君之愿也。寡君不能独任其社稷之事，未有伉俪。在缞绖[⑤]之中，是以未敢请。君有辱命，惠莫大焉。若惠顾敝邑，抚有晋国，赐之内主，岂唯寡君，举群臣实受其贶。其自唐叔以下，实宠嘉之。”

【注释】①焜（kūn）耀：照亮。焜，明亮。②大公：即姜太公。③丁公：齐国之祖，姜太公之子。④董振：慎重。⑤缞绖（cuī dié）：丧服。

【译文】齐景公派晏婴前去晋国，请求允许再嫁一女子到晋国。晏婴说：“寡君派我前来时说：‘寡人愿意服侍晋国国君，早晚都不敢怠慢，并依时奉献财物。只因国家多灾多难，故而不能亲自前来。本来先君这位嫡女可以去伺候国君，实现了我的愿望，没料到她没有福气，早早就去世了，让我很失望。国君要是还念及先君的旧好，看得起齐国，不嫌弃我的无能，托太公跟丁公的洪福，让我们继续蒙受恩惠，使国家能够安定的话，那么先君还有嫡女以及其他姑姐妹等人。国君要是不嫌弃，就请派使者前来挑选，以作姬妾。这是寡人的愿望。’”韩起派叔向答复说：“这应当是我们国君的愿望。我们国君不能独自承担国家重任，是由于没有正妻。现在正处服丧期间，还不敢向贵国求婚。既然贵国国君有这个命令，没有比这更大的恩惠了。要是贵国看得起我国，安抚晋国，再赐给一位正宫夫人的话，那便不只是我们国君的荣幸，连群臣也会受到恩惠，就算晋国自唐叔以下的历代祖先也都会表示赞许。”

既成昏[①]，晏子受礼。叔向从之宴，相与语。叔向曰：“齐其何如？”晏子曰：“此季世[②]也，吾弗知齐其为陈氏矣！公弃其民，而归于陈氏。齐旧四量[3]，豆、区、釜、钟。四升为豆，各自其四，以登于釜。釜十则钟。陈氏三量，皆登一焉[4]，钟乃大矣。以家量贷，而以公量收之。山木如市，弗加于山。鱼、盐、蜃、蛤，弗加于海。民参其力，二入于公，而衣食其一。公聚朽蠹，而三老冻馁。国之诸市，屦贱踊贵[5]。民人痛疾，而或燠休[6]之，其爱之如父母，而归之如流水，欲无获民，将焉辟之？箕伯、直柄、虞遂、伯戏[7]，其相胡公、大姬，已在齐矣。"

【注释】①成昏：订婚。昏，同"婚"。②季世：末代；一个历史时代的末段。③量：量器。④皆登一焉：都增加一份。即由四升为豆，改为五升为豆，区（ōu）、釜以此类推。⑤屦贱踊（yǒng）贵：鞋子便宜而踊贵，比喻刑法苛刻。踊，受刖刑的人穿的一种鞋子。⑥燠（yù）休（xù）：安慰病痛的声音，一说厚赐。⑦箕伯、直柄、虞遂、伯戏：四人皆舜之后代，陈氏之先祖。

【译文】定婚之后，晏婴接受了晋国享礼的待遇，叔向陪他饮宴，两人边饮边谈。叔向说："齐国的情况如何？"晏婴说："如今正处于末世，我不能保证齐国会不会落到陈氏手中。国君抛弃他的民众，甘愿拱手送给陈氏。齐国从前有四种量器，便是豆、区、釜、钟。四升为一豆，四豆为一区，四区为一釜，十釜为一钟。而陈氏的前三种量器，都加大四分之一，钟的容量就更大了。他们用自家的大量器借粮给民众，而用公家的小量器收回。山里的木材运到市场上，价格不比山里的高。鱼、盐、蜃、蛤的价格也不比海边的贵。民众劳动创造的财富，有两份交给了国家，只有一份维持生活。国库里堆积的财物都腐朽生虫了，而贫穷的老人却受到寒冷跟饥饿。国内市场上，鞋子很便宜，而踊却十分昂贵。民众痛苦或有病，陈氏就倍加安抚，民众爱戴他有如父母，故而归附他也如流水一般，就算不想让民众拥护陈氏也没有方法。箕伯、直柄、虞遂、伯戏等陈氏祖先以及先前封在陈国的胡公跟太姬的神灵已来到齐国要帮助陈氏了。”

叔向曰：“然。虽吾公室，今亦季世也。戎马不驾，卿无军行，公乘无人，卒列无长。庶民罢敝，而宫室滋侈。道殣相望，而女富溢尤。民闻公命，如逃寇仇。栾、郤、胥、原、狐、续、庆、伯，降在皂隶。政在家门，民无所依，君日不悛[1]，以乐慆忧。公室之卑，其何日之有？《谗鼎之铭》曰：‘昧旦丕显，后世犹怠。’况日不悛，其能久乎？”

【注释】①悛（quān）：悔改。

【译文】叔向说：“真是这样。就算是我国公室，如今也已到了末世了。战马、战车不再出征，卿不再领兵打仗，公室的车乘无人驾驭，军队中没有长官。民众贫困不堪，宫里却更加奢侈，路上到处可以看见饿死的人，官宦人家的财富却一天比一天多。民众听见国君的命令，就像躲避强盗一样避之唯恐不及。栾、郤、胥、原、狐、续、庆、伯八个家族的子孙已沦为卑贱的皂隶之官，政权落到私家手里，民众生活无依无靠。国君没有哪一天想要改过自新的，只晓得沉溺于欢乐之中，来掩饰日益增加的忧虑。公室的衰落还能维持几天呢？《谗鼎之铭》说：‘辛劳创建了显赫的业绩，但奈何后世的子孙还是会懈怠懒惰。’更何况国君没有一天想过悔改，他还能维持长久吗？”

晏子曰："子将若何？"叔向曰："晋之公族尽矣。肸闻之，公室将卑，其宗族枝叶先落，则公室从之。肸之宗十一族，唯羊舌氏在而已。肸又无子。公室无度，幸而得死，岂其获祀？"

【译文】晏婴说："您有什么打算呢？"叔向说："晋国的公族已经完了。据我所知，公室即将衰微，其宗族如同树上的枝叶一样首先凋落，然后公室也将随之而凋零。我们这一宗共有十一族，只有羊舌氏一族存在。我又没有好儿子，公室又没有法度，能得以善终就万幸了，难道还希望获得祭祀呢？"

初，景公欲更晏子之宅，曰："子之宅近市，湫隘[①]嚣尘，不可以居，请更诸爽垲[②]者。"辞曰："君之先臣容焉，臣不足以嗣之，于臣侈矣。且小人近市，朝夕得所求，小人之利也。敢烦里旅？"公笑曰："子近市，识贵贱乎？"对曰："既利之，敢不识乎？"公曰："何贵何贱？"于是景公繁于刑，有鬻[③]踊者。故对曰："踊贵屦贱。"既已告于君，故与叔向语而称之。景公为是省于刑。君子曰："仁人之言，其利博哉。晏子一言而齐侯省刑。《诗》曰：'君子如祉，乱庶遄已[④]。'其是之谓乎！"

【注释】①湫隘（jiǎo ài）：狭小潮湿。②垲（kǎi）：同"塏"，地势高而干燥的。③鬻：卖出。④君子如祉，乱庶遄已：君子施行福祉，祸乱被很快结束。

【译文】起初，齐景公准备为晏婴调换住处，说："你的房屋靠近市场，潮湿矮小，嘈杂喧嚣，尘土飞扬，无法居住，请您搬到高处宽敞明亮的房子中。”晏婴拒绝说：“国君的先臣我的父辈就曾住在这儿，我没有能力继承父业，能住在这儿，就已经很奢侈了。再说靠近市场居住，早晚能买到想要的东西，很方便，何必再麻烦众人为我另建住房呢？”景公笑道：“您靠近市场，了解物品的贵贱吗？”晏婴说：“既然感到便利，如何能不知道呢？”景公问：“什么东西贵？什么东西贱？”这时景公滥施刑罚，很多人被砍断了脚，故而有专门卖踊的人。晏婴说：“踊贵鞋贱。”之前晏婴把这一情况已经告诉过景公，故而又和叔向说起此事。景公为此减轻了惩罚。君子说：“一个仁慈的人，他的话能给众多的人带来利益。晏婴的一句话，就让齐景公减轻了惩罚。《诗经》说：‘君子施行福祉，祸乱被很快结束。’说的就是此种情况吧！”

及宴子如晋，公更其宅，反，则成矣。既拜，乃毁之，而为里室，皆如其旧。则使宅人反之，曰：“谚曰：‘非宅是卜，唯邻是卜。’二三子先卜邻矣，违卜不祥。君子不犯非礼，小人不犯不祥，古之制也。吾敢违诸乎？”卒复其旧宅。公弗许，因陈桓子以请，乃许之。

【译文】趁晏婴去了晋国，景公为他建造住房，等他回来时，新居已经建好。晏婴向景公拜谢之后，便把新宅拆掉，并为邻居们重新修建住房，一切都恢复到原来的模样，然后让邻居都搬回去居住。他说：“谚语说：‘住宅不需要占卜，只有选择邻居才需要占卜。’这些邻居都是我占卜后选择的，违反了占卜的结果是不吉利的，君子不去做不合礼的事情，小人不去做不吉利的事情，这是自古以来的制度。我敢违反它吗？”最后还是恢复了原来房子的模样。开始景公不同意。晏婴托陈桓子代为请求，景公这才同意。

夏四月，郑伯如晋，公孙段[1]相，甚敬而卑，礼无违者。晋侯嘉焉，授之以策，曰：“子丰有劳于晋国，余闻而弗忘。赐女州田，以胙[2]乃旧勋。”伯石再拜稽首，受策以出。君子曰：“礼，其人之急也乎！伯石之汰也，一为礼于晋，犹荷其禄，况以礼终始乎？《诗》曰：‘人而无礼，胡不遄死？’其是之谓乎！”

【注释】①公孙段：字子石，谥景，子丰的儿子，郑穆公的孙子，郑国的卿。②胙（zuò）：赐与。

【译文】夏季四月，郑简公前去晋国，公孙段为相礼。公孙段十分恭敬并且谦卑，礼仪上也没有任何违反之处。平公对他很称赞，授给他策书，说：“你的父亲子丰对晋国有功，我听说后一直没忘。把州县的田地赐给你，作为对你们家从前功勋的酬劳。”公孙段两次叩头后接了策书退出。君子说：“礼对人来说是极为重要的。公孙段为人一向骄傲，只有这一次在晋国注意了礼，居然获得了晋君的赏赐，何况那些自始至终都讲究礼的人呢？《诗经》说：‘要是为人而不知礼，何不快点死去？’说的便是此种情况吧！”

初，州县，栾豹[1]之邑也。及栾氏亡，范宣子、赵文子、韩宣子皆欲之。文子曰：“温，吾县也。”二宣子曰：“自郤称以别[2]，三传矣。

晋之别县不唯州，谁获治之？”文子病之，乃舍之。二子曰：“吾不可以正议而自与也。”皆舍之。及文子为政，赵获曰：“可以取州矣。”文子曰：“退！二子之言，义也。违义，祸也。余不能治余县，又焉用州？其以徼祸也？君子曰：‘弗知实难。’知而弗从，祸莫大焉。有言州必死。”

【注释】①栾豹：晋国大夫。②郤称：晋国大夫。别：划分。

【译文】起初，州县是栾豹的封邑，等栾氏消亡以后，士匄、赵武、韩起都想得到这块土地。赵武说：“管辖州县的温地是我的封邑。”范宣子和韩宣子说：“自从郤称把州县跟温县分开后，已经三易其主了。晋国把一个县一分为二的情形很多，不只是州县，谁又能依照分开以前的样子去治理呢？”赵武感到惭愧，便放弃了。范宣子和韩宣子说：“我们也不能口头上要公正而实际为自己争取利益。”便都不要州县了。等到赵武执政，赵获说：“如今能够夺取州县了。”赵武说：“你退下吧！那二人的话是合于道义的。违反了道义，便会招来灾祸，我连自己的封邑都治理不好，还要州邑做什么？岂不是自取祸害？君子说：‘担忧的是不知道祸患何时到来。’知道会招祸又不去改正，便没有比这更大的灾难了。谁要再提起州县一事，便将他处死！”

丰氏故主韩氏，伯石之获州也，韩宣子为之请之，为其复取之之故。

【译文】丰氏到晋国时都住在韩氏家里，公孙段能得到州县，也是韩起为他请求的。韩起为的是有朝一日能从丰氏手里把州县要过来，他就可以获得这块土地了。

五月，叔弓如滕，葬滕成公，子服椒[①]为介。及郊，遇懿伯[②]之忌，敬子不入。惠伯曰："公事有公利，无私忌，椒请先入。"乃先受馆。敬子从之。

【**注释**】①子服椒：即子服惠伯，孟献子孙。②懿伯：子服椒之父。古人于父母忌日，不能做事，不举音乐。

【**译文**】五月，叔弓到滕国去，参加滕成公的葬礼，子服椒作为副手。来到滕都郊外那天，正是子服椒的父亲懿伯的忌日，叔弓决定不进入滕都。子服椒说："为国家办事只能考虑国家利益，不要由于私人忌讳而受得影响，请允许我先进去。"于是先住进了宾馆，叔弓这才跟了进去。

晋韩起如齐逆女。公孙虿为少姜之有宠也，以其子更公女而嫁公子。人谓宣子："子尾欺晋，晋胡受之？"宣子曰："我欲得齐，而远其宠，宠将来乎？"

【**译文**】晋国的韩起到齐国为晋平公迎娶夫人。子尾由于少姜曾得到平公宠爱，便让自己的女儿代替齐景公的女儿嫁与平公，又把景公的女儿嫁与他人。有人对韩起说："子尾欺骗了晋国，晋国为什么接受呢？"韩起说："我们本来就是要获得齐国的拥护，拒绝子尾，就是远离齐国的宠臣。如此，他还会亲近晋国吗？"

秋七月，郑罕虎[①]如晋，贺夫人，且告曰："楚人日征敝邑，以不朝立王之故。敝邑之往，则畏执事，其谓寡君而固有外心；其不往，则宋之盟云。进退罪也。寡君使虎布之。"宣子使叔向对曰："君若辱有寡君，在楚何害？修宋盟也。君苟思盟，寡君乃知免于戾矣。君若不有寡君，虽朝夕辱于敝邑，寡君猜焉。君实有心，何辱命焉？君其往也！苟有寡君，在楚犹在晋也。"

【注释】①罕虎：字子皮。郑国七穆之一罕氏的宗主，郑穆公曾孙。

【译文】秋季七月，郑国罕虎到晋国去，祝贺晋平公新娶夫人，而且报告说："楚国人每天责问敝国没有去朝贺楚国新君的原因。敝国要是前往，又担心贵国认为我们国君本来就有外心；要是不去，那么又有宋国的盟约在先。进退都是罪过。我们国君派我前来陈述苦衷。"韩宣子派叔向答复说："贵国国君要是心向着我国国君，就是去楚国又有什么害处呢？这是重修在宋国会盟的友好。贵国国君如果只是考虑盟约的话，我国国君就可以免除贵国的罪过了。贵国国君要是心不向着我国国君，就算早晚光临敝国，我国国君也会猜疑的。贵国国君要是真的心向着我国国君，何必辱没他的命令呢？贵国国君还是前往吧！要是心向着我国国君，在楚国如同在晋国一样。"

张趯使谓大叔曰："自子之归也，小人粪除[①]先人之敝庐，曰：'子其将来。'今子皮实来，小人失望。"大叔曰："吉贱，不获来，畏大国，尊夫人也。且孟[②]曰：'而将无事。'吉庶几焉。"

【注释】①粪除：打扫。②孟：指张趯。

【译文】张趯派人对游吉说："自从您回国之后，小人打扫了先人的房子，说：'您或许还要来！'如今子皮来了，小人失望。"游吉说："我地位低下不能前去，这是畏惧大国，尊敬夫人的缘故啊。何况您曾说过：'你即将没事了。'我或许是被您说中了。"

小邾穆公来朝。季武子欲卑之，穆叔曰："不可。曹、滕、二邾，实不忘我好，敬以逆之，犹惧其贰。又卑一睦，焉逆群好也？其如旧而加敬焉！《志》曰：'能敬无灾。'又曰：'敬逆来者，天所福也。'"季孙从之。

【译文】小邾穆公来鲁国朝见。季武子想要用低于诸侯的礼节接待他，叔孙豹说："不行。曹国、滕国、两个邾国，确实不忘跟我国的友好。恭敬地迎接他们，还担忧他们有二心。如果就此降低一个友好国家的地位，又怎么去对待其他友好的国家呢？还是按照以往的礼节来接待吧，而且要更加的恭敬！《志》说：'能恭敬就没有灾祸。'又说：'恭敬地迎接来宾，上天会予以赐福。'"季武子听从了。

八月，大雩，旱也。

【译文】八月，举办盛大的雩祭，这是由于旱灾的缘故。

齐侯田于莒，卢蒲嫳见，泣且请曰："余发如此种种[①]，余奚能为？”公曰：“诺，吾告二子。”归而告之。子尾欲复之，子雅不可，曰：“彼其发短而心甚长，其或寝处我矣。”九月，子雅放卢蒲嫳于北燕。

【注释】①种种：头发短的样子。

【译文】齐景公在莒地打猎，卢蒲嫳求见，一边哭泣一边请求说：“我的头发这样短少，我还能做什么？”景公说：“好，我会把你的请求告诉那两位。”回去后便告诉了子尾跟子雅。子尾想要恢复卢蒲嫳的官职。子雅不答应，说：“他的头发短少而心计长，他也许想要谋害我了。”九月，子雅把卢蒲嫳流放到北燕。

燕简公多嬖宠，欲去诸大夫而立其宠人。冬，燕大夫比[①]以杀公之外嬖。公惧，奔齐。书曰：“北燕伯款出奔齐。”罪之也。

【注释】①比：勾结。

【译文】燕简公有很多宠幸的人，希望除掉大夫们而立他宠幸的人为大夫。冬季，燕国大夫们勾结起来杀死简公宠幸的人。简公恐惧，逃到齐国。《春秋》记录说：“燕简公款逃到齐国。”这是归罪于他。

十月，郑伯如楚，子产相。楚子享之，赋《吉日》[①]。既享，子产乃具田备，王以田江南之梦。

【注释】①《吉日》：《诗经·小雅》中的篇名。这是描写周宣王打猎的诗。楚灵王借此诗表明将准备和郑简公一起打猎。

【译文】十月，郑简公到楚国去，子产做相礼。楚灵王设享礼款待郑简公，赋《吉日》诗。享礼结束，子产便准备了打猎的用具，楚灵王跟郑简公在江南的云梦泽狩猎。

齐公孙灶[①]卒。司马灶见晏子，曰："又丧子雅矣。"晏子曰："惜也！子旗不免，殆哉！姜族弱矣，而妫[②]将始昌。二惠竞爽[③]，犹可，又弱一个焉，姜其危哉！"

【注释】①公孙灶：指齐国子雅。②妫：指陈氏。③二惠：指子雅和子尾，二人都是齐惠公的后代。竞爽：精明强干。

【译文】齐国的公孙灶去世。司马灶去见晏子，说："又失去子雅了。"晏子说："可惜啊！子旗不能免于祸患，危险啊！姜氏衰弱了，而妫氏将要开始昌盛。惠公的两个子孙刚强明白，还可以维持姜氏，现在又失去了一个，姜氏恐怕危险了！"

昭公四年

【经】四年春王正月，大雨雹。夏，楚子、蔡侯、陈侯、郑伯、许男、徐子、滕子、顿子、胡子、沈子、小邾子、宋世子佐、淮夷会于申[①]。楚子执徐子。秋七月，楚子、蔡侯、陈侯、许男、顿子、胡子、沈子、淮夷伐吴，执齐庆封，杀之。遂灭赖[②]。九月，取鄫[③]。冬十有二月乙卯，叔孙豹卒。

【注释】①淮夷：周代淮水南北近海的夷人。申：地名，在今河南南阳北。②赖：赖国，在湖北随县境内。③鄫：鄫国，襄公六年被莒国所灭。在山东枣庄市东。

【译文】鲁昭公四年春季周历正月，鲁国下大冰雹。夏季，楚灵王、蔡灵侯、陈哀公、郑简公、许悼公、徐子、滕悼公、顿子、胡子、沈子、小邾穆公、宋国的太子佐、淮夷人在申地会见。楚国人拘捕了徐子。秋季七月，楚灵王、蔡灵侯、陈哀公、许悼公、顿子、胡子、沈子、淮夷人共同出兵攻打吴国，抓住了齐国的庆封，杀了他。接着以楚国为首的诸侯军队灭了赖国。九月，鲁国攻取了缯地。冬季十二月乙卯日，鲁国大夫叔孙豹去世。

【传】四年春，王正月，许男如楚，楚子止之，遂止郑伯，复田江南，许男与焉。

【译文】鲁昭公四年春季，周历正月，许悼公去了楚国，楚灵王留下了他，也留下了郑简公。又去江南狩猎，许悼公也参加了。

使椒举如晋求诸侯，二君待之。椒举致命[①]曰：“寡君使举曰：日君有惠，赐盟于宋，曰：‘晋、楚之从交相见也。’以岁之不易，寡人愿结欢于二三君，使举请间。君若苟无四方之虞，则愿假宠以请于诸侯。”晋侯欲勿许。司马侯曰：“不可。楚王方侈，天或者欲逞其心，以厚其毒[②]而降之罚，未可知也。其使能终，亦未可知也。晋、楚唯天所相[③]，不可与争。君其许之，而修德以待其归。若归于德，吾犹将事之，况诸侯乎？若适淫虐，楚将弃之，吾又谁与争？”曰：“晋有三不殆，其何敌之有？国险而多马，齐、楚多难。有是三者，何乡[④]而不济？”对曰：“恃险与马，而虞邻国之难，是三殆也。四岳、三涂、阳城、大室、荆山、中南，九州之险也，是不一姓。冀之北土，马之所生，无兴国焉。恃险与马，不可以为固也，从古以然。是以先王务修德音以亨神人，不闻其务险与马也。邻国之难，不可虞也。或多难以固其国，启其疆土；或无难以丧其国，失其守宇。若何虞难？齐有仲孙之难而获桓公，至今赖之。晋有里、丕之难而获文公，是以为盟主。卫、邢无难，敌亦丧之。故人之难，不可虞也。恃此三者，而不修政德，亡于不暇，又何能济？君其许之！纣作淫虐，文王惠和，殷是以陨[⑤]，周是以兴，夫岂争诸侯？”乃许楚使。使叔向对曰：“寡君有社稷之事，是以不获春秋时见。诸侯，君实有之，何辱命焉？”椒举遂请昏，晋侯许之。

【注释】①致命：传达命令。②毒：罪恶。③相：扶持。④乡：同“向”。⑤陨：灭亡。

【译文】楚灵王派椒举到晋国去请求会合诸侯，许悼公、郑简公留下等候消息。椒举传达楚灵王的话说：“我们国君派我来说：先前贵君对敝国有恩惠，赐予我国参加了宋国那次会盟，说：‘晋国、楚国的附属国相互朝见。’由于近年来国家多难，寡人愿意讨取各国君主的欢心。派我来请贵国国君在空闲时听取寡人的请求。贵国国君要是没有四方边境的忧患，那么想要借您的威宠请诸侯赴会。”晋平公想不答应。司马侯说：“不行。楚灵王正自大，上天或许希望让他满足心意，以增加他的罪过，从而对他降下惩处，这是说不定的事。可能让他获得善终，这也是说不定的事。晋、楚两国只能靠上天的帮助，不可彼此相争。君主还是答应他吧，而后修养德行以等着他的结局。要是楚王有德行，我们都要侍奉他呢，何况诸侯呢？如果楚王走向荒淫暴虐，楚国自己人就会丢弃他，又有谁来和我们争夺盟主地位呢？”晋平公说：“晋国有三个能够免除危险的保障，还有什么对手呢？我们国家的地势险要并盛产马匹，与此同时，齐国、楚国祸难还很多。有这三条，哪里会碰到敌手呢？”司马侯回答说：“依仗地势险要与盛产马匹，并且寄希望于邻国的祸难，这是三个危险的条件啊。四岳、三涂、阳城、大室、荆山、中南，都是九州中险要的地方，这些地方并不是一姓所有。冀州的北部，是出产马匹的地方，不过并没有出现国力兴盛的国家。依靠地势险要和盛产马匹，是不能够固守国家的，自古以来就是如此。故而先王必定修明德行来获取神明与百姓的支持，没有听说必定依仗险要地势和盛产马匹的。邻国的灾难，不能够认为是值得高兴的事。有的国家多难反而巩固了国家，开辟了疆土；有的国家没有灾难却亡了国，失去了疆土。如何能对邻国幸灾乐祸呢？齐国有公孙无知的灾难而得到了桓公，齐国至今还依赖着他的功业。晋国有里克、丕郑的祸难而获得了文公，故而做了盟主。卫国、邢国没有祸难，敌人也灭掉了它们。故而对别人的祸难是不应幸灾乐祸的。依靠这三条而不去治理政事跟修养德行，危亡都还来不及挽救，更何况是想要成功呢？君王还是同意他们吧！商纣王淫乱暴虐，周文王仁慈和蔼，殷商故而灭亡，周朝故而兴盛，难道在于争夺诸侯吗？”于是晋平公同意了楚使的请求，派叔向答复说：“我们国君有国家大事要处理，故而不能在春秋时节按时相见。诸侯，本来便是贵国国君所拥有的，何必再征求意见呢？”椒举便替楚王请求婚约，晋平公同意了。

楚子问于子产曰：“晋其许我诸侯乎？”对曰：“许君。晋君少安，不在诸侯。其大夫多求，莫匡其君。在宋之盟，又曰如一[②]，若不许君，将焉用之？”王曰：“诸侯其来乎？”对曰：“必来。从宋之盟，承君之欢，不畏大国，何故不来？不来者，其鲁、卫、曹、邾乎？曹畏宋，邾畏鲁，鲁、卫逼于齐而亲于晋，唯是不来。其余，君之所及也，谁敢不至？”王曰：“然则吾所求者，无不可乎？”对曰：“求逞[③]于人，不可；与人同欲，尽济。”

【注释】①匡：匡扶，扶助。②如一：同等对待晋国楚国。③逞：随心所欲。

【译文】楚灵王向子产询问说：“晋国会同意我会盟诸侯吗？”子产回答说：“会同意您的。晋平公安于小事，志向不在诸侯上面。他的大夫多贪求私欲，不能匡助国君。在宋国结盟时又说两国地位一样。要是不答应您，将用什么来对待盟约呢？”楚灵王说：“诸侯会来吗？”子产回答说：“必定会来的！既能遵守在宋国的盟约，获得您的欢心，又不用畏惧大国的征伐，为何不来？不来的，大概是鲁、卫、曹、邾几个国家吧？曹国担忧宋国，邾国担忧鲁国，鲁国、卫国和齐国临近而和晋国亲近，恐怕只有这几个国家不来。其余各国，是君王的影响力所能达到的，谁敢不来？”楚灵王说：“那么我所要求的事情就没有办不到的吗？”子产回答说：“只求在别人那里随心所欲，不行；和别人意愿一样，就什么事都能办成了。”

大雨雹。季武子问于申丰[①]曰：“雹可御乎？”对曰：“圣人在上，无雹，虽有，不为灾。古者日在北陆[②]而藏冰，西陆朝觌而出之[③]。其藏冰也，深山穷谷，固阴冱寒[④]，于是乎取之。其出之也，朝之禄位，宾、食、丧、祭，于是乎用之。其藏之也，黑牲、秬黍，以享司寒。其出之也，桃弧、棘矢，以除其灾。其出入也时。食肉之禄，冰皆与焉。大夫命妇，丧浴用冰。祭寒而藏之，献羔而启之，公始用之。火出而毕赋[⑤]。自命夫、命妇，至于老疾，无不受冰。山人取之，县人传之，舆人纳之，隶人藏之[⑥]。夫冰以风壮，而以风出。其藏之也周，其用之也遍，则冬无愆阳，夏无伏阴，春无凄风，秋无苦雨，雷不出震，无灾霜雹，疠疾不降，民不夭札。今藏川池之冰，弃而不用。风不越而杀，雷不发而震。雹之为灾，谁能御之？《七月》之卒章，藏冰之道也。”

【注释】①申丰：季武子家臣。②北陆：本指太阳冬季所在的方位，后来被人们用来代称冬天。北陆指虚宿和危宿。③西陆：代指秋天。朝觌（dí）：早晨出现。西陆指昴宿和毕宿。④冱（hù）寒：寒气凝结。冱，冻结。⑤火出而毕赋：大火星出现的时候，分冰结束。⑥山人取之，县人传之，舆人纳之，隶人藏之：山人、县人、舆人、隶人都是小官名称。

【译文】天降大冰雹。季武子向申丰询问说：“冰雹能够防止吗?”申丰回答说:“圣人在上,就没有冰雹。就算有,也不会成灾。古代,太阳运行到北陆二星宿时就藏冰,西陆二星宿在早上出现的时候便把冰取出来。当藏冰的时候,深山幽谷,严寒阴气凝聚不开,便在这些地方取冰。当取出冰的时候,朝廷中有禄位的人,遇到迎宾、膳食、丧葬、祭奠等事情的时候就取用。在储藏冰的时候,用黑公羊和黑黍来祭奠玄冥。当取出冰的时候,用桃木弓、荆棘箭来禳除灾难。冰的收藏取出都依照一定的时令。凡是有禄位的官吏,都能够享用冰。大夫跟妻子,死后洗身体也要用冰。祭祀玄冥之后收藏冰,用羔羊祭奠后才打开冰室。国君首先使用。大火星出现时把冰分配完毕,从受爵命的大夫及其妻子到退休的生病的,没有不分到冰的。管理山林的官员凿取冰,乡官负责运送,舆人接纳,隶人收藏。冰由于寒风而坚固,又由于春风而取出。它的收藏周密,它的使用普遍,那么冬季便没有过分的温暖,夏季便没有藏伏的阴气,春季没有寒风,秋季没有淫雨,雷鸣不击伤人,没有成灾的霜雹,瘟疫不降临,民众不夭折。如今收藏着江河池塘的冰放在那儿不使用,风不发散而草木凋零,雷不出声而人畜伤亡,冰雹成灾,谁可以防止它呢?《七月》的最后一章,说的便是藏冰的道理。”

夏,诸侯如楚,鲁、卫、曹、邾不会。曹、邾辞以难,公辞以时祭,卫侯辞以疾。郑伯先待于申。六月丙午,楚子合诸侯于申。椒举言于楚子曰:“臣闻诸侯无归[①],礼以为归。今君始得诸侯,其慎礼矣。霸之济否,在此会也。夏启有钧台之享,商汤有景亳之命,周武有孟津之誓,成有岐阳之蒐,康有酆宫之朝,穆有涂山之会,齐桓有召陵之师,晋文有践土之盟[②]。君其何用?宋向戌、郑公孙侨在,诸侯之良也，君其选焉。”王曰：“吾用齐桓。”王使问礼于左师与子产。左师曰：“小国习之，大国用之，敢不荐闻[③]？”献公合诸侯之礼六。子产曰：“小国共职，敢不荐守[④]？”献伯、子、男会公之礼六。君子谓合左师善守先代，子产善相小国。王使椒举侍于后以规过[⑤]，卒事不规。王问其故，对曰：“礼，吾所未见者有六焉，又何以规？”宋大子佐后至，王田于武城，久而弗见。椒举请辞焉。王使往，曰：“属有宗祧之事于武城，寡君将堕币[⑥]焉，敢谢后见。”徐子，吴出也，以为贰焉，故执诸申。楚子示诸侯侈，椒举曰：“夫六王、二公之事，皆所以示诸侯礼也，诸侯所由用命也。夏桀为仍之会，有缗叛之[⑦]。商纣为黎之蒐，东夷叛之。周幽为大室之盟，戎狄叛之。皆所以示诸侯汏也，诸侯所由弃命也。今君以汏，无乃不济乎？”王弗听。子产见左师曰：“吾不患楚矣，汏而愎谏[⑧]，不过十年。”左师曰：“然。不十年侈，其恶不远，远恶而后弃。善亦如之，德远而后兴。”

【注释】①归：归服，归心。②夏启有钧台之享，商汤有景亳之命，周武有孟津之誓，成有岐阳之蒐（sōu），康有酆宫之朝，穆有涂山之会，齐桓有召陵之师，晋文有践土之盟：均是历代君王会盟诸侯的重要事例。此处椒举列举这些事例是告诉楚灵王会盟的重要性。③荐闻：推荐自己所听说的。④荐守：推荐自己所一直尊奉职守的。⑤规过：纠正过失。⑥堕币：献币于宗庙。堕，输送。⑦仍：古国名，在今山东济宁市附近。有缗：即缗国，在山东金乡县。⑧汏：同“汰”，骄奢。愎谏：固执己意，不听规谏。

【译文】夏季，诸侯去楚国会盟，鲁、卫、曹、邾四国没有参加。

曹国、邾国以国内有祸乱来推辞，鲁昭公用当时正有祭祀为理由来推辞，卫襄公推托有病。郑简公先在申地等待。六月丙午日，楚灵王在申地会合诸侯。椒举对楚王说："我听说要让诸侯归服，只能依靠礼。如今您刚获得诸侯的拥护，对诸侯用礼要谨慎啊！霸业的成功与否，全在这次会面了。夏启有钧台的宴享，商汤有景亳的命令，周武王有孟津的盟誓，周成王有岐阳的田猎，周康王有酆宫的朝觐，周穆王有涂山的会面，齐桓公有召陵的会师，晋文公有践土的盟约，您打算采用哪一种方式？宋国的向戌、郑国的子产都在这儿，他们是诸侯大夫中的佼佼者，您可在他们之中进行选择。"楚王说："我打算采用齐桓公的方式。"楚灵王派人向向戌跟子产询问礼仪。向戌说："小国学习礼仪，大国运用礼仪，岂敢不进献我所知道的？"便呈上公侯会合诸侯的六种礼仪。子产说："小国供奉职守，岂敢不效忠尽职？"于是进献伯、子、男会见公侯的六种礼仪。君子觉得向戌擅长保持前代的礼仪，子产擅长辅佐小国。那时楚灵王派椒举侍立在身后，以便纠正他在仪式中的错误。直到仪式结束，椒举也没有什么纠正。楚灵王问他缘由，他回答说："这些礼仪，我未曾见到过的便有六种，又如何能纠正？"宋国的太子佐晚到了，楚灵王正在武城打猎，很久都不接见他。椒举请求向他解释，楚王便派人前去，说："在武城正好有宗庙祭奠的事，寡君将要向宗庙进献物品，谨为不能及时接见向您致歉！"徐国国君，是吴女所生的，楚王觉得他有二心，故而在申地抓住了他。楚灵王在诸侯面前表现得很骄纵，椒举说："那六王二公的事迹，都是用以向诸侯显示礼仪的，也是诸侯听从命令的缘由。夏桀举行仍地的会盟，缗国背叛了他。商纣举行黎丘的狩猎，东夷背叛了他。周幽王举办大室的盟会，戎狄背叛了他。这都是因为在诸侯面前表现出骄纵，所以诸侯背弃了命令。如今您太骄纵了，恐怕很难成功吧！”楚王不听。子产见到向戌说：“我不担忧楚国了，骄纵而拒谏，过不了十年。”向戌说：“是这样。骄纵不到十年，他的罪过还不能远播，罪过远播然后就会被上天抛弃。美好的德行也如此，德行远扬然后才能兴盛。”

秋七月，楚子以诸侯伐吴。宋大子、郑伯先归。宋华费遂、郑大夫从。使屈申围朱方，八月甲申，克之。执齐庆封而尽灭其族。将戮庆封，椒举曰：“臣闻无瑕者可以戮人。庆封唯逆命，是以在此，其肯从于戮乎？播于诸侯，焉用之？”王弗听，负之斧钺，以徇[①]于诸侯，使言曰：“无或如[②]齐庆封，弑其君，弱其孤，以盟其大夫。”庆封曰：“无或如楚共王之庶子围，弑其君、兄之子麇而代之，以盟诸侯。”王使速杀之。

【注释】①徇（xùn）：巡行示众。②无或：不要。

【译文】秋季七月，楚灵王领着诸侯进攻吴国。宋太子和郑简公先回国了，宋国的华费遂、郑国大夫随军出征。派屈申包围朱方，八月甲申日，攻下了朱方，抓住了齐国的庆封，并灭了他的全族。准备要杀死庆封的时候，椒举说：“我听说没有缺点的人才能惩处别人，庆封因为违抗君命，故而才到了这里，他会甘愿受死吗？如果将您的丑闻传扬到诸侯中去，那该怎么办呀？”楚王不听，让庆封背着斧钺，在诸侯军中巡游示众，强迫他说：“不要有人像齐国的庆封那样，杀死自己的国君，削弱国君的遗孤，来跟他的大夫们会盟！”庆封说：“不要有人像楚共王的庶子围那样，杀死自己的国君，也就是他哥哥的儿子麇而取代他当国君，来跟诸侯会盟。”楚王派人赶忙杀掉他。

遂以诸侯灭赖。赖子面缚衔璧，士袒，舆榇[①]从之，造于中军。王问诸椒举，对曰：“成王克许，许僖公如是，王亲释其缚，受其璧，焚其榇。”王从之。迁赖于鄢[②]。楚子欲迁许于赖，使斗韦龟与公子弃疾城之而还。申无宇曰：“楚祸之首，将在此矣。召诸侯而来，伐国而克，城竟莫校[③]。王心不违，民其居乎？民之不处，其谁堪之？不堪王命，乃祸乱也。”

【注释】①舆榇（yú chèn）：用车拉着棺材，表示有罪当死或就死之意。榇，棺材。②鄢（yān）：地名。在湖北宜城县境内。③校：反对，抵抗。

【译文】楚灵王于是带领诸侯灭亡了赖国。赖君双手反绑，口衔玉璧，赖国的士袒露着上身，抬着棺材跟着他，来到中军。楚王向椒举询问，椒举答复说：“成王攻下许国时，许僖公也是这样做的。成王亲自解开他的绳索，接受他的玉璧，烧了棺材。”楚灵王也按此方法照办了，把赖国迁往鄢地。楚灵王想把许国迁往赖地，派斗韦龟跟公子弃疾在那里筑城之后回国。楚国大夫申无宇说：“楚国祸难的开端，将会从这儿开始了。召集诸侯，诸侯就到，攻打别国就能攻下，在边境筑城没有人反抗。国君的心愿都能如意，民众难道能安居乐业吗？民众不能安居乐业，谁还忍受得了？不能忍受国君的命令，便开始产生祸乱。”

九月，取鄟，言易也。莒乱，著丘公立而不抚鄟，鄟叛而来，故曰取。凡克邑，不用师徒曰取。

【译文】九月，取得鄟地，这是说夺取得容易。莒国出现动乱，著丘公立为国君而不安抚鄟地。鄟地人背叛莒国而来投奔鲁国，故而说“取”。但凡得到城邑而不动用军队就称为“取”。

郑子产作丘赋[①]。国人谤之，曰：“其父死于路[②]，己为虿尾。以令于国，国将若之何？”子宽以告。子产曰：“何害？苟利社稷，死生以之。且吾闻为善者不改其度，故能有济也。民不可逞，度不可改。《诗》曰：‘礼义不愆，何恤于人言[③]。’吾不迁矣。浑罕曰：“国氏其先亡乎！君子作法于凉[④]，其敝犹贪。作法于贪，敝将若之何？姬在列者，蔡及曹、滕其先亡乎！逼而无礼。郑先卫亡，逼而无法。政不率法，而制于心。民各有心，何上之有？”

【注释】①丘赋：丘为春秋战国时的一种行政单位，原本不用服兵役和上缴军赋，现在子产进行改革，这部分人也要服兵役和上缴军赋。②其父死于路：指子产的父亲子国被尉止杀死一事。③礼义不愆（qiān），何恤于人言：礼义方面没有过失，就不用担心别人的议论。愆：过错。④凉：薄取。

【译文】郑国子产制定丘赋法，国人公开谴责他说：“他的父亲死在路上，他自己如同蝎子尾巴一样狠毒，他凭这些在国内发号施令，国家将要怎么办？”子宽把这些话告诉了子产。子产说：“担忧什么？要是对国家有利，生死都由它去。并且我听说干好事的人不改变他的原则，故而能有成就。民众不可放纵，原则不能够改变。《诗》说：‘礼义上没有过失，何必担忧别人议论呢？’我不会改变的。”子宽说：“国氏或许会先灭亡了吧！君子在轻赋税的基础上制定税法。其尚且可能产生贪婪的结果；在贪婪的基础上制定税法，后果将会如何呢？姬姓诸侯国，蔡国跟曹国、滕国大概会先灭亡吧！由于它们靠近大国而没有礼仪。郑国会在卫国之前灭亡，是由于它靠近大国而没有法度。政令不遵从法度，而由意志来决定。民众各有各的意志，还有什么人会尊崇朝廷呢？”

冬，吴伐楚，入棘、栎、麻，以报朱方之役。楚沈尹射奔命于夏汭[1]，咸尹宜咎城钟离[2]，薳启强城巢[3]，然丹城州来[4]。东国水，不可以城。彭生罢赖之师。

【注释】①沈尹：沈地的县尹。沈，在今安徽临泉县。射，人名。夏汭，地名，在今安徽凤阳县。②宜咎：人名，原来为陈国大夫，后出奔到楚国。钟离：地名，在今安徽凤阳县东北。③薳启：楚国大夫。巢：地名，在今安徽寿州县。④然丹：原为郑国大夫，后出奔到楚国。州来：古地名，在今安徽凤台县。

【译文】冬季，吴国进攻楚国，进入棘、栎、麻等地，为报复楚国攻打朱方的那次战役。楚国的沈尹射受命奔赴夏汭，咸尹宜咎在钟离筑城，薳启强在巢地修城，然丹在州来筑城。楚国东部多水患，不能够修城，彭生就停止了赖地军队的修城行动。

初，穆子[1]去叔孙氏，及庚宗[2]，遇妇人，使私为食而宿焉。

问其行，告之故，哭而送之。适齐，娶于国氏，生孟丙、仲壬。梦天压己，弗胜。顾而见人，黑而上偻，深目而豭喙[3]，号之曰：“牛！助余！”乃胜之。旦而皆召其徒，无之。且曰：“志之。”及宣伯奔齐，馈之。宣伯曰：“鲁以先子之故，将存吾宗，必召女。召女，何如？”对曰：“愿之久矣。”鲁人召之，不告而归。既立，所宿庚宗之妇人，献以雉。问其姓，对曰：“余子长矣，能奉雉而从我矣。”召而见之，则所梦也。未问其名，号之曰“牛”，曰：“唯。”皆召其徒，使视之，遂使为竖。有宠，长使为政。公孙明知叔孙于齐，归，未逆国姜，子明取之。故怒，其子长而后使逆之。田于丘莸[4]，遂遇疾焉。竖牛欲乱其室而有之，强与孟盟，不可。叔孙为孟钟，曰：“尔未际，飨大夫以落之。”既具，使竖牛请日。入，弗谒。出，命之日。及宾至，闻钟声。牛曰：“孟有北妇[5]人之客。”怒，将往，牛止之。宾出，使拘而杀诸外，牛又强与仲盟，不可。仲与公御莱书观于公，公与之环。使牛入示之。入，不示。出，命佩之。牛谓叔孙：“见仲而何？”叔孙曰：“何为？”曰：“不见，既自见矣。公与之环而佩之矣。”遂逐之，奔齐。疾急，命召仲，牛许而不召。

【注释】①穆子：鲁国叔孙豹。②庚宗：地名，在今山东泗水东。③豭（jiā）：公猪嘴。④丘莸（yóu）：鲁国地名，地址不详。⑤北妇：指国姜。

【译文】起初，叔孙豹离开他的宗族，抵达庚宗，遇到一位女子，让她为自己弄点吃的，并在她那儿留宿。女人问他的行动，叔孙豹把缘由告诉她，她哭着送走了叔孙豹。到了齐国，在国氏那儿娶了妻子，生了孟丙、仲壬。一天叔孙豹梦见天塌下来压着自己，支持不住了。回头看到一个人，黑色皮肤驼背，深邃眼睛公猪嘴的长相，便大声呼叫说："牛！帮我！"这才顶住了。天亮把他部下都召集来，没有像梦中看见的人。并对部下说："记住他的模样！"后来宣伯逃亡到齐国，叔孙豹赠给他食物。宣伯说："鲁国由于我们先人的缘故，将会保存我们的宗族，必定召你回国。要是召你回去，你打算怎么办？"叔孙豹说："我已经期望很久了。"鲁国召叔孙豹回去，叔孙豹没告诉宣伯就回国了。叔孙豹被立为卿之后，在庚宗留宿过的女子来向他献上野鸡。叔孙豹问她儿子的情况。女人回答说："我的儿子长大了，能捧着野鸡跟随我了。"把孩子召来进见，正是叔孙豹所梦见的人。没有问他名字，叔孙豹便大声叫他"牛"，孩子回答说："是。"叔孙豹把他部下全召集来，让他们看这个孩子，便让他做了小臣。牛很受宠信，长大之后便让他主管家政。在齐国的时候公孙明跟叔孙豹是知己，叔孙豹回国后，没有迎回国姜，公孙明便娶了她。故而叔孙豹迁怒于他两个儿子，长大之后才派人接回鲁国。叔孙豹在丘莸打猎，在那儿得了病。竖牛想搅乱他的家室而自己占有，硬要跟孟丙结盟，孟丙不答应。叔孙豹给孟丙铸了一口钟，说："你还没有跟人交往，在为大夫们举办享礼的时候举行钟的落成典礼。"孟丙对享礼准备充足之后，让竖牛请求叔孙豹定日子。竖牛进去了，没有把这件事报告给叔孙豹；出来后，自己以叔孙豹的名义定了日子。到了既定的日子，宾客来到，叔孙豹听见钟声。竖牛说："孟丙那儿有国姜的客人。"叔孙豹十分生气，准备前去，竖牛劝止了他。宾客回去之后，叔孙豹派人拘禁了孟丙并在外边把他杀死。竖牛又硬要跟仲壬结盟，仲壬不答应。仲壬跟昭公的御者莱书在公宫游玩，昭公赐给他玉环，仲壬让竖牛带进去给叔孙豹看。竖牛进去了，没有给叔孙豹看。出来后，竖牛假传叔孙豹的话让仲壬自己佩戴。竖牛却对叔孙豹说："让仲壬进见国君如何？"叔孙豹说："为什么？"竖牛说："不让他进见，他自己已经去见过了。国君赐给他玉环已经佩戴在身上了。"于是叔孙豹就放逐了仲壬，仲壬逃往齐国。叔孙豹病危，命令召回仲壬，竖牛口头同意却不召他回来。

杜泄[1]见，告之饥渴，授之戈。对曰："求之而至，又何去焉？"竖牛曰："夫子疾病，不欲见人。"使置馈于个而退。牛弗进，则置虚，命彻。十二月癸丑，叔孙不食。乙卯，卒。牛立昭子[2]而相之。

【注释】①杜泄：叔孙豹家臣。②昭子：叔孙豹庶子叔孙婼（ruò）。

【译文】杜泄进见，叔孙豹告诉他自己又饿又渴，把戈交给杜泄让他杀了竖牛。杜泄回答说："找他他来了，又为何要除掉他？"竖牛说："老人家病很重，不想见人。"让人把送来的食物放到厢房里退出去。竖牛不把食物献上去，而是将食物倒掉，让人撤掉食具。十二月癸丑日，叔孙豹开始不吃东西。乙卯日，叔孙豹去世。竖牛立昭子并辅佐他。

公使杜泄葬叔孙。竖牛赂叔仲昭子与南遗[1]，使恶杜泄于季孙而去之。杜泄将以路[2]葬，且尽卿礼。南遗谓季孙曰："叔孙未乘路，葬焉用之？且家卿无路，介卿以葬，不亦左[3]乎？"季孙曰：

"然。"使杜洩舍路。不可，曰："夫子受命于朝，而聘于王。王思旧勋而赐之路。复命而致之君，君不敢逆王命而复赐之，使三官书之。吾子为司徒，实书名。夫子为司马，与工正书服。孟孙为司空，以书勋。今死而弗以，是弃君命也。书在公府而弗以，是废三官也。若命服，生弗敢服，死又不以，将焉用之？"乃使以葬。

【注释】①叔仲昭子：名带，叔孙氏的别支叔仲氏。南遗：季孙氏的家臣。②路：同"辂"。这里指周穆王赐给叔孙豹的车。③左：不正当。

【译文】昭公派杜洩安葬叔孙豹。竖牛贿赂叔仲昭子跟南遗，让他们在季孙那儿说杜洩的坏话从而除掉他。杜洩打算用路车随葬，而且全部用卿的礼仪安葬。南遗对季孙说："叔孙豹没有乘坐过路车，怎么能用它随葬呢？何况正卿没有路车，副卿用它随葬，这不是不合适吗？"季孙说："是的。"让杜洩放弃用路车安葬。杜洩不答应，说："他老人家在朝廷上接受命令，到天子那儿聘问。天子想到过去的功勋而赐给他路车。回来复命时将它上交国君。国君不敢违反天子的命令而再次赐予他，让三位官员记录这件事。您做司徒，记录姓名。他老人家做司马，让工正记录车服。孟孙做司空，记录功勋，如今他死了而不用路车随葬，这是抛弃国君的命令。记录藏在公府而不用路车，这是废弃了三位记录的官员。如果国君命令使用的车服，活着不敢使用，死后又不用来随葬，将何时使用它？"季孙这才答应用路车随葬。

季孙谋去中军。竖牛曰："夫子固欲去之。"

【译文】季孙谋划除掉中军。竖牛说："他老人家原本就想除掉它了。"

昭公五年

【经】五年春王正月，舍中军。楚杀其大夫屈申。公如晋。夏，莒牟夷以牟娄及防、兹来奔①。秋七月，公至自晋。戊辰，叔弓帅师败莒师于蚡泉②。秦伯③卒。冬，楚子、蔡侯、陈侯、许男、顿子、沈子、徐人、越人伐吴。

【注释】①牟夷：莒国大夫。牟娄，地名，在今山东诸城县西。防：地名，在今山东安丘西南。兹：地名，在今山东诸城县北。②蚡泉：地名，大概在莒国和鲁国交界处。③秦伯：即秦景公。

【译文】鲁昭公五年春季周历正月，鲁国废除中军。楚国杀了他们的大夫屈申。鲁昭公到晋国去。夏季，莒国的牟夷来投奔鲁国并献上牟娄和防、兹等地。秋季七月，鲁昭公从晋国回来。戊辰日，鲁国的叔弓率领军队在蚡泉打败莒国军队。秦景公去世。冬季，楚灵王、蔡灵侯、陈哀公、许悼公、顿子、沈子、徐国人、越国人联合攻打吴国。

【传】五年春，王正月，舍中军，卑公室也。毁中军于施氏，成诸臧氏。初，作中军，三分公室而各有其一。季氏尽征之，叔孙氏臣其子弟，孟氏取其半焉。及其舍之也，四分公室，季氏择二，二子各一，皆尽征之，而贡于公。

【译文】五年春季，周历正月，鲁国撤掉了中军建制，这是为了进一步削弱公室。这一决定在施氏家中开始策划，在臧氏家中最终形成。先前设立中军时，把公室的军队一分为三，季孙、叔孙、孟孙三家各自掌握一军。对各自掌握的军队，季孙氏的部队全都采用征收田赋或卒乘的方式；叔孙氏则把年轻力壮者当作奴隶兵对待，年老体弱者作为自由民对待；孟孙氏则一半为自由民，一半为奴隶兵。这次撤销中军以后，则把原来属于公室的军队一分为四，季孙氏得到两部分，叔孙、孟孙各占一部分，全都采取征兵或征税的方式，而后向公室交纳一定贡赋。

以书使杜洩告于殡，曰："子固欲毁中军，既毁之矣，故告。"杜洩曰："夫子唯不欲毁也，故盟诸僖闳，诅诸五父之衢。"受其书而投之，帅士而哭之。

【译文】季孙用策书的形式让杜洩把此事在叔孙豹的灵柩前告知，说："您本来就想要撤销中军建制，如今把它撤去了，特此向您报告。"杜洩说："叔孙豹正由于不愿意撤去中军，故而才在僖公庙门口盟誓，又在五父之衢诅咒发誓。"杜洩接过策书后扔到地上，领着众人大哭起来。

叔仲子谓季孙曰："带受命于子叔孙曰：'葬鲜[①]者自西门。'"季孙命杜洩。杜洩曰："卿丧自朝，鲁礼也。吾子为国政，未改礼，而又迁之。群臣惧死，不敢自也。"既葬而行。

【注释】①鲜：非寿终正寝而死。

【译文】叔仲子对季孙说："叔孙豹曾命令我说：'给未能善终的人送葬要从西门经过。'"季孙让杜洩从西门出城。杜洩说："卿的丧礼要从朝廷的正门出去，这是鲁国一贯的礼制。您主持国政，未经正式修改却随意进行变更，群臣害怕招来杀身之祸，不敢不服从您的决定。"安葬叔孙豹之后，杜洩去了楚国。

仲至自齐，季孙欲立之。南遗曰："叔孙氏厚，则季氏薄。彼实家乱，子勿与知，不亦可乎？"南遗使国人助竖牛以攻诸大库之庭。司宫射之，中目而死。竖牛取东鄙三十邑，以与南遗。

【译文】仲壬从齐国回来，季孙想要立他为叔孙氏的继承人。南遗说："叔孙氏一旦强大，季孙氏便会被削弱。他们内部出现了家乱，您就装做不知道这回事，不也能行吗？"南遗又让人帮助竖牛在大库的庭院中进攻仲壬，司宫一箭射中仲壬的眼睛，将仲壬杀死。竖牛把东部边境的三十座城邑送给南遗。

昭子即位，朝其家众，曰："竖牛祸叔孙氏，使乱大从，杀嫡立庶，又披其邑，将以赦罪，罪莫大焉。必速杀之。"竖牛惧，奔齐。

孟、仲之子杀诸塞关之外，投其首于宁风之棘上。仲尼曰：“叔孙昭子之不劳，不可能也。周任有言曰：‘为政者不赏私劳，不罚私怨。’《诗》云：‘有觉德行，四国顺之。’”

【译文】昭子成为叔孙氏的继承人，把家族的人召集起来说：“竖牛祸乱叔孙氏，把重大的秩序扰乱了。杀死嫡子，立了庶子，又把封邑分给他人，想要逃避自己的罪责。他罪大恶极，一定要尽快除掉！”竖牛十分害怕，逃往齐国。后来孟丙跟仲壬的儿子，在塞关之外把他杀了，并把他的头扔到宁风的草丛中。孔子说：“昭子不因竖牛拥立自己，就不对竖牛的作乱行为进行惩处，这是难得可贵的。周任曾说过：‘执政的人决不能奖赏私功，也不能惩处私怨。’”《诗经》也说：“君主德行正直，四方国家归顺。”

初，穆子之生也，庄叔[①]以《周易》筮之[②]，遇《明夷》䷣之《谦》䷎，以示卜楚丘。楚丘曰：“是将行，而归为子祀。以谗人入，其名曰牛，卒以馁死[③]。《明夷》，日也。日之数十，故有十时，亦当十位。自王已下，其二为公，其三为卿。日上其中，食日为二，旦日为三。《明夷》之《谦》，明而未融，其当旦乎，故曰‘为子祀’。日之《谦》，当鸟，故曰‘明夷于飞’。明而未融，故曰‘垂其翼’。象日之动，故曰‘君子于行’。当三在旦，故曰‘三日不食’。《离》，火也。《艮》，山也。《离》为火，火焚山，山败。于人为言，败言为谗，故曰‘有攸往，主人有言’，言必谗也。纯《离》为牛，世乱谗胜，胜将适《离》，故曰‘其名曰牛’。谦不足，飞不翔，垂不峻，翼不广，故曰

‘其为子后乎’。吾子，亚卿也，抑少不终。”

【注释】①庄叔：穆叔叔孙豹的父亲叔孙得臣。②筮之：占卜。③馁死：饿死。

【译文】起初，叔孙豹出生时，其父亲庄叔曾用《周易》进行占筮，结果是明夷卦变成谦卦，把这一结果拿给卜楚丘看。楚丘说：“这表明这个孩子以后要逃到国外，不过最后能回来为您祭祀，回来时带着一个奸邪之人，此人名牛。他将会因饥饿而死。明夷便是太阳，太阳的数目是十，一天被分为十个时段，也是有十个位次相配。从王以下，第二是公，第三是卿。太阳在天空正中时相当于王，食时之日相当于公，刚升起时则相当于卿。明夷卦变为谦卦，说明天即使亮了不过太阳还没有升高，大体相当于刚刚升起时的情况，故而说他能够为您祭奠。太阳变为谦卦时，相配于鸟，故而说明夷飞翔。天即使亮了但太阳还没有升高，故而说垂着翅膀。又象征太阳的运行，故而说君子要出奔。太阳刚刚离开地面时相当于第三位，故而说三天不吃东西。离为火，艮为山。火烧山，山便会烧毁。离对人来说便是言语，说别人的坏话便是谗言，故而说有人离去，主人要说话。这话必定是谗言。与离相配的是牛，社会动荡不安，谗言坏话得逞，一旦得逞便会归于离，故而说这个奸邪之人叫牛。谦便是不能满足，即使能飞但飞不远，下垂便是飞不高，有翅膀，不过飞不太远。故而说他基本能成为您的继承人。您是亚卿，您的继承人寿长却难得善终。”

楚子以屈申为贰于吴，乃杀之。以屈生为莫敖，使与令尹子荡如晋逆女。过郑，郑伯劳子荡于汜①，劳屈生于菟氏②。晋侯送女于邢丘③。子产相郑伯，会晋侯于邢丘。

【注释】①汜：郑地，位于今河南襄城县南。②菟氏：郑地，现在河南尉氏县西北。③邢丘：古地名，现在河南温县境内。

【译文】楚灵王觉得屈申暗中勾结吴国，于是把他杀死。任命屈生为莫敖，并派他跟令尹子荡到晋国迎亲。路过郑国时，郑简公在汜地慰劳子荡，在菟氏慰劳屈生。晋平公把女儿送至邢丘，子产作为郑简公的相礼在邢丘会盟平公。

公如晋，自郊劳至于赠贿，无失礼。晋侯谓女叔齐曰："鲁侯不亦善于礼乎？"对曰："鲁侯焉知礼？"公曰："何为？自郊劳至于赠贿，礼无违者，何故不知？"对曰："是仪也，不可谓礼。礼所以守其国，行其政令，无失其民者也。今政令在家，不能取也。有子家羁，弗能用也。奸大国之盟，陵虐小国。利人之难，不知其私。公室四分，民食于他。思莫在公，不图其终。为国君，难将及身，不恤其所。礼之本末，将于此乎在，而屑屑焉习仪以亟。言善于礼，不亦远乎？"君子谓叔侯于是乎知礼。

【译文】昭公前去晋国，从开始时的郊劳之礼直至结束时的赠礼，都没有失礼之处。平公对女叔齐说："鲁侯不也很精通礼吗？"女叔齐说："鲁侯哪儿懂得礼呢？"平公说："为什么这么说？从郊劳直到赠礼，没有任何一处违礼，他如何不懂礼呢？"女叔齐说："这仅仅是仪式，不能算是礼。礼是用来保护国家，推行政令，拥有民众的工具。如今鲁国的政权都落在大夫之手，国君无力收回；有子家羁这样的贤人却不能被重用；违背与大国之间的盟约，欺压小国；利用别国的动乱乘机侵略，却不知道自己也面临危难；公室的军队一分为四，民众依靠三家大夫养活，臣民心中已经没有了国君的位置，国君自己也根本不再思考后果。作为国君灾难即将降临，却丝毫也不担忧。礼的根本跟枝节都在这几个方面，而他却只急于学习一些无关紧要的仪式。说他精通礼，不是相差太远了吗？”君子觉得女叔齐在这个问题上很懂得礼。

晋韩宣子如楚送女，叔向为介。郑子皮、子大叔劳诸索氏[①]。大叔谓叔向曰：“楚王汰侈已甚，子其戒之。”叔向曰：“汰侈已甚，身之灾也，焉能及人？若奉吾币帛，慎吾威仪，守之以信，行之以礼，敬始而思终，终无不复。从而不失仪，敬而不失威，道之以训辞，奉之以旧法，考之以先王，度之以二国，虽汰侈，若我何？”

【注释】①索氏：郑国地名，现在河南荥阳境内。

【译文】晋国韩宣子去楚国送亲，叔向做副手。郑国子皮、子太叔在索氏慰问他们。太叔对叔向说：“楚王骄纵过分，您还是戒备一点他。”叔向说：“骄纵太过分，是他自身的灾难，哪能涉及到别人？如果能奉献我们的礼物，谨慎地保持我们的威仪，遵守信用，遵循礼仪，慎始慎终，不可能不安然回国。顺从而不失仪节，恭慎而不失威严，以古圣先贤的言语作引导，遵行旧时的法度，用先王的事情进行参考，把两国的利害得失进行权衡，楚王即使骄纵，能把我如何？”

及楚，楚子朝其大夫，曰："晋，吾仇敌也。苟得志焉，无恤其他。今其来者，上卿、上大夫也。若吾以韩起为阍[①]，以羊舌肸为司宫[②]，足以辱晋，吾亦得志矣。可乎？"大夫莫对。薳启强曰："可。苟有其备，何故不可？耻匹夫不可以无备，况耻国乎？是以圣王务行礼，不求耻人，朝聘有珪，享眺[③]有璋。小有述职，大有巡功。设机而不倚，爵盈而不饮；宴有好货，飧[④]有陪鼎，入有郊劳，出有赠贿，礼之至也。国家之败，失之道也，则祸乱兴。城濮之役，晋无楚备，以败于邲。邲之役，楚无晋备，以败于鄢。自鄢以来，晋不失备，而加之以礼，重之以睦，是以楚弗能报而求亲焉。既获姻亲，又欲耻之，以召寇仇，备之若何？谁其重此？若有其人，耻之可也。若其未有，君亦图之。晋之事君，臣曰可矣：求诸侯而麇[⑤]至；求昏而荐女，君亲送之，上卿及上大夫致之。犹欲耻之，君其亦有备矣。不然，奈何？韩起之下，赵成、中行吴、魏舒、范鞅、知盈[⑥]；羊舌肸之下，祁午、张趯、籍谈、女齐、梁丙、张骼、辅跞、苗贲皇[⑦]，皆诸侯之选也。韩襄为公族大夫，韩须受命而使矣。箕襄、邢带、叔禽、叔椒、子羽，皆大家也。韩赋七邑，皆成县[⑧]也。羊舌四族，皆强家也。晋人若丧韩起、杨肸[⑨]，五卿八大夫辅韩须、杨石，因其十家九县，长毂[⑩]九百，其余四十县，遗守四千，奋其武怒，以报其大耻，伯华谋之，中行伯、魏舒帅之，其蔑不济矣。君将以亲易怨，实无礼以速寇，而未有其备，使群臣往遗之禽，以逞君心，何不可之有？"王曰："不穀之过也，大夫无辱。"厚为韩子礼。王欲敖叔向以其所不知，而不能，亦厚其礼。

【注释】①阍：守门人。②羊舌肸：即叔向。司宫：宫内之官，必须受宫刑。③眺：觐见。④飧（sūn）：晚饭，亦泛指熟食，饭食。⑤麇（qún）：成群。⑥赵成、中行吴、魏舒、范鞅、知盈：这五人皆是晋国名将。⑦祁午、张趯、籍谈、女齐、梁丙、张骼、辅跞、苗贲皇：这八人皆是晋国名大夫。⑧成县：大县。⑨杨肸：羊舌肸的封地在杨，所以又称为杨肸。⑩长毂：车轮中心较长的承轴圆木，这里指兵车。

【译文】到了楚国，楚灵王让大夫们上朝，说："晋国，是我们的仇敌。要是能在它面前达成我们的愿望，就不必顾忌其他。如今他们派来的人，是上卿和上大夫。要是我们让韩起做守门人，让叔向做宫内之官，这样就能够羞辱晋国，我们也满足愿望了，行吗？"大夫们没有一个人答复。薳启强说："可以。只是要做防备，为什么不行呢？羞辱一个普通人都不能够没有防备，何况羞辱一个国家呢？故而圣明的君主一定遵行礼仪，不随意羞辱别人。朝见聘问有珪，宴享觐见有璋，小国有述职的规矩，大国有巡守的制度，设置了几而不靠，爵中酒满而不饮用，宴会时送给好的礼品，吃饭时加上好的菜肴。宾客入境有郊外的慰问，出境有赠送的财物，这些全是礼仪的最高形式。国家的衰败，是因为不遵行这些道理，祸乱就会出现。城濮战役，晋国得胜而没有防备楚国，故而在邲吃了败仗。邲地战役，楚国得胜而没有防备晋国，故而在鄢吃了败仗。自从鄢地战役以来，晋国没有疏忽防备，并且对楚国礼仪有加，以和睦为重，故而楚国不能报仇而要求婚姻了。既然获得了婚姻的亲戚关系，又想要羞辱他们，来自招仇敌，又能如何防备它呢？谁来承担这个责任？要是有承担责任的人，羞辱他们是可行的。要是没有这样的人，君王还是好好考虑一下。晋国事奉君王，臣下认为很周到了。要求会合诸侯，诸侯就一块到来，求婚就进奉女子，国君亲自送亲，上卿跟上大夫护送到我国。还想要羞辱他们，君王可能也是做好防备了。不如此，到时候该怎么办？韩起之下，有赵成、中行吴、魏舒、范鞅、知盈；叔向之下，有祁午、张趯、籍谈、女齐、梁丙、张骼、辅跞、苗贲皇，都是诸侯所应当选拔的良臣。韩襄做公族大夫，韩须接受命令而出使。箕襄、邢带、叔禽、叔椒、子羽，都是大家族。韩氏征收赋税的七个城邑，全是大县。羊舌氏四族，全是强盛的家族。晋国人要是失去韩起、叔向，五卿八大夫辅助韩须、杨石，依赖他们十一家九县，战车九百辆，其余四十县，留守的战车还有四千辆，振奋他们的勇武，来报复他们的奇耻大辱，伯华出谋划策，中行伯、魏舒统帅军队，恐怕就没有不成功的了。君王即将把亲近换成怨仇，真的是无礼而迅速招来敌人，却又没有防备，等于是让群臣前去给晋国当俘虏，以此来满足君王的心意，有什么不可以做的呢？”楚灵王说：“这是我的过失，大夫不要再说了。”因而对韩起厚加优礼。楚王希望用叔向不知道的事物来傲视他，不过办不到。于是也对他厚加优礼。

韩起反，郑伯劳诸圉[①]。辞不敢见，礼也。

【注释】①圉：古地名，在今河南杞县南。

【译文】韩起回国，郑简公在圉地慰问他。韩起不敢劳烦郑国国君亲自来慰问，因而辞谢不敢进见郑简公，这是合乎礼的。

郑罕虎如齐，娶于子尾氏。晏子骤见之，陈桓子问其故，对曰：“能用善人，民之主也。”

【译文】郑国的子皮到了齐国，在子尾氏家娶妻。晏子屡次觐见他，陈桓子问他缘由，晏子回答说："子皮能任用善人，是民众的主人。"

夏，莒牟夷以牟娄及防、兹来奔。牟夷非卿而书，尊地也。莒人诉于晋，晋侯欲止公。范献子曰："不可。人朝而执之，诱也。讨不以师，而诱以成之，惰也。为盟主而犯此二者，无乃不可乎？请归之，间[①]而以师讨焉。"乃归公。

【注释】①间：间隙。

【译文】夏季，莒国的牟夷带了牟娄及防地、兹地前来投靠。牟夷不是卿而在《春秋》中记录他的名字，是由于看重这些地方。莒国人向晋国控诉，晋平公想要扣留昭公。范献子说："不行。鲁昭公来朝聘却被拘留，这是引诱。征讨不用军队，而用引诱的方式获得成功，这是怠惰。作为盟主而犯了这两条，恐怕不行吧？请让他回去，找机会再用军队征讨他。"便让昭公回国。

秋七月，公至自晋。莒人来讨，不设备。戊辰，叔弓败诸蚡泉，莒未陈也。

【译文】秋季七月，昭公从晋国回到鲁国。莒国人前来攻打，没有设防。十四日，叔弓在蚡泉击败了他们，是由于莒国还没有摆好阵势。

冬十月，楚子以诸侯及东夷伐吴，以报棘、栎、麻之役[1]。薳射以繁扬[2]之师，会于夏汭。越大夫常寿过帅师会楚子于琐[3]。闻吴师出，薳启强帅师从之，遽不设备，吴人败诸鹊岸[4]。楚子以驲至于罗汭[5]。吴子使其弟蹶由犒师，楚人执之，将以衅鼓[6]。王使问焉，曰："女卜来吉乎？"对曰："吉。寡君闻君将治兵于敝邑，卜之以守龟[7]，曰：'余亟使人犒师，请行以观王怒之疾徐，而为之备，尚克知之[8]。'龟兆告吉，曰：'克可知也。'君若欢焉，好逆使臣，滋敝邑休怠，而忘其死，亡无日矣。今君奋焉，震电冯怒[9]，虐执使臣，将以衅鼓，则吴知所备矣。敝邑虽羸，若早修完，其可以息师。难易有备，可谓吉矣。且吴社稷是卜，岂为一人？使臣获衅军鼓，而敝邑知备，以御不虞，其为吉，孰大焉？国之守龟，其何事不卜？一臧一否[10]，其谁能常之？城濮之兆，其报在邲[11]。今此行也，其庸[12]有报志？"乃弗杀。楚师济于罗汭，沈尹赤会楚子，次于莱山[13]。薳射帅繁扬之师，先入南怀，楚师从之。及汝清[14]，吴不可入。楚子遂观兵于坻箕之山[15]。是行也，吴早设备，楚无功而还，以蹶由归。楚子惧吴，使沈尹射待命于巢，薳启强待命于雩娄[16]，礼也。

【注释】①棘、栎、麻之役：昭公四年冬，吴国曾入侵楚国。②繁扬：古地名，在今河南新蔡县。③琐：楚地，在今安徽霍邱县东。④鹊岸：古地名，在今安徽无为县南到铜陵市北的长江北岸一带。⑤驲（rì）：古代驿站专用的车。罗汭：汨罗江，在今湖南汨罗县。⑥衅鼓：古代战争时，用人血或者牲畜血涂抹在战鼓之上以祭鼓。⑦守龟：天子诸侯占卜用的龟甲。⑧尚克知之：如果能够战胜（敌人），就让（我们）知道。⑨冯怒：大怒。⑩臧：吉祥，善，好。否：不好，坏，恶。⑪城濮之兆，其报在邲：晋、楚两国城濮之战，开战前楚国占卜结果为吉，结果战败，后来在邲之战，楚国才获胜。⑫其庸：岂不是。⑬莱山：可能为河南光山县南的天台山。⑭南怀、汝清：都是楚地名，大约在长江与淮河之间。⑮坻箕之山：即安徽巢县南的踟蹰山。⑯雩娄：古地名，在今安徽金寨县北。

【译文】冬季十月，楚灵王率诸侯和东夷攻打吴国，以报复吴国入侵棘地、栎地、麻地的那次战役。薳射率领繁扬的军队在夏汭与楚王会师，越国大夫常寿过率领军队在琐地和楚王会合，听到吴军出兵的消息，薳启强带兵迎击吴军，仓猝间没有设防，吴国军队在鹊岸击败了他。楚灵王坐驿车到达罗汭。吴王派他的弟弟蹶由犒劳楚军，楚国人抓住了他，准备杀了他，用他的血祭鼓。楚王派人问他说："你来的时候占卜过是否吉利吗？"蹶由答复说："吉利。寡君听说您将在敝国用兵，用守龟占卜这事，说：'我立刻派人去犒劳军队，请求前去观察楚王发怒的程度而做好相应的准备，但愿能让我知道此战的吉凶！'占卜的龟兆告知我们吉利，说：'成功能够预知。'楚王要是高兴友好地迎接我国使臣，就会滋长敝国的懈怠，而让我们忘却了将要面临死亡的威胁，那么我国的灭亡也就没多久了。如今您勃然大怒，暴虐地抓捕我国使臣，并想用使臣来祭鼓，那么吴国就知道需要防备了。敝国即使疲弱，要是早日把城郭修缮完备，也许能够阻止贵军。不论祸难还是平安，都做了防备，可以说是吉利了。并且吴国占卜的对象是国家，哪里是为了使臣我一个人呢？使臣能够血祭军鼓，而使敝国知道需要进行防备，以抵御意外，还有比这更大的吉利吗？国家的守龟，什么事不能占卜出来？是吉是凶，谁可以保证一定能知道呢？城濮之战占卜的龟兆，它的应验在郯地，我今日此行吉利的预兆，难道也将应验吗？”于是楚王没有杀他。楚军从罗汭渡河，沈尹赤跟楚灵王会合，驻扎在莱山。薳射领着繁扬的军队首先进入南怀，楚军跟着进入，抵达汝清。楚国无法进攻吴国。楚王便在坻箕山检阅军队。此次行动，由于吴国早有防备，楚军无功而返，押着蹶由回国了。楚王害怕吴国进犯，让沈尹射在巢地待命，薳启强在雩娄待命，这是合于礼的。

秦后子复归于秦，景公卒故也。

【译文】秦景公的弟弟又回到秦国，是由于景公去世的缘故。

昭公六年

【经】六年春王正月，杞伯益姑[①]卒。葬秦景公。夏，季孙宿如晋。葬杞文公。宋华合比出奔卫。秋九月，大雩。楚薳罢帅师伐吴。冬，叔弓如楚。齐侯伐北燕。

【注释】①杞伯益姑：即杞文公，名益姑。

【译文】鲁昭公六年春季周历正月，杞文公益姑去世。安葬秦景公。夏季，鲁国大夫季孙宿到晋国去。安葬杞文公。宋国大夫华合比出逃到卫国。秋季九月，鲁国举行大规模的求雨祭祀。楚国大夫薳罢率领军队攻打吴国。冬季，鲁国大夫叔弓到楚国去。齐景公出兵攻打北燕国。

【传】六年春，王正月，杞文公卒，吊如同盟，礼也。

【译文】鲁昭公六年春季，周历正月，杞文公去世。鲁国前去吊唁如同对待同盟国，这是合乎礼的。

大夫如秦，葬景公，礼也。

【译文】鲁国大夫到秦国去，参加秦景公的葬礼，这是合乎礼的。

三月，郑人铸刑书[①]。叔向使诒子产书，曰："始吾有虞于子，今则已矣。昔先王议事以制[②]，不为刑辟[③]，惧民之有争心也。犹不可禁御，是故闲之以义[④]，纠之以政，行之以礼，守之以信，奉之以仁，制为禄位以劝其从，严断刑罚以威其淫。惧其未也，故诲之以忠，耸之以行[⑤]，教之以务，使之以和，临之以敬，莅之以强，断之以刚。犹求圣哲之上，明察之官，忠信之长，慈惠之师，民于是乎可任使也，而不生祸乱。民知有辟，则不忌于上，并有争心，以征于书，而徼幸以成之，弗可为矣。夏有乱政而作《禹刑》，商有乱政而作《汤刑》，周有乱政而作《九刑》，三辟之兴，皆叔世也。今吾子相郑国，作封洫，立谤政，制参辟，铸刑书，将以靖民，不亦难乎？《诗》曰：

‘仪式刑文王之德，日靖四方[⑥]。’又曰：‘仪刑文王，万邦作孚[⑦]。’如是，何辟之有？民知争端矣，将弃礼而征于书。锥刀之末[⑧]，将尽争之。乱狱滋丰，贿赂并行，终子之世，郑其败乎？肸闻之：‘国将亡，必多制。’其此之谓乎！”

【注释】①郑人铸刑书：郑国将刑法条文铸在鼎上，使百姓知晓。②议事以制：度量事情的轻重，来断定罪行的大小。议，通“仪”，推测，度量。制，断定。③刑辟：刑法。辟，法律。④闲之以义：用道义来防范。闲，防止，限制。⑤耸之以行：用好的行为来劝勉。耸，劝勉。⑥仪式刑文王之德，日靖四方：出自《诗经·大雅·文王》。指效仿文王的德行，能够每天安定四方。仪式刑，取法，效法。⑦仪刑文王，万邦作孚：效法文王，万邦信赖。⑧锥刀之末：锥刀指刻字的工具，锥刀之末这里指刑书里的字句。

【译文】三月，郑国把刑法铸在鼎上。叔向派人送给子产一封信，说：“开始我对您寄予希望，如今不这么想了。先前先王衡量事情的轻重来判罪而不制定刑法，这是担心民众有争执之心。即使这样还是不能防止犯罪，故而用道义来防范，用政令来约束，用礼仪来奉行，用信用来保持，用仁爱来奉养，制定禄位以勉励服从的人，严厉地判罪来威慑放纵的人。还担心不能有效果，所以用忠诚来训诫他们，依据行为来奖赏他们，用专业知识教导他们，用和悦的态度使用他们，用恭敬去面对他们，用威严来管理他们，用坚决的态度判断他们的罪行。还要访求聪明贤能的卿、懂得事理的官吏、忠诚守信的乡长、慈祥和蔼的老师，民众在此种情形下才可以任用，而不至于出现祸乱。民众知道有法律，便对地位高的人不恭敬。大家都有争夺之心，用刑法作为根据，以求能侥幸得到成功，那么民众就没法治理了。夏朝有违犯政令的人，于是制定了《禹刑》。商朝有触犯政令的人，于是制定了《汤刑》。周朝有触犯政令的人，于是制定了《九刑》。三种法律的出现，都处于这三朝的末世。如今您辅助郑国，划定田界水沟，推行备受批评的政事，制定类似夏、商、周三种法规的刑书，并把它铸在鼎上，准备用这样的办法来安定民众，不也是很难的吗？《诗》说：'学习文王的德行，每天抚定四方。'又说：'效法文王，万邦信赖。'像这样，何必要有法律？民众知道了争执的依据，将会抛弃礼仪而征用刑书。刑书的一字一句，都要争个明白。触犯法律的案件更加繁多，贿赂到处使用。至多到您去世的时候，郑国可能就要衰败了吧？我听说：'国家即将灭亡，必然会制定更多的法律。'或许说的就是这个吧！"

复书曰："若吾子之言，侨不才，不能及子孙，吾以救世也。既不承命，敢忘大惠？"

【译文】子产复信说："像您所说的那样。侨没有才能，不能思考到子孙，我只考虑如何挽救当前的世道。虽然不能接受您的命令，但是岂敢忘记您赐予的建议？"

士文伯曰："火见，郑其火乎？火未出而作火以铸刑器，藏争辟焉。火如象之，不火何为？"

【译文】士文伯说："大火星出现，郑国或许会出现大火灾吧？

大火星还没有出现，而使用火来铸造刑器，并把存有争议的刑法刻镂在上面。大火星要是象征这件事的话，那么不发生火灾又怎么可能呢？”

夏，季孙宿如晋，拜莒田也。晋侯享之，有加笾[1]。武子退，使行人告曰：“小国之事大国也，苟免于讨，不敢求贶[2]。得贶不过三献。今豆有加，下臣弗堪，无乃戾也[3]。”韩宣子曰：“寡君以为欢也。”对曰：“寡君犹未敢，况下臣，君之隶也，敢闻加贶？”固请彻加，而后卒事。晋人以为知礼，重其好货。

【注释】①有加笾：宴会比平时多加了菜肴。笾，古代祭祀和宴会时盛果品等的竹器。②贶：赠与，赐给。③无乃戾也：会有罪过。

【译文】夏季，季孙宿到晋国去，这是为了拜谢晋国不追究鲁国占取莒国田地之事。晋平公设享礼款待他，有额外多加的菜肴。季孙宿退出，派行人报告说：“小国事奉大国，要是免于被征讨就很满足了，不敢再求奖赏。即使得到奖赏也不能超过三次。如今菜肴有所增加，下臣不敢当，这样岂不是罪过。”韩宣子说：“寡君以此来表达对您的欢迎。”季孙宿答复说：“我们国君尚且不敢接受这样的招待，何况下臣只是君王的奴仆，岂敢听到有外加赏赐的事情？”坚决请求撤去多加的菜肴，然后完成享宴。晋国人觉得他明白礼仪，送给他厚重的礼物。

宋寺人[1]柳有宠，大子佐恶之。华合比曰：“我杀之。”柳闻之，乃坎[2]、用牲、埋书，而告公曰："合比将纳亡人之族[3]，既盟于北郭矣。"公使视之，有焉，遂逐华合比，合比奔卫。于是华亥欲代右师，乃与寺人柳比，从为之征[4]，曰"闻之久矣"。公使代之，见于左师，左师曰："女夫也。必亡！女丧而宗室，于人何有？人亦于女何有？《诗》曰：'宗子维城，毋俾城坏，毋独斯畏[5]。'女其畏哉！"

【注释】①寺人：宦官，太监。②坎：挖坑。③亡人之族：指襄公十七年出奔到陈国的华臣。④征：证明。⑤宗子维城，毋俾城坏，毋独斯畏：出自《诗经·大雅·板》。意思是宗族就像城垣，不要将城垣毁坏，不要使自己孤立而害怕。宗子这里指华合比。

【译文】宋国的宦官柳受到宋平公的宠信，太子佐讨厌他。华合比说："我去杀死他。"宦官柳听说了，便去挖了个坑、杀掉牲畜，把盟书放在里面埋起来。而后报告宋平公说："合比准备将逃亡在外的人召回来，已经在北城外结盟了。"宋平公派人去察看，真的有这回事，便驱逐了华合比。华合比逃亡到卫国。那时华亥想要谋取华合比的右师一职，就跟宦官柳勾结，为他作证说："这件事我也早已听说。"宋平公让他取代了华合比的职务。华亥进见左师，左师说："你这个人必定要逃亡。你毁坏你的宗族，对别人有什么好处呢？别人又会给你什么好处呢？《诗》说：'宗族就是城垣，不要让城垣毁坏，不要让自己孤立而有所害怕。'你会害怕的！"

六月丙戌，郑灾。

【译文】六月丙戌日，郑国发生火灾。

楚公子弃疾如晋，报韩子也[①]。过郑，郑罕虎、公孙侨、游吉从郑伯以劳诸柤[②]。辞不敢见，固请见之，见，如见王，以其乘马八匹私面。见子皮如上卿，以马六匹。见子产，以马四匹。见子大叔，以马二匹。禁刍牧[③]采樵，不入田，不樵树，不采艺，不抽屋，不强匄[④]。誓曰："有犯命者，君子废，小人降。"舍不为暴，主不慁[⑤]宾。往来如是，郑三卿皆知其将为王也。

【注释】①报韩子也：回报韩宣子来楚国送亲。②柤（zhā）：郑国地名。近郑都。③刍牧：割草放牧。刍，割草。④匄（gài）：同"丐"，索要。⑤慁（hùn）：扰乱，打扰。

【译文】楚国的公子弃疾到晋国去，这是为了回报韩宣子来楚国送亲。路过郑国，郑国的子皮、子产、子太叔跟随郑简公在柤地慰问他。公子弃疾辞谢不敢见面。郑简公坚决请求，这才肯见面。觐见郑简公如同觐见楚王一样，用驾车的八匹马作为私人觐见的礼物。觐见子皮如同觐见楚国的上卿，用马六匹作为礼物。觐见子产，用马四匹作为礼物。觐见子太叔，用马两匹作为礼物。禁止士卒割草放牧采摘砍柴，不准进入农田，不准砍树木，不准摘菜果，不准拆房屋，不准强行征讨。发誓说："有触犯命令的，君子撤职，小人降级。"寄住时期不肆凶暴，主人不用担忧客人。公子弃疾来往都如此，郑国的三个卿都知道他将要做楚王了。

韩宣子之适楚也，楚人弗逆[1]。公子弃疾及晋竟，晋侯将亦弗逆。叔向曰："楚辟我衷[2]，若何效辟？《诗》曰：'尔之教矣，民胥效矣[3]。'从我而已，焉用效人之辟？《书》曰：'圣作则。'无宁以善人为则，而则人之辟乎？匹夫为善，民犹则之，况国君乎？"晋侯说，乃逆之。

【注释】①逆：迎接。②辟：邪僻。衷：正直。③尔之教矣，民胥效矣：出自《诗经·小雅·角弓》。意思是君主以自身行为作为表率，民众都会来效仿。

【译文】韩宣子到楚国去，楚国人不出来迎接。公子弃疾抵达晋国国境，晋平公也不想派人去迎接。叔向说："楚国不正派，我们正派。为何去效仿不正派？《诗》说：'你的教导，民众都要仿效。'依据我们自己的老规矩就是了，哪儿用得着效仿别人的不正派？《书》说：'圣人做出榜样。'宁愿以善人为榜样，怎能去学习别人的不正派呢？一个普通人做好事，民众还以他为榜样，何况国君呢？"晋平公听了很高兴，便派人去迎接公子弃疾。

秋九月，大雩，旱也。

【译文】秋季九月，举办盛大的求雨祭祀，这是因为出现旱灾。

徐仪楚[1]聘于楚。楚子执之，逃归。惧其叛也，使薳泄伐徐。吴人救之。令尹子荡帅师伐吴，师于豫章[2]，而次于乾溪[3]。吴人败其师于房钟④，获宫厩尹弃疾。子荡归罪于薳泄而杀之。

【注释】①仪楚：徐国太子。②豫章：起源于安徽霍邱县、六安县和霍山县之间，向西到达湖北应山县。③乾溪：在今安徽亳县东南。④房钟：在今安徽蒙城县西南的阚疃镇。

【译文】徐仪楚到楚国聘问，楚灵王囚禁了他，他逃回徐国。楚灵王害怕他背叛楚国，派薳泄攻打徐国。吴国出兵救援徐国，楚国令尹子荡领着军队讨伐吴国，从豫章出兵而驻扎在乾溪。吴国人在房钟击败了令尹子荡的军队，抓住了宫厩尹弃疾。子荡把罪推在薳泄身上并杀了他。

冬，叔弓如楚聘，且吊败也。

【译文】冬季，叔弓到楚国聘问，并且对楚国的战败表示慰问。

十一月，齐侯如晋，请伐北燕也。士匄相士鞅，逆诸河，礼也。晋侯许之。十二月，齐侯遂伐北燕，将纳简公。晏子曰："不入①。燕有君矣，民不贰②。吾君贿，左右谄谀，作大事不以信，未尝可也。"

【注释】①不入：回不到燕国。②民不贰：老百姓没有二心。

【译文】十一月，齐景公到晋国，请求同意攻打北燕。士匄辅佐士鞅在黄河边迎接，这是合乎礼的。晋平公同意了。十二月，齐景公便发兵攻打北燕，打算把燕简公送回国。晏子说："简公送不回去的，燕国已经有国君了，民众对他没有贰心。我们国君贪财，左右的人阿谀奉承，办大事不讲信用，故而成不了事！”

昭公七年

【经】七年春王正月，暨齐平[①]。三月，公如楚。叔孙婼如齐莅盟[②]。夏四月甲辰朔，日有食之。秋八月戊辰，卫侯恶卒。九月，公至自楚。冬十有一月癸未，季孙宿卒。十有二月癸亥，葬卫襄公。

【注释】①暨齐平：北燕与齐国讲和。②叔孙婼如齐莅盟：因为鲁昭公准备去楚国，担心齐国趁虚而入，所以派叔孙婼去齐国结盟。叔孙婼，即叔孙昭子，叔孙豹之子。

【译文】鲁昭公七年春季，周历正月，北燕国与齐国讲和。三月，鲁昭公到楚国去。鲁国大夫叔孙婼到齐国参加盟会。夏季四月初一，鲁国发生日食。秋季八月戊辰日，卫襄公恶去世。九月，鲁昭公从楚国回来。冬季十一月癸未日，鲁国大夫季孙宿去世。十二月癸亥日，安葬卫襄公。

【传】七年春，王正月，暨齐平，齐求之也[①]。癸巳，齐侯次于虢[②]。燕人行成，曰：“敝邑知罪，敢不听命？先君之敝器[③]，请以谢罪。”公孙晳[④]曰：“受服而退，俟衅而动，可也。”二月戊午，盟于濡上[⑤]。燕人归燕姬，赂以瑶瓮、玉椟、斝耳[⑥]，不克而还。

【注释】①齐求之也：齐国伐燕，燕国送给齐景公财物以贿之，所以齐国反而提出讲和。②虢：燕国边境之地，在今河北任丘县西北。③敝器：陈旧的器物，这里是谦词。实际上是名贵的器物。④公孙皙：齐国大夫。⑤濡上：距离虢不远的地方，大概是河北任丘县西北。⑥斝（jiǎ）耳：古代酒器，玉质，形如带耳的杯子。

【译文】七年春季，周历正月，北燕跟齐国讲和，这是应齐国的要求。癸巳日，齐景公住在虢地，北燕派人求和说："我国已经知罪了，怎敢不听从贵国的命令呢？请允许献上先君留下来的一些陈旧器物来谢罪。"公孙皙说："我们暂时接受他们的归顺而退兵，等有机会再出兵，如此做是能行的。"二月戊午日，双方在濡水边结盟。北燕人把燕姬嫁给齐景公，并送给玉瓮、玉柜、玉杯等许多玉器，最后齐国没能送回燕简公便撤兵了。

楚子之为令尹也，为王旌以田[①]。芋尹[②]无宇断之，曰："一国两君，其谁堪之？"及即位，为章华之宫，纳亡人以实之。无宇之阍入焉[③]。无宇执之，有司弗与，曰："执人于王宫，其罪大矣。"执而谒诸王。王将饮酒，无宇辞曰："天子经略，诸侯正封[④]，古之制也。封略之内，何非君土？食土之毛[⑤]，谁非君臣？故《诗》曰：'普天之下，莫非王土。率土之滨，莫非王臣。'天有十日，人有十等，下所以事上，上所以共神也。故王臣公，公臣大夫，大夫臣士，士臣皂，皂臣舆，舆臣隶，隶臣僚，僚臣仆，仆臣台[⑥]。马有圉，牛有牧，以待百事。今有司曰：'女胡执人于王宫？'将焉执之？周文王之法曰，'有亡，荒阅[⑦]'，所以得天下也。吾先君文王，作仆区[⑧]之法，曰'盗所隐器，与盗同罪'，所以封汝也。若从有司，是无所执逃臣也。逃而舍之，是无陪台[⑨]也。王事无乃阙乎？昔武王数纣之罪，以告诸侯曰：'纣为天下逋逃主，萃渊薮[⑩]。'故夫致死焉。君王始求诸侯而则纣，无乃不可乎？若以二文之法取之，盗有所在矣。"王曰："取而臣以往，盗有宠，未可得也。"遂赦之。

【注释】①王旌：楚王所用的旌旗。天子旌旗，十二旒，长九仞（一仞为七尺），诸侯旌旗九旒七仞，卿大夫旌旗七旒五仞。旌，古代旗帜的一种，用五色羽毛系于旗杆，其上有飘带，称为旒。田：指田猎。②芋尹：楚国官名。③无宇之阍入焉：无宇的守门人逃入章华宫。④天子经略，诸侯正封：天子治理天下，诸侯治理自己的封邑。经，治理。略，国土，国家。正，管理。封，封邑。⑤毛：地上的草。这里指地上出产的作物。⑥自"故王臣公"至"仆臣台"：自王至台，一共十个等级。臣，统治，管理。士为卫士长，皂为无爵位的卫士，舆为众人，隶为罪人，僚为有罪的隶，充当苦差，仆为三代为奴隶的人，台为罪人为奴，逃亡又被抓获。⑧仆区（ōu）：窝藏。仆，隐。区，匿。⑨陪台：奴隶。⑩渊薮（sǒu）：渊，深水，鱼住的地方；薮，水边的草地，兽住的地方。比喻人或事物集中的地方。

【译文】楚灵王出任令尹时，举着楚王用的旌旗去打猎。芋尹无宇把旗子的飘带斩断，并说："一个国家有两个国君，谁能受得了？"灵王即位后，又兴建了章华宫，专门接纳逃亡的人居住。无宇的守门人也逃到了宫中，无宇要进去把他抓回来，官员不让，并说："在王宫中随意抓人，罪大恶极。"并把无宇抓去见灵王。灵王正准备饮酒，无宇申辩说："天子治理天下，诸侯管理封地，这是自古以来的制度。封界之内，哪儿不是君主的地盘？食用五谷的人，哪一个不是君主的臣子？故而《诗经》说：‘普天之下没有任何地方不是君主的土地，边境之内没有任何人不是君主的臣子。’天上有十个太阳，人也分为十等。地位低下的人要事奉高贵的人，高贵的人要事奉神灵。故而天子统治公侯，公侯统治大夫，大夫统治士，士统治皂，皂统治舆，舆统治隶，隶统治僚，僚统治仆，仆统治台，马有马官，牛有牛官，各负其责。如今官员却说：‘你为何要在王宫中随意抓人呢？’那么我应该到哪儿去抓这个人呢？周文王的法令说，‘有人逃亡，就要四处搜捕’，他故而获得了天下。我们先君楚文王制定了惩罚窝藏的法令，规定‘收藏盗贼的赃物，跟盗贼同罪’，故而他的封地一直扩大到了汝水之滨。要是依照官员的话去做，就没有办法去抓捕逃走的罪犯了。他愿意逃跑便让他逃跑，等于取消了陪台这一等人。如此，国君的政令不是出现缺失了吗？先前武王列举了纣王的罪状向诸侯说：‘纣成了天下逃犯的窝主，逃犯们纷纷聚集在那里。’故而人们都拼死进攻纣王。国君如今开始争取诸侯的拥护，却又学习纣王的做法，不是行不通吗？要是以周文王和楚文王的法令来抓捕盗贼，盗贼是有地方捕获的。”灵王说：“把你的守门人带走吧，至于我这的盗贼，如今正受到上天的宠爱，你还不能抓他。”便赦免了陈无宇。

楚子成章华之台，愿与诸侯落之①。大宰薳启强曰：“臣能得鲁侯。”薳启强来召公，辞曰：“昔先君成公，命我先大夫婴齐曰：‘吾不忘先君之好，将使衡父照临楚国，镇抚其社稷，以辑宁②尔民。’婴齐受命于蜀，奉承以来，弗敢失陨，而致诸宗祧③。日我先君共王，引领北望，日月以冀。传序相授，于今四王矣。嘉惠未至，唯襄公之辱临我丧。孤与其二三臣，悼心[4]失图，社稷之不皇[5]，况能怀思君德？今君若步玉趾，辱见寡君，宠灵楚国，以信蜀之役，致君之嘉惠，是寡君既受贶矣，何蜀之敢望？其先君鬼神，实嘉赖之，岂唯寡君？君若不来，使臣请问行期[6]，寡君将承质币而见于蜀，以请先君之贶。"

【注释】①落之：举行落成典礼。②辑宁：安宁。③宗祧：宗庙。④悼心：心意动摇。悼，通"掉"。⑤不皇：没有空暇。皇，空暇。⑥问行期：问鲁国被讨伐的日期，这是在威胁鲁国。

【译文】灵王又兴建了章华台，想和诸侯一起举办落成典礼。太宰薳启强说："我能够让鲁侯前来。"薳启强到鲁国召请昭公，对昭公说："先前贵国先君成公曾命令我们先大夫婴齐说：'我决不会忘掉先君建立的友好关系，准备派衡父前去楚国，帮助安定国家，安抚民众。'婴齐在蜀地跟贵国结盟后，我国便从此再没背弃过盟约，而且把盟约祭告了祖庙。先前我们先君共王经常引颈北望，天天都盼望鲁国能派人前来，世代这样，如今已经是第四代了，不过还是没有得到贵国的恩赐，只有襄公曾因先君康王的丧事到过楚国一次。那时楚王郏敖和群臣痛苦万分，六神无主，连国家都顾不上了，哪儿还能顾得上好好地款待襄公呢？如今要是国君能屈尊前来，朝见寡君，赐予楚国洪福，重申两国在蜀地结下的盟誓，表明贵国君的恩惠，寡君便感激万分了，哪儿还敢希望能像蜀地结盟时那样让贵国留下人质呢？就算是我国先君的神灵也会嘉赏这种做法，又何止是寡君得到恩惠呢？国君要是不来，那么我想请问您准备什么时候出兵抵御我国的进攻呢？寡君将会带着进献礼物跟您在蜀地会盟，以要求贵国先君成公允诺的恩赐。”

公将往，梦襄公祖[①]。梓慎曰：“君不果行。襄公之适楚也，梦周公祖而行。今襄公实祖，君其不行。”子服惠伯曰：“行。先君未尝适楚，故周公祖以道之。襄公适楚矣，而祖以道君，不行，何之？”

【注释】①祖：出行时祭路神。

【译文】昭公准备前往楚国朝觐，夜里梦见襄公为他祭奠路神。梓慎说：“国君还是不要去楚国了。先前襄公准备去楚国时，曾梦见周公为他祭奠路神，然后才去了楚国。如今只是襄公为您祭奠。还是不去为好。”子服惠伯说：“要去！先君没有去过楚国，故而周公为他引路，襄公已经去过楚国了，可以祭祀路神为国君引路。不去楚国，又去哪儿呢？”

三月，公如楚，郑伯劳于师之梁[①]。孟僖子为介，不能相仪[②]。及楚，不能答郊劳。

【注释】①师之梁：郑国城门名称。②相仪：相礼。

【译文】三月，昭公前去楚国，郑简公在师之梁设宴慰劳。那时孟僖子是昭公的副手，不能相礼。到了楚国，也不能对楚国的郊劳礼仪进行答礼。

夏四月甲辰朔，日有食之。晋侯问于士文伯曰："谁将当日食[①]？"对曰："鲁、卫恶之，卫大鲁小。"公曰："何故？"对曰："去卫地，如鲁地。于是有灾，鲁实受之。其大咎，其卫君乎？鲁将上卿。"公曰："《诗》所谓'彼日而食，于何不臧'[②]者，何也？"对曰："不善政之谓也。国无政，不用善，则自取谪于日月之灾，故政不可不慎也。务三而已，一曰择人，二曰因民，三曰从时。"

【注释】①谁将当日食：谁将承受日食所预示的灾祸。当，承受。②彼日而食，于何不臧：出自《诗经·小雅·十月之交》。意思是天上发生日食，必定是地上有不善之事。

【译文】夏季四月初一日，发生了日食。晋平公问士匄说："谁将承受日食的灾祸？"士匄回答说："鲁国、卫国将由于日食而遭遇凶险，卫国受的灾祸大，鲁国受的灾祸小。"晋平公问："为什么？"士匄回答说："这次日食离开卫国分野，达到鲁国分野，所以这时出现的灾祸，发生于卫国，而鲁国承受了它的余祸。那大的灾祸大概是由卫君承受吧！鲁国的灾祸将由上卿来承当。"晋平公说："《诗》上所说的'那天出现日食，是因为在哪方面没做好'，是什么意思？"士匄回答说："说的是国家没有治理好，国家没有善政，不用善人，便会从日月所降的灾难那里自取罪罚，故而政事不可不慎重啊！需要努力干好三件事：一是选择人才，二是依靠民众，三是顺应时势。"

晋人来治杞田，季孙将以成与之[①]。谢息为孟孙守，不可。曰："人有言曰：'虽有挈瓶之知，守不假器，礼也[②]。'夫子从君，而守臣丧邑，虽吾子亦有猜焉。"季孙曰："君之在楚，于晋罪也。又不听晋，鲁罪重矣。晋师必至，吾无以待之，不如与之，间晋而取诸杞。吾与子桃[③]，成反，谁敢有之？是得二成也。鲁无忧而孟孙益邑，子何病焉？”辞以无山，与之莱、柞[④]，乃迁于桃。晋人为杞取成。

【注释】①晋人来治杞田，季孙将以成与之：成地本为杞国土地，后成为鲁国孟孙氏的城邑，现在鲁昭公去楚国引起晋国不满，所以晋国来替杞国讨要成地。②虽有挈瓶之知，守不假器，礼也：虽然没有大智慧，但也知道守护重要的东西，不能随便借给别人。挈瓶，取水的瓶子。知，同“智”。③桃：地名，在今山东汶上县东北。④莱、柞：两座小山名，可能在山东莱芜境内。

【译文】晋国派人来管理杞国的田地，季孙想把成地还给他们。谢息替孟孙氏管理成地，不同意这么做，说：“人们有句话说：‘就算只有小小的智慧，也知道守护重要的器具不外借，这是合于礼的。’孟僖子他老人家跟着国君去了楚国，我作为成地的守臣却丢弃城邑，就算是您也会怀疑我的忠诚。”季孙说：“君主在楚国，对晋国来说这便是我国的过错，又不听从晋国的要求，鲁国的过错就更重了，晋国军队必定会来，我没有办法对付他们，不如给他们土地。等晋国有机可乘时再从杞国夺回来。我把桃地给您，成地一旦取回，谁敢占有它？如此就等于得到两个成地。鲁国没有忧虑而孟孙氏增加了封邑，您还担忧什么呢？”谢息以桃地没有山为由推辞，季孙又把莱山、柞山给他，于是谢息迁到桃地。晋国人为杞国获得成地。

楚子享公于新台，使长鬣者[①]相，好以大屈[②]。既而悔之。薳启强闻之，见公。公语之，拜贺。公曰：“何贺？”对曰：“齐与晋、越欲此久矣。寡君无适与也，而传诸君，君其备御三邻。慎守宝矣，敢不贺乎？”公惧，乃反之。

【注释】①长鬣（liè）者：长胡子的人，古人以长髯为美。②大屈：弓名。

【译文】楚灵王在新台宴享昭公，派相貌威仪的人担任相礼，并送给鲁昭公名弓大屈，随即楚灵王又后悔了。薳启强知道这事后，觐见昭公。昭公告诉他楚王赠弓一事，薳启强下拜祝贺。昭公问：“为何祝贺？”薳启强回答说：“齐国跟晋国、越国想要这张弓很久了，寡君都没有给别人而是给了您，您可要做好抵抗这三个邻国出兵的准备，慎重地守住这宝物了，我岂敢不祝贺？”昭公害怕了，便把弓还给了楚灵王。

郑子产聘于晋。晋侯有疾，韩宣子逆客，私焉，曰：“寡君寝疾，于今三月矣，并走群望[①]，有加而无瘳[②]。今梦黄熊入于寝门，其何厉鬼也？”对曰：“以君之明，子为大政，其何厉之有？昔尧殛鲧于羽山[③]，其神化为黄熊，以入于羽渊，实为夏郊，三代祀之。晋为盟主，其或者未之祀也乎？”韩子祀夏郊，晋侯有间，赐子产莒之二方鼎。

【注释】①并走群望：遍祭名山大川。并，遍。望，望祀，一种祭祀名称。②瘳（chōu）：病愈。③昔尧殛（jí）鲧（gǔn）于羽山：传说鲧因治水失败，被尧杀死在羽山。

【译文】郑国的子产到晋国聘问。晋平公有病，韩宣子迎接客人，私下问他说："寡君卧病不起，已经三个月了，遍祭名山大川，病情却有加无减。现在梦到黄熊进入寝宫门，那是什么恶鬼？"子产回答说："凭君王的英明，您做正卿，会有什么恶鬼？先前尧把鲧杀死在羽山，他的魂灵变为黄熊，进入羽渊，为夏朝所郊祭，夏、商、周三代都祭奠它。晋国作为盟主，大概是没有祭奠它吧？"于是韩宣子祭奠鲧，晋平公病情好转，赐予子产两个莒国进贡的方鼎。

子产为丰施归州田于韩宣子[①]，曰："日君以夫公孙段为能任其事，而赐之州田，今无禄早世，不获久享君德。其子弗敢有，不敢以闻于君，私致诸子。"宣子辞。子产曰："古人有言曰：'其父析薪，其子弗克负荷[②]。'施将惧不能任其先人之禄，其况能任大国之赐？纵吾子为政而可，后之人若属有疆埸之言，敝邑获戾，而丰氏受其大讨。吾子取州，是免敝邑于戾，而建置[③]丰氏也。敢以为请。"宣子受之，以告晋侯。晋侯以与宣子。宣子为初言，病有之，以易原县于乐大心[④]。

【注释】①子产为丰施归州田于韩宣子：鲁昭公三年，晋平公将州田赐予郑国的公孙段，现在公孙段已死，他的儿子丰施将州田归还给韩宣子。②其父析薪，其子弗克负荷：父亲辛苦劳作以兴家立业，其子不能继承家业。析薪，砍柴，比喻辛苦劳作。③建置：扶植。④乐大心：宋国大夫。

【译文】子产替丰施把州田交还给韩宣子，说："先前贵君觉得那公孙段是可以继承其父志，胜任治理州田的责任，就赐给他州田，如今他不幸早死，不能长久地享有贵君恩德。他的儿子不敢再占有州田，也不敢把这事禀告贵君，故而私下送给您。”韩宣子表示拒绝，子产说：“古人有句话说：‘父亲创业，他的儿子不能继承。’丰施担心将不能继承其父亲的福禄，更何况是继承大国的恩赐呢？就算是您执政的时候而能够保有州田，后人要是有关于边界的闲话。到那时，敝国获罪，丰施也将受到重罚了。您取回州田，这是避免敝国的过错，而又扶持了丰氏。所以斗胆向您提出请求！”韩宣子接受了州田，把这事报告给晋平公。晋平公把州田赐给了韩宣子。宣子由于先前说过的话，对占有州田不安心，就拿它跟乐大心的原县做了交换。

郑人相惊以伯有，曰“伯有至矣”①，则皆走，不知所往。铸刑书之岁二月，或梦伯有介②而行，曰：“壬子，余将杀带③也。明年壬寅，余又将杀段④也。”及壬子，驷带卒，国人益惧。齐、燕平之月壬寅，公孙段卒。国人愈惧。其明月，子产立公孙洩及良止以抚之⑤，乃止。子大叔问其故，子产曰：“鬼有所归，乃不为厉，吾为之归也。”大叔曰：“公孙洩何为？”子产曰：“说也。为身无义而图说，从政有所反之，以取媚也。不媚，不信。不信，民不从也。”

【注释】①伯有至矣：伯有即良霄，鲁襄公三十年因作乱被杀，现在百姓中传言伯有化作厉鬼来报复。②介：身披盔甲。③带：即驷带，当年曾参与杀伯有。④段：即公孙段当年曾参与攻打伯有。⑤子产立公孙洩及良止以抚之：公孙洩是子孔的儿子，良止是伯有的儿子。子产立两人继承其父的官职，已安抚伯有的鬼魂。

【译文】郑国人被伯有的鬼魂惊吓，说：“伯有来了！”便都奔跑，又不知跑到什么地方去好。铸刑鼎的那年二月，有人梦到伯有披甲而行，而且说："壬子日，我将杀死驷带。明年壬寅日，我又将杀死公孙段。"等到壬子日，驷带死了，国人更加害怕。齐国跟燕国议和的那个月的壬寅日，公孙段死了，国人更加害怕了。第二个月，子产立了公孙洩跟良止来安抚伯有的鬼魂，国人才平定下来。子大叔问其原因，子产说："鬼有所依附，才不作恶，我替它找到归宿了。"子大叔又问："立公孙洩干什么？"子产说："是为了让民众高兴。立身没有道义而一心想要取悦别人，这是执政的人违反礼仪的地方，这些举措是为了获得民众的欢心。不获得民众的欢心，就不会被信任。不被信任，民众就不会服从。"

及子产适晋，赵景子[①]问焉，曰："伯有犹能为鬼乎？"子产曰："能。人生始化[②]曰魄，既生魄，阳曰魂。用物精多，则魂魄强。是以有精爽至于神明[③]。匹夫匹妇强死[④]，其魂魄犹能冯依[⑤]于人，以为淫厉，况良霄，我先君穆公之胄，子良之孙，子耳之子，敝邑之卿，从政三世矣。郑虽无腆[⑥]，抑谚曰'蕞尔国'，而三世执其政柄，其用物也弘矣，其取精也多矣。其族又大，所冯厚矣。而强死，能为鬼，不亦宜乎？"

【注释】①赵景子：赵成，晋国卿，赵武之子。②始化：刚刚死去。③是以有精爽至于神明：魂魄强壮，以致可以显灵的程度。④强死：横死，非善终。⑤冯依：依附。⑥无腆：不雄厚，不强大。

【译文】子产去了晋国，赵景子问他说："伯有还能变为鬼吗？"

子产说："能。人刚刚死去时称为魄，生成了魄，魄为阴，阳气称为魂。生前衣食充足，魂魄就强，故而可以达到显灵的程度。一般男女如果不得善终，他们的魂魄尚且能依附于人，而大肆作祟，何况伯有是我们先君穆公的后代，是子良的孙子。子耳的儿子，是敝国的卿，执政已经三代了。郑国即使弱小，抑或如俗话所说的'蕞尔国'，不过伯有家族三代执掌政权，享受的祭祀物品也算很多了，汲取的精华也算多了，他的家族又大，所依靠的势力很强，那么即使是不得善终，仍能做鬼，不也是当然之理吗？"

子皮之族饮酒无度，故马师氏与子皮氏有恶。齐师还自燕之月，罕朔杀罕魋[①]。罕朔奔晋。韩宣子问其位于子产。子产曰："君之羁臣，苟得容以逃死，何位之敢择？卿违，从大夫之位，罪人以其罪降，古之制也。朔于敝邑，亚大夫也，其官，马师也。获戾而逃，唯执政所置之。得免其死，为惠大矣，又敢求位？"宣子为子产之敏也[②]，使从嬖大夫[③]。

【注释】①罕魋（tuí）：郑国大夫。②宣子为子产之敏也：韩宣子认为子产的话有道理。敏，合适，恰当。③嬖大夫：下大夫。

【译文】子皮的族人喝酒无节制，以致马师氏跟子皮氏关系不好。齐国军队从燕国回去的那个月，罕朔杀了罕魋，罕朔逃往晋国。韩宣子向子产询问他的官位安排，子产说："他是贵国君王的寄居之臣，要是能容身而逃避一死，还敢选择什么官位？卿离开本国，就只能担任大夫的职位，有罪的人依据他的罪行降等，这是自古以来的规矩。罕朔在敝国是亚大夫，他的职务是马师，现在获罪而逃亡，听凭您的安排。

能免他一死，恩惠已经很大了，又岂敢要求官位？”韩宣子觉得子产说法恰当，便让罕朔担任下大夫的职位。

秋八月，卫襄公卒。晋大夫言于范献子曰：“卫事晋为睦，晋不礼焉，庇其贼人而取其地①，故诸侯贰。《诗》曰：‘鹡鸰在原，兄弟急难②。’又曰：‘死丧之威，兄弟孔怀③。’兄弟之不睦，于是乎不吊，况远人，谁敢归之？今又不礼于卫之嗣，卫必叛我，是绝诸侯也。”献子以告韩宣子。宣子说，使献子如卫吊，且反戚田。卫齐恶告丧于周，且请命。王使成简公如卫吊，且追命襄公曰：“叔父陟恪④，在我先王之左右，以佐事上帝。余敢忘高圉、亚圉⑤？”

【注释】①庇其贼人而取其地：指卫国的孙林父曾出逃到晋国，晋国还为孙林父夺取卫国土地作为其封邑。②鹡鸰（jí líng）在原，兄弟急难：出自《诗经·小雅·常棣》。意思是患难兄弟应该互相帮助。鹡鸰，一种水鸟。水鸟落到平原，比喻身处困境。③死丧之威，兄弟孔怀：出自《诗经·小雅·常棣》。意思是死丧之事是可怕的，兄弟之间极为关心思念。④陟恪（zhì kè）：升天。⑤高圉、亚圉：二人都是周的先祖，曾受殷商追命。这里周景王表示也要追命卫襄公。

【译文】秋季八月，卫襄公去世。晋国大夫对范献子说：“卫国事奉晋国顺从亲近，晋国对它不加礼遇，包庇它的叛乱者而夺取它的土地，故而诸侯有了贰心。《诗经》说：‘水鸟落在平原上，遇到急难兄弟要互相救援。’又说：‘死亡多么可怕，兄弟要互相关心。’兄弟之间不和睦，就互相不亲善，何况关系疏远的人，谁敢前来归服。如今对卫国的继位之君又不加礼遇，卫国一定背叛我们，这会断绝诸侯跟我们的亲善关系。”献子把这些话告诉韩宣子。韩宣子很高兴，派献子到卫国去吊丧，而且把戚地归还给卫国。卫国齐恶向周王报告丧事，并请求赐予恩命。周天子派成简公到卫国吊唁，并且追命襄公说：“叔父升天，在我先王的左右，来辅佐事奉上帝。我岂敢忘了高圉、亚圉？”

九月，公至自楚。孟僖子病[①]不能相礼，乃讲学之，苟能礼者从之。及其将死也，召其大夫曰：“礼，人之干也。无礼，无以立。吾闻将有达者曰孔丘，圣人之后也，而灭于宋。其祖弗父何，以有宋而授厉公[②]。及正考父，佐戴、武、宣，三命兹益共。故其鼎[③]铭云：‘一命而偻，再命而伛，三命而俯[④]。循墙而走，亦莫余敢侮。饘于是，鬻于是，以糊余口。’其共也如是。臧孙纥有言曰：‘圣人有明德者，若不当世，其后必有达人。’今其将在孔丘乎？我若获没，必属说与何忌于夫子，使事之，而学礼焉，以定其位。”故孟懿子与南宫敬叔师事仲尼。仲尼曰：“能补过者，君子也。《诗》曰：‘君子是则是效。’孟僖子可则效已矣。”

【注释】①病：以……为忧虑。②其祖弗父何，以有宋而授厉公：孔子的先祖弗父何是宋湣公太子，让位于宋厉公。③鼎：指正考父庙之鼎。④一命而偻（lǚ），再命而伛（yǔ），三命而俯：偻、伛、俯都是弯腰的意思，而且弯腰幅度依次增大。指正考父受命时一次比一次恭敬。

【译文】九月，昭公从楚国回来。孟僖子以不能相礼而忧虑，便学习礼仪，要是有精通礼仪的人就跟从他学习。等到临死的时候，召集他手下的大夫，说：“礼仪，是做人的根本。不懂礼仪，不能自立。我知道有一个人即将闻名天下叫孔丘，是圣人的后代，而他的家族却在宋国消亡了。他的先祖弗父何，把宋国国君的位子让给了宋厉公。正考父是辅佐戴公、武公、宣公的三朝元老，三次受命而做了上卿，而且一次比一次恭敬。故而他的鼎铭说：‘第一次受命时弯着腰，第二受命时深鞠躬，第三次受命时俯下整个身子。沿着墙而快步走，也没有谁敢欺侮我。稠粥在这口鼎里烧煮，稀粥也在这口鼎里烧煮，用来糊口填饱肚子。’他是如此地恭敬。臧孙纥有话说：‘圣人里具有贤明德行的人，要是不当国君，他的后代必定有显达的人。’如今恐怕会应验在孔丘身上吧？我要是可以善终，你们一定要把南宫敬叔和孟懿子托付给孔丘，让他们服侍孔丘而学习礼仪，以稳定他们的地位。”故而孟懿子跟南宫敬叔把仲尼作为老师来事奉。仲尼说：“可以弥补过错的人，便是君子。《诗经》说：‘学习仿效君子。’孟僖子能够学习效法了。”

单献公弃亲用羁。

【译文】单献公弃用亲族任命外来的客臣。

冬十月辛酉，襄、顷之族杀献公而立成公。

【译文】冬天十月辛酉日，襄公、顷公的族人杀死单献公而立了单成公。

十一月，季武子卒。晋侯谓伯瑕[①]曰：“吾所问日食，从矣，可常乎？”对曰：“不可。六物不同，民心不一，事序不类，官职不则，同始异终，胡可常也？《诗》曰：‘或燕燕居息，或憔悴事国[②]。’其异终也如是。”公曰：“何谓六物？”对曰：“岁、时、日、月、星、辰，是谓也。”公曰：“多语寡人辰，而莫同。何谓辰？”对曰：“日月之会，是谓辰，故以配日。”

【注释】①伯瑕：即士文伯。②或燕燕居息，或憔悴事国：出自《诗经·小雅·北山》。意思是有的人可以悠闲地休息，有的人必须尽心竭力的操劳国事。

【译文】十一月，季武子去世。晋平公对士文伯说：“我所询问的关于日食的事情应验了，能够看做是一种常规吗？”士文伯回答说：“不行。六种事物不相同，民心也不一样，工作顺序不相似，官员好坏不一样，开始一样结果不一样，如何能够看做是一种常规？《诗经》说：‘有些人在家安居休息，有些人为国服役精疲力尽。’它的结果就是这样地不同。”晋平公问：“什么称为六物？”士文伯回答说：“这说的就是岁、时、日、月、星、辰。”晋平公说：“很多人告诉寡人辰的意思，不过说法不一。什么称为辰？”士文伯回答说：“日和月相会称为辰，所以用来和日相配。”

卫襄公夫人姜氏无子，嬖人婤姶[①]生孟縶。孔成子梦康叔[②]谓己：“立元，余使羁之孙圉与史苟相之[③]。”史朝亦梦康叔谓己：“余将命而子苟与孔烝鉏之曾孙圉相元。”史朝见成子，告之梦，梦协[④]。晋韩宣子为政聘于诸侯之岁，婤姶生子，名之曰元。孟縶之足不良能行[⑤]。孔成子以《周易》筮之，曰：“元尚享卫国，主其社稷。”遇

《屯》䷂。又曰:“余尚立縶,尚克嘉之。”遇《屯》䷂之《比》䷇。以示史朝。史朝曰‘元亨’,又何疑焉?”成子曰:“非长之谓乎?”对曰:“康叔名之,可谓长矣。孟非人也[⑥],将不列于宗,不可谓长。且其繇[⑦]曰‘利建侯’。嗣吉,何建?建非嗣也。二卦皆云,子其建之。康叔命之,二卦告之,筮袭于梦,武王所用也,弗从何为?弱足者居,侯主社稷,临祭祀,奉民人,事鬼神,从会朝,又焉得居?各以所利,不亦可乎?”故孔成子立灵公。十二月癸亥,葬卫襄公。

【注释】①婤姶(zhōu è):卫襄公的宠姬。②孔成子:即孔烝钽,卫国卿。康叔:卫国始祖。③羁:孔成子之子。圉:孔文子。史苟:史朝之子。④梦协:梦境相同。⑤孟縶之足不良能行:孟縶的脚不好。⑥孟非人也:指孟縶有残疾。⑦繇(zhòu):古时占卜的文辞。

【译文】卫襄公夫人姜氏没生儿子,宠姬婤姶生了孟縶。孔成子梦到康叔对自己说:“立元为国君,我让羁的孙子圉和史苟辅佐他。”史朝也梦到康叔对自己说:“我即将命令你的儿子苟跟孔烝钽的曾孙圉辅佐元。”史朝进见孔成子,告诉他自己的梦境,两梦相合。晋国韩宣子执政向诸侯们聘问的那一年,婤姶又生了个儿子,为他取名叫元。孟縶的脚不好。孔成子用《周易》占筮,说:“元希望享有卫国,主持国家。”得到了《屯》卦。又说:“我也想立縶,但愿神灵可以答应。”得到的是《屯》卦变成了《比》卦。把卦象给史朝看。史朝说:“卦辞为‘元亨’,说明元将会享有国家,对这件事又有什么怀疑?”孔成子说:“‘元’不是‘长’的意思吗?”史朝回答说:“康叔为他取名,可以说是符合‘长’的意思了。孟縶跛足不是个全人,不能列为宗主,不可以为‘长’的。何况他的繇辞说‘利建侯’。如果嫡子嗣位吉利,还有必要建立侯吗？既然是建立侯，那就不是嫡子嗣位。两次卦象都如此说，你还是应当立元为国君。康叔是这样命令的，两次卦象也是这样说的。占筮和梦境相合，这是武王所经历过的事情，为何不听从呢？况且脚有毛病的人只能闲居国内。而国君主持国家，亲临祭奠，奉养民众，事奉鬼神，参加会盟朝拜，又怎么可能闲居呢？各自依照对他有利的事去做，不也很好吗？”所以孔成子立了灵公。十二月癸亥日，安葬卫襄公。

昭公八年

【经】八年春，陈侯之弟招杀陈世子偃师。夏四月辛丑，陈侯溺卒。叔弓如晋。楚人执陈行人干徵师[①]杀之。陈公子留出奔郑。秋，蒐[②]于红。陈人杀其大夫公子过。大雩，冬十月壬午，楚师灭陈。执陈公子招，放之于越。杀陈孔奂[③]。葬陈哀公。

【注释】①干徵师：人名，陈国行人，即使者。②蒐：阅兵，检阅，军演。③孔奂：陈国大夫，公子招的同党。

【译文】鲁昭公八年春季，陈国国君的弟弟公子招杀了陈国太子偃师。夏季四月辛丑日，陈哀公溺去世。鲁国大夫叔弓到晋国去。楚国抓了陈国的使者干徵师并杀了他。陈国大夫公子留出逃到郑国。秋季，鲁国在红地举行了军事演习。陈国人杀了他们的大夫公子过。鲁国进行大规模的求雨祭祀。冬季十月壬午日，楚军灭掉了陈国，囚禁了陈国的公子招，把他放逐到越国。杀死了陈国的孔奂。安葬陈哀公。

【传】八年春，石言[①]于晋魏榆[②]。晋侯问于师旷曰："石何故言？"对曰："石不能言，或冯[③]焉。不然，民听滥也。抑臣又闻之曰：'作事不时，怨讟[④]动于民，则有非言之物而言。'今宫室崇侈，民力凋尽，怨讟并作，莫保其性。石言，不亦宜乎？"于是晋侯方筑虒祁[⑤]之宫。叔向曰："子野之言，君子哉！君子之言，信而有征，故怨远于其身。小人之言，僭[⑥]而无征，故怨咎及之。《诗》曰：'哀哉不能言，匪舌是出，唯躬是瘁。哿矣能言，巧言如流，俾躬处休[⑦]。'其是之谓乎！是宫也成，诸侯必叛，君必有咎，夫子知之矣。"

【注释】①石言：石头说话。②魏榆：晋地名，在山西榆次西北。③冯：凭借。④怨讟：怨恨诽谤。⑤虒（sī）祁：地名，在今山西省侯马市附近。⑥僭：虚假。⑦哀哉不能言，匪舌是出，唯躬是瘁。哿（gě）矣能言，巧言如流，俾躬处休：出自《诗经·小雅·雨无正》。意思是不会说话令人难过，说出的话都不恰当，还使自己疲惫不堪。擅长表达令人欣慰，说出的话妙语如珠，还能让自己安宁祥和。哿，可，嘉，表示称许。

【译文】鲁昭公八年春季，晋国魏榆的一块石头居然能说话。晋平公问师旷："石头为何会说话？"师旷答复说："石头自然不会说话，可能是鬼神附到上面，否则，就是民众误传。不过我又听说过：'做事违反时宜，怨言在民众之中产生，便有不会说话的东西说话。'如今国君的宫室高大豪华，民众精疲力竭，怨声载道，连基本生活都得不到保障。石头说话，不也是应当的吗？"此时平公正修建虒祁宫。叔向说："师旷的话是君子之言啊！君子之言诚实而有据，故而不会招来怨恨。小人之言虚假而无凭，怨恨跟灾难总是要降到其身。《诗经》说：'不会讲话令人难过，说出的话都不恰当，还使自己疲惫不堪。擅长表达令人欣慰，妙语如珠，还能让自己安宁祥和。'说的便是此种情况吧！等到这座宫殿建成，诸侯也必将反叛，国君也将遭遇灾祸。师旷已经预料到这一点了。"

陈哀公元妃郑姬，生悼[①]大子偃师，二妃生公子留，下妃生公子胜。二妃嬖，留有宠，属诸司徒招与公子过[②]。哀公有废疾。三月甲申，公子招、公子过杀悼大子偃师，而立公子留。

【注释】①悼：太子偃师的谥号。②司徒招与公子过：二人都是陈哀公的弟弟。③废疾：难以治愈的疾病。

【译文】陈哀公的夫人郑姬生了悼太子偃师，次妃生了公子留，下妃生了公子胜。次妃最受哀公宠幸，公子留也受宠信，哀公把他托付给司徒招跟公子过。哀公得了难以治愈的疾病。三月甲申日，公子招、公子过杀死悼太子偃师，立公子留为太子。

夏四月辛亥，哀公缢[①]。干徵师赴于楚，且告有立君。公子胜诉之于楚，楚人执而杀之。公子留奔郑。书曰"陈侯之弟招杀陈世子偃师"，罪在招也；"楚人执陈行人干徵师杀之"，罪不在行人也。

【注释】①缢：上吊自尽。

【译文】夏季四月辛亥日，哀公自杀身亡。干徵师到楚国报丧，并且告诉楚国立公子留为新君。公子胜到楚国控诉，楚国人把干徵师抓住并杀死，公子留逃往郑国。《春秋》记载“陈侯之弟招杀陈世子偃师”，意思是过错在于公子招；“楚人执陈行人干徵师杀之”，意思是行人干徵师并没有罪。

叔弓如晋，贺虒祁也。游吉相郑伯以如晋，亦贺虒祁也。史赵见子大叔，曰：“甚哉，其相蒙也[①]！可吊也，而又贺之[②]。”子大叔曰：“若何吊也？其非唯我贺，将天下实贺。”

【注释】①相蒙：互相欺骗。蒙，欺骗。②可吊也，而又贺之：这是一件应该吊唁的事，反而来祝贺。

【译文】叔弓到晋国祝贺虒祁宫的落成。游吉作为相礼陪郑简公到晋国，也是为了祝贺虒祁宫的落成。史赵看见游吉说：“你们自欺欺人也太过分了！本来应当吊唁的事情，却来祝贺。”游吉说：“为何要吊唁呢？不只是我们前来祝贺，天下的诸侯都会来祝贺！”

秋，大蒐于红，自根牟[①]至于商、卫，革车千乘。

【注释】①根牟：鲁地名，在山东莒县西南。

【译文】秋季，鲁国在红地检阅军队，战车从根牟一直延伸到宋、卫两国边境上，有一千多辆。

七月甲戌，齐子尾卒，子旗[①]欲治其室。丁丑，杀梁婴[②]。八月庚戌，逐子成、子工、子车[③]，皆来奔，而立子良[④]氏之宰。其臣曰：“孺子长矣，而相吾室，欲兼我也。”授甲，将攻之。陈桓子善于子尾，亦授甲，将助之。或告子旗，子旗不信。则数人告。将往，又数人告于道，遂如陈氏。桓子将出矣，闻之而还，游服而逆之。请命，对曰：“闻强氏授甲将攻子，子闻诸？”曰：“弗闻。”“子盍亦授甲？无宇请从。”子旗曰：“子胡然？彼孺子也，吾诲之，犹惧其不济，吾又宠秩[⑤]之。其若先人何？子盍谓之？《周书》曰：‘惠不惠，茂不茂[⑥]。’康叔所以服弘大也。”桓子稽颡[⑦]曰：“顷、灵福子[⑧]，吾犹有望。”遂和之如初。

【注释】①：子旗：子雅的儿子栾施。②梁婴：子尾家宰。③子成、子工、子车：三人皆为齐国大夫，是子尾的属臣。④子良：子尾的儿子高强。⑤宠秩：宠爱而授以官秩。⑥惠不惠，茂不茂：出自《尚书·康诰》，意思是施惠于不感恩之人，劝勉不接受劝勉的人。⑦稽颡（qǐ sǎng）：古代一种跪拜礼，屈膝下拜，以额触地，表示极度的虔诚。⑧顷、灵福子：齐灵公是齐顷公之子，和子尾、子雅是同族兄弟，都是齐惠公的孙子，子旗与高强也是同族兄弟。所以陈桓子祝福说顷、灵二公会保佑子旗。

【译文】七月甲戌日，齐国的子尾去世。子旗想要控制子尾的家族。丁丑日，杀死子尾的家宰梁婴。八月庚戌日，又赶走了齐国大夫子成、子工、子车，三人都逃往鲁国。子旗又为子良立了家宰。子良的家臣说：“子良已经长大了，子旗还要帮助管理我们家族，是想要吞并我们啊。”于是给家兵发了武器，准备攻打子旗。陈桓子一向跟子尾要好，也给家兵发了武器，要帮助他们。有人告诉了子旗，子旗不相信，接着又有几个人来报告。子旗要到子良家去看个究竟，又有几个人在路上告诉他，于是他便到了陈桓子家。这时陈桓子正准备领兵出发，听说子旗来了，就转身回内室，并马上脱掉戎装换上便服出来迎接。子旗问他要到哪儿去，陈桓子回答说："听说子良已经发了武器准备攻打您，您听说了吗？"子旗说："没有听说。"陈桓子说："您何不也发给家兵武器？我跟您一块去。"子旗说："您为何要这样做呢？他是个小孩子，我教导他，还怕他不能成材，故而为他立了家宰帮助他。我要是像您说的，和他互相攻打，如何能对得起祖先呢？您何不去劝劝他？《周书》说：'要继续对不知恩惠的人施予恩惠，对不知勤勉的人劝其勤勉。'这便是康叔为何胸怀如此宽广的缘故。"桓子连忙下跪叩头说："希望顷公、灵公能保佑您，我也希望您能对我有所恩惠。"然后出面调解，让双方和好如初。

陈公子招归罪于公子过而杀之。九月，楚公子弃疾帅师奉孙吴[①]围陈，宋戴恶[②]会之。冬十一月壬午，灭陈。舆嬖[③]袁克，杀马毁玉以葬。楚人将杀之，请置之。既又请私，私于幄，加绖[④]于颡而逃。使穿封戌[⑤]为陈公，曰："城麇之役[⑥]，不谄。"侍饮酒于王，王曰："城麇之役，女知寡人之及此，女其辟寡人乎？"对曰："若知君之及此，臣必致死礼，以息楚。"

【注释】①孙吴：陈国太子偃师之子，名吴。即后来的陈惠公。②戴恶：宋国大夫。③舆嬖：为陈哀公驾驭车马的宠臣。④绖：麻布。意在为陈哀公戴孝。⑤穿封戌：楚国大夫。⑥城麇之役：鲁襄公二十六年楚郑两国战于城麇，穿封戌与当时还是公子的楚灵王争夺俘虏。

【译文】陈国的公子招把罪过推到公子过身上，并杀死他。九月，楚国的公子弃疾领着军队护送太孙吴包围了陈国，宋国的戴恶派兵跟楚军会合。冬季十一月壬午日，灭了陈国。为国君掌乘的宠臣袁克杀了马匹，毁坏了玉器为哀公殉葬。楚国人准备杀死他，袁克请求赦免自己，一会又请求出去小便。他在帐篷中小便时，在头上绑上一条麻带，而后乘机逃走了。楚灵王派穿封戌出任陈县县公，并说："这是因为在城麇之战中，你没有讨好我。"穿封戌陪同灵王饮酒，灵王说："城麇之战时，要是你知道我现在会当国君，会不会避让我呢？"穿封戌回答说："要是那时我知道国君能有今天，我一定会拼死杀死您让楚国安定的。"

晋侯问于史赵，曰："陈其遂亡乎？"对曰："未也。"公曰："何故？"对曰："陈，颛顼之族也[①]。岁在鹑火[②]，是以卒灭，陈将如之。今在析木之津[③]，犹将复由。且陈氏得政于齐而后陈卒亡。自幕至于瞽瞍[④]，无违命。舜重之以明德，置德于遂[⑤]，遂世守之。及胡公不淫[⑥]，故周赐之姓，使祀虞帝。臣闻盛德必百世祀，虞之世数未也。继守将在齐，其兆既存矣。"

【注释】①颛顼之族也：陈国的祖先是舜，而舜的祖先是颛顼帝，所以陈国也是颛顼帝的后代。②鹑火：十二星次之一。③析木之津：在箕宿、斗宿之间的银河。④幕：舜的祖先。瞽瞍：舜的父亲。⑤遂：舜的后代。⑥胡公不淫：即胡公满。陈国开国祖先。

【译文】晋平公问史赵："陈国就此灭亡了吗？"史赵回答说："不会的。"平公问："为何？"史赵说："陈国是颛顼的后代。当岁星运行到鹑火的位置时，颛顼才灭亡，陈国也将如此。如今岁星才运行到箕宿、斗宿之间的银河中，故而陈国还要复兴。并且要等到陈氏在齐国获得政权之后，陈国才灭亡。陈氏从幕到瞽瞍从没有违反过天命。舜又为他们增加了德行，并一直保留到遂这一代，遂的后代子孙一直保持着此种德行，直至胡公不淫，故而周朝赐给他姓，让他祭奠虞帝。据我所知，拥有盛德者，就必定会享有百代的祭奠，如今虞受到祭奠还不满一百代。他们还会在齐国那儿继续祭奠下去，这种预兆已经出现了。"

昭公九年

【经】九年春，叔弓会楚子于陈。许迁于夷。夏四月，陈灾。秋，仲孙貜[①]如齐。冬，筑郎囿[②]。

【注释】①仲孙貜：即孟僖子。②郎：鲁地名，在今山东鱼台县东北。囿：圈养禽兽的园林。

【译文】鲁昭公九年春季，鲁国大夫叔弓在陈地与楚灵王会面。许国迁移到夷地。夏季四月，陈国发生火灾。秋季，孟僖子到齐国去。冬季，鲁国修筑郎囿。

【传】九年春，叔弓、宋华亥、郑游吉、卫赵黡会楚子于陈。

【译文】鲁昭公九年春季，叔弓、宋国华亥、郑国游吉、卫国赵黡在陈地跟楚灵王会盟。

二月庚申，楚公子弃疾迁许于夷，实城父，取州来[①]、淮北之田以益之。伍举授许男田。然丹迁城父人于陈，以夷濮西田益之。迁方城外人于许。

【注释】①州来：古地名，在今安徽凤台县一带。

【译文】二月庚申日，楚公子弃疾把许国迁往夷地，其实就是城父，而且拿州来、淮北的田地增补给许国，伍举把田地授给许悼公。然丹把城父人迁往陈地，拿夷濮以西的田地增补给城父人，把方城山外的人迁往许地。

周甘人[①]与晋阎嘉[②]争阎田[③]。晋梁丙、张趯率阴戎伐颍[④]。王使詹桓伯辞于晋曰："我自夏以后稷，魏、骀、芮、岐、毕[⑤]，吾西土也。及武王克商，蒲姑、商奄，吾东土也；巴、濮、楚、邓，吾南土也；肃慎、燕、亳，吾北土也。吾何迩封之有？文、武、成、康之建母弟，以蕃屏周，亦其废队是为，岂如弁髦[⑥]而因以敝之？先王居梼杌[⑦]于四裔，以御魑魅[⑧]，故允姓之奸，居于瓜州，伯父惠公归自秦，而诱以来，使逼我诸姬，入我郊甸，则戎焉取之。戎有中国，谁之咎也？后稷封殖天下，今戎制之，不亦难乎？伯父图之。我在伯父，犹衣服之有冠冕，木水之有本原，民人之有谋主也。伯父若裂冠毁冕，拔本塞原，专弃谋主，虽戎狄，其何有余一人？”叔向谓宣子曰：“文之伯也，岂能改物？翼戴天子，而加之以共。自文以来，世有衰德，而暴灭宗周，以宣示其侈，诸侯之贰，不亦宜乎？且王辞直，子其图之。”宣子说。

【注释】①甘人：指甘大夫襄。②阎嘉：晋国阎地的大夫。③阎田：周和晋的边境。④阴戎：陆浑之戎。颍：周地名，在河南登封县西南。⑤魏、骀（tái）、芮、岐、毕：这五个地方，大概在今山西、陕西一带。⑥弁髦（biàn máo）：古代贵族子弟行加冠礼时用弁束住头发，礼成后把弁去掉。⑦梼杌（táo wù）：传说梼杌为北方天帝颛顼的儿子，又名傲狠，难训，为尧舜时期的“四凶”之一，故被放逐于四裔。四裔，四方极远之处。⑧魑魅（chī mèi）：古代传说中山神和精怪，能作祟祸人。泛指坏人。

【译文】周朝甘地大夫跟晋国的阎嘉争夺阎地的田地。晋国的梁丙、张趯领着阴戎进攻颍邑。周天子派詹桓伯到晋国谴责说：“我们从夏代起因为后稷的功劳，魏、骀、芮、岐、毕成为我们的西部领土。到武王征服商朝，蒲姑、商奄，成为我们的东部领土。巴、濮、楚、邓，成为我们的南部领土。肃慎、燕、亳，成为我们的北方领土。我们有什么近处的封地？文王、武王、成王、康王建立同母兄弟的诸侯国，来护卫周王室，也是为了阻止周王室的崩溃坠落，难道能像弁髦一样，利用完了便丢弃吗？先王让梼杌住在四方边远的地区，以抵抗山林精怪，故而允姓中的奸邪之人住在瓜州。伯父惠公从秦国回来，便引诱他们前来，使得他们逼迫我们姬姓各国，进入我们的城郊，戎人便占取了这些地方。戎人占领中原，是谁的罪过呢？后稷缔造了天下，如今被戎人所控制，不也很难让人接受吗？伯父想想吧！我对于伯父，就如同衣服有帽子，树木有根，水流有源，民众有了谋主。伯父要是毁裂冠冕，拔除根本，堵塞源头，专横地丢弃谋主，就算是戎狄，他们心里哪儿会有我这个天子？”叔向对宣子说：“文公做诸侯霸主，难道能更改礼制？他辅佐拥戴天子而愈加恭敬。自从文公以来，晋国代代德行衰减并且损害蔑视周室，来宣扬显示他们的凌人盛气，诸侯有了二心，不也应当吗？何况天子的理由正当，您好好考虑吧！”韩宣子认为他说得对。

王有姻丧，使赵成如周吊，且致阎田与襚，反颍俘。王亦使宾滑[1]执甘大夫襄以说于晋，晋人礼而归之。

【注释】①宾滑：周大夫。

【译文】周天子有姻亲的丧事，晋国派赵成前去周都吊唁，而且送去阎田和寿衣，遣返在颍地战役中抓到的俘虏。周天子也派周大夫宾滑抓住甘地大夫襄来讨好晋国。晋国人礼貌地对待他并放他回去。

夏四月，陈灾。郑裨灶[1]曰：“五年，陈将复封。封五十二年而遂亡。”子产问其故，对曰：“陈，水属也，火，水妃[2]也，而楚所相也。今火出而火陈，逐楚而建陈也。妃以五成，故曰五年。岁五及鹑火，而后陈卒亡，楚克有之，天之道也，故曰五十二年。”

【注释】①裨灶：郑国大夫，春秋时期的大星占学家，名声在申须、梓慎之上。②妃（pèi）：古同“配”，婚配。

【译文】夏季四月，陈国出现火灾。郑国的裨灶说：“五年之后陈国将重新恢复封邑，受封五十二年之后被灭亡。”子产问其中的原因，裨灶回答说：“陈国，属于水；火，是水的配偶，而楚国属于火。如今大火星出现而陈国出现火灾，是驱逐楚国而建立陈国的预兆。阴阳五行都以五来配成，故而说五年。岁星五次经过鹑火，然后陈国才灭亡，楚国战胜并占有它，这是天道，故而说五十二年。”

晋荀盈如齐逆女，还，六月，卒于戏阳[①]。殡于绛，未葬。晋侯饮酒，乐[②]。膳宰[③]屠蒯趋入，请佐公使尊，许之。而遂酌以饮工，曰：“女为君耳，将司聪也。辰在子卯，谓之疾日[④]。君彻宴乐，学人舍业[⑤]，为疾故也。君之卿佐，是谓股肱[⑥]。股肱或亏，何痛如之？女弗闻而乐，是不聪也。”又饮外嬖嬖叔曰：“女为君目，将司明也。服以旌礼，礼以行事，事有其物，物有其容。今君之容，非其物也[⑦]，而女不见，是不明也。”亦自饮也，曰：“味以行气，气以实志，志以定言，言以出令。臣实司味，二御失官，而君弗命，臣之罪也。”公说，彻酒。

【注释】①戏阳：古地名，在今河南内黄县北。②乐：奏乐。③膳宰：古官名。掌宰割牲畜以及膳食之事。④辰在子卯，谓之疾日：甲子为商纣王灭亡之日；乙卯为夏桀灭亡之日，所以当时人们把甲子、乙卯日作为忌日。疾日即忌日。⑤君彻宴乐，学人舍业：国君停止宴会奏乐，学乐者停止学习音乐。⑥股肱（gōng）：大腿和胳膊。引申为辅佐君主的大臣。又比喻左右辅助得力的人。⑦今君之容，非其物也：现在国君的面容，不是因该有的表情。意指大臣去世，国君应该表示忧伤，不应该设宴奏乐。

【译文】晋国的荀盈前去齐国迎接夫人，回国途中，六月死在戏阳。棺柩停放在绛地，还未出葬。晋平公喝酒，而且奏乐。膳宰屠蒯急步入宫，请求帮助平公斟酒。平公答应了。屠蒯便斟酒给乐师喝，说：“你作为君王的耳朵，要负责它的灵敏。在甲子或乙卯日，是忌日，国君应该除去宴乐，学乐的人停止演习，是为了避讳的缘故。君主的公卿大臣，就等于是君主的手足。手足要是受损，还有什么能比这更痛心呢？你不知道这些道理却依然奏乐，这是耳不聪。”又斟酒给宠臣嬖叔喝，说：“你作为君主的眼睛，要负责国君的眼睛明亮。服饰是用来表达礼仪的，礼仪是用来指导行动的，事务有它的类别，各种类别有它的外貌表现。现在君主的仪表，不是应有的表现。而你却看不见，这是目不明。”屠蒯又自斟自饮，说：“味道用来疏通气血，气血用来充实意志，意志用来让言语坚定，言语用来发布命令。下臣我负责调和滋味，两个侍奉君主的人失责，而君主没有下令治罪，这是我的过错。”晋平公认为他说得对，于是除去酒宴。

初，公欲废知氏①而立其外嬖，为是悛②而止。

【注释】①知氏：即荀氏，荀盈即知盈。②悛：悔改。

【译文】起初，晋平公想要废除荀盈而立他的宠臣，由于屠蒯的劝谏而更改了想法，于是作罢。

秋八月，使荀跞[①]佐下军以说焉。孟僖子如齐殷聘[②]，礼也。

【注释】①荀跞：荀盈之子。②殷聘：盛大的聘问。

【译文】秋季八月，让荀跞辅佐下军来表明自己的态度。孟僖子前往齐国进行礼仪隆重的聘问，这是合于礼的。

冬，筑郎囿，书，时也。季平子欲其速成也，叔孙昭子曰："《诗》曰：'经始勿亟，庶民子来[①]。'焉用速成，其以剿民也？无囿犹可，无民其可乎？"

【注释】①经始勿亟，庶民子来：出自《诗经·大雅·灵台》。意思是修建开始不要着急，民众会像儿子一样前来帮忙

【译文】冬季，鲁国修造郎囿，《春秋》加以记录，是由于合于时令。季平子想要郎囿迅速建成。叔孙昭子说："《诗》中说：'修建开始不要着急，民众会像儿子一样前来帮忙。'哪里用得着速成，而让民众受劳苦呢？没有园林是可以的，没有民众难道能行吗？"

昭公十年

【经】十年春王正月。夏，齐栾施来奔。秋七月，季孙意如、叔弓、仲孙貜帅师伐莒。戊子，晋侯彪卒。九月，叔孙婼如晋，葬晋平公。十有二月甲子，宋公成卒。

【译文】鲁昭公十年春季周历正月。夏季，齐国大夫栾施出奔到鲁国。秋季七月，鲁国大夫季孙意如、叔弓、仲孙貜率领军队攻打莒国。七月戊子日，晋平公彪去世。九月，鲁国大夫叔孙婼到晋国去，参加晋平公的葬礼。冬季十二月甲子日，宋平公成去世。

【传】十年春，王正月，有星出于婺女①。郑裨灶言于子产曰："七月戊子，晋君将死。今兹岁②在颛顼之虚③，姜氏、任氏实守其地④。居其维首，而有妖星焉，告邑姜也。邑姜，晋之妣也。天以七纪⑤。戊子，逢公⑥以登，星斯于是乎出，吾是以讥⑦之。"

【注释】①婺（wù）女：古星宿名，即"女宿"。②岁：岁星，即木星。③颛顼之虚：十二星次中的玄枵。④姜氏、任氏实守其地：姜氏，指齐国。任氏，指薛国。这两国是玄枵的分野。⑤天以七纪：二十八星宿在天分布在东南西北四方，每方七宿，故以七为记数。⑥逢公：齐地殷商时的诸侯。⑦讥：同"乩"，占卜。

【译文】十年春季，周历正月，有一颗星出现在婺女宿。郑国的裨灶对子产说："七月戊子日，晋国国君将死。如今岁星在玄枵，姜氏、任氏位于玄枵的分野，婺女宿正当玄枵的首位，而此处出现了妖星，这是预告灾难即将归于邑姜。邑姜，是晋侯的先妣。上天用七来记数，七月戊子日，是逢公的死日，妖星便在那时候出现，我是用它占卜而预知的。"

齐惠栾、高氏皆耆酒[1]，信内多怨，强于陈、鲍氏而恶之。

【注释】①栾氏：指栾施。高氏：指高强。耆：同"嗜"。

【译文】齐惠公的后代栾氏、高氏都爱好喝酒，听信女人的话，别人对他们的憎怨很多，他们的势力比陈氏、鲍氏还要强大，并且厌恶陈氏、鲍氏。

夏，有告陈桓子曰："子旗、子良将攻陈、鲍。"亦告鲍氏。桓子授甲而如鲍氏，遭子良醉而骋，遂见文子，则亦授甲矣。使视二子，则皆从饮酒。桓子曰："彼虽不信，闻我授甲，则必逐我。及其饮酒也，先伐诸？"陈、鲍方睦，遂伐栾、高氏。子良曰："先得公，陈、鲍焉往？"遂伐虎门[1]。

【注释】①虎门：齐景公路寝的南门。

【译文】夏季，有人报告陈桓子说："子良、子旗想要进攻陈氏、鲍氏。”而且也报告了鲍氏。陈桓子把兵器发给部下而且亲自到鲍氏那儿，路上碰到子良喝醉酒驾车狂奔，然后去见鲍文子，鲍文子也已经把兵器发下去了。派人去查看子良、子旗两个人的动静，他们正准备喝酒。陈桓子说：“传闻就算不确定，他们如果知道我们发下兵器，就必定会驱逐我们。趁着他们在喝酒，抢先攻击他们如何？”陈氏、鲍氏当时正和睦，就去攻击栾氏、高氏。子良说：“先获得国君的支持，陈氏、鲍氏还能跑到哪儿去？”于是攻打虎门。

晏平仲端委①立于虎门之外，四族召之，无所往。其徒曰：“助陈、鲍乎？”曰：“何善焉？”“助栾、高乎？”曰：“庸愈乎？”“然则归乎？”曰：“君伐，焉归？”公召之而后入。公卜使王黑以灵姑铚②率，吉，请断三尺焉而用之③。五月庚辰，战于稷④，栾、高败，又败诸庄⑤。国人追之，又败诸鹿门⑥。栾施、高强来奔。陈、鲍分其室。

【注释】①晏平仲：即晏婴。端委：朝服。②灵姑铚：齐景公的王旗。③请断三尺焉而用之：虽然齐景公授权王黑使用齐景公的王旗，但王黑将旗帜截短以表示对国君的尊敬。④稷：齐国都城的城门。⑤庄：指城内的大街。

【译文】晏婴穿着朝服站在虎门外边，四个家族召见他，他都不去。他的手下说：“帮助陈氏、鲍氏吗？”晏婴说：“他们有什么值得帮助的吗？”“帮助栾氏、高氏吗？”晏婴说：“这两家难道能胜过陈氏、鲍氏吗？”“那么回去吗？”晏婴说：“国君被攻击，回哪儿去？”齐景公召见他，晏婴才进宫。齐景公准备派遣王黑使用国君的旗帜来统率士兵，对这件事进行占卜，结果是吉利，王黑请求将旗帜截短三尺之后再用。五月庚辰日，在稷门交战，栾氏、高氏战败，在庄街又被打败。国人追击他们，又在都城鹿门再次打败他们。栾施、高强逃到鲁国，陈氏、鲍氏分了他们的家产。

晏子谓桓子："必致诸公[①]。让，德之主也，让之谓懿德[②]。凡有血气，皆有争心，故利不可强，思义为愈。义，利之本也，蕴利生孽。姑使无蕴乎！可以滋长。"桓子尽致诸公，而请老于莒。

【注释】①必致诸公：将栾氏、高氏两家的财产上交给国君。②懿德：美德。

【译文】晏子对陈桓子说："必须要把获得的栾氏、高氏的家产交与国君。谦让，是德行的根本，能够谦让是美德。但凡有血气的人，都有抢夺之心，故而利益不能强求，想着道义为先才是更好的做法。道义，是利益的根本。积聚利益便生出妖孽。暂时让利益不要积聚吧！可以让它慢慢地增长。"陈桓子把栾氏、高氏的家产全都交与齐景公，并请求在莒地告老退休。

桓子召子山[①]，私具幄幕、器用、从者之衣屦，而反棘焉。子商亦如之，而反其邑。子周亦如之，而与之夫于。反子城、子公、公孙捷[②]，而皆益其禄。凡公子、公孙之无禄者，私分之邑。国之贫约孤寡者，私与之粟。曰："《诗》云：'陈锡载周[③]。'能施也，桓公是以霸。"公与桓子莒之旁邑，辞。穆孟姬为之请高唐[④]，陈氏始大。

【注释】①子山：与子商、子周都是鲁襄公三十一年被子尾放逐。②子城、子公、公孙捷：鲁昭公八年被子旗放逐。③陈锡载周：出自《诗经·大雅·文王》。意思是文王依靠布施赐予，才建立了周朝。④穆孟姬：齐景公母亲。高唐：齐地，在今山东高唐县东。

【译文】陈桓子召见子山，私下预备了帷幕、器物，随从者的衣服鞋子，并把棘地还给了子山。对子商也如此做，而把封邑也还给了子商，对子周也是如此，而把夫于给了他。让子城、子公、公孙捷回国，而且都增加了他们的俸禄。但凡公子、公孙中没有俸禄的，私下把封邑分给他们。对国内贫困孤寡的人，私下分给他们粮食。他说："《诗》说：'文王依靠布施赐予，才建立了周朝。'这便是可以施舍的缘故。齐桓公也因此成为霸主。"齐景公把莒地周围的城邑赐给陈桓子，陈桓子拒绝了。穆孟姬为他请求高唐作为封地，陈氏开始强大起来。

秋七月，平子伐莒，取郠[①]，献俘，始用人于亳社[②]。臧武仲在齐，闻之，曰："周公其不飨鲁祭乎！周公飨义，鲁无义。《诗》曰：'德音孔昭，视民不佻[③]。'佻之谓甚矣，而壹用之，将谁福哉？"

【注释】①郠（gěng）：莒地，后属鲁，故址在今山东省沂水县境。②亳社：又称殷社，是商超所设立的祭祀场所。③德音孔昭，视民不佻：出自《诗经·小雅·鹿鸣》。意思是那美好的话十分彰显明白，对待民众不轻佻随便。

【译文】秋季七月，季平子攻打莒国，占领郠地。奉献俘虏，在亳社开始用人做牺牲祭奠。臧武子在齐国，听说了这件事，说："周公将不会再享用鲁国的祭奠了吧！周公享用合乎道义的祭奠，鲁国不合乎道义。《诗》说：'那美好的话十分彰显明白，对待民众不轻佻随便。'如今鲁国的做法可以说是轻佻随便得过分了，而又专门这样做，上天将会降福给谁呀？"

戊子，晋平公卒。郑伯如晋，及河，晋人辞之。游吉遂如晋。九月，叔孙婼、齐国弱、宋华定、卫北宫喜、郑罕虎、许人、曹人、莒人、邾人、滕人、薛人、杞人、小邾人如晋，葬平公也。

【译文】七月戊子日，晋平公去世。郑简公去晋国吊唁，到了黄河边，晋国辞谢。游吉便到了晋国。九月，叔孙婼、齐国国弱、宋国华定、卫国北宫喜、郑国罕虎、许人、曹人、莒人、邾人、滕人、薛人、杞人、小邾人到晋国去，参加晋平公的葬礼。

郑子皮将以币行[①]。子产曰："丧焉用币？用币必百两[②]，百两必千人，千人至，将不行[③]。不行，必尽用之。几千人而国不亡？"子皮固请以行。

【注释】①郑子皮将以币行：指子皮准备礼物送给晋国新君。②两：兵车称为两。③行：使用，费用。

【译文】郑国的子皮预备带着财礼前去，子产说："吊丧哪儿要用财礼，用财礼必须要一百辆车拉，一百辆车必定要动用一千人。动用一千人，必然花费不够用。花费不够用，所带的财物必定会用光。如果几千人出去送礼，国家还有不灭亡的吗？"子皮坚决请求带着财礼去。

既葬，诸侯之大夫欲因见新君。叔孙昭子曰：“非礼也。”弗听。叔向辞之，曰：“大夫之事毕矣，而又命孤，孤斩焉在衰绖之中。其以嘉服见，则丧礼未毕。其以丧服见，是重受吊也。大夫将若之何？”皆无辞以见。

【译文】安葬结束，诸侯国的大夫们想要乘机拜见新国君。叔孙昭子说：“这是不合乎礼的。”大家不听。叔向拒绝他们，说：“大夫们的送葬事情已经结束，又要求我国新君跟诸卿相见，我国新君正哀痛地处在服丧期间。要是穿吉服与诸位相见，但丧礼又还没有结束；要是以丧服相见，这便是重新接受吊唁。大夫们认为该如何处理呢？”大家都没有理由再请求拜见。

子皮尽用其币，归，谓子羽曰：“非知之实难，将在行之。夫子知之矣，我则不足。《书》曰：‘欲败度，纵败礼[①]。’我之谓矣。夫子知度与礼矣，我实纵欲，而不能自克也。”

【注释】①欲败度，纵败礼：为逸《尚书·太甲》中篇，意思是说欲望败坏法度，放纵败坏礼制。

【译文】子皮用光了他带去的财礼。回国后，对子羽说：“明白道理不难，难在实行道理，他老人家明白道理，我则连道理都不懂。《书》说：‘欲望败坏法度，放纵败坏礼制。’这说的是我啊。他老人家明白法度和礼制，我真的是纵容自己欲望而不能自我克制。

昭子至自晋，大夫皆见。高强见而退。昭子语诸大夫曰："为人子，不可不慎也哉！昔庆封亡，子尾多受邑，而稍致诸君，君以为忠，而甚宠之。将死，疾于公宫，辇而归，君亲推之。其子不能任，是以在此。忠为令德，其子弗能任，罪犹及之，难不慎也？丧夫人之力，弃德旷宗[①]，以及其身，不亦害乎？《诗》曰：'不自我先，不自我后[②]。'其是之谓乎！"

【注释】①旷宗：使宗庙荒废无人祭祀。②不自我先，不自我后：出自《诗经·小雅·正月》。意思是祸乱的原因不在他人，正在自己。这里指高强自取其祸。

【译文】昭子从晋国归来，大夫们都来进见。高强进见后就退了出去。昭子对大夫们说："为人子不能不慎重啊！从前庆封逃亡，子尾接受了很多城邑，而后又全部还给国君，国君觉得他忠诚，故而很宠信他。临死之前，在国君宫中得病，坐上车子回家，国君亲自推车。他的儿子不能继承父业，才在这里。忠诚是美德，他的儿子不能继承，罪过便会延及到他身上，如何能不谨慎呢？失去了贤人的功劳，丢掉德行，让宗庙空闲而无人祭奠，罪过延及到自身，不也是祸害吗？《诗》说：'祸乱的原因不在他人，正在自己。'说的就是这个吧！"

冬十二月，宋平公卒。初，元公[①]恶寺人柳。欲杀之。及丧，柳炽炭于位[②]，将至，则去之。比葬，又有宠。

【注释】①元公：宋元公佐。②柳炽炭于位：寺人柳用炭火将太子丧位烧暖。是故意讨好宋元公。

【译文】冬季十二月，宋平公去世。起初，宋元公厌恶寺人柳，想要杀死他。等到平公丧事时，寺人柳在元公坐的地方烧上炭火，元公即将到达，便把炭撤去。等到安葬之后，寺人柳又获得了宠信。

昭公十一年

【经】十有一年春王二月，叔弓如宋。葬宋平公。夏四月丁巳，楚子虔诱蔡侯般[①]，杀之于申。楚公子弃疾帅师围蔡。五月甲申，夫人归氏[②]薨。大蒐于比蒲。仲孙貜会邾子，盟于祲祥[③]。秋，季孙意如会晋韩起、齐国弱、宋华亥、卫北宫佗、郑罕虎、曹人、杞人于厥慭[④]。九月己亥，葬我小君齐归。冬十有一月丁酉，楚师灭蔡，执蔡世子有以归，用之[⑤]。

【注释】①楚子虔：即楚灵王。蔡侯般：即蔡灵侯。②归氏：指'齐归'，鲁襄公妾，鲁昭公母。母以子贵，故称夫人。③祲祥：古地名，在今山东曲阜附近。④厥慭：又作"屈银"，在今河南新乡市一带。⑤执蔡世子有以归，用之：杀死了蔡国的太子有，作为牺牲。

【译文】鲁昭公十一年春季周历正月，鲁国大夫叔弓到宋国去。安葬宋平公。夏季四月丁巳日，楚灵王虔诱骗蔡灵公般到申地并杀了他。楚国的公子弃疾率领军队包围了蔡国都城。五月甲申日，鲁国夫人齐归去世。鲁国在比蒲举行大阅兵。鲁国的仲孙貜会见郑庄公，在祲祥签订了盟约。秋季，鲁国的季孙意如与晋国的韩起、齐国的国弱、宋国的华亥、卫国的北宫佗、郑国的罕虎、曹国人、杞国人在厥慭会面。九月己亥日，安葬鲁国夫人齐归。冬季十一月丁酉日，楚军灭掉了蔡国，囚禁了蔡国的太子有，把他带回楚国，杀了作为牺牲。

【传】十一年春，王二月，叔弓如宋，葬平公也。

【译文】十一年春季，周历二月，叔弓到宋国去，是为了参加宋平公的葬礼。

景王问于苌弘曰："今兹诸侯何实吉？何实凶？"对曰："蔡凶。此蔡侯般弑其君之岁也，岁在豕韦[①]，弗过此矣。楚将有之，然壅[②]也。岁及大梁[③]，蔡复，楚凶，天之道也。"

【注释】①豕韦：北方玄武七宿之一，又名室宿。②壅（yōng）：堆积。③大梁：十二星次之一。配二十八宿为胃、昴、毕三宿。

【译文】周景王问苌弘："在当今各诸侯中，哪国有吉兆哪国有凶兆呢？"苌弘回答说："蔡国有凶兆。由于今年正好和蔡灵侯般杀害他父亲那一年一样，岁星在豕韦的位置上，蔡国的凶祸不出今年。楚国将占领蔡国，不过对楚国来说也只能加重其罪恶。等岁星运行到大梁的位置时，蔡国将会复兴，楚国就会碰到灾难。这是天意所在。"

楚子在申，召蔡灵侯。灵侯将往，蔡大夫曰："王贪而无信，唯蔡于感[①]，今币重而言甘，诱我也，不如无往。"蔡侯不可。三月丙申，楚子伏甲而飨蔡侯于申，醉而执之。夏四月丁巳，杀之，刑其士七十人。公子弃疾帅师围蔡。

【注释】①感（hàn）：假借为“憾”，怨恨。

【译文】楚灵王在申地召见蔡灵侯。灵侯想要前往，蔡国大夫说：“楚王贪婪而不讲信用，他怨恨蔡国不肯顺服，如今却送来了这么多的财礼，说话又十分好听，这分明是在诱惑我们，最好别去。”灵侯不听。三月丙申日，楚灵王在申地埋伏了甲兵，并设宴款待蔡灵侯，把他灌醉后抓了起来。夏季四月丁巳日，将其杀死。随行的士七十多人也同时被杀。公子弃疾领兵包围了蔡国。

韩宣子问于叔向曰：“楚其克乎？”对曰：“克哉！蔡侯获罪于其君，而不能其民，天将假手于楚以毙之，何故不克？然肸闻之，不信以幸，不可再也[①]。楚王奉孙吴以讨于陈，曰：‘将定而国。’陈人听命，而遂县之。今又诱蔡而杀其君，以围其国，虽幸而克，必受其咎，弗能久矣。桀克有缗以丧其国[②]，纣克东夷而陨其身[③]。楚小位下，而亟暴于二王，能无咎乎？天之假助不善，非祚之也，厚其凶恶而降之罚也。且譬之如天，其有五材[④]而将用之，力尽而敝之，是以无拯，不可没振。”

【注释】①不信以幸，不可再也：不讲信用而侥幸成功，下回不会再有这样的幸运了。②桀克有缗以丧其国：桀在有仍（今山东省济宁东南）举行盟会，结果激起有缗氏（位于今山东金乡东北）的公开叛离。夏桀出兵征讨有缗，虽然取得了胜利，但元气大伤，加速了夏朝的灭亡。③纣克东夷而陨其身：商纣王历时数年攻伐东夷，虽然取胜，但耗尽国力，最终被周朝灭亡。④五材：指金、木、水、火、土。

【译文】韩起问叔向："楚国这次能获胜吗？"叔向说："能！蔡侯杀了他的国君，又没能获得民众的拥护，这是上天在借助楚国之手将他杀死，怎能不胜呢？不过据我所知，不讲信用却侥幸能够成功，不会再有第二次了。楚王先前曾帮助太孙吴进攻陈国，并对他说：'我将帮助你安定国家。'陈国人听从了他的命令，他却把陈国变成了楚国的一个县。如今又引诱蔡侯并杀死他，还包围了蔡国，就算侥幸取胜，也必定会受到惩罚，长久不了。桀王战胜了有缗，却失去了国家；纣王战胜了东夷诸国，却因而丧命。楚国领土小且地位低下，但其暴虐无道却屡次超过了桀、纣二王，能没有灾祸吗？上天借助不善之人行事，不是降福给他们，而是为了加重其罪恶，以便将来严加惩处。就像上天有金、木、水、火、土五种材料而被人们所利用，一旦用完，便会被丢弃。故而说楚国无法挽救，以后也不会再兴盛了。"

五月，齐归薨，大蒐于比蒲，非礼也①。

【注释】①非礼也：齐归去世期间举行阅兵是不合适的。

【译文】五月，齐归去世。同时，鲁国在比蒲举行盛大的阅兵，这是不合礼的。

孟僖子会邾庄公，盟于祲祥，修好，礼也。

【译文】孟僖子和邾庄公会面，在祲祥结盟，重修了两国的友好，这是合于礼的。

泉丘人有女，梦以其帷幕孟氏之庙，遂奔[①]僖子，其僚从之[②]。盟于清丘之社，曰："有子，无相弃也。"僖子使助薳氏之簉[③]。反自祲祥，宿于薳氏，生懿子及南宫敬叔于泉丘人。其僚无子，使字[④]敬叔。

【注释】①奔：私奔。②其僚从之：她的同伴跟从她一起私奔。③薳氏：孟僖子采邑。簉（zào）：妾。④字：抚养。

【译文】泉丘有个女子，梦到自己的帷幕挂在了孟氏的宗庙上，便跑去嫁给了孟僖子，她的女伴也随她嫁给了僖子。二女跟孟僖子在清丘的土地庙中盟誓说："要是有了儿子，就不要抛弃我们。"僖子让她们做了妾，住到薳氏。从祲祥回来后，僖子便住在薳氏。后来泉丘那个女子生了懿子跟南宫敬叔，女伴没生儿子，就把敬叔要过来抚养。

楚师在蔡，晋荀吴谓韩宣子曰："不能救陈，又不能救蔡，物以无亲，晋之不能，亦可知也已！为盟主而不恤亡国，将焉用之？"

【译文】楚国的军队屯驻在蔡国。晋国的荀吴对韩起说："我们不能救助陈国，又不能救助蔡国，如此便不会有人再和我们亲近了，从这可知晋国的无能。作为盟主却不能关心灭亡的国家，还有什么用呢？"

秋，会于厥慭，谋救蔡也。

【译文】秋季，在厥慭会盟，是为了商议如何救援蔡国。

郑子皮将行，子产曰："行不远。不能救蔡也。蔡小而不顺，楚大而不德，天将弃蔡以壅楚，盈而罚之。蔡必亡矣，且丧君而能守者，鲜矣。三年，王其有咎乎！美恶周必复，王恶周矣[①]。"

【注释】①美恶周必复，王恶周矣：无论美好还是邪恶，岁星运行一周以后必定报应，楚王的报应快要到了。

【译文】郑国的子皮准备动身，子产说："你走不了太远，蔡国已无法挽救了。蔡国小而又不顺服，楚国大却又不讲德行，上天即将抛弃蔡国以加重楚国的罪恶。到楚国恶贯满盈时再惩处它，故而蔡国一定要灭亡。再说蔡国已经失去了国君，丧君而能守住国家不被灭亡的，非常少见。再过三年，楚王便会遭到灾祸。无论善还是恶，岁星绕行一周后一定有报应，楚王的报应快到了。"

晋人使狐父请蔡于楚，弗许。

【译文】晋国人派狐父到楚国为蔡国求情，楚国不同意。

单子[①]会韩宣子于戚，视下言徐[②]。叔向曰："单子其将死乎！朝有著定，会有表[③]，衣有襘，带有结[③]。会朝之言，必闻于表著之位，所以昭事序[④]也。视不过结、袷之中，所以道容貌也。言以命之，容貌以明之，失则有阙。今单子为王官伯，而命事于会，视不登带，言不过步，貌不道容，而言不昭矣。不道，不共[⑤]；不昭，不从[⑥]。无守气矣。”

【注释】①单子：单成公。代表周景王来宣读王命。②视下言徐：目光向下说话迟缓。③朝有著定，会有表：朝见有固定的位置，会盟有标志。表，标志。③衣有袷，带有结：衣领有交会之处，衣带有衣结。指服饰应该有一定的规范。袷，衣领有交会之处。④事序：事理。⑤不道，不共：仪容不整肃，就不恭敬。⑥不昭，不从：言语不明确，别人就不会顺从。

【译文】单成公在戚地会见韩宣子，目光向下说话迟缓。叔向说：“单成公可能要死了。朝见有固定的位置，会盟有标志，衣领有交会之处，衣带有交结。朝见的语言，必定要使在座的人都能听到，用来表明事理。目光不超过衣领交会、衣带交结的中间，用以端正仪容形貌。言语用来发布命令，仪容形貌用来表明态度，做不到便有过错。如今单成公做为天子的百官之长，在盟会上宣布天子的命令，目光不高于衣带，语言超过一步便听不到，仪容不端正，言语便不能让人明白。不端正便不恭敬，言语不能让人明白，别人便不顺从，他已经没有精神了。”

九月，葬齐归，公不戚。晋士之送葬者，归以语史赵。史赵曰：“必为鲁郊。”侍者曰：“何故？”曰：“归姓也，不思亲，祖不归也[①]。”叔向曰：“鲁公室其卑乎？君有大丧，国不废蒐。有三年之丧，而无一日之戚。国不恤丧，不忌[②]君也。君无戚容，不顾亲也。国不忌君，君不顾亲，能无卑乎？殆其失国。”

【注释】①祖不归也：祖先不保佑。归，依附。②忌：忌惮。

【译文】九月安葬齐归，昭公不悲痛。晋国送葬的士人，回去把当时的情形告诉史赵。史赵说：“昭公必定会寄居鲁国的郊外。”侍从说：“为什么？”史赵说：“他是齐归的儿子，不想念母亲，祖先是不会护佑他的。”叔向说：“鲁国的公室可能要衰落了吧！国君有大的丧事，而国家却不废弃阅兵。有三年的丧期，却没有一天的悲痛。国家不为丧事而悲伤，这是国人不敬畏国君。国君没有悲痛的容貌，这是不思念亲人。国人不害怕国君，国君不思念亲人，能不衰落吗？或许将会失去他的国家。”

冬十一月，楚子灭蔡，用隐大子于冈山。申无宇曰：“不祥。五牲不相为用[①]，况用诸侯乎？王必悔之。”

【注释】①五牲不相为用：五种牺牲不能互相替代。五牲，指牛、羊、豕、犬、鸡。

【译文】冬季十一月，楚王灭掉蔡国，杀了隐太子用来祭奠冈山。申无宇说：“不吉祥。五种牲畜尚且不能互换进行祭奠，何况用诸侯呢？楚王必定要后悔的。”

十二月，单成公卒。

【译文】十二月，单成公去世。

楚子城陈、蔡、不羹。使弃疾为蔡公。王问于申无宇曰："弃疾在蔡，何如？"对曰："择子莫如父，择臣莫如君。郑庄公城栎而置子元焉，使昭公不立①。齐桓公城谷而置管仲焉，至于今赖之。臣闻五大②不在边，五细③不在庭。亲不在外，羁④不在内。今弃疾在外，郑丹在内。君其少戒。"王曰："国有大城，何如？"对曰："郑京、栎实杀曼伯，宋萧、亳实杀子游，齐渠丘实杀无知，卫蒲、戚实出献公。若由是观之，则害于国。末大必折，尾大不掉⑤，君所知也。"

【注释】①郑庄公城栎而置子元焉，使昭公不立：郑庄公建栎城来安置子元，结果子元以栎城为根据地，打败郑昭公。②五大：太子、母弟、贵庞公子、公孙、累世上卿。③五细：贱者、年少者、疏远者、新人、弱小者。④羁：寄居之臣。⑤末大必折，尾大不掉：末梢太大必然会折断，尾巴大了必定不能摇摆。掉，摇摆。

【译文】楚灵王在陈地、蔡地、不羹修城。派弃疾做蔡公。楚灵王向申无宇询问说："让弃疾在蔡地，怎么样？"申无宇答复说："选择儿子没有谁能赶上父亲，选择臣子没有谁能赶上国君。郑庄公在栎地修城而安置子元，使昭公不能立为国君。齐桓公在谷地修城而安置管仲，到如今齐国还能获得好处。臣下听说五种权贵人物不安排在边境，五种小人物不安排在朝廷。亲近的人不在国都之外任职，寄居之臣不在国都之内任职。如今弃疾在国都之外任职，郑丹在朝廷任职。君王还是稍加戒备为好。"楚灵王说："国都有超大的城邑，怎么样？”申无宇答复说：“在郑国的京地、栎地杀死曼伯，在宋国的萧地、亳地杀死子游，在齐国的渠丘杀死公孙无知，在卫国的蒲地、戚地驱逐了献公，要是从这些来看，超大的城邑对国都是有害的。树枝大必定折断，尾巴大就必定不能摇摆，这是君王所清楚的。”

昭公十二年

【经】十有二年春，齐高偃帅师纳北燕伯于阳[①]。三月壬申，郑伯嘉卒。夏，宋公使华定来聘。公如晋，至河乃复[②]。五月，葬郑简公。楚杀其大夫成熊。秋七月。冬十月，公子慭出奔齐。楚子伐徐。晋伐鲜虞[③]。

【注释】①高偃：齐国大夫。阳：在今山东完县西，唐县东北。②公如晋，至河乃复：晋国因为鲁国攻打莒国的缘故，拒绝鲁昭公朝见。③鲜虞：白狄所建之国，在今河北正定县北。

【译文】昭公十二年春季，齐国的高偃率领军队护送北燕国君到达阳地。三月壬申日，郑简公嘉去世。夏季，宋元公派遣大夫华定来鲁国访问。鲁昭公到晋国去，到黄河边就返回了。五月，安葬郑简公。楚国杀了大夫成熊。秋季七月。冬季十月，鲁国的公子慭出逃到齐国。楚灵王出兵攻打徐国。晋国出兵攻打鲜虞国。

【传】十二年春，齐高偃纳北燕伯款于唐，因其众也。

【译文】鲁昭公十二年春季，齐国高偃把北燕伯款送入唐地，是由于那儿的民众愿意接纳他。

三月，郑简公卒，将为葬除①。及游氏之庙，将毁焉。子大叔使其除徒②执用以立，而无庸毁，曰："子产过女，而问何故不毁，乃曰：'不忍庙也！诺，将毁矣！'"既如是，子产乃使辟之③。司墓之室④有当道者，毁之，则朝而塴⑤；弗毁，则日中而塴。子大叔请毁之，曰："无若诸侯之宾何？"子产曰："诸侯之宾，能来会吾丧，岂惮日中？无损于宾，而民不害，何故不为？"遂弗毁，日中而葬。君子谓："子产于是乎知礼。礼，无毁人以自成也。"

【注释】①为葬除：为埋葬而清除道路障碍。②除徒：清除道路障碍的人。③使辟之：使躲避开。④司墓之室：春秋时期专门设置墓大夫来管理国家墓地，这里的司墓之室应该是墓大夫下属的居所。⑤塴(bèng)：把棺材放入墓穴。

【译文】三月，郑简公去世，将要为安葬而清道，清道的队伍到达游氏祖庙，准备拆掉它。子太叔让那些清道的徒役手持工具站在那儿，先不要动手拆庙，说："子产经过你们这里时，要是问为什么不拆庙，你们就说：'不忍心拆祖庙啊！不过正准备拆。'"清道的徒役按照子太叔说的做了，子产就让大家避开了游氏祖庙。司墓的房屋挡在送葬的路上，要是拆掉，就能够在早晨安葬郑简公；要是不拆，便要到中午才能下葬。子太叔请求拆了它，说："不拆的话，怎么接待诸侯来宾呢？”子产说：“诸侯来宾能来参加我国的丧事，难道还会怕等到中午？不拆，既对来宾没有妨害，又能让民众不受损害，为何不这样做？”就没有拆除房屋，直到中午才安葬郑简公。君子说：“子产在这件事上懂得礼。礼，就是不损伤别人来成全自己。

夏，宋华定来聘，通嗣君也[①]。享之，为赋《蓼萧》[②]，弗知，又不答赋。昭子曰：“必亡。宴语之不怀[③]，宠光之不宣[④]，令德之不知[⑤]，同福之不受[⑥]，将何以在？”

【注释】①通嗣君也：宋元公即位，华定来鲁国为新君通好。②《蓼(lù)萧》：《诗经·小雅》中的篇名。主要是歌咏周天子宴饮诸侯。③不怀：不怀念。④宠光之不宣：《蓼萧》诗中有“为龙为光”的诗句，龙即宠。不宣，不宣扬。⑤令德之不知：对宣扬兄弟的美德的诗句，他全然不知。《蓼萧》诗中有“令德寿凯”的诗句。⑥同福之不受：对诗中所说的一起享受万福的话，他也不接受。

【译文】夏季，宋国的华定前来鲁国聘问，是为新君通好。鲁国宴享他，为他吟诵《蓼萧》一诗，他不知道诗意，又不赋诗答谢。叔孙说：“他一定会逃亡。对宴享的笑语不知怀念，受到宠信荣耀不知宣扬，赞颂兄弟间美好的德行也不清楚，对共同的福禄不知酬答，他将凭什么在职位上呆到最后？”

齐侯、卫侯、郑伯如晋，朝嗣君也[①]。公如晋，至河乃复。取郠之役[②]，莒人诉于晋，晋有平公之丧，未之治也，故辞公。公子慭[③]遂如晋。晋侯享诸侯，子产相郑伯，辞于享，请免丧而后听命[④]。晋人许之，礼也。晋侯以齐侯宴，中行穆子相。投壶[⑤]，晋侯先。穆子曰："有酒如淮，有肉如坻。寡君中此，为诸侯师。"中之。齐侯举矢，曰："有酒如渑[⑥]，有肉如陵。寡人中此，与君代兴。"亦中之。伯瑕谓穆子曰："子失辞[⑦]。吾固师诸侯矣，壶何为焉，其以中俊[⑧]也？齐君弱吾君，归弗来矣！"穆子曰："吾军帅强御，卒乘竞劝，今犹古也，齐将何事？"公孙傁[⑨]趋进曰："日旰君勤[⑩]，可以出矣！"以齐侯出。

【注释】①朝嗣君也：朝见晋昭公。②取郠之役：鲁昭公十年，鲁国讨伐莒国，得莒国之郠地。③公子慭（yìn）：字子仲，鲁国公子。④请免丧而后听命：郑简公刚刚去世，所以子产请求不参加宴享。⑤投壶：宴会中娱乐项目，以箭投壶，中壶多者胜。⑥渑（shéng）：古水名，源出今山东省淄博市东北，西北流至博兴东南入时水。⑦失辞：言语不当。⑧中俊：投壶以中者为俊，后称考试取中为中俊。⑨公孙傁（sǒu）：齐国大夫。⑩日旰（gàn）君勤：天色晚了，国君累了。日旰，天色晚。勤，劳累。

【译文】齐景公、卫灵公、郑定公去晋国，是为了朝见新继位的晋国国君。鲁昭公前去晋国，走到黄河边便返回了。鲁国占取郠地的那次战役后，莒国人向晋国控诉，晋国因为有平公的丧事，没有追究这件事，故而这次辞谢昭公，于是改派公子慭前去晋国。晋昭公设宴招待众诸侯，子产担任郑定公的相礼，辞谢这次宴享，请求服丧期满后再听从命令。晋国人同意了，这是合于礼的。晋昭公跟齐景公宴饮，荀吴相礼。期间，进行投壶游戏，晋昭公先投，荀吴说："有酒像淮水，有肉像高坡，寡君投中，做诸侯的首领。"结果晋昭公投中了。齐景公举起箭，说：“有酒像渑水，有肉像山陵。寡人投中，代君兴盛。”结果也投中了。伯瑕对荀吴说：“您的话不恰当。我们原本就做了诸侯的首领，还投壶做什么，投中了又有什么意义呢？齐君看不起我们国君，回国之后不会再来了。”荀吴说：“我们军队统帅强悍勇猛，士兵争相劝勉，如今还像从前一样强大，齐国能做什么呢？”公孙傁快步走进，说：“太晚了，国君累了，可以回去了。”就和齐景公一块出去。

楚子谓成虎若敖之余也①，遂杀之。或谮成虎于楚子，成虎知之而不能行。书曰：“楚杀其大夫成虎。”怀宠②也。

【注释】①楚子谓成虎若敖之余也：成虎，楚令尹子玉之孙，与斗氏同出於若敖。宣公四年，斗椒作乱，楚灵王借口成虎是若敖的余党而杀之。②怀宠：留恋优厚的待遇。

【译文】楚灵王觉得成虎是若敖的余党，于是杀死他。有人在楚灵王那儿诬陷成虎，成虎知道这事，却不能及时逃走。《春秋》记录说：“楚国杀了他的大夫成虎。”这是为了表明成虎由于怀念恩宠不能出走而被杀。

六月，葬郑简公。

【译文】六月，安葬郑简公。

晋荀吴伪会齐师者，假道于鲜虞，遂入昔阳①。秋八月壬午，灭肥[②]，以肥子绵皋[③]归。

【注释】①昔阳：古地名，在今河北晋县西。②肥：肥国，鲜虞的属国。③绵皋：肥国国君。

【译文】晋国的荀吴假装会合齐军，向鲜虞借路，趁机占领了昔阳。秋季八月壬午日，灭掉肥国，把肥国君主绵皋带回国。

周原伯绞虐[①]，其舆臣使曹逃[②]。冬十月壬申朔，原舆人逐绞，而立公子跪寻[③]，绞奔郊[④]。

【注释】①原伯：周大夫，名绞。虐：残暴。②舆：众，大众。曹：成群。③跪寻：原伯的弟弟。④郊：周地。

【译文】周原伯残暴，他的属下们成群逃跑。冬季十月初一，原地民众驱逐原伯绞，而立了公子跪寻。原伯绞逃到郊地。

甘简公[①]无子，立其弟过。过将去成、景之族[②]，成、景之族赂刘献公[③]。丙申，杀甘悼公[④]，而立成公之孙鳅[⑤]。丁酉，杀献太子之傅庾皮之子过，杀瑕辛于市，及宫嬖绰、王孙没、刘州鸠、阴忌、老阳子。

【注释】①甘简公：甘国国君，周王的卿士。②成、景之族：指甘成公、甘景公的族人。③刘献公：周王的卿士。⑤成公之孙鳅（qiū）：即甘成公。

【译文】甘简公没有儿子，立了他的弟弟过为国君。过想要除掉成公、景公的族人，成公、景公的族人们贿赂刘献公。丙申日，杀了甘悼公过，而立了成公的孙子鳅为国君。丁酉日，杀死献太子的师傅庾皮的儿子庾过，在集市上杀死瑕辛，又杀了宫嬖绰、王孙没、刘州鸠、阴忌、老阳子。

季平子立，而不礼于南蒯[①]。南蒯谓子仲[②]：“吾出季氏，而归其室于公，子更其位。我以费为公臣。”子仲许之。南蒯语叔仲穆子[③]，且告之故。

【注释】①南蒯（kuǎi）：季氏家臣，南遗之子，季氏费邑宰。②子仲：即公子慭。③叔仲穆子：名小，叔孙氏的别支叔仲氏，叔仲带之子。

【译文】季平子即位，对南蒯不加礼遇。南蒯对公子慭说：“我赶走季氏，把他的家产归还公室，您取替他的地位，我以费邑为领地做国君的臣子。”公子慭同意了。南蒯告诉叔仲穆子，而且告诉他其中的原因。

季悼子之卒也，叔孙昭子以再命[①]为卿。及平子伐莒克之，更受三命。叔仲子欲构[②]二家，谓平子曰：“三命逾父兄，非礼也[③]。”平子曰：“然。”故使昭子。昭子曰：“叔孙氏有家祸，杀適立庶[④]，故婼也及此。若因祸以毙之，则闻命矣。若不废君命，则固有著矣。”昭子朝，而命吏曰：“婼将与季氏讼，书辞无颇。”季孙惧，而归罪于叔仲子。故叔仲小、南蒯、公子慭谋季氏。慭告公，而遂从公如晋。南蒯惧不克，以费叛如齐。子仲还，及卫，闻乱，逃介而先。及郊，闻费叛，遂奔齐。

【注释】①再命：周代的官爵分为九个等级，称九命。九命最高，一命最低。再命属第八个等级。后面提到的三命，则是指公、侯、伯三卿。②叔仲子：即叔仲小。构：挑拨离间。③三命逾父兄，非礼也：按照周礼，庶子“三命不逾父兄”，是指庶子在朝虽有三命，依然要位列父兄之后。这里南蒯是误导季平子，说叔孙昭子作为庶子不能受三命。④杀適立庶：指鲁昭公四年竖子谋乱，杀死叔孙豹的儿子孟丙和仲壬，立叔孙豹的庶子叔孙昭子为继承人。

【译文】季悼子死的时候，叔孙昭子以受再命的身份做了卿。等到季平子进攻莒国得胜回来，叔孙昭子改受三命的封爵。叔孙小想要离间季孙、叔孙两家的关系，对季平子说：“叔孙昭子受三命超过了父兄，不合于礼。”季平子说：“是这样的。”故而让叔孙昭子自行降级。叔孙昭子说：“叔孙氏有家祸，杀害嫡子立了庶子，故而我才到了今天这一地位。要是以家祸为由来讨伐我，那我就遵命；要是不废弃君主的命令，那么本来就应该有我的位次。”叔孙昭子上朝，命令官吏说：“我想要跟季氏打官司，你记录诉讼词不要偏颇。”季平子害怕了，便归罪给叔仲小，故而叔仲小、南蒯、公子慭一起谋划推翻季氏。公子慭告诉昭公，于是跟着昭公去了晋国。南蒯担心不能成功，在费邑叛变，投靠了齐国。公子慭回国，抵达卫国时，听到发生动乱，丢下副使先逃回国。抵达国都郊外时，听到费邑叛变，就逃往齐国。

南蒯之将叛也，其乡人或知之，过之而叹，且言曰：“恤恤乎，湫乎攸乎[①]！深思而浅谋，迩身而远志，家臣而君图[②]，有人矣哉[③]！”南蒯枚筮之[④]，遇《坤》䷁之《比》䷇，曰：“黄裳元吉。”以为大吉也，示子服惠伯，曰：“即欲有事，何如？”惠伯曰：“吾尝学此矣，忠信之事则可，不然必败。外强内温[⑤]，忠也。和以率贞[⑥]，信也。故曰'黄裳元吉'。黄，中之色也。裳，下之饰也。元，善之长也。中不忠，不得其色。下不共，不得其饰。事不善，不得其极。外内倡和为忠，率事以信为共，供养三德为善，非此三者弗当。且夫《易》，不可以占险，将何事也？且可饰乎？中美能黄，上美为元，下美则裳，参成可筮。犹有阙也，筮虽吉，未也。"

【注释】①恤恤乎，湫乎攸乎：忧愁的意思。恤，忧。湫，愁。攸，忧虑。②深思而浅谋：思虑深而计谋浅，说得是南蒯想要铲除季氏，但计谋短浅。迩身而远志：身卑近而志高远，言其越分以求通也。家臣而君图：为家臣而谋君事，言其非已所当为也。③有人矣哉：指如果要这样，一定要大有为之人，但南蒯不是这样的人。④枚筮（méi shì）：谓不告其事而占卜吉凶。⑤外强内温：《比》卦外卦为《坎》，代表艰险，也就是强；内卦是《坤》卦，代表和顺。也就是温。⑥和以率贞：指《坤》卦表示土，《坎》卦表示水，水土相合即为和。率，行。贞，指占卜之事。以和顺行占卜之事。

【译文】南蒯准备叛变的时候，他的同乡有人知道了，走过他家门口而叹息，并且说："真让人担忧啊！真让人忧愁啊！想得很深远不过计谋很短浅，身为近臣却志向高远，作为家臣却有国君的谋划，他是这样的人吗？"南蒯不告其事而占卜吉凶，获得坤卦变为比卦，卦辞说："黄裳元吉。"他觉得是大吉大利。南蒯拿给子服惠伯看，说："如果要干大事，结果会如何？"惠伯说："我曾学过《易》，要是忠信的事就可以成功，不然必定失败。外表坚强内心温顺，这是忠诚；用和顺来进行占卜，这是信用，故而说'黄裳元吉'。黄，是中心的颜色；裳，是下身的服饰；元，是善德的首位。内心不忠，不符合那中心颜色；在下位不恭敬，不符合那服饰；办事不用善德，不符合那准则。外表内心一致便是忠，凭信用办事便是恭，培养三种德行便是善，不是这三种德行便不符合这个卦。何况《周易》不能用来占卜冒险的事，您想要干什么事呢？而且能否在下位而做到了恭敬？内心完美就是符合黄，做事善就符合元，在下恭敬就符合裳，三者都做到了才能得到卦象预言的结果。要是有缺失，占卜就算吉利，也是不行的。”

将适费，饮乡人酒。乡人或歌之曰：“我有圃，生之杞[①]乎！从我者子乎，去我者鄙乎，倍其邻者耻乎！已乎已乎，非吾党之士乎！”

【注释】①杞：树名，杞柳。杞柳生长在水边，现在出现在菜园里。比喻做事不合时宜。

【译文】南蒯将去费邑时，款待同乡人喝酒。有个同乡唱歌说：“我有菜圃，却长着杞柳啊！跟随我的是男子汉啊！远离我的是鄙陋的人啊！背弃亲邻的人可耻啊！算了吧算了吧，不是我们同类的人啊！”

平子欲使昭子逐叔仲小。小闻之，不敢朝。昭子命吏谓小待政于朝，曰：“吾不为怨府。”

【译文】季平子想让叔孙昭子驱赶叔仲小。叔仲小听说了，不敢上朝。叔孙昭子命令官吏告诉叔孙小到朝廷等候政事，而且说：“我不想做怨恨积聚的人。”

楚子狩于州来[1]，次于颍尾[2]，使荡侯、潘子、司马督、嚣尹午、陵尹喜帅师围徐以惧吴。楚子次于乾溪[3]，以为之援。雨雪，王皮冠，秦复陶，翠被，豹舄[4]，执鞭以出，仆析父从。右尹子革[5]夕，王见之，去冠、被，舍鞭，与之语曰："昔我先王熊绎，与吕伋、王孙牟、燮父、禽父[6]，并事康王，四国皆有分，我独无有。今吾使人于周，求鼎以为分，王其与我乎？"对曰："与君王哉！昔我先王熊绎，辟在荆山，筚路蓝缕[7]，以处草莽。跋涉山林，以事天子。唯是桃弧、棘矢，以共御王事。齐，王舅也。晋及鲁、卫，王母弟也。楚是以无分，而彼皆有。今周与四国服事君王，将唯命是从，岂其爱鼎？"王曰："昔我皇祖伯父昆吾[8]，旧许是宅。今郑人贪赖其田，而不我与。我若求之，其与我乎？"对曰："与君王哉！周不爱鼎，郑敢爱田？"王曰："昔诸侯远我而畏晋，今我大城陈、蔡、不羹，赋皆千乘，子与有劳焉。诸侯其畏我乎？"对曰："畏君王哉！是四国者，专足畏也，又加之以楚，敢不畏君王哉！"

【注释】①州来：在今安徽凤台县。②颍尾：亦作颍口，颍水下游入淮河处，在今安徽正阳镇。③乾溪：古地名，在今安徽亳县东南。④豹舄（xì）：用豹皮制作的鞋子。舄，泛指鞋。⑤子革：即郑丹，又称然丹，郑国大夫子然之子。鲁襄公十九年，叔父子孔被杀，子革投奔楚国。⑥吕伋、王孙牟、燮父、禽父：齐、卫、晋、鲁四国的始祖。⑦荆山：楚国发源地，在今湖北南漳县。筚路蓝缕：驾着简陋的柴车，穿着破烂的衣服去开辟山林道路。形容创业的艰苦。筚路，柴车。蓝缕，同"褴褛"，破旧的衣服。⑧昆吾：楚的远祖，曾住在许地。

【译文】楚灵王在州来打猎，屯驻在颍尾，派荡侯、潘子、司马督、嚣尹午、陵尹喜领兵包围徐国来威胁吴国。楚灵王驻扎在乾溪，作为他们的援兵。下着雪，楚王头戴皮帽，身穿秦国送的复陶衣，披着翠羽披肩，脚穿豹皮靴，手持马鞭而出，仆从析父跟从在后。右尹子革晚上求见，楚灵王接见他，脱去帽子、披肩，放下鞭子，对他说："以前我们先王熊绎和吕伋、王孙牟、燮父、禽父一起事奉康王，四国都有分得的珍宝器物，我国却没有。如今我派人到成周，请求赐予宝鼎，周王会给我吗？"右尹子革回答说："会给君王吧！以前我们先王熊绎处在偏僻的荆山，乘柴车，穿破衣，并开垦荒野，跋涉山林之间以服侍天子，只有桃木弓、棘木箭来作为天子的贡品。齐国，是天子的舅父；晋国跟鲁国、卫国，是天子的同胞兄弟。楚国故而没有分得赏赐，而他们都有。现在周朝和四国都服事君王您，将唯命是从，难道还舍不得鼎？"楚灵王说："先前我们皇祖伯父昆吾住在许国，现在郑国人贪图那里的田地而不给我们，我们要是求取，将会给我们吗？"子革回答说："会给君王吧！周王都不吝惜鼎，郑国岂敢吝惜田地？"楚灵王说："先前诸侯疏远我国而只害怕晋国，现在我们在陈国、蔡国和不羹修筑高大城池。兵车都有一千辆，这中间有您的功劳，诸侯会害怕我国吗？"子革回答说："会害怕君王吧！单这四个城邑，就能够让人害怕了，又加上楚国全国，怎么敢不怕君王呢？"

工尹路请曰："君王命剥圭以为鏚柲[①]，敢请命。"王入视之。析父谓子革："吾子，楚国之望也！今与王言如响，国其若之何？"子革曰："摩厉以须，王出，吾刃将斩矣。"王出，复语。左史倚相趋过。王曰："是良史也，子善视之。是能读《三坟》《五典》《八索》《九丘》[②]。”对曰：“臣尝问焉。昔穆王欲肆其心，周行天下，将皆必有车辙马迹焉。祭公谋父作《祈招》之诗，以止王心，王是以获没于祗宫[③]。臣问其诗而不知也。若问远焉，其焉能知之？”王曰：“子能乎？”对曰：“能。其诗曰：‘祈招之愔愔[④]，式昭德音。思我王度，式如玉，式如金。形民之力，而无醉饱之心。’”王揖而入，馈不食，寝不寐，数日，不能自克，以及于难[⑤]。仲尼曰：“古也有志：‘克己复礼，仁也。’信善哉！楚灵王若能如是，岂其辱于乾溪？”

【注释】①戚：古代一种斧样的兵器。柲（bì）：多指兵器的柄。②《三坟》《五典》《八索》《九丘》：古书名。③祗（zhī）宫：周代宫殿名，在国都南郊，今京兆郑县。④愔愔（yīn）：安静和悦的样子。⑤以及于难：以至于后来有了乾溪之难。

【译文】工尹路请求说：“君王命令剖玉来装饰斧柄，谨请发布命令。”楚灵王进去察看。析父对子革说：“您是楚国的希望，今日跟君王谈话像回音一般随声附和，国家将怎么办？”子革说：“我已经磨利了刀刃等着，君王出来时，我的刀就将砍掉君王的非分之想。”楚灵王出来，又开始交谈。左史倚相快步走过，楚灵王说：“这是个好史官，您要好好对待他。这个人能读《三坟》《五典》《八索》《九丘》。”子革回答说：“我曾经向他询问过，以前周穆王想要放纵自己的欲望，周游天下，想要在天下都留下车印马迹。祭公谋父作《祈招》一诗，来阻止穆王的欲望，穆王故而能在祗宫获得善终。我问他这首诗，他却不知道，要是问更远的事，他又哪能知道呢？”楚灵王说：“您知道吗？”子革回答说：“知道。那首诗说：‘祈求明德安详和悦，以宣扬美好的善言。想念我们君王的仪度，如同美玉、金石一样温润而坚强。保存民众的力量，而没有纵欲的私心。’”楚灵王向子革作揖，进入内室，吃不下饭，睡不着觉，一连几天，不能克制自己，故而后来遭到灾祸。孔子说：“古时候有句话说：‘抑制自己回归礼义，就是仁。’说得真是好啊！楚灵王如果能做到这一点，难道会在乾溪受辱吗？”

晋伐鲜虞，因肥之役也。

【译文】晋国攻打鲜虞，是乘着灭掉肥国而顺路进攻。

昭公十三年

【经】十有三年春，叔弓帅师围费。夏四月，楚公子比①自晋归于楚，弑其君虔②于乾溪。楚公子弃疾杀公子比。秋，公会刘子③、晋侯、齐侯、宋公、卫侯、郑伯、曹伯、莒子、邾子、滕子、薛伯、杞伯、小邾子于平丘④。八月甲戌，同盟于平丘。公不与盟。晋人执季孙意如以归。公至自会。蔡侯庐归于蔡。陈侯吴归于陈。冬十月，葬蔡灵公。公如晋，至河乃复。吴灭州来。

【注释】①公子比：即子干。②君虔：即楚灵王。③刘子：刘献公，周王的卿士。④平丘：古地名，在今河南封丘县东。

【译文】昭公十三年春季，鲁国的叔弓率领军队包围了费地。夏季四月，楚国的公子比从晋国回到楚国，在乾溪杀了他们的国君虔。楚国的公子弃疾杀了公子比。秋季，鲁昭公与刘献公、晋昭公、齐景公、宋元公、卫灵公、郑定公、曹武公、莒著丘公、邾庄公、滕悼公、薛伯、杞平公、小邾穆公在平丘相会。八月甲戌日，诸侯在平丘结盟。鲁昭公没有参加盟约。晋国人拘捕了鲁国大夫季孙意如并把他带回晋国。鲁昭公从平丘之会回到鲁国。蔡平侯庐回到蔡国。陈惠公吴返回陈国。冬季十月，安葬蔡灵公。鲁昭公到晋国去，到达黄河边就返回了。吴国灭了州来。

【传】十三年春，叔弓围费，弗克，败焉。平子怒，令见费人执之以为囚俘。冶区夫[①]曰："非也。若见费人，寒者衣之，饥者食之，为之令主[②]，而共其乏困[③]。费来如归，南氏亡矣，民将叛之，谁与居邑？若惮之以威，惧之以怒，民疾而叛，为之聚也。若诸侯皆然，费人无归，不亲南氏，将焉入矣？"平子从之，费人叛南氏。

【注释】①冶区（yě ōu）夫：鲁国大夫。冶区或为复姓。②为之令主：做一个贤德的主人。③共其乏困：供给他们缺乏的东西。共，通"供"。

【译文】十三年春季，叔弓围攻费地，没有攻下，反倒被打败。平子十分生气，下令见到费地人就抓起来，作为俘虏。冶区夫说："如此做不对。要是见到费地人，受冻的便送给他衣服，挨饿的便送给他食物，成为他们的好主人，而且供应他们所缺乏的东西。费地人便会前来投奔，南氏便要灭亡了。民众一旦背叛了他，谁还会跟他住在一处呢？反之，要是用威势使他们害怕，用愤怒使他们恐惧，民众就会担心受到祸患而背叛，这实际上是把民众推向南氏。要是诸侯都这么做，费地人没有了依赖，他们不投奔南氏，还能投奔谁呢？”平子听从了他的建议，费地人便都背叛了南氏。

楚子之为令尹也，杀大司马薳掩[1]而取其室。及即位，夺薳居[2]田；迁许而质许围。蔡洧[3]有宠于王，王之灭蔡也，其父死焉，王使与于守而行。申之会，越大夫戮焉[4]。王夺斗韦龟[5]中犨[6]，又夺成然[7]邑而使为郊尹。蔓成然故事蔡公，故薳氏之族及薳居、许围、蔡洧、蔓成然，皆王所不礼也。因群丧职之族，启[8]越大夫常寿过作乱，围固城，克息舟[9]，城而居之。

【注释】①薳（wěi）掩：楚国大夫，于鲁襄公三十年，被楚灵王所杀。②薳居：薳氏族人。③蔡洧（wěi）：蔡国人，在楚国为官。④申之会，越大夫戮焉：鲁昭公四年申地之会，越国大夫常寿过被楚灵王羞辱。⑤斗韦龟：若敖氏后裔，令尹子文之玄孙，斗弃疾之子。⑥中犨（chōu）：邑名，地址不详。⑦成然：又叫蔓成然，斗韦龟之子。⑧启：劝诱。⑨固城、息舟：楚国城邑。

【译文】楚灵王出任令尹时，杀了大司马薳掩，并抢夺了他的家产。等他即位做了国君，又抢夺了薳居的田地，还把许地的人迁到别处，并抓了许国大夫许围作为人质。蔡洧曾受到灵王的宠信，灵王灭亡蔡国时，蔡洧的父亲也被杀害。灵王派蔡洧留守国都，自己领兵出征。申地盟会上，越国大夫常寿过受到了灵王的羞辱。灵王抢夺了斗韦龟的封邑中犨，又夺去了成然的封邑，让他作了郊尹。成然先前曾事奉蔡公弃疾，故而薳氏的族人和薳居、许围、蔡洧、成然，全是灵王不礼遇的人。他们聚集一些被剥夺职位的人，又煽动越国大夫常寿过发动了反叛，包围了固城，攻陷了息舟，并在这里修建城墙据守。

观起[①]之死也，其子从在蔡，事朝吴[②]，曰："今不封蔡，蔡不封矣。我请试之。"以蔡公之命召子干、子晳，及郊，而告之情，强与之盟，入袭蔡。蔡公将食，见之而逃。观从使子干食，坎，用牲，加书，而速行。己徇[③]于蔡曰："蔡公召二子，将纳之，与之盟而遣之矣，将师而从之。"蔡人聚，将执之。辞曰："失贼成军，而杀余，何益？"乃释之。朝吴曰："二三子若能死亡，则如违之，以待所济。若求安定，则如与之，以济所欲。且违上，何适而可[④]？"众曰："与之。"乃奉蔡公，召二子而盟于邓[⑤]，依陈、蔡人以国。楚公子比、公子黑肱、公子弃疾、蔓成然、蔡朝吴帅陈、蔡、不羹、许、叶之师，因四族之徒，以入楚。及郊，陈、蔡欲为名，故请为武军[⑥]。蔡公知之曰："欲速。且役病矣，请藩而已。"乃藩为军。蔡公使须务牟与史猈先入[⑦]，因正仆人杀大子禄及公子罢敌[⑧]。公子比为王，公子黑肱为令尹，次于鱼陂[⑨]。公子弃疾为司马，先除王宫。使观从从师于乾溪，而遂告之，且曰："先归复所，后者劓[⑩]。"师及訾梁而溃。

【注释】①观起：观从的父亲，于鲁襄公二十二年被楚康王所杀。②朝吴：蔡国大夫声子之子。为楚公子弃疾臣。③徇（xùn）：对众宣示。④且违上，何适而可：违背上位者，又将去哪里呢？上，指蔡公弃疾。⑤邓：古地名，在今河南漯河市东南。⑥武军：筑壁垒，树旗帜，以立军威。⑦须务牟、史卑：蔡公弃疾的属臣。⑧大子禄、公子罢敌：二人都是楚灵王的儿子。⑨鱼陂（pí）：古地名，在今湖北天门市北。劓（yì）：劓刑，割鼻的刑罪，古代五刑之一。劓，刀割鼻子。

【译文】观起死的时候，他的儿子观从正在蔡国服侍蔡大夫朝吴，他说："如今再不恢复蔡国，蔡国便永远没有机会了。请允许我试试吧。"于是以蔡公的名义召请子干、子皙，二人来到蔡都郊区，观从把实情告诉他们，并强行与之盟誓，然后入城偷袭蔡都。蔡公正准备吃饭，看见他们就逃走了。观从让子干坐在蔡公的位置上吃饭，又挖了一个坑，杀死牲畜，放上盟书，而后让他们赶快走。观从对蔡地人公开宣布说："蔡公把子干、子皙请回来，想要送他们回国，已经和他们结盟并送他们先走了，蔡公准备领兵跟随他们去楚国。"蔡地人聚集起来要抓观从，观从辩解说："那两人已经走了，蔡公的军队也已经集合，杀死我有什么用？"于是把他放了。朝吴说："你们这些人要是能为楚王效忠而死，就不要听从蔡公的命令，等候局势的发展。要是希望蔡国能安定下来，就不如帮助蔡公，以实现大家共同的愿望。再说违抗蔡公，又能听从谁的呢？"众人都说："我们帮助蔡公！"于是众人侍奉蔡公，并把子干、子皙两人请回来，在邓地结盟。蔡公依赖陈国跟蔡国人的力量，许诺将来恢复他们的国家。楚国的公子比、公子黑肱、公子弃疾、蔓成然、蔡国的朝吴领着陈、蔡、不羹、许、叶等地的军队，依赖薳氏、许围、蔡洧、蔓成然四氏的族人，进入楚国。行至楚都郊区时，陈、蔡两国为宣扬征讨无道、复兴国家的名声，请求修建一座壁垒。蔡公听到后说："应当迅速攻入城内。而且军队已经疲惫不堪，暂且用篱笆围成营栅能屯驻就行了。"于是用篱笆围起来作为军营。蔡公派须务牟跟史猈先入城，串通正仆人杀死太子禄跟公子罢敌。而后拥立公子比为楚王，公子黑肱为令尹，屯驻在鱼陂。公子弃疾出任司马，首先清除了王宫中灵王的亲信。又派观从到乾溪军中，把消息告诉他们，并说："先回来的人一律保有禄位跟家财，回来晚的则要处以割鼻之刑。"灵王的军队行至訾梁便溃散了。

王闻群公子之死也，自投于车下[①]，曰："人之爱其子也，亦如余乎？"侍者曰："甚焉。小人老而无子，知挤于沟壑矣。"王曰："余杀人子多矣，能无及此乎？"右尹子革曰："请待于郊，以听国人。"王曰："众怒不可犯也。"曰："若入于大都，而乞师于诸侯。"王曰："皆叛矣。"曰："若亡于诸侯，以听大国之图君也。"王曰："大福[②]不再，只取辱焉。"然丹乃归于楚。王沿夏[③]，将欲入鄢[④]。芋尹无宇[⑤]之子申亥曰："吾父再奸王命[⑥]，王弗诛，惠孰大焉？君不可忍，惠不可弃，吾其从王。"乃求王，遇诸棘围[⑦]以归。夏五月癸亥，王缢于芋尹申亥氏。申亥以其二女殉而葬之。

【注释】①自投于车下：自己摔倒在车下。②大福：指作为国君的福分。③沿：顺流而行。夏：汉水的别称。④鄢（yān）：春秋楚别都，汉惠帝时改为宜城，在今湖北省宜城县。⑤芋尹无宇：即申无宇。⑥吾父再奸王命：指申无宇曾经斩断楚灵王旌旗和入章华宫抓人。⑦棘围：有说是楚城门名，也有说是地名。

【译文】楚灵王听到两个儿子死了，自己从车上摔了下来，说："别人疼爱儿子是否和我相同呢？"侍臣说："或许要超过您。像我这样老而无子的人，死后自然要被推到沟壑里去的。”灵王说：“我杀别人的儿子太多了，怎能不落到这一步呢？”右尹子革说：“请大王在郊外等待，听凭国人的处置。”灵王说：“众怒是不能触犯的。”子革说：“不妨逃往大的都邑中去，而后请求诸侯派兵救援。”灵王说：“诸侯都已背叛我了。”子革说：“要么逃到其他国家，请大国为您作主，如何呢？”灵王说：“不会再获得享有王位的福分，只能自找羞辱罢了。”子革就离开灵王回到了楚都。灵王沿着汉水前行，准备到鄢地去。芋尹无宇的儿子申亥说：“我父亲曾两次触犯了王命，大王都没有杀掉他，还有比这更大的恩惠吗？对大王不能忍心不救，恩惠不能忘记，我愿意跟从大王。”便去寻找灵王，在棘闱遇到他，把他领回家。夏季五月癸亥日，灵王在申亥氏家中自杀而死。申亥把两个女儿作为殉葬，安葬了灵王。

观从谓子干曰：“不杀弃疾，虽得国，犹受祸也。”子干曰：“余不忍也。”子玉曰：“人将忍子，吾不忍俟也。”乃行。国每夜骇曰：“王入矣！”乙卯夜，弃疾使周走[①]而呼曰：“王至矣！”国人大惊。使蔓成然走告子干、子皙曰：“王至矣！国人杀君司马，将来矣！君若早自图也，可以无辱。众怒如水火焉，不可为谋。”又有呼而走至者曰：“众至矣！”二子皆自杀。丙辰，弃疾即位，名曰熊居。葬子干于訾，实訾敖[②]。杀囚，衣之王服，而流诸汉，乃取而葬之，以靖国人[③]。使子旗[④]为令尹。

【注释】①使周走：让人到处走。②訾敖：楚国国君死后以葬地加敖作为称呼。③以靖国人：来安定国人。靖，安定。④子旗：即蔓成然。

【译文】观从对子干说："要是不杀了弃疾，就算您能得到国家，也还会受到祸害的。"子干说："我不忍心杀他。"观从说："他会忍心杀您的，我不忍心再等下去了。"于是离开了子干。国人每每在夜间大呼："楚灵王回来了！"乙卯日，弃疾派人到各处散布："灵王回来了！"国人十分惊恐。弃疾派蔓成然跑去向子干、子皙诈称："灵王已经来了，国人把司马弃疾杀死，马上就要攻到这儿了。您要是早做安排，能够免受耻辱。众人的愤怒就像水火一样，没有办法遏制了。"又有人跑来说："他们杀过来了！"于是子干、子皙都自杀了。丙辰日，弃疾即位为楚王，更名为熊居。把子干安葬到訾地，就是訾敖。平王又杀了一个囚犯，给他穿上灵王的衣服，扔到汉水中，再打捞上来安葬，以安定国人。而后任命子旗为令尹。

楚师还自徐，吴人败诸豫章，获其五帅。

【译文】楚国军队从徐国归来，吴军在豫章击败楚军，抓住了他们的五名将领。

平王封陈、蔡，复迁邑，致群赂，施舍宽民，宥罪举职。召观从，王曰："唯尔所欲。"对曰："臣之先，佐开卜。"乃使为卜尹。

【译文】楚平王重新建立陈、蔡两国，恢复了他们迁移的都邑，奖赏有功之臣，大施恩惠对民宽大，免除罪人，举拔被废掉的官员。召见观从，平王说：“你要求的都能够满足。”观从说：“臣下的祖辈，是卜尹的助手。”于是平王便让他做了卜尹。

使枝如子躬聘于郑，且致犨、栎之田。事毕，弗致。郑人请曰：“闻诸道路，将命寡君以犨、栎，敢请命。”对曰：“臣未闻命。”既复，王问犨、栎。降服而对，曰：“臣过失命，未之致也。”王执其手，曰：“子毋勤。姑归，不穀有事，其告子也。”

【译文】楚平王派枝如子躬到郑国聘问，而且把犨地、栎地的田地还给郑国。聘问完毕，没有交还郑国。郑国人请求说：“听到传闻，楚国将把犨地、栎地赐给寡君，因此冒昧地向您请求。”枝如子躬说：“臣下没有听说如此的命令。”回国复命之后，平王问起归还犨地、栎地的事情。枝如子躬脱去上衣谢罪说：“臣下故意违反君王的命令，没有交还犨地、栎地。”楚王握着他的手说：“您不要自责。先回去吧，以后我有事，依然会告诉您的。”

他年，芋尹申亥以王柩告，乃改葬之。

【译文】过了几年，芋尹申亥把埋葬灵王棺材的地方报告给平王，于是重新安葬灵王。

初，灵王卜，曰：“余尚得天下。”不吉，投龟，诟[①]天而呼曰：

“是区区者而不余畀[②]，余必自取之。”民患王之无厌也，故从乱如归。

【注释】①诟：骂。②畀：给予。

【译文】起初，灵王占卜，说：“我希望获得天下。”占卜结果不吉祥，灵王丢掉龟甲责骂上天说：“这一点点好处都不给我，我必定要自己取得它。”百姓担忧灵王没有满足的时候，故而跟从作乱如同百川归海。

初，共王无冢適[①]，有宠子五人，无適立焉。乃大有事于群望[②]，而祈曰：“请神择于五人者，使主社稷。”乃遍以璧见于群望，曰：“当璧而拜者，神所立也，谁敢违之？”既，乃与巴姬密埋璧于大室[③]之庭，使五人齐[④]，而长入拜。康王跨之，灵王肘加焉，子干、子晳皆远之。平王弱，抱而入，再拜，皆厌纽[⑤]。斗韦龟属成然焉，且曰：“弃礼违命，楚其危哉！”

【注释】①冢適：嫡子。適，同“嫡”。②望：望祭，指祭祀山川之神。③大室：祖庙。④齐：同“斋”。⑤厌纽：压在玉璧的纽上。

【译文】起初，楚共王没有嫡长子，有宠爱的儿子五个，不知道立谁合适。于是便遍祭山川的神灵，祈祷说：“请求神灵在五个人中选择，让他主持国家。”于是便把玉璧展示给山川的神灵说：“正对着玉璧下拜的，是神灵所立的人，谁敢违背？”祭奠完毕就跟巴姬把玉璧秘密地埋在祖庙的庭院里，让五个儿子斋戒，而后按着长幼次序入拜。康王两脚跨在玉璧上。灵王的胳膊肘放在玉璧上。子干、子皙都离玉璧很远。平王还小，被别人抱着进来，两次下拜，都压在璧纽上。斗韦龟把成然托付给平王，而且说："丢弃礼义违反天命，楚国大概危险了。"

子干归，韩宣子问于叔向曰："子干其济乎？"对曰："难。"宣子曰："同恶相求，如市贾焉，何难？"对曰："无与同好，谁与同恶？取国有五难：有宠而无人[①]，一也；有人而无主，二也；有主而无谋，三也；有谋而无民，四也；有民而无德，五也。子干在晋十三年矣，晋、楚之从，不闻达者[②]，可谓无人。族尽亲叛，可谓无主。无衅而动[③]，可谓无谋。为羁终世[④]，可谓无民。亡无爱征[⑤]，可谓无德。王虐而不忌，楚君子干，涉五难以弑旧君，谁能济之？有楚国者，其弃疾乎！君陈、蔡，城外属焉。苛慝不作[⑥]，盗贼伏隐，私欲不违，民无怨心。先神命之，国民信之。芈姓有乱，必季实立，楚之常也[⑦]。获神，一也；有民，二也；令德，三也；宠贵，四也；居常，五也。有五利以去五难，谁能害之？子干之官，则右尹也。数其贵宠，则庶子也。以神所命，则又远之。其贵亡矣，其宠弃矣，民无怀焉，国无与焉，将何以立？"宣子曰："齐桓、晋文，不亦是乎？"对曰："齐桓，卫姬之子也，有宠于僖[⑧]。有鲍叔牙、宾须无、隰朋以为辅佐，有莒、卫以为外主，有国、高[⑨]以为内主。从善如流，下善齐肃[⑩]，不藏贿，不从欲，施舍不倦，求善不厌，是以有国，不亦宜乎？我先君文公，狐季姬之子也，有宠于献。好学而不贰，生十七年，有士五人。有先大夫子馀、子犯以为腹心，有魏犨、贾佗以为股肱，有齐、宋、秦、楚以为外主，有栾、郤、狐、先以为内主。亡十九年，守志弥笃。惠、怀弃民，民从而与之。献无异亲，民无异望，天方相晋，将何以代文？此二君者，异于子干。共有宠子，国有奥主。无施于民，无援于外，去晋而不送，归楚而不逆，何以冀国？”

【注释】①有宠而无人：获得宠爱而没有贤才。②不闻达者：没有贤达的人。③无衅而动：没有机会而行动。衅，空隙，机会。④为羁终世：常年在外。⑤亡无爱征：子干逃亡在外，国人没有怀念他。⑥苛慝不作：不去做苛刻和邪恶的事情。⑦芈姓有乱，必季实立，楚之常也：楚国有动乱时，常立幼子为国君，也是楚国的常例。芈姓是楚国国君的姓。季，年少者。常，常例，常有之事。⑧僖：齐僖公。⑨国、高：齐国的国氏、高氏。这两家是齐国的名门望族，掌握齐国的国家大权。⑩下善齐肃：古时候有上善和下善的说法。下善大概是指一般的善行。齐肃，有迅速的意思。

【译文】子干回国之后，韩宣子向叔向询问说：“子干可能会成功吗？”叔向回答说：“难。”韩宣子说：“人们有同样的憎恶而互相需要，如同做买卖的商人一样，有什么难的？”叔向回答说：“没有人跟子干有同样的爱好，谁跟他有同样的憎恶呢？获得国家政权有五种难处：获得宠爱而没有贤才，这是第一条；有了贤才而没有强有力的内应，这是第二条；有了内应而没有谋略，这是第三条；有了谋略而没有百姓的支持，这是第四条；有了民众而没有德行，这是第五条。子干在晋国十三年了，晋国、楚国跟随他的人，没听说有贤达的人，可以说是没有贤人。族人被灭尽而且亲人背叛他，可以说是没有内应。没有机会就轻举妄动，可以说是没有谋略。常年逃亡在异国，可以说是没有百姓的支持。流亡在外而没有人怀念，可以说是没有德行。楚王残暴但不苛刻，楚国要是以子干为国君，有这五条难处，而要杀害原来的国君，谁能办成呢？拥有楚国的人，或许将是弃疾吧！他统治陈国、蔡国，方城以外也归属于他。苛刻和邪恶的事情都没有发生，盗贼也潜伏藏匿，有私欲但不违背礼仪，百姓没有怨恨之心。先代所祭的群神任用他，国内的百姓信任他，楚国发生动乱，总是小儿子立为国君，这是楚国的常例。得到神灵的保佑，这是第一条。拥有百姓，这是第二条。具有美德，这是第三条。得宠而显贵，这是第四条。符合楚国立国君的常例，这是第五条。有五条有利的条件，而远离五条难处，谁可以伤害到他？子干的官职，不过是个右尹。历数他的尊贵得宠之处，不过是庶子。说起神明的命令，他又离玉璧太远了。他的尊贵失去了，他的宠信失去了，百姓没有怀念他的，国内没有帮助他的，将靠什么立为国君？”韩宣子说：“齐桓公、晋文公不也是这样吗？”叔向回答说：“齐桓公，是卫姬的儿子，很受齐僖公的宠爱。有鲍叔牙、宾须无、隰朋作为辅佐，有莒国、卫国作为外援，有国氏、高氏作为内应。他从善如流，行善迅速，不贪财货，不放纵私欲，施舍不停，求善不满足，故而享有国家，不也是应当的吗？我们的先君文公，是狐季姬的儿子，很受献公的宠爱。爱好学习而专心一志，十七岁的时候，就获得了五位人才。有先大夫子馀、子犯作为心腹，有魏犨、贾佗作为臂膀，有齐国、宋国、秦国、楚国作为外援，有栾氏、郤氏、狐氏、先氏作为内应。逃亡在外十九年，自己的志向愈加坚定。惠公、怀公抛弃民众，民众一批跟一批地亲附拥戴文公。献公没有别的亲人，民众没有其它的希望，上天正在护佑晋国，谁来代替晋文公？这两位国君，跟子干不同。共王还有受宠的儿子，国内还有君主。子干对百姓没有施舍，在外边没有援助，远离晋国时没有人送行，回到楚国时没有人迎接，靠什么希望享有楚国？”

晋成虒祁，诸侯朝而归者皆有贰心。为取郠故，晋将以诸侯来讨。叔向曰：“诸侯不可以不示威。”乃并征会，告于吴。秋，晋侯会吴子于良①。水道不可，吴子辞，乃还。

【注释】①良：古地名，在今江苏邳县东南。

【译文】晋国虒祁宫落成，诸侯前去朝觐回去后都对晋国有了二心。因为占领郠地的缘故，晋国准备带领诸侯前来征讨鲁国。叔向说：“不能不向诸侯显示一下我国的威仪。”于是便召集诸侯来会面，并且告诉吴国。秋季，晋昭公到良地想要会见吴王，因为水路不通，吴王推辞不来，晋昭公就回国了。

七月丙寅，治兵于邾南①，甲车四千乘，羊舌鲋②摄司马，遂合诸侯于平丘。子产、子大叔相郑伯以会。子产以幄、幕九张行，子大叔以四十，既而悔之，每舍，损焉。及会，亦如之。

【注释】①邾南：邾国南部国境。②羊舌鲋：叔向弟弟。

【译文】七月丙寅日，在邾国南部检阅军队。装载甲士的战车有四千辆。羊舌鲋代理司马，便在平丘会合诸侯。子产、子太叔辅佐郑定公参加会见，子产带了帷布、幕布各九张，子太叔带了帷布、幕布各四十张，不久又后悔，每住宿一次，便减少一些帷幕。抵达会面的地方时，也跟子产一样剩下帷幕各九张。

次于卫地，叔鲋求货于卫，淫刍荛[1]者。卫人使屠伯馈叔向羹与一箧[2]锦，曰："诸侯事晋，未敢携贰，况卫在君之宇下，而敢有异志？刍荛者异于他日，敢请之。"叔向受羹反锦，曰："晋有羊舌鲋者，渎货无厌，亦将及矣。为此役也，子若以君命赐之，其已。"客从之，未退而禁之。

【注释】①刍荛（chú ráo）：割草打柴，也指割草打柴的人。②箧（qiè）：小箱子，藏物之具。大曰箱，小曰箧。

【译文】军队屯驻在卫国境内，羊舌鲋向卫国索要财货，放纵砍柴草的人胡作非为。卫国人派屠伯送给叔向羹汤与一箧锦缎，说："诸侯服侍晋国，不敢怀有贰心，况且卫国就在君王的房檐下，哪儿敢有别的念头？砍柴的人跟过去不大一样，谨敢请您劝止他们。"叔向接受了羹汤退回了锦缎，说："晋国有个叫羊舌鲋的，贪图财货不知满足，也将要遭受灾难了。对于这次的事情，您要是以君王的命令赐给他锦缎，事情便会了结了。"屠伯照办，还没有退出去，羊舌鲋便下令禁止砍柴草人的胡作非为。

晋人将寻盟，齐人不可。晋侯使叔向告刘献公曰："抑齐人不盟，若之何？"对曰："盟以底信[1]。君苟有信，诸侯不贰，何患焉？告之以文辞，董之以武师，虽齐不许，君庸多矣。天子之老请帅王赋，'元戎十乘，以先启行[②]'，迟速唯君。”叔向告于齐，曰：“诸侯求盟，已在此矣。今君弗利，寡君以为请。”对曰：“诸侯讨贰，则有寻盟。若皆用命，何盟之寻？”叔向曰：“国家之败，有事而无业，事则不经。有业而无礼，经则不序。有礼而无威，序则不共。有威而不昭，共则不明。不明弃共，百事不终，所由倾覆也。是故明王之制，使诸侯岁聘以志业，间朝以讲礼，再朝而会以示威，再会而盟以显昭明。志业于好，讲礼于等。示威于众，昭明于神。自古以来，未之或失也。存亡之道，恒由是兴。晋礼主盟，惧有不治。奉承齐牺，而布诸君，求终事也。君曰：'余必废之，何齐之有？'唯君图之，寡君闻命矣！”齐人惧，对曰：“小国言之，大国制之，敢不听从？既闻命矣，敬共以往，迟速唯君。”叔向曰：“诸侯有间矣，不可以不示众。”八月辛未，治兵，建而不旆[③]。壬申，复旆之。诸侯畏之。

【注释】①底（dǐ）信：获得信用。底，获得。②元戎十乘，以先启行：出自《诗经·小雅·六月》。意思是愿意率领军队作为先导。③旆（pèi）：古代旌旗末端形如燕尾的垂旒飘带。

【译文】晋国人要重温旧盟，齐国人不答应。晋昭公派叔向告诉刘献公说：“齐国人不肯结盟，怎么办？”刘献公回答说：“结盟是用来获得信用的，君王要是有信用，诸侯又没有贰心，还担忧什么呢？对齐国，可以用文辞向他通告，用武力对他进行威慑，即使齐国不答应，君王获得的利益还是会很多。我作为天子的卿士请求领着天子的军队，'大车十辆，在前面开路'，行动时间只听凭君王决定。”叔向告诉齐国，说：“诸侯请求结盟，已经等候在这儿了。如今君王的做法对大家都不利，寡君特意请求与齐国重温旧盟。”齐国人回答说：“诸侯征讨三心二意的国家这才需要重温旧盟。要是都能出力效劳，哪儿需要重温旧盟？”叔向说：“国家的衰败，在于与诸侯有了交好的事情而没有贡赋，事情便不能正常进行。有了贡赋而没有礼节，交好的事情虽然可以正常进行，但会丧失上下的次序。有了礼仪而没有威严，即使有次序也不能恭敬。有了威严而不昭告神灵，即使有恭敬也不能彰显信义。不能彰显信义就会丧失了恭敬，百事都没有结果，这便是国家败亡的缘由。故而贤明的君王订立制度，让诸侯每年聘问以牢记自己的职责。每三年朝觐一次以演习礼仪，再次朝觐时会和诸侯以表现威严，再次会合诸侯时就结盟以显示信义。在友好中牢记自己的职责，用等级次序来演习礼仪，向民众表现威严，向神明显示信义。从古以来，从没有缺失。存亡之道，通常由这儿发生。晋国依照礼仪而主持结盟，唯恐不能办好，谨奉结盟的牺牲而展布于君王之前，以求得事情的圆满结束。君王您说‘我必定要废除它’，那何必结盟呢？请君王好好考虑，寡君听凭您的命令。”齐国人害怕了，回答说：“小国说了想法，大国进行裁夺，岂敢不听从？我们已经听到命令了，会恭恭敬敬地前去会盟，具体时间听任贵国国君的决定。”叔向说：“诸侯对晋国有嫌隙了，不能不向他们展示一下威严。”八月辛未日，检阅军队，建立旌旗而不加旆带。壬申日，又加上旆带。诸侯们都感到畏惧。

邾人、莒人诉于晋曰：“鲁朝夕伐我，几亡矣。我之不共[①]，鲁故之以。”晋侯不见公，使叔向来辞曰：“诸侯将以甲戌盟，寡君知不得事君矣，请君无勤。”子服惠伯对曰：“君信蛮夷之诉，以绝兄弟之国，弃周公之后，亦唯君。寡君闻命矣。”叔向曰：“寡君有甲车四千乘在，虽以无道行之，必可畏也，况其率道，其何敌之有？牛虽瘠，偾[2]于豚上，其畏不死？南蒯、子仲之忧，其庸可弃乎？若奉晋之众，用诸侯之师，因邾、莒、杞、鄫之怒，以讨鲁罪，间其二忧，何求而弗克？”鲁人惧，听命。

【注释】①共：通“供”。②偾（fèn）：仆压。

【译文】邾人、莒人向晋国控诉说：“鲁国常常攻打我们，我们即将灭亡了。我国不能进贡财礼，是因为鲁国造成的。”晋昭公不接见鲁昭公，派叔向前来辞谢说：“诸侯即将在甲戌日结盟，寡君知道不能事奉君王了，请君王不必劳驾。”子服惠伯回答说：“贵国君王听信蛮夷的控诉，断绝兄弟国家的关系，抛弃周公的后代，也只能由得贵国君王了。我们国君听到命令了。”叔向说：“寡君有装载甲士的战车四千辆在这里，就算不按常规办事，也一定是可怕的。何况依照常道，还有谁能抵挡？牛即使再瘦小，压在小猪身上，难道压不死小猪？对南蒯、子仲的担忧，难道能够忘记吗？要是凭着晋国的众多军队，再加上诸侯的军队，依靠邾国、莒国、杞国的愤怒，来征讨鲁国的罪过，利用你们对南蒯、子仲的担忧，要什么而得不到呢？”鲁国人害怕了，便听从了命令。

甲戌，同盟于平丘，齐服也。令诸侯日中造于除[1]。癸酉，退朝。子产命外仆速张[2]于除，子大叔止之，使待明日。及夕，子产闻其未张也，使速往，乃无所张矣。

【注释】①除：整平土地筑坛准备结盟。②张：搭建帐篷。

【译文】甲戌日，诸侯在平丘结盟，这是因为齐国已经顺服了的缘故。晋国命令诸侯在中午到达会盟地点。癸酉日，朝见晋国结束。子产命令外仆赶快在盟会地搭起帐篷，子太叔阻止仆人，让他们等第二天再搭。到晚上，子产听说他们还没有搭起帐篷，便派他们赶快去，到那儿已经没有地方能够搭帐篷了。

及盟，子产争承[①]，曰："昔天子班贡，轻重以列，列尊贡重，周之制也。卑而贡重者，甸服[②]也。郑伯，男也，而使从公侯之贡，惧弗给也，敢以为请。诸侯靖兵[③]，好以为事。行理之命，无月不至，贡之无艺[④]，小国有阙[⑤]，所以得罪也。诸侯修盟，存小国也。贡献无极，亡可待也。存亡之制，将在今矣。"自日中以争，至于昏，晋人许之。既盟，子大叔咎之曰："诸侯若讨，其可渎乎？"子产曰："晋政多门，贰偷[⑥]之不暇，何暇讨？国不竞亦陵，何国之为？"

【注释】①争承：争论贡赋的轻重等级。②甸服：古代按照距离王都城的距离远近，分为五等，称为五服，分别为：侯服、甸服、男服、采服、卫服。③靖兵：停止用兵。靖，完结，停止。④无艺：无限度。⑤有阙：有过失。⑥贰：贰心。偷：苟且。

【译文】等到会盟的时候，子产争论进贡物品的轻重等级，说："先前天子确定进贡物品的等级，轻重是依据地位决定的。地位尊贵，贡赋便重，这是周朝的制度。地位低下而贡赋重的，这是距天子附近的小国称甸服所承担的。郑伯，是男爵。让我们依照公侯的贡赋标准，或许不能如数供给，因此大胆请求减少贡赋。诸侯之间没有战事，应该互相友好。但是现在使者催问贡税的命令，没有一月没有。贡赋没有限度，小国不能满足大国要求而有所缺少，这便是得罪的缘由。诸侯重温旧盟，这是为了让小国能够生存。如果贡献没有限制，小国灭亡的日子将会马上到来。决定小国存亡的规定，便在今日制定了。”从中午开始争论，直到晚上，晋国人答应了子产的要求。结盟之后，子太叔责备子产说：“诸侯要是来讨伐我们，难道能够轻易地应付吗？”子产说：“晋国的政事出于好几个家族，他们不能一心一意，苟且偷安还来不及，哪儿来得及征讨别人？国家利益不去争取就会受到欺凌，还是个什么国家？”

公不与盟。晋人执季孙意如[①]，以幕蒙之，使狄人守之。司铎射[②]怀锦，奉壶饮冰，以蒲伏焉。守者御之，乃与之锦而入。晋人以平子归，子服湫[③]从。

【注释】①晋人执季孙意如：鲁国攻打莒国主要是季孙意如主使，所以晋国抓了季孙意如以示惩戒。②司铎射：鲁国大夫。③子服湫：即子服惠伯。

【译文】鲁昭公不参加盟会。晋国人抓住了季孙意如，用幕布遮住，让狄人看管。司铎射怀里藏了锦，捧着盛着冰水的壶，偷偷爬进去。看守人阻止他，就把锦送给看守人，而后进去。晋国人押着季孙意如回到晋国，子服湫跟着去了。

子产归，未至，闻子皮卒，哭，且曰：“吾已！无为为善矣[①]，唯夫子知我。”仲尼谓：“子产于是行也，足以为国基矣。《诗》曰：‘乐只君子，邦家之基[②]。'子产，君子之求乐者也。"且曰："合诸侯，艺贡事[③]，礼也。"

【注释】①无为为善矣：没有人帮助我做善事了。②乐只君子，邦家之基：出自《诗经·小雅·南山有台》。意思是君子欢乐，因为他是国家的柱石。③艺贡事：制定贡赋的轻重。艺，这里当动词，制定标准。

【译文】子产回国，还没有到，听说子皮去世，哭着说："我完了！再没有人帮我做好事了。只有他老人家了解我。"孔子说："子产在这次盟会中，能够成为国家的基石了。《诗》说：'君子欢乐，因为他是国家跟家族的基石。'子产是君子中追求欢乐的人。"又说："会合诸侯，制定贡赋的限度，这便是礼。"

鲜虞人闻晋师之悉起也，而不警边，且不修备。晋荀吴自著雍[①]以上军侵鲜虞，及中人[②]，驱冲竞，大获而归。

【注释】①著雍：晋国地名。②中人：古地名，在今河北唐县西北。

【译文】鲜虞人知道晋国军队全部出动，便不警戒边境，并且不修治武备。晋国的荀吴从著雍领着上军侵袭鲜虞，抵达中人，驱使冲车跟鲜虞人作战，俘获了许多战利品然后回国。

楚之灭蔡也，灵王迁许、胡、沈、道、房、申于荆焉。平王即位，既封陈、蔡，而皆复之，礼也。隐大子之子庐归于蔡，礼也。悼大子之子吴归于陈，礼也。

【译文】楚国灭掉蔡国后，楚灵王把许国、胡国、沈国、道国、房国、申国的人迁往楚国国内。楚平王就位，在分封了陈国、蔡国之后，也让他们迁回原处，这是合乎礼的。使隐太子的儿子庐回到蔡国，这是合乎礼的。让悼太子的儿子吴回到陈国，这是合乎礼的。

冬十月，葬蔡灵公，礼也。

【译文】冬季十月，安葬蔡灵公，这是合乎礼的。

公如晋。荀吴谓韩宣子曰："诸侯相朝，讲旧好也。执其卿而朝其君，有不好焉，不如辞之。"乃使士景伯①辞公于河。

【注释】①士景伯：晋国大夫，士文伯儿子弥牟。

【译文】鲁昭公到晋国去。荀吴对韩宣子说："诸侯相互朝觐，这是为了重温过去的友好。抓了他们的卿而让他们国君来朝觐，这是不友好的，不如拒绝他。"于是派士景伯在黄河边辞谢昭公前来。

吴灭州来。令尹子期请伐吴，王弗许，曰："吾未抚民人，未事鬼神，未修守备，未定国家，而用民力，败不可悔。州来在吴，犹在楚也。子姑待之。"

【译文】吴国灭亡州来，令尹子期请求讨伐吴国。楚平王不同意，说："我还没有安抚民众，没有祭祀鬼神，没有修缮防御设施，没有安定国家，在这种情形下使用民众的力量，将会失败，到那时后悔也来不及了。州来在吴国，如同在楚国一样。您暂且等待一时吧。”

季孙犹在晋，子服惠伯私于中行穆子曰：“鲁事晋，何以不如夷之小国？鲁，兄弟也，土地犹大，所命能具。若为夷弃之，使事齐、楚，其何瘳于晋[①]？亲亲、与大[②]，赏共、罚否，所以为盟主也。子其图之。谚曰：‘臣一主二。’吾岂无大国？”穆子告韩宣子，且曰：“楚灭陈、蔡，不能救，而为夷执亲，将焉用之？”乃归季孙。惠伯曰：“寡君未知其罪，合诸侯而执其老。若犹有罪，死命可也。若曰无罪而惠免之，诸侯不闻，是逃命也，何免之为？请从君惠于会。”宣子患之，谓叔向曰：“子能归季孙乎？”对曰：“不能。鲋也能。”乃使叔鱼。叔鱼见季孙曰：“昔鲋也得罪于晋君，自归于鲁君。微武子之赐[③]，不至于今。虽获归骨于晋，犹子则肉之[④]，敢不尽情？归子而不归，鲋也闻诸吏，将为子除馆[⑤]于西河，其若之何？”且泣。平子惧，先归。惠伯待礼。

【注释】①其何瘳（chōu）于晋：对晋国有什么好处。②与大：施与大国。③微：如果没有。武子：季武子。④犹子则肉之：犹如您是我再生。⑤除馆：建造馆舍。除，建造。

【译文】季孙意如还在晋国，子服惠伯私下对中行穆子说：“鲁国事奉晋国，怎么还不如夷人的小国？鲁国是晋国的兄弟国家，土地面积也很大，你们所规定的贡赋都能交纳。要是为了夷人而抛弃鲁国，让他服侍齐国、楚国，对晋国又有什么好处？亲近应该亲近的兄弟国家，支持大国，奖励能贡赋的国家，惩处不能贡赋的国家，这才是作为盟主的态度。您还是考虑一下！谚语说：‘一个臣子可以有两个主人。’我们难道没有其他大国可以投靠吗？”中行穆子告诉了韩宣子，并说：“楚国灭掉陈国、蔡国，我们不能援救，反倒为了夷人扣押亲人，哪儿用得着这样做呢？”于是放季孙回国。子服惠伯说：“寡君不知道自己的罪过，会合诸侯而扣押了我们的大夫。要是有罪，奉命而死也是可以的。要是无罪而加恩赦免他，诸侯并不知道，这是逃避命令，怎么能算赦免呢？请求您同意在两国结盟时，赐予赦免的恩惠。”韩宣子对这件事感到为难，对叔向说：“您能让季孙意如回去吗？”叔向回答说：“不能，羊舌鲋能。”于是让羊舌鲋前去。羊舌鲋进见季孙意如说：“先前我得罪了晋国国君，自己归顺了鲁国国君。要是没有季武子的恩赐，我就没有今天。就算我这把老骨头已经回到晋国，等于您再次给了我生命，怎么敢不为您着想？让您回国而您不回去，我从官吏那儿听说，将给您在西河造馆舍，那时该怎么办呢？”说着掉下泪来。季孙意如害怕了，便先回国了。子服惠伯在晋国等待以礼遣送。

昭公十四年

【经】十有四年春，意如至自晋。三月，曹伯滕卒。夏四月。秋，葬曹武公。八月，莒子去疾卒。冬，莒杀其公子意恢。

【译文】昭公十四年春季，鲁国的季孙意如从晋国回到鲁国。三月，曹武公滕去世。夏季四月。秋季，安葬曹武公。八月，莒著丘公去疾去世。冬季，莒国杀死了他们的公子意恢。

【传】十四年春，意如至自晋，尊晋、罪己也。尊晋、罪己，礼也。

【译文】鲁昭公十四年春季，季平子从晋国回到鲁国，《春秋》如此记录是尊重晋国而归罪本国。尊重晋国归罪本国，这是合于礼的。

南蒯之将叛也，盟费人。司徒老祁、虑癸伪废疾[1]，使请于南蒯曰："臣愿受盟而疾兴，若以君灵不死，请待间而盟。"许之。二子因民之欲叛也，请朝众而盟。遂劫南蒯曰："群臣不忘其君，畏子以及今，三年听命矣。子若弗图，费人不忍其君，将不能畏子矣[2]。子何所不逞欲[3]？请送子。"请期五日。遂奔齐。侍饮酒于景公。公曰："叛夫！"对曰："臣欲张公室也。"子韩皙曰："家臣而欲张公室，罪莫大焉。"司徒老祁、虑癸来归费，齐侯使鲍文子致之。

【注释】①伪废疾：假装有重病。②子若弗图，费人不忍其君，将不能畏子矣：您如果不另作打算，费地人不忍心背叛自己的君主，因此不会再畏惧您了。意在迫使南蒯出逃，离开费地。③子何所不逞欲：您到哪不能为所欲为？意思是南蒯不论出逃到哪里，依然可以享受好的待遇。

【译文】南蒯将要叛变的时候，跟费地人结盟。司徒老祁、虑癸假装生病，派人向南蒯请求说："下臣愿意接受盟约只不过现在疾病发作，如果托君主的福能够不死，请等病好转后再结盟。”南蒯同意了。这两人趁民众想要背叛南蒯的机会，就集聚百姓一起结盟。随后劫持南蒯说：“下臣们没有忘记他们的君主，只是害怕您才拖到如今，已经服从您的命令三年了。您要是不另作打算，费邑人不忍心背叛他们的君主，将不再恐惧您了。您在什么地方不能满足欲望呢？请让我们把您送走吧！”南蒯请求给五天的期限，于是逃到齐国。南蒯侍奉齐景公喝酒，齐景公说：“叛徒！”南蒯回答说：“下臣是想要扩大公室的势力啊！”子韩皙说：“作为家臣却希望扩大公室势力，没有比这更大的罪行了。”司徒老祁、虑癸前来要求把费邑归还鲁国，齐景公让鲍文子去交还费邑。

夏，楚子使然丹简[①]上国[②]之兵于宗丘[③]，且抚其民。分[④]贫，振[⑤]穷；长孤幼，养老疾，收介特[⑥]，救灾患，宥孤寡，赦罪戾；诘奸慝，举淹滞[⑦]；礼新，叙旧；禄勋，合亲；任良，物官。使屈罢简东国[⑧]之兵于召陵[⑨]，亦如之。好于边疆[⑩]，息民五年，而后用师，礼也。

【注释】①简：检阅。②上国：位于楚国都之西，居上游所以称为上国。③宗丘：楚国地名，位于今湖北秭归县。④分：施予。⑤振：赈济。⑥介特：单身汉。⑦淹滞：有才德而未被任用的人。⑧东国：东部地区。⑨召陵：楚国地名，位于今河南郾城。⑩好于边疆：与周边邻国友好。

【译文】夏季，楚平王派然丹在宗丘检阅西部地区的军队，并且安抚那里的民众。让他施予救济贫困，抚育幼小孤儿，奉养老弱病残，收容单身百姓，救助受灾人家，免除鳏夫寡妇的赋税，赦免罪人的刑罚，追究查办奸恶，推举埋没的人才，礼待新人，安排旧人，奖励功勋，合好亲族，任命贤良，物色官员。又派屈罢到召陵检阅东部地区的军队，做法也跟西部相同，与四边接壤的领国友好，让民众休养生息五年，而后再用兵，这是合乎礼的。

秋八月，莒著丘公卒，郊公不戚。国人弗顺，欲立著丘公之弟庚舆[①]。蒲余侯[②]恶公子意恢[③]，而善于庚舆，郊公恶公子铎[④]，而善于意恢。公子铎因蒲余侯而与之谋曰："尔杀意恢，我出君而纳庚舆。"许之。

【注释】①庚舆：即莒共公。②蒲余侯：莒国大夫。③公子意恢：莒国公子。④公子铎：莒国公子。

【译文】秋季八月，莒著丘公去世。儿子郊公不悲伤。国内百姓不顺从他，想要立著丘公的弟弟庚舆。蒲余侯厌恶公子意恢而喜欢庚舆，郊公厌恶公子铎而与意恢交好，公子铎利用蒲余侯而和他商议说："你杀死意恢，我赶走国君而接纳庚舆。"蒲余侯同意了。

楚令尹子旗有德于王，不知度。与养氏比[①]，而求无厌。王患之。九月甲午，楚子杀斗成然，而灭养氏之族。使斗辛居郧[②]，以无忘旧勋。

【注释】①养氏：楚国养由基后代。比：勾结。②郧：古国名，在今湖北安陆县一带。

【译文】楚国的令尹子旗对楚平王有恩，而不知道约束自己，和养氏勾结，贪求索取没有满足的时候。楚平王对此很担忧。九月甲午日，楚平王杀死子旗，灭掉养氏家族。让子旗的儿子斗辛住在郧地，以示不忘记他父亲过去的功勋。

冬十二月，蒲余侯兹夫杀莒公子意恢，郊公奔齐。公子铎逆庚舆于齐。齐隰党、公子钼送之，有赂田。晋邢侯与雍子争鄐[①]田，久而无成。士景伯如楚，叔鱼摄理，韩宣子命断旧狱，罪在雍子。雍子纳其女于叔鱼，叔鱼蔽罪[②]邢侯。邢侯怒，杀叔鱼与雍子于朝。宣子问其罪于叔向。叔向曰："三人同罪，施生戮死[③]可也。雍子自知其罪而赂以买直，鲋也鬻狱[④]，刑侯专杀，其罪一也。己恶而掠美为昏，贪以败官为墨，杀人不忌为贼。《夏书》曰：'昏、墨、贼，杀。'皋陶之刑也。请从之。"乃施邢侯而尸雍子与叔鱼于市。仲尼曰："叔向，古之遗直也。治国制刑，不隐于亲，三数叔鱼之恶，不为末减。曰义也夫，可谓直矣！平丘之会，数其贿也，以宽卫国，晋不为暴。归鲁季孙，称其诈也，以宽鲁国，晋不为虐。邢侯之狱，言其贪也，以正刑书，晋不为颇。三言而除三恶，加三利，杀亲益荣，犹义也夫！"

【注释】①鄐（chù）：春秋时属晋，约在今河北省邢台市附近。②蔽罪：判决有罪。③施生戮死：杀死活着的人，对已死者暴尸。④鬻狱：受贿而出卖法律。鬻，出卖。

【译文】冬季十二月，蒲余侯兹夫杀了莒国的公子意恢，郊公逃到齐国。公子铎从齐国接回庚舆，齐国的隰党、公子钼送行，莒国送给他们田地。晋国的邢侯跟雍子抢夺鄐地，调解很久都没有结果。士景伯去了楚国，叔鱼代理他的狱官职务。韩宣子命令叔鱼审理旧案，罪过在雍子一方。雍子把他的女儿嫁给叔鱼，叔鱼判定邢侯有罪。邢侯大怒，在朝廷上杀死叔鱼和雍子。韩宣子向叔向询问怎样定罪的。叔向说："三个人罪行一样，对于活着的杀了他，对于死了的暴尸就行了。雍子知道自己的罪过，却用贿赂的手段换取胜诉；叔鱼接受贿赂而徇私枉法；邢侯则擅自杀人，他们的罪行是相同的。自己有罪恶却掠取别人的美名称为昏，贪婪而败坏职守称为墨，杀人不知畏惧称为贼。《夏书》说：'有昏、墨、贼罪行的人，处死。'这是皋陶的刑法，请依从。"于是杀死邢侯而暴尸，把雍子跟叔鱼的尸首陈列在集市上。孔子说："叔向，继承了古代遗留的正直作风。治理国家，掌握刑法，不庇佑亲人。三次列数叔鱼的罪恶，不给他减轻，是出于道义啊，能说是正直了！平丘盟会，指出他的贪财，以宽恕卫国，晋国做到了不侵暴。让鲁国的季孙意如回国，列举他的欺诈，以宽恕鲁国，晋国做到了不欺凌。邢侯这次案件，数说叔鱼的贪婪，而让法律公正，晋国做到了不偏颇。三次数说叔鱼而免除了三次恶政，增加了三项好的政绩，虽然杀死亲人来增加了名声，但是出于道义啊！"

昭公十五年

【经】十有五年春王正月，吴子夷末[①]卒。二月癸酉，有事于武宫。籥[②]入，叔弓卒。去乐，卒事。夏，蔡朝吴出奔郑。六月丁巳朔，日有食之。秋，晋荀吴帅师伐鲜虞。冬，公如晋。

【注释】①夷末：吴国君主夷昧，为寿梦之子，诸樊、余祭之弟，季札之兄。②籥（yuè）：此指演奏管乐的人。

【译文】鲁昭公十五年春季周历正月，吴王夷末去世。二月癸酉日，鲁国在武宫举行祭祀。奏乐的人进入时，叔弓突然去世。便撤除音乐，继续完成祭祀。夏季，蔡国的朝吴出逃到郑国。六月丁巳日，发生日食。秋季，晋国的荀吴率领军队攻打鲜虞国。冬季，鲁昭公到晋国去。

【传】十五年春，将禘于武公，戒百官。梓慎[①]曰："禘之日，其有咎乎！吾见赤黑之祲，非祭祥也，丧氛也。其在莅事乎？"二月癸酉，禘，叔弓莅事，籥入而卒。去乐，卒事，礼也。

【注释】①梓慎：鲁国大夫，春秋时期最有名的阴阳家之一。

【译文】十五年春季，将要对武公举行大的祭祀，告诫百官斋戒。梓慎说："大祭祀那一天恐怕会有灾难吧！我看到了红黑色的妖气，这不是祭祀的祥瑞，是丧事的凶气。或许应验在主祭官的身上吧！"二月癸酉日，举行大的祭祀。叔弓主持祭祀，在奏乐的人进入时，叔弓忽然去世。撤去音乐，继续进行祭礼，这是合乎礼的。

楚费无极害[①]朝吴之在蔡也，欲去之。乃谓之曰："王唯信子，故处子于蔡。子亦长矣，而在下位，辱。必求之，吾助子请。"又谓其上之人曰："王唯信吴，故处诸蔡，二三子莫之如也。而在其上，不亦难乎？弗图，必及于难。"夏，蔡人逐朝吴。朝吴出奔郑。王怒，曰："余唯信吴，故置诸蔡。且微吴，吾不及此。女何故去之？"无极对曰："臣岂不欲吴？然而前知其为人之异②也。吴在蔡，蔡必速飞。去吴，所以翦其翼也。"

【注释】①害：嫉妒。②异：有异志。即可能背叛楚国，这是费无极诬陷朝吴。

【译文】楚国的费无极嫉妒朝吴在蔡国，于是想要除掉他，便对朝吴说："君王唯独相信您，故而把您安置在蔡国。您的年纪也不小了，还处在下位，这是耻辱。必须要求得上位，我来帮您请求。"又对地位在朝吴之上的人说："君王只相信朝吴，故而把他安置在蔡国，您们几位比不上他，而地位在他上面，不也很难长久吗？如果不加以考虑，一定会遭到灾难。"夏季，蔡国人赶走了朝吴，朝吴逃到郑国。楚平王大怒，对费无极说："我唯独相信朝吴，故而把他安置在蔡国。而且要是没有朝吴，我到不了今天，你为何要除去他呢？"费无极回答说："下臣难道不想要朝吴？不过早知道他有异志，朝吴在蔡国，蔡国可能会像鸟一样脱离楚国。除掉朝吴，这便是剪除蔡国的翅膀。"

六月乙丑，王大子寿①卒。

【注释】①王大子寿：周景王的太子，名寿。

【译文】六月乙丑日，周景王太子寿去世。

秋八月戊寅，王穆后[①]崩。

【注释】①王穆后：太子寿之母。

【译文】秋季八月戊寅日，王穆后去世。

晋荀吴帅师伐鲜虞，围鼓[①]。鼓人或请以城叛，穆子弗许。左右曰："师徒不勤，而可以获城，何故不为？"穆子曰："吾闻诸叔向曰：'好恶不愆[②]，民知所适，事无不济。'或以吾城叛，吾所甚恶也。人以城来，吾独何好焉？赏所甚恶，若所好何？若其弗赏，是失信也，何以庇民？力能则进，否则退，量力而行。吾不可以欲城而迩奸，所丧滋多。"使鼓人杀叛人而缮守备。围鼓三月，鼓人或请降，使其民见，曰："犹有食色[③]，姑修而城。"军吏曰："获城而弗取，勤民而顿兵，何以事君？"穆子曰："吾以事君也。获一邑而教民怠，将焉用邑？邑以贾怠，不如完旧，贾怠无卒，弃旧不祥。鼓人能事其君，我亦能事吾君。率义不爽，好恶不愆，城可获而民知义所，有死命而无二心，不亦可乎！"鼓人告食竭力尽，而后取之。克鼓而反，不戮一人，以鼓子鸢鞮[④]归。

【注释】①鼓：国名，姬姓国，白狄一族，属于鲜虞。在今河北晋县。②好恶不愆：喜好、厌恶都无过错，即喜好应该喜好的，厌恶应该厌恶的。③食色：从脸色上可以看出，有饭可吃。④鸢鞮（yuān dī）：鼓国国君之名。

【译文】晋国荀吴率兵攻打鲜虞，包围鼓国。鼓国有人请求带着城邑叛变，荀吴不同意。左右的随从说："军队不辛劳而能够获得城邑为什么不接受呢？"荀吴说："我听叔向说过：'喜好、厌恶都不出错，民众知道行动的方向，事情便没有不成功的。'有人带着我们的城邑叛变，这是我们所憎恶的。别人带着城邑前来，我们为何偏偏喜欢这样呢？奖励我们所憎恶的，对我们所喜欢的又该怎么办？要是不加以奖励，这就是失信，又用什么保护民众？力量足够时就进攻，否则就撤退，量力而行。我们不能因为想获得城邑而接近奸邪，这样所丧失的会更多。"于是让鼓国人杀死叛徒而修缮防御设备，包围鼓国三个月，鼓国有人请求投降。穆子让鼓国人进见，说："看人们的脸色还能吃上饭，暂且去修整你们的城墙。"军吏说："得到城邑而不占领，劳动民众而损毁武器，用什么来事奉国君？"穆子说："我用这样的做法来事奉国君。得到一个城邑而让民众懈怠，要这个城邑有什么用？获得城邑而换来懈怠，不如保持一贯的勤快。换来懈怠，没有好结果。丢弃一贯的勤快，不吉祥。鼓国人可以事奉他们国君，我也可以事奉我们国君。奉行道义没有差错，喜好、厌恶都不出错，城邑能够获得而民众懂得道义之所在，肯拼命而没有贰心，不也是可行的吗？"鼓国人报告粮食吃完、力量用尽，而后占取它。穆子攻下鼓国而回师，不杀一人，将鼓国国君鸢鞮带回国。

冬，公如晋，平丘之会故也。

【译文】冬季，鲁昭公到晋国去，这是因为平丘那次盟会的缘故。

十二月，晋荀跞如周，葬穆后，籍谈为介。既葬，除丧，以文伯[①]宴，樽以鲁壶。王曰："伯氏[②]，诸侯皆有以镇抚王室[③]，晋独无有，何也？"文伯揖[④]籍谈，对曰："诸侯之封也，皆受明器于王室，以镇抚其社稷，故能荐彝器[⑤]于王。晋居深山，戎狄之与邻，而远于王室。王灵不及，拜戎不暇，其何以献器？"王曰："叔氏，而忘诸乎？叔父唐叔，成王之母弟也，其反无分乎？密须[⑥]之鼓与其大路，文所以大蒐也。阙巩[⑦]之甲，武所以克商也。唐叔受之，以处参虚[⑧]，匡有戎狄。其后襄之二路[⑨]，鏚钺、秬鬯[⑩]，彤弓、虎贲，文公受之，以有南阳之田，抚征东夏，非分而何？夫有勋而不废，有绩而载，奉之以土田，抚之以彝器，旌之以车服，明之以文章，子孙不忘，所谓福也。福祚之不登，叔父焉在？且昔而高祖孙伯黡[⑪]司晋之典籍，以为大政，故曰籍氏。及辛有之二子董之晋，于是乎有董史。女，司典之后也，何故忘之？"籍谈不能对。宾出，王曰："籍父其无后乎！数典而忘其祖。"

【注释】①文伯：荀跞。②伯氏：伯父，对荀跞的尊称。下文叔氏即叔父，是对籍谈的尊称，因为荀跞、籍谈和周王都是姬姓后裔。③镇抚王室：向王室进贡。④揖：揖让。⑤彝器：古代宗庙常用的青铜祭器的总称。如钟、鼎、尊、罍、俎、豆之属。⑥密须：古国名，在今甘肃灵台县一带。⑦阙巩：西周初小国，为周武王所灭。⑩秬鬯（chàng）：古代以黑黍和郁金香草酿造的酒，用于祭祀降神及赏赐有功的诸侯。⑪孙伯黡（yǎn）：又被称为籍黡、伯黡。因掌管晋国典籍，以正卿的身份主持晋国的国家大事，所以称为籍氏。

【译文】十二月，晋国的荀跞到周朝去。参加穆后的葬礼，籍谈作为副使。安葬结束后，除去丧服。周天子跟荀跞饮宴，用鲁国进贡的壶做酒杯。周天子说：“伯父，诸侯都有礼器进贡王室，只有晋国没有，为什么？”荀跞向籍谈作揖让他答复。籍谈答复说：“诸侯受封的时候，都从王室接受了明德之器，来镇抚国家，故而能把彝器进献给天子。晋国处在深山，戎狄跟我们相邻，而远离王室，天子的威福不能抵达，对付戎人还来不及，如何能进献彝器？”周天子说：“叔父，你忘了吧！叔父唐叔，是成王的同胞兄弟，难道反倒没有分得奖赏吗？密须的名鼓跟它的大辂车，是文王所用来检阅军队的。阙巩的铠甲，是武王用来攻克商朝的。唐叔接受了这些宝物，而居住在参星的分野，统治着戎人跟狄人。这之后襄王所赐的大辂、戎辂之车，斧钺、黑黍酿造的香酒，红色的弓、勇士，文公都接受了，保有南阳的田地，安抚并征讨东边各国，这不是分得的奖赏是什么？有了功勋而不废弃，有了功劳而记录在策书上，用田地来奉养，用彝器来安抚，用车服来表彰，用旌旗来显耀，子子孙孙不忘记，这便是福。这种福佑都没记住，叔父的心哪儿去了呢？而先前你的高祖孙伯黡掌管晋国典籍，以主持国家大事，故而称为籍氏。等到辛有的次子董到晋国，在这时就有了董氏的史官，你是司典的后代，为何忘了这些呢？”籍谈回答不出。客人退出去后，周天子说：“籍谈的后代或许不能享有禄位了吧！列举了典故却忘记了祖宗。”

籍谈归，以告叔向。叔向曰：“王其不终乎！吾闻之：‘所乐必卒焉[1]。’今王乐忧，若卒以忧，不可谓终。王一岁而有三年之丧[2]二焉，于是乎以丧宾宴，又求彝器，乐忧甚矣，且非礼也。彝器之来，嘉功之由，非由丧也。三年之丧，虽贵遂服，礼也。王虽弗遂，宴乐以早，亦非礼也。礼，王之大经也。一动而失二礼，无大经矣。言以考典，典以志经，忘经而多言举典，将焉用之？”

【注释】①所乐必卒焉：人往往死在自己所喜乐的事物上。②三年之丧：指太子和穆后之丧事。

【译文】籍谈回国后，把这些事情告诉叔向。叔向说：“天子或许不得善终吧！我听说：‘喜欢什么，往往会死在这上面。’如今天子把忧虑当成欢乐，要是由于忧虑致死，便不能说是善终。天子一年中有两次三年之丧，在这个时候跟吊丧的宾客饮宴，又要求彝器，把忧愁当成欢乐也太过分了，并且不合乎礼。诸侯贡献彝器，是由于嘉奖功勋，不是因为丧事。三年的丧礼，即使贵为天子，服丧仍得满期，这是礼。如今天子就算不能服丧满期，饮宴奏乐也太早了，也是不合乎礼的。礼，是天子奉行的重要规范。一次举动而丧失了两种礼，这便是失去了大经义。言语用来考核典籍，典籍用来记录经义。忘掉了经义而言语很多。列举典故，又有什么用？”

昭公十六年

【经】十有六年春，齐侯伐徐。楚子诱戎蛮子[①]杀之。夏，公至自晋。秋八月己亥，晋侯夷卒。九月，大雩。季孙意如如晋。冬十月，葬晋昭公。

【注释】①戎蛮子：戎蛮国的首领嘉。

【译文】鲁昭公十六年春季，齐景公出兵攻打徐国。楚平王诱骗戎蛮国君前来，并杀了他。夏季，鲁昭公从晋国回到鲁国。秋季八月己亥日，晋昭公夷去世。九月，鲁国举行大规模的求雨祭祀。鲁国大夫季孙意如到晋国去。冬季十月，安葬晋昭公。

【传】十六年春，王正月，公在晋，晋人止公。不书，讳之也。

【译文】鲁昭公十六年春季，周历正月，鲁昭公在晋国，晋国人扣留了他。《春秋》不记录，是为了隐讳这件事。

齐侯伐徐。

【译文】齐景公征讨徐国。

楚子闻蛮氏之乱也与蛮子之无质[1]也，使然丹诱戎蛮子嘉杀之，遂取蛮氏。既而复立其子焉，礼也。

【注释】①无质：无信用。

【译文】楚平王听说蛮氏发生动乱，而且蛮君没有信用，派然丹引诱戎蛮国君嘉前来并杀死他，于是夺取了蛮氏。不久之后又立了嘉的儿子为国君，这是合于礼的。

二月丙申，齐师至于蒲隧[1]。徐人行成[2]。徐子及郯人、莒人会齐侯，盟于蒲隧，赂以甲父之鼎。叔孙昭子曰：“诸侯之无伯[3]，害哉！齐君之无道也，兴师而伐远方，会之，有成而还，莫之亢也，无伯也夫！《诗》曰：‘宗周既灭，靡所止戾。正大夫离居，莫知我肄[4]。’其是之谓乎！”

【注释】①蒲隧：古地名，在今江苏睢宁县一带。②行成：求和。③诸侯之无伯：诸侯没有盟主。④宗周既灭，靡所止戾。正大夫离居，莫知我肄：出自《诗经·小雅·雨无正》。意思是周朝已经衰落，动乱分起，没有栖身之处，大夫们都四散逃逸，谁会知道我们这些百姓的辛劳。

【译文】二月丙申日，齐军到达蒲隧，徐国人求和。徐君跟郯人、莒人与齐景公会面，在蒲隧订立盟约，把甲父鼎送给齐景公。叔孙昭子说：“诸侯没有盟主，危害太大啊！齐国国君没有道义，出兵攻打远方国家，与他们会面，订立盟约后回国，没有人能抵抗，这是没有盟主的原因啊！《诗》中说：‘周朝已经衰落，动乱分起，没有栖身之处，大夫们都四散逃逸，谁会知道我们这些百姓的辛劳。’说的便是这种情况吧！”

三月，晋韩起聘于郑，郑伯享之。子产戒曰：“苟有位于朝，无有不共恪[1]。”孔张后至，立于客间。执政御之[2]，适客后。又御之，适县[3]间。客从而笑之。事毕，富子谏曰：“夫大国之人，不可不慎也，几为之笑，而不陵我？我皆有礼，夫犹鄙我。国而无礼，何以求荣？孔张失位，吾子之耻也。”子产怒曰：“发命之不衷，出令之不信，刑之颇[4]类，狱之放纷[5]，会朝之不敬，使命之不听，取陵于大国，罢民而无功，罪及而弗知，侨之耻也。孔张，君之昆孙，子孔之后也，执政之嗣也，为嗣大夫，承命以使，周于诸侯，国人所尊，诸侯所知。立于朝而祀于家，有禄于国，有赋于军，丧祭有职，受脤、归脤，其祭在庙，已有著位，在位数世，世守其业，而忘其所，侨焉得耻之？辟邪之人而皆及执政，是先王无刑罚也。子宁以他规我。”

【注释】①苟有位于朝，无有不共恪：凡是参加朝廷宴会的，不要有不恭敬的举止。②执政：主持享礼者。御之：阻止。③县（xuán）：同“悬”，古称悬挂的乐器，如钟磬等。④颇类：偏颇。⑤放纷：放纵。⑥受脤（shèn）：国君祭祀以后把祭肉赏赐给大夫。脤，祭肉。归脤：大夫祭祀以后把祭肉献给国君。

【译文】三月，晋国的韩宣子到郑国聘问，郑定公宴请他。子产告诫说：“只要是在朝廷的宴会上有席位，不要有不恭敬的表现。”孔张后到，站到宾客中间，主持享礼者阻止了他；去站在客人后面，又阻止他；只好站在悬挂乐器的间隙里。客人们因此而笑他。宴礼结束，富子进谏说：“大国的人，不能不慎重接待，哪有被他们耻笑而不欺负我们的？我们都做到有礼，他们还要鄙视我们，国家要是没有礼仪，凭什么求得荣誉？孔张没有站在合适的位置上，这是您的耻辱。”子产生气地说：“发布命令不恰当，制订法令不讲信用，刑法偏颇有缺陷，诉讼官司放任混乱，盟会朝见不讲究恭敬，发出命令而没有人听从，招致大国的欺压，让民众疲困而没有功劳，罪过出现却不知道，这才是我的耻辱。孔张，是国君兄长的孙子，也就是子孔的后代，执政的继承人。作为嗣大夫，奉命出使，遍历各诸侯国，国内百姓尊敬他，诸侯知道他。他在朝廷有地位，在家里有祭祀的祖庙，在国家有俸禄，在军队有贡赋，丧礼、祭典中有职务，接受祭肉也馈送祭肉，国君的祭祀他在宗庙里辅佐，已经有了固定的位置。他家在官位已有几代，世世代代保守自己的家业，现在却忘掉了他应在的位置，我如何能为他感到耻辱？有人犯了错就把罪责推到执政的人身上，这是等于把先王的刑罚抛弃了。您还是用别的事来规劝我吧！”

宣子有环，其一在郑商[①]。宣子谒诸郑伯，子产弗与，曰：“非官府之守器也，寡君不知。”子大叔、子羽谓子产曰：“韩子亦无几求，晋国亦未可以贰[②]。晋国、韩子，不可偷[③]也。若属有谗人交斗[④]其间，鬼神而助之，以兴其凶怒，悔之何及？吾子何爱于一环，其以取憎于大国也，盍求而与之？”子产曰：“吾非偷晋而有二心，将终事之，是以弗与，忠信故也。侨闻君子非无贿之难，立而无令名之患[⑤]。侨闻为国非不能事大字小之难，无礼以定其位之患[⑥]。夫大国之人令于小国，而皆获其求，将何以给之？一共一否，为罪滋大。大国之求，无礼以斥之，何餍之有？吾且为鄙邑，则失位矣。若韩子奉命以使，而求玉焉，贪淫甚矣，独非罪乎？出一玉以起二罪，吾又失位，韩子成贪，将焉用之？且吾以玉贾罪，不亦锐[⑦]乎？”

【注释】①其一在郑商：玉环为一对，有一只在郑国商人那里。也有说玉环由多片玉组成，其中一片在郑国商人那里。②晋国亦未可以贰：对待晋国不能有贰心。③偷：怠慢，敷衍。④交斗：挑拨是非。⑤侨闻君子非无贿之难，立而无令名之患：我听说君子不以无财物为患，而以立身没有好名声为患。⑥侨闻为国非不能事大字小之难，无礼以定其位之患：我听说君子不以事奉大国抚育小国为患，而以没有礼仪来确定国家的地位为患。⑦锐：细小。

【译文】韩宣子有只玉环，另一只在郑国商人手中。宣子向郑定公请求帮忙，子产不肯给他，说："这不是公家府库的藏器，寡君不知道。"子太叔、子羽对子产说："韩宣子也没有别的要求，对晋国也不能有二心，晋国和韩宣子都不能慢待。如果正好有说坏话的人在中间挑拨，再有鬼神帮助他，来挑起他们的怨气，那时候后悔还来得及吗？您何必舍不得一个玉环，而招致大国的憎恨，何不找来那只玉环给他？"子产说："我不是怠慢晋国而有二心，将会始终事奉晋国，不给玉环，这正是我对晋国忠诚守信的缘故。我知道君子不担忧没有财货，而担忧立身没有美名。我又听说治理国家不担忧不能事奉大国抚养小国，而担忧没有礼仪来确定国家的地位。大国的人对小国发布命令，如果都能满足要求，小国将拿什么供给他们？一次供给而一次不供给，招来的罪过就更大了。对大国的要求，要是不按礼来拒绝它，大国什么时候会满足？我们将成为晋国的边邑，那样便失去国家的地位了。要是韩宣子奉命出使却求取玉环，那就是过分贪婪了，难道不是罪过吗？送出一只玉环来引起两种罪过，我国又丧失了地位，韩宣子成为贪婪的人，哪能这样做呢？何况我们因为玉环而获罪，不也太不值了吗？"

韩子买诸贾人[①]，既成贾矣，商人曰："必告君大夫。"韩子请诸子产曰："日起请夫环，执政弗义，弗敢复也。今买诸商人，商人曰，必以闻，敢以为请。"子产对曰："昔我先君桓公，与商人皆出自周，庸次比耦，以艾杀此地[②]，斩之蓬蒿藜藋[③]，而共处之。世有盟誓，以相信也，曰：'尔无我叛，我无强贾，毋或丐夺[④]。尔有利市宝贿，我勿与知。'恃此质誓，故能相保，以至于今。今吾子以好来辱，而谓敝邑强夺商人，是教弊邑背盟誓也，毋乃不可乎！吾子得玉，而失诸侯，必不为也。若大国令，而共无艺，郑，鄙邑也，亦弗为也。侨若献玉，不知所成，敢私布之。"韩子辞玉，曰："起不敏，敢求玉以徼[⑤]二罪？敢辞之。"

【注释】①贾（gǔ）人：商人。②庸次比耦：世代一起共事。艾杀此地：清除，芟除。③蓬蒿藜藋：蓬、蒿、藜、藋都是野菜名。④丐夺：强行夺取。⑤徼：获得。

【译文】韩宣子从商人手中购买玉环，已经成交了，商人说："必须要报告给君主和大夫。"韩宣子向子产请求说："以前我请求那只玉环，您认为不合道义，我不敢再请求了。现在从商人手中购买到了，商人说必定要报告给您，因此冒昧地向您请求这件事。"子产答复说："先前我们先君桓公跟商人们都从周朝故地迁徙出来，一起并肩整治这块土地，砍除蓬蒿藜藋等杂草而一起住在这儿。世世代代订有盟誓，以此互相信赖，盟誓说：'你们不要反叛我，我不强买你们的货物，也不乞求，不掠夺。你们有赢利的买卖跟珍宝财货，我也不干预过问。'靠着这诚信的盟誓，故而能相安无事直到现在。如今您友好来访，却要敝国去强夺商人的财货。这是教敝国违反盟誓，恐怕不行吧！您获得玉环而失去诸侯，您一定不会这么做。要是大国有命令，让我们供给财物而没有限制，那是把郑国当成晋国的边邑，我们也不会同意。我要是献上玉环，不知道会有什么好处，故而冒昧地私下向您陈述。”韩宣子退回玉环，说：“我考虑不周，岂敢求取玉环来获得两种过错？谨请退回玉环。”

夏四月，郑六卿饯宣子于郊。宣子曰：“二三君子请皆赋，起亦以知郑志。”子齹[①]赋《野有蔓草》[②]。宣子曰：“孺子善哉！吾有望矣。”子产赋郑之《羔裘》[③]。宣子曰：“起不堪也。”子大叔赋《褰裳》[④]。宣子曰：“起在此，敢勤子至于他人乎？”子大叔拜。宣子曰：“善哉，子之言是！不有是事，其能终乎？”子游赋《风雨》[⑤]，子旗赋《有女同车》[⑥]，子柳赋《萚兮》[⑦]。宣子喜曰：“郑其庶乎！二三君子以君命贶起，赋不出郑志，皆昵燕好也。二三君子，数世之主也，可以无惧矣。”宣子皆献马焉，而赋《我将》[⑧]。子产拜，使五卿皆拜，曰：“吾子靖乱，敢不拜德？”宣子私觐于子产以玉与马，曰：“子命起舍夫玉，是赐我玉而免吾死也，敢不藉手以拜？”

【注释】①子齹：罕婴齐，是罕虎的儿子，郑国上卿。②《野有蔓草》：《诗经·国风·郑风》中的篇章，子齹赋这首诗表示与韩宣子见面很愉快。③《羔裘》：《诗经·国风·郑风》中的篇章，内容多为赞美国之良臣，子产借这首诗赞美韩宣子。④《褰裳》：《诗经·国风·郑风》中的篇章，是描述女子向心上人表白的诗。子大叔借这首诗来说明郑国、晋国如果不能友好相处，郑国将可能依附其他大国。⑤《风雨》：《诗经·国风·郑风》中的篇章，是思念君子的诗，也有说是女子思念心上人。子游借此诗表达见到韩宣子的愉悦心情。⑥《有女同车》:《诗经·国风·郑风》中的篇章，子旗借诗中“洵美且都”的诗句，来赞美韩宣子。⑦《萚(tuò)兮》:《诗经·国风·郑风》中的篇章，子柳借其中“倡予和女”的诗句来比喻郑国和晋国的关系融洽。⑧《我将》:《诗经·国风·郑风》中的篇章，韩宣子借此诗来表达晋国将遵照天命，保护小国。

【译文】夏季四月，郑国六卿在郊外为韩宣子饯行，宣子说:“诸位君子都吟诵一首诗，我也可以借此来知道郑国的志向。”子齹赋《野有蔓草》，韩宣子说:“年轻人说的好啊！我看到希望了。”子产吟诵《郑风》中的《羔裘》一诗，韩宣子说:“我不敢当。”子太叔吟诵《褰裳》，韩宣子说:“有我在这儿，岂敢劳驾您到别国侍奉呢？”子太叔拜谢，韩宣子说:“您吟诵这首诗，说的好啊！没有今天这事提醒的话，两国恐怕不能始终友好啊！”子游吟诵《风雨》，子旗吟诵《有女同车》，子柳吟诵《萚兮》，韩宣子高兴地说:“郑国应该会强盛了吧！诸位君子用国君的名义款待我，吟诵诗篇不超出郑诗范围，都是表示亲密友好的诗篇。各位君子都是可以世代相传的大夫，郑国可以无忧了。”韩宣子给他们都献上马，而且吟诵《我将》诗。子产拜谢，让其他五位卿都行拜礼，说:“您平定动乱，岂敢不拜谢您的恩德？”韩宣子私自带着玉和马拜会子产，说:“您让我舍弃那个玉环，这等于是赐予我玉而免除我的死罪，岂敢不借此来感谢您？”

公至自晋。子服昭伯[①]语季平子曰:“晋之公室，其将遂卑矣。君幼弱，六卿强而奢傲，将因是以习，习实为常，能无卑乎？”平子曰:“尔幼，恶[②]识国？”

【注释】①子服昭伯：鲁国大夫，子服惠伯的儿子子服回。②恶（wū）：古同“乌”，疑问词，哪，何。

【译文】鲁昭公从晋国回国。子服昭伯对季平子说：“晋国的公室或许将要衰微了。国君年幼势弱，六卿强大而奢侈骄傲，将会由此形成习惯，习惯而成常规，能不衰微吗？”季平子说：“你还小，哪儿懂得国家的事？”

秋八月，晋昭公卒。

【译文】秋季八月，晋昭公去世。

九月，大雩，旱也。郑大旱，使屠击、祝款、竖柎有事于桑山。斩其木，不雨。子产曰：“有事于山，蓺[1]山林也，而斩其木，其罪大矣。”夺之官邑。

【注释】①蓺（yì）：古同“艺”。种植。

【译文】九月，举办求雨大祭，是因为天旱。郑国大旱，派屠击、祝款、竖柎在桑山举办祭奠。三人砍去山上的树木，还不下雨。子产说：“在山上举办祭奠。应该是培植山林，却砍去山上的树木，他们的过错更大了。”于是免去了他们的官职封邑。

冬十月，季平子如晋葬昭公。平子曰：“子服回之言犹信，子服氏有子哉！”

【译文】冬季十月，季平子去晋国参加晋昭公的葬礼。平子说："子服昭伯的话可信，子服家有个好儿子啊！"

昭公十七年

【经】十有七年春，小邾子来朝。夏六月甲戌朔，日有食之。秋，郯子来朝。八月，晋荀吴帅师灭陆浑之戎[①]。冬，有星孛于大辰[②]。楚人及吴战于长岸[③]。

【注释】①陆浑之戎：本居于瓜州一带，晋惠公时迁陆浑之戎于伊川。②大辰：指大火星。③长岸：古地名，在今安徽省当涂县西南长江沿岸一带。

【译文】昭公十七年春季，小邾穆公来鲁国朝见。夏季六月甲戌日，鲁国发生日食。秋季，郯国国君来鲁国朝见。八月，晋国的荀吴率兵灭了陆浑的戎人。冬季，有彗星进入大辰星区。楚国和吴国在长岸交战。

【传】十七年春，小邾穆公来朝，公与之燕。季平子赋《采叔》[①]，穆公赋《菁菁者莪》[②]。昭子曰："不有以国，其能久乎？"

【注释】①《采叔》：《诗经·小雅》中的篇章，季平子借诗中"君子来朝，何锡予之”的诗句，来称颂小邾穆公。②《菁菁者莪》：《诗经·小雅》中的篇章，小邾穆公借此诗中“既见君子，乐且有仪”表示见到鲁昭公，自己很高兴。

【译文】十七年春季，小邾穆公前来朝觐，昭公跟他宴饮。席间季平子吟诵了《采叔》一诗，穆公吟诵了《菁菁者莪》一诗。叔孙昭子说：“要是没有像这样的治国人才，国家可以长久下去吗？”

夏六月甲戌朔，日有食之。祝史[①]请所用币。昭子曰：“日有食之，天子不举，伐鼓于社；诸侯用币于社，伐鼓于朝。礼也。”平子御之，曰：“止也。唯正月朔[②]，慝[③]未作，日有食之，于是乎有伐鼓用币，礼也。其余则否。”大史曰：“在此月也[④]。日过分而未至，三辰有灾。于是乎百官降物，君不举，辟移时，乐奏鼓，祝用币，史用辞。故《夏书》曰：‘辰不集于房[⑤]，瞽奏鼓，啬夫驰，庶人走。’此月朔之谓也。当夏四月，是谓孟夏。”平子弗从。昭子退曰：“夫子将有异志，不君君矣。”

【注释】①祝史：祝与史都是祭祀的官，属于史官，所以古人常连用。②唯正月朔：季平子认为在正月有日食才用币。③慝（tè）：指阴气。④在此月也：就是这个月。太史纠正季平子，正月指正阳之月，即夏历四月，周历六月。⑤辰不集于房：日月星辰不在正常位置上。

【译文】夏季六月甲戌日，鲁国出现日食，祝史请示用什么物品祭奠。叔孙昭子说：“出现了日食，天子减少膳食，而且在土地庙中击鼓驱邪；诸侯就在土地庙中祭奠，向土地神献上供品，同时在朝堂上击鼓驱邪，这是合于礼的。”季平子阻止这样做，他说：“不能这样做，只有在正月初一日，阴气没有发作时，出现日食，才击鼓并祭献供品，这才是合于礼的。其他时间出现日食都不这么做。”太史说：“就是在这个月才能这样做。太阳过了春分还没有到夏至，日、月、星相互侵犯，故而出现了日食。在这种情形下文武百官都要脱下朝服穿上便服，君主减少膳食，搬出正寝避过这段时间，令乐工击鼓，在土地庙中献上祭品，由史官宣读祭文以自省。故而《夏书》说：‘一旦日月丧失了正常的位置，便由乐师击鼓，由掌管祭品的官员驱车献上祭品，民众奔走喊叫以驱邪。’指的便是这个月的初一日。这个月便是夏历四月，叫做孟夏。”季平子不听从。叔孙昭子退下来说：“季平子已有了二心，他已不把国君当国君看待了。”

秋，郯子来朝，公与之宴。昭子问焉，曰：“少皞氏[①]鸟名官，何故也？”郯子曰：“吾祖也，我知之。昔者黄帝氏以云纪[②]，故为云师而云名；炎帝氏以火纪[③]，故为火师而火名；共工氏以水纪，故为水师而水名；大皞氏以龙纪，故为龙师而龙名。我高祖少皞挚之立也，凤鸟适至，故纪于鸟，为鸟师而鸟名：凤鸟氏，历正也[④]；玄鸟氏，司分者也[⑤]；伯赵氏，司至者也[⑥]；青鸟氏，司启者也[⑦]；丹鸟氏，司闭者也[⑧]。祝鸠氏，司徒也[⑨]；鴡鸠氏，司马也[⑩]；鸤鸠氏，司空也[⑪]；爽鸠氏，司寇也[⑫]；鹘鸠氏，司事也[⑬]。五鸠，鸠民[⑭]者也。五雉，为五工[⑮]正，利器用、正度量，夷民者也。九扈为九农正，扈民无淫者也[⑯]。自颛顼以来，不能纪远，乃纪于近，为民师而命以民事，则不能故也。”仲尼闻之，见于郯子而学之。既而告人曰：“吾闻之：‘天子失官，学在四夷’，犹信。”

【注释】①少皞（hào）氏：传说中的古代帝王。②黄帝氏以云纪：传说黄帝受命时有云瑞，所以云纪事。③炎帝氏以火纪：据说炎帝有火德，因此以火纪事。④凤鸟氏，历正也：凤鸟知天时，所以掌管历法。⑤玄鸟氏，司分者也：玄鸟即燕子，掌管春分、秋分。⑥伯赵氏，司至者也：伯赵氏掌管夏至、冬至。⑦青鸟氏，司启者也：青鸟氏掌管立春和立夏。⑧丹鸟氏，司闭者也：丹鸟即锦鸡，掌管立秋和立冬。以上四鸟都是凤鸟氏属官。⑨祝鸠氏，司徒也：祝鸠即鹁鸪，祝鸠孝顺，故为司徒，教化百姓。⑩鴡（jū）鸠氏，司马也：鴡鸠即王鴡，鸷而有别，故为司马，主法制。⑪鳲（shī）鸠氏，司空也：鳲鸠即布谷鸟，鳲鸠能够平均，故为司空，平水土。⑫爽鸠氏，司寇也：爽鸠即鹰隼，故为司寇，主管抓捕盗贼。⑬鹘（gǔ）鸠氏，司事也：鹘鸠即鹘雕，春来冬去，故为司事，主管农事。⑭鸠民：聚集民众。鸠，聚集。⑮五工：指木工、陶工、皮工、染工和金工。⑯扈民无淫者也：避免百姓放纵。

【译文】秋季，郯君前来朝觐，昭公跟他宴饮。叔孙昭子问郯君："少皞氏都以鸟名作为官职名称，这是为什么呢？"郯君回答说："少皞氏是我们的先祖，所以我知道原因。先前黄帝以云记事，故而他的百官都以云命名；炎帝氏以火记事，他的百官都以火命名；共工氏以水记事，他的百官都以水命名；太皞氏以龙记事，他的百官都以龙命名。我的先祖少皞氏挚即位时，恰遇凤鸟飞来，故而以鸟记事，其百官也以鸟命名。如凤鸟氏掌管历法，玄鸟氏掌管春分、秋分，伯赵氏掌管夏至、冬至，青鸟氏掌管立春、立夏，丹鸟氏掌管立秋、立冬。祝鸠氏是司徒，鴡鸠氏是司马，鳲鸠氏是司空，爽鸠氏是司寇，鹘鸠氏是司事，这五鸠氏负责管理民众。此外还有五雉，是五种工匠之长，其职责是发明并改进各种器具，统一尺度容量，让民众获得公平分配。另外还有九扈，是九种农官，其职责是防止民众懒惰放纵。从颛顼之后，由于无法记录远古的事情，便从近代开始记录。作为管理民众的官职，便只能以民众的事情来命名，而不像先前那样以龙、鸟等命名了。”孔子听说后，前往拜见郯君，向他学习。不久告诉别人说：“我听说：‘天子的百官失职，学问却在边远小国保存着。’这还是可以相信的。”

晋侯使屠蒯如周，请有事于雒与三涂①。苌弘谓刘子曰：“客容猛，非祭也，其伐戎乎？陆浑氏甚睦于楚，必是故也。君其备之！”乃警戎备。九月丁卯，晋荀吴帅师涉自棘津②，使祭史先用牲于雒。陆浑人弗知，师从之。庚午，遂灭陆浑，数之以其贰于楚也。陆浑子奔楚，其众奔甘鹿③。周大获。宣子梦文公携荀吴而授之陆浑，故使穆子帅师，献俘于文宫。

【注释】①请有事于雒与三涂：请求在洛水跟三涂山进行祭祀。雒，同“洛”，指洛水。三涂，指三涂山。在今河南嵩县西南。②棘津：孟津。③甘鹿：在今河南嵩县西北。

【译文】晋顷公派屠蒯到周王室请求祭祀洛水和三涂山。苌弘对刘子说：“来客容貌凶猛异常，不是为了祭奠，或许是要攻打陆浑之戎吧！陆浑氏跟楚国一向友好，一定是为了攻打他们。您要有所准备。”周王室便加强了戒备。九月丁卯日，晋国的荀吴率军从棘津渡河，先让祭史杀死牲畜祭祀洛水。陆浑人没有觉察，晋军继续前进。庚午日，灭掉了陆浑，列举了他们勾结楚国的罪状。陆浑国君逃往楚国，他的臣民则逃往甘鹿。周王室俘获了很多陆浑戎人。韩起曾梦见文公拉着荀吴的手把陆浑交给他，故而派荀吴率军出征，回来后在文公庙中献俘。

冬，有星孛[①]于大辰，西及汉。申须曰："彗所以除旧布新也。天事恒象[②]，今除于火，火出必布焉。诸侯其有火灾乎？"梓慎曰："往年吾见之，是其征也，火出而见。今兹火出而章，必火入而伏。其居火也久矣，其与不然乎？火出，于夏为三月，于商为四月，于周为五月。夏数得天。若火作，其四国当之，在宋、卫、陈、郑乎？宋，大辰之虚也；陈，大皞之虚也；郑，祝融之虚也，皆火房也。星孛及汉，汉，水祥也。卫，颛顼之虚也，故为帝丘，其星为大水，水，火之牡也。其以丙子若壬午作乎？水火所以合也。若火入而伏，必以壬午，不过其见之月。"郑裨灶言于子产曰："宋、卫、陈、郑将同日火，若我用瓘斝玉瓒[②]，郑必不火。"子产弗与。

【注释】①孛（bèi）：慧星的别称。古书上指光芒强盛的彗星。②瓘（guàn）：古代的一种玉器。斝（jiǎ）：古代酒器。青铜制，圆口，三足，用以温酒。瓒（zàn）：古代祭祀时用的玉勺子。

【译文】冬季，彗星在大火星附近出现，向西一直延伸到银河。申须说："彗星是用以除旧布新的。上天经常显现某种征兆预示吉凶，如今有大火星被扫除，到了它再次出现，一定会播散灾祸，诸侯中恐怕有的要遭遇火灾！"梓慎说："去年我也看见了彗星，已经有了征兆。去年大火星出现时我看见了彗星，如今大火星出现时，它更加明亮，大火星消失时它也一定潜伏起来，它在大火星的位置已经很久了，难道必定要发生这种灾难吗？大火星出现的时间，在夏历为三月，商历为四月，周历为五月。夏历正跟天象适应，要是出现火灾，有四个国家要首当其冲，难道是宋、卫、陈、郑四国吗？宋国为大火星的分野，陈国为太皞氏的分野，郑国为火神祝融氏的分野，这些地方全是大火星停留的地方。彗星延伸到银河，银河象征水。卫国为颛顼的分野，故而有帝丘，与之相配的星为大水，水为雄，火为雌，二者相配。或许火灾要在丙子日或壬午日发生吧！由于在这两天，水火相合。要是大火星消失，彗星也隐藏起来，就必定会在壬午日发生，不会超过它出现的那个月。”郑国的裨灶对子产说：“宋、卫、陈、郑四国即将在同一天发生火灾，要是我们用瓘斝、玉瓒祭奠神灵，郑国就一定能禳除火灾。”子产不同意。

吴伐楚。阳匄[①]为令尹，卜战，不吉。司马子鱼曰：“我得上流，何故不吉？且楚故，司马令龟，我请改卜。”令曰：“鲂[②]也以其属死之，楚师继之，尚大克之！”吉。战于长岸，子鱼先死，楚师继之，大败吴师，获其乘舟馀皇[③]。使随人与后至者守之，环而堑之，及泉，盈其隧炭[④]，陈以待命。吴公子光请于其众，曰：“丧先王之乘舟，岂唯光之罪，众亦有焉。请藉取之以救死。”众许之。使长鬣者三人，潜伏于舟侧，曰：“我呼馀皇，则对。”师夜从之，三呼，皆迭对[⑤]。楚人从而杀之，楚师乱，吴人大败之，取馀皇以归。

【注释】①阳匄：楚国子瑕，楚穆王曾孙。②鲂：公子鲂，即子鱼。③馀皇：吴国先王之乘舟。④盈其隧炭：在出入的道路口填满木炭。隧，出入的道路口。⑤迭对：交替呼应。

【译文】吴国征讨楚国。那时阳匄是令尹，他为迎战吴国而占卜，结果不吉利。司马子鱼说：“我军地处长江上游，为何说不吉利？再说楚国的惯例是由司马先祝告。我请求重新占卜一次。”他对卜龟祈祷说：“我准备领着部下决一死战。大军随后跟上，希望能大胜敌军！”最后是吉利。于是楚、吴两军在长岸交战。子鱼先战死，楚军紧跟着赶了上去，大胜吴军，缴获吴军所乘坐的馀皇船。然后让随国人跟后来赶到的人看守，又围着这条船挖了一道深沟，直至挖到泉水，并在深沟的出入口填满木炭，摆开阵势等待命令。吴国的公子光号召他的军队说：“丧失了先王的战船，不只是我的罪过，你们大家也有责任。希望大家齐心协力把它夺回来，以免除一死。”大家都答应了。于是派了三个身强体壮的士兵偷偷潜伏到战船旁边，并说：“我一喊馀皇，你们就答应。”军队趁夜跟上去，喊了三次，潜伏的士兵交替回答。楚国人追上去把他们杀了，结果造成楚军大乱。吴军大败楚军，抢回了馀皇船后便回国了。

昭公十八年

【经】十有八年春王三月，曹伯须卒。夏五月壬午，宋、卫、陈、郑灾。六月，邾人入鄅①。秋，葬曹平公。冬，许迁于白羽②。

【注释】①鄅（yǔ）：妘姓国，故址在今山东省临沂市北。②白羽：古地名，在今河南西峡县。

【译文】鲁昭公十八年春季周历三月，曹平公须去世。夏季五月壬午日，宋国、卫国、陈国、郑国都发生了火灾。六月，邾国人进入鄅国。秋季，安葬曹平公。冬季，许国迁移到白羽。

【传】十八年春，王二月乙卯，周毛得杀毛伯过而代之[1]。苌弘曰："毛得必亡，是昆吾稔之日也[2]，侈故之以。而毛得以济侈于王都，不亡，何待？"

【注释】①毛得：毛伯过族人。毛伯过：周大夫。②是昆吾稔之日也：乙卯日是昆吾得到报应的日子。稔，事物积久养成。

【译文】十八年春季，周历二月乙卯日，周朝毛得杀害毛伯过，并取代他的职位。苌弘说："毛得必定要逃，这一天是昆吾恶贯满盈的日子，这是由于骄横的缘故。而毛得在天子的都城以骄横成事，不逃还等待什么？"

三月，曹平公卒。

【译文】三月，曹平公去世。

夏五月，火始昏见[1]。丙子，风。梓慎曰："是谓融风[2]，火之始也。七日，其火作乎！"戊寅，风甚。壬午，大甚。宋、卫、陈、郑皆火。梓慎登大庭氏之库以望之，曰："宋、卫、陈、郑也。"数日，皆来告火。裨灶曰："不用吾言，郑又将火。"郑人请用之，子产不可。子大叔曰："宝，以保民也。若有火，国几亡。可以救亡，子何爱焉？”子产曰：“天道远，人道迩，非所及也，何以知之？灶焉知天道？是亦多言矣，岂不或信？”遂不与，亦不复火。

【注释】①火始昏见：大火星在黄昏时出现。②融风：东北风。

【译文】夏季五月，大火星在黄昏显现。丙子日，刮风。梓慎说：“这是融风，是火灾的开始。七天之后，恐怕要出现火灾吧？”戊寅日，风刮得很大。壬午日，风刮得更大。宋国、卫国、陈国、郑国都发生了火灾。梓慎登上大庭氏的库房向远方眺望，说：“这是宋国、卫国、陈国、郑国发生大火。”几天之后，四国都来报告发生了火灾。裨灶说：“不听我的话，郑国又将要发生火灾。”郑国人请求按他的话去做，子产不同意。子太叔说：“宝物，是用来保护民众的。要是发生了火灾，国家差不多要灭亡。能够挽救灭亡，您还吝惜什么？”子产说：“天道悠远，人道切近，两者互不涉及，凭什么由天道而晓得人道？裨灶哪儿明白天道？这个人的话也太多了，难道不会偶尔说中？”于是不举行祭祀，也没有再出现火灾。

郑之未灾也，里析[①]告子产曰：“将有大祥，民震动，国几亡。吾身泯焉，弗良及也。国迁，其可乎？”子产曰：“虽可，吾不足以定迁矣。”及火，里析死矣，未葬，子产使舆三十人迁其柩。火作，子产辞晋公子、公孙于东门。使司寇出新客，禁旧客勿出于宫。使子宽、子上巡群屏摄，至于大宫[②]。使公孙登徙大龟[③]。使祝史徙主祏于周庙，告于先君。使府人、库人各儆其事。商成公儆[④]司宫，出旧宫人，置诸火所不及。司马、司寇列居火道，行火所焮[⑤]。城下之人，伍列登城。明日，使野司寇各保其征。郊人助祝史除于国北，禳[⑥]火于玄冥、回禄，祈于四鄘[⑦]。书焚室而宽其征，与之材。三日哭，国不市。使行人告于诸侯。宋、卫皆如是。陈不救火，许不吊灾，君子是以知陈、许之先亡也。

【注释】①里析：郑国大夫。②使子宽、子上巡群屏摄，至于大宫：巡行宗庙，不让火接近。子宽、子上，为郑国大夫。屏摄，祭祀之位。大宫，郑国祖庙。③大龟：古人用以占卜的大龟，视为国宝。④儆（jǐng）：警戒，戒备。⑤焮（xìn）：炙，灼烧。⑥禳（ráng）：祭名。祈祷消除灾殃、去邪除恶之祭。⑦四鄘（yōng）：四边城墙的土神。鄘，城，此指城墙。

【译文】郑国还没发生火灾之前，里析告诉子产说："即将发生大的变异，民众震动，国家差不多会消亡。那时候我已经死了，看不到了。迁都或许能够避免吧？"子产说："就算能够避免，我一个人不能够决定是否迁都。"等到发生火灾的时候，里析已经死了，还没有埋葬，子产便派三十人迁走了他的棺材。火灾发生后，子产在东门送走了晋国的公子、公孙。又派司寇送走了新来的客人，阻止已来的客人离开宾馆。派子宽、子上巡视许多祭祀的宗庙，直到郑国的祖庙。派公孙登迁走大龟。派祝史把宗庙里藏神主的石匣迁到周厉王的庙中，并向先君汇报。派府人、库人各自戒备自己的管理范围。商成公命令司宫戒备，迁出先公的宫女，安置到火烧不到的地方。司马、司寇排列在火道上，四处救火。城下的人，列队登城。第二天，派野司寇各自约束他们所征发的徒役。治理郊区的地方官帮助祝史在国都北面清除地面修建祭坛，向水神、火神祭祷消灭火灾，又向四城的土神祈祷。记录被烧毁的房屋并宽免他们的赋税，给他们修建房屋的材料。号哭三天，国内市场停业。派行人向各诸侯通报。宋国、卫国也都这样处理。陈国不救火，许国不慰问火灾，君子故而知道陈国、许国将先被灭亡。

六月，鄅人藉稻[①]。邾人袭鄅，鄅人将闭门。邾人羊罗摄其首焉，遂入之，尽俘以归。鄅子曰："余无归矣。"从帑[②]于邾，邾庄公反鄅夫人，而舍其女。

【注释】①藉稻：耕种于藉田。②帑（nú）：古同"孥"，妻子儿女。

【译文】六月，鄅国国君巡察踏勘农民种稻。邾国军队袭击鄅国，鄅国人想要关闭城门。邾国人羊罗杀害看门人并提着他的头，于是进城，把君臣兵民全都俘虏回去。鄅子说："我无处可去了，只得跟着妻子儿女到邾国去。"邾庄公送回鄅国夫人，而留下了他的女儿。

秋，葬曹平公。往者见周原伯鲁[①]焉，与之语，不说学。归以语闵子马[②]。闵子马曰："周其乱乎？夫必多有是说，而后及其大人。大人患失而惑，又曰：'可以无学，无学不害。'不害而不学，则苟而可。于是乎下陵上替[③]，能无乱乎？夫学，殖也，不学将落[④]，原氏其亡乎？"

【注释】①原伯鲁：周大夫。②闵子马：鲁国大夫。③下陵上替：为下者凌驾于上，在上者政事废弛。④夫学，殖也，不学将落：学习就好像种植，不学习就会枯萎凋落。

【译文】秋季，安葬曹平公。去参加葬礼的人看见周朝的原伯鲁，跟他交谈，发现他不喜欢学习。回去后告诉了闵子马。闵子马说："周朝或许要发生动乱了吧？那必定有很多人不喜欢学习，而后才影响到当权的人。大人们担忧丢弃官位而又不明事理，又说：'可以不用学习，不学习也没有害处。'觉得没有害处便不学习，那么便得过且过。在这种情况下为下者凌驾于上，在上者政事废驰，能不出现动乱吗？学习，如同种植一样，不学习便要衰落，原氏或许要灭亡了吧？"

七月，郑子产为火故，大为社①，祓禳②于四方，振除火灾，礼也。乃简兵大蒐，将为蒐除。子大叔之庙在道南，其寝在道北，其庭小。过期三日，使除徒陈于道南庙北，曰："子产过女，而命速除，乃毁于而乡③。"子产朝，过而怒之，除者南毁。子产及冲，使从者止之曰："毁于北方。"

【注释】①大为社：大规模建设社庙。②祓禳：为除灾祛邪举行的祭祀。③乃毁于而乡：拆毁子太叔之庙。乡，同"向"。

【译文】七月，郑国子产由于火灾的原因，大修土地神庙，祭奠四方之神除灾去邪，救治火灾，这是合乎礼的。于是精选士兵进行大检阅，将要为检阅清理场地。子太叔的家庙在路南，他的住房在路北，庭院较小。超过限期三天还没有完成，他让清理场地的徒卒排列在路南庙北，说："子产路过要是命令快些清理时，你们便拆毁你们面对方向的房屋。"子产上朝，路过这儿发现没有清除场地很生气，徒卒便向南毁庙。子产走到路口，派随从制止他们说："拆掉北边的房屋。"

火之作也，子产授兵登陴[1]。子大叔曰："晋无乃讨乎？"子产曰："吾闻之，小国忘守则危，况有灾乎？国之不可小，有备故也。"既，晋之边吏让郑曰："郑国有灾，晋君、大夫不敢宁居，卜筮走望，不爱牲玉。郑之有灾，寡君之忧也。今执事撊然[2]授兵登陴，将以谁罪？边人恐惧，不敢不告。"子产对曰："若吾子之言，敝邑之灾，君之忧也。敝邑失政，天降之灾，又惧谗慝[3]之间谋之，以启贪人，荐为弊邑不利，以重君之忧。幸而不亡，犹可说也。不幸而亡，君虽忧之，亦无及也。郑有他竟，望走在晋。既事晋矣，其敢有二心？"

【注释】①陴：城墙上的矮墙。②撊（xiàn）然：凶猛的样子。③谗慝：指邪恶奸佞之人。

【译文】火灾发生的时候，子产给士卒分发武器让他们登上城墙守卫。子太叔说："晋国或许要来征讨吧？"子产说："我听说，小国忘了防备就会危险，何况有火灾出现啊！国家不被轻视，就是由于有防备的缘故。"不久，晋国的边防官吏谴责郑国说："郑国遭遇灾害，晋国国君、大夫不敢安居，占卜占筮四处奔走遍祭名山大川，不吝惜牺牲玉帛。郑国遭遇灾害，也是寡君的忧虑。如今你们凶猛地分发兵器登上城墙，准备拿谁来问罪？边境上的人心存恐惧，不敢不报告。"子产回答说："要是如您说的那样，敝国的灾害，是君王的忧虑。敝国的政事失修，上天降下灾难。又害怕邪恶之人乘机打敝国的主意，以引诱贪婪的人，再次对敝国不利，以加重君王的忧虑。有幸而不灭亡，还能够解释清楚。要是不幸灭亡了，君王就算为敝国忧虑，或许也来不及了。郑国虽然有其他邻国，但是只希望投奔晋国。郑国已经事奉晋国了，难道还敢有二心？"

楚左尹王子胜言于楚子曰："许于郑，仇敌也，而居楚地，以不礼于郑。晋、郑方睦，郑若伐许，而晋助之，楚丧地矣。君盍迁许？许不专于楚。郑方有令政[1]。许曰：'余旧国也。'郑曰：'余俘邑也。'叶在楚国，方城外之蔽也。土不可易，国不可小，许不可俘，仇不可启，君其图之。"楚子说。冬，楚子使王子胜迁许于析[2]，实白羽。

【注释】①令政：善政。②析：即白羽。

【译文】楚国左尹王子胜对楚平王说："许国与郑国，是仇敌，却住在楚国的土地上，并且对郑国无礼。晋国、郑国正在友好交往，郑国要是进攻许国，而晋国帮助他们，楚国便要失去土地了。君王何不迁移许国？许国不为楚国所专有。郑国正推行善政。许国说：'那儿是我们昔日的都城。'郑国说：'那儿是我们通过战争获得的城邑。'叶地在楚国，是方城外面的屏障。楚国的土地不能够轻易给人，不能够小看郑国，许国不能被郑国俘虏，也不能挑起郑国、许国之间的仇恨。君王还是考虑一下吧。"楚王很高兴。冬季，楚平王派王子胜把许国迁往析地，便是原来的白羽。

昭公十九年

【经】十有九年春，宋公伐邾。夏五月戊辰，许世子止弑其君买。己卯，地震。秋，齐高发帅师伐莒。冬，葬许悼公。

【译文】昭公十九年春季，宋元公攻打郳国。夏季五月戊辰日，许国太子止杀了他们的国君许悼公买。己卯日，鲁国发生地震。秋季，齐国大夫高发率领军队攻打莒国。冬季，安葬许悼公。

【传】十九年春，楚工尹赤[①]迁阴[②]于下阴[③]，令尹子瑕城郏[④]。叔孙昭子曰："楚不在诸侯矣！其仅自完也，以持其世而已。"

【注释】①工尹赤：工尹为楚国官名，掌百工之官，为以官名为氏。②阴：指阴地的戎人。③下阴：古地名，在今湖北光化县西。④郏（jiá）：古地名，在今河南三门峡市一带。

【译文】鲁昭公十九年春季，楚国的工尹赤把阴地的戎人迁到下阴，令尹子瑕在郏地修城。叔孙昭子说："楚国的意图不在诸侯了，它恐怕仅仅能保全自己，以保持世代相传而已。"

楚子之在蔡也，郹阳[①]封人之女奔之，生大子建。及即位，使伍奢为之师。费无极为少师，无宠焉，欲谮[②]诸王，曰："建可室[③]矣。"王为之聘于秦，无极与逆，劝王取之。正月，楚夫人嬴氏至自秦。

【注释】①郹（jú）阳：蔡邑，在今河南省新蔡县境。②谮（zèn）：无中生有地说人坏话。③可室：娶妻，成家。

【译文】楚平王先前在蔡国时，郹阳封人的女儿与他私奔，生下了太子建。当平王即位后，便让伍奢做了太子建的老师，费无极为少师。费无极不受太子建的宠信，便想在平王面前诬陷他，说："太子建应该娶妻了。"平王便为他到秦国行聘娶妻，费无极也在迎亲队伍中，他劝平王自己娶了那个秦国女子。正月，楚夫人嬴氏从秦国到了楚国。

郧夫人，宋向戌之女也，故向宁请师。二月，宋公伐邾，围虫[1]。三月，取之。乃尽归郧俘。

【注释】①虫：邾国城邑，在今山东济宁。

【译文】郧夫人是宋国向戌的女儿，故而向宁请求宋公发兵进攻邾国。二月，宋元公进攻邾国，包围虫地。三月，占领虫地，把郧国俘虏全都放回。

夏，许悼公疟。五月戊辰，饮大子止之药卒。大子奔晋。书曰："弑其君。"君子曰："尽心力以事君，舍药物可也。"

【译文】夏季，许悼公得了疟疾。五月戊辰日，喝下太子止的药而死。太子止逃亡到晋国。《春秋》记录说："弑其君。"君子说："尽心尽力地事奉君主，不一定要进献药物。"

邾人、郳人、徐人会宋公。乙亥，同盟于虫。

【译文】邾国人、郳国人跟徐国人会见宋元公，五月乙亥日，在虫地结盟。

楚子为舟师以伐濮[1]。费无极言于楚子曰："晋之伯[2]也，迩于诸夏，而楚辟陋，故弗能与争。若大城城父[3]而置大子焉，以通北方，王收南方，是得天下也。”王说，从之。故太子建居于城父。

【注释】①濮：南夷。②伯：通“霸”。③城父：古地名，在今河南宝丰县东。

【译文】楚平王组建了一支水军，前往攻打濮。费无极对楚平王说：“晋国之所以能成为霸主，是因为靠近中原各国，但楚国却处偏僻鄙陋之地，故而不能与它相争。要是扩大城父的规模并把太子安置在那儿，让他结交北方的诸侯，而君王收取南方，这样便能获得天下了。”楚王听后很是高兴，采纳了他的建议。太子建因此便住到了城父。

令尹子瑕聘于秦，拜夫人也。

【译文】令尹子瑕到秦国访问，是为了拜谢秦国把嬴氏嫁到楚国。

秋，齐高发帅师伐莒。莒子奔纪鄣[1]。使孙书[2]伐之。初，莒有妇人，莒子杀其夫，已为嫠妇[3]。及老，托于纪鄣，纺焉以度而去之[4]。及师至，则投诸外。或献诸子占，子占使师夜缒而登。登者六十人，缒绝。师鼓噪，城上之人亦噪。莒共公惧，启西门而出。七月丙子，齐师入纪。

【注释】①纪鄣：古地名，在今江苏赣榆县北。②孙书：即子占，陈无宇之子。③嫠妇：寡妇。④纺焉以度而去之：老妇人纺线结绳，绳子长度达到城墙的高度而后收藏起来。

【译文】秋季，齐国的高发领着军队攻打莒国，莒共公逃到纪鄣。齐国又派孙书攻打纪鄣。起初，莒国有个女人，莒共公杀死她的丈夫，她成了寡妇。到了年老时，寄居在纪鄣。她纺线搓绳达到城墙的高度后收藏起来。到了齐军来到，便把绳子扔到城外，有人把绳子献给孙书，孙书命令军队在晚上攀绳登墙。登上城的有六十人，然后绳子断了，军队击鼓呐喊，登上成墙的人也呐喊。莒共公害怕，打开西门逃跑了。七月丙子日，齐军进入纪鄣。

是岁也，郑驷偃[①]卒。子游娶于晋大夫，生丝，弱[②]。其父兄立子瑕。子产憎其为人也，且以为不顺，弗许，亦弗止。驷氏耸。他日，丝以告其舅。

【注释】①驷偃：即子游。②弱：年幼。

【译文】这一年，郑国的驷偃去世。子游娶晋国大夫的女儿为妻，生了丝，还年幼，他的父兄便立了子瑕为继承人。子产讨厌子瑕的为人，并且觉得立他不是名正言顺，不同意，也不制止，子游家族的人很害怕。过了些日子，驷丝把情况告诉了他的舅父。

冬，晋人使以币如郑，问驷乞[①]之立故。驷氏惧，驷乞欲逃。子产弗遣。请龟以卜，亦弗予。大夫谋对，子产不待而对客曰："郑国不天，寡君之二三臣札瘥夭昏[②]，今又丧我先大夫偃。其子幼弱，其一二父兄惧队宗主，私族于谋，而立长亲。寡君与其二三老曰：'抑天实剥乱是[③]，吾何知焉？’谚曰：‘无过乱门。’民有乱兵，犹惮过之，而况敢知天之所乱？今大夫将问其故，抑寡君实不敢知，其谁实知之？平丘之会，君寻[④]旧盟曰：‘无或失职。’若寡君之二三臣，其即世者，晋大夫而专制其位，是晋之县鄙也，何国之为？”辞客币而报其使。晋人舍之[⑤]。

【注释】①驷乞：即子瑕。②札：因瘟疫而死。瘥（cuó）：病死。夭：短命。昏：同“昏”，出生后尚未命名就死了。③抑天实剥乱是：可能是上天要搅乱这件事。剥，乱。④寻：重温。⑤晋人舍之：晋国人不再追究这件事。

【译文】冬季，晋国人派使者带了财礼前去郑国，责问立子瑕的缘由。子瑕家族的人害怕了，子瑕想要逃走，子产不放行，请求用龟甲占卜，子产也不给。大夫们商量对策，子产不等他们商量的结果就答复客人说：“郑国不能获得上天的保佑，寡君的几位臣子不幸病亡。现在又失去了我们的先大夫子游，他的儿子幼小，他家族的几个父兄辈担心断了宗庙祭主，和族人商量立了嫡系中的年长者。寡君跟他的几位老臣说：‘也许上天真的打乱了这个家族的继承常规，我能过问什么呢？’俗话说：‘不要经过动乱人家的门口。’民众作乱，其他人尚且害怕路过那儿，何况敢过问上天降下的动乱？如今贵国大夫询问它的缘故，寡君真的不敢过问，还有谁会过问？平丘那次盟会，君主重温过去的盟约说：‘不要有人失职。’要是寡君的几位臣子，其中有去世的，晋国大夫都要专断地控制它的继承人，这便是把我国当成晋国的边远县邑了，还成什么国家？”辞谢客人的财礼而回复他们的使者，晋国人也放弃追究这件事。

楚人城州来。沈尹戌[①]曰："楚人必败。昔吴灭州来，子旗请伐之。王曰：'吾未抚吾民。'今亦如之，而城州来以挑吴，能无败乎？"侍者曰："王施舍不倦，息民五年，可谓抚之矣。"戌曰："吾闻抚民者，节用于内，而树德于外，民乐其性，而无寇仇。今宫室无量，民人日骇，劳罢死转[②]，忘寝与食，非抚之也。"

【注释】①沈尹戌：楚庄王曾孙，楚国左司马。②死转：死后无人埋葬。

【译文】楚国人在州来修城，沈尹戌说："楚国人必定失败。先前吴国灭亡州来，子旗请求攻打吴国，君王说：'我还没有安抚我的民众。'如今仍然如此，却在州来修城去挑衅吴国，能不失败吗？"侍从说："君王施舍恩惠不知厌倦，让民众休养生息五年，可以说安抚他们了。"沈尹戌说："我听说安抚民众的君王，在朝廷内节约费用，在朝廷外树立德行，民众乐于他们的生活，而没有仇敌。如今宫室的费用没有限量，民众每天担惊受怕，劳苦疲困、死了无人安葬，忘记了睡觉吃饭，这不算是安抚他们。"

郑大水，龙斗于时门之外洧渊[①]。国人请为禜[②]焉，子产弗许，曰："我斗，龙不我觌[③]也；龙斗，我独何觌焉？禳之，则彼其室也。吾无求于龙，龙亦无求于我。"乃止也。

【注释】①时门：郑国都城南门。洧渊：即洧水，发源于河南登封县东北的阳城山。禜（yòng）：古代一种祈求神灵消除灾祸的祭祀。③觌（dí）：指会见，这里指干预。

【译文】郑国发大水，龙在时门外的洧渊里相斗，国人请求举行祭祀，子产不同意，说："我们人争斗，龙不看我们；现在龙相斗，我们何必去干预它们呢？祭祀而驱赶它，可是那儿本来就是它的家。我们对龙没有所求，龙也对我们无所求。"于是没有祭祀。

令尹子瑕言蹶由[1]于楚子曰："彼何罪？谚所谓'室于怒，市于色[2]'者，楚之谓矣。舍前之忿可也。"乃归蹶由。

【注释】①蹶由：吴王弟弟，鲁昭公五年，蹶由犒师，被楚灵王扣留。②室于怒，市于色：在家里发火，到大街上给人看脸色。

【译文】令尹子瑕向楚平王谈起蹶由说："他有什么罪？俗话说'在家里发火，到大街上给人看脸色'，说的便是楚国了。能够抛弃以前的怨恨了。"于是楚国把蹶由放回吴国。

昭公二十年

【经】二十年春王正月。夏，曹公孙会自鄸[1]出奔宋。秋，盗[2]杀卫侯之兄絷。冬十月，宋华亥、向宁、华定出奔陈。十有一月辛卯，蔡侯卢卒。

【注释】①鄸（méng）：古地名，在今山东菏泽西北。②盗：齐豹是魏国的司寇，杀死了卫侯之兄，齐豹作而不义，故书曰盗。

【译文】鲁昭公二十年春季周历正月。夏季，鲁国的公孙会从鄸地出逃到宋国。秋季，齐豹杀死了卫灵公的哥哥絷。冬季十月，宋国的华亥、向宁、华定出逃到陈国。十一月辛卯日，蔡平公庐去世。

【传】二十年春，王二月己丑，日南至[①]。梓慎望氛[②]曰："今兹宋有乱，国几亡，三年而后弭。蔡有大丧。"叔孙昭子曰："然则戴、桓[③]也！汏侈，无礼已甚，乱所在也。"

【注释】①日南至：即冬至。②望氛：古人观云气可知吉凶。③戴、桓：戴指宋戴公的后裔，即华氏；桓指宋恒公的后裔，即向氏。

【译文】二十年春季，周历二月己丑日，冬至。梓慎观察了云气后说："今年宋国要出现动乱，国家几乎要灭亡，三年后才能安定下来。蔡国也将遭遇大丧。"叔孙昭子说："如果是这样，必定是戴、桓两大家族有事。由于他们骄纵无度，十分无礼，是动乱的根源。"

费无极言于楚子曰："建与伍奢将以方城[①]之外叛。自以为犹宋、郑也，齐、晋又交辅之，将以害楚。其事集[②]矣。"王信之，问伍奢。伍奢对曰："君一过多矣[③]，何信于谗？"王执伍奢。使城父司马奋扬杀大子，未至，而使遣之。三月，大子建奔宋。王召奋扬，奋扬使城父人执己以至。王曰："言出于余口，入于尔耳，谁告建也？"对曰："臣告之。君王命臣曰：'事建如事余。'臣不佞，不能苟贰。奉初以还，不忍后命，故遣之。既而悔之，亦无及已。"王曰："而敢来，何也？”对曰：“使而失命，召而不来，是再奸也。逃无所入。”王曰：“归，从政如他日。”

【注释】①方城：春秋时楚国北方的长城。②集：成功。③君一过多矣：指楚平王夺太子之秦女。

【译文】费无极对楚平王说：“太子建和伍奢想要领着北方长城之外地区的人叛乱。他们自认为与郑国、宋国一样，加上齐国、晋国又一起辅助他们，这将会危及楚国。他们已经快成功了。”平王相信了他的话，就谴责伍奢。伍奢说：“大王有一次过错已经够严重的了，为何还要听信谗言？”平王让人把伍奢抓了起来，派城父司马奋扬去杀太子建。奋扬还没到达城父，便先派人通知太子建让他赶快逃跑。三月，太子建逃往宋国。楚平王下令召回奋扬，奋扬让城父大夫把自己绑起来押回郢都。平王说：“这一命令是我亲口下达的，也只有你一个人知道，是谁告诉了太子建？”奋扬回答说：“是我告诉他的。大王曾命令我说：‘你侍奉太子建要如侍奉我一样。’我即使无能，但也不敢苟且怀有二心。既然奉了当初的命令去侍奉他，就不忍心再执行后来的命令去杀死他，故而才放他逃跑。尽管不久我便后悔了，不过已经来不及了。”平王又问：“你为何又敢来见我？”奋扬说：“奉命而去却没有完成使命，便已经有罪了，要是大王召我而不回来，那便是第二次违命了。再说我也无处可逃啊。”于是平王说：“你回去吧。还和先前一样处理政事。”

无极曰：“奢之子材，若在吴，必忧楚国，盍以免其父召之？彼仁，必来。不然，将为患。”王使召之，曰：“来，吾免而父。”棠君尚谓其弟员[①]曰：“尔适吴，我将归死。吾知不逮，我能死，尔能报。闻免父之命，不可以莫之奔也；亲戚为戮，不可以莫之报也。奔死免父，孝也；度功而行，仁也；择任而往，知也；知死不辟，勇也。父不可弃，名不可废，尔其勉之，相从为愈[②]。”伍尚归。奢闻员不来，曰：“楚君、大夫其旰食[③]乎！”楚人皆杀之。

【注释】①棠君尚：指伍奢的儿子伍尚，是棠地大夫。员：指伍奢的儿子伍员。②愈：胜过，较好。③旰（gàn）食：晚食。指事务繁忙不能按时吃饭。

【译文】费无极说：“伍奢的儿子都很有才能，要是让他们去了吴国，必定会成为楚国的忧患，何不以赦免他们父亲的罪过为名而召他们回来呢？他们是孝子，一定会回来。否则，将来一定会成为一大祸患。”楚平王因此下令召他们回来，并说：“只要你们回来，我便赦免你们父亲的罪名。”棠邑大夫伍尚对弟弟伍员说：“你到吴国去吧，我将回去送死。我知道我的才能不如你，我可以为救父亲而死，而你能为父亲报仇。听到赦免父亲罪名的命令，不能没人回去；亲人被杀害，又不能没人为其报仇雪恨。回去能让父亲免于一死，这是孝；估算着事情成败而行动，这是仁；依据不同的能力而选择相应的任务，这是智；明知回去后一定会死却没有逃避，这是勇。不能抛弃父亲不管，也不能让名誉受到毁损，你还是好好努力吧！希望你听从我的话吧。”于是伍尚回到了楚国。伍奢得知伍员没回来，说：“楚国国君、大夫们今后将寝食难安了！”楚平王下令将他们两人杀了。

员如吴，言伐楚之利于州于。公子光曰："是宗为戮，而欲反其仇[①]，不可从也。"员曰："彼将有他志。余姑为之求士，而鄙以待之。"乃见鱄设诸焉，而耕于鄙。

【注释】①反其仇：报仇。

【译文】伍员到了吴国，向吴王州于陈说征讨楚国的种种好处。公子光说："这是由于伍员的父兄被楚国杀害而想要报仇，不能听从他的话啊。"伍员说："公子光已有了野心。我暂时为他寻找一名勇士，在郊外等待时机吧。"于是将鱄设诸举荐给了公子光，自己则到边远之地耕田种地。

宋元公无信多私，而恶华、向。华定、华亥与向宁谋曰："亡愈于死[①]，先诸？"华亥伪有疾，以诱群公子。公子问之，则执之。夏六月丙申，杀公子寅、公子御戎、公子朱、公子固、公孙援、公孙丁，拘向胜、向行于其廪[②]。公如华氏请焉，弗许，遂劫之。癸卯，取大子栾与母弟辰、公子地以为质。公亦取华亥之子无戚、向宁之子罗、华定之子启，与华氏盟，以为质。

【注释】①亡愈于死：逃亡胜过死亡。②廪：谷仓。

【译文】宋元公不讲信用私心很多，并厌恶华氏、向氏。华定、华亥和向宁谋划说："逃跑比被杀强，先下手吧。"华亥假装有病，引诱公子们前来探望。公子们去探问他，便都被抓了起来。夏季六月丙申日，杀死公子寅、公子御戎、公子朱、公子固、公孙援、公孙丁，在谷仓抓住了向胜、向行。宋元公到华氏那儿去求情，华氏不答应，反倒要劫持元公。癸卯日，将太子栾和他的同母弟弟辰、公子地作为人质。元公也将华亥的儿子无戚、向宁的儿子罗、华定的儿子启作为人质，跟华氏订立盟约，双方互换人质。

卫公孟絷狎齐豹，夺之司寇与鄄[①]，有役则反之，无则取之。公孟恶北宫喜、褚师圃，欲去之。公子朝通于襄夫人宣姜[②]，惧，而欲以作乱。故齐豹、北宫喜、褚师圃、公子朝作乱。

【注释】①鄄（juàn）：卫邑，在今山东省鄄城北。②宣姜：卫灵公母亲。

【译文】卫国公孟絷怠慢齐豹，剥夺了他的司寇官职和采邑鄄地，有劳役便还给他，没有就又夺走。公孟絷讨厌北宫喜、褚师圃，希望除掉他们。公子朝跟襄夫人宣姜私通，由于害怕想要乘机作乱。故而齐豹、北宫喜、褚师圃、公子朝发动了叛乱。

初，齐豹见宗鲁于公孟，为骖乘[①]焉。将作乱，而谓之曰："公孟之不善，子所知也。勿与乘，吾将杀之。"对曰："吾由子事公孟，子假吾名焉，故不吾远也。虽其不善，吾亦知之。抑以利故，不能去，是吾过也。今闻难而逃，是僭[②]子也。子行事乎，吾将死之，以周事子，而归死于公孟，其可也。"

【注释】①骖乘：古时乘车，尊者在左，御者在中，又一人在右，称车右或骖乘。由勇士充任，负责警卫。②僭：失信。

【译文】当初，齐豹把宗鲁推荐给公孟絷，做了骖乘。齐豹即将发动叛乱时，告诉宗鲁说："公孟絷这人不是好人，这是您所知道的。不要跟他一块乘车，我将要杀了他。"宗鲁回答说："我因您而事奉公孟絷，您替我吹嘘，故而公孟絷亲近我。虽然他不好，我也知道。不过由于对自己有利的缘故，不能离去，这是我的过错。如今听到有祸难而逃走，这是让您失去信用了。您干您的事吧，我将为此而死以成全您，并最终为公孟絷殉身，这或许是能行的。"

丙辰，卫侯在平寿[①]，公孟有事于盖获之门外[②]，齐子氏帷于门外，而伏甲焉。使祝蛙置戈于车薪以当门，使一乘从公孟以出。使华齐御公孟，宗鲁骖乘。及闳中[③]，齐氏用戈击公孟，宗鲁以背蔽之，断肱，以中公孟之肩，皆杀之。

【注释】①平寿：卫邑。②有事：祭祀。盖获之门：卫国城门。③闳中：曲门中。

【译文】六月丙辰日，卫侯在平寿，公孟絷到盖获门外祭祀，齐豹在城门外设置帷帐并在里面埋伏了甲士。派祝蛙把戈藏在车上的柴薪里挡着城门，派另一辆车随着公孟絷出来。派华齐给公孟絷驾车，宗鲁做骖乘。到达曲门中，齐豹用戈袭击公孟絷，宗鲁用背部遮护他，被打断了胳臂，而戈击中了公孟絷的肩膀，齐豹把他们都杀了。

公闻乱，乘，驱自阅门入，庆比御公，公南楚骖乘，使华寅乘贰车[①]。及公宫，鸿骝魋驷乘于公，公载宝以出。褚师子申遇公于马路之衢，遂从。过齐氏，使华寅肉袒，执盖以当其阙[2]。齐氏射公，中南楚之背，公遂出。寅闭郭门，逾而从公。公如死鸟[3]，析朱钼宵从窦出[4]，徒行从公。

【注释】①贰车：副车。②阙：空档。③死鸟：卫国地名。④从窦出：从洞里逃出。

【译文】卫侯听见动乱的消息，乘车从阅门进入都城，庆比给卫侯驾车，公南楚做骖乘，派华寅乘坐副车。抵达卫侯的宫室，鸿骝魋也坐上卫侯的车，卫侯载运宝物出城。褚师子申在马路的十字路口碰到卫侯，就跟上去。路过齐豹那儿，派华寅光着上身拿着车盖，来遮挡空档。齐豹用箭射卫侯，射中南楚的脊背。卫侯于是逃出都城。华寅关闭城门，然后翻过城墙跟随着卫侯。卫侯来到死鸟，析朱钼夜里从城墙的排水洞逃出，徒步跟随着卫侯。

齐侯使公孙青聘于卫。既出，闻卫乱，使请所聘。公曰："犹在竟内，则卫君也。"乃将事焉。遂从诸死鸟，请将事。辞曰："亡人不佞[1]，失守社稷，越在草莽，吾子无所辱君命。"宾曰："寡君命下臣于朝，曰：'阿下执事[2]。'臣不敢贰。"主人曰："君若惠顾先君之好，昭临敝邑，镇抚其社稷，则有宗祧在[3]。"乃止。卫侯固请见之，不获命，以其良马见，为未致使故也。卫侯以为乘马。宾将掫[4]，主人辞曰："亡人之忧，不可以及吾子。草莽之中，不足以辱从者。敢辞。"宾曰："寡君之下臣，君之牧圉也。若不获捍外役，是不有寡君也。臣惧不免于戾，请以除死。"亲执铎[5]，终夕与于燎[6]。

【注释】①不佞：没有才智。②阿下：谦卑地亲附于。执事：指卫灵公。③则有宗祧在：宗祧，即宗庙，意思是受聘应该在宗庙，现在这个地方不合适。④掫（zōu）：巡夜打更。⑤铎：大铃铛。⑥燎：设火燎而守卫。也有说是巡夜打更的人。

【译文】齐景公派公孙青到卫国聘问。已经走出国境，听说卫国出现了动乱，派人请示关于聘问的事情。齐景公说："卫灵公还在国境之内，那么他还是卫国的君主。"于是奉命行事。跟着卫灵公到了死鸟，公孙青请求行聘礼。卫灵公拒绝说："逃亡的人无能，因而失守了国家，流亡在草莽之中。没法让您执行君王的命令。"公孙青说："寡君在朝廷上命令下臣，说：'谦卑地去亲附卫国国君。'臣下不敢有贰心。"卫灵公说："君王要是惠顾先君的友好，光照敝国，镇定安抚我们国家，那么有宗庙在那儿。"公孙青于是停止了聘问。卫灵公坚决请求见公孙青，公孙青不得已，用他的好马作为觐见的礼物，这是由于没有执行使命的缘故。卫灵公把公孙青送的马用来驾车。公孙青准备为卫灵公巡夜打更，卫灵公辞谢说："逃亡人的忧虑，不能落到您身上；处在草莽之中，不能劳动您。谨敢辞谢。"公孙青说："寡君的下臣，即是君王放牛放马的人。要是得不到在外面担任警卫的差役，便是心目中没有寡君了。臣下害怕不能免于罪过，请求以此免死。"公孙青拿着大铃，整夜跟巡夜打更的卫国人在一起守夜。

齐氏之宰渠子召北宫子[①]。北宫氏之宰不与闻，谋杀渠子，遂伐齐氏，灭之。丁巳晦，公入，与北宫喜盟于彭水[②]之上。秋七月戊午朔，遂盟国人。八月辛亥，公子朝、褚师圃、子玉霄、子高鲂出奔晋[③]。闰月戊辰，杀宣姜。卫侯赐北宫喜谥曰贞子，赐析朱鉏谥曰成子，而以齐氏之墓予之。

【注释】①北宫子：即北宫喜。②彭水：应该在卫国国都附近，今已消失。③公子朝、褚师圃、子玉霄、子高鲂：都是齐氏的同党。

【译文】齐豹的家宰渠子召见北宫喜。北宫喜的家宰不让他知道，密谋杀死渠子，并乘机攻打齐豹，消灭了齐氏。六月丁巳日，卫灵公进入都城，跟北宫喜在彭水之上盟誓。秋季七月初一日，又跟国人盟誓。八月辛亥日，公子朝、褚师圃、子玉宵、子高鲂出逃到晋国。闰八月戊辰日，杀了宣姜。卫灵公赐予北宫喜的谥号叫贞子，赐予析朱鉏的谥号叫成子，并且把齐氏的墓地给了他们。

卫侯告宁[①]于齐，且言子石[②]。齐侯将饮酒，遍赐大夫曰："二三子之教也。"苑何忌[③]辞，曰："与于青之赏，必及于其罚。在《康诰》曰：'父子兄弟，罪不相及。'况在群臣？臣敢贪君赐以干先王？"

【注释】①告宁：报告卫国已经安定。②且言子石：述说子石的言辞有理，处事得当。子石，即公孙青。③苑何忌：齐大夫。

【译文】卫灵公向齐国报告国内已经安定，而且述说公孙青聘问时有礼。齐景公即将喝酒，把酒遍赐大夫说："这是诸位教导的结果。"苑何忌拒绝说："因公孙青而接受了赏赐，也必定因他而受罚。《康诰》上说：'父子兄弟，罪过互不相干。'何况在群臣之间？臣下怎么敢贪受君王的奖赏，来冒犯先王？"

琴张[①]闻宗鲁死，将往吊之。仲尼曰："齐豹之盗，而孟絷之贼[②]，女何吊焉？君子不食奸，不受乱，不为利疚于回[③]，不以回待人，不盖不义[④]，不犯非礼。"

【注释】①琴张：孔子有学生也叫琴张，但此处的琴张不是孔子的学生。②齐豹之盗，而孟絷之贼：齐豹所以为盗，孟絷所以见贼，皆由宗鲁。③不为利疚于回：不会为了利益亲近邪恶而痛苦。回，邪恶。④不盖不义：不掩盖不义的事。

【译文】琴张听到宗鲁去世的消息，预备前往吊唁。孔子说："齐豹所以成为坏人，孟絷所以被害，都是由于他，你为何要去吊唁？君子不接受坏人的俸禄，不参与动乱，不会为了利益亲近邪恶而痛苦，不用邪恶对付别人，不掩藏不义的事情，不做出非礼的事情。"

宋华、向之乱，公子城、公孙忌、乐舍、司马强、向宜、向郑、楚建[①]、郳甲出奔郑。其徒与华氏战于鬼阎[②]，败子城。子城适晋。华亥与其妻，必盥而食所质公子者而后食。公与夫人每日必适华氏，食公子而后归。华亥患之，欲归公子。向宁曰："唯不信，故质其子。若又归之，死无日矣。"公请于华费遂，将攻华氏。对曰："臣不敢爱死，无乃求去忧而滋长乎！臣是以惧，敢不听命？"公曰："子死亡有命，余不忍其诟[③]。"

【注释】①楚建：即楚国太子建。②鬼阎：古地名，在河南西华县东北。③诟（gòu）：古同"诟"，耻辱。

【译文】宋国华氏、向氏暴乱的时候，公子城、公孙忌、乐舍、司马强、向宜、向郑、楚建、郳甲等人逃到郑国。他们的徒党在鬼阎跟华氏交战，华氏击败公子城，公子城逃往晋国。华亥和他的妻子必定要盥洗干净，让作为人质的公子们吃完饭之后才自己吃。宋元公和夫人每天必定到华氏那里去，在公子们吃完饭后才回去。华亥担忧此种情况，想要送回各位公子，向宁说："正由于国君不讲信用，故而才拿他的儿子做人质，如果把他们送回，我们的死期便没有多远了。"宋元公向华费遂求助，想要攻打华氏，华费遂回答说："下臣不敢爱惜一死，但这样做，不仅不能去掉忧患，反倒会滋长忧患吧！下臣因此担心，可以不听从命令吗？"宋元公说："儿子们死生有命，我不能再忍受华氏的羞辱。"

冬十月，公杀华、向之质而攻之。戊辰，华、向奔陈，华登奔吴。向宁欲杀大子，华亥曰："干君而出，又杀其子，其谁纳我？且归之有庸。"使少司寇牼以归，曰："子之齿长矣，不能事人，以三公子为质，必免。"公子既入，华牼将自门行。公遽见之，执其手曰："余知而无罪也，入，复而所。"

【译文】冬季十月，宋元公杀死华氏、向氏的人质并攻打华氏、向氏。戊辰日，华氏、向氏逃到陈国，华登逃到吴国。向宁想要杀死太子。华亥说："触犯国君而出逃。又杀死他的太子，谁还会容纳我们？何况放他们回去以后或许会有好处。"派少司寇华牼领着三位公子回去，华亥说："您的年龄大了，不能再事奉他人，把三位公子作为人质，必定能够免罪。"公子们已经进到宫中，华牼将要从宫门出去，宋元公连忙召见他，握住他的手说："我知道你是无罪的，进来吧，恢复你的官职。"

齐侯疥[1]，遂痁[2]，期而不瘳，诸侯之宾问疾者多在。梁丘据与裔款[3]言于公曰："吾事鬼神丰，于先君有加矣。今君疾病，为诸侯忧，是祝、史之罪也。诸侯不知，其谓我不敬。君盍诛于祝固、史嚚以辞宾？"公说，告晏子。晏子曰："日宋之盟，屈建问范会[4]之德于赵武。赵武曰：'夫子之家事治，言于晋国，竭情无私。其祝、史祭祀，陈信不愧。其家事无猜，其祝、史不祈[5]。'建以语康王，康王曰：'神人无怨，宜夫子之光辅五君以为诸侯主也。'"公曰："据与款谓寡人能事鬼神，故欲诛于祝、史。子称是语，何故？"对曰："若有德之君，外内不废[6]，上下无怨，动无违事，其祝、史荐信，无愧心矣。是以鬼神用飨[7]，国受其福，祝、史与焉。其所以蕃祉[8]老寿者，为信君使也[9]，其言忠信于鬼神。其适遇淫君，外内颇邪，上下怨疾，动作辟违，从欲厌私[10]。高台深池，撞钟舞女，斩刈[11]民力，输掠其聚[12]，以成其违，不恤后人。暴虐淫从，肆行非度，无所还忌[13]，不思谤讟[14]，不惮鬼神，神怒民痛，无悛于心。其祝、史荐信，是言罪也。其盖失数美，是矫诬也。进退无辞，则虚以求媚。是以鬼神不飨其国以祸之，祝、史与焉。所以夭昏孤疾者，为暴君使也。其言僭嫚[15]于鬼神。"公曰："然则若之何？"对曰："不可为也：山林之木，衡鹿[16]守之；泽之萑蒲，舟鲛守之[17]；薮之薪蒸，虞候守之[18]。海之盐蜃，祈望守之[19]。县鄙之人，入从其政。逼介之关，暴征其私。承嗣大夫，强易其贿。布常无艺，征敛无度；宫室日更，淫乐不违。内宠之妾，肆夺于市；外宠之臣，僭令于鄙。私欲养求，不给则应。民人苦病，夫妇皆诅。祝有益也，诅亦有损。聊、摄以东，姑、尤以西[20]，其为人也多矣。虽其善祝，岂能胜亿兆人之诅？君若欲诛于祝、史，修德而后可。”公说，使有司宽政，毁关，去禁，薄敛，已责[21]。

【注释】①疥（jiè）：疥疮。②痁（shān）：疟疾的一种。③梁丘据与裔款：齐景公宠臣。④屈建：楚国大夫。范会：晋国士会。⑤不祈：无求于鬼神。⑥外：国家之事。内：宫中之事。不废：没有荒废。⑦鬼神用飨：鬼神享受祭祀。⑧蕃祉：多福。⑨为信君使也：是有诚信国君的使者。⑩从欲厌私：放纵欲望，满足私欲。从，同“纵”。厌，满足。⑪斩刈：砍伐。⑫其聚：百姓的积蓄。⑬还忌：顾忌。⑭谤讟（dú）：怨恨。⑮僭嫚：欺骗怠慢。⑯衡鹿：守山林的官吏。⑰萑（huán）蒲：两种芦类植物。此指萑泽，芦滩。舟鲛：管理水泽的官吏。⑱薮（sǒu）：沼泽地带多长草曰“薮”，指水少而草木茂盛的湖泽。虞候：负责砍柴打草的官吏。⑲祈望：管理海产的官吏。⑳聊、摄以东：齐国的西部边界，今山东聊城一带。姑、尤以西：齐国的东部边界。姑，指大姑河。尤，指小姑河。㉑已责：免除债务赋税，跟“弃债”是一样的。责，同“债”，债务。

【译文】齐景公得了疥疮，接着又患了疟疾，一年都没好，诸侯派来慰问病情的宾客有很多。梁丘据跟裔款对齐景公说：“我们事奉鬼神的祭品很丰厚，比先君时还有所增加。现在国君病重，造成诸侯的担忧，这是祝、史的过错。诸侯不知道实际情况，或许会认为我们事奉鬼神不恭敬，国君何不杀了祝固、史嚚以向各国宾客做解释呢？”齐景公认为他们说得对，便告诉晏子。晏子说：“先前在宋国的盟会，屈建向赵武询问范会的德行，赵武说：‘他老人家的家事治理得很好，在朝廷说话，竭尽忠心而没有私心。他的祝、史祭祀鬼神，陈述实情而内心无愧。他处理家事没有人去猜忌，他的祝、史对鬼神也无所祈求。’屈建把这些告诉康王，康王说：‘神和人对范会都没有怨恨，所以范会辅佐五位君主而使他们成为诸侯的霸主。’”齐景公说：“梁丘据跟裔款认为寡人能事奉鬼神，故而想要杀了祝、史，您说出这些话，是什么意思？”晏子回答说：“如果是有德行的君主，内外政务都不荒废，上上下下都没有怨恨，行为没有违反礼仪的事，他的祝史向鬼神陈说实情，便没有惭愧之心了，故而鬼神会享用祭品，国家蒙受鬼神赐福，祝、史也有份。他们之所以多福长寿，是因为他们是诚信君主的使者，他们的话对鬼神忠信。要是恰好碰上荒淫无度的君主，内外政务处理不当，朝野上下都有怨言，行动邪僻背礼，放纵欲望满足私心。兴建高台深地，奏乐歌舞，剥削民力，掠夺他们的积蓄，造成自己的过失，而不体恤后人。暴虐放纵，肆意行动没有法度，无所顾忌，不考虑百姓的批评怨恨，不害怕鬼神降祸，神灵发怒，百姓痛心，而内心依然不悔改。他的祝、史如果陈说实情，这等于是数说君主的罪过；要是掩盖过失而妄称美善，这等于是虚假欺骗，左右为难，便只好用空话来讨好鬼神，故而鬼神不享用他们国家的祭品而降祸给他们，祝史也被连累到了。他们之所以生病短寿，是因为他们是暴君的使者，他们的话是对鬼神的欺诈轻慢。”齐景公说：“那么该怎么办？”晏子回答说：“无可挽回了。山林的树木，衡鹿看守；沼泽的水草，舟鲛看守；洼地的柴禾，虞侯看守；海洋的盐蛤，祈望看守。边远县邑的人，都要进入国都服劳役；迫近国都的关卡，横暴征收私人财物；世袭的大夫，强行收买货物。颁布政令没有准则，征收税赋没有节制，宫室经常更新，放纵享乐不愿离去。后宫的宠妾，在市场上肆意抢夺；朝廷的宠臣，在边境假传国君的命令，个人欲望不断滋长，得不到满足便进行惩罚。百姓痛苦怨恨，夫妇都在诅咒。即使祷告能带来好处，但是诅咒也会带来损害。从聊地、摄地以东，到大姑河、小姑河以西，咒骂的人很多。即使祝、史擅长祷告，难道能胜过这么多人的诅咒？君主要是想要杀了祝、史，必须修明德行然后才可以。”齐景公听了很高兴，让官吏放宽政令，撤除关卡，废除禁令，减轻赋税，免去债税。

十二月，齐侯田于沛[①]，招虞人[②]以弓，不进。公使执之，辞曰：“昔我先君之田也，旃[③]以招大夫，弓以招士，皮冠以招虞人。臣不见皮冠，故不敢进。”乃舍之。仲尼曰：“守道不如守官。”君子韪之[④]。

【注释】①田：打猎。沛：水草丰茂的大泽。②虞人：掌管山林的官吏。③旃：古代一种赤色曲柄的旗。④韪（wěi）之：赞同，肯定。

【译文】十二月，齐景公在沛泽狩猎，用弓招唤虞人，虞人没有应召。齐景公派人抓来他，虞人辩解说：“先前先君打猎的时候，用旃旗招唤大夫，用弓招唤士，用皮冠招唤虞人。臣下没有看见皮冠，故而不敢进见。”于是放了虞人。孔子说：“遵从道义不如遵从官制。”君子觉得这句话是对的。

齐侯至自田，晏子侍于遄台[①]，子犹驰而造焉[②]。公曰：“唯据与我和夫！”晏子对曰：“据亦同也，焉得为和？”公曰：“和与同异乎？”对曰：“异。和如羹焉，水、火、醯、醢[③]、盐、梅以烹鱼肉，燀[④]

之以薪。宰夫[5]和之，齐之以味，济其不及，以泄其过[6]。君子食之，以平其心。君臣亦然。君所谓可而有否焉，臣献其否以成其可[7]。君所谓否而有可焉，臣献其可以去其否。是以政平而不干，民无争心。故《诗》曰：'亦有和羹，既戒既平。鬷嘏无言，时靡有争[8]。'先王之济五味，和五声也，以平其心，成其政也。声亦如味，一气，二体，三类，四物，五声，六律，七音，八风，九歌[9]，以相成也。清浊，小大，短长，疾徐，哀乐，刚柔，迟速，高下，出入，周疏，以相济也。君子听之，以平其心。心平，德和。故《诗》曰：'德音不瑕[10]。'今据不然。君所谓可，据亦曰可；君所谓否，据亦曰否。若以水济水，谁能食之？若琴瑟之专一，谁能听之？同之不可也如是。"

【注释】①遄（chuán）台：古地名，在今山东临淄附近。②子犹：梁丘据。造：到。③醯（xī）：醋。醢（hǎi）：肉酱。④燀（chǎn）：烧火，炊煮。⑤宰夫：厨师。⑥齐之以味，济其不及，以泄其过：让味道适中，味道不够就增加调料，味道太过便减少调料。齐，同"剂"。济，增加。泄，减少。⑦君所谓可而有否焉，臣献其否以成其可：国君说可行的事情而其中有不可行之处，大臣应该指出不可行之处来成全可行之事。⑧亦有和羹，既戒既平。鬷（zōng）嘏（gǔ）无言，时靡有争：《诗经·商颂·烈祖》中的诗句，意思是调和好的羹汤已经准备完毕，五味俱全味道平和，敬请神灵享用而神灵也没有指责之言，上下没有争执。⑨气：发声需要气。二体：古奏乐多配以舞，舞者，有文武之二体。三类：有《风》《雅》《颂》三类。四物：用四方之物制备乐器。五声：宫、商、角、徵、羽。六律：即黄钟、大簇、姑洗、蕤宾、夷则、无射。七音：指宫、商、角、徵、羽、变宫、变徵。八风：八方之风。东北曰条风，东方曰明庶风，东南曰清明风，南方曰景风，西南曰凉风，西风曰阊阖风，西北曰不周风，北方曰广莫风。条风又名融风，景风又名凯风。九歌：歌颂九功之德。六府、三事谓之九功。六府：水、火、金、木、土、谷。三事：正德、利用、厚生。⑩德音不瑕：《诗经·国风·烈祖》中的诗句，意思是有德之声没有瑕疵。

【译文】齐景公从狩猎的地方回来，晏子在遄台随侍。梁丘据驱车前来拜见。齐景公说："只有梁丘据跟我和谐啊！"晏子回答说："梁丘据也不过是和您相同而已，哪儿能称得上和谐？"齐景公说："和谐和相同不一样吗？"晏子回答说："不一样。和谐就像做羹汤，用水、火、醋、酱、盐、梅来烹调鱼和肉，用柴火烧煮。厨工进行调和，让味道适中，味道不够就增加调料，味道太过便减少调料。君子食用羹汤，内心平静。国君跟臣下之间的关系也是这样。国君所认为可行的事情而其中有不可行之处的，臣下指出其中不可行之处而让可行之事更加完备。国君所认为不可行的事情而其中有可行之处的，臣下指出其中的可行之处而去掉不可行的部分。故而政事平和而不违背礼仪，百姓没有争夺之心。故而《诗经》说：'有着调和美味的羹汤，五味具备而味道平和。神灵来享而无所指责，上下不争心平气和。'先王调匀五味，谐和五声，是用来平静内心，完成政事的。声音也像味道一样，是由一气，二体，三类，四物，五声，六律，七音，八风，九歌相互组成的；是由清浊，大小，短长，缓急，哀乐，刚柔，快慢，高低，出入，疏密互相调节的。君子听完，内心平静。内心平静德行便和谐。故而《诗经》说：'德音没有瑕疵。'如今梁丘据却不是这样。国君所认为能行的事情，梁丘据也说能行。国君所认为不能行的事情，梁丘据也说不能行。如同用清水调剂清水，谁能食用它？如同用琴瑟老弹一个声音，谁可以听它？相同则不能调剂的道理也像这样。”

饮酒乐。公曰：“古而无死，其乐若何？”晏子对曰：“古而无死，则古之乐也，君何得焉？昔爽鸠氏[①]始居此地，季荝[②]因之，有逢伯陵[③]因之，蒲姑氏因之，而后大公[⑤]因之。古者无死，爽鸠氏之乐，非君所愿也。”

【注释】①爽鸠氏：少皞氏之司寇。②季荝（cè）：虞夏时诸侯。③有逢伯陵：殷商时诸侯。④蒲姑氏：商周时诸侯。⑤大公：指姜太公。

【译文】齐景公喝酒喝得很快乐。齐景公说：“从古以来要是没有死，那种欢乐会如何？”晏子回答说：“从古以来要是没有死亡，那么就只有古代人的欢乐了，国君能获得什么欢乐呢？先前爽鸠氏居住在这里，季荝沿袭下来，又有逢伯陵沿袭下来，再蒲姑氏沿袭下来，而后太公沿袭居住。从古以来要是没有死，就只有爽鸠氏的欢乐，这并不是君王所愿意的。”

郑子产有疾，谓子大叔曰：“我死，子必为政。唯有德者能以宽服民，其次莫如猛。夫火烈，民望而畏之，故鲜死焉。水懦弱，民狎而玩之，则多死焉。故宽难。”疾数月而卒。大叔为政，不忍猛而宽。郑国多盗，取人于萑苻之泽[①]。大叔悔之，曰：“吾早从夫子，不及此。”兴徒兵以攻萑苻之盗，尽杀之，盗少止。

【注释】①萑（huán）苻（pú）之泽：位于河南省中牟县西北的沼泽，因芦苇茂密容易藏身，故盗匪常藏匿其中以杀人越货。后比喻盗匪藏聚的地方。

【译文】郑国子产有病，对子太叔说："我死后，您一定会执政。只有有德行的人才可以用宽大来让百姓服从，其次莫如严厉。火燃烧得很猛烈，百姓看着就很害怕，故而很少有人死在火里。水柔弱，百姓轻视并玩弄它，很多人便死在水里。故而施政宽大是很难的。"子产病了几个月后便死了。子太叔执政，不忍心严厉而施政宽大。有许多盗贼，聚集在芦苇丛生的湖泽里抢劫民众。子太叔后悔了，说："我早听从他老人家的话，就不会到了这种地步。"派步兵攻打藏在湖泽里的盗贼，把他们全都杀了。郑国国内的其他盗贼才稍稍收敛一些。

仲尼曰："善哉！政宽则民慢，慢则纠之以猛。猛则民残，残则施之以宽。宽以济猛，猛以济宽，政是以和。《诗》曰：'民亦劳止，汔可小康。惠此中国，以绥四方[①]。'施之以宽也。'毋从诡随，以谨无良。式遏寇虐，惨不畏明[②]。'纠之以猛也。'柔远能迩，以定我王[③]。'平之以和也。又曰：'不竞不絿，不刚不柔。布政优优，百禄是遒[④]。'和之至也。"及子产卒，仲尼闻之，出涕曰："古之遗爱也。"

【注释】①民亦劳止，汔（qì）可小康。惠此中国，以绥四方：出自《诗经·大雅·民劳》，意思是百姓已很辛劳，乞求稍稍安康。赐恩给中原各国，用以安抚四方。汔，接近。②毋从诡随，以谨无良。式遏寇虐，惨不畏明：出自《诗经·大雅·民劳》，意思是不要放纵伪善欺诈之人，小心防备不善之恶人。制止掠夺残暴之人，他们曾经不畏王法。诡随，不辨是非妄随人者。遏，制止。惨，曾。③柔远能迩，以定我王：出自《诗经·大雅·民劳》，意思是怀柔远处的人，任用近处有才能的人。柔，抚慰。能，才能。④不竞不絿，不刚不柔。布政优优，百禄是遒：出自《诗经·商颂·长发》，意思是治理国家不急不躁，不刚不柔，施政温和宽厚，百种福禄就会聚集。絿，急。优优，宽和。遒，到。

【译文】孔子说："说得真好啊！施政宽大百姓就会怠慢，怠慢就要用严厉加以纠正。严厉百姓就会受到伤害，伤害就要施行宽大。用宽大来调节严厉，用严厉来调节宽大，政事故而调和。《诗经》说：'百姓已很辛劳，乞求稍稍安康。赐恩给中原各国，用以安抚四方。'这是施政宽大。'不要放纵伪善欺诈之人，小心防备不善之人。制止掠夺残暴之人，他们曾经不畏王法。'这是用严厉来纠正。'安抚边远亲善近邦，用来安定我王。'这是用和睦来让国家安定。又说：'不争竞不急躁，不刚猛不柔弱。施政温和宽厚，百种福禄就会聚集。'这是指和谐到了极点。"等到子产去世，孔子听见后，流泪说："他有古人的仁爱之心。"

昭公二十一年

【经】二十有一年春王三月，葬蔡平公。夏，晋侯使士鞅来聘。宋华亥、向宁、华定自陈入于宋南里[①]以叛。秋七月壬午朔，日有食之。八月乙亥，叔辄[②]卒。冬，蔡侯朱出奔楚。公如晋，至河乃复。

【注释】①南里：宋国都城内里的名称。②叔辄：鲁国大夫，叔弓的儿子。

【译文】鲁昭公二十一年春季周历三月，安葬蔡平公。夏季，晋顷公派士鞅来鲁国聘问。宋国的华亥、向宁、华定从陈国进入宋国南里，而后据南里叛变。秋季七月初一，鲁国发生了日食。八月乙亥日，鲁国的叔辄去世。冬季，蔡侯朱出逃到楚国。鲁昭公到晋国去，到黄河边又返回。

【传】二十一年春，天王将铸无射[①]。泠州鸠[②]曰："王其以心疾死乎？夫乐，天子之职也。夫音，乐之舆也[③]。而钟，音之器也。天子省风[④]以作乐，器以钟之[⑤]，舆以行之。小者不窕，大者不槬[⑥]，则和于物，物和则嘉成。故和声入于耳而藏于心，心亿[⑦]则乐。窕则不咸，槬则不容，心是以感[⑧]，感实生疾。今钟槬矣，王心弗堪，其能久乎？"

【注释】①天王：指周景王。无射：大钟的名称。②泠：乐官。州鸠：乐官的名。③夫音，乐之舆也：声音是音乐的载体。舆，车，载体。④省风：考察民风。风，民风，民俗。⑤钟：汇集。⑥小者不窕（tiǎo），大者不槬（huà）：音细不满是窕，音巨不容是槬。这句话大意是声音细小但不能达到"窕"的程度；声音宏大但不能达到"槬"的程度。⑦亿：安宁。⑧感：通"憾"，不安。

【译文】二十一年春季，周天子准备铸造无射大钟。泠州鸠说："天子大概会因为心病而死吧！音乐是天子主管的。声音，是音乐的载体；而钟，是发音的器物。天子考察风俗因而制作乐曲，用乐器来汇聚它，用声音来表达它，声音细小但不能达到‘窕’的程度，声音宏大但不能达到‘槬’的程度，那样便让所有事物和谐。所有事物和谐，美好的音乐才能完成。故而和谐的声音进入耳朵而藏在心里，心安便快乐。声音细小就不能让四处都听见，过分洪亮内心便不能忍受，内心因此感到不安，不安便会生病。如今钟声过于洪亮，天子的内心肯定受不了，难道可以活长久吗？”

三月，葬蔡平公。蔡大子朱失位，位在卑[①]。大夫送葬者归，见昭子。昭子问蔡故，以告。昭子叹曰：“蔡其亡乎！若不亡，是君也必不终。《诗》曰：‘不解于位，民之攸塈[②]。’今蔡侯始即位，而适卑，身将从之。”

【注释】①蔡大子朱失位，位在卑：葬礼中太子没有站到合适的位置上，而是以长幼顺序站在下位。②不解于位，民之攸塈（jì）：出自《诗经·大雅·假乐》，意思是不懈怠于职责，百姓就可以休养生息。解，通“懈”。塈，休养。

【译文】三月，安葬蔡平公。蔡国的太子朱没有站到葬礼中应站的位置上，而是站在下位。大夫中送葬的回来，觐见昭子。昭子询问蔡国葬礼的情况，送葬的大夫便把当时的情况告诉昭子，昭子叹气说：“蔡国或许要灭亡了吧！要是不灭亡，这位国君必定不得善终。《诗》说：‘在位不懈怠，民众就可以休息。’如今蔡悼公刚刚即位便站到下位，他自己也会失去位子的。”

夏，晋士鞅来聘，叔孙为政。季孙欲恶诸晋，使有司以齐鲍国归费之礼为士鞅。士鞅怒，曰："鲍国之位下，其国小，而使鞅从其牢礼[①]，是卑敝邑也。将复诸寡君。"鲁人恐，加四牢焉，为十一牢。

【注释】①牢礼：古代以牛、羊、豕三牲宴饮宾客。有太牢、少牢之分，三牲全备为太牢，少牢只有羊、豕，没有牛。牛、羊、豕俱全为一牢。按周礼上公九牢，侯伯七牢，子男五牢。鲍国是齐国的卿，其牢礼，有说是当五牢，有说是当三牢，但不应该是七牢，是鲁国失礼。

【译文】夏季，晋国的士鞅前来聘问，叔孙昭子主持接待。季孙存心得罪晋国来为难叔孙昭子，让官吏用齐国鲍国归还费地的礼节款待士鞅。士鞅大怒，说："鲍国的地位低，他的国家小，如今让我接受招待他所用的七牢礼节，这是轻视敝国，我将向寡君汇报。"鲁国人害怕了，增加四牢，使用了十一牢。

宋华费遂生华貙[①]、华多僚、华登。貙为少司马，多僚为御士，与貙相恶，乃谮诸公曰："貙将纳亡人。"亟言之。公曰："司马以吾故，亡其良子[②]。死亡有命，吾不可以再亡之。"对曰："君若爱司马，则如亡。死如可逃，何远之有？"公惧，使侍人召司马之侍人宜僚，饮之酒，而使告司马。司马叹曰："必多僚也。吾有谗子，而弗能杀，吾又不死，抑君有命，可若何？"乃与公谋逐华貙，将使田孟诸而遣之。公饮之酒，厚酬之，赐及从者。司马亦如之。张匄尤之[③]，曰："必有故。"使子皮[④]承宜僚以剑而讯之。宜僚尽以告。张匄欲杀多僚，子皮曰："司马老矣，登之谓甚，吾又重之，不如亡也。"五月丙申，子皮将见司马而行，则遇多僚御司马而朝。张匄不胜其怒，遂与子皮、臼任、郑翩杀多僚，劫司马以叛，而召亡人。壬寅，华、向入。乐大心、丰愆、华牼御诸横。华氏居卢门，以南里叛。六月庚午，宋城旧鄘及桑林之门而守之。

【注释】①华貙（chū）：华费遂之子，任少司马。②亡其良子：指华登逃亡到吴国一事。③尤之：惊异。④子皮：即华貙。

【译文】宋国的华费遂生了华貙、华多僚、华登。华貙做少司马，华多僚做御士，华多僚跟华貙不和，便在宋元公面前诬陷说："华貙想要接纳逃亡的人。"多次说了这些话后，宋元公说："司马因为我的原因，使他的儿子逃亡。死和逃亡都是命中注定，我不能再让他的儿子逃亡。"华多僚回答说："君王要是爱惜司马，便应该让华貙逃亡。要是能够逃避一死，还顾虑什么远不远？"宋元公害怕了，让侍者召来司马的侍者宜僚，给他酒喝，让他告诉司马驱逐华貙。司马感叹说："必定是多僚干的。我有一个造谣的儿子而不能杀了他，我又不死，国君有了命令，怎么办？"就跟宋元公商量驱逐华貙，准备让他在孟诸打猎时打发他走。宋元公给他酒喝，送给他厚礼，还奖赏跟从的人。司马也如宋元公一样，张匄感到奇怪，说："必定有原因。"让华貙用剑架在宜僚脖子上询问他，宜僚把实情全说出来，张匄想要杀多僚，华貙说："司马年老了，华登的逃亡已经很伤他的心，我不能再加重他的伤心，不如逃亡。"五月丙申日，华貙预备进见司马以后就动身，在朝廷上碰到多僚为司马驾车上朝，张匄不能控制自己的愤怒，就和华貙、臼任、郑翩杀死多僚，劫持了司马叛变，并且召集逃亡的人。壬寅日，华氏、向氏回国，乐大心、丰愆、华牼在横地抵抗他们。华氏住在卢门，带着南里的人叛变。六月庚午日，宋国修缮旧城跟桑林之门用来据守。

秋七月壬午朔，日有食之。公问于梓慎曰："是何物也，祸福何为？"对曰："二至、二分[①]，日有食之，不为灾。日月之行也，分，同道也[②]；至，相过也[③]。其他月则为灾，阳不克也，故常为水。"于是叔辄哭日食。昭子曰："子叔将死，非所哭也。"八月，叔辄卒。

【注释】①二至、二分：指夏至、冬至，春分、秋分。②分，同道也：赤道与黄道相交，正在春分、秋分，所以说"同道"。也有解释"同道"，说春分、秋分时候以昼夜时长相等，日月似在同一道。③至，相过也：指夏至、冬至时太阳行至赤道内外各二十三度半处。

【译文】秋季七月初一，出现日食。鲁昭公问梓慎说："这是怎么回事？是什么样的祸福？"梓慎回答说："冬至夏至、春分秋分，出现日食，不是灾祸。日月的运行，在春分秋分时，黄道跟赤道交点一样；在夏至冬至时，相交点远。其他的月份要出现灾祸，是由于阳气不足的缘故，故而经常出现水灾。"这时叔辄由于出现日食而号哭。叔孙昭子说："叔辄快死了，由于这是不应当哭的事情。"八月，叔辄去世。

冬十月，华登以吴师救华氏。齐乌枝鸣[①]戍宋。厨人濮[②]曰："《军志》有之：'先人有夺人之心，后人有待其衰。'盍及其劳且未定也伐诸？若入而固，则华氏众矣，悔无及也。"从之。丙寅，齐师、宋师败吴师于鸿口[③]，获其二帅公子苦雂[④]、偃州员。华登帅其余以败宋师。公欲出，厨人濮曰："吾小人，可藉死而不能送亡，君请待之。"乃徇曰："扬徽[⑤]者，公徒也。"众从之。公自杨门见之，下而巡之，曰："国亡君死，二三子之耻也，岂专孤之罪也？"齐乌枝鸣曰："用少莫如齐致死，齐致死莫如去备[⑥]。彼多兵矣，请皆用剑。"从之。华氏北，复即之。厨人濮以裳裹首而荷以走，曰："得华登矣！"遂败华氏于新里。翟偻新居于新里，既战，说[⑦]甲于公而归。华妵[⑧]居于公里[⑨]，亦如之。

【注释】①乌枝鸣：齐国大夫。②厨人濮：宋国厨邑大夫，名濮。③鸿口：古地名，在今河南商丘市东。④公子苦雂（qín）：吴国公子。⑤徽：旗帜。⑥去备：不用长兵器，也有说是不列阵势。⑦说（tuō）：通"脱"。⑧华妵（tǒu）：宋戴公之孙华父督的后裔。⑨公里：宋国都城街道名。

【译文】冬季十月，华登领着吴军救援华氏，齐国的乌枝鸣在宋国防守，厨邑大夫濮说："《军志》有这样的话：'先发制人能够摧毁敌人士气，后发制人要等待敌人士气衰竭。'何不乘他们疲劳而且没有安定的时候进攻？要是敌人已经进来并且稳住之后，华氏的兵力众多，我们就悔之不及了。"乌枝鸣听从了他的话。丙寅日，齐军、宋军在鸿口打败吴军，抓捕他们两个将领公子苦雂、偃州员。华登率领余部击败宋军。宋元公想要逃跑，厨邑大夫濮说："我是卑微之人，能够为君王死，而不能护送君王逃亡，请君王再等等。"于是巡视全军说："挥舞旗帜的，是国君的战士。"众人依他的话挥舞旗帜，宋元公在扬门上见到这种情况，下城巡视，说："国家亡，国君死，这是各位的耻辱，岂独是我一人的过错呢？"齐国的乌枝鸣说："使用少量的兵力，不如一起拼命，而一起拼命，最好是撤掉长兵器。他们的兵器有很多，建议我军都用剑跟他们作战。"宋公听从了。华氏被打败，宋军、齐军又追上去，厨邑大夫濮用裙子包着砍下的脑袋，扛在肩上快跑，说："已经杀死华登了！"于是在新里击败了华氏。翟偻新住在新里，开战后，脱下战甲而归附了宋元公。华妵住在公里，也如翟偻新那样做了。

十一月癸未，公子城以晋师至。曹翰胡会晋荀吴、齐苑何忌、卫公子朝救宋。丙戌，与华氏战于赭丘[①]。郑翩愿为鹳，其御愿为鹅[②]。子禄御公子城，庄堇为右。干犨御吕封人华豹，张匄为右。相遇，城还。华豹曰："城也！"城怒而反之，将注，豹则关矣[③]。曰："平公之灵，尚辅相余。"豹射，出其间。将注，则又关矣。曰："不狎[④]，鄙！"抽矢[⑤]。城射之，殪[⑥]。张匄抽殳[⑦]而下，射之，折股。扶伏而击之，折轸[⑧]。又射之，死。干犨请一矢，城曰："余言汝于君。"对曰："不死伍乘，军之大刑也。干刑而从子，君焉用之？子速诸。"乃射之，殪。大败华氏，围诸南里。华亥搏膺而呼，见华貙，曰："吾为栾氏矣。"貙曰："子无我迋[⑨]。不幸而后亡。"使华登如楚乞师。华貙以车十五乘，徒七十人，犯师而出，食于睢上，哭而送之，乃复入。楚薳越帅师将逆华氏。大宰犯谏曰："诸侯唯宋事其君，今又争国，释君而臣是助，无乃不可乎？"王曰："而告我也后，既许之矣。"

【注释】①赭（zhě）丘：宋地，宋国国都郊外山丘名。②鹳、鹅：战阵名称。③将注，豹则关矣：将要射箭时，华豹已抢先拉弓。注，箭搭弓上。关，引弓。④狎：更换。⑤抽矢：放下箭。⑥殪（yì）：死。⑦殳（shū）：一种用竹或木制成的，起撞击或前导作用的古代兵器。⑧轸

(zhěn)：车后横木。⑨子无我迂：你不要吓唬我。迂，吓唬。

【译文】十一月癸未日，公子城领着晋军来到，曹国的翰胡会合晋国的荀吴、齐国的苑何忌、卫国的公子朝来救援宋国。丙戌日，跟华氏在赭丘作战，郑翩希望摆成鹳阵，他的御者想要摆成鹅阵。子禄为公子城驾驶战车，庄堇作为车右，干犨为吕地封人华豹驾车，张匄作为车右。两车相逢，公子城退了回去，华豹大喊道："城啊！"公子城大怒，转回来，刚装上箭，而华豹已经拉开了弓。公子城说："平公的威灵保佑我！"华豹射箭，从公子城跟子禄之间穿过，公子城又要搭上箭，华豹又拉开了弓，公子城说："不让我还手，卑鄙啊！"华豹从弓上抽下箭，公子城一箭射去，把华豹射杀，张匄抽出殳下车，公子城一箭射去，射断张匄的腿，张匄爬过来用殳敲断了公子城的车轸，公子城又射一箭，张匄被射死，干犨请求给他一箭，公子城说："我替你向国君说情。"干犨回答说："不跟战友同死，这是犯了军纪，犯了军纪而跟随您，君王哪儿用得着我？您快点射吧！"于是公子城便射了他一箭，干犨也被射死了。各国联军把华氏打得大败，包围住南里，华亥拍着胸脯大喊大叫，看见华貙，说："我们成了晋国的栾氏了。"华貙说："您不要吓唬我，成败还很难说呢。"派华登到楚国请求出兵，华貙率领战车十五辆，步兵七十人突围而出，在睢水岸边吃好饭，哭着送走华登，再次冲进包围圈。楚国的薳越领着军队打算接应华氏，太宰犯进谏说："诸侯之中惟有宋国的臣下还事奉着国君，如今又争夺国政，丢开国君而帮助臣下，恐怕不能吧！"楚平王说："你对我说得晚了，已经同意他们了。"

蔡侯朱出奔楚。费无极取货于东国[1]，而谓蔡人曰："朱不用命于楚，君王将立东国。若不先从王欲，楚必围蔡。"蔡人惧，出朱而立东国。朱诉于楚，楚子将讨蔡。无极曰："平侯与楚有盟[2]，故封。其子有二心，故废之。灵王杀隐大子，其子与君同恶，德君必甚。又使立之，不亦可乎？且废置在君，蔡无他矣。"

【注释】①东国：蔡国隐太子之子。②平侯与楚有盟：指鲁昭公十三年，楚国与陈国、蔡国会盟的事。

【译文】蔡侯朱逃到楚国。费无极得到东国的财礼，对蔡国人说："朱不听楚国的命令，君王即将立东国做国君，要是不先顺从楚王的意愿，楚国必定包围蔡国。"蔡国人害怕了，赶走朱而立了东国，朱向楚国控诉，楚平王准备征讨蔡国。费无极说："蔡平侯跟楚国有盟约，故而封他，他的儿子有贰心，故而废弃他。灵王杀害隐太子，隐太子的儿子和君王有共同的仇人，必定会感谢君王。如今又立他为国君，不是可以的吗？而且废立的大权都掌握在国君手里，蔡国不敢有别的念头了。"

公如晋，及河，鼓叛晋。晋将伐鲜虞，故辞公。

【译文】鲁昭公到晋国去，抵达黄河，鼓地背叛晋国。晋国准备攻打鲜虞，故而辞谢了鲁昭公。

昭公二十二年

【经】二十有二年春，齐侯伐莒。宋华亥、向宁、华定自宋南里出奔楚。大蒐于昌间。夏四月乙丑，天王崩①。六月，叔鞅如京师，葬景王。王室乱。刘子、单子以王猛②居于皇。秋，刘子、单子以王猛入于王城。冬十月，王子猛卒。十有二月癸酉朔，日有食之。

【注释】①天王崩：周景王去世。②王猛：周景王的王子名猛。

【译文】鲁昭公二十二年春季，齐景公攻打莒国。宋国的华亥、向宁、华定从宋国的南里出逃到楚国。鲁国在昌间举行盛大的阅兵。夏季四月乙丑日，周景王驾崩。六月，鲁国的叔鞅到京师，参加周景王的葬礼。周王室发生了暴乱。周朝的刘文公、单穆公把王猛安置在皇地暂住。秋季，刘文公、单穆公带着王猛攻入王城。冬季十月，王子猛去世。十二月初一，鲁国发生了日食。

【传】二十二年春，王二月甲子，齐北郭启帅师伐莒。莒子将战，苑羊牧之①谏曰："齐帅贱，其求不多，不如下之。大国不可怒也。"弗听，败齐师于寿余②。齐侯伐莒，莒子行成。司马灶如莒莅盟，莒子如齐莅盟，盟于稷门③之外。莒于是乎大恶其君④。

【注释】①苑羊牧之：莒国大夫。②寿余：在今山东安丘县境内。

③稷门：齐国城门。在城外会盟是对莒国的羞辱。④莒于是乎大恶其君：莒子好战，会盟时又受齐国羞辱，所以莒国人厌恶莒子。

【译文】二十二年春季，周历二月甲子日，齐国的北郭启领兵征讨莒国，莒君准备迎战，苑羊牧之劝谏说："齐军将帅出身卑微，其要求也不多，不如向他屈服，大国不可轻易被激怒啊！"莒君不听，在寿余击败齐军。齐景公攻打莒国，莒君被迫求和。司马灶到莒国参加会盟，莒君到齐国参加会盟，双方在稷门之外订立盟约。莒国人因此十分怨恨他们的国君。

楚薳越使告于宋曰："寡君闻君有不令之臣为君忧，无宁以为宗羞[①]？寡君请受而戮之。"对曰："孤不佞，不能媚于父兄，以为君忧，拜命之辱。抑君臣日战，君曰'余必臣是助'，亦唯命。人有言曰：'唯乱门之无过。'君若惠保敝邑，无亢不衷，以奖乱人，孤之望也。唯君图之！"楚人患之。诸侯之戍[②]谋曰："若华氏知困而致死，楚耻无功而疾战，非吾利也。不如出之，以为楚功，其亦无能为也已。救宋而除其害，又何求？"乃固请出之，宋人从之。己巳，宋华亥、向宁、华定、华貙、华登、皇奄伤、省臧、士平出奔楚。宋公使公孙忌为大司马，边卬[③]为大司徒，乐祁为司城，仲几为左师，乐大心为右师，乐輓为大司寇，以靖国人。

【注释】①宗羞：宗族的羞耻。②诸侯之戍：诸侯戍守宋国的大夫。③边卬（áng）：宋平公曾孙。

【译文】楚国的薳越派人告诉宋元公说："寡君知道贵国国君有

几个逆臣成了心腹大患，这会给贵国宗庙带来耻辱，寡君请求让他们到我国进行惩处。”宋元公回答说：“我无德无能，不能跟公族父兄和睦相处，以至惊扰贵君，有劳关心。不过我们君臣有了矛盾，贵君却说‘必定要帮助这几个臣子’，我也只能唯命是听。人们常说：‘不要经过犯上作乱人家的门口。’贵君要是保护我国，便不要庇护不忠之人，以免鼓励作乱的人，这才是我的最大愿望。望贵君认真考虑！”楚国人对此十分为难。诸侯帮助防守宋国的大夫商量说：“要是华氏感到绝望而拼死一战，楚国由于调解无功而出兵，对我们便很不利了。不如让华氏逃亡以成全楚国，华氏也不会再有所作为了。挽救了宋国又帮助他们除掉了祸害，还能有什么要求呢？”于是坚持请求放华氏出逃，宋国人答应了。己巳日，宋国的华亥、向宁、华定、华貙、华登、皇奄伤、省臧、士平逃往楚国。宋元公任用公孙忌为大司马，边卬为大司徒，乐祁为司城，仲几为左师，乐大心为右师，乐轮为大司寇，以安定国人。

王子朝、宾起[①]有宠于景王，王与宾孟说之，欲立之。刘献公之庶子伯蚠[②]事单穆公，恶宾孟之为人也，愿杀之。又恶王子朝之言，以为乱，愿去之。宾孟适郊，见雄鸡自断其尾。问之，侍者曰：“自惮其牺也。”遽归告王，且曰：“鸡其惮为人用[③]乎？人异于是[④]。牺者，实用人，人牺实难，己牺何害？”王弗应。

【注释】①王子朝：周景王庶长子。宾起：王子朝的师傅。②伯蚠（fén）：即刘狄。③用：祭祀。④人异于是：祭祀所用动物都是悉心饲养，倍加爱护，但最后都会被杀死。但对于人不是这种情况。

【译文】王子朝、宾起受到周景王的宠信。天子跟宾起都喜爱王子朝，想要立他为太子。刘献公的庶子伯蚠事奉单穆公，他很厌恶宾起的为人，想杀死他。同时对王子朝说的想做太子的话也十分反感，认为他有叛乱的企图，也想把他杀死。有一次宾起到郊外，看见一只公鸡自己把尾巴上的羽毛啄掉，便问侍从这是为什么。侍从说："这是担忧成为祭品而自我摧残。"宾起急忙回去报告景王，并说："鸡也害怕被人当作牺牲杀死啊！人跟鸡就不一样了。牺牲事实上是被人利用，作别人的牺牲真的很难，但作自己的牺牲又有什么害怕的呢？"天子没有回答。

夏四月，王田北山[①]，使公卿皆从，将杀单子、刘子。王有心疾，乙丑，崩于荣锜氏[②]。戊辰，刘子挚卒，无子，单子立刘蚠[③]。五月庚辰，见王，遂攻宾起，杀之，盟群王子于单氏。

【注释】①北山：洛阳附近的北邙山。②荣锜：周大夫。③刘蚠：即伯蚠。

【译文】夏季四月，天子在北山打猎，让所有公卿都陪同前往，准备杀死单穆公和伯。但天子有心脏病。乙丑日，死在周大夫荣锜家。戊辰日，刘献公挚去世，他没有嫡子，单穆公就立了刘蚠为继承人。五月庚辰日，拜见新即位的天子，随后攻打宾起，把他杀死，并在单氏家跟王子们结盟。

晋之取鼓也，既献，而反鼓子焉，又叛于鲜虞。

【译文】晋国抢夺了鼓地，举办了献俘的仪式后，就让鼓君回国了，不过鼓君又反叛晋国归服了鲜虞。

六月，荀吴略东阳[①]，使师伪籴[②]者，负甲以息于昔阳之门外，遂袭鼓，灭之。以鼓子鸢鞮归，使涉佗守之。

【注释】①略：巡察。东阳：太行山以东的晋国疆域。②籴：买。

【译文】六月，荀吴巡察东阳时，派军队伪扮成买粮的人，内着铠甲在昔阳城门外休息，乘机偷袭鼓国，将其灭掉，抓捕了鼓君鸢鞮回国，留下涉佗镇守鼓地。

丁巳，葬景王。王子朝因旧官、百工[①]之丧职秩者，与灵、景之族以作乱。帅郊、要、饯[②]之甲，以逐刘子[③]。壬戌，刘子奔扬[④]。单子逆悼王于庄宫[⑤]以归。王子还夜取王以如庄宫。癸亥，单子出。王子还与召庄公[⑥]谋，曰："不杀单旗，不捷。与之重盟，必来。背盟而克者多矣。"从之。樊顷子曰："非言也，必不克。"遂奉王以追单子。及领[⑦]，大盟而复，杀挚荒以说[⑧]。刘子如刘[⑨]，单子亡。乙丑，奔于平畤[⑩]，群王子追之。单子杀还、姑、发、弱、鬷、延、定、稠，子朝奔京[⑪]。丙寅，伐之，京人奔山[⑫]。刘子入于王城。辛未，巩简公败绩于京。乙亥，甘平公亦败焉。

【注释】①百工：百官。②郊、要、饯：都是周的城邑。③刘子：即刘蚠。④扬：古地名，在河南偃师一带。⑤庄宫：古地名，在王城。⑥召庄公：人名，王子朝党羽。⑦领：一说是崿岭山。⑧杀挚荒以说：将劫持悼王的事归罪于挚荒。⑨刘：古地名，在河南偃师西南。⑩平畤：古地名，在河南洛阳一带。⑪京：古地名，在河南洛阳西南。⑫山：北邙山。

【译文】丁巳日，安葬了周景王。王子朝依赖前朝官员和百工中失去职位的人，联合灵王、景王的子孙发动了叛乱。王子朝领着郊地、要地、饯地的甲兵，追击刘蚠。壬戌日，刘蚠逃往扬地。单穆公把周悼王从庄宫迎回家里。王子还又在晚上把周悼王送回庄宫。癸亥日，单穆公逃离周都。王子还和召庄公商量说："不杀了单旗，便不能算是取得了胜利。我们要求重新结盟，他一定要来。反正背叛盟约又获得胜利的人多的是。"召庄公答应了。不过樊顷子说："这不像话，必定不能得逞。"王子还以悼王的名义追赶单穆公。追至领地，和单穆公会盟后回来，并杀死絷荒以取信于单穆公。刘蚠也从扬地回到封邑刘地。单穆公出逃。乙丑日，逃到平畤。王子们追击。他将还、姑、发、弱、鬷、延、定、稠八位王子杀死，子朝逃至京地。丙寅日，单穆公攻打京地，京地人都逃往北邙山，刘蚠进入王城。辛未日，巩简公在京地被王子朝打得大败。乙亥日，甘平公也被打败。

叔鞅至自京师，言王室之乱也。闵马父曰："子朝必不克，其所与者，天所废也。"

【译文】叔鞅从京师回来，说王室出现了动乱。闵马父说："子朝一定不会取胜，由于他所依靠的那些人，都是上天要丢弃的。”

单子欲告急于晋，秋七月戊寅，以王如平畤，遂如圃车①，次于皇。刘子如刘。单子使王子处守于王城，盟百工于平宫②。辛卯，鄩肸③伐皇，大败，获鄩肸。壬辰，焚诸王城之市。八月辛酉，司徒丑以王师败绩于前城，百工叛。己巳，伐单氏之宫，败焉。庚午，反伐之。辛未，伐东圉。冬十月丁巳，晋籍谈、荀跞帅九州之戎及焦、瑕、温、原之师，以纳王于王城。庚申，单子、刘蚠以王师败绩于郊，前城人败陆浑于社。十一月乙酉，王子猛卒，不成丧也。己丑，敬王④即位，馆于子旅氏。十二月庚戌，晋籍谈、荀跞、贾辛、司马督帅师军于阴，于侯氏，于溪泉，次于社。王师军于汜，于解，次于任人。闰月，晋箕遗、乐征、右行诡济师，取前城，军其东南。王师军于京楚。辛丑，伐京，毁其西南。

【注释】①圃车：周地。②平宫：周平王之庙。③鄩肸（xún xī）：周大夫，王子朝之党。④敬王：周敬王，子丐。

【译文】单穆公想向晋国告急。秋季七月戊寅日，领着周悼王到了平畤，而后又到了圃车，屯驻在皇地。刘蚠回到刘地，单穆公派王子处驻守王城，和百工在平宫结盟。辛卯日，鄩肸攻打皇地，被打得大败，鄩肸被俘。壬辰日，在王城的市场上将其烧死。八月辛酉日，司徒丑领着天子的军队在前城被打得大败，百工也都反叛了。己巳日，百工攻打单穆公的住所，被击败。庚午日，单穆公发动反击。辛未日，攻击东圉。冬季十月丁巳日，晋国的籍谈、荀跞领着九州的戎人跟焦、瑕、温、原等地的军队把周悼王送到王城。庚申日，单穆公跟刘蚠领着天子的军队在郊地被击败，前城人在社地击败了陆浑人。十一月乙酉日，周悼王去世。《春秋》称“卒”而不称“崩”，是因为没有举办天子的葬礼。己丑日，周敬王即位，住在周大夫子旅氏家。十二月庚戌日，晋国的籍谈、荀跞、贾辛、司马督率领军队分别驻扎在阴地、侯氏、溪泉跟社地。天子的军队屯驻在氾地、解地与任人。闰十二月，晋国的箕遗、乐征、右行诡领兵越过伊水、洛水，攻取了前城，屯驻在前城东南。天子的军队屯驻在京楚。辛丑日，征讨京地，毁坏了城池的西南部。

昭公二十三年

【经】二十有三年春王正月，叔孙婼如晋。癸丑，叔鞅卒。晋人执我行人叔孙婼。晋人围郊[①]。夏六月，蔡侯东国卒于楚。秋七月，莒子庚舆来奔。戊辰，吴败顿、胡、沈、蔡、陈、许之师于鸡父，胡子髡、沈子逞灭[②]，获[③]陈夏啮。天王居于狄泉[④]。尹氏立王子朝。八月乙未，地震。冬，公如晋，至河，有疾，乃复。

【注释】①郊：周都城的郊邑。②胡子髡、沈子逞灭：胡国国君髡和沈国国君逞被杀。③获：杀死。大夫的生、死都说是获。④狄泉：今洛阳城内大仓西南之池水。

【译文】昭公二十三年春季，周历正月，鲁国的叔孙婼到了晋国。癸丑日，鲁国大夫叔鞅去世。晋国人囚禁了我国使者叔孙婼。晋国人包围了周朝的郊邑。夏季六月，蔡悼公东国死在楚国。秋季七月，莒共公庚舆出奔鲁国。戊辰日，吴国在鸡父打败了顿国、胡国、沈国、蔡国、陈国、许国的联军，胡国国君髡、沈国国君逞被杀，杀死了陈国大夫夏啮。周敬王住在狄泉。尹氏拥立王子朝为王。八月乙未日，发生地震。冬季，鲁昭公到晋国去，到黄河边，因生病，就回国了。

【传】二十三年春，王正月壬寅朔，二师围郊。癸卯，郊、鄩溃[①]。丁未，晋师在平阴，王师在泽邑。王使告间[②]，庚戌，还。

【注释】①郊、鄩溃：郊、鄩二邑被王子朝占据，现在被周、晋联军攻占。②间：病情好转曰间，这里指动乱平息。

【译文】鲁昭公二十三年春季，周历正月初一，周天子跟晋国两支军队包围郊地。癸卯日，郊地、鄩地溃败。丁未日，晋军驻扎在平阴，周王的军队屯驻在泽邑。周王派人向晋军报告王室的动乱基本平定，庚戌日，晋军撤回。

邾人城翼[①]，还，将自离姑[②]。公孙鉏曰："鲁将御我。"欲自武城[③]还，循山而南。徐鉏、丘弱、茅地曰："道下，遇雨，将不出，是不归也。"遂自离姑。武城人塞其前，断其后之木而弗殊[④]。邾师过之，乃推而蹶之。遂取邾师，获鉏、弱、地。

【注释】①翼：邾地，在山东费县西南。②离姑：邾地，在翼地的北边。③武城：鲁地，在离姑的北边。④殊：断，绝。

【译文】邾国人到翼地筑城，回去时想要从离姑走。公孙鉏说："鲁国将会阻止我们。"想要经由武城返回，沿着山路朝南走。徐鉏、丘弱、茅地说："那儿道路低洼，碰上下雨，将走不出去，如此就回不去了。"于是从离姑走。武城人堵住他们前进的道路，又在他们后面砍断树木但不完全断开，邾国军队经过时，武城人就把树木推倒断其后路，于是打败了邾军，俘获徐钼、丘弱跟茅地。

邾人诉于晋，晋人来讨。叔孙婼如晋，晋人执之。书曰："晋人执我行人叔孙婼。"言使人也。晋人使与邾大夫坐[①]。叔孙曰："列国之卿，当小国之君，固周制也。邾又夷也。寡君之命介子服回[②]在，请使当之，不敢废周制故也。"乃不果坐。

【注释】①坐：古时候诉讼双方并坐，各辩其辞。②子服回：鲁国大夫，为叔孙婼副使。

【译文】邾国人向晋国控诉，晋国人前来问罪。叔孙婼前去晋国解释，晋人扣留了他。《春秋》记录说："晋人拘留我行人叔孙婼。"是说晋国扣留外交使者是不合理的。晋国人让叔孙婼跟邾国大夫对质，叔孙婼说："各国的卿与小国国君的地位相当，这本是周朝的制度。何况邾国又是夷族呢。寡君任命的副使子服回在这儿，请让他去出庭争辩，这样做是表示不敢废掉周王朝的制度。"叔孙婼最终也没有去对质。

韩宣子使邾人聚其众[①]，将以叔孙与之。叔孙闻之，去众与兵而朝[②]。士弥牟[③]谓韩宣子曰："子弗良图[④]，而以叔孙与其仇，叔孙必死之。鲁亡叔孙，必亡邾。邾君亡国，将焉归？子虽悔之，何及？所谓盟主，讨违命也。若皆相执，焉用盟主？"乃弗与，使各居一馆。士伯听其辞而诉诸宣子，乃皆执之。士伯御叔孙，从者四人，过邾馆以如吏⑤。先归邾子。士伯曰："以刍荛之难，从者之病，将馆子于都⑥。"叔孙旦而立，期焉。乃馆诸箕⑦。舍子服昭伯于他邑。

【注释】①取其众：召集人马。②去众与兵而朝：叔孙婼不带兵器和随从去觐见晋君。③士弥牟：即士景伯。④子弗良图：您的主意不好。⑤过邾馆以如吏：欲使邾人见叔孙婼受辱。⑥以刍荛之难，从者之病，将馆子于都：因为柴草不足，侍从人员劳苦，所以想让你到别的城邑去。⑦箕：古地名，在山西蒲县东北。

【译文】韩宣子让邾国人召集人马，想要把叔孙婼交给他们。叔孙婼听说了，没有带侍卫和武器去朝见晋君。士弥牟对韩宣子说："您的主意不好，把叔孙婼交给他的仇人，叔孙婼一定会死在他们手里。鲁国失去叔孙婼，一定会灭亡邾国。邾国灭亡了，邾君将回到哪儿去？您到时就算后悔，哪里还来得及？所谓盟主，就是要征讨违反命令的诸侯。要是随意逮捕，哪儿还用得着盟主？"于是没有把叔孙婼交给邾国，让叔孙婼和子服回各住一所宾馆。士弥牟听了他们两人的辩辞后告诉韩宣子，于是把他们都抓起来。士弥牟驾车载着叔孙婼，领着四个随从，路过邾国人住的宾馆而到官吏那里去。先让邾君回国。士弥牟说："因为柴草困乏，侍从劳苦，想要让您住到别的城邑去。"叔孙婼一大早便站在那儿等待出发的命令。于是让他住在箕邑，让子服回住在别的城邑。

范献子求货于叔孙，使请冠焉①。取其冠法，而与之两冠，曰："尽矣。"为叔孙故，申丰以货如晋。叔孙曰："见我，吾告女所行货[②]。”见，而不出[③]。吏人之与叔孙居于箕者，请其吠狗，弗与。及将归，杀而与之食之。叔孙所馆者，虽一日必葺其墙屋，去之如始至。

【注释】①使请冠焉：范献子以请冠为借口，索要财物。②所行货：如何送礼物。③见，而不出：叔孙婼不让申丰去贿赂晋国来赦免自己。

【译文】范献子向叔孙婼索要财货，派人向他讨要帽子。叔孙婼找来范献子帽子的式样，做了两顶帽子给范献子，说："全在这儿了。"因为叔孙婼被晋国扣留的缘故，申丰带着财货前往晋国。叔孙婼说："来见我，我告诉你送财货的方法。"申丰来见他，便不让申丰出去。同住在箕邑的小官向叔孙婼要他的一条吠狗，叔孙婼没给他们。等到将要回国时，叔孙婼杀死狗和他一起吃。叔孙婼所住的房子，就算只住一天也一定修理墙屋，离开时就如同刚到的时候一样。

夏四月乙酉，单子取訾[①]，刘子取墙人、直人[②]。六月壬午，王子朝入于尹[③]。癸未，尹圉诱刘佗杀之[④]。丙戌，单子从阪道[⑤]，刘子从尹道[⑥]伐尹。单子先至而败，刘子还。己丑，召伯奂、南宫极以成周人戍尹。庚寅，单子、刘子、樊齐以王如刘。甲午，王子朝入于王城，次于左巷[⑦]。

【注释】①訾：古地名，在河南巩县西南。②墙、直：周地，在河南新安县。③尹：周地，在河南洛宁县。④尹圉：尹文公，支持王子朝。刘佗：刘蚠族人，周大夫。⑤阪道：山间小路。⑥尹道：去往尹地的道路。⑦左巷：靠近东城。

【译文】夏季四月乙酉日，单穆公攻占訾地，刘献公攻占墙人、直人。六月壬午日，王子朝进入尹地。癸未日，尹圉诱杀刘佗。丙戌日，单穆公从山路，刘子从大路攻打尹地，单穆公先行抵达而进攻失败，刘献公也只好返回。己丑日，召伯奂、南宫极领着成周人戍守尹地。庚寅日，单穆公、刘献公、樊齐带着周王前去刘地。甲午日，王子朝进入王城，住在左巷。

秋七月戊申，鄩罗纳诸庄宫。尹辛败刘师于唐。丙辰，又败诸鄩。甲子，尹辛取西闱[①]。丙寅，攻蒯[②]，蒯溃。

【注释】①西闱：周地，在河南洛阳附近。②蒯：周地，在河南洛阳西北。

【译文】秋季七月戊申日，鄩罗把王子朝送到庄宫。尹辛在唐地击败刘军，丙辰日，又在鄩地打败了他。甲子日，尹辛占领西闱。丙寅日，攻打蒯地，蒯地人溃败。

莒子庚舆虐而好剑，苟铸剑，必试诸人。国人患之。又将叛齐。乌存[①]帅国人以逐之。庚舆将出，闻乌存执殳而立于道左，惧将止死。苑羊牧之曰："君过之！乌存以力闻可矣，何必以弑君成名？"遂来奔。齐人纳郊公[②]。

【注释】①乌存：莒国大夫。②郊公：著丘公之子，鲁昭公十四年奔齐。

【译文】莒君庚舆暴虐而喜爱剑，只要铸了新剑，一定要用人试剑，国人都怨恨他。庚舆又想要背叛齐国，乌存领着国人驱赶他。庚舆将要出逃，听见乌存手持殳杖站在路的左边，害怕自己会被拦住杀掉。苑羊牧之说："君主过去吧。乌存凭勇力闻名就行了。何必一定要用杀害国君来成名呢？"庚舆就来投靠鲁国，齐国人把郊公送回莒国即位。

吴人伐州来，楚薳越帅师及诸侯之师奔命[①]救州来。吴人御诸钟离。子瑕卒，楚师熸[②]。吴公子光曰："诸侯从于楚者众，而皆小国也。畏楚而不获已[③]，是以来。吾闻之曰：'作事威克其爱[④]，虽小，必济。'胡、沈之君幼而狂，陈大夫啮壮而顽，顿与许、蔡疾楚政。楚令尹死，其师熸。帅贱、多宠，政令不壹。七国同役而不同心，帅贱而不能整，无大威命，楚可败也，若分师先以犯胡、沈与陈，必先奔。三国败，诸侯之师乃摇心矣。诸侯乖乱，楚必大奔。请先者去备薄威[⑤]，后者敦陈整旅。"吴子从之。戊辰晦，战于鸡父[⑥]。吴子以罪人三千，先犯胡、沈与陈，三国争之。吴为三军以系于后：中军从王，光帅右，掩余[⑦]帅左。吴之罪人或奔或止，三国乱。吴师击之，三国败，获胡、沈之君及陈大夫。舍胡、沈之囚，使奔许与蔡、顿，曰："吾君死矣！"师噪而从之，三国奔，楚师大奔。书曰："胡子髡、沈子逞灭，获陈夏啮。"君臣之辞也。不言战，楚未陈也[⑧]。

【注释】①奔命：奉楚王之命帅师奔赴。②熸（jiān）：火熄灭。③不获已：不得已。④威克其爱：威严胜过慈爱。克，胜过。⑤薄威：军备不整。⑥鸡父：古地名，在河南固始县东南。⑦掩余：吴王之子。⑧不言战，楚未陈也：《春秋》不说“战”，是因为楚军尚未摆开阵势。

【译文】吴国人攻打州来，楚国薳越领着楚军及诸侯的军队奉命前去援救州来，吴国人在钟离抵御他们。楚令尹子瑕病死在军中，楚军士气衰竭。吴国的公子光说：“追随楚国的诸侯有很多，不过全是些小国，只是出于畏惧而不得已听从楚国，故而跟随楚国前来攻打我们。我听说：‘做事要是威严胜过慈爱，就算弱小也必定成功。’胡国、沈国的君主年幼而浮躁，陈国大夫夏啮年富力壮却顽钝，顿国、许国跟蔡国则怨恨楚国的政令。楚令尹死了，他们军队的士气衰竭，楚军统帅薳越地位低下而军中很多是楚王宠信之人，因此政令也必定难以统一。他们七个国家虽然一起参战但并不同心协力，楚军统帅地位低下而不能号令军队，没有大的威信而发布命令，楚国是能够被打败的。如果分出一部分军队来先攻打胡国、沈国跟陈国，他们一定抢先逃走。这三个国家一旦败逃，诸侯的军队便军心动摇了。诸侯混乱，楚军一定会大败。请让先头部队减少武备以诱敌，后续部队巩固阵营整肃师旅准备应战。”吴王听从了公子光的建议。戊辰日，双方在鸡父交战。吴王用三千名罪犯首先攻打胡军、沈军跟陈军，三国军队都争着去抓吴国罪犯。吴国的三军则紧跟在后，中军由吴王率领，公子光率领右军，公子掩余领着左军。吴国罪犯有的逃跑有的停下，三国军队为了抓俘虏而大乱。吴军趁势攻打他们，击败了三国军队，俘获胡国、沈国的君主跟陈国大夫。吴国释放了胡国、沈国的俘虏，让他们逃到许国、蔡国跟顿国的军队里，喊道：“我们国君死了！”吴军击鼓呐喊跟随他们，三国军队逃窜，楚国的军队全面溃散。《春秋》记录说：“胡子髡、沈子逞灭，获陈国夏啮。”这是对国君跟臣下使用的不同文辞。不说“战”，是由于楚国还没有摆好战阵。

八月丁酉，南宫极震①。苌弘谓刘文公曰：“君其勉之！先君之力可济也。周之亡也，其三川震②。今西王③之大臣亦震，天弃之矣！东王④必大克。”

【注释】①南宫极震：周地地震，南宫极被倒塌的房屋压死。②周之亡也，其三川震：西周末年，周幽王时，泾、渭、洛三川发生地震。③西王：指王子朝，占据王城。④东王：指周敬王在狄泉，位于王城东面，所以称东王。

【译文】八月丁酉日，南宫极死于地震。苌弘对刘文公说：“您继续努力吧，先君所致力的事业是能够成功的。西周灭亡的时候，那三江流域都发生地震。现在西王王子朝的大臣也死于地震，这是上天抛弃了他，东王一定大胜。”

楚大子建之母在郹①，召吴人而启之。冬十月甲申，吴大子诸樊入郹，取楚夫人与其宝器以归。楚司马薳越追之，不及。将死，众曰：“请遂伐吴以徼之。”薳越曰：“再败君师，死且有罪。亡君夫人，不可以莫之死也。”乃缢于薳澨②。

【注释】①郹（jú）：郹阳，在今河南省新蔡县境。②薳澨：古地名，在湖北京山县西。

【译文】楚国太子建的母亲住在郹地，召来吴国人并为他们打开城门。冬季十月甲申日，吴太子诸樊进入郹城，掳走了楚夫人跟她的宝器回国。楚国司马薳越追击他，没有追上，想要自杀，部下说：“不如让我们乘势攻打吴国以求夺回夫人。”薳越说：“要是再次使君王的军队战败，我就算死也是有罪的。丢失了君王的夫人，不能不为此而死。”便在薳澨自缢而死。

公为叔孙故如晋，及河，有疾而复。

【译文】鲁昭公由于叔孙婼被晋国扣留的缘故前去晋国，到达黄河边时，有病而返回。

楚囊瓦[①]为令尹，城郢。沈尹戌曰：“子常必亡郢！苟不能卫，城无益也。古者，天子守在四夷；天子卑，守在诸侯。诸侯守在四邻；诸侯卑，守在四竟[②]。慎其四竟，结其四援，民狎其野[③]，三务[④]成功，民无内忧，而又无外惧，国焉用城？今吴是惧而城于郢，守已小矣。卑之不获，能无亡乎？昔梁伯沟其公宫[⑤]而民溃。民弃其上，不亡何待？夫正其疆场，修其土田，险其走集[⑥]，亲其民人，明其伍候，信其邻国，慎其官守，守其交礼，不僭不贪，不懦不耆，完其守备，以待不虞，又何畏矣？《诗》曰：‘无念尔祖，聿修厥德[⑨]。’无亦监乎若敖、蚡冒[⑦]至于武、文？土不过同，慎其四竟，犹不城郢。今土数圻[⑧]，而郢是城，不亦难乎？”

【注释】①囊瓦：楚国大夫，字子常，楚令尹王子贞的孙子。②竟：

通“境”，边境。③民狃其野：百姓安于农事。狃，安于，习惯。④三务：指春、夏、秋三季的农务。⑤公宫：君王的宫殿。⑥走集：边界要塞；交通要冲。⑦若敖、蚡冒：都是楚国的君王。⑧圻：千里之地。⑨无念尔祖，聿修厥德：出自《诗经·大雅·文王》，意思是怀念你的祖先，发扬他们的美德。

【译文】楚国的囊瓦担任令尹后，让人扩建郢都城墙。沈尹戌说：“囊瓦必定会丢失掉郢都，要是无法守住，增建城墙也没什么用。过去，天子的守卫是四方夷族；在天子的地位降低后，其守卫是各方诸侯；诸侯的守卫是周边的邻国，当诸侯的威望降低时，其守卫的仅仅是国家的四方边境。谨慎地守卫着四方边境，结交周围的邻居作为外援，民众在自己的家园安居乐业，春夏秋三时的农事都有收获，既没有内部忧患，又没有外部侵扰，国家哪还需要修筑城墙呢？如今因害怕吴国而在郢都扩建城墙，守卫的地方已经很小了。诸侯的威望已降低到无法守卫四方边境的程度，国家能不灭亡吗？过去梁国国君在他的宫殿四周挖了条壕沟而民众却溃散了。当民众抛弃了他们的君主时，国家还能不灭亡吗？还能指望什么？如果他能划定疆界，修治田地，加固其边界要塞，亲近其民众，加强其边境军队巡逻侦察，取信其邻国，使官吏慎守职责，遵从外交礼节，不做过分之事也不贪婪，既不软弱也不强势，完善守备，以防发生意外事件，这样又担心什么呢？《诗经》中说：‘怀念你的祖先，发扬他们的美德。’难道没看到若敖、蚡冒到楚文王、楚武王的先例？他们的领土不过百里见方，警惕守卫四方边境，尚且没有在郢都扩增城墙。现在领土超过数千里，却反而在扩增郢城，这不也是很难守卫了吗？”

昭公二十四年

【经】二十四年春王二月丙戌，仲孙貜[①]卒。婼至自晋。夏五月乙未朔，日有食之。秋八月，大雩。丁酉，杞伯郁釐卒。冬，吴灭巢。葬杞平公。

【注释】①仲孙貜（jué）：即孟僖子。

【译文】昭公二十四年春季周历二月丙戌日，鲁国的仲孙貜去世。叔孙婼从晋国回到鲁国。夏季五月初一，发生了日食。秋季八月，鲁国举行盛大的求雨祭祀。丁酉日，杞平公郁釐去世。冬季，吴国灭掉了巢国。安葬杞平公。

【传】二十四年春，王正月辛丑，召简公、南宫嚚[①]以甘桓公见王子朝。刘子谓苌弘曰："甘氏又往矣。"对曰："何害？同德度义[②]。《大誓》曰：'纣有亿兆夷人，亦有离德。余有乱臣十人，同心同德。'此周所以兴也。君其务德，无患无人。"戊午，王子朝入于邬[③]。

【注释】①南宫嚚（yín）：南宫极之子，周大夫。②同德度义：言所谓同德者在于义。度，居，在。③邬（wū）：古地名，在河南偃师南。

【译文】二十四年春季，周历正月辛丑日，召简公、南宫领着甘桓公进见王子朝。刘子对苌弘说："甘氏又去见王子朝了。"苌弘回答说："有什么影响吗？同心同德在于合乎正义。《太誓》说：'纣王有亿兆人，但离心离德。我有治世之臣十人，却同心同德。'这便是周朝所以兴起的缘由。君王还是致力于德行，不要担忧没有人。"戊午日，王子朝进入邬地。

晋士弥牟逆叔孙于箕。叔孙使梁其胫待于门内，曰："余左顾而欬[①]，乃杀之。右顾而笑，乃止。"叔孙见士伯，士伯曰："寡君以为盟主之故，是以久子。不腆敝邑之礼，将致诸从者。使弥牟逆吾子。"叔孙受礼而归。二月，"婼至自晋"，尊晋也。

【注释】①欬（kài）：重声咳嗽。

【译文】晋国士弥牟到箕地迎接叔孙。叔孙婼派梁其胫埋伏在门里，说："我向左看并咳嗽，你便杀死他。我向右看而发笑，你就不要动手。"叔孙婼接见士弥牟，士弥牟说："寡君由于作盟主的原因，故而把您久留在这里。敝邑准备薄礼，致送给您的随从。特派弥牟来迎接您。"叔孙接受礼物回国了。二月，《春秋》记录说叔孙婼从晋国归来，这是表达尊重晋国。

三月庚戌，晋侯使士景伯莅问周故，士伯立于乾祭[①]而问于介众。晋人乃辞王子朝，不纳其使。

【注释】①乾祭：王城北门。

【译文】三月庚戌日，晋顷公派士景伯到王城了解周朝出现的变故，士景伯站在乾门向众人询问。于是晋国人辞谢王子朝，不接纳他的使者。

夏五月乙未朔，日有食之。梓慎曰：“将水。”昭子曰：“旱也。日过分而阳犹不克[1]，克必甚，能无旱乎？阳不克莫，将积聚也。”

【注释】①日过分而阳犹不克：太阳过了春分，阳气还不能胜过阴气。

【译文】夏季五月乙未日，发生日食。梓慎说：“即将发生水灾。”叔孙昭子说：“将发生旱灾。太阳运行已过春分点而阳气还不能胜过阴气，一旦胜过阴气，阳气必定很盛，能不出现旱灾吗？阳气不能胜过阴气，这是阳气正在积聚的缘故。”

六月壬申，王子朝之师攻瑕及杏[1]，皆溃。

【注释】①瑕、杏：这两地皆为周敬王领地。杏，在河南禹州县北。

【译文】六月壬申日，王子朝的军队进攻瑕地与杏地，两地军队都被击溃了。

郑伯如晋，子大叔相，见范献子。献子曰：“若王室何？”对曰：

“老夫其国家不能恤，敢及王室。抑人亦有言曰：‘嫠不恤其纬，而忧宗周之陨，为将及焉[①]。’今王室实蠢蠢[②]焉，吾小国惧矣。然大国之忧也，吾侪何知焉？吾子其早图之！《诗》曰：‘瓶之罄矣，惟罍之耻[③]。’王室之不宁，晋之耻也。”献子惧，而与宣子图之。乃征会于诸侯，期以明年。

【注释】①嫠：寡妇。不恤：不操心。纬：织布时的纬线。②蠢蠢：动乱。③瓶之罄矣，惟罍之耻：出自《诗经·小雅·蓼莪》，意思是酒瓶中无酒，是酒坛子的耻辱。瓶，指小酒瓶。罍，酒坛子。

【译文】郑定公到晋国去，子太叔相礼，觐见范献子。献子说：“该如何处理王室的动乱？”子太叔回答说：“我老头子连自己的国家跟家族的事都操心不过来，怎么敢过问王室的事情。人们有句话说：‘寡妇不操心纬线，而担忧宗周的陨灭，是担心祸患也会落到她头上。’如今王室的确动乱不安，我们小国害怕了。不过对于大国的忧虑，我们又能做什么呢？您还是及早考虑吧！《诗经》说：‘酒瓶子空了，是酒坛子的耻辱。’王室的不安定，这是晋国的耻辱。”范献子害怕了，与韩宣子谋划。于是准备召集诸侯会面，时间约定在明年。

秋八月，大雩，旱也。

【译文】秋季八月，举行大规模的雩祭，这是由于出现了旱灾。

冬十月癸酉，王子朝用成周之宝珪沈[①]于河。甲戌，津人得诸河上。阴不佞[2]以温人南侵，拘得玉者，取其玉，将卖之，则为石。王定而献之，与之东訾。

【注释】①沈：同“沉”。②阴不佞：周敬王大夫。

【译文】冬季十月癸酉日，王子朝用成周的宝珪沉到黄河里向河神祈求福佑。甲戌日，有船工从黄河里获得了这块宝珪。阴不佞带领温地人向南进攻王子朝，抓住了得到珪玉的人，把玉抢过来，准备卖掉，但是玉变成了石头。阴不佞在王室安定之后把它献给周天子，周天子把东訾赐给了他。

楚子为舟师以略吴疆。沈尹戌曰：“此行也，楚必亡邑。不抚民而劳之，吴不动而速之，吴踵楚，而疆埸无备，邑能无亡乎？”

【译文】楚平王组织水军去巡行吴国的边疆。沈尹戌说：“此次行动，楚国必定丢弃城邑。不安抚民众而使民众辛劳，吴国没有行动而促使他们出兵，吴军如果紧紧尾随着楚军，边境又没有戒备，能不丢失城邑吗？”

越大夫胥犴劳王于豫章之汭[1]。越公子仓归[2]王乘舟，仓及寿梦帅师从王，王及圉阳[3]而还。吴人踵楚，而边人不备，遂灭巢及钟离[4]而还。

【注释】①豫章之汭：约在今合肥市南肥河一带。②归（kuì）：赠送。③圉阳：古地名，在安徽巢县一带。④钟离：古地名，在安徽凤阳县东。

【译文】越国大夫胥犴在豫章水边慰问楚平王，越国公子仓把坐船送给楚王。公子仓跟寿梦领着军队跟从楚王，楚王到达圉阳而返回。吴军紧紧追着楚军，而边境的守军没有戒备，于是吴军灭掉巢和钟离后回去。

沈尹戌曰："亡郢之始，于此在矣。王一动而亡二姓之帅，几如是而不及郢?《诗》曰：'谁生厉阶，至今为梗[1]?'其王之谓乎?"

【注释】①谁生厉阶，至今为梗：是谁制造祸端，到现在还为害。厉阶，罪恶的根源。梗，为害。

【译文】沈尹戌说："丢弃郢都的开端，就在这儿了。君王出动一次而失掉了两个将领，照这样再发生几次那不就轮到失去郢都了?《诗经》说：'是谁制造祸端，到现在还为害?'恐怕说的就是君王吧?"

昭公二十五年

【经】二十有五年春，叔孙婼如宋。夏，叔诣会晋赵鞅、宋乐大心、卫北宫喜、郑游吉、曹人、邾人、滕人、薛人、小邾人于黄父。有鸲鹆[①]来巢。秋七月上辛[②]，大雩；季辛，又雩。九月己亥，公孙[③]于齐，次于阳州。齐侯唁公于野井。冬十月戊辰，叔孙婼卒。十有一月己亥，宋公佐卒于曲棘。十有二月，齐侯取郓。

【注释】①鸲鹆（qú yù）：又叫“八哥儿”，全身黑色，头及背部微呈绿色光泽，能模仿人说话。②上辛：上旬的辛日。③孙：逃亡，这里是避讳逃亡的说法。

【译文】昭公二十五年春季，鲁国的叔孙婼到了宋国。夏季，鲁国叔诣在黄父会见晋国赵鞅、宋国乐大心、卫国北宫喜、郑国游吉、曹人、邾人、滕人、薛人、小邾人。有鸲鹆来鲁国筑巢。秋季七月上辛日，举行盛大的求雨祭祀；下辛日又举行求雨祭祀。九月己亥日，昭公逃亡到齐国，住在阳州。齐景公到野井对鲁昭公表示慰问。冬季十月戊辰日，鲁国的叔孙婼去世。十一月己亥日，宋元公佐死在曲棘。十二月，齐景公发兵占领郓地。

【传】二十五年春，叔孙婼聘于宋，桐门右师见之。语，卑宋大夫而贱司城氏。昭子告其人曰：“右师其亡乎！君子贵其身而后能及人，是以有礼。今夫子卑其大夫而贱其宗[①]，是贱其身也，能有礼乎？无礼，必亡。”

【注释】①贱其宗：司城氏与乐氏同一宗族。

【译文】二十五年春季，叔孙婼到宋国聘问。住在桐门的右师乐大心去拜访他，谈话中，乐大心鄙视宋国大夫，也看不起司城氏。叔孙婼对手下人说："右师或许要逃亡了吧！君子首先要尊重自己，而后才能尊重别人，如此就不会违背礼。如今这个人鄙视本国大夫，又瞧不起自己的宗族，事实上是轻视他自己。能说他懂得礼吗？不懂礼，必定要逃亡。"

宋公享昭子，赋《新宫》。昭子赋《车辖》[1]。明日宴，饮酒，乐，宋公使昭子右坐，语相泣也。乐祁佐，退而告人曰："今兹君与叔孙，其皆死乎？吾闻之：'哀乐而乐哀，皆丧心也。'心之精爽，是谓魂魄。魂魄去之，何以能久？"

【注释】①《车辖》：现在作《车舝（xiá）》，《诗经·小雅》中的篇名，主要意思是贤惠淑女嫁给君子。

【译文】宋元公宴请叔孙昭子，席间元公吟诵了《新宫》一诗。叔孙昭子吟诵了《车辖》一诗。第二天又饮宴，喝酒，很快乐。元公让叔孙昭子坐在自己右边，两人说话间都流下了眼泪。乐祁帮忙主持宴会，他退出来对别人说："国君跟叔孙昭子难道今年就要死去吗？我听说：'应当高兴时却悲哀，应当悲哀时却高兴，都是心态失常的表现。'心的精华是魂魄。一旦失掉魂魄，怎么能活得长久？"

季公若[1]之姊为小邾夫人，生宋元夫人，生子，以妻季平子。昭子如宋聘，且逆之。公若从，谓曹氏勿与，鲁将逐之。曹氏告公，公告乐祁。乐祁曰："与之。如是，鲁君必出。政在季氏三世矣，鲁君丧政四公矣。无民而能逞其志者，未之有也。国君是以镇抚其民。

《诗》曰：‘人之云亡，心之忧矣[2]。’鲁君失民矣，焉得逞其志？靖以待命犹可，动必忧。”

【注释】①季公若：鲁国三桓季武子的幼子。②人之云亡，心之忧矣：出自《诗经·大雅·瞻卬》，意思是失去了民众，是心中的忧患。

【译文】季公若的姐姐是小邾夫人，她生了宋元公夫人，元公夫人生了一个女儿，准备嫁给季平子为妻。叔孙昭子到宋国聘问，顺便为季平子迎亲。季公若也随着去了，他劝元公夫人不要将女儿嫁给季平子，因为鲁国正准备驱逐他。元公夫人告诉了元公，元公又告诉了乐祁。乐祁说：“还是嫁给季平子吧。如果真是有这样的事情，被驱赶的也必定是鲁君自己。鲁国政权落在季氏手里已经三代了，鲁君失去政权已经是第四代了。没有民众却能实现自己愿望的，到现在还不曾有过。作为一个国君应该注重安抚他的民众。《诗经》说：‘失去了民众，是心中的忧患。’鲁君已经失去了民众，哪儿还能满足他的愿望？安心等待命运的安排就行了，轻举妄动一定招致忧患。”

夏，会于黄父，谋王室也。赵简子令诸侯之大夫输王粟、具戍人，曰：“明年将纳王。”

【译文】夏季，众诸侯在黄父见面，谋划怎样安定王室。赵鞅让诸侯的大夫给天子输送粮食、准备戍守王室的将士，说：“明年准备护送天子回到王城。”

子大叔见赵简子，简子问揖让、周旋之礼焉。对曰："是仪也，非礼也。"简子曰："敢问何谓礼？"对曰："吉也闻诸先大夫子产曰：'夫礼，天之经也，地之义也[①]，民之行也。'天地之经，而民实则之[②]。则天之明，因地之性[③]，生其六气，用其五行[④]。气为五味，发为五色，章为五声，淫则昏乱，民失其性。是故为礼以奉之：为六畜、五牲、三牺[⑤]，以奉五味；为九文、六采、五章[⑥]，以奉五色；为九歌、八风、七音、六律，以奉五声；为君臣、上下，以则地义；为夫妇、外内，以经二物；为父子、兄弟、姑姊、甥舅、昏媾、姻亚[⑦]，以象天明，为政事、庸力、行务，以从四时；为刑罚、威狱，使民畏忌，以类其震曜杀戮；为温慈、惠和，以效天之生殖长育。民有好、恶、喜、怒、哀、乐，生于六气。是故审则宜类，以制六志。哀有哭泣，乐有歌舞，喜有施舍，怒有战斗；喜生于好，怒生于恶。是故审行信令，祸福赏罚，以制死生。生，好物也；死，恶物也；好物，乐也；恶物，哀也。哀乐不失，乃能协于天地之性，是以长久。"简子曰："甚哉，礼之大也！"对曰："礼，上下之纪，天地之经纬也，民之所以生也，是以先王尚之。故人之能自曲直以赴礼者，谓之成人。大，不亦宜乎？"简子曰："鞅也请终身守此言也。"

【注释】①天之经也，地之义也：上天的规范，大地的准则。②天地之经，而民实则之：人依循天地的规范准则来行事。③则天之明，因地之性：天以光明为常义，地以刚柔为常义。④六气：阴、阳、风、雨、晦、明。五行：金、木、水、火、土。⑤六畜：马、牛、羊、鸡、犬、豕。五牲：牛、羊、鸡、犬、豕。三牺：牛、羊、豕。⑥九文：山、龙、华虫、宗彝、火、藻、粉米、黼、黻九种纹饰。六采：青、白、赤、黑、玄、黄。五章：青与赤谓之文，赤与白谓之章，白与黑谓之黼，黑与青谓之黻，五色备谓之绣。⑦昏媾：婚姻关系。姻亚：翁婿、连襟关系。

【译文】游吉拜见赵鞅，赵鞅向他请教有关揖让和周旋之礼。游吉回答说："这些只是仪式，并非礼。"赵鞅询问："请问什么是礼呢？"游吉回答说："我从先大夫子产那儿听说：'礼是上天的规范，大地的准则，民众的行动依据。'天地的规范，就是民众效法的对象。学习上天光明的特点，效法大地柔顺的本性，产生六气，配合使用五行。气现为五种味道，显现为五种颜色，表现为五种声音。气味声色使用过度便会导致昏乱，民众便会丧失本性。故而要制定礼以奉行这种本性。规定了六畜、五牲、三牺，让五味有所遵从；规定了九文、六采、五章，让五色有所遵从；规定了九歌、八风、七音、六律，让五声有所遵从；规定了君臣上下之间的关系，以遵从大地的准则；规定了夫妻内外之间的关系，以规范阴阳刚柔两种事物；规定了父子、兄弟、姑姐、甥舅、婚姻、翁婿之间的关系，以象征天象；规定了政治事务、调用劳力、工作措施，以适应四时；规定了刑罚牢狱，让民众受到威慑，以效仿雷电杀伤万物的威力；规定了温和仁慈的政策，以效法上天的养育万物。民众的好恶、喜怒、哀乐六种情绪，是从上天的六气中派生出来的。故而要谨慎地效法、合适地模仿，以制约这六种情绪不致过分，悲哀时能够哭泣，欢乐时能够歌舞，高兴时能够施舍，愤怒时能够征战；高兴出于喜好，愤怒出于厌恶。故而要谨慎地行动，制定政令要取信于人，以祸福赏罚制约生死。生是人们所喜好的，死是人们所讨厌的。喜好给人以欢乐，讨厌令人悲哀。哀乐不失于礼，便能跟天地所赋予的本性相协调，故而万物才能长久不衰。”赵鞅说：“礼的作用真是太大了！”游吉回答说：“礼是上下的纲常，天地的准则，是民众赖以生存的基础，故而先王把礼作为第一要事对待。故而只要从不同角度做到符合礼，就能够称之为完人。礼有如此重要的作用，不是当然的吗？”赵鞅说：“我赵鞅将永远牢记这些道理。”

宋乐大心曰：“我不输粟。我于周为客[①]，若之何使客？”晋士伯曰：“自践土[②]以来，宋何役之不会，而何盟之不同？曰‘同恤王室’，子焉得辟之？子奉君命，以会大事，而宋背盟，无乃不可乎？”右师不敢对，受牒[③]而退。士伯告简子曰：“宋右师必亡。奉君命以使，而欲背盟以干盟主，无不祥大焉。”

【注释】①我于周为客：宋国为商朝后裔，周朝以宾客之礼待之。②践土：指鲁僖公二十八年的践土之盟。③牒：简札，上面记录着宋国所输送粮食及士兵的具体数目。

【译文】宋国乐大心说：“我国不能供给粮食，我们对于周朝来说是客人，为什么要指使客人送粮食呢？”晋国士景伯说：“从践土会盟以来，宋国哪一次战役没有参加，又有哪一次会盟没有参加？盟辞说‘共同扶持王室’，您哪里能躲避呢？您奉了君王的命令，来参加这重大的盟会，而宋国要背弃盟约，恐怕不可以吧？”乐大心不敢回答，接受简札后退了出去。士景伯告诉赵简子说：“宋国的乐大心必然逃亡。奉了国君的命令出使，而想要背弃盟约以触犯盟主，没有比这再大的不吉祥了。”

‘有鸲鹆来巢’，书所无也。师己曰：“异哉！吾闻文、成之世[1]，童谣有之，曰：‘鸲之鹆之，公出辱之。鸲鹆之羽，公在外野，往馈之马。鸲鹆跦跦[2]，公在乾侯，征褰与襦。鸲鹆之巢，远哉遥遥。稠父丧劳，宋父以骄[3]。鸲鹆鸲鹆，往歌来哭[4]。’童谣有是，今鸲鹆来巢，其将及乎？”

【注释】①文、成之世：指鲁文公至成公之世。②跦跦（zhū）：跳行的样子。③稠父：指鲁昭公，名稠。宋父：指鲁定公，名宋。④鸲鹆鸲鹆，往歌来哭：指鲁昭公生时歌，死后哭。

【译文】“有鸲鹆来筑巢”，这是《春秋》记录过去所没有的事。师己说：“怪呀！我听说文王、成王的时代，童谣这么唱道：‘鸲鹆啊鸲鹆啊，国君出国遭受羞辱。鸲鹆的羽毛，国君住在都城外，臣下前去馈赠马匹。鸲鹆蹦蹦跳跳，国君住在乾侯，向人讨要裤子跟短袄。鸲鹆的巢，路远迢迢。昭公死于辛劳，定公代立而骄。鸲鹆啊鸲鹆，去的时候唱歌回来时大哭。’有这样的童谣，如今鸲鹆来筑巢，或许童谣所说的事将要发生了吧！”

秋，书再雩，旱甚也。

【译文】秋季，《春秋》记录连续两次举行大规模的雩祭，这是由于干旱得太厉害了。

初，季公鸟[1]娶妻于齐鲍文子，生甲。公鸟死，季公亥与公思展与公鸟之臣申夜姑相其室[2]。及季姒与饔人檀[3]通，而惧，乃使其妾抶[④]己，以示秦遄[⑤]之妻，曰："公若欲使余，余不可而抶余。"又诉于公甫[⑥]，曰："展与夜姑将要余。"秦姬以告公之[⑦]，公之与公甫告平子。平子拘展于卞[⑧]而执夜姑，将杀之。公若泣而哀之，曰："杀是，是杀余也。"将为之请。平子使竖[⑨]勿内，日中不得请。有司逆命，公之使速杀之。故公若怨平子。

【注释】①季公鸟：鲁国大夫，季公若的哥哥，季平子的庶叔父。②季公亥：即季公若。公思展：季氏族人。③饔（yōng）人檀：季氏家臣。饔人，管理膳食之人。④抶（chì）：用鞭、杖或竹板打。⑤秦遄：鲁国大夫，其妻是季公鸟的妹妹。⑥公甫：公甫靖，季平子的弟弟。⑦公之：季平子的弟弟。⑧卞：古地名，在山东泗水东。⑨竖：小官吏。

【译文】起初，季公鸟娶了齐国鲍文子家的女儿为妻，生了甲。季公鸟死后，季公亥和公思展、季公鸟的家臣申夜姑治理他的家务。后来季姒跟饔人檀私通，季姒很害怕被人知道，于是便让她的婢女鞭打自己，跑去给秦遄的妻子看鞭痕，说："季公亥让我侍寝，我不答应就鞭打我。"又向公甫诉苦说："公思展跟申夜姑想要挟我。"秦姬把这些话告诉公之，公之和公甫告诉了季平子。季平子把公思展拘禁在卞地并逮住了申夜姑，想要杀死他。季公亥哭着哀求说："杀死这个人，就是杀死我。"准备为他求情。季平子让小吏不放他进来，到中午还没能为申夜姑请求赦免。执行命令的官吏去领受处理申夜姑的命令，公之让他们快点杀死申夜姑。故而季公亥怨恨季平子。

季、郈之鸡斗[①]。季氏介其鸡，郈氏为之金距[②]。平子怒，益宫于郈氏[③]，且让之。故郈昭伯亦怨平子。臧昭伯[④]之从弟会为谗于臧氏，而逃于季氏，臧氏执旃[5]。平子怒，拘臧氏老。将禘于襄公，万者二人，其众万于季氏[6]。臧孙曰："此之谓不能庸[7]先君之庙。"大夫遂怨平子。公若献弓于公为[8]，且与之出射于外，而谋去季氏。公为告公果、公贲。公果、公贲使侍人僚相告公。公寝，将以戈击之，乃走。公曰："执之。"亦无命也。惧而不出，数月不见，公不怒。又使言，公执戈以惧之，乃走。又使言，公曰："非小人之所及也[9]。"公果自言，公以告臧孙，臧孙以难。告郈孙，郈孙以可，劝。告子家懿伯[10]，懿伯曰："谗人以君徼幸，事若不克，君受其名，不可为也。舍民数世，以求克事，不可必也[11]。且政在焉，其难图也。"公退之。辞曰："臣与闻命矣，言若泄，臣不获死。"乃馆于公宫。

【注释】①郈（hòu）：郈氏，鲁国大夫。②金距：给鸡爪子装上金属套子。距，雄鸡爪子后面突出像脚趾的部分。③益宫于郈氏：即侵占郈氏房屋来扩大自己的住宅。④臧昭伯：臧孙赐。⑤旃（zhān）：相当于"之焉"。⑥将禘于襄公，万者二人，其众万于季氏：准备为襄公举行禘祭，跳万舞的只有两个人，其余的人在季氏那里跳万舞。万，指万舞，古代的舞名。先是武舞，舞者手拿兵器；后是文舞，舞者手拿鸟羽和乐器。⑦庸：酬功。⑧公为：昭公之子务人。⑨非小人之所及也：不是像僚楠这样的小人物所能谋划的。⑩子家懿伯：子家羁，庄公玄孙。⑪不可必也：没有把握。

【译文】季氏、郈氏斗鸡。季氏给鸡穿上皮甲，郈氏给鸡安上金属爪子。季氏因斗鸡失败而发怒，侵占郈氏房屋来扩建自己的住宅，而且责备他们。故而郈昭伯也怨恨季平子。臧昭伯的堂弟臧会，在臧氏那儿诬陷别人，事发后逃往季氏那里，臧氏逮住了他。季平子十分生气，拘捕了臧氏的家臣。将在襄公庙里举行禘祭，跳万舞的只有两个人，其余的人在季氏那里跳万舞。臧昭伯说："这叫做不能酬功于先君的宗庙。"大夫们于是也憎怨季平子。季公亥向公为献弓，并和他外出射箭，商量除掉季平子的计划。公为告诉公果、公贲。公果、公贲让侍人僚柟报告给昭公。昭公正在睡觉，要用戈去打僚柟，僚柟便跑了。昭公说："逮住他！"不过也没有下正式命令。僚柟害怕不敢出门，几个月不去朝见昭公，昭公并不生气。又派僚柟去说。昭公拿着戈吓唬他，他又跑了。再派他去说，昭公说："这不是小人应当谈论的事情。"公果亲自去对昭公说，昭公把事情告诉臧昭伯，臧昭伯觉得难以成事。昭公告诉了郈昭伯，郈昭伯觉得可行并鼓励昭公去做。昭公告诉子家懿伯，懿伯说："说坏话的人让君王侥幸行事，事情要是不成功，君王便要蒙受恶名，这是不能做的。鲁国国君失去百姓已经几代了，要求得成功，是没有把握的。何况政权在季孙氏的手里，或许很难做到。"昭公让他退出去。懿伯说："臣下已经知道这事了，消息要是泄露出去，臣下会不得好死的。"于是便住在公宫里。

叔孙昭子如阚[①]，公居于长府[②]。九月戊戌，伐季氏，杀公之于门，遂入之。平子登台而请曰："君不察臣之罪，使有司讨臣以干戈，臣请待于沂[③]上以察罪。"弗许。请囚于费[④]，弗许。请以五乘亡，弗许。子家子曰："君其许之！政自之出久矣，隐民多取食焉。为之徒者众矣，日入慝作[⑤]，弗可知也。众怒不可蓄也，蓄而弗治，将蕰[⑥]。蕰畜，民将生心。生心，同求将合。君必悔之。"弗听。郈孙曰："必杀之。"公使郈孙逆孟懿子。叔孙氏之司马鬷戾言于其众曰：

“若之何？”莫对。又曰：“我，家臣也，不敢知国。凡有季氏与无，于我孰利？”皆曰：“无季氏，是无叔孙氏也。”鬷戾曰：“然则救诸！”帅徒以往，陷西北隅以入。公徒释甲，执冰而踞[7]。遂逐之。孟氏使登西北隅，以望季氏。见叔孙氏之旌，以告。孟氏执郈昭伯，杀之于南门之西，遂伐公徒。子家子曰：“诸臣伪劫君者，而负罪以出，君止。意如之事君也，不敢不改。”公曰：“余不忍也。”与臧孙如墓谋，遂行。

【注释】①阚（kàn）：古地名，在山东汶上县西。②长府：藏财货之府库。③沂：沂水。发源于山东邹城。④费：季氏采邑。⑤日入慝作：太阳落山后邪恶的事发生。意指天黑后，可能会有人来帮助季氏。⑥蕰：聚集。⑦执冰而踞：指昭公的士兵拿着箭筒盖蹲坐在地。冰，箭筒盖，可以用来取水。

【译文】叔孙昭子前去阚地，鲁昭公住在长府。九月戊戌日，进攻季氏，在门口杀死公之，便攻入季氏家中。季孙意如登上高台请求说：“君主没有审察下臣的罪过，便派官吏用武力征讨下臣，下臣请求在沂水边等着君主审察我的罪过。”昭公不同意。季孙意如请求把自己囚禁在费地，也不同意。又请求带五辆车逃走，也不同意。子家子说：“君主还是同意他吧！政令从他那里发布已经很久了，贫民大多依靠他生活，愿意做他手下的人有很多。太阳落山后帮助季氏的奸人是否会发动进攻，还不知道呢。众人的怨怒不能够积蓄，积蓄起来而不让其平息，便会越来越严重，盛怒积蓄起来，民众将产生叛乱之心。产生了叛乱之心后，这些目的相同的人就会联合起来。君主必定会后悔的。”昭公不听从。郈孙说：“必定要杀死季平子。”鲁昭公派郈孙去恭迎孟懿子，叔孙氏的司马鬷戾对他的部下说：“怎么办？”没有人回答。鬷戾又说：“我是家臣，不敢过问国家大事。有季氏跟没有季氏，哪种情况对我们有利？”部下都说：“没有季氏，这等于没有叔孙氏。”鬷戾说：“那么便去救他吧！”领着部下前去，攻陷西北角进入季氏家。昭公的士卒脱下铠甲，拿着箭筒盖喝水，鬷戾的军队赶跑了他们。孟懿子派人登上西北角，瞭望季氏家的情况，看见叔孙氏的旗帜，就报告给孟懿子，孟懿子抓住了郈孙，在南门的西边把他杀死，于是进攻鲁昭公的军队。子家子说：“下臣们装着劫持君主的样子，而后承担罪名逃出，君主留下来。季平子不敢不改变侍奉君主的态度。”昭公说：“我不忍心这样。”就跟臧昭伯到先君墓前商议，于是出逃。

己亥，公孙于齐，次于阳州。齐侯将唁公于平阴[①]，公先至于野井。齐侯曰：“寡人之罪也。”使有司待于平阴，为近故也。书曰：“公孙于齐，次于阳州，齐侯唁公于野井。”礼也。将求于人，则先下之，礼之善物也。齐侯曰：“自莒疆以西，请致千社[②]，以待君命。寡人将帅敝赋[③]以从执事，唯命是听，君之忧，寡人之忧也。”公喜。子家子曰：“天禄不再，天若胙君，不过周公，以鲁足矣。失鲁而以千社为臣，谁与之立？且齐君无信，不如早之晋。”弗从。臧昭伯率从者将盟，载书曰：“戮力壹心，好恶同之。信罪之有无，缱绻[④]从公，无通外内。”以公命示子家子。子家子曰：“如此，吾不可以盟，羁也不佞，不能与二三子同心，而以为皆有罪。或欲通外内，且欲去君。二三子好亡而恶定，焉可同也？陷君于难，罪孰大焉？通外内而去君，君将速入，弗通何为？而何守焉？”乃不与盟。

【注释】①平阴：古地名，在山东平阴县东北。②请致千社：奉送给您一千社。社，二十五家为一社。③敝赋：指齐国军队。④缱绻（qiǎn quǎn）：坚决。

【译文】十一月己亥日，鲁昭公逃到齐国，住在阳州。齐景公准备到平阴去慰问昭公，昭公先行到了野井。齐景公说："这是寡人的罪过。派官吏到平阴等待您，是由于就近的缘故。"《春秋》记录说："鲁昭公逃亡到齐国，住在阳州，齐景公在野井慰问昭公。"这是合于礼的。将要向别人有所求，便要首先居于人之下，这是合于礼的好事。齐景公说："从莒国边境以西，请让我奉送给您一千社，以等待您的命令。寡人将领着敝国军队跟从您，一切听从您的命令。君主的忧患，也便是寡人的忧患。"昭公很高兴。子家子说："上天的福禄不会两次降给您，上天要是赐福给君主，也不会超过周公，把鲁国赐予君主就足够了。失去鲁国而得到千社做别国臣下，谁还替您恢复君位？并且齐国没有信用，不如早去晋国。"昭公不听从。臧昭伯领着昭公随从准备结盟，盟书说："并力同心，爱憎一致，明确罪过的有无，紧紧跟随国君，不与内外联络。"用昭公的名义给子家子看。子家子说："如果是这样的话，我不能够盟誓。我无能，不能跟各位同心，而觉得留在国内的人都有罪过。我想要联络鲁国内外，而且想要离开国君。各位喜欢逃亡而厌恶安定，如何能够和各位同心呢？让君主陷于危险，有什么罪过比这更大的？如果联络内外而离开国君，使国君能快点回到鲁国，为何不去沟通呢？为什么死守在这儿呢？"子家子便没有参加盟誓。

昭子自阚归，见平子。平子稽颡，曰："子若我何？"昭子曰：

“人谁不死？子以逐君成名，子孙不忘，不亦伤乎！将若子何？”平子曰：“苟使意如得改事君，所谓生死而肉骨也。”昭子从公于齐，与公言。子家子命适公馆者执之。公与昭子言于幄内，曰：“将安众而纳公。”公徒将杀昭子，伏诸道。左师展告公，公使昭子自铸归。平子有异志。

【译文】叔孙昭子从阚地回国，觐见季孙意如。季孙意如下拜叩头说：“您让我怎么做？”叔孙昭子说：“人哪个不死？您凭借驱逐国君而成名，子孙后代都不会忘记，这不很可悲吗？我能把您怎么样？”季孙意如说：“要是能让我得到机会改过而重新事奉国君。那真是所说的使死人再生，让白骨长肉的恩惠了。”叔孙昭子跟从昭公到达齐国，跟昭公说了季孙意如的话。子家子命令把去昭公公馆的人都抓起来。昭公跟叔孙昭子在帐幕内商议，说：“准备安定百姓而护送君主回国。”昭公的士卒打算杀死叔孙昭子，埋伏在路边。左师展报告给昭公，昭公让叔孙昭子从铸地回国，季孙意如改变了原来的想法。

冬十月辛酉，昭子齐于其寝，使祝宗祈死①。戊辰，卒。左师展将以公乘马而归，公徒执之。壬申，尹文公涉于巩，焚东訾，弗克。

【注释】①昭子齐于其寝，使祝宗祈死：叔孙昭子耻于为季平子所欺骗，所以乞求一死以雪耻。

【译文】冬季十月辛酉日，叔孙昭子在他的寝宫斋戒，让祝宗为自己祈祷死亡。戊辰日，叔孙昭子去世。左师展准备带着昭公驾车马回国，昭公的士卒抓住了他。壬申日，尹文公在巩地越过洛水。火攻东訾，但没有攻克。

十一月，宋元公将为公故如晋。梦大子栾即位于庙，己与平公[①]服而相之。旦，召六卿。公曰："寡人不佞，不能事父兄，以为二三子忧，寡人之罪也。若以群子之灵，获保首领以没，唯是楄柎所以藉干者[②]，请无及先君。"仲几[③]对曰："君若以社稷之故，私降昵宴[④]，群臣弗敢知。若夫宋国之法，死生之度，先君有命矣。群臣以死守之，弗敢失队[⑤]。臣之失职，常刑不赦。臣不忍其死，君命只辱。"宋公遂行。己亥，卒于曲棘。

【注释】①平公：宋元公之父宋平公。②唯是楄柎（pián fù）所以藉干者：宋元公要求自己的葬礼一切从简。楄柎，古时棺中垫尸体的长方木板。藉，坐卧其上。干，躯体。③仲几：宋国左师。④私降昵宴：自愿减损欢宴的享受。昵宴，谓亲近声乐宴饮之事。⑤队：同"坠"。

【译文】十一月，宋元公为了鲁昭公的事情想要去晋国，梦见太子栾在宗庙中即位，自己和宋平公穿着礼服辅佐他。早上，召见六卿，对他们说："寡人无能，不能事奉父兄，故而造成各位的担忧，这是我的罪过。要是托诸位的福，能够善终，那么我希望我的葬礼一切从简，不必跟先君一样隆重。"仲几回答说："国君要是出于为国家着想的缘故，自愿减损欢宴的享受，下臣们不敢过问。至于宋国的法制，还有死生的礼度，先君早有成命了。下臣们冒死遵从它，不敢废弃。如果下臣失职，按正常的法制是不可赦免的。下臣不愿那样去死，只好是不听从国君的命令。"宋元公动身起程。己亥日，死在曲棘。

十二月庚辰，齐侯围郓。

【译文】十二月庚辰日，齐景公包围郓城。

初，臧昭伯如晋，臧会窃其宝龟偻句[①]，以卜为信与僭，僭吉。臧氏老将如晋问，会请往。昭伯问家故，尽对。及内子与母弟叔孙，则不对[②]。再三问，不对。归，及郊，会逆，问，又如初。至，次于外而察之，皆无之。执而戮之，逸，奔郈。郈鲂假使为贾正焉[③]。计于季氏。臧氏使五人以戈盾伏诸桐汝之闾。会出，逐之，反奔，执诸季氏中门之外。平子怒，曰："何故以兵入吾门？"拘臧氏老。季、臧有恶。及昭伯从公，平子立臧会。会曰："偻句不余欺也。"

【注释】①偻句：有说是宝龟名，也有说是出产宝龟的地方。②及内子与母弟叔孙，则不对：臧昭伯问到妻子和母弟时，臧会就不说话，似乎有难言之隐。③郈鲂假：郈邑大夫。贾正：管理市场的官吏。

【译文】起初，臧昭伯去晋国，臧会趁机偷了他的宝龟偻句，用来卜问办事应该诚实还是虚假，结果是虚假吉利。臧氏家臣准备前去晋国问候臧昭伯，臧会请求前去。昭伯问到家事，臧会一一回答。问及妻子跟同母弟弟叔孙时，臧会就不答复。再三询问，还是不答复。后来臧昭伯回国，抵达都城郊外，臧会去恭迎他，臧昭伯又问，还跟先前一样不答复。回到国都，住在外面访查，妻子及同母弟弟都没有什么不端。昭伯抓住臧会要杀死他，臧会逃出，逃亡到郈地，郈鲂假让他在那儿做了贾正。臧会有次到季氏家送账簿，臧氏便派五个人拿着戈跟盾埋伏在桐汝的里门后。臧会出来，便追击他。臧会返身逃跑，在季氏家的中门外被抓住。季孙意如很生气，说："为何带着武器进入我的家门？"便拘禁了臧氏的家臣，季、臧两家故而关系恶化。到臧昭伯跟随鲁昭公逃跑时，季孙意如立了臧会为臧氏的继承人。臧会说："偻句宝龟没有欺骗我呀！"

楚子使薳射城州屈[①]，复茄人焉。城丘皇[②]，迁訾人焉。使熊相禖郭巢，季然郭卷。子大叔闻之，曰："楚王将死矣。使民不安其土，民必忧，忧将及王，弗能久矣。"

【注释】①州屈：古地名，在安徽凤阳县西。②丘皇：古地名，在河南信阳市南。

【译文】楚平王派薳射在州屈筑城，让茄地人回去居住。又在丘皇修城，把訾地人迁去住。派熊相禖在巢地修建外城，派季然在卷地修筑外城。子太叔听说这件事，说："楚平王将要死了，使民众不能安居在他们的故土上，民众一定忧患，忧患将波及到楚王的身上，他活不了多久了。"

昭公二十六年

【经】二十有六年春王正月，葬宋元公。三月，公至自齐，居于郓。夏，公围成。秋，公会齐侯、莒子、邾子、杞伯，盟于专陵。公至自会，居于郓。九月庚申，楚子居卒。冬十月，天王入于成周。尹氏、召伯、毛伯以王子朝奔楚。

【译文】鲁昭公二十六年春季周历正月，安葬宋元公。三月，鲁昭公从齐国回到鲁国，住在郓地。夏季，鲁昭公领兵包围了成地。秋季，鲁昭公在专陵会见齐景公、莒郊公、邾庄公、杞悼公，并签订了盟约。鲁昭公从专陵之会回到鲁国，住在郓地。九月庚申日，楚平王居去世。冬季十月，周敬王进入成周。尹氏、召伯、毛伯奉王子朝逃奔到楚国。

【传】二十六年春，王正月庚申，齐侯取郓。

【译文】二十六年春季，周历正月庚申日，齐景公占领郓地。

葬宋元公，如先君，礼也。

【译文】宋国安葬了宋元公，规格跟先君一样，这是合于礼的。

三月，公至自齐，处于郓，言鲁地也。

【译文】三月，昭公从齐国回国，住在郓地。《春秋》记录为“居于郓”，是为了强调郓地是鲁国的领土。

夏，齐侯将纳公，命无受鲁货。申丰从女贾[①]，以币锦二两，缚一如瑱[②]，适齐师。谓子犹[③]之人高齮："能货子犹，为高氏后，粟五千庾[④]。"高齮以锦示子犹，子犹欲之。齮曰："鲁人买之，百两一布，以道之不通，先入币财。"子犹受之，言于齐侯曰："群臣不尽力于鲁君者，非不能事君也。然据有异焉。宋元公为鲁君如晋，卒于曲棘。叔孙昭子求纳其君，无疾而死。不知天之弃鲁耶，抑鲁君有罪于鬼神，故及此也？君若待于曲棘，使群臣从鲁君以卜焉。若可，师有济也。君而继之，兹无敌矣。若其无成，君无辱焉。"齐侯从之，使公子鉏帅师从公。

【注释】①申丰、女贾：季平子家臣。②两：布匹两匹为一两。瑱：长方形玉。③子犹：即梁丘据。④庾：古时候，二斗四升为一庾。

【译文】夏季，齐景公准备把昭公送回鲁都，并下令不得接受鲁国赠送的任何财物。申丰跟随女贾，带着两匹锦，把它捆扎成玉圭的样子，来到齐军军营。对梁丘据的家臣高齮说："你要是能买通梁丘据，便让你成为高氏的的继承人，并送与你五千庾粮食。"高齮把锦拿给梁丘据看，梁丘据很想要。高齮说："这是鲁国人买的，每百匹堆成一堆，由于道路不通，先献上这些。"梁丘据收下后，对齐景公说："群臣不尽力帮助鲁君复位，并不是不愿听从君命，只是感到不解。宋元公为鲁君之事到晋国去，最后死在曲棘；叔孙昭子谋求国君复位，最后无病身亡。不知是上天要丢弃鲁君，还是鲁君得罪了鬼神，故而才连连发生这种怪事？请国君在棘地等待，派群臣跟着鲁君前去试探。要是能行，军队就能获得胜利，国君随后赶来，如此便不会遭到抵抗了。要是军队不能成功，也不必劳驾国君前去了。"齐景公答应派公子鉏带

兵随昭公前去。

成[①]大夫公孙朝谓平子曰：“有都，以卫国也，请我受师。”许之。请纳质，弗许，曰：“信女，足矣。”告于齐师曰：“孟氏，鲁之敝室[②]也。用成已甚[③]，弗能忍也，请息肩[④]于齐。”齐师围成。成人伐齐师之饮马于淄[⑤]者，曰：“将以厌众。”鲁成备而后告曰：“不胜众。”

【注释】①成：孟氏城邑。②敝室：衰落的宗室。③用成已甚：奴役成邑太过分了。④息肩：让肩头得到休息。比喻卸除责任或免除劳役。⑤淄：河流名。发源于山东新泰。

【译文】成地大夫公孙朝对季平子说：“都邑是用来保护国家的，请同意我抗击齐军。”平子同意了。公孙朝请求送上人质，平子不答应，说：“我相信您，就足够了。”公孙朝对齐军说：“孟氏是鲁国的破落家族，孟氏征用成地的民力跟财力太多了，真得忍受不了。请求归顺齐军以得到休息。”于是齐军包围了成地。成地人进攻在淄水饮马的齐军，说：“我们这是故意做样子给他们看的。”等鲁国人做好了准备后又告诉齐国人说：“我们无法左右众人的意见。”

师及齐师战于炊鼻[①]。齐子渊捷从洩声子[②]，射之，中楯瓦[③]。繇朐汰輈，匕入者三寸[④]。声子射其马，斩鞅，殪。改驾，人以为鬷戾也而助之。子车曰：“齐人也。”将击子车，子车射之，殪。其御曰：“又之。”子车曰：“众可惧也，而不可怒也。”子囊带[⑤]从野洩，叱之。洩曰：“军无私怒，报乃私也，将亢子。”又叱之，亦叱之。冉竖[6]射陈武子[7]，中手，失弓而骂。以告平子，曰："有君子白皙，鬒须眉，甚口[8]。"平子曰："必子强也，无乃亢诸？"对曰："谓之君子，何敢亢之？"林雍羞为颜鸣右[9]，下。苑何忌取其耳，颜鸣去之。苑子之御曰："视下！"顾。苑子刜[10]林雍，断其足。鑋[11]而乘于他车以归，颜鸣三入齐师，呼曰："林雍乘！"

【注释】①炊鼻：古地名，在山东宁阳。②子渊捷：齐国大夫，齐顷公孙子。洩声子：鲁国大夫。③楯瓦：盾牌的中脊。④繇朐（qú）汰辀（zhōu），匕入者三寸：箭头越过横木，掠过车辕，射进盾脊有三寸之深。繇，同"由"。朐，车轭两边下伸反曲以夹牲头的部分。辀，车辕。⑤子囊带：齐国大夫。⑥冉竖：鲁国大夫。⑦陈武子：齐国陈无宇之子，字子强。⑧甚口：很会骂人。⑨林雍、颜鸣：鲁国大夫。⑩刜（fú）：砍。⑪鑋（qīng）：一只脚走路。

【译文】鲁军跟齐军在炊鼻交战。齐国的子渊捷追击鲁国的洩声子，一箭射中了洩声子的盾脊，箭头越过横木，掠过车辕，射进盾脊有三寸之深。声子射子渊捷的战马，射断了马颈上的皮带，把马射死。子渊捷改乘其他战车，鲁国人误以为他是鬷戾，要去帮他。子渊捷说："我是齐国人。"鲁兵要击打子渊捷，子渊捷一箭把他射死。子渊捷的御者说："再射其他人。"子渊捷说："众多的敌人只能让他们害怕，不能把他们激怒。"子囊带追着声子，而且大声骂他。声子说："战场上没有私怨，要是我也骂你，便是报复私怨了。不过我还是要抵抗你。"子囊带又骂他，他也开始回骂。冉竖射中了陈武子的手，陈武子的弓落到地上，他就破口大骂。冉竖告诉平子："有个君子皮肤很白，胡子跟眉毛很黑很密，很会骂人。"平子说："必定是子强，你怎么不抵御他？”冉竖回答说：“他是个君子，又怎么敢抵御他呢？”林雍羞于做颜鸣的车右，下车跟齐军交战。苑何忌割了林雍的耳朵。颜鸣驾车跑了。苑何忌的御者说：“往下看！”眼睛盯着林雍的脚。苑何忌去砍林雍，砍断了一只脚。林雍用一只脚跳到其他车上逃了回去。颜鸣三次冲进齐军，大喊道：“林雍快上车吧！”

四月，单子如晋告急。五月戊午，刘人败王城之师于尸氏[①]。戊辰，王城人、刘人战于施谷[②]，刘师败绩。

【注释】①尸氏：古地名，在河南偃师西。②施谷：古地名，在河南洛阳东。

【译文】四月，单穆公去晋国告急。五月戊午日，刘地的军队在尸氏击败了王城的军队。戊辰日，王城人跟刘地人又在施谷交战，最后刘军大败。

秋，盟于专陵，谋纳公也。

【译文】秋季，在鄟陵结盟，商议如何护送昭公回国复位。

七月己巳，刘子以王出。庚午，次于渠[①]。王城人焚刘。丙子，王宿于褚氏[②]。丁丑，王次于萑谷[③]。庚辰，王入于胥靡[④]。辛巳，王次于滑[⑤]。晋知跞、赵鞅帅师纳王，使女宽守阙塞[⑥]。

【注释】①渠：古地名，在河南洛阳。②褚氏：古地名，在河南洛阳东。③萑（wán）谷：古地名，在河南洛阳东。④胥靡：古地名，在河南偃师市东。⑤滑：古地名，在河南偃师市东。⑥阙塞：古地名，在河南洛阳龙门一带。

【译文】七月己巳日，刘文公奉周敬王逃离刘地。庚午日，驻扎在渠地，王城的军队烧毁刘地。丙子日，周敬王住在褚氏。丁丑日，周敬王住在萑谷。庚辰日，周敬王进入胥靡。辛巳日，周敬王住在滑地。晋国的知跞、赵鞅领兵护送天子，派女宽屯驻阙塞。

九月，楚平王卒。令尹子常欲立子西[1]，曰："大子壬弱，其母非适也，王子建实聘之。子西长而好善。立长则顺，建善则治。王顺、国治，可不务乎？"子西怒曰："是乱国而恶君王也。国有外援[2]，不可渎也。王有适嗣，不可乱也。败亲、速仇、乱嗣，不祥，我受其名。赂吾以天下，吾滋不从也。楚国何为？必杀令尹！"令尹惧，乃立昭王。

【注释】①子西：楚平王庶长子宜申。②国有外援：指秦国。因为太子的母亲为秦女。

【译文】九月，楚平王去世。令尹子常想立子西为王，说："太子壬还太小，他的母亲又不是嫡夫人，而且是以前给王子建聘定的。子西年长而且为人善良。立长为国君合情合理，立善良之人则国家能够大治。国君名正言顺了，国家才能获得治理，难道不应该这么做吗？"子西听后大怒道："你这是要扰乱国家、让国君背负恶名啊。国家有强大的外援，不能如此不恭敬。先王已有嫡出继承人，不能乱了王位继承的制度。败坏亲人的名声，招来仇敌的入侵，搅乱王位继承顺序，这是不吉利的，我会因此而蒙受骂名。便是把整个天下送给我，我也不会答应的。如果这样做，楚国还能有什么作为？必须要杀死令尹！”子常害怕了，于是立了太子壬为昭王。

冬十月丙申，王起师于滑。辛丑，在郊，遂次于尸。十一月辛酉，晋师克巩。召伯盈逐王子朝[①]，王子朝及召氏之族、毛伯得、尹氏固、南宫嚚奉周之典籍以奔楚。阴忌[②]奔莒以叛。召伯逆王于尸，及刘子、单子盟。遂军圉泽[③]，次于堤上[④]。癸酉，王入于成周。甲戌，盟于襄宫。晋师使成公般[⑤]戍周而还。十二月癸未，王入于庄宫。

【注释】①召伯盈逐王子朝：召伯盈本来为王子朝同党，现在见晋国支持周敬王，所以倒戈。②阴忌：王子朝同党。③圉泽：古地名，在河南洛阳一带。④堤上：古地名，在河南洛阳一带。⑤成公般：晋国大夫。

【译文】冬季十月丙申日，周敬王在滑地起兵。辛丑日，到达郊地，于是驻扎在尸地。十一月辛酉日，晋国军队攻下巩地。召伯盈驱逐王子朝。王子朝跟召氏的族人、毛伯得、尹氏固、南宫嚚带着周朝的典籍逃往楚国。阴忌逃往莒地叛变。召伯盈在尸地恭迎周敬王，和刘子、单子结盟。于是屯驻在圉泽，住在堤上。癸酉日，周敬王进入成周。甲戌日，在襄王的庙里盟誓。晋军派成公般戍守成周，然后撤军。十二月癸未日，周敬王进入庄宫。

王子朝使告于诸侯曰："昔武王克殷，成王靖四方，康王息民，并建母弟，以蕃屏周，亦曰：'吾无专享文、武之功，且为后人之迷败倾覆，而溺入于难，则振救之。'至于夷王，王愆于厥身[①]，诸侯莫不并走其望，以祈王身。至于厉王，王心戾虐，万民弗忍，居王于彘[②]。诸侯释位，以间王政[③]。宣王有志，而后效官[④]。至于幽王，天不弔[⑤]周，王昏不若，用愆厥位。携王奸命，诸侯替之，而建王嗣，用迁郏鄏[⑥]。则是兄弟之能用力于王室也。至于惠王，天不靖周，生颓祸心，施于叔带，惠、襄辟难，越去王都。则有晋、郑咸黜不端，以绥定王家。则是兄弟之能率先王之命也。在定王六年，秦人降妖[⑦]，曰：'周其有髭王，亦克能修其职。诸侯服享，二世共职。王室其有间王位，诸侯不图，而受其乱灾。'至于灵王，生而有髭。王甚神圣，无恶于诸侯。灵王、景王克终其世。今王室乱，单旗、刘狄剥[⑧]乱天下。壹行不若[⑨]，谓：'先王何常之有？唯余心所命，其谁敢讨之？'帅群不弔之人，以行乱于王室。侵欲无厌，规求无度，贯渎鬼神，慢弃刑法，倍奸齐盟，傲很威仪，矫诬先王。晋为不道，是摄是赞，思肆其罔极。兹不穀[⑩]震荡播越，窜在荆蛮，未有攸厎。若我一二兄弟甥舅奖顺天法，无助狡猾，以从先王之命，毋速天罚，赦图不穀，则所愿也。敢尽布其腹心及先王之经，而诸侯实深图之。昔先王之命曰：'王后无适，则择立长。年钧以德，德钧以卜[⑪]。'王不立爱，公卿无私，古之制也。穆后及大子寿早夭即世，单、刘赞私立少，以间先王，亦唯伯仲叔季图之！"

【注释】①王愆于厥身：夷王恶疾缠身。愆，恶疾。②彘（zhì）：古地名，在山西霍县。③释位：离开在本国所担当的职位。间：参与。④效官：归还政权。效，授，还。⑤不弔：不保佑。⑥郏鄏（jiá rǔ）：古地名，在今河南洛阳。⑦降妖：有妖言流传。⑧剥：乱。⑨壹行不若：专门做违背道义之事。⑩不穀：王子朝自称。⑪年钧以德，德钧以卜：年龄相当则立有德行的，德行相当则由占卜而定。

【译文】王子朝派人向诸侯报告说："先前武王战胜殷商，成王安定四方，康王让百姓休养生息。他们都同样分封同母兄弟，以此作为周王朝的屏障，还说：'我不能单独安享文王、武王的功业，并且还思量着后代一旦荒淫败坏，国家面临倾覆，陷入危难时，可以得到救援。'到了夷王，恶疾缠身。诸侯没有一个不奔走遍祭本国的名山大川，为夷王的身体健康祈祷。到了厉王，他内心乖戾暴虐，万民不能忍受，便把他流放到彘地去住。诸侯各自远离他们的职位，来参加王朝的政事。宣王富有智慧，诸侯把王位授还给他。到了幽王，上天不保佑周朝，天子昏乱不堪，故而失去了王位。携王触犯天命，诸侯废黜了他，另立了天子的继承人，故而迁都郏鄏。这些都是因为兄弟们能够为王室效力的缘故啊。到了惠王，上天不让周朝安定，让王子颓生出祸心，延及到王子带，惠王、襄王避难，离开了国都流亡。这时候便有晋国、郑国，来消灭作乱的人，以安定王室。这是因为兄弟们可以遵从先王的命令。在定王六年时，秦国有妖言流传，说：'周朝会生出一个长胡子的天子，他可以完成自己的职责。让诸侯顺服而享有国家，两代奉行自己的职分。王室中有人觊觎王位，诸侯不为王室出谋划策，结果蒙受动乱和灾难。'到了灵王，一生下来便有胡子。灵王非常神敏聪明，对诸侯没有什么过错。灵王、景王，都能善始善终。如今王室动乱，单旗、刘狄扰乱天下，专门倒行逆施，说：'先王即位有什么常规？

我想立谁就立谁，难道谁敢来讨伐？’带着一群不善的人，在王室中制造混乱。他们侵吞之心没有满足，谋求没有限度，一直亵渎鬼神，轻慢丢弃刑法，违背触犯盟约，蔑视礼仪，诬蔑先王。晋国无道，对他们进行支持，想要放纵他们无边的欲望。如今不穀动荡流离，逃窜在荆蛮，没有归宿。要是我的一两位兄弟甥舅，帮助我顺从上天的法度，不去帮助狡猾之徒，以顺从先王的命令。不要招致上天的惩罚，为不穀除去忧虑，那便是不穀所希望的了。谨敢完全披露自己内心的想法和先王的命令，希望诸侯好好考虑！从前先王的命令说：‘王后没有嫡子，便选立年长的。年纪一样依据德行，德行相当依据占卜。’天子不立偏爱，公卿没有私心，这是古代的制度。穆后跟太子寿早年去世，单、刘偏私立了年幼者，违背先王的命令，请诸侯们好好想一想！”

闵马父闻子朝之辞，曰：“文辞以行礼也。子朝干[①]景之命，远晋之大[②]，以专其志[③]，无礼甚矣，文辞何为？”

【注释】①干：触犯，冒犯。②远晋之大：疏远强大的晋国。③以专其志：一门心思致力于自己的想法。

【译文】闵马父听到王子朝说的话，说：“文辞是用来实施礼的。子朝触犯了景王的命令，疏远强大的晋国，一门心思想当天子，无礼到极点了，文辞又有什么用呢？”

齐有彗星，齐侯使禳[①]之。晏子曰：“无益也，只取诬焉。天道不谄，不贰其命[2]，若之何禳之？且天之有彗也，以除秽也。君无秽德，又何禳焉？若德之秽，禳之何损？《诗》曰：‘惟此文王，小心翼翼，昭事上帝，聿怀多福。厥德不回，以受方国[3]。’君无违德，方国将至，何患于彗？《诗》曰：‘我无所监，夏后及商。用乱之故，民卒流亡[4]。’若德回乱，民将流亡，祝史之为，无能补也。”公说，乃止。

【注释】①禳（ráng）：祈祷消除灾殃。②天道不谄，不贰其命：天道不可怀疑，天命不会失误。③惟此文王，小心翼翼，昭事上帝，聿怀多福。厥德不回，以受方国：出自《诗经·大雅·大明》，意思是文王恭敬而光明正大地事奉天帝，招致各种福禄。他的德行不违反天命，四方之国都来依附。不回，不违背。④我无所监，夏后及商。用乱之故，民卒流亡：此为逸诗，意思是借鉴夏和商由于政事混乱而亡国。

【译文】齐国有彗星出现，齐景公派人祭祷消灾。晏子说：“这是没有用的，只会招致欺骗。天道不可怀疑，天命不会失误，为何去祭祷？何况天上出现彗星，是用来去除污秽的。国君没有污秽的德行，又祭祷什么？要是德行污秽，祭祷又能减轻什么？《诗经》说：‘文王恭敬而光明正大地事奉天帝，招致各种福禄。他的德行不违反天命，四方之国都来依附。’君王没有恶德，四方的国家将会前来归附，对于彗星有什么可担忧的？《诗》说：‘我没有可借鉴的，要有就是夏和商。由于政事混乱的缘故，百姓终致流亡。’要是德行违背天命而混乱，百姓将要流亡，祝史也不能补救。”齐景公听后很高兴，便停止了祭祷。

齐侯与晏子坐于路寝[1]，公叹曰：“美哉室！其谁有此乎[2]？”

晏子曰："敢问何谓也？"公曰："吾以为在德[③]。"对曰："如君之言，其陈氏乎！陈氏虽无大德，而有施于民。豆、区、釜、钟之数，其取之公也簿，其施之民也厚。公厚敛焉，陈氏厚施焉，民归之矣。《诗》曰：'虽无德与女，式歌且舞[④]。'陈氏之施，民歌舞之矣。后世若少惰，陈氏而不亡，则国其国也已。"公曰："善哉！是可若何？"对曰："唯礼可以已之。在礼，家施不及国，民不迁，农不移，工贾不变，士不滥，官不滔，大夫不收公利[⑤]。"公曰："善哉！我不能矣。吾今而后知礼之可以为国也。"对曰："礼之可以为国也久矣，与天地并。君令臣共，父慈子孝，兄爱弟敬，夫和妻柔，姑慈妇听，礼也。君令而不违，臣共而不贰；父慈而教，子孝而箴；兄爱而友，弟敬而顺；夫和而义，妻柔而正；姑慈而从，妇听而婉：礼之善物也。"公曰："善哉！寡人今而后闻此礼之上也。"对曰："先王所禀于天地，以为其民也，是以先王上之。"

【注释】①路寝：古代天子、诸侯的正厅。②其谁有此乎：齐景公晚年无子，因此感叹宫室不知为谁所有。③吾以为在德：我觉得有德行的人将拥有它。④虽无德与女，式歌且舞：出自《诗经·小雅·车辖》，意思是即使没有德行给予你，也应该受到人们的歌颂。⑤滥：失职。滔：怠慢。公利：公家利益。

【译文】齐景公跟晏子在路寝里坐着，齐景公感叹说："多么漂亮的屋子啊，我死后谁会拥有这儿呢？"晏子说："请问君王是什么意思？"齐景公说："我觉得有德行的人将拥有它。"晏子回答说："照国君所说的那样，或许是陈氏了！陈氏即使没有大的德行，而对于百姓有施舍。豆、区、釜、钟等量器的容积，陈氏从公田征税就用小的，而对百姓施舍就用大的。君王征税多，陈氏施舍多，百姓都归附他了。《诗经》说：'即使没有德行给予你，也应该受到人们的歌颂。'陈氏的施舍，百姓已经为之唱歌跳舞了。您的后代要是稍有怠惰，陈氏又不灭亡，那么齐国便要成为他的国家了。"齐景公说："对呀，这可怎么办？"晏子回答说："只有礼能够制止这种情况的发生。要是符合礼，家族的施舍就不能遍及国家，百姓便不会迁移，农夫便不会挪动，工人商人便不会改行，士人便不会失职，官吏便不会怠慢，大夫便不会占取公家的利益。"齐景公说："对呀，可是我不能做到了。我现在知道礼能够用来治理国家了。"晏子回答说："礼能够用来治理国家已经很久了，和天地并存。君王发布命令臣下恭从，父亲慈爱儿子孝顺，哥哥仁爱弟弟恭敬，丈夫和顺妻子温柔，婆婆慈爱媳妇听从，这是合乎礼的。君王发令而不违礼，臣下恭敬而没有二心；父亲慈爱而教育子女，儿子孝顺而劝谏父亲；哥哥仁爱而友善，弟弟恭敬而顺服；丈夫和蔼而知义，妻子温柔而正派；婆婆慈爱而听从规劝，媳妇顺从而委婉陈辞：这又是礼中的上乘。"齐景公说："对呀，我现在知道要崇尚礼了。"晏子回答说："先王从天地那儿接受了礼，用它来治理百姓，故而先王崇尚它。"

昭公二十七年

【经】二十有七年春，公如齐。公至自齐，居于郓。夏四月，吴弑其君僚。楚杀其大夫郤宛。秋，晋士鞅、宋乐祁犁、卫北宫喜、曹人、邾人、滕人会于扈。冬十月，曹伯午卒。邾快来奔。公如齐。公至自齐，居于郓。

【译文】鲁昭公二十七年春季，鲁昭公前往齐国。鲁昭公从齐国回到鲁国，住在郓地。夏季四月，吴国人杀了他们的国君僚。楚国人杀了他们的大夫郤宛。秋季，晋国的士鞅、宋国的乐祁犁、卫国的北宫喜、曹国人、邾国人、滕国人在扈地会面。冬季十月，曹悼公午去世。邾快逃到鲁国。鲁昭公又前往齐国。鲁昭公从齐国回到鲁国，住在郓地。

【传】二十七年春，公如齐。公至自齐，处于郓，言在外也。

【译文】鲁昭公二十七年春季，昭公前往齐国。昭公从齐国回国，住在郓地。这是说鲁昭公居住在国都之外。

吴子欲因楚丧而伐之，使公子掩馀、公子烛庸帅师围潜①。使延州来季子②聘于上国。遂聘于晋，以观诸侯。

【注释】①潜：楚邑，在今安徽省霍山县东北。②延州来季子：即季札，春秋时期吴王寿梦第四子，封于延陵（今丹阳），后又封州来，故称延州来。

【译文】吴王僚想乘着楚平王刚刚去世的时机讨伐楚国，因此派公子掩馀、公子烛庸带领军队包围潜地，同时派延州来季子出使中原各国进行访问。于是延州来季子先去晋国访问，是为了观察各诸侯的态度。

楚莠尹然，工尹[①]麇帅师救潜。左司马沈尹戌帅都君子[②]与王马之属以济师[③]，与吴师遇于穷[④]。令尹子常以舟师及沙汭[⑤]而还。左尹郤宛、工尹寿帅师至于潜，吴师不能退。

【注释】①工尹：官名，春秋时期楚国设置，掌管百工及官营手工业。②都君子：春秋时楚国从都邑征召的亲军武士的称号。③济师：增援军队。④穷：楚邑，在今安徽霍邱县。⑤沙汭：在今安徽省怀远县。

【译文】楚国的莠尹然、工尹麇带领军队救援潜地，左司马沈尹戌带领从都邑征发的亲兵和王马手下的军队作为援军，和吴国军队在穷地相遇。令尹子常带领水军抵达沙汭之后便返回了。左尹郤宛、工尹寿带领军队到达潜地，吴国军队已经无法撤退。

吴公子光曰："此时也，弗可失也。"告鱄设诸曰："上国[①]有言曰：'不索，何获？'我，王嗣也，吾欲求之。事若克，季子虽至，不吾废也。"鱄设诸曰："王可弑也。母老子弱，是无若我何？"光曰："我，尔身也。"

【注释】①上国：春秋时称中原各诸侯国为上国，与吴楚诸国相对而言。

【译文】吴国的公子光说："这是一个好机会，不可以失去啊！"便告诉鱄设诸说："中原各诸侯国中曾有这样的一句话：'不去寻求，又如何能获得呢？’我，是王位的继承人，我想得到它。事情如果成功了，季札即使是回来了，也不能废掉我。”鱄设诸说：“君王是可以杀死的。但是我的母亲年迈，儿子年幼，如果没有我，他们该怎么办呢？”公子光说：“我就是你。”

夏四月，光伏甲于堀室[①]而享王。王使甲坐于道及其门。门、阶、户、席，皆王亲也，夹之以铍[②]。羞者献体改服于门外，执羞者坐行[③]而入，执铍者夹承之，及体以相授也。光伪足疾，入于堀室。鱄设诸置剑于鱼中以进，抽剑刺王，铍交于胸，遂弑王。阖庐以其子为卿。

【注释】①堀（kū）室：建在地下的房间，即地下室。②铍（pī）：兵器，指双刃刀。③坐行：以膝着地而行。

【译文】夏季四月，公子光在地下室招待吴王并且埋伏了甲士。吴王让自己的士兵把守在道路两边，一直到公子光家的大门口。大门、台阶、室内、座席边都有吴王的亲兵，都手持兵器将吴王保护在中间。上菜的侍者需要在门外将衣服脱去改换为别的衣服，端着食物的人需要膝行进入，吴王的亲兵手持兵器在两边夹着侍者，刀尖抵着侍者的皮肤，之后将食物献给吴王。公子光假装脚疼，进入到地下室。鱄设诸将短剑藏在鱼肚子里，之后端着鱼献给吴王，在靠近吴王时抽剑猛刺吴王，两边亲兵的兵器交叉刺进了鱄设诸的胸膛，但他终究还是杀死了吴王。公子光即位后任命鱄设诸的儿子为卿。

季子至，曰：“苟先君无废祀，民人无废主，社稷有奉，国家无倾，乃吾君也，吾谁敢怨？哀死事生，以待天命。非我生乱，立者从之，先人之道也。”复命哭墓，复位而待。吴公子掩馀奔徐，公子烛庸奔钟吾[1]。楚师闻吴乱而还。

【注释】①钟吾：春秋时小国，在今江苏省新沂市南。

【译文】季札返回国内，说：“如果先君的祭祀没有被废除，百姓也没有抛弃国君，社稷之神有人供奉，国家与家族也不会倾覆，那么他便是我们的国君。我又敢怨恨谁呢？只能哀悼死去的人，事奉活着的人，借此等待上天的安排吧。并不是我要发动祸乱，无论谁被立为国君，我都会服从他，这是先人留下的道理。”再次到吴王僚的墓前哭泣复命后，又回到原来的职位上等待命令。吴国的公子掩馀逃亡到徐国，公子烛庸逃亡到钟吾。楚国军队听说吴国发生了叛乱后便撤兵回国了。

郤宛直而和，国人说之。鄢将师为右领，与费无极比[1]而恶之。令尹子常贿而信谗，无极谮郤宛焉，谓子常曰：“子恶欲饮子酒。”又谓子恶：“令尹欲饮酒于子氏。”子恶曰：“我，贱人也，不足以辱令尹。令尹将必来辱，为惠已甚。吾无以酬之，若何？”无极曰：“令尹好甲兵，子出之，吾择焉。”取五甲五兵，曰：“置诸门，令尹至，必观之，而从以酬之。”及飨日，帷诸门左。无极谓令尹曰：“吾几祸子。子恶将为子不利，甲在门矣，子必无往。且此役也，吴可以得志，子恶取赂焉而还，又误群帅，使退其师，曰：‘乘乱不祥。’吴乘我丧，我乘其乱，不亦可乎？”令尹使视郤氏，则有甲焉。不往，召鄢将师而告之。将师退，遂令攻郤氏，且爇之。子恶闻之，遂自杀也。国人弗爇，令曰："不爇郤氏，与之同罪。"或取一编菅[2]焉，或取一秉秆焉，国人投之，遂弗爇也。令尹炮之，尽灭郤氏之族党，杀阳令终[3]与其弟完及佗，与晋陈及其子弟。晋陈之族呼于国曰："鄢氏、费氏自以为王，专祸楚国，弱寡王室，蒙王与令尹以自利也。令尹尽信之矣，国将如何？"令尹病之。

【注释】①比：结党营私、相互勾结。②编菅：盖屋的茅苫。③阳令终：令尹子瑕的儿子。

【译文】郤宛为人正直且温和，国人都喜欢他。鄢将师担任右领，跟费无极相互勾结并且都憎恨郤宛。令尹子常贪爱财物并听信谗言。费无极在子常面前诬陷郤宛，对子常说："郤宛想请您饮酒。"又对郤宛说："令尹想要到您家去喝酒。"郤宛说："我是一个身份卑微的人，不足以让令尹屈尊前来。如果令尹真的屈尊前来，那么对我的恩惠真的是太大了，我没有什么可以答谢他的，这该怎么办呢？"费无极说："令尹喜欢铠甲与兵器。您拿出来，我来挑选送给他的铠甲武器。"于是挑选了五套铠甲、五种兵器，说："把它们放置在门口，令尹来的时候，一定会看到，进而将这些献给令尹。"到了宴饮那天，郤宛将挑选出的铠甲与兵器放置在门的左侧，并且用帷帐遮挡了起来。费无极对令尹说："我差点让您遭遇祸患！郤宛想要对您不利，铠甲与兵器都放置在门口。您一定不要去！况且还有这次潜地的战事，楚国本可以让吴国就范，郤宛因为收了吴国的贿赂所以撤兵，并且耽误了其他将领，让他们退兵，说：'趁别的国家发生动乱的时候发动攻击，这是不吉利的。'吴国趁我国有丧事的时候攻打我们，我们趁他们发生动乱的时候攻打他们，不也是可以的吗？”令尹子常派人去郤宛家中查看情况，果然看到了铠甲跟武器，于是就没有前去，召见鄢将师并将情况告诉了他。鄢将师退下后，便下令攻打郤氏，并且放火烧了他的家。郤宛听说了这件事，便自杀了，国人都不愿放火烧郤家，鄢将师下令说：“没有放火烧郤家的人，便是与郤宛同罪！”有人拿着茅苫，有人拿一把稻草，国人将这些东西扔掉，因此郤家没有烧起来。令尹子常派人烧了郤家，将郤氏的同党同族尽数消灭，杀死了阳令终和他的弟弟完、佗，以及晋陈和他的子弟。晋陈的族人在国都内呼喊道：“鄢氏、费氏以君王自居，专权且祸害楚国，削弱王室的力量，欺瞒国君和令尹，以此来为自己谋私利。令尹对他们完全信任，国家又该怎么办呢？”令尹听了十分担忧。

秋，会于扈，令戍周，且谋纳公也。宋、卫皆利纳公，固请之。范献子取货于季孙，谓司城子梁[①]与北宫贞子曰：“季孙未知其罪，而君伐之，请囚，请亡，于是乎不获。君又弗克，而自出也。夫岂无备而能出君乎？季氏之复，天救之也。休公徒之怒，而启叔孙氏之心。不然，岂其伐人而说甲执冰以游？叔孙氏惧祸之滥，而自同于季氏，天之道也。鲁君守齐，三年而无成。季氏甚得其民，淮夷与之，有十年之备，有齐、楚之援，有天之赞，有民之助，有坚守之心，有列国之权，而弗敢宣也，事君如在国。故鞅以为难。二子皆图国者也，而欲纳鲁君，鞅之愿也，请从二子以围鲁。无成，死之。”二子惧，皆辞。乃辞小国，而以难复。

【注释】①司城子梁：即乐祁，宋国卿大夫，乐喜的孙子，多次代表宋国参加诸侯会盟。

【译文】秋季，各诸侯在扈地会面，这是为了派兵去戍守成周，同时商量送昭公回国。宋国、卫国都认为将昭公送回国对自己有利，坚决请求送回。范献子从季平子那里获得财物，对宋国的乐祁和卫国的北宫喜说："季平子并不知道自己的罪过，但是国君却讨伐他。季平子自请囚禁逃亡，在当时都没有被获准，国君又没有战胜他反而自己逃亡了。难道会有没有准备而能驱逐国君的情况吗？季氏官复原职，这是上天救了他。平息了昭公亲兵的愤怒，并且又挽回了叔孙氏的心意。如果不这样做的话，难道昭公的亲兵在攻击别人的时候反而卸下铠甲手拿着箭筒在那里玩耍吗？叔孙氏担心灾祸会泛滥，从而波及到自己，因此自愿与季平子站在一边，这是上天的启示啊。鲁国国君向齐国请求帮助，三年却没有成功。季氏很受百姓的拥护爱戴，淮夷人亲近他，已经有十年的准备，有齐国、楚国的支援，有上天的庇佑，有百姓的帮助，有坚守的决心，有诸侯一般的权势，却不敢专权，侍奉国君如国君仍在国都一般。故而我认为这件事很难办。您二位都是为国家谋划的人，并且想要将昭公送回鲁国也是我所希望的。请允许我跟随二位前去包围鲁国，如果不成功，便为此而死。"两人感到害怕，都辞谢了。于是辞谢小国，并且以困难为由回复晋顷公。

孟懿子、阳虎[1]伐郓。郓人将战，子家子曰："天命不慆[2]久矣。使君亡者，必此众也。天既祸之，而自福也，不亦难乎？犹有鬼神，此必败也。乌呼！为无望也夫，其死于此乎！"公使子家子如晋，公徒败于且知。

【注释】①阳虎：季桓子的家臣，鲁国的卿大夫。②慆（tāo）：怀疑。

【译文】孟懿子、阳虎讨伐郓地。郓地人准备迎战，子家子说："天命不可怀疑已经很久了！让国君逃亡的，一定是这些人。上天已经降临灾祸于国君，却要自己求福，这不也是很困难的事情吗？如果有鬼神，那么这次作战一定失败。唉！没有希望了吧！或许要死在这里了吧？"昭公派遣子家子前往晋国，昭公的亲兵在且知打了败仗。

楚郤宛之难，国言未已，进胙[①]者莫不谤[②]令尹。沈尹戌言于子常曰："夫左尹与中厩尹莫知其罪，而子杀之，以兴谤讟，至于今不已。戌也惑之：仁者杀人以掩谤，犹弗为也。今吾子杀人以兴谤，而弗图，不亦异乎？夫无极，楚之谗人也，民莫不知。去朝吴，出蔡侯朱，丧太子建，杀连尹奢，屏王之耳目，使不聪明。不然，平王之温惠共俭，有过成、庄，无不及焉。所以不获诸侯，迩无极也。今又杀三不辜，以兴大谤，几及子矣。子而不图，将焉用之？夫鄢将师矫子之命，以灭三族。三族，国之良也，而不愆位。吴新有君，疆埸日骇，楚国若有大事，子其危哉！知者除谗以自安也，今子爱谗以自危也，甚矣其惑也！"子常曰："是瓦之罪，敢不良图。"九月己未，子常杀费无极与鄢将师，尽灭其族，以说于国。谤言乃止。

【注释】①进胙：进献祭祀用的牲肉。②谤：诅咒。

【译文】楚国因郤宛的去世，国内的怨言没有停止，进献祭祀所用牲肉的人没有不诅咒令尹的。沈尹戌对子常说：“左尹郤宛和中厩尹阳令没有人知道他们犯了什么过错，而您却杀了他们，因此招来怨恨毁谤，直到如今也没有停歇。我感到很困惑：仁爱的人用杀人来止息诽谤，尚且不敢这么做。如今您杀人并且招来怨恨毁谤，却不考虑如何补救，这不是很奇怪吗？费无极，是楚国的谗佞之人，百姓中没有不知晓的。他除掉朝吴，赶走蔡侯朱，杀了太子建和连尹伍奢，蒙蔽国君的耳目，使国君耳不聪目不明。如果不这样做，平王的温和仁慈、恭敬节俭将超越成王、庄王，并且没有比不上他们的地方。他之所以没有得到诸侯的拥护，就是因为亲近费无极的缘故呀。如今又杀害了三个无罪的人，从而招来了大量的诅咒，几乎要波及到您的身上了。您如果不认真考虑对策，那么还用您这个令尹做什么呢？鄢将师假传您的命令，灭掉了三个家族，这三个家族的人都是国家的良才啊，在位的时候并没有什么过错。吴国刚刚立了新的国君，边境日益紧张。楚国如果有战事发生，那么您就会有危险！聪明的人去除谗佞的人使自己获得安全，如今您却喜爱谗佞的人反而使自己身处困境，您也太昏聩糊涂了！”子常说：“这确实是我的罪过，我怎么敢不认真考虑呢！”九月己未日，子常杀了费无极和鄢将师，灭掉了他们整个家族，以此来使国人开心，怨言才停息。

冬，公如齐，齐侯请飨之。子家子曰：“朝夕立于其朝，又何飨焉？其饮酒也。”乃饮酒，使宰献，而请安。子仲之子曰重，为齐侯夫人，曰：“请使重见。”子家子乃以君出。

【译文】冬季，昭公前往齐国。齐景公用享礼招待他，子家子说："每天早晚都在朝廷上，又为什么要设享礼呢？还是喝酒吧。"于是喝酒，齐景公让宰臣给昭公献酒，而自己却请求退席。子仲的女儿名重，是齐景公的夫人，说："请允许重出来见您。"子家子就带着昭公退席了。

十二月，晋籍秦致诸侯之戍于周，鲁人辞以难。

【译文】十二日，晋国的籍秦将诸侯的戍守士兵送到成周，鲁国以发生灾难为理由推辞了派兵戍守成周的事情。

昭公二十八年

【经】二十有八年春王三月，葬曹悼公。公如晋，次于乾侯[①]。夏四月丙戌，郑伯宁卒。六月，葬郑定公。秋七月癸巳，滕子宁卒。冬，葬滕悼公。

【注释】①乾侯：晋邑，今河北省成安县东南。

【译文】鲁昭公二十八年春季周历三月，安葬曹悼公。鲁昭公前往晋国，住在乾侯。夏季四月丙戌日，郑定公宁去世。六月，安葬郑定公。秋季七月癸巳日，滕悼公宁去世。冬季，安葬滕悼公。

【传】二十八年春，公如晋，将如乾侯。子家子曰："有求于人，而即其安，人孰矜之？其造于竟。"弗听。使请逆于晋。晋人曰："天祸鲁国，君淹恤在外。君亦不使一个辱在寡人，而即安于甥舅，其亦使逆君？"使公复于竟，而后逆之。

【译文】鲁昭公二十八年春季，昭公前往晋国，将要到达乾侯。子家子说："有求于人，却心安理得地进入别的国家，又有谁会可怜您呢？还是在边境上等待为好。"昭公不听，派人前往晋国请求迎接。晋国人说："上天降临祸患给鲁国，君王在外流离避难。国君您也不派遣一个使臣来屈尊问候寡人，而是安稳地居住在甥舅之国。难道还要派人前去迎接国君吗？"让昭公回到边境上，之后再派人迎接。

晋祁胜与邬臧通室①，祁盈将执之，访于司马叔游。叔游曰："《郑书》有之：'恶直丑正，实蕃有徒。'无道立矣，子惧不免。《诗》曰：'民之多辟，无自立辟②。'姑已，若何？"盈曰："祁氏私有讨，国何有焉？"遂执之。祁胜赂荀跞，荀跞为之言于晋侯，晋侯执祁盈。祁盈之臣曰："钧将皆死，慭③使吾君闻胜与臧之死以为快。"乃杀之。

【注释】①通室：互易妻室。②民之多辟，无自立辟：出自《诗经·大雅》。③慭（yìn）：宁愿。

【译文】晋国的祁胜和邬臧互换妻子，祁盈打算抓捕他们，向司马叔游询问意见。叔游说："《郑书》中记载道：'憎恨排挤正直的人，这样的人确实很多。'如今没有道义的人掌权，您恐怕不能免于灾祸。《诗经》中说：'百姓中有许多邪恶的人，自己不要陷入邪恶中去。'"暂且停歇，怎么样？"祁盈说："祁氏以个人的名义进行讨伐，与国家又有什么关系呢？"于是抓住了祁胜和邬臧。祁胜用财物贿赂荀跞，荀跞为他在晋顷公面前说情。晋顷公抓住了祁盈，祁盈的家臣说："同样都会被杀，宁愿让我的主人听到祁胜和邬臧死去的消息高兴一下。"于是杀了祁胜和邬臧。

夏六月，晋杀祁盈及杨食我①。食我，祁盈之党也，而助乱，故杀之。遂灭祁氏、羊舌氏。

【注释】①杨食我：即羊舌食我，字伯石，羊舌肸之子。

【译文】夏季六月，晋国人杀了祁盈和杨食我。杨食我，是祁盈的党羽，并且帮助祁盈作乱，因此杀了他。于是灭掉了祁氏、羊舌氏。

初，叔向欲娶于申公巫臣氏，其母欲娶其党。叔向曰："吾母多而庶鲜，吾惩①舅氏矣。"其母曰："子灵②之妻杀三夫、一君、一子，而亡一国、两卿矣。可无惩乎？吾闻之：'甚美必有甚恶'，是郑穆少妃姚子之子，子貉之妹也。子貉早死，无后，而天钟美于是，将必以是大有败也。昔有仍氏生女，黰黑③而甚美，光可以鉴，名曰玄妻。乐正后夔取之，生伯封，实有豕心，贪惏④无餍，忿类无期，谓之封豕。有穷后羿灭之，夔是以不祀。且三代之亡⑤，共子之废，皆是物也。女何以为哉？夫有尤物⑥，足以移人，苟非德义，则必有祸。”叔向惧，不敢取。平公强使取之，生伯石。伯石始生，子容之母走谒诸姑，曰：“长叔姒生男。”姑视之，及堂，闻其声而还，曰：“是豺狼之声也。狼子野心，非是，莫丧羊舌氏矣。”遂弗视。

【注释】①惩：警戒，惩戒。②子灵：即巫臣，本名屈巫，原为楚平王的大夫，后因爱慕夏姬，带夏姬逃亡到晋国，辅佐晋景公。③黰黑：头发稠黑。④贪惏（lán）：贪婪。⑤三代之亡：即夏桀宠妺喜、纣王宠妲己、周幽王宠褒姒。⑥尤物：优异的人物。

【译文】起初，叔向想要求娶申公巫臣的女儿为妻，而叔向的母亲想要他娶自己娘家的女子。叔向说：“母亲娘家的人虽然很多，但是庶出的兄弟却很少，我引以为戒，不与舅舅家的女儿成婚。”他的母亲说：“巫臣的妻子杀了三个丈夫、一个国君、一个儿子，并且灭掉了一个国家，两个卿大夫逃亡，这难道就可以不引以为戒吗？我听说，‘极其美好的东西一定会有极其恶劣的行径’。夏姬是郑穆公少妃姚子的女儿、子貉的妹妹。子貉死的早，没有留下后代，而上天将美丽都集中在她的身上，一定是要让她去深深地败坏别人。当初有仍氏生了女儿，头发乌黑稠密并且极其美丽，光可鉴人，被称为玄妻。乐正后夔娶了她，生下伯封，却有像猪一般的性情，贪得无厌，暴躁蛮横且没有限度，称他为大猪。有穷国的后羿灭亡了他，乐正后夔因此没有了后嗣，失去了为他祭祀的人。并且夏商周三代的灭亡，共子的被废，都是因为这样的美人，你为什么要娶这样的女人呢？具有优异姿色的美人，能够让人改变心性，如果不是具有德行仁义的人，娶了这样的女子，就一定会有灾祸降临。”叔向感到害怕，不敢求娶巫臣的女儿。晋平公强迫叔向娶了，生了伯石。伯石刚生下，子容的母亲跑去禀报婆婆，说：

“大弟媳生了个男孩。”婆婆前去看望，走到堂前，听见小孩的哭声便往回走，说：“这是豺狼的声音。狼崽子具有凶恶的野性，如果不是这个人，那么没有人可以毁灭羊舌氏了。”于是没有前去看望小孩。

秋，晋韩宣子[①]卒，魏献子[②]为政。分祁氏之田以为七县，分羊舌氏之田以为三县。司马弥牟为邬[③]大夫，贾辛为祁大夫，司马乌为平陵[④]大夫，魏戊为梗阳[⑤]大夫，知徐吾为涂水[⑥]大夫，韩固为马首[⑦]大夫，孟丙为盂[⑧]大夫，乐霄为铜鞮大夫，赵朝为平阳[⑨]大夫，僚安为杨氏[⑩]大夫。谓贾辛、司马乌为有力于王室，故举之。谓知徐吾、赵朝、韩固、魏戊，馀子[⑪]之不失职，能守业者也。其四人[⑫]者，皆受县而后见于魏子，以贤举也。

【注释】①韩宣子：即韩起，晋国卿大夫，六卿之一。②魏献子：即魏舒，晋国卿大夫。③邬：晋邑，在今山西介休市东北。④平陵：晋邑，在今山西交城县西南。⑤梗阳：晋邑，在今山西省清徐县。⑥涂水：在今山西榆次市东南涂河。⑦马首：晋邑，在今山西省寿阳县西南。⑧盂：晋邑，在今山西阳曲县东北大盂镇。⑨平阳：古邑名，在今山西省临汾市西南。⑩杨氏：古县名，在今山西省洪洞县东南范村。⑪馀子：古代卿大夫嫡长子之外的儿子。⑫四人：指司马弥牟、孟丙、乐霄、僚安。

【译文】秋季，晋国的韩宣子去世，魏献子掌握政权。他将祁氏的封地划分为七个县。将羊舌氏的封地划分为三个县。司马弥牟担任邬大夫，贾辛担任祁大夫，司马乌担任平陵大夫，魏戊担任梗阳大夫，知徐吾担任涂水大夫，韩固担任马首大夫，孟丙担任盂地大夫，乐霄担任铜鞮大夫，赵朝担任平阳大夫，僚安担任杨氏大夫。魏献子认为贾辛、司马乌对王室有贡献，所以举荐他们。认为知徐吾、赵朝、韩固、魏戊是庶子中不失职、能够守住家业的人。这四个人，都是接受了委任之后才拜见魏献子的，这是因为他们是由于贤能而被举荐的。

魏子谓成鱄："吾与戊也县，人其以我为党乎？"对曰："何也？戊之为人也，远不忘君，近不逼同，居利思义，在约思纯，有守心而无淫行。虽与之县，不亦可乎？昔武王克商，光有天下。其兄弟之国者十有五人，姬姓之国者四十人，皆举亲也。夫举无他，唯善所在，亲疏一也。《诗》[①]曰：'唯此文王，帝度其心。莫其德音，其德克明。克明克类，克长克君。王此大国，克顺克比。比于文王，其德靡悔。既受帝祉，施于孙子。'心能制义曰度，德正应和曰莫，照临四方曰明，勤施无私曰类，教诲不倦曰长，赏庆刑威曰君，慈和遍服曰顺，择善而从之曰比，经纬天地曰文。九德不愆，作事无悔，故袭天禄，子孙赖之。主之举也，近文德矣，所及其远哉！"

【注释】①《诗》：出自《诗经·大雅·皇矣》。

【译文】魏献子对成鱄说："我赐予魏戊一个县，其他人是否会认为我偏袒他呢？"成鱄回答说："为什么会这样呢？魏戊的为人，在远处不会忽视国君，在近处也不会欺压同僚，处在有利的地位时能想到道义，处在穷困的环境时能想到纯洁清廉，有守护基业的心且没有不合乎礼义的行为，即使赐予他一个县，不也是可以的吗？当初武王战胜商朝，广有天下。他的兄弟中分封国家的有十五人，姬姓中分封国家的有四十人，这都是在举荐亲属。举荐没有别的标准，只看心中是否存善，亲疏是相同的。《诗经》中说：‘只有这位周文王，上帝审度了他的内心，认定了他的美德名声，他的德行在于是非明辨，是非明辨就可以为善，就可以为人师长，成为百姓的君王，成为这个大国的君王，就可以使四方顺服。与文王相同，他的德行，从没有悔恨。既承受了上天所赏赐的福禄，还会使他的子子孙孙都受到庇佑。’内心能够受道义的限制称之为度，道德纯正配合默契称之为莫，照耀四方称之为明，勤于施恩没有偏私称之为类，教导百姓不知疲倦称之为长，赏罚得当称之为君，慈祥和顺使人顺服称之为顺，选择善良而跟从称之为比，经天纬地称之为文。这九种德行没有过失，做事情没有悔恨，因此可以承袭上天赐予的福禄，子子孙孙都可以得到庇佑。您的举荐，已经与文德很接近了，影响将会很深远啊！”

贾辛将适其县，见于魏子。魏子曰：“辛来！昔叔向适郑，鬷蔑[①]恶，欲观叔向，从使之收器者而往，立于堂下，一言而善。叔向将饮酒，闻之，曰：‘必鬷明也。’下，执其手以上，曰：‘昔贾大夫恶，娶妻而美，三年不言不笑，御以如皋，射雉，获之。其妻始笑而言。贾大夫曰：“才之不可以已，我不能射，女遂不言不笑夫！”今子少不飏，子若无言，吾几失子矣。言不可以已也如是。’遂如故知。今女有力于王室，吾是以举女。行乎！敬之哉！毋堕乃力！”仲尼闻魏子之举也，以为义，曰：“近不失亲，远不失举，可谓义矣。”又闻其命贾辛也，以为忠：“《诗》曰‘永言配命，自求多福[②]’，忠也。魏子之举也义，其命也忠，其长有后于晋国乎！”

【注释】①鬷（zōng）蔑：即然明，郑国大夫，智者。②永言配命，自求多福：出自《诗经·大雅·文王》。

【译文】贾辛将要前往他所上任的县邑，拜见魏献子。魏献子说："贾辛，你过来！当初叔向前往郑国，鬷蔑面貌丑陋，想要看望叔向，跟随收拾餐具的人前去，站在堂下，他说了一句话，说得很有道理。叔向打算喝酒，听到这句话，说：'说话的人一定是鬷蔑。'走到堂下，抓着他的手走上厅堂，说：'当初贾大夫相貌丑陋，娶的妻子却很美丽，他妻子三年不说不笑，贾大夫为她驾车前往水边，射野鸡，射中了。他妻子才开始笑着说话。贾大夫说："才能是不可以缺少的。我不能够射箭的话，你就不说不笑了啊！"如今您年纪小，容貌不出众，如果您再不说话的话，我几乎就要失去您了。话语不能缺少就是这个道理！'于是两人就像旧交一样。如今您对王室有功，我因此举荐您。出发去上任吧！敬守职责吧！不要毁掉您的功劳。"孔子听说魏献子举荐人才的事情，认为是合于道义的，说："在近处不失去族亲，在远处不失去应该被举荐的人，可以称之为道义了。"又听到他吩咐贾辛的话，认为是尽心尽责的表现，说："《诗经》中说'长久地顺应天命，自己追求各种福禄'，这就是忠诚。魏献子举荐人才的举动合于道义，他命令贾辛的行为是尽心尽责的表现，他的后代能够在晋国长期享有福禄。"

冬，梗阳人有狱，魏戊不能断，以狱上。其大宗赂以女乐，魏子将受之。魏戊谓阎没、女宽曰："主以不贿闻于诸侯，若受梗阳人，贿莫甚焉。吾子必谏。"皆许诺。退朝，待于庭。馈入，召之。比置，三叹。既食，使坐。魏子曰："吾闻诸伯叔，谚曰：'唯食忘忧。'吾子置食之间三叹，何也？"同辞而对曰："或赐二小人酒，不夕食。

馈之始至，恐其不足，是以叹。中置，自咎曰：‘岂将军食之，而有不足？’是以再叹。及馈之毕，愿以小人之腹为君子之心，属厌而已。”献子辞梗阳人。

【译文】冬季，梗阳人有诉讼案件，魏戊不能断案，便将案子上交给魏献子。诉讼双方中有一方的大宗用女乐贿赂魏献子，魏献子打算接受。魏戊对阎没、女宽说：“主君以不贪图财物闻名于诸侯，如果接受了梗阳人的贿赂，就没有比这更大的贿赂了。你们二位一定要劝谏啊！”两人都同意了。退朝之后，二人在庭院中等候魏献子。饭菜送来时，魏献子召他们一起吃饭。在摆上饭菜的时候，两人三次叹息。吃完饭后，魏献子让他们坐下，说：“我从各位叔伯那里听过有这样的一句俗语，说：‘只有在吃饭的时候才可以让人忘掉忧愁。’你们在上菜的期间三次叹息，这是为什么呢？”阎没、女宽同时回答说：“有人赐予我们两个卑微的人喝酒，没有吃晚饭。饭菜刚端上来的时候，担心饭菜不够吃，因此叹息。在饭菜刚端上一半时，我们责备自己说：‘难道将军请我们吃饭会让我们吃不饱吗？’因此第二次叹息。等到吃饱之后，希望我们以小人之心度君子之腹的内心，刚刚得到满足就行了。”魏献子便辞谢了梗阳人的贿赂。

昭公二十九年

【经】二十有九年春，公至自乾侯，居于郓。齐侯使高张来唁公。公如晋，次于乾侯。夏四月庚子，叔诣卒。秋七月。冬十月，郓溃。

【译文】鲁昭公二十九年春季，鲁昭公从晋国的乾侯返回鲁国，居住在郓邑。齐景公派遣高张前来慰问鲁昭公。鲁昭公前往晋国，仍住在乾侯。夏季四月庚子日，鲁国的叔诣去世。秋季七月。冬季十月，郓地的百姓反叛昭公。

【传】二十九年春，公至自乾侯，处于郓。齐侯使高张来唁公，称主君。子家子曰：“齐卑君矣，君只辱焉。”公如乾侯。

【译文】鲁昭公二十九年春季，昭公从乾侯回到鲁国，住在郓地。齐景公派遣高张前来慰问鲁昭公，称昭公为主君。子家子说：“齐侯已经轻视国君了，国君这是在自取其辱。”鲁昭公前往乾侯。

三月己卯，京师杀召伯盈、尹氏固及原伯鲁之子。尹固之复也，有妇人遇之周郊，尤之，曰：“处则劝人为祸，行则数日而反，是夫也，其过三岁乎？”

【译文】三月己卯日，京城里的军队杀死了王子朝的党羽召伯盈、尹氏固以及原伯鲁的儿子。尹固回国的时候，在成周的郊外遇到一位妇人，那妇人谴责他说：“在国内时就引导他人作乱，逃亡在外时不过几日就又返回国内，这样的人还能活过三年吗？”

夏五月庚寅，王子赵车入于鄻以叛，阴不佞败之。

【译文】夏季五月庚寅日，王子朝的余党王子赵车进入鄻地发动暴乱，阴不佞带兵将其打败。

平子每岁贾马，具从者之衣屦，而归之于乾侯。公执归马者，卖之，乃不归马。

【译文】季平子每年都会买马匹，并且为昭公的随从准备好所需的衣物和鞋子，送到乾侯。昭公却把前去送马的人抓住，并将马卖掉。从这之后季平子就不再送马了。

卫侯来献其乘马，曰启服，堑而死，公将为之椟。子家子曰："从者病矣，请以食之。"乃以帏裹之。

【译文】卫灵公派人把为自己驾车的马儿献给昭公，这匹马名为启服，后来启服因陷入坑而死。昭公想要为启服准备一副棺材。子家子说："随从都饿得生病了，还是让大家将马儿吃了吧。"于是昭公用破旧的帷帐将马儿的尸首裹起来埋了。

公赐公衍羔裘，使献龙辅[①]于齐侯，遂入羔裘。齐侯喜，与之阳谷。公衍、公为之生也，其母偕出。公衍先生，公为之母曰："相与偕出，请相与偕告。"三日，公为生，其母先以告，公为为兄。公私喜于阳谷，而思于鲁，曰："务人为此祸也。且后生而为兄，其诬也久矣。"乃黜之，而以公衍为大子。

【注释】①龙辅：美玉。

【译文】昭公赐给公衍一件羔裘，让他进献给齐景公美玉。公衍则连同羔裘一起进献给了景公。景公很高兴，将阳谷赐给他。先前，公衍、公为出生时，他们二人的母亲一起进入产房。最后公衍先出生。公为的母亲说："我们是一起进入产房的，希望我们可以一起向国君报喜。"三天之后，公为出生，但是公为的母亲却先行向国君报告了产子的消息，所以公为成了兄长。昭公私下里很喜欢阳谷这个地方，但是又想起了发生在鲁国的那些事情，说："这次的祸乱是公为造成的。并且他出生在后却成为了兄长，已经欺骗了我如此长的时间。"于是便废黜了公为，而立公衍为太子。

秋，龙见于绛郊。魏献子问于蔡墨[①]曰："吾闻之，虫莫知于龙，以其不生得也。谓之知，信乎？"对曰："人实不知，非龙实知。古者畜龙，故国有豢龙氏，有御龙氏。"献子曰："是二氏者，吾亦闻之，而不知其故，是何谓也？"对曰："昔有飂叔安[②]，有裔子曰董父，实甚好龙，能求其耆欲以饮食之，龙多归之。乃扰[③]畜龙，以服事帝舜。帝赐之姓曰董，氏曰豢龙。封诸鬷川[④]，鬷夷氏其后也。故帝舜氏世有畜龙。及有夏孔甲，扰于有帝，帝赐之乘龙，河、汉各二，各有雌雄，孔甲不能食，而未获豢龙氏。有陶唐氏既衰，其后有刘累，学扰龙于豢龙氏，以事孔甲，能饮食之。夏后嘉之，赐氏曰御龙，以更豕韦之后。龙一雌死，潜醢以食夏后。夏后飨之，既而使求之。惧而迁于鲁县[⑤]，范氏其后也。"献子曰："今何故无之？"对曰："夫物，物有其官，官修其方，朝夕思之。一日失职，则死及之。失官不食。官宿其业，其物乃至。若泯弃之，物乃坻伏[⑥]，郁湮不育。故有五行之官，是谓五官。实列受氏姓，封为上公，祀为贵神。社稷五祀[⑦]，是尊是奉。木正曰句芒，火正曰祝融，金正曰蓐收，水正曰玄冥，土正曰后土。龙，水物也。水官弃矣，故龙不生得。不然，《周易》有之：在《乾》䷀之《姤》䷫，曰：‘潜龙勿用。’其《同人》䷌曰：‘见龙在田。’其《大有》䷍曰：‘飞龙在天。’其《夬》䷪曰：‘亢龙有悔[⑧]。’其《坤》䷁曰：‘见群龙无首，吉。’《坤》之《剥》䷖曰：‘龙战于野。’若不朝夕见，谁能物之？”献子曰：“社稷五祀，谁氏之五官也？”对曰：“少皞氏有四叔，曰重、曰该、曰修、曰熙，实能金、木及水。使重为句芒，该为蓐收，修及熙为玄冥，世不失职，遂济穷桑，此其三祀也。颛顼氏有子曰犁，为祝融；共工氏有子曰句龙，为后土，此其二祀也。后土为社；稷，田正也。有烈山氏[⑨]之子曰柱为稷，自夏以上祀之。周弃亦为稷，自商以来祀之。”

【注释】①蔡墨：即蔡史墨，晋国的太史。②飂（liǎo）叔安：飂，古国名，在今河南省唐河县南。叔安，是国君的名字。③扰：驯服。④鬷川：在今山东定陶县北。⑤鲁县：古邑名，在今河南鲁山县。⑥坻（chí）伏：隐伏。⑦五祀：古代祭祀的五种神祇。⑧亢龙有悔：居高位而不知谦退，则盛极而衰，不免败亡之悔。⑨烈山氏：传说中炎帝神农氏的别称，又名厉山氏。

【译文】秋季，龙出现在了晋都绛城的郊外。魏献子向蔡墨询问道：“我听闻，虫类中再没有比龙更有智慧的了，是因为没有人可以生擒到龙，所以才这样认为的。说它有智慧，真的可以相信吗？”蔡墨答复说：“其实是人没有智慧，而不是龙有智慧。古时候有人养龙，因此国内才会有豢龙氏和御龙氏。”魏献子说：“这两个家族，我也听说过，只是不知道他们的具体情况，说的是怎样的事情呢？”蔡墨说：“先前，飂国国君叔安有一个后代叫董父，真的很喜欢龙，他可以根据龙的喜好去给龙喂食，所以大多数的龙都会去他那里。于是他开始驯服饲养龙，让它们服事帝舜。帝舜赐予他姓氏，姓为董，氏为豢龙，赐给他封地鬷川，鬷夷氏便是他的后代。因此帝舜氏世世代代都有饲养龙的人。到了有夏的孔甲，因为孔甲顺服于天帝，天帝赏赐给他可以驾车的龙，两条黄河的龙，两条汉水的龙，都是一雌一雄。孔甲不会饲养龙，又没有找到豢龙氏的后人。陶唐氏已经没落了，他的后代中有一个叫刘累的人，他曾向豢龙氏学习过驯服饲养龙的办法，于是事奉孔甲，可以饲养这几条龙。孔甲为了奖励他，赐予他氏为御龙，以此来代替豕韦氏的后代。后来其中一条雌龙死了，刘累就偷偷的将龙肉剁成肉酱给孔甲吃。孔甲吃了龙肉，不久之后又向刘累索要。刘累因为害怕了，所以就迁往鲁县，范氏就是他的后代。”魏献子说：“如今为什么没有龙这种物种了呢？”蔡墨说：“任何一种事物，都会有相应的管理他的官员，官员们发明出管理的制度方法，每天从早到晚都在思考这件事，一旦失职，就会丢掉性命，失去官位的人就享受不到俸禄。官位安定，尽忠职守，官员所从事的事情就会到来。如果官员玩忽懈怠，那么他们所从事的职业就会隐伏起来，抑郁而得不到生长。因此有管理五行的官员，这便是五官。他们的姓氏被世代承袭，生前封为上公，祭祀的时候被尊为贵神。社稷五神受到尊崇供奉。木官之长叫句芒，火官之长叫祝融，金官之长叫蓐收，水官之长叫玄冥，土官之长叫后土。龙是水中生物。因为水官被废黜了，所以龙无法被人活捉。如果不是这样，《周易》中怎么会有多处记录：乾卦变为姤卦后，卦辞说：'潜伏隐藏的龙，暂时不宜施展才能。'同人卦说：'巨龙出现在田野。'大有卦说：'巨龙在天空飞翔。'夬卦说：'巨龙在最高处会有灾祸发生。'坤卦说：'群龙之中没有领头的龙，是吉利的事情。'坤卦变成剥卦时，说：'龙在荒野中战斗。'如果不是早晚都可以看到龙，又有谁可以描述的如此详细呢？"魏献子说："社稷五祀，又是哪一代帝王的五官呢？"蔡墨答复说："少皞氏有四个后代子孙，分别称为重、该、修、熙，他们很擅长管理金、木和水。于是任命重为句芒，该为蓐收，修跟熙为玄冥。他们世世代代都恪尽职守，因此能够帮助穷桑登上帝位，这是五种祭祀中的三祀。颛顼氏有个儿子叫犁，担任祝融；共工氏有个儿子叫句龙，担任后土，这是另外二祀。后土便是社神，稷是管理田地的官员。有烈山氏的儿子叫柱，担任稷神，在夏朝以前都祭祀他。周朝的弃也做过稷神，在商朝之后都祭祀他。"

冬，晋赵鞅、荀寅帅师城汝滨，遂赋晋国一鼓[①]铁，以铸刑鼎，著范宣子所为刑书焉。

【注释】①鼓：古代量器名。四钧为石，四石为鼓，一石为一百二十斤，一鼓为四百八十斤。

【译文】冬季，晋国的赵鞅、荀寅领兵在汝水之滨修筑城池，于是想向晋国征收四百八十斤铁，用以铸造刑鼎，并在鼎上铸刻范宣子所著的刑书。

仲尼曰："晋其亡乎！失其度矣。夫晋国将守唐叔[①]之所受法度，以经纬其民，卿大夫以序守之。民是以能尊其贵，贵是以能守其业。贵贱不愆，所谓度也。文公是以作执秩之官，为被庐之法，以为盟主。今弃是度也，而为刑鼎，民在鼎矣，何以尊贵？贵何业之守？贵贱无序，何以为国？且夫宣子之刑，夷之蒐也，晋国之乱制也，若之何以为法？”蔡史墨曰：“范氏、中行氏其亡乎！中行寅②为下卿，而干上令，擅作刑器，以为国法，是法奸也。又加范氏焉，易之，亡也。其及赵氏，赵孟与焉。然不得已，若德，可以免。”

【注释】①唐叔：晋国的始祖，名虞，字子于，周成王的弟弟。②中行寅：即荀寅，晋国的卿大夫。

【译文】孔子说：“晋国大概是快要灭亡了吧！它已经失去了法度。晋国应当遵守唐叔所留下来的法度，以此来管理百姓，卿大夫们按照各自的位次来维护法度。如此，百姓才可以尊重贵人，贵人才能够守护基业。贵贱等级没有差错，这才是所说的法度。晋文公因此设立了掌管官职位次的官员，并且在被庐修订了唐叔的法度，因此他才可以领导晋国成为盟主。如今废弃了这一法度，却铸造刑鼎，百姓们能够在鼎上看到刑法的内容，谁还愿意去尊重贵人呢？那么贵人又怎么去守护基业呢？没有贵贱高低的区别，还如何治理国家呢？况且范宣子的刑法，是在夷地检阅军队时制定的，那是晋国的乱法啊，为什么要将乱法作为国家的法律法规呢？”蔡墨说：“范氏、中行氏大概要灭亡了吧！荀寅担任下卿，却违背上级的命令，擅自铸造刑鼎，作为国家的法律法规，这分明是在破坏法律啊。又加上范氏，想要改变国家已有的法律，这是灭亡的迹象。还要牵连到赵氏，因为赵孟也参与了这件事。但是赵孟是不得已才这么做的，如果他可以修习德行，是可以免于祸患的。”

昭公三十年

【经】三十年春王正月，公在乾侯。夏六月庚辰，晋侯去疾卒。秋八月，葬晋顷公。冬十有二月，吴灭徐，徐子章羽奔楚。

【译文】昭公三十年春季，周历正月，鲁昭公住在晋国的乾侯。夏季六月庚辰日，晋顷公去疾去世。秋季八月，安葬晋顷公。冬季十二月，吴国灭掉了徐国，徐国国君章羽逃到楚国。

【传】三十年春，王正月，公在乾侯。不先书郓与乾侯，非公，且征过也。

【译文】三十年春季，周历正月，昭公在乾侯。《春秋》中之前没有记载昭公在郓地和乾侯，而如今记载，是为了指责昭公，并且说明他的过错所在。

夏六月，晋顷公卒。秋八月，葬。郑游吉吊，且送葬，魏献子使士景伯诘之，曰：“悼公之丧，子西吊，子蟜送葬。今吾子无贰，何故？”对曰：“诸侯所以归晋君，礼也。礼也者，小事大，大字小之谓。事大在共其时命，字小在恤其所无。以敝邑居大国之间，共其职贡，与其备御不虞之患，岂忘共命？先王之制：诸侯之丧，士吊，大夫送葬；唯嘉好[①]、聘享[②]、三军之事，于是乎使卿。晋之丧事，敝邑之间，先君有所助执绋[③]矣。若其不间，虽士大夫有所不获数矣。大国之惠，亦庆其加，而不讨其乏，明厎其情，取备而已，以为礼也。灵王之丧，我先君简公在楚，我先大夫印段实往，敝邑之少卿[④]也。王吏不讨，恤所无也。今大夫曰：‘女盍从旧？’旧有丰有省，不知所从。从其丰，则寡君幼弱，是以不共。从其省，则吉在此矣。唯大夫图之。”晋人不能诘。

【注释】①嘉好：朝会。②聘享：聘问献纳。③执绋：送葬时帮助牵引灵车，后来泛指送葬。④少卿：官名，大卿的副职。

【译文】夏季六月，晋顷公去世。秋季八月，安葬晋顷公。郑国的游吉前往晋国吊唁，并且参加送葬。魏献子派士景伯质问游吉说：“悼公的丧事，子西吊唁，子蟜送葬。如今只有您一人前来参加葬礼，身兼两职，这是为什么呢？”游吉回答说：“诸侯之所以归顺于晋国国君，是因为晋国有礼。礼，说的就是小国侍奉大国，大国爱抚小国。侍奉大国的关键在于恭敬按时地执行大国下达的命令，爱抚小国的关键在于体恤小国的困乏。因为我们国家处在大国之间，供应应该进贡的物品，参与为了防备意料不到的祸患而建立的守备，怎么敢忘记恭敬地执行吊丧送葬的礼节呢？先王的制度：诸侯的丧事，由士吊唁，大夫送葬。只有朝会、聘问献纳、军中的事务，才会派遣卿前来参加。晋国的丧事，正处在我们国家太平时期，先君曾亲自前来送葬。如果我们国家处在不安定时期，即使是士和大夫也不能按先王的礼数办到。大国的恩惠，是在对超越常理的礼节进行嘉奖，礼数不周全的时候也不会因此而谴责，知道我们国家致尽忠诚，只要求大体具备礼节，就认为是合乎礼义了。周灵王的丧事，我们先君简公在楚国，只有我们的先大夫印段前去送葬，他是我们国家的少卿。天子的官吏并没有对我们进行责备，这就是因为体恤我们国家的困乏。如今大夫您却说：'你们为什么不依照过去的礼节办？'过去的礼节有的隆重有的减省，不知道应该按哪一种来办。如果按照隆重的形式办，那么我们国君的年纪尚小，因此不能前来；如果按照减省的形式办，那么我就在这里了，希望您可以重新考虑一下这件事。"晋国人于是没有办法再质问了。

吴子使徐人执掩馀，使钟吾人执烛庸，二公子奔楚，楚子大封，而定其徙。使监马尹大心逆吴公子，使居养[①]。莠尹然、左司马沈尹戌城之，取于城父与胡[②]田以与之。将以害吴也。子西谏曰："吴光新得国，而亲其民，视民如子，辛苦同之，将用之也。若好吴边疆，使柔服焉，犹惧其至。吾又强其仇以重怒之，无乃不可乎！吴，周之冑裔也，而弃在海滨，不与姬通。今而始大，比于诸华。光又甚文，将自同于先王。不知天将以为虐乎，使翦丧吴国而封大异姓乎？其抑亦将卒以祚吴乎？其终不远矣。我盍姑亿[③]吾鬼神，而宁吾族姓，以待其归。将焉用自播扬焉？"王弗听。吴子怒。

冬十二月，吴子执钟吾子，遂伐徐，防山以水之。己卯，灭徐。徐子章禹断其发，携其夫人，以逆吴子。吴子唁而送之，使其迩臣[④]

从之，遂奔楚。楚沈尹戌帅师救徐，弗及，遂城夷，使徐子处之。

【注释】①养：楚邑，在今河南省沈丘县东。②胡：古国名，在今安徽阜阳市西北。③亿：安定，安宁。④迩臣：近臣。

【译文】吴王让徐国人抓捕掩馀，让钟吾人抓捕烛庸。两位公子逃亡到楚国，楚昭王赏赐给他们大片土地，并且为他们确定迁居的地方。楚昭王派监马尹大心前去迎接吴国公子，让他们居住在养地。派莠尹然、左司马沈尹戌为他们修建城池，把城父和胡地的田地拿出一部分送给他们，准备用他们危害吴国。子西劝谏楚昭王说："吴光刚刚即位，并且亲近他的子民，将百姓都当做是自己的孩子一般照顾，与百姓同甘共苦，这是打算任用他们。如果与吴国边疆的百姓交好，让他们温柔顺服，这样还用担心他们前来吗？若我们让他们的仇人强大，以此来加重他们的愤怒，这恐怕是不可以的吧！吴国，是周朝的后代，却被抛弃在海滨，不能与中原各姬姓国沟通交流。如今吴国才刚刚开始强大，能够和中原各诸侯国比肩。吴光又很有知识，想要让自己与先王齐平。不知道上天打算让他暴虐，让他毁灭吴国并且扩大周边异姓国家的土地呢？亦或者是打算最终庇护吴国呢？大概它的结果不会太远了。我们为什么不姑且安定我们的鬼神，安抚我们的百姓，以此来等待这结果的到来呢？哪里用得着我们自己劳累呢？"楚昭王没有听从。吴王大怒。

冬季十二月，吴王抓了钟吾子，并讨伐徐国，建造堤坝堵住山间的水流，以水灌徐国。乙卯日，灭掉徐国。徐子章禹剪断自己的头发，领着自己的夫人，前来迎接吴王。吴王对他们进行慰问后把他们送走了，让自己的亲近之臣跟随，于是逃亡到楚国。楚国沈尹戌带领军队援救徐国，没有来得及，于是在夷地修建城池，让徐国国君住在那儿。

吴子问于伍员曰："初而言伐楚，余知其可也，而恐其使余往也，又恶人之有余之功也。今余将自有之矣，伐楚何如？"对曰："楚执政众而乖[①]，莫适任患。若为三师以肄焉，一师至，彼必皆出。彼出则归，彼归则出，楚必道敝。亟肄以罢之，多方以误之。既罢而后以三军继之，必大克之。"阖庐从之，楚于是乎始病。

【注释】①乖：不和顺。

【译文】吴王向伍员询问道："当初你说讨伐楚国，我知道这个是可行的计划，但是害怕派我前去，又讨厌别人抢占我的功劳。如今我打算自己拥有这份功劳，又该怎样讨伐楚国呢？"伍员回答道："楚国执政的人有很多，但是相互之间不和睦，没有人愿意承担责任。如果组建三支军队并且进行训练，用一支军队去骚扰敌军，敌军必定会全军出来应战。敌军一出动，我们便撤军回来；敌军一退兵，我们便出击，这样楚军一定会在路上疲于奔命。多次骚扰他们使他们感到疲惫，通过多种方法使他们出现失误，他们疲惫之后我们再让三支军队一起进攻，一定可以大获全胜。"吴王阖庐听从了伍员的建议，楚国于是开始变得疲惫不堪。

昭公三十一年

【经】三十有一年春王正月，公在乾侯。季孙意如会晋荀跞于适历。夏四月丁巳，薛伯谷卒。晋侯[1]使荀跞唁公于乾侯。秋，葬薛献公。冬，黑肱以滥[2]来奔。十有二月辛亥朔，日有食之。

【注释】①晋侯：即晋定公，名午，晋顷公之子。②滥：邾邑，在今山东省滕州市东南。

【译文】昭公三十一年春季周历正月，鲁昭公在晋国的乾侯。鲁国的季孙意如与晋国的荀跞在适历会面。夏季四月丁巳日，薛献公谷去世。晋定公派荀跞前往乾侯慰问鲁昭公。秋季，安葬薛献公。冬季，邾国的黑肱带着滥城前来投奔鲁国。十二月初一，出现了日食。

【传】三十一年春，王正月，公在乾侯，言不能外内也。

【译文】鲁昭公三十一年春季，周历正月，昭公住在晋国的乾侯。这是在说他外不容于齐、晋，内不容于国人。

晋侯将以师纳公。范献子曰："若召季孙而不来，则信不臣矣。然后伐之，若何？"晋人召季孙，献子使私焉，曰："子必来，我受其无咎。”季孙意如会晋荀跞于适历。荀跞曰：“寡君使跞谓吾子：‘何故出君？有君不事，周有常刑，子其图之！’”季孙练冠[①]、麻衣、跣行，伏而对曰：“事君，臣之所不得也，敢逃刑命？君若以臣为有罪，请囚于费，以待君之察也，亦唯君。若以先臣之故，不绝季氏，而赐之死。若弗杀弗亡，君之惠也，死且不朽。若得从君而归，则固臣之愿也。敢有异心？”

【注释】①练冠：用粗布所制的冠。古礼亲丧一周年祭礼时戴练冠。

【译文】晋定公准备派遣军队将昭公送回国。范献子说：“如果召见季平子但他却不来，那么就可以确信他不守臣道了，之后再讨伐他，怎么样？”晋国人召见季平子。范献子派人偷偷告诉季平子说：“您一定要来，我保证您不会有灾祸发生。”季平子与晋国的荀跞在适历会面。荀跞说：“我们国君派我前来对您说：‘为什么要驱赶国君呢？有国君却不去侍奉，周朝对此有明确的刑法规定，您还是考虑考虑吧！’”季平子头戴练冠，身穿麻衣，赤着脚走路，伏在地上答复说：“侍奉国君这是臣求之不得的事，怎么敢逃避惩罚呢？国君如果认为臣有罪，请将臣囚禁在费地，以此来等待国君的考察，也唯君命是从。如果国君因为先臣的缘故，不让季氏断了祭祀，只赐臣一人死罪。如果不杀死臣也不放逐臣，这是君主的恩惠，臣死也不朽了。如果可以跟随国君回国，这原本就是臣的愿望，哪里还敢有别的想法呢？”

夏四月，季孙从知伯如乾侯。子家子曰：“君与之归。一惭之不忍，而终身惭乎？”公曰：“诺。”众曰：“在一言矣，君必逐之。”荀跞以晋侯之命唁公，且曰：“寡君使跞以君命讨于意如，意如不敢逃死，君其入也！”公曰：“君惠顾先君之好，施及亡人，将使归粪除[①]宗祧以事君，则不能见夫人。己所能见夫人者，有如河！”荀跞掩耳而走，曰：“寡君其罪之恐，敢与知鲁国之难？臣请复于寡君。”退而谓季孙：“君怒未怠，子姑归祭[②]。”子家子曰：“君以一乘入于鲁师，季孙必与君归。”公欲从之，众从者胁公，不得归。

【注释】①粪除：打扫。②归祭：归去祭祀，指回去治理国事。

【译文】夏季四月，季平子跟随荀跞前往乾侯。子家子说：“国君与他一起回国吧！一时的羞辱不能忍受，难道终身的羞辱就可以忍受吗？”昭公说：“好吧！”众随从说：“只要您的一句话，国君一定会驱逐平子的！”荀跞以晋定公的名义慰问昭公，并且说：“我们国君派我以国君的名义讨伐意如，意如不敢逃避死亡，国君还是回国吧！”昭公说：“国君顾忌之前与先君的友好关系，施舍恩惠给逃亡的人，打算让我回去打扫宗庙，以此来侍奉国君，那么我就不能够再见到那个人了。我如果再见那个人的话，有河神为证！”荀跞捂住耳朵跑走，说：“我们国君担心获罪，又怎么敢参与调停鲁国的祸患呢？臣下请求回去向我国国君复命。”荀跞退出去后对季平子说：“国君的怒气没有减缓，您姑且回国去处理政事吧。”子家子说：“国君驾着一辆车独自进入鲁国，季平子一定会与国君一起回国的。”昭公想要听从他的意见。但随从们胁迫昭公，没能回去。

薛伯谷卒，同盟，故书。

【译文】薛献公谷去世，因为是同盟国的缘故，所以《春秋》中记录了。

秋，吴人侵楚，伐夷，侵潜[1]、六。楚沈尹戌帅师救潜，吴师还。楚师迁潜于南冈[2]而还。吴师围弦。左司马戌、右司马稽帅师救弦，及豫章，吴师还。始用子胥之谋也。

【注释】①潜：楚地，在今安徽霍山县东北。②南冈：楚邑，在今安徽霍山县东北。

【译文】秋季，吴国人侵袭楚国，攻打夷地，偷袭潜、六两地。楚国的沈尹戌率军援救潜地，吴国军队退兵。楚国军队将潜地的百姓都迁徙到南冈之后便回国了。吴国军队又包围了楚国的弦地。楚国的左司马戌、右司马稽率军援救弦地，当他们抵达豫章后，吴军又退兵回国了。这是吴王第一次采用伍子胥的计谋。

冬，邾黑肱以滥来奔，贱而书名，重地故也。君子曰："名之不可不慎也如是：夫有所有名，而不如其已。以地叛，虽贱，必书地，以名其人。终为不义，弗可灭已。是故君子动则思礼，行则思义，不为利回[1]，不为义疚[2]。或求名而不得，或欲盖而名章，惩不义也。齐豹为卫司寇，守嗣大夫，作而不义，其书为'盗'。邾庶其、莒牟夷、邾黑肱以土地出，求食而已，不求其名，贱而必书。此二物者，所以惩肆而去贪也。若艰难其身，以险危大人，而有名章彻[3]，攻难[4]之士将奔走之。若窃邑叛君，以徼大利而无名，贪冒之民将置力焉。是以《春秋》书齐豹曰'盗'，三叛人名，以惩不义，数恶无礼，其善志[5]也。故曰：《春秋》之称微而显，婉而辨。上之人能使昭明，善人劝焉，淫人惧焉，是以君子贵之。"

【注释】①回：改变。②疚：内疚。③章彻：广泛流传。④攻难：作难，发动祸难。⑤善志：善于记述。

【译文】冬季，邾国的黑肱带着滥地来投奔鲁国。黑肱的地位卑微但是《春秋》却记录了他的名字，这是因为重视土地的缘故。君子说："名不可以不慎重，说的就是这个意思啊！有的时候有名还不如没有名。带着封地叛变，即使是地位卑微，也一定会被记载地名，这个人也会因此而被记录下来。最终留下不义之名，无法消除。因此君子在有所行动的时候就要想到礼，在有所作为的时候就要想到义，不因为利益而有所改变，不做不合乎道义且使人内疚的事情。有的人想要获得名声却做不到，有的人想要隐藏名声却被声张出去，这是为了对那些不义之徒进行惩处。齐豹担任卫国的司寇，是世袭大夫，做事情却不合乎道义，《春秋》中把他称为'盗贼'。邾国的庶其、莒国的牟夷、邾国的黑肱带着封地出逃，只是为了谋求生存，不是为了获得名声，即使地位低下也一定会被记录。这两件事情，就是为了惩罚放肆而去除贪婪。如果处心积虑使身处上位的人陷入困境，且名声广泛流传，那么有意作难的人就会为此而奔走。如果偷窃城邑背叛国君，是为了获得大的收益却没有被记下名字，那么贪婪的人将会用尽全力去做这件事。因此《春秋》中称齐豹为‘盗贼’，也记录了其他三个背叛者的名字，是为了惩罚他们不义的行为，责备恶行无礼，这是擅长记述啊。因此说：《春秋》中的记载言辞隐秘而意义显著，表达婉转且主旨分明。身居上位的人可以使《春秋》中的大义得以发扬光大，可以使善良的人得到鼓励，邪恶的人感到畏惧，因此君子重视《春秋》。”

十二月辛亥朔，日有食之。是夜也，赵简子梦童子裸而转以歌。旦占诸史墨，曰：“吾梦如是，今而日食，何也？”对曰：“六年及此月也，吴其入郢乎！终亦弗克。入郢，必以庚辰，日月在辰尾[①]。庚午之日，日始有谪[②]。火胜金，故弗克。”

【注释】①辰尾：星宿名，即尾宿，尾宿九星，形成东方苍龙之尾，故也称龙尾。②谪：变异。

【译文】十二月初一，有日食发生。这天晚上，赵简子梦到一位童子光着身子按照节拍跳舞。早上的时候让史墨占卜，说：“我的梦是这般情景，如今又发生了日食，这是为什么呢？”史墨回答说：“六年之后的这个月，吴国大概就要进入到郢都吧？但是最终却不能获得胜利。进入郢都的那天一定是庚辰日，那天的日月正处在东方苍龙之尾。庚午那天，太阳开始有天象变化。火战胜金，因此不能获得胜利。”

昭公三十二年

【经】三十有二年春王正月，公在乾侯。取阚。夏，吴伐越。秋七月。冬，仲孙何忌会晋韩不信[①]、齐高张、宋仲几、卫世叔申、郑国参、曹人、莒人、薛人、杞人、小邾人城成周。十有二月己未，公薨于乾侯。

【注释】①韩不信：春秋时期晋国的韩氏，曾祖父为韩厥。

【译文】鲁昭公三十二年春季周历正月，鲁昭公在晋国的乾侯。鲁国军队夺取了邾娄国的阚邑。夏季，吴国讨伐越国。秋季七月。冬季，鲁国大夫仲孙何忌与晋国的大夫韩不信、齐国的大夫高张、宋国的大夫仲几、卫国的大夫世叔申、郑国的大夫国参、曹国人、莒国人、薛国人、杞国人、小邾娄国人会面在成周修筑城池。十二月己未日，鲁昭公在晋国的乾侯去世。

【传】三十二年春，王正月，公在乾侯。言不能外内，又不能用其人也。

【译文】鲁昭公三十二年春季，周历正月，昭公住在乾侯。这说明昭公既不容于国外，也不容于国内，又不擅长任用身边的有才之人。

夏，吴伐越，始用师于越也。史墨曰："不及四十年，越其有吴乎！越得岁而吴伐之，必受其凶。"

【译文】夏季，吴国讨伐越国，这是吴国第一次对越国用兵。史墨说："用不了四十年，越国大概就会占有吴国吧！如今岁星正在越国上空运行，而吴国却在此时攻打越国，所以吴国一定会受到岁星的惩罚。"

秋八月，王使富辛与石张如晋，请城成周。天子曰："天降祸于周，俾我兄弟并有乱心，以为伯父忧。我一二亲昵甥舅，不遑启处[①]，于今十年，勤戍五年。余一人无日忘之，闵闵焉如农夫之望岁，惧以待时。伯父若肆大惠，复二文[②]之业，驰周室之忧，徼文、武之福，以固盟主，宣昭令名，则余一人有大愿矣。昔成王合诸侯，城成周，以为东都，崇文德焉。今我欲徼福假灵于成王，修成周之城，俾戍人无勤，诸侯用宁，蝥贼远屏[③]，晋之力也。其委诸伯父，使伯父实重图之。俾我一人无征怨于百姓，而伯父有荣施，先王庸之。"

【注释】①不遑启处：没有闲暇的时间过安宁的日子，指忙于应付繁重或紧急的事务。②二文：指晋文侯仇、文公重耳。③屏：摈弃；除去，去掉。

【译文】秋季八月，周天子派富辛与石张前往晋国，请求为成周修建城池。天子说："上天降临灾祸给周朝，使我的兄弟们都产生了祸乱之心，使伯父忧虑。我那几个亲近的甥舅之国，也无法得以安居了，到如今已经有十年了，劳烦诸侯派兵前来戍守也已经有五年了。我没有一天敢忘掉这事，整日忧愁担心，就如同农夫盼望喜获丰收一般，忧惧地等待着收获季节的到来。如果伯父可以施以大恩，重建晋文侯、晋文公的大业，缓解周王室的忧患，以此向文王、武王祈求得到福佑，以此巩固盟主的地位，将晋国的美名发扬光大，这便是我最大的愿望了。当初成王曾召集各诸侯在成周修筑城池，这是将成周作为周朝的东都，表明了尊崇文治。如今我准备向成王祈求保佑，修建成周的城池，使各诸侯的士兵免于戍守的辛劳，各诸侯可以获得安宁，乱臣贼子被放逐远方，这都是晋国的功劳。如今将此事委托给伯父，请伯父认真考虑。这样就不会使我受到民众的怨恨，伯父也便有了荣耀与功绩，先王也会感谢伯父的。"

范献子谓魏献子曰："与其戍周，不如城之。天子实云，虽有后事，晋勿与知可也。从王命以纾诸侯，晋国无忧。是之不务，而又焉从事？"魏献子曰："善！"使伯音对曰："天子有命，敢不奉承，以奔告于诸侯。迟速衰序，于是焉在。"

【译文】范献子对魏献子说："与其派兵戍守成周，倒不如为它修筑城墙，这也是天子的要求。即使之后有意外的事情发生，晋国也可以不再承担责任。听从天子的命令从而让诸侯的压力得以缓解，晋国也就没有了忧虑，这样的事情不尽力去做，还能去做什么事情呢？"魏献子说："好。"就派伯音答复天子的使者，说："天子既然下达了命令，我们又怎么敢不服从呢？我们将尽快将消息告诉各诸侯。至于修城的进度和任务量的分配，就听从天子的命令了。"

冬十一月，晋魏舒、韩不信如京师，合诸侯之大夫于狄泉，寻盟，且令城成周。魏子南面，卫彪傒曰："魏子必有大咎。干位以令大事，非其任也。《诗》曰：'敬天之怒，不敢戏豫。敬天之渝，不敢驰驱。'况敢干位以作大事乎？"

【译文】冬季十一月，晋国的魏舒、韩不信前往京师，在狄泉与诸侯的大夫们会合，重温旧时平丘的盟约，并且下令在成周修筑城墙。魏舒面南而坐。卫国的彪傒说："魏舒一定会有大的灾祸。坐在国君的位置上向诸侯发布命令，这并不是他所能承担的。《诗经》中说：'对于上天的愤怒要心存敬畏，不敢戏嬉安逸。对于上天的意思要心存敬畏，不敢放肆恣意。'何况竟然敢越位代替天子去作大事呢？"

己丑，士弥牟营[①]成周，计丈数，揣[②]高卑，度厚薄，仞[③]沟洫，物[④]土方，议远迩，量事期，计徒庸，虑材用，书餱粮，以令役于诸侯，属役赋丈，书以授帅，而效诸刘子。韩简子临之，以为成命。

【注释】①营：筹划，管理，建设。②揣：估量，忖度。③仞：测量深度。④物：观察。

【译文】己丑日，士弥牟为成周设计了修建城墙的施工方案，计算长度，估计高度，度量宽度，测量沟渠的深度，观察土地的方位，商议运输沙土的距离，估算完工日期，计算工程所需的人力，考虑材料的消耗，登记所需的粮食，向诸侯发布使役人数，按照情况部署任务以及人数配比，记录之后交给各国大夫，并在刘文公那里进行汇总。由韩简子担任监工，执行这项命令。

十二月，公疾，遍赐大夫，大夫不受。赐子家子双琥[1]，一环，一璧，轻服[2]，受之。大夫皆受其赐。己未，公薨。子家子反赐于府人[3]，曰："吾不敢逆君命也。"大夫皆反其赐。书曰："公薨于乾侯。"言失其所也。

【注释】①琥：瑞玉，古代的一种形似老虎的玉。②轻服：质地细软的衣服。③府人：古代掌管府藏的官员。

【译文】十二月，昭公生了病，赏赐所有大夫宝物，但是大夫们不接受。赏赐子家子一对玉琥、一只玉环、一块玉璧还有一身质地细软的衣服，子家子接受了。于是大夫们都接受了昭公的赏赐。己未日，昭公去世。子家子将昭公赐予的物品归还给了掌管府藏的官员，说："我当初之所以接受，是由于不敢违背国君的命令。"大夫们也都归还了赏赐。《春秋》中记载说："昭公在乾侯去世。"这是在说昭公没有死于正寝。

赵简子问于史墨曰："季氏出其君，而民服焉，诸侯与之，君死于外，而莫之或罪，何也？"对曰："物生有两、有三、有五、有陪贰[1]。故天有三辰，地有五行，体有左右，各有妃耦。王有公，诸侯有卿，皆有贰也。天生季氏，以贰鲁侯，为日久矣。民之服焉，不亦宜乎？鲁君世从其失，季氏世修其勤，民忘君矣。虽死于外，其谁矜之？社稷无常奉，君臣无常位，自古以然。故《诗》曰：'高岸为谷，深谷为陵②。'三后之姓③，于今为庶，主所知也。在《易》卦，雷乘《乾》曰《大壮》䷡，天之道也。昔成季友，桓之季也，文姜之爱子也，始震④而卜。卜人谒之，曰：'生有嘉闻，其名曰友，为公室辅。'及生，如卜人之言，有文在其手曰'友'，遂以名之。既而有大功于鲁，受费以为上卿。至于文子、武子，世增其业，不废旧绩。鲁文公薨，而东门遂杀適立庶，鲁君于是乎失国，政在季氏，于此君也，四公矣。民不知君，何以得国？是以为君，慎器与名，不可以假人。"

【注释】①陪贰：副手，助手。②高岸为谷，深谷为陵：出自《诗经·小雅·十月之交》，常用来比喻人世间的重大变迁。③姓：子孙的通称。④震（shēn）：通"娠"，怀孕。

【译文】赵简子向史墨询问道："季孙驱逐了他的国君，百姓却都服从他，诸侯又都赞许他，国君死在外地却没有人怪罪他，这是为什么呢？"史墨回答说："事物的存在方式各不相同，有的成双，有的成三，有的成五，有的成辅佐。因此上天有日、月、星三辰，地上有金、木、水、火、土五行，身体有左右两侧，各有配偶。天子有公，诸侯有卿，都有辅佐的人。上天生了季氏，是为了让他辅佐鲁昭公，但时间已经过去很久了。百姓服从于季氏，这不是很理所当然的事情吗？鲁国的国君世世代代放纵安逸，季氏却世世代代修习德行勤劳为民，以致于百姓们忘记了国君的存在。即使国君死在了国外，又有谁会去怜悯他呢？祭祀社稷、管理国家的人是不会固定不变的，君臣的位置也是不会永恒不变的，从古至今都是这样。因此《诗经》说：'高高的岸边可以变成深谷，深谷也可以变成丘陵。'虞、夏、商三代帝王的子孙后代如今都已变成了平民，这您是知道的。在《易经》的卦象中，代表雷的《震》卦在《乾》卦之上便称为《大壮》卦，这是上天的规律。当初成季友是鲁桓公的小儿子，文姜的爱子。在文姜刚怀孕的时候占卜，卜人向桓公报告说：‘孩子生下来就会享有一个好名声，他的名字叫友，可以成为辅佐公室的人。’等到孩子出生之后，真的与卜人说的一样，在他的手上有一个‘友’字，于是就用‘友’为其命名。后来为鲁国立下了大功，受封于费地，并官拜上卿。到了季文子、季武子的时候，世世代代增加他们的祖业，从不废弃祖先的功绩。鲁文公去世时，东门遂杀害了嫡子，立庶子为新君，鲁国国君开始丧失了国家的政权，政权落在季氏手中，到如今已经经过了四代国君了。百姓的心中没有国君，国君又怎么能掌握国家政权呢？所以作为一位国君，应当谨慎地对待国家政权，不可以假手于人。”

定公

定公元年

【经】元年[①]春王。三月，晋人执宋仲几于京师。夏六月癸亥，公之丧至自乾侯。戊辰，公即位。秋七月癸巳，葬我君昭公。九月，大雩。立炀宫[②]。冬十月，陨霜杀菽。

【注释】①元年：即公元前509年，周敬王十一年。②立炀宫：季平子重建炀官庙。

【译文】鲁定公元年春季周历。三月，晋国在周朝京都囚禁了宋国的仲几。夏季六月癸亥日，鲁昭公的灵柩从乾侯运回鲁国。戊辰日，鲁定公即位。秋季七月癸巳日，安葬我国国君昭公。九月，鲁国举行盛大的求雨仪式。重建炀公庙。冬季十月，天降寒霜杀死了豆类农作物。

【传】元年春王正月辛巳，晋魏舒合诸侯之大夫于狄泉，将以城成周。魏子莅政[①]。卫彪傒曰："将建天子[②]，而易位[③]以令，非义也。大事奸义，必有大咎。晋不失诸侯，魏子其不免乎！"是行也，魏献子属役于韩简子及原寿过[④]，而田于大陆[⑤]，焚焉，还，卒于甯[⑥]。

范献子去其柏椁[⑦]，以其未复命而田也。

【注释】①莅政：代天子掌管政事。②建天子：指建造天子的住所。③易位：指超过自己的本分。④原寿过：周朝大夫。⑤大陆：在今河南获嘉县西北。⑥甯：在今河南获嘉县西。⑦柏椁：柏木作的外棺，大臣所用。

【译文】鲁定公元年春周历正月辛巳日，晋国的魏舒在狄泉会合诸侯的大夫，准备用诸侯的力量增修成周的城墙。魏舒主持修城事务，卫国的彪傒说："将为天子建城，而魏舒超越大臣的身份发号施令，这不合于道义。大事违反道义，必有大灾。晋国如果不失去诸侯，魏舒或许不能免于灾祸吧！"此次行动中，魏舒把工程事务交予韩简子和原寿过，而自己却跑到大陆打猎，放火烧猎，返回时，死于甯地。范献子撤除魏舒的柏木外棺，这是因为他没有回国复命而去狩猎的缘故。

孟懿子会城成周，庚寅，栽[①]。宋仲几不受功[②]，曰："滕、薛、郳，吾役也[③]。"薛宰曰："宋为无道，绝我小国于周，以我适楚，故我常从宋。晋文公为践土之盟，曰：'凡我同盟，各复旧职。'若从践土，若从宋，亦唯命。"仲几曰："践土固然[④]。"薛宰曰："薛之皇祖奚仲，居薛以为夏车正。奚仲迁于邳[⑤]，仲虺居薛，以为汤左相。若复旧职，将承王官，何故以役诸侯？"仲几曰："三代各异物[⑥]，薛焉得有旧？为宋役，亦其职也。"士弥牟曰："晋之从政者新，子姑受功。归，吾视诸故府[⑦]。"仲几曰："纵子忘之，山川鬼神其忘诸乎？"

士伯怒，谓韩简子曰："薛征于人，宋征[8]于鬼，宋罪大矣。且己无辞而抑我以神，诬我也。'启宠纳侮'，其此之谓矣。必以仲几为戮[9]。"乃执仲几以归。三月，归诸京师。

【注释】①栽：筑墙立板。②功：事情；工作。③吾役：我们服劳役的人。④践土固然：指践土之盟实行，薛国还要为宋国服役。⑤邳：在今江苏邳县。⑥各异物：指事不同。⑦故府：指存放档案的地方。⑧征：证明；验证。⑨戮：通"僇"，羞辱。

【译文】孟懿子参加增修成周城墙的工程，庚寅日，开始立夹板。宋国的仲几不接受工程任务，说："滕国、薛国、郳国，是代我国服役的。"薛国宰臣说："宋国没有道义，把我们小国跟周朝隔开，领着我们去事奉楚国，故而我们长期跟从宋国。晋文公在践土订立盟约，说：'但凡我们同盟国，各自恢复原来的职位。'是遵守践土盟约，还是服从宋国，都唯命是从。"仲几说："即使依照践土盟约，薛国仍要代宋国服役。"薛国宰臣说："薛国始祖奚仲住在薛地，而担任夏朝的车正。奚仲迁往邳地，仲虺住在薛地，而担任商汤的左相。要是恢复原来的职位，将继承天子授予的官职，为何要为诸侯国服役？"仲几说："三代的事各不相同，薛国哪能恢复过去的官职？为宋国服役，也是你们的职责。"士弥牟说："晋国执政的人刚上任，您暂时接受工程任务。我回去后，到故府查看一下盟约。"仲几说："就算您忘了，山川鬼神难道也忘了吗？"士弥牟发怒，对韩简子说："薛国取证于人，宋国取证于鬼，宋国的罪过大了。并且仲几自己无言以对却用鬼神压我，是欺骗我们。'给予宠信却招来侮辱'，说的就是这种情况。必定要捉拿仲几加以羞辱。”便拘捕仲几带回国。三月，把他送至周都。

城三旬而毕，乃归诸侯之戍。

【译文】修城工程三十天便完工了，于是让诸侯的戍卒各自回国。

齐高张后，不从诸侯。晋女叔宽曰：“周苌弘、齐高张皆将不免。苌叔违天，高子违人。天之所坏，不可支也。众之所为，不可奸也。”

【译文】齐国的高张晚到，没能赶上诸侯们筑城。晋国的女叔宽说：“周朝的苌弘、齐国的高张都将不免于灾难。苌弘违背了上天，高张违反了众人。上天所要毁坏的，不可能保住。众人所要做的，不能够违反。”

夏，叔孙成子逆公之丧于乾侯[①]。季孙曰：“子家子亟言于我，未尝不中吾志也[②]。吾欲与之从政，子必止之[③]，且听命焉[④]。”子家子不见叔孙，易几而哭[⑤]。叔孙请见子家子，子家子辞，曰：“羁未得见，而从君以出。君不命而薨，羁不敢见。”叔孙使告之曰：“公衍、公为实使群臣不得事君。若公子宋主社稷[⑥]，则群臣之愿也。凡从君出而可以入者，将唯子是听。子家氏未有后，季孙愿与子从政。此皆季孙之愿也，使不敢以告。”对曰：“若立君，则有卿士、大夫与守龟在[7]，羁弗敢知。若从君者，则貌而出者[8]，入可也；寇而出者[9]，行可也。若羁也，则君知其出也，而未知其入也，羁将逃也。”丧及坏隤[10]，公子宋先入，从公者皆自坏隤反。六月癸亥，公之丧至自乾侯。戊辰，公即位。季孙使役如阚公氏[11]，将沟焉[12]。荣驾鹅[13]曰：“生不能事，死又离之，以自旌[14]也？纵子忍之，后必或耻之。”乃止。季孙问于荣驾鹅曰：“吾欲为君谥[15]，使子孙知之。”对曰：“生弗能事，死又恶之，以自信也[16]？将焉用之？”乃止。

【注释】①叔孙成子：叔孙婼的儿子。②中吾志：合我心意。③止之：阻止他出行外国。之，指子家羁。④听命：听从命令。这里指听从子家羁的命令。⑤易几：指改变哭丧时间。几，时间。⑥公子宋：即鲁定公，名宋，鲁昭公的弟弟。⑦守龟：天子诸侯占卜用的龟甲。据《周礼》记载，此龟甲由专人掌守，故称守龟。⑧貌而出：指表面随君而出，而心中未必忠君的人。⑨寇而出：指与季氏结仇而随君出的人。⑩坏隤：地名，在今山东曲阜。⑪阚：春秋鲁邑，在今山东省汶上县。⑫将沟焉：季氏痛恨鲁昭公，准备挖一条沟把昭公墓与鲁国国君祖墓隔开。⑬荣驾鹅：即鲁国大夫成伯。⑭旌：表彰。⑮谥：古代帝王或大官死后评给的称号。这里指恶谥。⑯信：同“伸”。自信即表示自己的意思。

【译文】夏季，叔孙成子到乾侯迎接鲁昭公的灵柩。季孙说：“子家羁多次与我谈话，每次都很合我的心意。我希望和他共同执政，您必定要留住他，且要听从他的意见。”子家羁不肯见叔孙成子，便改变时间为昭公哭丧。叔孙成子求见子家羁，子家羁拒绝了，说：“我没有见过您，就跟随国君出国了。国君没有下命令就去世了，我不敢见您。”叔孙成子派人告诉子家羁说：“其实是公衍、公为让群臣不能事奉国君。要是公子宋能主持鲁国国政，那是群臣的心愿。但凡跟着国君出国而能够回国的人，都将听从您的命令。子家氏没有继承人，季孙愿意和您共同执政。这全是季孙的心愿，我不敢不来告诉您。”子家羁回答说：“要是立君主，有卿士、大夫与守龟在，我不敢过问。至于跟从国君的人，要是表面跟随出国的人，可以回国；要是与季孙结仇而出去的，可以离开。至于我，国君同意我出国，而不知道我回国。我想要逃亡。”昭公的灵柩到达坏隤，公子宋先进入国内，跟着昭公的人都从坏隤往回走了。六月癸亥日，昭公的灵柩从乾侯回到鲁国。戊辰日，定公即位。季孙派役人前往阚公氏，想要挖壕沟把昭公墓跟鲁国先君的墓隔开。荣驾鹅说：“君主在世时不能事奉，死后又隔离他，是为了表彰自己吗？就算您忍心这样做，后世必定有人认为这样可耻。”季孙这才停止。季孙又向荣驾鹅请教说：“我想要给国君制定恶谥，让子孙后代知道。”荣驾鹅答复说：“在世时不能事奉，死后又丑化他，是为了展现自己对国君的厌恶吗？哪儿用得着这样？”季孙也停止了。

秋七月癸巳，葬昭公于墓道南。孔子之为司寇也，沟而合诸墓[①]。昭公出，故季平子祷于炀公[②]。九月，立炀宫。周巩简公[③]弃其子弟，而好用远人[④]。

【注释】①沟而合诸墓：这里指在昭公墓外挖沟，扩大墓区，使昭公墓与祖墓相连。②炀公：指鲁炀公，本名姬熙，又名姬怡，鲁国第三任君主。伯禽之子，鲁考公弟。③巩简公：春秋时期巩国国君，景王、敬王时任周王室卿大夫，执掌朝政。④远人：异族。

【译文】秋季七月癸巳日，把昭公安葬在墓道南边。孔子做司寇的时候，在昭公墓外挖壕沟让昭公墓跟鲁国先君的墓地合在一块。由于昭公出走的缘故，季孙向炀公祈祷。九月，重建炀公庙。周朝的巩简公疏远他的子弟，而喜欢任用异族人。

定公二年

【经】二年[1]春王正月。夏五月壬辰，雉门及两观灾[2]。秋，楚人伐吴。冬十月，新作雉门及两观。

【注释】①二年：指周敬王十二年，公元前508年。②雉门：诸侯宫殿的南门，相当于天子的应门。诸侯宫殿有三门，即库门、雉门、路门。两观：雉门两边的望楼。积土为台，上修重屋，可以观望，故叫观。又悬法令其上，供民观望。

【译文】鲁定公二年春季周历正月。夏季五月壬辰日，鲁公宫殿的雉门和两个观望台发生火灾。秋季，楚国攻打吴国。冬季十月，重新修建雉门和两观。

【传】二年夏四月辛酉，巩氏之群子弟贼简公。

【译文】鲁定公二年夏季四月辛酉日，巩氏的子弟杀死了巩简公。

桐[①]叛楚。吴子使舒鸠氏诱楚人[②]，曰："以师临我，我伐桐，为我使之无忌。"

【注释】①桐：楚属国，在今安徽桐城县。②舒鸠氏：襄公二十四年舒鸠叛楚，二十五年被楚灭。其地在安徽桐城北的舒城县。

【译文】桐国反叛楚国，吴王派舒鸠氏诱骗楚国人，说："请楚国派军队逼近我国，我国趁机攻打桐国，为了让楚国对我国没有猜忌。"

秋，楚囊瓦[①]伐吴，师于豫章。吴人见舟于豫章，而潜师于巢。冬十月，吴军楚师于豫章，败之。遂围巢，克之，获楚公子繁[②]。

【注释】①囊瓦：字子常，春秋时期楚国令尹，楚庄王第三子王子贞的孙子。②公子繁：守卫巢地的大夫。

【译文】秋季，楚国的囊瓦从豫章攻打吴国。吴国人让战船出现在豫章，而在巢地埋伏军队。冬季十月，吴军在豫章进攻楚军，击败了他们。于是包围巢地，并攻占它，抓住了楚国的公子繁。

邾庄公与夷射姑饮酒，私[①]出。阍乞肉焉，夺之杖以敲之。

【注释】①私：排尿；小便。

【译文】邾庄公与夷射姑饮酒，夷射姑出去小便。守门人向他讨肉吃，他抢夺守门人的棍子并打他们。

定公三年

【经】三年[①]春王正月，公如晋，至河，乃复。二月辛卯，邾子穿卒。夏四月。秋，葬邾庄公。冬，仲孙何忌及邾子[②]盟于拔。

【注释】①三年：指周敬王十三年，即公元前507年。②邾子：指邾隐公，邾庄公之子，名益。

【译文】定公三年春季周历正月，鲁定公到晋国，走到黄河边，便返回了。二月辛卯日，邾庄公穿去世。夏季四月。秋季，安葬邾庄公。冬季，仲孙何忌和邾隐公在拔地结盟。

【传】三年春二月辛卯，邾子在门台[①]，临廷[②]。阍以瓶水沃廷。邾子望见之，怒。阍曰："夷射姑旋焉[③]。"命执之，弗得，滋怒，自投于床，废于炉炭[④]，烂，遂卒。先葬以车五乘，殉五人。庄公卞急而好洁，故及是。

【注释】①门台：指门楼。②廷：指外廷。③旋：指小便。④废：坠落；跌下。

【译文】鲁定公三年春季二月辛卯日，邾庄公站在门楼，下临庭院。守门的人用瓶子盛水在庭院里泼洒。邾庄公远远看到了，十分生气。守门的人说："夷射姑曾在这儿小便。"邾庄公下令把夷射姑抓起来。没有抓到，更加气愤，自己从床上跳下来，摔倒在炉子里的炭火上，皮肉溃烂而死。先用五辆车与五个人为他殉葬。邾庄公性急而爱干净，所以才弄到如此地步。

秋九月，鲜虞人败晋师于平中[①]，获晋观虎，恃其勇也。

【注释】①平中：晋国地名。

【译文】秋季九月，鲜虞人在平中击败晋军，抓住了晋国的观虎，这是因为他自恃勇敢。

冬，盟于郯，修邾好也。

【译文】冬季，在郯地结盟，这是为了重修与邾国的友好。

蔡昭侯为两佩与两裘，以如楚，献一佩一裘于昭王。昭王服之，以享蔡侯。蔡侯亦服其一。子常欲之[①]，弗与，三年止之。唐成公如楚[②]，有两肃爽马[③]，子常欲之，弗与，亦三年止之。唐人或相与谋，请代先从者，许之。饮先从者酒，醉之，窃马而献之子常。子常归唐侯。自拘于司败[④]，曰："君以弄马之故[⑤]，隐君身[⑥]，弃国家。群臣请相夫人以偿马[⑦]，必如之。"唐侯曰："寡人之过也，二三子无辱。"皆赏之。蔡人闻之，固请，而献佩于子常。子常朝，见蔡侯之徒，命有司曰："蔡君之久也，官不共也[⑧]。明日礼不毕，将死。"蔡侯归，及汉，执玉而沈，曰："余所有济汉而南者，有若大川。"蔡侯如晋，以其子元与其大夫之子为质焉，而请伐楚。

【注释】①子常：即囊瓦，楚国大夫。②唐成公：春秋末期唐国国君，唐惠侯之后。③肃爽：良马名。④自拘：窃马者自拘，以示请罪。司败：官名。即司寇。古代中央政府中掌管司法和纠察的长官。⑤弄：玩耍，把玩。⑥隐：被拘留的讳言。⑦相：辅助；帮助。夫人：指养马的人。⑧不共：指贡品没有准备好。共，古同"供"，供奉，供给。

【译文】蔡昭侯准备了两块玉佩与两件皮衣，作为去楚国的礼物，并将其中一块玉佩与一件皮衣献给楚昭王。昭王穿上皮衣戴上玉佩，设宴款待蔡昭侯。蔡昭侯也穿戴上了另一件皮衣和玉佩。子常想得到蔡昭侯的皮衣与玉佩，但蔡昭侯没有给，子常因此把蔡昭侯扣留了三年。唐成公去楚国，身边有两匹肃爽良马，子常也想要，唐成公也没有给，也被子常扣留了三年。唐国人私下商量，请求代替之前跟从唐成公的人，楚人同意了。他们与先跟从唐成公的人喝酒，把他们灌醉了，然后偷了唐成公的马献给子常。子常因此放回唐成公。偷马的人将自己绑了来到唐国司寇那儿，说："国君因为爱好玩马，让自己失去了自由，丢弃了国家和群臣，臣下们请求帮助养马的人来赔马，一定会像那两匹良马一样好。"唐成公说："这是寡人的过错。你们不要自我羞辱！"因此而奖赏他们。蔡国人听说了此事，也坚决请求蔡昭侯将玉佩献给子常。子常上朝时，看到蔡昭侯的下属，便命令有关官员说："蔡侯之所以在我国久留，是因为没有供送礼物。明天如果礼物还没准备好，你们就将被处死。"蔡昭侯回国，抵达汉水，拿起玉佩丢入汉水之中，说："我如果再次渡过汉水往南走，便以这大河为证！"蔡昭侯到达晋国，用他的儿子元和大夫的儿子作为人质，请求晋国出兵讨伐楚国。

定公四年

【经】四年春[1]王二月癸巳，陈侯吴卒。三月，公会刘子、晋侯、宋公、蔡侯、卫侯、陈子、郑伯、许男、曹伯、莒子、邾子、顿子、胡子、滕子、薛伯、杞伯、小邾子、齐国夏于召陵[2]，侵楚。夏四月庚辰，蔡公孙姓帅师灭沈，以沈子嘉归，杀之。五月，公及诸侯盟于皋鼬[3]。杞伯成卒于会。六月，葬陈惠公。许迁于容城[4]。秋七月，公至自会。刘卷卒。葬杞悼公。楚人围蔡。晋士鞅、卫孔圉帅师伐鲜虞。葬刘文公。冬十有一月庚午，蔡侯以吴子及楚人战于柏举[5]，楚师败绩。楚囊瓦出奔郑。庚辰，吴入郢。

【注释】①四年：指周敬王十四年，公元前506年。②刘子：指刘文公。晋侯：指晋定公。宋公：指宋景公。蔡侯：指蔡昭侯。卫侯：指卫灵公。陈子：指陈怀公。陈怀公当时守丧，故称"子"。郑伯：指郑献公。许男：指许斯。曹伯：指曹隐公。莒子：指莒郊公。邾子：指邾隐公。滕子：指滕顷公。薛伯：指薛襄公。杞伯：指杞悼公。小邾子：指小邾穆公。国夏：史称国惠子，春秋后期齐国上卿。齐景公欲称霸，国夏与高张并列为齐国上卿。召陵：春秋时楚邑。在今河南省郾城县东。③皋鼬

(yòu)：春秋郑邑。在今河南临颍县南。④容城：春秋许邑。在今河南鲁山县东南。⑤吴子：指吴王阖闾。柏举：春秋楚地。在今湖北省麻城市东北。

【译文】鲁定公四年春季，周历二月癸巳日，陈惠公吴去世。三月，鲁定公在召陵会见刘文公、晋定公、宋景公、蔡昭侯、卫灵公、陈怀公、郑献公、许男斯、曹隐公、莒郊公、邾隐公、顿国国君、胡国国君、滕顷公、薛襄公、杞悼公、小邾穆公、齐国的国夏，共同侵袭楚国。夏季四月庚辰日，蔡国的公孙姓率领军队灭掉沈国，把沈国国君嘉带回蔡国，并杀了。五月，鲁定公在皋鼬同各国诸侯订立盟约。杞悼公成在诸侯盟会期间去世。六月，安葬陈惠公。许国将国都迁到容城。秋季七月，鲁定公从皋鼬之会返回鲁国。刘文公卷去世。安葬杞悼公。楚国军队包围蔡国。晋国的士鞅、卫国的孔圉率领军队进攻鲜虞国。安葬刘文公。冬季十一月庚午日，蔡昭侯借助吴国的力量和楚国在柏举交战，楚军战败。楚国的囊瓦出逃郑国。庚辰日，吴国军队攻入楚国郢都。

【传】四年春三月，刘文公合诸侯于召陵，谋伐楚也。晋荀寅求货于蔡侯，弗得。言于范献子曰："国家方危，诸侯方贰，将以袭敌，不亦难乎！水潦方降，疾疟方起，中山不服[①]，弃盟取怨，无损于楚，而失中山，不如辞蔡侯。吾自方城以来，楚未可以得志[②]，只取勤焉。"乃辞蔡侯。

【注释】①中山：即鲜虞。②吾自方城以来，楚未可以得志：指晋国自襄公十六年战胜楚国以来，每次与楚国交战都未占到便宜。

【译文】鲁定公四年春季三月，刘文公在召陵会合诸侯，谋划攻打楚国。晋国的荀寅向蔡昭侯索要财物，没能得到，便对范献子说："现在国家正处于危急时刻，诸侯对我们也有了二心，这时攻打楚国，不是很难成功吗？如今阴雨连绵，疟疾流行，鲜虞人又不顺从，如果破坏盟约而招致怨恨，对楚国不会造成损害，我们却会丧失鲜虞，不如拒绝蔡昭侯的请求。自从方城一战，我们一直没有能够在对楚战争中获胜，如今这么做也只能白白地劳民伤财啊。"于是晋国拒绝了蔡昭侯。

晋人假羽旄[①]于郑，郑人与之。明日，或旆以会。晋于是乎失诸侯。

【注释】①羽旄：羽毛。古时常用鸟羽和旄牛尾为旗饰。

【译文】晋国向郑国借用羽毛装饰旌旗，郑国借给了他们。第二天，晋国打着这面旗子参加盟会。晋国于是失去了诸侯的拥护。

将会，卫子行敬子言于灵公曰[①]："会同难[②]，啧有烦言[③]，莫之治也。其使祝佗从[④]！"公曰："善。"乃使子鱼。子鱼辞，曰："臣展四体[⑤]，以率旧职[⑥]，犹惧不给而烦刑书[⑦]，若又共二[⑧]，徼大罪也。且夫祝，社稷之常隶也。社稷不动，祝不出竟，官之制也。君以军行，祓社衅鼓[⑨]，祝奉以从[⑩]，于是乎出竟。若嘉好之事[⑪]，君行师从[⑫]，卿行旅从[⑬]，臣无事焉。"公曰："行也。"

【注释】①子行敬子：卫国大夫。②同难：指意见难以一致。③啧有烦言：意见不同而产生纷争。啧，争辩。烦言，气愤或不满的话。④祝佗：字子鱼，卫国太祝。⑤展四体：展开四肢，形容政事繁忙。四体，四肢。⑥率旧职：指继承先人的职务。⑦烦刑书：指获罪。⑧共二：指担任第二种官职。⑨祓社：祷告于社。⑩奉：指奉社主。⑪嘉好：指朝会。⑫师：古代军队编制的一级。二千五百人为一师。⑬旅：古代军队五百人为一旅。

【译文】盟会开始前，卫国的子行敬子对卫灵公说："这次会盟很难取得一致意见。一定会互相争论各有分歧，谁都说服不了谁。我希望能派祝佗和我一同前往。"卫灵公说："好吧。"就让祝佗前去参加盟会。祝佗拒绝说："我用尽全力来继承先人的职务，还担心做不好而犯下罪过。要是再委派我另一项工作，或许更会招致大罪了。再说太祝是为社稷设立的职位低下的官员，社稷的神灵不动，太祝就不能走出国境，这是官制所规定的。要是国君领兵出发，祭祀社神，杀牲衅鼓，太祝奉社神而行，此时才可以走出国境。至于朝会之事，国君出行有两千五百人随从，卿出行有五百人随从。还用得着我去吗？"灵公说："你还是去吧。"

及皋鼬，将长蔡于卫[①]。卫侯使祝佗私于苌弘曰："闻诸道路，不知信否。若闻蔡将先卫，信乎？"苌弘曰："信。蔡叔，康叔之兄也，先卫，不亦可乎？"子鱼曰："以先王观之，则尚德也。昔武王克商，成王定之，选建明德[②]，以蕃屏周。故周公相王室，以尹天下[③]，于周为睦。分鲁公[④]以大路、大旂，夏后氏之璜[⑤]，封父之繁弱[⑥]，殷民六族，条氏、徐氏、萧氏、索氏、长勺氏、尾勺氏。使帅其宗氏[⑦]，辑其分族[8]，将其类丑[9]，以法则周公，用即命于周。是使之职事于鲁，以昭周公之明德。分之土田陪敦[10]、祝、宗、卜、史，备物、典策[11]，官司、彝器[12]。因商奄之民[13]，命以《伯禽》，而封于少皞之虚[14]。分康叔以大路、少帛、綪茷、旃旌、大吕[15]，殷民七族：陶氏、施氏、繁氏、锜氏、樊氏、饥氏、终葵氏；封畛土略[16]，自武父以南，及圃田之北竟[17]，取于有阎之土[18]，以共王职。取于相土之东都[19]，以会王之东蒐。聃季授土[20]，陶叔授民[21]，命以《康诰》[22]，而封于殷虚[23]。皆启以商政，疆以周索[24]。分唐叔以大路、密须之鼓、阙巩、沽洗[25]，怀姓九宗，职官五正[26]。命以《唐诰》[27]，而封于夏虚[28]，启以夏政，疆以戎索。三者皆叔也，而有令德，故昭之以分物。不然，文、武、成、康之伯犹多，而不获是分也，唯不尚年也。管、蔡启商，惎间王室[29]。王于是乎杀管叔而蔡蔡叔[30]，以车七乘，徒七十人。其子蔡仲，改行帅德[31]，周公举之，以为己卿士，见诸王而命之以蔡。其命书云：'王曰："胡[32]！无若尔考之违王命也。"'若之何其使蔡先卫也？武王之母弟八人，周公为大宰，康叔为司寇，聃季为司空，五叔无官[33]，岂尚年哉？曹，文之昭也；晋，武之穆也。曹为伯甸，非尚年也。今将尚之，是反先王也。晋文公为践土之盟，卫成公不在，夷叔，其母弟也，犹先蔡。其载书云：'王若曰，晋重、鲁申、卫武、蔡甲午、郑捷、齐潘、宋王臣、莒期。'藏在周府，可覆视也。吾子欲复文、武之略，而不正其德，将如之何？"苌弘说，告刘子，与范献子谋之，乃长卫侯于盟。

【注释】①长蔡于卫：让蔡国排在卫国前。②选建明德：选择有崇高显明德性的人。③尹：治理。④鲁公：指伯禽。⑤璜：半璧形的玉，天子之器。⑥封父：夏代方国。姜姓，周初灭亡。在今河南省封丘县西。繁弱：一种古代的良弓。⑦宗氏：指大宗，即嫡长房。⑧分族：指其余支族。⑨类丑：指附属于宗族内的奴隶。⑩陪敦：指附庸、附属的小国。⑪备物：指仪卫、祭祀等所用的器物。典策：古籍书册。⑫官司：指百官。彝器：古代宗庙常用的青铜祭器的总称。如钟、鼎、尊、罍、俎、豆之类。⑬商奄：古国名，在今山东省境内。⑭《伯禽》：即《周书》中的《伯禽之命》，已佚。少皞之虚：今曲阜。⑮少帛：旗名，以杂帛做成。绢茷：大红色的旗子。旃旌：泛指赤色旗帜。大吕：钟名，周朝的宝物。⑯封畛：封地的边界。土略：定界。⑰武父：春秋时郑地。在今山东东明县西南。圃田：春秋郑地，卫郑交界处。⑱有阎：在今河南洛阳附近。⑲相土：契之孙，殷商之祖。东都：一说在河南商丘，一说在河南濮阳。⑳聃季：本名姬载，周文王姬昌的第十子，周武王姬发的同母弟，为周朝诸侯国聃国的开国君主，官司空。㉑陶叔：官司徒。㉒《康诰》：《周书》篇目之一。㉓殷虚：即朝歌，在今河南淇县。㉔启：沿用。疆：这里为划分疆域。索：法度。㉕阙巩：指阙巩国所产的铠甲。沽洗：钟名。㉖五正：五行官长。㉗《唐诰》：《周书》篇名，已佚。㉘夏虚：在今山西太原。㉙惎（jì）：谋划。㉚蔡：流放、放逐。㉛帅：同“率”，遵循。㉜胡：蔡仲名胡。㉝五叔：指周公的五个弟弟：管叔、蔡叔、成叔、曹叔、霍叔。

【译文】他们走到皋鼬，会盟时想要让蔡国在卫国之前歃血。卫灵公派祝佗私下对苌弘说：“我们在来的路上知道了这个消息，不知是真是假，真想让蔡国在卫国之前歃血吗？”苌弘说：“是真的。蔡国的始祖蔡叔是卫国始祖康叔的哥哥，把蔡国安排在卫国前面，难道不行吗？”祝佗说：“从先王用人的标准来看，是崇尚德行。先前武王战胜商朝，成王安定天下，而后便选拔分封有德行的人，让他们成为周朝的屏障。所以周公能够辅佐王室，治理天下，诸侯也都跟周朝和睦相处。赐予鲁公金车、龙旗、夏后氏的璜玉、封父的繁弱弓，还有殷朝的六个家族：条氏、徐氏、萧氏、索氏、长勺氏、尾勺氏，并让这六族领着大宗，集合小宗，统领所属奴隶，顺从周公的法令，归服周朝听从命令。这是为了让他们到鲁国效力，来宣扬周公的德行。还分给鲁国田地与附庸国，以及太祝、宗人、太卜、太史，还有各种器物、典籍简册、百官、祭器，以商奄之地的百姓为基础，颁发《伯禽》这篇诰命，把他封在少皞的故城。赐予康叔金车、白旗、红旗、杂色旗、大吕钟，还有殷朝的七个家族：陶氏、施氏、繁氏、锜氏、樊氏、饥氏、终葵氏。分封的土地从武父南到圃田北，而且把有阎的土地送给他让他在王室供职，还把相土的东都送给他，让他协助天子在东方巡视。司空聃季送给他土地，司徒陶叔送给他百姓，颁发《康诰》，把他封在殷朝的故城。鲁公与康叔开始都是沿用殷朝的制度，不过治理土地边疆都采用周朝的制度。赐予唐叔金车、密须国的鼓、阙巩国的甲、沽洗钟，还有怀姓的九个宗族、五正的职官，颁发了《唐诰》，把他封在夏朝的故城。唐叔开始沿用夏朝的制度，治理疆土则是依据戎人的制度。这三个人全是周王的弟弟，都有美好的德行，所以分赐给他们很多东西，用来宣扬他们的德行。要不是出于这个原因，文王、武王、成王、康王的儿子中年长的还有很多，为什么他们得不到分封和奖赏呢？正是由于天子崇尚德行而不注重年龄。管叔、蔡叔煽动商朝遗民叛乱，企图谋犯王室。所以天子杀了管叔流放蔡叔，只给了蔡叔七辆车子，七十个随从。蔡叔的儿子蔡仲改恶从善，周公提拔他做自己的卿士，并让他朝见天子，天子任命蔡仲为蔡侯。任命书上说：‘天子说：“胡！不要像你父亲那样违反天子的命令了！”’为什么要把蔡国安排在卫国前面呢？武王的同母弟有八个，周公担任太宰，康叔担任司寇，聃季担任司空，其他五人都没有担任官职，这难道是崇尚年龄吗？曹国的先祖是文王的儿子，晋国的先祖是武王的儿子，而曹国身为伯爵只是做了甸服，这也不是重视年龄。如今要崇尚年龄，便违反了先王制定的制度。从前晋文公召开践土盟会，卫成公没有参加，代表他参加的是他的同母弟夷叔，卫国依旧排在蔡国之前。那时盟书上说：‘天子说，晋国重耳、鲁国申、卫国叔武、蔡国甲午、郑国捷、齐国潘、宋国王臣、莒国期。’这一盟书保存在王室的府库中，现在还能够查阅。阁下想恢复文王、武王的法度，却不崇尚德行，这怎么行呢？”苌弘很高兴，告诉了刘文公，与范献子做了商量之后，便决定让卫国在蔡国前面歃血盟誓。

反自召陵，郑子大叔未至而卒。晋赵简子为之临①，甚哀，曰：“黄父之会②，夫子语我九言，曰：‘无始乱③，无怙富④，无恃宠，无违同，无敖礼⑤，无骄能⑥，无复怒，无谋非德，无犯非义。’”

【注释】①临（lìn）：哭吊。②黄父之会：鲁昭公二十五年由晋国在黄父主持的诸侯之会。③始乱：指发动叛乱。④怙富：指依仗财势。⑤敖礼：傲视有礼之人。敖，通“傲”。⑥骄能：因有才能而骄傲。

【译文】从召陵盟会上回来，郑子大叔还没有回国就去世了。晋国的赵简子前去吊唁，非常悲伤，说：“黄父会盟时，您曾对我说过九句话：‘不能发动叛乱，不能依仗财势，不能仗恃宠信，不能违背共同的意愿，不能傲视有礼之人，不能因有才能而骄傲，不能重复发怒，不能谋划不合道德的事，不能去做不义的事。’”

沈人不会于召陵，晋人使蔡伐之。夏，蔡灭沈。

【译文】沈国没有派人参加召陵会盟，晋国就派蔡国前去讨伐。夏季，蔡国灭掉了沈国。

秋，楚为沈故，围蔡。伍员为吴行人以谋楚。楚之杀郤宛也，伯氏之族出[①]。伯州犁之孙嚭为吴大宰以谋楚。楚自昭王即位，无岁不有吴师。蔡侯因之[②]，以其子乾与其大夫之子为质于吴。

【注释】①楚之杀也，伯氏之族出：鲁昭公二十七年，郤宛被费无极陷害致死，伯氏为其同党，逃离楚国。②因：依附。

【译文】秋季，楚国因为沈国的缘故包围蔡国。伍员作为吴国的外交使者，谋划讨伐楚国。楚国杀死郤宛的时候，伯氏的族人便逃离了楚国。伯州犁的孙子嚭逃到吴国做了吴国太宰，也在谋划讨伐楚国。楚国自从昭王即位后，每年都会遭到吴军攻击。蔡昭侯趁此机会依附吴国，并将自己的儿子乾与蔡国大夫的儿子送到吴国做人质。

冬，蔡侯、吴子、唐侯[①]伐楚。舍舟于淮汭[②]，自豫章与楚夹汉。左司马戌[③]谓子常曰：“子沿汉而与之上下，我悉方城外以毁其舟，还塞大隧、直辕、冥阨[④]，子济汉而伐之，我自后击之，必大败之。”既谋而行。武城黑[⑤]谓子常曰：“吴用木也，我用革也，不可久也。不如速战。”史皇谓子常：“楚人恶子而好司马，若司马毁吴舟于淮，塞城口而入，是独克吴也。子必速战，不然不免。”乃济汉而陈，自小别至于大别[⑥]。三战，子常知不可，欲奔。史皇曰：“安求其事，难而逃之，将何所入？子必死之，初罪必尽说[⑦]。”

【注释】①唐侯：指唐成公。②淮汭：淮水弯曲处。③左司马戌：即沈尹戌。④大隧：春秋要塞，在今河南信阳县南豫、鄂界上。直辕：春秋时要塞。即今河南信阳县南武胜关。冥阨：即今河南省信阳市西南平靖关。⑤武城黑：楚国武城大夫，名黑。⑥小别：小别山，一名甑山。在今湖北汉川县东南，汉水南岸。大别：大别山，一名鲁山。即今湖北武汉市汉阳东北之龟山。⑦说：同“脱”。

【译文】冬季，蔡昭侯、吴王阖闾、唐成公联合攻打楚国。他们将船停在淮水弯曲处，在豫章隔着汉水与楚军对峙。楚国左司马戌对子常说：“您沿着汉水与敌人上下周旋，我则带领方城外的所有兵力去摧毁他们的船，然后回兵封锁大隧、直辕、冥阨三处要塞。到时您便渡过汉水攻打他们，而我从背后攻打，必定能打败他们。”商量好后他们便依计而行。楚国武城大夫黑对子常说：“吴军的战车用木头所做，我军战车用皮革所做，无法坚持长久，不如速战速决。”史皇又对子常说：“楚国人不喜欢您而喜欢司马戌，如果是司马戌在淮水摧毁了吴军的船只，堵塞城口回来，那么战胜吴国的功劳便全是他一个人的了。您必须要速战速决啊，不然的话将难免陷于祸患。”于是子常立即率军渡过汉水摆开了战阵。从小别山到大别山，双方三次交战，子常知道不能取胜，因此想要撤逃。此时史皇又说：“顺利时您追求功绩，遇到危难您却想逃避，这样您会有什么收获呢？您必须要拼死一战，以前的罪责才可以免除。”

十一月庚午，二师[①]陈于柏举。阖庐之弟夫概王，晨请于阖庐曰：“楚瓦不仁，其臣莫有死志，先伐之，其卒必奔。而后大师继之，必克。”弗许。夫概王曰：“所谓‘臣义而行，不待命’者，其此之谓也。今日我死，楚可入也[②]。”以其属五千，先击子常之卒。子常之卒奔，楚师乱，吴师大败之。子常奔郑。史皇以其乘广[③]死。吴从楚师，及清发[④]，将击之。夫概王曰：“困兽犹斗，况人乎？若知不免而致死[⑤]，必败我。若使先济者知免，后者慕之，蔑有斗心矣[⑥]。半济而后可击也。”从之，又败之。楚人为食[⑦]，吴人及之，奔。食而从之，败诸雍澨[⑧]，五战，及郢。

【注释】①二师：指吴国、楚国交战的军队。②楚：这里指楚都郢。③乘广：指春秋时楚王或主帅率领的兵车。④清发：古代水名，即涢水，在今湖北安陆市境内。⑤致死：竭力拼搏。⑥蔑有：没有。⑦为食：做饭。⑧雍澨：在今湖北京山县西南，为京山古三澨之一。

【译文】十一月庚午日，吴、楚两军在柏举摆开战阵。吴王阖庐的弟弟夫概王，清晨便向吴王请战说：“楚国的囊瓦为人不仁，他的臣下没有拼死作战的意志，我们先攻击他，他的士兵必定会逃跑。而后我们大军追击，一定能取得胜利。”吴王没有同意。夫概王说：“所谓的‘下臣只要行为符合道义便可行动，不必等候命令’，说的就是这种情况吧。现在我去与敌军拼死一战，我军便可以攻入楚都了。”于是率领他的五千部属首先向囊瓦的军队发起进攻，囊瓦的士兵都四散奔逃，楚军因此大乱，最终被吴军打败。囊瓦逃往郑国，史皇乘囊瓦的战车战死。吴军一路追击楚军，追到清发，准备攻击楚军。夫概王说："被困的野兽还会挣扎，何况是人呢？如果楚军知道自己这次难免一死，必然会拼死战斗，打败我们。如果让一部分人先过了河而得以免死，那么后面的人必定会羡慕他们，这样他们也就没有了拼死的斗志。所以等他们渡过一半时再行攻击。"吴王听从了他的计策，再次打败楚军。楚军正做饭，吴军又追上了他们，楚军被迫奔逃。吴军吃了楚军做的饭继续追击，在雍澨再次打败楚军。双方交战五次，吴军抵达了郢都。

己卯，楚子取其妹季芈畀我[①]以出，涉睢[②]。鍼尹固与王同舟，王使执燧象以奔吴师[③]。

【注释】①季芈畀我：楚昭王的妹妹。"季"是她的排行。"芈"是楚国的国姓。"畀我"是她的名。②睢：即沮水，在今湖北西部长江支流沮河、沮漳河。③燧象：尾巴系着火炬的象。

【译文】己卯日，楚昭王带着他的妹妹季芈畀我逃离郢都，渡过睢河。鍼尹固和楚昭王同坐一条船，楚昭王命他驱赶尾巴系着火炬的大象冲向吴军。

庚辰，吴入郢，以班处宫[①]。子山处令尹之宫[②]，夫概王欲攻之，惧而去之，夫概王入之。

【注释】①以班处宫：指按照爵位官职占有楚国宫室。班，职位等次，位次；等级。②子山：吴王之子。

【译文】庚辰日，吴军攻入郢都，按照爵位官职占有楚国宫室。吴王之子子山住在令尹的宫里，夫概王想要攻击他，子山因害怕而逃走，因此夫概王住进了令尹的宫里。

左司马戌及息[1]而还，败吴师于雍澨，伤。初，司马臣阖庐，故耻为禽焉。谓其臣曰："谁能免吾首？"吴句卑曰："臣贱，可乎？"司马曰："我实失子，可哉！"三战皆伤，曰："吾不可用也已[2]。"句卑布裳[3]，刭而裹之，藏其身而以其首免。楚子涉雎，济江，入于云中[4]。王寝，盗攻之，以戈击王。王孙由于以背受之，中肩。王奔郧[5]，钟建[6]负季芈以从，由于徐苏而从。郧公辛之弟怀将弑王[7]，曰："平王杀吾父，我杀其子，不亦可乎？"辛曰："君讨臣，谁敢仇之？君命，天也，若死天命，将谁仇？《诗》曰：'柔亦不茹，刚亦不吐，不侮矜寡，不畏强御。[8]'唯仁者能之。违[9]强陵弱，非勇也；乘人之约[10]，非仁也；灭宗废祀，非孝也；动无令名，非知也。必犯是，余将杀女。"斗辛与其弟巢以王奔随。吴人从之，谓随人曰："周之子孙在汉川者，楚实尽之。天诱其衷，致罚于楚，而君又窜之[11]。周室何罪？君若顾报周室，施及寡人[12]，以奖天衷[13]，君之惠也。汉阳之田，君实有之。"楚子在公宫之北，吴人在其南。子期似王[14]，逃王，而己为王，曰："以我与之，王必免。"随人卜与之，不吉。乃辞吴曰："以随之辟小而密迩于楚，楚实存之。世有盟誓，至于今未改。若难而弃之，何以事君？执事之患，不唯一人。若鸠[15]楚竟，敢不听命？"吴人乃退。鑢金[16]初宦于子期氏，实与随人要言[17]。王使见，辞，曰："不敢以约为利。"王割子期之心[18]，以与随人盟。

【注释】①息：西周封国。侯爵，姬姓。春秋时为楚所灭，在今河南省息县西南。②不可用：指将死。③布：铺开。④云中：云梦泽中，在今湖北安陆。⑤郧：西周国名，在今湖北安陆。⑥钟建：楚国大夫。⑦郧公辛：蔓成然之子。⑧柔亦不茹，刚亦不吐，不侮矜寡，不畏强御：出自《诗经·大雅·烝民》。大意是，不欺负弱小但也不惧强敌。⑨违：避开。⑩约：处于困境。⑪窜：藏匿。⑫施：施加。⑬奖：成。⑭子期：指公子结，楚昭王庶兄。⑮鸠：使安定。⑯鑢金：公子结家臣。⑰要：古同"邀"，约请。⑱王割子期之心：指割破心口皮肤使流血。

【译文】楚军左司马沈尹戌到达息地后便退兵了，在雍澨打败吴军，自己也受了伤。最初，沈尹戌曾为阖庐的大臣，因此以被吴军俘虏为耻。所以他对自己的属下说："谁能让我的头不落到吴军的手里？"吴句卑说："我的地位卑贱，不知可以吗？"沈尹戌说："我过去小看你了，你可以的！"沈尹戌在与吴军的三次交战中都负了伤，于是对吴句卑说："我已经不行了。"沈尹戌死后，吴句卑铺开布裙，将沈尹戌的头割下并包了起来，又将他的身子藏好，带着他的头逃走了。楚王越过睢水，渡过长江，进入云梦泽中。楚王休息时，有强盗攻击他，用戈刺向楚王。王孙由于用背去挡，被击中了肩部。楚王逃到郧，钟建背着季芈畀我跟随在后，王孙由于慢慢苏醒过来也跟了上去。郧公辛的弟弟怀想要杀楚王，说："楚平王杀死了我们的父亲，我杀死他的儿子，不也是可以的吗？"郧公辛说："君王征讨臣下，谁敢记仇？君王的命令，代表天意，如果是死于天命，你又将仇恨谁呢？《诗经》中说：'软的不吃，硬的不吐。不欺鳏寡，不怕强暴。'只有仁义的人才能如此。欺软怕硬，这不是勇敢；乘人之危，这不是仁慈；灭家废祭，这不是孝顺；行动却得不到好名声，这不是智慧。如果你一定要杀楚王，我将会杀了你！”郧公辛跟他的弟弟巢带着楚昭王逃到了随国。吴王带人在后追赶他们，并对随国国君说：“周朝被封在汉川的子孙们，都被楚国灭亡了。上天开导心意，降给楚国惩罚，但是君侯却把楚王藏起来，周王室有什么过错呢？君侯要是顾念周王室的恩德，并延及寡人身上，以助成天意，那将是君侯您的恩惠。汉水以北的田地，都将归您所有。”楚昭王在随王宫殿的北面，而吴王在宫殿的南面。子期的相貌很像楚昭王，他让昭王逃走，而自己假扮成楚王，他对随君说：“把我交给吴军吧，昭王必定能够脱身。”随国人对此进行了占卜，结果不吉利，因此拒绝了吴国，说：“由于随国偏远、弱小，而又紧邻楚国，楚国也确实保护了我们，我们世代都有盟誓，到现在也没有改变。如果一有危难便背弃楚国，我们将凭什么来事奉君主？您担心的问题不只是楚王一人，要是您能使楚国全境安定，我怎么敢不听从您的命令呢？”吴国于是退兵了。鑢金当初在子期家做过家臣，这次随国没有将楚昭王交给吴国，便是他与随国事前的约定。后来楚昭王让他觐见，他推辞了，说：“臣不敢因君王陷入困境而谋取利禄。”楚昭王割破子期的胸口取血与随国人盟誓。

初，伍员与申包胥友。其亡也，谓申包胥曰：“我必复[①]楚国。”申包胥曰：“勉之！子能复之，我必能兴之。”及昭王在随，申包胥如秦乞师，曰：“吴为封豕、长蛇[②]，以荐食上国[③]，虐始于楚。寡君失守社稷，越在草莽，使下臣告急，曰：‘夷德无厌，若邻于君，疆埸之患也。逮吴之未定，君其取分焉[4]。若楚之遂亡，君之土也。若以君灵抚之，世以事君。’”秦伯使辞焉，曰：“寡人闻命矣。子姑就馆，将图而告。”对曰：“寡君越在草莽，未获所伏[5]。下臣何敢即安？”立，依于庭墙而哭，日夜不绝声，勺饮不入口七日。秦哀公为之赋《无衣》，九顿首而坐，秦师乃出。

【注释】①复：倾覆，灭亡。②封豕、长蛇：指长蛇和大猪。比喻贪暴者。③荐：频繁，屡次。上国：指中原地区的诸侯国。④取分：指与吴国共分楚国。⑤伏：居处。

【译文】起初，伍员与申包胥交好。伍员出逃时，对申包胥说：“我一定会倾覆楚国。”申包胥说：“你努力吧！你能倾覆楚国，我就一定能复兴它。”当楚昭王逃到随国，申包胥便前往秦国请求援兵。他对秦王说：“吴国是大猪、长蛇，多次侵吞中原的国家，祸害是从楚国先开始的。我国国君失去国家，流亡乡野，派我前来告急。楚王说：‘夷人的本性贪婪，无法满足，如果与君王为邻，那将成为贵国边境的祸患。趁吴国还没有安定楚国，国君可以前往分割楚国。要是楚国最终灭亡，那楚地便是君王的领地了。如果因为君王的威灵庇佑而使楚国得到安抚，楚国将世世代代事奉君王。’”秦哀公派人对申包胥说：“寡人听到命令了。您先住在客馆，我们在商议以后再告诉您结果。”申包胥回答说：“我国国君流亡乡野，没有安身之处，我怎敢享受安逸呢？”于是站在那儿，靠着庭院的墙哭，哭声日夜不停，他七天滴水不进。秦哀公深受感动，因此为他作了《无衣》，申包胥连磕了九个头才坐下。秦国于是派出了援兵。

定公五年

【经】五年春王三月辛亥朔[1]，日有食之。夏，归粟于蔡。于越入吴。六月丙申，季孙意如卒。秋七月壬子，叔孙不敢卒。冬，晋士鞅帅师围鲜虞。

【注释】①五年：指周敬王十五年，公元前505年。

【译文】定公五年春季周历三月初一日，发生了日食。夏季，把粮食送给蔡国。越国攻入吴国。六月丙申日，鲁国的季孙意如去世。秋季七月壬子日，鲁国的叔孙不敢去世。冬季，晋国的士鞅率领军队包围了鲜虞。

【传】五年春，王人杀子朝于楚。

【译文】鲁定公五年春季，成周人在楚国杀死王子朝。

夏，归粟于蔡，以周亟[1]，矜无资[2]。

【注释】①周亟：周急，救济急难。亟，急切。②矜：怜悯，怜惜。资：粮食。

【译文】夏季，鲁国把粮食馈赠给蔡国，用来救助他们的急难，怜悯他们没有粮食。

越入吴，吴在楚也。

【译文】越国攻打吴国，这是由于吴国正攻打楚国。

六月，季平子行东野①，还，未至，丙申，卒于房。阳虎将以玙璠敛②，仲梁怀弗与③，曰："改步改玉④。"阳虎欲逐之，告公山不狃⑤。不狃曰："彼为君也，子何怨焉？"既葬，桓子行东野，及费。子洩为费宰，逆劳于郊，桓子⑥敬之。劳仲梁怀，仲梁怀弗敬。子洩怒，谓阳虎："子行之乎⑦？"

【注释】①季平子：即季孙意如，春秋时鲁国正卿。其封地在今临沂市平邑。行：巡视。东野：季氏的封邑。②玙璠（yú fán）：美玉、宝玉，鲁国国君的佩玉。③仲梁怀：季氏家臣。④改步改玉：步履改变，佩玉改变，古人身份不同，步履、佩玉也不相同。季平子代君行职，祭祀宗庙，所以行君步，佩戴玙璠。⑤公山不狃（niǔ）：季桓子的家臣。⑥桓子：季平子之子季孙斯。⑦行：驱逐。

【译文】六月，季平子巡视东野，准备返回，还没有到达，丙申日，便在房地去世。阳虎想用玙璠随葬，仲梁怀不同意，说："地位改变，步履和所佩的玉也要跟着改变。"阳虎想要驱逐仲梁怀，告诉了公山不狃。公山不狃说："他是为了主君，您为何怨恨他呢？"安葬季平子后，季桓子巡视东野，抵达费地。公山不狃担任费宰，到郊外迎接慰劳，季桓子对他表达尊敬。慰劳仲梁怀，仲梁怀却不表示尊敬。公山不狃非常生气，对阳虎说：“您是要驱逐他吗？”

申包胥以秦师至，秦子蒲、子虎帅车五百乘以救楚。子蒲曰：“吾未知吴道[①]。”使楚人先与吴人战，而自稷会之[②]，大败夫概王于沂[③]。吴人获薳射于柏举[④]，其子帅奔徒以从子西[⑤]，败吴师于军祥[⑥]。秋七月，子期、子蒲灭唐[⑦]。

【注释】①吴道：吴军的战术。道，战术。②稷：春秋楚邑。在今河南桐柏县。③沂：春秋楚邑。在今湖北鄂州市东。④薳射：楚国大夫。⑤奔徒：败逃的士卒。⑥军祥：春秋楚邑。在今湖北随州市西南。⑦子期、子蒲灭唐：唐和吴国伐楚，因此被灭。

【译文】申包胥带领秦国的援军前来，秦国子蒲、子虎率领五百辆战车前来援助楚国。子蒲说：“我们不了解吴军的战术。”于是让楚军先与吴军作战，而在稷地与吴军相遇，在沂地打败夫概王。吴军在柏举擒获薳射，薳射的儿子领着残兵加入了子西的军队，在军祥打败了吴军。七月，子期、子蒲指挥秦、楚联军灭掉唐国。

九月，夫概王归，自立也。以与王战而败，奔楚，为堂溪氏。

【译文】九月，夫概王回到吴国，自立为吴王。由于与吴王阖庐交战失败，逃到楚国，后来成为堂溪氏。

吴师败楚师于雍澨，秦师又败吴师。吴师居麇[①]，子期将焚之，子西曰："父兄亲暴骨焉，不能收，又焚之，不可。"子期曰："国亡矣！死者若有知也，可以歆旧祀[②]，岂惮焚之？"焚之，而又战，吴师败。又战于公婿之溪[③]，吴师大败，吴子乃归。囚阛舆罢[④]，阛舆罢请先，遂逃归。

【注释】①麇：春秋楚地。在今湖南岳阳市东南。②歆：享用，祭祀时神灵享受祭品、香火。旧祀：指旧日的祭祀。③公婿之溪：即浊水，在今湖北襄阳县北的白河。④阛（yīn）舆罢：楚国大夫。

【译文】吴军在雍澨打败楚军，秦军又击败吴军。吴军退守到麇地，子期要用火攻吴军。子西反对说："去年吴、楚两军在这交战，父兄亲人战死的尸骨还在这儿暴露，没能收敛安葬，现在又要火烧，不能这样做！"子期说："国家都快灭亡了！战死的人如果地下有知，楚国复兴后他们还能够安享旧日的祭祀，又怎么会怕火烧呢？"于是放火烧了麇地，再次向吴军发动进攻，吴军败退。双方又在公婿之溪交战，吴军再次大败，吴王阖庐于是撤兵回国。吴军囚禁了楚国大夫阛舆罢。阛舆罢欺骗吴王，请求让自己先走，在路上趁机逃回了楚国。

叶公诸梁之弟后臧从其母于吴[①]，不待而归。叶公终不正视。

【注释】①叶公诸梁：即沈诸梁，字子高，大夫沈尹戌之子，因封地在叶邑（今河南叶县南旧城）而自称叶公。

【译文】叶公诸梁的弟弟后臧，跟随母亲被抓到吴国，后来后臧抛弃母亲而自己独自逃回楚国。叶公诸梁再也没用正眼瞧过他。

乙亥，阳虎囚季桓子及公父文伯[①]，而逐仲梁怀。冬十月丁亥，杀公何藐[②]。己丑，盟桓子于稷门之内。庚寅，大诅[③]，逐公父歜及秦遄[④]，皆奔齐。

【注释】①公父文伯：即姬歜，鲁国三桓季悼子之孙，公父穆伯的儿子，季桓子从父兄弟。②公何藐：季氏族人。③大诅：指参与祭神而诅咒的人很多。诅，诅咒。④秦遄：季平子姑婿。

【译文】九月乙亥日，阳虎拘囚了季桓子与公父文伯，并驱逐了仲梁怀。冬天十月丁亥日，阳虎杀死公何藐。己丑日，与桓子在稷门之内盟誓。庚寅日，聚众祭神并进行诅咒，驱逐公父文伯跟秦遄，这二人都逃往齐国。

楚子入于郢。初，斗辛闻吴人之争宫也[①]，曰："吾闻之：'不让，则不和；不和，不可以远征。'吴争于楚，必有乱；有乱，则必归，焉能定楚？"王之奔随也，将涉于成臼[②]，蓝尹亹涉其帑[③]，不与王舟。及宁[④]，王欲杀之。子西曰："子常唯思旧怨以败，君何效焉？"王曰："善。使复其所，吾以志前恶。"王赏斗辛、王孙由于、王孙圉、钟建、斗巢、申包胥、王孙贾、宋木、斗怀。子西曰："请舍怀也[⑤]。"王曰："大德灭小怨，道也。"申包胥曰："吾为君也，非为身也。君既定矣，又何求？且吾尤子旗[⑥]，其又为诸？"遂逃赏。王将嫁季芈，季芈辞曰："所以为女子，远丈夫也。钟建负我矣[⑦]。"以妻钟建，以为乐尹。

【注释】①吴人之争宫也：指夫概王与子山争令尹之宫的事。②成臼：指成臼水。故道由今湖北京山县西流至钟祥市南旧口入汉水。③蓝尹亹（wěi）：楚国大夫。帑：妻与子的合称。④宁：平安，安定。⑤请舍怀也：斗怀曾想杀楚昭王，所以子西请求把他除名。⑥尤：怨恨。子旗：指斗成然，采邑于蔓，又称蔓成然。若敖氏之后。⑦负：背。

【译文】楚昭王回到郢都。从前，斗辛听说吴军将帅争宫之事，说："我听说：'不谦让，就不会和睦；不和睦，就不能出兵远征。'吴军将帅在楚国进互争夺，必定会出现祸乱，出现祸乱必定要撤军回国，怎么能平定楚国呢？"楚昭王逃奔随国时，准备渡成臼河，楚国大夫蓝尹亹先用船把自己的妻子儿女送过河，而不给昭王用船。等到楚国安定下来，昭王要杀蓝尹亹。子西劝止说："先前令尹子常就由于念旧怨而遭到失败，您为什么效法他呢？"楚昭王说："对！让蓝尹亹恢复原来的官职吧，我借此来记住以前的过失。"楚昭王奖赏斗辛、王孙由于、王孙圉、钟建、斗巢、申包胥、王孙贾、宋木、斗怀。子西说："请您不要奖赏斗怀！"楚昭王说："人家既然对我有大恩，就不应记其小怨，这是合于道义的。"申包胥说："我向秦国乞师是为君救难，不是为我自身求赏。国君已经安定了，我还追求什么呢？何况我常认为子旗的做法是错误的，难道我又要学习子旗吗？"于是申包胥逃避了楚王的赏赐。楚昭王打算出嫁他妹妹季芈，季芈拒绝说："作为女子，就应该远离男子，钟建已经背过我了！"楚昭王便把季芈嫁给钟建，任命钟建为乐尹。

王之在随也，子西为王舆服以保路[①]，国于脾泄[②]。闻王所在，而后从王。王使由于城麇。复命，子西问高厚焉，弗知。子西曰："不能，如辞。城不知高厚，小大何知？"对曰："固辞不能，子使余也。人各有能有不能。王遇盗于云中，余受其戈，其所犹在[③]。"袒而示之背，曰："此余所能也。脾泄之事，余亦弗能也。"

【注释】①保路：指保护逃难的人。②脾泄：楚国地名，在今湖北江陵附近，离郢都不远。③所：假借为"处"，处所，这里指伤疤。

【译文】楚昭王在随国时，子西制作楚王的车马衣服，而且保护逃难的人，在脾泄建立楚王的行都，以此安定人心。后来子西得知楚昭王的下落，便又跟从了昭王。楚昭王派王孙由于修筑麇城，然后回来复命。派子西询问王孙由于城墙的高度、厚度，王孙由于不知道。子西说："你要是不能胜任，当初还不如辞掉。修城不知城墙的高厚，城的大小又怎么会知道？"王孙由于回答说："我原本推辞不能修城，是你要派我去。人各有所长，有的事能做，有的事不能做。昭王在云梦泽碰到强盗，我用身子挡住强盗的戈，伤疤现在还在！"王孙由于袒露肩背上的伤痕给子西看，说："这是我所能做的。您在脾泄做的事，也是我不能做的。"

晋士鞅围鲜虞，报观虎之役也[①]。

【注释】①观虎之役：定公三年，晋军与鲜虞军相遇于平中（今河北唐县西北），晋将观虎恃勇被鲜虞人俘获，晋师败。

【译文】晋国的士鞅包围鲜虞，是为了报复观虎被抓的那次战役。

定公六年

【经】六年春王正月癸亥[①]，郑游速帅师灭许[②]，以许男斯归[③]。二月，公侵郑。公至自侵郑。夏，季孙斯、仲孙何忌如晋。秋，晋人执宋行人乐祁犁。冬，城中城[④]。季孙斯、仲孙忌帅师围郓。

【注释】①六年：指周敬王十六年，公元前504年。②游速：郑国大夫。③许男斯：许国国君，名斯，男爵。④中城：内城。

【译文】定公六年春季周历正月癸亥日，郑国的游速率领军队灭掉许国，擒获许国国君斯回国。二月，鲁定公攻打郑国。鲁定公从攻郑的战场回国。夏季，鲁国的季孙斯、仲孙何忌到了晋国。秋季，晋国囚禁宋国使者乐祁犁。冬季，鲁国修筑国都的内城。鲁国的季孙斯、仲孙何忌领军包围郓城。

【传】六年春，郑灭许，因楚败也。

【译文】鲁定公六年春季，郑国灭掉许国，这是利用楚国战败的机会。

二月，公侵郑，取匡[①]，为晋讨郑之伐胥靡也[②]。往不假道于卫；及还，阳虎使季、孟自南门入[③]，出自东门，舍于豚泽[④]。卫侯怒，使弥子瑕追之。公叔文子老矣[⑤]，辇而如公[⑥]，曰：“尤人而效之，非礼也。昭公之难，君将以文之舒鼎[⑦]，成之昭兆[⑧]，定之鞶鉴[⑨]，苟可以纳之，择用一焉。公子与二三臣之子，诸侯苟忧之，将以为之质。此群臣之所闻也。今将以小忿蒙旧德，无乃不可乎？大姒之子[⑩]，唯周公、康叔为相睦也。而效小人以弃之，不亦诬乎？天将多阳虎之罪以毙之，君姑待之，若何？”乃止。

【注释】①匡：春秋郑邑。在今河南省扶沟县南。②胥靡：古地名，在今河南偃师市东南。③季：指季桓子。孟：指孟献子。④豚泽：卫都东门外的地方。⑤公叔文子：指卫国大夫公叔发。⑥辇：古代用人拉着走的车子。这里指乘车。⑦文之舒鼎：指卫文公的宝鼎。⑧成之昭兆：指卫成公的宝龟。⑨鞶（pán）鉴：古代用铜镜作装饰的革带。⑩大姒：有莘氏之女，周文王妻，武王母。

【译文】二月，鲁定公发兵攻打郑国，占据匡地，这是为晋国而对郑国攻打胥靡的惩罚。鲁军去时没有向卫国借道，回来时，阳虎让季桓子、孟献子从卫都的南门进入，从东门出来，住在豚泽。卫灵公知道后非常生气，派弥子瑕追赶鲁军。公叔文子已经年老退休，他坐着车去进见卫灵公说：“责备别人却又去效法他，这不合礼。从前鲁昭公流亡在外，国君曾以文公的舒鼎、成公的宝龟、定公的鞶鉴作为悬赏，要是有谁能帮助鲁昭公回国，便可以从中任选其一。要是各诸侯还不放心，国君还会将公子和几个大臣的儿子送到他国作为人质。这些都是群臣听到的。如今却因为小小的怨恨而遮盖过去的恩德，或许不应该吧。太姒的众多儿子中，只有鲁国始祖周公和卫国始祖康叔的关系最好。如今要效法阳虎这样的小人而放弃和睦，不也太容易被人愚弄了吗？上天将增加阳虎的罪过，并最终使其灭亡，国君暂时忍耐一下，怎么样？”卫灵公这才下令停止追击。

夏，季桓子如晋，献郑俘也。阳虎强使孟懿子往报夫人之币。晋人兼享之。孟孙立于房外，谓范献子曰：“阳虎若不能居鲁，而息肩于晋，所不以为中军司马者，有如先君！”献子曰：“寡君有官，将使其人。鞅何知焉？”献子谓简子曰：“鲁人患阳虎矣，孟孙知其衅[1]，以为必适晋，故强为之请，以取入焉。”

【注释】①衅：征兆。

【译文】夏季，季桓子到晋国，是为了进献抓获的郑国俘虏。阳虎又强派孟懿子前去给晋定公夫人献上礼物。晋国同时宴请季桓子跟孟懿子。孟懿子站在房外对范献子说：“阳虎要是在鲁国无法立足而逃到晋国，看在先君的面子上，希望晋国任用他为中军司马。”范献子说：“晋国国君任命官员，是要选择恰当的人，我怎么敢做主呢？”范献子对赵简子说：“鲁国人已经以阳虎为患了。孟懿子看到这一征兆，认定阳虎必会逃到晋国，所以极力为他请求，以便阳虎在晋国得到禄位。”

四月己丑，吴大子终累败楚舟师[1]，获潘子臣、小惟子及大夫七人[2]。楚国大惕，惧亡。子期又以陵师败于繁扬[3]。令尹子西喜曰：“乃今可为矣。”于是乎迁郢于鄀[4]，而改纪其政[5]，以定楚国。

【注释】①终累：吴王阖庐子，吴王夫差兄。舟师：指水军。②潘子臣、小惟子：楚国水军将领。③陵师：指陆军。繁扬：在今河南新蔡县北。④鄀：在今湖北省宜城市东南。⑤纪：处理，治理。

【译文】四月己丑日，吴国的太子终累打败楚国的水军，擒获楚将潘子臣、小惟子和大夫七名。楚国为此感到害怕，担心因此亡国。子期率领陆军又在繁阳战败。令尹子西高兴地说："现在楚国能有所作为了。"于是便将国都从郢迁到了鄀，并且改革政治，用来安定楚国。

周儋翩率王子朝之徒因郑人将以作乱于周[①]，郑于是乎伐冯、滑、胥靡、负黍、狐人、阙外[②]。六月，晋阎没[③]戍周，且城胥靡。

【注释】①儋翩：王子朝余党。②冯、滑、胥靡、负黍、狐人、阙外：皆为周邑，在今洛阳、登封、偃师一带。③阎没：晋国大夫。

【译文】周室儋翩率领王子朝的余党利用郑国人在王室境内发动叛乱。于是郑国发兵攻打冯、滑、胥靡、负黍、狐人、阙外。六月，晋国的阎没带兵到成周戍守，而且修建胥靡城。

秋八月，宋乐祁言于景公曰："诸侯唯我事晋，今使不往，晋其憾矣[①]。"乐祁告其宰陈寅。陈寅曰："必使子往。"他日，公谓乐祁曰："唯寡人说子之言，子必往。"陈寅曰："子立后而行，吾室亦不亡，唯君亦以我为知难而行也。"见溷而行[②]。赵简子逆，而饮之酒于绵上[③]，献杨楯[④]六十于简子。陈寅曰："昔吾主范氏，今子主赵氏，又有纳焉。以杨楯贾祸[⑤]，弗可为也已。然子死晋国，子孙必得志于宋。”范献子言于晋侯曰：“以君命越疆而使，未致使而私饮酒，不敬二君[6]，不可不讨也。”乃执乐祁。

【注释】①憾：怨恨。②溷（hùn）：乐祁之子。③绵上：在今山西翼城县。④杨楯：杨木做的盾牌。⑤贾祸：自招祸患。⑥二君：指晋定公和宋景公。

【译文】秋季八月，宋国的乐祁对宋景公说：“如今诸侯中只有我国依然事奉晋国。如果不派使者到晋国，晋国必定会对我国不满。”乐祁把这些话告诉了家宰陈寅。陈寅说：“必定会派您前去晋国。”一天，宋景公对乐祁说：“只有我欣赏你的建议，所以你必定要去晋国！”陈寅对乐祁说：“您要立了继承人再去，这样乐氏家族也不会因此灭亡。也能够让国君知道您这是冒险而行。”乐祁带儿子溷去见景公，而后便出发了。赵简子出来迎接乐祁，在绵上为他设宴接风，乐祁把六十副杨木盾牌献给赵简子。陈寅说：“先前乐氏事奉范氏，现在您又事奉赵氏，送给他礼物。这些杨木盾牌只能给您招来祸患，事情不能挽回了。不过要是您死在晋国，您的子孙在宋国一定能获得重用。”范献子对晋定公说：“奉君命越过别国出使晋国，还没有完成使命便私下跟人饮酒，这是对两国国君的不敬，这种行为不能不声讨。”晋国就抓住乐祁。

阳虎又盟公及三桓于周社[1]，盟国人于亳社[2]，诅于五父之衢。

【注释】①三桓：指孟孙、季孙、叔孙三家，皆出自鲁桓公。周社：

鲁国为周公之后，故以周社为国社。②亳社：鲁为殷商故地，故立亳社。

【译文】阳虎又在周社与鲁定公及孟孙、季孙、叔孙三家盟誓，在亳社与国人盟誓，而且在五父之衢立下诅咒。

冬十二月，天王处于姑莸，辟儋翩之乱也。

【译文】冬季十二月，周天子住在姑莸，是为了逃避儋翩发动的叛乱。

定公七年

【经】七年春王正月[①]。夏四月。秋，齐侯、郑伯盟于咸[②]。齐人执卫行人北宫结以侵卫。齐侯、卫侯盟于沙[③]。大雩。齐国夏帅师伐我西鄙。九月，大雩。冬十月。

【注释】①七年：指周敬王十七年，公元前503年。②齐侯：指齐景公。郑伯：指郑献公。咸：春秋卫邑。在今河南濮阳县东南。③卫侯：指卫灵公。沙：春秋卫邑。在今河北大名县东南。

【译文】鲁定公七年春季周历正月。夏季四月。秋季，齐景公、郑献公在咸地缔结盟约。齐国囚禁了卫国行人北宫结并入侵卫国。齐景公与卫灵公在沙地结盟。鲁国举行大规模的求雨祭祀。齐国的国夏领兵攻打我国西部边境。九月，鲁国又举行盛大的求雨祭祀。冬季十月。

【传】七年春二月，周儋翩入于仪栗以叛[①]。齐人归郓、阳关，阳虎居之以为政。

【注释】①仪栗：周邑，在今洛阳附近。

【译文】鲁定公七年春季二月，周朝的儋翩进入仪栗发动叛乱。齐国归还郓地、阳关，阳虎居守在那儿主持政事。

夏四月，单武公、刘桓公败尹氏于穷谷[①]。

【注释】①单武公：姬姓，爵位为伯。刘桓公：春秋时期刘国国君，子爵。穷谷：在今河南洛阳市南。

【译文】夏季四月，单武公、刘桓公在穷谷击败尹氏。

秋，齐侯、郑伯盟于咸，征会于卫[①]。卫侯欲叛晋，诸大夫不可。使北宫结如齐，而私于齐侯曰："执结以侵我。"齐侯从之，乃盟于琐。

【注释】①征会：征召诸侯会盟。

【译文】秋季，齐景公、郑献公在咸地会盟，征召卫国参加诸侯会盟。卫灵公想要背叛晋国，大夫们都不同意。卫灵公就派北宫结前往齐国，派人私下对齐景公说："抓捕北宫结并攻打我国。"齐景公听从了他的话，于是在琐地结盟。

齐国夏伐我。阳虎御季桓子，公敛处父御孟懿子[①]，将宵军齐师[②]。齐师闻之，堕[③]，伏而待之。处父曰："虎不图祸，而必死。"苫夷[④]曰："虎陷二子于难，不待有司[⑤]，余必杀女。"虎惧，乃还，不败。

【注释】①公敛处父：即公敛阳，孟孙氏的家臣。②军：进攻。③堕：懈怠，不设防备。④苫夷：季氏家臣。⑤有司：指军中的执法官。

【译文】齐国的国夏攻打我国。阳虎为季桓子驾御战车，公敛处父为孟懿子驾御战车，准备夜里袭击齐军。齐军听到这个消息，就假装没有防备，设下伏兵等待鲁军。公敛处父说："阳虎你不考虑这样做引起的祸患，你一定会死。"苫夷说："阳虎你如果使他们两人陷入祸难，不等执法官的判决，我就一定杀了你。"阳虎感到害怕，就撤兵了，鲁军这样才没有招致失败。

冬十一月戊午，单子、刘子逆王于庆氏[①]。晋籍秦送王。己巳，王入于王城，馆于公族党氏[②]，而后朝于庄宫[③]。

【注释】①庆氏：驻守姑莸的大夫。②党氏：周王室的大夫。③庄宫：指周庄王庙。

【译文】冬季十一月戊午日，单武公、刘桓公在庆氏驻守的姑莸迎接周敬王。晋国的籍秦护送周敬王。十二月己巳日，周敬王进入王城，住在公族党氏家里，然后到周庄王庙朝拜。

定公八年

【经】八年春王正月[①]，公侵齐。公至自侵齐。二月，公侵齐。三月，公至自侵齐。曹伯露卒。夏，齐国夏帅师伐我西鄙。公会晋师于瓦。公至自瓦[②]。秋七月戊辰，陈侯柳卒。晋士鞅帅师侵郑，遂侵卫。葬曹靖公。九月，葬陈怀公。季孙斯、仲孙何忌帅师侵卫。冬，卫侯、郑伯盟于曲濮[③]。从祀先公[④]。盗窃宝玉、大弓[⑤]。

【注释】①八年：指周敬王十八年，公元前502年。②瓦：春秋卫邑。在今河南滑县南。③卫侯：指卫灵公。郑伯：指郑献公。曲濮：卫邑，即濮水之曲，在今河南滑县与延津一带。④从祀：指按即位先后顺序祭祀。先公：指鲁闵公、鲁僖公。⑤盗：指阳虎。宝玉：指夏后氏之璜。大弓：指封父的繁弱弓。

【译文】鲁定公八年春季周历正月，鲁定公攻打齐国。鲁定公从攻打齐国的战场返回鲁国。二月，鲁定公又攻打齐国。三月，鲁定公从攻打齐国的战场返回鲁国。曹靖公露去世。夏季，齐国的国夏带兵攻打我国西部边境。鲁定公在瓦地会见晋军。鲁定公从瓦地返回鲁国。秋季七月戊辰日，陈怀公柳去世。晋国的士鞅率领军队入侵郑国，接着又入侵卫国。安葬曹靖公。九月，安葬陈怀公。我国的季孙斯、仲孙何忌率领军队入侵卫国。冬季，卫灵公和郑献公在曲濮会盟。鲁定公按照先公即位的次序祭祀闵公、僖公。阳虎盗窃了鲁国的宝玉和大弓。

【传】八年春王正月，公侵齐，门于阳州[①]。士皆坐列，曰："颜高之弓六钧[②]。"皆取而传观之。阳州人出，颜高夺人弱弓，籍丘子鉏[③]击之，与一人俱毙。偃且射子鉏，中颊，殪。颜息射人中眉[④]，退曰："我无勇，吾志其目也。"师退，冉猛伪伤足而先[⑤]。其兄会乃呼曰："猛也殿！"

【注释】①阳州：春秋时鲁邑。在今山东东平县西北。②颜高：鲁国将领。钧：古代重量单位，合三十斤。③籍丘子鉏：齐国将领。④颜息：鲁国将领。⑤冉猛：鲁国将领。

【译文】鲁定公八年春季，周历正月，鲁定公入侵齐国，攻打阳州的城门。士兵们都排列坐着，说："颜高的硬弓有六钧力。"大家都拿过来传看。阳州的士兵出战，颜高只好把别人的软弓抢过来，籍丘子鉏击打颜高，颜高与另外一个人都被击倒在地。颜高倒在地上，向籍丘子鉏射了一箭，射中他的脸颊，把他射死了。颜息射中一个人的眉，退下来说："我没有本事，我原本要射他的眼睛。"军队撤退时，冉猛假装脚上受伤走在前面，他的哥哥冉会大喊道："冉猛，到后面去掩护撤退！"

二月己丑，单子伐谷城[①]，刘子伐仪栗。辛卯，单子伐简城，刘子伐盂[②]，以定王室。

【注释】①谷城：春秋周邑。在今河南洛阳市西北。②盂：在今河南沁阳市西北。

【译文】二月己丑日，单武公发兵攻打谷城，刘桓公发兵攻打仪栗。辛卯日，单武公发兵攻打简城，刘桓公发兵攻打盂地，以此安定王室。

赵鞅言于晋侯曰："诸侯唯宋事晋，好逆其使，犹惧不至。今又执之，是绝诸侯也。"将归乐祁，士鞅曰："三年止之，无故而归之，宋必叛晋。"献子私谓子梁曰[①]："寡君惧不得事宋君，是以止子。子姑使溷代子。"子梁以告陈寅，陈寅曰："宋将叛晋，是弃溷也，不如待之。"乐祁归，卒于大行[②]。士鞅曰："宋必叛，不如止其尸以求成焉。"乃止诸州。

【注释】①子梁：即乐祁。②大行：太行山。

【译文】赵鞅对晋定公说："诸侯之中惟有宋国事奉晋国，好好迎接他们的使者，还恐怕他们不来，如今又抓捕了他们的使者，如此将会使我们断绝与诸侯的关系。"准备放乐祁回去，士鞅说："扣留了他三年，无缘无故又把他放回去，宋国必定背叛晋国。"士鞅私下对乐祁说："我国国君害怕不能事奉宋君，所以没有让您回去，您暂且让乐溷来代替您。"乐祁把这些话告诉陈寅。陈寅说："宋国即将背叛晋国，这样做是把乐溷抛弃了，不如等待一段时间。"乐祁动身回去，死在太行山。士鞅说："宋国必定反叛，不如留下乐祁的尸体来与宋国求和。"于是便把乐祁的尸体留在州地。

公侵齐，攻廪丘之郛[1]。主人焚冲[2]，或濡马褐以救之[3]，遂毁之。主人出，师奔。阳虎伪不见冉猛者，曰："猛在此，必败。"猛逐之，顾而无继，伪颠。虎曰："尽客气也[4]。"

【注释】①郛（fú）：古代城圈外围的大城。②主人：指廪丘守将。冲：古战车名，用以攻城。③马褐：麻布短衣。④客气：因一时冲动而产生的勇气。

【译文】鲁定公侵犯齐国，攻打廪丘的外城。廪丘守将放火焚烧鲁军的攻城车，鲁军中有人把麻布短衣沾湿了灭火，于是攻破了外城。廪丘守将出战，鲁军援兵奔向前去助战。阳虎装着没有看到冉猛，说："冉猛要在这里，必定能打败他们。"冉猛便去追逐廪丘士兵，当他看见后面没有人跟上来，就假装从车上掉下来。阳虎说："全是因一时冲动而产生的勇气啊。"

苫越生子[1]，将待事而名之。阳州之役获焉，名之曰阳州。

【注释】①苫越：季氏家臣苫夷。

【译文】苫越生了儿子，想要有了大事以后再取名。阳州一役俘获了敌军，他便给儿子取名为"阳州"。

夏，齐国夏、高张伐我西鄙。晋士鞅、赵鞅、荀寅救我。公会晋师于瓦。范献子执羔，赵简子、中行文子皆执雁[1]。鲁于是始尚羔。

【注释】①赵简子：赵鞅。中行文子：荀寅。

【译文】夏季，齐国的国夏、高张攻打我国西部边境。晋国的士鞅、赵鞅、荀寅援救我国。定公在瓦地会见晋军，士鞅手拿羔羊，赵鞅、荀寅都手拿大雁，作为礼物。鲁国从此便开始把羔羊作为贵重的礼物。

晋师将盟卫侯于鄟泽。赵简子曰："群臣谁敢盟卫君者？"涉佗、成何曰[①]："我能盟之。"卫人请执牛耳[②]。成何曰："卫，吾温、原也，焉得视诸侯？"将歃，涉佗捘卫侯之手[③]，及捥[④]。卫侯怒，王孙贾趋进[⑤]，曰："盟以信礼也[⑥]。有如卫君，其敢不唯礼是事，而受此盟也？"卫侯欲叛晋，而患诸大夫。王孙贾使次于郊，大夫问故。公以晋诟语之[⑦]，且曰："寡人辱社稷，其改卜嗣，寡人从焉。"大夫曰："是卫之祸，岂君之过也？"公曰："又有患焉。谓寡人'必以而子与大夫之子为质'。"大夫曰："苟有益也，公子则往，群臣之子，敢不皆负羁绁以从？"将行，王孙贾曰："苟卫国有难，工商未尝不为患，使皆行而后可。"公以告大夫，乃皆将行之。行有日，公朝国人，使贾问焉，曰："若卫叛晋，晋五伐我，病何如矣？"皆曰："五伐我，犹可以能战。"贾曰："然则如叛之，病而后质焉，何迟之有？"乃叛晋。晋人请改盟，弗许。

【注释】①涉佗、成何：皆为晋国大夫。②执牛耳：古代歃血为盟，盟主亲手割牛耳取血，所以用"执牛耳"指盟主。③捘（zùn）：推。④及捥：血流到手腕。捥，古同"腕"。⑤王孙贾：卫国大夫。⑥信：古同

“伸”，表白。⑦诟：耻辱。

【译文】晋军即将与卫灵公在鄟泽结盟，赵简子说：“大臣们有谁敢去和卫国国君结盟？”涉佗、成河说：“我们能与他结盟。”卫国人请他们二人执牛耳。成何说：“卫国，不过与我国的温、原差不多，哪儿能跟诸侯一样看待？”即将歃血，涉佗推开卫灵公的手，血流到卫灵公的手腕上。卫灵公大怒，王孙贾疾步走上前，说：“结盟是为了倡导礼仪，卫国国君怎能不奉行礼仪而接受这个盟约？”卫灵公想要背叛晋国而又担忧大夫们反对。王孙贾让卫灵公住在郊外，大夫们询问原因，卫灵公把受到晋国的侮辱告诉了他们，并且说：“寡人让国家蒙受耻辱，还是改卜其他人作为国君，寡人愿意服从。”大夫们说：“这是卫国的祸患，而不是君王的过错。”卫灵公说：“还有让人更忧虑的事呢。晋国对寡人说：‘必定要你的儿子跟大夫们的儿子作为人质。’”大夫们说：“要是对国家有好处，公子假如前往，臣下们的儿子谁敢不背负着马笼头与马缰绳，跟着前去呢？”人质将要动身，王孙贾说：“如果卫国有祸患，工匠商人未尝不是灾难，要让他们全都前往才行。”卫灵公把这些话告诉大夫们，于是便要他们都走。已经定下行期，卫灵公让国人朝见，派王孙贾对众人说：“如果卫国背叛晋国，晋国五次攻打我们，会危险到什么程度？”大家都说：“五次攻打我们，我们还有能力作战。”王孙贾说：“那么应该先背叛晋国，等出现危险再送人质，有什么来不及的呢？”于是背叛晋国，晋国请求重新结盟，卫国不答应。

秋，晋士鞅会成桓公①侵郑，围虫牢②，报伊阙也。遂侵卫。

【注释】①成桓公：春秋时期成国诸侯，名参，子爵。②虫牢：又名桐牢。春秋郑邑。在今河南封丘县北。

【译文】秋季，晋国的士鞅会合成桓公入侵郑国，围困虫牢，是为了报伊阙战役的仇。于是趁机入侵卫国。

九月，师侵卫，晋故也。

【译文】九月，鲁军攻打卫国，这是因为晋国的缘故。

季寤、公鉏极、公山不狃皆不得志于季氏[1]，叔孙辄无宠于叔孙氏[2]，叔仲志不得志于鲁[3]。故五人因[4]阳虎。阳虎欲去三桓，以季寤更季氏，以叔孙辄更叔孙氏，己更孟氏。冬十月，顺祀先公而祈焉。辛卯，禘于僖公。壬辰，将享季氏于蒲圃而杀之[5]，戒都车[6]曰：“癸巳至。”

【注释】①季寤：季桓子弟，字子言。公鉏极：季氏族人。公山不狃：季氏封地费地的掌管者。②叔孙辄：叔孙氏庶子，字子张。③叔仲志：叔孙氏分支叔仲氏，叔仲穆子的儿子，武叔叔孙州仇的族弟。④因：依靠。⑤蒲圃：鲁都东门外的地方。⑥都车：都邑的兵车。

【译文】季寤、公鉏极、公山不狃在季氏那不得志，叔孙辄在叔孙氏不被宠信，叔孙志在鲁国不得志，所以这五个人投靠了阳虎。阳虎想除去三桓，用季寤取代季氏，用叔孙辄取代叔孙氏，自己取代孟氏。冬季十月，依即位的先后次序祭奠先公。辛卯日，在僖公庙举行大规模祭祀。壬辰日，准备在蒲圃设享礼款待季氏并杀了他，还命令都邑的战车说："癸巳日都要来。"

成宰公敛处父告孟孙，曰："季氏戒都车，何故？"孟孙曰："吾弗闻。"处父曰："然则乱也，必及于子，先备诸？"与孟孙以壬辰为期。

【译文】成地的宰臣公敛处父告诉孟孙说："季氏命令都邑的兵车，是什么原因？"孟孙说："我没有听说过这些。"公敛处父说："那么这便要发生叛乱了，一定会涉及到您。是不是应该先作一下准备？"他与孟孙约定以壬辰日作为会合日期。

阳虎前驱，林楚御桓子，虞人以铍、盾夹之，阳越殿[①]，将如蒲圃。桓子咋谓林楚曰[②]："而先皆季氏之良也，尔以是继之。"对曰："臣闻命后。阳虎为政，鲁国服焉，违之，征死[③]，死无益于主。"桓子曰："何后之有？而能以我适孟氏乎？"对曰："不敢爱死，惧不免主。"桓子曰："往也。"孟氏选圉人之壮者三百人[④]，以为公期筑室于门外[⑤]。林楚怒马[⑥]，及衢而骋，阳越射之，不中，筑者阖门。有自门间射阳越，杀之。阳虎劫公与武叔[⑦]，以伐孟氏。公敛处父帅成人自上东门入[⑧]，与阳氏战于南门之内，弗胜。又战于棘下[⑨]，阳氏败。阳虎说甲如公宫，取宝玉、大弓以出，舍于五父之衢，寝而为食。其徒曰："追其将至。"虎曰："鲁人闻余出，喜于征死[⑩]，何暇追余？"从者曰："嘻！速驾！公敛阳在[⑪]。"公敛阳请追之，孟孙弗许。阳欲杀桓子，孟孙惧而归之。子言辨舍爵于季氏之庙而出[⑫]。阳虎入于讙、阳关以叛⑬。

【注释】①阳越：阳虎从弟。②咋：通“乍”，突然。③征：征召。④圉人：官名。掌管养马放牧等事。亦以泛称养马的人。⑤公期：孟氏之子。⑥怒马：这里指使马发怒快跑。⑦武叔：孙叔不敢之子。⑧上东门：鲁国东城的北门。⑨棘下：城内地名。⑩征死：指缓死。⑪公敛阳：指公敛处父。⑫子言：即季寤。辨：同“遍”。舍爵：置爵。⑬讙：在今山东宁阳县北。阳关：在今山东泰安市东南。

【译文】阳虎驱车走在前边，林楚为季桓子驾车，虞人手持铍、盾守护在两边，阳越走在最后，准备前往蒲圃。季桓子忽然对林楚说：“你的先人都是季氏的忠良之臣，你也要以此继承下去。”林楚说：“下臣听到这话已经晚了。阳虎执政，鲁国人都服从他，违反他的命令便是找死，死了对主人没有好处。”季桓子说：“有什么晚的？你能带我去孟氏那儿吗？”林楚回答说：“我不敢爱惜一死，怕的是不能让主人免于灾难。”季桓子说：“去吧！”孟氏挑选了三百个健壮的奴隶为公期在门外造房子。林楚鞭马，到了大街飞奔而去，阳越用箭射他，没有射中，季桓子乘车冲进孟氏宅院，造房子的人关上大门。有人从门缝里用箭射阳越，射死了他。阳虎劫持鲁定公和武叔，去攻打孟氏。公敛处父带领成地人从上东门进城，与阳氏在南门交战，没有战胜。又在棘下交战，阳氏战败。阳虎脱去皮甲来到公宫，拿了宝玉、大弓，驻扎在五父之衢，自己睡下并让人做饭。他的下属说：“追赶的人马上就来了。”阳虎说：“鲁国人听说我出去，正高兴能缓死，哪儿有时间来追我？”随从的人说：“呀，快点套上马车吧，公敛处父在那儿呢。”公敛处父请求追击阳虎，孟孙不同意。公敛处父想杀了季桓子，孟孙害怕，就把季桓子送回了家。季寤在季氏的祖庙里向祖宗一一斟酒祭告后逃走。阳虎进入讙地、阳关而发动叛乱。

郑驷歂嗣子大叔为政[①]。

【注释】①驷歂（chuán）：郑桓公的后裔，郑国上卿，是继子产、子大叔之后的执政大夫。

【译文】郑国的驷歂接替子太叔执掌政事。

定公九年

【经】九年春王正月[①]。夏四月戊申，郑伯虿卒。得宝玉、大弓。六月，葬郑献公。秋，齐侯、卫侯次于五氏[②]。秦伯卒。冬，葬秦哀公。

【注释】①九年：指周敬王十九年，公元前501年。②齐侯：指齐景公。卫侯：指卫灵公。五氏：春秋晋邑。在今河北邯郸县西。

【译文】鲁定公九年春季周历正月。夏季四月戊申日，郑献公虿去世。鲁国重新获得宝玉和大弓。六月，安葬郑献公。秋季，齐景公和卫灵公领兵驻扎在晋国的五氏。秦哀公去世。冬季，安葬秦哀公。

【传】九年春，宋公使乐大心盟于晋，且逆乐祁之尸。辞，伪有疾。乃使向巢如晋盟[①]，且逆子梁之尸。子明谓桐门右师出[②]，曰："吾犹衰绖，而子击钟，何也？"右师曰："丧不在此故也。"既而告人曰："已衰绖而生子[③]，余何故舍钟？"子明闻之，怒，言于公曰："右师将不利戴氏[④]，不肯适晋，将作乱也。不然无疾。"乃逐桐门右师。

【注释】①向巢：宋国司马向魋的哥哥。②子明：乐祁之子溷。桐门右师：指乐大心。③衰绖（cuī dié）：指居丧。④戴氏：指宋国。

【译文】鲁定公九年春季，宋景公派乐大心到晋国结盟，并迎回乐祁的尸首。乐大心推辞，装作生病。于是宋景公便派向巢到晋国结盟，迎回乐祁的尸首。乐大心到子明家，被子明赶出去，说："我还穿着丧服，而您却敲钟作乐，这是为什么呢？"乐大心说："这是由于灵柩不在这里。"不久又告诉别人说："子明自己穿着丧服却生了儿子，我为什么不能敲钟？"子明听到这话非常生气，对宋景公说："乐大心将不利于宋国。他不愿到晋国去，是准备发动叛乱。否则，就不会装病推辞了。"于是宋景公驱逐了乐大心。

郑驷歂杀邓析，而用其《竹刑》[①]。君子谓："子然[②]于是不忠。苟有可以加于国家者[③]，弃其邪可也。《静女》之三章[④]，取彤管焉。《竿旄》'何以告之'[⑤]，取其忠也。故用其道，不弃其人。《诗》云：'蔽芾甘棠，勿翦勿伐，召伯所茇。'[⑥]思其人犹爱其树，况用其道而不恤其人乎？子然无以劝能矣。"

【注释】①《竹刑》：邓析所做的写于竹简之上的刑法。②子然：驷歂的字。③加：益处；好处。④《静女》：《国风·邶风》篇名，中有“静女其娈，贻我彤管”。彤管：一种红管的笔。古代皇宫内的女史，以此记录后妃的事迹。以红色表赤心公正。⑤《竿旄》‘何以告之’：《国风·鄘风》篇名，末句为“彼姝者子，何以告之”。⑥蔽芾甘棠，勿翦勿伐、召伯所茇（bá）：出自《诗经·召南·甘棠》。茇，在草舍住宿。

【译文】郑国驷歂杀死邓析，而用邓析制订的《竹刑》。君子认为：“驷歂在这件事是不忠的。要是有人对国家有益，就可以不责罚他的罪恶。《静女》的第三章诗，是赞美它的彤管。《竿旄》的‘用什么来劝告他’，是赞美他的忠诚。所以采纳一个人的主张，就不惩处这个人。《诗经》说：‘甘棠树茂密又高大，不要砍伐它，召伯曾住在树下。’思念这个人，尚且还爱护这棵树，何况是用了他的主张而不体恤他呢？驷歂不能勉励贤能的人了。”

夏，阳虎归宝玉、大弓。书曰“得”，器用也。凡获器用曰得，得用焉曰获。

【译文】夏季，阳虎送回宝玉、大弓。《春秋》记录说“得”，是由于它们是器物用具。但凡获得器物用具称“得”，获得生物称“获”。

六月，伐阳关。阳虎使焚莱门[①]。师惊，犯之而出，奔齐，请师以伐鲁，曰：“三加必取之。”齐侯将许之。鲍文子谏曰[②]：“臣尝为隶于施氏矣[③]，鲁未可取也。上下犹和，众庶犹睦，能事大国，而无天灾，若之何取之？阳虎欲勤齐师也，齐师罢，大臣必多死亡，己于是乎奋其诈谋。夫阳虎有宠于季氏，而将杀季孙，以不利鲁国，而求容焉[④]。亲富不亲仁，君焉用之？君富于季氏，而大于鲁国，兹阳虎所欲倾覆也。鲁免其疾[⑤]，而君又收之，无乃害乎！"

【注释】①莱门：阳关的城门。②鲍文子：齐国大夫，鲍叔牙曾孙，鲍牵之弟。早年生活在鲁国，为鲁国施孝叔的家宰。③施氏：鲁国大夫。④求容：取悦。⑤疾：祸患。

【译文】六月，鲁国攻打阳关。阳虎派人焚烧莱门。鲁军惊恐，阳虎乘机突围，逃往齐国，请求齐国派军队攻打鲁国，阳虎说："三次派兵攻打鲁国必定能占领它。"齐景公准备同意。鲍文子进谏说："臣下曾经做过施氏的家臣。鲁国是不能够夺取的。鲁国上下和睦，民众和谐，可以事奉大国，而且没有天灾。如何能攻取？阳虎想要劳动齐国军队，齐国军队疲劳，大臣必定会出现大量死亡，在此种情形下他就会施展他的阴谋。阳虎在季氏那儿获得宠信，却准备杀死季孙，以不利于鲁国，来讨好我们。亲近富有而不亲近仁爱，君王哪儿用得着他？君王比季氏富有，齐国比鲁国强大，这便是阳虎想要颠覆的。鲁国免除了他的祸害，而君王却收留了他，这难道不是祸害吗？"

齐侯执阳虎，将东之。阳虎愿东，乃囚诸西鄙。尽借邑人之车，锲其轴，麻约而归之[①]。载葱灵[②]，寝于其中而逃。追而得之，囚于齐。又以葱灵逃，奔晋，适赵氏。仲尼曰："赵氏其世有乱乎！"

【注释】①麻约：用麻束。②葱灵：装载衣物的车。

【译文】齐景公抓捕了阳虎，准备把他囚禁在东部，阳虎假装愿意到东部，齐景公便把他囚禁在西部。阳虎把当地人的车子全都借来，用刀截断车轴，用麻布包上后归还车主。阳虎在葱灵车上装满衣物，自己躺在里面逃走。齐国人追上去抓住他，把他囚禁在齐国都城。他又一次躺在葱灵车里逃走，逃往宋国，又逃到了晋国，归顺赵氏。孔子说："赵氏或许世代将有祸乱了吧。"

秋，齐侯伐晋夷仪[1]。敝无存之父将室之[2]，辞，以与其弟，曰："此役也不死，反，必娶于高、国。"先登，求自门出，死于霤下[3]。东郭书让登[4]，犁弥从之，曰："子让而左，我让而右，使登者绝而后下。"书左，弥先下。书与王猛息[5]。猛曰："我先登。"书敛甲，曰："曩者之难，今又难焉！"猛笑曰："吾从子如骖之靳[6]。"

【注释】①夷仪：在今河北邢台市西北。②敝无存：齐国大夫。③霤（liù）：通"溜"。檐下滴水处。④让：通"攘"，抢先。⑤王猛：指犁弥。⑥靳：古代套在战马胸前的皮革。

【译文】秋季，齐景公攻打晋国的夷仪。敝无存的父亲准备给他娶妻，敝无存拒绝了，把女子让给了弟弟，说："这次战役要是不死，回来后必定娶高氏、国氏的女子。"攻城时他抢先登上夷仪的城墙，又想从城门冲出去，结果战死在城檐下。东郭书抢先登城，犁弥跟随在他后面，说："您登上去向左，我登上去向右，等登上城墙的人齐了再下去。"东郭书登城后向左去，犁弥却先下了城。战斗结束，东郭书与犁弥在一起休息。犁弥说："是我先登上城墙的。"东郭书收拾皮甲说："前一次你难为我，现在又要难为我？"犁弥笑着说："我跟着您就如同骖马跟着服马一样。”

晋车千乘在中牟[①]。卫侯将如五氏，卜过之[②]，龟焦。卫侯曰：“可也。卫车当其半，寡人当其半，敌矣。”乃过中牟。中牟人欲伐之，卫褚师圃亡在中牟，曰：“卫虽小，其君在焉，未可胜也。齐师克城而骄，其帅又贱，遇，必败之。不如从齐。”乃伐齐师，败之。齐侯致禚、媚、杏于卫[③]。齐侯赏犁弥，犁弥辞，曰：“有先登者，臣从之，皙帻而衣狸制[④]。”公使视东郭书，曰：“乃夫子也，吾贶子[⑤]。”公赏东郭书，辞，曰：“彼，宾旅也[⑥]。”乃赏犁弥。

【注释】①中牟：春秋晋邑。在今河南鹤壁市西。②卜过之：指占卜经过中牟的吉凶。③禚（zhuó）、媚、杏：皆在齐国西部。禚，在今山东长清县西北。媚，在今山东禹城市西。杏，在今山东省东阿县南。④皙帻：白色头巾。狸制：用狸皮裁制的衣服。⑤贶：赠，赐。⑥宾旅：指羁旅之臣。

【译文】晋国战车千辆驻扎在中牟。卫灵公打算到五氏，占卜经过中牟是否吉利，龟甲烤焦了。卫灵公说：“行了。卫国的战车相当于他们的一半，寡人也相当他们的一半，这就相等了。”于是率兵经过中牟。中牟人想攻击他们，卫国的褚师圃逃亡到中牟，说：“卫国虽然小，但他的国君在这里，不能够战胜他们。齐军攻下城邑而骄傲，他们的统帅又地位低下，两军相遇，齐军必定战败，不如迎战齐军。”于是中牟人就攻打齐军，击败了他们。齐景公把禚、媚、杏三地送给卫国。齐景公奖赏犁弥，犁弥辞谢说：“有先登上城墙的人，臣下是跟着他的。他戴着白色头巾穿着狸皮斗篷。”齐景公让他看看是不是东郭书，犁弥说：“正是这位先生，我把奖赏让给您。”齐景公奖赏东郭书，东郭书辞谢说：“犁弥是客卿之臣。”于是齐景公就奖赏了犁弥。

齐师之在夷仪也，齐侯谓夷仪人曰：“得敝无存者，以五家免。”乃得其尸。公三襚之[①]。与之犀轩与直盖[②]，而先归之。坐引者[③]，以师哭之，亲推之三。

【注释】①襚：古吊丧之礼。为死者穿衣。②犀轩、直盖：贵人的殉葬品。犀轩，古代贵族所乘的用犀皮装饰的车。直盖，长柄伞盖。古代官员出行仪仗之一。③坐引者：指挽灵车的人跪着挽车。

【译文】齐国军队在夷仪的时候，齐景公对夷仪人说：“获得敝无存尸体的人，奖赏五户，免除劳役。”于是找到了敝无存的尸体。齐景公三次为敝无存的尸体穿衣服，给他犀牛皮装饰的车子与长柄伞盖作殉葬品，并先把尸体送回国。齐景公让拉车的人跪着拉车，全军哭吊，还亲自推车三次。

定公十年

【经】十年春王三月[①]，乃齐平。夏，公会齐侯于夹谷[②]。公至自夹谷。晋赵鞅帅师围卫。齐人来归郓、讙、龟阴田。叔孙州仇、仲孙何忌帅师围郈[3]。秋，叔孙州仇、仲孙何忌帅师围郈。宋乐大心出奔曹。宋公子地出奔陈[4]。冬，齐侯、卫侯、郑游速会于安甫。叔孙州仇如齐。宋公之弟辰暨仲佗、石𫸩出奔陈[5]。

【注释】①十年：指周敬王二十年，公元前500年。②齐侯：指齐景公。夹谷：春秋齐地。在今山东莱芜市西南。③郈：叔孙氏私邑，在今山东东平县东南。④公子地：宋景公庶母弟。⑤辰：宋景公同母弟。仲佗、石彄（kōu）：皆宋卿。

【译文】鲁定公十年春季周历三月，鲁国和齐国讲和。夏季，鲁定公在夹谷会见齐景公。鲁定公从夹谷返回鲁国。晋国的赵鞅率领军队围攻卫国。齐国来鲁国归还郓、讙和龟阴的田地。鲁国的叔孙州仇、仲孙何忌带兵包围郈地。秋季，叔孙州仇、仲孙何忌再次带兵围困郈地。宋国的乐大心逃往曹国。宋国的公子地逃往陈国。冬季，齐景公、卫灵公、郑国的游速在安甫会面。叔孙州仇到了齐国。宋景公的弟弟辰和宋国的仲佗、石彄逃往陈国。

【传】十年春，及齐平。

【译文】鲁定公十年春季，鲁国与齐国讲和。

夏，公会齐侯于祝其，实夹谷。孔丘相。犁弥言于齐侯曰："孔丘知礼而无勇，若使莱人以兵劫鲁侯[1]，必得志焉。"齐侯从之。孔丘以公退，曰："士，兵之！两君合好，而裔夷之俘以兵乱之[2]，非齐君所以命诸侯也。裔不谋夏，夷不乱华，俘不干盟[3]，兵不逼好。于神为不祥，于德为愆义，于人为失礼，君必不然。”齐侯闻之，遽辟之。

【注释】①莱：古国名，被齐国所灭。夹谷为莱人流落地。②裔夷：边远地方的夷人。裔，边远的地方。夷，古代对东部各部落的统称，后来蔑指中原以外的各族。③干：触犯，冒犯。

【译文】夏季，定公在祝其会见齐景公，祝其也就是夹谷。当时孔子担任相礼。犁弥对齐景公说：“孔丘这个人懂得礼，但不够勇武。要是让莱人用武力劫持鲁定公，我们必定可以如愿以偿。”齐景公听从了这一建议。孔子带着定公退下去，并喊道：“士兵们快拿起武器！齐鲁两君原本要和好，却让夷人的俘虏拿着武器捣乱，这一定不是齐国君主征服天下诸侯的方法。边远之国不可图谋中原大国，夷狄不可搅乱华夏民族，俘虏不能冒犯诸侯盟会，武力不能逼迫友好国家。这样将会亵渎神灵，对于德行是丧失道义，对于人是背弃礼义，齐国君主一定不会这么做。”听了这番话，齐景公赶忙下令莱人撤退。

将盟，齐人加于载书曰：“齐师出竟，而不以甲车三百乘从我者，有如此盟。”孔丘使兹无还揖对[1]，曰：“而不反我汶阳之田，吾以共命者，亦如之。”

【注释】①兹无还：鲁国大夫。

【译文】齐鲁两国正准备盟誓，齐国又在盟书上加上了这样一句话："如果齐军走出国境而鲁国不派出三百辆战车随同出战，鲁国就要受到惩罚！"孔丘派兹无还上前作揖答复说："要是齐国不把汶阳的田地归还鲁国，而让鲁国供给需要，也要受到惩罚。"

齐侯将享公，孔丘谓梁丘据曰："齐、鲁之故[1]，吾子何不闻焉？事既成矣，而又享之，是勤执事也。且牺、象不出门[2]，嘉乐不野合[3]。飨而既具，是弃礼也。若其不具，用秕稗也[4]。用秕稗，君辱；弃礼，名恶，子盍图之？夫享，所以昭德也。不昭，不如其已也[5]。"乃不果享。

【注释】①故：特指旧法、旧典、成例。②牺、象：酒器，牛形或象形的尊，盛大宴会所用。③嘉乐：古代用于宴飨祭祀的钟磬之乐。④用秕稗（bǐ bài）：指用礼轻率。秕稗，秕子和稗子。比喻粗秽、微薄的东西。⑤已：停止。

【译文】齐景公准备设享礼宴请定公。孔丘对齐国大夫梁丘据说："齐、鲁两国的旧典，难道您没有听说过吗？盟约既然已经达成，而又要设宴招待，这是给贵国的执事增加不必要的烦劳。再说牺、象形状的酒器不能拿出宫门，钟、磬等乐器不能在野外演奏。要是宴会上都具备这些东西，就等于违背了礼法；要是不具备这些东西，宴会便像稗子秕子一样轻率。宴会像稗子秕子一样轻率，这是齐君的耻辱，违背礼义，则会损害齐国的名声，您何不谨慎考虑？设享礼，目的是宣扬德行，如果不能宣扬德行，就不如不举办。"于是齐国取消了享礼。

齐人来归郓、谨、龟阴之田。

【译文】齐国人前来归还郓、谨、龟阴的田地。

晋赵鞅围卫，报夷仪也。

【译文】晋国的赵鞅发兵围困卫国，是报复齐国为卫国攻打夷仪。

初，卫侯伐邯郸午于寒氏[①]，城其西北而守之[②]，宵熸[③]。及晋围卫，午以徒七十人门于卫西门，杀人于门中，曰："请报寒氏之役。"涉佗曰："夫子则勇矣，然我往，必不敢启门。"亦以徒七十人，旦门焉，步左右，皆至而立，如植。日中不启门，乃退。

【注释】①邯郸午：晋邯郸大夫。寒氏：即五氏。②城：筑城。③熸（jiān）：溃败。

【译文】起初，卫灵公在寒氏攻打邯郸午，攻陷了寒氏城的西北部并派兵把守，到了晚上，邯郸午的士兵溃逃散去。等到晋国围攻卫国时，邯郸午率领七十个士卒攻打卫国的西门，在城门中杀了人，并喊道："以此来报复你们攻击寒氏的仇。"晋国的涉佗说："这个人也算勇敢，但要是我去，他们必定不敢开启城门。"他便也带了七十个人，在第二天早上来到城门前，分成左右两排，全都站定，像树木一样纹丝不动。直到中午，卫国人也不敢打开城门，于是涉佗就退兵了。

反役，晋人讨卫之叛故[①]，曰："由涉佗、成何。"于是执涉佗以求成于卫。卫人不许，晋人遂杀涉佗。成何奔燕。君子曰："此之谓弃礼，必不钧[②]。《诗》曰：'人而无礼，胡不遄死[③]？'涉佗亦遄矣哉！"

【注释】①讨：责问。②钧：通"均"。相等，均衡。③人而无礼，胡不遄死：出自《诗·鄘风·相鼠》。遄，快，迅速。

【译文】晋国退兵后，派人责问卫国背叛晋国的原因。卫国说："由于涉佗、成何二人无礼。"于是晋国把涉佗抓起来，想要以此同卫国讲和。卫国不答应。晋国就杀了涉佗。成何逃往燕国。君子说："这便是说同样违背了礼，处罚的轻重有所不同。《诗经》说：'人要是无礼，为何不早点死？'涉佗可以说是死得很快的了。"

初，叔孙成子欲立武叔，公若藐固谏曰："不可。"成子立之而卒。公南使贼射之[①]，不能杀。公南为马正，使公若为郈宰。武叔既定，使郈马正侯犯杀公若，不能。其圉人曰："吾以剑过朝，公若必曰：'谁之剑也？'吾称子以告，必观之。吾伪固[②]，而授之末，则可杀也。"使如之，公若曰："尔欲吴王我乎[③]？"遂杀公若。侯犯以郈叛，武叔、懿子围郈，弗克。

【注释】①公南：叔孙家臣，武叔的同党。②固：鄙陋，见识浅少。③吴王我：指像专诸刺杀吴王僚一样对我。

【译文】从前，叔孙成子准备立武叔为继承人，公若藐坚决反对，说："不能这么做。"叔孙成子立了武叔为继承人后就去世了。公南派人射杀公若藐，没有成功。公南担任马正，派公若藐出任郈地的宰臣。武叔巩固地位之后，派郈地的马正侯犯暗杀公若藐，也不能成功。武叔的马官说："我拿着宝剑经过朝廷，公若藐必定会问我：'这是谁的剑？'我便会说这是您的剑，他一定会观看宝剑。我装着鄙陋的样子把剑尖递给他，这样就可以把他杀死了。"武叔听后就让他这样做。公若藐见武叔的马官拿着宝剑走来，说："你是不是要像专诸刺吴王僚那样杀掉我呢？"马官一剑杀死公若藐。侯犯占据郈地发动叛乱。武叔、孟懿子围攻郈地，但没有攻下。

秋，二子及齐师复围郈，弗克。叔孙谓郈工师驷赤曰[①]："郈非唯叔孙氏之忧，社稷之患也。将若之何？"对曰："臣之业，在《扬水》卒章之四言矣[②]。"叔孙稽首。驷赤谓侯犯曰："居齐、鲁之际而无事[③]，必不可矣。子盍求事于齐以临民？不然，将叛。"侯犯从之。齐使至，驷赤与郈人为之宣言于郈中曰："侯犯将以郈易于齐[④]，齐人将迁郈民。"众凶惧。驷赤谓侯犯曰："众言异矣。子不如易于齐，与其死也。犹是郈也，而得纾焉[⑤]，何必此？齐人欲以此逼鲁，必倍与子地。且盍多舍甲于子之门[⑥]，以备不虞？"侯犯曰："诺。"乃多舍甲焉。侯犯请易于齐，齐有司观郈。将至，驷赤使周走呼曰："齐师至矣！"郈人大骇，介侯犯之门甲[⑦]，以围侯犯。驷赤将射之，侯犯止之，曰："谋免我。"侯犯请行，许之。驷赤先如宿[⑧]，侯犯殿。每出一门，郈人闭之。及郭门，止之，曰："子以叔孙氏之甲出，有司若诛之[⑨]，群臣惧死。"驷赤曰："叔孙氏之甲有物[⑩]，吾未敢以出。"犯谓驷赤曰："子止而与之数。"驷赤止，而纳鲁人。侯犯奔齐，齐人乃致郈。

【注释】①工师：古官名。上受司空领导，下为百工之长。专掌营建工程和管教百工等事。②《扬水》：指《诗经·唐风·扬之水》。卒章之四言：指"我闻有命"四字，表示愿意听命。③无事：指不事奉齐鲁之中的任何一国。④易：交换。⑤纾：缓和，解除。⑥舍：置。⑦介：披甲。⑧宿：在今山东东平县西南宿城，离郈不远。⑨诛：责罚。⑩物：标记，记号。

【译文】秋季，孙叔、懿子二人和齐国又发兵围攻郈地，仍没有攻下。孙叔对郈地的工师驷赤说："郈地并不只是叔孙氏的祸患，也是整个国家的祸患啊。您打算怎么办呢？"驷赤说："我的态度都在《扬水》最后一章的四个字中了。"孙叔向他叩头表示感谢。驷赤对侯犯说："处在齐、鲁两国之间，谁也不事奉，一定不可以。您何不请求事奉齐国来管理百姓呢？否则，郈地百姓便会背叛您。"侯犯听从了。齐国的使者来到，驷赤又和郈人在街上散布说："侯犯准备用郈地与齐国交换土地，齐国想要把我们郈地的百姓都迁走。"众人都很感到惊恐。驷赤又对侯犯说："百姓的想法与您有了不同。与其去死，还不如用郈地与齐国交换土地。这样，您仍可以得到土地，又能使祸乱得到缓解。何必死守郈地呢？齐国想要以郈地威逼鲁国，一定会加倍给您土地。再说您为何不在门口准备一些皮甲以防不测呢？"侯犯说："对。"于是便在门口放了很多皮甲。侯犯请求用郈地和齐国交换土地，齐国的官员前来巡视郈地。快到城门时，驷赤派人在全城大喊："齐军来了！"城中的人惊慌失措，纷纷把侯犯放在门口的皮甲穿上，围攻侯犯。驷赤假装要用箭射他们。侯犯拦住他，说："你想办法让我幸免于难。"侯犯提出逃亡，大家同意了，于是驷赤先去宿地，侯犯跟在后面。每当他走出一道门，郈地人就赶快把门关上。走到外城门时，城中的人拦住他说："您穿着叔孙氏的皮甲出去，要是官员们责罚，我们怕被杀死。"驷赤说："叔孙氏的皮甲上有标记，我们不敢带出去。"侯犯对驷赤说："您留下来负责和他们清点皮甲。"于是驷赤留下来，把鲁国人迎进城。侯犯逃到齐国。齐国把郈地归还鲁国。

宋公子地嬖蘧富猎[①]，十一分其室，而以其五与之。公子地有白马四。公嬖向魋[②]，魋欲之，公取而朱其尾、鬣以与之。地怒，使其徒抶魋而夺之[③]。魋惧，将走。公闭门而泣之，目尽肿。母弟辰曰："子分室以与猎也，而独卑魋，亦有颇焉[④]。子为君礼[⑤]，不过出竟，君必止子。"公子地奔陈，公弗止。辰为之请，弗听。辰曰："是我迋吾兄也[⑥]。吾以国人出，君谁与处？"冬，母弟辰暨仲佗、石彄出奔陈。

【注释】①蘧（qú）富猎：宋国大夫。②向魋（tuí）：又称桓魋，宋国左师向巢的弟弟，宋景公宠臣。③抶（chì）：用鞭、杖或竹板之类的东西打。④颇：偏，倾斜，引申为不公正。⑤为君礼：指依礼避君。⑥迋：古通"诳"，欺骗。

【译文】宋国的公子地宠信蘧富猎，就把自己的家产分成十一份，分给蘧富猎五份。公子地有四匹白马。宋景公宠信向魋，向魋很想要这几匹马，景公就把马强行要来，把马尾、马鬣染成红色送给向魋。公子地非常生气，派手下的人痛打向魋，并把马抢回来。向魋害怕了，准备逃跑。宋景公关上门哭着挽留向魋，把眼睛都哭肿了。宋景公的同母弟弟辰对公子地说：“你能把家产分给蘧富猎，却这么看不起向魋，这也有失公平。为了对国君表示尊敬，您要出国避让。不等您走出国境，国君便会派人来阻止您。”于是公子地逃往陈国，但宋景公并没有阻止。辰为公子地求情，宋景公也不听。辰说：“我这是欺骗了哥哥啊。要是我领着国人出逃，谁还能和您相处呢？”冬季，宋景公的同母弟辰和仲佗、石彄逃到陈国。

武叔聘于齐，齐侯享之，曰：“子叔孙！若使郈在君之他竟，寡人何知焉？属与敝邑际[①]，故敢助君忧之。”对曰：“非寡君之望也。所以事君，封疆社稷是以。敢以家隶勤君之执事[②]？夫不令之臣，天下之所恶也。君岂以为寡君赐？”

【注释】①际：交界的地方。②家隶：卿大夫的家臣。后泛指富贵人家的仆役。这里指侯犯。

【译文】武叔到齐国聘问。齐景公设宴招待他，说：“子叔孙！如果郈地在鲁国的其他国境，寡人又能知道什么呢？正因为这是我们两国交界，所以我才能为您分忧啊。”武叔回答说：“我国国君并不希望贵国这样做。我们之所以事奉国君，是为了国家疆土的安全。怎么敢因为家臣的事而劳烦国君呢？不忠的臣子，应该被天下人厌恶，您难道是以此作为对鲁国国君的恩赐吗？”

定公十一年

【经】十有一年春①，宋公之弟辰及仲佗、石彄、公子地自陈入于萧以叛②。夏四月。秋，宋乐大心自曹入于萧。冬，及郑平。叔还如郑莅盟③。

【注释】①十有一年：指周敬王二十一年，公元前499年。②萧：古国名。又名萧同。春秋时为宋国附庸。在今安徽萧县西北。③叔还：叔弓的曾孙。

【译文】鲁定公十一年春季，宋景公的弟弟辰和仲佗、石彄、公子地从陈国回到宋国的萧邑发动叛乱。夏季四月。秋季，宋国的乐大心从曹国回到萧邑。冬季，鲁国和郑国讲和。鲁国的叔还去郑国参加会盟。

【传】十一年春，宋公母弟辰暨仲佗、石彄、公子地入于萧以叛。秋，乐大心从之，大为宋患，宠向魋故也。

【译文】鲁定公十一年春季，宋景公的同母弟辰和仲佗、石彄、公子地进入萧地发动叛乱。秋季，乐大心也跟着叛乱，成为宋国大的祸患。这是因为宋景公宠信向魋的缘故。

冬，及郑平，始叛晋也。

【译文】冬季，鲁国和郑国讲和，鲁国开始背叛晋国了。

定公十二年

【经】十有二年春①，薛伯定卒。夏，葬薛襄公。叔孙州仇帅师堕郈②。卫公孟彄帅师伐曹③。季孙斯、仲孙何忌帅师堕费。秋，大雩。冬十月癸亥，公会齐侯盟于黄④。十有一月丙寅朔，日有食之。公至自黄。十有二月，公围成⑤。公至自围成。

【注释】①十有二年：指周敬王二十二年，公元前498年。②堕：古同“隳（huī）”，毁坏。③公孟彄：卫国大夫。④齐侯：指齐景公。黄：春秋时齐邑，在今山东淄博市淄川东北。⑤成：孟孙氏封邑，在今山东宁阳县东北。

【译文】鲁定公十二年春季，薛襄公定去世。夏季，安葬薛襄公。鲁国的叔孙州仇领军拆毁了郈邑的城墙。卫国的公孟彄率领军队讨伐曹国。鲁国大夫季孙斯和仲孙何忌领兵拆毁了费城的城墙。秋季，鲁国举行盛大的求雨祭祀。冬季十月癸亥日，鲁定公与齐景公在黄地会盟。十一月初一，发生了日食。鲁定公从黄地返回鲁国。十二月，鲁定公率兵包围成邑。鲁定公从包围成邑的战场回国。

【传】十二年夏，卫公孟彄伐曹，克郊[1]。还，滑罗殿[2]。未出[3]，不退于列。其御曰：“殿而在列，其为无勇乎？”罗曰：“与其素厉[4]，宁为无勇。”

【注释】①郊：春秋曹地。在今山东菏泽。②滑罗：卫国大夫。③未出：指未出曹国国境。④素厉：指空有凶猛的名声。

【译文】鲁定公十二年春季，卫国公孟彄讨伐曹国，攻克郊地。军队返回时，滑罗殿后。还没有走出曹国国境，滑罗就不领兵走在后面。为他驾车的人说：“殿后却走在队列中间，那是缺少勇气吧？”滑罗说：“与其空有勇猛的名声，宁可表现得丧失勇气。”

仲由为季氏宰[1]，将堕三都[2]，于是叔孙氏堕郈。季氏将堕费，公山不狃、叔孙辄帅费人以袭鲁。公与三子入于季氏之宫，登武子之台[3]。费人攻之，弗克。入及公侧。仲尼命申句须、乐颀下，伐之，费人北。国人追之，败诸姑蔑[4]。二子奔齐，遂堕费。将堕成，公敛处父谓孟孙：“堕成，齐人必至于北门。且成，孟氏之保障也，无成，是无孟氏也。子伪不知，我将不堕。”

【注释】①仲由：字子路，又字季路，孔子的学生。②三都：指三桓的私邑。即季孙氏的费，叔孙氏的郈，孟孙氏的成。③武子之台：在曲阜城东北季氏宅院中。武子，季孙宿。④姑蔑：春秋时鲁地，简称蔑。在今山东泗水县东。

【译文】仲由担任季氏的宰臣，想要折毁三都的城墙，于是叔孙氏折毁郈城。季氏准备折毁费邑，公山不狃、叔孙辄带领费邑人攻打鲁国都城。鲁定公和孟懿子、武叔、季桓子三人进入季氏的宅院，登上武子之台。费邑人攻打他们，没有攻克。士兵们来到定公身侧，孔子命令申句须、乐颀下台，去攻打费人，费邑人败走。国人追击他们，在姑蔑把他们击败。公山不狃、叔孙辄两人逃到齐国，于是拆毁了费邑的城墙。准备拆毁成邑的城墙，公敛处父对孟孙说："拆毁成邑的城墙，齐国人一定会从成邑的北门打来。而且成邑是孟氏的保障，没有它，那就等于没有孟氏。您就装做不知道，我不打算拆毁成邑的城墙。"

冬十二月，公围成，弗克。

【译文】冬季十二月，鲁定公率兵包围成邑，没有攻克。

定公十三年

【经】十有三年春[①]，齐侯、卫侯次于垂葭[②]。夏，筑蛇渊囿[③]。大蒐于比蒲[④]。卫公孟彄帅师伐曹。秋，晋赵鞅入于晋阳以叛[⑤]。冬，晋荀寅、士吉射入于朝歌以叛[⑥]。晋赵鞅归于晋。薛弑其君比。

【注释】①十有三年：指周敬王二十三年，公元前497年。②齐侯：指齐景公。卫侯：指卫灵公。垂葭：春秋时卫邑。在今山东巨野县西南。③蛇渊囿：园林名，在今山东肥城南。④蒐：阅兵，检阅。⑤晋阳：春秋晋邑。在今山西太原市西南。⑥士吉射：士鞅之子。朝歌：今河南淇县。西周时为卫国都。春秋时属晋。

【译文】鲁定公十三年春季，齐景公、卫灵公驻扎在垂葭。夏季，在蛇渊修筑园林。鲁国在比蒲进行盛大的阅兵。卫国的公孟彄率领军队讨伐曹国。秋季，晋国的赵鞅占据晋阳发动叛乱。冬季，晋国的荀寅、士吉射进入朝歌发动叛乱。晋国的赵鞅返回晋国。薛国人杀了他们的国君比。

【传】十三年春，齐侯、卫侯次于垂葭，实郹氏。使师伐晋，将济河。诸大夫皆曰："不可。"邴意兹[1]曰："可。锐师伐河内[2]，传必数日而后及绛[3]。绛不三月，不能出河，则我既济水矣。"乃伐河内。

【注释】①邴意兹：齐国大夫。②河内：在今河南汲县，本为卫地，被晋所占。③绛：春秋晋都。在今山西侯马市西。

【译文】鲁定公十三年春季，齐景公、卫灵公驻扎在垂葭，垂葭便是郹氏。他们派兵攻打晋国，即将渡过黄河，大夫们都说："不行。"邴意兹说："可以，派精兵攻打河内，传车需要好几天才能到达绛邑。绛邑的军队没有三个月是不能抵达黄河的，那时我军已经渡过黄河回国了。"于是他们攻打河内。

齐侯皆敛诸大夫之轩，唯邴意兹乘轩。

【译文】齐景公把大夫们的车子都收了，只有邴意兹可以坐车。

齐侯欲与卫侯乘，与之宴，而驾乘广[①]，载甲焉。使告曰："晋师至矣！"齐侯曰："比君之驾也，寡人请摄[②]。"乃介而与之乘，驱之。或告曰："无晋师。"乃止。

【注释】①乘广：指春秋时楚王或主帅率领的兵车。②摄：假借为"代"。代理，兼理。

【译文】齐景公想和卫灵公同坐一辆车，跟他一起宴饮，命人套好乘广车，载上甲兵。使者报告说："晋军到了！"齐景公对卫灵公说："等到您的车子套好，我便代您的御者驾车。"于是披上战甲与卫灵公一起登车，驱车向前。有人来报告说："没有晋军。"这才把车停下来。

晋赵鞅谓邯郸午曰："归我卫贡五百家，吾舍诸晋阳[①]。"午许诺。归告其父兄，父兄皆曰："不可。卫是以为邯郸，而置诸晋阳，绝卫之道也[②]。不如侵齐而谋之。"乃如之，而归之于晋阳。赵孟怒[③]，召午，而囚诸晋阳。使其从者说剑而入[④]，涉宾不可[⑤]。乃使告邯郸人曰："吾私有讨于午也，二三子唯所欲立。"遂杀午。赵稷、涉宾以邯郸叛[⑥]。夏六月，上军司马籍秦围邯郸。邯郸午，荀寅之甥也[⑦]；荀寅，范吉射之姻也[⑧]，而相与睦。故不与围邯郸，将作乱。董安于闻之[⑨]，告赵孟，曰："先备诸？"赵孟曰："晋国有命，始祸者死，为后可也。"安于曰："与其害于民，宁我独死，请以我说。"赵孟不可。

秋七月，范氏、中行氏伐赵氏之宫，赵鞅奔晋阳。晋人围之。

【注释】①归我卫贡五百家，吾舍诸晋阳：鲁定公十年，赵鞅围困卫国，卫国献五百户给赵鞅，被赵鞅安置在邯郸，如今想把这五百户迁到自己的封地晋阳。②绝卫之道也：指断绝与卫国的友好往来。③赵孟：即赵鞅。④说：通“脱”。⑤涉宾：邯郸午的家臣。⑥赵稷：邯郸午之子。⑦荀寅：中行寅。⑧范吉射：即士吉射。⑨董安于：赵鞅家臣。

【译文】晋国的赵鞅对邯郸午说：“把卫国献给我的五百家还给我，我要把他们迁往晋阳。”邯郸午答应了。他回去告诉他的父老兄长。他的父老兄长都说：“不行。卫国因为这五百家而与邯郸交好，把他们安置在晋阳，这便断绝与卫国的友好之路。不如用偷袭齐国的办法来解决这个问题。”于是邯郸午就照着父兄的话办，而后把五百家迁到晋阳。赵鞅大怒，召见邯郸午，把他囚禁在晋阳。赵鞅让邯郸午的随从们解除佩剑再进入，涉宾不愿意。赵鞅就派人告诉邯郸人说：“这是我私人对邯郸午进行惩处，你们能按自己的意愿确立继承人。”于是杀了邯郸午。赵稷、涉宾率领邯郸人发动叛乱。夏季六月，上军司马籍秦围攻邯郸。邯郸午，是荀寅的外甥；荀寅，是范吉射的姻亲，他们彼此和睦，所以没有包围邯郸，而是准备发动叛乱。董安于听到这个消息，报告赵鞅说：“先前作好准备了吗？”赵鞅说：“晋国有法令，首先挑起祸乱的人处死。我们后发制人就可以了。”董安于说：“与其危害百姓，宁愿我一个人去死。请用我向晋军作解释。”赵鞅没有同意。秋季七月，范氏、中行氏攻打赵氏宅院，赵鞅逃到晋阳，范氏、中行氏包围了晋阳。

范皋夷无宠于范吉射[1]，而欲为乱于范氏。梁婴父嬖于知文子[2]，文子欲以为卿。韩简子与中行文子相恶[3]，魏襄子亦与范昭子相恶[4]。故五子谋，将逐荀寅而以梁婴父代之，逐范吉射而以范皋夷代之。荀跞言于晋侯曰："君命大臣，始祸者死，载书在河[5]。今三臣始祸，而独逐鞅，刑已不钧矣。请皆逐之。"

【注释】①范皋夷：范氏庶子。②梁婴父：晋国大夫。知文子：荀跞。③韩简子：韩起孙韩不信。中行文子：荀寅。④魏襄子：名魏侈，又名魏曼多，魏舒之子。范昭子：范吉射。⑤在河：指沉于黄河，昭告河神。

【译文】范皋夷不被范吉射宠信，希望在范氏家族发动叛乱。梁婴父被知文子宠信，知文子想让他担任卿。韩简子与中行文子互相厌恶，魏襄子也和范昭子不和，所以五个人策划，想要驱逐中行文子而用梁婴父替代他，驱赶范吉射而用范皋夷替代他。荀跞对晋定公说："君王命令大臣，最先发动祸乱的人处死，盟书都沉在黄河里了。如今三个臣子最先发动祸乱，而仅仅驱逐赵鞅，处罚已经不公平了。请把他们都赶走。"

冬十一月，荀跞、韩不信、魏曼多奉公以伐范氏、中行氏，弗克。二子将伐公[1]，齐高强曰[2]："三折肱知为良医。唯伐君为不可，民弗与也。我以伐君在此矣。三家未睦，可尽克也。克之，君将谁与？若先伐君，是使睦也。"弗听，遂伐公。国人助公，二子败，从而伐之[3]。丁未，荀寅、士吉射奔朝歌。韩、魏以赵氏为请。十二月辛未，赵鞅入于绛，盟于公宫。

【注释】①二子：指范氏、中行氏。②高强：齐国大夫子尾子，先奔鲁，后奔晋。③从而伐之：知、韩、魏三家随国人攻打范氏、中行氏。

【译文】冬季十一月，荀跞、韩不信、魏曼多事奉晋定公讨伐范氏、中行氏，没有攻克。范氏、中行氏准备攻打晋定公。齐国的高强说："多次折断胳膊就成了良医。唯有攻打国君不行，因为百姓不会支持。我正是因为攻打国君才到了这里。三家不和睦，能够逐个击破。攻下了他们，国君还能亲附谁呢？如果先攻打国君，这就促使他们和睦。"范氏、中行氏没有听从，于是先攻打晋定公。国人帮助晋定公，二人战败，三家跟着国人去攻打他们。丁未日，荀寅、士吉射逃到朝歌。韩氏、魏氏替赵氏请求。十二月辛未日，赵鞅进入绛邑，在公宫签订盟约。

初，卫公叔文子朝而请享灵公①。退，见史鳍而告之②。史鳍曰："子必祸矣。子富而君贪，其及子乎！"文子曰："然。吾不先告子，是吾罪也。君既许我矣，其若之何？"史鳍曰："无害。子臣③，可以免。富而能臣，必免于难，上下同之。戌也骄④，其亡乎。富而不骄者鲜，吾唯子之见。骄而不亡者，未之有也。戌必与焉。"及文子卒，卫侯始恶于公叔戌，以其富也。公叔戌又将去夫人之党⑤，夫人诉之曰："戌将为乱。"

【注释】①公叔文子：即公叔发，卫献公之孙。②史鳍：春秋时卫国史官。字子鱼，亦称史鱼。以正直闻名于世。③臣：这里指谨守臣道。④戌：公叔戌，公叔文子的儿子。⑤夫人：指卫灵公夫人，以淫荡出名。

【译文】起初，卫国的公叔文子朝见并请求设享礼宴请卫灵公。退朝后，他看见史鳝告诉了他。史鳝说："您必定会招致祸患了！您富有而卫君贪婪，祸患将要发生到您身上了吧！"文子说："是这样。我没有先告诉您，这是我的错。国君已经同意我了，我该怎么办？"史鳝说："没有关系。您谨守臣道，就能够免除祸患。富有而能谨守臣道，必能免于祸患。无论尊卑都适用。戌骄纵，恐怕要逃离卫国吧！富有而不骄纵的人很少，我只见了您一个。骄纵而不逃亡的人，我还没遇到。戌必定会成为其中的一个。"文子死后，卫灵公开始厌恶公叔戌，是因为公叔戌富有。公叔戌又打算除掉卫灵公夫人南子的党羽，夫人对卫灵公诉说："公叔戌将要发动叛乱。"

定公十四年

【经】十有四年春[①]，卫公叔戌来奔。卫赵阳出奔宋[②]。二月辛巳，楚公子结、陈公孙佗人帅师灭顿，以顿子牂归[③]。夏，卫北宫结来奔。五月，于越败吴于槜李[④]。吴子光卒[⑤]。公会齐侯、卫侯于牵[⑥]。公至自会。秋，齐侯、宋公会于洮[⑦]。天王使石尚来归脤[⑧]。卫世子蒯聩出奔宋。卫公孟彄出奔郑。宋公之弟辰自萧来奔。大蒐于比蒲。邾子来会公[⑨]。城莒父及霄[⑩]。

【注释】①十有四年：指周敬王二十四年，公元前496年。②赵阳：

公叔戍同党。③顿：春秋国名。即今河南项城市西南南顿。为楚所灭。牂（zāng）：顿国国君名。④于越：也称大越、内越。古越族的一支，即越国。槜（zuì）李：在今浙江桐乡市东北。⑤吴子光：指吴王阖庐。⑥牵：春秋卫邑。在今河南浚县北。⑦洮：春秋时曹邑。在今山东鄄城县西南。⑧天王：指周敬王。石尚：周大夫。脤（shèn）：古代王侯祭社稷所用的肉。⑨邾子：指邾隐公。⑩莒父、霄：皆在今山东莒县。

【译文】鲁定公十四年春季，卫国的公叔戍出逃到鲁国。卫国的赵阳出逃到宋国。二月辛巳日，楚国的公子结、陈国的公孙佗人率领士兵灭亡了顿国，把顿国国君牂带回楚国。夏季，卫国的北宫结出逃到鲁国。五月，越国在槜李打败吴国。吴王光去世。鲁定公在牵地和齐景公、卫灵公会盟。鲁定公从牵地回到鲁国。秋季，齐景公、宋景公在洮地会盟。周敬王派石尚给鲁国送来祭肉。卫国的太子蒯聩出逃宋国。卫国的公孟彄出逃到郑国。宋景公的弟弟辰从萧地逃到鲁国。鲁国在比蒲举行盛大的阅兵仪式。邾隐公来和鲁定公会盟。鲁国在莒父和霄地筑城。

【传】十四年春，卫侯逐公叔戍与其党，故赵阳奔宋，戍来奔。

【译文】鲁定公十四年春季，卫灵公驱逐公叔戍和他的党羽，所以赵阳逃往宋国，公叔戍投奔鲁国。

梁婴父恶董安于，谓知文子曰：“不杀安于，使终为政于赵氏，赵氏必得晋国。盍以其先发难也，讨于赵氏？”文子使告于赵孟曰：

“范、中行氏虽信为乱，安于则发之，是安于与谋乱也。晋国有命，始祸者死。二子既伏其罪矣，敢以告。”赵孟患之。安于曰：“我死而晋国宁，赵氏定，将焉用生？人谁不死，吾死莫矣[①]。”乃缢而死。赵孟尸诸市，而告于知氏曰：“主命戮罪人，安于既伏其罪矣，敢以告。”知伯从赵孟盟[②]，而后赵氏定，祀安于于庙。

【注释】①莫：古同“暮”，晚。②知伯：指荀跞。

【译文】梁婴父厌恶董安于，对知文子说：“要是不杀了董安于，一直让他执掌赵氏的大权，那么赵氏必会得到晋国。何不以赵氏首先发动祸难为借口，去征讨赵氏呢？”知文子便派人告诉赵鞅说：“荀寅与范吉射虽然确实发动了叛乱，不过全都是董安于挑起的，董安于和他们共同参与叛乱。晋国有规定，最先制造祸乱的人要被处死。荀寅与范吉射已经得到惩罚了，请对董安于也处以相应的惩罚。”赵鞅害怕了。董安于说：“要是我死了，能使晋国得到安宁，赵氏家族能够安定，我又何必活着呢？谁没有一死？我已经死得太晚了。”于是自缢而死。赵鞅把他的尸首抬到集市示众，而后告诉荀跞说：“您命令我处罚罪人，如今他已伏罪，特来禀告。”荀跞就与赵鞅结盟。从此赵氏家族安定下来，把董安于的灵位放到祖庙中祭祀供奉。

顿子牂欲事晋，背楚而绝陈好。二月，楚灭顿。

【译文】顿国国君想要事奉晋国，于是反叛楚国，并断绝了与陈国的友好关系。二月，楚国灭亡顿国。

夏，卫北宫结来奔，公叔戌之故也。

【译文】夏季，卫国的北宫结投奔鲁国，这是受到公叔戌牵连的缘故。

吴伐越。越子句践御之，陈于槜李。句践患吴之整也，使死士再禽焉，不动。使罪人三行，属剑于颈，而辞曰："二君有治[①]，臣奸旗鼓，不敏于君之行前，不敢逃刑，敢归死。"遂自刭也。师属之目，越子因而伐之，大败之。灵姑浮以戈击阖庐[③]，阖庐伤将指[④]，取其一屦。还，卒于陉[⑤]，去槜李七里。

【注释】①治：用兵；治军。②奸旗鼓：违犯军令。古代军队以旗鼓发号令，故以为喻。③灵姑浮：越国大夫。④将指：手的中指，或足的大指。这里为足大指。⑤陉：春秋吴地，在今浙江省嘉兴市南。

【译文】吴国攻打越国，越王句践率兵进行抵御，并在槜李摆开阵势。句践担心吴军的军容严整，两次派出死士冲击吴军，但吴军阵营丝毫不乱。句践又派出犯人，让他们排成三行，把剑放到脖子上，而对吴军说："两国国君治军作战，我们违犯了军令，在国君面前显得无能，不敢逃避惩罚，愿以自杀谢罪。"说完便拔剑自尽。吴军将士都聚精会神地观看，越王乘机出兵攻打，大败吴军。越国大夫灵姑浮用戈击打吴王阖庐，阖庐的大脚趾被击伤，灵姑浮得到了他的一只鞋。阖庐在撤退途中，死在陉地，陉地距离槜李有七里。

夫差使人立于庭，苟出入，必谓己曰：“夫差！而忘越王之杀而父乎？”则对曰：“唯，不敢忘！”三年，乃报越。

【译文】夫差派人站在院中，只要他出去或进来，那些人必定对自己说：“夫差！你忘记越王杀你父亲了吗？”夫差便回答说：“是。不敢忘记！”三年后，夫差便向越国报了杀父之仇。

晋人围朝歌，公会齐侯、卫侯于脾、上梁之间[①]，谋救范、中行氏。析成鲋、小王桃甲率狄师以袭晋[②]，战于绛中，不克而还。士鲋奔周[③]，小王桃甲入于朝歌。

【注释】①脾、上梁之间：即牵地，春秋卫邑。在今河南浚县北。②析成鲋、小王桃甲：皆为晋国大夫，范氏、中行氏同党。③士鲋：析成鲋，士吉射族人。

【译文】晋国人围攻朝歌，鲁定公在脾地与上梁之间的牵地与齐景公、卫灵公会盟，谋划救援荀寅和范吉射。析成鲋、小王桃甲率领狄军偷袭晋国，在绛邑交战，没有获胜就退兵了。析成鲋逃往成周，小王桃甲进入朝歌。

秋，齐侯、宋公会于洮，范氏故也。

【译文】秋季，齐景公、宋景公在洮地会面，是因为要援救荀寅的缘故。

卫侯为夫人南子召宋朝[1]，会于洮。大子蒯聩献盂于齐[2]，过宋野。野人歌之曰："既定尔娄猪[3]，盍归吾艾豭[4]？"大子羞之，谓戏阳速曰[5]："从我而朝少君[6]，少君见我，我顾，乃杀之。"速曰："诺。"乃朝夫人。夫人见大子，大子三顾，速不进。夫人见其色，啼而走，曰："蒯聩将杀余。"公执其手以登台。大子奔宋，尽逐其党。故公孟彄出奔郑，自郑奔齐。

【注释】①卫侯为夫人南子召宋朝：南子是宋国公主，与宋国公子朝私通，卫灵公此举为了成全他们。②盂：春秋卫邑。在今河南濮阳县东南。③娄猪：母猪，这里指南子。后比喻淫乱的女子。④艾豭（jiā）：公猪。这里指宋朝。后借指面首或渔色之徒。艾，年轻貌美。⑤戏阳速：卫国太子蒯聩的家臣。⑥少君：周代称诸侯之妻。这里指南子。

【译文】卫灵公为了夫人南子而召见宋朝。双方在洮地会面。卫国太子蒯聩要把盂地献给齐国，经过宋国的郊外。田野上有人唱道："母猪已有了家室，为什么还不归还我们漂亮的公猪？"太子听后感到羞耻，对家臣戏阳速说："你同我去朝见夫人，她接见我时，只要我一回头，你就把她杀了。"戏阳速说："好。"于是他们去朝见夫人。夫人看见太子，太子三次回头，戏阳速也不上前动手。夫人见到太子的脸色不对，吓得哭着逃走，并喊道："蒯聩要杀我。"卫灵公拉住南子的手登上高台躲避。太子逃到宋国，卫灵公把太子的党羽全部驱逐。所以公孟彄逃到郑国，又从郑国逃往齐国。

大子告人曰："戏阳速祸余。"戏阳速告人曰："大子则祸余。大子无道，使余杀其母。余不许，将戕于余；若杀夫人，将以余说[①]。余是故许而弗为，以纾余死[②]。谚曰：‘民保于信。’吾以信义也。”

【注释】①说：通“脱”。②纾：延缓。

【译文】太子蒯聩对别人说：“是戏阳速害了我。”戏阳速却告诉别人：“太子害了我。太子无道，让我杀他的母亲。我不同意，他就要杀了我；如果杀了夫人，他将归罪于我，使自己脱罪。所以我答应了他而没有动手，希望暂免一死。俗话说：‘百姓用信用保护自己。’我用道义作为信用。”

冬十二月，晋人败范、中行氏之师于潞[①]，获籍秦、高强。又败郑师及范氏之师于百泉[②]。

【注释】①潞：在今山西省潞城县东北。②百泉：又名百门泉、搠刀泉。在今河南辉县市西北。

【译文】冬季十二月，晋国人在潞地击败了范吉射与荀寅的军队，擒获籍秦、高强。又在百泉击败郑国军队与范吉射的军队。

定公十五年

【经】十有五年春王正月[①]，邾子来朝[②]。鼷鼠[③]食郊牛，牛死，改卜牛。二月辛丑，楚子灭胡[④]，以胡子豹归。夏五月辛亥，郊。壬申，公薨于高寝[⑤]。郑罕达帅师伐宋。齐侯、卫侯次于渠蒢。邾子来奔丧。秋七月壬申，姒氏卒[⑥]。八月庚辰朔，日有食之。九月，滕子来会葬[⑦]。丁巳，葬我君定公，雨，不克葬。戊午，日下昃[⑧]，乃克葬。辛巳，葬定姒。冬，城漆[⑨]。

【注释】①十有五年：指周敬王二十五年，公元前495年。②邾子：指邾隐公。③鼷（xī）鼠：鼠类最小的一种。古人以为有毒，啮人畜至死不觉痛，故又称甘口鼠。④楚子：指楚昭王。胡：国名，在今安徽阜阳市西北。⑤高寝：古代最初受封君王的寝宫。⑥姒氏：鲁定公夫人，鲁哀公的母亲。⑦滕子：指滕顷公。⑧日下昃：太阳西斜。昃，太阳偏西。⑨漆：古地名，在今山东邹城市东。鲁襄公二十一年邾献漆、闾丘给鲁。

【译文】鲁定公十五年春季周历正月，邾隐公来朝见鲁定公。鼷鼠咬祭祀用的牛，牛被咬死，改用其他牛占卜。二月辛丑日，楚昭王灭掉胡国，把胡国国君豹带回楚国。夏季五月辛亥日，鲁国举行郊祭。五月壬申日，鲁定公在高寝去世。郑国的罕达率兵攻打宋国。齐景公、卫灵公驻扎在渠蒢。邾隐公来鲁国吊丧。秋季七月壬申日，鲁国的姒氏去世。八月初一，发生日食。九月，滕顷公为鲁定公送葬。丁巳日，安葬我国国君鲁定公。下了雨，不能下葬。戊午日，太阳西下时，才安葬了鲁定公。十月辛巳日，安葬鲁定公的夫人姒氏。冬季，修筑漆地的城墙。

【传】十五年春，邾隐公来朝。子贡观焉[①]。邾子执玉高，其容仰。公受玉卑，其容俯。子贡曰："以礼观之，二君者，皆有死亡焉。夫礼，死生存亡之体也。将左右周旋，进退俯仰，于是乎取之；朝祀丧戎[2]，于是乎观之。今正月相朝，而皆不度[3]，心已亡矣。嘉事不体[4]，何以能久？高、仰，骄也；卑、俯，替也[5]。骄近乱，替近疾。君为主，其先亡乎！”

【注释】①子贡：指端木赐，春秋末年卫国人。孔门十哲之一。②朝祀丧戎：指朝会、祭祀、服丧、征战。③不度：指不合法度。④不体：不遵守礼制。⑤替：衰废。

【译文】鲁定公十五年春季，邾隐公前来朝见。子贡观礼。邾隐公把玉高高地举起，他的脸仰着。鲁定公接受玉时拿得很低，他的脸下俯。子贡说：“用礼的角度看待这件事，两位国君，都快要死亡了。礼，是生死存亡的体现。左右周旋，进退俯仰，都应该取之于礼；朝会祭祀服丧征战，也从这儿观察。如今在正月里互相朝见，而都不符合法度，两位国君的心里已经不存在礼了。朝会不符合礼仪，怎么能长久呢？高和仰，是骄纵；低和俯，是衰废。骄纵容易接近动乱，衰废容易产生疾病。我国国君是主人，恐怕会先死吧。”

吴之入楚也，胡子尽俘楚邑之近胡者。楚既定，胡子豹又不事楚，曰：“存亡有命，事楚何为？多取费焉。”二月，楚灭胡。

【译文】吴国攻进楚国的时候，胡子把楚国靠近胡国的城邑洗劫一空。楚国已经安定，胡子豹又不事奉楚国，他说：“国家的存亡依照天命，为什么要事奉楚国？只不过多花费钱财罢了。”二月，楚国灭亡了胡国。

夏五月壬申，公薨。仲尼曰："赐不幸言而中[①]，是使赐多言者也[②]。"

【注释】①赐：指端木赐，即子贡。②多言者：指多嘴的人。

【译文】夏季五月壬申日，鲁定公去世。孔子说："赐不幸而说中，这件事使他成为多嘴的人了。"

郑罕达败宋师于老丘[①]。

【注释】①老丘：春秋宋邑，在今河南省开封东南。

【译文】郑国的罕达在老丘打败宋国的军队。

齐侯、卫侯次于蘧挐[①]，谋救宋也。

【注释】①蘧拿：即渠蒢。

【译文】齐景公、卫灵公驻扎在蘧拿，是为了谋划救援宋国。

秋七月壬申，姒氏卒。不称夫人，不赴，且不祔也[①]。

【注释】①祔：奉新死者的神主入庙，与先祖合祭。

【译文】秋季七月壬申日，鲁定公的夫人姒氏去世。《春秋》不称她为夫人，这是因为没有发讣告，并且也没有陪祭祖姑。

葬定公。雨，不克襄事[1]，礼也。

【注释】①襄事：成事。

【译文】安葬鲁定公。下雨，不能完成丧事，这是合乎礼的。

葬定姒。不称小君，不成丧也。

【译文】安葬定姒。《春秋》不称她为小君，这是因为没有按夫人的葬礼来安葬。

冬，城漆。书，不时告也。

【译文】冬季，在漆地修城。《春秋》记录这件事，是由于没有及时祭告祖庙。

哀 公

哀公元年

【经】元年春王正月[①]，公即位。楚子、陈侯、随侯、许男围蔡[②]。鼷鼠食郊牛，改卜牛。夏四月辛巳，郊。秋，齐侯、卫侯伐晋[③]。冬，仲孙何忌帅师伐邾。

【注释】①元年：指周敬王二十六年，公元前494年。②楚子：指楚昭王。陈侯：指陈闵公。许男：指许元公。③齐侯：指齐景公。卫侯：指卫灵公。

【译文】鲁哀公元年春季，周历正月，鲁哀公即位。楚昭王、陈闵公、随国国君、许元公出兵围攻蔡国。鼷鼠咬食鲁国准备郊祭的牛，就改选别的牛占卜。夏季四月辛巳日，举行郊祀。秋季，齐景公、卫灵公讨伐晋国。冬季，鲁国的仲孙何忌领兵讨伐邾国。

【传】元年春，楚子围蔡，报柏举也。里而栽[①]，广丈，高倍。夫屯昼夜九日[②]，如子西之素[③]。蔡人男女以辨，使疆于江、汝之间而还[4]。蔡于是乎请迁于吴。

【注释】①栽：筑墙立板。②夫屯：指派士兵屯守。③素：计划。④江：指长江。汝：指汝水。

【译文】鲁哀公元年春季，楚昭王围困蔡国，是为了报复柏举一役。楚军在距离蔡都一里的地方修筑堡垒，宽一丈，高两丈。士卒屯守九昼夜，如同子西计划的那样。蔡国的男女分别列队出城投降，楚昭王让蔡国迁到长江、汝水之间后便返回楚国。蔡国于是请求迁到吴国。

吴王夫差败越于夫椒[1]，报槜李也。遂入越。越子以甲楯五千[2]，保于会稽[3]。使大夫种因吴大宰嚭以行成，吴子将许之。伍员曰："不可。臣闻之：'树德莫如滋，去疾莫如尽。'昔有过浇杀斟灌以伐斟鄩[4]，灭夏后相[5]。后缗方娠[6]，逃出自窦[7]，归于有仍，生少康焉，为仍牧正。惎浇[8]，能戒之。浇使椒求之，逃奔有虞，为之庖正，以除其害[9]。虞思于是妻之以二姚[10]，而邑诸纶[11]。有田一成[12]，有众一旅[13]，能布其德，而兆其谋[14]，以收夏众，抚其官职。使女艾谍浇[15]，使季杼诱豷[16]，遂灭过、戈[17]，复禹之绩。祀夏配天，不失旧物。今吴不如过，而越大于少康，或将丰之，不亦难乎？句践能亲而务施，施不失人，亲不弃劳。与我同壤，而世为仇雠，于是乎克而弗取，将又存之，违天而长寇仇，后虽悔之，不可食已。姬之衰也[18]，日可俟也。介在蛮夷[19]，而长寇仇，以是求伯，必不行矣。"弗听。退而告人曰："越十年生聚，而十年教训，二十年之外，吴其为沼乎！"三月，越及吴平。吴入越，不书，吴不告庆，越不告败也。

【注释】①夫椒：古山名，今为江苏苏州市洞庭西山。②甲楯：指披甲持盾的士兵。③会稽：指会稽山，在今浙江绍兴市南。④斟灌、斟鄩：夏朝同姓诸侯。⑤夏后相：夏启的孙子。⑥后缗：夏后相的妻子，有仍氏的女儿。娠：怀孕。⑦窦：孔、洞。⑧惎：憎恨。⑨其：已。⑩虞思：舜之孙、商均之子，有虞氏首领，国都在虞城。妻之以二姚：虞思把两个女儿嫁给少康。⑪纶：在今河南虞城县东北。⑫成：古代十里平方的土地。⑬旅：一般以五百人为旅。⑭兆：开始。⑮女艾：少康的将领。⑯季杼：少康之子，夏朝第七任君王。豷（yì）：浇的弟弟。⑰过：浇的封国。戈：豷的封国。⑱姬：指吴国，吴国国君为姬姓。⑲蛮夷：指楚国、越国。

【译文】吴王夫差在夫椒打败越国，报了其父在槜李战败身死之仇，随后进入越国。越王率领着五千披甲持盾的士兵守在会稽山，越王派大夫文种通过吴国太宰伯嚭向吴国求和。吴王准备答应越国的请求。伍员说："不行，我听说：'树立德行，必须不断增长；扫除祸害，必须连根拔除。'先前有过国的国君浇，杀了斟灌又攻打斟鄩，灭亡了夏后相。夏后相的妻子后缗当时怀有身孕，从墙洞里逃了出来，回到有仍国，生下了少康。少康长大后做了有仍国的牧正，他憎恶浇，所以能对浇保持警惕。浇派椒到处寻找少康，少康逃到有虞国，做了庖正，以避免受到杀害。虞思于是把两个女儿嫁给少康为妻，把他封在纶邑，拥有方圆十里的土地和部众五百名。少康遍施恩德，开始实施自己的计谋，收罗夏朝的遗民，抚慰他们的官员。他派女艾打探浇的消息，派季杼引诱浇的弟弟豷，于是灭掉了他们的封国过和戈，恢复了大禹的功业，祭祀夏朝的祖先，以配享上天，恢复了夏朝的统治。现在吴国比不上过国，而越国却比少康强大，如果和越国讲和而让它强大，吴国不又处境艰难了吗？句践能亲近百姓并致力施恩，施恩则不失民心，亲近百姓则获得百姓的效劳，越国和我们同处一块土地，却世世代代是仇敌。在这时战胜了却不占有它，又想让它保存下来，这违背了天意而滋长仇敌，以后就是后悔，也没什么用。吴国的衰亡，已指日可待。夹在楚国、越国这两个蛮夷之间，又使仇敌滋长，用这样的办法图谋霸主，必定是不行的。”吴王没有听从。伍员退下后对别人说：“越国用十年的时间繁衍积蓄，用十年的时间教育训导，二十年之后，吴国或许会成为池沼了。”三月，越国与吴国讲和。吴国进入越国，《春秋》没有记载，是因为吴国没有报告胜利，越国也没有报告战败。

夏四月，齐侯、卫侯救邯郸，围五鹿[①]。

【注释】①五鹿：即五鹿墟，又名沙鹿。在今河北大名县东。

【译文】夏季四月，齐景公、卫灵公援救邯郸，围困五鹿。

吴之入楚也，使召陈怀公。怀公朝国人而问焉，曰：“欲与楚者右，欲与吴者左。陈人从田，无田从党。”逢滑当公而进[①]，曰：“臣闻国之兴也以福，其亡也以祸。今吴未有福，楚未有祸。楚未可弃，吴未可从。而晋，盟主也，若以晋辞吴，若何？”公曰：“国胜君亡[②]，非祸而何？”对曰：“国之有是多矣，何必不复？小国犹复，况大国乎？臣闻国之兴也，视民如伤，是其福也。其亡也，以民为土芥，是其祸也。楚虽无德，亦不艾杀其民[3]。吴日敝于兵，暴骨如莽，而未见德焉。天其或者正训楚也！祸之适吴，其何日之有？”陈侯从之。及夫差克越，乃修先君之怨[4]。

【注释】①逢滑：陈怀公大夫。当公：逢滑不左不右，正对陈怀公。②胜：被战胜，被征服。③艾：通“刈”，刈割，斩除。④先君之怨：此指先君吴王阖庐在与越国的战争中因中伤而死。

【译文】吴国攻入楚国的时候，吴王阖庐派人召见陈怀公。陈怀公让国人向他们询问，说：“希望依附楚国的人站在右边，希望依附吴国的人站在左边。陈国人依据田产分别站在左边与右边，没有田产的人跟亲族站在一起。”逢滑不左不右，正对着陈怀公走上前，说：“我听说国家的兴盛是由于福德，灭亡是因为祸患。如今吴国没有福德，楚国没有祸患，楚国不能背弃，吴国不能追随。晋国是诸侯的盟主，如果借晋国来拒绝吴国，怎们样？”陈怀公说：“国家被别国战胜而国君逃亡，不是祸患又是什么？”逢滑回答说：“出现这种事的国家有很多，为什么就一定不能复兴？小国尚且能复兴，何况是大国呢？我听说国家在兴盛时，不惊动百姓，爱护百姓生命，这就是它的福德。在国家灭亡的时候，把百姓当作尘土草芥，这就是它的祸患。楚国就算没有福德，也没有杀它的百姓。吴国在战争中日渐衰败，暴露的尸骨像草莽一样多，而又没有推行德政。上天或许正在训练楚国，祸患将降临吴国，还会有多长时间呢？”陈怀公听从了他的话。等到夫差打败越国，才算报了先君阖庐的仇怨。

秋八月，吴侵陈，修旧怨也。

【译文】秋季八月，吴国入侵陈国，是为了清算过去的愁怨。

齐侯、卫侯会于乾侯[1]，救范氏也。师及齐师、卫孔圉、鲜虞人伐晋，取棘蒲[2]。

【注释】①乾侯：春秋晋邑。在今河北成安县东南。②棘蒲：春秋晋邑。在今河北石家庄市赵县。

【译文】齐景公、卫灵公在乾侯会面，是为了援救范氏。鲁军和齐军、卫国的孔圉、鲜虞人讨伐晋国，夺取了棘蒲。

吴师在陈，楚大夫皆惧，曰："阖庐惟能用其民，以败我于柏举。今闻其嗣又甚焉，将若之何？"子西曰："二三子恤不相睦，无患吴矣。昔阖庐食不二味，居不重席[1]，室不崇坛[2]，器不彤镂[3]，宫室不观[4]，舟车不饰，衣服财用，择不取费。在国，天有灾疠[5]，亲巡其孤寡，而共其乏困。在军，熟食者分，而后敢食。其所尝者，卒乘与焉。勤恤其民，而与之劳逸，是以民不罢劳，死知不旷[6]。吾先大夫子常易之，所以败我也。今闻夫差，次有台榭陂池焉[7]，宿有妃嫱嫔御焉。一日之行，所欲必成，玩好必从。珍异是聚，观乐是务，视民如仇，而用之日新。夫先自败也已，安能败我？"

【注释】①居：坐。②室不崇坛：古代贵族筑房必先起一高于地面的平台，然后再在上面建屋。此处说吴王直接平地建屋。比喻不崇尚奢华。③彤镂：涂丹漆和雕刻花纹。也泛指装饰。④观：楼台。⑤灾疠：病疫，病灾。⑥不旷：指不白死，有补偿。⑦次：指行军在一处停留三宿以上。

【译文】吴军驻扎在陈国，楚国的大夫们都很害怕，说："阖庐擅长使用他的百姓，所以在柏举打败我们。现在听说他的子嗣比他还厉害，该怎么办呢？"子西说："各位要担心的是不能和睦相处，不用担忧吴国。从前阖庐吃饭不吃两个菜，坐在地上不用两重垫子，房屋不筑高坛，器具不涂丹漆、雕刻花纹，宫室不修建亭台楼阁，车船不加装饰，衣服器物的选择不浪费。在国内，天降灾害疫病，亲自巡察安抚孤寡，供给他们衣物和食物。在军中，食物煮熟要给士卒们分完，自己才吃，他所吃的食物，能与士兵分享。他辛勤地体恤百姓，并和他们甘苦与共，所以百姓不感到疲劳，死了也明白不会白死。我们的先大夫子常不同于阖庐的做法，所以吴国打败我国。如今听说夫差住的地方有楼台池塘，睡觉有嫔妃宫女相陪。即使一天的行程，也要把想要的东西一定得到，玩赏爱好的东西必定随身携带。积聚奇珍异宝，追求观赏取乐，看待百姓如同仇敌，每天不停地役使他们。这是他先把自己打败了，怎么能打败我们呢？"

冬十一月，晋赵鞅伐朝歌。

【译文】冬季十一月，晋国的赵鞅攻打朝歌。

哀公二年

【经】二年春王二月[①]，季孙斯、叔孙州仇、仲孙何忌帅师伐邾，取漷东田及沂西田[②]。癸巳，叔孙州仇、仲孙何忌及邾子盟于句绎[③]。夏四月丙子，卫侯元卒。滕子来朝[④]。晋赵鞅帅师纳卫世子蒯聩于戚[⑤]。秋八月甲戌，晋赵鞅帅师及郑罕达帅师战于铁[⑥]，郑师败绩。冬十月，葬卫灵公。十有一月，蔡迁于州来[⑦]。蔡杀其大夫公子驷。

【注释】①二年：指周敬王二十七年，公元前493年。②漷东：漷水之东，在山东滕县。沂西：沂水之西，也在滕县。③句绎：春秋时邾邑。在今山东邹城市东南。④滕子：指滕顷公。⑤戚：春秋卫邑。在今河南濮阳市北。⑥铁：春秋卫邑。即今河南濮阳市西北。⑦州来：春秋国名。即今安徽凤台县。后吴迁蔡昭侯于此，称为下蔡。

【译文】鲁哀公二年春季，周历二月，鲁国的季孙斯、叔孙州仇、仲孙何忌率兵攻打邾国，夺取了漷水之东的田地和沂水之西的田地。癸巳日，叔孙州仇、仲孙何忌和邾隐公在句绎会盟。夏季四月丙子日，卫灵公元去世。滕顷公朝见鲁哀公。晋国的赵鞅率兵将卫国太子蒯聩护送到戚地。秋季八月甲戌日，晋国的赵鞅和郑国罕达率兵在铁地交战，郑军大败。冬季十月，安葬卫灵公。十一月，蔡国迁到州来。蔡国杀死了大夫公子驷。

【传】二年春，伐邾，将伐绞[1]。邾人爱其土，故赂以漷、沂之田而受盟。

【注释】①绞：春秋邾邑。在今山东省滕州市北。

【译文】鲁哀公二年春季，鲁国发兵讨伐邾国，将先攻打绞邑。邾国人珍惜他们的土地，所以用漷、沂两处的田地贿赂鲁国，并接受鲁国的盟约。

初，卫侯游于郊，子南仆[1]。公曰："余无子[2]，将立女。"不对。他日，又谓之，对曰："郢不足以辱社稷，君其改图。君夫人在堂，三揖在下[3]，君命只辱。"

【注释】①子南：卫灵公的儿子郢。仆：驾车。②无子：指卫灵公的太子蒯聩逃亡，卫灵公没有其他嫡子。③三揖：卿、大夫、士，三者都是君王揖礼尊敬的大臣，故称。

【译文】起初，卫灵公到郊外游玩，他的儿子子南驾车。卫灵公说："我没有嫡子了，准备立你为太子。"子南没有回答。过了几天，卫灵公又对他说起这件事，子南说："我不能承担国家的重任，请您改变主意另立太子。您的夫人在上，卿、大夫、士在下，您不与他们商议就决定，这样有辱君命。"

夏，卫灵公卒。夫人曰："命公子郢为大子，君命也。"对曰："郢异于他子。且君没于吾手，若有之，郢必闻之。且亡人之子辄在[1]。"乃立辄。

【注释】①亡人：指卫太子蒯聩。

【译文】夏季，卫灵公去世。夫人南子说："立公子郢为太子，是先君的命令。"公子郢回答说："我和其他公子不同。何况我一直陪伴国君到死，如果国君有立我为太子的遗命，我必定能听到。况且逃亡在外的前太子蒯聩的儿子辄还在。"于是立辄为卫君。

六月乙酉，晋赵鞅纳卫大子于戚。宵迷，阳虎曰："右河而南，必至焉。"使大子绕[1]，八人衰绖，伪自卫逆者。告于门，哭而入，遂居之。

【注释】①绕（wèn）：古代吊丧时去冠，用布包裹发髻。

【译文】六月乙酉日，晋国的赵鞅把卫国的太子蒯聩送到戚地。晚上迷了路，阳虎说："向右走到黄河，渡河后往南走，必定能到达戚地。"他们让太子摘下帽子，用布包裹发髻，八个人身穿丧服，伪装成从卫都迎接太子的人。他们告诉守门人开了门，哭着进了城，于是就住在戚地。

秋八月，齐人输范氏粟，郑子姚、子般送之[1]。士吉射逆之，赵鞅御之，遇于戚。阳虎曰："吾车少，以兵车之旆，与罕、驷兵车先陈。罕、驷自后随而从之，彼见吾貌，必有惧心。于是乎会之[2]，必大败之。"从之。卜战，龟焦。乐丁曰[3]："《诗》曰：'爰始爰谋，爰契我龟[4]。'谋协，以故兆询可也[5]。"简子誓曰："范氏、中行氏反易天明[6]，斩艾百姓，欲擅晋国而灭其君。寡君恃郑而保焉。今郑为不道，弃君助臣，二三子顺天明，从君命，经德义[7]，除诟耻，在此行也。克敌者，上大夫受县，下大夫受郡[8]，士田十万，庶人工商遂[9]，人臣隶圉免[10]。志父无罪[11]，君实图之。若其有罪，绞缢以戮，桐棺三寸[12]，不设属辟[13]，素车、朴马[14]，无入于兆[15]，下卿之罚也。”

【注释】①子姚：罕达。子般：驷弘。②会：交战。③乐丁：晋国大夫。④爰始爰谋，爰契我龟：出自《诗经·大雅·绵》。⑤故兆：护送卫太子时占卜所得的吉兆。询：信。⑥反易：颠倒。天明：天命、天道。⑦经：治理，管理。⑧郡：一县分四郡。⑨遂：指做官。⑩人臣、隶、圉：皆指奴隶。⑪志父：指赵鞅。⑫桐棺三寸：以桐木制成厚仅三寸的棺材。表示薄葬。⑬属：大棺内的次大棺。辟：近身之棺。⑭素车：没有装饰的车。朴马：未剪饰髦鬣的马。⑮兆：墓地。

【译文】秋季八月，齐国给范氏送去粮食，郑国的子姚和子般负责押送。范吉射前来迎接，赵鞅进行抵御，双方在戚地相遇。阳虎对赵鞅说：“我们的兵车少，应当把大将的旗帜插在车上，并在子姚、子般的战车来到之前就摆好阵势。等子姚、子般从后面赶到，他们看见我们摆好阵势，必定会感到害怕。这时候交战，必定能战胜他们。”赵鞅听从了他的建议。占卜作战的吉凶，结果龟甲烧焦了。晋国大夫乐丁说：“《诗经》说：‘开始计划商量，于是占卜刻龟。’既然人的意见已经统一了，依照占卜的吉兆去做就行了。”赵鞅誓师说：“范氏、中行氏违背天意，残害百姓，企图独揽晋国大权而灭亡国君。我们国君本来依赖郑国提供保护。如今郑国倒行逆施，背弃晋君帮助乱臣贼子。我们顺应天命，听从君令，主持正义，消除耻辱，就在此一举了。战胜敌人的，上大夫封给县邑，下大夫受封郡邑，士能够获得田地十万亩，平民和工匠、商人能够做官，奴隶能够获得自由。要是我战胜敌人，免除罪过，国君应当封赏。要是我战败获罪，请把我处以绞刑，死后只用三寸的桐木棺，既不使用外棺，也不用彩饰的车马运送灵柩，不要把我葬在本族的墓地，这是按下卿所作的惩罚。”

甲戌，将战，邮无恤御简子[①]，卫太子为右。登铁上，望见郑师众，大子惧，自投于车下。子良授大子绥而乘之[②]，曰：“妇人也。”简子巡列，曰：“毕万，匹夫也。七战皆获，有马百乘，死于牖下[③]。群子勉之，死不在寇。”繁羽御赵罗，宋勇为右。罗无勇，麇之[④]。吏诘之，御对曰：“痁作而伏[⑤]。”卫大子祷曰：“曾孙蒯聩敢昭告皇祖文王、烈祖康叔、文祖襄公：郑胜乱从[⑥]，晋午在难[⑦]，不能治乱，使鞅讨之。蒯聩不敢自佚，备持矛焉。敢告无绝筋，无折骨，无面伤，以集大事[⑧]，无作三祖羞[⑨]。大命不敢请[⑩]，佩玉不敢爱。”

【注释】①邮无恤：春秋时晋国人，善于驾车。②绥：古代指登车时手挽的索。③死于牖下：指得到善终。④麇：束缚。⑤痁（shān）：疟疾。⑥郑胜：郑声公，名胜。乱从：作乱。⑦晋午：指晋定公，名午。⑧集：成就，成功。⑨作：为。⑩大命：天年，寿命。

【译文】甲戌日，准备交战，邮无恤为赵鞅驾车，卫国太子蒯聩为车右。他们登上铁丘，远远看到郑军人马众多，卫国太子感到害怕，吓得从车上掉下来。子良赶快递给他一条带子，让他拉着登上车，说：“你就像个妇人。”赵鞅巡视队伍时，说：“从前毕万只是一个普通人，他在七次战斗中都能擒获敌人，战后被赏赐了四百匹马，最后得以善终。希望大家以此为勉，英勇作战并不一定就会死在敌人手中。”繁羽为赵罗驾车，宋勇为车右，赵罗不勇敢，别人用绳子把他绑在车上。旁边的军官问他原因，繁羽回答说："他疟疾发作了，所以才趴下。"卫国太子祷告说："曾孙蒯聩诚惶诚恐地向皇祖文王、烈祖康叔、文祖襄公祷告：郑君胜作乱，晋君午身处危难，不能自己带兵平定叛乱，特派赵鞅前来征讨。蒯聩不敢贪图安逸，也拿起武器参战。祈求祖先保佑我不伤筋，不折骨，不毁伤面容，以成大事，不致给三位祖先带来耻辱。个人的生死不敢请求，佩玉也不敢爱惜。"

郑人击简子中肩，毙于车中[①]，获其蜂旗[②]。大子救之以戈，郑师北，获温大夫赵罗。大子复伐之，郑师大败，获齐粟千车。赵孟喜曰："可矣。"傅傁曰[③]："虽克郑，犹有知在，忧未艾也[④]。"

【注释】①毙：仆倒。②蜂旗：古时画有蜂形图案的军旗。③傅傁：赵鞅的部下。④艾：止，清除。

【译文】郑国人击中赵鞅的肩膀，赵鞅倒在车中，郑国人乘机把蜂旗缴获。太子蒯聩持戈前来援救，把郑军打败，郑军却擒获了温大夫赵罗。蒯聩又去讨伐郑军，郑军又被击败，缴获了齐国上千车的粮食。赵鞅高兴地说："如今你变勇敢了。"傅傁说："即使打败郑军，但还有知氏在，晋国的忧患还没有消除。"

初，周人与范氏田，公孙龙税焉[①]。赵氏得而献之。吏请杀之。赵孟曰："为其主也，何罪？"止而与之田。及铁之战，以徒五百人宵攻郑师，取蜂旗于子姚之幕下，献曰："请报主德。"追郑师。姚、般、公孙林殿而射，前列多死。赵孟曰："国无小。"既战，简子曰：

“吾伏弢呕血[2]，鼓音不衰，今日我上也。”大子曰：“吾救主于车，退敌于下，我，右之上也。”邮良曰：“我两靷将绝[3]，吾能止之，我，御之上也。”驾而乘材[4]，两靷皆绝。

【注释】①公孙龙：范氏家臣。税：征收赋税。②弢（tāo）：弓袋。③靷：引车前进的皮带，一端套在车上，一端套在牲口胸前。④材：细木。

【译文】起初，周王室赠给范氏田地，公孙龙为范氏收税。赵氏族人把他抓住献给了赵鞅，官员们请求将公孙龙杀死。赵鞅说：“他也是为他的主人尽忠，有什么罪呢？”制止官吏杀他，还送给他田地。在铁丘之战中，公孙龙统帅五百士兵趁夜攻打郑军，冲到子姚的帐幕下把蜂旗又夺了回来，献给赵鞅，并说：“以此回报主公对我的恩德。”接着继续追击郑军。子姚、子般、公孙林断后，他们边退边射，晋军的前锋出现大量死伤。赵鞅说：“小国也不能小瞧啊。”战斗结束，赵鞅说：“尽管我趴在弓箭袋上吐血，但依然不停地击鼓，如今我的功劳最大。”卫国太子说：“我冲到车前去救您，又在战车下把敌人击退，在车右中我的功劳最大。”邮无恤说：“我拉着马的皮带都快要断了，我还能控制住骖马，我在御者中功劳最大。”他驾车驶过细木，结果两条勒马带都断了。

吴泄庸如蔡纳聘，而稍纳师。师毕入，众知之。蔡侯告大夫[1]，杀公子驷以说，哭而迁墓。冬，蔡迁于州来。

【注释】①蔡侯：指蔡昭侯。

【译文】吴国的泄庸到蔡国送聘礼，趁机把军队偷偷带进蔡国。等吴军全都进到蔡都，蔡国人才发现。蔡昭公告诉大夫们，并杀死公子驷作为说辞。哭着把先君的坟墓迁出。冬季，蔡国迁往州来。

哀公三年

【经】三年春[①]，齐国夏、卫石曼姑帅师围戚。夏四月甲午，地震。五月辛卯，桓宫、僖宫灾[②]。季孙斯、叔孙州仇帅师城启阳[③]。宋乐髡帅师伐曹。秋七月丙子，季孙斯卒。蔡人放其大夫公孙猎于吴[④]。冬十月癸卯，秦伯卒[⑤]。叔孙州仇、仲孙何忌帅师围邾。

【注释】①三年：指周敬王二十八年，公元前492年。②灾：天火。③启阳：春秋鄅国都城，在今山东省临沂市北，鄅灭国后为鲁邑。④公孙猎：公子驷同党。⑤秦伯：秦惠公。

【译文】鲁哀公三年春季，齐国的国夏、卫国的石曼姑领兵包围戚地。夏季四月甲午日，鲁国发生地震。五月辛卯日，鲁桓公、鲁僖公庙发生火灾。鲁国的季孙斯、叔孙州仇领兵修建启阳城。宋国的乐髡领兵攻打曹国。秋季七月丙子日，鲁国的季孙斯去世。蔡国将大夫公孙猎流放到吴国。冬季十月癸卯日，秦惠公去世。鲁国的叔孙州仇、仲孙何忌领兵围攻邾国。

【传】三年春，齐、卫围戚，求援于中山。

【译文】鲁哀公三年春季，齐国、卫国围攻戚地，戚地向中山求援。

夏五月辛卯，司铎火[①]。火逾公宫，桓、僖灾。救火者皆曰："顾府[②]。"南宫敬叔至[③]，命周人出御书[④]，俟于宫，曰："庀女而不在[⑤]，死。"子服景伯至[⑥]，命宰人出礼书[⑦]，以待命。命不共，有常刑。校人乘马[⑧]，巾车脂辖[⑨]。百官官备，府库慎守，官人肃给[⑩]。济濡帷幕，郁攸从之[⑪]，蒙葺公屋。自大庙始，外内以悛[⑫]，助所不给。有不用命，则有常刑，无赦。公父文伯至，命校人驾乘车。季桓子至，御公立于象魏之外[⑬]，命救火者伤人则止，财可为也。命藏《象魏》，曰："旧章不可亡也。"富父槐至，曰："无备而官办者，犹拾沈也[⑭]。"于是乎去表之槁[⑮]，道还公宫[⑯]。孔子在陈，闻火，曰："其桓、僖乎！"

【注释】①司铎：宫城内官署名。②府：储藏文书或财物的地方。③南宫敬叔：孟僖子的儿子，孟懿子的弟弟，孔子的学生。④周人：指掌管周朝典籍的官员。御书：进呈于鲁公的书。⑤庀：通"庇"，庇护。⑥子服景伯：即子服何，鲁国大夫。⑦宰人：周代冢宰的属官。⑧校人：周代的马官之长。⑨巾车：职官名。为车官之长。⑩官人：即馆人，负责招待宾客食宿的人。⑪郁攸：火气，火焰。⑫悛：次序。⑬象魏：古代天子、诸侯宫门外的一对高建筑，亦叫"阙"或"观"，为悬示教令的地方，所以法令也称"象魏"。⑭沈：汁。⑮槁：古同"藁"，草。⑯道：隔火的巷道。还：古同“环”，环绕。

【译文】夏季五月辛酉日，司铎起火，火势越过公宫，一直烧到桓公庙与僖公庙。救火的人都说：“注意保护好府库。”南宫敬叔赶来，命令周人搬出进呈于鲁公的书，让他在宫中等候，说：“把书保管好，如果书有了问题，就处死你！”子服景伯赶到，命令宰人搬出礼书，等待命令。如果不遵守命令，就按照规定惩处。校人套上马，巾车在车轴上涂好油脂，官员们坚守职责，慎重看守府库，官吏严格保障供给。浸湿帷帐，覆盖有火气的地方，用帷帐覆盖公房，从太庙开始覆盖，按从外到内的顺序进行，人力物力不足时及时援助。有人不服从命令，便按规定处罚，不能赦免。公父文伯赶来，命令校人套好哀公的坐车。季桓子赶到，把哀公的车驾停在象魏之外，命令救火的人有了伤亡就停止救火，因为财物可以再创造。命令收藏好《象魏》，说：“旧的典章不能失去。”富父槐来到，说：“没有防备而让官员们仓促办事，就如同汤汁撒在地上无法收拾。”于是除去火势蔓延处的易燃品，环绕公宫开出火道。孔子在陈国。听说发生火灾，说：“失火的恐怕是桓公庙、僖公庙吧！”

刘氏[①]、范氏世为婚姻，苌弘事刘文公，故周与范氏。赵鞅以为讨。六月癸卯，周人杀苌弘。

【注释】①刘氏：周王卿士。

【译文】刘氏、范氏世代结为姻亲，苌弘曾事奉刘文公，所以周亲近范氏。赵鞅因而进行征讨。六月癸卯日，周人杀死苌弘。

秋，季孙有疾，命正常曰[①]："无死。南孺子之子[②]，男也，则以告而立之。女也，则肥也可[③]。"季孙卒，康子即位。既葬，康子在朝。南氏生男，正常载以如朝，告曰："夫子有遗言，命其圉臣曰：'南氏生男，则以告于君与大夫而立之。'今生矣，男也，敢告。"遂奔卫。康子请退[④]。公使共刘视之[⑤]，则或杀之矣，乃讨之。召正常，正常不反。

【注释】①正常：季桓子宠臣。②南孺子：季桓子妻。③肥：季康子。④退：辞去官职；退隐。⑤共刘：鲁国大夫。

【译文】秋季，季桓子生病，命令正常说："你不要为我殉葬！南孺子生下的孩子，如果是男的，就报告国君立他为继承人；如果是女的，那么就立肥为继承人。"季桓子死后，季康子即位。安葬季桓子后，季康子就在朝廷上任职。南孺子生了个男孩，正常用车载男婴到朝廷，报告说："季桓子有遗言，命令他的贱臣我说：'南孺子生了男孩，便把消息禀告给国君和大夫们而立他为继承人。'如今南孺子已经生了，是男孩，所以我大胆禀告！"正常随即逃到卫国。季康子请求退位。鲁哀公派共刘去探视，已经有人把男婴杀了，于是征讨凶手。鲁哀公召正常回国，正常却不肯回来。

冬十月，晋赵鞅围朝歌，师于其南。荀寅伐其郛，使其徒自北门入，已犯师而出。癸丑，奔邯郸。十一月，赵鞅杀士皋夷[①]，恶范氏也。

【注释】①士皋夷：晋国六卿之一，范昭子的族人。

【译文】冬季十月，晋国的赵鞅围攻朝歌，军队驻扎在朝歌城南。荀寅攻打朝歌的外城，派部下从北门攻入，自己则冲破敌军突围而出。癸丑日，荀寅逃到邯郸。十一月，赵鞅杀死士皋夷，是因为憎恶范氏。

哀公四年

【经】四年春，王二月庚戌[1]，盗杀蔡侯申。蔡公孙辰出奔吴。葬秦惠公。宋人执小邾子。夏，蔡杀其大夫公孙姓、公孙霍。晋人执戎蛮子赤归于楚[2]。城西郛。六月辛丑，亳社灾。秋八月甲寅，滕子结卒。冬十有二月，葬蔡昭公。葬滕顷公。

【注释】①四年：指周敬王二十九年，公元前491年。②戎蛮子赤：戎蛮部落首领，名赤。

【译文】鲁哀公四年春季，周历二月庚戌日，盗贼杀死了蔡昭侯申。蔡国的公孙辰逃往吴国。安葬秦惠公。宋国人囚禁了小邾国君。夏季，蔡国杀死大夫公孙姓、公孙霍。晋国擒获了戎蛮国的国君赤并送给楚国。鲁国修建西边的外城。六月辛丑日，鲁国的亳社发生火灾。秋季八月甲寅日，滕顷公结去世。冬季十二月，安葬蔡昭侯。安葬滕顷公。

【传】四年春，蔡昭侯将如吴，诸大夫恐其又迁也，承[①]，公孙翩逐而射之，入于家人而卒[②]。以两矢门之，众莫敢进。文之锴后至，曰："如墙而进，多而杀二人。"锴执弓而先，翩射之，中肘。锴遂杀之。故逐公孙辰而杀公孙姓、公孙盱。

【注释】①承：阻止。②家人：民居。

【译文】鲁哀公四年春季，蔡昭侯打算去吴国。大夫们害怕他又要迁移，就想阻止他。公孙翩追赶蔡昭侯并用箭射他，蔡昭侯逃进民居中就死了。公孙翩拿着两支箭守在门口，大家都不敢进去，文之锴后到，说："像垛墙一样并排往前走，公孙翩最多只能杀两个人。"文之锴拿着弓走在前面，公孙翩射他，射中了肘部。文之锴就杀了公孙翩，并由此驱逐公孙辰而杀死公孙姓、公孙盱。

夏，楚人既克夷虎[①]，乃谋北方。左司马眅、申公寿余、叶公诸梁致蔡于负函[②]，致方城之外于缯关[③]，曰："吴将泝江入郢[④]，将奔命焉。"为一昔之期[⑤]，袭梁及霍[⑥]。单浮余围蛮氏[⑦]，蛮氏溃。蛮子赤奔晋阴地[⑧]。司马起丰、析与狄戎[⑨]，以临上雒。左师军于菟和[⑩]，右师军于仓野[⑪]，使谓阴地之命大夫士蔑曰："晋、楚有盟，好恶同之。若将不废，寡君之愿也。不然，将通于少习以听命[⑫]。"士蔑请诸赵孟。赵孟曰："晋国未宁，安能恶于楚，必速与之。"士蔑乃致九州之戎[⑬]。将裂田以与蛮子而城之，且将为之卜。蛮子听卜，遂执之与其五大夫，以畀楚师于三户[⑭]。司马致邑，立宗焉，以诱其遗民，而尽俘以归。

【注释】①夷虎：指背叛楚国的夷族。②致：召集。负函：在今河南信阳。③缯关：春秋楚地，在今河南方城县北。④泝：同“溯”，逆流而上。⑤昔：同“夕”。⑥梁：春秋周邑，后属楚。在今河南汝州市西南。霍：在今河南汝州市西南汝水南岸。⑦蛮氏：春秋部落。后被楚所灭。在今河南伊川县西南。⑧阴地：古地区名。春秋属晋。相当今陕西省洛南县以东，河南省熊耳山以北、黄河以南及嵩县以西地区。⑨起：征集。⑩菟和：在今陕西省商洛市东。⑪仓野：在今陕西省商州市东。⑫少习：在今陕西省商洛市商州区东南。⑬九州之戎：指住在晋国阴地、陆浑的戎人。⑭三户：春秋楚邑。在今河南淅川县西北。

【译文】夏季，楚国人攻克夷虎后，就图谋攻打北方。左司马眅、申公寿余、叶公诸梁在负函集合蔡国人，在缯关集合方城外的人，说：“吴国将要沿江而上进入郢都，大家都要奔走听命。”规定以一个晚上为期限，袭击梁地与霍地。单浮余领军围困蛮氏，蛮氏溃散。蛮子赤逃到晋国的阴地。司马征召丰地、析地与狄戎的人，率兵逼近上雒。左翼的部队驻扎在菟和，右翼的部队驻扎在仓野，派人对守卫阴地的命大夫士蔑说：“晋国与楚国有过盟约，喜爱与厌恶彼此相同。这个盟约不废除，这是我国国君的愿望。否则，我们准备打通少习山后再来听取你们的命令。”士蔑请示赵孟，赵孟说：“晋国还没有安定，哪里能和楚国交恶。必定要赶快把人交给他们！”士蔑便召集九州的戎人，说打算分给蛮子田地并在那里筑城，还准备为此事占卜。蛮子前来听取占卜的结果，士蔑就抓住了他和五大夫，在三户交给楚军。司马假装给蛮子城邑建立宗主，引诱流散的百姓，而后把他们全都俘虏回楚国。

秋七月，齐陈乞、弦施、卫宁跪救范氏。庚午，围五鹿。九月，赵鞅围邯郸。冬十一月，邯郸降。荀寅奔鲜虞，赵稷奔临[1]。十二月，弦施逆之，遂堕临。国夏伐晋，取邢、任、栾、鄗、逆畤、阴人、盂、壶口[2]。会鲜虞，纳荀寅于柏人[3]。

【注释】①临：春秋晋邑。在今河北临城县西。②邢、任、栾、鄗、逆畤、阴人、盂、壶口：皆晋地。③柏人：春秋晋邑，在今河北隆尧县西。

【译文】秋季七月，齐国的陈乞、弦施、卫宁跪援救范氏。庚午日，包围五鹿。九月，赵鞅围攻邯郸。冬季十一月，邯郸投降。荀寅逃奔鲜虞，赵稷逃到临地。十二月，弦施迎接赵稷，赵鞅便拆毁了临地的城墙。国夏攻打晋国，攻占了邢地、任地、栾地、鄗地、逆畤、阴人、盂地、壶口，会合鲜虞，把荀寅送到柏人。

哀公五年

【经】五年春[1]，城毗。夏，齐侯伐宋。晋赵鞅帅师伐卫。秋九月癸酉，齐侯杵臼卒。冬，叔还[2]如齐。闰月，葬齐景公。

【注释】①五年：指周敬王三十年，公元前490年。②叔还：鲁国大夫。

【译文】哀公五年春季，鲁国在毗地筑城。夏季，齐景公发兵讨伐宋国。晋国的赵鞅领军攻打卫国。秋季九月癸酉日，齐景公杵臼去世。冬季，鲁国的叔还到了齐国。闰月，安葬齐景公。

【传】五年春，晋围柏人，荀寅、士吉射奔齐。初，范氏之臣王生恶张柳朔，言诸昭子[①]，使为柏人[②]。昭子曰："夫非而仇乎？"对曰："私仇不及公，好不废过，恶不去善，义之经也。臣敢违之？"及范氏出，张柳朔谓其子："尔从主，勉之！我将止死，王生授我矣。吾不可以僭之。"遂死于柏人。

【注释】①昭子：范吉射。②为柏人：为柏人宰。

【译文】鲁哀公五年春季，晋国围攻柏人，荀寅、士吉射逃往齐国。起初，范氏的家臣王生厌恶张柳朔，他对士吉射建议，让张柳朔担任柏人宰。士吉射说："他不是你的仇人吗？"王生回答说："私仇不能涉及公事，喜好不能掩盖过失，厌恶不能排除善良，这是道义的常规。我怎么敢违背？"等到范氏逃离柏人，张柳朔对他的儿子说："你跟着主人，努力吧！我准备留下来死守，王生教我死节，我不能言而无信。"于是就战死柏人。

夏，赵鞅伐卫，范氏之故也，遂围中牟。

【译文】夏季，赵鞅讨伐卫国，是因为范氏的缘故，于是围攻了中牟。

齐燕姬生子[①]，不成而死，诸子鬻姒之子荼嬖[②]。诸大夫恐其为大子也，言于公曰："君之齿长矣，未有大子，若之何？"公曰："二三子间于忧虞[③]，则有疾疢。亦姑谋乐，何忧于无君？"公疾，使国惠子、高昭子立荼[④]，置群公子于莱[⑤]。秋，齐景公卒。冬十月，公子嘉、公子驹、公子黔奔卫，公子钮、公子阳生来奔。莱人歌之曰："景公死乎不与埋，三军之事乎不与谋。师乎师乎，何党之乎[⑥]？"

【注释】①齐燕姬：齐景公夫人。②诸子：诸侯的姬妾。③间：参与。④国惠子：国夏。高昭子：高张。⑤莱：在齐国东部边境，今山东黄县。⑥党：所。之：往。

【译文】齐国燕姬生了个儿子，没成年便死了。齐景公的姬妾鬻姒的儿子荼受到了宠爱。大夫们忧虑荼做太子，便对齐景公说："君王的年纪大了，还没有立太子，该怎么办呢？"齐景公说："各位沉浸在忧虑中，便会生病。你们暂且寻欢作乐，为何要担忧没有国君？"齐景公得病，让国惠子、高昭子立荼为太子，把其余的公子安置在莱邑。秋季，齐景公去世。冬季十月，公子嘉、公子驹、公子黔逃奔卫国，公子钮、公子阳生奔逃鲁国。莱邑人歌唱说："景公死了啊不参加埋葬，三军的大事啊不参加谋划。公子啊公子，你们能去什么地方呢？"

郑驷秦富而侈，嬖大夫也[①]，而常陈卿之车服于其庭。郑人恶而杀之。子思曰[②]："《诗》曰：'不解于位，民之攸塈[③]。'不守其位，而能久者鲜矣。《商颂》曰：'不僭不滥，不敢怠皇，命以多福[④]。'"

【注释】①嬖大夫：下大夫。②子思：子产之子国参。③不解于位，民之攸塈：出自《诗经·大雅·假乐》。解，通“懈”。攸，所。塈（jì），安宁。④不僭不滥，不敢怠皇，命以多福：出自《诗经·商颂·殷武》。皇，古同“遑”，闲暇。

【译文】郑国的驷秦富有而奢侈，是个下大夫，他却经常在他的院子里陈列卿的车马服饰。郑国人厌恶他就把他杀了。子思说：“《诗经》说：‘在官职上不懈怠，百姓所以能够安宁。’不坚守职位，而能保持长久的太少了。《商颂》说：‘不出差错不自满，不懈怠偷闲，上天便能赐予多种福禄。’”

哀公六年

【经】六年春[①]，城邾瑕[②]。晋赵鞅帅师伐鲜虞。吴伐陈。夏，齐国夏及高张来奔。叔还会吴于柤[③]。秋七月庚寅，楚子轸卒[④]。齐阳生入齐[⑤]。齐陈乞弑其君荼。冬，仲孙何忌帅师伐邾。宋向巢帅师伐曹。

【注释】①六年：指周敬王三十一年，公元前489年。②邾瑕：春秋时鲁地。在今山东济宁市南。③柤：宋邑，后入楚。在今江苏邳州市西北。④楚子轸：即楚昭王，名壬，又名轸，楚平王之子，不满十岁继位，是楚国的一位中兴之主。⑤阳生：齐景公庶子，回国后被立为悼公。

【译文】鲁哀公六年春季，鲁国修筑邾瑕城墙。晋国的赵鞅率兵攻打鲜虞国。吴国讨伐陈国。夏季，齐国的国夏和高张逃到鲁国。鲁国的叔还在柤与吴国人会面。秋季七月庚寅日，楚昭王轸去世。齐国的公子阳生从鲁国回到齐国。齐国的大夫陈乞杀死齐君荼。冬季，鲁国的仲孙何忌率领军队讨伐邾国。宋国的向巢率领士兵攻打曹国。

【传】六年春，晋伐鲜虞，治范氏之乱也。

【译文】鲁哀公六年春季，晋军讨伐鲜虞，为的是惩治范氏引发的叛乱。

吴伐陈，复修旧怨也。楚子曰[①]："吾先君与陈有盟，不可以不救。"乃救陈，师于城父。

【注释】①楚子：指楚昭王。

【译文】吴国讨伐陈国，再次清算旧日的恩怨。楚昭王说："楚国先君与陈国有过盟约，不可以不去救援。"于是派兵救援陈国，军队驻扎在城父。

齐陈乞伪事高、国者，每朝，必骖乘焉。所从[①]，必言诸大夫曰："彼皆偃蹇[②]，将弃子之命。皆曰：'高、国得君，必逼我，盍去诸？'固将谋子，子早图之。图之，莫如尽灭之。需[③]，事之下也。"及朝，则曰："彼虎狼也，见我在子之侧，杀我无日矣。请就之位。"又谓诸大夫曰："二子者祸矣！恃得君而欲谋二三子，曰：'国之多难，贵宠之由，尽去之而后君定。'既成谋矣，盍及其未作也，先诸？作而后，悔亦无及也。"大夫从之。

【注释】①所从：所向；所往。②偃蹇：骄横；傲慢。③需：迟疑。

【译文】齐国的陈乞假装事奉高张、国夏，每次上朝，必定和他们同坐一辆车子，站在车右，每次跟他们上朝，必定谈到其他大夫，说："他们都是骄横之人，正准备违反你们的命令。他们说：'高氏、国氏得到国君宠信，必定会加害我们，为什么不把他们两人除掉呢？'可见这些人肯定会对付你们，你们要及早想办法！对付他们，最好是把他们全部杀死。犹豫不决是下策。"到了朝廷上，陈乞又说："他们都如虎狼般凶狠。看到我跟在你们身旁，很快就会杀死我。请答应我站到他们的队列中。"陈乞走到大夫们的队列，又对他们说："这两个人准备发动叛乱。他们仗着国君的宠信而想要图谋你们，并说：'国家多灾多难，就是由于大夫们受宠而造成的，一定要把他们全部除去，之后国君的地位才能稳定。'他们已经策划好了，你们为什么不趁他俩还没有动手，就先下手为强呢？一旦他们开始行动，你们后悔也来不及了。"大夫们听从了陈乞的建议。

夏六月戊辰，陈乞、鲍牧及诸大夫以甲入于公宫[①]。昭子闻之，与惠子乘如公，战于庄[②]，败。国人追之，国夏奔莒，遂及高张、晏圉、弦施来奔。

【注释】①鲍牧：鲍叔牙的后代，鲍国的曾孙。②庄：齐都临淄城内的大街。

【译文】夏季六月戊辰日，陈乞、鲍牧与大夫们率领甲兵冲入公宫。高张知道后，和国夏乘车到齐侯那里，双方在庄街交战，高张与国夏的军队被打得大败。齐国人追击，国夏逃往莒国，不久又和高张、晏圉、弦施逃奔鲁国。

秋七月，楚子在城父，将救陈。卜战，不吉；卜退，不吉。王曰："然则死也！再败楚师，不如死。弃盟，逃仇，亦不如死。死一也，其死仇乎！"命公子申[①]为王，不可；则命公子结[②]，亦不可；则命公子启[③]，五辞而后许。将战，王有疾。庚寅，昭王攻大冥[④]，卒于城父。子闾退，曰："君王舍其子而让，群臣敢忘君乎？从君之命，顺也；立君之子，亦顺也。二顺不可失也。"与子西、子期谋，潜师闭涂[⑤]，逆越女之子章立之，而后还。

【注释】①公子申：字子西，楚国令尹。②公子结：即子期。③公子启：字子闾，楚平王之子，楚昭王之兄。④大冥：在今河南项城。⑤涂：同"途"。

【译文】秋季七月，楚昭王率军驻扎城父，准备援救陈国，占卜作战，不吉利，占卜退兵，也不吉利。楚昭王说："既然如此，只有死路一条了，再让楚军战败，还不如去死；背弃盟国，逃避仇敌，也不如去死。同样是死，倒不如与仇敌作战而死！"而后他命公子申继承王位，公子申没有接受。又命公子结继承王位，公子结也没有接受。又命公子启继承王位，公子启推辞了五次，才勉强答应。准备和吴军交战，楚昭王生了病。庚寅日，楚昭王派兵攻打大冥，死在城父。子闾退兵，说："国君抛弃了他的儿子而把君位让给三位公子，群臣怎么能忘记国君呢？听从国君的命令，顺应情理之道；拥立国君的儿子为新君，也顺应情理之道。两种顺应都不能丢掉啊。"子闾于是与子西、子期商量，秘密转移军队，封锁道路，迎来楚昭王宠姬越女所生的公子章，立他为楚国国君，然后就撤军回国了。

是岁也，有云如众赤鸟，夹日以飞三日。楚子使问诸周大史。周大史曰："其当王身乎！若禜之[1]，可移于令尹、司马。"王曰："除腹心之疾，而置诸股肱，何益？不穀不有大过，天其夭诸[2]？有罪受罚，又焉移之？"遂弗禜。

【注释】①禜（yíng）：古代一种祈求神灵消除灾祸的祭祀。②夭：楚昭王八岁即位，在位二十七年，当时为三十四岁，所以称"夭"。

【译文】这一年，天空的云彩，如同一群红色的鸟，围着太阳飘动了三天。楚昭王派人请教周王室的太史。周太史说："这一征兆会应验在大王身上吧。如果您祈求神灵消除灾祸，灾祸可能转移到令尹或司马身上。"楚昭王说："消除了腹部与心脏的疾病，却把它转移到四肢上，有什么益处呢？寡人没有犯下过失，上天会让我短命夭折吗？自己有了罪过，接受处罚，又何必转移祸患呢？"于是没有举行祭祀。

初，昭王有疾。卜曰："河为祟。"王弗祭。大夫请祭诸郊，王曰："三代命祀，祭不越望①。江、汉、睢、漳，楚之望也。祸福之至，不是过也。不穀虽不德，河非所获罪也。"遂弗祭。孔子曰："楚昭王知大道矣！其不失国也，宜哉！《夏书》曰：'惟彼陶唐，帅彼天常②，有此冀方③。今失其行，乱其纪纲，乃灭而亡。'又曰：'允出兹在兹。'由己率常，可矣。"

【注释】①望：遥祭，指古代帝王祭祀本国的山川、日月、星辰。②帅：同"率"，遵循。③冀方：古泛指中原地区。

【译文】起初，楚昭王有了病。占卜的人说："这是黄河神在做怪。"楚昭王依然不举行祭礼。大夫们请求在郊野祭祀黄河神。楚昭王说："三代规定的祭祀制度，祭祀不能超出本国山河。长江、汉水、睢水、漳水才是楚国可以祭祀的河川。祸福的到来，不会超过这些。寡人虽然没有德行，但也没有得罪黄河神。"于是决定不去祭祀黄河神。孔子说："楚昭王可以说是深明大义了。他没有失去国家，也是应该的。《夏书》说：'只有那位陶唐，遵从上天的纲常，所以拥有中原。夏桀扰乱了纲纪，最终自取灭亡。'又说：'信由己出，祸福就在于自己。'可以从自己做起，遵守天道，这就可以了。"

八月，齐邴意兹来奔。

【译文】八月，齐国的邴意兹逃奔鲁国。

陈僖子使召公子阳生。阳生驾而见南郭且于，曰："尝献马于季孙，不入于上乘，故又献此，请与子乘之。"出莱门[①]而告之故。阚止知之[②]，先待诸外。公子曰："事未可知，反，与壬也处[③]。"戒之，遂行。逮夜，至于齐，国人知之。僖子使子士之母养之[④]，与馈者皆入[⑤]。

【注释】①莱门：鲁都城门名。②阚止：字子我，阳生的家臣。③壬：阳生的儿子，后来的齐简公。④子士之母：陈僖子的妾。⑤馈者：送食物的人。

【译文】陈僖子派人召回公子阳生。阳生驾着马车去见南郭且于，说："我曾献马给季孙，但马都不是好马，所以又打算把这几匹马献给他，请和您一起坐上试试。"马车出了莱门，阳生才把原因告诉他。阳生的家臣阚止知道了这件事，先等在门外。阳生对他说："事情具体还不知道，你先回去，和壬一起等我的消息。"反复告诫后就走了。等到晚上，抵达齐国都城，齐国人都知道他回来了。陈僖子先把他安置在子士母亲那儿，不久又让他和送食物的人一起进入公宫。

冬十月丁卯，立之。将盟[①]，鲍子醉而往[②]。其臣差车鲍点曰[③]："此谁之命也？"陈子曰："受命于鲍子。"遂诬鲍子曰："子之命也。"鲍子曰："女忘君之为孺子牛而折其齿乎[④]，而背之也？"悼公稽首[⑤]，曰："吾子奉义而行者也。若我可，不必亡一大夫。若我不可，不必亡一公子。义则进，否则退，敢不唯子是从？废兴无以乱，则所愿也。"鲍子曰："谁非君之子？"乃受盟。使胡姬以安孺子如赖[⑥]。去鬻姒，杀王甲，拘江说，囚王豹于句窦之丘[⑦]。

【注释】①盟：指与诸大夫盟誓。②鲍子：指鲍牧。③差车：管理车辆的人。④孺子：指已被立为齐君的荼。⑤悼公：指阳生，即位为悼公。⑥安孺子：指荼。赖：春秋时齐地，在今山东章丘市西北。⑦王甲、江说、王豹：皆为荼的同党。

【译文】冬季十月丁卯日，立阳生为国君。阳生正准备与大夫们盟誓，鲍牧醉醺醺地前来。为他管理车子的家臣鲍点责问陈乞说："这是谁下的命令？"陈乞说："这是遵从鲍子的命令。"就转身诬陷鲍牧说："这分明就是您的命令啊！"鲍牧说："您难道忘记了先君为荼当牛，而折断牙齿的事了吗？怎么敢背叛先君的意愿呢？"听到这话，悼公连忙叩头对鲍牧说："您是奉行道义的人。如果我被立为国君，必定不会杀掉您这样的一个大夫，要是我做不成国君，您也一定不会杀掉我这个公子。符合道义的事就去做，不符合道义的事就不做，谁敢不听从您的命令？无论废谁立谁，都不出现祸乱，这就是我最大的愿望。"鲍牧说："您与荼谁不是先君的儿子呢？"于是接受了盟誓。让胡姬领着荼前往赖地，把荼的母亲鬻姒迁到别处，并杀死王甲，拘押江说，将王豹囚禁在句窦之丘。

公使朱毛告于陈子[①]，曰："微子，则不及此。然君异于器，不可以二。器二不匮，君二多难，敢布诸大夫。"僖子不对而泣，曰："君举不信群臣乎[②]？以齐国之困，困又有忧[③]。少君不可以访，是以求长君，庶亦能容群臣乎！不然，夫孺子何罪？"毛复命，公悔之。毛曰："君大访于陈子，而图其小可也。"使毛迁孺子于骀[④]，不至，杀诸野幕之下，葬诸殳冒淳。

【注释】①朱毛：齐国大夫。②举：全。③困又有忧：指齐国内有饥荒之困，外有兵革之忧。④骀：在今山东潍坊。

【译文】齐悼公派大夫朱毛告诉陈乞说："没有您，我就不会有今天。但国君与器具不同，不能同时有两个存在。有两个器具，就不会感到匮乏，但有两个国君，就会产生很多祸难，希望您把这个意思转告给各位大夫。"陈乞没有答复，而是哭着说："国君难道对群臣都不相信了吗？因为齐国内有饥荒之困，外有兵革之忧，不能向年幼的君主请示，所以才寻求年长的国君。我想年长的国君大概可以容忍群臣吧！否则，荼又有什么罪过而被废除呢？"朱毛把这些话告诉了悼公，悼公后悔了。朱毛说："国君遇到大事才去征求陈僖子的意见，像这样的小事，自己就可以决定了。"悼公又派朱毛把荼迁到骀地，荼还没有到达骀地，就把他杀死在野外的帐篷里，被葬在殳冒淳。

哀公七年

【经】七年春[①]，宋皇瑗帅师侵郑。晋魏曼多帅师侵卫。夏，公会吴于鄫[②]。秋，公伐邾。八月己酉，入邾，以邾子益来[③]。宋人围曹。冬，郑驷弘帅师救曹。

【注释】①七年：指周敬王三十二年，公元前488年。②鄫：在今山东苍山县西北。③邾子益：指邾隐公。

【译文】鲁哀公七年春季，宋国的皇瑗率兵入侵郑国。晋国的魏曼多率领军队入侵卫国。夏季，鲁哀公在缯地与吴国人会面。秋季，鲁哀公发兵攻打邾国。八月己酉日，攻入邾国，把邾隐公益带回鲁国。宋国人包围了曹国。冬季，郑国的驷弘率领士兵援救曹国。

【传】七年春，宋师侵郑，郑叛晋故也。

【译文】鲁哀公七年春季，宋军入侵郑国，是由于郑国背叛晋国的缘故。

晋师侵卫，卫不服也。

【译文】晋军入侵卫国，是由于卫国没有顺服。

夏，公会吴于鄫。吴来征百牢，子服景伯对曰："先王未之有也。"吴人曰："宋百牢我①，鲁不可以后宋。且鲁牢晋大夫过十②，吴王百牢，不亦可乎？"景伯曰："晋范鞅贪而弃礼，以大国惧敝邑，故敝邑十一牢之。君若以礼命于诸侯，则有数矣。若亦弃礼，则有淫者矣③。周之王也，制礼，上物不过十二，以为天之大数也。今弃周礼，而曰必百牢，亦唯执事。"吴人弗听。景伯曰："吴将亡矣！弃天而背本。不与，必弃疾④于我。"乃与之。

【注释】①宋百牢我：宋国馈赠吴国百牢。②鲁牢晋大夫过十：昭公二十一年鲁国馈赠晋国士鞅十一牢。③有：又。淫：过多，过甚。④弃疾：加害，遗患。

【译文】夏季，鲁哀公和吴国人在鄫地会面。吴国前来索求牛、羊、猪一百头为享宴品。子服景伯回答说：“先王没有过这样的先例。”吴国人说：“宋国给了我们牛、羊、猪各一百头，鲁国不能落在宋国后面。而且鲁国曾馈赠晋国大夫士鞅超过十牢，现在馈赠吴王百牢，不也是应该的吗?”子服景伯说：“晋国的范鞅贪婪而背弃礼仪，用大国的势力来恐吓我国，所以我国给他牛、羊、猪各一百一十头。君王如果用礼仪来命令诸侯，那么就有规定的数量。如果抛弃礼仪，那么就又太过分了。周朝统一天下，制定礼仪，上等的物品不过十二，因为这是上天的大数。现在抛弃周礼，而说一定要百牢，那我国也只好听从执事的命令了。”吴国人不听，子服景伯说：“吴国马上要灭亡了，抛弃上天而违背根本。如果不给吴国百牢，吴国一定会加害我国。”于是鲁国就照数给了吴国。

大宰嚭召季康子，康子使子贡辞。大宰嚭曰：“国君道长，而大夫不出门，此何礼也？”对曰：“岂以为礼？畏大国也。大国不以礼命于诸侯，苟不以礼，岂可量也？寡君既共命焉，其老岂敢弃其国？大伯端委以治周礼①，仲雍嗣之，断发文身，裸以为饰，岂礼也哉？有由然也。”反自鄫，以吴为无能为也。

【注释】①大伯：又称泰伯，吴国第一代君主，东吴文化的宗祖。姬姓，父亲为周部落首领古公亶父，想立幼子季历，太伯和仲雍避让，迁居江东。端委：古代礼服。这里用作动词。

【译文】吴国的太宰嚭召见季康子，季康子派子贡前去辞谢。太宰嚭说："国君长途跋涉，而大夫却不出国门，这是什么礼仪？"子贡回答说："哪儿是把它当礼，只是因为畏惧大国。大国不按礼来向诸侯发布命令，要是不按照礼，结果可以用礼来衡量吗？我国国君已经来此听候命令，他的大臣怎敢抛下国家外出前来？太伯穿戴着礼服礼帽来施行周礼，仲雍继承了太伯，剪去头发在身上刺上花纹，赤裸身体进行装饰，这难道就是礼吗？是有原因才造成这样的呀。"子贡从鄫地返回，觉得吴国不会有所作为了。

季康子欲伐邾，乃飨大夫以谋之。子服景伯曰："小所以事大，信也。大所以保小，仁也。背大国，不信；伐小国，不仁。民保于城，城保于德，失二德者①，危，将焉保？"孟孙曰："二三子以为何如？恶贤而逆之②？"对曰："禹合诸侯于涂山，执玉帛者万国。今其存者，无数十焉。唯大不字小③，小不事大也。知必危，何故不言？鲁德如邾，而以众加之，可乎？"不乐而出。

【注释】①二德：指信和仁。②恶：古同"乌"，疑问词，哪，何。逆：迎接。③字：抚养，养育。

【译文】季康子想讨伐邾国，就宴请大夫们进行谋划。子服景伯说："小国事奉大国的，是信；大国安抚小国的，是仁。背离大国，是不讲信用；攻打小国，是不讲仁义。百姓靠城池保护，城池靠德行保护，失去了信、仁两种德行，便会发生危险，又将靠什么来保护呢？"孟孙说：“你们认为该怎样做呢？谁说的对就接受谁的意见。”大夫们回答说：“夏禹在涂山会合诸侯，拿着玉帛前来的国家有一万个。现在那些国家还存在的，不过几十个，就是因为大国不抚育小国，小国不事奉大国的缘故。知道必有危险，为什么不说？鲁国的德行和邾国相同，却要用武力去侵袭它，可以吗？”大家就不欢而散了。

秋，伐邾，及范门[①]，犹闻钟声。大夫谏，不听，茅成子请告于吴[②]，不许，曰：“鲁击柝闻于邾，吴二千里，不三月不至，何及于我？且国内岂不足？”成子以茅叛[③]，师遂入邾，处其公宫，众师昼掠，邾众保于绎[④]。师宵掠，以邾子益来，献于亳社，囚诸负瑕[⑤]，负瑕故有绎。邾茅夷鸿以束帛乘韦[⑥]，自请救于吴，曰：“鲁弱晋而远吴，冯恃其众，而背君之盟，辟君之执事[⑦]，以陵我小国。邾非敢自爱也，惧君威之不立。君威之不立，小国之忧也。若夏盟于鄫衍[⑧]，秋而背之，成求而不违，四方诸侯，其何以事君？且鲁赋八百乘[⑨]，君之贰也[⑩]。邾赋六百乘，君之私也。以私奉贰，唯君图之。”吴子从之。

【注释】①范门：邾国国都外城门。②茅成子：即邾国大夫茅夷鸿。③茅：西周封国。姬姓，在今山东金乡县西北。后属邾。④绎：春秋邾邑，后属鲁。在今山东省邹城市东南。⑤负瑕：又称负夏。春秋鲁邑。在今山东省兖州市北。⑥束帛：捆为一束的五匹帛。古代用为聘问、馈赠的礼物。乘韦：四张熟牛皮。⑦辟：不顾。⑧鄫衍：即鄫。⑨赋：兵，军队。⑩贰：副手。

【译文】秋季，鲁国攻打邾国，到达范门，还可以听到钟乐声。大夫进谏，邾隐公没有听从。茅成子请求向吴国求救，邾隐公也不答应，说："鲁国敲梆子的声音能在邾国听到，吴国则距离邾国两千里，没有三个月是赶不到的，怎么会顾及我们？何况国内的力量难道不够抵抗鲁国吗？"成子率领茅地的人叛变，鲁军就进入邾国，住在邾国的公宫。鲁国的各路军队在白天抢劫，邾国的百姓在绎地防守。鲁军又在晚上劫掠，俘获邾隐公益回国，在亳社举行献俘仪式，而后把他囚禁到负瑕，负瑕因而有了绎人。邾国的茅成子用五匹帛和四张熟牛皮亲自向吴国求救，他说："鲁国觉得晋国衰弱而吴国遥远，仗着他们人多，就背弃了跟君王签订的盟约，轻视君王的执事，来欺负我们小国。邾国不敢爱惜自己的利益，而是担心君王您的威严难以树立。君威难以建立，这正是小国所担忧的。如果夏季在鄫衍结盟，而秋季就违背它，鲁国得到了所想要的而诸侯们也不反对，那四方诸侯将用什么来事奉君王？并且鲁国有战车八百辆，等于是君王的副手；邾国有战车六百辆，等于是君王的部属。把部属送给敌人，希望君王能好好考虑。"吴王听从了茅成子的建议。

宋人围曹。郑桓子思曰："宋人有曹，郑之患也。不可以不救。"冬，郑师救曹，侵宋。

【译文】宋国人围困曹国，郑国的桓子思说："宋国人占领曹国，是郑国的忧患，不可以不援救。"冬季，郑国军队援救曹国，入侵宋国。

初，曹人或梦众君子立于社宫[①]，而谋亡曹，曹叔振铎请待公孙强[2]，许之。旦而求之曹，无之。戒其子曰："我死，尔闻公孙强为政，必去之。"及曹伯阳即位，好田弋。曹鄙人公孙强好弋，获白雁，献之，且言田弋之说，说之。因访政事，大说之。有宠，使为司城以听政[3]。梦者之子乃行。强言霸说于曹伯，曹伯从之，乃背晋而奸宋[4]。宋人伐之，晋人不救。筑五邑于其郊，曰黍丘、揖丘、大城、钟、邘[5]。

【注释】①社宫：古代祭祀土神的官殿。②曹叔振铎：周文王姬昌与太姒所生第六子，周武王姬发同母弟，周代诸侯国曹国始封之君，曹姓始祖。③司城：职官名。春秋时宋国设置，掌水土之事。原称司空，因宋武公讳司空，故改为司城。④奸：干犯，抵触。⑤黍丘、揖丘、大城、钟、邘：皆在曹国郊外，在今山东定陶、曹县、菏泽一带。

【译文】起初，曹国有人梦见一群君子站在曹国社宫，商议灭掉曹国。曹叔振铎请求等公孙强来，他们都同意了。第二天他寻找公孙强，曹国都城中没有这个人。他告诫儿子说："我死后，如果你听见公孙强主持政事，就一定要离开曹国。"曹伯阳即位后，喜欢打猎射鸟。曹国边城人公孙强爱好射猎，射得了一只白雁，就把大雁献给曹伯阳，并谈论田猎的技艺。曹伯阳很喜欢他，就向他询问国家政事，因此非常欣赏他。对他很宠信，就让公孙强做司城主持政事。做梦人的儿子便离开了曹国。公孙强向曹伯阳论说称霸的方法，曹伯阳听从了，于是背离晋国攻打宋国。宋国人攻打曹国，晋国人也不来救援，公孙强就在国都的郊外修建了五座城邑，把它们叫做黍丘、揖丘、大城、钟、邘。

哀公八年

【经】八年春王正月[①]，宋公入曹[②]，以曹伯阳归。吴伐我。夏，齐人取讙及阐[③]。归邾子益于邾[④]。秋七月。冬十有二月癸亥，杞伯过卒[⑤]。齐人归讙及阐。

【注释】①八年：指周敬王三十二年，公元前487年。②宋公：宋景公。③讙：鲁邑，在今山东省肥城市南。阐：鲁邑，在今山东省宁阳县西北。④邾子：指邾隐公。⑤杞伯过：即杞僖公。

【译文】鲁哀公八年春季周历正月，宋景公率兵攻入曹国，俘获了曹伯阳而归。吴国攻打我们鲁国。夏季，齐国人占领鲁国的讙地和阐地。鲁国把邾隐公益送回邾国。秋季七月。冬季十二月癸亥日，杞僖公过去世。齐国人归还了讙地和阐地。

【传】八年春，宋公伐曹，将还，褚师子肥殿[①]。曹人诟之，不行，师待之[②]。公闻之，怒，命反之，遂灭曹。执曹伯阳及司城强以归，杀之。

【注释】①褚师子肥：宋国大夫。②师：宋国军队。

【译文】鲁哀公八年春季，宋景公讨伐曹国，准备撤兵返回时，褚师子肥断后。曹国人辱骂他，他便停下不走。全军都等着褚师子肥。宋景公听说了这件事，大怒，命令军队返回，灭掉曹国，把曹伯阳和司城公孙强俘虏回去，并杀了他们。

吴为邾故，将伐鲁，问于叔孙辄[1]。叔孙辄对曰："鲁有名而无情[2]，伐之，必得志焉。"退而告公山不狃。公山不狃曰："非礼也。君子违[3]，不适仇国。未臣而有伐之[4]，奔命焉，死之可也。所托也则隐[5]。且夫人之行也，不以所恶废乡[6]。今子以小恶而欲覆宗国，不亦难乎？若使子率[7]，子必辞，王将使我。"子张疾之[8]。王问于子洩[9]，对曰："鲁虽无与立，必有与毙；诸侯将救之，未可以得志焉。晋与齐、楚辅之，是四仇也。夫鲁，齐、晋之唇，唇亡齿寒，君所知也。不救何为？"

【注释】①叔孙辄：鲁定公十二年叔孙辄与公孙不狃率费人袭鲁，兵败后先后逃往齐国、楚国。②情：实情，情况。③违：离开，背离。④未臣：指未能尽臣节。⑤隐：藏匿，避开。⑥废：危害。⑦率：带领。⑧子张：即叔孙辄。⑨子洩：即公孙不狃。

【译文】吴国因为邾国的缘故，准备攻打鲁国。吴王询问叔孙辄，叔孙辄回答说："鲁国有名而无实，攻打鲁国，必定可以如愿。"叔孙辄退出来告诉公山不狃。公山不狃说："这样不合乎礼。君子离开自己的国家，不到敌国去。在鲁国没有尽到臣礼而又去攻打它，为吴国奔走效命，还不如死了算了。遇到这样的委任就应该避开。况且一个人离开国家流亡在外，不应当因为怨恨而祸害家乡。如今您因为小怨而要颠覆鲁国，不也很难吗？如果派您领兵先行，您必定会推辞。吴王将会派我前去。”叔孙辄后悔自己说错了。吴王又问公山不狃。公山不狃回答说：“鲁国平时虽然没有亲近的盟国，但危急的时刻必定会有愿意和它共存亡的援国。诸侯将会救援它，吴国出兵是不能如愿的。晋国跟齐国、楚国会救援鲁国，它们便是吴国的四个敌国了。鲁国是齐国、晋国的嘴唇，唇亡齿寒，这是您所知道的道理，他们不去救援还能干什么？”

三月，吴伐我，子洩率，故道险，从武城[1]。初，武城人或有因于吴竟田焉[2]，拘鄫人之沤菅者[3]，曰：“何故使吾水滋[4]？”及吴师至，拘者道之以伐武城，克之。王犯尝为之宰[5]，澹台子羽之父好焉[6]。国人惧，懿子谓景伯[7]：“若之何？”对曰：“吴师来，斯与之战，何患焉？且召之而至，又何求焉？”吴师克东阳而进[8]，舍于五梧[9]，明日，舍于蚕室。公宾庚、公甲叔子与战于夷，获叔子与析朱锄[10]，献于王。王曰：“此同车，必使能，国未可望也。”明日，舍于庚宗[11]，遂次于泗上[12]。微虎欲宵攻王舍[13]，私属徒七百人，三踊于幕庭，卒三百人[14]，有若与焉[15]，及稷门之内。或谓季孙曰：“不足以害吴，而多杀国士[16]，不如已也。”乃止之。吴子闻之，一夕三迁。吴人行成，将盟。景伯曰：“楚人围宋，易子而食，析骸而爨，犹无城下之盟。我未及亏，而有城下之盟，是弃国也。吴轻而远，不能久，将归矣，请少待之。”弗从。景伯负载[17]，造于莱门，乃请释子服何于吴[18]，吴人许之。以王子姑曹当之，而后止。吴人盟而还。

【注释】①武城：春秋时鲁地。在今山东费县西南。②因于吴竟田：在吴国境内种田。③沤菅：水浸茅草使柔韧。④滋：浊。⑤王犯：吴国大夫，后逃往鲁国任武城宰相。⑥澹台子羽：即澹台灭明，孔子弟子，孔门七十二贤之一。⑦懿子：孟懿子。景伯：子服景伯。⑧东阳：春秋时鲁邑。在今山东费县西南。⑨五梧：春秋时鲁邑。在今山东平邑县西。⑩获：这里指获得尸体，⑪庚宗：春秋鲁地。在今山东泗水县东南。⑫泗上：指泗水县。⑬微虎：鲁国大夫。⑭卒：完毕，终了。⑮有若：世称"有子"，孔子弟子，孔门七十二贤之一。⑯多：只，仅仅。⑰载：指盟书。⑱子服何：子服景伯。

【译文】三月，吴国攻打我国，公山不狃领军先行，故意从险路前行，经过武城。起初，武城有人在吴国边境种田，他拘捕了浸泡菅草的鄫国人，说："为什么把我的水弄脏？"等到吴军到来，那个被拘捕的鄫国人领着吴军攻打武城，把武城攻下。王犯担任过武城宰，澹台子羽的父亲与王犯交好，国人感到害怕。孟懿子对子服景伯说："该怎么办？"子服景伯回答说："吴军来，就和他们作战，有什么可怕的？而且是我们召他们来的，还能要求什么呢？"吴军攻下东阳继续前进，驻扎在五梧。第二天，驻扎在蚕室。公宾庚、公甲叔子率兵与吴军在夷地作战，吴军杀死了公甲叔子和析朱钽，把尸体献给吴王。吴王说："这是同乘一辆战车上的人，说明鲁国任命了能人。鲁国还不能被我们征服。"第二天，住在庚宗，就在泗水边上驻扎。微虎想要夜袭吴王的住处，就让他的七百部属在帐幕外的庭院里，每人向上跳三次，最后挑选出三百人，有若也被选在其中。他们出发到稷门，有人对季孙说："这样做不能危害吴国，仅仅让国士被杀，不如停止行动。"季孙便制止此次夜袭。吴王知道了这件事，一晚上迁移了三次住处。吴国人要求讲和，鲁国、吴国将要签订盟约。子服景伯说："楚国围攻宋国，宋国人交换孩子食用，劈开尸骨烧饭，尚且没有签订城下之盟。我们还没有到宋国那样的惨状，就签订了城下之盟，这是抛弃国家。吴国轻率远征，不能持久，即将退兵返回，请稍等几天。"季孙没有听从，子服景伯背着盟书，跑到莱门。鲁国请求把子服景伯留在吴国，吴国人答应了，鲁国又要求吴国用王子姑曹当人质，最后两国取消交换人质。吴国人签订盟约后就回国了。

齐悼公之来也[①]，季康子以其妹妻之，即位而逆之。季鲂侯通焉[②]，女言其情，弗敢与也。齐侯怒，夏五月，齐鲍牧帅师伐我，取讙及阐。

【注释】①齐悼公之来也：鲁哀公五年，齐国公子阳生逃亡鲁国，后回国成为齐悼公。②季鲂侯：季平子之子，季桓子的兄弟，季康子叔父。

【译文】齐悼公逃亡鲁国的时候，季康子把自己的妹妹嫁给他作妻子，悼公即位后要接她回去。季鲂侯跟她私通，她向季康子说了私通的内情，季康子就不敢把她送往齐国了。齐悼公大怒，夏季五月，齐国的鲍牧率兵攻打鲁国，夺取了讙地与阐地。

或谮胡姬于齐侯，曰："安孺子之党也。"六月，齐侯杀胡姬。

【译文】有人在齐悼公面前诬陷胡姬说："她是安孺子的同党。"

六月，齐悼公杀了胡姬。

齐侯使如吴请师，将以伐我，乃归邾子。邾子又无道，吴子使大宰子余讨之[1]，囚诸楼台，栫之以棘[2]。使诸大夫奉大子革以为政[3]。

【注释】①大宰子余：即太宰伯嚭。②栫（jiàn）：围困。③大子革：邾国太子，即位为邾桓公。

【译文】齐悼公派人到吴国请求派兵，准备攻打我国，鲁国于是送回了邾隐公。邾隐公回国后仍然无道，吴王派太宰子余征讨他，把他囚禁在楼台，用荆棘做成篱笆围起来，让邾国大夫们事奉太子革执政。

秋，及齐平。九月，臧宾如如齐莅盟[1]，齐闾丘明来莅盟[2]，且逆季姬以归，嬖。

【注释】①臧宾如：齐国大夫臧会子。②闾丘明：齐国闾丘婴之子。

【译文】秋季，鲁国与齐国讲和。九月，臧宾如去齐国参加会盟，齐国的闾丘明前来参加会盟，并迎接季姬回国，齐悼公对她非常宠爱。

鲍牧又谓群公子曰："使女有马千乘乎[1]？"公子愬之[2]。公谓鲍子："或谮子，子姑居于潞以察之[3]。若有之，则分室以行；若无之，则反子之所。”出门，使以三分之一行。半道，使以二乘。及潞，麇之以入，遂杀之。

【注释】①有马千乘：暗指做国君。②愬：同“诉”。③潞：在齐国都城外。

【译文】鲍牧又对诸公子说：“让你们中有人拥有四千匹马可以吗？”公子们把这件事告诉了齐悼公。齐悼公对鲍牧说：“有人说您的坏话，您暂且住到潞地等待调查。如果有这件事，您就把一半家产带着出国；如果没有这件事，您就恢复原职。”鲍牧出门，只让他带着三分之一的家产动身。走到半路，只让他带着两辆车子。等他抵达潞地，就把他捆绑进城，于是杀了他。

冬十二月，齐人归讙及阐，季姬嬖故也。

【译文】冬季十二月，齐国人把讙地与阐地归还给鲁国，这是因为季姬受到宠爱的缘故。

哀公九年

【经】九年春王二月[①]，葬杞僖公。宋皇瑗帅师取郑师于雍丘[②]。夏，楚人伐陈。秋，宋公伐郑[③]。冬十月。

【注释】①九年：指周敬王三十四年，公元前486年。②雍丘：古地名，即今河南杞县。③宋公：指宋景公。

【译文】鲁哀公九年春季，周历二月，安葬杞僖公。宋国的皇瑗率兵在雍丘消灭郑军。夏季，楚国讨伐陈国。秋季，宋景公发兵讨伐郑国。冬季十月。

【传】九年春，齐侯使公孟绰辞师于吴。吴子曰[①]："昔岁寡人闻命。今又革之[②]，不知所从，将进受命于君。"

【注释】①吴子：指吴王夫差。②革：改变。

【译文】鲁哀公九年春季，齐侯派公孟绰到吴国辞谢出兵。吴王说："去年寡人听从齐国的命令，如今命令又改变了，我不知道应该怎么办了，我打算到贵国接受齐君的命令。"

郑武子剩之嬖许瑕求邑[①]，无以与之。请外取，许之，故围宋雍丘。宋皇瑗围郑师，每日迁舍，垒合，郑师哭。子姚救之，大败。二月甲戌，宋取郑师于雍丘，使有能者无死，以郏张与郑罗归。

【注释】①武子剩：郑国大夫罕达，又称子姚，谥武。郑公子子罕之后，为郑穆七族之一。许瑕：武子剩的宠臣。

【译文】郑国大夫武子剩的宠臣许瑕请求封邑，但郑国没有土地可封给他。许瑕请求向外夺取城邑，武子剩同意了，故而围攻宋国的雍丘。宋国的皇瑗又出兵围攻郑军，每天换地方修筑堡垒，堡垒闭合，郑军大哭。武子剩援救郑军，大败。二月甲戌日，宋国在雍丘歼灭郑军，让有才能的郑国人免死，把郑张与郑罗带回国。

夏，楚人伐陈，陈即吴故也。宋公伐郑。

【译文】夏季，楚国人讨伐陈国，是由于陈国依附吴国的缘故。宋景公发兵攻打郑国。

秋，吴城邗[①]，沟通江、淮。

【注释】①邗（hán）：城名。春秋时吴国建，在今江苏扬州市北。

【译文】秋季，吴国在邗地筑城，沟通了长江、淮河。

晋赵鞅卜救郑，遇水适火[①]，占诸史赵、史墨、史龟。史龟曰："是谓沈阳[②]，可以兴兵。利以伐姜[③]，不利子商[④]。伐齐则可，敌宋不吉。"史墨曰："盈，水名也。子，水位也。名位敌，不可干也。炎帝为火师，姜姓其后也。水胜火，伐姜则可。"史赵曰："是谓如川之满，不可游也。郑方有罪，不可救也。救郑则不吉，不知其他。"阳虎以《周易》筮之，遇《泰》䷊之《需》䷄[⑤]，曰："宋方吉，不可与也。微子启，帝乙之元子也。宋、郑，甥舅也。祉，禄也。若帝乙之元子归妹，而有吉禄，我安得吉焉？"乃止。

【注释】①遇水适火：水流向火。②沈阳：火遇水即灭，所以阳气下沉。沈，同“沉”。③姜：齐国国姓，这里指齐国。④子商：指宋国。子为宋国国姓。⑤《泰》之《需》：《泰》乾卦下坤卦上，第五爻阴变阳即为《需》卦。

【译文】晋国的赵鞅为救援郑国占卜，获得水流向火的卦象，他向史赵、史墨、史龟询问卦象的吉凶。史龟说：“这卦为阳气下沉，可以发兵。利于攻打姜姓，而不利于攻打子商。攻打齐国可以，与宋国敌对就不吉利。”史墨说：“盈，是水的名称。子，为水的方位。名称方位相当，所以不能触犯。炎帝为火师，姜姓是他的后代。水胜火，攻打姜姓可行。”史赵说：“这卦称为河水涨满，不能游泳。郑国正有罪，不能援救。援救郑国不吉利，其他的就不知道了。”阳虎用《周易》占筮，获得《泰》卦变成《需》卦，说：“宋国正吉利，不能和它为敌。微子启，是帝乙的长子。宋国、郑国，是甥舅关系的国家。福祉，是爵禄。如果帝乙的长子出嫁女儿，又有吉祥与福禄，我们怎么能得到吉利呢？”于是晋国就停止援救郑国。

冬，吴子使来儆师伐齐[①]。

【注释】①儆：告诫，警告。

【译文】冬季，吴王派人来鲁国通报派兵讨伐齐国。

哀公十年

【经】十年春王二月[①]，邾子益来奔。公会吴伐齐。三月戊戌，齐侯阳生卒。夏，宋人伐郑。晋赵鞅帅师侵齐。五月，公至自伐齐。葬齐悼公。卫公孟弫自齐归于卫。薛伯夷卒。秋，葬薛惠公。冬，楚公子结帅师伐陈。吴救陈。

【注释】①十年：指周敬王三十五年，公元前485年。

【译文】鲁哀公十年春季周历二月，邾隐公益奔逃鲁国。鲁哀公联合吴国攻打齐国。三月戊戌日，齐悼公阳生去世。夏季，宋国攻打郑国。晋国的赵鞅率兵入侵齐国。五月，鲁哀公从攻打齐国的战场返回鲁国。安葬齐悼公。卫国的公孟弫从齐国回到卫国。薛惠公夷去世。秋季，安葬薛惠公。冬季，楚国的公子结带兵讨伐陈国。吴国援救陈国。

【传】十年春，邾隐公来奔。齐甥也，故遂奔齐。

【译文】鲁哀公十年春季，邾隐公逃奔鲁国。因为邾隐公是齐国的外甥，所以又逃奔齐国。

公会吴子、邾子、郯子伐齐南鄙，师于鄎[①]。

【注释】①鄎：春秋时齐国南部边境的地名。

【译文】鲁哀公会合吴王夫差、邾隐公、郯子讨伐齐国南部边境，军队驻扎在鄎地。

齐人弑悼公，赴于师。吴子三日哭于军门之外[①]。徐承帅舟师[②]将自海入齐，齐人败之，吴师乃还。

【注释】①三日哭于军门之外：为当时诸侯吊丧之礼。②徐承：吴国大夫。

【译文】齐国人杀死齐悼公，到联军中发讣告。吴王夫差在军门外哭了三天。吴国大夫徐承率领水军，准备从海上入侵齐国，被齐军打败，吴军于是退兵回国。

夏，赵鞅帅师伐齐，大夫请卜之。赵孟曰："吾卜于此起兵[①]，事不再令[②]，卜不袭吉[③]，行也。"于是乎取犁及辕[④]，毁高唐之郭[⑤]，侵及赖而还[⑥]。

【注释】①卜于此起兵：指去年占卜伐齐吉利，今年出兵。②令：占卜。③袭：重复。④犁：又称犁丘。春秋齐邑，在今山东济阳县西。辕：春秋齐邑。在今山东省禹城市西南。⑤高唐：齐邑。在今山东禹城市西南。⑥赖：春秋齐邑。在今山东省章丘县西北。

【译文】夏季，赵鞅领兵攻打齐国，大夫们请求占卜。赵鞅说："我是因为去年的占卜结果而发兵的，一次行动不能占卜两次，再占卜一次也未必能得到吉卦，出兵吧！"于是夺取了齐国的犁地和辕地，毁掉了高唐的外城，攻打到赖地才收兵返回。

秋，吴子使来复儆师。

【译文】秋季，吴王又派人来鲁国再次通报出兵攻打齐国的日期。

冬，楚子期伐陈。吴延州来季子救陈，谓子期曰："二君不务德，而力争诸侯，民何罪焉？我请退，以为子名，务德而安民。”乃还。

【译文】冬季，楚国的子期讨伐陈国。吴国的延州来季子援救陈国，他对子期说：“吴、楚两国的国君不致力于施行德政，而是使用武力，争夺诸侯，百姓又有什么罪过呢？我请求退兵，从而成全您的名声，以便您施行德政而安定百姓。”于是吴军就撤兵返回。

哀公十一年

【经】十有一年春[1]，齐国书帅师伐我。夏，陈辕颇出奔郑[2]。五月，公会吴伐齐。甲戌，齐国书帅师及吴战于艾陵[3]，齐师败绩，获齐国书。秋七月辛酉，滕子虞母卒。冬十有一月，葬滕隐公。卫世叔齐出奔宋。

【注释】①十有一年：指周敬王三十六年，公元前484年。②辕颇：陈国大夫。③艾陵：春秋齐邑。在今山东省莱芜市东。

【译文】鲁哀公十一年春季，齐国的国书率兵攻打我国。夏季，陈国的辕颇逃奔郑国。五月，鲁哀公联合吴王夫差攻打齐国。甲戌日，齐国的国书率兵和吴军在艾陵交战，齐军战败，吴军俘虏了齐国的国书。秋季七月辛酉日，滕隐公虞母去世。冬季十一月，安葬滕隐公。卫国的世叔齐逃奔宋国。

【传】十一年春，齐为鄎故，国书、高无丕帅师伐我，及清[①]。季孙谓其宰冉求曰[②]："齐师在清，必鲁故也。若之何？"求曰："一子守，二子从公御诸竟[③]。"季孙曰："不能。"求曰："居封疆之间。"季孙告二子，二子不可。求曰："若不可，则君无出。一子帅师，背城而战，不属者，非鲁人也。鲁之群室[④]，众于齐之兵车。一室敌车，优矣。子何患焉？二子之不欲战也宜，政在季氏。当子之身，齐人伐鲁而不能战，子之耻也。大不列于诸侯矣。"季孙使从于朝，俟于党氏之沟[⑤]。武叔呼而问战焉[⑥]，对曰："君子有远虑，小人何知？"懿子强问之[⑦]，对曰："小人虑材而言，量力而共者也。"武叔曰："是谓我不成丈夫也。"退而蒐乘，孟孺子泄帅右师[⑧]，颜羽御，邴泄为右[⑨]。冉求帅左师，管周父御，樊迟为右[⑩]。季孙曰："须也弱。"有子曰[⑪]："就用命焉。"季氏之甲七千，冉有以武城人三百为己徒卒。老幼守宫，次于雩门之外[⑫]。五日，右师从之。公叔务人见保者而泣[⑬]，曰："事充政重[⑭]，上不能谋，士不能死，何以治民？吾既言之矣，敢不勉乎！"

【注释】①清：春秋时齐地。在今山东长清县东。②冉求：字子有，孔门七十二贤之一，曾担任季氏宰臣。③一子：指季孙。二子：指孟孙、叔孙。④群室：指住在都邑中的卿大夫之家。⑤党氏之沟：鲁宫中的地名。⑥武叔：孙叔州仇。⑦懿子：孟孙何忌。⑧孟孺子泄：孟懿子之子，字泄。⑨颜羽、邴泄：皆为孟氏家臣。⑩管周父、樊迟：皆为季氏家臣。樊迟，即樊须，孔子弟子。⑪有子：即冉求。⑫雩门：鲁都南门。⑬公叔务人：名公为，鲁昭公之子。⑭事充：指徭役繁重。政重：指赋税繁多。

【译文】鲁哀公十一年春季，齐国因为鄎地战役的缘故，派国书、高无丕率军攻打我国，抵达清地。季孙对他的家宰冉求说：“齐军驻扎在清地，必定是为了鲁国而来，该怎么办呢？”冉求说：“您一人留守，叔孙，孟孙两人跟着哀公到边境抵抗齐军。”季孙说：“这办不到。”冉求说：“那就在边境之内防守。”季孙告诉叔孙、孟孙，两人不同意。冉求说：“如果他们不答应，那么国君就不用出宫。您一个人统帅军队，背城而战，不跟您参战的人，就算不上是鲁国人。鲁国卿大夫家的兵车，比齐国的兵车还要多，凭您一家的兵车，也多过齐军，您还有什么担忧的呢？孟孙、叔孙不想参战是正常的，由于国家政权掌握在季氏手里。在您执掌国政的时候，齐国攻打鲁国而不能出战，这是您的耻辱，您将再也不能跟诸侯并列了。季孙派冉求跟着上朝，冉求在党氏之沟等着。武叔把冉求叫来向他询问出战的看法，冉求回答说：“君子有深谋远虑，小人能知道什么？”孟懿子硬是问他，冉求回答说：“小人是考虑能力才说话，估计力量才办事的。”武叔说：“这是说我不能成为大丈夫了。”回去就检阅军队。孟孺子泄率领右军，颜羽为他驾车，邴泄做车右。冉求率领左军，管周父为他驾车，樊迟做车右。季孙说：“樊迟太年轻了。”冉求说：“他能服从命令。”季孙有甲兵七千人，冉求用三百个武城人作为亲兵，老人和年幼的孩子守卫宫室，全军驻扎在雩门外。五天后，右军才跟上来。公叔务人看到守城人就哭着说：“劳役繁多，赋税苛重，在上的人不能谋划，战士不能拼死，用什么来安定民众？我已经这么说了，怎么敢不努力？”

师及齐师战于郊，齐师自稷曲[①]，师不逾沟[②]。樊迟曰：“非不能也，不信子也。请三刻而逾之[③]。”如之，众从之。师入齐军，右师奔，齐人从之，陈瓘、陈庄涉泗[④]。孟之侧后入以为殿[⑤]，抽矢策其马，曰：“马不进也。”林不狃之伍曰：“走乎？”不狃曰：“谁不如？”曰：“然则止乎？”不狃曰：“恶贤？”徐步而死。师获甲首八十，齐人不能师。宵，谍曰：“齐人遁。”冉有请从之三，季孙弗许。孟孺子语人曰：“我不如颜羽，而贤于邴洩。子羽锐敏，我不欲战而能默。洩曰：‘驱之。’”公为与其嬖僮汪锜乘，皆死，皆殡。孔子曰：“能执干戈以卫社稷，可无殇也[⑥]。”冉有用矛于齐师，故能入其军。孔子曰：“义也。”

【注释】①稷曲：鲁国郊外地名。②师：指鲁军。③三刻：指多次戒约。④陈瓘：齐国大夫，田乞的儿子，田恒的庶兄。陈庄：齐国大夫。⑤孟之侧：孟氏的支子。⑥殇：未成年而死。

【译文】鲁军和齐军在郊外作战。齐军从稷曲进攻，我军没有越过壕沟迎战，樊迟说：“这不是不能越过，而是不信任您，请反复戒约士兵然后渡过沟去。”冉求听从了他的意见，众人便跟着过了沟。鲁国左军攻入齐军。而右军逃走，齐国人追击他们，陈瓘、陈庄率兵渡过泗水。孟之侧在全军最后殿后，他抽出箭来打他的马，说：“是马不肯向前跑。”林不狃的部下说：“逃跑吗？”林不狃说：“我们比不上谁？”部下说：“那么就停下来抵抗吗？”林不狃说：“留下来又有什么益处呢？”就慢慢撤退最终被杀。鲁国左军斩获的甲士首级有八十颗，齐军溃不成军。夜晚，侦察的间谍报告说：“齐军逃走了。”冉求多次请求追击，季孙都不同意。孟孺子对别人说：“我不如颜羽，不过比邴洩贤能。颜羽敏锐，我不想参战但能保持沉默，而邴洩却说：‘赶马逃跑。'"公为与他宠爱的家僮汪锜同乘一辆车，都战死了，把他们一同入殓。孔子说："汪锜能拿起武器保卫国家，可以不用未成年人的礼仪来举办葬礼。"冉求用矛攻打齐军，所以能攻入齐军。孔子说："这合乎道义的。"

夏，陈辕颇出奔郑。初，辕颇为司徒，赋封田以嫁公女[1]。有余，以为己大器[2]。国人逐之，故出。道渴，其族辕咺进稻醴、粱糗、腶脯焉[3]。喜曰："何其给也[4]？"对曰："器成而具。"曰："何不吾谏？"对曰："惧先行。"

【注释】①封田：指封地里的田地。②大器：指钟鼎之类。③稻醴：稻米酿造的醴酒。粱糗：干饭。腶脯：捣碎加以姜桂的干肉。④给：富裕，充足。

【译文】夏季，陈国的辕颇逃奔郑国。起初，辕颇担任陈国司徒，征收封田的赋税为陈闵公的女儿作陪嫁，剩余的钱财，就用来给自己铸造大器具。国人驱逐他，所以他出逃了。他在路上口渴，他的族人辕咺向他进献稻米酿造的醴酒、干饭和腌制的干肉，辕颇高兴地说："怎么供给这么丰富？"辕咺回答说："礼器铸成时就开始准备了。"辕颇说："你为何不劝谏我？"辕咺回答说："我害怕会先被赶走。"

为郊战故，公会吴子伐齐。五月，克博[1]，壬申，至于嬴[2]。中军从王，胥门巢将上军[3]，王子姑曹将下军，展如将右军。齐国书将中军，高无丕将上军，宗楼将下军。陈僖子谓其弟书："尔死，我必得志。"宗子阳与闾丘明相厉也[4]。桑掩胥御国子，公孙夏曰："二子必死。”将战，公孙夏命其徒歌《虞殡》⑤。陈子行命其徒具含玉⑥。公孙挥命其徒曰：“人寻约，吴发短⑦。”东郭书曰：“三战必死，于此三矣。”使问弦多以琴⑧，曰：“吾不复见子矣。”陈书曰：“此行也，吾闻鼓而已，不闻金矣⑨。”

【注释】①博：春秋时齐邑。在今山东泰安市东南。②嬴：春秋齐邑。在今山东省莱芜市西北。③胥门巢：吴国大夫。下文的姑曹、展如也是吴国大夫。④宗子阳：宗楼。相厉：互相劝勉。厉，通“励”。⑤《虞殡》：送葬歌曲。唱此歌表示必死。⑥陈子行：陈逆。具含玉：准备含玉，表示必死。含玉，旧时人死后，让死者将玉含在口中。⑦人寻约，吴发短：古人战场杀敌后要砍下头用头发联结，吴人头发短，要用绳子。寻，八尺为寻。约，绳子。⑧问：问候；慰问。⑨吾闻鼓而已，不闻金矣：指将战死，古人击鼓进军，鸣金退军。

【译文】由于在鲁国郊外作战的缘故，鲁哀公会合吴王攻打齐国。五月，攻克博地。壬申日，抵达嬴地。吴国的中军由吴王率领，胥门巢率领上军，王子姑曹率领下军，展如率领右军。齐国的国书率领中军，高无丕率领上军，宗楼率领下军。陈乞对他的弟弟陈书说：“你如果战死，我一定能得志。”宗楼与闾丘明互相勉励。桑掩胥为国书驾车，公孙夏说：“这二人必将战死。”即将交战，公孙夏命他的部众唱《虞殡》挽歌。陈逆命他的部属准备好含玉。公孙挥命令他的部众说：“每人准备一根八尺长的绳子，因为吴国人的头发短。”东郭书说：“参战三次必定战死，我这是第三次参战了。”便让人带一张琴去慰问弦多，说：“我不能再见您了。”陈书说：“这次交战，我只能听见进军的鼓声，而听不到收兵的锣声了。”

甲戌，战于艾陵，展如败高子，国子败胥门巢。王卒助之，大败齐师。获国书、公孙夏、闾丘明、陈书、东郭书，革车八百乘，甲首三千，以献于公。将战，吴子呼叔孙，曰："而事何也？"对曰："从司马[①]。"王赐之甲、剑铍，曰："奉尔君事，敬无废命。"叔孙未能对[②]，卫赐[③]进，曰："州仇奉甲从君。"而拜。公使大史固归国子之元[④]，置之新箧，褽之以玄纁[⑤]，加组带焉[⑥]。置书于其上，曰："天若不识不衷[⑦]，何以使下国？"

【注释】①从司马：担任司马。从，谦辞。②叔孙未能对：君赐臣剑，欲其死，故叔孙不能对。③卫赐：孔子弟子子贡，姓端木，名赐，卫人，故称卫赐。④元：头、首。⑤褽（wèi）：垫在下面。玄纁（xūn）：黑色和浅红色的布帛。⑥组带：丝织系带。⑦衷：福，善。

【译文】五月甲戌日，两军在艾陵交战。展如击败了高无丕，国书打败胥门巢，吴王率领士兵支援胥门巢，打败齐军，擒获国书、公孙夏、闾丘明、陈书、东郭书，缴获革车八百辆，斩获甲士三千个首级，献给鲁哀公。即将作战时，吴王召唤叔孙说："你的职位是什么？"叔孙回答说："担任司马。"吴王赐给他盔甲与铍剑，说："奉行你们君主交给的任务，严肃对待而不要废除命令！"叔孙没有回答，子贡上前说："叔孙敬受盔甲追随君王。"就代叔孙拜谢吴王。鲁哀公派太史固送还国书的首级，把首级装在新箱子里，把黑色与浅红色的帛垫在下面，并加上丝带，在箱子上放了一封信，信中说："上天要是不知道你们的行为不善，怎么会让我们小国取胜呢？"

吴将伐齐，越子[①]率其众以朝焉，王及列士，皆有馈赂。吴人皆喜，惟子胥惧，曰："是豢吴也夫[②]！"谏曰："越在我，心腹之疾也。壤地同，而有欲于我。夫其柔服，求济其欲也，不如早从事焉。得志于齐，犹获石田也[③]，无所用之。越不为沼，吴其泯矣。使医除疾，而曰'必遗类焉[④]'者，未之有也。《盘庚之诰》曰：'其有颠越不共[⑤]，则劓殄无遗育[⑥]，无俾易种于兹邑[⑦]。'是商所以兴也。今君易之[⑧]，将以求大，不亦难乎？"弗听，使于齐，属其子于鲍氏，为王孙氏。反役[⑨]，王闻之，使赐之属镂以死[⑩]，将死，曰："树吾墓槚[⑪]，槚可材也。吴其亡乎！三年，其始弱矣。盈必毁，天之道也。"

【注释】①越子：指越王勾践。②豢（huàn）：喂养，特指喂养牲畜。③石田：多石而不可耕之地。④类：通"纇"。缺点，毛病。⑤颠越：翻转，倒转。⑥劓：割除。殄：断绝。⑦易：蔓延。⑧易：改变。⑨反役：从艾陵之役回来。⑩属镂：古代名剑。⑪槚：楸树的别称。

【译文】吴国准备攻打齐国，越王率领他的臣子去朝见，吴王和他的大夫们都获得了馈赠的财物。吴国人都很高兴，只有伍子胥感到害怕。他说："越国这是像喂养牲畜一样对待吴国啊！"他进谏说："越国对于我国来说，是心腹大患，越国和我国生活在同一块土地上，而对我国抱有欲望。他们现在的驯服，是为了日后实现他们的欲望，不如早点对越国采取行动。我国在齐国面前得志，就像得到多石而不可耕种的土地，没有什么用。越国如果不沦为沼泽，吴国就将被灭亡了。让医生治病，却说'一定要留下病根'的人，从来没有出现过。《盘庚之诰》说：'要是有人毁坏礼法，不恭敬从命，就斩尽杀绝，不让他繁衍后代，不让他的种族在这里延续下去。'这便是商朝兴起的原因。如今君王改变这种办法，想要由此达到强盛，不也很困难吗？”吴王没有听从他的建议。伍子胥出使齐国，把儿子托付给鲍氏，他的后代就是后来的王孙氏。伍子胥从艾陵战役回国，吴王知道了这件事，派人赐给他属镂剑让他自杀。临死前伍子胥说：“在我的墓旁栽上檟树吧，当檟树长大能够做棺材的时候，吴国或许就会亡国吧！三年后，吴国便开始衰弱。骄傲自满必然失败，这是老天的常道。”

秋，季孙命修守备，曰：“小胜大，祸也。齐至无日矣。”

【译文】秋季，季孙命令整修防守设施，说：“小国战胜大国，这是祸患，齐国军队攻来的日子没有几天了。”

冬，卫大叔疾出奔宋[①]。初，疾娶于宋子朝，其娣嬖。子朝出，孔文子使疾出其妻而妻之[②]。疾使侍人诱其初妻之娣，置于犁[③]，而为之一宫，如二妻。文子怒，欲攻之。仲尼止之。遂夺其妻。或淫于外州[④]，外州人夺之轩以献。耻是二者，故出。卫人立遗[⑤]，使室孔姞[⑥]。疾臣向魋[⑦]。纳美珠焉，与之城钼。宋公求珠，魋不与，由是得罪。及桓氏出，城钼人攻大叔疾，卫庄公复之。使处巢[⑧]，死焉。殡于郧[⑨]，葬于少禘[⑩]。

【注释】①大叔疾：世叔齐。②孔文子：名圉，卫国大夫。③犁：春秋卫邑。在今河南省安阳境内。④外州：春秋卫地，今地不详。⑤遗：世叔齐的弟弟。⑥孔姞：孔文子女，世叔齐的妻子。⑦向魋：桓魋。⑧巢：春秋卫邑。在今河南睢县南。⑨郧：春秋卫邑，今地不详。⑩少禘：春秋卫邑。

【译文】冬季，卫国的太叔疾逃奔宋国。起初，太叔疾娶了宋国子朝的女儿为妻，从嫁的妹妹很受太叔疾的宠爱。子朝出逃别国，孔文子让太叔疾休了他的妻子而把自己的女儿嫁给他。太叔疾派仆人引诱他前妻的妹妹，把她安置在犁邑，给她建了一座宫室，就像有两个妻子一样。孔文子大怒，想要攻打太叔疾，孔子阻止他，孔文子便接回了女儿。太叔疾又在州外跟人通奸，外州人抢夺了他的车子献上来。太叔疾对这两件事感到羞耻，就出逃别国。卫国人立太叔疾的弟弟太叔遗，让他娶孔姞。太叔疾做了向魋的家臣，献给向魋美丽的珍珠，向魋把城钽交给他。宋景公索求这些珍珠，向魋不给，所以得罪了宋景公，等到桓氏出逃时，城钽人攻打太叔疾，卫庄公让他回国，让他住在巢地，后来他死在那儿。在郧地停柩，安葬在少禘。

初，晋悼公憖亡在卫，使其女仆而田①。大叔懿子止而饮之酒②，遂聘之，生悼子③。悼子即位，故夏戊为大夫④。悼子亡，卫人翦夏戊⑤。孔文子之将攻大叔也，访于仲尼。仲尼曰："胡簋之事⑥，则尝学之矣。甲兵之事，未之闻也。"退，命驾而行，曰："鸟则择木，木岂能择鸟？"文子遽止之，曰："圉岂敢度其私⑦，访卫国之难也。"将止。鲁人以币召之，乃归。

【注释】①仆：驾车。田：打猎。②大叔懿子：太叔仪之孙。③悼子：太叔疾。④夏戊：太叔疾的外甥。⑤翦：削减。⑥胡簋（hú）之事：

指祭祀之事。胡簋，古代祭祀时盛粮食的器皿。⑦度：考虑，打算。

【译文】起初，晋悼公的儿子慭流亡在卫国，让女儿为自己驾车打猎，太叔懿子留下他们喝酒，于是聘娶慭的女儿为妻，生下太叔疾。太叔疾即卿位，所以夏戊做了大夫。太叔疾逃奔后，卫国人削夺了夏戊的官爵和封邑。孔文子准备攻打太叔疾，向孔子征求意见。孔子说："祭祀之类的事，我过去倒是学过，作战的事，我没有听说过。"孔子退下后，命人套好马车前行，说："鸟要选择树木，树木怎能选择鸟？"孔文子急忙挽留孔子，说："我怎么敢为自己的私事谋算，我是为卫国的祸难向您请教。"孔子准备留下，鲁国人用财物召请他，他就回国了。

季孙欲以田赋，使冉有访诸仲尼。仲尼曰："丘不识也。"三发，卒曰："子为国老，待子而行，若之何子之不言也？"仲尼不对。而私于冉有曰："君子之行也①，度于礼；施取其厚，事举其中，敛从其薄。如是，则以丘亦足矣②。若不度于礼，而贪冒无厌，则虽以田赋，将又不足。且子季孙若欲行而法，则周公之典在；若欲苟而行，又何访焉？"弗听。

【注释】①行：指行政事。②丘：十六井。方里为井，四井为邑，四邑为丘。

【译文】季孙想要按田亩征税，派冉求为此事访问孔子。孔子说："我不清楚。"问了三次，冉求最后说："您是国家元老，等着您的意见做事，您为何不肯发表意见呢？"孔子没有回答，而私下对冉求说："君子做事，要用礼来衡量，施舍要丰厚，劳役要适中，赋敛要微薄，如果能这样做，按丘征税也就足够了。如果不符合礼制，而贪得无厌，那么就算按田亩征税，还是得不到满足。况且季孙如果要办事合乎礼法，那么周公的典章还在；如果想随意行事，那又来请教什么呢？"季孙没有听从。

哀公十二年

【经】十有二年春[1]，用田赋。夏五月甲辰，孟子卒[2]。公会吴于橐皋[3]。秋，公会卫侯、宋皇瑗于郧[4]。宋向巢帅师伐郑。冬十有二月，螽。

【注释】①十有二年：指周敬王十二年，公元前483年。②孟子：鲁昭公夫人。③橐皋：春秋吴邑。即今安徽巢湖市西北。④卫侯：指卫出公。郧：在山东莒县南。

【译文】鲁哀公十二年春季，鲁国施行按田亩征收税赋的制度。夏季五月甲辰日，鲁昭公的夫人孟子去世。鲁哀公在橐皋会见吴国人。秋季，鲁哀公在陨地会见卫出公、宋国的皇瑗。宋国的向巢率兵讨伐郑国。冬季十二月，发生蝗灾。

【传】十二年春王正月，用田赋。

【译文】鲁哀公十二年春季周历正月，实行按田亩征税的制度。

夏五月，昭夫人孟子卒。昭公娶于吴，故不书姓[①]。死不赴，故不称夫人。不反哭，故不言葬小君。孔子与吊，适季氏。季氏不绕[②]，放绖而拜[③]。

【注释】①不书姓：因鲁国和吴国同为姬姓，同姓不婚，所以不记姓氏。②绕：古代吊丧时去冠，用布包裹发髻。③绖：古代丧服上的麻带子。

【译文】夏季五月，鲁昭公夫人孟子去世。鲁昭公在吴国娶妻，所以《春秋》不记录孟子的姓氏。孟子死后没有发讣告，所以不称她为夫人。安葬之后没有回到祖庙哭号，所以不说埋葬小君。孔子参加吊唁，到了季氏那儿。季氏不脱冠帽，孔子便脱下丧服下拜。

公会吴于橐皋。吴子使大宰嚭请寻盟。公不欲，使子贡对曰："盟，所以周信也[①]，故心以制之，玉帛以奉之，言以结之，明神以要之。寡君以为苟有盟焉，弗可改也已。若犹可改，日盟何益？今吾子曰：'必寻盟。'若可寻也，亦可寒也。"乃不寻盟。

【注释】①周：巩固。

【译文】鲁哀公在橐皋会见吴国人，吴王派太宰嚭请求重温旧日的盟约。鲁哀公不同意，派子贡回复说："盟誓，是用来巩固信用的，所以用诚心来制约它，用玉帛来供奉它，用言语来完成它，在神明面前盟誓约束它。我国国君认为如果有了盟约，就不能更改了。如果还能更改，每天盟誓又有什么益处？如今您说‘必定要重温旧日的盟约”，如果能够重温，同样也能够冷落它。”于是鲁国就没有重温盟约。

吴征会于卫。初，卫人杀吴行人且姚而惧，谋于行人子羽[①]。子羽曰：“吴方无道，无乃辱吾君，不如止也。”子木曰[②]：“吴方无道，国无道，必弃疾于人。吴虽无道，犹足以患卫。往也！长木之毙[③]，无不摽也[④]；国狗之瘈[⑤]，无不噬也。而况大国乎？”

【注释】①子羽：卫国大夫。②子木：卫国大夫。③长木：大树。④摽：打，击。⑤国狗：一国中之上品名狗。瘈（zhì）：犬发狂。

【译文】吴国召集卫国参加诸侯盟会。起初，卫国人杀了吴国的行人且姚而感到害怕，就与卫国的行人子羽商量。子羽说：“吴国残暴无道，或许会羞辱我国国君，不如不去。”子木说：“吴国正残暴无道，国家无道，必定会加害于人。吴国虽然无道，但还能够祸害卫国。去会盟吧！高大的树木倒下，周围的草木没有不被击毁的；名狗发疯，没有不咬人的，何况是大国呢？”

秋，卫侯会吴于郧。公及卫侯、宋皇瑗盟，而卒辞吴盟。吴人藩卫侯之舍[①]。子服景伯谓子贡曰：“夫诸侯之会，事既毕矣，侯伯致礼，地主归饩[②]，以相辞也。今吴不行礼于卫，而藩其君舍以难之，子盍见大宰？”乃请束锦以行。语及卫故，大宰嚭曰：“寡君愿事卫君，卫君之来也缓，寡君惧，故将止之。”子贡曰：“卫君之来，必谋于其众。其众或欲或否，是以缓来。其欲来者，子之党也；其不欲来者，子之仇也。若执卫君，是堕党而崇仇也。夫堕子者得其志矣！且合诸侯而执卫君，谁敢不惧？堕党崇仇，而惧诸侯，或者难以霸乎！”大宰嚭说，乃舍卫侯[③]。卫侯归，效夷言[④]。子之尚幼[⑤]，曰：“君必不免，其死于夷乎！执焉而又说其言，从之固矣。”

【注释】①藩：用篱笆等围起来。②归：通“馈”，赠送。饩：赠送人的谷物。③舍：通“赦”，释放。④夷言：指吴语。⑤子之：卫国公孙弥牟。

【译文】秋季，卫出公在郧地与吴人会面。鲁哀公与卫出公、宋国的皇瑗结盟，最终拒绝与吴国结盟。吴国人包围卫出公的馆舍。子服景伯对子贡说：“诸侯会面，仪式完成了，盟主礼宾，东道主馈送食物，以此互相辞别。现在吴国不对卫国执行礼节，反而围住卫君的馆舍为难他，您为何不去见吴国太宰？”子贡请求给五匹锦作为礼物前去。谈到卫国的事情，太宰嚭说：“我国国君愿意事奉卫国国君，不过卫君来晚了，我国国君害怕，所以把他留下。”子贡说：“卫君来前，必定和他的大臣们商量过，他的臣子中有人愿意他来，有的不愿他来，所以卫君才来晚了。那些愿意他来的臣子，是吴国的支持者，那些不愿意他来的臣子，是吴国的仇人。如果拘禁了卫国国君，这就毁了支持者而抬高了仇人，那些想毁坏吴国的人就得意了。并且会合诸侯却拘留卫国国君，谁敢不害怕？毁坏了支持者，抬高了仇人，而又让诸侯害怕，恐怕难以称霸吧。”太宰嚭很高兴，便释放了卫出公。卫出公回国后，就学说吴人的话，子之当时还年幼，说：“国君一定不能免于灾祸，他或许会死在夷人那里吧！被夷人拘禁还喜欢学他们的话，必定会跟从他们。”

冬十二月，螽。季孙问诸仲尼，仲尼曰："丘闻之，火伏而后蛰者毕[1]。今火犹西流，司历过也。"

【注释】①火：星名，又名大火星，属二十八宿之东方苍龙七宿的第五宿心宿第二颗星，即"心宿二"。一般夏正十月隐没不见。

【译文】冬季十二月，蝗虫成灾。季孙向孔子请教这件事。孔子说："我听说，大火星隐没后昆虫也全部蛰伏。如今大火星还在经过西方，这是司历官的过错。"

宋、郑之间有隙地[1]焉，曰弥作、顷丘、玉畅、嵒、戈、锡[2]。子产与宋人为成，曰："勿有是。"及宋平、元之族自萧奔郑，郑人为之城嵒、戈、锡。九月，宋向巢伐郑，取锡，杀元公之孙，遂围嵒。十二月，郑罕达救嵒。丙申，围宋师。

【注释】①隙地：空着的地方。②弥作、顷丘、玉畅、嵒、戈、锡：在今河南杞县、通许县一带。

【译文】宋国与郑国之间有些空地，名叫弥作、顷丘、玉畅、嵒、戈、锡。郑国的子产与宋国人讲和，说："不要占有这些地方了。"到了宋国平公、元公的族人从萧地奔逃郑国，郑国人为他们在嵒地、戈地、锡地筑城。九月，宋国的向巢讨伐郑国，夺取了锡地，杀死宋元公的孙子，进而包围了嵒地。十二月，郑国的罕达援救嵒地。丙申日，包围宋军。

哀公十三年

【经】十有三年春[①]，郑罕达帅师取宋师于嵒。夏，许男成卒[②]。公会晋侯及吴子于黄池[③]。楚公子申帅师伐陈。于越入吴。秋，公至自会。晋魏曼多帅师侵卫。葬许元公。九月，螽。冬十有一月，有星孛于东方。盗杀陈夏区夫[④]。十有二月，螽。

【注释】①十有三年：指周敬王三十八年，公元前482年。②许男成：指许元公。③黄池：古地名，在今河南省封丘县西南。④夏区夫：陈国大夫。

【译文】鲁哀公十三年春季，郑国的罕达率兵在嵒地消灭了宋国的军队。夏季，许元公成去世。鲁哀公在黄池会见晋定公和吴王夫差。楚国的公子申率兵讨伐陈国。越国攻入吴国。秋季，鲁哀公从黄池返回鲁国。晋国的魏曼多率领军队入侵卫国。安葬许元公。九月，鲁国发生蝗灾。冬季十一月，有彗星出现在东方。盗贼杀死陈国的夏区夫。十二月，鲁国又发生了蝗灾。

【传】十三年春，宋向魋救其师。郑子剩使徇曰[①]："得桓魋者有赏。"魋也逃归，遂取宋师于嵒，获成讙、郜延[②]，以六邑为虚。

【注释】①子剩：即罕达。②成讙、郜延：皆为宋国大夫。

【译文】鲁哀公十三年春季，宋国的向魋前去解救被围困的宋军。郑国的罕达告示全军说："抓获向魋的人有赏。"向魋吓得逃回宋国，郑军在嵒地歼灭宋军，擒获了成讙、郜延，把弥作、顷丘、玉畅、嵒、戈、钖毁为废墟。

夏，公会单平公[①]、晋定公、吴夫差于黄池。

【注释】①单平公：周朝卿士。

【译文】夏季，鲁哀公在黄池会见单平公、晋定公、吴王夫差。

六月丙子，越子伐吴，为二隧[①]。畴无余、讴阳自南方[②]，先及郊。吴大子友、王子地、王孙弥庸、寿于姚自泓上观之[③]。弥庸见姑蔑之旗[④]，曰："吾父之旗也。不可以见仇而弗杀也。"大子曰："战而不克，将亡国。请待之。"弥庸不可，属徒五千[⑤]，王子地助之。乙酉，战，弥庸获畴无余，地获讴阳。越子至，王子地守。丙戌，复战，大败吴师。获大子友、王孙弥庸、寿于姚。丁亥，入吴。吴人告败于王，王恶其闻也，自刭七人于幕下。

【注释】①隧：道路。②畴无余、讴阳：皆为越国大夫。③泓上：春秋吴地，在今江苏吴县西南横山。④姑蔑：在今浙江衢州市龙游县北。⑤属：使聚集在一起；集合。

【译文】六月丙子日，越王发兵讨伐吴国，分两路人马出发。由畴无余、讴阳从南部出兵，先逼近吴都郊外。吴国的太子友、王子地、王孙弥庸、寿于姚从泓水上观察越军。弥庸看到了越地姑蔑的旗帜，便说："这是我父亲的战旗。我不能见到仇敌而不杀。"太子友说："如果作战而不能取胜，就会导致亡国，请先等待一下。"弥庸没有听从，集合了五千士兵，由王子地助战。乙酉日，双方交战，弥庸俘虏畴无余，王子地俘虏讴阳。越王到来，王子地据城坚守。丙戌日，双方再次交战，吴军大败，越军俘获太子友、王孙弥庸、寿于姚。丁亥日，越军攻入吴都。吴国人把战败的消息报告给吴王，吴王担心参加盟会的诸侯们知道这个消息，便亲自把七个报信的人杀死在帐幕里。

秋七月辛丑，盟，吴、晋争先。吴人曰："于周室，我为长[①]。"晋人曰："于姬姓，我为伯[②]。"赵鞅呼司马寅曰："日旰矣[③]，大事未成，二臣之罪也。建鼓整列，二臣死之，长幼必可知也。"对曰："请姑视之。"反，曰："肉食者无墨[④]。今吴王有墨，国胜乎？大子死乎？且夷德轻，不忍久，请少待之。"乃先晋人。

【注释】①于周室，我为长：吴为太伯后，故为长。②于姬姓，我为伯：指晋国从晋文公开始长期称霸。③旰：晚，天色晚。④墨：面色晦暗。

【译文】秋季七月辛丑日，诸侯结盟，吴国与晋国争着要先歃血。吴国人说："在周王室的兄弟中，我们的祖先太伯是长子。"晋国人说："在姬姓各国中，我们晋国历来是霸主。"赵鞅召唤司马寅说："现在天色已晚，结盟的大事还没有完成，这是我们两个人的过错。请敲起战鼓，整顿队伍，我们二人战死，才能决出歃血的先后顺序。”司马寅回答说：“请让我到吴王那里观察一下。”司马寅回来后，说：“身居高位的人不应该面色晦暗。如今吴王的面色晦暗，难道他的国家被别国战胜了吗？还是太子死了呢？夷狄之国轻视德行，不能长久忍受，请稍稍等候。”于是吴国让晋国先行歃血。

吴人将以公见晋侯，子服景伯对使者曰：“王合诸侯，则伯帅侯牧以见于王[①]。伯合诸侯，则侯帅子、男以见于伯。自王以下，朝聘玉帛不同。故敝邑之职贡于吴，有丰于晋，无不及焉，以为伯也。今诸侯会，而君将以寡君见晋君，则晋成为伯矣，敝邑将改职贡：鲁赋于吴八百乘，若为子、男，则将半邾以属于吴，而如邾以事晋。且执事以伯召诸侯，而以侯终之，何利之有焉？”吴人乃止。既而悔之，将囚景伯，景伯曰：“何也立后于鲁矣[②]。将以二乘与六人从，迟速唯命。”遂囚以还。及户牖[③]，谓大宰曰：“鲁将以十月上辛，有事于上帝、先王，季辛而毕。何世有职焉，自襄以来，未之改也。若不会，祝宗将曰：‘吴实然。’且谓鲁不共，而执其贱者七人[④]，何损焉？”大宰嚭言于王曰：“无损于鲁，而只为名[⑤]，不如归之。”乃归景伯。

【注释】①侯牧：方伯，一方诸侯之长。②何：子服景伯的名。③户牖：春秋卫邑。在今河南兰考县东北。④贱者七人：景伯与从者六人非卿，故自称贱者。⑤名：这里指恶名。

【译文】吴国人想要领着鲁哀公去见晋定公，子服景伯对吴国的使者说："天子会合诸侯时，由盟主率领诸侯朝见天子；盟主会合诸侯时，由侯率领子、男进见盟主。自天子以下，朝聘时进献的玉帛也有所不同。所以敝国献给吴国的贡品只会比晋国丰厚，而不会比不上，这是因为我们鲁国把吴国作为盟主对待。现在诸侯在此会集，而吴君要带着我国国君觐见晋君，那就等于把晋国当做盟主对待，那么我国就要更改进贡的数量：原来鲁国是按照八百辆战车的标准向吴国进贡的，如果鲁国被当做子、男爵位的国家对待，便要以邾国战车半数的标准进贡吴国，以邾国的标准来事奉晋国。再说贵国以诸侯盟主的身份召集诸侯，最后却以侯爵的身份结束会盟，这有什么好处呢？"吴国因此停止了计划，不久又后悔了，准备把子服景伯关押起来。子服景伯说："我来此之前已经在鲁国立了继承人，准备带着两辆车和六个人跟你们回去，何时动身听从命令。"吴国就押着他回去了。走到了户牖，子服景伯对吴国太宰说："鲁国将要在十月的第一个辛日祭祀上帝和历代先王，到最后一个辛日才结束。我家世世代代都在祭祀中担任职务，自鲁襄公以来，从没有改变过。如果我不能参加这次祭祀，祝宗将告诉神灵说：'这是吴国不让他回来。'而且会说鲁国对吴国不够恭敬，却只抓了七个地位低下的人，这对鲁国又有什么损失呢？"于是太宰伯嚭对吴王说："抓子服景伯对鲁国不会造成任何损失，却使吴国落下恶名，还不如把他们放回去。"于是吴国就放了子服景伯等人回国。

吴申叔仪乞粮于公孙有山氏[①]，曰："佩玉繠兮[②]，余无所系之。旨酒一盛兮[③]，余与褐之父睨之[④]。"对曰："粱则无矣[⑤]，粗则有之。若登首山以呼曰[⑥]：‘庚癸乎[⑦]！’则诺。”

【注释】①申叔仪：吴国大夫。公孙有山氏：鲁国大夫。②繠（ruǐ）：下垂的样子。③一盛：一杯；满杯。④褐之父：穿褐衣的老者，代指贱者。⑤粱：植物名。古代指粟的优良品种，子实也称粱，为细粮。⑥首山：在今河南襄城县南。⑦庚癸：古为军粮的隐语。

【译文】吴国的申叔仪向鲁国的公孙有山氏讨要粮食，说：“佩玉下垂，我却没有地方可系；有一杯美酒，我和身穿褐衣的老翁只能干看着。”公孙有山回答说：“细粮已经没有了，不过粗粮还有。如果你登上首山大喊：‘庚癸啊！’我便给你送粮。”

王欲伐宋，杀其丈夫而囚其妇人。大宰嚭曰：“可胜也，而弗能居也。”乃归。

【译文】吴王想要攻打宋国，就杀了宋国的男人，囚禁宋国的女人。太宰伯嚭说：“能够战胜宋国，却不能在宋国久居。”于是吴军撤军回国。

冬，吴及越平。

【译文】冬季，吴国和越国讲和。

哀公十四年

【经】十有四年春[①]，西狩获麟[②]。小邾射以句绎来奔[③]。夏四月，齐陈恒执其君[④]，置于舒州[⑤]。庚戌，叔还卒。五月庚申朔，日有食之。陈宗竖出奔楚。宋向魋入于曹以叛[⑥]。莒子狂卒。六月，宋向魋自曹出奔卫。宋向巢来奔。齐人弑其君壬于舒州[⑦]。秋，晋赵鞅帅师伐卫。八月辛丑，仲孙何忌卒。冬，陈宗竖自楚复入于陈，陈人杀之。陈辕买出奔楚。有星孛。饥。

【注释】①十有四年：指周敬王三十九年，公元前481年。②西狩获麟：在西部猎获麒麟。《公羊传》、《谷梁传》均到此止。③射：小邾国大夫。句绎：春秋时邾邑。在今山东邹城市东南。④陈恒：田恒，即田成子，因其家族出自陈国，也称为陈恒，是齐国田氏家族第八任首领。⑤舒州：在河北大城县。⑥曹：原为曹国，被宋灭亡后成为向魋封邑。⑦壬：齐简公名壬。

【译文】鲁哀公十四年春季，在西部打猎获得了一只麒麟。小邾国的射带着句绎来投奔鲁国。夏季四月，齐国的陈恒拘禁齐君，把他安置在舒州。庚戌日，叔还去世。五月初一，发生日食。陈国的宗竖逃奔楚国。宋国的向魋进入曹地发动叛乱。莒国的国君狂去世。六月，宋国的向魋从曹地奔逃卫国。宋国的向巢逃奔我国。齐国人在舒州杀死他们的国君壬。秋季，晋国的赵鞅率兵攻打卫国。八月辛丑日，鲁国的仲孙何忌去世。冬季，陈国的宗竖又从楚国回到陈国，陈国人杀了他。陈国的辕买奔逃楚国。有彗星出现。发生饥荒。

【传】十四年春，西狩于大野[①]，叔孙氏之车子钽商获麟[②]，以为不祥，以赐虞人。仲尼观之，曰："麟也。"然后取之。

【注释】①大野：在今山东巨野县北。又名巨野泽。②车：驾车的人。子钽商：子氏，名钽商。

【译文】鲁哀公十四年春季，在西部的大野狩猎，叔孙氏的御者子钽商猎获一只麒麟，他认为不吉利，就把它赐给虞人。孔子看后，说："是麒麟。"然后收下它。

小邾射以句绎来奔，曰："使季路要我[①]，吾无盟矣。"使子路，子路辞。季康子使冉有谓之曰："千乘之国[②]，不信其盟，而信子之言，子何辱焉？"对曰："鲁有事于小邾，不敢问故，死其城下可也。彼不臣，而济其言[③]，是义之也，由弗能。"

【注释】①季路：即子路。要：要约。②千乘之国：指鲁国。③济：完成。

【译文】小邾国的射带着句绎投奔鲁国，说："让子路跟我订约，我就不和鲁国盟誓了。"鲁国派子路去，子路推辞了。季康子派冉求对子路说："拥有千辆兵车的国家，射不信任它的盟誓，却相信您的话，您有什么可屈辱呢？"子路回答说："鲁国如果对小邾国发动战争，我不敢询问其中的缘故，战死在小邾国城下就行了。但射不尽臣道，我却让他的话能够达成，这就是把他的不尽臣道当成正义，我不能这样做。”

齐简公之在鲁也，阚止有宠焉。及即位，使为政。陈成子惮之，骤顾诸朝[①]。诸御鞅[②]言于公曰：“陈、阚不可并也，君其择焉。”弗听。子我夕[③]，陈逆杀人[④]，逢之，遂执以入。陈氏方睦，使疾而遗之潘沐[⑤]，备酒肉焉，飨守囚者，醉而杀之，而逃。子我盟诸陈于陈宗。

【注释】①骤：屡次。②诸御鞅：齐国大夫。③夕：傍晚朝见君主。④陈逆：陈氏族人，字子行。⑤潘沐：洗头用的淘米水。

【译文】齐简公在鲁国时，阚止获得宠幸。等到齐简公即位，就让阚止执政。陈成子对此感到忌惮，屡次在朝堂上回头看他。御者鞅对齐简公说：“陈成子与阚止不能同时任用，君王应该从中选择一位。”齐简公没有听从。阚止在晚上朝见齐简公，陈逆杀人，被阚止看到了，便抓住他带往公宫。陈氏宗族正和睦，便让陈逆装病，给他送去洗头用的淘米水，预备下酒肉，慰劳看守犯人的人，把他们灌醉后杀死，陈逆就逃走了。阚止和陈氏宗族的人在陈氏宗庙中盟誓。

初，陈豹欲为子我臣[①]，使公孙言己[②]，已有丧而止。既，而言之，曰：“有陈豹者，长而上偻，望视[③]，事君子必得志，欲为子臣。吾惮其为人也，故缓以告。”子我曰：“何害？是其在我也。”使为臣。他日，与之言政，说，遂有宠。谓之曰：“我尽逐陈氏而立女，若何？”对曰：“我远于陈氏矣。且其违者，不过数人，何尽逐焉？”遂告陈氏。子行曰：“彼得君，弗先，必祸子。”子行舍于公宫。

【注释】①陈豹：陈氏族人。②公孙：齐国大夫。③望视：仰视。

【译文】起初，陈豹想要做阚止的家臣，让公孙介绍自己，不久因发生丧事而中止。丧事办完，公孙便向阚止谈起此事，说：“有个叫陈豹的人，身材高大而肩背佝偻，眼睛总是仰视，他事奉君子必定善解人意，他想要做您的家臣。我害怕他的为人，所以到现在才告诉您。”阚止说：“那有什么影响？这都在于我如何任用他。”于是让陈豹做了家臣。过了些日子，阚止与陈豹讨论政事，阚止很高兴，陈豹就获得了宠幸。阚止对陈豹说：“我想把陈氏家族的人全都驱逐而立你为继承人，你觉得怎么样？”陈豹回答说：“我在陈氏家族是远支，并且那些违反您命令的，也不过几个人，为何要把陈氏宗族全部驱赶呢？”于是就报告给了陈氏家族。陈逆对陈成子说：“阚止获得君主的信任，不先下手，一定会危害到您。”陈逆于是住入公宫。

夏五月壬申，成子兄弟四乘如公。子我在幄，出逆之。遂入，闭门。侍人御之，子行杀侍人。公与妇人饮酒于檀台[①]，成子迁诸寝。公执戈，将击之。大史子余曰：“非不利也，将除害也。”成子出舍于库，闻公犹怒，将出，曰：“何所无君？”子行抽剑，曰：“需[②]，事之贼也。谁非陈宗？所不杀子者，有如陈宗！”乃止。子我归，属徒，攻闱与大门[③]，皆不胜，乃出。陈氏追之，失道于弇中[④]，适丰丘[⑤]。

丰丘人执之以告，杀诸郭关⑥。成子将杀大陆子方⑦，陈逆请而免之。以公命取车于道，及耏⑧，众知而东之。出雍门⑨，陈豹与之车，弗受，曰："逆为余请，豹与余车，余有私焉。事子我而有私于其仇，何以见鲁、卫之士？"东郭贾奔卫⑩。

【注释】①檀台：齐宫内之地。②需：迟疑。③闱：古代宫室两侧的小门。④弇中：峡谷名。在今山东淄博市临淄西南。⑤丰丘：陈氏封邑。⑥郭关：齐都的外城门。⑦大陆子方：阚止的家臣，大陆氏。⑧耏（ér）：地名，在齐、鲁交界处。⑨雍门：齐都城门。⑩东郭贾：即子方。

【译文】夏季五月壬申日，陈成子兄弟八人乘四辆车朝见齐简公。阚止正在帐幕里，便出来迎接他们，陈成子兄弟便进入公宫，把阚止关在门外。齐简公的侍从抵御他们，陈逆就杀死侍从。齐简公正与妇人在檀台饮酒作乐，陈成子要把他转移到寝宫。齐简公拿起戈，准备杀死陈成子等人。太史子余讲："他们不是要对国君不利，而是打算除去奸臣。"陈成子出去住到仓库，听说齐简公还在生气，就准备出逃，说："什么地方没有国君呢？"陈逆抽出剑说："迟疑等待，只会把事情变糟，谁不能做陈氏的宗主？你要走，我如果不杀您，有历代的陈氏宗主为证！"陈成子这才停止出逃。阚止回去，率领部下攻打公宫小门与大门，都没有获胜，便逃走了。陈氏追赶他，阚止在弇中迷了路，就到了丰丘。丰丘人抓住他，报告给陈成子，在郭关把他杀死。陈成子想要杀大陆子方，因为陈逆求情便赦免了他。子方用简公的名义在路上得到了一辆马车，到达耏地，众人发觉了就逼他东返。子方出了雍门，陈豹给他马车，他不接受，说："陈逆为我求情，陈豹送我马车，我和他们有私交，事奉阚止却跟他的仇敌有私交，我有什么脸面去见鲁国、卫国的士人？”子方便逃往卫国。

庚辰，陈恒执公于舒州。公曰：“吾早从鞅之言，不及此。”

【译文】庚辰日，陈成子在舒州囚禁了齐简公。齐简公说：“我如果早听诸御鞅的话，就不会落到如此地步。”

宋桓魋之宠害于公，公使夫人[1]骤请享焉，而将讨之。未及，魋先谋公，请以鞍易薄[2]，公曰：“不可。薄，宗邑也。”乃益鞍七邑，而请享公焉。以日中为期，家备尽往[3]。公知之，告皇野曰[4]：“余长魋也，今将祸余，请即救。”司马子仲曰：“有臣不顺，神之所恶也，而况人乎？敢不承命。不得左师不可[5]，请以君命召之。”左师每食击钟。闻钟声，公曰：“夫子将食。”既食，又奏。公曰：“可矣。”以乘车往，曰：“迹人来告曰[6]：‘逢泽有介麇焉[7]。’公曰：‘虽魋未来，得左师，吾与之田，若何？’君惮告子，野曰：‘尝私焉。’君欲速，故以乘车逆子。”与之乘，至，公告之故，拜，不能起。司马曰：“君与之言。”公曰：“所难子者，上有天，下有先君。”对曰：“魋之不共，宋之祸也，敢不唯命是听。”司马请瑞焉[8]，以命其徒攻桓氏。其父兄故臣曰：“不可。”其新臣曰：“从吾君之命。”遂攻之。子颀骋而告桓司马[9]。司马欲入，子车止之[10]，曰：“不能事君，而又伐国，民不与也，只取死焉。”向魋遂入于曹以叛。六月，使左师巢伐之。欲质大夫以入焉，不能。亦入于曹，取质。魋曰：“不可。既不能事君，又得罪于民，将若之何？”乃舍之。民遂叛之。向魋奔卫。向巢来奔，宋公使止之，曰：“寡人与子有言矣，不可以绝向氏之祀。”辞曰：“臣之罪大，尽灭桓氏可也。若以先臣之故，而使有后，君之惠也。若臣，则不可以入矣。”

【注释】①夫人：指宋景公的母亲。②鞍：春秋宋邑，向魋的封邑，在今山东定陶。薄：春秋宋邑。又作亳，宋公室之地，在今河南商丘北。③家备：私家的军队。④皇野：宋国司马子仲。⑤左师：指向魋的哥哥向巢。⑥迹人：周代掌管狩猎的官。⑦逢泽：春秋宋地。在今河南商丘县南，古睢水所积。介：失群。⑧瑞：古代作为凭信的玉器。⑨子颀：向魋的弟弟。桓司马：指向魋。⑩子车：也是向魋的弟弟。

【译文】宋国的向魋受宠，故而危及宋景公，宋景公让母亲数次邀请向魋参加宴享，准备趁机讨伐他。还没等到宴享，向魋就先图谋景公，请求用鞍邑来换取薄邑。宋景公说：“不可以，薄邑，是宋国公室的城邑。”便增加了七个封邑给鞍邑，向魋请求设宴答谢宋景公，约定以正午为期限，向魋把私家的军队全都带去了。宋景公知道了这事，告诉皇野说：“我把向魋养大了，他如今将要加害我，请您赶快援救我。”皇野说：“有臣子不顺从，连神灵都感到厌恶，何况是人呢？岂敢不接受命令。但不获得左师的支持是不行的，请您用命令把他召来。”左师每次吃饭都要敲钟，这时听见了钟声，宋景公说：“左师要吃饭了。”左师吃完饭后又敲钟，宋景公说：“可以过去了。”皇野坐车前去见左师，他对左师说：“迹人来报告说：‘逢泽有失群的鹿。’宋景公说：‘即使向魋没来，不过左师在，我就和他一起去打猎，这怎么样？’国君害怕直接告诉您，我说：‘我尝试着私下去谈。’景公希望快一点，所以我用一辆车来迎接您。”左师就跟皇野坐上车，到达公宫，宋景公告诉他其中的缘故，左师下拜，很久没有站起，皇野说：“您跟他盟誓。”宋景公说：“要是有为难您的，上有天，下有先君为证！”左师回答说：“向魋不恭，是宋国的祸害，我哪敢不惟命是听？”皇野请求出兵用的符节，来命令他的部众攻打向魋。他的父兄旧臣说：“不可以。”他的新臣说：“听从我们国君的命令。”于是派兵攻打向魋。子颀驱马报告向魋，向魋想要攻打公宫，子车阻止他，说：“不能事奉国君，又要攻打国都，您不会得到百姓的帮助，只会自取灭亡。”向魋便进入曹地发动叛乱。六月，宋景公派左师向巢率兵攻打向魋，向巢想要以大夫做人质而回到国都。没有办到，就也进入曹地，并抓了曹地百姓作为人质。向魋说：“不可以，既不能事奉君王，又得罪了百姓，那将怎么办？”于是向巢便释放了人质。曹地百姓于是背叛他们，向魋逃到卫国。向巢逃奔鲁国，宋景公派人挽留他，说：“寡人跟您有过盟誓，不可以断了向氏的祭祀香火。”向巢辞谢说：“臣下犯的罪过太大，把桓氏全都灭掉也是可以的。如果因为先臣的缘故，让桓氏存有继承人，这是君主的恩惠。至于我，不能再回去了。”

司马牛致其邑与珪焉[1]，而适齐。向魋出于卫地，公文氏攻之，求夏后氏之璜焉。与之他玉，而奔齐。陈成子使为次卿。司马牛又致其邑焉，而适吴。吴人恶之，而反[2]。赵简子召之，陈成子亦召之。卒于鲁郭门之外，阬氏葬诸丘舆[3]。

【注释】①司马牛：向魋的弟弟。珪：指封邑的符信。②反：返回宋国。③阬氏：鲁国人。丘舆：春秋时在鲁国东境，今在山东费县西。

【译文】司马牛把他的封邑和符信上交，逃到了齐国。向魋在卫地时，公文氏攻打他，向他索取夏后氏的玉璜。向魋给了公文氏别的玉，然后逃奔齐国，陈成子让向魋担任次卿。司马牛又交还齐国的封邑，前往吴国。吴国人厌恶他，他就返回宋国，赵鞅召请他，陈成子也召请他，他最后死在鲁国外城门外，阬氏把他埋葬在丘舆。

甲午，齐陈恒弑其君壬于舒州。孔丘三日齐[1]，而请伐齐三。公曰："鲁为齐弱久矣，子之伐之，将若之何？"对曰："陈恒弑其君，民之不与者半。以鲁之众，加齐之半，可克也。"公曰："子告季孙。"孔子辞，退而告人曰："吾以从大夫之后也，故不敢不言。"

【注释】①齐：同"斋"，斋戒。

【译文】六月甲午日，齐国的陈恒在舒州杀死齐简公壬。孔子斋戒了三天，然后三次请求讨伐齐国。鲁哀公说："鲁国被齐国削弱的时间已经很久了，您主张讨伐齐国，怎么去讨伐呢？"孔子回答说："陈恒杀了他的国君，百姓不同意的有一半。用鲁国的军队加上齐国一半的民众，可以攻克齐国。"鲁哀公说："请您去告诉季孙。"孔子告辞，退出后告诉别人说："我因为曾位列大夫，所以不敢不说。"

初，孟孺子泄将圉马于成[1]。成宰公孙宿不受，曰："孟孙为成之病[2]，不圉马焉。"孺子怒，袭成。从者不得入，乃反。成有司使，孺子鞭之。

【注释】①孟孺子泄：孟懿子之子孟武伯。圉：养马。成：孟氏封邑。②孟孙：指孟懿子。病：疲累，倦困。

【译文】起初，孟孺子泄打算在成邑养马，成邑的宰臣公孙宿不同意，他说："你的父亲孟孙因为成邑贫苦，不在这儿养马。"孟孺子大怒，派兵袭击成邑，跟从的部下没能攻入，就返回了。成邑有官员前来，孟孺子就鞭打来的人。

秋八月辛丑，孟懿子卒。成人奔丧[①]，弗内。袒，免，哭于衢，听共，弗许。惧，不归。

【注释】①成人：指成地宰。

【译文】秋季八月辛丑日，孟懿子去世，成邑宰臣前去奔丧，孟孺子没有接纳。成邑宰臣便脱去上衣和帽子在街上号哭，表示愿意听从命令，孟孺子还是不同意。成邑宰臣感到害怕，不敢回成邑。

哀公十五年

【经】十有五年春王正月[①]，成叛。夏五月，齐高无丕出奔北燕。郑伯伐宋[②]。秋八月，大雩。晋赵鞅帅师伐卫。冬，晋侯伐郑。及齐平[③]。卫公孟彄出奔齐。

【注释】①十有五年：指周敬王四十年，公元前480年。②郑伯：指郑声公。③及齐平：齐鲁两国讲和。平，和好。

【译文】鲁哀公十五年春季，周历正月，成地发生叛乱。夏季五月，齐国的高无丕奔逃北燕。郑声公讨伐宋国。秋季八月，举行盛大的求雨祭祀。晋国的赵鞅率领军队讨伐卫国。冬季，晋定公派兵讨伐郑国。鲁国和齐国讲和。卫国的公孟彄奔逃齐国。

【传】十五年春，成叛于齐。武伯伐成[①]，不克，遂城输[②]。

【注释】①武伯：孟懿子的儿子洩。②输：在成地附近。

【译文】鲁哀公十五年春季，成地反叛孟氏并依附齐国。孟武伯讨伐成地，没有攻克，就在输地筑城。

夏，楚子西、子期伐吴，及桐汭[①]。陈侯使公孙贞子吊焉[②]，及良而卒[③]，将以尸入。吴子使大宰嚭劳，且辞曰："以水潦之不时，无乃廪然陨大夫之尸[④]，以重寡君之忧。寡君敢辞。"上介芋尹盖对曰[⑤]："寡君闻楚为不道，荐伐吴国[⑥]，灭厥民人。寡君使盖备使，吊君之下吏。无禄，使人逢天之戚，大命陨队[⑦]，绝世于良，废日共积[⑧]，一日迁次。今君命逆使人曰：'无以尸造于门。'是我寡君之命委于草莽也。且臣闻之曰：'事死如事生，礼也。'于是乎有朝聘而终，以尸将事之礼。又有朝聘而遭丧之礼。若不以尸将命，是遭丧而还也，无乃不可乎！以礼防民，犹或逾之。今大夫曰'死而弃之'，是弃礼也。其何以为诸侯主？先民有言曰：'无秽虐士[⑨]。'备使奉尸将命，苟我寡君之命达于君所，虽陨于深渊，则天命也，非君与涉人之过也[10]。”吴人内之。

【注释】①桐汭：即桐水。即今安徽省东南部汭水河和郎川河。②陈侯：指陈闵公。③良：春秋吴邑。在今江苏新沂市西南沂水东。④廪然：水泛滥的样子。廪，通“滥”。⑤上介：古代外交使团的副使或军政长吏的高级助理。芋尹：春秋时楚国官名。盖：人名。⑥荐：屡次。⑦陨队：陨落、死亡的婉称。队，同“坠”。⑧废日共积：因筹集殡殓的财物而花费时间。⑨虐士：死者。⑩涉人：船夫。

【译文】夏季，楚国的子西、子期攻打吴国，军队到达桐水边。陈闵公派公孙贞子去吴国慰问，公孙贞子到达良地就去世了，陈国的副使要把公孙贞子的灵柩运入吴国都城。吴王派太宰伯嚭慰问使者，并辞谢说：“因为雨水不时泛滥，我害怕雨水泛滥毁坏大夫的灵柩，从而增加我国国君的担忧，我们国君谨此来辞谢。”郑国第一副使芋尹盖回答说：“我国国君听说楚国无道，多次派兵攻打吴国，杀害吴国百姓。我国国君派我做副使，慰问贵君手下的官吏，不幸使臣碰到上天不高兴，丢掉性命，在良地去世，我们耗费时日积存殡殓的财物，为了加紧赶路，只好每天搬迁多次。如今君王命令迎接使臣说：‘不要让灵柩进入城门。’这就把我国国君的命令抛弃在草丛中了。而且我听说：‘事奉死人就像事奉活人一样，这是符合礼的。’所以有在朝聘过程中使臣去世，奉着灵柩完成使命的礼节，也有在朝聘过程中遭遇受聘国家发生丧事的礼节。如果不奉灵柩完成使命，这就成了受聘国家发生丧事而回国了，这恐怕不行吧！用礼节来防范百姓，还怕有人违背。现在贵国大夫说‘死了就把他抛弃’，这是失去礼仪，还怎么能成为诸侯的盟主？从前的人说过：‘不要把死者视为污秽。’我奉着灵柩完成使命，如果我们国君的命令能到达贵君那里，尽管坠入深渊，那也是上天的意愿，而不是贵君和摆渡人的过失。”吴国人便接纳了他们。

秋，齐陈瓘如楚[1]。过卫，仲由见之，曰：“天或者以陈氏为斧斤，既斫丧公室[2]，而他人有之，不可知也；其使终飨之，亦不可知也。若善鲁以待时，不亦可乎？何必恶焉？”子玉曰：“然，吾受命矣，子使告我弟。”

【注释】①陈瓘：字子玉，齐国大夫田乞的儿子，田恒的庶兄。②斫丧：摧残；伤害。

【译文】秋季，齐国的陈瓘去了楚国。路过卫国时，仲由接见他，说：“上天或许把陈氏视为斧子，既把公室摧残，而后让别人占有，现在还不能知道；可能最后让陈氏享有，现在也不能知道。如果善待鲁国等待时机，不也可以吗？何必和鲁国交恶呢？”陈瓘说：“对，我接受您的命令，您派人去告诉我的弟弟陈恒。”

冬，及齐平。子服景伯如齐，子赣为介，见公孙成[1]，曰：“人皆臣人，而有背人之心。况齐人虽为子役，其有不贰乎[2]？子，周公之孙也，多飨大利，犹思不义。利不可得，而丧宗国，将焉用之？”成曰：“善哉！吾不早闻命。”

【注释】①公孙成：成宰公孙宿。②其：表示诘问。通“岂”，难道。

【译文】冬季，鲁国和齐国讲和。子服景伯去了齐国，子赣做副使，拜见公孙成，说：“人们全是别人的臣下，还有背叛别人的心，况且齐国人虽然为您服役，难道就会没有二心吗？您，是周公的子孙，能享受到很大的利益，却想着做不义的事情。利益不能得到，反而失去了祖国，哪里用得着这样？”公孙成说：“说的对！可惜我没有早点听到您的命令。”

陈成子馆客[1]，曰：“寡君使恒告曰：‘寡人愿事君如事卫君。’”景伯揖子赣而进之。对曰：“寡君之愿也。昔晋人伐卫，齐为卫故，伐晋冠氏[2]，丧车五百，因与卫地，自济以西，禚、媚、杏以南，书社五百[3]。吴人加敝邑以乱，齐因其病，取讙与阐。寡君是以寒心。若得视卫君之事君也，则固所愿也。”成子病之，乃归成。公孙宿以其兵甲入于嬴[4]。

【注释】①馆客：指接待宾客。②冠氏：春秋时晋邑。即今河北馆陶县。③书社：古代二十五家为一社，将社内户口书于版籍，称为书社。④嬴：春秋齐邑。在今山东省莱芜市西北。

【译文】陈成子在宾馆接见客人，说：“我国国君派我来告诉您：‘我国国君愿意像事奉卫君一样事奉鲁君。’”子服景伯向子赣行礼请他上前。子赣回答说：“这正是我国国君的愿望。从前晋国人攻打卫国，齐国因为卫国的缘故，讨伐晋国的冠氏，失去了五百辆战车。因此给了卫国土地，从济水以西，禚地、媚地、杏地以南，共五百社的户籍。吴人把动乱附加给敝邑，齐国乘敝邑危难，霸占了讙地和阐地，我国国君因此寒心。如果能像事奉卫君那样事奉齐君，那原本就是我们的愿望。”陈成子感到愧疚，就把成地归还给鲁国。公孙宿带着军队进入嬴地。

卫孔圉取大子蒯聩之姊，生悝。

【译文】卫国的孔圉娶太子蒯聩的姐姐，生下悝。

孔氏之竖浑良夫长而美[①]，孔文子卒，通于内。大子在戚，孔姬使之焉[②]。大子与之言曰：“苟使我入获国，服冕乘轩，三死无与[③]。”与之盟，为请于伯姬[④]。

【注释】①竖：古时对人的蔑称。②孔姬使之焉：孔姬派浑良夫拜见太子蒯聩。③服冕乘轩：指封为大夫。冕，古代帝王、诸侯及卿大夫所戴的礼帽。轩，古代一种前顶较高而有帷幕的车子，供大夫以上乘坐。三死无与：赦免三次死罪。④伯姬：即孔姬。

【译文】孔氏的童仆浑良夫，个子高而且貌美，孔圉去世后，浑良夫就和孔姬私通。太子在戚地，孔姬派浑良夫去见蒯聩。太子和浑良夫说：“假如我能回国即位，就让你穿大夫的冠服，乘大夫的车子，赦免三次死罪。”浑良夫和太子盟誓，为他向孔姬请援。

闰月，良夫与大子入，舍于孔氏之外圃。昏，二人蒙衣而乘，寺人罗御，如孔氏。孔氏之老栾宁问之[①]，称姻妾以告。遂入，适伯姬氏。既食，孔伯姬杖戈而先，大子与五人介[②]，舆豭从之[③]。迫孔悝于厕[④]，强盟之，遂劫以登台。栾宁将饮酒，炙未熟，闻乱，使告季子[⑤]。召获驾乘车[⑥]，行爵食炙，奉卫侯辄来奔。季子将入，遇子羔将出[⑦]，曰："门已闭矣。"季子曰："吾姑至焉。"子羔曰："弗及，不践其难。"季子曰："食焉，不辟其难。"子羔遂出。子路入，及门，公孙敢门焉[⑧]，曰："无入为也。"季子曰："是公孙，求利焉而逃其难。由不然，利其禄，必救其患。"有使者出，乃入，曰："大子焉用孔悝？虽杀之，必或继之。"且曰："大子无勇，若燔台，半，必舍孔叔。"大子闻之，惧，下石乞、盂黡敌子路。以戈击之，断缨。子路曰："君子死，冠不免。"结缨而死。孔子闻卫乱，曰："柴也其来，由也死矣。"

【注释】①老：指群吏之尊者。②介：披甲。③舆豭从之：用车拉着猪跟在后头。豭，公猪。盟誓要用牛耳的血，临时用猪代替。④厕：古同"侧"，旁边。⑤季子：子路。时为孔悝邑宰。⑥召获：卫国大夫。⑦子羔：即高柴，字子羔，又称子皋、子高、季高，孔子弟子。⑧公孙敢：孔悝家臣。

【译文】闰十二月，浑良夫和太子蒯聩进入卫都，住在孔宅外面的菜园里。天黑后，二人用头巾遮住脸坐上车，寺人罗为他们驾车，到孔家去。孔氏家宰栾宁盘问他们，他们说是姻戚家的侍妾，就进了门，到达孔姬那里。吃完饭，孔姬手拿戈走在前面，太子和五个人披着皮甲，用车装着公猪跟在后面。他们把孔悝逼到墙角，强迫他盟誓，然后把他劫持登上高台。栾宁正要喝酒，烤肉还没有熟，他听到有动乱，就派人告诉子路。召获驾着乘车，在车上喝酒吃肉，事奉卫出公辄逃奔鲁国。子路正准备入城，碰到子羔正要出城，子羔说："城门已经关闭了。"子路说："我姑且去一趟。"子羔说："权利不在自己手中，不要去遭遇祸难。"子路说："吃了他的俸禄，就不能躲避祸难。"子羔因此出城了。子路进城，到达孔氏的大门，公孙敢在那里守门，说："不要进去了，什么也干不了。"子路说："你是公孙敢，在这里谋取利益却躲避祸难。我不是那样的人，我食人俸禄，必定要挽救他的祸难。"有使者从门里出来，子路就趁机进门，说："太子怎么用得着扣押孔悝？即使杀了他，也必定会有人来接替他。"并说："太子没有勇气，如果放火烧台，烧到一半，他必定会释放孔悝。"太子听后感到害怕，让石乞、盂黡下台抵挡子路。用戈击打子路，斩断了子路的帽带。子路说："君子死了，帽子也不能摘掉。"因此子路结好帽带而死。孔子听说卫国发生叛乱，说："高柴能逃回鲁国来，子路将战死。"

孔悝立庄公[①]。庄公害故政[②]，欲尽去之，先谓司徒瞒成曰："寡人离病于外久矣[③]，子请亦尝之。"归告褚师比，欲与之伐公，不果。

【注释】①庄公：指太子蒯聩。②故政：指卫出公的大臣。

【译文】孔悝被迫立蒯聩为卫庄公。庄公认为卫出公以前的大臣靠不住，想要全部换掉，他先对司徒瞒成说："寡人在外边遭受了很久的患难，请您也尝尝。"瞒成回去告诉褚师比，想和他共同攻打卫庄公，但没有实现。

哀公十六年

【经】十有六年春王正月己卯①，卫世子蒯聩自戚入于卫，卫侯辄来奔。二月，卫子还成出奔宋②。夏四月己丑，孔丘卒。

【注释】①十有六年：指周敬王四十一年，公元前479年。②卫子还成：指卫国司徒瞒成。

【译文】鲁哀公十六年春季，周历正月己卯日，卫国的太子蒯聩从戚地回到卫国，卫出公辄逃奔鲁国。二月，卫国的瞒成奔逃宋国。夏季四月己丑日，孔子去世。

【传】十六年春，瞒成、褚师比出奔宋。

【译文】鲁哀公十六年春季，瞒成、褚师比奔逃宋国。

卫侯使鄢武子告于周曰①："蒯聩得罪于君父君母，逋窜于晋。晋以王室之故，不弃兄弟，置诸河上②。天诱其衷，获嗣守封焉。使下臣肸敢告执事。"王使单平公对曰："肸以嘉命来告余一人，往谓叔父：余嘉乃成世③，复尔禄次。敬之哉！方天之休④，弗敬弗休，悔其可追？"

【注释】①鄢（yān）武子：卫国大夫肸。②河上：指戚地。③成世：指继承父亲的世业。④方：得到。休：福禄、吉庆。

【译文】卫庄公派鄢武子向周王室报告说："蒯聩得罪了君父君母，奔逃到晋国。晋国因为王室的缘故，不抛弃兄弟，把他安置在黄河边。上天保佑，他最终继承守有封地。派臣下肸谨向执事汇报。"周天子派单平公回复说："您把好消息带来告诉我。回去告诉叔父：我同意你继承你父亲的世业，恢复你的禄位。要恭敬啊！这样才能得到上天的恩赐，不恭敬上天就不能得到恩赐，到时候后悔哪里还来得及呢？"

夏四月己丑，孔丘卒。公诔之曰："旻天不吊[1]，不慭遗一老[2]。俾屏余一人以在位[3]，茕茕余在疚。呜呼哀哉！尼父，无自律[4]。"

【注释】①旻天：泛指天。不吊：不善、不淑。②慭（yìn）：愿意，情愿。③俾：使。屏：保护。④无自律：无以自为法。

【译文】夏季四月己丑日，孔丘去世。鲁哀公致悼词说："上天不仁，不愿意留下这位国老。让他保护我牢居君位，使我孤零零地忧愁成病。呜呼哀哉！尼父，我失去了律己的榜样。"

子赣曰："君其不没于鲁乎！夫子之言曰：'礼失则昏，名失则愆。'失志为昏，失所为愆。生不能用，死而诔之，非礼也；称一人，非名也。君两失之。"

【译文】子赣说："国君将不能在鲁国善终吧！夫子说过：'失去

礼制就会变得昏昧，失去名分就会有过错。’丧失意志会昏昧，丧失名份就是过错。夫子生前不能任用，去世又致悼辞，这不符合礼制，自称‘余一人’，这不符合名分。国君两样都丢失了。”

六月，卫侯饮孔悝酒于平阳[①]，重酬之，大夫皆有纳焉[②]。醉而送之，夜半而遣之。载伯姬于平阳而行，及西门[③]，使贰车反祏于西圃[④]。子伯季子初为孔氏臣，新登于公，请追之，遇载祏者，杀而乘其车。许公为反祏，遇之，曰：“与不仁人争明[⑤]，无不胜。”必使先射，射三发，皆远许为[⑥]。许为射之，殪。或以其车从，得祏于橐中。孔悝出奔宋。

【注释】①平阳：春秋卫邑。在今河南滑县东南。②纳：馈赠。③西门：平阳的西门。④贰车：副车。祏（shí）：古代宗庙里藏神主的石匣。西圃：孔氏宗庙所在地。⑤不仁人：指子伯季子。⑥许为：即许公为。

【译文】六月，卫庄公在平阳和孔悝一起饮酒，重重地酬谢他，大夫们都得到了赏赐。等孔悝喝醉后送走他，半夜让他上路。孔悝用车子载上伯姬出发去平阳，到达平阳西门，派副车回西圃的宗庙取藏神主的石匣。子伯季子起初是孔氏的家臣，现在成了卫庄公的大夫，他请求追赶孔悝，他路上遇到载运神主匣子的人，就杀死来人并坐上他的车。许公为去迎接神主匣子，在路上遇到子伯季子，他说：“和不仁的人相争，没有不能战胜的。”他一定要子伯季子先射，子伯季子射了三箭，箭都离许公为很远。许公为射子伯季子，一箭就把他射死了。有人驾子伯季子的车跟上许公为，在袋子里得到神主匣子。孔悝逃奔宋国。

楚太子建之遇谗也，自城父奔宋。又辟华氏之乱于郑，郑人甚善之。又适晋，与晋人谋袭郑，乃求复焉。郑人复之如初。晋人使谍于子木[①]，请行而期焉。子木暴虐于其私邑，邑人诉之。郑人省之[②]，得晋谍焉。遂杀子木。其子曰胜，在吴。子西欲召之，叶公曰[③]："吾闻胜也诈而乱，无乃害乎？"子西曰："吾闻胜也信而勇，不为不利，舍诸边竟，使卫藩焉。"叶公曰："周仁之谓信[④]，率义之谓勇[⑤]。吾闻胜也好复言[⑥]，而求死士，殆有私乎？复言，非信也；期死，非勇也。子必悔之。"弗从。召之，使处吴竟，为白公。请伐郑，子西曰："楚未节也。不然，吾不忘也。"他日，又请，许之。未起师，晋人伐郑，楚救之，与之盟。胜怒，曰："郑人在此，仇不远矣[⑦]。"

【注释】①子木：即太子建。②省：考察；察看。③叶公：即沈诸梁，字子高。大夫沈尹戌之子，封地在叶邑（今河南叶县南旧城），自称叶公。④周：亲密，亲切。⑤率：遵循。⑥复言：指实践诺言。⑦仇：指郑国，也指子西。

【译文】楚国的太子建被诬陷的时候，从城父逃奔宋国。又因逃避宋国的华氏之乱逃奔郑国，郑国人对他很好。他又前往晋国，和晋国人谋划偷袭郑国，于是请求再回到郑国。郑国人对待他就和当初一样。晋国人派间谍和太子建联系，间谍回晋国时与太子建商定偷袭郑国的日期。太子建在他私人的封邑中凶暴残虐，封邑的人告发他。郑国人来查看，擒获晋国的间谍。于是杀死了太子建。太子建的儿子名胜，在吴国。子西想召见他。叶公说："我听说胜这个人狡诈而且喜欢作乱，将会成为楚国的祸害吧！”子西说：“我听说胜这个人诚实而且勇敢，不会做不利的事，把他放置在边境上，让他保卫边境。”叶公说：“亲近仁称为信，遵循道义称为勇。我听说胜这个人愿意实践诺言，而且到处寻找不怕死的勇士，他恐怕是存有私心吧！只是实践诺言，这不是信，什么事都不怕死，这不是勇。您必定会为这件事后悔的。”子西没有听从。召胜回来，让他住在和吴国交界的地方，号为白公。胜请求攻打郑国，子西说：“楚国还没有步入正轨。不然，我不会忘记。”又过了一些日子，胜又请求攻打郑国，这次子西同意了。还没有出兵，晋国就出兵攻打郑国，楚国援救郑国，并和郑国结盟。胜大怒，说：“郑国人在此地，仇人就离我不远了。”

胜自厉剑，子期之子平见之，曰：“王孙何自厉也？”曰：“胜以直闻，不告女，庸为直乎？将以杀尔父。”平以告子西。子西曰：“胜如卵，余翼而长之。楚国，第我死①，令尹、司马，非胜而谁？”胜闻之，曰：“令尹之狂也！得死，乃非我。”子西不悛②。胜谓石乞曰③：“王与二卿士④，皆五百人当之，则可矣。”乞曰：“不可得也。”曰：“市南有熊宜僚者，若得之，可以当五百人矣。”乃从白公而见之，与之言，说。告之故，辞。承之以剑，不动。胜曰：“不为利谄，不为威惕⑤，不泄人言以求媚者，去之。”

【注释】①第：次序。②悛（quān）：悔改。③石乞：胜的同党。④二卿士：指子西、子期。⑤惕：戒惧，小心谨慎。

【译文】胜亲自磨剑，子期的儿子平看见了，说：“您为何亲自磨剑呢？”胜说：“我以直爽闻名，不告诉您，哪能称得上直爽呢？我将用这把剑杀死你的父亲。”平把这些话告诉了子西。子西说：“胜就像鸟卵，在我的翅膀下成长。我死后，楚国的令尹、司马，不是胜还能是谁呢？”胜听说后，说：“令尹真狂妄啊！他要是能善终，我就不是人了。”子西还是没有悔改。胜对石乞说：“君王和两位卿士，一共用五百人来对付，就可以了。”石乞说：“这五百人不能全部找到。”胜说：“集市南面有个叫熊宜僚的人，假如得到他的效命，他就能比得上五百个人。”石乞就跟随白公胜去见熊宜僚，和他交谈，谈的很投机。胜告诉熊宜僚找他的目的，熊宜僚推辞了。把剑架在他的脖子上，他也一动不动。白公胜说：“这是不被利诱、不怕胁迫、不泄漏别人的话去谄媚他人的人，我们离开这里吧。”

吴人伐慎[①]，白公败之。请以战备献[②]，许之。遂作乱。秋七月，杀子西、子期于朝，而劫惠王。子西以袂掩面而死。子期曰：“昔者吾以力事君，不可以弗终。”抉豫章以杀人而后死[③]。石乞曰：“焚库、弑王，不然不济。”白公曰：“不可。弑王，不祥；焚库，无聚，将何以守矣？”乞曰：“有楚国而治其民，以敬事神，可以得祥，且有聚矣，何患？”弗从。

【注释】①慎：春秋楚邑。在今安徽颍上县西北江口镇。②战备：军事装备。③抉：拔起挖出。豫章：古书上记载的一种树名。有的记载说即今之樟树。

【译文】吴国人攻打慎地，白公胜击败了吴军。白公胜请求进献战利品，楚惠王同意了，白公胜就乘机发动叛乱。秋季七月，白公胜在朝廷上杀了子西、子期，并劫持了楚惠王。子西用袖子遮住脸而死。子期说："从前我用武力事奉君王，到现在不能有始无终。"他拔起一株樟树杀向敌人然后死了。石乞说："焚烧府库，弑杀君王。不然事情不能成功。"白公胜说："不可以。弑杀君王，不祥；焚烧府库，没有物资积蓄，将要用什么来守卫呢？"石乞说："有了楚国而治理百姓，用恭敬来事奉神灵，就可以获得吉祥，而且还有物资积蓄，还怕什么？"白公胜没有听从。

叶公在蔡，方城之外皆曰："可以入矣。"子高曰："吾闻之，以险徼幸者，其求无餍，偏重必离①。"闻其杀齐管修也，而后入②。

【注释】①偏重：不公正。②管修：管仲七世孙。

【译文】叶公住在蔡地，方城外的人全都说："能够发兵郢都了。"叶公子高说："我听说，冒险而侥幸成功的，他的索求不会被满足，办事不公正，百姓必定和他离心。"叶公听说白公胜杀了齐国的管修，就进兵郢都。

白公欲以子闾为王①，子闾不可，遂劫以兵。子闾曰："王孙若安靖楚国，匡正王室，而后庇焉，启之愿也，敢不听从？若将专利以倾王室，不顾楚国，有死不能。"遂杀之，而以王如高府②，石乞尹门，圉公阳穴宫③，负王以如昭夫人之宫。

【注释】①子闾：芈姓，名启，字子闾，楚平王之子，楚昭王之兄。②高府：楚国别府。③圉公阳：楚国大夫。

【译文】白公胜想要立子闾为楚王，子闾不同意，白公胜就用武力劫持他。子闾说："您如果想安定楚国，整顿王室，然后庇护我，这正是我的愿望，怎敢不听从您的命令？如果你想谋取私利倾覆王室，不顾国家。我宁死也不能让你如愿。"白公胜就杀了子闾，挟持楚惠王进入高府。石乞守着高府的门，圉公阳在宫墙上挖出一个洞，背着楚惠王到昭夫人的宫中。

叶公亦至，及北门，或遇之，曰："君胡不胄？国人望君如望慈父母焉。盗贼之矢若伤君，是绝民望也。若之何不胄？"乃胄而进。又遇一人曰："君胡胄？国人望君如望岁焉，日日以几[①]。若见君面，是得艾也[②]。民知不死，其亦夫有奋心，犹将旌君以徇于国[③]，而又掩面以绝民望[④]，不亦甚乎！"乃免胄而进。遇箴尹固帅其属，将与白公[⑤]。子高曰："微二子者[⑥]，楚不国矣。弃德从贼，其可保乎？"乃从叶公。使与国人以攻白公。白公奔山而缢，其徒微之[⑦]。生拘石乞而问白公之死焉[⑧]，对曰："余知其死所，而长者使余勿言[⑨]。"曰："不言将烹。"乞曰："此事克则为卿，不克则烹，固其所也，何害？"乃烹石乞。王孙燕奔頯黄氏[⑩]。

【注释】①几：同"冀"，期待。②艾：安心。③旌：古代旗的总称。④掩面：指古代头盔两面将面颊遮掩。⑤与：帮助；援助。⑥二子：指子西与子期。⑦微：隐匿。⑧死：尸体。⑨长者：指白公。⑩王孙燕：

白公胜的弟弟。頯(kuí)黄氏:吴国地名。

【译文】叶公也在这时赶到,到达北门,有人遇见他,说:“您为何不戴上头盔?国人盼望您就如同盼望慈爱的父母,盗贼的箭要是伤了您,就断绝了百姓的期望。您为何不戴上头盔?”叶公于是就戴上头盔前进,叶公又遇到另一个人说:“您为何要戴上头盔?国人期望您就如同期望好的年成,天天盼望着,如果能看见您的脸,就能安心了。百姓知道不会再有生命危险,人人就有奋战之心,还准备打着您的旗号在都城里游行,可是您又把脸遮起来断绝了百姓的盼望,不也太过分了吗?”叶公于是脱下头盔前进。叶公碰到箴尹固率领他的部众,准备去协助白公胜。叶公说:“如果没有子西、子期二人,楚国就不能成为国家了,背弃德行随从盗贼,这难道有保障吗?”箴尹固就率人跟从叶公。叶公派他和国人攻打白公胜。白公胜逃往山上自缢而死,他的部下把白公胜的尸体藏起来。叶公活捉石乞而盘问白公胜的尸体在哪。石乞回答说:“我知道尸体藏在哪里,但是白公胜让我不要说。”叶公说:“不说就烹了你。”石乞说:“这件事成功了就是卿,不成功就被烹,这原本是应有的结果,又有什么妨害呢?”于是烹了石乞。王孙燕逃到了頯黄氏。

诸梁兼二事①,国宁,乃使宁为令尹②,使宽为司马③,而老于叶。

【注释】①二事:指令尹、司马。②宁:子西的儿子子国。③宽:子期的儿子。

【译文】叶公身兼令尹、司马二职，国家安定之后，就让宁担任令尹，宽担任司马，自己在叶地养老。

卫侯占梦，嬖人求酒于大叔僖子[①]，不得，与卜人比[②]，而告公曰："君有大臣在西南隅[③]，弗去，惧害。"乃逐大叔遗。遗奔晋。

【注释】①大叔僖子：大叔遗。②比：勾结。③有大臣在西南隅：暗指大叔遗。

【译文】卫庄公占梦，他的宠臣向太叔僖子索要酒，没有得到，就和占卜的人勾结，而告知卫庄公说："您有大臣在西南角。不除去他，恐怕会有祸害。"于是卫庄公就驱逐太叔遗。太叔遗逃奔晋国。

卫侯谓浑良夫曰："吾继先君而不得其器[①]，若之何？"良夫代执火者而言[②]，曰："疾与亡君，皆君之子也。召之而择材焉可也。若不材，器可得也。"竖告大子[③]。大子使五人舆豭从己，劫公而强盟之，且请杀良夫。公曰："其盟免三死。"曰："请三之后，有罪杀之。"公曰："诺哉！"

【注释】①吾继先君而不得其器：宝器被卫出公带走。②执火者：举火把的侍者。③大子：指太子疾。

【译文】卫庄公对浑良夫说："我继承了先君的君位而没有获得他的宝器，怎么办呢？"浑良夫取代了执烛的侍者，说："太子疾和逃离在外的辄，都是您的儿子，召他们回来选择有才能的人。如果辄没有才能就废弃他，宝器也就可以得到了。”小臣密告太子。太子派五个人用车子装上公猪跟着自己，劫持卫庄公并强迫他盟誓，还要求杀死浑良夫。卫庄公说：“和他盟誓说要免去他三次的死罪。”太子说：“免罪三次后，浑良夫有罪就再杀他。”卫庄公说：“好吧！”

哀公十七年

【传】十七年春[①]，卫侯为虎幄于藉圃[②]，成，求令名者而与之始食焉。大子请使良夫。良夫乘衷甸两牡[③]，紫衣狐裘[④]，至，袒裘[⑤]，不释剑而食[⑥]。大子使牵以退，数之以三罪而杀之[⑦]。

【注释】①十七年：指周敬王四十二年，公元前478年。②虎幄：以虎纹为饰的幄幕。藉圃：卫国园圃名。③衷甸：古代指两马一辕的卿车。甸，通“乘”。④紫衣：春秋战国时国君衣服用紫。⑤袒裘：露出里面的衣服，是一种违礼的不敬之举。⑥不释剑：不解下佩剑。⑦三罪：指紫衣、袒裘、不释剑。

【译文】鲁哀公十七年春季，卫庄公在藉圃修建了一座以虎纹为饰的木屋，建成后，寻求一个有声望的人，和他在这里吃第一顿饭。太子疾请浑良夫前去。浑良夫乘坐两匹公马拉的车，身穿紫色的狐皮大衣。到达后，解开狐裘，没有解下佩剑就吃饭。太子疾派人把他拉下来，列举他的三大罪状而杀了他。

三月，越子伐吴[①]。吴子御之笠泽[②]，夹水而陈。越子为左右句卒[③]，使夜或左或右，鼓噪而进。吴师分以御之。越子以三军潜涉，当吴中军而鼓之，吴师大乱，遂败之。

【注释】①越子：指越王勾践。②吴子：指吴王夫差。笠泽：即今吴淞江（古名松江）。③句卒：古代越国军阵名。除三军之外，另分别设置左右两军队，虚张声势以诱敌。

【译文】三月，越王率军讨伐吴国，吴王率军在笠泽进行防御，两军隔河摆开阵型。越王分别设置左右两队，让左右队在夜里交替出击，擂鼓呐喊进攻。吴军因此被迫分兵抵御，越王则率领三军主力悄悄渡河，对着吴国的中军击鼓进攻，吴军因此大乱，于是被打败。

晋赵鞅使告于卫曰："君之在晋也，志父为主[①]。请君若大子来，以免志父。不然，寡君其曰'志父之为也[②]'。"卫侯辞以难，大子又使椓之[③]。

【注释】①志父：指赵鞅。②志父之为也：是赵鞅阻挡卫君前来。③椓：诽谤。

【译文】晋国的赵鞅派人告诉卫国说："卫君在晋国时，我是主人。请卫君或者太子来晋国，来赦免我的罪过。不然，我们国君会说'是赵鞅不让卫君前来'。"卫庄公以国内不安定为由拒绝了赵鞅，太子疾却又乘机在晋国使者面前诽谤卫庄公。

夏六月，赵鞅围卫。齐国观、陈瓘救卫[①]，得晋人之致师者。子玉使服而见之[②]，曰：“国子实执齐柄，而命瓘曰：‘无辟晋师。’岂敢废命？子又何辱？”简子曰：“我卜伐卫，未卜与齐战。”乃还。

【注释】①国观：齐国大夫，国书的儿子。陈瓘：字子玉，春秋时齐国大夫田乞的儿子，田恒的庶兄。②服而见之：脱去囚服，穿上原来的衣服。

【译文】夏季六月，赵鞅率兵围困卫国。齐国的国观、陈瓘援救卫国，俘虏了晋国来挑战的人。陈瓘让他穿上原来的衣服而接见他，说：“国书实际上执掌齐国的政权，他命令我说：‘不能逃避晋军。’我怎么敢违背他的命令呢？您又何必前来主动挑战呢？”赵鞅说：“我占卜过讨伐卫国，却没有占卜过要与齐军作战。”于是撤军回国。

楚白公之乱，陈人恃其聚而侵楚[①]。楚既宁，将取陈麦。楚子问帅于大师子穀与叶公诸梁，子穀曰：“右领差车与左史老，皆相令尹、司马以伐陈，其可使也。”子高曰：“率贱[②]，民慢之，惧不用命焉。”子穀曰：“观丁父，鄀俘也，武王以为军率，是以克州、蓼，服随、唐，大启群蛮。彭仲爽，申俘也，文王以为令尹，实县申、息，朝陈、蔡，封畛于汝。唯其任也，何贱之有？”子高曰：“天命不謟[③]。令尹有憾于陈[④]，天若亡之，其必令尹之子是与，君盍舍焉？臣惧右领与左史有二俘之贱，而无其令德也。”王卜之，武城尹吉[⑤]。使帅师取陈麦。陈人御之，败，遂围陈。秋七月己卯，楚公孙朝帅师灭陈。

【注释】①聚：积蓄，累积。②贱：二人做过俘虏，故称贱。③諂：可疑。④有憾于陈：指子西伐吴，陈国慰问吴国。⑤武城尹吉：子西之子公孙朝。

【译文】楚国的白公胜发动叛乱时，陈国人仰仗他们积聚了足够的粮草而入侵楚国。楚国安定后，就打算夺取陈国的麦子。楚惠王向太师子穀和叶公诸梁询问主帅的人选。子穀说："右领差车和左史老，都辅佐过令尹、司马讨伐陈国，可以任用他们为帅。"叶公子高说："将帅如果地位低贱，百姓就会轻视他们，恐怕不会听从命令。"子穀说："观丁父，是鄀国的俘虏，楚武王任命他为军中统帅，因此攻克州国、蓼国，降服随国、唐国，并极大地震慑了蛮夷各部。彭仲爽，是申国的俘虏，楚文王任命他为令尹，他使申国、息国成为楚国的县，又使陈国、蔡国前来朝见，把楚国的疆域扩张到汝水。只要他们能胜任，哪里会地位低贱呢？"叶公子高说："天命不容怀疑。令尹子西在陈国有遗憾，上天如果要灭亡陈国，必定会让令尹子西的儿子去完成，国君何不舍弃任命右领、左史而任命他呢？我担心右领和左史有观丁父和彭仲爽被俘时的卑贱而没有他们美好的品德。"楚惠王为此占卜，结果是子西的儿子公孙朝吉利。楚王派他率军夺取陈国的麦子。陈国人抵御，被打败了。于是楚军围攻陈国。秋季七月己卯日，楚国的公孙朝率领军队灭掉陈国。

王与叶公枚卜子良[①]，以为令尹。沈尹朱曰："吉，过于其志[②]。"叶公曰："王子而相国，过将何为[③]？"他日，改卜子国而使为令尹[④]。

【注释】①枚卜：不指其事而泛卜吉凶。子良：楚惠王的弟弟。②志：意向。③王子而相国，过将何为：王子担任令尹，超过了便为楚王。④子国：子西的儿子子宁。

【译文】楚惠王和叶公为子良占卜，看他能否做令尹。沈尹朱说："吉利，甚至超过了对他的期望。"叶公说："子良作为王子担任令尹，超过了令尹将会怎样？"过了几天，改为占卜子国而任命他为令尹。

卫侯梦于北宫[①]，见人登昆吾之观[②]，被发北面而噪曰："登此昆吾之虚，绵绵生之瓜[③]。余为浑良夫，叫天无辜。"公亲筮之，胥弥赦占之[④]，曰："不害。"与之邑，置之而逃奔宋[⑤]。卫侯贞卜[⑥]，其繇曰："如鱼竀尾[⑦]，衡流而方羊[⑧]。裔焉大国[⑨]，灭之将亡。阖门塞窦，乃自后逾。"

【注释】①北宫：卫庄公的寝宫。②昆吾之观：卫宫的观，在北宫南。③绵绵：连续不断的样子。④胥弥赦：卫国的筮史。⑤置：废弃；舍弃。⑥贞卜：占卜，卜问。⑦竀（chēng）：古通"赪"，赤色。⑧衡：古同"横"。方羊：即彷徉。徘徊，不自安的样子。⑨裔：边，边远的地方。

【译文】卫庄公在北宫做了一个梦，梦见有人登上昆吾之观，披散头发朝着北边大喊道："登上这昆吾的废墟，瓜在连续不断地生长。我是浑良夫，向上天倾诉我清白无罪。"卫庄公亲自占卜此事，胥弥赦分析说："没有危害。"卫庄公送他一座封邑，胥弥赦舍弃封邑而逃奔宋国。卫庄公又一次占卜，繇辞说："就如同一条尾巴赤红的鱼，横穿激流而徘徊不定。紧邻大国，将被灭亡。闭门塞洞，于是从后边逃走。"

冬十月，晋复伐卫，入其郛[①]。将入城，简子曰："止。叔向有言曰：'怙乱灭国者无后。'"卫人出庄公而与晋平，晋立襄公之孙般师而还。十一月，卫侯自鄄入，般师出。

【注释】①郛：古代城圈外围的大城。

【译文】冬季十月，晋国再次讨伐卫国，攻入外城。将要攻入内城，赵鞅说："停止进攻。叔向曾说过：'乘别国内乱而将其灭亡的人将没有后代。'"卫国人驱逐了卫庄公与晋国讲和，晋国立卫襄公的孙子般师为国君后撤军回国。十一月，卫庄公从鄄地返回，新君般师逃离卫都。

初，公登城以望，见戎州[①]。问之，以告。公曰："我姬姓也，何戎之有焉？"翦之[②]。公使匠久。公欲逐石圃[③]，未及而难作。辛巳，石圃因匠氏攻公，公阖门而请，弗许。逾于北方而队，折股。戎州人攻之，大子疾、公子青逾从公[④]，戎州人杀之。公入于戎州己氏。初，公自城上见己氏之妻发美，使髡之，以为吕姜髢[⑤]。既入焉，而示之璧，曰："活我，吾与女璧。"己氏曰："杀女，璧其焉往？"遂杀之而取其璧。卫人复公孙般师而立之。十二月，齐人伐卫，卫人请平，立公子起[⑥]，执般师以归，舍诸潞[⑦]。

【注释】①戎州：戎人居住的村落。②翦：歼灭。③石圃：石恶的侄子。④公子青：太子疾的弟弟。⑤吕姜：卫庄公的妻子，齐人。髢（dí）：假发。⑥公子起：卫灵公之子。⑦潞：地名，在齐都郊外。

【译文】起初，卫庄公登上城楼眺望，看见戎人居住的村落。卫庄公询问那是什么地方，侍从告诉了他。卫庄公说："我，是姬姓人，卫国怎么会有戎人？"就命人消灭了戎州。卫庄公使唤匠人一直不让他们休息。卫庄公想要驱逐石圃，还没有来得及动手就发生了动乱。辛巳日，石圃联合匠人攻打庄公，卫庄公关上门请求讲和，石圃没有答应。卫庄公翻越北墙摔下来，折断了大腿。卫国的戎人也乘机攻打庄公，太子疾、公子青翻越城墙跟随庄公。戎州人杀了他们。卫庄公进入戎州的己氏家。起初，卫庄公从城上看到己氏妻子的头发很美丽，就派人把她的头发剃光，给夫人吕姜作假发。这时他逃到己氏家中，拿出玉璧给己氏看，说："救我一命，我把这块玉璧赠送给你。"己氏说："我杀了你，这块玉璧又能去哪呢？"于是杀了卫庄公夺走玉璧。卫国人又把公孙般师立为国君。十二月，齐国人讨伐卫国，卫国人请求讲和，齐国立公子起为国君，把般师抓住带回齐国，把他安置在潞地。

公会齐侯[①]，盟于蒙[②]，孟武伯相。齐侯稽首，公拜。齐人怒。武伯曰："非天子，寡君无所稽首。"武伯问于高柴曰："诸侯盟，谁执牛耳[③]？"季羔曰[④]："鄫衍之役，吴公子姑曹。发阳之役，卫石魋。"武伯曰："然则彘也[⑤]。"

【注释】①齐侯：指齐简公的弟弟齐平公。②蒙：春秋时鲁邑。在今山东蒙阴县西南。③执牛耳：古代诸侯举行盟会，订立盟约，每人尝一点儿牲血，主持盟会的人亲手割牛耳取血，并饮或以血涂抹在嘴唇，以示诚意，所以用"执牛耳"指做盟主。④季羔：即高柴。⑤彘（zhì）：

孟武伯名。

【译文】鲁哀公会见齐平公，在蒙地结盟，孟武伯作为相礼。齐平公对哀公叩头，哀公只是弯腰拜谢。齐国人大怒，武伯说："除了天子，我们国君对其他人都不叩头。"武伯问高柴说："诸侯会盟时，谁当盟主呢？"高柴说："鄫衍盟会，是吴国的公子姑曹。发阳盟会，是卫国的石魋。"武伯说："那么这次应由我来当盟主。"

宋皇瑗之子麇[1]，有友曰田丙，而夺其兄酁般邑以与之[2]。酁般愠而行，告桓司马之臣子仪克[3]。子仪克适宋，告夫人曰[4]："麇将纳桓氏。"公问诸子仲[5]。初，子仲将以杞姒之子非我为子[6]。麇曰："必立伯也[7]，是良材。"子仲怒，弗从。故对曰："右师则老矣，不识麇也。"公执之。皇瑗奔晋，召之。

【注释】①皇瑗：宋国右师。②酁（chán）般：麇之兄，封于酁。③桓司马：桓魋，曾任宋国司马。子仪克：桓魋的家臣。④夫人：宋景公的母亲。⑤子仲：皇野，皇麇族人。⑥杞姒：子仲的妻子。⑦伯：非我之兄。

【译文】宋国右师皇瑗的儿子麇，有一个朋友叫田丙，麇夺取了他哥哥酁般的封邑送给田丙。酁般因愤怒而出走，把这件事告诉了桓司马的家臣子仪克。子仪克到了宋都，告诉宋景公的母亲说："麇打算接纳桓氏回国。"宋景公向子仲询问这件事。起初，子仲想要将杞姒的儿子非我立为嫡子。麇说："必须立非我的哥哥伯，他是有用的人才。"子仲大怒，没有听从。因此子仲对宋景公说："右师皇瑗已经年老，但他的儿子麇就难说了。"宋景公抓住了麇。皇瑗逃奔晋国，宋景公又召他回国。

哀公十八年

【传】十八年春[①]，宋杀皇瑗。公闻其情，复皇氏之族，使皇缓为右师[②]。

【注释】①十八年：指周敬王四十三年，公元前477年。②皇缓：皇瑗的侄子。

【译文】鲁哀公十八年春季，宋国杀了皇瑗。宋景公了解到这件事的内情，恢复皇氏家族，任命皇缓为右师。

巴人伐楚，围鄾[①]。初，右司马子国之卜也，观瞻曰[②]："如志。"故命之。及巴师至，将卜帅。王曰："宁如志[③]，何卜焉？"使帅师而行。请承[④]，王曰："寝尹、工尹[⑤]，勤先君者也。"三月，楚公孙宁、吴由于、薳固败巴师于鄾，故封子国于析。君子曰："惠王知志。《夏书》曰：'官占，唯能蔽志，昆命于元龟[⑥]。'其是之谓乎！《志》曰：'圣人不烦卜筮。'惠王其有焉！"

【注释】①鄾（yōu）：在今湖北襄阳东北。②观瞻：楚国开卜大夫。③宁：子国。④承：副将，助手。⑤寝尹：吴由于。工尹：薳固。⑥官占：占卜之官。蔽：判断。昆：然后。

【译文】巴国军队攻打楚国，围攻鄾地。起初，要任命子国为右司马而占卜，观瞻说："占卜结果合乎您的意愿。"所以楚惠王命子国担任右司马。等到巴国的军队到达，将要占卜统帅。楚惠王说："子国合乎意愿，何必又要占卜呢？"就派子国率领军队出征。子国请求楚惠王任命副将。楚惠王说："寝尹、工尹，都是事奉先王的人。"三月，楚国的公孙宁、吴由于、薳固在鄾地打败巴国军队，所以楚惠王把析地封给子国做封邑。君子说："楚惠王知人善任。《夏书》说：'占卜之官，只能判断人的意念，然后才使用龟甲。'说的大概就是这种情况吧！《志》说：'圣人不用劳烦占卜。'楚惠王就是这样。"

夏，卫石圃逐其君起，起奔齐。卫侯辄自齐复归，逐石圃，而复石魋与大叔遗。

【译文】夏季，卫国的石圃驱逐了卫君起，起逃奔齐国。卫出公辄从齐国再次回归卫国，驱逐了石圃，恢复了石魋和太叔遗的官职。

哀公十九年

【传】十九年春[①]，越人侵楚，以误吴也[②]。夏，楚公子庆、公孙宽追越师，至冥[③]，不及，乃还。

【注释】①十九年：指周敬王四十四年，公元前476年。②误吴：

指迷惑吴国，使吴国不加戒备。③冥：越国地名，在今安徽广德县东南与浙江长兴县西南之间。

【译文】鲁哀公十九年春季，越人入侵楚国，是为了误导吴国。夏季，楚国的公子庆、公孙宽追击越军，追至冥地，没有追上，就返回了。

秋，楚沈诸梁伐东夷[①]，三夷男女及楚师盟于敖[②]。

【注释】①东夷：越国东部附属越国的夷人。②三夷：古代居住在浙江东南沿海的三个部族，是百越的一支。敖：东夷之地，在浙江滨海之地。

【译文】秋季，楚国的沈诸梁讨伐东夷，三夷的男女和楚军在敖地结盟。

冬，叔青如京师[①]，敬王崩故也。

【注释】①叔青：鲁国大夫叔还的儿子。

【译文】冬季，叔青前往京师，是因为周敬王驾崩的缘故。

哀公二十年

【传】二十年春[①]，齐人来征会。

【注释】①二十年：指周元王仁元年，公元前475年。

【译文】鲁哀公二十年春季，齐国人召集诸侯盟会。

夏，会于廪丘[②]。为郑故，谋伐晋。郑人辞诸侯。秋，师还。

【注释】①廪丘：春秋时齐邑，在今山东郓城县西北。

【译文】夏季，在廪丘会盟。因为郑国的缘故，谋划讨伐晋国。郑国人辞谢了各诸侯国。秋季，撤兵回国。

吴公子庆忌骤谏吴子[①]，曰："不改，必亡。"弗听。出居于艾[②]，遂适楚。闻越将伐吴。

【注释】①骤：屡次。②艾：春秋吴邑，在今江西省修水县西龙岗坪。

【译文】吴国的公子庆忌屡次劝谏吴王，说："不改革，必定会灭亡。"吴王没有听从。公子庆忌离开国都居住在艾地，随后前往楚国。后来他听说越国将要讨伐吴国。

冬，请归平越，遂归。欲除不忠者以说于越，吴人杀之。

【译文】冬季，公子庆忌请求回国与越国讲和，于是返回吴国。他想除去不忠的人来取悦越国，吴国人杀了他。

十一月，越围吴，赵孟降于丧食[①]。楚隆曰[②]："三年之丧，亲昵之极也。主又降之，无乃有故乎！”赵孟曰：“黄池之役，先主与吴王有质[③]，曰：‘好恶同之。’今越围吴，嗣子不废旧业而敌之[④]，非晋之所能及也，吾是以为降。”楚隆曰：“若使吴王知之，若何？”赵孟曰：“可乎？”隆曰：“请尝之。”乃往。先造于越军，曰：“吴犯间上国多矣，闻君亲讨焉，诸夏之人莫不欣喜，唯恐君志之不从。请入视之。”许之。告于吴王曰：“寡君之老无恤，使陪臣隆敢展谢其不共[⑤]。黄池之役，君之先臣志父得承齐盟[⑥]，曰：‘好恶同之。’今君在难，无恤不敢惮劳，非晋国之所能及也，使陪臣敢展布之。”王拜稽首曰：“寡人不佞，不能事越，以为大夫忧，拜命之辱。”与之一箪珠[⑦]，使问赵孟[⑧]，曰：“句践将生忧寡人，寡人死之不得矣。”王曰：“溺人必笑，吾将有问也，史黯何以得为君子[⑨]？”对曰：“黯也进不见恶，退无谤言。”王曰：“宜哉。”

【注释】①赵孟：指赵襄子无恤。②楚隆：赵襄子家臣。③质：盟约。④嗣子：赵襄子自称。⑤陪臣：楚隆的自称。展：陈述，申述。谢：认错，道歉。共：古同“恭”，恭敬。⑥志父：指赵鞅。齐：同“斋”。⑦箪：盛物件的小筐。⑧问：遗，赠送。⑨史黯：晋国史官，曾预言不到四十年吴国将被越国所灭。

【译文】十一月，越国围攻吴国，当时赵孟正在服丧，他的饮食比规定的还要简单。楚隆说：“三年的丧期，是亲密关系的最高体现了，您又降低饮食，难道有其他原因吗？”赵孟说：“黄池盟会时，先主与吴王有过盟约，说：‘好恶相同。’现在越国围攻吴国，我不想废止过去的盟约而援救吴国抵御越国，可这又不是晋国力所能及的，因此我只能再简化饮食来表达心意。”楚隆说：“如果让吴王知道您的心意，会怎么样？”赵孟说：“可以吗？”楚隆说：“请让我试一试。”楚隆就出发前往吴国。楚隆先到越军那里，说：“吴国多次侵犯上国，听说君王亲自率军征讨，中原各国的人没有不高兴欢喜的，我担心君王的心愿不能实现，请让我先进入吴国看看。”越王同意了。楚隆告诉吴王说：“我国国君的老臣赵孟派我前来对他的不恭表示歉意！黄池会盟，主君的先臣赵鞅得以参加盟誓，说：‘好恶相同。’现在君王处于危难中，无恤不敢害怕辛劳，但援救吴国又不是晋国力所能及的事，因此派我冒昧地向您报告。”吴王下拜叩头说：“我没有才能，不能事奉越国，从而让大夫担忧，特此拜谢他的好意。”吴王给了楚隆一箪珠，让楚隆赠给赵孟，说：“句践想让我生活在忧患中，寡人恐怕不能善终了。”吴王又说：“快淹死的人必定会笑，我还要问你，史黯为什么能成为君子？”楚隆回答说：“史黯做官不被人厌恶，不做官也没人诽谤他。”吴王说：“真是恰当呀！”

哀公二十一年

【传】二十一年夏五月[①]，越人始来。

【注释】①二十一年：指周元王二年，公元前474年。

【译文】鲁哀公二十一年夏季五月，越国人第一次来鲁国朝见。

秋八月，公及齐侯、邾子盟于顾[①]。齐有责稽首，因歌之曰：“鲁人之皋[②]，数年不觉，使我高蹈[③]。唯其儒书，以为二国忧[④]。”

【注释】①顾：春秋时齐邑。在今河南范县。②皋（jiù）：过错。③高蹈：远游；远行。④二国：指齐国、邾国。

【译文】秋季八月，鲁哀公和齐平公、邾隐公在顾地会盟。齐人责备之前齐君叩头而鲁哀公不回礼的事，因而唱道：“鲁国的过错，都好几年了还没有发觉，使我远行盟会。因为他们迷信儒家之书，导致了齐国、邾国的担忧。”

是行也，公先至于阳谷[①]。齐闾丘息曰[②]：“君辱举玉趾，以在寡君之军[③]。群臣将传遽以告寡君[④]，比其复也，君无乃勤。为仆人之未次[⑤]，请除馆于舟道[⑥]。”辞曰：“敢勤仆人？”

【注释】①阳谷：春秋时齐邑。在今山东阳谷县东北。②闾丘息：齐国大夫闾丘明的后人。③在：存问，问候。④传遽：传车驿马。也指乘传车驿马的使者。⑤次：舍，这里为安排客馆。⑥舟道：齐国地名。

【译文】这次盟会，鲁哀公先到达阳谷。齐国的闾丘息说：“劳驾君王亲自到来，慰劳我们齐国的军队。大臣们将乘坐驿车向我们国君报告，等他们回来，君王未免太劳累了。因为仆人们还没有准备好馆舍，请您先在舟道休息。”鲁哀公推辞说：“怎么敢劳烦贵国的仆人呢？”

哀公二十二年

【传】二十二年夏四月[1]，郳隐公自齐奔越，曰："吴为无道，执父立子。"越人归之，大子革奔越。

【注释】①二十二年：指周元王三年，公元前473年。

【译文】鲁哀公二十二年夏季四月，郳隐公从齐国逃奔越国，说："吴国无道，逮捕父亲而拥立儿子为君。"越国人把他送回国，太子革逃奔越国。

冬十一月丁卯，越灭吴，请使吴王居甬东[1]，辞曰："孤老矣，焉能事君？"乃缢。越人以归。

【注释】①甬东：春秋越地。在今浙江东部舟山岛。

【译文】冬季十一月丁卯日，越国灭亡吴国，请吴王住到甬东，吴王推辞说："我老了，怎么能事奉君王？"于是自缢而死。越国人把他的尸体送回国。

哀公二十三年

【传】二十三年春①，宋景曹卒②。季康子使冉有吊，且送葬，曰："敝邑有社稷之事，使肥与有职竞焉③，是以不得助执绋，使求从舆人④，曰：'以肥之得备弥甥也⑤，有不腆先人之产马⑥，使求荐诸夫人之宰，其可以称旌繁乎⑦？'"

【注释】①二十三年：指周元王四年，公元前472年。②宋景曹：谥景，曹姓，宋元公夫人，宋景公母亲，小邾国女，鲁国季桓子外祖母。③肥：季康子名。职竞：指职务繁剧。④求：冉有。舆人：指造车的工人；也指古代职位低微的吏卒。⑤弥：甥。季康子为季桓子庶子。⑥不腆：不丰厚，不富足。古代用作谦词。⑦称：符合，相当。旌繁：旌旗、繁缨，为车马的装饰品。

【译文】鲁哀公二十三年春季，宋景公的母亲景曹去世。季康子派冉求前去吊唁，并且为她送葬，冉求说："我们鲁国有国家大事，季孙肥职务繁剧，所以不能前去送葬，而派我来送葬。他让我转告说：'季孙肥既然作为远房外甥，就把先人留下的不多的马匹，派冉求赠给夫人的家宰，不知它们能否和夫人的旌旗、繁缨相配？'"

夏六月，晋荀瑶伐齐①。高无丕帅师御之。知伯视齐师，马骇，遂驱之，曰："齐人知余旗，其谓余畏而反也。"乃垒而还。

【注释】①荀瑶：荀跞之孙，智襄子。

【译文】夏季六月，晋国的荀瑶讨伐齐国。高无丕率领军队前去抵御。荀瑶察看齐军时，马受到惊吓，他便驱马向前，说："齐国人看到了我的战旗，他们会认为我因为害怕而逃跑。"便冲到齐军的营垒前才返回。

将战，长武子请卜[①]。知伯曰："君告于天子，而卜之以守龟于宗祧，吉矣，吾又何卜焉？且齐人取我英丘[②]，君命瑶，非敢耀武也，治英丘也。以辞伐罪足矣，何必卜？"

【注释】①长武子：晋国大夫。②英丘：晋国地名，靠近犁丘。

【译文】将要交战，晋国大夫长武子请求占卜。荀瑶说："国君已经禀报了天子，而且在宗庙中已经用守龟占卜过一次，结果吉利。我们又何必再占卜呢？况且齐国人夺取我国的英丘，国君命我前来，不是炫耀武力，而是收回英丘。用严正之词讨伐有罪的齐国已经足够了，何必再占卜呢？"

壬辰，战于犁丘[①]。齐师败绩，知伯亲禽颜庚[②]。

【注释】①犁丘：春秋时齐犁邑。在今山东临邑县西。②颜庚：齐国大夫颜涿聚。

【译文】壬辰日，晋国、齐国在犁丘交战。齐军大败，荀瑶亲自擒获齐国大夫颜庚。

秋八月，叔青如越，始使越也。越诸鞅来聘，报叔青也。

【译文】秋季八月，叔青前往越国，这是鲁国首次派人出使越国。越国的诸鞅来鲁国访问，是为了回报叔青访问越国。

哀公二十四年

【传】二十四年夏四月①，晋侯将伐齐，使来乞师，曰："昔臧文仲以楚师伐齐，取谷；宣叔以晋师伐齐，取汶阳。寡君欲徼福于周公，愿乞灵于臧氏②。"臧石帅师会之③，取廪丘。军吏令缮，将进。莱章曰④："君卑政暴，往岁克敌⑤，今又胜都⑥，天奉多矣，又焉能进？是躗言也⑦。役将班矣！"晋师乃还。饩臧石牛⑧，大史谢之⑨，曰："以寡君之在行，牢礼不度，敢展谢之。"

【注释】①二十四年：指周元王五年，公元前471年。②乞灵：求助于神灵。因臧氏多次率兵战胜齐军，所以乞求得到臧氏神灵的庇护。③臧石：臧宾如之子。④莱章：齐国大夫。⑤往岁克敌：指去年晋国荀瑶擒获齐国颜庚。⑥今又胜都：指夺取廪丘。⑦躗（wèi）言：虚妄不足信的话。⑧饩：古代祭祀或馈赠用的活牲畜。⑨大史：晋国太史。

【译文】鲁哀公二十四年夏季四月，晋出公将要讨伐齐国，派人来鲁国请求出兵，说："从前臧文仲率领楚军讨伐齐国，夺取了谷地；宣叔带领晋军讨伐齐国，攻取了汶阳。我们国君想要向周公乞福，也愿向臧氏祈求灵佑。"臧石领军和晋军会合，夺取了廪丘。晋国军吏下令做好准备，将要进攻齐军。齐国大夫莱章说："晋国国君地位卑微统治残暴，去年荀瑶擒获颜庚，现在又夺取廪丘。上天赐给他们的已经够多了，又怎么能继续前进呢？这是在说大话。晋国的军队即将撤军返回了。"晋军撤军回国。晋人把活牛赠给臧石，太史表示谢意，说："因为我们国君在军中，献礼的牲口不符合礼节，谨此表示歉意。"

邾子又无道，越人执之以归，而立公子何[①]。何亦无道。

【注释】①公子何：太子革的弟弟。

【译文】邾隐公仍然无道，越国人逮捕他带回越国，而立公子何为邾国国君。公子何也同样无道。

公子荆之母嬖[①]，将以为夫人，使宗人衅夏献其礼[②]。对曰："无之。"公怒曰："女为宗司[③]，立夫人，国之大礼也，何故无之？"对曰："周公及武公娶于薛[④]，孝、惠娶于商[⑤]，自桓以下娶于齐，此礼也则有。若以妾为夫人，则固无其礼也。"公卒立之，而以荆为大子。国人始恶之。

【注释】①公子荆：鲁哀公庶子。②宗人：古代官名。掌宗庙、谱牒、祭祀等。衅夏：人名。③宗司：执掌王室祭祀与礼仪者。④武公：指鲁武公，名敖。⑤孝：指鲁孝公。惠：指鲁惠公。

【译文】公子荆的母亲受宠，鲁哀公要立她为夫人，就派宗人衅夏进献立为夫人的礼仪。衅夏回答说："没有这样的礼仪。"鲁哀公愤怒地说："你作为宗司，立夫人，是国家重大的礼仪，为什么说没有？"衅夏回答说："周公和武公在薛国娶妻，孝公、惠公在宋国娶妻，桓公之后的国君在齐国娶妻，这样的礼仪是有的。如果把妾立为夫人，那么本来就没有这样的礼仪。"鲁哀公最终还是立她为夫人，而把荆立为太子。鲁国人开始厌恶鲁哀公。

闰月[①]，公如越，得大子适郢[②]，将妻公，而多与之地。公孙有山使告于季孙，季孙惧，使因大宰嚭而纳赂焉，乃止。

【注释】①闰月：闰十月。②适郢：越国太子。

【译文】闰十月，鲁哀公到了越国，和越国太子适郢关系亲密，太子适郢要把女儿嫁给鲁哀公，而且给了很多土地。公孙有山派人告诉季孙。季孙感到恐惧，就派人通过太宰嚭而送上贿赂，事情才中止。

哀公二十五年

【传】二十五年夏五月庚辰[①]，卫侯出奔宋[②]。

【注释】①二十五年：指周元王六年，公元前470年。②卫侯：卫出公辄。

【译文】鲁哀公二十五年夏季五月庚辰日，卫出公逃奔宋国。

卫侯为灵台于藉圃，与诸大夫饮酒焉。褚师声子袜而登席[①]，公怒。辞曰："臣有疾，异于人。若见之，君将𣪠之[②]，是以不敢。"公愈怒，大夫辞之，不可。褚师出，公戟其手，曰："必断而足。"闻之，褚师与司寇亥乘，曰："今日幸而后亡。"公之入也，夺南氏邑[③]，而夺司寇亥政。公使侍人纳公文懿子之车于池[④]。

【注释】①褚师声子：褚师比。②𣪠（hù）：呕吐。③南氏：公孙弥牟。④公文懿子：公文要。

【译文】卫出公在藉圃建造灵台，和诸位大夫在那儿饮酒。褚师比穿着袜子入席，卫出公大怒。褚师比解释说："我的脚有病，和别人不同。如果您看到我的脚，您将会呕吐，所以不敢不穿袜子。"卫出公更加愤怒，大夫们纷纷劝说，卫出公还是不谅解。褚师比退出，卫出公把手叉在腰上，说："必定砍断你的脚！"褚师比听说后，和司寇亥一同乘车，说："今天能逃出来真幸运。"卫出公回国时，夺取了公孙弥牟的封邑，又夺取了司寇亥的权力。卫出公派侍者把公文懿子的车扔到池水里。

初，卫人翦夏丁氏[①]，以其帑赐彭封弥子[②]。弥子饮公酒，纳夏戊之女，嬖，以为夫人。其弟期[③]，大叔疾之从孙甥也，少畜于公，以为司徒。夫人宠衰，期得罪。公使三匠久[④]。公使优狡盟拳弥[⑤]，而甚近信之。故褚师比、公孙弥牟、公文要、司寇亥、司徒期因三匠与拳弥以作乱，皆执利兵，无者执斤。使拳弥入于公宫，而自大子疾之宫噪以攻公。鄄子士请御之[6]。弥援其手，曰："子则勇矣，将若君何？不见先君乎？君何所不逞欲？且君尝在外矣，岂必不反？当今不可，众怒难犯，休而易间也[7]。"乃出。将适蒲[8]，弥曰："晋无信，不可。"将适鄄[9]，弥曰："齐、晋争我，不可。"将适泠[10]，弥曰："鲁不足与，请适城鉏以钩越[11]，越有君。"乃适城鉏。弥曰："卫盗不可知也，请速，自我始。"乃载宝以归。

【注释】①夏丁氏：即夏戊。②彭封弥子：弥子瑕。③期：夏戊的儿子。④三匠：三种工匠。⑤优：古代指演剧的优伶。狡：人名。拳弥：卫国大夫。⑥鄄子士：卫国大夫。⑦休：停止、中止或结束。间：挑拨。⑧蒲：春秋卫邑，在今河南长垣县，靠近晋国。⑨鄄：春秋时卫邑。在今山东鄄城县北旧城镇，在齐、晋交界处。⑩泠：地名，靠近鲁国。⑪钩：连结。

【译文】起初，卫国人消灭夏丁氏，把他们的家产赏赐给彭封弥子。彭封弥子请卫出公饮酒，把夏戊的女儿献给出公，她很受出公的宠爱，出公让她做夫人。她的弟弟期，是太叔疾的从外甥，自小在宫里被出公养大，卫出公任命他为司徒。夫人的宠幸衰减，期也得罪了出公。卫出公使用工匠们很长时间不让休息。卫出公让优狡与拳弥结盟，而且非常亲近信任拳弥。所以褚师比、公孙弥牟、公文要、司寇亥、司徒朝就利用工匠们和拳弥发动叛乱，他们都手持锋利的兵器，没有武器的人就拿着斧子。他们让拳弥进入宫中，其他人从太子疾的宫中叫嚷着攻打卫公。鄄子士请求抵御。拳弥拉着他的手，说："您倒是勇敢，这让君主怎么办呢？没看见先王的教训吗？国君在哪里不能满足他的欲望？况且君主曾经在国外待过，难道必定不能返回？现在不能抵抗，众怒难犯，等叛乱平息后就容易离间他们了。”于是卫出公出走，出公想要前往蒲地，拳弥说：“晋国不讲诚信，不可以去。”出公准备前往鄄地，拳弥说：“齐、晋两国正在争夺此地，不可以去。”出公想要去泠地，拳弥说：“鲁国国力弱小，请到城鉏和越国取得联系，越国有贤明的君主。”于是出公前往城鉏。拳弥说：“卫国盗贼的情况不可预料，请快速离开，由我走在前面。”于是拳弥载着宝物返回卫国。

公为支离之卒[①]，因祝史挥以侵卫。卫人病之。懿子知之，见子之[②]，请逐挥。文子曰：“无罪。”懿子曰：“彼好专利而妄[③]。夫见君之入也，将先道焉。若逐之，必出于南门而适君所。夫越新得诸侯，将必请师焉。”挥在朝，使吏遣诸其室。挥出，信[④]，弗内。五日，乃馆诸外里[⑤]，遂有宠，使如越请师。

【注释】①支离：古代的一战阵名，将军队分散布阵。②子之：公孙弥牟，谥文子。③妄：胡乱，荒诞不合理。④信：住宿两夜。⑤外里：卫出公当时在此。

【译文】卫出公把军队分散布阵，凭借祝史挥作为内应攻打卫国。卫国人担忧此事。懿子知道祝史挥是内应，就去面见公孙弥牟，请求把祝史挥驱逐出去。公孙弥牟说：“祝史挥没有罪过。”懿子说：“祝史挥喜爱专横谋利而且狂妄，如果见到出公回国，必将在前面引路。如果驱逐他，他必定从南门出去前往出公那里。越国刚刚得到诸侯们的拥戴，他们必定会向越国请求出兵。”祝史挥还在朝廷上，公孙弥牟派官吏把他的家室驱逐。祝史挥出逃，在外住了两晚，卫国人不让他入内。五天后，他便住到外里，得到卫出公的宠幸，派他到越国请求援兵。

六月，公至自越。季康子、孟武伯逆于五梧[①]。郭重仆[②]，见二子，曰：“恶言多矣，君请尽之。”公宴于五梧，武伯为祝，恶郭重，曰：“何肥也！”季孙曰：“请饮彘也[③]。以鲁国之密迩仇雠[④]，臣是以不获从君，克免于大行[⑤]，又谓重也肥。”公曰：“是食言多矣，能无肥乎？”饮酒不乐，公与大夫始有恶。

【注释】①五梧：春秋时鲁邑。在今山东平邑县。②仆：驾车。③彘：孟武伯名彘。④密迩：靠近；贴近。仇雠：指齐国。⑤大行：远行。

【译文】六月，鲁哀公从越国返回，季康子、孟武伯在五梧迎接哀公。郭重为哀公驾车，见到他们两人，说：“他们说的坏话太多了，请君主全部追究。”鲁哀公在五梧设宴，孟武伯祝酒，厌恶郭重，说：“你多么肥胖啊！”季康子说：“请让我罚孟孙彘饮酒。因为鲁国紧靠仇敌齐国，因此我不能跟从君主，得以避免远行到越国，可他却说您肥胖。”鲁哀公说：“是食言太多了，能不肥胖吗？”酒喝得不尽兴，鲁哀公和大夫们开始互相厌恶。

哀公二十六年

【传】二十六年夏五月[1]，叔孙舒帅师会越皋如、舌庸、宋乐茷，纳卫侯。文子欲纳之[2]，懿子曰："君愎而虐，少待之，必毒于民，乃睦于子矣。"师侵外州，大获。出御之，大败。掘褚师定子之墓[3]，焚之于平庄之上[4]。

【注释】①二十六年：指周元王七年，公元前469年。②文子：指公孙弥牟。③褚师定子：褚师比之父。④平庄：山陵名。

【译文】鲁哀公二十六年夏季五月，鲁国的叔孙舒率领军队会合越国的皋如、舌庸、宋国的乐茷，送回卫出公。公孙弥牟想接纳卫出公。公文懿子说："国君刚愎暴虐，稍稍等待，必定会毒害百姓，那时百姓就会倾心于您了。"越军侵入外州，大肆劫掠。卫军出兵抵御，被打得大败。卫出公挖掘褚师定子的坟墓，并在平庄上放火焚毁。

文子使王孙齐私于皋如[1]，曰："子将大灭卫乎？抑纳君而已乎？"皋如曰："寡君之命无他，纳卫君而已。"文子致众而问焉，曰："君以蛮夷伐国，国几亡矣。请纳之。"众曰："勿纳。"曰："弥牟亡而有益，请自北门出。"众曰："勿出。"重赂越人，申开守陴而纳公[2]，公不敢入。师还，立悼公[3]，南氏相之[4]，以城鉏与越人。公曰：

“期则为此。”令苟有怨于夫人者[5]，报之。司徒期聘于越，公攻而夺之币。期告王，王命取之。期以众取之。公怒，杀期之甥之为大子者。遂卒于越。

【注释】①王孙齐：卫国大夫王孙贾宝之子。②申开：打开城门。守陴：守卫女墙。③悼公：卫后庄公蒯聩的庶弟公子黚。④南氏：指公孙弥牟。⑤夫人：司徒期姐姐，卫出公怨恨司马期又不能如何，所以迁怒于他姐姐。

【译文】公孙弥牟派王孙齐私自会见皋如，说：“您将要彻底消灭卫国呢？还是只想迎接卫君回国呢？”皋如说：“我们国君的命令没有其他的意思，只是迎接卫国国君回国而已。”公孙弥牟把众人集中起来，说：“国君借助蛮夷讨伐本国，国家几乎灭亡。请接纳他。”众人都说：“不要接纳他。”弥牟说：“我逃亡而有利于国家，请让我从北门出去。”众人说：“不要走。”于是公孙弥牟重重地贿赂越国人，打开城门守卫城墙而接纳卫出公，卫出公不敢进城。越军撤退，卫国立悼公为君，公孙弥牟担任相。卫国把城钼送给越国。卫出公说：“是司徒期造成了如今的局面。”下令如果对夫人有怨恨的人，可以报复她。司徒期到越国访问。卫出公令人攻击他并夺走他带的财物。司徒期把这件事告诉越王，越王命令他夺回来。司徒期率领众人把财物夺回。卫出公大怒，杀死了司徒期的外甥，也就是太子。最终卫出公死在越国。

宋景公无子，取公孙周之子得与启[1]，畜诸公宫，未有立焉。于是皇缓为右师，皇非我为大司马，皇怀为司徒，灵不缓为左师，乐茷为司城，乐朱鉏为大司寇。六卿三族降听政[②]，因大尹以达[③]。大尹常不告，而以其欲称君命以令。国人恶之。司城欲去大尹，左师曰："纵之，使盈其罪。重而无基，能无敝乎？"

【注释】①公孙周：宋元公之孙子高。得：后即位为宋昭公。②降：共同。③大尹：宋国官名。

【译文】宋景公没有儿子，就把公孙周的儿子得和启收养在宫里，还没立太子。当时皇缓担任右师，皇非我担任大司马，皇怀担任司徒，灵不缓担任左师，乐茷担任司城，乐朱鉏担任大司寇。宋国的六卿三族共同管理政事，通过大尹传达给景公。大尹常常不向景公禀告，反而把他自己的想法假借国君的命令来发号施令。国人都厌恶他。司城想除去大尹，左师说："放纵他，使他恶贯满盈。权重而没有根基，能不灭亡吗？"

冬十月，公游于空泽[①]。辛巳，卒于连中[②]。大尹兴空泽之士千甲，奉公自空桐入[③]，如沃宫[④]。使召六子，曰："闻下有师，君请六子画。"六子至，以甲劫之，曰："君有疾病，请二三子盟。"乃盟于少寝之庭[⑤]，曰："无为公室不利。"大尹立启，奉丧殡于大宫[⑥]。三日，而后国人知之。司城茷使宣言于国曰："大尹惑蛊其君而专其利，今君无疾而死，死又匿之，是无他矣，大尹之罪也。"

【注释】①空泽：春秋宋邑。在今河南虞城县东北。②连中：馆舍名。③空桐：春秋宋邑。在今河南虞城县东北。④沃宫：宋国都城内宫名。⑤少寝：小寝。⑥丧殡：棺材。大宫：宋国祖庙。

【译文】冬季十月，宋景公在空泽游玩。辛巳日，宋景公死在连中。大尹发动空泽的上千甲兵，护送景公的遗体从空桐返回，回到沃宫。他派人召请六卿，说："听说地方有叛变发生，国君请六卿前来谋划。"六卿来到后，大尹派兵劫持他们，说："国君有重病，请几位立下盟约。"他们就在小寝的庭院里立下盟约，说："不做对公室不利的事！"大尹立启为国君，把棺材安置在祖庙中。三天之后，国人才知道宋景公已死。司城乐茷派人对国人宣告说："大尹蛊惑国君而谋取私利，如今国君没有疾病却死了，死了之后又被隐匿，没有别的原因，是大尹的罪过。"

得梦启北首而寝于卢门之外[①]，己为乌而集于其上，咮加于南门[②]，尾加于桐门[③]。曰："余梦美，必立。"

【注释】①卢门：宋都东门。北首：死亡的征兆。在门外，失国的征兆。②咮：鸟嘴。③桐门：北门。

【译文】得有一天梦到启头朝北睡在都城卢门的外面，自己变成乌落在他身上，嘴放在南门上，尾巴放在桐门上。他说："我的梦很好，我必定会被立为国君。"

大尹谋曰："我不在盟，无乃逐我，复盟之乎？"使祝为载书[①]，六子在唐盂[②]。将盟之。祝襄以载书告皇非我，皇非我因子潞、门尹得、左师谋曰[③]："民与我，逐之乎？"皆归授甲，使徇于国曰："大尹惑蛊其君，以陵虐公室。与我者，救君者也。"众曰："与之。"大尹徇曰："戴氏[4]、皇氏将不利公室，与我者，无忧不富。"众曰："无别。"戴氏、皇氏欲伐公，乐得曰："不可。彼以陵公有罪，我伐公，则甚焉。"使国人施于大尹[5]，大尹奉启以奔楚，乃立得。司城为上卿[6]，盟曰："三族共政，无相害也。"

【注释】①载书：盟书，会盟时所订的誓约文件。②唐盂：即盂。春秋宋邑。在今河南睢县西北。离宋国都城不远。③子潞：乐茷。门尹得：乐得。左师：灵不缓。④戴氏：乐氏为宋戴公之后，故称。⑤施：施加。⑥司城：乐茷。

【译文】大尹和人谋划说："我没有参加盟会，恐怕他们要驱逐我，我再和他们盟誓吧！"让祝襄起草盟书，这时六卿都在唐盂，将要和大尹盟誓。祝襄把盟书的内容告诉了皇非我，皇非我和子潞、门尹得、左师谋划说："百姓们拥护我们，要不要把大尹驱逐呢？"都回去把武器发放给士兵，让人在城内宣扬说："大尹蛊惑国君，凌辱虐待公室。支持我们的人，就是解救国君的人。"众人都说："我们都支持你们！"大尹也到处宣扬说："戴氏、皇氏将要对公室不利，支持我的人，不用担忧不能得到富贵。"众人都说："你和不利公室的人没有区别。"戴氏和皇氏想要发兵讨伐新君启，乐得说："不可以。大尹因为欺凌国君有罪，我们攻打国君，罪过就更大了。"于是让国人加罪于大尹。大尹护着国君启逃奔楚国，宋国人于是拥立得为国君。司城担任上卿，和六卿盟誓说："三族共同执政，不能互相危害！"

卫出公自城钼使以弓问子赣，且曰："吾其入乎？"子赣稽首受弓，对曰："臣不识也。"私于使者曰："昔成公孙于陈[1]，宁武子、孙庄子为宛濮之盟而君入。献公孙于卫齐，子鲜、子展为夷仪之盟而君入。今君再在孙矣，内不闻献之亲，外不闻成之卿，则赐不识所由入也[2]。《诗》曰：'无竞惟人，四方其顺之[3]。'若得其人，四方以为主，而国于何有？"

【注释】①孙：古同"逊"，逃遁。②赐：即子赣。③无竞惟人，四方其顺之：出自《诗经·周颂·烈文》。竞，强劲。顺，归顺。

【译文】卫出公从城钼派人送弓给子赣，并且说："我还能回卫国吗？"子贡叩头接受了弓，回答说："我不知道这件事。"子赣私下里对使者说："从前卫成公逃奔陈国，宁武子、孙庄子在宛濮结盟让成公回国。卫献公逃奔齐国，子鲜、子展在夷仪结盟后让献公回国。如今国君第二次逃亡，在国内没听说有献公那样的亲信，在国外也没有听说有成公那样的大臣，所以我不知道他能依赖什么回国。《诗经》说：'得到贤才便能强盛，四方也能随之归顺。'如果能得到这样的贤人，四方臣民又把他当作主人，回国又有什么难的呢？"

哀公二十七年

【传】二十七年春[1]，越子使舌庸来聘，且言邾田，封于骀上[2]。

【注释】①二十七年：指周贞定王介元年，前468年。②骀上：即狐骀。春秋邾地。在今山东滕州市东南。

【译文】鲁哀公二十七年春季，越国国君派舌庸来鲁国访问，并且商量邾国土地的问题，把骀上作为鲁、邾两国的边界。

二月，盟于平阳[1]，三子皆从[2]。康子病之，言及子赣，曰："若在此，吾不及此夫！"武伯曰："然。何不召？"曰："固将召之。"文子曰："他日请念。"

【注释】①平阳：春秋鲁邑。即今山东省邹城市。②三子：指季康子、叔孙文子、孟武伯。

【译文】二月，在平阳举行会盟，季康子、叔孙文子、孟武伯都跟从前去。季康子担忧结盟的事，谈到子赣，说："如果子赣在这里，我也不会如此担忧！"孟武伯说："对。为什么不召他来？"季康子说："原本是要召他的。"叔孙文子说："以后请记着他。"

夏四月己亥，季康子卒。公吊焉，降礼[1]。

【注释】①降礼：礼节低于常规定例。

【译文】夏季四月己亥日，季康子去世。哀公前去吊唁，礼节低于常规定例。

晋荀瑶帅师伐郑，次于桐丘[1]。郑驷弘请救于齐[2]。齐师将兴，陈成子属孤子三日朝[3]。设乘车两马，系五邑焉。召颜涿聚之子晋[4]，曰：“隰之役，而父死焉。以国之多难，未女恤也。今君命女以是邑也，服车而朝，毋废前劳。”乃救郑。及留舒[5]，违谷七里[6]，谷人不知。及濮[7]，雨，不涉。子思曰[8]：“大国在敝邑之宇下，是以告急。今师不行，恐无及也。”成子衣制[9]，杖戈，立于阪上，马不出者，助之鞭之。知伯闻之，乃还，曰：“我卜伐郑，不卜敌齐。”使谓成子曰：“大夫陈子，陈之自出。陈之不祀，郑之罪也。故寡君使瑶察陈衷焉[10]。谓大夫其恤陈乎？若利本之颠[11]，瑶何有焉？”成子怒曰：“多陵人者皆不在[12]，知伯其能久乎[13]？”

【注释】①桐丘：春秋郑邑。在今河南省扶沟县西。②驷弘：字子般，驷歂的儿子，郑国的卿。③孤子：指为国战死者的儿子。④颜涿聚：颜庚。⑤留舒：一作柳舒。春秋时齐邑。在今山东平阴县西南东阿镇西。⑥违：相距；距离。谷：名小谷。春秋时齐邑。在今山东平阴县西南东阿镇。⑦濮：濮水，在今河南滑县与延津。⑧子思：郑国子产之子国参。⑨制：雨衣。⑩察陈衷：了解陈国被灭的原因。⑪本：指陈国。⑫陵：古同“凌”，侵犯，欺侮。⑬其：表示诘问。通“岂”，难道。

【译文】晋国的荀瑶率军讨伐郑国，驻扎在桐丘。郑国的驷弘向齐国请求援助。齐军将要出兵，陈成子让为国战死将士的后代在三天内拜见国君。他设置了一辆两匹马拉的车，再加城邑五座作为封赏。他召见颜涿聚的儿子晋，说：“隰地的战役中，你的父亲战死了。因为国家多难，所以未能抚恤你。如今国君把这个城邑封给你，你应当穿着朝服驾着车前去朝见，不要废弃了你父亲的功劳。”于是晋率军援救郑国。到达留舒，距离谷地七里，谷地人还不知道。他们到达濮水，下雨，军队不愿过河。子思说：“晋国的军队就在我们城邑的屋檐下，所以向齐国告急。如今军队不前行，恐怕来不及了。”陈成子披着蓑衣、拄着戈，站在山坡上，马不愿出来前行，就用鞭子抽打它。知伯听说后，就撤兵返回，说：“我占卜过讨伐郑国，而没有占卜和齐国为敌。”他派人对陈成子说：“大夫陈子，您来自陈国。陈国不能祭祀，是郑国的罪过。所以我们国君派我前来调查陈国被灭亡的原因，请问您是否还为陈国担忧？如果您认为国家覆亡对您有利，那我又能怎样呢？”陈成子愤怒地说：“经常欺凌别人的人都不会长久，知伯能活得长久吗？”

中行文子告成子曰[①]：“有自晋师告寅者，将为轻车千乘，以厌齐师之门[②]，则可尽也。”成子曰：“寡君命恒曰：‘无及寡[③]，无畏众。’虽过千乘，敢辟之乎？将以子之命告寡君。”文子曰：“吾乃今知所以亡。君子之谋也，始、衷、终皆举之[④]，而后入焉。今我三不知而入之，不亦难乎？”

【注释】①中行文子：晋国的荀寅。②厌：同“压”。③及：攻击。④衷：通“中”，内心。

【译文】中行文子告诉陈成子说：“有晋军来告诉我说，晋国将要用一千辆轻装战车攻打齐军的营门，这样就可以全歼齐军。”陈成子说：“我们国君命令我说：‘不要攻击数量少的敌军，不要害怕数量多的敌军。’虽然敌军的战车超过一千辆，我军怎么敢避开他们呢？我将要把您的话禀告给我们国君。”中行文子说：“我到今天才知道我之所以逃亡的原因了。君子谋划一件事，开始、中间、结果都要谋划，然后才进去报告。现在我三项都不知道就入朝报告，不也很难了吗？”

公患三桓之侈也[1]，欲以诸侯去之。三桓亦患公之妄也，故君臣多间。公游于陵阪[2]，遇孟武伯于孟氏之衢，曰："请有问于子，余及死乎[3]？"对曰："臣无由知之。"三问，卒辞不对。公欲以越伐鲁，而去三桓。秋八月甲戌，公如公孙有陉氏[4]，因孙于邾，乃遂如越。国人施公孙有山氏[5]。

【注释】①侈：自高自大，盛气凌人。②陵阪：地名，在山东曲阜东北。③及死：寿终正寝而死。④有陉氏：有山氏。⑤施：判罪。

【译文】鲁哀公苦于三桓盛气凌人，想依靠其他诸侯除去他们。三桓也忧患鲁哀公肆意妄为，因此君臣之间有很多嫌隙。鲁哀公在陵坂游玩，在孟氏封地的道路上遇见孟武伯，说："有问题请教您，我能寿终正寝吗？"孟武伯回答说："我无法知道。"鲁哀公问了三次，他还是推辞不应答。鲁哀公想利用越国讨伐鲁国，而除掉三桓。秋季八月甲戌日，鲁哀公到了公孙有陉氏那儿，从那里前往邾国，最终到达了越国。鲁国人判公孙有山氏有罪。

悼之四年[1]，晋荀瑶帅师围郑。未至，郑驷弘曰："知伯愎而好胜，早下之，则可行也[2]。"乃先保南里以待之[3]。知伯入南里，门于桔柣之门[4]。郑人俘酅魁垒[5]，赂之以知政[6]，闭其口而死。将门，知伯谓赵孟："入之。"对曰："主在此[7]。"知伯曰："恶而无勇[8]，何以为子？"对曰："以能忍耻，庶无害赵宗乎！"知怕不悛，赵襄子由是惎[9]知伯，遂丧之。知伯贪而愎，故韩、魏反而丧之。

【注释】①悼：鲁悼公，鲁哀公之子。②行：撤军。③南里：在郑国都城外。④桔柣之门：郑国城门。⑤酅（xī）魁垒：晋国军士。⑥知政：主持政务。⑦主：指荀瑶。⑧恶：丑陋。⑨惎（jì）：憎恨。

【译文】悼公四年，晋国的荀瑶率军包围郑国。晋军还没到达，郑国的驷弘说："知伯刚愎而好胜，如果我们早早投降，那么他就会撤军。"于是郑君先到南里设防，等待晋军。知伯攻入南里，又率军进攻桔柣之门。郑国人俘虏了酅魁垒，并以卿的官职来贿赂他，酅魁垒没有答应，郑国人便堵住他的口而杀了他。晋军准备攻打南里的城门，知伯对赵孟说："直接攻进去！"赵孟回答说："主将您在这里。"知伯说："你相貌丑陋而又没有勇气，凭什么成为继承人？"赵孟回答说："因为我能够忍受侮辱，也许对赵氏宗族没有危害！"知伯不肯悔改，赵襄子因此憎恨知伯，知伯便想杀了赵孟。因为知伯贪婪而刚愎，所以韩、魏两家反过来杀了他。

谦德国学文库丛书

（已出书目）

弟子规·感应篇·十善业道经
三字经·百家姓·千字文·德育启蒙
千家诗
幼学琼林
龙文鞭影
女四书
了凡四训
孝经·女孝经
增广贤文
格言联璧
大学·中庸
论语
孟子
周易
礼记
左传
尚书
诗经
史记
汉书
后汉书
三国志
道德经
庄子
世说新语
墨子
荀子
韩非子
鬼谷子
山海经
孙子兵法·三十六计
素书·黄帝阴符经
近思录
传习录
洗冤集录

颜氏家训
列子
心经·金刚经
六祖坛经
茶经·续茶经
唐诗三百首
宋词三百首
元曲三百首
小窗幽记
菜根谭
围炉夜话
呻吟语
人间词话
古文观止
黄帝内经
五种遗规
一梦漫言
楚辞
说文解字
资治通鉴
智囊全集
酉阳杂俎
商君书
读书录
战国策
吕氏春秋
淮南子
营造法式
韩诗外传
长短经
虞初新志
迪吉录
浮生六记
文心雕龙
幽梦影
东京梦华录
阅微草堂笔记